Enzyklopädie Erziehungswissenschaft

Handbuch und Lexikon der Erziehung
in 11 Bänden und einem Registerband

Herausgegeben von
Dieter Lenzen

unter Mitarbeit von
Agi Schründer-Lenzen

Klett-Cotta

Enzyklopädie
Erziehungswissenschaft

Band 1: Theorien und Grundbegriffe der Erziehung und Bildung
hg. von Dieter Lenzen und Klaus Mollenhauer

Band 2: Methoden der Erziehungs- und Bildungsforschung
hg. von Henning Haft und Hagen Kordes

Band 3: Ziele und Inhalte der Erziehung und des Unterrichts
hg. von Hans-Dieter Haller und Hilbert Meyer unter Mitarbeit von Thomas Hanisch

Band 4: Methoden und Medien der Erziehung und des Unterrichts
hg. von Gunter Otto und Wolfgang Schulz

Band 5: Organisation, Recht und Ökonomie des Bildungswesens
hg. von Martin Baethge und Knut Nevermann

Band 6: Erziehung in früher Kindheit
hg. von Jürgen Zimmer unter Mitarbeit von Angelika Krüger

Band 7: Erziehung im Primarschulalter
hg. von Klaus Peter Hemmer und Hubert Wudtke

Band 8: Erziehung im Jugendalter – Sekundarstufe I
hg. von Ernst-Günther Skiba, Christoph Wulf und Konrad Wünsche

Band 9: Teil 1 und 2: Sekundarstufe II – Jugendbildung zwischen Schule und Beruf
hg. von Herwig Blankertz†, Josef Derbolav, Adolf Kell und Günter Kutscha

Band 10: Ausbildung und Sozialisation in der Hochschule
hg. von Ludwig Huber

Band 11: Erwachsenenbildung
hg. von Enno Schmitz und Hans Tietgens

Band 12: Gesamtregister

Enzyklopädie
Erziehungswissenschaft

Band 3

Ziele und Inhalte der
Erziehung und des Unterrichts

Herausgegeben von
Hans-Dieter Haller
Hilbert Meyer

unter Mitarbeit von
Thomas Hanisch

Klett-Cotta

CIP-Kurztitelaufnahme der Deutschen Bibliothek

Enzyklopädie Erziehungswissenschaft: Handbuch u. Lexikon d. Erziehung in 11 Bd. u. e. Reg.-Bd. / hrsg. von Dieter Lenzen. Unter Mitarb. von Agi Schründer-Lenzen Stuttgart: Klett-Cotta

NE: Lenzen, Dieter [Hrsg.]

Bd. 3. Ziele und Inhalte der Erziehung und des Unterrichts. – 1986

Ziele und Inhalte der Erziehung und des Unterrichts / hrsg. von Hans-Dieter Haller; Hilbert Meyer. Unter Mitarb. von Thomas Hanisch. – Stuttgart: Klett-Cotta, 1986. (Enzyklopädie Erziehungswissenschaft; Bd. 3) ISBN 3-12-932230-2

NE: Haller, Hans-Dieter [Hrsg.]

Alle Rechte vorbehalten
Fotomechanische Wiedergabe nur mit Genehmigung des Verlages
Verlagsgemeinschaft Ernst Klett Verlag KG/J. G. Cotta'sche Buchhandlung
Nachf. GmbH, Stuttgart
© Ernst Klett Verlage GmbH u. Co. KG, Stuttgart 1986 · Printed in Germany
Umschlag: Heinz Edelmann
Satz: Ernst Klett, Druckerei
Druck: Gutmann + Co., Heilbronn

Inhalt

Benutzungshinweise 9

Vorwort des Herausgebers der
Enzyklopädie Erziehungswissenschaft 11

Vorwort der Herausgeber von Band 3 und 4 13

Handbuch 23

A Theorien didaktischen Handelns

Ebenen didaktischer Theoriebildung 27
Bijan Adl-Amini

Der Beitrag der Curriculumforschung 49
Gunter Otto/Wolfgang Schulz

Der Stand der Lehr-Lern-Forschung 63
Ewald Terhart

Leitvorstellungen didaktischen Handelns 80
Heinz-Elmar Tenorth

Die geschichtliche Dimension pädagogischer Aufgabenkonzepte 94
Jörg Ruhloff

B Didaktische Handlungsfelder

Möglichkeiten und Grenzen didaktischen Handelns in der Regelschule 115
Dagmar Hänsel/Peter Wienskowski

Lernen in Alternativschulen 131
Heinz-Jörg Oehlschläger

Didaktisches Handeln in außerschulischen Feldern 148
Reinhard Fuhr

C Ziele und Inhalte in Lernbereichen

Lernbereich Philosophie – Religion – Ethik 167
Ekkehard Martens/Karl Ernst Nipkow

Lernbereich Ästhetik 193
Thomas Ott/Ingo Scheller/Karlheinz Scherler/Gert Selle

Lernbereich Sprachen 228
Reinhold Freudenstein/Heinz W. Giese/Arno Schmidt

Lernbereich Mathematik – Natur – Technik 258
Gerhard H. Duismann/Christine Keitel/Falk Rieß/Hartmut Sellin

Lernbereich Gesellschaft 288
Hermann Giesecke/Jürgen Hasse/Hans Kaminski

Lexikon 323

Abkürzungsverzeichnis der zitierten Zeitschriften 667

Namenregister 675

Sachregister 704

Autorenverzeichnis 713

Benutzungshinweise

Aufbau
Jeder Band der Enzyklopädie Erziehungswissenschaft umfaßt zwei Teile, das *Handbuch* und das *Lexikon*.
- Die Beiträge des *Handbuchteils* stellen in ihrer *systematischen* Anordnung eine Gesamtdarstellung des Bereiches dar, dem der ganze Band gewidmet ist. Einzelne Beiträge des Handbuchteils können als umfassende Einführung in das jeweilige Gebiet gelesen werden, dem sich der Beitrag zuwendet. Die Zusammenfassung in drei Sprachen und die Gliederung am Anfang des Beitrags ermöglichen eine schnelle Orientierung über den Inhalt des Textes.
- Der *Lexikonteil* ist *alphabetisch* geordnet. Er enthält kürzere Artikel, die Informationen über ausgewählte Sachverhalte des in dem Band behandelten Bereichs geben.

Informationssuche
- Der *Zugang zum Handbuchteil* kann über das Inhaltsverzeichnis (S. 7) oder über das Sachregister (S. 704) erfolgen.
- Die Suche nach einem bestimmten *Stichwort* beginnt in der Regel im *Sachregister*. Es enthält Verweise auf die Titel im Lexikon und auf alle Textstellen des Handbuch- *und* des Lexikonteils, die Auskünfte über das betreffende Stichwort geben.
- Alle Namen von *Personen* und *Institutionen*, die in den Texten oder Literaturverzeichnissen vorkommen, sind im *Namenregister* (S. 675) mit entsprechenden Verweisen zu finden.

Nur die Benutzung beider Register erschließt alle Informationen des Bandes.

Bei der alphabetischen Anordnung der lexikalischen Artikel, des Sach- und des Namenregisters, des Abkürzungsverzeichnisses der zitierten Zeitschriften, des Autorenverzeichnisses und aller Literaturverzeichnisse werden Umlaute wie Selbstlaute behandelt und die Buchstaben „I" und „J" getrennt aufgeführt.

Literaturverzeichnisse
Jedem Artikel ist ein Literaturverzeichnis beigegeben, das die zitierte und weiterführende Literatur enthält. Die in KAPITÄLCHEN gedruckten Namen (MEYER 1913, S. 24 ff.) verweisen grundsätzlich auf das Literaturverzeichnis. Die Angaben im Literaturverzeichnis sind alphabetisch geordnet. Publikationen, die keinen Verfasser nennen, werden nach dem ersten Wort ihres Titels zugeordnet. Gesetze von Bund und Ländern sind in der Regel nicht gesondert im Literaturverzeichnis der Einzelbeiträge ausgewiesen. Sie werden bei Inkrafttreten im Bundesgesetzblatt oder in den Gesetz- und Verordnungsblättern der Bundesländer veröffentlicht und sind dort zu finden.

Abkürzungen
Aus Umfangsgründen werden deutsch-, englisch- und französischsprachige Zeitschriftentitel abgekürzt. Um identische Abkürzungen für verschiedene Zeitschriften auszuschließen, wurde ein an der DIN-Vorschrift für Zeitschriftenabkürzungen orientiertes System entwickelt, das die Rekonstruktion des vollständigen Titels in der Regel mühelos ermöglicht. Dabei konnten eingeführte Abkürzungen für Zeitschriften nicht berücksichtigt werden. Die Groß- und Kleinschreibung in den Abkürzungen folgt den Titeln der Zeitschriften. Alle Zeitschriftenabkürzungen sind in einem Abkürzungsverzeichnis enthalten (S. 667).

Vorwort des Herausgebers der Enzyklopädie Erziehungswissenschaft*

Die Enzyklopädie Erziehungswissenschaft ist ein auf insgesamt 12 Bände mit etwa 8 000 Druckseiten angelegtes Nachschlagewerk der Erziehungswissenschaft.
Der Band „Ziele und Inhalte der Erziehung und des Unterrichts" gehört zur *ersten Abteilung*, innerhalb der Probleme dargestellt werden, die *die Erziehungswissenschaft und den Prozeß der Erziehung insgesamt* betreffen (Band 1: Theorien und Grundbegriffe der Erziehung und Bildung, Band 2: Methoden der Erziehungs- und Bildungsforschung, Band 4: Methoden und Medien der Erziehung und des Unterrichts, Band 5: Organisation, Recht und Ökonomie des Bildungswesens). Die *zweite Abteilung* bezieht sich demgegenüber in ihren einzelnen Bänden jeweils auf eine *bestimmte Phase des Erziehungs- und Bildungsprozesses* (Band 6: Erziehung in früher Kindheit, Band 7: Erziehung im Primarschulalter, Band 8: Erziehung im Jugendalter – Sekundarstufe I, Band 9, Teil 1 und 2: Sekundarstufe II – Jugendbildung zwischen Schule und Beruf, Band 10: Ausbildung und Sozialisation in der Hochschule, Band 11: Erwachsenenbildung).
Mit diesem Aufbau erweist sich die Enzyklopädie Erziehungswissenschaft als *problemorientiert*. Auf eine Gliederung, die einer Struktur der Disziplin „Erziehungswissenschaft" folgt, wurde bewußt verzichtet, zum einen, weil unter den Vertretern der Erziehungswissenschaft eine verbürgte Auffassung über *die* Struktur einer so jungen Disziplin nicht existiert, und zum anderen deshalb, weil ein problemorientierter Aufbau dem Leser das Auffinden *seiner* Probleme erleichtert. Um die volle Informationskapazität der Enzyklopädie Erziehungswissenschaft auszuschöpfen, genügt nicht die Suche in einem einzelnen Band. Zu diesem Zweck ist vielmehr der *Registerband* heranzuziehen, in dem die Begriffe aufgenommen sind, die in der Enzyklopädie Erziehungswissenschaft erfaßt werden.
Beiträge und Ergebnisse der *Nachbarwissenschaften* zu erziehungswissenschaftlichen Problemen, etwa der Psychologie, Soziologie, Ökonomie oder Philosophie, werden in die einzelnen Beiträge integriert, ebenso *historische Sachverhalte* und *internationale Entwicklungen*, die besonders dann Berücksichtigung erfahren, wenn Strukturen und Entwicklungen des Bildungswesens im Ausland Perspektiven vermitteln, die aus der Sicht der Herausgeber als Alternativen zur Diskussion über das Bildungssystem in der Bundesrepublik Deutschland anregen können.
Die Enzyklopädie Erziehungswissenschaft ist ein *integriertes Handbuch und Lexikon:* Jeder Band enthält einen Handbuchteil mit systematischen Beiträgen, die Auskünfte über den Gegenstand eines größeren Bereichs geben, und einen Lexikonteil mit alphabetisch geordneten Artikeln zu einzelnen Stichwörtern.
Der vorliegende Band ist in Kooperation mit den Herausgebern des Bandes 4 entwickelt worden. Bei der Konzeptionierung, der zeitraubenden Abstimmung mit den Autoren und bei der Überarbeitung der Manuskripte hat Hilbert Meyer sich große Verdienste erworben. In der Schlußphase des Projekts wäre dieser Band nicht ohne seinen Einsatz sowie denjenigen der Mitarbeiter in Berlin zustande gekommen. Ich danke deshalb Hilbert Meyer, meiner Frau Agi Schründer-Lenzen, Friedrich Rost, Dietrich von Boetzelaer und René Wilhelm Engh für ihre Arbeit.

Berlin, im Juli 1985　　　　　　　　　　　　　　　　　　　　　　　　　Dieter Lenzen

---
* Eine ausführliche Einleitung in die Enzyklopädie Erziehungswissenschaft enthält Band 1.

Vorwort der Herausgeber von Band 3 und 4

Die Bände 3 und 4 der Enzyklopädie Erziehungswissenschaft haben Teile eines Ganzen zum Gegenstand. Sie werden mit einem gemeinsamen Vorwort eröffnet, durch das der Zusammenhang von Zielen und Inhalten einerseits (Band 3) und Methoden und Medien andererseits (Band 4) bewußt gemacht werden soll.

1 Der Aspektzusammenhang von Zielen, Inhalten, Methoden und Medien

Ziele und Inhalte, Methoden und Medien sind Strukturmomente *eines* pädagogischen Feldes, wie es beispielsweise ROTH in seiner „Skizze einer Theorie des Erziehungsfeldes" (1967) beschrieben hat. Die vielfältigen Bezüge, die zwischen den Strukturmomenten bestehen, haben Winnefeld schon 1957 veranlaßt, von einer „Faktorenkomplexion pädagogischer Felder" zu sprechen (WINNEFELD u. a. 1957, S. 34 ff.). Keinesfalls beabsichtigen die Herausgeber und ihre Autoren, diesen komplexen Zusammenhang zu zerreißen. Sie gehen aber von der Annahme aus, daß dieser Zusammenhang aufgrund seiner „teleologischen Struktur", wie wir wieder in Anlehnung an WINNEFELD u. a. (vgl. 1957, S. 32 ff.) sagen, zumindest ein Stück weit von seinem Umfeld, von seinen gesellschaftlichen Bedingungen abgehoben betrachtet werden kann. Durch pädagogische Zielsetzung, durch Lehr- und Lernabsichten, durch das erzieherisch-unterrichtliche Telos (Ziel) entsteht ein pädagogisches Handlungsfeld. Die daran Beteiligten müssen sich über die Ziele, Inhalte, Methoden und Medien verständigen, mit denen die Erziehungsaufgaben gelöst werden sollen. Dies schließt die Aufklärung der gesellschaftlichen Bedingungen, unter denen diese Handlungen stattfinden, ein (vgl. WINNEFELD u. a. 1957, S. 34 ff.). MOLLENHAUER (vgl. 1972, S. 28 ff.) hat darüber das Nötige gesagt.

Der Handlungszusammenhang, in dem die in der Enzyklopädie Erziehungswissenschaft auf zwei Bände verteilten Strukturmomente der Erziehung und des Unterrichts immer wieder aufeinander bezogen werden, ist von HEIMANN (1962, S. 418) als „Interdependenzzusammenhang" gekennzeichnet worden, als ein Geflecht von Wechselbezügen. KLAFKI (vgl. 1977, S. 15) hat mit Recht darauf hingewiesen, daß damit nicht etwa ausgesagt wird, daß alle Strukturmomente auf die gleiche Weise wechselseitig wirken. Es kommt gerade darauf an, die Gesetzmäßigkeiten in den Wechselwirkungen von Zielen, Inhalten, Methoden und Medien zu erforschen, wie dies auch in der Didaktikdiskussion in der DDR – unter deutlich anderen gesellschaftlichen Bedingungen – gleichermaßen gefordert wird (vgl. KLINGBERG 1972, S. 279). BLANKERTZ (vgl. 1969, S. 92) hatte vor allem die Folgen im Blick, die diese Erkenntnisse für das Analysieren, Planen und Realisieren von Erziehungs- und Unterrichtsprozessen haben, und sprach deshalb von einem „Implikationszusammenhang": Wer Ziele formuliert und Inhalte auswählt, hat dabei die Wege und Mittel mit in den Blick zu nehmen, damit er die Realisationschancen seiner Überlegungen angemessen einbezieht; wer nach Methoden und Medien sucht, sucht im Hinblick auf die Ziele und Inhalte, zu deren Vermittlung sie dienen sollen.

Dieser Gedankengang hat für die Darstellung in den Bänden 3 und 4 einige durchgehend auftretende Konsequenzen:
- Es findet keine streng analytische, sondern nur eine deutlich akzentuierende Arbeitsteilung statt; denn eine große Zahl von Äußerungen zu Themen des einen Bandes sind ohne Hinweise und Bezüge zum jeweils anderen Band gar nicht darzustellen.

Vorwort

- Nicht selten findet von Band 3 zu Band 4 bei gleichbleibender Thematik ein Perspektivenwechsel statt. Im einen Band werden Ziel- und Inhaltsfragen behandelt, die im anderen Band als Methoden- und Medienprobleme auftreten können. So kann es beispielsweise Ziel des Unterrichts sein, einen Film herzustellen, in dem Konfliktlösungen dargestellt werden. Der Inhalt des Films sind Lehrer-Schüler-Konflikte, weil davon Schüler und Lehrer betroffen sind. Andererseits ist der Film, auch der Spielfilm, ein mögliches Medium des Unterrichts und die Interpretation von Schulkonflikten und Rollenspielen eine bekannte Methode.
- Schließlich gibt es eine ganze Reihe von Beiträgen in den beiden Bänden, die ihrem eigenen Anspruch nach nur eine *integrierte Behandlung* von Ziel-, Inhalts-, Methoden- und Medienaspekten zulassen: das „exemplarische Lehren" zum Beispiel (in Band 3) oder die „Kollektiverziehung". Eindeutige Entscheidungen, in welchen der beiden Bände diese Beiträge gehören, sind nicht möglich.

Die Bände 3 und 4 haben Teile eines Ganzen zum Gegenstand. Dies schließt unterschiedliche Akzente und Bewertungen keineswegs aus. Schließlich sind die Herausgeber der beiden Bände und auch die einzelnen Autoren nicht nur notwendigerweise selektiv informiert, sondern sie gewichten auch von unterschiedlichen Positionen aus. Wir bemühen uns, diese Positionen, wo nötig, deutlich und diskutierbar zu machen. Im übrigen halten wir eine pluralistische Orientierung in einer Enzyklopädie für angemessen. Die Leser haben so den Vorteil umfassender Information.

2 Der Gegenstand der Erziehung und des Unterrichts

Beide Bände beziehen sich auf Erziehung und Unterricht. Dabei dient der Begriff Erziehung als umfassende Bezeichnung für pädagogisch gemeinte Aktivitäten. Das heißt: Nicht jede gesellschaftliche Einwirkung auf sich bildende Menschen wird in unseren Bänden behandelt; andernfalls hätten wir den Begriff Sozialisierung/Sozialisation gewählt, wie FEND (vgl. 1969) dies vorgeschlagen hat. Wir schließen uns an das Erziehungsverständnis an, das SCHWENK (vgl. 1983, S. 386 ff.) im ersten Band dieser Enzyklopädie entwickelt hat.

Andererseits findet absichtsvolles und planmäßig über lange Zeit verfolgtes pädagogisches Handeln für alle Kinder und Jugendlichen, für neu- und umlernende Erwachsene noch immer vorzugsweise in Schulen statt, als Unterricht. Dort wird planmäßig und professionell, pädagogisch und institutionell verankert gehandelt; dort wird die wissenschaftlich, künstlerisch und technisch vorinterpretierte Welt in den Horizont der Schüler gerückt. Von den Zielen, den Inhalten, den Methoden und den Medien des *Unterrichts* ist deshalb in beiden Bänden am umfänglichsten die Rede, ohne daß deshalb erziehungswirksame Lebens- und Lernsituationen außerhalb der traditionellen Bildungseinrichtungen ausgespart würden.

Eine weitere Gemeinsamkeit der Bände 3 und 4 besteht darin, daß sowohl in der Begriffsbildung als auch der Sache nach häufig vom *„didaktischen"* beziehungsweise *„methodisch-medialen Handeln"* die Rede ist. Der Handlungsbegriff wird in einem weiten Sinne nicht nur zur Kennzeichnung der unmittelbaren Interaktion von Lernenden und Lehrenden genutzt, sondern darüber hinaus für alle pädagogisch geleitete Analyse-, Planungs- und Reflexionstätigkeit verwendet. Ob diese Begriffsbildung tragfähig ist, mag der Leser beurteilen.

Gerade weil von einem enzyklopädischen Werk zu Recht eine aufgeklärte Vielfalt von Fragestellungen, Themen und Theoretisierungsvorschlägen erwartet werden kann, sind bestimmte *Kriterien* für die thematische Begrenzung der Bände 3 und 4

Vorwort

unverzichtbar geworden. Eine allseits anerkannte Theorie didaktischen und methodisch-medialen Handelns, auf die wir uns hätten stützen können, liegt nicht vor.
Sollten wir all das zum Gegenstand machen, was andere vor uns in der Absicht dargestellt haben, daß es Erziehung, daß es Unterricht sei? Diese Auffassung – sie ist präzis von BREZINKA (1978, S. 42 f.) entwickelt worden – hätte es erlaubt, alles ohne Schwierigkeit zu behandeln, was irgendwann und irgendwo von wem auch immer in pädagogischer Absicht über Ziele und Inhalte, Methoden und Medien ausgeführt worden ist. Dies hätte den Herausgebern die Arbeit zwar möglicherweise erleichtert, aber auch eine ebenso unerwünschte wie unproduktive Beliebigkeit der Zuordnungen geschaffen. Andererseits schlägt wohl niemand eine Enzyklopädie in der Erwartung auf, nur die Meinung *einer* pädagogischen „Schule" darin zu finden.
In diesem Spannungsfeld haben die Herausgeber einen mittleren Weg gewählt. Sie bevorzugen es, von Erziehung und Unterricht zu sprechen, wenn bestimmte, von weiten Teilen der pädagogischen Wissenschaft als unerläßlich angesehene Bedingungen erfüllt sind, und führen gegensätzliche Auffassungen kritisch mit auf, denen eine breite Wirksamkeit in der Gegenwart nicht abgesprochen werden kann.
Die Bedingungen, die nach unserer wissenschaftlichen Überzeugung erfüllt sein müssen, um heute und hier angemessen von Erziehung und Unterricht zu reden, sind:
– *Erziehungsbedürftigkeit* wird – wohl wissend, daß jeder Mensch erziehungsbedürftig ist – gleichwohl nicht als Noch-nicht-Mensch-Sein begriffen. Vielmehr werden Kinder, Jugendliche und Erwachsene, denen Erziehung und Unterricht angeboten wird, als gleichgestellte Personen behandelt, die auch unabhängig von Erziehern und Lehrern an der Entfaltung ihrer Fähigkeiten und ihrer Orientierung in der Realität arbeiten. Wir sind auf ihre Mitarbeit, auf ihr Interesse an ihrer Selbsthervorbringung als mündige Personen angewiesen, auch da, wo wir als Übermittler gesellschaftlicher Forderungen auftreten.
– Dem entspricht ein Verständnis der Gesellschaft als *Erziehungsgesellschaft,* das seinen „Mut zur Erziehung" (kritisch dazu: vgl. BENNER u. a. 1978) darin erweist, daß es tradierte Orientierungs- und Wertungssysteme als ein Angebot sowohl zur Übernahme als auch zur Veränderung unter der Perspektive einer Humanisierung der Gesellschaft wie des eigenen Lebens begreift.
– *Ziele und Inhalte* des didaktischen Handelns sind deshalb notwendig offen für Diskussion, Erprobung und Veränderung, ja, es ist gerade ein Ausweis ihrer Legitimität, daß sie im Prozeß von Erziehung und Unterricht in Frage gestellt werden können. Erziehung zielt auf die Selbständigkeit des Erzogenen, ja sie hat ihr eigenes Ende zum Ziel (vgl. BENNER 1983, S. 294). Gesellschaftliche Erwartungen an die Auswahl von Zielen und Inhalten der Erziehung und des Unterrichts werden durch dieses Prinzip ebenso gebrochen wie dasjenige, was als „Eigenwert der Fachinhalte" erscheint.
– Die *Wege und Mittel der Erziehung und des Unterrichts* sind dementsprechend Wege des Dialogs zwischen zur Mündigkeit herausgeforderten Menschen und Mittel zur möglichst selbstbestimmten und kooperativen Aneignung der Realität.
Von den wissenschaftstheoretischen Voraussetzungen dieses Selbstverständnisses handeln die systematischen Darstellungen des ersten Bandes der Enzyklopädie Erziehungswissenschaft.

Vorwort

3 Die Untergliederung in Lernbereiche

Sowohl in Band 3 als auch in Band 4 findet sich eine Untergliederung der Einzelbeiträge nach Lernbereichen. Ein Beispiel: Kunst, Musik, Bewegung und Spiel werden in beiden Bänden zum Lernbereich Ästhetik zusammengefaßt. „Lernbereiche" stellen für uns eine pädagogisch absichtsvolle Bündelung von Lernaufgaben dar, und zwar im Interesse und aus der Perspektive der lernenden Subjekte. Die Herausgeber haben sich bemüht, die Fassung dieser Lernbereiche in den beiden Bänden einander anzunähern, auch wenn dies nicht vollständig geglückt ist.
Wer gegenwärtig über Unterricht und Erziehung, über reale Vermittlungssituationen und -prozesse nachdenkt, bezieht sich auf Unterricht, der in Institutionen stattfindet und nach Fächern gegliedert ist. Mehr noch: Er findet sich selbst sowohl verstrickt in eine traditional bestimmte, seit Wichmann nicht mehr verstummte Diskussion über den „Eigenwert" der Unterrichtsfächer (vgl. WICHMANN 1930) als auch konfrontiert mit einer hartnäckigen Kritik an der Eignung und offenbaren Unfähigkeit des traditionellen Fächersystems zur Abbildung und Bearbeitung der Problemlagen unserer gegenwärtigen Wirklichkeit (vgl. RUMPF 1981). Die Kritik hat zu vielfältigen Versuchen geführt, die Enge der Einzelfächer zu durchbrechen, wie dies beispielsweise in der erneuten Diskussion über Projektunterricht, in vielfältigen Konzepten fächerübergreifender Curriculumentwicklung, im Entwurf einer polyästhetischen Erziehung und in den Bemühungen zur Verwirklichung der Arbeitslehre deutlich wird.
In dieser offenen Situation haben sich die Herausgeber für ein Vorgehen entschieden, in dem zwar von den bestehenen Fächern als Orientierungsgrundlage ausgegangen wird, mit der Erörterung struktureller und methodologischer Gemeinsamkeiten einzelner Fächer und Fachgruppen jedoch programmatisch zur Überwindung der Fachgrenzen aufgefordert werden soll. Wir erhoffen uns davon, die immer noch beobachtbaren Sprachbarrieren zwischen den Fächern ein Stück weit zu überwinden; wir wären jedoch mißverstanden, wenn die Aufnahme eines bestimmten Themas in einen Lernbereich sogleich als Plädoyer für ein neues Schulfach aufgefaßt würde. Jedes Fächersystem tendiert immer wieder neu zur Isolierung und Partikularisierung der Fachfragen. Die Aufnahme neuer Inhalte sollte diese Tendenzen nicht verstärken, sondern umgekehrt der Erhaltung oder Herstellung jener *Komplexität* dienen, die für eine kritische und zugleich realitätsbezogene Abbildung gesellschaftlichen Lebens in der Schule erforderlich ist. Im Lernbereichsdenken scheint uns diese Komplexität der Fragestellung angelegt zu sein.

4 Zur Anlage des Bandes 3

Im Band 3 wird in einem wörtlichen Sinne ein enzyklopädischer Überblick über wesentliche Ziel- und Inhaltsbereiche schulischer und außerschulischer Erziehung gegeben und zugleich der in den 80er Jahren erreichte Stand der wissenschaftlichen Reflexion der Genese und Struktur dieser Ziel-/Inhaltskomplexe dokumentiert. Trotz der Fülle von insgesamt 69 Einzelbeiträgen ist jedoch das Ziel einer enzyklopädischen Vollständigkeit immer noch nicht erreicht; eine Reihe von Beiträgen (zum Beispiel zur Rechtserziehung, zum Psychologieunterricht, zum Pädagogikunterricht, zur Geschichte) fehlt aus Umfangsgründen; eine Reihe anderer Ziel- und Inhaltsbereiche ist in den stufenbezogenen Bänden 6 bis 10 dieser Enzyklopädie enthalten und deshalb nicht erneut thematisiert.
Die Autoren des *Handbuchs* versuchen, mit den einführenden Beiträgen der Teile A

Vorwort

und B das Fundament für die erziehungswissenschaftliche Analyse der Ziele und Inhalte didaktischen Handelns zu legen. Diese systematisch, historisch und methodologisch orientierten ersten acht Artikel beschreiben theoretische Begründungsansätze und institutionelle Rahmenbedingungen für die im Teil C folgende umfassende Aufarbeitung der Ziele und Inhalte in Lernbereichen. Die in dem ersten, von Adl-Amini verfaßten Beitrag geleistete Unterscheidung von drei Ebenen didaktischer Theoriebildung erweist sich als tragfähig für die Mehrzahl aller Artikel der Bände 3 und 4, auch wenn die für die Identifikation dieser Ebenen gewählte Begrifflichkeit noch variiert. Eine vergleichbare theoretische Anstrengung für die Gruppierung der Lernbereichsartikel fehlt; dies ist freilich angesichts der Offenheit der Diskussion zur Allgemeinbildung (vgl. KLAFKI 1985), zur gesellschaftlichen Konstitution des Fächerkanons (vgl. den Beitrag von Bracht) und der Unterrichtsinhalte (vgl. den Beitrag von Meyer) kein Wunder.

Das *Lexikon* mag auf den ersten Blick wie ein Allerleirauh von Texten erscheinen. Trotz aller Zufälligkeiten, die im wesentlichen aus der Tatsache resultieren, daß dieser 3. Band der Enzyklopädie zuletzt publiziert wird und die bereits in anderen Bänden veröffentlichten Stichworte zu berücksichtigen hat, ist jedoch eine „Binnenstruktur" des Lexikons vorhanden, die eine *Bündelung von Beiträgen* erlaubt:

- Eine erste, umfangreiche Gruppe von Beiträgen präzisiert, konkretisiert und ergänzt *didaktische Grundbegriffe* des Handbuchs, die für eine differenzierte Analyse von Zielen und Inhalten der Erziehung und des Unterrichts unverzichtbar sind (etwa „Anschauung", „Integration", „Interesse", „Lebenswelt", „Lernziel").
- Eine zweite Gruppe von Beiträgen liefert einen kompakten Überblick über gegenwärtig diskutierte *Unterrichtskonzepte,* das heißt über jene Modelle und Theorien didaktischen Handelns, die die Selektion, Strukturierung und methodisch-mediale Gestaltung von Ziel-/Inhaltskomplexen im Schulalltag zu leisten versprechen (vom „erfahrungsbezogenen" bis zum „wissenschaftspropädeutischen Unterricht").
- Eine dritte Gruppe von Stichworten ergänzt und relativiert die *Lernbereiche* des Handbuchteils um jene Ziel-/Inhaltskomplexe, deren gesellschaftliche Bedeutung und Notwendigkeit zwar unumstritten ist, um deren Form und Ort der Institutionalisierung aber noch gerungen wird (zum Beispiel „Friedenserziehung", „Medienerziehung" oder „Sexualerziehung").
- Schließlich wird unter dem schillernden Begriff *„Alltagskultur"* eine Gruppe von Stichworten zusammengefaßt, deren Bedeutung für den Erziehungsprozeß ebenfalls inzwischen anerkannt wird, die jedoch noch nicht zum Gegenstand einer planmäßigen und institutionalisierten Erziehungsanstrengung gemacht worden sind und die nach einem traditionellen Theorieverständnis auch nicht Gegenstand erziehungswissenschaftlicher, sondern allenfalls kultur- und sozialisationswissenschaftlicher sowie entwicklungspsychologischer Betrachtung sind.

Aufgrund dieser Vielfalt von allgemein- und fachdidaktischen Beiträgen in Handbuch und Lexikon wird eine *Synopse didaktischen Denkens zu Beginn der 80er Jahre* möglich, die einige Entwicklungslinien deutlich macht, zugleich jedoch auch auf Entwicklungs- und Reflexionsdefizite verweist:

- Einerseits wird in einer ganzen Reihe von systematisch orientierten Beiträgen eine gesellschaftliche und erziehungswissenschaftliche *Nötigung zur Entwicklung einer integrativen Didaktik* konstatiert, die die Ausdifferenzierung in verschiedene, wissenschaftstheoretisch gegeneinander abgrenzbare Modelle, wie sie für die 60er und 70er Jahre typisch war, hinter sich läßt (vgl. die Beiträge von Adl-Amini, Heursen oder Semmerling). Als „integrationsmächtig" erweisen sich meh-

Vorwort

rere Fragestellungen: die Frage nach Begriff und Voraussetzungen didaktischen Handelns (vgl. Peters), die Frage nach der differenzierten Einheit von schulischen und außerschulischen Feldern der Erziehung (vgl. die Beiträge von Kutscha und Fuhr), die Frage nach Konkurrenz und Zusammenspiel von formeller und informeller Bildung (Sandhaas) und schließlich die seit dem Ende der 70er Jahre mit erneuter Intensität diskutierte Frage nach der Körperlichkeit des Lernprozesses (vgl. die Beiträge von Helmer und Schlicht in diesem Band und von Pazzini in Band 4).

- Andererseits wird diese Nötigung zur Entwicklung integrativer Fragestellungen in den fachdidaktischen Einzelbeiträgen nur ansatzweise und zum Teil widersprüchlich aufgearbeitet. So ist die ursprüngliche Absicht der Herausgeber dieses Bandes nur ein Stück weit verwirklicht worden: Wir hatten uns im Jahre 1979 vorgenommen, die konventionelle enge Anbindung der Diskussion von Ziel-/Inhaltskomplexen an die Schulfächer und deren fachdidaktische Spezialisierung zu überwinden und statt dessen einen enzyklopädischen Überblick über die in unserer Gesellschaft gegebenen „Lebensbereiche der Erziehung" zu entwerfen. Offensichtlich überfordert jedoch eine solche Erwartungshaltung den aktuellen Entwicklungsstand fachdidaktischer Diskussion: Eine kritische Durchsicht sämtlicher Lernbereichsartikel zeigt, daß in vielen Fächern und Fachdidaktiken die Phase der Neuorientierung, die mit der Bildungsreform vom Ende der 60er Jahre einsetzte, schon bald zum Stillstand gekommen ist. Trotz neuer gesellschaftlicher Herausforderungen vom Kampf gegen die Arbeitslosigkeit, gegen ökologische Krisen bis zur Friedenssicherung, die auch die Pädagogik zu Antworten zwingen sollten, scheinen viele Fachdidaktiken vorrangig damit beschäftigt und überlastet zu sein, das Überleben des eigenen Schulfachs zu sichern – ja, in einigen Fachdidaktiken scheint es nach der Zäsur der Bildungsreform für die Autoren überhaupt keine berichtenswerten Neuentwicklungen zu geben. Die Selbstkritik, Innovationskraft und Unbekümmertheit, die für eine Neuvermessung des Fächerkanons in den 80er Jahren erforderlich wären, sind offensichtlich nur in einigen wenigen Fachdidaktiken gegeben. Parallel zur De-Thematisierung der Curriculumproblematik ist denn auch eine tendenzielle Entpolitisierung der fach- und allgemeindidaktischen Diskussion zu beobachten. Zugleich findet in vielen Fächern eine Rückbesinnung auf traditionelle Aufgabenzuweisungen statt (vgl. die kritischen Hinweise bei Giese oder Hasse).
- Solche Konsolidierung der fachdidaktischen Diskussion muß nicht zwangsläufig negativ beurteilt werden. Vielmehr scheinen die – zum Teil ja noch recht jungen – fachdidaktischen Disziplinen ein notwendiges Zwischenstadium erreicht zu haben: Um die Kontinuität „ihres" Faches und „ihrer" Fragestellung zu sichern, grenzen sich viele Fachdidaktiken nicht nur gegenüber ihren fachwissenschaftlichen Bezugsdisziplinen ab (was von der Allgemeinen Didaktik seit je begrüßt worden ist), sie rücken auch von der Allgemeinen Didaktik selbst und mit ihr von der Curriculum- und der Lehr-/Lernforschung ein Stück weit ab; sie entfalten in vielen Fällen eine eigenständige, maßgeschneiderte empirische Forschungspraxis (etwa in Mathematik, in den Naturwissenschaften, aber auch in der Religion), und sie verzichten immer häufiger auf die in den 70er Jahren noch legitimationsträchtige Übernahme von Theoriefragmenten aus der Allgemeinen Didaktik (vgl. die beiden Beiträge von Heursen).
- Im Gegenzug zu dieser auffälligen Konsolidierung fachdidaktischer Diskussionsstände ist bei einer Reihe von Fächern und schulischen Aufgabenfeldern eine produktive Verunsicherung durch die intensive Aufarbeitung neuerer Sozialisa-

tionstheorien und durch das Ernstnehmen jugendlicher Subkulturen und Protestbewegungen zu beobachten (vgl. die vier Beiträge zum Lernbereich Ästhetik und den Beitrag zur Friedenserziehung).
Es scheint also *unangemessen* zu sein, von einer „*Didaktik der 80er Jahre*" zu sprechen; es ist jedoch sinnvoll, eine „Zwischenbilanz" (vgl. Otto 1983) zu ziehen: Es gibt eine Ausdifferenzierung der Fragestellungen, eine deutliche Rücknahme überzogener Erwartungen an die Innovationsbereitschaft von Lehrern, Schülern und Schulpolitikern sowie eine nüchterne, zum Teil auch skeptische bis pessimistische Sicht der Schule, die in den Augen vieler Autoren dieses Bandes an die Grenzen ihrer Leistungsfähigkeit gekommen ist. Aber auch diejenigen Autoren, die sich polemisch oder sachlich-nüchtern von der überkommenen Schulinstitution und von konventionellen Didaktiken abgrenzen (vgl. die Beiträge von Oehlschläger, Fuhr, Busch/Klane, Sandhaas), tun dies im Rekurs auf einen aufgeklärten Bildungsbegriff. Die seit Beginn der Aufklärung für die Pädagogik virulente Frage, ob die Mündigkeit des Individuums und die Freiheit, sich seines Verstandes ohne Anleitung anderer zu bedienen, mit dem Anspruch des Staates, legitime Gewalt zu seiner eigenen Reproduktion anzuwenden, zu versöhnen seien, wird neu und vielleicht noch radikaler als in den 60er und 70er Jahren gestellt. Die Antwort auf diese Frage bleibt in diesem Band offen.
Der Lexikonteil des Bandes 3 enthält einen auffälligen Block mit Beiträgen zur „*Alltagskultur*"; die Aufnahme dieser Artikel in eine erziehungswissenschaftliche Enzyklopädie bedarf gesonderter Rechtfertigung. Das Interesse von Sozial- und Kulturwissenschaftlern an der Alltagskultur ist seit der „Alltagswende" in diesen Disziplinen bekannt und viel beredet, die Funktion der Alltagskultur(en) für den Erziehungsprozeß ist jedoch – auch wenn die Einsicht in die Abhängigkeit des Erziehungserfolges von „Wohnstube" und „Umwelt" so alt wie die Pädagogik selbst ist – nur erst in geringem Umfang theoretisch aufgearbeitet worden. Während im 19. und in der ersten Hälfte des 20. Jahrhunderts dasjenige, was wir heute als Alltagskultur bezeichnen, zumeist noch nicht als „Kultur" akzeptiert, sondern als „Umgang" oder „Milieu" in das Blickfeld der Erziehungswissenschaft geriet, dabei in seiner „alltäglichen Erscheinung und vielleicht grausamen Realität" (WENIGER 1952, S. 89) eher als Behinderung und Gefährdung des Erziehungsprozesses betrachtet wurde, so wächst heute, in den 80er Jahren, die Einsicht in die Erziehungsmächtigkeit der Alltagswelt, in ihre positive Bedeutung für Identitätsbildung und planmäßige Lehre (vgl. PAZZINI 1983), ja es wird eilends an die „vergessenen Zusammenhänge" zwischen (Alltags-)Kultur und Erziehung erinnert und gefordert, eine „pädagogische Kultur der Gesellschaft" (MOLLENHAUER 1983, S. 20) zu entfalten. Von einer systematischen Aufarbeitung der Erziehungsmächtigkeit der Alltagskultur, die mit dem in den einzelnen Fachdidaktiken erreichten Diskussionsstand vergleichbar wäre, kann jedoch noch keine Rede sein. Der Hinweis auf Forschungsdefizite wiederholt sich in den Beiträgen stereotyp. Vielleicht liegt die Funktion des Begriffs „Alltagskultur" bisher lediglich in einer nobilitierenden Geste gegenüber dem bis dahin mit Mitteln der Ideologiekritik als Hort des falschen Bewußtseins Entlarvten. Die begriffsgeschichtliche Widersprüchlichkeit von „Alltag" (als dem Uninteressanten, der Wiederholung und Routine) und „Kultur" (als dem Verfeinerten, Besonderen und Originellen) fällt im oft resignativen Bewußtsein gegenwärtiger erziehungswissenschaftlicher Diskussion kaum mehr auf.
Die vorläufigen Einblicke der Erziehungswissenschaftler in die Alltagskulturen haben unterschiedliche Reaktionen zur Folge: Einmal wird mit Erleichterung festgestellt, daß die eigene Verantwortung für die intentionale Erziehung begrenzt sei,

Vorwort

zum anderen wächst die Begehrlichkeit von Praktikern und Theoretikern, neue Handlungsfelder zu erschließen, neuerliche Institutionalisierungsversuche zu wagen, „Schule" und „Leben" zu verknüpfen. Dabei wird die naheliegende Frage, ob die Erziehungswissenschaft durch diese willfährige Übernahme neuer Aufgaben überfordert werden könnte, nur selten gestellt. Diese Ausblendung kritischer Aufmerksamkeit ist jedoch nicht zufällig; sie scheint sich der Enttäuschung über die geringe Effektivität der in der Tradition der bürgerlichen Aufklärung stehenden Versuche der Bildungsreform aus den 60er und 70er Jahren zu verdanken, in denen die „Wende zum Besseren" im reformbedürftigen Schulalltag vorrangig durch die ideologiekritische Erneuerung von Inhalten und Zielen des Unterrichts zu bewirken versucht wurde. Trotz des im Rahmen dieser Versuche durchaus erzielten „besseren Wissens" über die kritisierten schlechten gesellschaftlichen Zustände tauchten zählebige psychische, emotionale und institutionelle Widerstände gegen die geplanten Reformmaßnahmen auf, die mit Überzeugungsarbeit allein nicht zu überwinden waren. Die Ursprünge dieser Widerstände wurden dann im „Alltag" der Kinder und Jugendlichen gesucht, gefunden und – zumeist vorschnell – durch neue Überbrückungshilfen zwischen Schule und Leben zu beheben versucht. Es bleibt jedoch fraglich, ob dysfunktionale Nebenfolgen institutionalisierter Erziehung durch noch mehr Institutionalisierung behoben werden können. Bevor der „Lehrplan des Alltags" beschrieben werden kann, muß offensichtlich erst einmal nach den „einheimischen Begriffen" der Alltagskultur gefahndet werden. Andernfalls bestünde die Gefahr, durch vorschnelle pädagogische Vereinnahmung die Erziehungsmächtigkeit der Alltagskultur zu zerstören.

Bedingt durch den vergleichsweise langen Entstehungszeitraum, stammen die Manuskripte aus den Jahren 1980 bis 1985 und sind, wo notwendig, vor Drucklegung noch einmal überprüft worden.

Allen Beiträgern und Mitarbeitern bei einer mehrere Jahre umspannenden Arbeit danken wir ebenso wie den Berliner Editoren für Geduld und Kritik.

Hamburg/Oldenburg im Sommer 1984 und 1985	Hans-Dieter Haller Hilbert Meyer Gunter Otto Wolfgang Schulz

BENNER, D.: Grundstrukturen pädagogischen Denkens und Handelns. In: Enzyklopädie Erziehungswissenschaft, Bd. 1, Stuttgart 1983, S. 283 ff. BENNER, D. u. a.: Entgegnungen zum Bonner Forum „Mut zur Erziehung", München/Wien/Baltimore 1978. BLANKERTZ, H.: Theorien und Modelle der Didaktik, München 1969. BREZINKA, W.: Metatheorie der Erziehung, München/Basel 1978. FEND, H.: Sozialisierung und Erziehung, Weinheim/Basel 1969. HEIMANN, P.: Didaktik als Theorie und Lehre. In: D. Dt. S. 54 (1962), S. 407 ff. KLAFKI, W.: Zum Verhältnis von Didaktik und Methodik. In: KLAFKI, W. u. a.: Didaktik und Praxis, Weinheim/Basel 1977, S. 13 ff. KLAFKI, W.: Neue Studien zur Bildungstheorie und Didaktik, Weinheim/Basel 1985. KLINGBERG, L.: Einführung in die Allgemeine Didaktik, Berlin (DDR) 1972. MOLLENHAUER, K.: Theorien zum Erziehungsprozeß, München 1972. MOLLENHAUER, K.: Vergessene Zusammenhänge. Über Kultur und Erziehung, München 1983. OTTO, G: Zur Etablierung der Didaktiken als Wissenschaften. In: Z. f. P. 29 (1983), S. 519 ff. PAZZINI, K.-J.: Die gegenständliche Umwelt als Erziehungsmoment, Weinheim/Basel 1983. ROTH, H.: Skizze einer Theorie des Erziehungsfeldes. In: ROTH, H.: Erziehungswissenschaft, Erziehungsfeld und

Lehrerbildung, Hannover/Berlin/Darmstadt/Dortmund 1967, S. 193 ff. RUMPF, H.: Die übergangene Sinnlichkeit. Drei Kapitel über Schule, München 1981. SCHWENK, B.: Erziehung. In: Enzyklopädie Erziehungswissenschaft, Bd. 1, Stuttgart 1983, S. 386 ff. WENIGER, E.: Didaktik als Bildungslehre, Teil 1: Theorie der Bildungsinhalte und des Lehrplans, Weinheim 1952. WICHMANN, O.: Eigengesetz und bildender Wert der Lehrfächer, Halle 1930. WINNEFELD, F. u. a.: Pädagogischer Kontakt und pädagogisches Feld, München/Basel 1957.

Handbuch

A   Theorien didaktischen Handelns

Bijan Adl-Amini

Ebenen didaktischer Theoriebildung

1　Aufgabe der Didaktik
2　Systematisierung des Begriffs „Didaktik"
3　Ebenen der Didaktik
3.1　Didaktik als Zieltheorie
3.2　Didaktik als Prozeßtheorie
3.2.1　Der Prozeß der Lehrplananalyse
3.2.2　Der Prozeß der Lehrplankonstruktion
3.3　Didaktik als Handlungstheorie
3.3.1　Zum Begriff „Handlung"
3.3.2　Die „Didaktische Analyse"
3.3.3　Das „Berliner Modell"
3.3.4　Das „Hamburger Modell"
4　Didaktik und Methodik

Zusammenfassung: Ausgehend von einem umfassenden Begriff von Didaktik, der zwischen Individuum und Gesellschaft dialektisch vermittelt, werden drei Ebenen didaktischer Theoriebildung entfaltet. Die erste Ebene, Didaktik als *Zieltheorie,* befaßt sich mit den globalen Ziel- und Wertvorstellungen einer Gesellschaft. Die zweite Ebene, Didaktik als *Prozeßtheorie,* analysiert den Lehrplan als repräsentativen Träger jener globalen Ziel- und Wertvorstellungen. Die dritte Ebene, Didaktik als *Handlungstheorie,* beschäftigt sich mit Modellen der Unterrichtsplanung. Auf der Folie dieser drei Ebenen der Didaktik wird schließlich das Verhältnis von Didaktik und Methodik bestimmt.

Summary: Taking as its starting point a comprehensive concept of didactics as a dialectic mediator between the individual and society, this article develops three levels of the formation of didactic theory. The first level, didactics as *target theory,* deals with the global targets and values of a society. The second level, didactics as *process theory,* analyses the curriculum as the representative of these global targets and values. The third level, didactics as *action theory,* is concerned with instructional models of planning. These three planes act as a foil in determining the relationships between didactics and methods of teaching.

Résumé: Partant d'une notion générale de la didactique, notion qui concilie dialectiquement individu et société, on développe trois niveaux de formation de la théorie didactique. Le premier niveau, didactique en tant que *théorie de l'objectif,* s'occupe des représentations globales des buts et des valeurs d'une société. Le deuxième niveau, didactique comme *théorie de processus,* analyse le programme d'enseignement en tant que porteur représentatif de ces représentations de buts et de valeurs. Le troisième niveau, didactique en tant que *théorie de l'action,* traite de modèles de planification d'enseignement. Sur la base de ces trois niveaux, on détermine, enfin, la relation entre didactique et méthodes d'enseignement.

Bijan Adl-Amini

1 Aufgabe der Didaktik

Didaktik in einem umfassenden Sinne hat die Aufgabe, zwischen dem Individuum und der Gesellschaft zu vermitteln. Globale Ziel- und Wertvorstellungen der Gesellschaft sind abstrakt und können nicht direkt vermittelt werden. In den Lehrplänen finden sie gleichsam einen materialen Träger, der sie vermittelbar zu machen verspricht. Jeder Lehrplan ist daher Repräsentant gesellschaftlich-kultureller Wertvorstellungen, Strukturen, Ziele und Objektivationen. Nennt man diese der Einfachheit halber „Objekt", so hat die Didaktik zwischen dem Individuum als Subjekt und diesem Objekt dialektisch zu vermitteln, das heißt, eine Synthese herzustellen. Von einer Synthese im Sinne der Philosophie HEGELS (vgl. 1978/1981) kann nicht gesprochen werden, wenn die Objekte dem Subjekt derart verabreicht werden, daß sie ihm äußerlich bleiben, und wenn das Objekt für die Wert- und Zielvorstellungen der Gesellschaft nicht repräsentativ ist. Bezeichnet man die gelungene Synthese zwischen Individuum und Gesellschaft als „Bildung", so meint dieser Terminus die gegenseitige Durchdringung von Subjekt und Objekt. Durch die Auseinandersetzung mit den Objekten verändert sich das Subjekt, entfaltet seine Persönlichkeit und wird reif für phantasievolle, kreative und vernünftige Veränderung der globalen Ziel- und Wertvorstellungen der Gesellschaft.
Betont man einseitig den Objektpol, so vernachlässigt man das Subjekt und seine Persönlichkeitsentfaltung. Das ist in einer Reihe von didaktischen Theorien geschehen, die unter Theorien der „materialen Bildung" bekannt geworden sind (vgl. BLANKERTZ 1969, S. 37 ff.). Gestützt werden solche Bildungstheorien durch kulturtheoretische Annahmen, die von einer gewissen Parallelität zwischen der geistigen Entwicklung des Subjekts und der historischen Entwicklung der Kultur ausgehen. Spranger spricht von „Homologie" zwischen Ich und Kultur. Damit ist gemeint, daß die geistige Entwicklung des Subjekts Regeln folgt, nach denen auch die Kultur im historischen Prozeß entstanden ist. Daraus folgt: Das Ich ist nur dann gebildet, wenn in ihm die geistigen Akte hergestellt worden sind, die als „ewige Aufbauprinzipien" gelten (SPRANGER 1982, S. 100). Nach materialen Bildungstheorien entfaltet sich die Persönlichkeit des Subjekts, wenn es ihm gelingt, vielfältige Kulturgüter geistig zu verarbeiten. Lernen wird hier sozusagen „verinhaltlicht", das heißt im Idealfall auf Enzyklopädismus ausgerichtet. Lerngegenstände haben zumeist normativen Wert.
Betont man hingegen einseitig den Subjektpol, so erhält das Objekt lediglich einen funktionalen Stellenwert in bezug auf die jeweilige körperlich-psychisch-mentale Entwicklungsstufe des Subjekts. Erkenntnisobjekte, Erfahrungsbereiche, Lerngegenstände und -anlässe werden auf bestimmte Altersstufen verteilt. Sie dienen der Vervollkommnung der sich bildenden und entwickelnden Formkräfte des Individuums. Erfahrung im Leben und Erleben in der Erfahrung sind eher formbildende Kräfte als Bücher. „Ich hasse Bücher!" schreibt 1762 Rousseau. „Sie lehren nur, von dem zu reden, was man nicht weiß" (ROUSSEAU 1971, S. 179). Da hier das Ziel in der vollen Entfaltung der Formkräfte des Individuums besteht, sind die didaktischen Theorien dieser Richtung unter „formalen Bildungstheorien" bekannt geworden (vgl. MENZE 1970, S. 159 f.). Von Pestalozzi und Rousseau über die Reformpädagogik bis hin zu Summerhill finden wir zahlreiche Variationen desselben pädagogisch-didaktischen Denkens und Handelns vom Kinde aus. Es ist dabei auffällig, daß die Verwirklichung dieser pädagogischen Konzeptionen mit dem Charisma der Erzieherpersönlichkeit steht und fällt. Das mag der Grund dafür sein, daß solche didaktischen Nischen nicht dauerhaft besetzt bleiben können. Von wenigen Ausnah-

men abgesehen (wie etwa Waldorfpädagogik), haben sie sich als nicht institutionalisierbar erwiesen.
Eine Balance zwischen dem Lernsubjekt und dem Lerngegenstand kann weder in der einseitigen Betonung des einen noch des anderen Pols hergestellt werden. Die dialektische Vermittlung von Subjekt und Objekt bleibt hier wie dort aus. Die Alternative: materiale oder formale Bildung, ist eine falsche. Klafki hat die Notwendigkeit der gegenseitigen Ergänzung der beiden Extrempositionen in der Formel „kategoriale Bildung" gefaßt, die durch eine systematische „gedankliche Klärung" (KLAFKI 1959, S. 289) gewonnen werden konnte: „Bildung ist kategoriale Bildung in dem Doppelsinn, daß sich dem Menschen eine Wirklichkeit ‚kategorial' erschlossen hat und daß eben damit er selbst – dank der selbstvollzogenen ‚kategorialen' Einsichten, Erfahrungen, Erlebnisse – für diese Wirklichkeit erschlossen worden ist" (KLAFKI 1963, S. 44). Erst jetzt wird der Blick frei für die Einsicht in die didaktische Vermittlung. DERBOLAV bezeichnet diese Leistung als „die Geburtsstunde des modernen didaktischen Denkens, das sich langsam auf die Höhe seiner eigentlichen Möglichkeit emporzuarbeiten bemüht" (1971, S. 70).

2 Systematisierung des Begriffs „Didaktik"

Die Komplexität des Didaktikbegriffs zwingt immer wieder zu einer Reduktion. Vielfältige Reduktionen, also didaktische Konzeptionen, Modelle und Theorien, zwingen wiederum zu Systematisierungen (vgl. ASCHERSLEBEN 1983, BLANKERTZ 1969, NIPKOW 1968, PETERSSEN 1982, REICH 1977) oder zu Bestandsaufnahmen in Sammelbänden (vgl. ADL-AMINI/KÜNZLI 1980, DOHMEN/MAURER 1968, DOHMEN u. a. 1970, GEISSLER 1979, KÖNIG u. a. 1980, RUPRECHT u. a. 1972). Aus den zahlreichen Systematisierungsversuchen sollen im folgenden drei dargestellt und anschließend eine mögliche Variante diskutiert werden.
Bei der Klärung des Begriffs „Didaktik" unterscheidet KLAFKI (vgl. 1970a, S. 64 ff.) vier verschiedene Bedeutungen:
– Didaktik als Wissenschaft vom Lehren und Lernen in allen Formen und auf allen Stufen,
– Didaktik als Theorie des Unterrichts,
– Didaktik als Theorie der Bildungsinhalte und des Lehrplans und schließlich
– Didaktik als Theorie optimalen Lehrens und Lernens (etwa durch Lehrmaschinen).

Was das Verhältnis von Didaktik zur Methodik anbetrifft, so hat Klafki zuerst in Übereinstimmung mit Wenigers Lehrplantheorie (vgl. WENIGER 1952) einen Primat der Inhalte, das heißt der Didaktik im engeren Sinne vor der Methodik, konstatiert. Doch seit 1976 spricht Klafki vom Primat pädagogischer und didaktischer Intentionalität (vgl. KLAFKI 1976a).
Eine zweite Begriffsentfaltung hat v. HENTIG vorgenommen (vgl. 1969). Er unterscheidet drei Bestimmungen, nämlich Didaktik als Wissenschaft, als Entwurf (Korrelation) und als offenes System. In der ersten Bestimmung wird sie definiert als die „wissenschaftliche Erforschung davon, wie die verschiedenen Größen in den Unterrichtsvorgang eingehen (oder eingehen können) – von der Psyche des Kindes über den Zustand der Gesellschaft [...] bis hin zu den Lehrgegenständen". In der zweiten Bestimmung, die aus der ersten hervorgeht, wird Didaktik gefaßt als Entwurf für „den Austrag einer bestimmten, deutlich bezeichneten Bildungstheorie in einer bestimmten, genau beschriebenen Lage". Didaktik „in Form einer Bildungstheorie" formuliert etwa die Hypothese: „Wenn Unterricht das Ziel A will, wie sieht

dann das beste Verhältnis der Größen X zu Y zu Z aus?". In der dritten Bestimmung ist Didaktik ein offenes System für „Veränderungen, die sie selber noch hervorbringt" (vgl. v. HENTIG 1969, S. 251 f.). Hentig nennt ergänzend noch drei Voraussetzungen, nämlich erstens „Aussonderung der Bildungstheorie – nach dem Kriterium der Wissenschaftlichkeit". Das ist notwendig, weil Bildung als Bekenntnis gefaßt wird, etwa: Katholizismus, Humanismus, Marxismus. Die zweite Voraussetzung lautet: „Unterordnung der Methode – nach den Kriterien der Korrelation und Offenheit". Methodik wird bestimmt als ein „Arsenal von Daten und Möglichkeiten". Auf sie kann die Didaktik ebenso zurückgreifen wie auf das Subjekt, den Gegenstand, die Institution oder den sozialen Kontext. Die dritte Voraussetzung schließlich ist die „Einbeziehung des Fachwissens" (vgl. v. HENTIG 1969, S. 252 ff.).
Die dritte Begriffssystematik stammt von FLECHSIG/HALLER (vgl. 1975). Hier werden „Didaktik" und „didaktisches Handeln" als Synonyma verwendet. Darunter verstehen die Autoren die „Organisation von Lernprozessen menschlicher Individuen", wobei Handeln „mittelbares oder unmittelbares Einwirken auf Menschen und Sachen" meint (FLECHSIG/HALLER 1975, S. 13). Es werden folgende Ebenen didaktischen Handelns unterschieden:
„ – Gestaltung der institutionellen, ökonomischen, personellen und konzeptionellen Rahmenbedingungen (A-Ebene)
 – Gestaltung übergreifender Lehrplan- und Schulkonzepte (B-Ebene)
 – Gestaltung von Lernbereichen und Unterrichtskonzepten (C-Ebene)
 – Gestaltung von Unterrichtseinheiten (D-Ebene)
 – Gestaltung von Lehr-/Lernsituationen (E-Ebene)" (FLECHSIG/HALLER 1975, S. 14).
Was diese drei Begriffsexplikationen miteinander verbindet, ist die Einsicht, daß Didaktik nicht reduziert werden darf auf Bildung, Lehrplan, Unterricht oder Programmierung. Die Struktur des Begriffs „Didaktik" wird also in der Vielschichtigkeit der Gegenstände und Bereiche, auf die sie sich bezieht, gewonnen.

3 Ebenen der Didaktik

Die Analyse der Didaktik in einem umfassenden Sinne läßt drei Ebenen erkennen, die voneinander unterschieden und zugleich aufeinander bezogen sind. Auf der ersten Ebene ist Didaktik als *Zieltheorie* zu verstehen, weil es hier darum geht, der Vielfalt von Lehr- und Lerngegenständen, Begegnungen und Prozessen einen einheitlichen Sinn zu geben. Sodann läßt sich Didaktik auf der zweiten Ebene als *Prozeßtheorie* charakterisieren, weil sie das, was im Lehrplan kodifiziert ist, einem permanenten Analyse- und Konstruktionsprozeß unterzieht, und zwar im Hinblick auf die konstitutive Differenz zwischen unterstellter und tatsächlicher oder zeitgemäßer Repräsentativitätsfunktion des Lehrplans. Schließlich ist Didaktik als *Handlungstheorie* zu beschreiben, weil es auf der dritten Ebene darum geht, anhand von Modellen und Theorien des Unterrichts den Lehrer handlungsfähig zu machen für begründende Planung, kontrollierende Realisierung und analysierende Reflexion.

3.1 Didaktik als Zieltheorie

Auf der ersten Ebene der Didaktik gilt es, den Blick auf die globalen gesellschaftlich-kulturellen Ziel- und Wertvorstellungen zu richten. Dafür sind unterschiedliche Grundbegriffe erarbeitet worden. In der deutschen Erziehungswissenschaft hat der Begriff „Bildung" eine lange Tradition; in der angloamerikanischen Pädagogik

Ebenen didaktischer Theoriebildung

spricht man von „Philosophy of education" (vgl. BROUDY u. a. 1967, SMITH/BROUDY 1969). Zieltheorie in dem hier gemeinten Sinne bezeichnet nicht eine bestimmte, gerade aktuelle Fassung solcher Wertvorstellungen, sondern eine allgemeine, notwendige und unhintergehbare Zielvorstellung, in der die Einheit und der gemeinsame Sinn aller mannigfaltigen Bildungsaktivitäten gewahrt bleibt. In jeder Gesellschaft gibt es solche globalen Zielvorstellungen, etwa: Freiheit, Demokratie, sozialistische Persönlichkeit, christlich-religiöse Haltung, ... Für diese „höhere Zielgebung" verstellt man sich den Blick, so DERBOLAV, „wenn man Didaktik einfach mit Unterrichtslehre übersetzt" (1971, S. 68). Das Mannigfaltige, das Kinder in fünfzehntausend und mehr Stunden in den verschiedenen Fächern lernen (vgl. RUTTER u. a. 1980), würde insgesamt keinen Sinn haben, wenn es nicht durch eine Einheit stiftende Zielvorstellung zusammengehalten würde. Humboldt, der für die Gesamtheit aller Inhalte und Lerngegenstände das Wort „Welt" setzt, bezeichnet die höchste Aufgabe unseres Daseins als die „Verknüpfung unseres Ichs mit der Welt zu der allgemeinsten, regesten und freiesten Wechselwirkung" (v. HUMBOLDT 1960, S. 235 f.). Diese höchste Zielvorstellung hat man unterschiedlich benannt, etwa: Bildung, Mündigkeit, Emanzipation, Selbstbestimmung, Handlungsfähigkeit, ... Sie bildet das Fundament didaktischen Denkens und Handelns, auch wenn man nicht täglich mit ihr konfrontiert ist. Im Schulalltag wird diese erste Ebene der Didaktik wohl nicht permanent problematisiert werden können; dennoch agiert man stets innerhalb dieser Ebene. Man kann die unterschiedlichen Erscheinungsformen dieser didaktischen Ebene mit triftigen Gründen zurückweisen, wie die Abrechnungen mit dem Bildungsbegriff das belegen, trotzdem wird man um einen Ersatzbegriff nicht umhinkommen. „Eine zentrale Kategorie wie der Bildungsbegriff oder ein Äquivalent dafür ist unbedingt notwendig, wenn die pädagogischen Bemühungen nicht in ein unverbundenes Nebeneinander von Einzelaktivitäten auseinanderfallen sollen" (KLAFKI 1980, S. 11). Nicht eine bestimmte Erscheinungsform (formale, materiale, elementare, methodische, exemplarische) von Bildungstheorie ist hier gemeint, sondern eine allgemeine Zieltheorie. Als Vermittler zwischen Gesellschaft und Individuum hat die Didaktik die globalen Zielvorstellungen der Gesellschaft immer schon reflektiert, sich mehr oder weniger kritisch auf diese Basis gestellt. Hier ein Beispiel: „In unserer sozialistischen Schule ist der Unterricht ein hervorragendes Mittel der Persönlichkeitsentwicklung, der Bildung und Erziehung sozialistischer Menschen" (KLINGBERG O. J., S. 17 f.).

3.2 Didaktik als Prozeßtheorie

Globale Zielvorstellungen lassen sich nicht losgelöst von Inhalten vermitteln. Der Vollzug eines ersten Konkretisierungsschrittes wird nötig: Lehrpläne entstehen. Die Gesamtheit dessen, was der jüngeren Generation vom Kindergarten bis zur Hochschule vermittelt werden soll, damit gleichsam an mannigfaltigen Trägern die Einheit der Zielvorstellung als Bildung erfahrbar wird, zersplittert und verfächert sich in den Lehrplänen von Bildungsinstitutionen. Jeder Lehrplan ist das Resultat der Bemühung, die geeigneten Inhalte für die globale Zielvorstellung zu identifizieren. Das bedeutet, daß hinter jedem Schulfach ein geistiger Beitrag zu jener globalen Zielvorstellung vermutet werden muß. Hier liegt ein unlösbares Problem der Didaktik als Lehrplantheorie, weil eine eindeutige Zuordnung auch mit wissenschaftlichen Mitteln ausgeschlossen ist. Das ist der Grund, weshalb Lehrpläne letztlich Ergebnis politischer Entscheidungen sind. Humboldt hat das Problem mit schärfster Klarheit erkannt: „Es wäre ein großes und treffliches Werk zu liefern, wenn jemand die eigenthümlichen Fähigkeiten zu schildern unternähme, welche die verschiedenen Fächer der menschlichen Erkenntnis zu ihrer glücklichen Erweiterung voraussetzen" (v. HUMBOLDT 1960, S. 234). Man kann zwar behaupten, Mathematik schule das Denken, aber beweisen läßt sich das nicht. So kann man versuchen, bestimmte Fächer für eine bestimmte Schulstufe als notwendig zu begründen, aber die letzte Entscheidung darüber, ob und mit wieviel Stunden dieses Fach im Lehrplan vertreten sein darf, fällt in der Bildungspolitik. Auch die Tatsache, daß etwa Jura oder Medizin in den Lehrplänen kaum vertreten sind, hat nichts mit wissenschaftlicher Begründbarkeit zu tun. Wenn man sich aber für Jura und Medizin – gerade diese für das politische wie öffentliche Leben so fundamentalen Fächer – ohne jegliche schulische Vorkenntnisse sozusagen direkt auf der Hochschule qualifizieren kann, so erhebt sich die Frage, warum das nicht auch für eine Reihe anderer Fächer ebenso gelten soll. Hier zeigt sich, untrennbar verbunden mit jedem Lehrplan, ein Phänomen, das mit dem Ausdruck *konstitutive Differenz* belegt werden soll. Die Differenz zwischen der erklärten Absicht und der wirklichen Funktion des Lehrplans ist unaustilgbar. Mehr noch: Sie gehört schlechthin zu jedem Lehrplan, kennzeichnet ihn in besonderer Weise und macht jede – analytische wie konstruktive – Arbeit am Lehrplan zu einem unabschließbaren Prozeß. Jeder Lehrplan muß den Anspruch implizieren, für jene globalen Zielvorstellungen repräsentative Inhalte bereitzustellen. Ohne diesen intentionalen Anspruch wäre er sinnlos und dysfunktional. Zugleich gibt es keine Garantie für die Kongruenz von Intention und Wirkung (vgl. OELKERS 1982). Zu diesem grundsätzlichen Problem kommt hinzu, daß die Inhalte im Lehrplan immer nur als repräsentativ für jene globalen Zielvorstellungen gelten, es aber nicht sind. Die Differenz zwischen Gelten und Sein kann allenfalls temporär gering gehalten werden. Mit der raschen Wandlung, die sich in unserer Zeit vollzieht, verblaßt die Repräsentativität von Inhalten in immer kürzerer Zeit. Die Intervalle, in denen sich Notwendigkeit und Dringlichkeit einer Lehrplanrevision zeigen, werden stets kürzer. Didaktik als Theorie der Lehrplananalyse und Lehrplankonstruktion wird zur unabschließbaren Prozeßtheorie.

3.2.1 Der Prozeß der Lehrplananalyse

Der von WENIGER (vgl. 1952) vorgelegten Lehrplantheorie verdankt das didaktische Denken grundlegende Einsichten in die Struktur und Historizität des Lehrgefüges. Damit wird signalisiert, daß die Didaktik selbst historisch aufgefaßt werden muß: „Sie kann nicht ein für allemal gültige Einsichten hinstellen, sondern muß immer wieder neu sich um das Verständnis der sich wandelnden Lage bemühen" (WENIGER 1952, S. 4). Darin liegt der fundamentale Unterschied dieser Didaktik zu allen normativen Didaktiken, die von einer scheinbar überhistorisch gültigen und unveränderlichen Maxime beziehungsweise einem Gefüge mehrerer solcher Maximen ausgingen. Die aus diesen Maximen in einer erschlichenen Deduktion abgeleiteten Inhalte beanspruchten dann ebenfalls überhistorische Geltung. Weniger stellte demgegenüber die Frage: In welchem historischen Zusammenhang sind solche Lehrpläne zustande gekommen? Und er antwortete, daß Lehrpläne eine Art Konsens der in einer Gesellschaft herrschenden Gruppen wie Kirchen, Verbände, Institutionen, Wirtschaft, aber auch des Staates selbst wiedergeben. Diese Gruppen stabilisieren ihre gesellschaftliche Macht dadurch, daß sie ihre Zielvorstellungen in den schulischen Lehrplänen geltend machen und dadurch Einfluß auf die nachfolgende Generation zu gewinnen versuchen. „Der Kampf um den Lehrplan ist [...] ein Kampf geistiger Mächte" (WENIGER 1952, S. 21). Jeder Lehrplan spiegelt also das jeweilige

Kräfteverhältnis gesellschaftlicher Mächte wider. So nimmt er eine entscheidende Nahtstelle zwischen Politik und Schule, zwischen Gesellschaft und Kind ein. Der Lehrplan ist Träger von Zielvorstellungen, vektorielles Ergebnis und Repräsentant des geistigen Besitzes. „Dieser geistige Besitz, den der Lehrplan umschreibt, ist nicht stofflich gemeint; der im Lehrplan angegebene Stoff ist vielmehr nur ein Mittel, um an ihm die geistigen Kräfte und Gehalte auszudrücken, auf die es ankommt" (WENIGER 1952, S. 63). Diejenige Instanz, die in diesem Kampf für Ausgleich sorgt und damit regulierend fungiert, ist der Staat. Den Begriff „Staat" verwendet Weniger polyvalent (vgl. BLANKERTZ 1969, S. 43 f.; vgl. KLAFKI 1970 b, S. 74 ff.). Er taucht zunächst in der Bedeutung eines realen Machtfaktors neben den anderen Interessengruppen auf, sodann als idealler Regulator, der trotz des Kampfes geistiger Mächte für die Stiftung eines einheitlichen Sinnes der Lehre, also für die Bildung, verantwortlich ist, und schließlich als Garant einer relativen pädagogischen Autonomie. Die dem Staat zugemutete Doppelfunktion, zugleich Bildungsphilosophie/Bildungstheorie und Bildungspolitik zu betreiben, ist vermutlich auf eine fehlende Differenzierung zwischen der ersten und zweiten Ebene der Didaktik zurückzuführen. Die Fusion von Einheit stiftender Bildungsidee und realer Macht verursacht Konfusion.

Wenigers Analyse des Lehrplans hat indessen in prägnanter Weise deutlich gemacht, daß Veränderungen im Lehrplan stets Ausdruck veränderter Machtverhältnisse sind. In jeder auch nur scheinbar nebensächlichen Änderung des Lehrplans können sich „schwerwiegende geistige Entscheidungen ausdrücken" (WENIGER 1952, S. 22). Da die gesellschaftlichen Kräfte ihre jeweils neuen Formationen durch entsprechende Lehrplanänderungen zur Geltung bringen, sei „nicht zu erwarten, daß Lehrpläne ein Menschenalter überdauern" (WENIGER 1952, S. 63). Hier zeigt sich der Prozeßcharakter der Didaktik, die auf der zweiten Ebene die Theorie des Lehrplans zum Gegenstand hat. Analyse und Konstruktion von Lehrplänen ist ein nie abschließbarer Prozeß, der durch die konstitutive Differenz im Lehrplan bedingt wird. Jeder Lehrplan hat nur eine Geltung auf Zeit. Er muß revidiert und erneuert werden, wenn die Differenz zwischen beanspruchter und tatsächlicher Repräsentativität manifest geworden ist.

3.2.2 Der Prozeß der Lehrplankonstruktion

In der Lehrplantheorie von ROBINSOHN (vgl. 1967) tritt die konstitutive Differenz in ähnlicher Weise auf. Allerdings bildet sie bei Robinsohn nicht den Motor für die Analyse, sondern für die Konstruktion und Revision des Lehrplans. Terminologisch festzuhalten wäre zunächst, daß Robinsohn zur „Bezeichnung dessen, was mit Bildungskanon, Lehrgefüge, Lehrplan jeweils ungenau oder nur partiell erfaßt ist", den Begriff „Curriculum" verwendet (ROBINSOHN 1967, S. 1). Seine Zentralthese lautet: Bildungsreform muß über die Aktualisierung der Curricula erfolgen, die den Erfordernissen der Zeit entsprechend revidiert werden müssen. Bei der Aktualisierung soll auf Methoden zurückgegriffen werden, die rationale Analyse und begründete Entscheidung ermöglichen (vgl. ROBINSOHN 1967, S. 1). Die Favorisierung der Reform der Inhalte etwa gegenüber der der Strukturen und Schulformen ergibt sich folgerichtig aus Robinsohns Verständnis von Bildung und Erziehung als Ausstattung des jungen Menschen mit Qualifikationen, die notwendig sind, damit er die Lebenssituationen bewältigen kann, vor denen er steht oder stehen wird. Der Funktionsmechanismus scheint bestechend einfach zu sein. Zunächst müssen die Lebenssituationen identifiziert, sodann die Inhalte, die zu ihrer Bewältigung qualifizieren, gewählt und schließlich vermittelt werden. Dieser Regelkreis bildet das Fundament für die rationale Entscheidung über die Auswahl der Inhalte. Einen derartigen Begründungszusammenhang zu liefern, hätte die geisteswissenschaftliche Lehrplantheorie versäumt. Es sei eine „Selbstbeschränkung der Didaktik [...], daß sie von einem vorgefundenen Kanon von Wissensgebieten und Wissenschaften ausgeht", ohne danach zu fragen, wer welche Inhalte mit welcher Begründung in den Lehrplan aufgenommen hat (ROBINSOHN 1967, S. 25 ff.). Diese Lücke zu schließen ist die erklärte Absicht von Robinsohns Programmschrift. Der Erziehungswissenschaft soll „ein Gebiet erschlossen werden, für das Methoden erst aufgefunden, Instrumente erprobt werden müssen" (ROBINSOHN 1967, S. 44). Nur so könne die Rückständigkeit von Lehrplänen rational beseitigt und der jedem Lehrplan unterstellte Anspruch auf Repräsentativität überprüft werden. Bildungsinhalte sollen dadurch „aus Beliebigkeit und diffuser Tradition" gelöst und „in Form rationaler Analyse und – soweit möglich – objektivierter Alternativen" ermittelt werden (ROBINSOHN 1967, S. 1, S. 44).

Das Modell zur Curriculumrevision wird von drei Gesichtspunkten geleitet, nämlich Auswahlkriterien, Verfahren und Instanzen. Robinsohn nennt folgende Auswahlkriterien:

„1. die Bedeutung eines Gegenstandes im Gefüge der Wissenschaften.
2. die Leistung eines Gegenstandes für Weltverstehen, d. h. für die Orientierung innerhalb einer Kultur und für die Interpretation ihrer Phänomene" und schließlich
„3. die Funktion eines Gegenstandes in spezifischen Verwendungssituationen des privaten und öffentlichen Lebens" (ROBINSOHN 1967, S. 47). Als Verfahren, mit denen „Relevanz und Adäquanz von Bildungsgegenständen an den genannten Kriterien optimal gemessen werden", führt ROBINSOHN (1967, S. 48) folgendes aus:

– Die Relevanz eines Gegenstandes „ist aus der Erfahrung der Wissenschaft selbst heraus zu beantworten".
– Die Relation zwischen Gegenstand und Qualifikation kann durch bewährte psychologische Theorien erfolgen oder durch überprüfbare Hypothesen ermittelt werden.
– Für die Feststellung erforderlicher Qualifikationen müssen Arbeitsplatz- und Arbeitsmarktanalysen durchgeführt werden.

Als Instanzen nennt Robinsohn Fachwissenschaftler, Repräsentanten der wichtigsten Verwendungsbereiche für das Gelernte und schließlich Vertreter der anthropologischen Wissenschaften, zu denen auch die Erziehungswissenschaft zählt (vgl. ROBINSOHN 1967, S. 49 ff.).

Nimmt man beides zusammen, den Regelkreis und die drei Gesichtspunkte, so ist unübersehbar, daß bei der Revision des Curriculum die Fachwissenschaftler ein erhebliches Gewicht haben. Robinsohn verkennt zwar nicht die „Gefahr eines fachspezifisch verzerrten Weltbildes", läßt es jedoch bei einem indirekten Appell bewenden: „Aber auch der Wissenschaftler kann auf eine Verantwortung für die Rolle seiner Wissenschaft in Bildung und Erziehung hingewiesen werden" (ROBINSOHN 1967, S. 50). An den Bildungskritiker Robinsohn wäre nun die Frage zu richten, ob Bildung in Fachwissenschaften aufgehen oder durch Fachwissenschaften ersetzt werden kann. Robinsohn scheint die Didaktik als Zieltheorie in Didaktik als Prozeßtheorie auflösen zu wollen. Das wäre eine didaktische Reduktion, wie er sie selbst den Bildungstheoretikern vorwirft. Robinsohn „säkularisiert" sozusagen die Bildungstheorie, indem er Bildung als Ausstattung des Menschen mit Qualifikationen definiert. Aber die Einheit von disparaten Lebenssituationen überantwortet er den lebensfremden Fachwissenschaften. Mit der Reduktion der Didaktik auf den

Prozeß der Aktualisierung des Lehrplans wird die Frage nach der Einheit stiftenden Gesamtidee eskamotiert. Der Verzicht auf die die Einheit der Lebenssituationen wahrende Bildung ist offenbar der Preis für die rationale Begründung der Inhaltsauswahl, die die diffuse Bildungstradition überwinden sollte. Robinsohn muß die Grenzen seines Revisionsprogramms wohl gespürt haben; wie sonst ließe sich erklären, daß er selbst zu der diffusen Formulierung von der „Leistung eines Gegenstandes für Weltverstehen" Zuflucht nimmt (ROBINSOHN 1967, S. 47)?

Indessen, das Hauptproblem in diesem Modell der Lehrplankonstruktion ist möglicherweise die Zeit. Von der Identifikation der Lebenssituationen über die funktionale Auswahl von Bildungsinhalten und deren Aufbereitung, erfolgreicher Erprobung, Evaluation, Genehmigung und Dissemination bis hin zum wissenschaftlich eindeutigen Nachweis, daß das Curriculum X tatsächlich zur Bewältigung der Lebenssituation Y qualifiziert, vergeht so viel Zeit, daß die angepeilte Lebenssituation möglicherweise längst veraltet und nicht mehr aktuell ist. Hatte noch Weniger 1952 festgestellt, daß Lehrpläne wohl kaum ein Menschenalter überdauern könnten, so ist heute angesichts des rascher sich vollziehenden gesellschaftlichen Wandels der Problemdruck wesentlich höher. Wahrscheinlich ist in manchen Gebieten der Lehrplan schon veraltet, wenn er in den Druck geht. Der Prozeß der Lehrplananalyse und -konstruktion kann langsamer sein als die eintretende Rückständigkeit, die bei Robinsohn Motor der Revision ist. Die Rückständigkeit des Lehrplans wächst also schneller, als der wissenschaftlich initiierte Aktualisierungsprozeß nachkommen kann. Die konstitutive Differenz des Lehrplans, die in Wenigers Lehrplantheorie zu politischen Entscheidungen veranlaßt, wenn sie zu offenkundig wird, muß bei Robinsohn, der auf rationale Inhaltsauswahl setzt, zur dauerhaften Rückständigkeit des Curriculum führen. Dies haben Robinsohns Schüler erkannt. Sie haben sich frei gemacht sowohl von dem Regelkreis: Lebenssituation – Curriculum – Qualifikation, als auch von dem empirischen Nachweis der eindeutigen Zuordnung von Planungsintention und Wirkungseffekt. Da in der zwischenmenschlichen Beziehung Kausalpläne nie ohne Rest aufgehen und insofern „falsch" sind (vgl. LUHMANN/SCHORR 1982, S. 18), hat Zimmer, ein Schüler von Robinsohn, zusammen mit anderen den Situationsansatz entwickelt. Die Relevanz bestimmter Lebenssituationen wird nicht bewiesen, sondern konstatiert. Nun kann didaktische Bemühung phantasievolle Curricula produzieren (vgl. ZIMMER 1973).

3.3 Didaktik als Handlungstheorie

Gegenstand der Didaktik auf der dritten Ebene ist der Unterricht. Seine Analyse und Planung, Durchführung und Kontrolle, Reflexion und Kritik stehen im Zentrum der Didaktik als Unterrichtstheorie. Im konkreten unterrichtlichen Handeln sollen die globalen Zielvorstellungen, tradierten Werte und Strukturen (vgl. 3.1), die ihre materialen Träger im Lehrplan gefunden haben (vgl. 3.2), nunmehr konkret vermittelt werden. Unterricht ist der pädagogische Ort, an dem die Synthese zwischen Gesellschaft und Individuum stattfinden soll. Die Didaktik hat hierfür Theorien und Modelle entwickelt. Sie sollen dem Lehrer helfen, den Unterricht zu planen, zu analysieren und zu kontrollieren. Eben dies macht den Charakter des Unterrichtens als Handlung aus.

Bijan Adl-Amini

3.3.1 Zum Begriff „Handlung"

DANTOS Formulierung: „verursachen, daß etwas geschieht" (1977, S. 89), scheint eine allgemeine Beschreibung des Handelns zu sein. Darin liegt der Unterschied zu bloßem Tun oder zu Vorgängen wie Niesen oder Gähnen (vgl. RAYFIELD 1977, S. 71). Ob nun Einschlafen oder Stolpern als Handlung betrachtet werden kann? Die analytische Handlungstheorie befaßt sich intensiv mit derartigen Problemen (vgl. BEKKERMANN 1977, MEGGLE 1977). In der deontischen Logik schreibt v. WRIGHT: „Handeln heißt, intentional (‚willentlich') eine Veränderung in der Welt (der Natur) bewirken oder verhindern" (1977, S. 83). Wo etwas mit Willen und Absicht vollbracht wird, muß Verantwortung übernommen werden. Der Zusammenhang zwischen Handlung und Verantwortung ist bereits in der klassischen Arbeit von HART (vgl. 1948/1949) herausgestellt worden (vgl. dazu FEINBERG 1977). Handlungstheorie ist indessen nicht mehr ein Gegenstand der Logik oder Philosophie (vgl. BUBNER 1976), sondern in den Sozialwissenschaften, der Literaturwissenschaft und Linguistik zu einer Art Modeerscheinung geworden (vgl. LENK 1977 ff.). Die Lektüre all der Ansätze und Werke verwirrt allerdings auch. Denn: „Was Handlung – eigentlich – sei, vermag niemand in allgemein verbindlicher Weise zu sagen" (SCHMALT 1982, S. 199). Das ist ein desolater Zustand, der durch leichtfertig inflationäre Rezeption verschlimmert wird. OELKERS (1982, S. 140) stellt fest, daß die Häufigkeit etwa der Verwendung des Ausdrucks „pädagogisches Handeln" „im umgekehrten Verhältnis zur Güte seiner philosophischen Klärung" steht. Er findet den gemeinsamen Nenner vieler Handlungstheorien in dem Begriffspaar: Intention und Wirkung, das als Struktur pädagogischen Handelns gilt. Oelkers arbeitet drei Dilemmata in dem Hiatus zwischen Intenion und Wirkung heraus: das Dilemma zwischen Vorsatz und Ad-hoc-Reaktion, zwischen Planung und Überraschung und zwischen Erwartung und Bestätigung (vgl. OELKERS 1982, S. 163 f.). Auch wenn es einleuchtet, daß zwischen Kommunikation und Handeln schwer unterschieden werden kann (vgl. BAACKE 1976, S. 35 f.) und daher pädagogisches zugleich kommunikatives Handeln ist (vgl. MOLLENHAUER 1972, S. 15), läßt sich nicht bestreiten, daß auch kommunikatives Handeln etwa im Unterricht im Spannungsfeld zwischen Intention und Wirkung steht.

Didaktik könnte auf allen drei Ebenen als Handlungstheorie bezeichnet werden, weil es überall darum geht, bestimmte Wirkungen bei der jüngeren Generation zu erzielen. Handlung weitet sich so zu einem alles umfassenden Begriff aus, womit er auch leer wird. Es ist daher nötig, Handlung in einem eingegrenzten Sinne zu verwenden, um deutlich zu machen, worum es auf dieser Ebene der Didaktik geht. Konkret: Wenn der Chemielehrer eine Unterrichtseinheit plant, verfolgt er eine Intention und will eine Wirkung erzielen. Aber diese Ziele sind Fachziele. Das Insgesamt aller Fachziele und sonstigen erzielten Wirkungen der Schule als Institution hat er nicht zugleich im Auge. Wenn das Ergebnis der gesamten schulischen Lehre „Bildung" heißt, so verfolgt der Lehrer nicht das Ziel „Bildung", wenn er konkret eine Unterrichtsstunde vorbereitet. Wahrscheinlich wird der Lehrer bei der Unterrichtsplanung nicht einmal über den Zweck seines Unterrichts für die Bildung seiner Schüler nachdenken, geschweige denn über den Sinn von Bildung und Erziehung überhaupt. Kurz: Die Ebene der globalen Zielsetzung ist eine andere als die Ebene der Unterrichtsziele. Verwirrung entsteht nun, wenn man für die globale Zielsetzung, also für „Bildung" oder „Mündigkeit", das Modewort „Handlung" oder „Handlungsfähigkeit" setzt und dadurch die Suggestion hervorruft, als würde jeder Lehrer in jeder Unterrichtsstunde Emanzipation, Mündigkeit oder Handlungsfähigkeit bewirken.

Um diese Gleichsetzung zu vermeiden, wird Handlung im folgenden in einem engeren Sinne gebraucht, und zwar als „theoriegeleitetes Tun". Dieses ist zielgerichtet, und zwar auf die Unterrichtsziele, die mit den Globalzielen kompatibel sind, es ist intentional, weil der Lehrer anhand von didaktischen Modellen, die er implizit oder explizit bei seiner Unterrichtsplanung verwendet, seinen Unterricht vorbereitet und kontrolliert durchführt, und es bürdet dem Lehrer pädagogische Verantwortung auf (vgl. KLAFKI 1963, S. 49 ff.). In diesem eingeschränkten Sinne kann nur auf der dritten Ebene der Didaktik von „Handlung" gesprochen werden. Was der Lehrer also tut, ist ein bewußtes, reflektiertes, zielgerichtetes und auf Wirkung angelegtes Tun. Didaktik ist hier Handlungstheorie, weil sie dem Lehrer hilft, den Unterricht theoriegeleitet zu planen, kontrollierend zu realisieren und analysierend zu reflektieren.

Auf zwei Probleme sei noch hingewiesen. Zum einen sind die Kenntnisse darüber, wie Lehrer Unterricht planen, überaus lückenhaft. Dies gilt auch dann, wenn der Unterrichtsentwurf so aussieht, als ob er nach der „Didaktischen Analyse" oder dem „Berliner Modell" vorbereitet worden wäre. Es gibt zwar Untersuchungen darüber, wie Lehrer denken, wenn sie Unterricht planen. Man läßt die Lehrer laut denken, um herauszufinden, welche impliziten Theorien der Unterrichtsplanung sie verwenden (vgl. CLARK/YINGER 1977). Im theoriegeleiteten Tun jedoch durchläuft der Lehrer eine der Unterrichtsforschung bislang undurchsichtig gebliebene Zone, die mit dem Begriff „Grauzone der Didaktik" belegt worden ist (ADL-AMINI 1980). Zum anderen geht kein Unterricht in Planungsentwurf und Realisierung auf. Es bleibt immer ein Rest, der mit den von Oelkers herausgearbeiteten Dilemmata zwischen Intention und Wirkung zu erklären ist. Keine Planung ist etwa gegen Ad-hoc-Reaktionen oder Überraschungen gefeit. Der Unterrichtsentwurf mag noch so vollendet sein, aber er wird sich nicht gänzlich realisieren lassen. Und wo man das forciert, wie das in der Lernzieldidaktik unternommen wurde (vgl. MAGER 1970; vgl. MÖLLER 1969, 1974; vgl. PETERSSEN 1974), erstickt man die Spontaneität der Schüler. Planung und pünktliches Abhaken der Lernzielsegmente werden wichtiger als der edukative Prozeß. Dieser geht nicht in zweckrationalem Handeln (vgl. WEBER 1980) auf, sondern ist auch Interaktion (vgl. MEAD 1968). Gelungener Unterricht hält die Balance zwischen Planung und Offenheit (vgl. LOSER 1975). Im folgenden sollen die bekanntesten didaktischen Modelle als Theorien zum didaktischen Handeln im Sinne des theoriegeleiteten Tuns interpretiert werden. Die Auswahl hat exemplarischen Charakter. An jeder didaktischen Theorie, sofern sie sich der dritten Ebene zuordnen läßt, kann man ihre Funktion als Handlungstheorie zeigen.

3.3.2 Die „Didaktische Analyse"

KLAFKIS „Didaktische Analyse als Kern der Unterrichtsvorbereitung" (1958) arbeitet fünf Fragen heraus, mit deren Hilfe der Lehrer seinen Unterricht theoriegeleitet planen kann. Das ist nötig, weil der Lehrer in der Regel „nicht zugleich Lehrplangestalter oder Erziehungstheoretiker ist" (KLAFKI 1958, S. 451). Weil der Lehrer in der Regel nur auf der dritten Ebene der Didaktik handelt und den Überblick über Erziehungstheorie (1. Ebene) und Lehrplantheorie (2. Ebene) nicht haben kann, hilft ihm die didaktische Analyse, „die in den Lehrplaninhalten verborgene pädagogische Vorentscheidung der Lehrplangestalter gleichsam noch einmal" nachzuvollziehen (KLAFKI 1958, S. 452). Unterrichtsvorbereitung ist damit der Ort, an dem eine „Wechselwirkung von Theorie und Praxis, das Zusammenspiel von Erfah-

Bijan Adl-Amini

Abbildung 1: Revidierte Fassung der „Didaktischen Analyse"

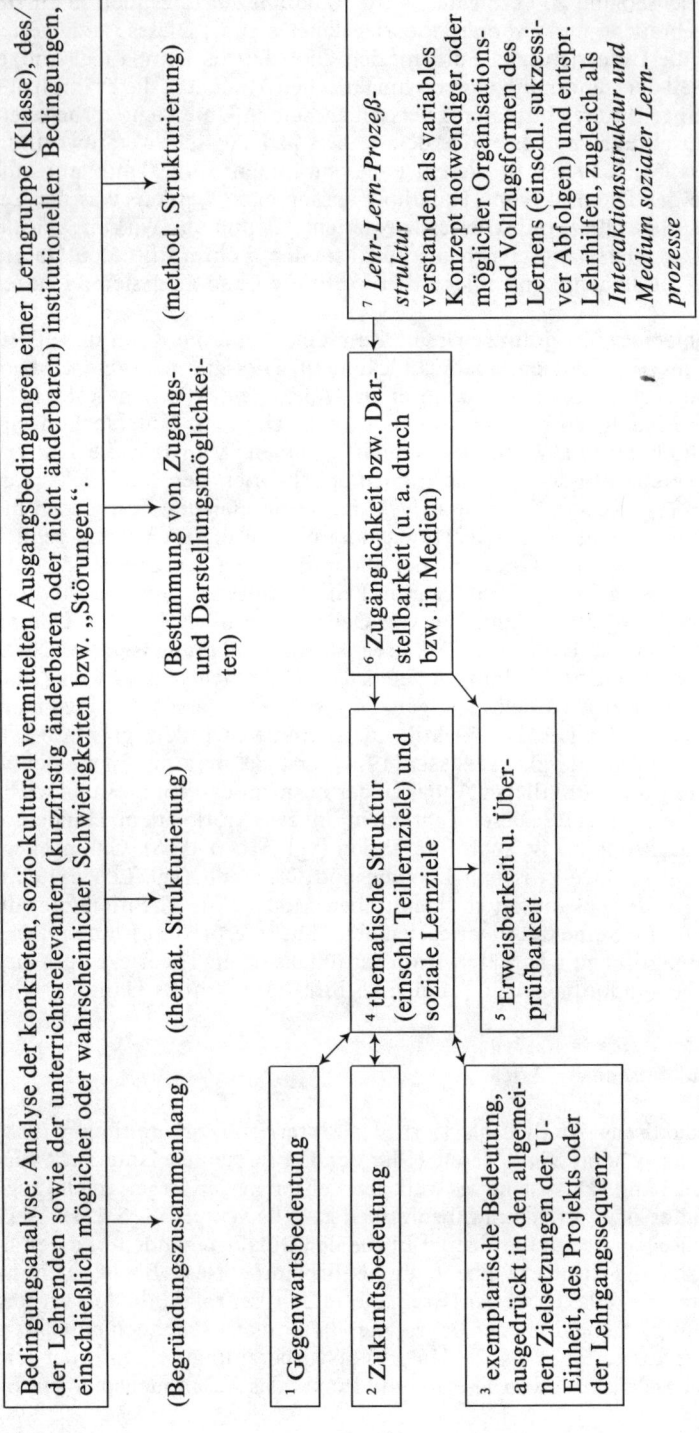

Bedingungsanalyse: Analyse der konkreten, sozio-kulturell vermittelten Ausgangsbedingungen einer Lerngruppe (Klasse), des/der Lehrenden sowie der unterrichtsrelevanten (kurzfristig änderbaren oder nicht änderbaren) institutionellen Bedingungen, einschließlich möglicher oder wahrscheinlicher Schwierigkeiten bzw. „Störungen".

(Begründungszusammenhang) (themat. Strukturierung) (Bestimmung von Zugangs- und Darstellungsmöglichkeiten) (method. Strukturierung)

[1] Gegenwartsbedeutung

[2] Zukunftsbedeutung

[3] exemplarische Bedeutung, ausgedrückt in den allgemeinen Zielsetzungen der U-Einheit, des Projekts oder der Lehrgangssequenz

[4] thematische Struktur (einschl. Teillernziele) und soziale Lernziele

[5] Erweisbarkeit u. Überprüfbarkeit

[6] Zugänglichkeit bzw. Darstellbarkeit (u. a. durch bzw. in Medien)

[7] *Lehr-Lern-Prozeßstruktur* verstanden als variables Konzept notwendiger oder möglicher Organisations- und Vollzugsformen des Lernens (einschl. sukzessiver Abfolgen) und entspr. Lehrhilfen, zugleich als *Interaktionsstruktur und Medium sozialer Lernprozesse*

(Quelle: KLAFKI 1980, S. 30)

Ebenen didaktischer Theoriebildung

rung und Besinnung ausgetragen werden muß" (KLAFKI 1958, S. 450). Die fünf Fragen der „Didaktischen Analyse" lauten:

- Welchen allgemeinen Sinn- oder Sachzusammenhang vertritt und erschließt dieser Inhalt?
- Welche Bedeutung hat dieser Inhalt bereits im geistigen Leben der Kinder?
- Welche Bedeutung hat dieser Inhalt für die Zukunft der Kinder?
- Welches ist die Struktur des Inhalts?
- Wie läßt sich dieser Inhalt am besten für die Kinder veranschaulichen? (vgl. KLAFKI 1958, S. 457 ff.).

Die methodische Planung wird in vier Schritten vorgenommen:
- Gliederung des Unterrichts in Abschnitte oder Phasen,
- Auswahl der Unterrichtsformen,
- Einsatz von Medien und
- Sicherung der organisatorischen Voraussetzungen des Unterrichts.

Schon die Fragen, die an den Inhalt gerichtet sind, machen deutlich, daß es hier sowohl um das Subjekt als auch um das Objekt geht. Die „Didaktische Analyse" ist ein Modell, dessen Ziel in der Realisierung der kategorialen Bildung besteht (vgl. 1). Inzwischen hat Klafki die „Didaktische Analyse" revidiert. Wie das Schaubild zeigt, hat Klafki die ersten vier Fragen unverändert übernommen, die methodische Strukturierung differenziert (vgl. Abbildung 1) und schließlich zwei neue Fragen aufgenommen, nämlich die Frage nach der „Erweisbarkeit und Überprüfbarkeit" (also Lernerfolgskontrolle) und die Frage nach der „Zugänglichkeit und Darstellbarkeit" (also dem optimalen Zugang zum Thema).

3.3.3 Das „Berliner Modell"

Das Entstehungsmotiv des Berliner Modells der Didaktik (vgl. HEIMANN 1962) ist der konkrete und alltägliche Praxisdruck. Das Handeln des Lehrers kann zu bloßem Tun verflachen, wenn keine anwendbare Theorie des Unterrichtens entwickelt wird. Das ist der Kern, auf den Heimanns Unbehagen am Bildungsbegriff zurückzuführen ist. Weil es der Bildungstheorie bislang nicht gelungen sei, konkret für die Unterrichtsplanung wirksam zu werden, vertritt Heimann die These, „daß der ‚Bildungsbegriff' vielleicht grundsätzlich ungeeignet sei, auf ihm eine praktische Didaktik aufzubauen" (HEIMANN 1962, S. 410). Man sieht, welche Konsequenzen sich für die Didaktik ankündigen, wenn zwischen den Ebenen didaktischer Theoriebildung nicht unterschieden wird. Heimanns konstruktiver Vorschlag lautet bekanntlich: Jeder Unterricht hat eine „formal konstant bleibende" Struktur, die sich zusammensetzt aus: Intentionen, Inhalten, Methoden und Medien. Außerdem sind anthropologisch-psychologische und situativ-sozialkulturelle Momente zu berücksichtigen. Im Prinzip decken sich diese Strukturmomente mit den fünf Fragen der „Didaktischen Analyse", auch wenn Standpunkt und Anspruch anders klingen. Doch neu an Heimanns Modell ist der Gedanke der „durchgehenden Interdependenz" aller sechs Strukturmomente. Hier werden Methoden und Medien in den gleichen Rang gehoben wie Intentionen und Inhalte. Vom Primat der Didaktik im Sinne der Inhalte oder der Intentionalität gegenüber der Methodik kann nicht mehr die Rede sein.

Wie bei der „Didaktischen Analyse" hat man es auch hier mit einem Modell didaktischen Handelns zu tun, weil es Heimann ausdrücklich darum geht, die Praxis des Unterrichtens theoriegeleitet zu gestalten: „Ziel der didaktischen Ausbildung ist die

Bildung eines leistungsfähigen didaktischen Bezugsfeldes und die Konstituierung eines operativen theoretischen Bewußtseins und Gewissens" (HEIMANN 1962, S. 413). Das „didaktische Bezugsfeld", womit Heimann „Praxis" meint, kann nur leistungsfähig sein, wenn sie theoriegeleitet ist. Dabei unterstreicht Heimann, daß nicht eine Theorie bloß gelernt und als Instrument angewandt werden soll, sondern daß es darauf ankommt, ein theoretisches Bewußtsein zu entwickeln, das heißt, den Prozeß des Theoretisierens in ständiger Wechselwirkung mit der Praxis einzuüben. Handlungsfähigkeit kann also nicht bedeuten, der Lehrer solle das Berliner Modell für die Unterrichtsplanung brav anwenden, wie das etwa im Herbartianismus der Fall war (vgl. ADL-AMINI u. a. 1979a, 1979b). „Es sind nicht so sehr die Theorien, es ist das Theoretisieren zu lehren" (HEIMANN 1962, S. 413). Erst in der ständigen Durchdringung von Praxis und Theorie zeigt sich die Struktur didaktischen Handelns. Dieses theoriegeleitete Tun führt den Lehrer aus seiner naiven Selbstsicherheit heraus und macht ihn zu einem pädagogisch Handelnden, der den Theorie-Praxis-Kontext selbst aktiv mitgestaltet und nicht länger als Vollzugsorgan einer geschlossenen Theorie fungiert. Didaktisches Handeln wird so in den Rang der Synthese zwischen Theorie und Praxis gehoben (vgl. HEIMANN 1962, S. 409, S. 426).

Abbildung 2: Visualisierung von Heimanns Modell der Berliner Didaktik

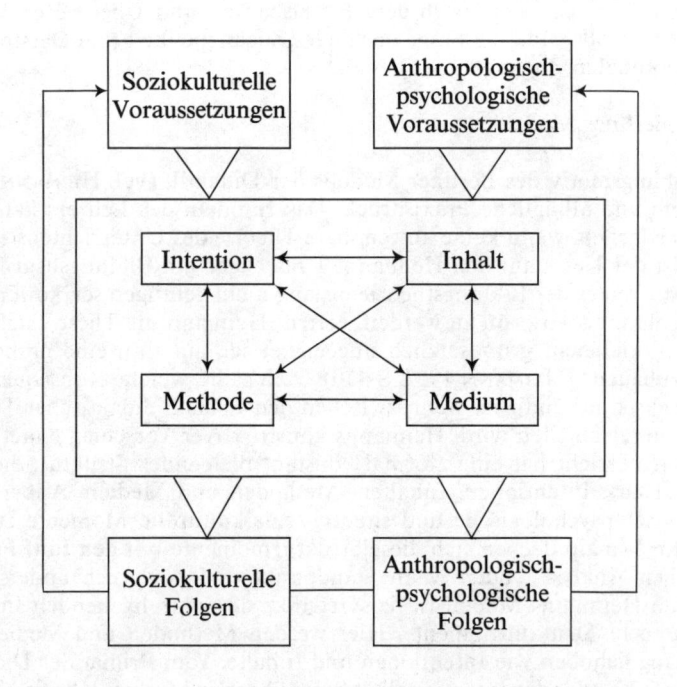

Dieser Anspruch, so respektabel er ist, hat sich kaum erfüllen lassen. Gerade die Unterrichtsbeispiele in dem berühmten Band „Unterricht – Analyse und Planung" (HEIMANN u. a. 1965), die je exemplarischen Charakter für das Berliner Modell haben, zeigen, daß es in erster Linie darum geht, dem Lehrerstudenten ein handhabbares Unterrichtsplanungsmodell zu bieten. Auch das Kernstück des Berliner Modells, die Interdependenzthese, als theoretischer Anspruch gewiß verdienstvoll, hat sich in den Unterrichtsbeispielen nur punktuell überzeugend verwirklichen lassen (vgl. ADL-AMINI 1981a). Diese Kritik schmälert indessen keineswegs Heimanns Beitrag zur didaktischen Theoriebildung in der zweiten Hälfte dieses Jahrhunderts. Ihm und seinen Schülern Wolfgang Schulz und Gunter Otto verdankt das didaktische Denken entscheidende Impulse.

3.3.4 Das „Hamburger Modell"

In mehreren Ansätzen hat Schulz das Berliner Modell der Didaktik weiterentwikkelt (vgl. SCHULZ 1965, 1972, 1980). Die seit 1980 vorliegende Fassung, die Schulz nunmehr „Hamburger Modell" genannt hat, ist ein gänzlich anderes Modell, wiewohl es unverkennbar wesentliche Momente aus Heimanns Didaktik integriert. Heimanns positivistisches Wissenschaftsverständnis ist einem kritisch-emanzipatorischen gewichen, das auf den Erkenntnissen der Frankfurter Schule steht (vgl. HABERMAS 1968, HORKHEIMER 1968). Emanzipatorisches Denken und Handeln kann nicht auf die dritte Ebene der Didaktik beschränkt bleiben; es reflektiert die gesellschaftlichen und die institutionellen Rahmenbedingungen, das heißt auch die erste und zweite Ebene der Didaktik. Heimanns „Endziel der Ausbildung" war und blieb ein „gut ausgestattetes didaktisches Bezugsfeld und die Konstituierung eines theoretischen Bewußtseins", und zwar immer bezogen auf die Unterrichtsplanung durch den angehenden Lehrer. „Didaktik der geistigen Wachheit" oder „Verwissenschaftlichung des unterrichtlichen Handelns" (HEIMANN 1962, S. 426) sind Zielvorstellungen auf der dritten Ebene der Didaktik. Schulz hingegen beansprucht für das Hamburger Modell, den Lehrer in einem anderen Sinne handlungsfähig zu machen. Emanzipation oder Handlungsfähigkeit erstrecken sich bei Schulz auf die Reflexion über die Produktions- und Herrschaftsverhältnisse der Gesellschaft, die institutionellen Rahmenbedingungen und schließlich auf den Unterricht selbst, in den ja die übergreifenden Gesichtspunkte eingehen. Eine kritisch-emanzipatorische Didaktik kann und darf die „Vorgaben" nicht unreflektiert lassen. In der Unterrichtsplanung geht es also nicht lediglich um die „Erfüllung eines Schemas" (SCHULZ 1980, S. 171), sondern vielmehr um die „Selbstproduktion der Menschen in einer Gesellschaft" (SCHULZ 1980, S. 138). In dieser häufig auftretenden Formel meldet sich der kritisch-emanzipatorische Anspruch und zugleich die Untrennbarkeit von unterrichtlichen und gesellschaftlichen Zielvorstellungen. SCHULZ unterstreicht diesen Zusammenhang ausdrücklich: „Die Klärung der Gesamtaufgabe wird immer vorausgesetzt, wenn die Teilaufgaben in ihrer Abfolge bestimmt werden" (1980, S. 162). Bevor also die Unterrichtsplanung im üblichen Sinne beginnt, müssen die Vorgaben kritisch geprüft, die Bedingungen emanzipatorisch reflektiert werden. Planung von Unterricht setzt mithin an bei den gesellschaftlichen Produktions- und Herrschaftsverhältnissen *(Perspektivplanung)*, bei den institutionellen Rahmenvorgaben, etwa Lehrplänen und Rahmenplänen *(Umrißplanung)*, und bei der Umsetzung in konkreten Unterricht *(Prozeßplanung)*.

Diese drei Planungsschritte entsprechen in etwa den drei hier vorgenommenen Bestimmungen didaktischer Theoriebildung. Allerdings mit dem Unterschied, daß Schulz alle drei Theorieebenen in der Unterrichtsplanung unterbringen will. Darin liegt das Grundproblem des Hamburger Modells. Was erstens in der Perspektivplanung dem Lehrer zugemutet wird, ist eine gesellschaftspolitische und bildungstheoretische Arbeit. Was zweitens in der Umrißplanung der Lehr-Lern-Gruppe (Lehrern, Schülern, Eltern) zugemutet wird, ist Aufgabe der Bildungspolitik und Lehrplantheorie. Doch diese zwei Planungsschritte müssen erst vollzogen worden sein, bevor drittens die eigentliche Unterrichtsplanung, in der Terminologie von Schulz also die Prozeßplanung, beginnt.

Abbildung 3: Das „Hamburger Modell"

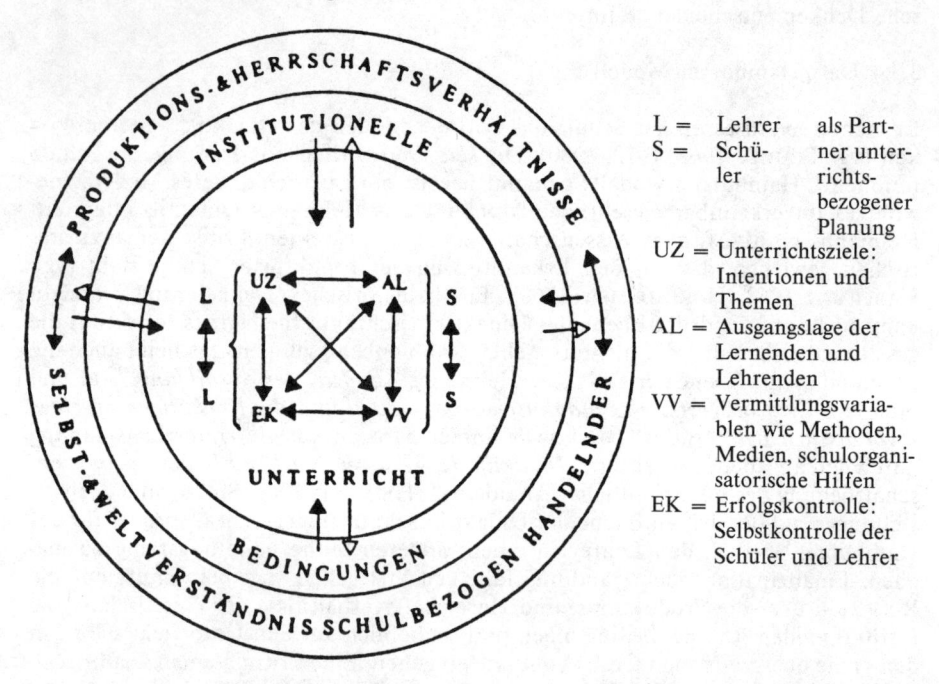

L = Lehrer als Partner unterrichtsbezogener Planung
S = Schüler
UZ = Unterrichtsziele: Intentionen und Themen
AL = Ausgangslage der Lernenden und Lehrenden
VV = Vermittlungsvariablen wie Methoden, Medien, schulorganisatorische Hilfen
EK = Erfolgskontrolle: Selbstkontrolle der Schüler und Lehrer

(Quelle: SCHULZ 1980, S. 82)

Im Hamburger Modell liegt eine Unterrichtsplanungstheorie vor, die es unternimmt, Unterricht in seinem gesamtgesellschaftlichen Zusammenhang nicht nur zu reflektieren, sondern auch tatsächlich zu planen und konkret durchzuführen. Die Absicht ist gewiß ehrenvoll, aber Emanzipation als globale Zielvorstellung wird in übertriebener Weise beim Wort oder besser wörtlich genommen. Die erste und dritte Ebene der Didaktik werden zwar in respektabler Absicht, doch zu eng aneinandergepreßt, ja, miteinander gleichgesetzt. Schulz erkennt durchaus die Probleme, die durch unterstellte Kongruenz von globalen Zielvorstellungen (Emanzipation, Handlungsfähigkeit, ...) mit den Unterrichtszielen (ebenfalls Emanzipation, Handlungsfähigkeit, ...) entstehen, wenn er ausdrücklich festhält, daß die „Allgemeinheit von Aussagen [...] keine unmittelbar handlungssteuernde Formulierungen" zuläßt (SCHULZ 1980, S. 34). Und doch wird er inkonsequent, wenn er schreibt: „Unterrichtsziele setzen sich mindestens zusammen aus Absichten oder Intentionen, Kompetenz, Autonomie und Solidarität der Lernenden zu fördern, also die Subjektivität zu entfalten" (SCHULZ 1980, S. 83). Wie soll das in Mathematik, Naturwissenschaften oder beim „Akkusativ mit Infinitiv (a.c.i.)" gehen? Es entsteht, wohl durch politisch engagierte Diktion mitbedingt, der Eindruck, als wollte das Hamburger Modell tatsächlich in jeder Unterrichtsstunde das globale Ziel „Selbstproduktion der Subjekte" erreichen. Rousseau hat dem Trugschluß, globale Zielvorstellungen ohne Berücksichtigung der für sie notwendigen Entwicklungszeit zu forcieren, folgendes entgegengehalten: „Das Meisterstück einer guten Erziehung ist, einen vernünftigen Menschen zu bilden. Und das will man durch die Vernunft selber erreichen! Das heißt am Ende beginnen und das Werk zum Werkzeug machen!" (ROUSSEAU 1971, S. 68). Für Schulz sind Handlungsfähigkeit, Emanzipation oder Selbstproduktion globale Ziele. Gerade deshalb ist es nicht möglich, sie in jeder Unterrichtsstunde erreichen zu wollen. Das ist der tiefe Grund, der im Hamburger Modell zu einer Unterstellung in wohlmeinender Absicht veranlaßt haben mag. Schulz unterstellt kontrafaktisch, die Schüler seien handlungsfähig, der Unterricht spiele sich zwischen emanzipierten Subjekten ab. Nun sieht er sich jedoch konfrontiert mit der Faktizität des Schulalltags. Augenfällig wird der Bruch zwischen Idealität eines Unterrichtsplanungsmodells und der Realität der Schule spätestens, wenn es um die Bewertung und Kontrolle der Lernleistungen geht. Wären Lehrer und Schüler wirklich in der pädagogisch unterstellten Symmetrie der Handlungsfähigkeit aufgehoben, so müßte sich Schulz jeder Kontrolle versagen. Wenn es einer Lehr-Lern-Gruppe wirklich gelingt, so phantasievoll, kreativ und kritisch eine „Balance zwischen Sachansprüchen, Personansprüchen und Gruppenansprüchen" (SCHULZ 1980, S. 77) in der gemeinsamen Planung und Durchführung von Lernprozessen herzustellen, dann hat eine solche Gruppe den Lernprozeß zum Ziel erhoben. Produkte oder Ergebnisse hier kontrollieren zu wollen, ist halbherzig, auch wenn sie in Form der „Selbstkontrolle jedes einzelnen Schülers" deklariert werden (vgl. SCHULZ 1980, S. 131). Ein weiterer Kritikpunkt muß benannt werden. Er betrifft die Einschätzung der Fähigkeiten und Arbeitskapazität von Lehrern, die von SCHULZ „nicht als Vollzugsbeamte, sondern als Professionals" eingestuft werden (1980, S. 12). Das ist der pädagogischen Intention nach durchaus positiv, hat aber mit der Realität nichts zu tun, denn: Wie überfordert ist der Lehrer nun in Gestalt des Professionals, wenn er vor der gemeinsamen Planung des Unterrichts mit Eltern und Schülern zunächst Ideologiekritik an den Herrschafts- und Produktionsverhältnissen geübt und dann eine kritisch-emanzipatorische Analyse der institutionellen Rahmenbedingungen geleistet haben muß! Schulz verwendet keinen Gedanken darauf, woher sein Professional Zeit, Kraft und die nötige Qualifikation nehmen soll, um die Vorbedingungen für die Unterrichtsplanung zu erfüllen. Freimütig wird der Lehrer zum Professional ernannt, um sodann allein gelassen zu werden. Das beweist Schulz selbst. Auf die Frage eines fiktiven Lesers: „Aber das kann ein Professional, das kann doch eine Lehr-Lern-Gruppe nicht jedesmal alles von Anfang bis Ende durchplanen" (SCHULZ 1980, S. 138), gibt er eine ebenso politisch-engagierte wie unwissenschaftliche Antwort: „Das ist ebenso wahr, wie es uns nicht aufhalten darf" (SCHULZ 1980, S. 31).

Im Hamburger Modell liegt ein verdienstvoller Versuch vor, alle drei Ebenen der Didaktik in einem großen Entwurf zu vereinigen und konsequent von der Zieltheorie über die Prozeßtheorie bis zur Handlungstheorie durchzuhalten. Daß alle drei Ebenen innerhalb der dritten Ebene praktisch wirksam werden sollen, darin liegen Größe und Tragik des Modells.

Es ist im Rahmen dieses Beitrages nicht möglich, weitere Modelle der Unterrichtsplanung auf der Folie des umfasssenden Didaktik-Begriffs zu analysieren. Ob es sich um das „Gießener Modell" (vgl. GEBAUER u. a. 1977a, 1977b), den „Mehrperspektivischen Unterricht" (vgl. GIEL u. a. 1974ff.), die „Schülerorientierte Didaktik" (vgl. MEYER 1980) oder die „Lernzielorientierte Didaktik" (vgl. MAGER 1970, 1973; vgl. MÖLLER 1969, 1974; vgl. PETERSSEN 1974) handelt, in jedem Modell läßt sich der Anspruch auf eine Handlungstheorie nachweisen. Inwieweit er aber durch prozeß- und zieltheoretische Begründungszusammenhänge fundiert wird, wie das beim mehrperspektivischen Unterricht der Fall ist, oder auf solche Fundierungen gänzlich verzichtet, wie bei der kybernetischen Didaktik (vgl. v. CUBE 1965, 1967), müßte jeweils die Analyse der Modelle zeigen. Hier wurden die bekanntesten didaktischen Modelle im Hinblick auf die vorgenommene Systematik des Didaktik-Begriffs exemplarisch analysiert.

4 Didaktik und Methodik

Den Primat der Didaktik (im Sinne der Bildungsinhalte) vor der Methodik, wie er von WENIGER (vgl. 1952, S. 16 ff.) und KLAFKI (vgl. 1958) als Vorrang des Was vor dem Wie vertreten worden war, hat Heimann einer scharfen Kritik unterzogen. Die Trennung des Inhalts von der Methode sei ein „Akt folgenschwerer Desintegration", der den ganzen Unterricht in Mitleidenschaft ziehe; alle Strukturmomente des Unterrichts stünden zueinander im Verhältnis einer „durchgehenden Interdependenz" (HEIMANN 1962, S. 418). Seit der Aufstellung dieser Interdependenzthese bemüht sich die didaktische Forschung um die Klärung des Verhältnisses von Didaktik und Methodik. Zwei Kontroversen sind entstanden, die hier nur andeutungsweise behandelt werden können (vgl. ADL-AMINI 1981 a), nämlich erstens die zwischen Heimann/Schulz und Klafki und zweitens zwischen den Mitarbeitern der Münsteraner Schule um Blankertz und Klafki.
Die erste Kontroverse – zwischen Heimann/Schulz und Klafki – ist in der von Blankertz angebotenen Kompromißformel vom „Implikationszusammenhang" zwischen Didaktik und Methodik geschlichtet worden (vgl. BLANKERTZ 1969, S. 93 ff.). Zudem scheint diese Kontroverse sekundär geworden zu sein angesichts der weitgehenden Annäherung der wissenschaftstheoretischen Standpunkte: Die „Didaktische Analyse" hat ihr hermeneutisches Wissenschaftsverständnis in ein hermeneutisch-kritisches korrigiert, und das Berliner Modell hat ihr positivistisches Selbstverständnis aufgegeben und eine kritisch-emanzipatorische Position bezogen. Indessen, die inhaltliche Kontroverse hat man auf sich beruhen lassen. Klafki vertritt seit 1976 nicht mehr den Primat der Inhalte vor den Methoden, sondern den Primat der pädagogisch-didaktischen Intentionalität, und Schulz hat Heimanns „durchgehende Interdependenzthese" dahin gehend abgeschwächt, daß sie keine symmetrische Abhängigkeit zwischen Ziel/Inhalt und Methode/Medium bedeute (vgl. KLAFKI 1976 a; vgl. SCHULZ 1973, S. 151; vgl. SCHULZ 1980, S. 86). Was besagt nun der Ausdruck „Implikationszusammenhang"? Näher besehen nur, daß es zwischen Zielen/Inhalten und Methoden/Medien *irgendwie* einen Zusammenhang gebe. Das aber war nicht der Kern der Kontroverse zwischen Heimann und Weniger/Klafki, denn unbestritten war, *daß* es einen Zusammenhang gibt. Der Streit entfachte sich darüber, *wie* es um diesen Zusammenhang bestellt sei: Primat oder durchgehende Interdependenz. Es wird in der didaktischen Rezeption ein Rätsel bleiben, wie und warum die Formel „Implikationszusammenhang" derart schlichtend wirken konnte, obwohl sie das Problem unberührt ließ. Übrigens haben inzwischen „brave" Heimann-Schüler auf das innovative Kernstück des Berliner Modells, die Interdependenzthese, völligen Verzicht geleistet (vgl. REICH 1979).
Die zweite Kontroverse – zwischen Menck und Klafki (vgl. KLAFKI 1976 a, 1976 b; vgl. MENCK 1976) – wäre unverständlich, wenn der von Blankertz geprägte Termi-

nus „methodische Leitfrage" nicht erörtert würde. Blankertz hat völlig zu Recht und überzeugend dargestellt, daß jedes Thema sich unter verschiedenen Fragestellungen für den Unterricht aufbereiten läßt. Das Thema „Wald" läßt sich beispielsweise unter dem Aspekt Umweltschutz, Forstwirtschaft, Erholung und Freizeit im Unterricht darbieten. Das Thema „Tuberkulose" kann man unter dem medizinisch-hygienischen, dem biologisch-bakteriologischen oder dem literarischen Gesichtspunkt im Unterricht gestalten. Diesen leitenden Gesichtspunkt, unter dem das Thema steht, nennt Blankertz „methodische Leitfrage". Seine Schüler haben diesen für den Unterricht konstitutiven Gedanken als „Unterrichtsmethode" aufgefaßt (vgl. KAISER 1972, KAISER/MENCK 1972, MENCK/THOMA 1972). Dadurch ist eine terminologische Verwirrung entstanden, die für das Aneinandervorbeireden der zweiten Kontroverse verantwortlich ist (vgl. ADL-AMINI 1981 b, S. 32 ff.).
Wie ist nun das Verhältnis von Didaktik und Methodik zu bestimmen, wenn – wie in diesem Beitrag geschehen – drei Ebenen didaktischer Theoriebildung voneinander unterschieden und zugleich aufeinander bezogen werden? Auf der Ebene der Didaktik als Zieltheorie wird man sich die Methodik wohl kaum konkret vorstellen. Auf der Ebene der Didaktik als Prozeßtheorie kann man sich schon eher eine Vorstellung von Methodik machen, wenn auch nur diffus und implizit. Auf der Ebene der Handlungstheorie nimmt indessen die Methodik konkrete Gestalt an. Von Ebene zu Ebene nimmt die Methodik an Abstraktion ab und wird faßbarer. Das soll im folgenden kurz erläutert werden:
Zieltheorie und Exklusivität der Methodik. Auf der Ebene der globalen Zielvorstellung läßt sich die Methodik wahrscheinlich nur ex negativo bestimmen. Will man bestimmte Erziehungsziele erreichen, so kann man bei einem hohen Allgemeinheitsgrad dieser Ziele (etwa: Erziehung zur Mündigkeit, Freiheit) keine Methoden direkt und positiv angeben, sondern allenfalls bestimmte Methoden ausschließen. Wenn zum Beispiel das Globalziel „Erziehung zur Freiheit" lautet, so kann die Vorstellung ausgeschlossen werden, daß im Unterricht die Befehle des Lehrers ausgeführt werden müssen, ohne daß Diskussion erlaubt wäre. Die globale Zielvorstellung „Mündigkeit" oder „Selbst- und Mitbestimmung" schließt rigide Organisationsformen aus. Wenn auf der ersten Ebene didaktischer Theoriebildung die Methodik überhaupt virulent wird, dann eher ex negativo. Auf der Ebene der Didaktik als Zieltheorie läßt sich also allenfalls von der Exklusivität der Methodik sprechen.
Prozeßtheorie und Implikativität der Methodik. Bildungsinhalte und Lehrpläne implizieren immer schon bestimmte Methoden. Blankertz macht bei seinen Ausführungen über die methodische Leitfrage hierauf aufmerksam, wenn er feststellt, daß der dominierende Gesichtspunkt, unter dem ein Thema aufbereitet werden soll, nicht immer eine Entscheidung des Lehrers sei, sondern in der Regel durch „Schulart, Unterrichtsfach und lehrplanmäßigen Zusammenhang vorgegeben" ist (BLANKERTZ 1969, S. 97). Inhalten schulischen Lehrens und Lernens sind immer schon bestimmte Methoden eigen, die mit der Erkenntnisgenese des jeweiligen Inhalts zusammenhängen. Sie sind wissenschaftshistorisch bedingt und prinzipiell paradigmatisch im Sinne KUHNS (vgl. 1969). Man verbindet bestimmte Inhalte immer schon mit bestimmten Methoden, weil sie so und nicht anders erforscht worden sind. Auf der Ebene der Didaktik als Prozeßtheorie wird in aller Regel paradigmatisch über die Methodik reflektiert. In den Lehrplänen ist mithin die Methodik ein Implikament der Inhalte. Auf der zweiten Ebene kann man in der Tat von einem Implikationszusammenhang sprechen, weil die Methoden hier noch nicht im einzelnen für unterrichtliches Handeln expliziert worden sind.

Bijan Adl-Amini

Handlungstheorie und Explikativität der Methodik. Erst bei der theoriegeleiteten Unterrichtsplanung werden Methoden, die implizit den Bildungsinhalten inhärieren, explizit zur Geltung gebracht, sei es durch die gewohnte paradigmatische Sicht, sei es durch Verfremdung oder wie auch immer. Erst hier werden die Methoden zu allen anderen Strukturmomenten des Unterrichts in Beziehung gesetzt. Und erst in dieser Explikation zeigt sich, wie funktional die Unterrichtsmethoden geplant wurden. Methoden haben dann keine bloße Verpackungsfunktion, sofern man einzusehen bereit ist, daß beispielsweise in der Gruppenarbeit kooperatives Verhalten, in der Projektmethode selbständiges Lernen durchaus als Ziele verfolgt werden können. So gesehen, hat man Heimanns Interdependenzthese zu früh über Bord geworfen. Welche Methode bei der Unterrichtsplanung gewählt wird, ist eine *explikative* Leistung. Im Prinzip läßt sich ein und derselbe Inhalt mit ganz unterschiedlichen Methoden explizieren. Insofern ist es nichtssagend, hier von einem Implikationszusammenhang zu sprechen. Der Zusammenhang zeigt sich nur im explikativen Akt der Unterrichtsplanung. Auf der Ebene der Didaktik als Handlungstheorie muß der Lehrer alle Methoden und Medien explizieren und begründen. Heimanns These von der „durchgehenden Interdependenz" muß immer wieder konkret unter Beweis gestellt werden. Sie ist eine Forderung an den Lehrer, den Unterricht optimal und stringent zu planen. Daß die Unterrichtsbeispiele in dem Band von HEIMANN u.a. (vgl. 1965), was diese Forderung anbetrifft, nur zum Teil als gelungen bezeichnet werden können, schmälert die Richtigkeit der Forderung keineswegs, sondern zeigt die Schwierigkeit, theoriegeleitetes Tun zu vollbringen (vgl. ADL-AMINI 1981 b, S. 20 ff.). Es ist nun deutlich geworden, daß die Methodik sozusagen quer durch alle drei Ebenen der Didaktik hindurchgeht und daß sie auf jeder Ebene in einer anderen Weise präsent und wirksam ist.
Aufgabe der Didaktik ist es, zwischen Gesellschaft und Individuum eine Synthesis herzustellen. Im Durchgang durch einen umfassenden Begriff von Didaktik zeigt es sich indessen, daß diese Aufgabe mit einem strukturellen Grundproblem verknüpft bleibt. Dieses Problem besteht darin, daß es trotz aller didaktischen und methodischen Bemühung keine Garantie für das Erreichen erwünschter Globalziele geben kann. Weder der direkte Weg, globale Zielvorstellungen unmittelbar als Unterrichtsziele anzugehen, ist gangbar noch der deduktive Weg, konkrete Handlungsziele aus den globalen Zielvorstellungen abzuleiten (vgl. MEYER 1972). Keiner Didaktik wird es jemals gelingen, Intention und Wirkung (vgl. OELKERS 1982) restlos zur Deckung zu bringen. Wo das gelingt, haben wir es mit Dressur zu tun und nicht mehr mit Erziehung. Im „gesamten Umfang menschlicher Willensvorgänge" indessen herrscht nach Wilhelm Wundt das Gesetz der „Heterogonie der Zwecke". Es besagt, daß die „Wirkungen der Handlungen mehr oder weniger weit über die ursprünglichen Willensmotive hinausreichen, so daß [...] infolge nie fehlender Nebeneinflüsse der Effekt einer Handlung mit der im Motiv gelegenen Zielvorstellung im allgemeinen sich nicht deckt" (WUNDT 1903a, S.274). Das ist der tiefe anthropologische Grund für die Unmöglichkeit der Überbrückung der Kluft zwischen Intentionen und Wirkungen. Didaktik kann weder eine Kongruenz zwischen Absicht und Effekt garantieren noch unerwünschte, heimliche, entgegengesetzte Wirkungen gänzlich ausschließen. Darin liegt mehreres zugleich: nicht nur die Grenzen der Didaktik, nicht nur ihr unhintergehbares Grundproblem, sondern auch die Dynamik ihrer Entwicklung und vielleicht das, was man das Prinzip Hoffnung der Didaktik nennen könnte.

Ebenen didaktischer Theoriebildung

ADL-AMINI, B.: Grauzonen der Didaktik – Plädoyer für die Erforschung didaktischer Vermittlungsprozesse. In: ADL-AMINI, B./KÜNZLI, R. (Hg.): Didaktische Modelle..., München 1980, S. 210 ff. ADL-AMINI, B. (Hg.): Didaktik und Methodik, Weinheim/Basel 1981 a. ADL-AMINI, B.: Didaktik, Methodik und das ungelöste Problem der Interdependenz. In: ADL-AMINI, B. (Hg.): Didaktik und Methodik, Weinheim/Basel 1981, S. 10 ff. (1981 b). ADL-AMINI, B: Grundriß einer pädagogischen Schultheorie. In:TWELLMANN, W. (Hg.): Handbuch Schule und Unterricht, Bd. 7.1, Düsseldorf 1985, S. 63 ff. ADL-AMINI, B./KÜNZLI, R. (Hg.): Didaktische Modelle und Unterrichtsplanung, München 1980. ADL-AMINI, B. u. a. (Hg.): Didaktik in der Unterrichtspraxis. Grundlegung und Auswirkungen der Theorie der Formalstufen in Erziehung und Unterricht, Bern/Stuttgart 1979 a. ADL-AMINI, B. u. a. (Hg.): Pädagogische Theorie und erzieherische Praxis. Grundlegung und Auswirkungen von Herbarts Theorie der Pädagogik und Didaktik, Bern/Stuttgart 1979 b. ASCHERSLEBEN, K.: Didaktik, Stuttgart 1983. BAAKKE, D.: Kommunikation und Handeln. In: POPP, W. (Hg.): Kommunikative Didaktik. Soziale Dimensionen des didaktischen Feldes, Weinheim/Basel 1976, S. 23 ff. BECKERMANN, A. (Hg.): Analytische Handlungstheorie, Bd. 2: Handlungserklärungen, Frankfurt/M. 1977. BLANKERTZ, H.: Theorien und Modelle der Didaktik, München 1969. BROUDY, H. S. u. a.: Philosophy of Education. An Organization of Topics and Selected Sources. Urbana 1967. BUBNER, R.: Handlung, Sprache und Vernunft. Grundbegriffe der praktischen Philosophie, Frankfurt/M. 1976, CLARK, CH. M./YINGER, R. J.: Research on Teacher Thinking. In: Curr. Inquiry 7 (1977), S. 279 ff. CUBE, F. v.: Kybernetische Grundlagen des Lernens und Lehrens, Stuttgart 1965. CUBE, F. v.: Was ist Kybernetik? Grundbegriffe, Methoden, Anwendungen, Bremen 1967. DANTO, A. C.: Basis-Handlungen. In: MEGGLE, G. (Hg.): Analytische Handlungstheorie ..., Frankfurt/M. 1977, S. 89 ff. DERBOLAV, J.: Systematische Perspektiven der Pädagogik, Heidelberg 1971. DOHMEN, G./MAURER, F. (Hg.): Unterricht. Aufbau und Kritik, München 1968. DOHMEN, G. u. a. (Hg.): Unterrichtsforschung und didaktische Theorie, München 1970. FEINBERG, J.: Handlung und Verantwortung. In: MEGGLE, G. (Hg.): Analytische Handlungstheorie ..., Frankfurt/M. 1977, S. 186 ff. FLECHSIG, K.-H./HALLER, H.-D.: Einführung in didaktisches Handeln, Stuttgart 1975. GEBAUER, M. u. a.: Theorie der Unterrichtsvorbereitung – Eine handlungstheoretische Begründung, Stuttgart 1977 a. GEBAUER, M. u. a.: Praxis der Unterrichtsvorbereitung – Ein Studienbuch, Stuttgart 1977 b. GEISSLER, H. (Hg.): Unterrichtsplanung zwischen Theorie und Praxis. Unterricht von 1861 bis zur Gegenwart, Stuttgart 1979. GIEL, K. u. a.: Stücke zu einem mehrperspektivischen Unterricht. Aufsätze zur Konzeption (sowie Teilcurricula), Stuttgart 1974 ff. HABERMAS, J.: Erkenntnis und Interesse, Frankfurt/M. 1968. HART, H. L. A.: The Ascription of Responsibility and Rights. In: Proceed. of Aristot. Society 49 (1948/1949), S. 171 ff. HEGEL, G. W. F.: Wissenschaft der Logik (1812/1816), 2 Bde., Hamburg/Düsseldorf 1978/1981. HEIMANN, P.: Didaktik als Theorie und Lehre. In: D. Dt. S. 54 (1962), S. 407 ff. HEIMANN, P. u. a.: Unterricht – Analyse und Planung, Hannover/Berlin/Darmstadt/Dortmund 1965. HENTIG, H. v.: Was ist Didaktik? In: HENTIG, H. v.: Spielraum und Ernstfall. Gesammelte Aufsätze zu einer Pädagogik der Selbstbestimmung, Stuttgart 1969, S. 251 ff. HORKHEIMER, M.: Kritische Theorie, 2 Bde., Frankfurt/M. 1968. HUMBOLDT, W. v.: Theorie der Bildung des Menschen (1793). Werke in 5 Bänden, hg. v. A. Flitner/K. Giel, Bd. 1: Schriften zur Anthropologie und Geschichte, Stuttgart 1960, S. 234 ff. KAISER, H.-J.: Erkenntnistheoretische Grundlagen pädagogischer Methodenbegriffe. In: MENCK, P./THOMA, G. (Hg.): Unterrichtsmethode..., München 1972, S. 129 ff. KAISER, H.-J./MENCK, P.: Methodik und Didaktik. Vorüberlegungen zu einer Ortsbestimmung pädagogischer Methodenlehre. In: MENCK, P./THOMA, G. (Hg.): Unterrichtsmethode..., München 1972, S. 145 ff. KLAFKI, W.: Didaktische Analyse als Kern der Unterrichtsvorbereitung. In: D. Dt. S. 50 (1958), S. 450 ff. KLAFKI, W.: Das pädagogische Problem des Elementaren und die Theorie der kategorialen Bildung, Weinheim 1959. KLAFKI, W.: Studien zur Bildungstheorie und Didaktik, Weinheim 1963. KLAFKI, W.: Der Begriff „Didaktik". In: KLAFKI, W. u. a.: Erziehungswissenschaft 2. Funkkolleg Erziehungswissenschaft. Eine Einführung in 3 Bänden, Frankfurt/M. 1970, S. 64 ff. (1970 a). KLAFKI, W.: Von der Lehrplantheorie zur Curriculumforschung und -planung. In: KLAFKI, W. u. a.: Erziehungswissenschaft 2. Funkkolleg Erziehungswissenschaft. Eine Einführung in 3 Bänden, Frankfurt/M. 1970, S. 74 ff. (1970 b). KLAFKI, W.: Zum Verhältnis von Didaktik und Methodik. In: Z. f. P. 22 (1976), S. 77 ff. (1976 a). KLAFKI, W.: Replik auf Peter Mencks „Anmerkungen zum Begriff der Didaktik". In: Z. f. P. 22 (1976), S. 803 ff. (1976 b). KLAFKI, W.: Zur Unterrichtsplanung im Sinne kritisch-konstruktiver Didaktik. In: ADL-AMINI, B./KÜNZLI, R. (Hg.): Didaktische Modelle..., München 1980, S. 11 ff. KLINGBERG, L.: Einführung in die Allgemeine Didaktik, Frankfurt/M. o. J. (1975). KÖNIG, E. u. a. (Hg.): Diskussion Unterrichtsvorbereitung. Verfahren und Modelle, München 1980. KUHN, TH. S.: Die Struktur wissenschaftlicher Revolutionen, Frankfurt/M. ²1969. LENK, K. (Hg.): Handlungstheorien interdisziplinär, 4 Bde., München 1977 ff. LOSER, F.: Aspekte einer offenen Unterrichtsplanung. In: B. u. E. 28 (1975), S. 241 ff. LUHMANN, N./SCHORR, K.-E. (Hg.): Zwischen Technologie und Selbstreferenz. Fragen an die Pädagogik, Frankfurt/M. 1982. MAGER, R. F.: Motivation und Lernerfolg, Weinheim/Basel 1970. MAGER, R. F.: Lernzielanalyse, Weinheim/Basel 1973. MEAD, G. H.: Geist, Identität und Gesellschaft aus der Sicht des Sozialbehaviorismus (1934), Frankfurt/M. 1968. MEGGLE, G. (Hg.): Analytische Handlungstheorie, Bd. 1: Handlungsbeschreibungen, Frankfurt/M. 1977. MENCK, P.: Anmerkungen zum Begriff der Didaktik. In: Z. f. P. 22 (1976), S. 793 ff. MENCK, P./THOMA, G. (Hg.): Unterrichtsmethode. Intuition Reflexion, Organisation, München 1972. MENZE, C.: Bildung. In: SPECK, J./WEHLE, G. (Hg.): Handbuch pädagogischer Grundbegriffe, Bd. 1, München 1970, S. 134 ff. MESSNER, R.: Neuordnung des Unterrichts. In: Enzyklopädie Erziehungswissenschaft, Bd. 8, Stuttgart 1983, S. 303 ff. MEYER, H. L.: Einführung in die Curriculum-Methodologie, München 1972. MEYER, H. L.: Leitfaden zur Unterrichtsvorbereitung, Königstein 1980. MOLLENHAUER, K.: Theorien zum Erziehungsprozeß, München 1972. MÖLLER, CH.: Technik der Lernplanung, Weinheim/Basel 1969. MÖLLER, CH. (Hg.): Praxis der Lernplanung, Weinheim/Basel 1974. NIPKOW, K. E.: Allgemeindidaktische Theorien der Gegenwart. Gegenstandsfeld und Theoriebegriff. In: Z. f. P. 14 (1968), S. 335 ff. OELKERS, J.: Intention und Wirkung: Vorüberlegungen zu einer Theorie pädagogischen Handelns. In: LUHMANN, N./SCHORR, K.-E. (Hg.): Zwischen Technologie ..., Frankfurt/M. 1982, S. 139 ff. PETERSSEN, W. H.: Grundlagen und Praxis des lernzielorientierten Unterrichts, Ravensburg 1974. PETERSSEN, W. H.: Handbuch Unterrichtsplanung. Grundfragen, Modelle, Stufen, Dimensionen, München 1982. RAYFIELD, D.: Handlung. In: MEGGLE, G. (Hg.): Analytische Handlungstheorie ..., Frankfurt/M. 1977, S. 69 ff. REICH, K.: Theorien der Allgemeinen Didaktik, Stuttgart 1977. REICH, K.: Unterricht - Bedingungsanalyse und Entscheidungsfindung. Ansätze zur neueren Grundlegung der Berliner Schule der Didaktik, Stuttgart 1979. ROBINSOHN, S. B.: Bildungsreform als Revision des Curriculum, Neuwied/Berlin 1967. ROUSSEAU, J.-J.: Emil oder Über die Erziehung (1762), Paderborn 1971. RUPRECHT, H. u. a.: Modelle grundlegender didaktischer Theorien, Hannover/Dortmund/Darmstadt/Berlin 1972. RUTTER, M. u. a.: Fünfzehntausend Stunden. Schulen und ihre Wirkungen auf die Kinder, Weinheim/Basel 1980. SCHMALT, H.-D.: Über das Handeln in Unterrichtssituationen. In: LUHMANN, N./SCHORR, K.-E. (Hg.): Zwischen Technologie ..., Frankfurt/M. 1982, S. 195 ff. SCHULZ, W.: Unterricht - Analyse und Planung. In: HEIMANN, P. u. a.: Unterricht ..., Hannover/Berlin/Darmstadt/Dortmund 1965, S. 13 ff. SCHULZ, W.: Unterricht zwischen Funktionalisierung und Emanzipationshilfe - Zwischenbilanz auf dem Weg zu einer kritischen Didaktik. In: RUPRECHT, H. u. a.: Modelle ..., Hannover/Dortmund/Darmstadt/Berlin 1972, S. 155 ff. SCHULZ, W.: Die Schule als Gegenstand der Pädagogik. In: FABER, W. (Hg.): Pädagogische Kontroversen 2. Das Problem der Didaktik, München 1973, S. 141 ff. SCHULZ, W.: Unterrichtsplanung, München/Wien/Baltimore 1980. SMITH, CH. M./BROUDY, H. S.: Philosophy of Education. An Organization of Topics and Selected Sources. Supplement, Urbana 1969. SPRANGER, E.: Zur Theorie des Verstehens und zur geisteswissenschaftlichen Psychologie (1918). In: OELKERS, J./ADL-AMINI, B. (Hg.): Pädagogik, Bildung und Wissenschaft. Zur Grundlegung der geisteswissenschaftlichen Pädagogik, Bern 1982, S. 87 ff. WEBER, M.: Wirtschaft und Gesellschaft (1922), hg. v. J. Winckelmann, Tübingen ⁵1980. WENIGER, E.: Didaktik als Bildungslehre, Teil 1: Theorie der Bildungsinhalte und des Lehrplans. Weinheim 1952. WRIGHT, G. H. V.: Handlungslogik. Ein Entwurf. In: WRIGHT, G. H. V.: Handlung, Norm und Intention. Untersuchungen zur deontischen Logik, Berlin/New York 1977, S. 83 ff. WUNDT, W.: Ethik. Eine Untersuchung der Tatsachen und Gesetze des sittlichen Lebens, 2 Bde., Stuttgart ³1903. (Bd. 1: 1903 a; Bd. 2: 1903 b). ZIMMER, J. (Hg.): Curriculum-Entwicklung im Vorschulbereich, 2 Bde., München 1973.

Gunter Otto/Wolfgang Schulz

Der Beitrag der Curriculumforschung

1 Curriculumforschung als Voraussetzung für pädagogische Ziel- und Inhaltsbestimmung
2 Leistungen der Curriculumforschung für die Bestimmung von Zielen und Inhalten im schulischen Alltag
3 Konsequenzen aus den Schwierigkeiten curricularer Planungsarbeit
4 Fragen an lernbereichs- oder fachspezifische Lehrplanungen

Zusammenfassung: Im Blick auf den Beitrag der Curriculumforschung zur Bestimmung der Ziele und Inhalte von Erziehung und Unterricht ist heute differenzierter als in den 60er und 70er Jahren zu fragen, welche methodologischen und methodischen Hinweise, welche didaktischen Handlungsvorschläge aus der damaligen Erfahrung in einer inzwischen veränderten ökonomischen, ausbildungspolitischen und pädagogischen Situation abgeleitet werden können. Welche Erfahrungen dürfen nicht ignoriert werden? So unvermeidlich wie die Zurücknahme von unrealistischen Ansprüchen und Erwartungen an die Curriculumforschung der Vergangenheit war, so gefährlich wäre es heute, Entscheidungen über Ziele und Inhalte von Unterricht allein administrativ und ohne Orientierung an der Wissenschaft treffen zu können oder zu wollen. Vorliegende Erfahrungen der Entscheidungsfindung, insbesondere aber auch der Implementation und der Evaluation dürfen nicht vergessen werden, sondern müssen auf die Partizipationsansprüche von Lehrern, Schülern und Eltern bezogen werden.

Summary: When considering the contribution made by curriculum research towards the determination of the goals and contents of education and teaching it is necessary to ask in a much more differentiated way than in the 60s and 70s what methodological and methodical hints, what suggestions for didactical activity can be derived from the experiences of that period in today's changed economic, educational-policy and pedagogical situation. Which experiences must not be ignored? However unavoidable the retraction of unrealistic expectations and demands made on curriculum research in the past, it would be dangerous at the present time to attempt to come to decisions on the goals and contents of teaching purely at an administrative level and without any reference to curriculum research. Existing decision-making experience, but particularly the experience already gained in implementation and evaluation must not be forgotten but, on the contrary, related to the participation claims of teachers, pupils and parents.

Résumé: En égard à la contribution de la recherche en matière de programmes d'études pour la détermination des buts et des contenus de l'éducation et de l'enseignement, il faut aujourd'hui se poser d'une manière différente que dans les années soixante et soixante-dix la question de savoir quelles propositions d'action didactique peuvent être déduites de l'expérience d'alors dans une situation économique, pédagogique et de politique de formation qui s'est entre temps modifiée. Quelles expériences ne doivent pas être ignorées? De même que la suppression d'exigences et d'attentes irréalisables concernant la recherche en matière de programmes d'études du passé était indispensable, de même il serait dangereux aujourd'hui de prendre ou de vouloir prendre des décisions sur les buts et les contenus de l'enseignement d'une manière uniquement administrative et qui ne se fonde pas sur la science. On ne doit pas oublier les expériences faites en matière de prise de décisions, mais aussi, en particulier celles, faites pour la présentation de problèmes et l'évaluation. Au contraire, il importe de prendre en compte les exigences de participation des professeurs, des élèves et des parents.

1 Curriculumforschung als Voraussetzung für pädagogische Ziel- und Inhaltsbestimmung

Dieser Beitrag setzt die Erfahrungen mit der Curriculumforschung zwischen 1965 und 1980 voraus. Er will auf dieser Grundlage Gegenwartsaufgaben und die Voraussetzungen für verantwortbare Ziel- und Inhaltsentscheidungen in Unterricht und Erziehung auf unterschiedlichen Ebenen bewußtmachen. Ausgegangen wird dabei von folgender Einschätzung: Die Curriculumforschung der 60er und 70er Jahre hat in der Bundesrepublik Deutschland die an sie geknüpften emphatischen Erwartungen hinsichtlich einer kurz- oder auch nur mittelfristig erreichbaren Revision der Ziele und Inhalte sowie der ihrer Bestimmung zugrunde liegenden Entscheidungsprozesse aufs Ganze gesehen nicht erfüllt. Die Curriculumforschung der 60er und 70er Jahre hat aber in der Bundesrepublik zu einem differenzierteren Verständnis der von ihr in Angriff genommenen „pädagogischen Großplanungsaufgabe" und zu einem elaborierten Methodenrepertoire geführt, hinter die niemand zurückfallen sollte, der heute die Erörterung über Ziele und Inhalte von Erziehung und Unterricht sowie der ihrer Bestimmung zugrunde liegenden Entscheidungsprozesse, gleichviel auf welcher Ebene, führt.
Die Kernfrage dieses 3. Bandes der Enzyklopädie Erziehungswissenschaft, die Frage nach den Zielen und Inhalten oder nach den Intentionen und Themen der Erziehung und des Unterrichts, ist von 1967 bis in die 80er Jahre hinein zum überwiegenden Teil unter dem Stichwort „Curriculum" diskutiert worden. Das gilt besonders für die Ziel- und Inhaltsbestimmung der Arbeit an Schulen und Hochschulen.
Seit ROBINSOHN die „Bildungsreform als Revision des Curriculum" (1967) interpretiert hatte, stand dieser Begriff für die Ablösung wissenschaftlich veralteter und demokratisch nicht überzeugend legitimierter, praktisch bestenfalls unbeachteter Lehrpläne durch innovative und erfolgskontrolliert entwickelte Konstrukte.
Der Ansatz der Curriculumforschung hat allein im deutschsprachigen Raum eine von einzelnen nicht mehr übersehbare Literatur hervorgebracht, zu der Zugang zu gewinnen nicht mehr allein über einen Handbuchartikel, sondern nur noch über Sammelreferate und mehrbändige Kompendien möglich erscheint. So informieren: über die Phase der ersten Rezeption westlicher Vorbilder HUHSE (vgl. 1968) und ihre ersten Konsequenzen KNAB (vgl. 1971); die Curriculumentwicklung als vielschichtige, breite, widersprüchliche Reformbewegung der ersten Hälfte der 70er Jahre erörtern umfassend die Autoren des von FREY herausgegebenen dreibändigen „Curriculum-Handbuchs" (1975). Zu diesem Zeitpunkt ist der Innovationsstrom der Curriculumentwicklung bereits mehrfach in seinem Lauf aufgehalten worden und teilweise versickert: Wachsende Knappheit der staatlichen Ressourcen nach dem Ölschock legen der öffentlichen Hand nahe, die Lehrplanung wieder weniger aufwendig zu betreiben. Sie folgt dem um so lieber, als der Streit um die Curricula stellenweise bis zur Desintegration der Gesellschaft geht (vgl. OBERPICHLER 1977).

Der Beitrag der Curriculumforschung

Trotz solchen Engagements geraten die Versuche wissenschaftsorientierter curricularer Großplanung schnell über den Verstehens- und Interessenhorizont der Öffentlichkeit hinaus; Curriculum-Projektgruppen, die zur Relativierung des unhinterfragten Einflusses der Schulbürokratie beitragen wollen, verärgern zugleich ihre Klientel, die Lehrer (und Schüler), denen sie zu viel vorgeben und die sie damit wiederum zu entmündigen drohen. Mit dem Begriff „offenes Curriculum" (vgl. DEUTSCHER BILDUNGSRAT 1974) soll die curriculare Arbeit einerseits diesem Mißtrauen begegnen; andererseits wird damit auch ein weder finanzierbarer noch politisch durchsetzbarer Lenkungsanspruch aufgegeben. Der Sammelband von BRINKMANN, „Offenes Curriculum – Lösung für die Praxis" (1975), und die Auseinandersetzungen im Jahrbuch für Erziehungswissenschaft 1976, „Lehrjahre in der Bildungsreform", und in den Repliken des „Jahrbuchs kontrovers" (vgl. HALLER/LENZEN 1976, 1977) relativieren den Anspruch der curricularen Großunternehmer nicht nur aus Kostengründen und zur Sicherung der Akzeptanz; ein selbstbewußteres pädagogisches Theorieverständnis, wie es OELKERS (vgl. 1983) formuliert, und eine Weiterentwicklung des Verständnisses von demokratischer Partizipation bei der Unterrichtsplanung (vgl. BOETTCHER u. a. 1978, SCHULZ 1982) lassen eine höhere Gewichtung der curricularen Kompetenz vor Ort notwendig erscheinen. Auf der Ebene der Fachdidaktiken gibt es gleichsinnige Tendenzen, so im Blick auf den engen Zusammenhang zwischen Bedingungsanalyse und Legitimation der Lerninhalte (vgl. KUHN/SCHNEIDER 1981, besonders S. 10 ff.), hinsichtlich der Reflexion von „Lernvoraussetzungen als Bestandteil einer partizipatorischen Methode „politischer Bildung" (vgl. CLAUSSEN 1981 a, besonders S. 181 ff.) oder im Bemühen um die Vermittlung von Zielen und Inhalten mit Bedingungen des Unterrichts und Interessen der Lernenden (vgl. OTTO 1974, besonders S. 277 ff., S. 287 ff.).

Parallel dazu verstärkt sich in der pädagogischen Diskussion die Tendenz, handlungsrelevantere Daten für die Planung und eine Verwandlung von Fremdkontrolle in Selbstkontrolle durch „Handlungsforschung" zu erreichen (vgl. KLAFKI 1975). Die erziehungswissenschaftliche Vorläufigkeit dieser Ansätze hat PAPASILEKAS-OHM dargestellt (vgl. 1983). Das vorläufig letzte Kompendium zur Curriculumforschung, das von HAMEYER u. a. herausgegebene „Handbuch der Curriculumforschung" (1983) nimmt diese Entwicklung, wenn auch vorsichtig, bereits ansatzweise auf und kompensiert die bundesdeutsche Stagnation durch eine verdienstvolle Aufarbeitung internationaler Tendenzen. Trotz einer verständlichen Überbetonung der IPN-Aktivitäten und verwandter Ansätze ist es heute die beste umfassende Einführung in den Diskussionsstand; die beste Kurzeinführung für Pädagogikstudenten bleibt, obschon aktualisierungsbedürftig, die Arbeit von RÜLCKER (vgl. 1976).

Auf diese etwa 15jährige Debatte und auf die finanziell für unsere Verhältnisse aufwendigen Projekte einzugehen erscheint auch dann unerläßlich, wenn man über diese „Lehrjahre der Bildungsreform" heute kritischer denkt.

Ein erweitertes Verständnis der pädagogischen Planungsaufgabe hat die Auseinandersetzungen um die Revision des Curriculum bewirkt, freilich folgt daraus nicht der Versuch einer neuartigen planerischen Neustrukturierung pädagogischer Felder. Als Indiz dafür sei auf die Untersuchungen von REISSE (vgl. 1975, S. 52 ff.) verwiesen. Er nennt auf der Grundlage von 21 bis 1975 vorliegenden Definitionsversuchen zu „Curriculum" ausschließlich Merkmale, die in der vorgängigen didaktischen Diskussion längst entwickelt und vielfältig differenziert worden waren: Ziele, Inhalte, Methoden, Medien, Erfolgskontrolle, Organisation/Institution, Ausbilder/Lehrer und Auszubildende/Schüler. Die Vorstellung von der wechselseitigen Abhängigkeit dieser Planungsstrukturen und der Notwendigkeit, die pädagogischen

Gunter Otto/ Wolfgang Schulz

Felder als Handlungszusammenhänge zu begreifen, wie sie im gemeinsamen Vorwort der Bände 3 und 4 dieser Enzyklopädie zum Ausdruck kommt, war ebenfalls in der didaktischen Diskussion der 60er Jahre bereits ausgebildet (vgl. BLANKERTZ 1969, HEIMANN 1962, SCHULZ 1970). Schließlich war es auch vor dem Streit um das Curriculum in der Didaktik und in der Sozialpädagogik üblich, die Ergebnisse, Methoden, Fragestellungen der sozial- und humanwissenschaftlichen Nachbardisziplinen zur Aufklärung und Beeinflussung des pädagogischen Handlungszusammenhangs heranzuziehen (vgl. die älteren Arbeiten von WEISS 1961, 1965; vgl. ROTH 1957, die Einführungen von SCHULZ/THOMAS 1967 für die Schulpädagogik und von MOLLENHAUER 1979 für die Sozialpädagogik). Für die Adaptation sozialwissenschaftlicher Theoreme und Postulate gibt es in den Fachdidaktiken schon sehr früh Belege, so für den Kunstunterricht (vgl. OTTO 1964), für den Musikunterricht (vgl. RAUHE 1975) und seine Zieldiskussion (vgl. OTT 1979), für die Politikdidaktik (vgl. CLAUSSEN 1981b); zeitweilig bestand eher die Gefahr der Überformung didaktischer Aussagezusammenhänge durch sozialwissenschaftliche Theorieangebote als die der Vernachlässigung, so in FILIPPS (vgl. 1975) tendenzieller Ineinssetzung von politischer Geographie und politischer Bildung oder in der Integration von politischem und ästhetischem Lernen, die für das Konzept der „visuellen Kommunikation" typisch war (vgl. EHMER 1971). Einen guten Überblick über die Theoriebewegungen und die Positionswechsel geben die „fachdidaktischen Trendberichte" (vgl. SCHWEIM 1979; darin besonders die Beiträge von Bölts für die Mathematikdidaktik, von Lott für die Religionspädagogik und von Quitzow für die Naturwissenschaftsdidaktik).
Neu im curricularen Diskurs ist also nicht die Aufgabe, neu ist, daß im „Vergleich zu traditionellen didaktischen Fragestellungen [...] in der Curriculum-Theorie der Bildungsgegenstand um diejenigen Aspekte erweitert [wird], welche die Prozesse der Hervorbringung und Umsetzung curricularer Innovationen thematisieren" (HAMEYER u.a. 1983, S.21 f.). Die Methodik eines Vorgehens, das zu innovativen Lehr-/Lernarrangements führt, zu ihrer überzeugenden Legitimierung, zu neuer Strukturierung der Lehr-/Lernaufgaben, zur Präzisierung und Konkretisierung der Intentionen, Themen, Methoden und Medien pädagogischen Handelns, die Methodik, die zu einer möglichst gründlichen Implementation führt, also gewissermaßen zum Einfüllen des Neuen in die Alltagspraxis, zur Dissemination/Verbreitung des Neuen und zur Kontrolle seiner Wirkung – diese Methodik ist im Ringen um die Revision der Curricula außerordentlich erweitert worden.
Es hat nach dem euphorischen Beginn der Curriculumentwicklung in der Bundesrepublik Ende der 60er und Anfang der 70er Jahre an Selbstkritik der Curriculumarbeiter nicht gefehlt. So hat HAMEYER 1978 in Zusammenarbeit mit 17 Curriculumprojekten eine Analyse von Konflikten bei curricularen Innovationsprozessen vorgelegt: Er deckt Schwierigkeiten auf, die durch „divergente Erwartungen" der beteiligten Instanzen, durch unterschiedliche „Informiertheit über Innovationsziele" und durch die begrenzte „Belastbarkeit von Zielgruppen" entstanden sind; andere Ursachen lagen in der komplizierten „Organisation der Prozeßplanung", in der mangelhaften „Verständigung und Beratung", in Problemen der „Integration und Differenzierung von Innovationen". So schwerwiegend in einigen Fällen die Irrtümer gewesen sein mögen, die in dieser ersten Phase bisweilen begangen worden sind – sie rechtfertigen nur eine radikale Neubesinnung vor der nächsten Phase, nicht eine Abkehr von wissenschaftlichen Bestrebungen in einer so gewichtigen, Millionen von Schülern und erwachsenen Mitbürgern betreffenden Frage des Lehrplanes unserer Schulen.

Der Beitrag der Curriculumforschung

So begrenzt die praktischen Wirkungen unter diesen Umständen und unter den heutigen Bedingungen institutioneller Erziehung und Unterrichtung auch sein mögen – (vgl. die von GARLICHS u. a. herausgegebene Fallstudie CIEL II, 1983) –, die amtlichen Lehrplanmacher können leicht feststellen, wieviel mehr diese Kritik auf die Erarbeitung und Einführung ihrer eigenen, mit dem Amtsbonus versehenen Produkte zutrifft.

2 Leistungen der Curriculumforschung für die Bestimmung von Zielen und Inhalten im schulischen Alltag

Mit dem „Alltag" der Ziel- und Inhaltsbestimmung ist hier sowohl der Alltag der Lehrplankommissionen gemeint als auch der Alltag der Lehrerinnen und Lehrer, die in dem Rahmen, den die amtlichen Lehrpläne setzen, hoffentlich *mit* ihren Schülern, auf jeden Fall aber *für* sie, konkrete Aufgaben formulieren. Für beide Ebenen alltäglicher Planung können die *Ergebnisse* von Curriculumprojekten eine fruchtbare Verfremdung der eigenen Erfahrung bedeuten, die auch dann wirksam wird, wenn die Ergebnisse nach reiflicher Überlegung nicht oder nur teilweise übernommen werden. Oft werden Lehrerinnen und Lehrer angesichts des alltäglichen Handlungsdrucks durch Curricula überhaupt erst mit *neuen* Fragestellungen bekannt. Vor allem aber können sie dort *methodische Anregungen* finden, die ihren eigenen Planungsprozeß stärker als bisher gegen Willkür, Zufall und Gewohnheit sichern. Hier liegen, wie schon belegt, die hauptsächlichen Fortschritte der Curriculumforschung, und deshalb soll vor allem davon – notwendig summarisch – berichtet werden.

Die Verfasser gehen dabei von der Vorstellung aus, daß den *Planungsinstanzen* im pädagogischen Feld jeweils *spezielle Kompetenzen* zugeschrieben werden können, die sich wechselseitig *ergänzen* und *begrenzen* und deren Konsultationen deshalb eine unerläßliche Bedingung für die innovative Planungsarbeit sind:

- *Lehrplankommissionen* sind am ehesten in der Lage, den bildungspolitischen Minimalkonsens für einen verbindlichen Handlungsrahmen der Planungsarbeit in öffentlichen Bildungsinstitutionen zu erarbeiten; sie können sich aber nur im Kontakt mit der Curriculumforschung auf einem wissenschaftlich vertretbaren Stand halten; ebenso werden sie nur im institutionalisierten Dauerkontakt mit den Planern vor Ort konkrete Vorgaben geben und praktisch wirksam sein können.
- Die *Planer vor Ort* sind allein in der Situation, in diesem Rahmen den unmittelbar Beteiligten die Partizipation an der Steuerung mit dem Ziel der Autonomie zu ermöglichen, auf aktuelle Lernbedürfnisse zu reagieren und eine personelle wie quartierbedingte, adaptive Lernorganisation zu gewährleisten; sie beweisen ihre Professionalität einerseits in der Interpretation der Rahmenbedingungen, im kreativen Aufgreifen und Variieren curricularer Entwürfe und andererseits in der Befähigung der Lernenden zur Mitsteuerung ihres Bildungsprozesses.
- Die *Curriculum-Projektgruppen* haben am ehesten die Chance, neue Entwicklungen systematisch aufzuarbeiten, innovative, das heißt wirklich erneuernde Alternativen in Form von meist thematisch begrenzten curricularen Interventionsmodellen zu entwickeln und dabei die Voraussetzungen solcher Interventionen repräsentativ zu erheben, die Organisation der Erarbeitung konsequent zu verfolgen und transparent zu machen, eine intersubjektiv nachvollziehbare Kontrolle und Revision zu betreiben; sie sind auf die Unterstützung und prinzipielle Lernbereitschaft der amtlichen Stellen und auf die kritische wie loyale Mitarbeit

der Planer vor Ort angewiesen. Die daraus sich ergebenden Probleme der Konsultation sind von den Curriculumexperten zweifellos am meisten durchdacht worden; hier wurde nicht nur Lehrgeld gezahlt, es wurden auch neue Antworten gesucht.
Problemdefinition. Eine der ersten Aufgaben auf allen Ebenen der Lehrplanarbeit ist die Problemdefinition. Es geht darum, herauszufinden, welche neuen Entwicklungen in den Wissenschaften, Techniken und Künsten, in Arbeits-, Politik- und Freizeitwelt, im Selbstverständnis und im Handeln der Lernenden und der Lehrenden überhaupt eine Revision des Curriculum nahelegen. Es geht um die Erkundung der Ausgangslage für eine solche Revision, um die Formulierung und Gewichtung der pädagogischen Zielsetzungen, die sich daraus ergeben.
In der Curriculumforschung ist dafür eine Reihe von Verfahren entwickelt, variiert und erprobt worden, zum Beispiel gestufte Experteninterviews (vgl. ROBINSOHN 1967), teilnehmende Beobachtung (vgl. SCHULTE/THIEMANN 1979), die biographische Methode (vgl. BAACKE/SCHULZE 1979), die Protokollanalyse (vgl. HEINZE/SCHULTE 1973), die Dokumentenanalyse, wie sie den Gesetzen (vgl. SEIBEL 1983), den Lehrplänen (vgl. SACHER 1983) oder Schulbüchern (vgl. HACKER 1983) gilt. Die Ergebnisse und die Defizite, die Fragestellungen und die Methoden dieser Beiträge sind geeignet, die Arbeit nicht nur der staatlichen Lehrplankommissionen, sondern auch die Planung vor Ort methodisch zu verbessern. – Auf eine klare Schwerpunktbildung und Prioritätensetzung bei der Revisionsarbeit ist man auf allen Ebenen gleichermaßen angewiesen, denn die Gesamtrevision verbietet sich schon aus ökonomischen Gründen.
Argumentative Legitimierung. Legitimierung von pädagogischen Zielen und Inhalten, also ihre Begründung und Rechtfertigung, ist auf Dauer eine notwendige, wenn auch allein nicht hinreichende Voraussetzung dafür, daß in einer pluralistischen und dynamischen Gesellschaft ein genügend großer Minimalkonsens beziehungsweise eine genügend große Revisionsmöglichkeit für die in pädagogischen Feldern Handelnden besteht, die Unterrichten und Erziehen ermöglicht. Besser als der zufällige Konsens, die willkürliche oder gewohnheitsmäßige naive Setzung etwa von Schulräten und der von ihnen ausgewählten Mitarbeiter, oder das Entrollen der Überzeugungsfahne eines weltanschaulich geeinten Teams von Lehrkräften oder Sozialpädagogen oder Dozenten einer Institution der Erwachsenenbildung sind auf jeden Fall all jene Verfahren, die in Kenntnis der Problematik solcher naiven Vorgehensweisen modifiziert werden, wie dies die deskriptive Curriculumforschung erarbeitet hat (vgl. MANZ 1975, SCHÄFER 1981). Sicher haben sich alle Versuche, die Ziele und Inhalte von einem durchgehenden Ansatz her zu legitimieren, als brüchig erwiesen. Das gilt für den Ansatz, von der Struktur der Disziplinen auszugehen (vgl. RASCHERT 1975 und kritisch SIEGEL 1977), ebenso wie für das Konzept, die Bewältigung von Lebenssituationen zum Ausgangspunkt zu machen (vgl. RUPRECHT 1974 und kritisch BAMMÉ/HOLLING 1976). Aber die Beiträge dazu in der Curriculumforschung haben sowohl die Einschätzung der relativen Möglichkeiten als auch der Grenzen dieser Verfahren auf ein Niveau gehoben, dessen Aufarbeitung es in den Alltagspraxen zumindest ermöglicht, die notwendigen Entscheidungen ohne Naivität, hinreichend differenziert und in einer Art dynamischer Balance zwischen relativierten Ansprüchen zu treffen. Das gilt sinngemäß auch für Versuche, fachübergreifende innovative Maßstäbe wie Emanzipation oder Mündigkeit zu entwickeln (vgl. HEIPCKE/MESSNER 1975) oder den Bildungsbegriff als einen solchen Maßstab wieder zu aktualisieren (vgl. v. HENTIG 1977, KLAFKI 1985). Auf dem Hintergrund solcher grundsätzlichen Überlegungen wird der Gedanke unabweisbar, daß

Mündigkeit nur durch Prozesse gefördert werden kann, in denen sie herausgefordert wird, also auch nur durch Lehrplanungen, die die Partizipation der Lehrerinnen und Lehrer, der Schülerinnen und Schüler sowie ihrer Eltern ermöglicht, ja fördert (vgl. JUNGBLUT 1979, SCHULZ 1982). Über den Stellenwert und die Methoden dieser Partizipation besteht allerdings noch Unklarheit (vgl. KÖNIG 1983).
Strukturierung des Lehrangebots. Auch in der Strukturierung des Lehrangebots haben Curriculumforscher eine Reihe von Erfahrungen gesammelt und Alternativen durchgespielt, die schon heute geeignet sind, im Alltag von Lehrplankommissionen und Planern vor Ort Ungereimtheiten, Scheinklarheiten und bloße Konventionalität vermeiden zu helfen: die Probleme der Konsistenz einer Lehrplanung, des widerspruchsfreien Zusammenhanges zwischen Grundsatzentscheidungen und Detailplanung, wurden mit Verfahren logischer Deduktion zu lösen versucht (vgl. MÖLLER 1969) und haben gut begründete Kritik erfahren (vgl. MEYER 1972). Auch die Konstruktion der Lehrplanung als *Ziel-Mittel-Relation* hat prinzipielle Kritik erfahren (vgl. DIENER u. a. 1979, SACHS/SCHEILKE 1973). Ohne Kenntnis dieser Versuche und der grundsätzlichen Kritik an ihnen sollten heute keine Lehrpläne mehr konstruiert werden.

Wenn auch der Wert von *Taxonomien,* von systematischen Ordnungen der Erziehungs- und Unterrichtsziele und -inhalte umstritten ist (vgl. SANTINI 1983), so haben sie doch zweifellos heuristische Funktionen, die auch im Alltag nützlich sein dürften:
- Taxonomien möglicher *Inhalte* wie die von V. HENTIG für Gesamtschulen (vgl. 1971) und – präziser – von DAHLBERG (vgl. 1978) helfen trotz mangelhafter Hierarchisierung bei der Korrektur einseitiger oder zufälliger Auswahl von Gegenständen und helfen bei der Integration bereichsspezifischer Zielvorstellungen in übergreifende Fragestellungen.
- Taxonomien möglicher *Lernleistungen* (vgl. DAVE 1968) helfen, die einseitige Bevorzugung kognitiver Zielsetzungen gegenüber affektiven und psychomotorischen zu erkennen und zu bekämpfen. Sie helfen auch, zu bemerken, wenn komplexe Ziele angesteuert werden, ohne daß grundlegende Fähigkeiten und Fertigkeiten zu deren Erreichung mindestens parallel entwickelt werden. Auch die Grenzen der Fruchtbarkeit von Taxonomien bei so komplexen Aufgaben wie Sexualerziehung, Friedenserziehung, Umwelterziehung liegen auf der Hand: Je komplexer und existentiell bedeutsamer Lernaufgaben werden, desto intensiver wird die Wechselwirkung zwischen kognitiv, affektiv und psychomotorisch akzentuierten Lehr-/Lernprozessen.

Die Aufarbeitung curricularer Erfahrungen mit den Möglichkeiten und Grenzen der Formulierung von Zielen als überprüfbaren Verhaltensweisen, der sogenannten *Lernzieloperationalisierung,* gehört in diesen Zusammenhang (vgl. SCHMITT 1983).

Dringend ist jedem Alltagsplaner zu empfehlen, wenigstens ein oder zwei Alternativen zur gewohnten Gliederung der Lehrpläne in schulischen Fächern und Lernbereichen in experimenteller Haltung nachzuvollziehen. Angesichts der institutionalisierten Zwänge, etwa der KMK-Abkommen und der mächtigen inneren Zensur gegenüber Ungewohntem, wird ein solches Kontaktstudium bei denen, die im Alltag Verantwortung tragen, in der Regel keinen völlig neuen Lehrplanentwurf hervorrufen. Aber das Korrigieren vertrauter Vorstellungen innerhalb der institutionellen Vorgaben ist schließlich auch etwas. Wer nicht nur die Vermittlung der von den Wissenschaften, Techniken und Künsten vorgeordneten Welt anstrebt, nicht nur zur Reproduktion des eigenen und des gesellschaftlichen Lebens befähigen will, sondern auch zu weiterführender, kreativer Produktivität, zur Selbstbestimmung

und zu jener Solidarität, „zu erbauen die freundliche Welt, in der der Mensch dem Menschen ein Helfer ist" (BRECHT 1968, S. 722), der wird sich anregen lassen von den Versuchen.
- im Fachunterricht nach den aufschließenden Grundeinsichten der jeweiligen Disziplin zu fragen, nach den *key concepts,* wie sie SPRECKELSEN u.a. (vgl. 1971 ff.), HÄUSSLER (vgl. 1973) und KATTMANN (vgl. 1981) für den Lernbereich Naturwissenschaften entworfen haben,
- politisch-pädagogische Absichten und fachbezogene Lerninhalte in einem *Strukturgitter* zusammenzudenken, wie BLANKERTZ und seine Mitarbeiter (vgl. 1971, 1975) dies versucht haben,
- *allgemeine Lernziele* als Kriterien für konkrete Ziel- und Inhaltsbestimmung zu benennen (vgl. v. HENTIG 1971),
- mit LOCH (vgl. 1979) nach den *lebenslauf- und lebensweltspezifischen Kompetenzen* zu fragen, die eine Lehrplanung zu fördern hat,
- von lebensbedeutsamen *Situationen* auszugehen, für die qualifiziert werden soll; dabei werden diese Situationen einmal diskursiv von den beteiligten Gruppen „gefunden" (vgl. HEMMER 1973, MEERTEN 1980), ein anderes Mal vom Planungsteam konstruiert (vgl. HILLER 1974).

Diese notwendig summarische Aufzählung zeigt, daß genügend Materialien vorliegen, die es ohne weiteres erlauben, sich eine vielleicht fruchtbare Distanz zu konventionellen Lehrplänen zu schaffen. Aus dieser Distanz und angesichts der einander wechselseitig relativierenden neuen Ansätze kann es gelingen, einen Denk- und Handlungsraum für curriculare Innovation offenzuhalten – freilich nicht, institutionell zu sichern.

Probleme der Implementation. Die *Implementation*, das Einfüllen, Einführen, Integrieren des Geplanten, ist für die Lehrplaner auf allen Planungsebenen ein Problem. Curriculumforscher sind aber in besonderer Weise dadurch herausgefordert:
- Sie haben mit großem zeitlichem Aufwand und oft mit erheblichen Mitteln gearbeitet und müssen einen entsprechend nachprüfbaren Erfolg anstreben; er aber kann letztlich erst erreicht sein, wenn die curricularen Angebote nicht nur bei den Praxisgruppen des Entwicklungsprojekts angemessen angenommen worden sind, sondern wenn der Transfer auf andere Gruppen gelungen ist (vgl. die Übersicht von HALLER 1983).
- Sie haben sich schon aus der Erfahrung eigener Ohnmacht, aber auch angesichts der Bedürfnisse ihrer Klienten in der Praxis der Bildungsinstitutionen die Frage vorlegen müssen, ob sie nur eine möglichst genaue Transferierung ihrer Vorstellungen in die Alltagspraxis als geglückte Implementation ansehen können oder ob sie die Resultate ihrer Planungsarbeit als Angebot verstehen, das auch in Konkurrenz mit anderen Angeboten relativiert oder auch gegebenenfalls lediglich partiell angenommen werden kann, um dennoch als erfolgreiche Innovation zu zählen. Hierzu kann die deutsche Curriculumforschung bereits Erfahrungen und Hypothesen anbieten (vgl. GARLICHS u.a. 1983, KREKELER 1985), die auf die Bedeutung der Professionalisierung von Lehrern durch Mitarbeit oder durch Training mit Projektmaterial aufmerksam machen. Untersuchungen zum tatsächlichen Planungsverhalten von Lehrern im Alltag, damit es bei der Implementation berücksichtigt wird, haben LÜTGERT/SCHÜLER (vgl. 1978) und besonders für den Mathematikunterricht BROMME (vgl. 1981) vorgelegt.
- Der bereits erwähnte Streit um „offene Curricula" kann nicht zuletzt als eine Antwort auf den Widerstand der unmittelbar Betroffenen gegen Gängelung durch zentralistische Planung gedeutet werden.

Hier muß auch festgehalten werden, daß unwirksame amtliche Lehrpläne, Enttäuschungen von Lehrern trotz isolierter und detaillierter Vorbereitungsarbeit und das Desinteresse von Schülern einen oftmals nicht durchschauten Problemzusammenhang darstellen. Deshalb ist nicht zuzustimmen, wenn die Erfahrungen der wissenschaftlichen Curriculumentwicklung einfach mit dem Hinweis beiseite geschoben werden, „daß der Anspruch zu hoch und die praktische Arbeit zu gering gewesen sei" (HALLER 1983, S.525). Wie sollte denn die Alternative lauten? Sie kann sich nicht nur wegen der schon erwähnten Unwirksamkeit mit dem Hinweis auf behördliche oder alltägliche Lehrplanarbeit begnügen, sie muß auch bedenken, daß die alltagsorientierte Lehrplanarbeit ja gar nicht scheitern kann, solange ihre tatsächliche Aufnahme durch andere nicht untersucht wird. Das heißt: Sie wird erst folgenreich, insofern die Lehrplanmacher an die methodischen Erfahrungen der Curriculumforschung anschließen.
Probleme der Evaluation. Evaluation zu betreiben war und ist für die Curriculumforschung aus zwei Gründen unerläßlich: erstens als möglichst häufige Rückkoppelung für das curriculare Projekt selbst, damit es sich als lernendes System optimieren kann, gemessen an den Zielen, die es sich gesetzt hat; der zweite Grund liegt in der Bemühung, unser Wissen von Unterricht und Erziehung überhaupt zu vergrößern. Daß diese beiden Ziele nicht ohne weiteres vereinbar sind, ist von vielen Forschungsgruppen erfahren und auch mehrmals reflektiert worden (vgl. BAUMERT 1976, KORDES 1983).
Mit Recht ist darauf hingewiesen worden, daß sowohl der sozialtechnische Weg, dieses Dilemma zu lösen (vgl. BENNIS u.a. 1975), als auch der praxeologische Weg (vgl. WELLENDORF 1984) zu einem vertieften und bisher besonders die Handlungsrelevanz verstärkenden Verständnis der Aufgabe der Evaluation geführt haben (vgl. KORDES 1983, besonders S.295ff.). Es wäre verhängnisvoll, wenn die gelegentliche Verselbständigung der Erfolgskontrolle mit der unerwünschten Wirkung einer Beschränkung auf die Förderung des leichter Meßbaren zum Verzicht auf die Evaluation führen würde; ebensowenig darf die gelegentliche Erfahrung einer unangemessenen Objektivierung der praktisch Handelnden durch ihre Evaluatoren als Vorwand für die Einsparung der Selbstkontrolle curricularer Arbeit benutzt werden. Aber auch die Evaluatoren sollten keinen Anlaß geben, als diejenigen erlebt oder interpretiert zu werden, die gewissermaßen auf der Bank der Spötter sitzen, statt die Verantwortung für Planung und Durchführung von Unterricht und Erziehung zu teilen.
Die geringfügigen und mit prinzipiell größeren Fehlerquellen belasteten Rückkoppelungen zu Lehrplanentwürfen der Schulbehörde mit summarischen Rückfragen und gelegentlichen Pauschaldiskussionen, aber auch die Klassenarbeiten und mündlichen Prüfungen vor Ort, die Zensurenvergleiche, die Zählungen der Wiederholer, Schulwechsler und Abbrecher stellen demgegenüber ein so unzureichendes Feedback dar, daß die mangelnde Lernfähigkeit der Alltagspraxis nicht verwundert. Eine von fragwürdigen Ausleseaufgaben unabhängige Selbstkontrolle der Bildungseinrichtungen durch Evaluation könnte von den Erfahrungen und Hypothesen der ersten Phase wissenschaftsorientierter Curriculumentwicklung manches lernen.
Prozeßorganisation. Was HALLER (vgl. 1973) über die Art und Weise zusammengetragen hat, in der in der Bundesrepublik Lehrpläne zustande kommen, gilt heute noch. Wenn man bedenkt, daß ein Curriculum, ein Lehrplan, die Planung einer Unterrichtseinheit vor Ort nicht zuletzt Produkte sozialer Prozesse sind, dann ist es unabweisbar, sich mit den Erfahrungen der Curriculumforscher bei der bewußten, begründeten, systematischen Organisation der schon angesprochenen Prozesse

auseinanderzusetzen. Hier liegt vielleicht der größte Nutzen, den die Beschäftigung mit der bisherigen Curriculumforschung haben kann.
Eine ganze Reihe von Fragen, die im Zusammenhang mit dem Curriculumprozeß aufgeworfen, untersucht und in verschiedenen Varianten durchgespielt worden sind, wird auch bei der Revision amtlicher Lehrpläne und bei der Konstruktion einzelner Unterrichtseinheiten in der Alltagspraxis auftreten, zum Beispiel: Wer soll an der Zielfindung mitwirken, und auf welche Weise soll zwischen den Mitwirkenden entschieden werden? Wie soll zwischen verschiedenen, von der Gesellschaft, von den Beteiligten, vom Stand der Wissenschaften her legitimierten Zielen und Inhalten entschieden werden? Nach welchen Prinzipien, von wem und auf welche Weise sollen die gefundenen Ziele und Inhalte geordnet und zur Verfügung gestellt werden? Wie sollen sie die Alltagswirklichkeit beeinflussen und angesichts tradierter Ziele und Inhalte, Methoden und Medien von den „Praktikern" übernommen werden? Wie wird gelernt, das Geplante anzunehmen und zu variieren? Wie werden Fortschritte und Rückschritte festgestellt? Und schließlich – leider am häufigsten vergessen –: Wie wird aus den Fehlern gelernt?
Daß diese Prozesse in den einzelnen Curriculumprojekten ganz unterschiedlich organisiert worden sind und daß von einer gesicherten allgemeinen Methodologie des planerischen Vorgehens noch nicht gesprochen werden kann, erschwert es sicher, die curricularen Erfahrungen zu nutzen. Aber schon wenn man sich nur bewußtmacht, ob man eher disziplinorientiert, eher von gesellschaftlichen Aufgaben her oder von Bedürfnissen der Beteiligten her plant und wenn man bedenkt, daß dies jeweils bestimmte Vorgehensweisen nahelegt oder ausschließt, gewinnt man festeren Grund – relativiert durch das Wissen um Alternativen. In transparenten Abläufen können die Beteiligten sich besser steuern; sie können sich auch eher mit den Ergebnissen identifizieren: Es gibt schließlich auch die Legitimierung durch Verfahren.
Im übrigen haben gerade die Erfahrungen von Curriculumprojekten der ersten Phase, die zum Teil vergeblichen Bemühungen um Adaptation in den Schulen und anderen Bildungseinrichtungen eben wegen der Lernfähigkeit, die um Feedback bemühte Systeme haben, zu Versuchen geführt, die curriculare Arbeit stärker mit der Alltagspraxis zu verbinden; so zum Beispiel durch
– schulnahe Curriculumarbeit in regionalen pädagogischen Zentren (vgl. DEUTSCHER BILDUNGSRAT 1974);
– Curriculumentwicklung im Rahmen regionaler Lehrerfortbildung (vgl. RÜLCKER 1983, S. 232 f.);
– Curriculumentwicklung am Lernort (vgl. BAUMERT/HOPF 1980).
Auch dieser Weg läßt nach den Erfahrungsberichten allerdings Wünsche offen: Jetzt sind wieder die Wissenschaftler nicht oder nur unzureichend vertreten; und die Bereitschaft von Lehrerinnen und Lehrern, an curricularer Innovation zu arbeiten, darf gegenwärtig keineswegs durchgängig unterstellt werden.

3 Konsequenzen aus den Schwierigkeiten curricularer Planungsarbeit

Ohne Anspruch auf Vollständigkeit lassen sich einige Konsequenzen benennen, die man aus den bisherigen Erfahrungen mit curricularer Entwicklung für die künftige Bestimmung – gleichgültig auf welcher Ebene der Entwicklung – von Zielen und Inhalten des Unterrichts und der Erziehung ziehen sollte:
Die Notwendigkeit eines Bildungsbegriffs. Ohne die Orientierung an einem pädagogisch eigenständigen Maßstab, an einem Bildungsbegriff, fehlt der komplexen Pla-

nungstätigkeit eine richtunggebende, Auswahl ermöglichende, die Aufgaben begrenzende und verbindende Perspektive. Die pädagogische Zielvorstellung wird am ehesten unter der Leitung professioneller Pädagogen entwickelt und in pädagogischen Institutionen organisiert. Nur so scheint es möglich zu sein, die Gefahr der verständlichen Verselbständigung humanwissenschaftlicher, sozialwissenschaftlicher, fachwissenschaftlicher Fragestellungen und aktueller politischer Ansprüche zugunsten stimmiger Handlungsentwürfe in Grenzen zu halten.

Die Voraussetzung für eine solche Akzentuierung ist die Fähigkeit staatlicher Organe und gesellschaftlicher Interessengruppen, auf eine Anbindung der curricularen Arbeit an einen der Kritik entzogenen Status quo zu verzichten. Dies ist auch in unserer Demokratie nicht ohne weiteres zu erwarten, wie der Streit um die konservativen Thesen zum „Mut zur Erziehung" (vgl. BENNER u.a. 1978, SCHULZ 1981) zeigt. Curriculare Alternativen, die von den Benutzern auswählend interpretiert werden können, gehören zu dieser Vorstellung.

Wo die Orientierung an einem solchen zur Bewältigung wie zur Veränderung des Status quo befähigenden Bildungsdenken nicht möglich erscheint, sollte die Erziehungswissenschaft, insbesondere die Didaktik, sollte Wissenschaft überhaupt sich aus der verantwortlichen curricularen Planungsarbeit zurückziehen, um ihre kritische Funktion gegenüber der Erziehungswirklichkeit nicht zu verlieren.

Die Notwendigkeit exemplarischer Revision. Auf die totale Revision des Curriculum – wirkliche Erneuerung, nicht nur Fortschreibung des Ganzen – sollte zugunsten einer exemplarischen Revision verzichtet werden. Totalrevisionen überfordern die Kreativität des Curriculumteams, die finanziellen Mittel der Träger öffentlicher Erziehung und die Adaptationsfähigkeit der Adressaten des curricularen Angebots gleichermaßen. Weniger ist hier offenbar mehr: Wenn für systematische oder mittelfristig aktuelle Schlüsselsituationen wirklich neuartig entwickelt, erprobt und revidiert wird, kann dies durch Konzentration der Kräfte intensiver und kreativer und damit auch anregender geschehen. Das Weitere muß man zunächst der Modellwirkung, unterstützt von Angeboten zur Fortbildung, überlassen.

Die Notwendigkeit von Partizipationschancen. Die Sicherung der Partizipation wirkt jener fatalen Tendenz einer „kapitalistischen" Arbeitsteilung zwischen Planern ohne praktische Erfahrung und Praktikern ohne Planungskompetenz entgegen, die in der Phase zentralistischer Curriculumentwicklung zu beobachten war. Aus unserer Sicht sind die Planungskompetenz und die Planungsaufgaben für Lehrerinnen und Lehrer vor Ort weder Luxus noch beklagenswerter Zeitverlust, sondern die notwendige Voraussetzung dafür, daß Lehrkräfte Partizipationschancen für Schüler und Eltern eröffnen können. Nur durch Partizipation sind Selbststeuerung des eigenen Lebens und Mitsteuerung der gesellschaftlichen Umfelder zu erlernen. Auch einer Habermasschen Kolonialisierung der Bildungssituation am Ort ist nur durch Ermutigung zum Freiheitsgebrauch am Ort zu begegnen. Curriculare Angebote sollen den eigenen Planungswillen nicht drosseln, sondern seine Umsetzung auf einem höheren Niveau möglich machen. Es soll dem Curriculum eben nicht gehen wie Benjamins Kunstwerk im Zeitalter seiner unbegrenzten Reproduzierbarkeit.

Die Notwendigkeit von Transparenz. Voraussetzung zu solcher Partizipation ist eine entsprechende Transparenz aller Orientierungs- und Entscheidungsprozesse und der auf sie wirkenden Interessengruppen; zu dieser Transparenz gehört auch, daß die curricularen Vorschläge sprachlich verständlich und in zumutbaren Quantitäten zur Diskussion stehen und, andererseits, daß eine pädagogische Öffentlichkeit auch jene Anstrengung des Begriffs nicht scheut, die heute wohl die unerläßliche Voraussetzung für die Wahrnehmung von Mitbestimmung ist.

Gunter Otto/ Wolfgang Schulz

Die „rollende Revision". Zu wünschen bleibt, daß der Mühe der Evaluation, von der bereits die Rede war, eine immer häufiger eingeplante Revision folgt. Die Zielsetzung einer „rollenden Reform" (vgl. ROLFF 1970) im curricularen Bereich, auf allen Ebenen der pädagogisch-inhaltlichen Planung, sollte es sein, die Ergebnisse von Evaluationen als einen Ausgangspunkt für die Überarbeitung zu behandeln. Die Revision muß zum selbstverständlichen Bestandteil der Planung werden.

4 Fragen an lernbereichs- oder fachspezifische Lehrplanungen

Die alltäglichen Lehrplanungen im großen finden überwiegend in fachspezifischen Gruppen statt, deren Ehrgeiz, aber auch deren Möglichkeiten nicht selten auf die Verantwortung für das Fach oder den Lernbereich begrenzt erscheinen. Deshalb erscheint es nicht überflüssig, einige inhaltliche Forderungen, die sich aus der Forschungs- und Entwicklungsarbeit, bezogen auf das Curriculum im Ganzen, ergeben, als Fragen an die speziellen Planungen zu richten, obwohl deren Herleitung sich hier nur indirekt aus dem Kontext ergibt. Wir sehen in dem wachsenden Bewußtsein für die Bedeutung dieser Fragen einen Beitrag nicht zuletzt der Curriculumforschung, deren Arbeit in Zeiten bildungspolitischer Dürre nicht vergessen werden sollte:
- Was wird in dem jeweiligen Planungsbereich für die *allseitige Förderung* der Kinder, Jugendlichen, Schüler, Studenten, Erwachsenen getan? Werden kognitive, affektive und psychomotorische Entfaltung gleichermaßen angestrebt?
- In welchem Maße werden die Klienten als *Mitplaner* und *Mitkontrolleure* ihres eigenen Bildungsprozesses einbezogen?
- Was ist geplant, um in diesem Fach oder Lernbereich das *Lernen des Lernens* der spezifischen Fragestellungen, Methoden und Ergebnisse des Gebiets zu lehren?
- Was wird getan, um *kooperatives Lernen, fairen Wettbewerb* wie *solidarische Hilfe zur Selbsthilfe* zu begünstigen?
- Wird die Chance eröffnet, die *historische Bedingtheit,* die Gesellschaftsverbundenheit fachlichen Wissens und Könnens mit diesem Wissen und Können zu erfahren und die *gesellschaftlichen Folgen* des Handelns in diesem Fach zu untersuchen, bis zur Einsicht in die Interessenbedingtheit von Wissen vorzustoßen?
- Wird das Lernangebot in diesem Fach mit der Möglichkeit seiner *Verknüpfung mit anderen Fächern,* mit der Möglichkeit der Interpretation zur Aufklärung und Veränderung komplexer Sachverhalte verbunden?

Derartige Fragestellungen weisen auf implizite Bildungsvorstellungen zurück und fordern dazu auf, deren Verallgemeinerungsfähigkeit zu prüfen. Aber das unter anderem lehrt ja die zurückliegende Epoche der Curriculumarbeit: Ohne einen definierten Standpunkt gibt es keine überzeugende Planung, und mit nur einer standpunktgebundenen Planung gibt es keine Freiheit.

BAACKE, D./SCHULZE, TH. (Hg.): Aus Geschichten lernen, München 1979. BAMMÉ, A./HOLLING, E.: Qualifikationsentwicklung und Curriculumkonstruktion, Hamburg/Berlin 1976. BAUERSFELD, H. (Hg.): Curriculum-Entwicklung. Deutscher Bildungsrat: Gutachten und Studien der Bildungskommission, Bd. 59, Stuttgart 1976. BAUMERT, J.: Strategien und Organisationsformen von Begleitforschung: Drei Fallstudien über Begleituntersuchungen zur Unterrichtsdifferenzierung in Gesamtschulen. In: MITTER, W./WEISHAUPT, H. (Hg.): Strategien und Organisationsformen der Begleitforschung. Weinheim/Basel 1976, S. 1 ff. BAUMERT, J./ HOPF, D.: Curriculumentwicklung und Lehrerfortbildung für die Berliner Gesamtschulen. Max-Planck-Institut für Bildungsforschung: Studien und Berichte 41, Berlin 1980. BENNER, D.

u. a.: Entgegnungen zum Bonner Forum „Mut zur Erziehung", München/Wien/Baltimore 1978. BENNIS, W. G. u. a.: Änderung des Sozialverhaltens. Stuttgart 1975. BLANKERTZ, H.: Theorien und Modelle der Didaktik, München 1969. BLANKERTZ, H. (Hg.): Curriculumforschung. Strategien, Strukturierung, Konstruktion, Essen 1971. BLANKERTZ, H.: Analyse von Lebenssituationen unter besonderer Berücksichtigung erziehungswissenschaftlich begründeter Modelle: Didaktische Strukturgitter. In: FREY, K. (Hg.): Curriculum-Handbuch, Bd. 2, München 1975, S. 202 ff. BOETTCHER, W. u. a.: Lehrer und Schüler machen Unterricht, München/Wien/Baltimore ²1978. BRECHT, B.: An die Nachgeborenen. In: BRECHT, B.: Gesammelte Werke 9. Gedichte 2, Frankfurt/M. ²1968, S. 722 f. BRINKMANN, G. (Hg.): Offenes Curriculum – Lösung für die Praxis, Kronberg 1975. BROMME, R.: Das Denken von Lehrern bei der Unterrichtsvorbereitung. Weinheim/Basel 1981. CLAUSSEN, B.: Methodik der politischen Bildung, Opladen 1981 a. CLAUSSEN, B.: Kritische Politikdidaktik, Opladen 1981 b. DAHLBERG, I.: Universale Wissensordnung und Warenklassifikation. In: For. Ware – W. u. Prax. (1978), 3–4, S. 161 ff. DAVE, R. H.: Eine Taxonomie pädagogischer Ziele und ihre Beziehung zur Leistungsmessung. In: INGENKAMP, K./MARSOLEK, TH. (Hg.): Möglichkeiten und Grenzen der Testanwendung in der Schule, Weinheim/Berlin/Basel 1968, S. 225 ff. DEUTSCHER BILDUNGSRAT: Zur Förderung praxisnaher Curriculum-Entwicklung. Empfehlungen der Bildungskommission, Bonn 1974. DIENER, K. u. a.: Lernzieldiskussion und Unterrichtspraxis, Stuttgart ²1979. EHMER, H. K. (Hg.): Visuelle Kommunikation, Köln 1971. FILIPP, K.: Geographie in historisch-politischem Zusammenhang, Neuwied/Berlin 1975. FREY, K. (Hg.): Curriculum-Handbuch, 3 Bde., München 1975. GARLICHS, A. u. a. (Hg.): CIEL II. Fallstudie zu einem Förderungsprogramm der Stiftung Volkswagenwerk zur Elementarerziehung, Hannover 1983. HACKER, H.: Kodifizierte Bestimmungsfaktoren curricularer Lernereignisse: Schulbücher. In: HAMEYER, U. u. a. (Hg.): Handbuch ..., Weinheim/Basel 1983, S. 351 ff. HALLER, H.-D.: Prozeßanalyse der Lehrplanentwicklung in der Bundesrepublik Deutschland, Mimeo, Konstanz 1973. HALLER, H.-D.: Implementation und Evaluation von Curriculum-Prozessen. In: HAMEYER, U. u. a. (Hg.): Handbuch ..., Weinheim/Basel 1983, S. 521 ff. HALLER, H.-D./LENZEN, D. (Hg.): Lehrjahre in der Bildungsreform. Resignation oder Rekonstruktion? Jahrbuch für Erziehungswissenschaft 1976, Stuttgart 1976. HALLER, H.-D./LENZEN, D. (Hg.): Jahrbuch kontrovers 1. Repliken zum Jahrbuch für Erziehungswissenschaft 1976 „Lehrjahre in der Bildungsreform", Stuttgart 1977. HAMEYER, U.: Innovationsprozesse. Analysemodell und Fallstudien zum sozialen Konflikt in der Curriculum-Revision, Weinheim/Basel 1978. HAMEYER, U. u. a. (Hg.): Handbuch der Curriculumforschung, Weinheim/Basel 1983. HÄUSSLER, P.: Bisherige Ansätze zu disziplinübergreifenden naturwissenschaftlichen Curricula. Eine Übersicht. In: FREY, K. u. a. (Hg.): Integriertes Curriculum Naturwissenschaft, Weinheim/Basel 1973, S. 31 ff. HEIMANN, P.: Didaktik als Theorie und Lehre. In: D. Dt. S. 54 (1962), S. 407 ff. HEINZE, TH./SCHULTE, H.: Theoretische und pragmatische Aspekte zur Beobachtung der sozialen Situation Unterricht. In: Beitr. z. Btech. 2 (1973), 2, S. 20 ff. HEIPCKE, K./MESSNER, R.: Curriculum-Entwicklung unter dem Anspruch praktischer Theorie. In: BRINKMANN, G. (Hg.): Offenes Curriculum ..., Kronberg 1975, S. 21 ff. HEMMER, K.-P.: Bemerkungen zu Problemen einer Situationstheorie. In: ZIMMER, J. (Hg.): Curriculumentwicklung im Vorschulbereich, Bd. 1, München 1973, S. 61 ff. HENTIG, H. V.: Allgemeine Lernziele der Gesamtschule. In: DEUTSCHER BILDUNGSRAT (Hg.): Lernziele der Gesamtschule. Gutachten und Studien der Bildungskommission, Bd. 12, Stuttgart ³1971, S. 13 ff. HENTIG, H. V.: Eine Apologie des Gebildeten. In: Merkur 31 (1977), S. 14 ff., S. 114 ff. HILLER, G. G.: Die Elaboration von Handlungs- und Lernfähigkeit durch eine kritische unterrichtliche Rekonstruktion von Themen des öffentlichen Diskurses. In: GIEL, K. u. a.: Stücke zu einem mehrperspektivischen Unterricht, Stuttgart 1974, S. 67 ff. HUHSE, K.: Theorie und Praxis der Curriculumentwicklung. Max-Planck-Institut für Bildungsforschung: Studien und Berichte 13, Berlin 1968. JUNGBLUT, G.: Regionale Bedingungen der Curriculumentwicklung, Frankfurt/New York 1979. KATTMANN, U.: Bezugspunkt Mensch, Köln ²1981. KLAFKI, W.: Schulnahe Curriculumentwicklung in Form von Handlungsforschung. In: B. u. E. 28 (1975), S. 101 ff. KLAFKI, W.: Konturen eines neuen Allgemeinbildungskonzepts. In: KLAFKI, W.: Neue Studien zur Bildungstheorie und Didaktik, Weinheim/Basel 1985, S. 12 ff. KNAB, D.: Ansätze zur Curriculum-Reform in der BRD. In: betr. e. (1971), 2, S. 15 ff. KÖNIG, E.: Theorien der Curriculumlegitimation. In: HAMEYER, U. u. a. (Hg.): Handbuch ..., Weinheim/Basel 1983, S. 587 ff. KORDES, H.: Evaluation in Curriculumprozessen. In: HAMEYER, U. u. a. (Hg.): Handbuch ..., Weinheim/Basel 1983, S. 267 ff. KREKELER, H.: Schülerpatenschaften auf der Orientierungsstufe. Eine explorative Studie zur kooperativen Entwicklung und Revision eines didaktischen Interventionsmodells. Diss., Hamburg 1985. KUHN, A./SCHNEIDER, G.: Geschichtsunterricht 5 - 10, Weinheim/Basel 1981. LOCH, W.: Lebenslauf und Erziehung, Essen 1979, LÜTGERT, W./SCHÜLER, H.: Curriculumentwicklung und Lehrerfortbildung. In: Z. f. P. 24 (1978), S. 351 ff. MANZ, W.: Schule und Legitimation. Zur curricularen Entscheidungsproblematik, Hamburg 1975. MEERTEN, E.: Der situationsorientierte Curriculumansatz. Entwicklung, Perspektiven und Legitimation, Königstein 1980. MEYER, H. L.: Einführung in die Curriculum-Methodologie, München 1972. MOLLENHAUER, K.: Einführung in die Sozialpädagogik. Probleme und Begriffe der Jugendhilfe, Weinheim/Basel [7]1979. MÖLLER, CH.: Technik der Lernplanung, Weinheim 1969. OBERPICHLER, E.: Die Auflösung des Deutschen Bildungsrates als Naturereignis? In: HALLER, H.-D./LENZEN, D. (Hg.): Jahrbuch kontrovers 1 ..., Stuttgart 1977, S. 49 ff. OELKERS, J.: Kodifizierte Bestimmungsfaktoren curricularer Lernereignisse: Bildungskonzeptionen. In: HAMEYER, U. u. a. (Hg.): Handbuch ..., Weinheim/Basel 1983, S. 361 ff. OTT, T.: Zur Begründung der Ziele des Musikunterrichts, Oldenburg 1979. OTTO, G.: Kunst als Prozeß im Unterricht, Braunschweig 1964. OTTO, G.: Didaktik der Ästhetischen Erziehung, Braunschweig 1974. PAPASILEKAS-OHM, A.: Offene Curricula und Aktionsforschung. Fortsetzung oder Abbruch des Curriculum-Diskurses? Hamburg 1983. RASCHERT, J.: Möglichkeiten und Grenzen der Forschung bei der Findung. Begründung und Auswahl von Lernzielen. In: ROTH, H./FRIEDRICH, D. (Hg.): Bildungsforschung. Probleme - Perspektiven - Prioritäten. Teil 2, Deutscher Bildungsrat: Gutachten und Studien der Bildungskommission, Bd. 51, Stuttgart 1975, S. 55 ff. RAUHE, H.: Jugend zwischen Opposition und Identifikation, Hamburg 1975. REISSE, W.: Verschiedene Begriffsbestimmungen von „Curriculum": Überblicke und Ansätze zur Präzisierung. In: FREY, K. (Hg.): Curriculum-Handbuch, Bd. 1, München 1975, S. 46 ff. ROBINSOHN, S. B.: Bildungsreform als Revision des Curriculum, Neuwied/Berlin 1967. ROLFF, H.-G.: Bildungsplanung als rollende Reform, Frankfurt/Berlin/München 1970. ROTH, H.: Pädagogische Psychologie des Lehrens und Lernens, Hannover/Berlin/Darmstadt 1957. RÜLCKER, T.: Bildung, Gesellschaft, Wissenschaft. Eine Einführung in Grundbegriffe, Perspektiven und Grenzen der Deutschen Curriculum-Diskussion, Heidelberg 1976. RÜLCKER, T.: Modelle zur Planung und Organisation von Curriculum-Prozessen. In: HAMEYER, U. u. a. (Hg.): Handbuch ..., Weinheim/Basel 1983, S. 221 ff. RUPRECHT, H.: Hauptprobleme der Curriculum-Forschung in der Weiterbildung, Weltenburg 1974. SACHER, H.: Codifizierte Bestimmungsfaktoren curricularer Lernereignisse: Lehrpläne. In: HAMEYER, U. u. a. (Hg.): Handbuch ..., Weinheim/Basel 1983, S. 325 ff. SACHS, W./SCHEILKE, CH. TH.: Folgeprobleme geschlossener Curricula. In: Z. f. P. 19 (1973), S. 375 ff. SANTINI, B.: Taxonomien. In: HAMEYER, U. u. a. (Hg.): Handbuch ..., Weinheim/Basel 1983, S. 617 ff. SCHÄFER, W.: Simulation curricularer Entscheidungsprozesse. Arbeitsberichte aus der Fachrichtung Allgemeine Erziehungswissenschaft, Universität des Saarlandes Nr. 7, Saarbrücken 1981. SCHMITT, R.: Lernzielformulierung. In: HAMEYER, U. u. a. (Hg.): Handbuch ..., Weinheim/Basel 1983, S. 607 ff. SCHULTE, H./THIEMANN, F.: Alltagswelt als subjektive Konstruktion. In: B. u. E. 32 (1979), S. 431 ff. SCHULZ, W.: Aufgaben der Didaktik. In: KOCHAN, D. C. (Hg.): Allgemeine Didaktik - Fachdidaktik - Fachwissenschaft, Darmstadt 1970, S. 403 ff. SCHULZ, W.: Mut zu demokratischer Erziehung. In: Hamburger Lrztg. 34 (1981), 2, S. 27 ff. SCHULZ, W.: Unterrichtsplanung, München/Wien/Baltimore [3]1982. SCHULZ, W./THOMAS, H.: Schulorganisation und Unterricht, Heidelberg 1967. SCHWEIM, L. (Hg.): Fachdidaktische Trendberichte, Weinheim/Basel 1979. SEIBEL, W.: Codifizierte Bestimmungsfaktoren curricularer Lernereignisse: Gesetze. In: Hlameyer, U. u. a. (Hg.): Handbuch ..., Weinheim/Basel 1983, S. 317 ff. SIEGEL, H.: Kuhn's Philosophy of Science and Science Education, Diss., Harvard 1977. SPRECKELSEN, K. u. a.: Naturwissenschaftlicher Unterricht in der Grundschule. Lehrgang für den physikalisch-chemischen Lernbereich, 6 Bde., Frankfurt/M. 1971 ff. WEISS, C.: Abriß der pädagogischen Soziologie, Bad Heilbrunn [3]1961, [3]1965 (1. Teil: Allgemeine pädagogische Soziologie. [3]1965: 2. Teil: Soziologie und Sozialpsychologie der Schulklasse, [3]1961). WELLENDORF, F.: Sozioanalyse. In: Enzyklopädie Erziehungswissenschaft, Bd. 2, Stuttgart 1984, S. 518 ff.

Ewald Terhart

Der Stand der Lehr-Lern-Forschung

1 Einleitung
2 Geschichte
3 Gegenstände
3.1 Instruktion
3.2 Interaktion
3.3 Organisation
4 Methoden
4.1 Beobachtung und Analyse
4.2 Diagnose und Entscheidung
4.3 Interpretation und Reflexion
5 Probleme und Perspektiven

Zusammenfassung: Die Lehr-Lern-Forschung schließt die Unterrichtsforschung ein, geht in der Analyse außerschulischer und informeller Lehr-Lern-Prozesse aber darüber hinaus. Begriffsbildung wie auch gegenwärtige Praxis der Lehr-Lern-Forschung weisen beträchtliche theoretische und methodologische Divergenzen und Defizite auf, die knapp skizziert und aus der historischen Entwicklung dieses Forschungsbereichs verständlich gemacht werden. Im Mittelpunkt des Beitrags stehen die Darstellung und Kritik der *Gegenstände* und der *Methoden* der Lehr-Lern-Forschung. In einer problembezogenen Diskussion dieser Konzepte wird deren thematische, theoretische und methodologische Spannbreite aufgewiesen. Im letzten Abschnitt werden Probleme und Perspektiven zukünftiger Forschung erläutert.

Summary: Research into didactics and learning includes research on teaching but goes beyond this in its analysis of extra-scholastic and informal teaching and learning processes. The concept formation and contemporary practice of research into didactics and learning exhibit considerable divergencies and deficits which are briefly sketched here and explained in the context of the historical development of this sector of research. This contribution concentrates on the presentation and criticism of the subjects and methods of research into didactis and learning. In a problem-related discussion of these concepts, their thematic, theoretical and methodological scope are illustrated. The final section explains the problems facing future research and its perspectives.

Résumé: La recherche en matière de formation et d'apprentissage inclut la recherche en matière d'enseignement, mais va au-delà dans l'analyse de processus d'enseignement et de formation hors école et informels. L'élaboration des concepts ainsi que la pratique actuelle de la recherche en formation et apprentissage recèlent des divergences et des déficits théoriques et méthodologiques importants, qu'on décrit de façon brève et que l'on illustre sur la base du développement historique de ce domaine de recherche. Au centre de l'article figurent la présentations et la critique des thèmes et méthodes de la recherche en formation et apprentissage. Dans une discussion de ces concepts, discussion se rapportant au problème, on montre leur étendue thématique, théorique et méthodologique. Dans un dernier paragraphe, on discute des problèmes et perspectives de la recherche dans l'avenir.

Ewald Terhart

1 Einleitung

Der Begriff „Lehr-Lern-Forschung" versteht sich nicht von selbst, er bedarf der Erläuterung und Abgrenzung. Der bekanntere Begriff der Unterrichtsforschung bezeichnet die methodisch angeleitete und reflektierte Beschreibung, Analyse und Interpretation von Schulunterricht, seinen Voraussetzungen, Prozessen und Ergebnissen. „Lehr-Lern-Forschung" ist als Begriff weiter gefaßt, weil die enge Bindung an den schulischen Unterricht entfällt. Außerhalb der Institution Schule wie auch unabhängig von jeder erzieherischen Ambition wird gelehrt und gelernt, entstehen planmäßig herbeigeführte oder unabsichtlich sich ergebende Lehr-Lern-Situationen (im Volkshochschulkurs, am Arbeitsplatz, im Jugendlager, vor dem Fernseher, in der Fahrschule, beim Studieren einer Gebrauchsanleitung, ...). Jedoch hat die Lehr-Lern-Forschung, wie sie sich heute als Arbeitsbereich etabliert hat, faktische Beschränkungen ihres Forschungsfeldes vorgenommen, die diesem weiten Begriffsverständnis zuwiderlaufen. Sie hat sich zunächst den kognitiven, den sozialpsychologischen und – in engen Grenzen – den emotionalen Problemen des Instruktions- und Interaktionsgeschehens im *Schul*unterricht zugewandt (vgl. DFG-KOMMISSION... 1974, HEIDENREICH/HEYMANN 1976). Die Wortverbindung „Lehr-Lern-Forschung" drückt dabei das Interesse aus, sich nicht länger damit zu begnügen, lediglich didaktische Empfehlungen aus allgemeinen Lerntheorien abzuleiten, sondern Lernen unter der Bedingung von Lehren unmittelbar „vor Ort" empirisch zu untersuchen. In den vorliegenden Untersuchungen ist nun in der Mehrzahl eine theoretische und methodologische Selbstbegrenzung auf empirisch-analytische und im weiteren Sinne kognitionspsychologische Konzepte und Verfahren des Denkens, Handelns und Lernens vorgenommen worden, die Blickverkürzungen mit sich bringt und deshalb aufgehoben werden muß. Einen zusammenfassenden Bericht über neuere Ergebnisse der Lehr-Lern-Forschung im skizzierten engeren Sinne geben TREIBER/WEINERT (vgl. 1982; vgl. LEHR-LERN-FORSCHUNG 1982). Gegenstand dieses Beitrags soll demgegenüber die Darstellung und Kritik vorliegender Forschungsansätze und -methoden für schulische und außerschulische Gegenstandsbereiche sein.

2 Geschichte

Der gegenwärtige Stand der Erforschung von Lehr-Lern-Situationen wird vor dem Hintergrund seiner historischen Entwicklung verständlich. Zwei Entwicklungslinien sind von besonderer Bedeutung: zum einen die alte Tradition empirisch-experimenteller pädagogischer Forschung, zum anderen der seit langem beträchtliche Einfluß der empirischen Human- und Sozialwissenschaften, insbesondere der Psychologie, auf diesen Forschungsbereich.
Obwohl die geisteswissenschaftliche, hermeneutisch-pragmatische Denkweise sowohl in der ersten Hälfte des 20. Jahrhunderts als auch nach dem Zweiten Weltkrieg bis in die 60er Jahre hinein dominierte und die auf Lehren, Lernen und Unterricht bezogene Theoriebildung – etwa in Form der bildungstheoretischen Didaktik – stark bestimmte, hat es seit Beginn dieses Jahrhunderts eine nur im Nationalsozialismus unterbrochene Tradition erfahrungswissenschaftlicher Erziehungs- und Unterrichtsforschung gegeben. Zu nennen sind die Entwürfe einer „experimentellen Pädagogik" von W. Lay (1862–1926) und E. Meumann (1862–1915), die „pädagogische Tatsachenforschung" von P. Petersen (1884–1952) sowie seines Schülers WINNEFELD (vgl. 1952/1953; vgl. KÖNIG 1975, S. 128 ff.; vgl. RUPRECHT 1978).

Der Stand der Lehr-Lern-Forschung

In enger Verbindung zu dieser erfahrungswissenschaftlichen Tradition der pädagogischen Erforschung von Lehr-Lern-Situationen entwickelte sich die Einflußnahme der Psychologie auf die Pädagogik (vgl. HERRMANN 1976). Wichtige Teile der Psychologie hatten sich schon sehr früh und in einem internationalen Forschungszusammenhang am naturwissenschaftlich-experimentellen Erkenntnisideal orientiert und sich zugleich mit ähnlichen oder gar identischen Themen wie die Pädagogik beschäftigt (so beispielsweise mit Entwicklungs-, mit Persönlichkeitstheorien, mit den Bedingungen des Lehrens und Lernens). Dadurch entstanden intensive Impulse in Richtung auf eine empirische Analyse von Lehr-Lern-Prozessen, die gleichsam „unterhalb" des dominierenden bildungstheoretischen Durchdenkens von Unterricht und Erziehung ansetzten. Erst recht spät, im Zuge der vielzitierten „realistischen Wendung" der Pädagogik, kam es dann in den 60er Jahren zu der – von ROTH (vgl. 1962) maßgeblich beeinflußten – insgesamt verzögerten, dann aber um so begierigeren Rezeption von Theorien, Methoden und Resultaten der angloamerikanischen Lern- und Unterrichtsforschung (vgl. zusammenfassend LOSER/TERHART 1977). Jetzt blühte die Lehr-Lern-Forschung auf – wenn auch in ständiger Auseinandersetzung mit geisteswissenschaftlichen und später gesellschaftswissenschaftlich-ideologiekritisch orientierten Rückfragen an ihr Selbstverständnis. Drei Problembereiche standen im Mittelpunkt des Interesses: psychologische Lerntheorien mit ihren Konsequenzen für die Organisation von Lernprozessen, wobei zunächst ein behavioristisches Lernverständnis im Vordergrund stand und seinen Niederschlag in einer regelrechten „Welle" von Forschungsarbeiten zur programmierten Instruktion fand. Auch die Erziehungsstilforschung im Anschluß an Lewin sowie die Diskussion um den „Pygmalion-Effekt", also die Rückwirkungen der Lehrererwartungen auf den Lernerfolg des Schülers, sind hier zu nennen. Sehr schnell wurde jedoch deutlich, daß die Komplexität menschlichen Lernens im allgemeinen wie des schulischen Lernens im besonderen mit einem behavioristischen Lernbegriff nicht angemessen zu erfassen ist. Kognitive Lerntheorien (vgl. AUSUBEL 1974, BRUNER 1974) wurden entwickelt; sie erlaubten Aussagen über die Struktur kognitiver Lernprozesse, die von den Behavioristen als wissenschaftlich nicht faßbar deklariert worden war; integrative Konzepte entstanden, in denen verschiedene Lernarten und -theorien in einen didaktisch-methodisch aussagekräftigen Begründungszusammenhang gebracht wurden (vgl. GAGNÉ 1973, LOSER/TERHART 1977). Seit Beginn der 80er Jahre kann davon ausgegangen werden, daß die Lehr-Lern-Forschung die enge Bindung an die traditionelle Lernpsychologie überwunden hat und sich in weiten Teilen als eine *Unterrichtspsychologie auf kognitionstheoretischer Basis* versteht (vgl. MENGES/GIRAD 1983, RESNICK 1981, RICKARDS 1978, STRAKA/MACKE 1979). Dadurch wird die Frage, ob die Erziehungswissenschaft oder die Psychologie die Bezugsdisziplin der Lehr-Lern-Forschung sein solle, zwar erneut zur Disposition gestellt, es kommt aber auch eine ganze Fülle von theoretischen Konzepten und Forschungsinstrumentarien neu in den Blick: Sozialpsychologische Theorien der Wahrnehmung und Kausalattribuierung erlauben es, „naive" Interpretationen der Lehr-Lern-Situation zu analysieren; Theorien der Informationsverarbeitung, kognitive Konzepte des Denkens und der Handlungsregulation, Diagnose-, Beratungs- und Entscheidungstheorien erlauben differenzierte Analysen der Lehr-Lern-Situation und beeinflussen zugleich die Gegenstandsbestimmungen der Lehr-Lern-Forschung. Diese Tendenz wird durch die Rezeption sozialwissenschaftlicher (vornehmlich mikrosoziologischer) Theorien verstärkt, wie den Stigmatisierungsansatz, das Konzept der „sozialen Situation" oder wissenssoziologische Interpretationen der Funktion von Curricula. In jüngster Zeit ist versucht worden, den Lernbegriff auf-

grund einer phänomenologischen Bestimmung der „Lebenswelt" neu zu fassen (vgl. LIPPITZ/MEYER-DRAWE 1982, MEYER-DRAWE 1986).
Parallel zur Ausweitung des Theoriehorizontes der Lehr-Lern-Forschung hat sich auch das verfügbare methodologische Instrumentarium verbreitert und zugleich verfeinert. Standen zu Beginn der 70er Jahre noch die „klassischen" empirisch-psychologischen Methoden wie Beobachtung, Test und Experiment in wenig komplexen Grundformen im Vordergrund (beispielhaft das von INGENKAMP 1970/1971 herausgegebene „Handbuch der Unterrichtsforschung", das auf das 1963 in den USA erschienene „Handbook of Research on Teaching" zurückging; vgl. auch WALTER 1977), so ist inzwischen eine Ausdifferenzierung und Verfeinerung der Untersuchungsmethoden eingetreten, die mit der zunehmenden kognitiven Orientierung der Forschungsansätze gleichsam automatisch die ehedem strikte empirisch-nomologische Selbstbindung aufgeweicht hat und den Untersuchungs-„Objekten", vornehmlich Lehrern und Schülern. Selbstreflexivität qua Theorie zuspricht (vgl. TRAVERS 1973, PETERSON/WALBERG 1979, ACHTENHAGEN 1982).

3 Gegenstände

Theoriebildung und Entwicklung der Forschungspraxis der Lehr-Lern-Forschung folgen einer „internen" Problemlogik, die sich aus dem Verzicht auf Laborsimulationen und dem Bemühen um eine engere Anbindung der Forschung an reale Lehr-Lern-Prozesse ergibt. Die Entwicklung ist aber auch von vielfältigen gesellschaftspolitischen, kulturellen und ökonomischen Einflußfaktoren abhängig, durch die die Wahl der Untersuchungsgegenstände und die Verwertung der Forschungsergebnisse mitbestimmt werden. Diese Verflechtung sehr unterschiedlicher Faktoren ist im folgenden immer mitzubedenken.

3.1 Instruktion

„Instruktion" ist entsprechend dem Selbstverständnis der Lehr-Lern-Forschung einer ihrer zentralen Gegenstände; die Erforschung ihrer Gesetzmäßigkeiten mithin zentrale Aufgabe. Unter „Instruktion" wird die zielorientierte, geplante, auf unterschiedliche Adressaten abgestimmte und im Blick auf den Lehrererfolg kontrollierte Vermittlung von Wissen, Kenntnissen und Fähigkeiten verstanden. Der institutionelle Kontext ist dabei zunächst beliebig; er kann von militärischem Training über Mitarbeiterschulung in Verbänden, Kirchen oder Gewerkschaften zum Schulunterricht, von der Elementarerziehung bis zur Seniorenbildung reichen. Theoretische Basis dieser Instruktionsforschung sind verschiedene Modelle des Instruktionsprozesses, die sowohl analytische als auch konstruktive Funktionen erfüllen müssen, die also zum einen den Lehr-Lern-Prozeß analytisch aufschlüsseln, zum anderen in operativer Absicht Schrittfolgen des Instruktionsprozesses beschreiben (vgl. GLASER 1976, HARNISCHFEGER/WILEY 1977, STRASSER 1967).
In der erstgenannten, *analytischen* Hinsicht besteht die Aufgabe darin, ein theoretisches Modell, eine einheitliche „Sprache" dafür zu finden, wie ein bestimmter Wissensbereich oder Fähigkeitskomplex so zu strukturieren und zu sequenzieren ist, daß er auf möglichst reibungs- und verzerrungsfreie Weise in die Wissens- und/oder Fähigkeitsstruktur des/der Lernenden eingefügt werden kann (vgl. KLUWE 1978). „Instruktion" fragt nach den Optimierungsbedingungen für Wissens- und Fähigkeitserwerb. Anders formuliert: Die Instruktionsforschung versucht, die „Sachstruktur" und die „Lernstruktur" im Lernprozeß zu integrieren.

Im Blick auf die zweite, *operative* Aufgabe sind folgende Leistungen zu erbringen: Ein Zielzustand muß formuliert und festgelegt werden; der Ausgangszustand der Lernenden ist zu ermitteln; Lerninhalte und -materialien müssen strukturiert, die methodisch geschickte Darbietung konzipiert, die Kontrolle des Lernerfolgs gesichert werden; dabei ist eine Zerlegung in weitere Teilschritte möglich. In der „Instruktionsplanung" („instructional design" - vgl. ANDREWS/GOODSON 1980) werden diese operativen Schritte systematisiert. Aufgabe der Instruktionsforschung ist es, für jede dieser Phasen (Planungs-, Durchführungs-, Auswertungsphase) und Schritte (Zielfestlegung, Ermittlung des Ausgangszustandes, ...) ein Prozeßmodell zu erarbeiten, auf dessen theoretischer Grundlage der Lehr-Lern-Prozeß - bis zu einem gewissen Grade - optimiert zu werden vermag.

Die der Technik entlehnte Sprache dieser Variante von Lehr-Lern-Forschung macht deutlich, daß „Instruktion" hier am Ideal einer Maschine konzipiert worden ist. J. A. Comenius' altes Versprechen, alle Schüler alles zu jeder Zeit zu lehren, wird in neuzeitlicher Semantik wiederholt. Dazu paßt es, daß institutionelle Ursprünge dieser Verhaltensänderungswissenschaft im Militärtraining, in der Arbeitspsychologie und der REFA-Technik zu suchen sind (vgl. HALLER 1973).

Im Gegensatz zu dieser traditionellen Instruktionsforschung versucht die neuere Lehr-Lern-Forschung nicht mehr, sozusagen im Schrotschußverfahren Kausalbeziehungen zwischen den verwandten Lehrverfahren und den erzielten Lern*ergebnissen* zu bestimmen, sondern untersucht genau eingegrenzte Details des Lehr-Lern-*Prozesses* und stützt sich dabei auf ein theoretisches Rahmenkonzept der kognitiven Psychologie und der Informationsverarbeitung (vgl. zusammenfassend RESNICK 1981). Im Zuge dieser Entwicklung werden die Hoffnungen auf eine unmittelbare praktische Relevanz der Resultate allerdings zum Teil gezielt gesenkt.

Das skizzierte Bild einer einseitig als Wissensvermittlung konzipierten Lehr-Lern-Forschung ist vielfach und aus unterschiedlichen Motiven heraus kritisiert worden. Eine ausschließlich mit moralischen Kategorien arbeitende Kritik ist aber nicht ausreichend. Wichtiger ist der Hinweis auf die Nebenfolgen eines überrationalistischen Menschenbildes sowie auf die Ausklammerung der Inhaltsproblematik im Lehr-Lern-Prozeß. Detailkritik jedes der oben genannten „Schritte" des Instruktionsprozesses sowie der darauf bezogenen Lehr-Lern-Forschung ist notwendig (vgl. ANDERSON u.a. 1977, GLASER 1978, KÖTTER/MANDL 1983, RESNICK 1981). Im folgenden soll vorrangig die *Inhaltsproblematik* diskutiert werden, weil es dadurch möglich wird, Erweiterungen des Selbstverständnisses der Lehr-Lern-Forschung zumindest anzudeuten. (Die ebenfalls weiterführende Frage nach dem Stellenwert der Unterrichtsmethode wird hier ausgeklammert - vgl. dazu SCHULZ 1985, TERHART 1984a.)

Lange Zeit konnte der Unterrichtsforschung zu Recht ihre Inhaltsneutralität vorgeworfen werden; inzwischen beschäftigt sich ein spezieller Zweig der neueren Lehr-Lern-Forschung mit den Inhalten, dem „Lehrstoff" (vgl. NIEGEMANN/TREIBER 1982, REIGELUTH u.a. 1978, SCHOTT 1975). Dabei geht es nicht um Selektions- und Legitimationsprobleme - getreu einem alten Schisma wird dies der Curriculumforschung überlassen -, sondern um die Frage einer lern- und wissenspsychologisch korrekten Analyse, Anordnung und Darbietung von Lehrstoffen; dies kann für die Schulbuchgestaltung wie auch für das Verfassen von Gebrauchsanleitungen für Heimcomputer und so weiter von Belang sein. Es fällt auf, daß in diesen Untersuchungen zwar der jeweilige Lehrstoff entfaltet („detailliert"), hierarchisiert und klassifiziert wird, daß aber lediglich der strukturale Aufbau in den Blick kommt. Die Inhaltlichkeit des Lehrstoffs selbst bleibt seltsam blaß. Die strukturale Analyse erreicht allerdings einen hohen Grad an Raffinement; dies nicht zuletzt deshalb, weil die Lehrstoffanalyse zugleich zur Lehrzielbestimmung wie auch als Kriterium für Lehrzielkontrollen genutzt wird. Bei einem wissenssoziologischen Herangehen an die Inhaltsproblematik werden demgegenüber ganz andere Fragen interessant: Dieser als „Curriculumsoziologie" zu kennzeichnende Ansatz fragt nach den kulturellen Abhängigkeiten bestimmter Inhalte sowie nach der gesellschaftlichen Funktion einer „Didaktisierung" des Wissens, wie dies in dem Buchtitel „Knowledge and Control" (YOUNG 1971; vgl. BERNSTEIN 1977) deutlich wird. Die Konstitutionsbedingungen lernrelevanten Wissens werden sowohl auf makrologischer wie mikrologischer (situativer) Ebene thematisierbar; die subjektive Perspektive der Lernenden auf die „offiziellen" Lerninhalte (vgl. RUMPF 1979) kann einbezogen werden; die private Bedeutung, die die Lernenden den Lehrinhalten geben, kann analysiert werden. Unter pädagogisch-bildungsphilosophischer Perspektive gerät schließlich der normative Aspekt der Inhaltsproblematik in den Blick: Was soll warum gelehrt und gelernt werden? Welche Wissensbestände sollen mit Vorrang vermittelt werden? – Alle diese Fragen sind für eine Lehr-Lern-Forschung, die die Engführungen der Fragestellungen in der „instructional psychology" überwinden will, unverzichtbar.

3.2 Interaktion

Der Lehr-Lern-Prozeß ist immer mehr als das, was von ihm unter Instruktionsgesichtspunkten thematisiert wird: Er ist im wesentlichen ein Interaktionsprozeß zwischen Lehrenden und Lernenden, der sich durch eine hohe Komplexität von verbalen und nichtverbalen Signalen, von kognitiven und emotiven Elementen auszeichnet. Dieses komplizierte Interaktionsgefüge stellt einen zweiten zentralen Gegenstandsbereich der Lehr-Lern-Forschung dar (vgl. BROPHY/GOOD 1976, HEINZE 1976, NICKEL 1976, PIONTKOWSKI 1982). Für die Beschreibung und Erklärung des Interaktionsprozesses ist eine Reihe von unterschiedlichen Modellen entwickelt worden, die jeweils bestimmte Aspekte des Geschehens beleuchten.
Einen hohen Bekanntheitsgrad haben *dimensionsanalytische* Ansätze zur Erfassung des Lehrverhaltens gewonnen. Im Rückgriff auf die klassische Führungsstilforschung von Lewin wurden bestimmte Verhaltens- und Unterrichtsstile (der autokratische, der „Laisser-faire-", der sozialintegrative Stil) unterschieden und auf ihre Rückwirkungen auf den Interaktionsprozeß sowie die Lernergebnisse untersucht (vgl. TAUSCH/TAUSCH 1970). Derartige Aufschlüsselungen liefern jedoch lediglich grobe Klassifikationsmöglichkeiten; das tatsächliche Verhalten eines Lehrers bildet immer eine instabile Kombination aller Elemente, und forschungsmethodisch ist es problematisch, die genannten „Stile" gleichsam apriorisch als Konstrukte einzuführen, statt sie auf induktivem Wege (etwa über statistisch generierte, empirisch gehaltvolle „Faktoren") zu gewinnen.
Eine unmittelbar auf den Interaktionsprozeß bezogene Form der Theoriebildung und Forschung stützt sich auf sozialpsychologische, kognitive *Theorien der interpersonalen Wahrnehmung* (vgl. JAHNKE 1975). Die Interaktion wird hier nicht von ihrer „äußeren" Verhaltensseite der Akteure, sondern unter Miteinrechnung der „inneren", im weiteren Sinne kognitiven Begleit-, Organisations- und Regulationsprozesse betrachtet; dies sowohl auf der Seite des Lehrerhandelns und -denkens (vgl. HOFER 1981, TERHART 1984b) wie auch auf der Seite der Schüler. Der theoretischen Klärung dienen das Konzept der „impliziten Persönlichkeitstheorie" (vgl. HOFER 1974), der „naiven Verhaltenstheorie" (vgl. WAHL u. a. 1983) oder der „Kau-

salattribuierung" (vgl. JOPT 1978). Gerade bei der detaillierten sozialpsychologischen Erklärung der Entstehung und Wirkung von „Pygmalion-Effekten" (vgl. BROPHY/GOOD 1976) wie auch der Klärung der Wahrnehmungs- und Attribuierungsprozesse im Zusammenhang mit Schülerbeurteilungen (vgl. ULICH/MERTENS 1973) können kognitive Theorien der Sozialpsychologie ihr Potential entfalten; dies läßt es gerechtfertigt erscheinen, die neuere Lehr-Lern-Forschung als *prozeßorientiert* zu kennzeichnen. Eine notwendige Erweiterung erfährt dieser Ansatz derzeit durch Versuche, neben den kognitiven auch emotive Elemente (Sympathie, Angst, Erleben) mit zu berücksichtigen (vgl. INGENKAMP 1984).

Ein weiterer interaktionsbezogener Ansatz konzentriert sich auf die Analyse des sprachlichen Geschehens im Lehr-Lern-Prozeß. Diese Versuche kann man als *sprechakt- oder konversationsanalytische Konzepte* bezeichnen. Schulebildend war die Arbeit von BELLACK u.a. (vgl. 1974). Diese im weiteren Sinne „linguistische" Lehr-Lern-Forschung bekam durch die zur gleichen Zeit ablaufende zunehmende kommunikationstheoretische Ausrichtung der allgemeindidaktischen Diskussion ein immer stärkeres Gewicht. Hatten Bellack u.a. sich noch auf Wittgensteins Sprachspielkonzept gestützt, so wurden in der Folgezeit die sprachtheoretischen Ansätze von Austin und Searle (Sprechakttheorie) sowie die Konversationsanalyse herangezogen (vgl. CICOUREL u.a. 1974, EHLICH/REHBEIN 1983, GOEPPERT 1977, SINCLAIR/COULTHARD 1975). Man versucht, die in der Sprache wie auch im situationsbezogenen Sprechhandeln beobachtbaren Mechanismen, Regeln und Routinen des verbalen Austauschs möglichst genau zu erfassen. Die Regeln der Erzeugung, Plazierung und Weiterführung von Sprechhandlungen in Dialogsituationen werden analysiert, um den spezifischen Besonderheiten des Sprechens in Lehr-Lern-Situationen auf die Spur zu kommen (vgl. MEHAN 1979, 1984); zu diesem Zwecke werden zum Beispiel die vom Lehrenden angewandten Steuerungstechniken, die Konsequenzen des konversationell geregelten Austauschs für die Präsentation und Rezeption von Themen (Inhalten) oder die Klippen und Fallen, die die „Maschinerie" der unterrichtlichen Konversationsregeln bereithält, untersucht.

Ist der konversationsanalytische Ansatz der Lehr-Lern-Forschung durch die Linguistik geprägt, so bilden in dem Denkmodell, das *Unterricht als soziale Situation* thematisiert, (mikro)soziologische Theorien wie der Symbolische Interaktionismus, verschiedene handlungstheoretische Konzepte sowie die Wissenssoziologie den Hintergrund; gleichwohl stehen beide Ansätze in enger Beziehung zueinander. Die Lehr-Lern-Situation wird als ein sozialer Ort des Aushandelns von Bedeutungen von Routinen, Ritualen – kurz: von Wirklichkeit im Sinne des je persönlich erfahrenen Lebenszusammenhangs – verstanden (vgl. HEINZE 1976). Die Erfahrung der Lehr-Lern-Situationen durch die Beteiligten wird in enger Verknüpfung zu ihrer institutionellen Einbettung betrachtet. Gerade die Aufschlüsselung des Zusammenhangs von institutioneller Präformation und situativer sozialer Konstruktion der Interaktion wird zur entscheidenden Forschungsaufgabe (vgl. TILLMANN 1976). Beispiele sind die Analyse der Entstehung und der Verfestigung abweichender Karrieren (vgl. BRUSTEN/HURRELMANN 1973) wie auch die Untersuchung der persönlichen Erfahrungs- und Verarbeitungsformen von Schulangst (vgl. AG SCHULFORSCHUNG 1980). Weitere Untersuchungsgegenstände sind die Funktion von Ritualen für die Darstellung sozialer Gemeinsamkeit (vgl. KAPFERER 1981, WELLENDORF 1973); die Taktiken von Schülern (vgl. HEINZE 1980) und von Lehrern (vgl. WOODS 1980) für das „Überleben" in der „totalen Institution" Schule. Die Konturen einer Unterrichtssoziologie im umfassenden Sinne zeichnen sich in diesen Studien ab (vgl. MEHAN/GRIFFIN 1980).

Ewald Terhart

3.3 Organisation

Der dritte wichtige Fragenkomplex der neueren Lehr-Lern-Forschung analysiert die organisatorische Einbettung von Lehr-Lern-Situationen in institutionelle Kontexte; er kann unmittelbar aus der oben skizzierten Diskussion über den Unterricht als soziale Situation hergeleitet werden. Lehr-Lern-Forschung weitet ihren Gegenstandsbereich damit um einen zusätzlichen Aspekt aus; sie geht in Schul- und Bildungsforschung über.

Stark von der ökologischen Psychologie inspiriert sind Versuche, Schul- und Unterrichtsorganisation als „Umwelt" für Lehr-Lern-Situationen zu erfassen. Ausgehend von der Erkenntnis, daß die bauliche, soziale und mentale Umwelt eines Ortes das Handeln und Erleben der dort Agierenden stark mitbestimmt, hat die *Forschung zum Schul- und Unterrichtsklima* in Anlehnung an nordamerikanische Vorbilder versucht, soziale Umwelten (Soziotope) und deren „Klima" in einzelne lernökologische Faktorengruppen zu zerlegen und auf ihre Lern- und Sozialisationswirkung hin zu untersuchen (vgl. DREESMANN 1982, FATKE 1977, FEND 1977, SCHREINER 1973). Das entscheidende Problem dieser Forschung besteht darin, einen empirisch faßbaren Zusammenhang zwischen objektiver Unterrichtsumwelt, subjektiver Rezeption dieser Umwelt durch einzelne und der Zusammenführung zum Erleben einer ganzen Lerngruppe zu finden. Die Schulklimaforschung bildet somit ein gutes Beispiel für die thematische, theoretische und methodologische Bandbreite neuerer Lehr-Lern-Forschungen, da hier sowohl verschiedene Gegenstandsebenen einbezogen werden müssen wie auch – quer dazu – unterschiedliche methodologische Orientierungen ihr jeweiliges Erkenntnispotential ausspielen können (vgl. BRONFENBRENNER 1976).

Ein anderer, ebenfalls auf „Organisation" bezogener Theorie- und Forschungsbereich der Lehr-Lern-Forschung ist an den Begriff des *„heimlichen Lehrplans"* geknüpft (vgl. BERNFELD 1967, DREEBEN 1976, REINERT/ZINNECKER 1978). Lehr-Lern-Situationen erscheinen als „Lebenswelten" für die Lernenden und Lehrenden, in denen mehr und anderes geschieht, als Bildungsplaner, Lehrplanmacher und Lehrer intendieren. Die Ursachen, Anlässe und Verlaufsmuster der Entstehung unbeabsichtigter, emergenter Wirkungen organisierten Lehrens und Lernens werden analysiert, um Eingriffe vornehmen zu können, was wiederum die Klärung der Normenfrage voraussetzt (vgl. MARTIN 1976). Dieser Gegenstandsbereich der Lehr-Lern-Forschung ist eng mit dem Programm „qualitativer", interpretativer Methoden verbunden (vgl. VALLANCE 1980). Er weist über eine situationsanalytische Betrachtungsweise allerdings insofern hinaus, als nahezu zwangsläufig – gleichsam oberhalb traditioneller Versuche der Verbesserung der Unterrichtsplanung – die Frage nach einer nichtbürokratischen, ganzheitliches Lernen fördernden, weiträumigen Makroorganisation von Lehr-Lern-Prozessen gestellt werden muß. Noch steckt die Schulklimaforschung jedoch in den Anfängen; ein Vergleich zur meteorologischen Klimaforschung liegt auf der Hand: Man weiß eine ganze Menge über die Entstehungsbedingungen des Klein- und Großklimas, aber es ist noch kaum möglich, mehr als kurzfristige Prognosen zu stellen, erst recht nicht, Eingriffe zu organisieren.

4 Methoden

Die im folgenden zu erörternden Methoden der Lehr-Lern-Forschung stehen in enger inhaltlicher Verknüpfung zu den im dritten Abschnitt skizzierten Gegenständen

Der Stand der Lehr-Lern-Forschung

und Theoriebildungen, aber auch zur allgemeinen erziehungs- und sozialwissenschaftlichen Methodologiediskussion. Eine Reihe von allgemeinen Systematisierungsvorschlägen liegt vor (vgl. HAFT/KORDES 1984); vergleichbare Vorschläge sind für den engeren Bereich der Lehr-Lern- und Unterrichts-Forschung gemacht worden (vgl. LOSER 1979, WALTER 1977, ZINNECKER 1974). Die hier zugrunde gelegte Untergliederung in „Beobachtung und Analyse", „Diagnose und Entscheidung" sowie „Interpretation und Selbstreflexion" ist analytisch orientiert; für konkrete Forschungsvorhaben müssen in aller Regel die Erkenntnispotentiale und Forschungsinstrumentarien mehrerer Ansätze herangezogen werden.

4.1 Beobachtung und Analyse

Die Beobachtung bildet eine Grundform wissenschaftlichen Arbeitens. In der Lehr-Lern-Forschung nehmen unterschiedliche Formen und Instrumente der methodischen Beobachtung von Lehr-Lern-Prozessen eine zentrale Stellung ein (vgl. MERKENS/SEILER 1978, ROSENSHINE/FURST 1973, SCHULZ u. a. 1970). Diese Instrumente unterscheiden sich hinsichtlich des Grades ihrer Standardisierung (breite, „offene" Kategorien im Gegensatz zur bloßen Registrierung abgegrenzter Verhaltenssegmente), hinsichtlich der Gegenstände, auf die sie gerichtet sind (Lehrer; Schüler; Lehrer-Schüler-Interaktionen; verbales, nonverbales Verhalten), hinsichtlich der Intentionen, die an ihren Einsatz geknüpft werden (Einsatz in der Forschung, in der Ausbildung oder zur Beurteilung von Lehrern), sowie hinsichtlich des Ausmaßes, in dem nur beschreibende oder aber bewertende Feststellungen (etwa anhand von Schätzskalen) zu treffen sind; im letztgenannten Fall geht Unterrichtsbeobachtung in Unterrichtsbeurteilung und Lehrerbewertung über. Weiterhin unterscheiden sich die Beobachtungsinstrumente im Blick auf die durch die Instrumente nahegelegte Form der Auswertung der gewonnenen Daten. Das bekannteste Verfahren einer auf systematischer Beobachtung basierenden Interaktionsanalyse ist das von FLANDERS (vgl. 1970; vgl. MERKENS/SEILER 1978). Immer geht es darum, das konkrete, vielgestaltige Unterrichtsgeschehen eindeutig und rasch in die kategoriale Systematik des jeweiligen Beobachtungsrasters einzufächern, weil es nicht möglich ist, den Lehr-Lern-Prozeß zum Zwecke der besseren Beobachtbarkeit verzögert ablaufen zu lassen. Voraussetzung für valide und objektive Forschungsergebnisse ist deshalb die Eindeutigkeit der Zuordnungsregeln und die Einfachheit der Beobachtungskategorien. Solche Verfahren können herangezogen werden, um zum Beispiel ein neu entwickeltes Prozeßmodell unterrichtlicher Interaktion empirisch zu prüfen, um Unterschiede im Lehrverhalten verschiedener Lehrer festzustellen (etwa nach dem Einsatz von Trainingsverfahren) oder um eigenes Lehrverhalten anhand der Analyse von Videoaufzeichnungen zu überprüfen.
Solche Beobachtungsverfahren erlauben es dem Wissenschaftler, deskriptive Aussagen über eine Lehr-Lern-Situation zu machen – mehr nicht. Demgegenüber erlaubt es das *Experiment,* Zusammenhänge zu erklären: Durch gezielte Variation der abhängigen Variablen und weitgehendes Konstanthalten aller anderen Faktoren werden die Effekte der Veränderung der unabhängigen Variablen auf die abhängigen untersucht (vgl. HAGEMANN 1976, SCHWARZ 1970, SNOW 1974). Ziel des experimentellen Vorgehens ist es, ausgrenzbare Kausalzusammenhänge innerhalb des Wirkungsgefüges der verschiedenen Faktoren des Unterrichtsgeschehens herauszuarbeiten. Als abhängige Variable galt in der herkömmlichen Unterrichtsforschung in aller Regel die Lernleistung der Schüler; andere Faktoren (wie Unterrichtsmethoden und -medien, Lehrerverhalten, Lernzeitnutzung, Textaufbereitung, zeitliche Se-

quenzierung,...) wurden dann als „Bedingungen" des Lernzuwachses der Schüler definiert. Man kann also von einem *Produkt-Paradigma* dieses Forschungsansatzes sprechen. Jedoch: Trotz jahrzehntelanger Forschungen zur Bestimmung der Effektivität einzelner Unterrichtsmethoden haben sich die daran geknüpften Hoffnungen, die Effektivität einzelner Unterrichtsmethoden präzise bestimmen zu können, nicht erfüllt; die zunehmende theoretische und methodologische Ausdifferenzierung der Fragestellungen der Unterrichtsmethodenforschung hat im Gegenteil zu der Einsicht geführt, daß spektakuläre Forschungsergebnisse mit Hilfe dieses Methodeninstrumentariums mit Sicherheit nicht zu erwarten sein werden (vgl. TERHART 1978, S. 46 ff.). Dies hat dazu beigetragen, daß das Experiment viel von seiner Bedeutung innerhalb der neueren Lehr-Lern-Forschung verloren hat und demgegenüber das *Prozeß-Paradigma* immer wichtiger geworden ist. Die vielfältige Kritik am Laborcharakter experimentellen Vorgehens hat diese Bedeutungsrelativierung beschleunigt. Diese Entwicklung ordnet sich in die allgemeine Tendenz ein, die Suche nach eindeutigen Kausalbeziehungen in sozialen und natürlichen Prozessen als eine zu grobe und überzogene Zielsetzung der Forschung aufzugeben zugunsten einer stärker theoretisch-konzeptuell fundierten, auf Geschehensdetails bezogenen Analyse von Interaktionsprozessen. Damit wird zugleich die Vorstellung verabschiedet, komplexe soziale Prozesse auf der Basis der Kenntnis ihrer inneren „Kausalmaschinerie" steuern zu können.

4.2 Diagnose und Entscheidung

Im Schulalltag wird der Lehrer ständig mit Diagnose- und Entscheidungsaufgaben konfrontiert; er muß den Unterrichtsverlauf beobachten, Zeugniszensuren geben und so weiter. Diagnostische und entscheidungsvorbereitende Methoden der Lehr-Lern-Forschung greifen dieses durch die schulischen Handlungszwänge gestellte Informationsproblem auf. Die Zusammenfassung von Diagnose und Entscheidung deutet schon an, daß das Testen und Messen kognitiver oder sonstiger Persönlichkeitsmerkmale kein Selbstzweck werden, sondern helfen soll, begründete Entscheidungen zu treffen. Diese Zielsetzung legt eine Reihe von Fragen nahe: Welche Konsequenzen sind auf Basis welcher Diagnosedaten im Blick auf welche übergeordneten normativen Prämissen unter Berücksichtigung welcher zur Verfügung stehenden Hilfen zu ziehen? Wie können Beobachtungen in Klassifikationen verwandelt werden, die wiederum in Entscheidungen über Maßnahmen überzuführen sind? Entscheidungen können die Details des Unterrichtsablaufs, die Gruppierung von Schülern, die Zuweisung zu Sondermaßnahmen inhaltlicher oder methodischer Art bis hin zur Festlegung des weiteren Bildungsgangs betreffen. Ausgangspunkt für eine solche pädagogische Diagnostik (vgl. INGENKAMP 1985, KLAUER 1978) waren die bekannte „Fragwürdigkeit der Zensurengebung", ebenso auch das „Sitzenbleiberelend" sowie Erkenntnisse über die individuell und gesellschaftlich schädlichen Folgen einer zu frühen und nur schwer zu revidierenden Zuweisung zu weiterführenden Bildungsgängen. Allgemeine Intelligenztests sowie spezielle Schulreife- und Leistungstests sollten hier Abhilfe durch die Objektivierung der Beobachtungs- und Prognosedaten schaffen. Die zunächst testpsychologische Forschung und Entwicklungsarbeit erfuhr dann jedoch in Reaktion auf die ungenügende Aussagekraft ihrer Ergebnisse eine konsequente Weiterung: Die Datensammlung zu Diagnosezwecken ist schließlich nur *eine* Phase in einem umfassend zu betrachtenden Problemlösungsprozeß, in dem geeignete neue Maßnahmen („treatments") für vorhandene Probleme zu suchen sind und nicht, umgekehrt, traditionell vorgegebene „Lösungen" vom Sitzenbleiben bis zur Sonderschulzuweisung lediglich zweckrational optimiert werden sollen (vgl. KRAPP 1979, PAWLIK 1976). Im Rahmen entscheidungstheoretischer Analysen wird nun gefragt: Welche Merkmale der Organisation von Lehr-Lern-Prozessen sind überhaupt entscheidungsrelevant? Und wie kann die Qualität und Wirkung von „treatments" festgestellt werden? Welche Formen der Koordination von Schülermerkmalen und Lernumwelten befördern den Lernprozeß („adaptiver Unterricht" – vgl. CRONBACH/SNOW 1977, SCHWARZER/STEINHAGEN 1975)? Die entsprechenden Forschungen schließen an die einflußreiche Arbeit von CRONBACH/GLESER (vgl. 1965) an, in der der Zusammenhang von Diagnose und Entscheidung für die betriebliche Personalführung (welcher Mann, welche Frau an welchen Platz?) aufgearbeitet worden war. Schließlich gehören Forschungen über Voraussetzungen, Verläufe und Folgen von (Schul-)Beratungsprozessen in diesen Methodenbereich der Lehr-Lern-Forschung; neben den bekannten empirischen Forschungsmethoden sind auch ethnographische Verfahren einer „verstehenden" Analyse von Beratungssituationen aus der subjektiven Sicht der Beteiligten zum Einsatz gekommen (vgl. CICOUREL/KITSUSE 1963, ERICKSON 1975).

4.3 Interpretation und Reflexion

Bei den im folgenden zu behandelnden Methoden der Lehr-Lern-Forschung handelt es sich um Verfahren, die in methodologischer wie methodischer Hinsicht teils als Ergänzung, teils als bewußte Alternative zum empirisch-experimentellen oder „psychometrischen" Paradigma zu verstehen sind. Daß ihnen seit dem Ende der 70er Jahre in zunehmendem Maße Beachtung geschenkt wurde, ist auf folgende Faktoren zurückzuführen:
Erstens wurde in diesen Jahren der schon immer geäußerten methodologischen und pädagogischen Kritik an den Konzepten und Verfahren der herkömmlichen empirischen Unterrichtsforschung (Inhaltsneutralität, falsche Subjekt-Objekt-Trennung, unbefriedigende Reduktionen komplexer sozialer Prozesse auf einfache Variablenmuster, auf Zweck-Mittel-Schemata, mangelnde Praxisrelevanz, Ausblendung gesellschaftlicher Hintergründe) durch die Erarbeitung der interpretativen Verfahren der Lehr-Lern-Forschung eine konstruktive Perspektive gegeben.
Zweitens: Die Einführung dieser neuen Verfahren wurde durch die Tatsache begünstigt, daß in der gesamten internationalen sozial- und humanwissenschaftlichen Methodendiskussion gerade diese „qualitativen" Verfahren das Etikett des Vorwissenschaftlichen abstreifen konnten und nunmehr auf ihr spezifisches, auch auf Theoriebildung bezogenes Erkenntnispotential hin befragt wurden („interpretative turn" – vgl. DALLMAYR/MCCARTHY 1977, HOPF/WEINGARTEN 1979, MOSER/ZEDLER 1983, RABINOW/SULLIVAN 1979, SOEFFNER 1979); insbesondere die ethnographische Schulforschung in den USA (vgl. HAMMERSLEY 1980, MEHAN 1978, WILSON 1977, WOLCOTT 1975) bildete ein wichtiges Anregungspotential.
Drittens erlaubten bestimmte Varianten der interpretativen Unterrichtsforschung eine Renaissance hermeneutischen Denkens, verbunden mit der Idee der Herausbildung eines spezifisch pädagogischen Begriffs von Lehr-Lern-Forschung.
Stand am Beginn dieser Entwicklung noch das Bemühen um Abgrenzung gegenüber dem „quantifizierenden" Ansatz sowie um die versuchsweise Entfaltung eines methodologischen Konzepts (für diese Phase vgl. TERHART 1978), so ist es mittlerweile zu einer recht breiten Ausdifferenzierung des interpretativen Methodenspektrums gekommen (vgl. BRETTSCHNEIDER 1984, GEISSLER 1984, KRIEG 1982, MACKERT 1982, QUALITATIVE UNTERRICHTSFORSCHUNG 1984, QUALITATIVE VERFAH-

REN... 1983, REUTER 1982, THIEMANN 1980, UHLE 1978, VOIGT 1984, WAGNER u. a. 1981, WRAGGE-LANGE 1980). Die verschiedenen Varianten interpretativer Forschung lassen sich folgendermaßen klassifizieren:
- Im *ethnographisch-deskriptiven Modell* geht es um das sensible Nachzeichnen der in einer Klein- oder Großkultur anzutreffenden Denkweisen, Deutungsmuster und subjektiven Sinnstrukturen, wobei das deskriptive Interesse dominiert. Teilnehmende Beobachtung und offene Interviews sowie Feldstudien kommen als Einzelmethoden in Betracht. Die methodologisch begründete Indifferenz dieses Ansatzes gegenüber dem pädagogischen Interesse an der Veränderung unbefriedigender Interaktionssituationen ist jedoch kritisiert worden.
- Vertreter einer *kommunikativ-aufklärerischen Variante* der interpretativen Forschung versuchen, diese Indifferenz zu überwinden, indem sie die subjektiven Sinnstrukturen der Interaktion nicht nur auf der Oberfläche zu erfassen trachten, sondern darüber hinaus kritisch auf Selbst-Mißverständnisse und Verzerrungen befragen, die sowohl auf seiten der Erforschten wie auch der Forscher denkbar sind. Die Interpretationsleistung der Beteiligten soll hier zugleich zu einer Veränderung von Deutungs- und Handlungsmustern genutzt werden. Als Einzelmethoden kommen Verfahren der Aktionsforschung, der psychoanalytischen Textinterpretation sowie spezielle „aktivierende" Interview- und Gruppendiskussionsverfahren in Betracht.
- *Strukturalistisch-rekonstruktive Varianten* der interpretativen Forschung distanzieren sich von diesem „praktischen" Aufklärungsinteresse. Sie unterscheiden zwischen Oberflächen- und Tiefenstruktur und machen nicht mehr die subjektive Wahrnehmung sozialer Realität auf seiten des Handelnden, sondern die dieser Wahrnehmung zugrunde liegende „objektive", jedoch latente Sinnstruktur zum Gegenstand der Untersuchung. Nicht unmittelbar erfahrene Wirklichkeit, sondern deren „Text" in Form von Protokollen wird auf die generative Tiefenstruktur hin dechiffriert.
- Eine Sonderstellung nehmen schließlich *konversations- und sprechaktanalytische Konzepte* (vgl. EHLICH/REHBEIN 1983) sowie die im Zusammenhang mit der Analyse „naiver Verhaltenstheorien" von Lehrern entwickelte Methodenkombination aus dialogischen und empirisch-analytischen Elementen („*strukturierter Dialog*" - vgl. WAHL 1981) ein.

Alle diese Modelle interpretativer Forschung unterscheiden sich hinsichtlich des ausgewählten Gegenstandsbereiches, des Forschungsinteresses wie auch hinsichtlich des Verständnisses von „Verstehen". Ablesbar sind diese Differenzen an den je unterschiedlichen Antworten auf die Frage nach der *Geltungsbegründung* der interpretativ gewonnenen Forschungsergebnisse (vgl. TERHART 1985). Das theoretische Problem der Validierung stellt sich jeweils unterschiedlich, die praktischen Vorkehrungen zur Sicherung valider Ergebnisse im Forschungsprozeß entsprechend. Die schroffe Gegenüberstellung einer dialogischen Validierung (mit der Beteiligung der Betroffenen) gegenüber einem monologischen Verfahren (Kontrolle der Interpretationen allein durch die Forscher) kann nicht „prinzipiell" durchgehalten werden; es ist richtiger, problembezogen jeweils in Abhängigkeit von Forschungsgegenstand und -interesse zu entscheiden. Die bereits erwähnte Notwendigkeit zur Harmonisierung von Forschungsgegenstand, Untersuchungsmethoden und Erkenntniszielen in jedem Einzelfall gilt für interpretativ orientierte Forschungsvorhaben gleichermaßen wie für jede Untersuchung im Bereich des herkömmlichen empirischen Methodenspektrums.

Zu den interpretativen Methoden der Lehr-Lern-Forschung - speziell in ihren kommunikativ-aufklärerischen Varianten – sind auch diejenigen Ansätze zu zählen, die via Forschungsprozeß die Selbstreflexion auf seiten der „Beforschten" einleiten wollen. Forschung wird hier unmittelbar in den Dienst von Praxis gestellt – mit dem Ziel, eine veränderte, bessere Praxis zu ermöglichen (vgl. HEINZE u. a. 1981). Dies kann zum Beispiel dadurch versucht werden, daß sich die „Beforschten" mit literarischem, biographischem oder tagebuchähnlichem Material beschäftigen und daß diese Beschäftigung als Einübung in das pädagogische Verstehen von Lernbiographien organisiert wird. Ähnlich sind Versuche zu sehen, in einem quasitherapeutischen Sinne auf der Basis der humanistischen Psychologie oder durch Integration von expressiv-ästhetischen und körperlichen Elementen die Lehrerausbildung zu erneuern. „Interpretation" ist dann nicht länger eine auf Theorie bezogene Forschungsoperation; als direkte, praktische Interpretation eines aktuellen Handlungsprozesses wird sie als „koexistentielles Verstehen" zum Bestandteil dieser Handlungs- und Berufspraxis.

5 Probleme und Perspektiven

Abschließend soll auf einige ausgewählte Probleme der Lehr-Lern-Forschung hingewiesen werden; in deren Bearbeitung liegen zugleich Perspektiven für zukünftige Entwicklungen.
Außerschulische Bereiche: Wie zu Beginn erwähnt, geht „Lehr-Lern-Forschung" vom Begriffsumfang her über Schulunterricht hinaus, die vorfindliche Praxis der Lehr-Lern-Forschung bleibt dennoch eng mit ihm verknüpft. Für die Erforschung des Lehrens und Lernens in außerschulischen pädagogischen Institutionen (Erwachsenenbildung, Hochschule, ...) liegen Traditionen und Konzepte vor, die stärker genutzt werden sollten. Ähnliches gilt für nichtpädagogische Bereiche des Lehrens und Lernens (vgl. SÖMEN 1977). Ein weitgehend unbearbeitetes Feld bilden dagegen die im weitesten Sinne pädagogischen, jedoch nicht oder nur schwach institutionalisierten Formen und Felder des Lehrens und Lernens beispielsweise in Bürgerinitiativen, in Alternativ- und freien Schulen, in selbstorganisierten Projekten (vgl. FUHR 1986). Hier geht „Lehr-Lern-Forschung" schrittweise in allgemeine Bildungs- und Sozialisationsforschung über. Dabei erweist sich gerade ein kognitivistisch verengter Lehr- und Lernbegriff als unzureichend, denn bei der Analyse nichtinstitutionalisierten, nicht verwalteten und nichtprofessionalisierten Lehrens und Lernens ist die Beachtung der „ganzen Person" unverzichtbar (vgl. LIPPITZ/MEYER-DRAWE 1982). Damit wird die biographische Dimension eines persönlichkeitsverändernden, lang wirkenden Lernens ins Spiel gebracht. Für die zukünftige Arbeit in diesem Bereich ist die Herausarbeitung eines ganzheitlichen biographischen Lernbegriffs notwendig; erst von ihm aus läßt sich über Formen einer nichtdirektiven Auslösung solcher Lernprozesse nachdenken (vgl. ROGERS 1971).
Konkurrenz der „Paradigmen": Im Rahmen der wissenschaftlichen Analyse von Lehr-Lern-Situationen treffen eine ganze Reihe von „Paradigmen" und Denkschulen aufeinander. So wird zwischen einem „Produkt-" und einem „Prozeß-Paradigma" unterschieden (vgl. GAGE 1967), zwischen einer „organisationskonformen" Unterrichtsforschung im Interesse der Herrschenden und entsprechenden „Gegentraditionen" (vgl. ZINNECKER 1974) sowie zwischen „experimentell-effektivitätsorientierter" und „interpretativer" (vgl. TERHART 1978) oder „quantitativer" und „qualitativer" (vgl. LOSER 1979) Unterrichtsforschung. Diese Unterschiede und Konkurrenzen sind auch durch die Tatsache bedingt, daß im Bereich der Lehr-Lern-Forschung im weitesten Sinne Theorie- und Methodenimporte aus zahlreichen Dis-

ziplinen zu verzeichnen sind: von mathematischen Konzepten des Lernens und Denkens über phänomenologisch-lebensweltliche Ansätze bis hin zur Psychoanalyse, von großer Gesellschaftstheorie bis zu mikrosoziologischer Konversationsanalyse. Die Konfrontation mit einer derart unübersichtlichen wissenschaftstheoretischen Landschaft kann zu zwei Reaktionen verleiten, die beide unzureichend wären: zum Erheben von Alleinvertretungsansprüchen oder zum Bemühen um eine alles umfassende Integration. Die erste Reaktion führt im Extremfall zu Ausgrenzungen und Denkverboten, die zweite zu Verflachungen und Additionen. Statt dessen sollte versucht werden, den spezifischen Erkenntnisvorteil der einzelnen Denkschulen möglichst deutlich zum Zuge kommen zu lassen; gerade die Erfahrung der Differenz kann so zu einem wirksamen Motiv für die Diskussion gemacht werden und den Spielraum des Möglichen erhalten und erweitern.

Lehren lernen: Seit einiger Zeit wird in der Lehr-Lern-Forschung darüber diskutiert, ob und wie Unterrichtswissenschaft eine „Wissenschaft für Unterricht" ist oder aber werden könnte. Im Rahmen dieser Debatte wird es für die Zukunft wichtig sein, verstärkt auf Probleme der Lehrerausbildung einzugehen. Da die Reduzierung der Lehrtätigkeit des Lehrers auf das schlichte „Anwenden" von Theorien nicht wünschenswert ist, stellt sich die Frage, wie man Lehren in anspruchsvollem Sinne lehren und lernen kann, vor allem aber, welche Bedeutung dem erziehungswissenschaftlichen, speziell dem didaktischen Wissen hierbei zukommt. Bei der Beantwortung dieser Frage spielen normative Konzepte über die „eigentlichen" Aufgaben des Lehrers eine Rolle, weiterhin Überlegungen und Untersuchungen zu den „Aneignungsschwierigkeiten didaktischen Theoriewissens" (MEYER 1983; vgl. VEENMANN 1984) und schließlich Befunde zur Sozialisation in den Lehrerberuf (vgl. FULLER/BOWN 1975, GÖTZ 1978). Durch die Einbeziehung dieser neuen und zugleich uralten Fragen könnte die Lehr-Lern-Forschung ein selbstreflexives Moment gewinnen, weil sie genötigt wird, sich der Lehrbarkeit und Lernrelevanz ihrer Forschungserkenntnisse selbst zu vergewissern.

ACHTENHAGEN, F. (Hg.): Neue Verfahren zur Unterrichtsanalyse, Düsseldorf 1982. AG SCHULFORSCHUNG: Leistung und Versagen. Alltagstheorien von Schülern und Lehrern, München 1980. ANDERSON, R.C. u.a.: Schooling and the Acquisition of Knowledge, Hillsdale 1977. ANDREWS, D.H./GOODSON, L.A.: A Comparative Analysis of Models of Instructional Design. In: J. of Instruct. Dev. 3 (1980), 4, S. 2 ff. AUSUBEL, D.P.: Psychologie des Unterrichts, 2 Bde., Weinheim/Basel 1974. BELLACK, A.A. u.a.: Die Sprache im Klassenzimmer, Düsseldorf 1974. BERNFELD, S.: Sisyphos oder die Grenzen der Erziehung (1925), Frankfurt/M. 1967. BERNSTEIN, B.: Beiträge zu einer Theorie des pädagogischen Prozesses, Frankfurt/M. 1977. BRETTSCHNEIDER, W.-D. (Hg.): Alltagsbewußtsein und Handlungsorientierungen von Sportlehrern, Schorndorf 1984. BRONFENBRENNER, U.: Ökologische Sozialisationsforschung, Stuttgart 1976. BROPHY, J.E./GOOD, T.L.: Die Lehrer-Schüler-Interaktion, München/Berlin/Wien 1976. BRUNER, J.S.: Entwurf einer Unterrichtstheorie, Berlin/Düsseldorf 1974. BRUSTEN, M./HURRELMANN, K.: Abweichendes Verhalten in der Schule, München 1973. CICOUREL, A.V./KITSUSE, J.I.: The Educational Decision-Makers, Indianapolis 1963. CICOUREL, A.V. u.a.: Language Use and School Performance, New York 1974. CRONBACH, L.J./GLESER, G.C.: Psychological Tests and Personnel Decisions, Urbana ²1965. CRONBACH, L.J./SNOW, R.S.: Aptitudes and Instructional Methods, New York 1977. DALLMAYR, F./MCCARTHY, TH. (Hg.): Understanding and Social Inquiry, Notre Dame 1977. DFG-KOMMISSION ERZIEHUNGSWISSENSCHAFT: Erziehungswissenschaftliche Schwerpunktprogramme der Deutschen Forschungsgemeinschaft. In: Z. f. P. 20 (1974), S. 967 ff. DREEBEN, R.: The Unwritten Curriculum and its Relation to Values. In: J. of Curr. Stud. 8 (1976), S. 111 ff. DREESMANN, H.: Neuere Entwicklungen zur Erforschung des Unterrichtsklimas. In: TREIBER, B./WEINERT, F.E. (Hg.): Lehr-Lern-Forschung, München 1982, S. 177 ff. EHLICH, K./REHBEIN, J. (Hg.): Kommunikation in Schule und Hochschule. Linguistische und ethnomethodologische Analysen, Tübingen 1983. ERICKSON, F.: Gatekeeping and the Melting Pot: Interaction in Counseling Encounters. In: Harv. E. Rev. 45 (1975), S. 44 ff. FATKE, R.: Schulumwelt und Schülerverhalten, München/Zürich 1977. FEND, H.: Schulklima. Soziale Einflußprozesse in der Schule, Weinheim/Basel 1977. FLANDERS, N. A.: Analyzing Teaching Behavior, Reading (Mass.) 1970. FUHR, R.: Didaktisches Handeln in außerschulischen Feldern. In: Enzyklopädie Erziehungswissenschaft, Bd. 3, Stuttgart 1986, S. 148 ff. FULLER, F./BOWN, H.: Becoming a Teacher. In: RYAN, K. (Hg.): Teacher Education, Chicago 1975, S. 25 ff. GAGE, N. L.: Paradigmen für die Erforschung des Lehrens. In: WEINERT, F. E. (Hg.): Pädagogische Psychologie, Köln 1967, S. 70 ff. GAGNÉ, R. M.: Die Bedingungen des menschlichen Lernens, Hannover/Berlin/Darmstadt/Dortmund ^{3}1973. GEISSLER, H.: Interpretative Unterrichtsanalyse, Habil.-Schrift, Münster 1984. GLASER, R.: Components of a Psychology of Instruction. In: Rev. of E. Res. 46 (1976), S. 1 ff. GLASER, R. (Hg.): Advances in Instructional Psychology, Bd. 1, Hillsdale 1978. GOEPPERT, H. C. (Hg.): Sprachverhalten im Unterricht, München 1977. GÖTZ, B.: Sozialisation im Lehrerberuf. In: GÖTZ, B./KALTSCHMIDT, J. (Hg.): Sozialisation und Erziehung, Darmstadt 1978, S. 422 ff. HAFT, H./KORDES, H. (Hg.): Methoden der Erziehungs- und Bildungsforschung. Enzyklopädie Erziehungswissenschaft, Bd. 2, Stuttgart 1984. HAGEMANN, W.: Paradigmatische Probleme der experimentellen Unterrichtsforschung. In: Z. f. ew. Fo. 10 (1976), S. 127 ff. HALLER, H.-D.: Fragen der Unterrichts- und Curriculumforschung – wissenschaftsgeschichtlich betrachtet. In: Z. f. P. 19 (1973), S. 571 ff. HAMMERSLEY, M.: Classroom Ethnography. In: E. Anal. 2 (1980), 2, S. 47 ff. HARNISCHFEGER, A./WILEY, D.: Kernkonzepte des Schullernens. In: Z. f. Entwpsych. u. P. Psych. 9 (1977), S. 207 ff. HEIDENREICH, W.-D./HEYMANN, H. W.: Lehr-Lern-Forschung. In: Z. f. P. 22 (1976), S. 225 ff. HEINZE, TH.: Unterricht als soziale Situation, München 1976. HEINZE, TH.: Schülertaktiken, München/Wien/Baltimore 1980. HEINZE, TH. u. a.: Praxisforschung, München/Wien/Baltimore 1981. HERRMANN, U.: Die Rolle der Psychologie in der Entwicklung der modernen Erziehungswissenschaft. In: BALMER, H. u. a. (Hg.): Die Psychologie des 20. Jahrhunderts, Bd. 1: Die europäische Tradition, Zürich 1976, S. 1013 ff. HOFER, M.: Die Schülerpersönlichkeit im Urteil des Lehrers, Weinheim/Basel 1974. HOFER, M. (Hg.): Informationsverarbeitung und Entscheidungsverhalten von Lehrern, München 1981. HOPF, CH./WEINGARTEN, E. (Hg.): Qualitative Sozialforschung, Stuttgart 1979. INGENKAMP, K. (Hg.): Sozial-emotionales Verhalten in Lehr- und Lernsituationen, Erziehungswissenschaftliche Hochschule Rheinland-Pfalz, Landau 1984. INGENKAMP, K.: Erfassung und Rückmeldung des Lernerfolgs. In: Enzyklopädie Erziehungswissenschaft, Bd. 4, Stuttgart 1985, S. 173 ff. INGENKAMP, K. (in Zusammenarbeit mit E. Parey) (Hg.): Handbuch der Unterrichtsforschung, 3 Bde., Weinheim/Berlin/Basel 1970/1971 (Bd. 1: 1970, Bd. 2: 1970, Bd. 3: 1971). JAHNKE, J.: Interpersonale Wahrnehmung, Stuttgart 1975. JOPT, U.-J.: Selbstkonzept und Ursachenerklärung in der Schule, Bochum 1978. KAPFERER, J. L.: Socialization and the Symbolic Order of the School. In: Anthrop. and E. Quart. 12 (1981), 4, S. 258 ff. KLAUER, K. J. (Hg.): Handbuch der pädagogischen Diagnostik, 4 Bde., Düsseldorf 1978. KLUWE, R. H.: Forschungsfragen aus psychologischer Sicht zur Unterrichtswissenschaft. In: SCHMIDT, W. (Hg.): Unterrichtsgestaltung. Studienprogramm Erziehungswissenschaft, Bd. 3, München 1978, S. 193 ff. KÖNIG, E.: Theorie der Erziehungswissenschaft, Bd. 1, München 1975. KÖTTER, L./MANDL, H. (Hg.): Kognitive Prozesse und Unterricht. Jahrbuch für Empirische Erziehungswissenschaft 1983, Düsseldorf 1983. KRAPP, A.: Prognose und Entscheidung, Weinheim/Basel 1979. KRIEG, B.: „Eingehüllte Rationalität" und Pädagogische Praxis. Eine Studie zu Gegenstand und Methode erziehungswissenschaftlicher Unterrichtsforschung. Schriftenreihe des Didaktischen Zentrums der Universität, Frankfurt/M. 1982. LEHR-LERN-FORSCHUNG. Z. f. P. 28 (1982), Hefte 3, 4. LIPPITZ, W./MEYER-DRAWE, K. (Hg.): Lernen und seine Horizonte. Phänomenologische Konzeptionen menschlichen Lernens – didaktische Konsequenzen, Königstein 1982. LOSER, F.: Konzepte und Verfahren der Unterrichtsforschung, München 1979. LOSER, F./TERHART, E. (Hg.): Theorien des Lehrens, Stuttgart 1977. MACKERT, N.: Inhalte in schulischer Interaktion, München 1982. MARTIN, J. R.: What Should We Do with a Hidden Curriculum when We Find One? In: Curr. Inquiry 6 (1976), 2, S. 135 ff. MEHAN, H.: Structuring School Structure. In: Harv. E. Rev. 48 (1978), S. 32 ff. MEHAN, H.: "What Time is it, Denise?" Asking known Information Questions in Classroom Discourse. In: Th. into Prac. 18 (1979), S. 122 ff. MEHAN, H.: Language and Schooling. In: Sociol. of E. 57

(1984), S. 174 ff. MEHAN, H./GRIFFIN, P.: Socialization: The View from Classroom Interactions. In: Sociol. Inquiry 50 (1980), S. 357 ff. MENGES, R. J./GIRAD, D. L.: Development of a Research Speciality: Instructional Psychology Portrayed in The Annual Review of Psychology. In: Instruct. Sc. 12 (1983), S. 83 ff. MERKENS, H.: Die pädagogische Tatsachenforschung Else und Peter Petersens als Beispiel empirischer Unterrichtsforschung. In: Z. f. P. 21 (1975), S. 835 ff. MERKENS, H./SEILER, H.: Interaktionsanalyse, Stuttgart/Berlin/Köln/Mainz 1978. MEYER, H.-L.: Aneignungsschwierigkeiten didaktischen Theoriewissens. In: Westerm. P. Beitr. 35 (1983), S. 61 ff. MEYER-DRAWE, K.: Lebenswelt. In: Enzyklopädie Erziehungswissenschaft, Bd. 3, Stuttgart 1986, S. 505 ff. MOSER, H./ZEDLER, P. (Hg.): Aspekte qualitativer Sozialforschung, Opladen 1983. NICKEL, H.: Die Lehrer-Schüler-Beziehung aus der Sicht neuerer Forschungsergebnisse. In: Psych. in E. u. U. 23 (1976), S. 153 ff. NIEGEMANN, H. M./TREIBER, B.: Lehrstoffstrukturen, Kognitive Strukturen, Didaktische Strukturen. In: TREIBER, B./WEINERT, F. E. (Hg.): Lehr-Lern-Forschung, München 1982, S. 37 ff. PAWLIK, K. (Hg.): Diagnose der Diagnostik, Stuttgart 1976. PETERSON, P. L./WALBERG, H. J. (Hg.): Research on Teaching: Concepts, Findings, and Implications, Berkeley 1979. PIONTKOWSKI, U.: Interaktion und Kommunikation im Unterricht. In: TREIBER, B./WEINERT, F. E. (Hg.): Lehr-Lern-Forschung, München 1982, S. 149 ff. QUALITATIVE UNTERRICHTSFORSCHUNG. Uw. 12 (1984), Heft 3. QUALITATIVE VERFAHREN in der Unterrichtsforschung. B. u. E. 36 (1983), Heft 2. RABINOW, P./SULLIVAN, W. M. (Hg.): Interpretative Social Science, Berkeley 1979. REIGELUTH, CH. M. u. a.: The Structure of Subject Matter Content and its Instructional Implications. In: Instruct. Sc. 7 (1978), S. 107 ff. REINERT, G.-B./ZINNECKER, J. (Hg.): Schüler im Schulbetrieb, Reinbek 1978. RESNICK, L. B.: Instructional Psychology. In: Ann. Rev. of Psych. 32 (1981), S. 659 ff. REUTER, E.: Kommunikation and Institution. Zur Ethnographie des schulischen Alltags, Frankfurt/M. 1982. RICKARDS, J. P.: Instructional Psychology: From a Behavioristic to a Cognitive Orientation. In: Impr. Hum. Perform. Quart. 7 (1978), S. 256 ff. ROGERS, C. R.: Lehren und Lernen. In: Grupdyn. 2 (1971), S. 161 ff. ROSENSHINE, B./FURST, N.: The Use of Direct Observation to Study Teaching. In: TRAVERS, R. M. W. (Hg.): Second Handbook..., Chicago 1973, S. 122 ff. ROSENTHAL, R./JACOBSON, L.: Pygmalion im Unterricht, Weinheim/Berlin/Basel 1971. ROTH, H.: Die realistische Wendung der pädagogischen Forschung. In: N. Samml. 2 (1962), S. 481 ff. RUMPF, H.: Inoffizielle Weltversionen. Über die subjektive Bedeutung von Lehrinhalten. In: Z. f. P. 25 (1979), S. 209 ff. RUPRECHT, H.: Die erfahrungswissenschaftliche Tradition der Erziehungswissenschaft. In: THIERSCH, H.: Die Entwicklung der Erziehungswissenschaft, München 1978, S. 109 ff. SCHOTT, F.: Lehrstoffanalyse, Düsseldorf 1975. SCHREINER, G.: Schule als sozialer Erfahrungsraum, Frankfurt/M. 1973. SCHULZ, W.: Methoden der Erziehung und des Unterrichts unter der Perspektive der Mündigkeit. In: Enzyklopädie Erziehungswissenschaft, Bd. 4, Stuttgart 1985, S. 53 ff. SCHULZ, W. u. a.: Verhalten im Unterricht. Seine Erfassung durch Beobachtungsverfahren. In: INGENKAMP, K. (in Zusammenarbeit mit E. Parey) (Hg.): Handbuch..., Bd. 1, Weinheim/Berlin/Basel 1970, Spalte 633 ff. SCHWARZ, E.: Experimentelle und quasi-experimentelle Anordnungen in der Unterrichtsforschung. In: INGENKAMP, K. (in Zusammenarbeit mit E. Parey) (Hg.): Handbuch..., Bd. 1, Weinheim/Berlin/Basel 1970, Spalte 455 ff. SCHWARZER, R./STEINHAGEN, K. (Hg.): Adaptiver Unterricht, München 1975. SINCLAIR, J. M./COULTHARD, R. M.: Towards an Analysis of Discourse, London 1975. SNOW, R. E.: Representative and Quasi-Representative Designs for Research on Teaching. In: Rev. of E. Res. 44 (1974), S. 265 ff. SOEFFNER, H.-G. (Hg.): Interpretative Verfahren in den Sozial- und Textwissenschaften, Stuttgart 1979. SÖMEN, H. D.: Die Forschungskonzeption der Bundesanstalt für Straßenwesen zur Fahrerausbildung und -prüfung. In: Info. u. Mitt. d. Sektion Verkehrspsych. d. Berverbandes. Dt. Psych. (1977), 8, S. 138 ff. STRAKA, G. A./MACKE, G.: Lehren und Lernen in der Schule, Stuttgart 1979. STRASSER, B. A.: A Conceptual Model of Instruction. In: J. of Teacher E. 18 (1967), S. 63 ff. TAUSCH, R./TAUSCH, A.-M.: Erziehungspsychologie, Göttingen ^{5}1970. TERHART, E.: Interpretative Unterrichtsforschung, Stuttgart 1978. TERHART, E.: Unterrichtsmethode als Problem, Weinheim/Basel 1984a. TERHART, E.: Psychologische Theorien des Lehrerhandelns. Eine kritische Diskussion ausgewählter kognitionspsychologischer Konzepte. In: D. Dt. S. 76 (1984), S. 3 ff. (1984b). TERHART, E.: The Adventures of Interpretation: Approaches to Validity In: Curr. Inquiry 16 (1985), S. 451 ff. THIEMANN, F. (Hg.): Konturen des Alltäglichen. Interpretationen zum Unterricht, Königstein 1980. TILLMANN, K.-J.: Unterricht als soziales Erfahrungsfeld. Soziales Lernen in der Institution Schule, Frankfurt/M. 1976. TRAVERS, R.M.W. (Hg.): Second Handbook of Research on Teaching, Chicago 1973. TREIBER, B./WEINERT, F.E. (Hg.): Lehr-Lern-Forschung, München 1982. UHLE, R.: Verstehen und Verständigung im Unterricht, München 1978. ULICH, D./MERTENS, W.: Urteile über Schüler, Weinheim/Basel 1973. VALLANCE, E.: The Hidden Curriculum and Qualitative Inquiry as States of Mind. In: J. of E. (1980), 162, S. 138 ff. VEENMANN, S.: Perceived Problems of Beginning Teachers. In: Rev. of E.Res. 54 (1984), S. 143 ff. VOIGT, J.: Interaktionsmuster und Routinen im Mathematikunterricht. Theoretische Grundlagen und mikroethnographische Falluntersuchungen, Weinheim/Basel 1984. WAGNER, A.C. u.a.: Unterrichtspsychogramme, Reinbek 1981. WAHL, D.: Methoden zur Erfassung handlungssteuernder Kognitionen von Lehrern. In: HOFER, M. (Hg.): Informationsverarbeitung..., München 1981, S. 49 ff. WAHL, D. u. a.: Naive Verhaltenstheorie von Lehrern, Universität Oldenburg: Zentrum für pädagogische Berufspraxis, Oldenburg 1983. WALTER, H.: Einführung in die Unterrichtsforschung, Darmstadt 1977. WELLENDORF, F.: Schulische Sozialisation und Identität, Weinheim/Basel 1973. WILSON, ST.: The Use of Ethnographic Techniques in Educational Research. In: Rev. of E. Res. 47 (1977), S. 245 ff. WINNEFELD, F.: Von der pädagogischen Psychologie zur pädagogischen Tatsachenforschung. In: W. Z. d. Fr.-Schiller-Univ. Jena, Gesellsch.- u. Sprw. Reihe 1 (1952/1953), 1, S. 85 ff. WOLCOTT, H. (Hg.): Ethnography of Schooling. Hum. Org. 34 (1975). Heft 2. WOODS, P. (Hg.): Teacher Strategies: Explorations in the Sociology of the School, London 1980. WRAGGE-LANGE, I.: Interaktion im Unterricht, Weinheim/Basel 1980. YOUNG, M. F. D. (Hg.): Knowledge and Control, London 1971. ZINNECKER, J.: Die Parteilichkeit der Unterrichtsforschung. In: betr. e. 7 (1974), 9, S. 26 ff.

Heinz-Elmar Tenorth

Leitvorstellungen didaktischen Handelns

1 Der Problemkontext
2 Exempel und Anspruch: Bildungsbegriff und Persönlichkeitstheorie
3 Prämissen einer Diskussion von Leitvorstellungen
4 Das Autonomieproblem
5 Das Legitimationsproblem
6 Organisation und Profession
7 Wissen und Handeln

Zusammenfassung: Der Beitrag erörtert Funktion, historischen Wandel und Ergebnisse der Begründung und Erforschung von Leitvorstellungen didaktischen Handelns in der deutschen Tradition der Pädagogik. Der frühbürgerliche Begriff der Bildung steht dabei als Exempel für ein traditionales, der Begriff der Persönlichkeit aus der Pädagogik der DDR als Beispiel für ein gegenwärtiges Konzept und seine Möglichkeiten; zugleich werden damit die spezifischen Begründungsprobleme in westlichen Gesellschaften deutlich. Hier bleiben theoretische Analysen der Funktion von Erziehung, Legitimationsdiskussionen und die Schwierigkeit der Realisierung von Prinzipien in Organisationen und durch Professionen erhalten und diskussionsbedürftig. Hinweise auf die möglichen Leistungen der Erziehungswissenschaft für die Orientierung des Handelns beschließen den Beitrag.

Summary: This contribution discusses the function, the historical changes and the results of the substantiation of and research into guiding concepts of didactic activity in the German tradition of pedagogics. The early bourgeois concept of general education provides an example of the traditional view, while the concept of the personality taken from pedagogics as practised in the German Democratic Republic serves as an example of one contemporary concept and the possibilities it offers; this presentation clarifies the specific substantiation problems facing Western societies. Theoretical analyses on the function of education, legitimation discussions and the problem of realizing principles in organizations and professions are still with us and require considerable discussion. The contribution concludes with some hints on the possible part which educational science could play in orienting activities.

Résumé: L'article traite de la fonction, de l'évolution historique et des résultats de la motivation et de l'analyse de conceptions conductrices de l'action didactique dans la tradition allemande de la pédagogie. La notion bourgeoise ancienne de formation y figure comme exemple de conception traditionnaliste, la notion de personnalité venant de la pédagogie en R. D. A., comme exemple de la conception actuelle et de ses possibilités; en même temps, on fait apparaître les problèmes specifiques de motivation dans les sociétés occidentales. Ici, on conserve et on laisse ouverte la discussion sur les analyses théoriques de la fonction de l'éducation et des discussions de légitimation et sur la difficulté de la réalisation de principe dans des organisations et par des professions. L'article se termine par des indications concernant les performances possibles, de la science de l'éducation pour l'orientation de l'action.

1 Der Problemkontext

Wie jedes Handeln, so orientiert sich auch das didaktische Handeln – im engsten Sinne das Unterrichten in der Schule, im weitesten Sinne das Setzen systematischer Prämissen für Lernprozesse – an (ausdrücklichen oder unausdrücklichen) Leitvorstellungen, Prinzipien und Normen, die seine Praxis regulieren sollen. Das gilt universell; in ihrer ausformulierten Gestalt sind alle diese Orientierungsleistungen aber ein Ausdruck der jeweiligen historisch-gesellschaftlichen Situation und insofern höchst variabel (vgl. EVETTS 1973, WENIGER 1930). Systematisch gesehen, lassen sich solche Leitvorstellungen dennoch in ihrer Funktion vergleichen: Sie beschreiben Erwartungen, denen die Lehrer und Erzieher zu genügen haben, sie definieren Kompetenzen, die im Erziehungsprozeß erworben werden können, und sie postulieren Kriterien, die den Prozeß von Unterricht und Erziehung kennzeichnen sollen.

Im Verlauf des neuzeitlichen Erziehungsdenkens werden diese vielfältigen Funktionen erst allmählich bewußt, systematisch unterschieden und diskutiert. Lernzieldiskussionen der Erziehungstheoretiker wie politische Auseinandersetzungen über Schule und Unterricht, über Anpassung oder Emanzipation bilden also nur den Schlußpunkt von Kontroversen über die Qualität pädagogischer Praxis, die schon mit der Didaktik des Comenius gesellschaftsweit virulent wurden (vgl. ROBINSOHN 1973). Seit Rousseau wird dabei auch erörtert, ob und zu welchen Kosten sich die vielfältigen Erwartungen an organisiertes Lernen vereinbaren lassen; denn die Konflikte zwischen objektiven und subjektiven Pädagogiken (vgl. BENNER 1978, S. 130 ff.) sind manifest. In den pädagogischen Diskursen wird seitdem versucht, gegen die als heteronom eingestuften gesellschaftlichen Erwartungen die autonomen, pädagogischen Prämissen für Bildungs- und Lernprozesse zu begründen, beispielsweise aus dem Begriff von Natur und Entwicklung, mit der Kategorie der Kindgemäßheit oder aus der Sachgesetzlichkeit von Lernen und Erfahrung (vgl. NOHL 1978, S. 119 ff.; vgl. PASCHEN 1979, S. 41 ff.; vgl. PRANGE 1978/1979). Die Geschichte zeigt, daß diesen Versuchen der Autonomisierung der Pädagogik (vgl. GEISSLER 1930) keine gesellschaftliche Anerkennung zuteil wurde; der Konflikt zwischen den nach Selbstbestimmung strebenden Pädagogen und den gesellschaftlichen Interessengruppen wie den staatlichen Instanzen ist vielmehr ungeschlichtet. Für die Erziehungstheorie wurde es daher eine besondere Herausforderung, die Vielfalt historisch anzutreffender Leitvorstellungen und Prinzipien nicht allein zu beschreiben, sondern auch in ihrer Geltung als Prinzipien zu erörtern, also zu zeigen, daß sie sowohl im ethischen Sinne Geltung für die Praxis wie im theoretischen Sinne Aufklärung über die Möglichkeiten des Handelns erbringen, und zwar in einem genuin pädagogischen Sinne (vgl. FISCHER 1983).

Von dieser Reflexionstradition geht auch die folgende Abhandlung aus; sie wird aber nicht den historischen Wandel oder die didaktisch-methodische Konkretisierung solcher Leitvorstellungen behandeln (vgl. RUHLOFF 1986), sondern erörtern, wie der traditionelle Anspruch bestimmt war, wie er dann problematisiert wurde und wie er gegenwärtig bearbeitet wird. Beim Bildungsbegriff, bei der klassischen Präsentation der Probleme, setzt die Analyse ein (vgl. 2), bevor sie die wissenschaftlichen Folgekonzepte (vgl. 3–5) sowie ihre Bedeutung im Handlungskontext für den Lehr- und Erzieherberuf (vgl. 6 und 7) behandelt.

Heinz-Elmar Tenorth

2 Exempel und Anspruch: Bildungsbegriff und Persönlichkeitstheorie

Die Erwartungen der Pädagogik, aber auch die gesellschaftliche Bedeutung des Prinzipienproblems für didaktisches Handeln lassen sich an zwei historischen Exempeln verdeutlichen, die in Deutschland sowohl theoretische wie soziale Geltung gewonnen haben: am klassischen bürgerlichen Bildungsbegriff und an der Idee der Persönlichkeit, wie sie Lehrplan und Schulpolitik der DDR kennzeichnet.

Im Begriff der Bildung wird in Deutschland in der Nachfolge theologischer Konzeptionen von Natur und Bestimmung des Menschen durch die idealistische Philosophie ein Prinzip formuliert und begründet, das bis heute zum Vorbild aller komplexen Normierungen pädagogischer Praxis gedient hat (vgl. MENZE 1970, 1983). Die Kategorien der Individualität, Universalität und Totalität der Aneignung von Welt, die in der Bildungsidee verdichtet werden (vgl. SPRANGER 1909), drücken den Anspruch aus, das Verhältnis von Subjekt und Welt grundsätzlich zu bestimmen, die Realisierung dieses Verhältnisses handlungstheoretisch als Leistung des Subjekts zu deuten und zugleich zu zeigen, daß diese Leistung nicht natürlich gegeben ist, sondern erst im gesellschaftlich organisierten Lernprozeß ermöglicht wird. Aber mit Hilfe des Bildungsbegriffs soll nicht nur individuelle Kompetenz beschrieben, sondern auch das Verhältnis von Staat und Individuum kritisch begrenzt und schließlich die Bildungsorganisation in ihren Grundzügen strukturiert werden, in der dieser individuell wie gesellschaftlich notwendige Lernprozeß seinen Ausdruck finden muß (vgl. BLANKERTZ 1963). Diese Organisationsformen werden dabei nach allgemeinen und funktional spezialisierten Aspekten unterschieden und nach der durch den Bildungsprozeß selbst bestimmten Zeitstruktur gestuft. Von der Elementarbildung bis zur wissenschaftlichen Forschung werden die Sequenzen der Lernorganisation so weit bildungstheoretisch gedeutet, daß auch das berufliche Handeln der Lehrenden in seiner pädagogischen Einheit begriffen und zugleich differenziert werden kann. Humboldts Idee der Bildung und Pestalozzis Begriff der Methode werden deshalb als komplementäre Stücke einer Theorie gedeutet, in der dem Methodenbegriff die Stelle des handlungstheoretischen Korrelats der bildungsphilosophischen Idee der bürgerlichen Gesellschaft zukommt (vgl. RANG 1963).

In einem kurzen historischen Moment, am Beginn der preußischen Reformen nach 1806, symbolisiert vielleicht in der politischen Aktivität des Bildungsphilosophen W. v. Humboldt, mögen die im Bildungsbegriff konzentrierten gesellschaftlichen und pädagogischen, didaktischen und methodischen Prinzipien nicht nur Idee, sondern auch bestimmende Kraft der Wirklichkeit gewesen sein (vgl. MENZE 1975, TENBRUCK 1962). Aber diese historische Konstellation hatte keine Dauer, weil politische Erwartungen und gesellschaftliche Konflikte die Einlösung der Idee blockierten (vgl. HERRLITZ 1978), aber auch, weil die Idee selbst die pädagogischen Möglichkeiten der Zeit überstieg und den sozialstrukturellen Gegebenheiten weiter voraus war, als es sich ihre Protagonisten eingestehen mochten (vgl. JEISMANN 1974, KOSELLECK 1981). Im weiteren Verlauf des 19. Jahrhunderts nimmt das Bildungswesen – und mit ihm die Ausbildung seiner Lehrer und die Normierung von Unterricht – die bis in die Gegenwart andauernde komplexe und uneinheitliche Gestalt an, in der pädagogische und politische, sozialstrukturelle und ökonomische Erwartungen in einer Weise gebündelt sind, die sich mit Pathos und Anspruch des frühbürgerlichen Bildungsdenkens nur noch schwer vereinbaren läßt. Die Differenz von wissenschaftsorientierter und volkstümlicher Bildung ist sowenig zu übersehen wie ihre Konsequenz für die Qualifizierung der Lehrer und die Typik ihres Berufs, die daraus resultieren (vgl. MÜLLER/TENORTH 1984).

Leitvorstellungen didaktischen Handelns

Schon seit der Mitte des 19. Jahrhunderts ist der Bildungsbegriff nicht mehr imstande, diese Wirklichkeit zu normieren oder zu erklären. Seine Verteidiger nehmen ihm die theoretische Kraft, wenn sie seine Geltung auf die kulturelle Praxis von Subjekten reduzieren; seine Kritiker bestreiten ihm seit Nietzsche analytischen Wert und philosophische Dignität (vgl. BLASS 1978). Bis heute fehlt zwar der Versuch nicht, wenn auch nur negativ (vgl. ADORNO 1962) und trotz der soziologischen Kritik (vgl. ROEDER 1969), den Anspruch des Begriffs zu erneuern. Aber die Nachfolgekonzepte bleiben doch ohne Anerkennung; jedenfalls werden sie nicht mehr als Vorgaben diskutiert, die sowohl die Struktur des Bildungssystems wie den Lehrplan und das pädagogische Handeln orientieren könnten. Der Bildungsbegriff wird zur Ideologie oder auf den Status einer kritischen Instanz zurückdefiniert, die allein die Erinnerung an die Traditionen formuliert (vgl. HEYDORN 1972, SCHURR 1982). Es ist kein Zufall, daß bei distanzierterem Verhältnis zur Tradition der Bildungsbegriff entweder ganz aufgegeben, normativ entleert und nur noch analytisch gebraucht wird (vgl. JENSEN 1970) oder in anpassungsfähigeren Formeln, wie der vom Lernen des Lernens (vgl. LUHMANN/SCHORR 1979a), seinen Nachfolger findet.

Die Kontinuität der Diskussion wie der Anspruch einiger Nachfolgekonzepte belegen dennoch, daß die Problematik, die der Bildungsbegriff in einem Zugriff zu lösen versprach, noch nicht verschwunden ist, wenn die Lösung selbst destruiert wird. Allgemeine und zugleich auf das Konkrete auslegungsfähige Leitvorstellungen für pädagogisches Handeln und für die Struktur des Bildungssystems bleiben unentbehrlich, auch wenn einige dieser Konzepte strittig sein mögen. Dabei ist abzusehen, daß die pure Beschwörung der Tradition, wie kritisch auch immer, das Problem sowenig löst wie die Verlagerung des Normierungsproblems allein in den politisch-gesellschaftlichen Kontext oder in die Kompetenz der Wissenschaften. Für diese Strategien fehlen in Gesellschaften wie der unseren die sozialen und kognitiven Voraussetzungen, mit denen traditionale, politische oder szientifische Lösungen rechnen müssen. Vom Beispiel der DDR aus lassen sich Bedeutung und Funktion dieser Bedingungen verdeutlichen.

Gestützt auf eine Analyse der historisch-gesellschaftlichen Leistung von Bildung und Erziehung (vgl. MEIER 1974), wird dort ihre Funktion in der Formel von der „allseitig gebildeten sozialistischen Persönlichkeit" gesetzlich gefaßt, theoretisch gedeutet (vgl. NEUNER 1973) und in die Tradition des Bildungsdenkens wie der Didaktik eingeordnet (vgl. HOFMANN 1973). Diese Formel wird dann nicht nur zentrale Referenzgröße für die Erörterung und Legitimierung von Einheit und Differenzierung im Bildungswesen, sie wird auch zum Fluchtpunkt der didaktischen Konstruktion (vgl. KLINGBERG 1982) und zum Maßstab der pädagogischen Qualifizierung, Bildung und Arbeit der Lehrer (vgl. NAUMANN 1983). Dieses imponierend gefügte Gebäude wird zusätzlich dadurch fundiert, daß die pädagogische Reflexion über die Persönlichkeitspsychologie in die sozialwissenschaftliche Forschung eingebunden und über den Arbeitsbegriff in distinkter Weise mit der marxistischen Sozialphilosophie verbunden wird (vgl. WESSEL 1975).

Trotz solcher Systematisierungsleistung – es ist in der Praxis pädagogischer Wissensproduktion ganz unübersehbar, daß sich damit die interne Beliebigkeit pädagogischen Denkens beseitigen und die Belastung einer normativen, fern von Forschung plazierten Didaktik vermeiden läßt – ist die theoretische Validierung dieses Konzepts durch solche Systembildung allein nicht zu sichern. Gegen theoretische und empirische Einwände werden Geltung und Kohärenz des Systems letztlich durch die Basisphilosophie, die Grundüberzeugungen des Marxismus-Leninismus und durch die Politisierung von Geltungsprinzipien stabilisiert. Die Relationierung zu den verschiedenen Wissenssystemen und die Kontinuität zwischen Wissens- und Handlungssystemen gewinnen auch erst auf dieser Basis Plausibilität und Anerkennung. Soziale Geltung kann die pädagogische Kontruktion sogar dann noch gewinnen und durch Mechanismen der Produktion und Verwertung des Wissens sowie durch die Ausbildung und Kontrolle der pädagogischen Intelligenz tradieren, wenn zentrale Stücke des Systems schon in der innermarxistischen Diskussion strittig werden, wie es für die Persönlichkeitstheorie (vgl. SÈVE 1973), den Arbeitsbegriff (vgl. RUBEN 1978) oder das Wissenschafts- und Philosophiekonzept aufweisbar ist (vgl. ALTHUSSER 1968). Die Einwände gegen die theoretische Kohärenz und soziale Akzeptanz, mit denen die Pädagogik und ihre Basisphilosophien in den westlichen Kulturen so intensiv leben, daß sich der Eindruck der Dauerkrise unübersehbar aufdrängt, werden für die Pädagogik der DDR durch die Einheit von wissenschaftlicher und gesellschaftlicher Planung, von Theorie und Praxis zwar aufgehoben, aber letztlich doch nur gesellschaftspolitisch, nicht theoretisch gesichert.

Solche garantierenden Instanzen für pädagogische Planung, Persönlichkeitsideale und theoretische Arbeit lassen sich im Kontext westlicher Gesellschaften nicht finden. Hier regieren vielmehr gesellschaftliche Konflikte und die offenen Fragen der wissenschaftlichen Diskussion. Prinzipien des Handelns bedürfen in der Theorie ausführlicher Begründung, ohne doch im Handeln soziale Anerkennung erwarten zu können. Soweit sie als Theoriekonzepte die sachliche Besonderheit des Erziehungsprozesses behaupten, müssen sie das Autonomieproblem lösen (vgl. 4), soweit sie normative Geltung beanspruchen, müssen sie ihre Legitimität nachweisen (vgl. 5) und, soweit sie die Praxis bestimmen wollen, die Möglichkeit ihrer Realisierung aufzeigen (vgl. 6 und 7). Angesichts der konflikthaften Ausgangslage ist jede Diskussion schließlich darauf angewiesen, sich ihrer eigenen Möglichkeiten systematisch zu vergewissern (vgl. 3).

3 Prämissen einer Diskussion von Leitvorstellungen

Für eine Erörterung der Möglichkeiten, didaktische Leitvorstellungen erziehungswissenschaftlich zu behandeln, muß zunächst der Ertrag an Einsichten festgehalten werden, den die bisherige Diskussion bereithält. Dazu zählt zunächst eine Kritik der in Deutschland dominierenden Praxis von Prinzipiendiskussionen. Die Erziehungswissenschaft, vornehmlich die allgemeine Pädagogik und Didaktik, haben sich bisher vor allem auf die Konstruktion von Prinzipien oder die Kritik ihrer Geltung verstanden (vgl. KÖNIG 1975). Diese metaethische Diskussion bleibt zwar eine wichtige Aufgabe, aber sie ist weder das einzige noch das allein vordringliche Thema. Diese Diskussion hat vielmehr selbst belegt, daß über die Geltung von Prinzipien erst im Zusammenspiel von Normbegründung und Kritik, von theoretischer Arbeit und empirischer Forschung, von politischer Organisation und wissenschaftlicher Diskussion so gesprochen werden kann, daß das Normproblem nicht ungelöst bleiben muß (vgl. RUHLOFF 1979, ZECHA 1979).

Damit ist zugleich eine Begrenzung der wissenschaftstheoretischen Ansprüche gegeben. Allein eine Verpflichtung auf die nach komplexen Methodenbegriffen – etwa geisteswissenschaftlich, empirisch, ideologiekritisch (vgl. KLAFKI 1971) – sich unterscheidenden Schulen der Erziehungswissenschaft bringt keine Lösung. Den komplexen Methodenbegriffen entsprechen nämlich keineswegs eindeutig, linear und exklusiv auch Modelle pädagogischen Handelns; den jeweils favorisierten allgemeinen Handlungsmodellen lassen sich zudem noch keine zureichenden Kriterien didaktischer Planung und Entscheidung oder positive Bestimmungen des Lehrer-

Leitvorstellungen didaktischen Handelns

handelns zusprechen. Nicht umsonst sind Eklektik und Praktizismus so beliebt, wenn es an Konstruktionsaufgaben geht (vgl. HAMEYER 1983). Ein Implikationszusammenhang zwischen Wissenschaftsmodellen, didaktischen Konstrukten und professionellen Kompetenzen ist nicht begründbar; praktische Defizite dagegen und rezepthafte Verkürzungen scheinen das Schicksal aller allgemeinen Pädagogiken, sobald sie im Handlungskontext verwertet werden. Gerade für die bildungstheoretische Didaktik läßt sich das vielfach belegen (vgl. BLANKERTZ 1975, KLAFKI 1963).

Die theoretisch methodischen Probleme von Prinzipiendiskussionen bleiben deshalb schulenübergreifend virulent. Eine der jeweils zu klärenden, zu häufig aber vernachlässigten Aufgaben besteht darin, die eigenen Ansprüche auf analytische Durchdringung oder normative Steuerung didaktischen Handelns begrifflich klar und präzise zu formulieren. In der Tradition der analytischen Erziehungsphilosophie der angelsächsischen Länder mag diese Forderung selbstverständlich sein (vgl. OELKERS 1983a). Auch wenn in Deutschland durch exaltierte Versuche der Operationalisierung von Zielen diese Präzisierungsforderungen im Kontext von Curriculum- und Technologiediskussion erst breit propagiert und dann verdächtig geworden sind, bleiben solche wissenschaftslogischen Erwartungen doch unverzichtbar (vgl. BREZINKA 1974, 1981). Übersteigerte Hoffnungen sind aber nicht berechtigt, so als sei eine Klassifikation (vgl. BOKELMANN 1965), Taxonomisierung oder Hierarchisierung von Prinzipien etwa nach Körnungsgraden („grob - mittel - fein") oder anderen Kriterien schon eine Lösung der Probleme. Alle Ordnungssysteme bleiben vielmehr abhängig von impliziten Problemdefinitionen und damit von der theoretischen Erörterung didaktischer Fragen.

Für die Lösung der Prinzipienfragen trägt es auch nicht viel ein, sich auf die Frage zu konzentrieren, ob dieser Reflexion in allen Aspekten der Status der Wissenschaftlichkeit zukomme. Terminologisch ist das anscheinend beliebig, jedenfalls nicht im Konsens zu entscheiden, schon weil Metatheorien selbst umstritten sind. Trotz aller Kontroversen ist aber unstrittig, daß eine Analyse der sozialen Geltung und der Folgen von Handlungsprinzipien, ihrer Repräsentanz für gesellschaftliche Gruppen und politische Lager, anderer Methoden bedarf als eine Erörterung der Legitimität von Normen oder ihrer Steuerungskapazität im Handlungskontext. Erst relativ zu solchen definierten Problemen ist auch die Leistungsfähigkeit der Schulen der Erziehungswissenschaft zu beurteilen. Die Praxis der Pädagogik als Wissenschaft zeigt bisher nicht, daß es dabei prinzipielle Vorteile in der umfassenden Weise gibt, wie sie die Eigenpropaganda mancher Wissenschaftstheoretiker behauptet (vgl. DRERUP 1979).

An der Praxis der Wissensproduktion wird vielmehr bestätigt, daß die metatheoretischen Überlegungen selbst nur begrenzten Wert haben. Sie können Sackgassen der Diskussion aufdecken, notwendige Bedingungen für Forschung und Reflexion benennen, deren Dignität rückblickend kritisch prüfen, unerläßliche Fragen vorgeben (vgl. DIEDERICH 1977), aber sie sind nicht imstande, die problembezogene Arbeit zu ersetzen oder vorab generell zu normieren. Schon der jeweilige Referenzkontext des Wissens stellt seine eigenen Bedingungen: Mögen Leerformeln (vgl. TOPITSCH 1970) innerhalb der Theorie überflüssig, in einer systematischen Diskussion schädlich und zur Normbegründung untauglich sein, als Kodierung politischer Positionen scheinen sie so unentbehrlich wie als Slogans zur Konstruktion und Befestigung eines professionellen Bewußtseins (vgl. SCHEFFLER 1971). Ihre soziale Bedeutung ist jedenfalls so groß, daß auch der theoretisch gestützte Ideologievorwurf nicht destruktiv zu wirken vermag.

Heinz-Elmar Tenorth

4 Das Autonomieproblem

Seit Herbarts Forderung, Unterricht und Erziehung in einheimischen Begriffen zu analysieren, hat sich die Erziehungswissenschaft darum bemüht, den ihr eigenen Begriff des Pädagogischen zu formulieren, das Autonomieproblem zu lösen. Eine inzwischen klassische, auch als Folie der Kritik immer wieder benutzte, deshalb heute noch lehrreiche Fassung hat der Autonomiebegriff in der geisteswissenschaftlichen Pädagogik des frühen 20. Jahrhunderts gefunden. Der Begriff der Autonomie, immer als relative Autonomie, also als Selbständigkeit in der Abhängigkeit gefaßt (vgl. FLITNER 1928), wurde hier als Element einer Theorie von Bildungsprozessen formuliert und kulturtheoretisch gedeutet (vgl. LITT 1926, NOHL 1978). Autonomie umfaßt dabei mehrere Dimensionen: zunächst die gesellschaftliche Funktion des für die Erziehung ausgegrenzten Kultursystems, dann die zur Funktionserfüllung notwendige Freiheit der Lehrenden und schließlich, im Rückgang auf die Lernmöglichkeiten des Kindes, das regulative Prinzip, mit dem berufliches Handeln und gesellschaftliche Erwartungen begrenzt werden. Diese Autonomiekonzeption ruht auf einem kulturtheoretischen Basiskonsens und auf einem Verständnis des Klassischen und der nationalen Traditionen, in dem die Normen des Handelns – für Politik und Erziehung – wie die Geltung der Tradition für die Definition von Lehrinhalten unstrittig gegeben sind. Im Vertrauen auf solche objektiven Vorgaben und zugleich auf die Bildung des Lehrers wird es seiner Autorität und Verantwortung, stilisiert im Begriff des „pädagogischen Bezugs" (vgl. BOLLNOW 1981), zugestanden, die legitimen Ansprüche des Kindes wie die berechtigten Erwartungen der Gesellschaft handelnd zu vermitteln (vgl. BRÜGGEN 1980).
Diese Theorie gilt heute nicht nur als historisch-politisch belastet, als gesellschaftstheoretisch naiv und als informationsarm angesichts der Realität des Bildungssystems; mit der Kritik dieser Theorie schien auch die Fragestellung selbst, die Diskussion genuin pädagogischer Prinzipien des Erziehungsprozesses überflüssig geworden zu sein. Vergleichbar den vielfältigen Themen, die der Bildungsbegriff hinterlassen hat, erwuchsen auch aus der Autonomiediskussion zahlreiche Anschlußfragen. Dabei blieb bewußt, daß die Besonderheiten pädagogischen Handelns nicht dadurch angemessen zu erörtern sind, daß eine Beschränkung der Fragestellung auf spezifische Absichten (etwa einer Gymnasialpädagogik) oder fachdidaktische Probleme vorgenommen wird. Vielmehr herrscht eine Vielfalt ungeklärter Fragen: Soweit von Lehrern nach der inhaltlichen Repräsentanz der Kultur in den Lehrplänen gefragt wird, sind die Lehrer durch die Curriculumtheorie zwar von dieser Fragestellung entlastet worden, deren Aporien haben jedoch neue Probleme geschaffen, die die Nachfolge der traditionellen Autonomiediskussion darstellen. Für die Erörterung pädagogischen Handelns bedeutsamer wurde der Begriff der Interaktion, angereichert durch die empirische Forschung zu Erziehungsstilen und Lehrerverhalten (vgl. TAUSCH/TAUSCH 1965, ULICH 1976). Diese Konzepte schienen theoretisch wie normativ der legitime Erbe der Thematik des pädagogischen Bezugs. Sobald freilich nicht nur Beziehungen zwischen Personen, sondern auch systemische Bedingungen des Handelns in Organisationen untersucht wurden, erwies sich die psychologische Wendung in der Analyse und Konstruktion des Erzieherverhaltens als problematisch.
Ohne eine Erörterung der gesellschaftlichen Funktion des Bildungssystems sind Formen und Möglichkeiten pädagogischer Arbeit aber wohl nicht zu diskutieren. Die Folgen der Vergesellschaftung von Erziehung werden dabei in den einschlägigen Untersuchungen sehr kritisch kommentiert. Pointiert im Begriff des „hidden cur-

riculum", zeigt die Botschaft dieser schulkritischen Forschungen, daß die Möglichkeiten geplanter und pädagogisch legitimer Erziehung im Bildungssystem systematisch begrenzt sind. Sobald nicht nur die Binnenstruktur, sondern auch die Effekte der Schule studiert und die Selektions-, Qualifikations- und Legitimationserwartungen berücksichtigt werden, dann wird anscheinend die Wirklichkeit der Lehrertätigkeit auf die Rolle eines Agenten gesellschaftlicher Fremdbestimmung reduziert (vgl. BOURDIEU/PASSERON 1973, FEND 1974). Bildungsphilosophisch kann dann die Vernachlässigung edukativer, genuin pädagogischer Funktionen nur noch beklagt werden (vgl. BALLAUFF 1982).

So nützlich in einem konzeptionellen Sinne die soziologische Kritik primär einer psychologischen Deutung pädagogischer Arbeit auch war, so destruktiv scheint das Ergebnis dieser funktionalen Analysen. Wenn überhaupt noch pädagogische Prinzipien für unterrichtliche Aktivitäten festgehalten werden, dann lassen sie sich anscheinend nur noch kontrafaktisch behaupten, aber nicht mehr als Realprinzip benennen; das scheint vielmehr der „Tradition des pädagogischen Kolonialismus" (vgl. MOLLENHAUER 1979) entnommen zu sein. Für die Wirklichkeit der Bildungsinstitutionen ist hier keine pädagogische Rechtfertigung mehr zu sehen. Auch die Antikritik der pädagogischen Klagen, daß Bildungstheorie ihren Maßstab unkritisch verabsolutiere (vgl. SCHRIEWER 1975), daß die Antipädagogik ihre eigene Pädagogik verkenne (vgl. WINKLER 1982), daß pädagogische Modelle kommunikativen und emanzipatorischen Handelns die strukturelle Asymmetrie im Erziehungsverhältnis ignorieren (vgl. OELKERS 1983b) und daß die Koalition gesellschaftlicher Leistungserwartungen und pädagogischer Funktionserfordernisse nicht pädagogisch-fatalistisch, sondern nur ergebnisoffen interpretiert werden könne (vgl. LUHMANN/SCHORR 1979a), auch diese Antikritik bestätigt eher, daß am Ende einer sozialwissenschaftlichen Analyse pädagogischer Arbeit neben dem unbestreitbaren, aber handelnd nicht mehr zu integrierenden Zuwachs an Erkenntnissen das Legitimationsproblem unabweisbar geworden ist.

5 Das Legitimationsproblem

„Ist Erziehung sittlich erlaubt?" - diese Frage war selbstverständlich auch der pädagogischen Tradition nicht fremd (vgl. FLITNER 1979, GRISEBACH 1924). Heute scheinen aber die Antworten nicht mehr akzeptabel, mit denen in der Tradition und von Flitner noch 1979 die handlungsdestruktiven Zweifel an der legitimen Möglichkeit von Unterricht und Erziehung abgewehrt wurden: „Daß Erziehung an sich erlaubt sei", wird von Flitner „vorausgesetzt". Diese Prämisse begründet er, indem er anthropologisch, in der Tradition von Untersuchungen zu „Bildsamkeit und Bestimmung" (vgl. ROTH 1971), die Erziehungsbedürftigkeit des Menschen herausarbeitet und schlußfolgert: „Also zeigt die Erfahrung, daß Erziehung sein muß", und ferner, in einem für die Pädagogik typischen Fehlschluß: „und dann muß sie auch erlaubt sein" (vgl. FLITNER 1979, S. 500).

Der Zweifel an einer solchen Begründung - für Flitner „reine Sophistik" - ist indes stärker als sein Verweis auf eine seit langem geübte Praxis. Als „reine Sophistik" mag aber dem Praktiker der Erziehung die endlose Diskussion über die Möglichkeit einer Begründung, gar Letztbegründung von Zielen im allgemeinen und Erziehungszielen im besonderen erscheinen; denn unbestreitbar sind diese Legitimationsprobleme und mit ihnen die Frage der Rechtfertigung pädagogischen Handelns kontrovers geblieben (vgl. KÖNIG 1975, 1983; vgl. MEYER 1972; vgl. OELMÜLLER 1978/1979; vgl. ZEDLER 1976). Geblieben ist auch eine fundierte Skepsis gegen Denk-

muster, mit denen die Pädagogik ihre normativen Prinzipiierungsprobleme meinte lösen zu können. Zu solchen untauglichen Mitteln zählt unter anderem, die Grenze zwischen Lernen und Erziehung zu verwischen, um über die unbestreitbare Unvermeidlichkeit des Lernens zugleich Erziehungsbedürftigkeit und organisierte Erziehung zu rechtfertigen (vgl. BREZINKA 1974). Unstrittig ist auch, daß eine anthropologische Fundierung, obwohl sie immer neu versucht wird, nicht nur an den unrettbar kontroversen philosophischen Annahmen über das Wesen des Menschen scheitert, sondern auch vor der Aufgabe versagt, Natur und Kultur, Gesellschaftlichkeit und Individualität schlüssig anthropologisch zu deuten. Zu den Lehren zählt schließlich, daß die Probleme unlösbar werden, wenn zwischen den Prozessen von Vergesellschaftung und Individuation unversöhnliche Gegensätze unterstellt werden. Die Frage von KANT, wie „die Unterwerfung unter den gesetzlichen Zwang mit der Fähigkeit, sich seiner Freiheit zu bedienen" (1975, A 32, S. 711) vereinigt werden könne, bezeichnet den Ursprung und die klassische Fassung dieses Problems einer vermeintlichen Opposition von Gesellschaftsstruktur und Bestimmung des Menschen. Kants Antwort, „Zwang ist nötig!", wird sowohl von reformpädagogischen Kritikern wie fortschrittsskeptischen Theoretikern immer wieder bestritten. Auch didaktische Lösungen für Kants praktische Frage „Wie kultiviere ich die Freiheit bei dem Zwange?" werden heute nur selten so akzeptiert, wie sie von Herbart stammen, daß „Regierung und Zucht" notwendige, „Takt" und „pädagogische Bildung" hinreichende Bedingungen eines legitimen pädagogischen Prozesses darstellen (vgl. HERBART 1806, LINGELBACH/DIEDERICH 1979).
Stärkere Aufmerksamkeit finden in der Erziehungswissenschaft andere Theoriekonzepte, in denen kategoriale Unterscheidungen wie die von Technik und Praxis, von instrumentellem und kommunikativem Handeln, von Behandeln und Ansprechen, von Anpassung und Emanzipation leitend sind (vgl. BENNER 1983, BRUMLIK 1978, STRAUSS 1982). In der Praxis von Schule und Unterricht ist die Leistung dieser Schemata begrenzt, schon weil sich die Vermischung der Handlungsfiguren gar nicht vermeiden läßt, so daß die Theorie nicht mehr orientiert, sondern allein kritisch ist, wenn sie auf Erziehung in Organisationen trifft. Für diese Praxis sind auch begriffliche Stilisierungen wenig hilfreich, in denen der antinomische, paradoxe, widersprüchliche Charakter pädagogischen Handelns benannt wird, der sich der Forschung entziehe und nur der philosophischen Reflexion zugänglich sei (vgl. BENNER 1982, KRON 1965, LUCHTENBERG 1923). So verständlich die Abwehr technokratischer Überwältigung als Motiv der starken Akzentuierung theoretisch nicht reduzierbarer Qualitäten des Handelns sein mag, im Ergebnis gibt sich die Reflexion mit kategorialen Unterscheidungen oder regulativen Prinzipien zu früh zufrieden; sie bietet vielleicht Referenzen für ethische Argumentation, aber noch keine materiale Analyse der Erziehungspraxis.
Problematischer noch: Die Konzentration auf normative Probleme hat ja auch daran gehindert, gestützt auf eine theoriegeleitete Analyse der Praxis, zu fragen, wie überhaupt eine legitime pädagogische Gestaltung organisierten Lernens möglich sein kann. Die kritische philosophische Diskussion, aber auch eine technologieorientierte Forschung (vgl. LUKESCH 1979) haben sich gleichermaßen die Einsicht verbaut, daß in der Erziehung nicht nur moralisch mit einem Technologieverbot, sondern vor allem systematisch mit einem Technologiedefizit gerechnet werden muß (vgl. BENNER 1979, HILLER 1978, LUHMANN/SCHORR 1979b). Die erziehungsphilosophische Diskussion hat so die pädagogische Praxis mit der Einsicht zurückgelassen, daß es kein rezepthaftes Kontinuum zwischen Theorie- und Handlungswissen gebe, und die Mahnung angefügt, die Differenz in Verantwortung auszu-

halten (vgl. SCHMIED-KOWARZIK/BENNER 1970); technologieorientierte Forschung prozediert ihre eigenen ungelösten Fragen als Forschung. Erst gegenwärtig wird in den Sozialwissenschaften die These der „ungewollten Nebenwirkungen" (vgl. SPRANGER 1962) in ihren Konsequenzen wieder ernst genommen. Jetzt steht zur Diskussion, wie Erziehung denn möglich sei, wenn es keine Technologie und kein Kontinuum zwischen Theorie- und Handlungswissen gebe. Die Wendung zum Alltäglichen, die aus Enttäuschung über die großen Worte der Philosophen und die großen Versprechen technologieorientierter Forschung in der Didaktik und Unterrichtsforschung unübersehbar geworden ist, findet so in der Strukturanalyse des pädagogischen Handlungsfeldes ihre theoretisch-systematische Stütze. Nicht als Abschied von den großen Zielen, sondern als Erinnerung an die Möglichkeiten der Schule erweist die Theorie ihren Wert.

6 Organisation und Profession

Ein gegenwärtig bedeutsamer Kontext für die Analyse der Schwierigkeiten pädagogischen Handelns liegt dann in soziologischen Theorietraditionen, in der Kommunikationsforschung und der Professionstheorie (vgl. HALMOS 1973, OEVERMANN 1983). Wenn auch nicht unumstritten, besonders durch den normativen Gehalt mancher Professionsbegriffe und mancher Kritik von Deprofessionalisierung belastet, sind in diesen Arbeiten inzwischen doch mehr als Klassifikationen pädagogischer Tätigkeiten zu finden (vgl. DEWE/OTTO 1984). Hier wird pädagogisches Handeln zunächst in den Dimensionen bestimmt, die es mit vergleichbaren Berufen gemeinsam hat: systematische Unbestimmtheit der Arbeitsaufgabe, die mit der Verpflichtung auf ein Basisproblem der Gesellschaft verbunden ist; die Notwendigkeit nicht so sehr theoretischen als problemspezifischen Wissens, das Deutungs- und Handlungskompetenz der Profession fundieren kann; bestimmte Formen der Freisetzung von sozialer Kontrolle. Andererseits werden pädagogikspezifische Probleme formuliert, die sich aus dem Zwang zu stellvertretendem, präventivem, personenzentrierten Handeln in Organisationen ergeben. Auch in diesen Forschungen sind keine Rezepte zu finden, aber doch Orientierungsleistungen, in denen die emphatischen Begriffe der Tradition wie die Aporien des Begründungsproblems unterlaufen werden und der Anschluß an sozialwissenschaftliche Forschung sowie die Sensibilisierung der Profession möglich wird.
Zugleich lassen sich auch die Deutungen der Berufsaufgabe, wie sie in der pädagogischen Tradition vorliegen, sinnvoll in ihrer Genese aus dem professionellen Kontext selbst verstehen. In der Tradition dominieren lehrerzentrierte, werthematische Leitbegriffe für das pädagogische Handeln, wie sie seit den Tagen von Cicero und Augustinus, von Sailer und Diesterweg bis zu Spranger und Nohl formuliert wurden. Der Versuch einer Pädagogisierung und Normierung des Erziehungsprozesses über die Kompetenz und die Ideale des Lehrers wurde in dieser Tradition sehr stark in Formeln der „Ideologie der Selbstlosigkeit" (vgl. BOURDIEU/PASSERON 1973, S. 85) formuliert, wie sie die Lehrer selbst benutzen. „Dienst am Kinde" (vgl. CONRAD 1911) wird als leitende Orientierung beansprucht; noch in Typenkonzepten sind die „paidotropen", kindzentrierten Lehrerbilder positiver bezeichnet als die „logotropen", dem Lehrplan und gesellschaftlichen Erwartungen zugewandten (vgl. CASELMANN 1970). Handlungsvorgaben wie Takt und Verantwortung, Gerechtigkeit und Liebe werden sogar bis in die Gegenwart erneuert.
Von solchen Begriffen aus ist die Pädagogik wegen der Informationsarmut ihrer Aussagen heftig kritisiert worden; die Pädagogen ihrerseits haben diese Kritik nicht

selten als Angriff auf ihr Berufsethos verstanden und mit neuen Bekräftigungen ihrer guten Absichten beantwortet. Diese Kontroversen lassen zuwenig die Vermittlungschancen sehen, die zwischen Theorie- und Professionswissen gegeben sind. Einerseits: Die professionstheoretische Einsicht in die Strukturabhängigkeit und damit auch in die Strukturdeformation pädagogischen Handelns bedeutet heilsame Ernüchterung angesichts übersteigerter pädagogischer Programme und zugleich die Mahnung, auch in Reformprogrammen das Handeln erst angesichts der Realität beruflicher Sozialisation und des Alltags der Arbeit in Organisationen zu planen (vgl. CLOETTA 1975, MÜLLER-FOHRBRODT u.a. 1978, NÖTH 1976). Andererseits: Die Unersetzbarkeit pädagogischen Wissens ist gerade professionstheoretisch nicht zu bestreiten. Situationen der Komplexität, wie sie das unterrichtliche Handeln bereithält, sind systematisch nur zu bewältigen, wenn die Lehrer/Erzieher über einen Fundus professioneller Schematismen, Verkürzungen, Strategien, Handlungsregeln, Denkfiguren und Orientierungsmuster verfügen, die routinisiert und verselbständigt, kompetent und selbstreflexiv zu handhaben sind und den Prozeß des Unterrichts organisierbar machen. Dieses Wissen muß nicht nur Zeit- und Handlungsprobleme koordinieren, Begrenzungen dort einführen, wo der Prozeß des Lernens keine Limitierungen setzt, und Erfolgs- und Mißerfolgskriterien sowie Mechanismen der Zurechnung von Verantwortung und Schuld bereithalten, die auch angesichts politischer Konflikte und der wechselnden Vorgaben der Organisation für die Interaktionsprobleme Dauer haben können. Die Dominanz eklektischen und pragmatischen Wissens ist von daher ebenso wie die fortgesetzten Diskussionen über Dialektik, Topik und die Vereinbarkeit des Unvereinbaren ein Indiz der praktischen Genese der Pädagogik (vgl. TENORTH 1984). Zunächst also machen sich die Lehrer ihre Pädagogik selbst; die allgemeinen Modelle der Didaktik haben in der Ausbildung – und vielleicht in der Selbstkritik – zwar ihren Platz, aber nur sekundäre Bedeutung (vgl. MENCK 1980).

In einer professionstheoretischen Analyse sollte dieses Alltagswissen mit seinen impliziten Handlungsmodellen und Zielen, auch in seinen Ausblendungen und systematischen Blockaden so erforscht werden, daß es einerseits als Korrelat pädagogischer Situationen gedeutet werden kann, andererseits aber auch gegenüber expansionistischen Ansprüchen von Forschungswissen nicht nur destruiert wird. Damit sind zugleich die Grenzen des Forschungswissens angedeutet: Es bleibt gegenüber der pädagogischen Praxis insofern äußerlich, als es Handlungszusammenhänge zwar deuten, analysieren (und stören), aber doch mit seinen eigenen Möglichkeiten sowenig ändern kann wie die kritische erziehungsphilosophische Reflexion. Die Funktionalisierung von Forschungswissen in praktischer Absicht mag dagegen problematischer sein als bei den philosophischen Argumenten. Die sozialwissenschaftliche Forschung erlaubt nämlich auch, die alltägliche Erfahrung des Durchwurstelns – als des dominierenden Realprinzips pädagogischen Handelns – mit der systematischen Weihe des einzig möglichen Handlungstypus zu versehen. Seit die Pädagogik als Wissenschaft angetreten war, wollte sie aber nicht nur den „Schlendrian" (Herbart) erkennen, sondern auch die Möglichkeiten seiner Verbesserung methodisch kontrolliert aufzeigen (vgl. TERHART 1983). Inzwischen ist bewußt geworden, daß solche Verbesserung schwierig ist, nicht weil den Pädagogen der Idealismus fehlt oder es an großen Zielen mangelt, sondern weil die Erziehung systematisch mehr Schwierigkeiten bietet, als die Theoretiker der Optimierung antizipieren und in der Bildung des Lehrers als Handlungskompetenz habitualisieren können.

7 Wissen und Handeln

Die Leistung der wissenschaftlichen Pädagogik für das Handeln, für die Klärung seiner systematischen Prinzipien und orientierenden Normen ist deshalb auch distanziert zu beurteilen, sie ist jedenfalls abhängig von den Ansprüchen, die sie sich selbst zumutet: Soweit die Erziehungswissenschaft den Status einer Sozialwissenschaft neben anderen beansprucht, also Theorie *von Praxis* wird, generiert sie Forschungswissen und bleibt in der Perspektive des Beobachters. Sie kann dann pädagogisches Handeln analysieren, vermeidbare und unvermeidbare Fehler festhalten und Vermeidungstechnologien entwickeln, auch die Funktion und die Wirkung der expliziten und impliziten Normen des Handelns erforschen und in erziehungsphilosophischer Reflexion prüfen – mehr als Analyse und Aufklärung über Bedingungen, Möglichkeiten und Konsequenzen des Handelns läßt sich hier nicht erwarten.

Versteht sich die Erziehungswissenschaft als Theorie *für Praxis,* übernimmt sie also die Problemvorgaben des Praktikers, entwirft sie eine „Didaktik für Lehrer" (vgl. PRANGE 1983) und formuliert nicht nur Theorie, dann liefert sie Wissen anderer Qualität. Wenn die Erziehungswissenschaft die Verantwortung des Handelnden teilen will, ihren systematischen Zweifel also stillstellt, dann produziert sie eine Dogmatik, das heißt Wissen, das sich einer eindeutigen Praxis zurechnet, zwar nicht ohne interne Systematik, auch prüfbar in seinen Effekten, aber doch sowohl theoretisch wie normativ abhängig von der historisch-konkreten Aufgabe, von der aus Ansatzpunkt, Kontinuität und letztlich auch Geltung der Wissensmomente bedingt sind. Diese Pädagogiken sind nach Theoriekriterien nicht mehr der Begründung fähig; aber sie bedürfen auch nur selten einer solchen Begründung, weil Dogmatiken sich entweder in der normativen Kraft des Faktischen einrichten oder in reformorientierten pädagogischen Bewegungen ihre soziale Basis finden. Diese Normalsituation von Pädagogiken bekräftigt deshalb ihren „ideologischen", politisierten, für gesellschaftliche Konflikte anfälligen und zugleich zur Darstellung professioneller Identität unentbehrlichen Charakter.

Die Erziehungswissenschaft in Deutschland war als Theorie *von und für Praxis* immer ehrgeiziger, als es in den bisher dargestellten Wissenstypiken ausgedrückt ist. Sie hatte den Anspruch, die kritische und die dogmatische, die analytische und die konstruktive, die prinzipienerforschende und -prüfende Funktion von Wissen nicht nur praktisch, in der Lehre, in politisch-sozialen Lagern und professionellen Organisationen, sondern theoretisch, nach den Funktionsprämissen von Erkenntnis zu vereinbaren. Angesichts der Schwierigkeiten der Lösung erscheint aber die fortdauernde metatheoretische Diskussion vordringlich als die Form, in der die Pädagogik selbst ihren Anspruch prozediert, ohne ihn einlösen zu können. Es spricht vieles dafür, daß es für die aufklärerischen Traditionen, die in der Erziehungswissenschaft als Theorie von und für Praxis tradiert werden, nicht theoretische, sondern nur gesellschaftliche Lösungen und Konfliktlagen gibt. Diese Tradition der Pädagogik muß deshalb darauf hoffen, daß sie eine gebildete Profession und ein aufgeklärtes Publikum findet, die es erlauben, den Erziehungsprozeß nicht nur zu organisieren, sondern auch gemäß dem Anspruch zu verbessern, der im Selbstverständnis bürgerlicher Gesellschaften so angelegt ist, wie es die Tradition des Bildungsdenkens festhält. Diese Tradition mag keiner zureichenden Begründung fähig sein, aber den Alternativen fehlt noch das Potential zur produktiven Kontroverse.

ADORNO, TH. W.: Theorie der Halbbildung. In: HORKHEIMER, M./ADORNO, TH. W.: Sociologica II, Frankfurt/M. 1962, S. 168 ff. ALTHUSSER, L.: Für Marx, Frankfurt/M. 1968. BALLAUFF, TH.: Funktionen der Schule, Weinheim/Basel 1982. BENNER, D.: Hauptströmungen der Erziehungswissenschaft, München ²1978. BENNER, D.: Läßt sich das Technologieproblem durch eine Technologieersatztechnologie lösen? In: Z. f. P. 25 (1979), S. 367 ff. BENNER, D.: Bruchstücke zu einer nicht-affirmativen Theorie pädagogischen Handelns. In: Z. f. P. 28 (1982), S. 951 ff. BENNER, D.: Grundstrukturen pädagogischen Denkens und Handelns. In: Enzyklopädie Erziehungswissenschaft, Bd. 1, Stuttgart 1983, S. 283 ff. BLANKERTZ, H.: Berufsbildung und Utilitarismus, Düsseldorf 1963. BLANKERTZ, H.: Theorien und Modelle der Didaktik, München ⁹1975. BLASS, J. L.: Modelle pädagogischer Theoriebildung, 2 Bde. Stuttgart/Berlin/Köln/Mainz 1978. BOKELMANN, H.: Maßstäbe pädagogischen Handelns, Würzburg 1965. BOLLNOW, O. F.: Der Begriff des pädagogischen Bezugs bei Herman Nohl. In: Z. f. P. 27 (1981), S. 31 ff. BOURDIEU, P./PASSERON, J.-C.: Grundlagen einer Theorie der symbolischen Gewalt, Frankfurt/M. 1973. BREZINKA, W.: Grundbegriffe der Erziehungswissenschaft, München/Basel 1974. BREZINKA, W.: Erziehungsziele, Erziehungsmittel, Erziehungserfolg, München/Basel ²1981. BRÜGGEN, F.: Strukturen pädagogischer Handlungstheorie, Freiburg/München 1980. BRUMLIK, M.: Zum Verhältnis von Pädagogik und Ethik. In: Z. f. P., 15. Beiheft, 1978, S. 103 ff. CASELMANN, CH.: Wesensformen des Lehrers, Stuttgart ⁴1970. CLOETTA, B.: Einstellungsänderung durch die Hochschule, Stuttgart 1975. CONRAD, M.: Bildungs-Notstände, Leipzig 1911. DEWE, B./OTTO, U.: Professionalisierung. In: EYFERTH, H. u. a.: Handbuch der Sozialpädagogik, Neuwied 1984, S. 775 ff. DIEDERICH, J.: Was ist das Allgemeine an der Allgemeinen Didaktik? In: HENDRICKS, W./STÜBIG, H. (Hg.): Zwischen Theorie und Praxis, Königstein 1977, S. 23 ff. DRERUP, H.: Wissenschaftstheorie und Wissenschaftspraxis, Bonn 1979. EVETTS, J.: The Sociology of Educational Ideas, London/Boston 1973. FEND, H.: Gesellschaftliche Bedingungen schulischer Sozialisation, Weinheim/Basel 1974. FISCHER, W.: Über das Kritische in einer transzendentalkritischen Pädagogik. In: P. Rsch. 37 (1983), S. 661 ff. FLITNER, W.: Zum Begriff der pädagogischen Autonomie. In: D. E. 3 (1928), S. 355 ff. FLITNER, W.: Ist Erziehung sittlich erlaubt? In: Z. f. P. 25 (1979), S. 499 ff. GEISSLER, G. (Hg.): Das Problem der pädagogischen Autonomie, Berlin/Langensalza/Leipzig 1930. GRISEBACH, E.: Die Grenzen des Erziehers und seine Verantwortung, Halle 1924. HALMOS, P. (Hg.): Professionalization and Social Change, Keele 1973. HAMEYER, U.: Systematisierung von Curriculumtheorien. In: HAMEYER, U. u. a. (Hg.): Handbuch der Curriculumforschung, Weinheim/Basel 1983, S. 53 ff. HERBART, J. F.: Allgemeine Pädagogik, Göttingen 1806. HERRLITZ, H.-G.: Wilhelm von Humboldt ist nicht mehr gefragt. In: BOHNSACK, F. (Hg.): Kooperative Schule, Weinheim/Basel 1978, S. 11 ff. HEYDORN, H.-J.: Zu einer Neufassung des Bildungsbegriffs, Frankfurt/M. 1972. HILLER, G. G.: Zum Anspruch erziehungswissenschaftlicher Theoriebildung auf praktische Verbindlichkeit. In: Z. f. P., 15. Beiheft, 1978, S. 175 ff. HOFMANN, F.: Allgemeinbildung, Köln 1973. JEISMANN, K.-E.: Das preußische Gymnasium in Staat und Gesellschaft, Stuttgart 1974. JENSEN, S.: Bildungsplanung als Systemtheorie, Bielefeld 1970. KANT, I.: Über Pädagogik (1803). Werke in zehn Bänden, hg. v. W. Weischedel, Bd. 10, Darmstadt ⁴1975, S. 691 ff. KLAFKI, W.: Studien zur Bildungstheorie und Didaktik, Weinheim ⁸1963. KLAFKI, W.: Erziehungswissenschaft als kritisch-konstruktive Theorie. In: Z. f. P. 17 (1971), S. 351 ff. KLINGBERG, L.: Einführung in die allgemeine Didaktik, Berlin (DDR) ⁵1982. KÖNIG, E.: Theorie der Erziehungswissenschaft, 3 Bde., München 1975/1976 (Bd. 1: 1975). KÖNIG, E.: Theorien der Curriculumlegitimation. In: HAMEYER, U. u. a. (Hg.): Handbuch der Curriculumforschung, Weinheim/Basel 1983, S. 587 ff. KOSELLECK, R.: Preußen zwischen Reform und Revolution, Stuttgart ³1981. KRON, F. W.: Das Verständnis der Antinomien in der Pädagogik, Diss., Mainz 1965. LINGELBACH, K. CH./DIEDERICH, J.: Handlungsprobleme des Lehrers, Königstein 1979. LITT, TH.: Möglichkeiten und Grenzen der Pädagogik, Berlin/Leipzig ²1926. LUCHTENBERG, P.: Antinomien der Pädagogik, Langensalza 1923. LUHMANN, N./SCHORR, K.-E.: Reflexionsprobleme im Erziehungssystem, Stuttgart 1979a. LUHMANN, N./SCHORR, K.-E.: Das Technologiedefizit der Erziehung und die Pädagogik. In: Z. f. P. 25 (1979), S. 345 ff. (1979b). LUKESCH, H.: Forschungsstrategien zur Begründung einer Technologie erzieherischen Handelns. In: BRANDTSTÄDTER, J. u. a.: Pädagogische Psychologie, Stuttgart 1979, S. 329 ff. MEIER, A.: Soziologie des Bildungswesens, Köln 1974. MENCK, P.: Didaktische Modelle für die Unterrichtsvorbereitung. In: KÖNIG, E. u. a.

(Hg.): Diskussion Unterrichtsvorbereitung, München 1980, S. 322 ff. MENZE, C.: Bildung. In: SPECK, J./WEHLE, G. (Hg.): Handbuch pädagogischer Grundbegriffe, Bd. 1, München 1970, S. 134 ff. MENZE, C.: Die Bildungsreform Wilhelm von Humboldts, Hannover/Dortmund/Darmstadt/Berlin 1975. MENZE, C.: Bildung. In: Enzyklopädie Erziehungswissenschaft, Bd. 1, Stuttgart 1983, S. 350 ff. MEYER, H. L.: Einführung in die Curriculum-Methodologie, München 1972. MOLLENHAUER, K.: Kinder und ihre Erwachsenen. In: D. Dt. S. 71 (1979), S. 338 ff. MÜLLER, S. F./TENORTH, H.-E.: Professionalisierung der Lehrertätigkeit. In: Enzyklopädie Erziehungswissenschaft, Bd. 5, Stuttgart 1984, S. 133 ff. MÜLLER-FOHRBRODT, G. u. a.: Der Praxisschock bei jungen Lehrern, Stuttgart 1978. NAUMANN, W.: Einführung in die Pädagogik, Berlin (DDR) ⁴1983. NEUNER, G.: Zur Theorie der sozialistischen Allgemeinbildung, Köln 1973. NOHL, H.: Die pädagogische Bewegung in Deutschland und ihre Theorie (1933), Frankfurt/M. ⁸1978. NÖTH, W.: Zur Theorie beruflicher Sozialisation, Kronberg 1976. OELKERS, J.: Kodifizierte Bestimmungsfaktoren curricularer Lernereignisse: Bildungskonzeptionen In: HAMEYER, U. u. a. (Hg.): Handbuch der Curriculumforschung, Weinheim/Basel 1983, S. 361 ff (1983 a). OELKERS, J.: Pädagogische Anmerkungen zu Habermas' Theorie kommunikativen Handelns. In: Z. f. P. 29 (1983), S. 271 ff. (1983 b). OELMÜLLER, W. (Hg.): Materialien zur Normendiskussion, 3 Bde., Paderborn 1978/1979. OEVERMANN, U.: Hermeneutische Sinnrekonstruktion. In: GARZ, D./KRAIMER, K. (Hg.): Brauchen wir neue Forschungsmethoden? Königstein 1983, S. 113 ff. PASCHEN, H.: Logik der Erziehungswissenschaft, Düsseldorf 1979. PRANGE, K.: Pädagogik als Erfahrungsprozeß, 3 Bde., Stuttgart 1978/1979. PRANGE, K.: Bauformen des Unterrichts, Bad Heilbrunn 1983. RANG, A.: Der politische Pestalozzi, Frankfurt/M. 1963. ROBINSOHN, S. B.: Bildungsreform als Revision des Curriculum, Neuwied/Berlin ⁴1973. ROEDER, P. M.: Bildung und Bildungsbegriff. In: GOLDSCHMIDT, D. u. a.: Erziehungswissenschaft als Gesellschaftswissenschaft, Heidelberg 1969, S. 45 ff. ROTH, H.: Pädagogische Anthropologie, 2 Bde., Hannover ³1971. RUBEN, P.: Dialektik und Arbeit der Philosophie, Köln 1978. RUHLOFF, J.: Das ungelöste Normproblem der Pädagogik, Heidelberg 1979. RUHLOFF, J.: Die geschichtliche Dimension pädagogischer Aufgabenkonzepte. In: Enzyklopädie Erziehungswissenschaft, Bd. 3, Stuttgart 1986, S. 94 ff. SCHEFFLER, I.: Die Sprache der Erziehung, Düsseldorf 1971. SCHMIED-KOWARZIK, W./BENNER, D.: Theorie und Praxis. In: SPECK, J./WEHLE, G. (Hg.): Handbuch pädagogischer Grundbegriffe, Bd. 2, München 1970, S. 590 ff. SCHRIEWER, J.: „Rückführung der Bildung zu sich selbst". In: Vjs. f. w. P. 51 (1975), S. 237 ff. SCHURR, J.: Transzendentale Theorie der Bildung, Passau 1982. SÈVE, L.: Marxismus und Theorie der Persönlichkeit, Frankfurt/M. 1973. SPRANGER, E.: Wilhelm von Humboldt und die Humanitätsidee, Berlin 1909. SPRANGER, E.: Das Gesetz der ungewollten Nebenwirkungen in der Erziehung, Heidelberg 1962. STRAUSS, W.: Allgemeine Pädagogik als transzendentale Logik der Erziehungswissenschaft, Frankfurt/Bern 1982. TAUSCH, R./TAUSCH, A.-M.: Erziehungspsychologie, Göttingen ²1965. TENBRUCK, F. H.: Bildung, Gesellschaft, Wissenschaft. In: OBERNDÖRFER, D. (Hg.): Wissenschaftliche Politik, Freiburg 1962, S. 365 ff. TENORTH, H.-E.: Berufsethik, Kategorialanalyse, Methodenreflexion. In: Z. f. P. 30 (1984), S. 49 ff. TERHART, E.: Unterrichtsmethode als Problem, Weinheim/Basel 1983. TOPITSCH, E.: Sprachlogische Probleme der sozialwissenschaftlichen Theoriebildung. In: TOPITSCH, E. (Hg.): Logik der Sozialwissenschaften, Köln ⁶1970, S. 17 ff. ULICH, D.: Pädagogische Interaktion, Weinheim/Basel ²1976. WENIGER, E.: Die Theorie des Bildungsinhalts. In: NOHL, H./PALLAT, L. (Hg.): Handbuch der Pädagogik, Bd. 3, Langensalza 1930, S. 3 ff. WESSEL, K. F.: Pädagogik in Philosophie und Praxis, Berlin (DDR) 1975. WINKLER, M.: Stichworte zur Antipädagogik, Stuttgart 1982. ZECHA, G.: Pädagogische Wert- und Normenforschung. In: SCHALLER, K. (Hg.): Erziehungswissenschaft der Gegenwart, Bochum 1979, S. 215 ff. ZEDLER, H.-P.: Zur Logik von Legitimationsproblemen, München 1976.

Jörg Ruhloff

Die geschichtliche Dimension pädagogischer Aufgabenkonzepte

1   Grundfragen
1.1 Die kritische Bedeutung historisch-pädagogischen Wissens
1.2 Terminologie und Gegenstandsfeld
2   Beispiele historisch-pädagogischer Kritik
2.1 Vorgängige, theorieunabhängige Erziehungspraxis?
2.2 Entwicklungsgemäße Erziehungsziele und Unterrichtsinhalte?
2.3 Einheit der Bildung durch „Konzentration" des Unterrichts?
3   Systematische Paradoxien historisch-pädagogischen Wissens und Grenzen seiner kritischen Funktion

Zusammenfassung: In Anknüpfung an Grundpositionen zur Bedeutung der Geschichte für systematisch-pädagogisches Denken seit dem ausgehenden 19. Jahrhundert wird die korrektive Funktion historisch-pädagogischen Wissens herausgestellt und an drei Beispielen, die auf gegenwärtig verbreitete Grundüberzeugungen bezogen sind, erläutert: an der historischen Kritik der These von einer theorieunabhängigen Dignität der Erziehungspraxis; an der historischen Relativität des Grundsatzes der Entwicklungsgemäßheit; an der historischen Alternative zwischen einem konzentrativen, auf materiale Einheitlichkeit des Unterrichts abzielenden und einem skeptischen Bildungsverständnis. Im Schlußgedanken wird die Ergänzungsbedürftigkeit der kritisch-korrektiven durch die tradierende Funktion historisch-pädagogischen Wissens angesprochen.

Summary: Taking basic positions regarding the importance of history for systematic pedagogical thinking since the end of the 19th century as a starting point, this article explains the corrective function of historico-pedagogical knowledge with the help of three examples based on fundamental convictions that enjoy high currency at the present time: the historical criticism of the thesis of the dignity of educational practice independent of theory; the historical relativity of the principle of conformity with development; the historical alternative between a concentrative approach to education aimed at achieving the material unity of teaching and a sceptical attitude towards education. The conclusion points out the necessity of supplementing the critical-corrective function with the traditional function of historico-pedagogical knowledge.

Résumé: En liaison avec les positions fondamentales concernant la signification de l'histoire pour la pensée en systématique de pédagogie, depuis la fin du XIXe siècle, on dégage la fonction corrective du savoir historico-pédagogique et on en discute sur la base de trois exemples qui se rapportent aux convictions de base diffusées actuellement: sur la base de la critique historique de la thèse d'une dignité de la pratique éducative, dignité indépendante de la théorie; sur la base de la relativité historique du principe de la conformité du développement; sur la base de l'alternative historique d'une interprétation de la formation concentrative, visant à une uniformité matérielle de l'enseignement, et sceptique. Dans l'idée développée en conclusion, on aborde la problème du besoin de complément de la fonction critico-corrective du savoir historico-pédagogique par sa fonction traditionnelle.

1 Grundfragen

1.1 Die kritische Bedeutung historisch-pädagogischen Wissens

Kann historisch-pädagogisches Wissen anderes und mehr bedeuten als eine Belehrung darüber, wie es gewesen ist? Kommt ihm eine systematische Funktion für die Beantwortung von Fragen nach dem gegenwärtig und zukünftig Rechtmäßigen zu? – Daß dem so sei, ist eine These, die 1888 in die deutsche pädagogische Diskussion durch Diltheys epochenteilende Abhandlung „Über die Möglichkeit einer allgemeingültigen pädagogischen Wissenschaft" kam: „Nur aus dem Ziel des Lebens kann das der Erziehung abgeleitet werden" (DILTHEY 1962, S. 57). Bereits *aus der Geschichte* könne jedoch erkannt werden, daß dieses Ziel „nicht allgemeingültig zu bestimmen" sei; denn: „Was der Mensch sei und was er wolle, erfährt er erst in der Entwicklung seines Wesens durch die Jahrtausende und nie bis zum letzten Wort, nie in allgemeingültigen Begriffen" (DILTHEY 1962, S. 57). Damit waren das Ergebnis und der Anspruch der historischen Aufklärung des 19. Jahrhunderts negativ auf den Begriff gebracht. Weil aus historisch-pädagogischem Wissen eine Begrenzung systematischer Ansprüche, nämlich der Verzicht auf allgemeingültige pädagogische Zielaussagen, herzuleiten sei, deshalb bedeutet es – Dilthey zufolge – mehr als eine für die Gegenwart und Zukunft unerhebliche Erkenntniserweiterung.
Schon einige Jahre vorher hatte sich Nietzsche systematisch reflektierend auf denselben Zusammenhang der „Historischen Schule" zurückgewandt. Anders als Dilthey akzentuierte er deren historizistische Gefahr für die Bildung, die Pädagogik und das „Leben" und intendierte die „Errettung von der historischen Krankheit" (NIETZSCHE 1972, S. 328). Nietzsche unterschied drei Möglichkeiten, sich der Geschichte zuzuwenden, um ihr „Nutzen" abzugewinnen: die antiquarisch-bewahrende, die monumentalisch-erhebende und die kritische Historie. Die Hauptstoßrichtung seiner Argumentation ging dahin, ein Übermaß historischen Wissens abzuwehren. Dieses mache nämlich aus Menschen „menschenähnliche Aggregate" und korrumpiere ihren „Charakter" dadurch, „daß immer nur nachgesprochen, nachgelernt, nachgeahmt" werde (NIETZSCHE 1972, S. 328 f.). Gleichwohl war auch für Nietzsche historisches Wissen durchaus von höherem als bloß historischem Gewicht. Es erschien ihm bedeutsam genug, um es zum Unterscheidungskriterium zwischen Tierheit und Menschlichkeit zu erheben. Nur sollte das Vergangene nicht zum „Todtengräber des Gegenwärtigen" werden. Unter der Chiffre des Lebensbegriffs war damit Front gemacht gegen die historizistische Relativierung von allem und jedem. Hervorgehoben wurde das historisch unauflösliche Recht von „logischen", von Legitimitätsfragen und damit das Problem von „Grad" und „Grenze […], an der das Vergangene vergessen werden muß" (NIETZSCHE 1972, S. 247).
Noch in der Anfangsphase der Diskussion über die systematische Funktion historisch-pädagogischen Wissens deutet sich eine weitere Möglichkeit der Problemlösung an, und zwar in einer beiläufigen philosophischen Kritik Natorps an Diltheys Position. Natorp teilte mit Dilthey die doppelte Intention, *einerseits* den „Absolutismus der Prinzipien" durch eine „Kritik der historischen Vernunft" (vgl. GROOTHOFF 1966) zu zersetzen und *andererseits* trotzdem an der „bedingungslose[n] Gel-

tung gewisser Formalprinzipien", das heißt an dem Gedanken eines „Standpunkt[es] [...] über den vielen Philosophien" beziehungsweise Pädagogiken, festzuhalten (NATORP 1923, S. 161 f.). Gegen die bei Dilthey überwiegende Tendenz zu einem historischen Reduktionismus systematischer Rechtsfragen hob er jedoch den systematischen Charakter auch von Diltheys „Geschichtsansicht" hervor. Sie müsse nur „in aller Strenge philosophisch begründet werden", und es verhalte sich auch nicht so, daß die Legitimitäts- und Voraussetzungsfragen „mit dem Wachstum der Wissenschaften an Umfang und Schwierigkeit" abnähmen, weil sie nun – wie Dilthey postulierte – einzelwissenschaftlich erledigt würden; vielmehr würden auch die „systematischen Aufgaben" stetig größer, so daß „mit einem oder zwei zwar richtigen, aber dem Ganzen der Probleme entfernt nicht gewachsenen [formalen; J. R.] Grundsätzen", wie etwa dem Satz des Widerspruchs, bei weitem nicht auszukommen sei (NATORP 1923, S. 161 f.). Historisches Wissen ist nach dieser Auffassung zwar ein unerläßliches Korrektiv, um systematisch-pädagogische Aussagen über ihre Bedingtheit und Reichweite aufzuklären. Weder fiele jedoch dem „sinnvolle[n] Gefüge dessen, was ist", zugunsten des „geschichtlichen Tiefsinn[s]" ein Primat für die Erörterung von Ziel- und Inhaltsproblemen zu, der, wie bei Dilthey, leicht zu einem konservativen Vorurteil für die „geschichtlichen Ordnungen der Gesellschaft" gerät (DILTHEY 1962, S. 61 f., S. 56); noch würde es, wie durch Nietzsche nahegelegt, darum zu gehen haben, die Geschichte in der einen oder anderen Funktion für das „Leben" verfügbar zu halten. Mit Nietzsches Lösung würde nämlich das „Leben" als „Wille zur Macht" dogmatisch in ein absolutes Recht eingesetzt, anstatt einer Kritik seiner Vernünftigkeit unterstellt zu bleiben (vgl. FISCHER 1966).
Die von Natorp in Diltheys Ansatz gesehene Gefahr einer historisch überlastigen Einzelwissenschaft wurde in der geisteswissenschaftlichen Pädagogik Realität. Für Nohl zum Beispiel ergab sich das von der Pädagogik freizulegende „Wesen der Erziehung" aus der „geschichtlichen Entwicklung der pädagogischen Produktion", vermittelt über „teleologische" (zweckgesetzliche) Strukturprinzipien der seelischen Organisation (NOHL 1933, S. 33). Nach der Transformation geisteswissenschaftlicher Pädagogik in eine „kritische" Sozialwissenschaft (vgl. DAHMER/KLAFKI 1968, GASSEN 1978) ging die begründende Funktion historischen Wissens – im Rahmen dieses Ansatzes – auf Sozialgeschichte und Ideologiekritik über (vgl. HERRMANN 1971).
Im szientistischen Gegenzug gegen eine solche in ihren Grundproblemen nicht hinreichend geklärte und insofern metaphysisch-dogmatische Beanspruchung der Geschichte wurde in der Gegenwart das Programm einer das erziehungstechnologische „Gesetzeswissen" nurmehr erweiternden und ergänzenden „Historiographie der Erziehung" vorgetragen (BREZINKA 1978, S. 168 ff.). Mit seiner der Geschichte zugewiesenen Dienstfunktion treibt dieses Programm auf die Lebensmetaphysik des späten Nietzsche zu, auf den Zusammenfall des „Willens zur Wahrheit" mit dem des „Willens zur Macht" (RUHLOFF 1980, S. 120 f.).
Der von Natorp geforderte Weg einer strengen philosophischen Rechtfertigung der „Geschichtsansicht" wird in HEIDEGGERS „Sein und Zeit" angebahnt (1977, vgl. besonders die Diskussion Diltheys in § 77). HEIDEGGER (vgl. 1961) nimmt Nietzsches Historizismuskritik auf und verbindet sie mit einer Metakritik der Apotheose des Willens. Aus dieser neuen Problemsicht sind in Deutschland die gegenwärtig umfassendsten historisch-pädagogischen Darstellungen hervorgegangen (vgl. BALLAUFF 1969, 1984 a; vgl. BALLAUFF/SCHALLER 1970/1973). Das Verhältnis zwischen systematischem und historisch-pädagogischem Wissen erfuhr eine Revision (vgl. BALLAUFF 1970a, S. 36 ff.; vgl. BALLAUFF 1983 a, S. 21 ff.; vgl. BALLAUFF 1983 b,

S. 93 ff.). BALLAUFF begründet die Bedeutung historisch-pädagogischen Wissens folgendermaßen: Der vergegenwärtigenden „Wiederholung" des gesamten pädagogischen Gedankenkreises der Vergangenheit *und* der „skeptisch-kritische[n] Diskussion [seiner] Verbindlichkeit" (1970a, S. 39) kommt eine vorrangige konstitutive Funktion für die rationale Herleitung gegenwarts- und zukunftsbezogener pädagogischer Maßgaben und Maßnahmen zu – insbesondere also auch für die Begründung von Zielen und Inhalten der Erziehung und des Unterrichts. Sie kommt ihr deshalb zu, weil Geschichtlichkeit (Zeitgebundenheit) und damit Vorläufigkeit, Fragwürdigkeit und Überholbarkeit logische Implikationen beziehungsweise Grundzüge des Denkens sind. Das läßt sich daran verdeutlichen, daß auch ein – nach seinem Selbstverständnis – gänzlich ungeschichtliches Konzept, etwa eine anthropologisch fundierte pädagogische Systematik, nicht umhin kann, mit Begriffen und kategorialen Unterscheidungen zu operieren, beispielsweise mit „Individualität" und „Personalität". Begriffe und Kategorien sind aber geschichtlich vermittelt, und zwar nicht allein faktisch, sondern auch in ihrem Bedeutungsspielraum und damit in ihrer begründenden Funktion und ihrem Geltungsanspruch. Darum ist der Preis für eine ungeschichtliche Selbstinterpretation systematischer Pädagogik deren relative Irrationalität; denn ohne historische Aufklärung kann nicht hinreichend begründet werden, wovon faktisch Gebrauch gemacht wird.

Dennoch erscheint es problematisch, von einer „Priorität der historischen Begründungen" gegenüber den systematischen zu sprechen (BALLAUFF 1983a, S. 22). Zwar kann – *erstens* – eingeräumt werden, daß die sprachlich-sachliche Abhängigkeit systematisch gemeinter Aussagen von einem vorgängigen Gedankenkreis deren Geltungsanspruch berührt. Ob aber der geschichtliche Anfang oder die „klassische" Ausprägung eines Begriffs oder eines Maßgaben- und Maßnahmengefüges auch einen Vorrang der Begründung ausmachen – das zu erwägen ist allein die Sache einer nicht mehr historischen „skeptisch-kritischen Diskussion". Im Zuge dieses Erwägens ist allerdings die Tradition als ein mögliches Argument zu berücksichtigen. Andernfalls würden sich die Nachgeborenen – allein gestützt auf den Dünkel ihrer Gegenwärtigkeit – ein souveränes Richteramt anmaßen. *Zweitens* folgt das begründungstheoretisch für unerläßlich erachtete historische Wissen von *Deutungsgesichtspunkten* und *Relevanzannahmen* (vgl. H. BLANKERTZ 1984, S. 25 ff.). Auch solche Gesichtspunkte sind zwar nicht ungeschichtlich. Aber sie bedürfen darüber hinaus einer systematischen Begründung. Das gilt selbst dann, wenn eine „nüchterne" Historiographie angestrebt wird, die weder „Ideen-" noch „Problem-", noch „Geistes-" oder „Kulturgeschichte" sein kann (BALLAUFF 1969, S. 13 f.). Solche Geschichtsschreibung wird sich auch nicht auf die sozial- oder wirkungsgeschichtliche Perspektive kaprizieren, geschweige auf eine Entwicklungs- oder Fortschrittsprämisse, unter der es um ein (niemals zu falsifizierendes) „Wissen" im Interesse an der „politischen Veränderbarkeit" der Gesellschaft geht (HERRMANN 1971, S. 231). Gleichwohl kommt die derart metaphysikenthaltsame Historiographie und Historiologie, die sich dem Leitgedanken unterstellt, Geschichte nicht „im voraus unter eine bestimmte [Interpretation] zu bannen", sondern die in ihr aufgekommenen Gedankengänge von sich her zu Gehör zu bringen, um ein „Mitdenken" und aufgrund dessen ein historisch aufgeklärtes Aussagengefüge über das, was heute an der Zeit ist, zu ermöglichen (BALLAUFF 1969, S. 14), nicht ohne Grundannahmen aus; denn auch ihr Zugriff ergibt sich nicht mit Evidenz von selber.

Bei Abwägung der skizzierten Bedeutungszumessungen erscheint es heute angemessen, von einer nicht zu umgehenden *systematisch-korrektiven* Funktion historisch-pädagogischen Wissens zu sprechen. Nicht zu umgehen ist historisch-pädagogisches Wissen im Zuge der Begründung gegenwarts- und zukunftsbezogener pädagogischer Aussagen, weil diese andernfalls naiv in der Geschichte befangen bleiben. Das heißt: Es kann nicht einmal ausgewiesen werden, ob sie tatsächlich Neues enthalten, ob sie eine gedankliche Alternative sind oder bloß die emphatische Ignoranz der „ewigen Wiederkehr des Gleichen" (Nietzsche). Systematisch ist die Funktion historischen Wissens dann, wenn nicht nur etwas beliebiges Gewesenes zur Erkenntnis gebracht wird, sondern geschichtliche Argumente innerhalb einer gegenwärtigen Problemstellung geltend gemacht werden. Korrektive Kraft kommt der historisch-pädagogischen Argumentation nicht erst dadurch zu, daß eine vermeintlich unerschütterliche Auffassung eventuell widerlegt wird. Sogar in einer nur mehr *kontrastiven* Funktion ist historisches Wissen geeignet, das skeptische („umherschauende") und selbstkritische Bewußtsein hervorzurufen und wachzuhalten (vgl. RUHLOFF 1983a).

1.2 Terminologie und Gegenstandsfeld

Von „pädagogischen Aufgabenkonzepten" ist im folgenden in diesem Sinne die Rede: Sie liegen dann vor, wenn aus einem eigenen, nicht weiter zurückzuleitenden Gedankengang ein Wahrheit beanspruchender Umkreis von Maßgaben und Maßnahmen begründet wird, die „gebildete Menschlichkeit" und den Weg zu ihr umschreiben. Was im jeweiligen Zusammenhang „Pädagogik", „Bildung", „Menschlichkeit" bedeuten, ist geschichtlich definiert. Darstellungstechnisch ist jedoch ein Vorgriff auf diese geschichtlichen Definitionen insofern unvermeidlich, als die Rede von „pädagogischen Aufgabenkonzepten" die Einschränkung auf eine bestimmte Tradition einschließt. Es ist die europäische Theorietradition, innerhalb deren von eigens herausgehobenen pädagogischen Problemen zu sprechen ist, seitdem sich im 5. vorchristlichen Jahrhundert die Wörter „paidagogia" und „paideia" zu Termini verfestigt haben (vgl. JAEGER 1959, S. 378ff.). Im Sinne dieser Tradition kann von „pädagogischen Aufgabenkonzepten" dann nicht mehr die Rede sein, wenn damit bloß irgendwelche irgendwie begründeten Lernziele und -inhalte, Lenkungsmaßnahmen, Beeinflussungsvorgänge erfaßt werden sollen. Das ist zum Beispiel dann der Fall, wenn zwar das Wort „Erziehung" noch verwendet wird, jedoch ein ausschließlich sozialisationstheoretisch und nicht pädagogisch gedeuteter Vorgang gemeint ist, oder wenn unter der Vokabel „Bildung" eine mit beliebigen Verhaltensveränderungszielen aufzufüllende Intention angesprochen wird, für die „Menschlichkeit" überhaupt kein oder nur ein instrumentelles Problem ist. Über die Berechtigung derartiger Konzepte ist damit nicht schon geurteilt. Es soll auch nicht die Möglichkeit ausgeschlossen werden, daß eine genuine theorieradikale Pädagogik einmal an ihr geschichtliches Ende kommen und durch etwas anderes ersetzt werden könnte. Bis in die Gegenwart ist das jedoch nicht der Fall, und Argumente, daß heute auf den Bildungsbegriff verzichtet werden könne und müsse, haben sich als nicht stichhaltig erweisen lassen (vgl. BALLAUFF 1983b, FISCHER 1982a, MENZE 1970).

Im folgenden wird an drei Beispielen gezeigt, was die Beachtung der geschichtlichen Dimension pädagogischer Aufgabenkonzepte aufklärend und kritisch zu leisten vermag. Während das zweite und das dritte Beispiel Ziele und Inhalte der Erziehung und des Unterrichts im engeren Sinne betrifft, bezieht sich das erste auf eine fragwürdige neuzeitliche Grundkonstellation der pädagogischen Theorie in ihrem Verhältnis zur Praxis. Es wurde gewählt, weil die Grundstellung zu diesem Problem der Erörterung pädagogischer Einzelfragen ein bestimmtes Vorzeichen verleiht. Die

Die geschichtliche Dimension pädagogischer Aufgabenkonzepte

Auswahl der Beispiele folgt im übrigen dem Gesichtspunkt, verbreitete Einstellungen und Überzeugungen des gegenwärtigen pädagogischen Wissenschafts- und Alltagsbewußtseins in das Licht historischer Kritik zu stellen.

Im Rahmen eines Beitrags zur geschichtlichen Dimension von *Konzepten* ist in erster Linie die Geschichte des pädagogischen Denkens, nicht primär die Real-, Sozial- oder Wirkungsgeschichte zu befragen. Damit wird jedoch keineswegs ein „reines", in keinerlei vorgegebenem Bedingungskontext sich bewegendes Denken unterstellt. Ebensowenig bedeutet der Rekurs auf einzelne, hervorgehobene Denker deren „monumentalische" Stilisierung. Die sogenannten klassischen Autoren sind häufig nur die Exponenten eines durch das Mitdenken vieler Zeitgenossen nahegelegten Konzepts.

Eine Prämisse des Problemzugangs ist es, daß der Wahrheitsanspruch von Aussagen zwar möglicherweise im Einzelfall, nicht aber von vornherein und generell ideologiekritisch zu deuten und aufzulösen ist. Ein a priori und total ideologiekritischer Ansatz der Geschichtsdarstellung zerfällt beim Durchdenken in sich selbst. Er ist als Gedanke nicht durchzuhalten, geschweige denn „kritisch" zu nennen (vgl. H. BLANKERTZ 1984, S. 35 ff.; vgl. FUNKE 1979, S. 157 ff.; vgl. RUHLOFF 1983 b).

2 Beispiele historisch-pädagogischer Kritik

2.1 Vorgängige, theorieunabhängige Erziehungspraxis?

Ein neuzeitliches und auch unter professionellen Pädagogen häufig gar nicht mehr thematisiertes Selbstverständnis von Pädagogik besagt, daß Erziehung ein mit der Verfassung menschlichen Lebens gegebenes Urphänomen sei, dem pädagogische Theorien – in der Gegenwart: erziehungswissenschaftliche Erklärungen – nachträglich den Stempel ihrer Interpretation aufprägen. Ihre klassische Beglaubigung hat diese Auffassung in Schleiermachers Diktum über die „erzieherische Tätigkeit" erhalten: Die „Praxis [ist] viel älter als die Theorie"; sie ist in ihrer Würde von der Theorie „unabhängig" und wird „mit der Theorie" nur „eine bewußtere" (SCHLEIERMACHER 1966, S. 11). Für die geisteswissenschaftliche Pädagogik, die in Deutschland beziehungsweise der Bundesrepublik im 20. Jahrhundert bislang einflußreichste Theorie, wurde die These von der vorgängigen Wirklichkeit der Erziehungspraxis zu einem der fundamentalen Sätze (vgl. NOHL 1933, S. 12 ff.). Der Sache nach liegt sie jedoch auch anderen Theorieansätzen zugrunde und kommt auch im Alltagsbewußtsein, unabhängig von etablierten Schulrichtungen pädagogischen Denkens, vor.

Systematisch schließt die These ein, pädagogische Theorie primär von ihrer Funktion der Bewußtseinssteigerung zu begreifen – Schleiermachers Formulierung macht darauf aufmerksam. Darin ist eingeschlossen, daß Theorie nicht konstitutiv, das heißt nicht begründend und verfassend für das ist, was als pädagogisch wahrgenommen, angesprochen, interpretiert wird. Im unprofessionellen Alltagsbewußtsein entspricht dem die überzeugte Berufung auf die Praxis gegenüber der in der Regel für unzulänglich gehaltenen Theorie. In einem weiteren, zwar aus der These nicht zu deduzierenden, aber mit ihr logisch verträglichen Gedankenschritt kann dann gefordert werden, pädagogische Theorie nicht mehr bloß nachgehend praxiserhellend – geisteswissenschaftlich – zu betreiben, sondern konstruktiv technologisch zu wenden. Die moderne erfahrungswissenschaftliche Erziehungswissenschaft tut diesen Schritt, indem sie der als quasi natürlich unterstellten, vorgängigen Erziehungswirklichkeit Gesetze abgewinnt oder – aufgrund wissenschaftsmethodologischer Nötigung – hypothetisch „vorschreibt" (Kant) oder zuschreibt. Dieselbe Grundstellung wird auch noch von einer sich ideologiekritisch verstehenden pädagogischen Theorie geteilt, wenn diese der „naturwüchsigen" Erziehungspraxis die Idee einer emanzipierenden oder emanzipierten entgegenhält (zum gesamten Zusammenhang vgl. BENNER 1978; vgl. H. BLANKERTZ 1971, S. 43 ff.; vgl. H. BLANKERTZ 1984, S. 43 ff.; vgl. BLASS 1978, RUHLOFF 1980).

Die historisch-pädagogische Kritik der Unterstellung einer vorgängigen Erziehungspraxis und -wirklichkeit wird auf folgendes verweisen: Es gab (und gibt) Stämme und Völker, für die eine pädagogische Theorie nicht in dem Sinne nachzuweisen ist, daß sich Quellen und Zeugnisse eines traditionsbestimmenden Problembewußtseins über Erziehung finden lassen (vgl. ALT 1956). Aus der Tatsache ihres Überlebens, verbunden mit der sehr wahrscheinlichen Annahme, daß auch ihre Nachkommen nicht bereits von Geburt sozialtauglich im Sinne der jeweiligen Lebensbedingungen gewesen sind, darf – mit Schleiermacher – geschlossen werden, daß es auch bei ihnen, also schon seit eh und je, eine „Einwirkung" der „älteren Generation [...] auf die jüngere" gegeben hat (SCHLEIERMACHER 1966, S. 10), mithin „Erziehung" ohne Theorie – *wenn das* Erziehung ist. Diesen Erziehungsbegriff beziehungsweise diesen Bedeutungszug von „Erziehung" als objektiv zu unterstellen und zur Basis pädagogischer Sätze mit Allgemeingültigkeitsanspruch zu nehmen, hält jedoch weder einer sprachlogischen noch einer historischen Kritik stand. Historisch ist eine solche Generalisierung falsch, weil mit der Theoretisation von „paideia" im alten Griechenland in einem qualitativ anderen Sinne von „Erziehung" zu sprechen möglich wird als vorher. Seit dem 5. vorchristlichen Jahrhundert ist der Erziehungsbegriff – „paideia" kann auch „Erziehung" heißen – als Thema und Problem von *Selbstzeugnissen* unserer Tradition überliefert, während man für Völker ohne Theoriezeugnisse auf die mehr oder weniger anachronistische Hypothese von so etwas wie einem „Erziehungsverständnis" angewiesen ist, für das nur Indizien angeführt werden können. Als jedoch der Sophist Protagoras aus Abdera (um 485–415 v. Chr.) in der Athener Öffentlichkeit sich anheischig machte, junge Leute zu erziehen, und versicherte, sie würden im Umgang mit ihm von Tag zu Tag besser werden und insgesamt würde ihnen durch sein Lehrangebot „Wohlberatenheit" (euboulía) in öffentlichen und privaten Angelegenheiten zuteil – ausdrücklich nicht in irgendeiner bereits an den (niederen) Schulen bis zum Überdruß geübten Fertigkeit und Fachkunde und auch nicht in speziellen Wissenschaften wie Astronomie oder Arithmetik (vgl. FISCHER 1982 c, S. 27 ff.) –, waren damit Erziehung, Unterricht, Bildung als Probleme eigener Art, nämlich einer pädagogischen Theorie, ausgegrenzt (vgl. PLATON 1974 a, 317 B – 319 A, S. 197 ff.). Erst mit Beziehung auf diese Epochenwende kann in einem prägnanten Sinne davon die Rede sein, daß Erziehungsziele und Unterrichtsinhalte pädagogische Fragen sind. Für die Zeit davor und für andere Traditionen daneben ist nicht einmal mit hinreichenden Gründen zu behaupten, „Erziehung" habe ein (bewußtes) *Ziel* anstatt bloß ein zeitliches Ende gehabt und es habe überhaupt so etwas wie „Bildung", also etwas anderes als eine Einweisung in fraglose Traditionsbestände, gegeben. Jetzt aber, mit Protagoras, mit anderen Sophisten sowie mit Sokrates und Platon, kommen die Fragen auf,
- *ob* und *warum* „Tugend" (areté) für Menschen allgemein und nicht nur für dazu von Geburt bestimmte Standesangehörige zu lehren und zu lernen sei (*pädagogische Legitimitäts- und Begründungsfrage*),
- *worin* menschliche Tüchtigkeit zu sehen sei *(bildungstheoretische Frage)*,
- *welches* Wissen und Können zu ihr gehöre *(„didaktische" Inhaltsfrage)* und
- *wie* dazu anzuleiten sei *(erziehungs- und unterrichtsmethodische Frage)*.

Die geschichtliche Dimension pädagogischer Aufgabenkonzepte

In demselben geschichtlichen Kontext erscheint auch zum erstenmal die *Jugend*, in die das nach heutigen Maßstäben frühe bis mittlere Erwachsenenalter einbezogen war, als eine *„pädagogische Kategorie"* (vgl. FISCHER 1982c), das heißt als eine primär von der Bildungsfrage zu sehende Altersphase. Von nun kann es als ein Argument gegen den sokratischen Zweifel an der Lehrbarkeit menschlicher Tüchtigkeit (von „Menschlichkeit") gelten, wenn Protagoras sagt: Nicht einmal den bislang eingestandenermaßen ziemlich mißratenen Söhnen großer und pädagogisch besonders bemühter Väter dürfe man „heute schon Vorwürfe machen"; *denn „sie sind ja noch jung*, und man kann noch Hoffnung auf sie setzen" (PLATON 1974a, 328 C/D, S. 213).

Das Aufkommen pädagogischer Theorie in der griechischen Aufklärung – ein Vorgang, der mit ökonomischen Umwälzungen und politischen Demokratisierungsbestrebungen einhergeht, aus diesen aber nicht dependenztheoretisch zu erklären ist (vgl. BALLAUFF 1969, S. 46; vgl. MARROU 1957, S. 75 ff.; gnoseologisch: vgl. BALLAUFF 1970a, S. 13 ff.) – und die pädagogische Problemtradierung ändern die Bedingungen eines triftigen Sprechens von „Erziehung". Seitdem ist es eine Alternative, entweder im „dogmatischen Schlummer" (Kant) von Mythen, von Religionen und unbefragten Traditionen befangen zu bleiben oder an der rational-gedanklichen Konstitution von Bildung und Erziehung teilzuhaben, unter Umständen auch teilzunehmen. Diese Alternative steht bis heute offen, da es zu der *definitiv* wahren pädagogischen Theorie bislang nicht gekommen ist und aus sachimmanenten Gründen möglicherweise auch nicht kommen kann (vgl. FISCHER 1982a).

Nach begonnener Aufklärung und bei ihrer – allerdings keineswegs linear- oder dialektisch-progressiven – Fortdauer muß jede wahrheitsbeanspruchende Rede von „Erziehung" mit sachhaltigen Einwänden aus dem Argumentationsfonds der Mitdenkenden derselben Tradition grundsätzlich rechnen. Pädagogik wird unkritisch, sofern sie damit prinzipiell nicht rechnet (vgl. RITZEL 1968). Darüber hinaus ist auch der andere Sachverhalt zu berücksichtigen, daß seit den Anfängen einer pädagogischen Theorie in die ehemals vorpädagogische „Erziehungspraxis" fortgesetzt Sedimente pädagogischer Gedanken eindringen und den alltäglichen Vorstellungskreis mitorganisieren. Seit dem Beginn einer Erziehungswissenschaft im 18. Jahrhundert, insbesondere aber aufgrund der öffentlichen Reputation von Wissenschaftlichkeit in der zweiten Hälfte des 20. Jahrhunderts, gehören dazu auch deren – häufig auf nackte Resultate verkürzte – Erkenntnisse. Ein Beispiel für die realgeschichtliche Bedeutsamkeit eines pädagogischen Gedankens ist die seit Rousseau sich durchsetzende und heute selbstverständliche Vorstellung, daß Kinder Anspruch auf Spielzeit und seit Fröbel auch auf „pädagogisches" Spielzeug haben. Ein Beispiel für die zunehmend schnelle Sedimentierung wissenschaftlich gestützter Lehren im alltäglichen Bewußtsein ist der Sachverhalt, daß Momente eines erziehungswissenschaftlich adaptierten modernen psychologischen Lernbegriffs – unter anderem über die Verbreitung pädagogischer Fragen in Massenmedien, nicht zuletzt auch vermittelt durch sogenannte Metakommunikation in Schulen – heute bereits so in Sprache und Bewußtsein selbst von Kindern eingesickert sind, daß es zum Anspruchsdenken vieler gehört, man müsse zum Lernen erst einmal motiviert werden und dürfe das auch bei Eltern und Lehrern mit Recht einklagen (zur Sachkritik motivierten Lernens vgl. BALLAUFF 1970b, S. 57 ff.).

Bezogen auf das neuzeitliche Theorem von der Unabhängigkeit und eigenen Dignität der Erziehungspraxis, zeigt diese historisch-pädagogische Kritik dessen sachliche Unhaltbarkeit für die Bedingungen der europäischen pädagogischen Tradition. *Innerhalb* dieser Tradition sind „Erziehung", „Unterricht" und „Bildung"

Jörg Ruhloff

nicht vortheoretisch zu fassen, sondern entweder theoretisch durchsetzte Praktiken oder nicht einmal „Praxis" in einem annähernd genau zu bestimmenden Sinn. Überdies bedeutet es einen implizit widersprüchlichen Rückfall hinter die Theoretisation der Aufklärungstradition, Praxis und Wirklichkeit – kraft Theorie – als von Theorie unabhängig zu begreifen. Objektiv hatten auch Schleiermacher und an ihn anknüpfende pädagogische Theorien samt ihren Praxis-Implementationen keine Erziehungswirklichkeit vorgefunden und bloß hermeneutisch nachgehend gedeutet. Sie haben sie vielmehr in ihrer Theorie als eine angeblich vorgängige Praxis allererst konstituiert und mit allen problematischen Folgen autonomisiert und autorisiert.

2.2 Entwicklungsgemäße Erziehungsziele und Unterrichtsinhalte?

Die Berücksichtigung der individuellen menschlichen Entwicklung gilt in der Gegenwart fast durchweg als eines der Kriterien für die pädagogische Qualität von Erziehungszielen und Unterrichtsinhalten. Welcher Rang dem Argument der Entwicklungsgemäßheit als Gütekriterium pädagogischer Aufgabenkonzepte eingeräumt wird, interessiert in diesem Zusammenhang nicht. Auch die Füllung des Entwicklungsbegriffs mit eher vulgären Phasenmustern („Trotzalter", „Flegeljahre", ...) oder eher wissenschaftlich gestützten Alterseinteilungen („Analphase", „Post-Adoleszenz", ...) kann beiseite gelassen werden. Die Aufmerksamkeit gilt vielmehr dem Umstand, daß „Entwicklungsgemäßheit" heute ein selbstverständliches Ansehen genießt. Erzieher im 20. Jahrhundert wären befremdet, wenn nicht empört darüber, daß man sich mit einem sechsjährigen „Fräulein" den über mehrere Tage sich hinziehenden Scherz erlaubt, ihm eine Schwangerschaft wie die der „Heiligen Jungfrau" einzureden und mit ihm über den vermutlichen Vater zu diskutieren. Im 17. Jahrhundert war das bei Hofe in Frankreich ein Zeitvertreib, der sich „durchaus im Rahmen des Standards" hielt: „Niemand findet etwas bei diesem Scherz. [...] Niemand sieht in ihm eine Gefahr für die Einpassung [...], für die Seelenreinheit des Kindes, und man empfindet ihn offenbar auch nicht im mindesten als Widerspruch zu seiner religiösen Erziehung" (ELIAS 1969a, S. 244f.).

Die geläufigen Vorstellungen über die geschichtliche Herkunft der Beachtung von Kindlichkeit und Jugendlichkeit sind ungenau. So hat bereits die Antike und nicht erst Rousseau Jugend als „Bildungsjugend" (RANG 1959, S. 294) entdeckt. Auch die Kindheit hat nicht erst mit Rousseau „philosophische Bedeutung" (RANG 1959, S. 291) gewonnen. Bereits für die stoische Philosophie des 3. vorchristlichen Jahrhunderts ist eine heftige Diskussion über die eher menschlich-vernünftige oder tierisch-unvernünftige Natur des Kindes nachgewiesen (vgl. POHLENZ 1970, S. 88f., S. 119). Das Beachten von altersbedingten Unterschieden ist schon für die vortheoretische antike Welt reichlich bezeugt, zum Beispiel durch Spielzeugfunde in archaischen Kindergräbern. Gänzlich abwegig und nur aus der Verblendung durch ein psychoanalytisches Erklärungsmodell zu verstehen ist die Behauptung einer gesetzmäßigen geschichtlichen Zunahme der Fürsorglichkeit für Kinder (vgl. DE MAUSE 1977, S. 12ff.).

Trotzdem trifft es zu, daß *Entwicklung* in der pädagogischen Theorietradition ein verhältnismäßig junges Argument ist. Es wurde vorbereitet durch den in der Stoa ausgebildeten Naturbegriff. Der Beginn einer entwicklungsbestimmten Pädagogik ist jedoch erst für den Bildungsgedanken des Paracelsus von Hohenheim (1493 bis 1541) nachgewiesen worden (vgl. BALLAUFF/SCHALLER 1970, S. 102f.). Auf „dem Boden der Lehre Luthers" faßt Paracelsus Bildung „als natürliche ‚evolutio'" auf,

das heißt als einen Prozeß der allmählichen „Entrollung", des Nachaußentretens, zum äußeren „Bild" werdenden „inneren Bildes", der „Form", die „durch Gott selbst [...] ist geschnitzelt in Mutterleib". „Das bedeutet eine grundlegende Änderung im Bildungsgedanken. An die Stelle des Abbildens bzw. Einbildens von Geist und Wort Gottes in die Seele des Menschen tritt eine organische Bildung aus natürlichen inneren Anlagen [...] nach den vom Schöpfer einmal gegebenen Bildungsgesetzen" (BALLAUFF/SCHALLER 1970, S. 102).
In zunehmend säkularer Bedeutung, die durch die wissens- und erkenntnistheoretisch orientierte Philosophie, insbesondere des Nikolaus von Kues (1401–1464) für den Gedanken der „explicatio" (Ausfaltung) und Leibniz' (1646–1716) für den der „evolutio" (Auswicklung), entscheidend mitbedingt ist, kommt der Entwicklungsbegriff in der Aufklärungspädagogik des 17. und 18. Jahrhunderts zu maßgebender Bedeutung. In Rousseaus „Émile" von 1762, dem Entwurf einer entwicklungsbezogenen „Logik" des Erziehens, findet er seine klassische Ausprägung, so daß Rousseaus Konzept mit Recht „das Paradigma moderner europäischer Pädagogik" genannt worden ist (H. BLANKERTZ 1982, S. 69). „Modern" ist Rousseaus Entwicklungsverständnis auch darin, daß es nicht mehr mit der bei Paracelsus noch vorwaltenden entelechialen (zwecktheoretischen) Deutung von Entwicklung operiert, die dem Heranwachsenden aufgrund der Schöpfungsthese ein gottgegebenes „inneres" Entwicklungsziel zuschreibt. „Rousseau erklärt die Entwicklung stets kausal" (RANG 1959, S. 347). Weil er kausal erklärt und weil für ihn überdies „die ‚Natur' des Menschen [...] niemals empirisch nachweisbar ist, [da] die gegenwärtige Menschheit ihre Natürlichkeit verloren hat" (RANG 1959, S. 342), behalten seine Lebensalterseinteilungen einen fruchtbaren hypothetischen Charakter. Sie lassen Raum für prinzipiell variable entwicklungsentsprechende Aufgabenstellungen. Nicht weisen sie außerpädagogisch zu ermittelnden Entwicklungsdaten und –„gesetzen" einen aufgabennormierenden Rang zu, wie es in manchen der psychologischen Phasentheorien des 20. Jahrhunderts geschehen ist (zu deren Kritik vgl. HECKHAUSEN 1978). Für Rousseau ergeben sich die pädagogischen Aufgaben aus der Verknüpfung eines durch empirische Bewährungen angereicherten Entwurfs von „natürlicher" Entwicklung mit dem Gedanken, daß Erziehung und Bildung die trotz der natürlichen Güte des Menschen gesellschaftlich eingetretene Entstellung von Menschlichkeit überwinden müssen und – in individuo – auch können (vgl. ST. BLANKERTZ 1983, S. 100ff.; vgl. ROUSSEAU 1912). Aus dem Konzept seiner entwicklungstheoretisch angelegten Pädagogik ergibt sich als „die größte, wichtigste und nützlichste Regel jeglicher Erziehung [...]: Zeit verlieren und nicht gewinnen" (ROUSSEAU 1980, S. 212). In der Kindheit folgt der Erzieher dieser Regel, indem er das Kind über Spiele zwanglos in Aufgaben verwickelt, die seine körperliche und verstandesmäßige Stärke herausfordern und -bilden und ihm dabei das jedem Menschen, auch schon dem Kind in den Grenzen seiner Schwäche zukommende Glück der Freiheit gewähren (vgl. ROUSSEAU 1980, S. 199ff.). Im Jugendalter, dem letzten Abschnitt des durch Erziehung planvoll angeleiteten Bildungsganges, ist für Rousseau die Liebe – in der Bedeutung von „amour" und Eros – das alle anderen (geschichtlich-kulturellen und gesellschaftlich-politischen) Inhalte umgreifende, entwicklungsgemäße Bildungsthema und die Macht, an der Vernunft und Mitgefühl allein zur Reife reiner Menschlichkeit kommen können: „Man weiß nicht mehr, was die wahre Liebe über die ablenkenden Neigungen der jungen Leute vermag. [...] Und doch muß sich ein junger Mann entweder verlieben oder verkommen. [...] In allen Grundsätzen [...] ist man nur auf den äußerlichen Anschein aus. Ich aber bin aus auf die Wirklichkeit, und ich müßte mich sehr täuschen, wenn da andere vermittelnde Kräf-

te wären als diejenigen, auf die hin ich [erzieherisch] freigegeben habe" (interpretierende Übertragung, vgl. ROUSSEAU 1966, S. 615f.). Rousseaus entwicklungstheoretische Argumentation ist für das Jugendalter um so bemerkenswerter, als es angesichts der erwachten „Leidenschaften" das „einfachste" und „unbestreitbar das sicherste und natürlichste [!] Hilfsmittel" wäre, Émile „schnellstens zu verheiraten" (ROUSSEAU 1980, S. 645). Um der Bildung willen meint er, „den Fortschritt der Natur zugunsten der Vernunft" aufhalten zu müssen (ROUSSEAU 1980, S. 644); denn nur durch eine als Bildung begriffene Entwicklung kann die jederzeit drohende Entfremdung und Verkehrung der ursprünglichen Güte des Menschen abgefangen werden, obwohl das im Menschenleben insgeamt überwiegende Unglück auch dadurch nicht aus der Welt zu schaffen ist (vgl. ROUSSEAU 1980, S. 186 ff.).

Der so verstandene Grundsatz der Entwicklungsgemäßheit enthält das Postulat, für alle Erziehungsziele und Unterrichtsinhalte in einem sie pädagogisch qualifizierenden Sinne sagen zu können, sie seien – unter Berücksichtigung individueller Varianten – für ein bestimmtes „Alter" *an der Zeit* oder wenigstens negativ, gewisse Aufgaben seien nicht an der Zeit. Entwicklungsgemäßheit macht mit anderen Worten die *„rechte Zeit"* zu einem pädagogischen Argument.

Die Implementationen dieser Kategorie, beispielsweise eine eher negativ-restriktive oder eine eher positiv-explizite Sexualerziehung im Kindesalter, bleiben ebenso zu erwägen wie die Berechtigung der Kategorie der Entwicklungsgemäßheit selber. In historisch-kritischer Betrachtung ist festzuhalten, daß Entwicklung und ihre pädagogische Berücksichtigung keine empirisch erweislichen Naturkonstanten sind. Der achtjährige Christoph Martin Wieland buchstabierte im 18. Jahrhundert „seinen Nepos [nicht nur], sondern verstand" ihn aus lateinischer Lektüre der Lebensbeschreibungen großer Feldherrn (FISCHER 1980, S. 21). Der in der Gegenwart im Gefolge der Entwicklungstheorien Piagets und Kohlbergs wiedererstandene Glaube an eine naturgesetzliche Schrittfolge der kognitiven und moralischen Entwicklung steht in der rationalistischen Tradition von zweifelhaften Prädestinations- und Klassifizierungslehren (vgl. BALLAUFF 1983b, S. 165f.) und vermag auch anderen Einwänden schwerlich standzuhalten (vgl. DICKOPP 1983, S. 480ff.).

Dennoch legt die historisch-pädagogische Betrachtung nicht den Schluß nahe, auf die Kategorie der Entwicklungsgemäßheit heute zu verzichten. Die Abwehr von pädagogischen Entwicklungstheorien entspringt zumeist einem in der europäischen Denktradition ebenso tief eingewurzelten wie problematischen Platonismus. Dieser neigt dazu, das „Sein" gegen das „Werden" auszuspielen, und seine bildungstheoretischen Auslegungen enthalten die Tendenz zur Abwertung des jetzt Möglichen gegenüber einem angeblich unbedingt und zeitlos Notwendigen. Für die Berechtigung der „Entwicklungsgemäßheit" ist vor allem die folgende Argumentation geltend zu machen: Sachliche und mitmenschliche Einsichten erschließen sich einem Wesen, das menschlich werden kann, im Nacheinander. Sie sind auf erzieherische und unterrichtliche Aufgabenzumutungen ebenso angewiesen wie darauf, daß die Heranwachsenden *von sich her* – „natürlich" – der zunehmenden Aufgabenkomplexion entsprechen können. Anders sind Selbständigkeit im Denken und Mündigkeit nicht zu gewährleisten. Da nun aber eine rein sachimmanente Ordnung des Wissens und Könnens, ein hierarchisch strukturierter inhaltlicher Bildungskosmos mit einem absoluten Fundament – im Gegensatz zu Platons Vorstellung im „Staat" – nicht nachzuweisen ist, bietet sich – erstens – überhaupt der Gedanke entwicklungsentsprechender Ziele und Inhalte an und verlangt – zweitens – nach einer Auslegung in Gestalt von begründungsfähigen „Postulaten" für altersangemessene Aufgabenstellungen (vgl. FISCHER 1982c, S. 27; vgl. PETZELT 1962, S. 110).

Die geschichtliche Dimension pädagogischer Aufgabenkonzepte

Historisch-pädagogische Erkenntnis kann davor bewahren, Entwicklung im Sinne einer empirischen oder einer normativ-metaphysischen Vorgabe für die Pädagogik mißzuverstehen. In der Folge solcher ungeschichtlichen Unterstellungen würde die bildungstheoretische Begründung entwicklungsgemäßer Erziehungsziele und Unterrichtsinhalte vernachlässigt oder bereits für psychologisch oder soziologisch erledigt gehalten. – Wer im strengen Sinne ohne ein Konzept von Bildung „‚vom Kinde her' erziehen wollte, würde es um den Sinn seiner Kindlichkeit bringen" (BALLAUFF 1983 b, S. 107). Unter pädagogischem Aspekt wäre es mithin heute treffender, anstatt von „Entwicklung" von einer altersgemäßen *Verwicklung* ins Denken zu sprechen.

2.3 Einheit der Bildung durch „Konzentration" des Unterrichts?

Die didaktische Legitimation von Unterrichtsinhalten sowie der ihnen korrespondierenden methodischen Grundsätze und Akzentuierungen des Lehrens und Lernens erfolgt auch in der Gegenwart in der Regel unter Berufung auf fachübergreifende *allgemeine* Gesichtspunkte. Beispiele dafür sind: das Prinzip der „Wissenschaftsbestimmtheit des Lernens", das der DEUTSCHE BILDUNGSRAT (vgl. 1970, S. 33) seinem „Strukturplan für das Bildungswesen" unterlegt hat; der Gesichtspunkt der „Offenheit", der in Großbritannien, Frankreich und der Bundesrepublik Deutschland die konventionelle organisatorische, methodische und mediale Dimension von Unterricht in Frage gestellt hat (vgl. NEHLES 1981); das Bedeutsamkeits- und Strukturierungskriterium der „Alltagsorientierung" von Unterricht und Erziehung, das dem der „Wissenschaftsorientierung" teils konkurrierend, teils in ergänzender Absicht gegenübergestellt wurde (vgl. LENZEN 1980, SCHRÜNDER 1982). Die den fachlichen Rahmen übersteigenden allgemeinen Relevanzkanalisierungen von Unterricht können in verschiedener Reichweite auftreten. Für den gesamten öffentlich institutionalisierten Unterricht in der Bundesrepublik gilt gegenwärtig zum Beispiel der Leitgedanke, daß es in jedem Fach um „Selbstverwirklichung in sozialer Verantwortung" zu gehen habe. Eine schul- und stufenspezifisch eingeschränkte Allgemeinheitsaspiration liegt vor im „Konzept für eine Verbindung von allgemeinem und beruflichem Lernen" für die Sekundarstufe II (vgl. DEUTSCHER BILDUNGSRAT 1974, H. BLANKERTZ u. a. 1982). Sowohl ein einzelner inhaltlicher oder methodischer Brennpunkt als auch eine Mehrheit von einander kontrastiv gegenüberstehenden, dialektisch einander fordernden oder systematisch miteinander verschlungenen Gesichtspunkten sind möglich. Heute ließe sich beispielsweise ein Aufgabenkonzept für Unterricht vorstellen, in dem die Leitgedanken der „Wissenschaftsorientierung", der „Alltagsorientierung", der „Offenheit", der Sozialverantwortlichkeit und der individuellen „Selbstverwirklichung" verknüpft sind; und ein derartiges Konzept dürfte politisch konsensfähig, wenngleich pädagogisch unbefriedigend, sein. Aus der wissenschaftlich-pädagogischen Literatur der Gegenwart kann als Beispiel für eine dreigliedrige inhaltliche und methodische Auslegung modernen Unterrichts der Vorschlag genannt werden, in allem Unterricht „das Selbstverständnis des Menschen als Kosmotheoros, Kosmopolit und Kosmotechnit", das heißt den Weltdenker, Weltbürger und Weltgestalter als den Gebildeten heute anzustreben (BALLAUFF 1970 b, S. 115).

Das Gemeinsame aller dieser Varianten liegt darin, daß sie den Bildungssinn von Unterricht in Form von *material Einheit* verbürgenden Konzentrationsprinzipien auslegen. In diesem Einheits- und Konzentrationsschema pädagogischen Denkens liegt ein Problem, das der auch historisch-pädagogischen Aufklärung bedarf. Daß

Jörg Ruhloff

der stets auf bestimmte Themen bezogene und in bestimmter Weise methodisch vermittelte Unterricht auch noch *einheitlich* sein soll, das ist nämlich weder pädagogisch evident noch in seinen Folgen unproblematisch (vgl. FISCHER 1984). Problematisch ist das Einheitsschema, weil jeder in seinem Zeichen veranstaltete Unterricht in der Gefahr steht, der jeweiligen Sache des Lehrens und Lernens mehr abzuverlangen, als in ihr an möglichen Aufgaben für Erkenntnis und Einsicht steckt, das heißt einen tieferen oder höheren Zweck und Sinn. Aber liegt in der Bedeutungszumutung, beispielsweise an den Mathematikunterricht, mehr zu gewähren als mathematisches Wissen und Können, eine bildungstheoretische Berechtigung?
Das in der neueren pädagogischen Fachsprache nur noch selten gebrauchte Begriffswort „Konzentration" (vgl. PETZELT 1963, S. 116 ff.) war im 19. und noch zu Beginn des 20. Jahrhunderts eine zentrale Vokabel der professionellen Diskussion. Diesen Platz hat es vermutlich im Zuge einer sich allgemein durchsetzenden Bedeutungsverschiebung und Bedeutungsbesetzung im Sinne eines individualpsychologischen Begriffs verloren. In den Rang einer wichtigen lehrplantheoretischen Problemkategorie war es in der Herbartianischen Pädagogik gelangt, die die deutsche Schultheorie im 19. Jahrhundert dominierte (vgl. HAESE 1906, LOOS 1906, SCHUBERT 1906). Mit der Diskussion um „Konzentration" ging ein breites sozial und politisch vermitteltes Interesse an der beinahe das gesamte Jahrhundert anhaltenden öffentlichen Kontroverse um die „Überbürdung" des Schulunterrichts einher (vgl. TÜMPEL 1909).
Der Sache nach ist jedoch das gedankliche Schema, Unterricht müsse in Gestalt von Einheit gebenden Prinzipien inhaltlich und methodisch konzentriert werden, sehr viel älter. Es geht auf Platons Lehrplankonzept zurück (vgl. FISCHER 1984, S. 55 ff.). Die im Banne dieses Schemas sich bewegende pädagogische Theorie kann daher als „Platonismus" bezeichnet werden. Der erste, vollständig auf die Ermöglichung von Bildung hin konzipierte Lehrplan der europäischen Tradition „ist [...] nur unter einer Voraussetzung möglich, die Platon und im Anschluß an ihn das Altertum öfter ausgesprochen, die Neuzeit jedoch ihren Lehrplansystemen meist stillschweigend zugrunde gelegt hat: nämlich unter der Voraussetzung [...] der inneren Einheit aller Wissenschaften. Nur wenn die Behandlung der Unterrichtsfächer ‚bis zur Erkenntnis ihrer Gemeinschaft und Verwandtschaft vorgedrungen ist' [PLATON 1974b, 531 D, S. 380; J. R.], leistet sie im Aufbau des Gesamtlehrplans das ihr Zugewiesene" (DOLCH 1965, S. 36). Wird die innere Einheit nicht zustande gebracht, so ist das Lehren, Lernen und Üben in den einzelnen Fächern „unnütz" (PLATON 1974b, 531 D). Der Lernende gelangt bestenfalls zu den mathematischen Disziplinen, die jedoch auch noch „unbewegliche Annahmen voraussetzen [...], ohne davon Rechenschaft geben zu können" (PLATON 1974b, 533 C, S. 382). Aus dem Sozialisations- und Ausbildungsprozeß kann kein Bildungsgang werden: „Denn wo der Anfang etwas ist, von dem man kein Wissen hat, und wo Ende und Mitte aus dem zusammengeflochten sind, wovon man kein Wissen hat, wie soll da dieser Zusammenhalt je Wissenschaft werden können. [...] Einzig das dialektische Verfahren [als Weg zur Schau der Ideen; J. R.] [...] hebt die Voraussetzungen auf [...] und [...] zieht allmählich das Auge der Seele aus dem barbarischen Morast, in dem es tatsächlich vergraben war, hervor und richtet es nach oben", das heißt zuletzt auf die innerhalb der Ideenwelt unbedingt und absolut Ordnung und Einheit konstituierende „Idee des Guten" (PLATON 1974b, 533 C/D, S. 383). Einzig das Philosophieren also, auf das hin das vorlaufende Lehren und Lernen inhaltlich und methodisch zu beziehen sind, ermöglicht die für den Bildungsgang ausschlaggebende radikale periagogé (Umwendung) – nicht nur des „Kopfes", sondern – des ganzen

Die geschichtliche Dimension pädagogischer Aufgabenkonzepte

Menschen mit Leib und Seele (vgl. PLATON 1974b, 518 C, S. 359). Philosophie allein verbürgt als „theoría" (Schau) der Ideen die im privaten und öffentlichen Leben zu bewährende, gebildete Menschlichkeit. Die Erziehung, einschließlich der Anordnung und Auswahl der Lehrgegenstände und ihrer Vermittlungswege, wird geradezu als „Kunst", das heißt als ein wohldurchdachtes, seiner selbst bewußtes Verfahren der „Umlenkung" (téchne periagogés) bestimmt (PLATON 1974b, 518 D, S. 359).

Platon mag geglaubt haben, mit seinem pädagogischen Konzentrationskonzept nur die zwingende Konsequenz aus der pädagogischen Umgangsweise des Sokrates und aus der Tatsache seiner ungerechten Verurteilung zum Tode gezogen zu haben. Die von ihm selber in den Frühdialogen geschilderte Elenktik des Sokrates, das ist: dessen Fragen, Prüfen und Widerlegen, läßt jedoch eine Deutung als ein in sich selbständiges und als ein nichtkonzentratives pädagogisches Konzept zu (vgl. FISCHER 1982b). Bereits das historisch gesicherte Auftreten antiplatonischer Sokratiker (vgl. GIGON 1979, S. 282ff.) spricht dagegen, in Platons Pädagogik nur die folgerichtige Erfüllung sokratischer Anfänge zu sehen. Daß aber insbesondere ein lehrplantheoretisch auszulegender Einheitsgedanke, sei es selbst ein ethischer, für Sokrates *nicht* in Frage kam, geht aus dem von Platon bezeugten Grundzug des sokratischen Selbstverständnisses hervor: „Ich bin indessen nie jemandes Lehrer gewesen. [...] Ob [durch die Unterredung mit mir] einer besser wird oder nicht, dafür kann ich gerechterweise keine Verantwortung übernehmen, da ich weder irgendwem je Belehrung versprochen habe noch je jemandes Lehrer gewesen bin" (PLATON 1974c, 33 A/B, S. 235). Der maßgebliche Zug im pädagogischen Aufgabenkonzept des Sokrates war geradezu die skeptisch-kritische Auflösung vorgefundener positivmaterialer Konzentrationsvorstellungen und Einheitsfixierungen, die er in Gestalt der Gewißheit, den wahren Begriff, etwa von menschlicher Tüchtigkeit, zu besitzen, und in der ihr korrespondierenden, nicht im Denken geläuterten Selbständigkeitsanmaßung bei seinen jungen und erwachsenen Mitmenschen vorfand. Dieser „negative", im „Wissen des Nichtwissens" *kulminierende* Bildungsgedanke braucht nicht als ein bloß vorläufiges Konzept genommen zu werden und ist schon gar nicht als ein seinerseits dogmatischer und in sich unhaltbarer *Standpunkt* des Skeptizismus zu interpretieren (vgl. FISCHER 1982b). Dann aber liegt eine *historische Alternative* vor zu dem in der europäischen Tradition weit überwiegenden „positiven", auf eine material-konzentrative Erfüllung drängenden Einheitsgesichtspunkt, wie er in allen pädagogischen Konzepten enthalten ist, die ein *näher bestimmtes Ideal* von Menschlichkeit oder eine dem Gebildeten anstehende besondere Lebensform ausweisen. Auch läßt sich nicht behaupten, daß die sokratische Lösung eine trostlose intellektualistische Renitenz gegen jedwedes zeitweilige Sicheinlassen auf „Sinn" und Verbindlichkeit nach sich zöge oder überhaupt nichts anderes als eine chaotische Beliebigkeit der Antworten auf die Frage nach inhaltlichen und methodischen Akzenten des Lehrens und Lernens zur Folge hätte. Richtig ist vielmehr, daß der sokratische Ansatz von der Unumgänglichkeit, aber auch der Ungelöstheit von Sinnfragen ausgeht und pädagogische Aufgabenkonzepte genau auf dieses Dilemma verweist. Konkret bedeutet das, daß die *Unterrichtsinhalte* und die thematischen Akzentuierungen sich pädagogisch dann qualifizieren, wenn der fachlich-sachliche Unterricht auch den Sinnüberhang, das heißt die in den Voraussetzungen jeder Sachzuwendung verborgene Metaphysik zur Sprache bringt und die Lernenden damit vor dogmatischer Einnistung in definitiven Sinnantworten zu bewahren sucht. Eine *unterrichtsmethodische* Konsequenz des Verzichts auf Konzentration ist die pragmatische Vielgestaltigkeit – nicht Beliebigkeit – gleichberechtigter

Jörg Ruhloff

Varianten des Zugangs zu den Problemen. An dem von Platon geschilderten Umgang des Sokrates kommt diese Vielfalt der Verfahrensmöglichkeiten und ihre Abgrenzung gegen Laune und Beliebigkeit unter anderem darin zum Ausdruck, daß Sokrates sich keineswegs immer der berühmten „sokratisch-dialogischen Methode" bedient. Er hält sich statt dessen an *den* Weg des Problemzugangs, der im Einzelfall geeignet ist, die Bewußtseinslage seines Gesprächspartners so zu treffen, daß dieser seines scheinbaren Wissens und seiner scheinbaren Selbständigkeit überführt wird. Und wenn gelegentlich die Unbesonnenheit eines bescheidenen Jungen durch Scheinfragen, durch Berufung auf Autoritäten, unter Verwendung unangebrachter Beispiele und logischer Fehlschlüsse in aller Öffentlichkeit bloßgestellt wird (vgl. PLATON 1974 d, 158 E – 162 B, S. 49–55), so ist das nicht unsokratisch. Ob es als unpädagogisch zu beurteilen ist – diese Frage verweist zurück an die kritische Abwägung zwischen einem konzentrations- und einheitsbezogenen und einem skeptischen Bildungsverständnis.

In der Geschichte hat die sokratische Auffassung bis heute niemals eine breitenwirksame Nachfolge gefunden, wiewohl sie punktuell immer wieder einmal nachzuweisen und nie ganz vergessen, auch nicht widerlegt worden ist. Manchmal findet sie sich an Schlüsselstellen höchst bedeutsamer und folgenreicher philosophisch-pädagogischer Denker, auch wenn diese mit ihrem Gesamtkonzept schließlich wieder in die von Platon gewiesene Spur einmünden. Ein erstes Beispiel ist Augustinus' im Jahre 389 vollendete Schrift über den Lehrer, in der in einem theologischen Kontext sprachtheoretisch die These radikalisiert wird, daß kein Mensch eines anderen Lehrer sein könne (vgl. AUGUSTINUS 1964). Ein zweites Beispiel ist der sein Gesamtwerk programmatisch bestimmende Grundgedanke des Nikolaus von Kues, daß Wissen grundsätzlich mit Nichtwissen einhergehe und der gebildete Mensch sich infolgedessen durch „docta ignorantia" (wissende Unwissenheit) auszeichne (vgl. NIKOLAUS DE CUSA 1964). Ein drittes, mit Recht auch bildungstheoretisch zu verstehendes Beispiel wird in einem Satz Kants bezeugt: „Der größte und vielleicht einzige Nutzen aller Philosophie der reinen Vernunft [ist] also wohl nur negativ; da sie nämlich [...] anstatt Wahrheit zu entdecken, nur das stille Verdienst [hat], Irrtümer zu verhüten" (KANT 1956, S. B 823). Ein Beispiel für die Gegenwart dieses „sokratischen" Zuges der europäischen Pädagogik und Philosophie sind ADORNOS radikales pädagogisches Bilderverbot (vgl. 1970, S. 112) und seine These von der heute notwendigen „Negativität" philosophischer Sinnaussagen (vgl. ADORNO 1966).

Im Gefolge von bildungstheoretischen Konzentrationskonzepten dürfte eines der heute weltweiten Probleme der Erziehung, nämlich die durch Arbeiterwanderungs- und Flüchtlingsbewegungen ausgelöste Schwierigkeit einer kultureinheitlichen Erziehung, unlösbar beziehungsweise nur durch ein Übergehen der pädagogischen Kategorie der Ansprechbarkeit und nur auf dem Wege einer nationalpolitisch hörigen Pädagogik, die sich auf einen sozialen Integrationszwang einläßt, zu „lösen" sein. Ein sokratisches, keine inhaltlich einheitliche kulturelle Selbstinterpretation und Eigentradition voraussetzendes Konzept von inter- oder transkultureller Pädagogik könnte dieser Aufgabe *zwanglos* gewachsen sein (vgl. NITZSCHKE 1982; vgl. RUHLOFF 1982, 1983c).

Im Rahmen staatlich veranstalteter Bildung ist – heute zunehmend auch auf der institutionellen Ebene der Universitäten – die Einlösung eines nichtkonzentrativen Bildungsgedankens systemunverträglich und nur atypisch von Fall zu Fall möglich (vgl. FISCHER 1978, VOGEL 1977). Das gilt natürlich auch, wenn nicht sogar in zum Teil gesteigertem Maße, für viele der angeblich „freien", tatsächlich aber konfessionell oder weltanschaulich gebundenen Schulen (vgl. BALLAUFF 1984 a, S. 148 ff.). Gegen die *Legitimität* und die Möglichkeit der *Realisierung* eines sokratischen Bildungsgedankens ist damit noch gar nichts Hinreichendes entschieden. Wenn es zutrifft, daß die „Institutionalisierung der Erziehung" in der Gegenwart an den Punkt gekommen ist, an dem das Bildungswesen „Anomien [produziert], die seine pädagogische Qualität beschädigen" (H. BLANKERTZ 1982, S. 305), dann ist auch der Hinweis auf die größere geschichtliche Erfahrung mit platonisch-konzentrativen Einheitskonzepten von Bildung sowie auf deren relative Bewährung kein hinreichendes Argument mehr. Ob ein sokratisches Umdenken der Pädagogik in der Gegenwart an der Zeit ist oder ob eine Verbindung des sokratischen und des platonischen Bildungsmodells, etwa im Sinne einer zeitlichen, entwicklungsbezogenen Ergänzung, möglich oder geboten sind – das sind offene systematische Fragen, zu deren Findung und Lösung die historisch-pädagogische Betrachtung beiträgt.

3 Systematische Paradoxien historisch-pädagogischen Wissens und Grenzen seiner kritischen Funktion

Die an Beispielen erläuterte kritische Funktion der in das gegenwarts- und zukunftsgerichtete pädagogische Fragen hineingenommenen geschichtlichen Dimension führt, wenn man sie weiterbedenkt, auf Paradoxien. Eine dieser Paradoxien ist bereits gestreift worden. Sie besteht darin, daß die historische Kritik die Pädagogik der Vergangenheit als aktuelles Argument einbringt, obwohl historische Pädagogik sich eingestehen muß, daß sie die Vergangenheit zwar in gewisser Hinsicht „objektiv", niemals aber ohne Interpretationsprämissen und niemals mit derselben Authentizität zum Sprechen bringen kann, wie es ein zeitgenössischer Diskussionspartner von sich her vermag (vgl. SEEBOHM 1972). An dieser Stelle brechen ungelöste methodologische Probleme auf, die zu einer Eingrenzung der historisch-pädagogischen Argumentation in systematischen Erörterungen zwingen.
Eine weitere Paradoxie liegt darin, daß heute das historisch-pädagogische Wissen *einerseits* umfangreicher ist als die Möglichkeit, von ihm systematisch Gebrauch zu machen, *andererseits* jedoch oft immer noch weniger präzise, als es für eine strenge systematische Argumentation wünschenswert ist. Das letztere gilt besonders für den auch methodologisch nicht hinreichend geklärten Zusammenhang zwischen Real-, Sozial- und Denkgeschichte, dessen Aufklärung unter anderem als wichtig erscheint, um die mit einem in Quellen gesicherten Begriff oder Topos tatsächlich verbundenen historischen Bedeutungskonnotationen nicht anachronistisch in Anspruch zu nehmen.
Bei Abwägung dieser Paradoxien gegen die Alternative, entweder in unbemerkten Traditionen befangen zu bleiben oder sich um historische Aufklärung zu bemühen, wird man dem historischen Wissen gleichwohl eine unerläßliche kritische Funktion zubilligen.
Die in diesem Beitrag herausgestellte *kritische* Funktion historisch-pädagogischen Wissens ist nicht die einzige, die in der geschichtlichen Dimension der Pädagogik liegt. Sogar ein weitgefaßter Begriff von historischer „Kritik", der die *Relativierung* und damit *Entdogmatisierung* des eigenen Standpunktes, die *Distanzierung* gegenüber der Befangenheit in den Aufgaben der eigenen Zeit, die *Enttrivialisierung* und *Entschematisierung* des Begriffsgebrauchs und des Argumentationsstils einschließt, enthält noch nicht die ganze Bedeutung der Geschichte der Pädagogik (vgl. BALLAUFF 1969, S. 15). So ist das von NIETZSCHE als relativ autonom betonte Bewahren, die „antiquarische [...] Art der Historie" (1972, S. 254), der methodologisch ein „narrativer" Zugang zur Geschichte entspricht, nicht in Kritik und Wissen-

schaft aufzulösen (vgl. H. BLANKERTZ 1984, S. 25 ff.). Die tradierende Funktion läßt sich in ihrer Legitimität auch nicht darauf reduzieren, daß ohne eine nichts weiter als Tradition intendierende und streckenweise sogar historizistisch vorgehende Historiographie nicht einmal historische Kritik denkbar wäre.
Tradition ist die Erhaltung des „Stimmrechts der Toten" (F. W. Foerster). Sie kann in zweckrationaler Bereicherungsabsicht veranstaltet werden, die zu einer Art kritikloser Vorratswirtschaft wird. Sie kann sich aber auch aus der Einsicht in die Begrenztheit des menschlichen Lebens ergeben. Auch nur mehr angefangenen Gedanken und Taten kommt oft eine generationenübergreifende Kraft und eine alle Zweckmäßigkeit übersteigende Würde zu.
In Differenz zu Nietzsches Modell einer phasenweise mit der eigenen Lebenslage wechselnden Art der Beanspruchung von Geschichte erscheint es heute sinnvoll, die *gleichzeitige* Beachtung einer sich wechselseitig in ihren Ansprüchen begrenzenden *tradierenden und kritischen Funktion historischen Wissens* für die Pädagogik in systematischer Intention vorzuschlagen.

ADORNO, TH. W.: Negative Dialektik, Frankfurt/M. 1966. ADORNO, TH. W.: Erziehung zur Mündigkeit, Frankfurt/M. 1970. ALT, R.: Vorlesungen über die Erziehung auf frühen Stufen der Menschheitsentwicklung, Berlin (DDR) 1956. AUGUSTINUS, A.: Der Lehrer. De Magistro Liber unus, hg. v. C.J. Perl, Paderborn ²1964. BALLAUFF, TH. (unter Mitarbeit v. G. Plamböck): Pädagogik. Eine Geschichte der Bildung und Erziehung, Bd. 1, Freiburg/München 1969. BALLAUFF, TH.: Systematische Pädagogik, Heidelberg ³1970 a. BALLAUFF, TH.: Skeptische Didaktik, Heidelberg 1970 b. BALLAUFF, TH.: Pädagogik als Bildungsphilosophie, 3 Teile, Fernuniversität Hagen: Hagen 1983/1984 (Teil 1: 1983 a, Teil 2: 1983 b, Teil 3: 1984 b). BALLAUFF, TH.: Funktionen der Schule. Historisch-systematische Analysen zur Scolarisation, Köln/Wien ²1984 a. BALLAUFF, TH./SCHALLER, K.: Pädagogik. Eine Geschichte der Bildung und Erziehung, Bd. 2, 3, Freiburg/München 1970/1973 (Bd. 2: 1970; Bd. 3: 1973). BENNER, D.: Hauptströmungen der Erziehungswissenschaft, München ²1978. BLANKERTZ, H.: Pädagogik unter wissenschaftstheoretischer Kritik. In: OPPOLZER, S. (Hg.): Erziehungswissenschaft 1971 zwischen Herkunft und Zukunft der Gesellschaft, Wuppertal 1971, S. 20 ff. BLANKERTZ, H.: Die Geschichte der Pädagogik, Wetzlar 1982. BLANKERTZ, H.: Kants Idee zum ewigen Frieden und andere Vorträge, hg. v. St. Blankertz, Wetzlar 1984. BLANKERTZ, H. u. a. (Hg.): Sekundarstufe II – Jugendbildung zwischen Schule und Beruf. Enzyklopädie Erziehungswissenschaft, Bd. 9.1, Stuttgart 1982. BLANKERTZ, ST.: Kritischer Pragmatismus, Wetzlar 1983. BLASS, J. L.: Modelle pädagogischer Theoriebildung, 2 Bde., Stuttgart/Berlin/Köln/Mainz 1978. BREZINKA, W.: Metatheorie der Erziehung, München/Basel 1978. DAHMER, I./KLAFKI, W. (Hg.): Geisteswissenschaftliche Pädagogik am Ausgang ihrer Epoche – Erich Weniger, Weinheim/Berlin 1968. DE MAUSE, L. (Hg.): Hört ihr die Kinder weinen. Eine psychogenetische Geschichte der Kindheit, Frankfurt/M. 1977. DEUTSCHER BILDUNGSRAT: Strukturplan für das Bildungswesen. Empfehlungen der Bildungskommission, Stuttgart 1970. DEUTSCHER BILDUNGSRAT: Zur Neuordnung der Sekundarstufe II. Empfehlungen der Bildungskommission, Bonn 1974. DICKOPP, K.-H.: Lehrbuch der systematischen Pädagogik, Düsseldorf 1983. DILTHEY, W.: Über die Möglichkeit einer allgemeingültigen pädagogischen Wissenschaft. Gesammelte Schriften, Bd. 6, hg. v. O. F. Bollnow, Stuttgart/Göttingen ⁴1962, S. 56 ff. DOLCH, J.: Lehrplan des Abendlandes, Ratingen ²1965. ELIAS, N.: Über den Prozeß der Zivilisation, 2 Bde., Bern/München ²1969. (Bd. 1: 1969 a, Bd. 2: 1969 b). FISCHER, W.: Kritik der lebensphilosophischen Ansätze der Pädagogik. In: HEITGER, M. (Hg.): Pädagogik als Wissenschaft. Neue Folge der Ergänzungshefte zur Vjs. f. w. P., Heft 5, Bochum 1966, S. 21 ff. FISCHER, W.: Schule als parapädagogische Organisation, Kastellaun 1978. FISCHER, W.: Die besondere pädagogische Problematik im Jugendalter höherer Schüler, Wien 1980. FISCHER, W.: Über Recht und Grenzen des Gebrauchs von „Bildung". In: Z. f. P. 28 (1982), S. 1 ff. (1982 a). FISCHER, W.: Über Sokrates, Mimeo, Duisburg 1982 b. FISCHER, W.: Jugend als pädagogische Kategorie. In: Enzyklopädie Erziehungswissenschaft, Bd. 9.1, Stuttgart 1982, S. 19 ff. (1982 c). FISCHER, W.: Die Schule des gegliederten Unterrichts und das Pro-

Die geschichtliche Dimension pädagogischer Aufgabenkonzepte

blem der Bildung. In: HEITGER, M. (Hg.): Die Vielheit der Fächer und die Einheit der Bildung, Wien/Freiburg/Basel 1984, S. 63 ff. FUNKE, G.: Von der Aktualität Kants, Bonn 1979. GASSEN, H.: Geisteswissenschaftliche Pädagogik auf dem Wege zu kritischer Theorie, Weinheim/Basel 1978. GIGON, O.: Sokrates, Bern/München ²1979. GROOTHOFF, H.-H.: Über Diltheys Entwurf einer „wissenschaftlichen Pädagogik". In: HEITGER, M. (Hg.): Pädagogik als Wissenschaft. Neue Folge der Ergänzungshefte zur Vjs. f. w. P., Heft 4, Bochum 1966, S. 80 ff. HAESE, A.: Konzentration in der gewerblichen Fortbildungsschule. In: REIN, W. (Hg.): Encyklopädisches Handbuch der Pädagogik, Bd. 5, Langensalza 1906, S. 101 ff. HECKHAUSEN, H.: Entwicklung, psychologisch betrachtet. In: WEINERT, F. (Hg.): Funkkolleg Pädagogische Psychologie, Bd. 1, Frankfurt/M. 1978, S. 67 ff. HEIDEGGER, M.: Nietzsche, 2 Bde., Pfullingen ²1961. HEIDEGGER, M.: Sein und Zeit (1927). Gesamtausgabe, hg. v. F.-W. v. Herrmann, Bd. 2, Frankfurt/M. 1977. HERRMANN, U.: Historismus und geschichtliches Denken. In: Z. f. P. 17 (1971), S. 223 ff. HERRMANN, U.: Probleme einer erziehungswissenschaftlichen Historik. In: BLASS, J.L. u.a. (Hg.): Bildungstradition und moderne Gesellschaft, Berlin/Darmstadt/Dortmund 1975, S. 268 ff. HORKHEIMER, M./ADORNO, TH. W.: Dialektik der Aufklärung, Frankfurt/M. 1971. JAEGER, W.: Paideia, Bd. 1, Berlin ⁴1959. KANT, I.: Kritik der reinen Vernunft (1787), hg. v. R. Schmidt, Hamburg 1956. LENZEN, D. (Hg.): Pädagogik und Alltag, Stuttgart 1980. LOOS, J.: Konzentration im Lehrplan der höheren Schulen. In: REIN, W. (Hg.): Encyklopädisches Handbuch der Pädagogik, Bd. 5, Langensalza 1906, S. 85 ff. MARROU, H. I.: Geschichte der Erziehung im klassischen Altertum, Freiburg/München 1957. MARROU, H. I.: Über die historische Erkenntnis, Darmstadt 1973. MENZE, C.: Bildung. In: SPECK, J./WEHLE, G. (Hg.): Handbuch pädagogischer Grundbegriffe, Bd. 1, München 1970, S. 134 ff. MOLLENHAUER, K.: Vergessene Zusammenhänge. Über Kultur und Erziehung, München 1983. NATORP, P.: Philosophie und Pädagogik (1909), Marburg ²1923. NEHLES, R.: Offenheit – pädagogisches Engagement ohne Theorie? Frankfurt/Bern 1981. NIETZSCHE, F.: Vom Nutzen und Nachteil der Historie für das Leben (1874). Werke (= Kritische Gesamtausgabe, hg. v. G. Colli/M. Montinari, Bd. 3.1, Berlin/New York 1972, S. 237 ff. NIKOLAUS DE CUSA: Philosophisch-theologische Schriften (1440), Bd. 1, hg. v. L. Gabriel, Wien 1964. NITZSCHKE, V. (Hg.): Multikulturelle Gesellschaft – multikulturelle Erziehung? Stuttgart 1982. NOHL, H.: Die Theorie der Bildung. In: NOHL, H./PALLAT, L. (Hg.): Handbuch der Pädagogik, Bd. 1, Langensalza/Berlin/Leipzig 1933, S. 3 ff. PETZELT, A.: Kindheit – Jugend – Reifezeit, Freiburg 1962. PETZELT, A.: Grundzüge systematischer Pädagogik, Freiburg ³1963. PLATON: Protagoras. Sämtliche Werke, hg. v. O. Gigon, Bd. 1, Zürich/München 1974, S. 185 ff. (1974a). PLATON: Der Staat. Sämtliche Werke, hg. v. O. Gigon, Bd. 4, Zürich/München 1974b. PLATON: Apologie. Sämtliche Werke, hg. v. O. Gigon, Bd. 2, Zürich/München 1974, S. 211 ff. (1974c). PLATON: Charmides. Sämtliche Werke, hg. v. O. Gigon, Bd. 1, Zürich/München 1974, S. 41 ff. (1974d). POHLENZ, M.: Die Stoa, 2 Bde., Göttingen ⁴1970. RANG, M.: Rousseaus Lehre vom Menschen, Göttingen 1959. RITZEL, W.: Die Vielheit der pädagogischen Theorien und die Einheit der Pädagogik, Wuppertal/Ratingen/Düsseldorf 1968. ROUSSEAU, J.-J.: Brief an Christophe de Beaumont (1762), Frankfurt/M. 1912. ROUSSEAU, J.-J.: Émile ou de l'éducation (1762), Paris 1966. ROUSSEAU, J.-J.: Émile oder über die Erziehung, hg. v. M. Rang, Stuttgart 1980. RUHLOFF, J.: Das ungelöste Normproblem der Pädagogik, Heidelberg 1980. RUHLOFF, J. (Hg.): Aufwachsen im fremden Land. Probleme und Perspektiven der „Ausländerpädagogik", Frankfurt/Bern 1982. RUHLOFF, J.: Erfahrung und pädagogischer Legitimitätsanspruch. In: Vjs. f. w. P. 59 (1983), S. 419 ff. (1983a). RUHLOFF, J.: Ist Pädagogik heute ohne „kritische Theorie" möglich? In: Z. f. P. 29 (1983), S. 219 ff. (1983b). RUHLOFF, J.: Bildung und national-kulturelle Orientierung. In: Rassegna di Pedagogia/Pädagogische Umschau 41 (1983), S. 248 ff. (1983c). SCHLEIERMACHER, F. D. E.: Die Vorlesungen aus dem Jahre 1826. Pädagogische Schriften, hg. v. E. Weniger, Bd. 1, Düsseldorf/München ²1966, S. 1 ff. SCHRÜNDER, A.: Alltagsorientierung in der Erziehungswissenschaft, Weinheim/Basel 1982. SCHUBERT, R.: Konzentration. In: REIN, W. (Hg.): Encyklopädisches Handbuch der Pädagogik, Bd. 5, Langensalza 1906, S. 77 ff. SEEBOHM, E. M.: Zur Kritik der hermeneutischen Vernunft, Bonn 1972. SNYDERS, G.: Die große Wende der Pädagogik. Die Entdeckung des Kindes und die Revolution der Erziehung im 17. und 18. Jahrhundert in Frankreich, Paderborn 1971. TÜMPEL, R.: Überbürdung. In: REIN, W. (Hg.): Encyklopädisches Handbuch der Pädagogik, Bd. 9, Langensalza 1909, S. 311 ff. VOGEL, P.: Die bürokratische Schule, Kastellaun 1977.

B Didaktische Handlungsfelder

Dagmar Hänsel/Peter Wienskowski

Möglichkeiten und Grenzen didaktischen Handelns in der Regelschule

1 Didaktischer und schultheoretischer Bezugsrahmen der Analyse von Handlungsspielräumen
2 Handlungsspielräume als Gegenstand der Didaktik des offenen Unterrichts
3 Handlungsspielräume als Gegenstand von Analysen des Lehrerhandelns
4 Probleme und Perspektiven

Zusammenfassung: In einem einleitenden Problemaufriß wird gezeigt, daß die Frage nach Möglichkeiten und Grenzen didaktischen Handelns in der Schule oder nach Handlungsspielräumen von Lehrern ein Grundproblem pädagogischer Reflexion darstellt, das an der Nahtstelle zwischen Didaktik und Schultheorie angesiedelt ist. An neueren didaktischen und schultheoretischen Texten, nämlich an der Didaktik des offenen Unterrichts und an vorliegenden Analysen des Lehrerhandelns, werden sodann exemplarisch Zugriffsmöglichkeiten auf das Problem und ihnen korrespondierende Vorstellungen über Handlungsspielräume dargestellt. Auf dieser Grundlage werden abschließend systematisch Schwachstellen aufgezeigt, an denen die Auseinandersetzung mit der gestellten Frage in Probleme gerät, und Perspektiven für eine Weiterarbeit entwickelt.

Summary: An introductory sketch of the problem shows that the question of the opportunities and limitations of didactic activity at school or the latitude of action permitted to teachers represents a basic problem of pedagogical reflection on the borderline between didactics and school theory. New didactic and school-theory texts dealing with the didactics of open teaching, and existing analyses of teachers' activities are used to illustrate exemplary ways of coming to grips with the problem and the corresponding concepts of latitude of activity. This provides the basis for the concluding systematic review of weak points where grappling with the problem in question produces difficulties that generate perspectives for further developments.

Résumé: Dans une approche d'introduction au problème, on montre que la question des possibilités et des limites de l'action didactique à l'école ou de celle des marges d'action des professeurs constituent un problème fondamental de réflexion pédagogique, qui figure au point de jointure entre didactique et théorie scolaire. On présente, ainsi, sur la base de textes récents de didactique et de théorie scolaire, sur la base, en fait, de la didactique de l'enseignement ouvert et d'analyses existantes de l'action du professeur, des approches possibles du problème et les représentations qui correspondent, concernant les marges d'action. Partant de là, on indique, en conclusion, et ce, de façon systématique, les points faibles sur lesquels la discussion de la question posée devient problème et développe des perspectives quant à une continuation du travail.

Dagmar Hänsel/ Peter Wienskowski

1 Didaktischer und schultheoretischer Bezugsrahmen der Analyse von Handlungsspielräumen

Den meisten Lehrern ist die Frage nach den Möglichkeiten und Grenzen des eigenen beruflichen Handelns bestens vertraut. Unter reformorientierten jungen Lehrern ist die Rede von den Restriktionen, denen man in der Schule unterworfen sei, ein Standardthema. Und in neuerer, sich kritisch praxisorientiert verstehender Literatur (vgl. FUHR 1979, MEYER 1980, SCHULZ 1981) ist die Forderung, die Handlungsspielräume des Unterrichts zu bestimmen und voll zu nutzen, ein geläufiger Topos. In solchen sowohl den Praktikern als auch den Erziehungswissenschaftlern wohlvertrauten Wendungen stecken allerdings Vorannahmen und Voraussetzungen, die sich – genau betrachtet – nicht von selbst verstehen und die deshalb zu überprüfen sind. Wenn, wie dies hier geschehen soll, didaktisches Handeln in der Schule als das *unterrichtsbezogene Handeln von Lehrern* definiert wird, so wird in der Frage nach den Möglichkeiten und Grenzen dieses Handelns folgendes unterstellt:
Erstens: Es gibt so etwas wie eine pädagogisch richtige Konzeption von Schule und Unterricht. Zumindest lassen sich grundlegende pädagogische Prinzipien angeben, denen die Schule genügen soll. Deren Geltungsanspruch besteht unabhängig von der je vorgefundenen Schulwirklichkeit. Praktiker vermögen sich ein Bild davon zu machen, wie ihr Unterricht auszusehen hätte; Erziehungswissenschaftler können dessen Bestimmungsstücke explizieren und begründen.
Zweitens: Die Schule, wie sie als gesellschaftliche Institution heute verfaßt ist, erschwert es den Lehrern erheblich, ihrer Einsicht in das pädagogisch Richtige gemäß zu handeln. Sie verhindert das zwar nicht völlig – sonst hätte die Rede von den Möglichkeiten didaktischen Handelns keinen Sinn; sie läßt es aber auch nicht bruchlos und vollständig zu – sonst erübrigte sich die Rede von den Grenzen oder Restriktionen.
Es wird im folgenden deutlich zu machen sein, daß diese Annahmen zentral in den bis heute vorherrschenden Formen pädagogischen Denkens verankert sind und deshalb in Schulpädagogik und Didaktik immer wieder neu aufgerollt werden, ohne daß bisher eine abschließende Klärung erreicht werden konnte, die die Wissenschaftler oder gar die Praktiker zufriedenstellte.
Wenn man didaktisches Handeln zweckrational versteht (also als ein Handeln, durch das ein als Lernziel eindeutig vorgegebenes Endverhalten für eine genau charakterisierte Adressatengruppe unter festgelegten Rahmenbedingungen bewirkt werden soll), dann stellt sich die Frage nach den Möglichkeiten und Grenzen didaktischen Handelns im eingangs angedeuteten Sinne allerdings nicht mehr (vgl. KÖNIG/ RIEDEL 1970, MÖLLER 1969). Es wird dann vorausgesetzt, daß die zu erreichenden Lernziele außerwissenschaftlich festgelegt und begründet werden; die Didaktik hat die eingeschränkte Aufgabe, die Möglichkeiten zur Verwirklichung bestimmter Lernziele zu überprüfen, also Strategien der Zielerreichung zu entwickeln und gegebenenfalls alternative Strategien im Blick auf ihre Effektivität und ihre Nebenfolgen zu vergleichen. Die Frage nach den „Handlungsspielräumen" würde in einer so verstandenen Didaktik lediglich die ohnehin gestellte Aufgabe der Verfahrensoptimierung noch einmal in andere Worte fassen; deshalb können technologisch-zweckrationale didaktische Theorieansätze auf die Entfaltung unserer Fragestellung verzichten.
Nun ist es aber kein Zufall, daß die Didaktik in ihren Hauptrichtungen bereits seit dem frühen 19. Jahrhundert mehr will, als bloß die Methodik eines in seinen Zielen und Zwecken vorgängig festgelegten Unterrichts zu erörtern (vgl. KLAFKI 1966,

Möglichkeiten und Grenzen didaktischen Handelns in der Regelschule

S. 72 ff.; vgl. LUHMANN/SCHORR 1979, S. 199 ff.). Hatte sie sich bis zum Beginn des 19. Jahrhunderts noch als eine „Unterrichtskunst" verstanden, deren Aufgabe es war, die unterrichtliche Vermittlung bestimmter, als unproblematisch vorgegeben angesehener Kenntnisse und Weltdeutungen anzuleiten (vgl. COMENIUS 1954), so wird dieses Verständnis als „Kunstlehre" im 19. Jahrhundert problematisiert (vgl. SCHLEIERMACHER 1957, S. 9) und das didaktisch-methodische Denken zu einer den Anspruch auf Wissenschaftlichkeit stellenden „Bildungslehre" (vgl. WILLMANN 1957) umgeformt, als deren „vornehmste" Aufgabe gilt, die Sinn- und Zweckbestimmungen schulischen Unterrichts theoretisch zu begründen und kritisch zu hinterfragen (vgl. BENNER 1978).

Diese Entwicklung vollzieht sich in enger Verbindung mit der gesellschaftlichen Durchsetzung der allgemeinen Schulpflicht und dem daraus resultierenden stürmischen Ausbau des Schulwesens besonders in der ersten Hälfte des 19. Jahrhunderts. Im Zuge der schnell fortschreitenden Ausdifferenzierung eines eigenständigen (das heißt aus seiner „natürlichen" Eingebundenheit in Lebenszusammenhänge, die zugleich auch ökonomische und weitere Funktionen erfüllen, herausgelösten) Systems öffentlicher Erziehung verliert Unterricht den Charakter einer untergeordneten und eng begrenzten Form der Kenntnisvermittlung, die der häuslichen Erziehung nachgeordnet ist, und wird zur führenden Form gesellschaftlicher Erziehung, der gegenüber „die Erziehung im Elternhaus auf Vorbereitungs- und Nachbereitungsfunktionen reduziert" wird (LUHMANN/SCHORR 1979, S. 205). Auf diesen Funktionszuwachs, der sich in der seit 1800 aufkommenden Rede vom „erziehenden Unterricht" (vgl. HERBART 1964) widerspiegelt, die die bis dahin selbstverständliche Trennung von Erziehung und Unterricht aufhebt, reagiert die Pädagogik mit einer *Neubestimmung der Didaktik*, die über mehrere Etappen zu dem bildungstheoretischen Verständnis ihrer Aufgaben führt, das im didaktischen Denken bis heute vorherrscht: Wenn die Schule eine so bedeutsame gesellschaftliche Erziehungsagentur geworden ist und wenn schulische Erziehung sich vorwiegend im Unterricht vollzieht, dann muß die Didaktik als die unterrichtswissenschaftliche Disziplin der Pädagogik auch die Probleme der Sinnbestimmung schulischer Erziehung klären. Sie tut das unter dem Leitbegriff Bildung, der sich ebenfalls im frühen 19. Jahrhundert als Formel für die Sinn- und Zweckbestimmung aller Erziehungsprozesse in der deutschen Pädagogik etablieren kann. Im Bildungsbegriff, wie er im Zusammenhang der idealistischen Philosophie formuliert wurde, ist der aufs Ganze des gesellschaftlichen Lebens gerichtete Vernunftanspruch der Aufklärung aufgehoben. Bildung bezeichnet Aufwachsen in und zur Vernunft, zum selbständigen Urteilen und Handeln (vgl. BLANKERTZ 1982, S. 89 ff.; vgl. MENZE 1970).

Die Existenz der Schule als relativ selbständiger Institution ist immer nur insoweit gesichert, als sie sich ihrer gesellschaftlichen Umwelt gegenüber als Erbringer wichtiger, gesellschaftlich nachgefragter Leistungen präsentieren kann. Die Behauptung der Pädagogen, daß die Erziehung eine Eigenlogik besitze und daß Schule deshalb ihre Aufgabe verfehlen müsse, wenn sie zum bloßen Erfüllungsgehilfen bestimmter Abnehmererwartungen degradiert werde (vgl. zusammenfassend BENNER 1983), hat nur so lange Aussichten, ernst genommen zu werden und der Schule ein Stück Autonomie zu sichern, als die Institution in ihrer Leistungsfähigkeit nicht grundsätzlich in Frage gestellt wird. Die Geschichte der Schule zeigt denn auch von Beginn an eine nicht abreißende Kette von Auseinandersetzungen um ihre politische und administrativ-organisatorische Kontrolle, um die Rekrutierung und Ausbildung der Lehrer – und auch immer wieder um die Befugnisse und Handlungsspielräume der Lehrer (vgl. HERRLITZ u. a. 1981). Und wenn auch in einer Gesellschaft, in der aus

Dagmar Hänsel/ Peter Wienskowski

der bürgerlichen Revolution sehr schnell neue partikularistische Herrschafts- und Privilegierungsansprüche erwachsen sind, die Schule bis heute als Herrschafts- und Disziplinierungsinstrument benutzt wird und wenn auch die Schul- und Bildungspolitik nach wie vor ein wichtiges Kampffeld um Einfluß und Privilegien ist, so trifft doch ebenso zu, daß das Erbe der Aufklärung in Gestalt pädagogischer und politischer Rationalitätsansprüche der Schule bis heute nicht ausgetrieben werden konnte und in mancher Hinsicht erst in jüngster Zeit einer breiteren Öffentlichkeit bewußt geworden ist (wie an der Chancengleichheits- und Einheitsschuldiskussion der 60er und 70er Jahre abzulesen ist).
Vor diesem Hintergrund ist klar, daß es für eine bildungstheoretisch orientierte Didaktik wie für alle Pädagogik, die die Erziehung in Institutionen zu bestimmen versucht, ein zentrales Problem sein muß, die gesellschaftlich realen Möglichkeitsspielräume für eine an pädagogischer Vernunft orientierte Sinn- und Zweckbestimmung im je gegebenen Institutionszusammenhang zu ermitteln – also nach den Möglichkeiten und Grenzen didaktischen Handelns in der Schule zu fragen. Denn mit der Möglichkeit der Schule, auf gesellschaftliche Leistungsanmutungen mit einer pädagogisch eigenständigen Konzeption schulischen Lernens zu antworten und Abnehmerinteressen „pädagogisch zu brechen", steht und fällt auch die Chance der Didaktik, sich als eigenständige und zugleich praxisrelevante Wissenschaft zu behaupten. Die Identifikation von Möglichkeiten didaktischen Handelns, von realen Perspektiven für eine pädagogisch vernünftige Organisation der schulischen Bildung, ist also für die Didaktik lebensnotwendig.
Während es der Didaktik um die Zwecke, Inhalte und Methoden des Unterrichts geht, die in einer gegebenen gesellschaftlichen Situation als pädagogisch vernünftig ausgewiesen werden können, beschäftigt sich die *Theorie der Schule* als zweite schulpädagogische Disziplin mit der grundsätzlichen Frage der „institutionellen Sach- und Systemzwänge der Schule als gesellschaftlichen Teilsystems in ihrer Bedeutung für Erziehungs- und Unterrichtsprozesse" (BENNER 1978, S.366). Die Frage nach den Handlungsspielräumen des Unterrichts liegt also an der Nahtstelle zwischen Didaktik und Theorie der Schule; sie bezeichnet, um eine Wendung Benners aufzugreifen, den „schultheoretischen Implikationszusammenhang" der Didaktik (vgl. BENNER 1978, S.367): Die Didaktik muß sich einen Begriff von den eigenen Möglichkeiten und Grenzen machen und ihren Forderungen an die Praxis zugrunde legen – wie andererseits allerdings auch die Theorie der Schule ins Leere läuft, wenn sie sich nicht auf eine Konzeption vernünftiger schulischer Bildung stützen kann; denn nur unter dieser Voraussetzung hat sie einen Bezugspunkt, von dem her sie die gesellschaftlich gegebenen Möglichkeiten und Grenzen für pädagogisches Handeln untersuchen kann. Dies alles vorausgesetzt, nimmt es nicht wunder, daß die erziehungswissenschaftliche *Reflexion der Grenzen* der Erziehung eine *lange Tradition* hat: Vorbereitet durch Rousseaus vielzitierten Satz „Alles, was aus den Händen des Schöpfers kommt, ist gut; alles entartet unter den Händen des Menschen" (ROUSSEAU 1963, S.107), auf den Begriff gebracht durch Schleiermachers Forderung, die erfüllte Gegenwart des Kindes nicht zum Zwecke der Erziehung für eine ungewisse Zukunft „aufzuopfern" (vgl. SCHLEIERMACHER 1957, S.46), ideologiekritisch präzisiert durch die Marxsche Kritik am falschen Bewußtsein der bürgerlichen Klasse, Bildung für alle zu versprechen, sie aber nur für sich selbst zu sichern, gab es vor allem in der ersten Hälfte dieses Jahrhunderts scharfsinnige Bestimmungen der Grenzen der Erziehungstätigkeit, so GRISEBACHS existenzphilosophische Studie über „Die Grenzen des Erziehers und seine Verantwortung" (1924) oder BERNFELDS marxistisch und zugleich psychoanalytisch argumentierendes Buch „Sisyphos oder

die Grenzen der Erziehung" (1967). Die nach dem Zweiten Weltkrieg vorgelegten geisteswissenschaftlichen Studien über das „Unstetige" und die „Krise" in der Erziehung (vgl. BOLLNOW 1959) oder die Formulierung eines „Gesetzes der ungewollten Nebenwirkungen in der Erziehung" (SPRANGER 1962) wirken im Vergleich zur Radikalität der Fragestellung von Grisebach und Bernfeld eher harmonisierend. Erst im Zuge der Studentenrevolte und Bildungsreformpolitik der frühen 70er Jahre entstanden dann wieder gesellschaftskritisch orientierte Studien über die Widersprüchlichkeit der Lehrertätigkeit (vgl. COMBE 1971, HÄNSEL 1975, HOLLING/ BAMMÉ 1976, MOLLENHAUER 1968).

Der aktuellen Frage nach den Möglichkeiten und vor allem auch nach den Grenzen didaktischen Handelns liegt also eine Fülle von Denkvoraussetzungen zugrunde, die hier nur angedeutet, aber nicht systematisch aufgearbeitet worden sind. Im folgenden sollen statt dessen jene jüngeren didaktischen und schultheoretischen Untersuchungen aufgearbeitet werden, die sich mit dem Anspruch auf unmittelbare Handlungsorientierung an den Lehrer wenden (vgl. 2) oder die eine systematische Analyse des Lehrerhandelns leisten wollen (vgl. 3). Dabei werden solche Texte ausgewählt, die die Spannbreite der gegenwärtigen Diskussion verdeutlichen können und die exemplarisch für einflußreiche Denklinien der didaktischen und schultheoretischen Literatur sind.

2 Handlungsspielräume als Gegenstand der Didaktik des offenen Unterrichts

Die Didaktik des offenen Unterrichts ist in der Bundesrepublik Deutschland, durch angelsächsische Vorbilder angeregt, Mitte der 70er Jahre entstanden, zu einem Zeitpunkt also, zu dem die in der vorhergehenden Dekade geplante und eingeleitete Schulreform in die Krise geriet. Die Hoffnungen, grundlegende Veränderungen der Schulstruktur und der Lehrpläne, wie sie im Strukturplan des Deutschen Bildungsrats festgeschrieben worden waren, durchzusetzen, begannen zu schwinden, und Ernüchterung oder gar Enttäuschung über das geringe Ausmaß und die Qualität durchgesetzter Veränderungen nahm zu (vgl. BAETHGE 1972). Die Didaktik des offenen Unterrichts trat gegen die Resignation an, die sich gerade bei reformengagierten Lehrern breitzumachen drohte. Sie machte den Lehrern Mut, sich nun auf „innere" Schulreformen zu konzentrieren, also Schule durch verändertes didaktisches Handeln von innen heraus zu wandeln. Während aber konservative Bildungspolitiker und Pädagogen unter dem Leitbegriff der inneren Schulreform „Mut zur Erziehung" predigten und damit die Abkehr von emanzipationsorientierter Erziehung, die Verschärfung innerschulischer Selektion und die gegenseitige Abschottung einer der „breiten Masse" zugedachten Schulbildung und einer exklusiven „Elitebildung" meinten, hielten die Verfechter eines offenen Unterrichts nachdrücklich an den alten Reformzielen fest. Die Konzentration auf innere Schulreform gilt ihnen nicht als Notbehelf angesichts wachsender Reformfeindlichkeit, sondern vielmehr als komplementäre Ergänzung der nach wie vor geforderten „äußeren" Reformen. Durch innere Reformen werden nach der hier entwickelten Vorstellung äußere Reformen überhaupt erst für den Lehr- und Lernprozeß pädagogisch fruchtbar gemacht.

Den Texten zum offenen Unterricht liegt eine Reihe von Denkvoraussetzungen über didaktisches Handeln zugrunde, die zumeist nicht oder nicht ausreichend expliziert werden. Am deutlichsten werden sie noch in einem Text von FUHR (vgl. 1979) formuliert. Die Voraussetzungen des didaktischen Handelns, von denen die Didaktik des offenen Unterrichts ausgeht, lassen sich wie folgt zusammenfassen:

Dagmar Hänsel/ Peter Wienskowski

- Didaktisches Handeln von Lehrern findet in einem vorgegebenen gesellschaftlichen und institutionellen Rahmen statt, der ungünstig für die Organisation selbstbestimmter Lernprozesse ist und der durch didaktisches Handeln prinzipiell nicht aufgehoben werden kann.
- Innerhalb dieses restriktiven Rahmens verfügen die Lehrer aber über Möglichkeiten, emanzipatorisch didaktisch zu handeln.
- Diese Möglichkeiten und Handlungsspielräume werden von Lehrern gegenwärtig nicht hinreichend genutzt.
- Das Handlungsdefizit der Lehrer resultiert aus einer „falschen" (technologischen, praxisfernen, einseitig fachwissenschaftlich orientierten) Didaktik.
- Dieses Handlungsdefizit kann durch eine „richtige" (offene, konkrete, schülerorientierte) Didaktik behoben werden, die die Lehrer über bestehende Handlungsspielräume aufklärt, sie ermutigt und ihnen praktische Hilfen an die Hand gibt, um die Handlungsspielräume schrittweise zu nutzen.

Mit dem Begriff des offenen Unterrichts beschreibt diese Didaktik also zweierlei, nämlich ein *Unterrichtsideal* und einen *didaktischen Wandlungsprozeß*. Mit dem Prinzip der Offenheit wird umschrieben, wie Unterricht – an pädagogischen Ansprüchen gemessen – eigentlich sein sollte. Dieses Unterrichtsideal, das sein Vorbild in selbstbestimmtem Handeln in Lebenszusammenhängen hat, wird von dieser Didaktik normativ gesetzt und der als emanzipationsfeindlich charakterisierten Realität von Unterricht gegenübergestellt (vgl. RAMSEGER 1977). Die Dichotomie zwischen Ideal und Realität wird in entsprechend dichotomischen Begriffspaaren wie offener/geschlossener, schüler-/lehrerorientierter, informeller/formeller Unterricht ausgedrückt. Offener Unterricht gilt also im Vergleich zum bestehenden, als „Situation vollständiger Fremdbestimmung" kritisierten Unterricht als etwas ganz anderes (RAMSEGER 1977, S. 20): Im offenen Unterricht erfüllen die Schüler und Lehrer pädagogisch sinnvolle Aufgaben, ihre Beziehungen untereinander gestalten sich symmetrisch und nicht asymmetrisch, sie erfahren Spaß statt Angst und Zwang, kurz: Schüler und Lehrer sind hier Subjekte, nicht Objekte des Lernens und Lehrens (vgl. BRENNER 1981, S. 11 ff.; vgl. SCHWEDES 1977).

Offener Unterricht meint aber nicht nur ein Ideal von Unterricht, das der schlechten Realität diametral gegenübersteht, sondern auch einen didaktischen *Wandlungsprozeß*, das heißt einen Wandel des didaktischen Handelns von Lehrern, der die innere Reform von Schule und Unterricht bewirkt. Offener Unterricht wird damit einerseits als Zustand, als Emanzipation von Schülern und Lehrern, andererseits als Prozeß innerer Reform von Schule und Unterricht verstanden, der auch mit dem Begriff „Öffnung des Unterrichts" umschrieben wird.

Es ist nun zu fragen, wie die Didaktik des offenen Unterrichts den *Zusammenhang* zwischen Unterrichtsideal und didaktischem Wandlungsprozeß definiert. Die Frage soll an der folgenden, von Schwedes vorgelegten Definition verdeutlicht werden: „Schülerorientierter Unterricht" ist „ein Prozeß, in dessen Verlauf Lehrer und Schüler *gemeinsam* die unterrichtliche Struktur so verändern, daß ein zunehmend größeres Ausmaß an Selbständigkeit und Mitbestimmung möglich wird, entsprechend dem Leitbild des mündigen Bürgers in einer demokratischen Gesellschaft" (SCHWEDES 1977, S. 9). Der Zusammenhang wird hier also in einer schrittweisen Annäherung des Schulalltags an das Unterrichtsideal gesehen. Ähnliche Vorstellungen finden sich bei anderen Autoren: So spricht Ramseger von der „nur schrittweise möglichen Annäherung an ein gesetztes Ideal" (RAMSEGER 1977, S. 27; vgl. auch KLEWITZ/MITZKAT 1982, S. 86; vgl. MEYER 1980, S. 209; vgl. SCHELLER 1981, S. 2). Die schrittweise Annäherung soll also genau dadurch erreicht werden, daß die

Möglichkeiten und Grenzen didaktischen Handelns in der Regelschule

Lehrer ihr didaktisches Handeln am Ideal emanzipatorischen Lernens und Lehrens orientieren. Die Didaktik umschreibt dann aber mit dem Begriff des offenen Unterrichts einen paradoxen Sachverhalt: Es wird eine *Entschulung der Schule* gefordert, die *in der Schule selbst* durch verändertes didaktisches Handeln erfolgen soll. Die Lehrer sollen unter den gegebenen Voraussetzungen didaktisch handeln, also Unterricht machen, und sie sollen diesen Unterricht zugleich derart verändern, daß er im Idealfall kein Unterricht mehr ist, sondern mit selbstbestimmtem Handeln in Lebenssituationen identisch wird. Die zentralen Bestimmungsstücke für Unterricht (die Zielgerichtetheit und Lenkung des Lernens und Lehrens sowie die organisatorische Trennung von Schule und Lebenszusammenhängen) werden nach dieser Vorstellung vom offenen Unterricht zumindest in dessen Idealform hinfällig. Klewitz und Mitzkat erwägen denn auch eine „Neuformulierung des Begriffs Unterricht", weil offener Unterricht „geradezu im Gegensatz" zu den oben genannten Bestimmungsstücken von Unterricht stehe (KLEWITZ/MITZKAT 1982, S. 67, S. 69). Die Verfechter eines offenen Unterrichts, der Unterricht und sein Gegenteil zugleich sein soll, lassen sich durch dieses Paradox nicht irritieren, weil sie meinen, zwischen der äußeren Form und der inneren Substanz des didaktischen Handelns und des Unterrichts trennen zu können. Offener Unterricht ist dann wohl seiner äußeren Form nach Unterricht, nämlich eine Veranstaltung, die in der Institution Schule stattfindet, seiner inneren Substanz nach ist er aber etwas ganz anderes, nämlich die schrittweise, durch die „richtige" Didaktik angeleitete Annäherung an selbstbestimmtes Handeln in Lebenszusammenhängen.

Die Aufspaltung didaktischen Handelns, das sich einerseits in einen restriktiven gesellschaftlichen und institutionellen Rahmen einpassen, andererseits seine emanzipatorische Substanz bewahren muß, spiegelt sich in der Art und Weise wider, in der die Didaktik des offenen Unterrichts den Begriff des Handlungsspielraums verwendet. Der Begriff hebt hier nur auf die eine Seite des Zusammenhangs, nämlich auf die Möglichkeiten (nicht aber auf die Grenzen) des Lehrerhandelns, ab. Und diese Möglichkeiten werden wiederum nur als didaktische (und nicht auch als institutionelle und gesellschaftliche) bestimmt. So entsteht der falsche Eindruck, als würden Gesellschaft und Institution dem Lehrer „Unpädagogisches" abverlangen, während der Lehrer zumindest in bestimmten Bereichen, die offenbar der gesellschaftlichen und institutionellen Kontrolle entzogen bleiben, rein „pädagogisch" zu handeln vermöge.

Darüber hinaus verleitet der Begriff „Handlungsspielräume" dazu, Handlungsmöglichkeiten als reale räumlich-zeitliche Gegebenheiten mißzuverstehen. Diese reale räumlich-zeitliche Gegebenheit stellt den Unterricht (genauer: dessen „Innenseite") als eine didaktische Handlungssituation zwischen Lehrern und Schülern dar, in der sozusagen hinter verschlossenen Türen, im Klassenraum, das „positiv Mögliche innerhalb des entfremdeten Rahmens" (RAMSEGER 1977, S. 21) zu verwirklichen sei, also emanzipatorisch didaktisch gehandelt werden könne. Da aber diese „Innenseite" des Unterrichts wie eine gesellschaftliche und institutionelle Leerstelle begriffen wird, entsteht auch die Vorstellung einer Autonomie der Zwecksetzung, die Vorstellung also, daß die im „äußeren" Rahmen enthaltene gesellschaftliche Repression sich nicht zwangsläufig in die didaktische Handlungssituation hinein verlängert; sie kann vielmehr davon freigehalten und an allein pädagogischen Zwecken orientiert werden. Ob und wieweit die Handlungsspielräume von den Lehrern genutzt werden, wird so zum zentralen Problem der Didaktik des offenen Unterrichts.

Aber die Vorstellung, daß sich in unserer Schule ein offener Unterricht realisieren lasse, in dem Schüler und Lehrer die Subjekte ihres Lernens und Lehrens sind, ist ebenso falsch wie die Annahme, daß der „herkömmliche" Unterricht zwangsläufig „geschlossen" sei, also eine „Situation vollständiger Fremdbestimmung der Schüler" (RAMSEGER 1977, S. 20) darstelle. In beiden Fällen werden die Möglichkeiten und Grenzen der Didaktik und des didaktischen Handelns von Lehrern überschätzt und zugleich unterschätzt. Didaktisches Handeln, wie kompetent es auch immer sein mag, kann unter den gegebenen gesellschaftlichen und institutionellen Bedingungen prinzipiell nicht emanzipatorisches Lernen und Lehren schrittweise verwirklichen – aber umgekehrt handeln Lehrer und Schüler im herkömmlichen Unterricht schon heute immer auch so, daß sie sich gegenseitig als Subjekte anerkennen, wie emanzipationsfeindlich die Rahmenbedingungen auch sein mögen, und schon heute sind in Gesellschaft und Institution immer auch Sinnbezüge virulent, die auf Emanzipation und Freiheit, auf Erziehung in und zur Vernunft und Selbstbestimmung gerichtet sind.

Mit dem Begriff des „offenen Unterrichts" wird sehr treffend die Widersprüchlichkeit der schulischen Lern- und Lehrsituation umrissen, die als *Unterricht* in die entfremdeten Bedingungen der bürgerlichen Gesellschaft eingebunden ist und die zugleich ihren Charakter als menschliche Praxis, die auf dem Wege zur Emanzipation und damit immer auch *offen* ist, nicht vollständig leugnen kann (vgl. BENNER 1983). Jeder Unterricht ist deshalb (mehr oder weniger) offener Unterricht. Die von den Vertretern der Didaktik des offenen Unterrichts vorgenommene Auslegung dieses Begriffs ist jedoch naiv. Diese Didaktik halbiert die Widersprüchlichkeit schulischen Lernens und Lehrens, indem sie die entfremdete Seite jeden Unterrichts mit dem herkömmlichen, die emanzipatorische jedoch mit dem künftigen Unterricht gleichsetzt, der bei Befolgung der didaktischen Handlungsimperative versprochen wird. Aber nicht nur die Vorstellung eines geschlossenen und eines offenen Unterrichts, die als Endpunkte eines Kontinuums von Entfremdung bis Emanzipation begriffen werden, erweist sich als naiv, vielmehr erweist sich auch die Vorstellung einer schrittweisen Öffnung von Unterricht und damit einer schrittweisen Ausnutzung von Handlungsspielräumen als Fiktion. Es ist wohl denkbar, daß Lehrer schrittweise lernen können, kompetenter didaktisch zu handeln, aber damit nähern sie schulisches Lernen und Lehren weder schrittweise dem Emanzipationsideal an, noch bewirken sie so die innere Reform der Schule und des Unterrichts. Es ist nicht möglich, die Schule vom allgemeinen gesellschaftlichen Emanzipationsprozeß abzukoppeln; eine prinzipielle Annäherung an das Ideal des offenen und schülerorientierten Unterrichts ist deshalb auch nur im Kontext gesamtgesellschaftlicher Emanzipationsschübe denkbar.

3 Handlungsspielräume als Gegenstand von Analysen des Lehrerhandelns

In den letzten zwei Jahrzehnten sind einige unterschiedlich orientierte Analysen des Lehrerhandelns vorgelegt worden. Als „Analysen des Lehrerhandelns" werden hier solche Arbeiten bezeichnet, die die gesellschaftliche Aufgabe des Lehrers beschreiben und die systematisch zu bestimmen suchen, wie Lehrer mit dieser Aufgabe umgehen können. In diesen Analysen werden Vorstellungen über die Handlungsspielräume der Lehrer entwickelt, die weniger simpel und naiv anmuten als die soeben referierten Konzepte der Didaktik des offenen Unterrichts dies nahelegen. Das hängt vor allem damit zusammen, daß diese Lehreranalysen einem anderen Erkenntnisinteresse folgen. Sie kreisen nicht um die praktische Frage, wie Lehrern geholfen werden kann, Handlungsspielräume besser zu nutzen, sondern fragen, welche Aufgabe dem Lehrer tatsächlich gestellt wird und wie er mit dieser Aufgabe umgeht. Beide Fragestellungen bleiben miteinander verknüpft: Die Frage der Didaktik setzt eine Antwort auf die Frage, die die Lehreranalysen stellen, voraus; umgekehrt greifen die Lehreranalysen zu kurz, wenn sie ihre Ergebnisse nicht didaktisch konkretisieren.

Die Lehreranalysen sitzen deshalb nicht so leicht der simplen Vorstellung von äußeren Grenzen und inneren Handlungsmöglichkeiten auf, weil sie mit der Frage nach der Aufgabe des Lehrers die Frage nach gesellschaftlich und institutionell gesetzten Grenzen und nach individuellen Handlungsmöglichkeiten zugleich stellen. Handlungsspielräume können dann nicht als Freiräume didaktischen Handelns begriffen werden, die innerhalb eines Rahmens gesellschaftlicher und institutioneller Repression übrigbleiben, sondern müssen vielmehr aus der gesellschaftlich gestellten, institutionell vermittelten und didaktisch bearbeiteten Aufgabe des Lehrers abgeleitet werden.

In der aktuellen Diskussion um das Lehrerhandeln lassen sich drei Theorieansätze unterscheiden, nämlich ein *rollentheoretischer*, ein *politökonomischer* und ein *instrumentell-didaktischer* Theorieansatz. Diese Ansätze unterscheiden sich nicht nur durch unterschiedliche Bezugstheorien (die Rollentheorie, die politische Ökonomie des Ausbildungssektors und die Didaktik), sie geben auch je spezifische Antworten auf die Frage nach der Aufgabe didaktischen Handelns und nach der Art und Weise, wie Lehrer mit dieser Aufgabe umgehen können. Wie unterschiedlich diese Aufgabe auch beschrieben wird, in einem Punkt sind sich alle Analysen einig: Didaktisches Handeln von Lehrern ist von *Widersprüchen* geprägt. Drei Typen solcher Widersprüche sind zu finden:

- Widersprüche zwischen unterschiedlichen Erwartungen, die dem Lehrer gestellt werden und die seine Aufgabe konstituieren, nämlich Schüler individuell zu fördern und zu erziehen und sie zugleich für ungleiche soziale Positionen auszulesen.
- Widersprüche innerhalb der Erziehungsaufgabe, etwa der Widerspruch zwischen Führung und Befreiung oder Lenkung und Selbstbestimmung.
- Widersprüche zwischen angesonnener und wirklicher Aufgabe des Lehrers, nämlich zwischen der Erziehungsaufgabe, die die Gesellschaft dem Lehrer zum Schein ansinnt, und seiner wirklichen Aufgabe, Kinder für das Gesellschaftssystem zuzurichten.

Die genannten Theorieansätze zum Lehrerhandeln rücken jeweils einen Typus von Widersprüchen in das Zentrum ihrer Argumentation. Die rollentheoretischen Analysen betonen vor allem den Widerspruch zwischen Fördern und Auslesen, die instrumentell-didaktischen Analysen weisen auf die Spannungen hin, die für erzieherisches Handeln schlechthin charakteristisch erscheinen, und die politökonomischen Analysen heben vor allem auf den Widerspruch zwischen Anspruch und Wirklichkeit der Lehreraufgabe ab. Im folgenden sollen – in umgekehrter Reihenfolge – drei konkrete Beispiele von Lehreranalysen dargestellt und kritisch gewürdigt werden, die den aktuellen Diskussionsstand repräsentieren und jeweils die Probleme der drei Theorieansätze besonders deutlich zeigen: die dem instrumentell-didaktischen Theorieansatz folgende Untersuchung von DÖRING (vgl. 1980), die politökonomisch argumentierenden Studien von HOLLING/BAMMÉ (vgl. 1976, 1982) und die rollentheoretischen Analysen von REINHARDT (vgl. 1978, 1981, 1982).

DÖRING (vgl. 1980) beansprucht, eine umfassende Theorie des Lehrerhandelns zu entwickeln, in der alle anderen Theorieansätze aufgehen, ohne diesen Anspruch durchhalten zu können. Döring macht den Organisationszweck der Schule in der

„planmäßigen Herbeiführung von Verhaltensänderungen im weitesten Sinne bei Schülern" (DÖRING 1980, S. 47) fest. Aufgabe des Lehrers als „bezahlter Verhaltensänderer" ist es, den vorgegebenen Schulzweck so rationell und effektiv wie möglich zu erfüllen, und das heißt in Dörings Verständnis, professionell zu handeln (DÖRING 1980, S. 47). Döring beklagt, daß die Lehrer mit ihrer Aufgabe nicht angemessen umgehen. Den Lehrern fehle „weithin die rationale und nüchterne ‚objektspezifische' Orientierung" (DÖRING 1980, S. 27); sie seien häufig nicht in der Lage, „ihr eigenes Verhalten als Instrument rational und optimal in den Unterricht einzubringen" (DÖRING 1980, S. 46). Statt dessen verhielten sich die Lehrer so, wie sie sich schon immer verhalten hätten, nämlich „intuitiv, improvisierend und persönlichkeitsspezifisch" (DÖRING 1980, S. 26).

Didaktisches Handeln von Lehrern wird bei Döring als instrumentelles und zweckrationales begriffen, als ein Mittel, das der effektiven Erfüllung eines vorgegebenen Zwecks, der planmäßigen Verhaltensänderung, dienen soll. Aber dieser vorgegebene Zweck ist bei Döring nicht mehr Gegenstand der Reflexion. Es geht ihm vielmehr um das Problem, wie die Zweckerfüllung zu optimieren ist. Das Erkenntnisinteresse der Döringschen Analyse ist nur bei genauerem Hinsehen präzis zu bestimmen: Döring beschreibt, wenn auch nur äußerst knapp, welche gesellschaftlich gestellte und institutionell vermittelte Aufgabe der Lehrer hat und auf welche Art und Weise er mit dieser Aufgabe umgehen kann (insofern ist der Text den Lehreranalysen zuzurechnen); er will aber auch eine didaktische Handlungsorientierung vermitteln, er will Realisierungsbedingungen und Bestimmungsstücke kompetenten Lehrerhandelns verdeutlichen (insofern ist der Text der Didaktik zuzurechnen).

An seiner Auslegung der Widersprüchlichkeit der Lehreraufgabe zeigt sich, daß Döring eine unverkürzte Realisierung sinnerfüllter Erziehung in der Schule für möglich hält. Die von ihm als Beispiele aufgeführten Widersprüche, etwa von „Führung und Befreiung, Lenkung und Selbstbestimmung, Lehre und Kritik", bilden insgesamt ein Spannungsfeld *innerhalb* der Erziehungsaufgabe, und so kann er resümieren, daß der Lehrer *„einen ganzheitlichen Rahmen* [...] gestalten könne, in dem diese Widersprüchlichkeit aufarbeitbar wird" (DÖRING 1980, S. 309 f.).

Die harmonisierende Auslegung der Widersprüchlichkeit des Lehrerhandelns und die Verstümmelung des Begriffs der Erziehung, die nur noch als Technik der Verhaltensänderung in den Blick gerät, haben zur Folge, daß sich das Problem der Möglichkeiten und Grenzen didaktischen Handelns in dem einleitend charakterisierten Sinne für Döring gar nicht mehr stellt. Döring sieht die „Grenzen" didaktischen Handelns in dem Zweck, der dem Lehrer durch seine spezifische Aufgabe gesetzt ist, nämlich planmäßige Verhaltensänderungen zu bewirken, und er sieht die „Möglichkeiten" genau darin, diesen Zweck rational und effektiv zu erfüllen. Der Begriff des Handlungsspielraums von Lehrern wird überflüssig, weil die durch die Aufgabe der Erziehung gesetzten Grenzen didaktischen Handelns und seine Möglichkeiten „richtigen" (das heißt hier: zweckrationalen) didaktischen Handelns zusammenfallen. Es ist deshalb kein Zufall, daß der Terminus „Handlungsspielraum" in Dörings umfangreicher Analyse keine Rolle spielt – ebensowenig wie in anderen didaktischen Ansätzen, die ein vergleichbares instrumentelles Theorieverständnis entwickeln (vgl. MÖLLER 1969).

In den Lehreranalysen, die dem *politökonomischen Theorieansatz* zugerechnet werden können, stellt sich das Problem *dann* ähnlich, wenn das Handeln des Lehrers als funktional für die Erfüllung kapitalistischer Verwertungsinteressen begriffen wird. So sehen Holling und Bammé die reale Aufgabe und Leistung von Schule und Lehrern darin, Kinder für ihre künftige Existenz als Lohnarbeiter zuzurichten. Die

Möglichkeiten und Grenzen didaktischen Handelns in der Regelschule

Tätigkeit des Lehrers erscheint ihnen als entfremdete und sinnlose Tätigkeit, als Lohnarbeit, die ein Mittel zu einem außer ihr liegenden Zweck darstellt: „Auch Lehrerarbeit ist schließlich Lohnarbeit, d. h. für die Lehrer zuerst und vor allem das *Mittel*, um leben zu können [...] Wie alle Lohnarbeit ist auch Lehrerarbeit von Gleichgültigkeit und Entfremdung geprägt" (HOLLING/BAMMÉ 1976, S. 64 f.). Die Identifikation des Lohnarbeiters mit seiner Tätigkeit sei nur eine äußerliche und scheinhafte; der Arbeitende tue um individueller Vorteile willen so, „*als ob* er sich mit seiner Arbeit identifiziert" (HOLLING/BAMMÉ 1976, S. 28).

Die Lehrertätigkeit bietet gegenüber anderen Lohnarbeitertätigkeiten einen relativ größeren Freiraum und damit größere Identifikationsmöglichkeiten für die Handelnden. So geht der Lehrer nicht mit Sachen, sondern mit Personen um, die sich, wenn auch vergeblich, gegen ihre Zurichtung wehren; die eingeschränkte Objektivierbarkeit seines Arbeitsergebnisses begrenzt die Möglichkeiten der Kontrolle seines Handelns; und der Beamtenstatus entzieht ihn dem unmittelbaren Zugriff des Kapitals. Diesem Freiraum des Lehrers wohnt jedoch keine überschießende Kraft inne, vielmehr spielt er umgekehrt eine wichtige Rolle im schleichenden Anpassungsprozeß des Lehrers (vgl. HOLLING/BAMMÉ 1976, S. 103). Der Freiraum erweist sich als funktional, um dem Lehrer ein falsches Bewußtsein seiner Aufgabe und seiner Tätigkeit zu vermitteln, die Vorstellung nämlich, es gehe bei seiner Aufgabe um Erziehung im Interesse der Schüler und um eine sinnvolle Tätigkeit. Holling und Bammé fordern die Lehrer deshalb auf, sich durch den besonderen Charakter ihrer Tätigkeit nicht täuschen zu lassen, sondern sie als das zu durchschauen, was sie wirklich ist, nämlich Lohnarbeit, die von ihnen Gleichgültigkeit gegenüber der Arbeit erfordert. Holling und Bammé empfehlen den Lehrern deshalb, ein Verhalten zu entwickeln, das sie als „gezielte Identifikation und gezielte Gleichgültigkeit" umschreiben (HOLLING/BAMMÉ 1982, S. 5). „Handlungsspielräume" stellen nach diesem Begriffsverständnis nichts anderes als Verkörperungen des falschen Scheins der Tätigkeit und ein Mittel zur Bewußtseinsvernebelung dar.

Holling und Bammé wiederholen im Prinzip die Argumentation, die bei Döring zu finden war, versehen sie aber mit umgekehrten Vorzeichen. Didaktisches Handeln erscheint hier wie dort als Mittel zur Erfüllung eines außer ihm liegenden Zweckes, der entweder als Erziehung (Döring) oder als Zurichtung (Holling/Bammé) begriffen wird. Die Handelnden gelten hier wie dort als Werkzeuge, die eine vorgegebene Aufgabe exekutieren müssen. Weder Döring noch Holling/Bammé können deshalb einen Begriff von Handlungsspielräumen im eingangs angedeuteten Sinne entwickeln.

Die Vorstellung von Handlungsspielräumen im eingangs definierten Sinne ist an die Vorstellung gebunden, die Aufgabe didaktischen Handelns sei objektiv widersprüchlich, und zwar dergestalt, daß sie Erziehung und ihr Gegenteil zugleich zum Inhalt und Ziel habe: Der Widerspruch zwischen Anspruch und Wirklichkeit, auf den Holling/Bammé abheben, und die Widersprüche innerhalb der Erziehungsaufgabe, auf die Döring verweist, erweisen sich nicht als Widersprüche in der eigentlichen Bedeutung des Wortes. Der „Widerspruch" zwischen Anspruch und Wirklichkeit wohnt nicht dem objektiven Sein, der realen Aufgabe des Lehrers, inne, sondern stellt ein Phänomen falschen Bewußtseins dar, das durch Theorie beseitigt werden soll. Ebenso sind die von Döring aufgezeigten „Widersprüche" innerhalb der Erziehungsaufgabe, etwa der Widerspruch zwischen Lenkung und Selbstbestimmung, keine eigentlichen Widersprüche. Lenkung und Selbstbestimmung stellen wohl zwei Seiten der objektiven Aufgabe dar, die didaktischem Handeln gestellt ist, diese Seiten sind aber nicht auf einander ausschließende Ziele bezogen. Lenkung und

Selbstbestimmung stellen vielmehr nach dem Verständnis der Bildungstheorie komplementäre Aspekte einer Aufgabe dar, die auf ein und dasselbe Ziel, nämlich auf Erziehung, bezogen sind.

In den *rollentheoretischen Lehreranalysen* wird die Widersprüchlichkeit der Lehreraufgabe in noch anderer Weise gefaßt, nämlich als Widerspruch zwischen Erwartungen, die unterschiedliche Bezugsgruppen an den Lehrer richten. Reinhardt hebt auf die Erwartungen ab, die die Schüler einerseits, die Gesellschaft andererseits als „Klienten" an den Lehrer richten und die sich inhaltlich auf Förderung, aber auch auf Auslese beziehen. „Der Klient ‚Gesellschaft' und die damit gegebene Selektionsfunktion ist vorrangig in der Organisation der Schule als bürokratischer Organisation festgeschrieben" (REINHARDT 1982, S. 60). Seine widersprüchliche Aufgabe stürzt den Lehrer in Konflikte, denn die „Funktion des Beurteilers ist nicht vereinbar mit der Funktion des dem Individuum allein verpflichteten Pädagogen, der dem Schüler immer wieder Kredit geben würde und nicht auf die Idee käme, sein Vertrauensverhältnis zum Schüler zu gefährden durch die Ausübung karriereentscheidender Macht" (REINHARDT 1972, S. 83).

Wie kann der Lehrer mit den widersprüchlichen Erwartungen umgehen? „Idealtypisch könnte man sich vorstellen, daß jeweils die eine Seite eines Konflikts vernachlässigt wird, während die andere Seite voll erfüllt wird. Man könnte auch annehmen, daß Lehrer balancieren, also in ihrem Handeln beide Pole der jeweiligen Konfliktstruktur zu verwirklichen versuchen: Also das eine zu tun, ohne das andere zu lassen. Nur dieses Balance-Verhalten ist der Struktur angemessen, denn die Leugnung eines Konfliktpotentials ist kein realitätsgerechtes Verhalten" (REINHARDT 1978, S. 519). Eine solche Balance ist nach Reinhardts Vorstellungen dadurch herstellbar, daß „die Funktionen der Auslese und Förderung im Lehrerverhalten deutlich getrennt werden und der Auslesefaktor möglichst nur zu bestimmten Zeiten eine Rolle spielt" (REINHARDT 1981, S. 143). Es ist deshalb nur konsequent, wenn Reinhardt feststellt, daß vorhergegangene Selektionsschritte, etwa die Auslese für das Gymnasium, dem Lehrer helfen, sich auf seine Förderaufgabe zu konzentrieren, „sofern die Kriterien der Auslese prognostische Kraft hatten" (REINHARDT 1981, S. 144). Insgesamt überzeugt diese Fassung der Widerspruchsthematik und des darin zu entfaltenden Begriffs des Handlungsspielraums eher als die Interpretationsvorschläge der übrigen hier vorgestellten Analysen. Aber auch im rollentheoretischen Ansatz sind noch folgenreiche Verkürzungen zu erkennen: Wenn Reinhardt die Aufgabe der Auslese und die der Förderung auf je andere Adressaten (auf den „Klienten Gesellschaft" und den „Klienten Schüler") bezieht, dann sitzt sie der Vorstellung auf oder vermittelt zumindest den Eindruck, als handele es sich um getrennte Teilaufgaben der Lehrertätigkeit und nicht um die zwei Seiten ein und derselben Aufgabe, die im unterrichtlichen Handeln untrennbar miteinander verknüpft sind. Fördern, so unterstellt sie, findet vornehmlich in der unterrichtlichen Interaktion mit den Schülern statt, Auslese dagegen vornehmlich in Verteilungssituationen, bei Versetzungen oder in Abschlußprüfungen. Im negativen Fall konzentriert sich der Lehrer dann jeweils nur auf eine der Teilaufgaben und wird so ein „verknöchert-verzweifelter, autoritärer oder lascher Lehrer", im Idealfall bedient der Lehrer jedoch seine beiden Klienten, indem er jedem das Seine zukommen läßt und die unterschiedlichen Rollenerwartungen ausbalanciert (REINHARDT 1982, S. 63).

So taucht auch bei Reinhardt – wenn auch in einer weniger naiven Variante – die Trennung zwischen „äußeren" Restriktionen und „inneren" Möglichkeiten wieder auf, wie sie auch bei der Didaktik des offenen Unterrichts kritisiert worden ist (vgl. 2). Die Restriktionen didaktischen Handelns gelten jedoch nicht einfach als dessen gesellschaftlicher und institutioneller Rahmen, sondern als sein Teilgegenstand, als Ausleseaufgabe. Diese Teilaufgabe bleibt aber der primären Aufgabe des Lehrers, die Reinhardt in der Förderung der Schüler sieht, äußerlich und kann deshalb auch von ihr getrennt werden (vgl. REINHARDT 1981, S. 142). Diese Annahme ist jedoch falsch: Jede Interaktion des Lehrers mit seinen Schülern hat – in der Entscheidung, welcher Schüler aufgerufen werden soll, welches Thema gestellt werden soll, welche Methode gewählt werden soll – immer auch eine selektierende Funktion; und jede Selektion, die der Lehrer durchführt, ist zugleich eine das Lernen der Schüler fördernde oder hemmende Interaktion.

4 Probleme und Perspektiven

Abschließend sollen in zwei Argumentationsschritten zunächst die gemeinsamen *Merkmale* der gegenwärtigen Auseinandersetzung über die Möglichkeiten und Grenzen didaktischen Handelns in der Schule zusammengefaßt werden, um danach die *Bedingungen* zu formulieren, die an eine dem Stand der erziehungswissenschaftlichen Diskussion genügende Untersuchung zu richten sind.
Die Didaktik des offenen Unterrichts und die Lehreranalysen verfehlen und *verharmlosen die Widersprüchlichkeit* der Aufgabe, die dem Lehrer gestellt ist. Was in ihnen als „Widerspruch" bezeichnet wird, erweist sich
- entweder als bloßes Spannungsgefüge von Aufgaben, deren praktische Vermittlung zwar schwierig, aber prinzipiell möglich ist,
- oder als bloßer Gegensatz von Schein und Sein, von vorgeblicher und wirklicher Aufgabe,
- oder als Addition von Teilaufgaben, die sich zwar nicht miteinander vereinbaren lassen, weil sie von unterschiedlichen Auftraggebern stammen, die aber je für sich abgeleistet und deshalb der Tendenz nach gegeneinander abgegrenzt werden können.

Allemal, auch in der dritten Variante, wird verfehlt, was die Aufgabe erst so schwierig macht: daß sie immer, in allen Details und gegenüber allen Bezugsgruppen, durch miteinander nicht zu vereinende Elemente geprägt ist, die sich widersprechen und dennoch nicht gleichsam natürlich voneinander abzulösen sind.
Die Beziehung zwischen der *Aufgabe*, die dem Lehrer im institutionellen Zusammenhang der Schule gestellt ist, und seinen *subjektiv-handlungsleitenden Orientierungen* und seinem *realen Handeln* wird in keiner der vorgestellten Analysen angemessen rekonstruiert. Sie wird entweder als einseitig bestimmter Determinationszusammenhang gedeutet, dem zufolge die Lehrer, wie auch immer sie dazu stehen mögen und ob es ihnen bewußt ist oder nicht, die institutionell fixierte Aufgabe zu erfüllen haben (gesellschaftskritisch gewendet bei Holling/Bammé, affirmativ bei Döring); oder die institutionell gegebene Aufgabe und das subjektive Handeln werden in einer Weise voneinander abgetrennt, daß der Eindruck entsteht, die Lehrertätigkeit bestünde aus zwei unabhängig voneinander variierbaren, beliebig miteinander kombinierbaren Elementen: dem, was die Lehrer tun müssen, und dem, was sie tun wollen. Als könnten sie, wenn sie erst einmal den objektiv gesetzten Anforderungen Genüge getan hätten, in einem zweiten Schritt frei bestimmen, was sie in ihrer Arbeit sonst noch tun wollen (vgl. demgegenüber die neueren Untersuchungen zur subjektiven Wahrnehmung und Verarbeitung von Unterrichtsrealität bei BROMME 1981, HOFER 1981, VOIGT 1985, WAGNER u. a. 1982, WAHL u. a. 1983).
Die Didaktik des offenen Unterrichts und die Lehreranalysen unterscheiden zwi-

schen *falschen Bewältigungsformen* der gestellten Aufgabe, die die Mehrheit der Lehrer in der Praxis entwickelt, und der *richtigen Bewältigungsform*, die die Theorie den Lehrern als wünschenswerte Alternative andient. Alle Analysen sind sich in der Feststellung einig, daß Lehrer vorhandene Handlungsspielräume nicht hinreichend nutzen, weil ihnen ein richtiges Bewußtsein ihrer Aufgabe fehlt und/ oder weil ihr Handeln unzureichend ist. Die Analysen wollen den Lehrern das richtige Bewußtsein ihrer Aufgabe vermitteln und sie über richtiges didaktisches Handeln aufklären, um sie so zur besseren Nutzung von Handlungsspielräumen zu befähigen.

Auf dem Hintergrund dieser grundlegenden Kritikpunkte lassen sich weitere Kurzschlüssigkeiten feststellen:

Die Untersuchungen *über-* und *unterschätzen das Handeln der Lehrer* zugleich: Sie überschätzen deren Möglichkeiten, die Widersprüche zu beherrschen oder gar stillzustellen (vgl. DÖRING 1980, S.310); und sie unterschätzen die Urteils- und Handlungsfähigkeit der Lehrer, wenn sie glauben, diese erstmalig über das Faktum der Widersprüchlichkeit aufklären und dann aufgrund solcher Belehrung die Probleme und Schwierigkeiten alltäglichen Unterrichts aufheben zu können.

Die Konzeption der *Handlungsspielräume* enthält gravierende Schwächen:
- in der Idee, daß es „Freiräume" jenseits der restriktiven gesellschaftlichen und institutionellen Bedingungen gäbe, die die Lehrer nur besetzen und produktiv ausfüllen müßten;
- in der Idee, daß die Entdeckung und Ausnutzung dieser Spielräume eine Prinzipienfrage sei, daß die entscheidende Schwierigkeit überwunden sei, wenn nur die Wissenschaft die Problemlage richtig auf den Begriff gebracht habe;
- und in der Idee, daß Lehrer - ins richtige Bewußtsein gesetzt - ihren Spielraum schrittweise so erweitern könnten, daß sich die pädagogische Qualität ihres Handelns derart steigern lasse, daß sie schließlich die Widersprüchlichkeit ihres Handelns „von innen" aufhöben.

Diese Kritik trifft die vorgestellten Arbeiten nicht in gleichem Maße: In der Untersuchung von Döring wird die Widersprüchlichkeit der Schule so verharmlost, daß sich die Frage nach den Handlungsspielräumen gar nicht mehr stellt. In der Didaktik des offenen Unterrichts werden „Handlungsspielräume" naiv unterstellt, Holling und Bammé verfallen ins andere Extrem und verstehen Schule nur noch als Ort der Abrichtung. Reinhardt schließlich liefert unter allen Autoren die treffendste Analyse der Widersprüchlichkeit; ihr Modell des „klugen Balancierens" enthält brauchbare Hinweise auf eine realitätsgerechte Formulierung des Problems.

Aus dieser Kritik können nun, positiv gewendet, die *Bedingungen* formuliert werden, die erfüllt sein müssen, wenn die erziehungswissenschaftliche Auseinandersetzung mit Möglichkeiten und Grenzen didaktischen Handelns und mit den Handlungsspielräumen des Lehrers nicht in einer Sackgasse enden soll:

Die Widersprüchlichkeit des Lehrerhandelns muß genauer bestimmt werden: Die Handlungssituation des Lehrers als widersprüchlich zu begreifen heißt, daß sie Erziehung zum Ziel und Inhalt hat und zugleich ein Handeln verlangt, das Erziehung unmöglich macht. Die Widersprüchlichkeit muß als im gesellschaftlichen Substrat verankert gedacht werden, und zwar derart, daß ihre Auflösung im Binnenraum des Bildungssystems als nicht denkbar erscheint. Und sie muß als unteilbar gedacht werden: Es gibt im Lehrerhandeln keinen Teilbereich, in dem sie vollständig aufgehoben wäre.

Der Zusammenhang zwischen der gesellschaftlich und institutionell gestellten Aufgabe einerseits und dem individuellen Bewußtsein und Handeln des Lehrers andererseits ist als ein wechselseitiges Durchdringungsverhältnis, als Implikationszusammenhang, zu betrachten. Der Lehrer darf seine Aufgabe nicht so mißverstehen, daß er sie nur als pädagogische oder nur als parapädagogische sähe. Die Frage für die Forschung lautet nicht, ob der Lehrer die Widersprüchlichkeit überhaupt sieht oder nicht sieht und wie man sie ihn gegebenenfalls sehen lehren kann, sondern *wie* er sie sieht, wie er sie zu verarbeiten und zu bewältigen versucht und welche Handlungsperspektiven er sich dabei zu eröffnen versteht.

Dies vorausgesetzt, stellt sich die Aufgabe der Erziehungswissenschaft anders, als alle vorgestellten Analysen das anzunehmen scheinen. Die Wissenschaft überschätzt sich, wenn sie das didaktische Handeln kraft theoretischer Einsicht vorgängig normieren und richtiges Bewußtsein und Handeln sozusagen theoretisch synthetisieren will. Was im Umgang mit den Möglichkeiten und Grenzen, im Erobern von Handlungsspielräumen an Vernunft realisierbar ist, wie unter diesem Aspekt vernünftiges didaktisches Handeln aussieht, das realisiert sich nur in der Praxis. Die Vernunft didaktischen Handelns muß also in der Praxis gesucht und gefunden werden.

Aufgabe pädagogischer Theorie ist es dann, die in der Praxis vorfindbaren Möglichkeiten von Lehrern zu rekonstruieren, mit ihrer widersprüchlichen Aufgabe umzugehen. Pädagogische Theorie muß zu bestimmen suchen, „was [...] Balancieren konkret im Lehrerhandeln heißt" (REINHARDT 1978, S. 520). Ein erster Versuch in dieser Richtung (vgl. HÄNSEL 1985) macht deutlich, wie Handlungsspielräume von Lehrern tatsächlich beschaffen sind:
- Handlungsspielräume existieren nicht für sich selber, sondern entstehen, wenn und soweit Lehrer sie sich erarbeiten.
- Die Lehrer „haben" sie dann nicht auf Dauer, sondern müssen sie ständig absichern, verteidigen und weiterentwickeln; wenn Motivation und Kraft nachlassen, wenn sich Umfeldbedingungen verschlechtern, gehen die Spielräume wieder verloren.
- Handlungsspielräume sind nie „komplett" gegeben, sondern - als je besondere Synthese der in sich widersprüchlichen Aufgabe - immer nur partielle und gebrochene Realisierungen des pädagogisch Wünschenswerten; sie befriedigen deshalb nie vollständig, und die Gefahr ist immer gegeben, daß die Lehrer am Sinn ihrer Anstrengungen zu zweifeln beginnen und Ansprüche zurücknehmen oder ganz aufgeben.

Die Erarbeitung der Handlungsspielräume bleibt insofern immer unvollständig, als die Möglichkeit, mehr zu tun, den Unterricht sinnvoller zu gestalten, sich einzelnen Schülern intensiver zuzuwenden, eigene Kompetenzdefizite zu beheben, prinzipiell unbegrenzt ist. Die Lehrer können deshalb niemals sicher sein, genug getan zu haben.

BAETHGE, M.: Abschied von Reformillusionen. In: betr. e. 5 (1972), 11, S. 19 ff. BENNER, D.: Hauptströmungen der Erziehungswissenschaft, München ²1978. BENNER, D.: Grundstrukturen pädagogischen Denkens und Handelns. In: Enzyklopädie Erziehungswissenschaft, Bd. 1, Stuttgart 1983, S. 283 ff. BERNFELD, S.: Sisyphos oder die Grenzen der Erziehung (1925), Frankfurt/M. 1967. BLANKERTZ, H.: Die Geschichte der Pädagogik, Wetzlar 1982. BOLLNOW, O. F.: Existenzphilosophie und Pädagogik, Stuttgart 1959. BRENNER, G.: Subjekt sein in der Schule, München 1981. BROMME, R.: Das Denken von Lehrern bei der Unterrichtsvorbereitung, Weinheim/Basel 1981. COMBE, A.: Kritik der Lehrerrolle, München 1971. COMENIUS, J. A.: Große Didaktik (1638), hg. v. A. Flitner, Düsseldorf/München 1954. DÖRING, K. W.: Lehrerverhalten: Forschung - Theorie - Praxis, Weinheim/Basel 1980. FLECHSIG, K.-H./HALLER, H.-D.:

Dagmar Hänsel / Peter Wienskowski

Einführung in didaktisches Handeln, Stuttgart 1975. FRECH, H.-W./REICHWEIN, R.: Der vergessene Teil der Lehrerbildung, Stuttgart 1977. FUHR, R.: Handlungsspielräume im Unterricht, Königstein 1979. GRISEBACH, E.: Die Grenzen des Erziehers und seine Verantwortung, Halle 1924. HÄNSEL, D.: Die Anpassung des Lehrers, Weinheim/Basel 1975. HÄNSEL, D.: Handlungsspielräume. Portrait einer Freinet-Gruppe, Weinheim/Basel 1985. HERBART, J.F.: Pädagogische Schriften (1806), hg. v. W.Asmus, Bd.1, Düsseldorf 1964. HERRLITZ, H.-G. u.a.: Deutsche Schulgeschichte von 1800 bis zur Gegenwart, Königstein 1981. HOFER, M. (Hg.): Informationsverarbeitung und Entscheidungsverhalten von Lehrern, München 1981. HOLLING, E./ BAMMÉ, A.: Lehrer zwischen Anspruch und Wirklichkeit, Frankfurt/M. 1976. HOLLING, E./ BAMMÉ, A.: Die Alltagswirklichkeit des Berufsschullehrers, Frankfurt/New York 1982. HOPF, A.: Lehrerbewußtsein im Wandel, Düsseldorf 1974. KLAFKI, W.: Studien zur Bildungstheorie und Didaktik, Weinheim ^{8}1966. KLEWITZ, E./MITZKAT, H.: Informeller/Offener Unterricht in der Grundschule. In: TOPSCH, W. (Hg.): Unterricht in der Grundschule, Bochum 1982, S.67ff. KÖNIG, E./RIEDEL, H.: Unterrichtsplanung als Konstruktion, Weinheim/Berlin/Basel 1970. LUHMANN, N./SCHORR, K.-E.: Reflexionsprobleme im Erziehungssystem, Stuttgart 1979. MENZE, C.: Bildung. In: SPECK, J./WEHLE, G. (Hg.): Handbuch pädagogischer Grundbegriffe, Bd.1, München 1970, S.134ff. MEYER, H.L.: Leitfaden zur Unterrichtsvorbereitung, Königstein 1980. MOLLENHAUER, K.: Erziehung und Emanzipation, München 1968. MÖLLER, CH.: Technik der Lernplanung, Weinheim 1969. MÜLLER-FOHRBRODT, G.: Wie sind Lehrer wirklich? Stuttgart 1973. RAMSEGER, J.: Offener Unterricht in der Erprobung, München 1977. REINHARDT, S.: Zum Professionalisierungsprozeß des Lehrers, Frankfurt/M. 1972. REINHARDT, S.: Die Konfliktstruktur der Lehrerrolle. In: Z. f. P. 24 (1978), S.515ff. REINHARDT, S.: Der Lehrer als „Balanceur" – Weitere Überlegungen zur Konfliktstruktur der Lehrerrolle. In: D. Dt. S. 73 (1981), S.139ff. REINHARDT, S.: Die Konfliktstruktur der Lehrerrolle. In: BEINER, F. (Hg.): Die Konfliktstruktur der Lehrerrolle, Heinsberg 1982, S.57ff. ROUSSEAU, J.-J.: Émile oder über die Erziehung (1762), Stuttgart 1963. SCHEFER, G.: Das Gesellschaftsbild des Gymnasiallehrers, Frankfurt/M. 1969. SCHELLER, I.: Erfahrungsbezogener Unterricht, Königstein 1981. SCHLEIERMACHER, F.D.E.: Pädagogische Schriften (1826), hg. v. E.Weniger/Th.Schulze, Bd.1, Düsseldorf 1957. SCHULZ, W.: Unterrichtsplanung, München/Wien/Baltimore ^{3}1981. SCHWEDES, H. (Hg.): Holz und Bäume, Stuttgart 1977. SPRANGER, E.: Das Gesetz der ungewollten Nebenwirkungen in der Erziehung, Heidelberg 1962. VOIGT, J.: Interaktionsmuster und Routinen im fragend-entwickelnden Mathematikunterricht, Weinheim/Basel 1985. WAGNER, A.C. u.a.: Unterrichtspsychogramme – Was in den Köpfen von Lehrern und Schülern vorgeht, Reinbek 1981. WAHL, D. u.a.: Naive Verhaltenstheorien von Lehrern. Universität Oldenburg: Zentrum für pädagogische Berufspraxis, Oldenburg 1983. WILLMANN, O.: Didaktik als Bildungslehre (1882), Freiburg/Wien ^{6}1957.

Heinz-Jörg Oehlschläger

Lernen in Alternativschulen

1   Einleitung und Definition
2   Der Entstehungskontext freier alternativer Schulen
2.1 Die Kritik: Schule als Fehlkonstruktion
2.2 Die Antwort: Konstruktionsprinzipien der freien Schulen
3   Das Beispiel Glocksee-Schule
3.1 Historische Bezugspunkte
3.2 Die Dimension Raum
3.3 Die Dimension Zeit
3.4 Schule als Erfahrungsprozeß
3.5 Das Selbstregulierungskonzept
4   Kritik und Fragen zur Alternativschulpädagogik

Zusammenfassung: Im Anschluß an eine enge und eine weite Definition von Alternativschulen werden ihr Entstehungskontext, ihre Kritik an der Staatsschule als einem defizitären pädagogischen System und ihr Versuch, Schulen „anders" zu machen, erörtert. Am Beispiel der Glocksee-Schule Hannover werden pädagogische Vision und Utopie einer freien alternativen Schule vorgestellt, konzentriert auf die pädagogisch zentralen Konzeptionen der Selbstregulierung und des Erfahrungslernens. Abschließend werden kritische Fragen und Perspektiven zur alternativen Schulpädagogik zusammengestellt.

Summary: Following on from a broad and a narrow definition of alternative schools, this article discusses the origins of alternative schools, their criticism of state schools as a deficient pedagogical system and their attempt to create schools that are "different". Taking the Glocksee-Schule in Hannover as an example, the article presents the pedagogical vision and utopia of a free, alternative school, concentrating on the pedagogically central concepts of self-regulation and learning through experience. In conclusion, critical questions and perspectives related to alternative school pedagogics are listed.

Résumé: En liaison avec une définition étroite et une détermination large d'écoles alternatives, on discute du contexte de naissance de celles-ci, de leur critique de l'école d'Etat comme système pédagogique déficitaire et de leur tentative de faire des écoles qui soient «différentes». Sur la base de l'exemple de la «Glocksee-Schule» de Hanovre, on présente la vision pédagogique et l'utopie d'une école alternative libre, se concentrant sur les conceptions pédagogiques centrales d'auto-réglementation et d'apprentissage par l'expérience. En conclusion, on rassemble des questions et des perspectives critiques concernant la pédagogie scolaire alternative.

Heinz-Jörg Oehlschläger

1 Einleitung und Definition

Die Politik macht die Schule – und nicht die Pädagogik! Dieses spätestens seit Rousseaus „Émile" aus dem Jahre 1762 bekannte Dilemma umreißt auch den Reflexionshorizont der Alternativschulpädagogik. Die Interpretation der staatlichen Schule als einer pädagogischen Fehlkonstruktion verpflichtet die Alternativschulszene auf die politische Utopie einer Pädagogik, die die Schule macht! Mit alten und neuen Schulkritikern (BERNFELD 1925, DAUBER 1981, GOODMAN 1974, v. HENTIG 1976, ILLICH 1972, SILBERMAN 1970) verbindet sich die gleiche Kritik an der Staatsaufsichtsschule in der Bundesrepublik Deutschland und an Schule überhaupt als einem defizitären System. Als *alternative Schulen im weiten Sinne* verstehen sich deshalb all jene Schulen, die die tatsächlichen oder vermeintlichen Defizite der Staatsaufsichtsschule zu reduzieren hoffen. *Alternative Schulen im engen Sinne* sind demgegenüber all jene freien alternativen Gegenschulen, open schools, free schools, community schools, multicultural schools, deren konstitutive Prinzipien in Theorie und Praxis die Freiwilligkeit, Selbstbestimmung, Zufriedenheit und Überschaubarkeit sind (vgl. BORCHERT/DERICHS-KUNSTMANN 1979, VAN DICK 1979, RAMSEGER 1975).

Alternative Schulen tragen – wie verdeckt auch immer – in unterschiedlichen Ausprägungen Zeichen der Struktur des Systems, das sie überwinden wollen. Sie sind Reaktion und Provokation zugleich. Sie reagieren auf die pädagogisch unbewältigte Spannung zwischen organisierter Zwangsbelehrung und individueller Lernfreiheit und provozieren den Widerstand der Staatsaufsicht, die sieht, daß sich ein Teilsystem der Aufsicht entziehen will. Sie provozieren den Start weiterer alternativer Projekte ähnlicher oder gleicher Zielsetzung. Und sie sind – wie alle radikalen pädagogischen Reformideen – ein Stück *konkreter pädagogischer Utopie* in einer funktional geordneten pädagogischen Landschaft.

Wirkung und Rezeption der freien alternativen Schulen gehen weit über ihren konkreten Anlaß hinaus und signalisieren in der Attraktivität pädagogischer Nischen den Bedarf an pädagogischen Visionen und Phantasien in der gegenwärtigen Gesellschaft. Etwa 10 000 000 Schülern, die im öffentlichen Schulsystem der Bundesrepublik „beschult" werden, stehen nur knapp 300 Schüler in acht freien alternativen Schulen gegenüber (Glocksee-Schule Hannover, Freie Schule Kreuzberg, UFA-Schule Berlin, Freie Schule Frankfurt, Freie Schule Karlsruhe, Kinderschule Hamburg, Kinderschule Bremen, Freie Schule Bochum, weitere Schulgründungen im Planungsstadium); allein 150 dieser 300 Schüler leben und lernen in der Glocksee-Schule.

Neben diesen acht freien alternativen Schulen gibt es eine Vielzahl *pädagogischer Alternativen im und zum Regelschulsystem*, die der weiten Definition entsprechen und deren Interpretation und Würdigung in diesem Kontext unterbleiben. Dazu gehören, um nur einige zu nennen:
- die etwa 1 800 Schulen in nichtstaatlicher Trägerschaft mit ungefähr 182 000 Schülern (vgl. WINKEL 1980, S. 35), die sich als „freie" Schulen definieren, deren Etikett „frei" aber nicht das pädagogische Konzept, sondern den Aspekt der relativen wirtschaftlichen Unabhängigkeit vom Staat bezeichnet; sie sind deshalb genauer als *Privatschulen* zu bestimmen;
- die etwa 1 200 *katholischen Schulen* mit ungefähr 250 000 Schülern und die etwa 170 *evangelischen Schulen* mit ungefähr 46 000 Schülern (vgl. WINKEL 1980, S. 35), deren konfessionell gebundene Trägerschaft auch eine pädagogische Bindung impliziert;
- die etwa 73 freien *Waldorfschulen* (es werden ständig mehr) mit ungefähr 25 000

Schülern (vgl. WINKEL 1980, S. 35), die ihre pädagogische Konzeption aus der anthroposophischen Denkmystik Steinerscher Prägung ziehen und in der Nischenidylle einer heilgehaltenen Waldorfwelt Schule machen;
- die 1974 von H. v. Hentig gegründete *Laborschule* (staatlicher Schulversuch) an der Universität Bielefeld, die die Gesamtschulprinzipien der Integration und Differenzierung pädagogisch wendet, Fächer aus Erfahrungsbereichen entfaltet, Lernberichte statt Zensuren gibt und bis ins architektonische Konzept Schule als Erfahrungs- und Lebensraum für Kinder zu gestalten versucht (vgl. v. HENTIG 1976);
- verschiedene weitere *Schulversuche* und *Modellversuche* (wie Kollegstufe NW, Oberstufenkolleg, Grundschule Gievenbeck, integrierte Gesamtschulen) mit öffentlicher Förderung und dem Ziel der Erprobung, Legitimation und Kontrolle bildungspolitischer Innovation (vgl. MEYER/THOMA 1974, TILLMANN 1978)
- und schließlich die vielfältigen Versuche einer alternativen *pädagogischen Arbeit innerhalb der Regelschule:* von der Rezeption der Freinet-Pädagogik (vgl. FREINET 1965, 1980; vgl. LAUN 1982) hin zu den zahlreichen Versuchen, Leben und Lernen in der Regelschule im Interesse an der Lebensfreude und Zufriedenheit der Schüler und Lehrer neu zu bestimmen, zumeist orientiert an den lange vergessenen Ideen der Reformpädagogen der 20er Jahre dieses Jahrhunderts (Lietz, Geheeb, Gaudig, Petersen, Otto, Montessori, Neill) und an den politisch verdrängten Konzepten gescheiterter sozial-demokratischer Schulreform in der Weimarer Republik (Oestreich, Reichwein, Haase); oft auch inspiriert von den aktuellen pädagogischen Versuchen der freien alternativen Schulen im engeren Sinne, deren Signalwirkungen auf die Staatsaufsichtsschulen proportional zu deren Krise zugenommen haben (vgl. AUERNHEIMER/HEINEMANN 1980, GEBAUER/MOHR 1984).

2 Der Entstehungskontext freier alternativer Schulen

Freie alternative Schulen im definitorisch engen Sinne entstanden im Abschwung der außerparlamentarischen Opposition zwischen Kinderläden und Wohnkommunen in den Jahren 1965 bis 1968 und entfalteten sich in den folgenden Jahren: inspiriert von der amerikanischen *Free-school-Bewegung*, die programmatisch und praktisch gegen fremdbestimmtes Lernen in autoritären Strukturen und für ein Lernen in Freiheit steht (vgl. DENNISON 1969 a, 1969 b; vgl. GRAUBARD 1974, HOLT 1970); eingelagert in die *Subkulturen der Kritik bürgerlicher Normalität* von REICH (vgl. 1972) bis NEILL (vgl. 1965); zwischen der Reformeuphorie der 60er Jahre und dem Scheitern der *Bildungsreform* seit 1969; vernetzt im breiten Denk- und Erfahrungshorizont alternativer Projekte von den frühen Sozialutopisten (Morus, Campanella) bis zu den verschiedenen Versuchen einer *„alternativen" Ökonomie,* wie wir sie verstärkt ab 1975 finden (vgl. HOLLSTEIN/PENTH 1980, HUBER 1981, NETZWERK SELBSTHILFE 1979, PETERS 1980); begünstigt durch die gegenwärtig stattfindenden Umdeutungen traditioneller Orientierungsmuster der Gesellschaft von der klassischen Arbeitsgesellschaft, der die Arbeit ausgeht, hin zu einer offenen Tätigkeitsgesellschaft mit der Suche nach *neuen Lebensstilen und Lernkulturen* (vgl. WENKE/ZILLESSEN 1978); zwischen apokalyptischen Ängsten und der Hoffnung auf chiliastische Verheißungen; gestützt schließlich von dem sich beschleunigenden Prozeß der Parlamentarisierung der *ökologischen Bewegung* – „Die Grünen" sind ein Stück der gleichen Bewegung, die nicht nur an der Utopie einer besseren Welt in den Köpfen festhält, sondern für sie arbeitet.

Heinz-Jörg Oehlschläger

2.1 Die Kritik: Schule als Fehlkonstruktion

Radikale Schulkritiker (Rogers, Bowles, Goodman, Reimer, Herndon, Holt, Illich, Fürstenau, Bourdieu), die Verfechter einer kritischen Theorie der Schule (Heydorn, Gamm, Rumpf, Henningsen; vgl. SCHULZE 1980) und diejenigen, die die freie Schule im engeren Sinne denken und machen (Negt, Ziehe, Borchert), sind, was ihre politisch-gesellschaftliche Herkunft, ihre schulpraktischen und -theoretischen Orientierungen betrifft, schillernd vielfältig und kaum auf einen gemeinsamen Nenner zu bringen. Sie unterscheiden sich hinsichtlich der Radikalität der Argumentation und der zu ziehenden Konsequenzen – aber sie sind sich einig darin, die Schulen der westlichen Industrienationen als *defizitäre Systeme* zu betrachten,
- deren leitende *Konstruktionsprinzipien* Zwang, Schulpflicht, Druck, Disziplin, Bevormundung, Notenterror, Zeugnisse, Versetzen und Sitzenbleiben, Konformitätsdruck, Konkurrenz und Kontrolle, Lob und Strafen sind; Prinzipien, die um den Preis des Verlustes der Freude am Lernen, hoher Sitzenbleiberquoten, weit verbreiteter Zensurenangst, um den Preis von Schülerselbstmorden, steigenden Drop-out-Quoten, von Schulverweigerung, Vandalismus, diffuser Aggressivität, Verhaltensstörungen und Fluchtbewegungen in Drogen, Mystik und Subkulturen durchgesetzt werden (vgl. DAUBER 1981; vgl. GRODDECK/SCHULTZE 1983, S. 330);
- deren klassische *Funktionen* wie Selektion, kulturelle Reproduktion, Qualifikation, Loyalitätssicherung und Anpassung an die herrschenden Ideologien trotz vielfacher Brüche ihrer Vermittlung das Leben der Schüler in den Schulen bestimmen (vgl. FEND 1980);
- deren *Kultur des Verbalen* mit institutionell verankerter hoher Lehrerdominanz, mit dem als unterrichtsmethodische Monostruktur zu charakterisierenden Übergewicht des Frontalunterrichts, mit seiner Dominanz des lehrergelenkten Unterrichtsgesprächs, das über Regeln belehrt, ohne an die Schülererfahrungen anzuknüpfen, mit ihrer abstrakten Symbolisierung der Unterrichtsinhalte und der Auslagerung der Anwendung des Erlernten ins spätere Leben – mit all diesen Charakteristika kreiert die Kultur des Verbalen künstliche Lernwelten zu Lasten der Betonung von schülerorientierten Verlaufsmustern des Unterrichts (vgl. HAGE u. a. 1985);
- deren Ordnung den *Gesetzmäßigkeiten des Produktionssektors* (Konkurrenz- und Effektivitätsorientierung, Irrelevanz der Inhalte bei gleichzeitiger Verschleierung der Machtstrukturen) folgt;
- deren Denksysteme und Kategorien der *Wissenschaft* entlehnt sind, die mit ihrem Primat der Verkopfung und kognitiven Einseitigkeit die Schüler in möglichst homogene, im Blick auf die Lerneffektivität gebildete Gruppen preßt, in denen sich für die Schüler die Erfahrung der Künstlichkeit des Lernens mit der der Kühle der Beziehungen und der praktischen Bedeutungslosigkeit und Beliebigkeit der Inhalte des Lernprozesses mischt (vgl. RUMPF 1981; vgl. SCHELLER 1981, S. 29 ff.).

So präsentiert sich Schule in der Sicht der Kritiker als riesiger Apparat, „der die Inkompetenz des Unternehmens wirkungsvoll verbirgt" (FEYERABEND 1981, S. 51), als eine lernfeindliche Lebenswelt der Kinder, durch die eine Spur von Trauer, Tränen und zerstörter Hoffnung zieht.

Auf diese Defizite der Schule antworten je anders in pädagogischer Akzentuierung und Vision die freien alternativen Schulen. Sie stellen den Versuch dar, das defizitkonstituierende Verhältnis von Pädagogik und Politik, das die Pädagogik zum

Büttel der Politik gemacht hat, umzukehren: Eine primär pädagogisch geleitete statt einer primär politisch gesteuerten Schule zu denken und zu machen, dies ist das ihnen gemeinsame Ziel. Denn Erziehung widerstrebt ihrer eigenen Grundstruktur gemäß einer Herrschaft von Menschen über Menschen; sie will den Erziehenden zur Mündigkeit führen, letztlich also von aller fremden Autorität frei machen – selbst noch von der Autorität der freien Schulen.

2.2 Die Antwort: Konstruktionsprinzipien der freien Schulen

Die aus pädagogischen Prinzipien gedachten und entworfenen freien alternativen Schulen verstehen sich als politisch in pädagogischer Verantwortung und nicht pädagogisch in politischer Leitung. Denn: Nach ihren Zielen und Inhalten zielen sie auf die *Politikfähigkeit* ihrer Schüler durch den Versuch, die Wahrnehmung und Verarbeitung gesellschaftlicher Realität zu intensivieren und zu strukturieren. Die Voraussetzungen dazu sind günstiger als im Regelschulsystem: Alternativschulen sind in eine *alternative Lebenskultur* eingebunden, wie sie sich in ökologischen Basisgruppen, in der Friedensbewegung, in Stadtteilarbeit, in alternativen Produktionsstätten entwickelt hat. Alternativschulen brechen die 200 Jahre alte, bis auf Condorcets revolutionären Schulplan für die Französische Republik aus dem Jahre 1792 rückführbare Denk- und Planungstradition auf, nach der pädagogischer Fortschritt immer nur durch ein Mehr an Zentralisierung zu erreichen sei; sie kritisieren das gewerkschaftliche Integrationskonzept einer „Schule für alle" ebenso wie das traditionelle Modell der selektiven Diversifikation von „Lernkarrieren" im drei- und mehrgliedrigen Schulwesen, um mit der eigenen Perspektive „vieler Schulen für viele" eine Mannigfaltigkeit unterschiedlicher Schulkonzepte und Lernkulturen zu entwickeln, die auf die ebenso vielfältigen Bedürfnisstrukturen und Lebenskonzepte der Kinder und Jugendlichen kreativ, phantasievoll und Zuversicht schaffend reagieren können.

Die *pädagogischen Konstruktionsprinzipien* der freien Schulen sind: der Grundsatz demokratischer Selbstbestimmung aller am Lernprozeß Beteiligten, die Freiwilligkeit der Teilnahme am Unterricht, die Entwicklung von Ich-Identität und Ich-Stärke, von Kooperationsfähigkeit und Kompetenz für die Selbstregulation von Lernprozessen, fokussiert auf ein Lernverständnis, das Schule als Erfahrungsraum begreift (vgl. v. HENTIG 1973) und mithin *„Lernen durch Erfahrung"* zum vorrangigen didaktischen Prinzip erklärt. „Lernen durch Erfahrung" soll die „ganzheitliche Verarbeitungsfähigkeit von gesellschaftlicher Realität" stärken (vgl. NEGT 1983), es soll die sozial orientierten Denkstrukturen der Schüler und Lehrer entwickeln helfen und ein „Systemschaudenken" (vgl. CAPRA 1983) als eine neue Anschauungsweise einüben helfen, die an die Stelle bloß quantitativen Messens und mechanistischen Verrechnens treten soll.

Das Akzeptieren und Betonen der kindlichen Erfahrungswelten und Erfahrungsräume durch die Alternativschulpädagogik, die Entwicklung ökologischer und demokratischer Kompetenz, der Versuch der Wiedergewinnung verlorengegangener Spielfähigkeit und die Berücksichtigung der Körperlichkeit als der verdrängten Grundlage jedes Lernprozesses soll die didaktische und methodische Gestaltung der Lernarrangements an Alternativschulen bestimmen und ein neues Lernklima schaffen. Durch eine Lernatmosphäre, die die Vitalität, Kreativität, Lust und Freude am Lernen betont, die aber auch den Raum zum Austragen und Aufarbeiten von Aggressionen läßt, wird die *Einheit* der sozialen Erfahrungen im Unterricht, der intellektuellen Ansprüche und der sinnlich-ganzheitlichen Erlebenswelten der Schü-

Heinz-Jörg Oehlschläger

ler hergestellt; sie soll gestützt werden durch die gleichmäßige Gewichtung und Betonung der Entwicklung von kognitiven, emotionalen und handwerklichen Fähigkeiten unter optimaler Individualisierung der Lernprozesse nach Umfang, Zeit, Tempo und Gegenstandsbereichen ohne Zwang, Kontrolle, Konkurrenz, Noten und Leistungsdruck, ohne Sanktionen und Selektionen (vgl. ARBEITSGEMEINSCHAFT FREIE SCHULEN/DIE GRÜNEN 1983).

3 Das Beispiel Glocksee-Schule

Die Glocksee-Schule Hannover wird als Beispiel für freie Alternativschulen gewählt und im folgenden differenziert beschrieben, weil sie für den Raum der Bundesrepublik Deutschland die Schule mit der längsten Tradition, mit dem ausdifferenziertesten Konzept sowie der breitesten Erfahrungsdokumentation ist und weil viele weitere Gründungen oder Gründungsinitiativen freier Schulen sich auf sie beziehen.
Die Glocksee-Schule stellt einen der wenigen staatlich geförderten Alternativschulversuche dar: zunächst für das 1. bis 4. Schuljahr der Grundschulstufe, seit 1984 bis einschließlich 10. Schuljahr. Die Schule wurde 1972 in Hannover gegründet, stammt also aus der Epoche bildungspolitischer Erneuerung vom Ende der 60er Jahre und Anfang der 70er Jahre. Aus dem Hannoverschen Fuhramt der Glockseestraße, dessen Verwaltungsgebäude und Hof von 1972 bis 1978 Gelände der Schule war und den Namen gab, zog die Glocksee-Schule in das so gar nicht alternativ wirkende dreistöckige Schulhaus aus der Wilhelminischen Zeit mit den dunkelroten Backsteinen in der Hölderlinstraße, bis mit dem Schuljahreswechsel 1984 im September ein erneuter Umzug in ein noch dunkler wirkendes altes Schulhaus An der Eilenriede in Hannover notwendig wurde.

3.1 Historische Bezugspunkte

Die Glocksee-Schule verarbeitet auf vielfache Weise „Erkenntnisse der kritischen Gesellschaftstheorie von Horkheimer und Adorno" (NEGT 1983, S. 262); sie greift auf „Uneingelöstes der Reformbestrebungen des vergangenen Jahrhunderts wie auf die unabgegoltenen, auf Realisierung drängenden Ideen der klassischen bürgerlichen Pädagogik" (NEGT 1983, S. 262) zurück; sie ist aber auch von konkreten alternativen Schulen und Projekten der Vergangenheit inspiriert: vom Konzept antiautoritärer Erziehung der englischen Summerhill-Schule (gegründet von A. S. Neill im Jahre 1921) und vom breiten Spektrum angelsächsischer Schulexperimente (vgl. RAMSEGER 1975). Durch ihre pädagogische Vision ziehen die Spuren vieler anderer Versuche, Schulen anders zu machen als bisher:
- die Spur Tolstojs, der auf seinem Gut *Jasnaja Poljana* seit 1849 und mit Unterbrechungen bis 1862 (als die zaristische Polizei unter dem Vorwurf des Anarchismus und des Chaos die Schule schloß) die Kinder seiner Leibeigenen um sich versammelte, um sie seinem Traum vom freien Verhältnis der Menschen untereinander mit der Aufhebung der Herrschaft von Menschen über andere Menschen näherzubringen (vgl. BLANKERTZ 1976, TOLSTOJ 1980);
- die Spur der *Kinderrepublik Bemposta* des Priesters Jesus Silva Mendez, der in der Nähe von Orense in Spanien im Jahre 1956 begann, seine Vision einer „Stadt der Jungen" zu verwirklichen, weil er glaubte, daß nur Kinder eine bessere, gerechtere und friedlichere Welt schaffen können, denen man die Möglichkeit gibt, neue soziale Verhaltensweisen zu üben in einer eigenen Lebenswelt, die nach

ihren Wünschen erbaut, bewohnt und von ihnen selbst verwaltet wird, und der deshalb seine Kinderrepublik der Lebensfreude und Brüderlichkeit als eine Gemeinschaft gleichwertiger Partner gründete, die allen die Freiheit gibt, mündig zu werden; nicht in einem gespiegelten Abbild der Erwachsenenwelt, sondern in einer eigenen Kinderöffentlichkeit, einem Staat mit eigenem Geld, mit Kindern als Bürgermeistern, eigenen Werkstätten, eigener Schule, in der Kinder gleichberechtigt arbeiten und über ihr Leben bestimmen lernen, leben hier heute etwa 2000 Kinder und Jugendliche mit Erwachsenen zusammen (vgl. MÖBIUS 1973);
– und schließlich die der Schule in der *First Street* von *New York,* in der Dennison mit entrechteten und verarmten Kindern eine Lebensgemeinschaft mitten in den Hochhauszeilen New Yorks eingegangen ist, die vom Glauben an die Sehnsucht der Kinder, in Freiheit und Liebe zu lernen, getragen ist und von der Überzeugung, daß „the things we most need to learn are the things we most want to learn" (HOLT 1970, S. 187; vgl. DENNISON 1969b).

Diese und die Vielzahl der durch sie initiierten Versuche, andere pädagogische Lösungen zu finden, sind in einem breiten informellen System des Erfahrungsaustausches miteinander vernetzt (vgl. National Coalition of Alternative Schools/USA und für den Bereich der Bundesrepublik: das jährliche Treffen der Alternativschulszene).

3.2 Die Dimension Raum

Den Kindern, die in die Glocksee-Schule gehen, wird ein Lernen ohne Zwang, eine ungehinderte Entfaltung ihrer Phantasie und die Integration von Leben und Lernen in einer von ihnen selbst gestalteten Kinderöffentlichkeit versprochen; Prüfstein für das Einlösen dieses Versprechens ist der an dieser Schule ermöglichte freie, zur libidinösen Besetzung führende Umgang der Schüler mit Raum und Zeit.

Aus der Kritik an einer Kindheit, die durch pädagogisierende Verzerrungen kindlicher Wahrnehmung und die zunehmende Reglementierung kindlicher Handlungen geprägt ist, entwickelt die Glocksee-Schule ihr Konzept der Schule als Kinderöffentlichkeit und Erfahrungsprozeß (vgl. GLOCKSEE-SCHULE 1981, S. 60; vgl. v. HENTIG 1973).

Aus der Kritik der Allgegenwärtigkeit und Übermächtigkeit der Erwachsenen, deren erhöhte Aufmerksamkeit für Kind und pädagogische Frage nur mühsam die Gleichgültigkeit gegenüber kindlichen Bedürfnissen und Wünschen verdeckt, entwickelt die Glocksee-Schule die konsequente Rückdrängung der Erwachsenen, um den Kindern ihre eigenen Erfahrungswelten zurückzugeben und zu belassen. Gerade in den Großstädten – in denen sich ja die meisten Alternativschulen entwickelt haben – fehlen vielen Kindern elementare Erfahrungen mit Gegenständen, Natur und Menschen. Es gibt wenig Möglichkeiten für Kinder, sich beobachtend und teilnehmend auf alltägliche Lebensvollzüge der Erwachsenen zu beziehen, und immer weniger Freiräume, sich konstruktiv unabhängig von den Erwachsenen zu organisieren. Deshalb ist die konsequente *Freigabe der Schule als Lebensraum der Kinder* ein Stück der Pädagogik der Glocksee-Schule. In dieser Kinderöffentlichkeit kann jedes Kind zu seiner Zeit, seinem Bewegungsdrang und seiner Neugier folgend, durch das ganze Gebäude streifen, aus seiner Stammgruppe ohne jede Erlaubnis des Lehrers aufbrechen, hier und dort hereinschauen, verweilen oder gehen und so seine Schule auf seine eigene Art erfahren und erleben. Das Kind kann zu einer fremden Gruppe stoßen, wieder zu der eigenen zurückkehren oder sich in eine der vielen Nischen zurückziehen, lesen oder an den Kickerautomaten mit anderen Kin-

Heinz-Jörg Oehlschläger

Abbildung 1

Abbildung 2:

dern spielen, die gerade auch auf „Wanderschaft" sind und nicht an einem Lernangebot teilnehmen. Es kann zurückkehren in seinen Stammraum, den sich einzelne Kindergruppen (Stammgruppen, etwa 14 Schüler) als ihren Lebensraum gestaltet haben. In diesem Stammraum siedeln sie, von hier aus erobern sie den Rest der Schule. In ihrem Stammraum schaffen sie sich, je nach Temperament und Neigung, Butzen, Höhlen, Kuschelecken, Hochbetten auf eingezogenen Zusatzetagen, bemalen die Wände, bringen Tiere, Pflanzen, Aquarien, ausgediente Sofas, Sessel, Matratzen in die von ihnen gewünschte Ordnung, richten kleine Kochnischen ein, schleppen Kassettenrecorder, Radios herbei und schaffen sich ihre Gemütlichkeit und ihre Wohnlichkeit. In diesem Raum feiern, kochen, frühstücken und essen sie gemeinsam, von hier streifen sie auf die langen Korridore, auf denen Tiere in ihren Käfigen stehen und beständig wechselnde Kinder und Kindergruppen laut lärmend vorüberziehen an Wänden, die mit Aufrufen, Hinweisen, Ergebnissen aus Projektarbeiten überzogen sind, deren Ordnung sich dem Erwachsenen so gar nicht erschließen will. Überall in den großen ehemaligen Klassenräumen sind Arbeitsecken mit runden Tischen, selbstgezimmerten Bücherregalen, offenen Geschirrschränken, inmitten bemalter Fenster und Wände, an denen sich frei vagabundierende, oft auch aggressive, frohe Phantasien der Kinder ausgetobt haben.
Wenn „Lernen durch Erfahrung" möglich sein soll, so argumentiert die Glocksee-Schule, dann muß die Schule selbst zum Erfahrungsraum der Kinder werden, sie muß ihnen Besetzungsphantasien und vielfältige Handlungsmöglichkeiten schaffen. Die Schule muß anschaulich, überschaubar, greifbar und liebenswert sein, weil man an fremd bleibenden Gegenständen keine Erfahrungen sammeln kann (vgl. NEGT 1983, S.114ff.). Indem die Kinder in ihrer Schule frühstücken, feiern, tanzen, herumlaufen, sich verabreden, sich streiten, berühren, kurz: körperlich nahe sind, wird diese Schule zu *ihrer* Schule, in der sie sich wohl fühlen.

3.3 Die Dimension Zeit

Es ist ein Irrglaube zu meinen, Räume für Kinder künstlich herrichten zu müssen. Ebenso falsch ist es, die Kinder auf das Zeitmaß der Erwachsenen zurichten zu wollen. An der Glocksee-Schule gibt es keine Klingelzeichen für Pausen. Die Zeit wird den Kindern zur Selbstverwaltung überlassen. Sie selbst bestimmen weitgehend ihre Tobezeit, Ruhezeit, Lesezeit, die Zeit zum Miteinanderspielen; und sie bestimmen auch die Zeit, in der sie Lust und Freude haben, Lernangebote aufzunehmen. So kann es sein, daß ein Kind aus derselben Stammgruppe nicht am Englischunterricht teilnimmt, sondern mit anderen Kindern Fußball spielt oder sich in eine Kuschelecke zurückzieht. Diese „räumliche und zeitliche Offenheit der Lernorganisation [...], in der die spezifischen Beziehungswünsche, Kommunikations- und Interaktionsformen der Kinder sich entfalten können, ohne von vornherein als Störfaktor diskriminiert zu werden" (MANZKE 1981, S.98), schafft nicht nur eine entspannte Atmosphäre durch den Verzicht auf Leistungszwänge und Zensurenängste, sondern vermittelt auch ein Gefühl von Geborgenheit und Zuverlässigkeit dadurch, daß die Äußerung der jeweiligen psychischen Zustände, Bedürfnisse und Konflikte überhaupt erst einmal zugelassen ist und als bedeutsamer Gegenstand von Lernprozessen wahr- und ernst genommen wird. Ein starrer Lernzwang wird hier abgelehnt und durch eine möglichst große Vielfalt von Selbstwahrnehmungsmöglichkeiten ersetzt, die Voraussetzung für persönliche Zufriedenheit, Entwicklung von Ich-Stärke und Bereitschaft zur Partizipation in Lernangelegenheiten ist.

3.4 Schule als Erfahrungsprozeß

Das Ziel der Pädagogik der Glocksee-Schule ist es, die Schüler eigene, neue und andere Erfahrungen machen zu lassen. Schule als Erfahrungsprozeß ist aber kein Selbstzweck, vielmehr sollen eigene und selbständig gemachte Erfahrungen der Schüler deren Selbstregulierungskräfte wecken (vgl. 3.5), die wiederum dazu dienen sollen, die Fähigkeit und Bereitschaft der Schüler zur Verarbeitung konfliktreicher und oft genug widersprüchlicher gesellschaftlicher Wirklichkeit zu erhöhen. Diesem komplexen Ziel dient der im folgenden zu skizzierende Versuch der Glocksee-Pädagogik, eine *offene Struktur der Lernorganisation* dauerhaft zu sichern, *Phantasien und Erfahrungen* der Schüler zum Ausgangspunkt der Lernarbeit zu machen, den traditionellen Fächerunterricht konsequent in *Projektarbeit* aufzulösen und dem *sozialen Lernen* der Schüler besondere Aufmerksamkeit zu schenken.

Die räumliche und zeitliche Offenheit des Lebens und Lernens in der Glocksee-Schule führen zu einer großen Vielfalt an Begegnungen und Kontakten mit anderen Kindern unterschiedlichen Alters und mit Erwachsenen. Die Überschaubarkeit der Glocksee-Schule ermöglicht es, daß sich bald alle Kinder persönlich kennen, also auch wissen, was sie vom jeweiligen Interaktionspartner ungefähr zu erwarten haben. Dies erleichtert den Kindern die Orientierung in ihrer Schule. Sie erleben hier – möglicherweise erstmals – intensive Freundschaften und ein nicht von Vorleistungen an die Erwachsenen abhängiges Gefühl des Angenommenseins, das sich in ihre biographischen Erfahrungen von glücklichen und unglücklichen, von ausgetragenen oder ungelösten Konflikten mischt. Wenn eine *offene Struktur der Lernorganisation* ernsthaft angestrebt wird, kann es auf der Ebene der didaktischen Gestaltung einer Alternativschule nicht darum gehen, dem traditionellen Stoffkanon einen anderen, besseren entgegenzusetzen, sondern darum, „die Chance dafür zu erweitern, daß die Kinder andere Erfahrungen machen können" (NEGT 1983, S. 188). Während die Regelschule viele gesellschaftlich verursachte Probleme der Schüler als privat, also nicht schulrelevant aus der Schule ausgrenzt, versucht die Glocksee-Schule gerade an diese Erfahrungen anzuknüpfen. Aus der Kritik am „Schock der Einschulung" in die Regelschule, der aus der Umdeutung aller kindlichen Werte resultiert, die sich aus der bisherigen Sozialisation der Kinder ergeben haben, konzentriert sich die Pädagogik der Glocksee-Schule darauf, diesen Bruch zwischen Primärsozialisation und Schule zu überwinden. Dies geschieht durch die offene Lernorganisation, die an die bisherigen Erfahrungen der Kinder anknüpft. Und obwohl die herkömmliche Stunden- und Pauseneinteilung aufgegeben ist und obwohl sich alle Kinder während des ganzen Tages an der Schule in einem zeitlichen Kontinuum bewegen, das sie selbst untergliedern, nehmen sie freiwillig an den verschiedenen Lernangeboten der Lehrerinnen und Lehrer teil, und da sie freiwillig und zu ihrer Zeit lernen, ist es nicht die Bedeutsamkeit des Unterrichtsgegenstandes, die dieses Lernen wertvoller machte als ein anderes, „sondern der Geist, in dem die Arbeit getan wird" (HOLT 1970, S. 220; Übersetzung: H.-J. O.). Dabei folgt dieses Konzept der Überzeugung, daß Erfahrungs- und Lebensprobleme für diese Kinder zumeist größer als die Lernprobleme sind und daß erst der, der zu leben gelernt hat, zu lernen beginnt.

Die Glocksee-Pädagogik macht die *Phantasien und Erfahrungen* der Kinder zum Ausgangspunkt ihrer Arbeit. Die Gefahr einer bloßen „Betroffenheitspädagogik" entsteht dann, wenn die in der Phantasie vorhandenen Deutungsmuster gesellschaftlicher Wirklichkeit so belassen werden, wie sie sind. Die unmittelbar gemachten Erfahrungen müssen grundsätzlich interpretiert und zu vermittelten Erfahrungen gemacht werden: „Eine Fetischisierung des Unmittelbaren, der Spontaneität, des Kreativen in der bloßen Anschauung und Wahrnehmung" soll dadurch vermieden werden, daß in der konkreten pädagogischen Arbeit darauf geachtet wird, „die Dialektik zwischen subjektiven und objektiven Interessen, unmittelbarer und vermittelter Erfahrung, Wunschphantasien und Realitätsbedingungen von Wünschen zu entfalten" (NEGT 1983, S. 190). In der Konsequenz dieser Überlegungen tritt an die Stelle der für die Regelschule konstitutiven Aufteilung des Curriculums in Fächer hier ein *fächeraufhebendes Lernen*, das *an Projektgegenständen* organisiert wird. In diesen Projekten geht es nicht um das Aufgreifen einzelner, zufälliger und oft genug in sich widersprüchlicher Ideen der Kinder, sondern um die Entfaltung des in diesen Ideen und Phantasien ansatzweise vorhandenen systematischen Zusammenhangs eines Problems. Die Lernangebote der Glocksee-Schule – prinzipiell gegenstandsorientiert und als Projektunterricht geplant – werden so gestaltet, daß in ihnen eine Phantasiespur der Kinder sichtbar bleibt: Leben der Indianer, Urmenschen, Saurier, Kinder in fremden Ländern, Liebe und Sexualität, um nur einige zu nennen. Ihre Gegenstandsorientierung besteht darin, daß beispielsweise das Projekt zum Thema „Verkehr" das Einrichten einer Fahrradwerkstatt, das Basteln und Berechnen verschiedener Antriebsarten, die Beschäftigung mit der Geschichte des Autos, auch eine Erkundung über den Widerstand der hannoverschen Bevölkerung gegen die Fahrpreiserhöhung für die öffentlichen Verkehrsmittel sowie das Fahrradfahren-Lernen umgreift (vgl. MANZKE 1981). Projektunterricht kann nur *exemplarischer* Unterricht sein; er will die Potentiale der kindlichen Phantasien nutzen, um ihre „eigenen Versagungserlebnisse und Leidenserfahrungen an ihr positives Gegenteil" zu binden und damit „im Alltag ein Stück lebensgeschichtlicher Utopie" freizusetzen: den Tagtraum besserer Verhältnisse (ZIEHE 1975/1976, S. 135; vgl. auch NEGT 1983, S. 292).

Mit diesem didaktischen Konzept versucht die Glocksee-Schule den Schwerpunkt auf das *soziale Lernen* zu legen und die Trennung der Verhaltens- und Beziehungskonflikte der Kinder auf der einen, des kognitiven Lernens auf der anderen Seite soweit als möglich zu verringern. Durch das gemeinsame Leben und Lernen von Schülern und Lehrern sollen an dieser Schule Kooperation und Solidarität an die Stelle von Konfrontation, individuelle Entwicklung und Integration an die Stelle von Selektion treten. Der traditionelle Frontalunterricht der Regelschule wird abgelöst durch den Versuch, Lernanlässe in gemeinsamer Überlegung, Absprache und Verantwortung von Lehrern und Kindern zu schaffen. Die Teilnahme der Schüler an der Projektplanung gibt dem Lehrer größere Möglichkeiten, Aufschluß über die jeweiligen Bedürfnisse, Hoffnungen, Ängste und Konflikte der Kinder zu erhalten. Trauer, Leiden und Aggressivität, Glück, Zufriedenheit und Übermut werden nicht als Behinderung für das geplante Lernvorhaben gewertet, vielmehr wird die Fähigkeit, diese Gefühle zu artikulieren, sich darüber auszusprechen oder begründet zu schweigen, als wichtige Lernvoraussetzung integriert. Weil es das erklärte Ziel ist, von den Kindern selbst erarbeitete Auseinandersetzungsformen möglich zu machen, kommt der Bearbeitung von Selbstwertproblemen an dieser Schule ein zentraler Stellenwert zu: Die Fähigkeit, auch mit diffuser Aggressivität umzugehen, eigene Allmachtphantasien als Reaktion auf erlittene Kränkungen zu verstehen und dies anderen gegenüber zuzugeben, bedeutet für viele kleinere Kinder, daß sie Niederlagen eingestehen und Unterlegenheitserfahrungen bewältigen müssen, die dann oft genug neue Aggressionspotentiale wecken. Allerdings sehen die Lehrer der Glocksee-Schule in der Dichte der Kommunikationsbeziehungen der Schüler untereinander ein Korrektiv, das eine Intervention der Erwachsenen häufig erübrigt –

und dies um so eher, je stärker die für die Glocksee-Pädagogik zentrale Idee der Selbstregulierung als eines kollektiven dialektischen Prozesses im Schulalltag verwirklicht worden ist.

3.5 Das Selbstregulierungskonzept

„Selbstregulierung", dieser Grundsatz aller freien Alternativschulen, dieses Zauberwort, das den Glauben an das Gelingen kollektiver sozialer Lernprozesse ohne steuernde Eingriffe von „oben" auf den Begriff bringt, durchzieht als roter Faden auch die Glocksee-Pädagogik. Die Kinder selbst sollen tun und lassen können was sie wollen, also die Lernangebote der Schule wahrnehmen oder auch nicht – „was sie aber tun, ist in der Regel alles andere als willkürlich und zufällig" (NEGT 1983, S. 97): Sie beginnen – zaghaft oder mutig, erfolgreich oder mit Mißgeschick, raffiniert oder naiv – ihren eigenen Lernprozeß zu organisieren.

In dem Prozeß der Selbstregulation des Lernens verschränken sich zwei Perspektiven, die individuell-biographische und die kollektiv-soziale (vgl. BOTH/ILIEN 1982, S. 22). „Gelungene Selbstregulierung – dies ist nicht Freilassung, sondern kooperativer Prozeß – übt eine selbsttätige zersetzende Kraft aus auf starre Leitungsnetze. In dieser Hinsicht sind selbstregulierende Prozesse die lebendige Kritik an Anpassung und Kommandogewalt" (NEGT 1983, S. 105). Selbstregulierung der Kinder stellt eine spezifisch andere Ordnung als die der Erwachsenen her. Die intensive Beobachtung dieser inhaltlichen Ordnung der Kinder läßt die tiefer liegenden Strukturen erkennen, von denen über Beziehungsarbeit im pädagogischen Raum der Weg zu sozialen und kognitiven Lernprozessen frei wird. Selbstregulierung *als Prozeß* dient der Einfädelung der individuellen Lebensgeschichte und Lernbiographie in den kollektiven Lernprozeß der Schule. Selbstregulierung *als didaktisches Prinzip* fordert auf verschiedenen Ebenen theoretischer Reflexion und unterrichtspraktischer Gestaltung unterschiedliche Klärungen und Maßnahmen:

- auf der Ebene bildungs- und lerntheoretischer Reflexion die Überwindung mechanistischer, kausal orientierter Denkweisen und die Schaffung *ganzheitlicher, organischer Lern- und Denkkulturen,* die ein Denken in Vorgängen und Beziehungen, ein „Systemschaudenken" (vgl. CAPRA 1983), ermöglichen; die hier erforderliche Neubestimmung von „Wissen" und „Bildung" zeichnet sich nur erst in Umrissen ab, wird aber trotz ihrer Diffusität für die Alternativschuldiskussion zunehmend wichtiger (vgl. v. HENTIG 1984a, POSTMAN 1983);
- auf der Ebene der *Lernorganisation* die Auflösung des starren Fächerkanons in vielfältige, freiwillige und projektförmige Lernangebote (vgl. 3.4);
- auf der Ebene der *Leistungsdefinition* ein Gleichgewicht in der Bewertung von kognitiven, sozialen, emotionalen und handwerklichen Lernleistungen; die Definition des Leistungsbegriffs muß vom Kinde aus und nicht von gesellschaftlichen Erwartungen und Produktionszwängen her vorgenommen werden; denn es geht in der Alternativschulpädagogik um ein auf „Lebensfähigkeit gerichtetes Lernen" (NEGT 1983, S. 199), das Heilung gestörter Beziehung ermöglicht, Zuversicht schafft, Umgang mit bedrohter Identität will, Arbeiten und Lernen mit Sinn bietet (vgl. v. HENTIG 1984a) und in dem sich ökologische Kompetenz als pfleglicher Umgang mit der Natur, sich selbst, seinem Körper und anderen Menschen ausprägen kann;
- auf der Ebene der *Beurteilung von Lernleistungen* um den Verzicht auf den Mißbrauch der Beurteilungen für Selektionszwecke und die Entwicklung selbstgesteuerter Formen der kriterienorientierten Beurteilung kollektiver Erfahrungs-

prozesse – eine pädagogische Aufgabe, die allerdings durch die Weiterführung der Glocksee-Schule bis zum 10. Jahrgang und durch die damit verbundene Verpflichtung zum Erteilen eines Abschluß- oder Abgangszeugnisses nahezu unlösbar geworden ist;
- schließlich geht es auf der Ebene der *Beziehungsarbeit* um die Bildung und Stabilisierung vielfältiger informeller Gruppen, die sich über gemeinsame Interessen und gegenseitige Zuneigung definieren und in denen die Kinder das spannungsreiche Verhältnis von Konformitätsdruck der Gruppe und Individuierungsinteresse des einzelnen ausleben können.

So erfinden denn Alternativschulen nichts Neues, „sondern machen nur bewußt, was ohnehin abläuft, und ziehen pädagogische Konsequenzen aus gesellschaftlichen Tatbeständen, die in der Regelschule im allgemeinen verdrängt und aus der Schule ausgegrenzt werden" (NEGT 1983, S. 66).

4 Kritik und Fragen zur Alternativschulpädagogik

Die wenigen freien Alternativschulen der Bundesrepublik sind zum Gegenstand heftiger und kontroverser bildungspolitischer und akademischer Debatten geworden. Dennoch ist eine systematische Zusammenfassung der Kritik beim gegenwärtigen Diskussionsstand schwierig. Die Spannbreite der Kritik entfaltet sich zwischen dem optimistischen Urteil, daß es „keine Alternative zur Alternativschule" gebe (NEGT 1982, S. 114), und dem radikalen Verriß, daß die Alternativschulszene ohne politische Perspektive sei und obendrein, historisch gesehen, die falsche Alternative gewählt habe (vgl. RANG/RANG-DUDZIK 1978). Die wenigen ausformulierten Positionen der Kritik des Alternativschulgeschehens konzentrieren sich auf den Versuch,
- die verschütteten historischen Traditionen pädagogischer Alternativen aufzuarbeiten (vgl. BECK/BOEHNCKE 1982, S. 165 ff.);
- den Nachweis zu führen, daß die „Gegenschulbewegung" zwischen gesellschaftlichem Fatalismus und individualistischer Anarchie schwanke, bloße Reaktion auf einen „neuerlichen Vergesellschaftungsschub" sei und eine „irrationale Variante" alter bürgerlicher Träume von Selbstbestimmung und Bedürfnisorientierung im Spätkapitalismus darstelle (vgl. RÜCKRIEM 1978, S. 62 ff.);
- die Vorwürfe einer „Schonraumpädagogik", der Mittelschichtspezifität des pädagogischen Konzepts und der Nichtübertragbarkeit auf die Regelschule zu entschärfen (vgl. BORCHERT/DERICHS-KUNSTMANN 1979, S. 135 ff.);
- das Problem der mangelnden Evaluation alternativer Schulversuche zu erörtern, die unzureichende Selbstanalyse der an den Versuchen Beteiligten zu kritisieren, den pädagogischen Optimismus vieler seiner Verfechter zu bewerten und die gesamtgesellschaftliche Bedeutung von Erfolgen und Mißerfolgen einschließlich der Konsequenzen für die etablierte Pädagogik zu erörtern (vgl. RAMSEGER 1975, S. 117 ff.);
- die kritische Argumentation der „linken" Theoretiker der Alternativschulszene von Auernheimer bis Rang vorzustellen (vgl. GRODDECK/SCHULTZE 1983, S. 338 ff.) und schließlich
- diese und andere linke Kritik nun ihrerseits als unhistorisch zu entlarven (vgl. DRECHSEL u. a. 1980, S. 41 ff.).

Dahinein mischt sich zunehmend verstärkt, aber noch immer der wissenschaftlichen Öffentlichkeit weitgehend entzogen, die *Selbstkritik der Alternativschulszene,* die das Dilemma, zwischen Anspruch und Wirklichkeit zerschlissen zu werden, zunehmend bewußt erlebt.

Heinz-Jörg Oehlschläger

Die systematische Verführung zu konzeptionellen Zuspitzungen liegt zwar in der Sache alternativer Projekte, führt aber leicht zu ungeschichtlich gedachten und (weitgehend) überflüssigen Frontbildungen. Die Versuche, Schule anders zu machen, produzieren zwangsläufig auch andere Defizite als diejenigen, die als Problemfragen im Regelschulwesen formuliert worden sind. Die Tendenz der Alternativschulszene, sich vom akademischen Diskussionsstrang abzuschotten, stellt eine starke Gefährdung der Alternativschulen selbst dar, weil sowohl eine „Selbstschau-Idylle" als auch zerstörerische Selbstkritik keine begründete und tragfähige Perspektive für die Weiterentwicklung der Alternativschulen zu liefern vermögen. Da es bis heute – und dies zum Teil aus überzeugenden Gründen – keine wissenschaftliche Evaluation alternativer Schulen gibt, müssen ihre Erfolge und Mißerfolge provisorisch über subjektive Einschätzungen und Erfahrungsberichte ermittelt werden. Aber die bloße Addition mehrerer subjektiver Werturteile gerät schnell an die Grenzen der Glaubwürdigkeit, da jeder individuellen subjektiven Erfahrung eine andere gegenübergestellt werden kann. Das Fehlen interpretationsfähiger empirischer Daten, das Fehlen einer „Tradition" der theoretischen und praktischen Kritik und das Fehlen einer entwickelten Theorie der Alternativschule machen die eigentlich erforderliche systematische Kritik sehr schwierig. Im folgenden soll deshalb eine *Beschränkung auf das Formulieren von Fragen* (anstelle des Gebens von Antworten) vorgenommen werden. Diese Fragen konzentrieren sich auf das für die Alternativschulpädagogik zentrale Konzept der *Selbstregulierung,* auf die Probleme der Entwicklung einer alternativschulspezifischen *Didaktik* sowie auf die Frage nach der *Funktionalität* oder *Dysfunktionalität* der Alternativschule für die Gesellschaft:

Es ist zu fragen, ob sich im *Selbstregulierungskonzept* letztlich eine sentimentale, unreflektierte „Kinderbefreiungsmentalität" niederschlägt: Wovon, warum und wofür „befreit" die Nichteinmischungsideologie die Kinder und die Lehrer? Handelt es sich nicht eher um ein mißglücktes theoretisches Konstrukt zur Auflösung des Widerspruchs von Moral und Macht im Erziehungsprozeß? So als wäre das Nichthandeln am Kinde nicht auch Handeln am Kinde? Ist umgekehrt die überspitzte und undialektische Interpretation der konventionellen Erwachsenen-Kind-Beziehung als eines „Herrschaftsverhältnisses", das es ersatzlos aufzuheben gelte, nicht ebenfalls ein überzogen falsches Konstrukt, das zu falschen Frontstellungen im Erziehungsprozeß führt? Führt der durch das Selbstregulierungskonzept nahegelegte Abbau professionellen Lehrerverhaltens, der gerade in Konfliktsituationen die Erwachsenen- und Lehrerposition „einnebelt", zu Orientierungsverlusten der Kinder und zur Einengung der Beobachtungsmöglichkeiten für Lehrer?

Es ist zu fragen, welche selbstverschuldeten Defizite die *Alternativschuldidaktik* hervorruft. Erzeugt die Angst, Anweisungen an Kinder zu geben und Eingriffe vorzunehmen, die Angst davor, Kindern Unterrichtsthemen „aufzuherrschen", eine didaktische Regression und Angebotslähmung? Macht sie pädagogisch hilflos? Entspricht der Dramaturgie einer „Moral des Nicht-Eingriffs" das Alleingelassensein der Kinder im Schulalltag? Konfligiert das Prinzip der Freiwilligkeit in der Wahrnehmung von Lernangeboten mit der Notwendigkeit von Kontinuität in Lernprozessen? Gerät eine „Didaktik der Beliebigkeit" in pädagogisch unverantwortbare und letztlich sinnlose Widersprüche zu den historisch entfalteten und gesellschaftlich umkämpften, dennoch lernrelevanten „structures of the disciplines" (vgl. BRUNER 1970)? Besteht die Gefahr, daß die berechtigten und notwendigen Versuche der Stärkung und Wiedergewinnung von Subjektivität, Kreativität und Spontaneität der Kinder in eine bloße „Betroffenheitspädagogik" umschlagen, in der Exzentrik gegen Konzentration, Chaos gegen Organisation, Unordnung als Konzept des Lassens gegen Ordnung in willkürlicher Parteinahme gegeneinander ausgespielt werden und damit nicht nur einem „unhistorischen Subjektivismus" (RANG/RANG-DUDZIK 1978, S. 7) verfallen, sondern auch die „Logik von pädagogischen Arbeitsprozessen" aufheben und den Anschluß an gesellschaftlich-historische Entwicklungsprozesse der Pädagogik verlieren oder die Partizipation an diesen diskreditieren?

Auf die Ebene der Diskussion um *Funktionalität* und *Dysfunktionalität* alternativer Schulen gehoben, stellt sich die Frage, die ja auch viele Eltern von Alternativschulkindern bewegt, was aus den Kindern wird, die in den Lebens- und Lernkulturen der Alternativschulszene aufgewachsen sind, wenn sie aus den „pädagogischen Nischen" in die von spätkapitalistischen Krisenerscheinungen geprägte Gesellschaft entlassen werden. Oder anders gewendet: Sind eventuell nicht die Alternativschulen, sondern die Staatsaufsichtsschulen in einer bisher kaum reflektierten Qualität dysfunktional, weil sie auf die Strukturkrisen der Gesellschaft, der die Arbeit ausgeht und deren Wachstumsideologie brüchig geworden ist, keine Antwort zu geben vermögen? Sind Alternativschulen, die ja zugleich immer ein Plädoyer für die Suche nach alternativen Lebens- und Produktionsformen sind, die utopischen Inseln für die Zukunft oder sind sie schlicht Auffangbecken und Spielwiese für pädagogische Desperados?

Uneingelöste pädagogische Visionen, unbeantwortete Fragen, staatsaufsichtlich oktroyierte Legitimationszwänge und die teils selbstgewählte, teils zugeschriebene Funktion des pädagogischen Hoffnungsträgers sind eine Last, an der die Alternativschulen schwer zu tragen haben. Aber trotz aller Fragen und über alle Kritik hinaus sind Alternativschulen ein unverzichtbares Plädoyer für Schulvielfalt und damit eine Herausforderung für Pädagogik und Politik.

AHRBECK, R.: Morus – Campanella – Bacon. Frühe Utopisten, Köln 1977. ARBEITSGEMEINSCHAFT FREIE SCHULEN/DIE GRÜNEN (Hg.): Zukunftsorientierte Bildungspolitik. Dokumentation des 2. Regensburger Kongresses vom 17.-19.6.1983, Regensburg 1983. AUERNHEIMER, G.: Wo bleibt die Alternative der Alternativpädagogen? In: päd. extra (1979), 12, S. 40 ff. AUERNHEIMER, G./HEINEMANN, K.-H. (Hg.): Alternativen für die Schule, Köln 1980. BAUMERT, J.: Schulkrise der staatlichen Regelschule? In: Z. f. P. 27 (1981), S. 495 ff. BECK, J.: Sind Alternativen elitär? In: päd. extra (1980), 6, S. 33 ff. BECK, J./BOEHNCKE, H. (Hg.): Jahrbuch für Lehrer 7, Selbstkritik der pädagogischen Linken, Reinbek 1982. BEHR, M./JESKE, W. (Hg.): Schul-Alternativen, Modelle anderer Schulwirklichkeiten, Düsseldorf 1982. BERNFELD, S.: Sisyphos oder die Grenzen der Erziehung, Leipzig 1925. BLANKERTZ, ST.: Tolstojs Beitrag zur Theorie und Praxis anarchistischer Pädagogik. In: TOLSTOJ, L. N.: Die Schule von Jasnaja Poljana, Wetzlar 1976, S. III ff. BORCHERT, M./DERICHS-KUNSTMANN, K. (Hg.): Schulen die ganz anders sind, Frankfurt/M. 1979. BOTH, B./ILIEN, A.: 10 Jahre Glocksee: Nachrichten von einem anderen Schultag. In: päd. extra (1982), 10, S. 20 ff. BOURDIEU, P./PASSERON, J.-C.: Die Illusion der Chancengleichheit, Stuttgart 1971. BOWLES, S./GINTIS, H.: Schooling in Capitalist America, New York 1970. BRAUN, W./NAUDASCHER, B.: Für eine menschenfreundliche Schule. Erfahrungen im amerikanischen Schulwesen, München 1980. BRINKMANN, G. u. a. (Hg.): Theorie der Schule. Schulmodelle 2: Gesamtschulen und Alternativschulen, Königstein 1980. BRUNER, J. S.: Der Prozeß der Erziehung, Berlin/Düsseldorf 1970. CAMPANELLA, T.: Sonnenstaat. In: HEINISCH, K. J. (Hg.): Der utopische Staat, Reinbek 1960, S. 67 ff. CAPRA, F.: Wendezeit. Bausteine für ein neues Weltbild, Bern/München/Wien 1983. DAUBER, H.: Schulkritik, Fernuniversität Hagen, Hagen 1981. DENNISON, G.: The Lives of Children, New York 1969 a. DENNISON, G.: Lernen und Freiheit. Aus der Praxis der First Street School, Frankfurt/M. 1969 b. DICK, L. VAN: Alternativschulen, Reinbek 1979. DIE GRÜNEN (Hg.): 1. Niedersächsischer Bildungskongreß, Dokumentation, Hannover 1984. DRECHSEL, R. u. a.: Alternative Schulen – nichts für Linke? In: Ästh. u. Komm. 10 (1980), 39, S. 41 ff. FEND, H.: Theorie der Schule,

München/Wien/Baltimore 1980. FEYERABEND, P.: Irrationalität oder: Wer hat Angst vor'm schwarzen Mann? In: DUERR, H.-P. (Hg.): Der Wissenschaftler und das Irrationale, Bd. 2, Frankfurt/M. 1981, S. 37 ff. FOUCAULT, M.: Überwachen und Strafen, Frankfurt/M. 1977. FREIE SCHULE BOCHUM (Hg.): Alternativschulpraxis. Mit Kindern lernen, Bochum 1983. FREINET, C.: Die moderne französische Schule, Paderborn 1965. FREINET, C.: Pädagogische Texte mit Beispielen aus der praktischen Arbeit nach Freinet, hg. v. H. Boehncke u. Ch. Henning. Reinbek 1980. FREIRE, P.: Erziehung als Praxis der Freiheit, Reinbek 1977. FÜRSTENAU, P.: Zur Psychoanalyse der Schule als Institution. In: FÜRSTENAU, P. u.a.: Zur Theorie der Schule, Weinheim 1969, S. 9 ff. GEBAUER, K./MOHR, U. (Hg.): Alternativen in der Regelschule, Dortmund 1984. GLOCKSEE-SCHULE (Hg.): Berichte, Analysen, Materialien, Hannover 1981. GOLDSCHMIDT, D./ROEDER, P.M. (Hg.): Alternative Schulen? Gestaltung und Funktion nichtstaatlicher Schulen im Rahmen öffentlicher Bildungssysteme, Stuttgart 1979. GOODMAN, P.: Aufwachsen im Widerspruch (1956), Darmstadt ²1974. GRAUBARD, A.: Free the Children, Radical Reform and the Free School Movement, New York 1974. GRODDECK, N./SCHULTZE, H.: Entschulungsdiskussion und Alternativschulen. In: Enzyklopädie Erziehungswissenschaft, Bd. 8, Stuttgart 1983, S. 319 ff. HAGE, K. u. a.: Das Methodenrepertoire von Lehrern, Opladen 1985. HENTIG, H. v.: Schule als Erfahrungsraum? Eine Übung im Konkretisieren einer pädagogischen Idee, Stuttgart 1973. HENTIG, H. v.: Was ist eine humane Schule? München 1976. HENTIG, H. v.: Aufwachsen in Vernunft. Kommentare zur Dialektik der Bildungsreform, Stuttgart 1981. HENTIG, H. v.: Die Sachen klären – die Menschen stärken. Rede anläßlich der Feiern zum 10jährigen Bestehen der Laborschule Bielefeld, Mimeo, Bielefeld 1984a. HENTIG, H. v.: Das allmähliche Verschwinden der Wirklichkeit, München/Wien 1984b. HERNDON, J.: Die Schule überleben, Stuttgart 1971. HOLLSTEIN, W.: Die Gegengesellschaft, Reinbek 1981. HOLLSTEIN, W./PENTH, B.: Alternativprojekte, Reinbek 1980. HOLT, J.: Now Children Learn, New York 1970. HUBER, J.: Wer soll das alles ändern? Die Alternativen der Alternativbewegung, Berlin 1981. ILLICH, I.: Entschulung der Gesellschaft, München 1972. KROVOZA, A./NEGT, I.: Selbstregulierung und Lernmotivation. In: Ästh. u. Komm. 6/7 (1975/1976), 22/23, S. 66 ff. KURZ, G.: Alternativ leben? Zur Theorie und Praxis der Gegenkultur, Berlin 1979. LAUN, R.: Freinet – 50 Jahre danach, Heidelberg 1982. LEHMANN, TH./OELKERS, J.: Liberalismus, Ideologiekritik und Antipädagogik. In: Z. f. P. 27 (1981), S. 105 ff. LENZEN, K.-D.: Kinderkultur – die sanfte Anpassung, Frankfurt/M. 1978. MANZKE, E. (Red.): Glocksee-Schule. Berichte, Analysen, Materialien, Berlin 1981. MEHR, M. T. (Hg.): Drachen mit tausend Köpfen. Spaziergänge durch linkes und alternatives Milieu, Darmstadt 1982. MEYER, H. L./THOMA, G.: Schulversuch. In: WULF, CH. (Hg.): Wörterbuch der Erziehung, München/Zürich 1974, S. 509 ff. MÖBIUS, E.: Bemposta und die Muchachos. Die Kinderrepublik, Reinbek 1973. MORUS, TH.: Utopia. In: HEINISCH, K. J. (Hg.): Der utopische Staat, Reinbek 1960, S. 7 ff. NEGT, O.: Schule als Erfahrungsprozeß. In: Ästh. u. Komm. 6/7 (1975/1976), 22/23, S. 36 ff. NEGT, O.: Die Alternativpädagogik ist ohne Alternative. In: BECK, J./BOEHNCKE, H. (Hg.): Jahrbuch für Lehrer 7, Reinbek 1982, S. 114 ff. NEGT, O.: Alternative Schulen in der Diskussion, Fernuniversität Hagen, Hagen 1983. NEGT, O.: Strukturkrise und Pädagogik. In: Westerm. P. Beitr. 36 (1984), S. 214 ff. (1984a). NEGT, O.: Lebendige Arbeit – Enteignete Zeit, Frankfurt/M. 1984b. NEILL, A. S.: Erziehung in Summerhill, München 1965. NETZWERK SELBSTHILFE (Hg.): Ein Jahr Netzwerk Selbsthilfe. Dokumentation der Gründung und Entwicklung eines Fonds für politische und alternative Projekte, Berlin 1979. PETERS, J. (Hg.): Die Geschichte alternativer Projekte von 1800–1975, Berlin 1980. POSTMAN, N.: Das Verschwinden der Kindheit, Frankfurt/M. 1983. POSTMAN, N./WEINGARTNER, CH.: Teaching as a Subversive Activity, New York 1969. PREUSS-LAUSITZ, U./ZIMMERMANN, P.: Alternativschulen und grüne Bildungspolitik. In: ROLFF, H.-G. u.a. (Hg.): Jahrbuch der Schulentwicklung, Bd. 3, Weinheim/Basel 1984, S. 204 ff. RAMSEGER, J.: Gegenschulen. Radikale Reformschulen in der Praxis, Bad Heilbrunn 1975. RANG, A./RANG-DUDZIK, B.: Elemente einer historischen Kritik der gegenwärtigen Reformpädagogik. Die Alternativlosigkeit der westdeutschen Alternativschulkonzepte. In: GOTTSCHALK, H. u.a. (Hg.): Reformpädagogik und Berufspädagogik. Argument Sonderbände AS 21, Berlin 1978, S. 6 ff. REICH, W.: Der Einbruch der bürgerlichen Zwangsmoral. Zur Geschichte der sexuellen Ökonomie, Köln 1972. ROGERS, C. R.: Lernen in Freiheit. Zur Bildungsreform in Schulen und Universität, München 1974. ROGERS, C. R.: Die Kraft des Guten, München 1977. RÜCKRIEM,

G.: Sieben Thesen über organisierte Willkür und willkürliche Organisation. Zur Kritik der Gegenschulbewegung. In: GOTTSCHALK, H. u. a. (Hg.): Reformpädagogik und Berufspädagogik. Argument Sonderbände AS 21, Berlin 1978, S. 62 ff. RÜCKRIEM, G.: Alternative Schulen im Widerspruch von Emanzipation und Qualifikation. In: AUERNHEIMER, G./HEINEMANN, K.-H. (Hg.): Alternativen für die Schule, Köln 1980, S. 45 ff. RUMPF, H.: Die übergangene Sinnlichkeit, München 1981. SACHS, W.: Schulzwang und soziale Kontrolle, Frankfurt/M. 1976. SACHS, W.: Die Schule der Zukunft: Staat raus – Spaß rein! In: päd. extra (1980), 6, S. 23 ff. SCHELLER, I.: Erfahrungsbezogener Unterricht, Königstein 1981. SCHULE UND ERZIEHUNG. D. Arg., Sonderband 21, Berlin 1978. SCHULVERSUCH GLOCKSEE. Ästh. u. Komm., Heft 22/23, Berlin ³1979. SCHULZE, TH.: Schule im Widerspruch, München 1980. SILBERMAN, CH.: Crisis in the Classroom, New York 1970. SPEICHERT, H.: Umgang mit der Schule, Reinbek 1980. SPEICHERT, H.: Kann es das geben: Eine ökologische Bildungspolitik? In: päd. extra (1983), 9, S. 23 ff. STUBENRAUCH, H.: Gesamtschul- oder Alternativschulentwicklung (I). In: n. dt. s. 32 (1980), S. 438 ff. TILLMANN, K.-J.: Schulversuche in Vergangenheit und Gegenwart. Zur Funktion von Schulversuchen, Fernuniversität Hagen, Hagen 1978. TOLSTOJ, L. N.: Die Schule von Jasnaja Poljana, Wetzlar ²1980. WENIGER, E./SCHULZE, TH. (Hg.): Friedrich Schleiermacher. Pädagogische Schriften I. Die Vorlesungen aus dem Jahre 1826, Frankfurt/M. 1983. WENKE, K.-E./ZILLESSEN, H. (Hg.): Neuer Lebensstil, verzichten oder verändern? Auf der Suche nach Alternativen für eine menschlichere Gesellschaft, München 1978. WINKEL, R.: Alternative Schulen – Ausweg aus der Schulmisere. In: AUERNHEIMER, G./HEINEMANN, K.-H. (Hg.): Alternativen für die Schule, Köln 1980, S. 29 ff. WINKLER, M.: Stichworte zur Antipädagogik. Elemente einer historisch-systematischen Kritik, Stuttgart 1982. WINKLER, M.: Erfolgsgeschichte der Antipädagogik. In: Westerm. P. Beitr. 35 (1983), S. 532 ff. ZIEHE, TH.: Subjektive Bedeutung und Erfahrungsbezug. In: Ästh. u. Komm. 6/7 (1975/1976), 22/23, S. 132 ff. ZIEHE, TH./STUBENRAUCH, H.: Plädoyer für ungewöhnliches Lernen, Reinbek 1982. ZIMMER, H.: Bildungspolitischer Irrationalismus in „buntem" Gewand. Entgegnung auf Herbert Stubenrauch. Gesamtschul- oder Alternativschulentwicklung (II). In: n. dt. s. 32 (1980), S. 468 ff.

Reinhard Fuhr

Didaktisches Handeln in außerschulischen Feldern

1 Schulische und alternative Didaktik
2 Beispiele alternativer Didaktik
2.1 Lernen zur Befreiung
2.2 Politisches Lernen im Alltag
2.3 Humanes Lernen
3 Dimensionen und Kriterien alternativer Lernkonzepte

Zusammenfassung: Das Interesse dieser Arbeit konzentriert sich auf Konzepte der Didaktik im außerschulischen Bereich, die das Grundmuster schulischen Lernens überwinden, die also die Ganzheit der Persönlichkeit des Lernenden und dessen Fähigkeit zur selbstbestimmten Entwicklung in der Gemeinschaft berücksichtigen und Möglichkeiten zur Bearbeitung existentieller Probleme eröffnen. Solche Ansätze können in der Beschreibung und Reflexion einer alternativen Praxis gefunden werden, wie beispielsweise im Konzept der politischen Alphabetisierung, im Verständnis von Bürgerinitiativen und in Lernkonzepten der humanistischen Psychologie. Die Analyse dieser Konzepte weist auf die Notwendigkeit hin, den mit der Gestaltung von Lernprozessen durch pädagogische Experten verbundenen Herrschaftsanspruch aufzugeben und statt dessen Leitungs- und Stützfunktionen bei der Gestaltung selbstorganisierter, gesellschaftlich und individuell relevanter Lernsituationen zu übernehmen.

Summary: In this contribution interest is concentrated on concepts of didactics in the extra-scholastic field which overcome the basic pattern of "school learning", taking into account the totality of the personality of the learner and his capacity to determine his development within society himself, and opening up possible ways of dealing with existential problems. Such approaches are to be found in the description and discussion of alternative practices such as the concept of political alphabetization, in the learning processes associated with citizens' action groups and in the concepts of learning embodied in humanist psychology. The analysis of these concepts indicates the need to give up the claim to dominance associated with the arrangement of learning processes by pedagogical experts and to adopt in its stead guiding and supporting functions in the organization of self-organized socially and individually relevant learning situations.

Résumé: L'intérêt de ce travail se concentre sur les concepts de la didactique dans le domaine hors scolaire, concepts qui maîtrisent le modèle fondamental d'apprentissage scolaire, qui, par conséquent, prennent en compte l'ensemble de la personnalité de l'apprenant et sa capacité de développement autodéterminé dans la communauté et qui ouvrent des possibilités de traitement de problèmes existentiels. De tels points de départ peuvent être trouvés dans la description et la réflexion sur une pratique alternative, comme par exemple dans le concept d'alphabétisation politique, dans la compréhension d'apprentissage liés aux initiatives de citoyens et dans les concepts d'apprentissage de la psychologie humaniste. L'analyse de ces concepts indique la nécessité de renoncer à l'exigence de domination liée à l'élaboration de processus d'apprentissage par des experts en pédagogie et d'adopter, à la place de cela, ses fonctions de direction et de soutien lors de l'élaboration des situations d'apprentissages auto-organisées, et pertinentes du point de vue social et individuel.

1 Schulische und alternative Didaktik

Im alltagssprachlichen Verständnis und in der erziehungswissenschaftlichen Theoriebildung ist der Begriff Didaktik eng mit der Vorstellung schulischen, also institutionalisierten Lernens und Lehrens verbunden. KLAFKI (1974, S.117) faßt diesen Sprachgebrauch zusammen: „In der Mehrzahl der Fälle umfaßt [die Didaktik] alle oder einige Fragen im Bereich der Ziele und Inhalte, der Organisationsformen bzw. Methoden und Medien des Lehrens und Lernens, und zwar gewöhnlich im Hinblick auf institutionalisiertes Lehren und Lernen in Schulen, Ausbildungsstätten (z.B. der betrieblichen Lehrlingsausbildung) und weiteren Bildungseinrichtungen wie dem Kindergarten, der Erwachsenenbildung, dem Fernunterricht usw." Auch dort, wo das enge geisteswissenschaftliche Verständnis der Didaktik als einer „Theorie der Bildungsinhalte" überwunden worden ist, bleibt der Bezug auf institutionalisiertes Lehren und Lernen bestehen: Didaktik ist heute die Theorie absichtsvollen (intentionalen), planmäßig über lange Zeit verfolgten pädagogischen Handelns. Didaktik wurde deshalb nicht nur von HEIMANN (1965, S.9) als „Theorie des Unterrichts" und von SCHULZ (vgl. 1969) als „Theorie der Schule" bestimmt; auch Klingberg schreibt unter deutlich anderen gesellschaftlichen Verhältnissen: „Weil sich das Lehren (und das Lernen) mit besonderer Intensität im Unterricht vollzieht, bezeichnet man die Didaktik auch als Unterrichtslehre oder Theorie des Unterrichts" (KLINGBERG 1982, S.31). Diese Gleichsetzung der Didaktik mit der Theorie des Unterrichts geht von historisch erklärlichen, dennoch einseitigen Grundvorstellungen über die Struktur von Lernprozessen aus, nämlich von der Annahme, daß das Lernen immer ein *professionelles* Lehren voraussetze, daß *Experten* über die Entwicklung der Curricula und die Organisation der Lernprozesse zu befinden hätten, daß jedes Mitglied einer Gesellschaft zu bestimmten *Zeiten* die Lernerrolle zu übernehmen habe, daß also die allgemeine Schulpflicht selbstverständlich sei und daß noch über diese Schulpflicht hinaus die Erwachsenen in entwickelten Industriegesellschaften freie Zeit für die *Weiterbildung* aufwenden können und, schließlich, daß „Lernen" und „Arbeiten" strikt getrennt werden können und müssen. Für Gesellschaften, die bisher keine allgemeine Schulpflicht kannten, sind solche Annahmen problematisch: Für die Masse der Kinder und Erwachsenen in den sogenannten unterentwickelten Ländern muß die erforderliche Zeit zum Lernen aus den Alltagsaufgaben und Erholungsphasen herausgetrennt werden. Dies kann das soziale Gefüge dieser Gesellschaften erheblich stören.

Die historischen Voraussetzungen für die Institutionalisierung des Lehrens und Lernens und für die Trennung von schulischem Lernen und alltäglichem Leben und Arbeiten sind umfassend analysiert und bildungsökonomisch, bildungstheoretisch und gesellschaftstheoretisch interpretiert worden (vgl. BLANKERTZ 1975; vgl. HERRLITZ u.a. 1981, S.12ff.). Die dysfunktionalen Nebenfolgen dieser Institutionalisierung des Lernens für den Lernprozeß selbst werden ebenfalls immer aufmerksamer registriert (vgl. RUMPF 1981). Das Grundverständnis der Didaktik als einer „Theorie der Schule" entspricht der Theorie und Praxis *organisierter Lehr- und Lernprozesse in den Industriegesellschaften* (vgl. HAWES 1974, S.47ff.; vgl. HERRLITZ u.a. 1984, S.57ff.; vgl. JOYCE/WEILL 1972, S.1ff.; vgl. LEWY 1977,

S. 11 ff.). Mit der Verlängerung der Schulzeit und der Ausweitung institutionalisierten Lernens in das Erwachsenenalter („life long learning") und mit dem „Export" unserer Bildungssysteme in weite Teile der Dritten Welt werden jedoch auch die Grenzen und historischen Zufälligkeiten des europäisch-abendländischen Didaktikverständnisses deutlich. Entsprechend vielfältig und detailliert ist die vorliegende Kritik (vgl. BOTKIN u. a. 1979; vgl. DAUBER/VERNE 1976, S. 10 ff.; vgl. FREIRE 1973, S. 57 ff.; vgl. FUHR 1979a, S. 16 ff.; vgl. HANF u. a. 1977; vgl. ILLICH 1973, S. 17 ff.; vgl. REIMER 1972, S. 14 ff.):
- Die Lernstrukturen werden immer formaler, immer leistungs- und konkurrenzorientierter, sie werden immer einseitiger an den kognitiv-analytischen und verbalen Fähigkeiten der Schüler orientiert; die Alltagsrealität kann immer weniger ganzheitlich erfahren werden (vgl. ORNSTEIN 1976, WATZLAWICK 1978). Die Ausgliederung von Lernzeiten und Lernerrollen aus dem alltäglichen Lebenszusammenhang bereitet schon in den Industriegesellschaften Schwierigkeiten (vgl. SCHULENBERG 1968, S. 152).
- Vor allem aber sind die Annahmen über die Vorteile und den Nutzen institutionalisierter Bildung brüchig geworden: Zwischen dem in einer Gesellschaft erreichten Standard formaler und institutionalisierter Bildung und dem ökonomisch-technischen Entwicklungsstand des Landes konnte bisher trotz umfangreicher Forschungsarbeiten kein klarer ursächlicher Zusammenhang nachgewiesen werden (vgl. BAETHGE 1984, BAETHGE/TEICHLER 1984).
- Dagegen scheint ein Zusammenhang zwischen dem Ausmaß der Institutionalisierung der Bildung und der Sozialstruktur eines Landes eindeutig belegt werden zu können: Ein Mehr an institutionalisierter Bildung führt keineswegs zu einer zwangsläufigen Egalisierung und Demokratisierung von Gesellschaften, sondern eher zur Stabilisierung der bestehenden Sozialstruktur (vgl. BOURDIEU/PASSERON 1971, HOPF 1984). Dies gilt auch für die Länder der Dritten Welt: Die Verstärkung der Einschulungsrate in den Ländern der Dritten Welt verstärkt offensichtlich die Unterprivilegierung der Masse der Bevölkerung gegenüber einer formal höher gebildeten Elite; dieser Effekt ist steuerbar über die Etablierung eines Berechtigungswesens (vgl. NESTVOGEL 1978, SIMMONS 1978).
- Traditionelle Formen nichtinstitutionalisierter Lehre in alltäglichen Lebensbezügen sind durch die Kopplung formaler Qualifikationen an gesellschaftliche Aufstiegshoffnungen in Mißkredit geraten, obwohl die Berechtigung solcher Hoffnungen empirisch weitgehend sowohl für die westlichen Industriegesellschaften (vgl. HOPF 1984, S. 199) als auch für Länder der Dritten Welt (vgl. HANF u. a. 1977, OMOLEWA 1981) widerlegt werden konnte.
- Offenkundig ist weiterhin, daß für viele Länder der Dritten Welt die Etablierung eines differenzierten Bildungssystems wegen der damit verbundenen hohen Kosten überhaupt nicht mehr finanzierbar ist (vgl. MÜLLER 1981).
- Schließlich ist umstritten, ob schulisch institutionalisiertes Lehren und Lernen eine wirksame Hilfe bei der Bewältigung der drängenden Probleme im Verhältnis von Industriestaaten und unterentwickelten Ländern (Beseitigung von Hunger und Armut, Lösung ökologischer Krisen, Erziehung zur Friedensfähigkeit) zu geben vermag.

Schulische Didaktik, die sich in einer selbstauferlegten Beschränkung als „Theorie des Unterrichts" definiert, hat die Frage, wer was wie und wo lernen soll, damit die Lernenden sich aktiv an der Suche nach Lösungen für existentielle Gegenwarts- und Zukunftsprobleme beteiligen können, bisher nicht in überzeugender Weise beantworten können.

Die Schwierigkeiten traditioneller Didaktik lassen es sinnvoll erscheinen, außerschulische Arbeitsfelder der Didaktik auf Alternativen zum Grundmuster verschulten Lernens hin zu erkunden.

An *alternative Didaktikkonzepte* wird der Anspruch gestellt, daß sie von einer „alternativen", die bestehenden gesellschaftlichen Verhältnisse transzendierenden Praxis des Lehrens und Lernens ausgehen und diese auf verschiedenen Abstraktionsebenen theoretisch zu reflektieren gestatten (vgl. TREML 1980, S.77). Bei dieser „Theorie aus der Praxis" (FREIRE 1981, S.161) kann von einer geschlossenen „Theorie alternativer Didaktik" noch nicht gesprochen werden (vgl. OEHLSCHLÄGER 1986), wohl jedoch von gemeinsamen Charakteristika, die in den vielfältigen, oft auch nur bruchstückhaft vorgelegten Konzepten zum Ausdruck kommen. Außerschulische Didaktikansätze werden daher im folgenden Abschnitt beispielhaft daraufhin untersucht, ob sich das Grundverständnis vom Lerner und vom Lernprozeß wesentlich von dem schulischer Didaktik unterscheidet und ob diese Konzepte Beiträge leisten können zur Bewältigung gegenwärtiger und zukünftiger existentieller Probleme unserer Gesellschaft. Wird der Lernende als ein nur mit Hilfe anderer zu belehrendes Mängelwesen verstanden, oder ist der Mensch prinzipiell dazu in der Lage, die eigene Selbstverwirklichung verantwortlich und selbsttätig voranzubringen? Erschöpft sich das „Lernen" des Menschen in der Aneignung von Vorratswissen, dessen Bedeutung der Lernende zum Zeitpunkt des Lernens nicht überblicken kann und für dessen Aufbereitung pädagogische Experten und Administratoren unverzichtbar sind, oder wird Lernen als ein organischer Prozeß verstanden, in dem die Reflexion der Bedeutsamkeit des Lernens für den Lebenskontext unverzichtbar ist? (Vgl. hierzu das Postulat der Selbstreflexivität des Lernens bei SCHUMACHER 1979.) Folgt die Strukturierung der Lernprozesse festgelegten Ablaufplänen, oder orientiert sie sich jeweils neu an den inhaltlichen Interessen der Beteiligten, der Thematik und den Prozessen der gesamten Lerngruppe? Und schließlich: Sind institutionalisierte Vorgaben und etablierte Organisationsformen bestimmend für die Gruppenbildung, die Rollenverteilung, die Lernorte, die Methoden und die Ergebnissicherung, oder ist der Grad der Institutionalisierung und Lernorganisation funktional für das Geschehen in den Lerngruppen?

2 Beispiele alternativer Didaktik

Drei außerschulische Didaktikkonzepte sollen beschrieben und auf die zuvor genannten Fragen hin untersucht werden: das Konzept der politischen Alphabetisierung, das Lernen in Bürgerinitiativen und humanes Lernen nach der themenzentrierten Interaktion. Die Auswahl dieser Beispiele wird wie folgt begründet: Es wird vermutet, daß diese drei Lernkonzepte zumindest ansatzweise von einem anderen Verständnis von Lerner und Lernen ausgehen als schulische Konzepte. In allen drei Fällen gibt es eine didaktische Praxis, die der Konzeptbildung vorausging oder parallel zur Konzeptbildung verlief. Es handelt sich ferner um Alltagslernen im Gegensatz zu therapeutischem Lernen, wobei nicht ausgeschlossen werden soll, daß die Beteiligten in einem solchen Lernprozeß auch psychische Störungen bearbeiten können.

2.1 Lernen zur Befreiung

Weltweite Alphabetisierungskampagnen haben das Ziel, Millionen von Menschen das Lesen und Schreiben als elementare Kulturtechniken zu vermitteln. Seit Beginn der großen Alphabetisierungsanstrengungen in den 50er Jahren in den Ländern der Dritten Welt kristallisieren sich unterschiedliche Ansätze heraus: die fundamentale, die funktionale und die politische Alphabetisierung (vgl. SCHIMPF-HERKEN 1979, S. 119). Diese drei Konzepte heben sich in unterschiedlicher Weise von der traditionellen Alphabetisierung ab, welche ausschließlich schulische Lernkonzepte auf die Lernsituation Erwachsener überträgt. Die politische Alphabetisierung, die eng mit dem Namen des „Volkspädagogen" Freire verbunden ist, wendet sich entschieden gegen schulische Lernmuster. Diese Alphabetisierungsmethode wurde oft beschrieben (vgl. FREIRE 1973, S. 71 ff.; vgl. FREIRE 1977; vgl. PÄDAGOGIK DER 3. WELT 1976; zusammenfassend vgl. SCHIMPF-HERKEN 1979). Die im wesentlichen von Freire entwickelte „*problemorientierte Dialogmethode*" der Alphabetisierung entstand im verarmten Nordosten Brasiliens im Zuge der landesweiten Politisierungs- und Befreiungsbewegung der 60er Jahre (vgl. SCHIMPF-HERKEN 1979, S. 139 ff.). In Abwandlungen wurde die Methode auch in anderen Ländern angewandt, beispielsweise in Chile, in Angola, Guinea-Bissau und Nicaragua (vgl. FREIRE 1980; vgl. SCHIMPF-HERKEN 1979, S. 214 ff.; vgl. SCHLEGEL/RENKHOFF-SCHLEICH 1980). In der ursprünglichen, von Freire konzipierten Form dieser Methode wird der Alphabetisierungsprozeß in mehrere *Phasen* untergliedert:

- Die Arbeit beginnt mit der *Untersuchung des Sprachmaterials* der Volksgruppe, für die eine Alphabetisierungskampagne gestartet werden soll. Um existentiell bedeutsame Ausdrucksweisen und Redewendungen zu sammeln, begibt sich ein Forscherteam in die Region der zu alphabetisierenden Gruppe. Das Team versucht, einen unmittelbaren Eindruck von der sozialen Wirklichkeit und den politisch-ökonomischen Problemen der Menschen zu erhalten sowie Kontaktpersonen aus der Bevölkerung für die Mitarbeit am Projekt zu gewinnen. Aus dem bei der Erkundung gesammelten Sprachmaterial werden „generative Wörter" nach linguistischen Kriterien und nach der Bedeutsamkeit der Wörter für die Analyse der gesellschaftlichen Wirklichkeit der Menschen ausgewählt. Zusätzlich werden didaktische Gesichtspunkte wie die Vertrautheit der Wörter sowie die Möglichkeit zur Verknüpfung mit anderen generativen Wörtern beachtet.

Diese Wörter werden dann als „*Schlüsselwörter*" kodiert, das heißt, die existentiell bedeutsamen Situationen, die mit diesen Wörtern assoziiert werden können, werden vom Team bildlich dargestellt und dadurch zu „generativen Themen" verknüpft. Danach werden „Karten" angefertigt, auf die die generativen Wörter zunächst als Einheit aufgeschrieben und dann in phonemische Gruppen aufgeteilt werden. Jede phonemische Gruppe wird durch Austausch der Vokale variiert. Die Zusammenstellung aller Variationen eines Phonems bildet dann eine „Entdeckungskarte".

- In den Kommunen werden sodann „*Kulturzirkel*" eingerichtet, die regelmäßige Zusammenkünfte aller am Projekt interessierten Analphabeten eines Dorfes oder Stadtteils organisieren sollen. Der Unterricht in diesen Kulturzirkeln beginnt mit Gesprächen über ein projiziertes Bild; die dargestellte Situation (etwa das Bild eines Slums oder eines Bauern, der seinen Ernteanteil an den Großgrundbesitzer abliefert) wird analysiert, die Probleme der Lernenden zu diesem generativen Thema werden diskutiert. Dann wird das dazugehörige Wort gezeigt, zunächst als ganzes Wort, dann in Silben zerlegt, und schließlich wird die Entdeckungskarte projiziert, mit deren Hilfe die Lernenden neue Wörter bilden und schreiben lernen.

Das Lernen soll auf die Arbeit der Analphabeten bezogen bleiben. In den Sommermonaten kann der „Unterricht" während der Feldarbeit unter einem Baum

auf dem Feld stattfinden, der Erdboden wird zur „Tafel", ein Holzstückchen zur „Kreide". Für die Erziehungsarbeit in Guinea-Bissau schlägt Freire vor, die Bevölkerung ganzer Dörfer zu großen „Kulturzirkeln" zusammenzufassen, so daß die gesamte Einwohnerschaft den kollektiven Lernprozeß trägt (vgl. FREIRE 1980, S. 141 f.).
- Anstelle professioneller Lehrer sollen *Koordinatoren* den Lernprozeß begleiten und systematisieren. Sie sollen sich als Glieder der Lerngemeinschaft verstehen; sie haben die Aufgabe, den Prozeß der politischen Bewußtseinsbildung zu initiieren und zu fördern. Dabei laufen sie freilich dauernd Gefahr, in die traditionelle Lehrerrolle zurückzufallen. Um diese Fehlentwicklung zu vermeiden, wurden die Koordinatoren in Brasilien in Methoden nondirekter Gesprächsführung eingewiesen. Deshalb wird auch darauf geachtet, daß die Koordinatoren Einheimische sind und daß das Forscherteam zumindest längere Zeit mit den betroffenen Menschen zusammenlebt (vgl. SCHIMPF-HERKEN 1979, S. 166).
- Der *„Lehrstoff"* für den Unterricht in den Kulturzirkeln wird der jeweiligen gesellschaftlichen Realität entnommen. Eine Curriculumentwicklung im üblichen Sinne erübrigt sich: Der „programmatische Inhalt strukturiert sich um verschiedene, aber miteinander zusammenhängende Aspekte, die zusammen eben jenes spontan sich in der Welt ‚Bewegen' ausmachen" (FREIRE 1980, S. 144). Unterrichtsformen und Lehrmittel entwickeln sich so aus den konkreten Lebensbedingungen (vgl. SCHIMPF-HERKEN 1979, S. 177). Selbst wenn Textbücher eingesetzt werden (beispielsweise in der Nachalphabetisierungsphase), werden diese weitgehend in Kooperation mit den Lernenden erstellt und auf deren Alltagsthemen wie Arbeit, Gesundheit, Organisation der politischen Arbeit bezogen (vgl. KONTAKTSTUDIENZENTRUM 1979, S. 71 ff.).

Freires Konzept der politischen Alphabetisierung basiert auf einer *Gesellschaftsanalyse,* die bewußt Partei für die Unterdrückten ergreift. Gesellschaftliche Widersprüche werden für den Alphabetisierungsprozeß aufgearbeitet, um „kritisches Bewußtsein" bei den Betroffenen zu erzeugen, das die gesellschaftlichen Ursachen eines Problems begreift und sich darin vom „magischen Bewußtsein" unterscheidet, das den bestehenden gesellschaftlichen Verhältnissen eine überlegene Kraft zuschreibt, so daß man sich ihnen anzupassen habe (vgl. FREIRE 1977, S. 49). Aus der Reflexion der Alphabetisierungspraxis entwickelt Freire so seine *Theorie politischen Lernens:* „eine befreiende Alphabetisierung [muß] ein schöpferischer Akt sein, indem an die Stelle von Bücherweisheiten ein Wissen tritt, das der kritischen Reflexion über eine konkrete Arbeitserfahrung entspricht. Deshalb spreche ich auch immer wieder von der dialektischen Beziehung zwischen dem konkreten Kontext, in dem die Arbeit geleistet und dem theoretischen Kontext, in dem die kritische Reflexion über die Arbeit angestellt wird" (FREIRE 1980, S. 107). Lernen heißt also für Freire, das Bewußtsein der Betroffenen zu ändern. Sie sollen sich nicht weiterhin mit dem Urteil ihrer Unterdrücker identifizieren, nicht selbst daran glauben, sie seien krank, faul und unproduktiv, so daß sie ihr Verhalten und ihre eigentümliche Sprache ändern müßten (vgl. FREIRE 1973, S. 12).

Die Programme politischer Alphabetisierung hatten in den vergangenen Jahren und Jahrzehnten teilweise mit erheblichen Schwierigkeiten zu kämpfen; viele sind gescheitert (vgl. BENDIT/HEIMBUCHER 1977, SCHIMPF-HERKEN 1979). Es gibt aber auch andere, mit ähnlichen Zielsetzungen arbeitende Programme alternativen Lernens, die eine vergleichbare politische Sprengwirkung versprechen und entsprechende Schwierigkeiten bei der Realisierung überwinden mußten, wie das „Theater der Unterdrückten" des Brasilianers BOAL (1979).

Reinhard Fuhr

2.2 Politisches Lernen im Alltag

In vielen Bürgerinitiativen finden politische Lernprozesse statt, ohne daß sie den Beteiligten immer als solche bewußt sind. Denn die „Bildung" der Beteiligten, das Beschaffen und Aneignen der erforderlichen Sachkenntnisse, die Aufklärung über die Rechtslage werden als Mittel zum Zweck, nicht jedoch als Zielsetzung der Initiativen definiert. Der Impuls für die Gründung einer Aktionsgruppe, einer Bürgerinitiative oder gar eines ganzen Netzwerkes von Aktionen und Initiativen wird nicht durch pädagogisch orientierte Trägerinstitutionen ausgelöst, sondern durch die Betroffenheit einzelner Bevölkerungsgruppen von einem Problem, das sie individuell nicht mehr lösen können (vgl. ARMBRUSTER 1979, S.172f.).

Theoretische Aussagen über die Qualität der Lernprozesse in Bürgerinitiativen können daher immer nur Reflexionen einer Praxis sein. Denn die didaktisch-methodische Gestaltung der Arbeit von Bürgerinitiativen hat in der Praxis der Aktionsgruppen keine große Bedeutung. Entscheidend für die Motivation zum Lernen des einzelnen und der Gruppe sind die „Inhalte", die konkreten Nöte, Probleme und Aktionsziele einer Initiative – nicht die abstrakte Zielstellung der Bildung. Gerade weil die Organisatoren und Koordinatoren solcher Initiativen oft keine didaktischen „Experten" sind, übernehmen sie jedoch dann, wenn etwas zu „lernen" ist, eher traditionelle, „frontale" Grundmuster schulischen Lernens.

Aktions- und Lernprozesse in Bürgerinitiativen sind Reaktionen auf die direkte oder indirekte Beeinträchtigung der Lebensbedingungen einer Gruppe von Menschen, auf die nicht mehr individuell, sondern nur noch kollektiv reagiert werden kann (vgl. BROWN 1978; vgl. M. GRONEMEYER 1978, S.136). Sobald das Aktionsziel ganz oder teilweise erreicht ist oder sich als unerreichbar herausstellt oder durch individuelle Lösungen ersetzt worden ist, kommt die Initiative zum Erliegen (vgl. SCHNEIDER 1977).

Sofern es sich bei Lernprozessen in Bürgerinitiativen um mehr als um beiläufiges („inzidentelles") Lernen handelt (vgl. SANDHAAS 1986), das sich auch in jeder anderen Alltagssituation ereignen kann, sofern es also um ein *kollektives bewußtes Lerngeschehen* geht, wird es möglich, eine Zielorientierung dieses Lernens zu erkennen: Allgemeine Einsichten über die Ursache der Probleme, die Anlaß der Initiative geworden sind, können gewonnen werden; Fähigkeiten und Fertigkeiten, die nicht an die konkrete Situation gebunden bleiben, in der sie erworben wurden, werden zum Teil mit beträchtlichem Arbeitseinsatz und erstaunlichen Erfolgen angeeignet (vgl. ARMBRUSTER 1979, S.56; vgl. TREML 1980). Die Ziele, auf die Lernhandlungen in Bürgerinitiativen gerichtet sind, werden jeweils situativ in einem Verständigungsprozeß unter den Beteiligten der Gruppe vereinbart. Versuche einzelner, diesem Verständigungsprozeß bestimmte allgemeinere (partei)politische Zielsetzungen „überzustülpen", lösen zumeist heftige gruppendynamische Prozesse aus und schlagen oft genug fehl (vgl. SCHNEIDER 1977).

Die *Strukturierung der Lernanforderungen* in Bürgerinitiativen stellt also ein beträchtliches Problem dar. Lernen, das nur auf die Lösung isolierter konkreter Probleme fixiert bleibt, steht in der Gefahr, blind und unaufgeklärt zu bleiben. Für zielorientiertes, auf andere Situationen transferierbares Lernen sind besondere Lernanstrengungen erforderlich, weil Lernwiderstände – ähnlich wie in der freien Jugendarbeit (vgl. THIERSCH 1979) – überwunden werden müssen:

- Zu Beginn einer Bürgerinitiative besteht zumeist Unklarheit der Beteiligten über die eigenen Bedürfnisse und Interessen und erst recht Unkenntnis über die Rechte und Möglichkeiten der Durchsetzung dieser Interessen. Die bewußte

„Aneignung" der eigenen Interessen und die Bewußtmachung und Aufarbeitung der eigenen Erfahrungen stellt also den ersten Schritt des Lernprozesses dar.
- Die *Lernangebote* in Bürgerinitiativen werden teils von einer Gruppe von Koordinatoren geplant, teils spontan arrangiert. Treffen diese Angebote nicht auf das Interesse der Bürger, dann folgt eine „Abstimmung mit den Füßen": Die Teilnehmer bleiben weg oder entfernen sich vom Lerngeschehen. Dabei muß jedoch offenbleiben, ob das Desinteresse an der Sache, ein ungeeigneter Zeitpunkt des Angebots oder eine unpassende Form der Präsentation die Teilnehmer zum Verzicht auf Lernmöglichkeiten veranlaßt.
- Das Lerngeschehen selbst wird vor allem durch zwei Faktoren strukturiert: die *Lernumwelt* und die *Form* der Veranstaltung. Die an den Aktionen Beteiligten treffen sich in Gaststätten, privaten Räumen, auf der Straße und den Aktionsfeldern wie beispielsweise den Bauplätzen von Atomkraftwerken. In den meisten Fällen ergibt sich daraus eine sehr offene Struktur: Jeder kann kommen und gehen, wann er will, es sei denn, er unterwirft sich einem Gruppenzwang zum Ausharren, auch wenn ihn das Lernangebot schon längst nicht mehr interessiert. Oft genug gehen alltägliche Beschäftigungen und Lernaktivitäten ineinander über: Man trinkt und ißt zusammen, man unterhält sich und feiert, man arbeitet aber auch zu Hause nach, was man noch nicht ganz verstanden hatte, man richtet sich eine kleine Bibliothek ein, man verfaßt Resolutionen, malt Wandzeitungen, verfertigt Flugblätter oder schreibt Briefe.
- Auf den Treffen der Bürgerinitiativen wird die Erarbeitung von Entscheidungen über das weitere Vorgehen durch *Vorträge, Referate* und *Diskussionen* vorbereitet. Oft genug werden Referate umfunktioniert: Der Vortragende wird schon nach wenigen Sätzen unterbrochen, es entstehen Diskussionen über aktuelle Fragen, auch wenn sie scheinbar vom Thema wegführen.
- In Bürgerinitiativen kann ein *Rollentausch* von „Experten" und „Laien" zum Prinzip der Gestaltung von Lehr- und Lernsituationen werden, gerade weil es keine festgeschriebenen Rollenerwartungen und festgefahrenen Hierarchien gibt (vgl. TREML 1980). Dabei entdecken die Beteiligten oft Fähigkeiten, die zuvor nie zur Geltung gekommen waren: Beispielsweise lernt man zu diskutieren und frei zu reden oder geschlechtsspezifische Rollenklischees aufzubrechen (vgl. BEER 1978, M. GRONEMEYER 1978, HÖBEL/SEIBERT 1973, MOSSMANN 1976, WÜSTENHAGEN 1975). Gerade professionelle Pädagogen werden durch solchen Rollentausch offensichtlich verunsichert, weil sie „nur" noch beratende Funktionen erfüllen (vgl. THIERSCH 1979). Aber auch die Erfüllung solcher Beratungsaufgaben setzt voraus, daß der Berater für eine begrenzte Zeit von den Beteiligten als Autorität anerkannt wird.

Tendenzen zur Institutionalisierung der Lernaktivitäten im Umfeld von Bürgerinitiativen, Selbsthilfegruppen, von Ökologie- und Friedensbewegungen sind unverkennbar (vgl. HEGER u. a. 1983): Es gibt einen umfassenden, voll funktionsfähigen Buchmarkt, mit dessen Angeboten sich Mitglieder dieser Initiativen weiterbilden können. Es gibt vielfältige Versuche zur Vernetzung von Selbsthilfegruppen, Arbeitslosen-, Stadtteil-, Fraueninitiativen (vgl. NETZWERK BREMEN-NORD-NIEDERSACHSEN E. V. 1984, S. 14); es gibt an einigen Universitäten – ausgehend von den Niederlanden – sogenannte Wissenschaftsläden (vgl. BEUSCHEL u. a. 1983), in denen Bürger wissenschaftliche Hilfe, Gutachten oder Planungsvorschläge zu konkreten Themen und Problemen abrufen können. Es gibt eine weniger pädagogisch als sozialwissenschaftlich-medizinisch orientierte Forschung und Konzeptbildung für Selbsthilfegruppen (vgl. BADURA/V. FERBER 1981, TROJAN/WALLER 1980). Aber es fehlen genauere Analysen über Voraussetzungen und Konsequenzen solcher selbstorganisierten kollektiven Lernprozesse. Es ist jedoch zu vermuten, daß Lernen im Umfeld von Bürgerinitiativen - ähnlich, wie dies für projekt- und handlungsorientierten Unterricht in Schulen angestrebt wird (vgl. WOPP 1986) - als eine dialektische Wechselwirkung von konkreter materieller Tätigkeit und Bewußtseinsbildung beschrieben werden kann.

2.3 Humanes Lernen

Ein drittes Didaktikkonzept, das außerhalb schulischer Tradition steht, ist aus der humanistischen Bewegung hervorgegangen, die Anfang der 60er Jahre in den USA entstand und die sich zunächst als Gegenkraft gegen die traditionelle Psychologie verstanden hat. Während sich letztere eines deterministischen und mechanistischen Menschenbildes bedient, wendet sich die humanistische Psychologie dem „ganzen" Menschen in seinem Alltag zu (vgl. VÖLKER 1980a, S. 14). Nach dem Grundverständnis der humanistischen Psychologie wird der Mensch als Ganzheit von Körper, Seele und Geist betrachtet, der in sein Umfeld und seine Geschichte eingebettet ist (vgl. CLEMENS-LODDE/SCHÄUBLE 1980). Nach einer zweiten Grundannahme ist jeder Mensch ein zu eigener Selbstverwirklichung drängender Organismus, er ist lebendig und aktiv, falls er nicht durch anerzogene Widerstände und Umweltfaktoren an seiner Entfaltung gehindert wurde. Für diesen Prozeß der Selbstverwirklichung ist jeder Mensch selbst verantwortlich (vgl. COHN 1975, S. 227; vgl. VÖLKER 1980a, S. 17f.). Bei dem Bestreben, sich selbst zu entfalten, um letztlich über sich selbst im Interesse seiner sozialen Umwelt hinauszugelangen, muß sich der Mensch mit seinen Umweltbedingungen und -beeinflussungen auseinandersetzen, das heißt, jeder einzelne ist sowohl autonom als auch „interdependent". Die Lernkonzepte, die vor dem Hintergrund des veränderten Verständnisses von Psychologie entstanden sind, verfolgen meist therapeutische Ziele. Lediglich der gestalttherapeutische Ansatz und vor allem die themenzentrierte Interaktion haben in breiterem Umfang Eingang in alltägliche Lernsituationen und auch die schulische Didaktik gefunden (vgl. BUROW/SCHERP 1981, PRENGEL 1983; vgl. SCHULZ 1980, S. 13ff.).

Die themenzentrierte Interaktion wurde von der Psychotherapeutin Cohn in den 50er Jahren auf der Grundlage ihrer eigenen Praxiserfahrungen in einer alternativen Vorschule, in der Therapie und besonders in einem psychoanalytischen Workshop über Gegenübertragungen entwickelt (vgl. COHN 1975, S. 33). Psychoanalytische Erkenntnisse sowie Elemente der Gestalttherapie nach PERLS u. a. (vgl. 1981) flossen in das Konzept ein. Cohn gründete das „World Institute for Living Learning" (WILL), das sowohl als Zentralinstitution als auch in vielen regionalen Zentren Kurse durchführt zum Kennenlernen und Anwenden des Konzepts, aber auch zur Ausbildung von Kursleitern und zur beruflichen Fortbildung sowie zunehmend im Rahmen der Organisationsentwicklung. Die Organisation und Gestaltung eines solchen Kurses nach dem Konzept themenzentrierter Interaktion soll grob skizziert werden (vgl. COHN 1975, S. 113 ff.; vgl. COHN/HERZ 1981, FUHR 1979a, KIELHOLZ 1975, MATZDORF/MATZDORF 1980, OSSWALD 1980, WOLTER 1979, ZÖLLER 1980):

- Das Thema des Kurses, die Zeitspanne oder eine grobe Zeitstruktur, der Ort und die Teilnehmer sind festgelegt.
- Während der organisierten Lernzeit sitzen die Teilnehmer, wenn möglich, in einem Kreis, um den Kontakt der Lernenden untereinander zu erleichtern. Der Kreis gilt als Symbol der lebendigen Bewegung und der Einheit, die Gleichrangigkeit aller Beteiligten wird dokumentiert.

- Die Themen und die Lernorganisation der einzelnen Sitzungen werden prozeßorientiert geplant. In diesem Planungsprozeß werden die Teilnehmer über die Mitarbeit einzelner in einer Planungsgruppe einbezogen; gelegentlich wird auch die Gesamtgruppe am Planungsprozeß beteiligt, indem die Planung zum Thema einer Sitzung erklärt wird. Die Planungsarbeit orientiert sich am didaktischen Grundmodell der themenzentrierten Interaktion: Die Dimensionen „Ich" (Individuum), „Wir" (Gruppe) und „Es" (Thema) – symbolisiert durch ein gleichschenkliges Dreieck – sind im Laufe des Lernprozesses immer wieder in Balance zu bringen und auf die Umwelt der Lernenden (den „Globe") zu beziehen.
- Die Thematik für die jeweils folgenden Lernschritte muß in Beziehung gesetzt werden zur „Struktur"; denn auch bei der Gestaltung der einzelnen Lernsituationen ist auf die Balance zu achten: zwischen dem einzelnen und der Gruppe, zwischen der Arbeit mit dem Intellekt, den Gefühlen und dem Körper, damit im Laufe des Lernprozesses die Ganzheit des Menschen erfahren werden kann. War das vorangegangene Lernen auf Denkarbeit konzentriert, können kreative Lerntätigkeiten wie Malen oder szenisches Gestalten angezeigt sein; wurde vorwiegend im Plenum gearbeitet, dann kann es sinnvoll sein, Einzel-, Partner- oder Kleingruppenarbeit vorzuschlagen, damit die Teilnehmer sich in unterschiedlichen sozialen Bezügen bewußt erleben können.

Für den Lernprozeß selbst gelten *Prinzipien,* die jeder einzelne zu beachten lernen soll. Das erste Prinzip ist das „Chairman-Postulat": Jeder Lernende, einschließlich des Lehrers, übernimmt im Lernprozeß für sich selbst Verantwortung, für seine Befindlichkeit, seine Gedanken und Phantasien sowie seine Äußerungen. Jede Situation ist als Angebot für eigene Entscheidungen zu verstehen (vgl. COHN 1975, S. 120f.; vgl. SCHUTZ 1979, S. 29ff.). Die Konsequenz aus dieser Forderung ist: Der Lernende kann sich auch bewußt werden, durch welche Gefühle und Gedanken er vom Lerngeschehen abgelenkt wird. Ist die Ablenkung so stark, daß er dem Lernprozeß in der Gruppe nicht mehr folgen kann, gilt die „Störungs-Prioritäts-Regel": Solche Störungen werden in der Gruppe bearbeitet, sofern es nicht tiefgreifende psychische Störungen sind, die den Rahmen der Lernsituation sprengen würden. An den Störungen können die Widersprüche zwischen individuellen und kollektiven Lernbedürfnissen und gesellschaftlichen Bedingungen deutlich werden. Der emotionalen Dimension wird also im Gegensatz zur schulischen Lerntradition erhebliche Bedeutung beigemessen: „Körperliche Empfindungen und seelische Gefühle sind Wurzeln unserer Existenz" (COHN 1975, S. 198). Das subjektive Erleben wird in Beziehung gesetzt zur Lernaufgabe, nicht nur damit die Lernanstrengungen für den einzelnen sinnvoll im Sinne des „signifikanten Lernens" nach ROGERS (vgl. 1974) sind, sondern auch, um den kollektiven Lernprozeß lebendig werden zu lassen.

Die Gruppenleiter haben die Aufgabe, auf die Realisierung der beiden Grundprinzipien in der Gruppe hinzuwirken, da sie – so unbequem sie auch für an schulische Normen gewohnte Menschen zunächst sein mögen – die Energien freisetzen, die notwendig sind, um gesellschaftliche Probleme lösen zu lernen. Lebendiges Lernen *allein* ist indes nicht in der Lage, zur Veränderung der allgemeinen Lebensbedingungen und gesellschaftlichen Verhältnisse beizutragen (vgl. COHN/HERZ 1981, SCHULZ VON THUN 1980). Es bedarf auch der Versuche zur Veränderung der Institutionen und der sozioökonomischen Bedingungen durch politische Aktionen.

Reinhard Fuhr

3 Dimensionen und Kriterien alternativer Lernkonzepte

An den drei Beispielen wird eine gemeinsame Grundposition deutlich: In diesen Konzepten wird der Versuch unternommen, an den Herausforderungen gesellschaftlicher Entwicklungen, an kollektiven Bedrohungen für die Lebenssituation von einzelnen und Gruppen und an den einseitigen Prägungen der Individuen anzusetzen. Dies geschieht in der Annahme, daß die Beteiligten gemeinsam die Motivation, das Wissen und die Phantasie aufbringen können, um Lösungen für diese Herausforderungen in Angriff zu nehmen, ohne sich dem Wissen und dem Votum von Experten ausliefern zu müssen. Die Formen der Herausforderung und die Zusammensetzung der Gruppen von Betroffenen, die angesichts dieser Herausforderungen zu Lernenden werden, sind unterschiedlich:
- Politisches Lernen nach Freire ist eine Reaktion auf die existielle Not der Menschen in peripheren Gesellschaften und in wirtschaftlichen Randgebieten, in denen das zum Überleben Notwendigste fehlt.
- Lernprozesse in Bürgerinitiativen antworten auf die Bedrohung der Lebensbedingungen durch wirtschaftliche und politische Interessengruppen.
- Die Konzepte humanen Lernens entstehen aus der psychischen Not von Menschen in industrialisierten Gesellschaften.

Doch die Erfahrung psychischer und physischer Not reicht als Anlaß zur Initiierung von Lernprozessen nicht aus: „Ehe dem Elend diese Kraft [des Lernens] zuwächst, muß anderes hinzukommen: die gefährliche Erinnerung an die besseren Möglichkeiten, an den ‚unbesessenen Besitz, der einem zukommt‘, die Hoffnung des Menschen auf seine Möglichkeit gegen alle Überwältigung durch die Wirklichkeit" (M. GRONEMEYER 1978, S. 114). Damit dieses andere, über die Not Hinausweisende hinzukommt, bedarf es der Impulse und der Gegenerfahrungen sowie des Bewußtseins der eigenen Notsituation. Dies ist auch in den wirtschaftlich entwickelten Gesellschaften für die Initiierung von selbstbestimmten Lernprozessen unverzichtbar, da hier die sozialen und psychischen Bedürfnisse immer wieder auf materielle reduziert zu werden drohen. Angesichts unterschiedlicher politischer und sozialer Bedingungen ergeben sich jedoch unterschiedliche Prioritäten:
- Im Konzept Freires ist es der Wunsch zur politischen Befreiung aus einer Unterdrückung, die letztlich für den Mangel an Nahrung, Wohnung und menschenwürdiger Arbeit verantwortlich zu machen ist;
- bei den Bürgerinitiativen steht der Erhalt und die Verbesserung einer geschädigten Umwelt, die Verbesserung von Ausbildungsbedingungen für Kinder und Jugendliche oder auch das Engagement für die Bedürfnisse von benachteiligten Gruppen und Gesellschaften im Vordergrund;
- die Ansätze humanen Lernens schließlich streben in erster Linie eine ausgewogenere Persönlichkeitsentwicklung, die Überwindung von Lethargie und Beziehungsarmut sowie die Verbesserung der Arbeitsbedingungen in Schulen, sozialen Einrichtungen und in Industriebetrieben an.

Sind die genannten Bedingungen ansatzweise erfüllt, wird also die eigene physische und psychische Not bewußt erlebt, weiß man um die Möglichkeiten des „AndersSeins" und will man die sich bietenden Möglichkeiten tatsächlich für die Befriedigung individueller und kollektiver Bedürfnisse nutzen, so können Lernprozesse in Gang kommen, die sich qualitativ vom schulisch institutionalisierten Lernen unterscheiden und zu deren Darstellung folglich auch andere und neue Kategorien erforderlich sind, die die Begrifflichkeit schulischer Didaktikkonzepte wenigstens ansatzweise transzendieren.

Folgende *Dimensionen und Kriterien alternativer Lernprozesse* sind zu beachten:
- Alternatives Lernen zeichnet sich durch einen *niedrigen Grad der Institutionalisierung* aus (vgl. ILLICH 1973), auch wenn in nahezu jedem Projekt alternativen Lernens miteinander streitende Tendenzen der Institutionalisierung und der „Dynamisierung" der Strukturen zu beobachten sind. Dies wird daran deutlich, daß es wechselnde, nicht genau ausgegrenzte Lernorte gibt und daß es keine oder eine nur ganz gering entwickelte bürokratische Organisation und Kontrolle der Lernprozesse gibt, daß eine „Entprofessionalisierung" der Lehrenden stattfindet.
In der Praxis alternativer Didaktik ist die angestrebte Entinstitutionalisierung des Lernens jedoch nur teilweise und widersprüchlich realisiert worden. Immer wieder sind Tendenzen zur Reinstitutionalisierung zu beobachten; eine „Theorie" der Institutionalisierung alternativen Lernens fehlt ebenfalls; sie müßte das dialektische Spannungsverhältnis individueller Selbstbestimmung und institutionalisierter Ordnung aufarbeiten und könnte vielleicht sogar von der Diskussion dieses Problems im Umkreis der Theorie der Schule (vgl. ADL-AMINI 1985; vgl. BENNER 1977, S. 111) lernen. Umgekehrt ist zu klären, welche ungewollt systemstabilisierende Funktion die Existenz einer alternativen Lernpraxis für das etablierte Bildungssystem einnehmen kann. Denn das Nutzen von Nischen und das Ausfüllen von Lücken im staatlich organisierten Bildungssystem produziert zwar eine Verunsicherung der für die Organisation des Bildungssystems Verantwortlichen, es stellt aber keine grundsätzliche Bedrohung dar, ja es kann sogar Protestpotentiale binden (vgl. ROLFF u. a. 1974; vgl. die Diskussion über die Funktion der Gesamtschulversuche bei STUBENRAUCH 1974, S. 208 ff.).
- Die Lernaktivitäten sind an den kurz- und *langfristigen Bedürfnissen* der Lernenden in ihrer jeweiligen *kulturellen und sozioökonomischen Situation* orientiert. Die Ziele, Inhalte und Methoden des Lernens werden gemeinsam von Lehrenden und Lernenden erarbeitet; die Legitimation der Lerninhalte wird nicht ausgelagert und an die Curriculumforschung abgetreten, sondern vor Ort von den Betroffenen selbst geleistet. Die Lebenssituationen selbst – und nicht die abstrakt vorgegebenen „anthropogenen und sozial-kulturellen Voraussetzungen" (SCHULZ 1965, S. 23) – werden zum Ausgangspunkt einer umfassenden Bestandsaufnahme der gesellschaftlichen und individuellen Bedürfnisse, Abhängigkeiten und Unzufriedenheiten gemacht, und zwar durch die Betroffenen selbst.
Die Versuche einer engen Anbindung der Lernprozesse an die Bedürfnisse der Lernenden in ihrer kulturellen und sozioökonomischen Lebenssituation gehen allerdings von der nicht unwidersprochenen Annahme aus, daß emanzipatorische, kollektive Bewußtseinsbildung möglich ist und daß sich gesellschaftlich deformiertes Alltagsbewußtsein nicht zwangsläufig immer wieder reproduzieren muß (vgl. MITSCHERLICH/MITSCHERLICH 1967, NEGT/KLUGE 1972).
- Alternative Didaktik zeichnet sich durch die *Ganzheitlichkeit* des Lernverständnisses aus. Der Lernende wird nicht als ein zu belehrendes Mängelwesen verstanden, sondern als ein im Prinzip autonomes, zur Selbstregulation fähiges, politisch denkendes und handelndes Wesen (vgl. NEGT 1975/1976, SCHUMACHER 1979). Das Lernen soll bei den Alltagserfahrungen der Lernenden ansetzen (vgl. LEITHÄUSER u. a. 1977, SCHELLER 1981, ZIEHE/STUBENRAUCH 1982). Es soll die traditionelle Trennung von Kopf- und Handarbeit aufzuheben helfen (vgl. FAUSER u. a. 1983, SOHN-RETHEL 1970, ZUR LIPPE 1978); dabei ist es „Weisheit des Alltags", die durch ihre oft bilderreiche, konkrete Sprache, durch die Nutzung überlieferten Wissens und durch die Lebenserfahrung der Lernenden vielleicht mehr für die lebendige Gestaltung des Lernprozesses beizutragen vermag als wissen-

schaftlich abgesicherte Lehrmethoden. Der „falsche Schein" des Alltagsbewußtseins (vgl. LEITHÄUSER 1976), die ideologische Verformung der eigenen Erkenntnis- und Handlungsinteressen (vgl. HABERMAS 1968, S. 48 ff.) sind dabei ebenso zu beachten wie die wachsende Lernfeindlichkeit der Umwelt, die „innere Kolonisation" der Gesellschaft (vgl. HABERMAS 1981, S. 489; vgl. ZIEHE/STUBENRAUCH 1982) und das „Verschwinden der Kindheit" (POSTMAN 1983; vgl. V. HENTIG 1984). Die Konsequenzen dieser Bedingungen für ganzheitliches Lernen sind noch wenig überschaubar, denn es gibt auch kollektive Verdrängungsprozesse, die die notwendige Ganzheitlichkeit des Lernens in wachsendem Ausmaß verhindern (vgl. SCHMIDBAUER 1982).
- Die *Strukturierung der Lernprozesse* erfolgt nicht nach einem vorab festgelegten Ablaufplan, der die Lernschritte, die Interventionen der Lehrenden oder die Wahl der Medien genau vorgibt, sondern sie ergibt sich aus den real vorgefundenen Bedingungen, aus der Thematik, aber auch aus der Befindlichkeit und Kreativität der Lernenden. Die inhaltlichen Lernanforderungen werden nicht aus einem Katalog allgemeiner Leitziele „abgeleitet" (was schon wegen der methodologischen Problematik des Deduzierens kaum möglich ist; vgl. MEYER 1972), die Bedeutsamkeit der Inhalte wird vielmehr aus der Lebensproblematik der Lernenden gewonnen, weil sie nur dann eine generative Kraft für die Selbstregulation des Lernprozesses entfalten können (vgl. FREIRE 1981, ROGERS 1981). Die fachwissenschaftliche Bedeutung und Begründbarkeit von Lerninhalten wird damit nicht negiert, tritt aber in den Hintergrund.
- Didaktisches *Expertenwissen* ist nicht überflüssig, nimmt aber in alternativen Didaktikkonzepten einen anderen Stellenwert für den Lernprozeß ein: Es kann zur Überwindung der Schwachstellen in alternativen Lernprozessen beitragen (zum Beispiel den Mangel an notwendigem Fachwissen beheben helfen) und die Reflexivität des Lernens erhöhen; es kann den Prozeß der Bewußtwerdung der eigenen Interessen und Bedürfnisse der Betroffenen anregen; es kann mithelfen, zu verhindern, daß auf politische Selbstbestimmung zielende Lernprozesse von politischen und technokratischen Entscheidungsträgern instrumentalisiert werden (vgl. R. GRONEMEYER 1973).
- Die jeweils Lehrenden geben den Anspruch auf, die Lernprozesse von sich aus initiieren, arrangieren, strukturieren – und das heißt letztlich: *beherrschen* – zu wollen. Dieser Anspruch ist jedoch nur bei intensiven, fortlaufenden Selbsterfahrungs- und Weiterbildungsbemühungen der Lehrenden einzulösen, was dem Selbstverständnis von Lehrern, Dozenten und Experten oft genug fremd ist.

Ein Vergleich der oben skizzierten Dimensionen von Lernprozessen in alternativen Didaktikkonzepten mit den Prinzipien neuerer, erfahrungsbezogener und schülerorientierter Unterrichtskonzepte (vgl. AMANN/QUAST 1983, FITTKAU 1983, FUHR 1979b, PRENGEL 1983, SCHELLER 1981, SCHULZ 1980) läßt viele Ähnlichkeiten deutlich werden: Eine radikale Orientierung des Unterrichts an den Bedürfnissen und Interessen der Schüler ist ja auch identisch mit der Aufhebung der Schule (vgl. MEYER 1980, S. 201), weil die gesellschaftlichen Funktionen institutionalisierter Unterweisung, vor allem die Selektions- und die Legitimationsfunktion (vgl. GRODDECK/WULF 1977, S. 193) nicht mehr gesichert werden können.

Die Abgrenzung des *Gegenstandsbereichs* alternativer Didaktik bereitet daher beträchtliche theoretische und praktische Schwierigkeiten: Eine formale Orientierung am Aspekt der außerschulischen Bildung führt zu beliebigen und letztlich belanglosen Zuordnungen vom Fahrschulunterricht bis zur Vereinsarbeit, von einer Brot-für-die-Welt-Aktion bis zur Selbsthilfegruppe oder Arbeitsloseninitiative. Es reicht

auch nicht aus, als Auswahlkriterium einen niedrigen Grad der Institutionalisierung dieser Lernprozesse anzusetzen. Eine befriedigende Definition wird erst dann möglich, wenn ein inhaltlich bestimmter, *qualitativer Begriff alternativen Lernens* gesucht wird: Nur jene außerschulischen und gering institutionalisierten Lernprozesse, die die individuelle und gesellschaftliche Emanzipation der Betroffenen zum Zweck haben und sich dabei auf die Bedürfnisse und Interessen der Mehrheit der Bevölkerung beziehen können, welche mit den „Bedürfnissen" der Umwelt und dem „Organismus Erde" in Einklang zu bringen sind, können im Sinne des oben skizzierten Lernverständnisses als alternativ charakterisiert werden. Die Theorienbildung zum alternativen Lernen wird durch diese Bestimmung erschwert; die Bewährungsprüfung im traditionellen Verständnis empirisch-analytischer Methodologie nahezu unmöglich gemacht; eine handlungsorientierte Begleitforschung bleibt jedoch denkbar (vgl. HEINZE u. a. 1975, MOSER 1975, MOSER/ORNAUER 1978).
Neben solchen disziplinären Problemen der Abgrenzung, Darstellung und Erforschung alternativer Didaktikkonzepte gibt es erhebliche Schwierigkeiten ihrer *Realisierung.* Diese liegen auch in der Anfälligkeit der beteiligten Personen für alte Denk- und Verhaltensmuster. So gibt es immer wieder Rückschläge in der Bewußtseinsbildung der Lernenden (Freires Alphabetisierungskampagnen haben sich nach der Machtergreifung der brasilianischen Militärjunta im Jahre 1963 als wenig resistent gegen staatliche Inanspruchnahmen erwiesen – vgl. SCHIMPF-HERKEN 1979, S. 172). So gibt es Schwierigkeiten beim Abbau traditionell hierarchisch orientierter, eingeschliffener Verhaltensmuster (und dies nicht nur bei verarmten Landarbeitern in Brasilien, sondern genausogut in hochentwickelten Industriegesellschaften). Und schließlich ist der Abbau der Dominanz pädagogischer und fachwissenschaftlicher Experten, seien sie nun Koordinatoren der „Kulturzirkel" oder Leiter von Kursen zur themenzentrierten Interaktion, ein mühsamer und langwieriger Prozeß.
Die wesentlichen Widerstände gegenüber alternativen Lernkonzepten sind jedoch *politischer Natur,* weil alternatives Lernen die Teilhabe an politischer Macht und die bewußte Gestaltung gesellschaftlicher Praxis zum Ziel hat. In einem Prozeß, der diese Dimension alternativer Didaktik bewußtmacht, liegt ein erhebliches revolutionäres Potential, dessen Energie aus der Ganzheitlichkeit des Lernprozesses erwächst, aus der Kraft, die aus den Gefühlen und der Kreativität von Lernenden stammt, die es wagen, aus der „selbstverschuldeten Unmündigkeit" herauszutreten.

ADL-AMINI, B.: Grundriß einer pädagogischen Schultheorie. In: TWELLMANN, W. (Hg.): Handbuch Schule und Unterricht, Bd. 7.1, Düsseldorf 1985, S. 63 ff. AMANN, I./QUAST, G.: Lehrerfortbildung mit Themenzentrierter Interaktion. In: WUTZECK, W./PALLASCH, W. (Hg.): Handbuch zum Lehrertraining, Weinheim/Basel 1983, S. 235 ff. ARMBRUSTER, B.: Lernen in Bürgerinitiativen. Schriftenreihe der Bundeszentrale für politische Bildung, Bd. 154, Bonn 1979. BADURA, B./ FERBER, CH. V. (Hg.): Selbsthilfe und Selbstorganisation im Gesundheitswesen, München 1981. BAETHGE, M.: Materielle Produktion, gesellschaftliche Arbeitsteilung und die Institutionalisierung von Bildung. In: Enzyklopädie Erziehungswissenschaft, Bd. 5, Stuttgart 1984, S. 21 ff. BAETHGE, M./TEICHLER, U.: Bildungssystem und Beschäftigungssystem. In: Enzyklopädie Erziehungswissenschaft, Bd. 5, Stuttgart 1984, S. 206 ff. BEER, W.: Lernen im Widerstand, Hamburg 1978. BENDIT, R./HEIMBUCHER, A.: Von Paulo Freire lernen, München 1977. BENNER, D.: Was ist Schulpädagogik? In: DERBOLAV, J. (Hg.): Grundlagen und Probleme der Bildungspolitik, München 1977, S. 88 ff. BEUSCHEL, W. u. a.: Lernen im Wissenschaftsladen – Hilfe zur Selbsthilfe. In: HEGER, R.-J. u. a. (Hg.): Wiedergewinnung von Wirklichkeit – Ökologie, Lernen und Erwachsenenbildung, Freiburg 1983, S. 83 ff. BLANKERTZ, H.: Bildungstheorie und Ökonomie. In: KUTSCHA, G. (Hg.): Ökonomie an Gymnasien, München 1975, S. 59 ff. BLANKERTZ, H.: Die Geschichte der Pädagogik, Wetzlar 1982. BOAL, A.: Theater der

Unterdrückten, Frankfurt/M. 1979. BOTKIN, J.W. u.a.: Das menschliche Dilemma, Wien/ München/Zürich/Innsbruck 1979. BOURDIEU, P./PASSERON, J.-C.: Die Illusion der Chancengleichheit, Stuttgart 1971. BROWN, G.J. (Hg.): Gefühl und Aktion, Frankfurt/M. 1978. BUROW, O.-A./SCHERP, K.: Lernziel Menschlichkeit, München 1981. CLEMENS-LODDE, E./ SCHÄUBLE, W.: Anregungen und Perspektiven für eine humanistische Persönlichkeitspsychologie. In: VÖLKER, U. (Hg.): Humanistische Psychologie, Weinheim/Basel 1980, S. 133 ff. COHN, R.C.: Von der Psychoanalyse zur Themenzentrierten Interaktion, Stuttgart 1975. COHN, R.C./ HERZ, O.: „Zu wenig geben ist Diebstahl – zu viel geben ist Mord!" b:e-Gespräch mit R.C. Cohn. In: betr. e. 14 (1981), 1, S. 22 ff. DAUBER, H./VERNE, E. (Hg.): Freiheit zum Lernen, Reinbek 1976. DICHANZ, H.: Medienerziehung. In: Enzyklopädie Erziehungswissenschaft, Bd. 3, Stuttgart 1986, S. 553 ff. FAUSER, P. u.a. (Hg.): Lernen mit Kopf und Hand, Weinheim/ Basel 1983. FITTKAU, B.: Gestaltorientierte Selbsterfahrung. In: MUTZEK, W./PALLASCH, W. (Hg.): Handbuch zum Lehrertraining, Weinheim/Basel 1983, S. 213 ff. FREIRE, P.: Pädagogik der Unterdrückten, Reinbek 1973. FREIRE, P.: Erziehung als Praxis der Freiheit, Reinbek 1977. FREIRE, P.: Dialog als Prinzip. Erwachsenenbildung in Guinea-Bissau, Wuppertal 1980. FREIRE, P.: Der Lehrer ist Politiker und Künstler, Reinbek 1981. FREY, K.: Die Projektmethode, Weinheim/Basel 1982. FUHR, R.: Das didaktische Modell Werkstattseminar. Göttinger Monographien zur Unterrichtsforschung, Heft 5, Göttingen 1979a. FUHR, R.: Handlungsspielräume im Unterricht, Königstein 1979b. GRODDECK, N./WULF, CH.: Schule als Feld sozialen Lernens und als Konfliktfeld. In: HORNSTEIN, W. u.a. (Hg.): Funkkolleg Beratung in der Erziehung, Bd. 1, Frankfurt/M. 1977, S. 179 ff. GRONEMEYER, M.: Lebenlernen unter dem Zwang der Krise? In: BAHR, H.-E./GRONEMEYER, R. (Hg.): Anders leben, überleben, Frankfurt/M. 1978, S. 113 ff. GRONEMEYER, R.: Integration durch Partizipation? Frankfurt/M. 1973. HABERMAS, J.: Technik und Wissenschaft als „Ideologie", Frankfurt/M. 1968. HABERMAS, J.: Theorie des kommunikativen Handelns, Bd. 2, Frankfurt/M. 1981. HANF, TH. u.a.: Erziehung – ein Entwicklungshindernis? In: Z. f. P. 23 (1977), S. 9 ff. HAWES, H.W.R.: Lifelong Education, Schools and Curricula in Developing Countries, Unesco Institute of Education, Hamburg 1974. HEGER, R.-J. u.a. (Hg.): Wiedergewinnung von Wirklichkeit – Ökologie, Lernen und Erwachsenenbildung, Freiburg 1983. HEIMANN, P.: Didaktik 1965. In: HEIMANN, P. u.a.: Unterricht – Analyse und Planung, Hannover/Berlin/Darmstadt/Dortmund 1965, S. 7 ff. HEINZE, TH. u.a.: Handlungsforschung im pädagogischen Feld, München 1975. HENTIG, H.v.: Das allmähliche Verschwinden der Wirklichkeit, München/Wien 1984. HERRLITZ, H.-G. u.a.: Deutsche Schulgeschichte von 1800 bis zur Gegenwart, Königstein 1981. HERRLITZ, H.-G. u.a.: Institutionalisierung des öffentlichen Schulsystems. In: Enzyklopädie Erziehungswissenschaft, Bd. 5, Stuttgart 1984, S. 55 ff. HÖBEL, B./SEIBERT, U.: Bürgerinitiativen und Gemeinwesenarbeit, München 1973. HOPF, W.: Bildung und Reproduktion der Sozialstruktur. In: Enzyklopädie Erziehungswissenschaft, Bd. 5, Stuttgart 1984, S. 189 ff. ILLICH, I.: Entschulung der Gesellschaft, Reinbek 1973. JÄNICKE, M. (Hg.): Politische Systemkrisen, Köln 1973. JOYCE, B./ WEILL, M.: Models of Teaching, Englewood Cliffs 1972. KIELHOLZ, J.: Themenzentrierte Interaktion und Lehrerfortbildung. In: Schweiz. S. 62 (1975), S. 294 ff. KLAFKI, W.: Curriculum – Didaktik. In: WULF, CH. (Hg.): Wörterbuch der Erziehung, München 1974, S. 117 ff. KLINGBERG, L.: Einführung in die Allgemeine Didaktik. Vorlesungen, Berlin (DDR) 1982. KONTAKTSTUDIENZENTRUM (Hg.): Science for Rural Development. Workshop mit S.A. Dabholkar und Paolo Freire vom 5.-8. März 1979 in Witzenhausen, Witzenhausen 1979. KRAPPMANN, L.: Soziologische Dimensionen der Identität, Stuttgart 1971. LEITHÄUSER, TH.: Formen des Alltagsbewußtseins, Frankfurt/New York 1976. LEITHÄUSER, TH. u.a.: Entwurf zu einer Empirie des Alltagsbewußtseins, Frankfurt/M. 1977. LEWY, A.: Planning the School Curriculum. Fundamentals of Educational Planning 23, UNESCO, Paris 1977. MATZDORF, P./MATZDORF, B.: TZI und Didaktik. In: Z. f. Grupp. 6 (1980), S. 89 ff. MEYER, H.L.: Einführung in die Curriculum-Methodologie, München 1972. MEYER, H.L.: Leitfaden zur Unterrichtsvorbereitung, Königstein 1980. MITSCHERLICH, A./MITSCHERLICH, M.: Die Unfähigkeit zu trauern, München 1967. MOSER, H.: Aktionsforschung als kritische Theorie der Sozialwissenschaften, München 1975. MOSER, H./ORNAUER, H.: Internationale Aspekte der Aktionsforschung, München 1978. MOSSMANN, W.: Volkshochschule Wyhlerwald. In: DAUBER, H./VERNE, E. (Hg.): Freiheit zum Lernen, Reinbek 1976, S. 156 ff. MÜLLER, J.: Grundbildung in der Dritten Welt. In: Z.f.P., 16.

Didaktisches Handeln in außerschulischen Feldern

Beiheft, 1981, S. 169 ff. NEGT, O.: Schule als Erfahrungsprozeß. In: Ästh. u. Komm. 6/7 (1975/ 1976), 22/23, S. 36 ff. NEGT, O./KLUGE, A.: Öffentlichkeit und Erfahrung, Frankfurt/M. 1972. NESTVOGEL, R.: Verstärkung der Unterentwicklung durch Bildung? Bonn 1978. NETZWERK BREMEN-NORDNIEDERSACHSEN E.V. (Hg.): Netzwerks großes Stadt- und Landbuch, Bremen 1984. OEHLSCHLÄGER, H.-J.: Lernen in Alternativschulen. In: Enzyklopädie Erziehungswissenschaft, Bd. 3, Stuttgart 1986, S. 131 ff. OMOLEWA, M.: Das Prüfungs- und Berechtigungswesen in der Dritten Welt. In: Z.f.P., 16. Beiheft, 1981, S. 197 ff. ORNSTEIN, R.: Die Psychologie des Bewußtseins, Frankfurt/M. 1976. OSSWALD, E.: Sachzentrierter Unterricht nach TZI in der Staatsschule. In: Schweiz. S. 67 (1980), S. 460 ff. PÄDAGOGIK DER 3. WELT, betr. e., Sonderdruck Nr. 7, Weinheim 1976. PERLS, F. u. a.: Gestalt-Therapie, 2 Bde., Stuttgart 1981. POSTMAN, N.: Das Verschwinden der Kindheit, Frankfurt/M. 1983. PRENGEL, A.: Gestaltpädagogik, Weinheim/Basel 1983. REIMER, E.: Schafft die Schule ab! Reinbek 1972. ROGERS, C.R.: Lernen in Freiheit, München 1974. ROGERS, C.R.: Der neue Mensch, Stuttgart 1981. ROLFF, H.-G. u. a.: Strategisches Lernen in der Gesamtschule, Reinbek 1974. RUMPF, H.: Die übergangene Sinnlichkeit, München 1981. SANDHAAS, B.: Bildungsformen. In: Enzyklopädie Erziehungswissenschaft, Bd. 3, Stuttgart 1986, S. 399 ff. SCHELLER, I.: Erfahrungsbezogener Unterricht, Königstein 1981. SCHIMPF-HERKEN, I.: Erziehung zur Befreiung? Paolo Freire und die Erwachsenenbildung in Lateinamerika, Berlin 1979. SCHLEGEL, W./RENKHOFF-SCHLEICH, A.: Lernen beim Schein der Petroleumlampe. In: päd. extra (1980), 12, S. 42 ff. SCHMIDBAUER, W.: Im Körper zuhause, Frankfurt/M. 1982. SCHNEIDER, J.: Kein Platz für Polit-Pädagogen. In: BERGMANN, K./FRANK, G. (Hg.): Bildungsarbeit mit Erwachsenen, Reinbek 1977, S. 60 ff. SCHULENBERG, W.: Plan und System. Zum Ausbau der deutschen Volkshochschulen, Weinheim/Berlin 1968. SCHULZ, W.: Unterricht – Analyse und Planung. In: HEIMANN, P. u. a.: Unterricht – Analyse und Planung, Hannover/Berlin/Darmstadt/Dortmund 1965, S. 13 ff. SCHULZ, W.: Umriß einer didaktischen Theorie der Schule. In: FÜRSTENAU, P. u. a.: Zur Theorie der Schule, Weinheim/ Berlin/Basel 1969, S. 27 ff. SCHULZ, W.: Unterrichtsplanung, München/Wien/Baltimore 1980. SCHULZ VON THUN, F.: Ist Humanistische Psychologie unpolitisch? In: VÖLKER, U. (Hg.): Humanistische Psychologie, Weinheim/Basel 1980, S. 109 ff. SCHUMACHER, E. F.: Rat für die Ratlosen, Reinbek 1979. SCHUTZ, W.: Profound Simplicity, New York 1979. SIMMONS, J.: Fördert Ausbildung die Entwicklung? In: Finanz. u. Entw. 15 (1978), 1, S. 36 ff. SOHN-RETHEL, A.: Geistige und körperliche Arbeit, Frankfurt/M. 1970. STUBENRAUCH, H.: Die Gesamtschule im Widerspruch des Systems, München ³1974. THIERSCH, H.: Lernen in der Jugendhilfe. In: dt. jug. 27 (1979), S. 459 ff. TREML, A.K.: Entwicklungspädagogik als Theorie einer Praxis – Lernen in Bürgerinitiativen und Aktionsgruppen. In: TREML, A.K. (Hg.): Entwicklungspädagogik, Frankfurt/M. 1980, S. 75 ff. TROJAN, A./WALLER H.: Gemeindebezogene Gesundheitssicherung, München 1980. VÖLKER, U.: Grundlagen der Humanistischen Psychologie. In: VÖLKER, U. (Hg.): Humanistische Psychologie, Weinheim/Basel 1980, S. 13 ff. (1980a). VÖLKER, U. (Hg.): Humanistische Psychologie, Weinheim/Basel 1980b. WATZLAWICK, P.: Die Möglichkeit des Anders-Seins, Bern/Stuttgart/Wien 1978. WOLTER, U.: Zur Themenzentrierten Interaktion (TZI). In: Z.f. Grupp. 5 (1979), S. 117 ff. WOPP, CH.: Unterricht, handlungsorientierter. In: Enzyklopädie Erziehungswissenschaft, Bd. 3, Stuttgart 1986, S. 600 ff. WÜSTENHAGEN, H.-H.: Bürger gegen Kernkraftwerke, Reinbek 1975. ZIEHE, TH./STUBENRAUCH, H.: Plädoyer für ungewöhnliches Lernen, Reinbek 1982. ZÖLLER, W.W.: Soziales Lernen im naturwissenschaftlichen Unterricht: Ansätze von themenzentrierter Interaktion und Rollenspiel. In: Z.f. Grupp. 6 (1980), S. 51 ff. ZUR LIPPE, R.: Am eigenen Leibe. Zur Ökonomie des Lebens, Frankfurt/M. 1978.

C Ziele und Inhalte in Lernbereichen

Ekkehard Martens/Karl Ernst Nipkow

Lernbereich Philosophie – Religion – Ethik

1   Philosophie (Ekkehard Martens)
1.1 Philosophie als Symbolsystem
1.2 Griechische, europäische und weltweite Aufklärung
1.3 Lernorte der Philosophie
1.4 Ziele und Inhalte – ein Dialogangebot
2   Religion (Karl Ernst Nipkow)
2.1 Religiosität als Sinnsuche
2.2 Religionsbegriff und Begründungen der Religionspädagogik
2.3 Praxisfelder religiöser Erziehung
2.4 Religiöse Entwicklung und religiöse Erziehung
2.4.1 Zur wissenschaftlichen Analyse religiöser Verhaltensformen
2.4.2 Zur Didaktik religiöser Erfahrung
3   Ethik (Karl Ernst Nipkow)
3.1 Moralität als Kernfrage der Erziehung
3.2 Gegenwärtige Probleme kollektiver moralischer Integrität
3.3 Zum Dilemma der normativen Begründung geschichtlich-konkreter und freiheitlicher Erziehung
3.4 Wege moralischer Entwicklung und Erziehung

Zusammenfassung: Philosophie, Religion und Ethik liefern in je spezifischer Akzentuierung eine ganzheitliche, lebenspraktische Orientierung des Heranwachsenden. Sie bieten Symbolsysteme zur Identifikation, sie problematisieren aber auch den Geltungsanspruch gesellschaftlich vermittelter Handlungsnormen:
Philosophie wird seit der Zeit der Griechen vor allem begrifflich-argumentativ betrieben. Die gegenwärtige Rationalitätskrise des wissenschaftlich-technischen Fortschritts kann nun nicht durch Verzicht auf die Anstrengung des Begriffs, sondern nur durch die Radikalisierung weltweiter Aufklärung gemeistert werden. Philosophieunterricht kann helfen, die für diesen Aufklärungsprozeß erforderliche Dialogbereitschaft einzuüben.
Religion: Die Säkularisierung der Gesellschaft sowie die begrenzte Lernfähigkeit der Kirchen und die Entwicklung neuer Formen der Religiosität außerhalb der Großkirchen haben heute eine Übergangslage religiöser Erziehung geschaffen, die durch eine Konkurrenz vielfältiger Begründungsansätze charakterisiert ist. Partielle Erklärungsansätze religiösen Lernens reichen heute jedoch nicht mehr aus; sie machen gegenwärtig komplexeren Theorien religiöser Entwicklung Platz, die dem Heranwachsenden in wechselseitiger Erschließung von tradierten Inhalten und gegenwärtigen religiösen Erfahrungen zu einer selbständigen Religiosität verhelfen wollen.
Ethische Erziehung soll einerseits der allgemeinen Zivilisierung und politischen Loyalitätssicherung, andererseits der persönlichen Bildung dienen. Die Begründung ethischer Erziehung erfolgt zumeist im Blick auf das demokratische Ethos einer Gesellschaft sowie auf das Ziel moralischer Mündigkeit des zu Erziehenden. Angesichts wachsender Zukunftsprobleme erhält ethische Erziehung als Abklärung von Geltungsansprüchen im Gespräch sowie als Fortentwicklung moralischer Urteilsstrukturen und als reflektierte Erprobung im Handeln selbst wachsende Bedeutung.

Ekkehard Martens/ Karl Ernst Nipkow

Summary: Philosophy, religious knowledge and ethics each provide, with their own specific biases, holistic, practical orientation to children growing up. They offer systems of symbols for identification, but they also call into question the claim to validity of socially transmitted standards of action:
Philosophy: Since the time of the Greeks, philosophy has been mainly concerned with concepts and arguments. The present crisis of rationality in scientific and technical progress cannot be mastered by renouncing the strain of the concept but only by the radicalization of worldwide enlightenment. The teaching of philosophy can help to practise the readiness to discuss matters that is essential to this process of enlightenment.
Religious knowledge: The secularization of society, the limited learning capacity of the churches and the development of new forms of religiosity outside the sway of the major churches have placed the teaching of religious knowledge in a position of uneasy transition that is characterized by the competition between a wide range of attempts at substantiation. Partial explanations in the teaching of religion are no longer sufficient; at present they are giving way to more complex theories of religious development which attempt to assist young people to develop an independent religiosity by the reciprocal explanation of traditional subject matter and present-day religious experiences.
Ethical education: Ethics is intended to aid the general "civilizing" process and the assurance of political loyalty on the one hand and formation of the personality on the other. Ethical education is mainly justified with an eye to the democratic ethos of a society and the aim of guiding the pupil towards moral maturity. In view of growing future problems, ethical education is gaining increasing importance for the clarification of claims for recognition via discussion and as a continued development of moral judgement structures and their considered testing in activities themselves.

Résumé: Philosophie, religion fournissent et éthique, en fonction de leur accentuation spécifique, une orientation globale de l'adolescent, orientation visant à la pratique de la vie. Elles offrent des systèmes de symboles pour l'identification, elles problématisent également l'exigence de prise en compte de normes d'action amenées socialement:
Philosophie: Elle est menée, depuis le temps des Grecs de façon conceptuelle et argumentative. La crise actuelle du côté rationnel du progrès des sciences et techniques ne peut être maîtrisée par la renonciation à l'effort tendant vers le concept, mais bien par la radicalisation, d'une clarification à l'échelon mondial. L'enseignement de la philosophie peut aider à exercer la disponibilité au dialogue nécessaire à ce processus d'éclaircissement.
Religion: La sécularisation de la société, ainsi que la capacité limitée d'apprentissage des Eglises et le développement de formes nouvelles dans l'approche de la religion en dehors des grandes Eglises ont créé aujourd'hui une situation instable de transition dans l'éducation religieuse, qui est caractérisée par la concurrence de points de départ de justification divers. Des points de départ de discussion partiels pour ce qui est de l'étude de la religion ne suffisent plus actuellement; ils laissent la place, présentement, à des théories plus complexes de développement religieux, dont le but est d'aider l'adolescent à passer, sous forme d'approche réciproque, des contenus traditionnels et des expériences religieuses présentes à un sentiment religieus personnel.
Education éthique: Son but est d'atteindre à la civilisation générale et à l'assurance

Lernbereich Philosophie – Religion – Ethik

de loyauté en matière de politique d'une part, et de servir à la formation personnelle d'autre part. La justification de l'éducation éthique se fait en général du point de vue de l'éthique de la société ainsi que de celui de l'émancipation morale du jeune à éduquer. Etant donné les problèmes d'avenir croissants, l'éducation éthique prend, en tant que clarification d'exigences de prise en compte au niveau du dialogue ainsi que comme évolution de structures morales de jugement et, enfin, en tant que mise à l'épreuve réfléchie dans l'action une importance elle-même croissante.

1 Philosophie

1.1 Philosophie als Symbolsystem

Ähnlich wie die Mathematik und die Sprachen kann Philosophie als begriffliches Symbolsystem bestimmt werden. Dies hat Konsequenzen für die Bestimmung der Ziele und Inhalte philosophischer Erziehung. Deshalb ist zunächst eine generelle Klärung dessen erforderlich, was unter „Symbol" und „Begriff" zu verstehen ist. Diese Klärung hängt eng mit der Frage zusammen, was Philosophie eigentlich ist und soll. Historisch gesehen, ist die Kennzeichnung der Philosophie als begriffliches Symbolsystem unstrittig. Im Unterschied zu der mehr meditativen und unmittelbar lebenspraktischen Form der Philosophie in Indien und China entstand ebenfalls um 600 v.Chr. in Griechenland die rationalistische, auf begrifflich-argumentative Arbeit ausgerichtete Form der Philosophie. Sie blieb für die gesamte nachfolgende europäische Philosophie bei allen Unterschieden in der Ausgestaltung bestimmend und wird sogar oft mit der Philosophie insgesamt gleichgesetzt. Als hervorragendes Beispiel für die rationalistische Philosophie kann das sokratische „Rechenschaftgeben" gelten. Der vorsokratischen Begriffsspekulation über den „Kosmos" oder „das Sein" sowie der sophistischen Rhetorik stellte der platonische Sokrates die Forderung entgegen, die handlungsleitenden Vorannahmen oder Begriffe, vor allem die „Tugenden", zu überprüfen. Bereits an der Methode des sokratischen Dialogs wird jedoch sichtbar, daß die Bedeutung von Begriffen oder sprachlichen Symbolen keine abgelöste ideale Wesenheit in einem platonistischen „Ideenhimmel" darstellt, sondern sich erst in der Auseinandersetzung gemeinsam handelnder, konkreter Personen herausbildet.

Ob man nun unter Philosophie eine eher begriffliche, eine eher meditative oder lebenspraktische Tätigkeit verstehen soll, ist ein nominalistisches Problem, das sich je nach Traditionszusammenhang anders beantwortet. Welcher dieser drei nicht trennscharf voneinander abzugrenzenden Tätigkeitsformen man den Vorzug geben soll, ist dagegen ein sachliches Problem, das sich nur nach Relevanzkriterien lösen läßt.

Gegenwärtig erleben wir durch die zunehmend negativen Folgen der neuzeitlichen Wissenschaft und Technik, beides „Kinder" des griechischen Wissensideals, die objektive und auch subjektiv empfundene Ambivalenz der westlichen Rationalitätsnorm. Alternative Zugänge zur Wirklichkeit über östliche Meditation, Drogen und Gefühle sowie die Forderung nach einer anderen Wissenschaft haben Hochkonjunktur. Diese oft zu Unrecht als irrational bewertete Grundstimmung sowie vor allem ihren realen Hintergrund wird man beachten müssen, wenn man über die Relevanz der vor allem begrifflich orientierten Philosophie urteilen will. Das Faktum indessen der auch begrifflich-rationalen gegenseitigen Verständigung und Welt- oder Naturbemächtigung sowie der damit verbundenen lebenspraktischen Probleme des

Aneinandervorbeiredens, Mißverstehens und manipulativen Umgangs läßt sich nicht leugnen. Auch läßt sich eine begriffliche Rationalität nicht ohne Rest durch eine gefühlsmäßige, meditative oder handlungspraktische Rationalität ersetzen. Will man den Zusammenhang dieser verschiedenen Ausprägungen von Rationalität als Faktum verstehen, muß man näher klären, was sprachliches Symbol heißt: Die (europäische) Philosophie hat sich von jeher nicht nur mit der Bedeutung einzelner Begriffe, sondern auch mit der Bedeutung von Begriffen überhaupt beschäftigt, wie man etwa die frühen von den mittleren und späten Dialogen Platons abgrenzen kann. Ausgehend von einer platonistischen, aber nicht platonischen „Ideenlehre", herrschte bis in das 19.Jahrhundert hinein eine mentalistische Interpretation des Begriffs vor, nach der sein Gehalt in einem geistigen, intuitiven Akt zu erfassen ist. Die empiristische oder konventionalistische Interpretation, nach der ein Begriff auf Übereinkunft beruht oder (und) nur als Kurzfassung empirischer Tatbestände oder Handlungen zu lesen ist, findet man zwar seit den Sophisten immer wieder vor, sie trat jedoch erst mit dem Siegeszug der neuzeitlichen Wissenschaft in den Vordergrund. Eine dritte, interaktionistische Interpretation bietet Peirces Philosophie des Pragmatismus an (vgl. MARTENS 1979, S.62ff.). Sie macht auf den Zusammenhang von Symbolen mit einem Handlungs- und Verständigungsprozeß aufmerksam. Jedes Denken geschieht in sprachlichen Symbolen, Begriffen oder Zeichen. Es steht in einer dreifachen Zeichenbeziehung von Zeichen im engeren Sinne (hier der Begriffe), Objekt und Interpreten. Das Objekt des Denkens wird im gemeinsamen Handeln erfahren und findet hier in der Interpretation einer Gemeinschaft seine Bewährung. Anfang des Denkens ist der konkrete Zweifel an Überzeugungen, sein Abschluß ist eine zufriedenstellende Interpretation. Gegen die Unterstellung eines intuitiven, zweifelsfreien Zugriffs auf das Objekt der Erkenntnis macht Peirce nicht nur die Dynamik der dreifachen Zeichenbeziehung geltend, sondern auch die unaufhebbare Erfahrung des Irrtums. Wir sind auf eine Überprüfung unserer Erkenntnisse in einer Handlungs- und Dialoggemeinschaft angewiesen, aber dazu auch fähig – davon gehen wir jedenfalls im Alltag und in der Wissenschaft aus. Neue Erfahrungen und neue Argumente machen objektiv eine neue Symbolinterpretation möglich und nötig. Wahre Sätze (Zeichenebene) stehen in einer unaufhebbaren Beziehung zu ihren Interpreten (Dialogebene) und in einem bestimmten Handlungszusammenhang (Handlungsebene). Lernen heißt für Peirce die Änderung eines Zeichensystems gemeinsamer handlungsleitender Überzeugungen („rules of action") im Bereich der sozialen und externen Wirklichkeit; die Änderung geschieht aufgrund eines Zweifels, der bei neuen Argumenten und Erfahrungen aufkommt oder aufkommen kann.

Mit seiner interaktionistischen Symbolinterpretation gibt Peirce zwar die eingebildete Sicherheit intuitionistischer, monologischer Erkenntnis auf, kann aber dennoch die Möglichkeit einer jeweils berechtigten Übereinstimmung konkreter Subjekte angeben. Bei dem konkreten Einigungsprozeß kommen auch emotionale, meditative und unmittelbar lebenspraktische Momente ins Spiel, nicht zuletzt auch institutionelle und gesellschaftliche Gesichtspunkte. Wahrheitserkenntnis läßt sich infolgedessen nicht mehr als abgeschlossener interner Prozeß verstehen. Vielmehr ist jedes Erkennen, auch Philosophie, auf seine äußere Vermittlung konstitutiv angewiesen, bis hin zu einem konkreten didaktischen Prozeß. Peirces Einbindung der Symbole und der symbolklärenden Philosophie in eine konkrete Handlungs- und Dialoggemeinschaft stellt die Philosophie erneut, wie in ihrem historischen Ursprung, in die Spannung von Theorie und Praxis, Produkt und Prozeß, esoterischem, traditionellem Tat-Bestand und exoterischer, aktueller Tätigkeit. Damit

überwindet Peirce die Entfremdung der Philosophie von ihrer noch bei Platon vorhandenen Dynamik eines individuellen und gesellschaftlichen Prozesses (vgl. MARTENS 1983a, S. 57 ff.).
Während Peirce vor allem an wissenschaftlichen und logischen Problemen interessiert war, beschäftigten sich Marx und Kierkegaard mehr mit den gesellschaftlichen und individuellen Problemen des neuzeitlichen Industriezeitalters. Beide ergänzen das Peircesche Zeichenschema durch die fehlenden Gesichtspunkte gesellschaftlicher, institutioneller und emotionaler, ja religiöser Rationalität. Nimmt man die bei Platon noch greifbare, aber in der Folgezeit verschüttete Symbolklärung der Philosophie in ihrem Handlungs- und Dialogbezug als eine erste Definitionsklärung an, läßt sich auch der gegenwärtige Ist- und Soll-Zustand der Philosophie besser bestimmen.
Die institutionalisierte Philosophie als akademisches Fach hat sich weitgehend dem in der Institution Wissenschaft, der Universität, dominierenden Vorbild der empirisch-analytischen Wissenschaft angepaßt. Sie tritt ihrerseits als Wissenschaft auf, sei es als Wissenschaftstheorie oder Wissenschaftsmethodologie, als Metaethik oder als Linguistik, sei es als geschichtswissenschaftliche Beschäftigung mit dem Tat-Bestand der eigenen Geschichte als beliebig auswechselbarem Gegenstand der Forschung. Die Auseinandersetzung oder didaktische Vermittlung des Fachwissens mit der konkreten Handlungs- und Dialoggemeinschaft in Alltag und Wissenschaft wird dagegen in der Regel als äußeres, wissenschaftssoziologisch-politisches Problem angesehen. Gegen den Wahrheitsanspruch für die Praxis, den etwa die Kritische Theorie oder ein undogmatischer Marxismus, ein Pragmatismus oder ein Existentialismus erhebt, tritt einerseits die verselbständigte, entfremdete Fachphilosophie in arroganter Verweigerung auf, oft in recht massiver Form, eine „Philosophie nach der Aufklärung", die sich selbst als „Gegengegenaufklärung" versteht (vgl. LÜBBE 1980) und insofern wieder einen praktischen Wahrheitsanspruch erhebt. Bei dieser gesellschafts- und kulturpolitischen „Tendenzwende" geht es offensichtlich um den Anspruch auf die wirkliche, nicht nur vorgetäuschte Aufklärung. Versteht man Philosophie als symbolklärende Tätigkeit zum Zwecke besserer Handlungsorientierung, sollte man sich den Zusammenhang von Philosophie und dem Begriff oder Symbol, erst recht aber den realen Vorgang der Aufklärung vergegenwärtigen.

1.2 Griechische, europäische und weltweite Aufklärung

Die erste, *griechische* Aufklärung brachte durch die Ausweitung des Handels und durch die Koloniengründung griechischer Städte in Kleinasien eine Relativierung der geltenden Weltinterpretation der Göttermythen Homers und Hesiods hervor; die Adelsherrschaft zerfiel zunehmend. Das „Rechenschaftgeben", Philosophie als Wissenschaft, die nach den ersten Ursachen und Gründen aller Erscheinungen forscht, löste die mythologische Denkweise zumindest in ihrer unbestrittenen Dominanz ab. Trotzdem verlor aber das feudalistische Ordo- und Kosmos-Denken als Welt- und Handlungsorientierung in eins mit obrigkeitlichen Gesellschaftsformen bis zur bürgerlichen Revolution des 18. Jahrhunderts kaum an Wirksamkeit.
Eine spätere Frucht der rationalistischen Grundhaltung war die neuzeitliche empirisch-mathematische Wissenschaft und das Interesse an sowie die Möglichkeit von Weltbemächtigung durch Technik. Die technische Weltbemächtigung, die ihrerseits – zusammen mit dem Handwerk und dem Handel – den wissenschaftlichen Fortschritt vorantrieb, kam vor allem den ökonomischen und gesellschaftlich-politischen Interessen der Bürger zugute. Immerhin war die zweite Aufklärung, etwa

eines Voltaire oder Diderot, von *europäischem* Zuschnitt, manifestiert in den bürgerlichen Revolutionen in Holland, England, Amerika und Frankreich. Religion und Metaphysik wurden vom selbstbewußten Bürgertum als Instrument feudalistischer Herrschaft mittels eigener realitätsbezogener Denktätigkeit kritisiert, wenn auch nicht immer mit dieser politischen Direktheit, etwa in der „Popularphilosophie" der deutschen Aufklärung.
Die weitere Entwicklung der rationalistischen Grundhaltung führte zur wissenschaftlich-technischen Revolution und Industrialisierung, die zunehmend *weltweit* alle Lebensbereiche durchdrang, nicht ohne alte Kulturen, Traditionen und Lebensformen zu relativieren und außer Kraft zu setzen. Die „Dialektik der Aufklärung" (HORKHEIMER/ADORNO 1969) setzte sich immer mehr durch. Der wissenschaftlich-technische Fortschritt ist fragwürdig geworden; Wissenschaft und Technik haben sich als Mittel zu Zwecken verselbständigt, die selber im dunkeln geblieben sind und ihre nur partielle Vernünftigkeit einer Aufklärung entzogen haben. Dadurch sind die Mittel selber in Verruf gekommen. Diese Entwicklung ist als „Ambivalenz des Fortschritts" sattsam bekannt und zur Lebensphilosophie geworden, wenn auch eher bei einer kritischen Jugend und Anhängern von Alternativkulturen als bei der älteren Generation und den etablierten Bürgern. Die weltweite Krise der Industriestaaten geht über ideologische Gegensätze der Gesellschaftssysteme hinweg. Vorgegebene Sinndeutungen und Rationalitätsmuster von Tradition, Kirche, Staat und Gesellschaft greifen immer weniger. Die Ziel- oder Sinnfrage, „wem das eigentlich alles nützt und was es im einzelnen eigentlich soll", wird immer drängender, wenn sie auch eher in ihrer objektiven Zuspitzung in der atomaren und ökologischen Krisensituation feststellbar ist, als daß sie bereits von einer breiten Mehrheit subjektiv als Problem wirklich festgestellt und empfunden würde. Die Studentenunruhen Ende der 60er Jahre bis zu den „Grünen" und „Alternativen" in der Gegenwart sind bisher eher eine Sache von Minderheiten geblieben, die Kernkraftdiskussion und die Friedensbewegungen haben dagegen schon weitere Kreise erfaßt und drücken zugleich einen Protest der Emotionalität gegen die (begriffliche) Rationalität aus. Wenn auch die weltweite, dritte Aufklärung in Form der wissenschaftlich-technischen Revolution vornehmlich auf die fortgeschrittenen Industrieländer in ihrer vollen Wirkung zur Anwendung kommt, bleibt dennoch kaum ein Land davon unberührt, wie vor allem der Zusammenprall von westlicher Rationalität und islamischer Denk- und Lebensform im Iran gezeigt hat.
Etwas weniger dramatisch, aber deshalb keineswegs weniger bedrängend zeigen sich die Folgen der wissenschaftlich-technischen Revolution im Arbeitsprozeß mit seiner zunehmenden Spezialisierung und Innovation, etwa auf dem Gebiet der Mikroprozessoren. Im gesellschaftlich-politischen Bereich, im Arbeitsprozeß bis hin zur individuellen Alltagspraxis wäre eine durchgängige Aufklärung erforderlich, eine vernünftige Lebensgestaltung nicht nur auf der Ebene der Mittel, sondern auch der Zwecke. Die Philosophie als Aufklärung über handlungsleitende Begriffe oder Symbole, als radikales, an die Wurzeln packendes Weiterdenken unter der Leitidee des guten Lebens aller ist seit ihrem sokratischen Beginn noch nicht durchgängig eingelöst worden. Erforderlich wäre eine vierte Aufklärung oder, um eine endlose Iteration zu vermeiden, eben – Aufklärung!
Die generelle Aufklärungsfunktion der Philosophie läßt keine institutionelle Verfestigung oder Einengung von Lernorten zu, auch keine soziale, geschlechts-, begabungs-, alters- oder sonstwie spezifische Einengung. Natürlich bedarf eine so verstandene Philosophie institutioneller Vorkehrungen der „Muße" als Entlastung von unmittelbarer Handlung. So wäre für die Bundesrepublik Deutschland etwa hin-

zuweisen auf den „Bildungsurlaub", die Bemühungen um ein verbessertes Bildungs- und Ausbildungssystem, ein 10. Schuljahr für alle, verbesserte Lehrlingswerkstätten, integrierte Berufs- und Allgemeinbildung in der Sekundarstufe II, Ausbau der Universitäten und deren stärkere Praxisbezogenheit, Fernstudium, universitäre Erwachsenenbildung, öffentliches Vorlesungswesen, Volkshochschulen. Allerdings sind diese Bemühungen von der konkreten ökonomisch-politischen Situation abhängig. Besonders in schwierigen wirtschaftlichen Phasen wird nicht immer klar genug erkannt, daß die Verbesserung des Ausbildungs- und Bildungssystems sowie eine praktizierte Jedermanns-Philosophie nicht nur idealistische Forderung ist, sondern vermutlich auch eine wichtige Voraussetzung des gemeinsamen Überlebens. Die Aufklärung über den angemessenen Umgang miteinander und mit der Natur ist lebensnotwendig. Daß diese Aufklärung nicht von Gurus, politischen Führern oder wissenschaftlichen Experten erwartet werden kann und darf, liegt in ihrer eigenen Begriffsbestimmung.

1.3 Lernorte der Philosophie

Erst die Einbindung der symbolklärenden Philosophie in einen konkreten Handlungs- und Dialogprozeß sowie eine als konkrete Aufklärung verstandene Philosophie erlauben eine Erweiterung der traditionellen Lernorte auf den gesamten Bereich von Erziehung und Unterricht sowie ihre wechselseitige Verknüpfung ohne hierarchische Abstufung.
Zunächst wurde bei den Griechen Philosophie nicht professionell von Experten, sondern von Amateuren, von „Liebhabern der Weisheit", betrieben, mit Ausnahme der von Sokrates kritisierten sophistischen Weisheitslehrer. Mit Aristoteles setzte die Differenzierung der einzelnen Wissenschaften und der Philosophie ein, und die Philosophie nahm die Gestalt eines institutionalisierten Lehrbetriebs an, mit gewissen Vorformen bereits in der platonischen Akademie. Der traditionelle Lernort für Philosophie ist seitdem das *philosophische Seminar* der Universitäten und Hochschulen. Die Seminare bilden verschiedene Gruppen aus: die „reinen" Fachstudenten (Promotion, Magister im Haupt- und Nebenfach), Philosophikumskandidaten (Zwischenprüfung für das höhere Lehramt, nur noch in wenigen Bundesländern), „freie Liebhaber" aus allen möglichen Fächern und die Lehrerstudenten für den zweiten Lernort, das *Gymnasium*. Dieser Lernort hat in den romanischen und in einigen nordischen Ländern sowie vor allem in Österreich bereits eine längere Tradition zu verzeichnen (vgl. ELZER u.a. 1980, FEY 1978); in der Bundesrepublik Deutschland wurde er erst 1972 mit der Reform der gymnasialen Oberstufe erneut eingeführt (vgl. MEYER 1983). Philosophie ist seitdem abiturfähiges Unterrichtsfach geworden, wenn auch gemäß der Kulturhoheit der einzelnen Bundesländer in unterschiedlicher Regelung. Auf einen größeren Personenkreis als die beiden ersten bezieht sich der dritte Lernort, die *Philosophie in den unteren Schulklassen*. In einigen Bundesländern erhalten die Kinder bereits von der fünften Klasse an in sämtlichen Schularten einen Ethikunterricht als Pflichtalternative für Religionsabmelder. Noch allgemeiner ist der vierte Lernort, *Philosophie als durchgängiges Unterrichtsprinzip*. Nach der Oberstufenvereinbarung von 1972 zum Beispiel sollen in sämtlichen Aufgabenfeldern der gymnasialen Oberstufe „philosophische Fragen" behandelt werden; ohnehin enthalten nahezu sämtliche Lernzielanforderungen der einzelnen Unterrichtsfächer aller Schularten bereits in den unteren Jahrgangsstufen philosophieähnliche Elemente. Auf einen noch weiteren Personenkreis bezieht sich der fünfte Lernort: *Philosophie in der Erwachsenenbildung* an den Volkshochschu-

len, in der von der Universität per Gesetzesauftrag zu leistenden „außeruniversitären" Bildungsarbeit sowie im „Bildungsurlaub" für Angestellte und Arbeiter in einigen Bundesländern. Einen breiten erzieherischen und bildenden Einfluß als „geheime Miterzieher" üben am sechsten, nicht institutionalisierten Lernort die *öffentlichen Medien* aus, etwa die dritten Programme von Rundfunk und Fernsehen, die Feuilletons und Zeitschriften.
Alle genannten Lernorte stehen in einem Spannungsverhältnis zum siebenten, sehr weiten Lernort, der „Schule des Alltags". Jeder übernimmt oder entwickelt aus seinen individuellen und gesellschaftlich-politischen Bezügen von Familie, Erziehung und Beruf eine bestimmte, meist nicht ausdrückliche und eher ungeprüfte *„Lebensphilosophie"*, die sowohl von den übrigen Lernorten mitgeprägt ist als auch auf diese über ihre Lernerwartungen, Interessen und Vormeinungen einwirkt. Im Spannungsverhältnis von faktischer Jedermanns-Philosophie und der eher gelehrten als gelebten akademischen Philosophie der übrigen Lernorte drückt sich der traditionell erhobene, aber noch nicht eingelöste Universalitätsanspruch der Philosophie am schärfsten aus. Versteht man Philosophie in dem beschriebenen Sinne als Aufklärung, kommt keinem der Lernorte ein absolutes Vorrecht zu, wenn auch im einzelnen die Kompetenzen verschieden verteilt sein mögen. Was philosophisch wichtig und richtig ist, hat sich letztlich in einer konkreten Handlungs- und Dialoggemeinschaft zu bewähren, die jedoch ihrerseits auf Tradition und Profession als Teilmomente nicht verzichten kann. Daher lassen sich die verschiedenen Lernorte ihrerseits wieder als Lehr-/Lernprozesse beschreiben, die am historischen Ursprung der Philosophie, etwa im Modellfall des Sokrates, noch ungeschieden zusammenlagen. Die gesellschaftlich bedingte Ausdifferenzierung des Bildungssystems und der Lernorte sollte jedoch die Einheit des philosophischen Prozesses nicht vergessen machen. Der Kreis der genannten Lernorte schließt sich erst im Rückgriff auf den sokratischen Lernort und gewinnt von daher auch seine Legitimierung und die Aufforderung zu weiterer Exoterisierung.
Hochschuldidaktische Reflexionen der Philosophie liegen nur vereinzelt vor (vgl. MARTENS 1979, S. 12 ff.). Mit der „Kinderphilosophie" als Aufgreifen und Wachhalten eines ursprünglichen Frageimpulses beschäftigt sich in den USA seit Anfang der 70er Jahre das „Institute for the Advancement of Philosophy for Children" (vgl. LIPMAN/SHARP 1978), und in der Bundesrepublik Deutschland ist hierzu ein eigener Band mit didaktischem Konzept und Unterrichtsbeispielen erschienen (vgl. GLATZEL/MARTENS 1982). Philosophie in der (universitären) Erwachsenenbildung behandeln in einem Projektbericht KOMMER u.a. (vgl. 1981). Der Bericht enthält eine begriffliche Klärung von „Jedermanns-Philosophie" (Martens), einen Beitrag zur Didaktik der Philosophie in der Erwachsenenbildung von einem Teilnehmer- und Alltagsbezug her (Neumann), eine kommentierte Dokumentation zur Geschichte der Philosophie in der Erwachsenenbildung seit 1910 (Schmidt) sowie vor allem einen ausführlichen, reflektierten Erfahrungsbericht von Philosophie im Bildungsurlaub mit Arbeitern und Angestellten (Lorenzen/Schmidt). Über den Stand der Philosophiedidaktik in verschiedenen europäischen Ländern informieren außer FEY (vgl. 1978) und ELZER u.a. (vgl. 1980) vor allem die Einzelberichte in der „Zeitschrift für Didaktik der Philosophie" (Hannover 1979 ff.).

1.4 Ziele und Inhalte – ein Dialogangebot

Eine Bestimmung von Zielen und Inhalten der Philosophie in Erziehung und Unterricht führt zu dem allgemeinen Problem praktischer Philosophie, wie man

Lernbereich Philosophie – Religion – Ethik

Zwecke oder Ziele legitimieren und Unterzwecke oder Mittel als angemessene Inhalte auswählen kann. Weder für die Philosophie noch sonst für irgendeinen Lernbereich kann man von gegebenen Inhalten als Satz- oder Symbolsystem eines per se legitimierten Lernstoffes ausgehen. Wenn man wie Hegel in seiner „Philosophischen Propädeutik" von 1808 über ein geschlossenes philosophisches System zu verfügen können meinte, wäre damit über seine Wichtigkeit für die verschiedenen Lernorte noch nicht entschieden. Das Selbstverständnis der Philosophie ist gegenwärtig umstritten wie kaum je zuvor, ja die Existenzberechtigung von Philosophie wird angesichts der Krise des rationalistischen Wissenschaftskonzepts sowie alltagspraktischer und gesellschaftlich-politischer Orientierungs- und Entscheidungszwänge selbst in Frage gestellt. Auch der Rekurs auf die faktischen gesellschaftlichen, fachwissenschaftlichen und unterrichtspraktischen Interessen oder auch die Motive der Schüler führte nicht unmittelbar zu einer Lösung der Ziel-/Inhaltsproblematik, da diese Interessenlage ihrerseits der philosophischen Rechtfertigung bedürfte. Offensichtlich kehrt in dieser wechselseitigen Legitimierungsaporie das spannungsreiche Grundmuster dialogischen Philosophierens wieder. Wenn sich damit ein Ziel- und Inhaltskatalog im Sinne eines deduktiven „geschlossenen Curriculums" verbietet, bleibt dennoch als Ausweg nicht die Beliebigkeit eines völlig „offenen Curriculums" übrig. Beides würde Ziel- und Inhaltsentscheidungen einem Dezisionismus ausliefern, letztlich einem bloßen Machtdiktat. Räumt man aufgrund des hier explizierten Philosophieverständnisses der Methode dialogischer Wahrheitsfindung den Primat ein (vgl. MARTENS 1983a), so lassen sich Ziele und Inhalte zwar nur im Aufklärungsprozeß der jeweiligen Lerngruppe rechtfertigen (vgl. HEINTEL 1979), dennoch kann man aufgrund der skizzierten objektiven Rahmenbedingungen gegenwärtigen Philosophierens – verstanden als Aufklärung – sowie aufgrund des traditionellen Tat-Bestandes an Philosophie ein Dialogangebot für die konkrete Tätigkeit des Philosophierens umreißen, das freilich für die verschiedenen Lernorte einer genaueren Ausarbeitung bedürfte. Ein solches Dialogangebot wird je nach den institutionellen Lehr- und Lernbedingungen mit Überprüfungs- und Strukturierungszwängen enger oder weiter ausfallen und mehr oder weniger bloßen Nachvollzug oder wirkliches Selbstdenken ermöglichen.

Das Ziel einer Jedermanns-Philosophie im skizzierten Sinne ist die vernünftige Lebenspraxis aller, das seit ihrem Beginn intendierte, aber nicht einmal in ihrer eigenen, geschweige denn in der gesellschaftlich-politischen Praxis eingelöste „gute Leben" *aller* in freier Selbstbestimmung. Diese Zielsetzung durchgängiger Aufklärung in Theorie und Praxis in Form einer von den Handelnden selbst bestimmten und überprüfbaren Handlungsorientierung ist weder fachphilosophischer Konsens noch gesellschaftlich-politisch unumstritten und stößt zudem auf anthropologische Vorurteile über die Lern- und Entscheidungsfähigkeit „des" Menschen. Innerphilosophisch gesehen, läßt sich jedoch das Ziel durchgängiger Aufklärung durchaus rechtfertigen, wenn man vom philosophischen Selbstverständnis seit der Antike ausgeht. Zwar herrschte über die Konkretisierung von Aufklärung nie Einigkeit, jedoch stand auch die eher theoretisch ausgerichtete Philosophie bis hin zur modernen analytischen Philosophie stets unter einer praktischen Zielsetzung aufgeklärten Handelns. Gesellschaftlich-politisch gesehen, ist diese Zielsetzung in der gegenwärtigen Situation der dritten Aufklärung notwendiger denn je. Versteht man nun Philosophie genauer als symbolklärende Tätigkeit, so sollte sie die individuellen und gesellschaftlich-politischen Handlungs- und Zielvorstellungen sowie die damit verbundenen Handlungsschritte einer Prüfung unterziehen. Abgesehen von diesen eher praktischen Zielen kommt ihr, wie in den späten Dialogen Platons, eine

Klärung dessen zu, was Wissen, Erkennen oder Argumentieren heißt. Von den Zielen einer Jedermanns-Philosophie her lassen sich die Inhalte möglicher Kurse oder Lehrveranstaltungen leicht angeben. Zunächst ist eine gründliche Beschäftigung mit den eigenen Zielvorstellungen sowie denen anderer, etwa aus der philosophischen Tradition, erforderlich, sei es unter dem Titel „Glück", „Freiheit", „Gerechtigkeit", sei es unter einem anderen „Tugend"-Titel. Zu dieser Beschäftigung gehört auch die Auseinandersetzung mit den damit verbundenen Problemen der Erkenntnistheorie und argumentativen Rechtfertigung, nicht zuletzt auch mit der gegenwärtigen wissenschaftlich-technisch geprägten Lebenswelt. Eine vernünftige Lebenspraxis setzt jedoch nicht nur Diskursfähigkeit und Orientierung in der Gegenwart voraus, sondern auch ein alternatives Denken. Dieses läßt sich durch Auseinandersetzung mit tradierten Welt- und Lebensdeutungen gewinnen sowie durch phantasievolles, spekulatives Denken als Durchspielen mehrerer Denkmöglichkeiten. Je nach Lerngruppe wird das Philosophieren in verschiedener Intensität und Differenziertheit begrifflicher Unterscheidungen verlaufen. Eine generelle Abgrenzung der „philosophischen Ebene" wäre nur von einem Begriffsplatonismus her möglich. Entsprechend der bisherigen Philosophiegeschichte vollzieht sich auch in der individuellen Aufklärungspraxis das philosophische Denken in relativen Schritten, bezogen auf einen jeweils erreichten Denk- und Handlungszustand. Wo die Bereitschaft und Fähigkeit zum jeweils erreichbaren radikalen, nicht vorzeitig steckenbleibenden Weiterdenken besteht, wird man von Philosophie sprechen können. Wieweit „der" Mensch dazu befähigt ist, kann erst seine eigene Praxis selber zeigen. Jemanden vom gemeinsamen Lehr-/Lernprozeß auszuschließen wäre dogmatisch.

2 Religion

2.1 Religiosität als Sinnsuche

In der Neuzeit setzt in Europa besonders im Protestantismus ein Prozeß der *Ausdifferenzierung, Individualisierung* und *Privatisierung* religiösen Lebens ein. Er führt nicht nur zu Freikirchen und Sekten, sondern auch zu einer Ablösung des religiösen Selbstverständnisses vieler einzelner von der Bindung an religiöse Institutionen überhaupt. Die Annahme einer allgemeinen *Säkularisierung* ist aber nur bedingt richtig. Man muß zugleich von einer *Transformation der Religion* sprechen.
Viele Jugendliche und Erwachsene leben ohne tiefere Sinnsuche oder sind der Kirche entfremdet beziehungsweise unterhalten zu ihr nur lockere, konventionelle Beziehungen. Andere haben die Kirchen verlassen, suchen aber auf dem Wege des Anschlusses an Selbsterfahrungsgruppen und Meditationskreise existentielle Sicherheit und letzte (religiöse) Antworten. Daneben sind gegenwärtig „neue religiöse Bewegungen" entstanden, zum Teil unter asiatischem Einfluß (vgl. Cox 1977). Innerhalb der Kirchen wachsen besonders die konservativen fundamentalistischen und die charismatisch-pfingstlerischen Bewegungen. Andere Jugendliche werden von liturgischen Strömungen angesprochen (Taizé) oder sind aus christlichem Engagement in Dritte-Welt-, Umwelt- und Friedensgruppen aktiv. Insgesamt ist das vielfältige Spektrum schwer zu deuten (vgl. GLOCK/BELLAH 1976, NEEDLEMAN/ BAKER 1978, ZARETSKY/LEONE 1974). Es ist zu fragen, ob nicht Beziehungen zu den Alternativbewegungen bestehen und die *Suche nach Alternativen* angesichts von Heimatlosigkeit und Sinnarmut in der Moderne der gemeinsame Nenner ist (vgl. NIPKOW 1984).
Die *neue Religiosität* trägt Züge der *Flucht* und des *Aufbruchs* (vgl. MILDENBERGER

1979); bei der Kirchentagsjugend ist es ein hoffnungsvoller Aufbruch zur Integration biblisch-glaubensorientierter Frömmigkeit und gesellschaftlich-politischen Engagements (vgl. SCHMIEDER/SCHUHMACHER 1984). Andere Erscheinungsformen der neuen Religiosität tragen Züge der Abgrenzung und Entgrenzung: der dualistisch-dogmatischen *Abgrenzung* mit rigider Moral, politischem Freund-Feind-Denken und scharfer Trennung zwischen Verdammten und Erwählten und der monistisch-mystischen *Entgrenzung* mit hedonistischer Moral, Weltverbrüderungssehnsüchten und der synkretistischen Auflösung doktrinärer Schranken (vgl. NIPKOW 1981a, 1983a). Die gegenwärtige Transformation der Religiosität ist *mehrdeutig;* ihre gesellschaftliche Bedeutung und ihre Rolle für die Kirchen sind offen. Beides, die Lernunfähigkeit der Kirchen und die ambivalente Ausnutzbarkeit von Religion in der Gesellschaft, verunsichert die religiöse Erziehung.

2.2 Religionsbegriff und Begründungen der Religionspädagogik

Auf dem skizzierten Hintergrund ist das Bedürfnis nach einem *weiten* Begriff von Religion verständlich und gerechtfertigt. Je allgemeiner jedoch der Begriff gefaßt wird, desto verschwommener wird er. Verbreitet ist der Versuch, den vieldeutigen Begriff „Religion" auf den seinerseits vieldeutigen Begriff „Sinn" zu beziehen mit der einzigen näheren Bestimmung, es gehe bei der Religion um die *„letzten"* Sinnfragen, um den Sinn-„Grund" oder die Sinnfindung „im ganzen" (vgl. HALBFAS 1972, VIERZIG 1970). Diese Bestimmung bleibt jedoch formal. Sie „leistet nichts an inhaltlicher Präzisierung. ‚Religion' wird zum beliebig verwendbaren Leertitel" (SCHRÖDTER 1975, S. 46; vgl. auch RITTER 1982).
Ebenso unbefriedigend ist es, Religion nur auf der *subjektiven* Seite anzusiedeln, als „religiöse Frage", während sie bisher stets gerade als Antwort auf Fragen verstanden worden ist. SCHRÖDTER (vgl. 1975) versucht demgegenüber, die religiöse Sinnproblematik durch eine grundlegende anthropologische Bestimmung, die Erfahrung der *radikalen Endlichkeit* des Menschen und deren *realer Überwindung,* inhaltlich zu füllen, um dadurch auch die Dialektik von Frage *und* Antwort zu bewahren: „Unter ‚Religion' verstehen wir die Gesamtheit der Erscheinungen, in denen Menschen das Selbstbewußtsein der radikalen Endlichkeit ihrer Existenz und deren reale Überwindung ausdrücken" (SCHRÖDTER 1975, S. 83).
Im Rahmen dieses Religionsbegriffs können dann *funktionale* Untersuchungen den *gesellschaftlichen Leistungen* von Religion (etwa der ideologischen Integration oder der kritischen Erneuerung der Gesellschaft) und ihren *individuellen Leistungen* nachgehen (beispielsweise der psychischen Stabilisierung oder Emanzipation des einzelnen; vgl. DAHM 1972, STOODT 1972). In Großbritannien hat das Zusammenleben von immer mehr Angehörigen verschiedener Weltreligionen (Christen, Muslime, Hindus, Sikhs) zu einem starken Einfluß *vergleichender Religionswissenschaft* auf die Religionspädagogik geführt. Man ist besonders dem Sechs-Dimensionen-Modell SMARTS (vgl. 1968) gefolgt: der *phänomenologischen* Analyse der Religionen nach den formalen Merkmalen „Lehre", „Mythos", „Ethik", „Ritus", „Erfahrung" und „soziale Organisation".
In vielen neueren Bestimmungen ist die *objektive* Seite der Religion, das heißt das, was religiöse Erfahrung auslöst, entweder eine sehr vage umschriebene Macht, für die vielfach verkürzt TILLICHS Aussage herangezogen wird, Religion sei das, „was uns unbedingt angeht" (1977, S. 21); oder es stellen sich unter dem Mantel eines allgemeinen Religionsbegriffs die besonderen dogmatischen Festlegungen bestimmter religiöser Standpunkte unbemerkt wieder ein. Mögliche *Aporien* einer *religions-*

theoretischen Begründung der Religionspädagogik dieser Art sind dann ihre geschichtliche Bedingtheit trotz eines übergeschichtlichen Anspruchs, die besondere theologische Bindung trotz einer vermeintlich allgemeinen wissenschaftlichen Geltung, die Vereinnahmung von Standpunkten als religiöse, obwohl sich diese selbst nicht so verstehen, und allgemein die mangelnde Transparenz der eigenen Kriterien (vgl. NIPKOW 1975a, S. 149ff.).

In kritischer Auseinandersetzung mit diesem Ausgang von einem allgemeinen Religionsbegriff ist versucht worden, die oben umrissene Weite des Gegenstandsfeldes festzuhalten, aber den *historisch bestimmten* Raum des Zusammenhangs von *Gesellschaft, Erziehung, Christentum und Kirche* als Ausgangspunkt zu wählen und – zur Überwindung der Kriterienschwäche funktionaler, phänomenologischer oder zu allgemeiner anthropologischer und ontologischer Religionsbegriffe – die religionspädagogischen Fragen im Schnittfeld ausgewiesener kritischer *pädagogischer und theologischer Normen* zu behandeln (konvergenztheoretischer Ansatz; vgl. NIPKOW 1975a, S. 168ff.). Kritisch modifizierende Weiterentwicklungen betonen zum Teil wieder stärker die Unverzichtbarkeit eines allgemeinen Religionsbegriffs (vgl. PREUL 1980). Wenn Religionspädagogen religionssoziologische und -psychologische Fragen verfolgen, werden sie selbstverständlich die Kategorien Religion beziehungsweise Religiosität verwenden.

Wo in Europa, wie vor allem in Schweden, die religionswissenschaftliche Orientierung statt eines theologisch-pädagogisch geprägten Religionsunterrichts zu einer „objektiven Religionskunde" geführt hat, zeichnen sich bei Religionslehrern neue Unsicherheiten ab: Man verlernt die pädagogische Kunst, sich persönlich einzubringen, einen Standpunkt zu vertreten und zugleich die Schüler zu selbständiger Suche freizugeben (vgl. HULMES 1979).

2.3 Praxisfelder religiöser Erziehung

Gegenstand der Religionspädagogik ist nicht nur der schulische Religionsunterricht, sondern die religiöse Erziehung in allen ihren Formen innerhalb und außerhalb der Kirchen.

Schon in der Reformation wurde die Pflicht der *Eltern* zur christlichen Erziehung hervorgehoben. Historisch folgenreich wurde aber auch die durch die Reformatoren geleistete Institutionalisierung *christlicher Unterweisung* als eigenes Unterrichtsfach an den erneuerten *christlichen Schulen*. Schließlich sollten auch die *Gottesdienste* der Einübung in Glauben und Gemeindeleben dienen (vgl. HAHN 1957). Viel ausgeprägter als in den reformatorischen Kirchen mit ihrer Vorherrschaft des Wortes ist für die orthodoxen Kirchen die Erziehung durch die „göttliche Liturgie" das Herzstück der religiösen Erziehung geblieben (vgl. SCHMEMANN 1974).

Mit dem Gottesdienst als Mittelpunkt wird gegenwärtig das *Gemeindeleben* als Lernfeld wiederentdeckt. Der Gedanke der Erziehung durch Teilnahme steht hinter der Forderung WESTERHOFFS (vgl. 1976), die Vorherrschaft des „schulisch-unterrichtlichen Paradigmas" durch das „Paradigma einer von der (örtlichen) Glaubensgemeinschaft geprägten Enkulturation" abzulösen.

Noch umfassender ist die Formel von der „Kirche als Gemeinschaft von Lernenden" (Synode des Bundes der Evangelischen Kirchen in der DDR 1974) zu verstehen; ferner der Versuch, religiöse Erziehung und Unterweisung nicht mehr als einseitigen Vermittlungsvorgang, sondern als gemeinsames Glauben- und Lebenlernen „zwischen den Generationen" zu konzipieren (vgl. NIPKOW 1982, S. 33ff.), sowie die Perspektive des „ökumenischen Lernens" der Christen und Kirchen untereinander

und mit allen anderen in der „Einen Welt" (vgl. DAUBER/SIMPFENDÖRFER 1981). In diesen Ansätzen drückt sich die Überzeugung aus, daß die Kirchen in unserer Zeit umlernen und neu lernen müssen. Sind hierzu die zu einer inneren Konzentration genötigten Kirchen in der DDR (vgl. SCHWERIN 1978) eher in der Lage als die wohletablierten Volkskirchen in der Bundesrepublik, deren relative „Stabilität" (vgl. HANSELMANN u.a. 1984, HILD 1974) als zweideutiger Sachverhalt empfunden wird? Die fragliche Erneuerungs- und Lernfähigkeit der Kirchen (vgl. MATTHES 1975, NIPKOW 1975b) hängt mit davon ab, ob und wie in Gesellschaft und Kirche Mehrheiten lernen können (vgl. LANGE 1980).
Religiöse Erziehung innerhalb der Ortsgemeinde gründet in der Pflicht der Kirche, die getauften Kinder als Glieder der Kirche zu unterweisen. Dies geschieht auf katholischer Seite als *Sakramentenkatechese,* als Hinführung zur Eucharistie („Sakrament der Eingliederung") und zur Firmung („Initiationssakrament"; vgl. BIEMER 1983), auf evangelischer Seite besonders im *Konfirmandenunterricht,* der mit der Konfirmation abschließt. Der Konfirmandenunterricht dient seit seinem Aufkommen im 16. Jahrhundert der Zurüstung zum Zwecke der Zulassung zum Abendmahl und der Eingliederung in die Gemeinde, hat aber heute, in Abkehr von einseitig unterrichtlich-katechetischen Konzeptionen, meist den Charakter einer allgemeineren *„Konfirmandenarbeit"* angenommen. Neue Aufgaben wie „Lebenshilfe" und „Sozialisationsbegleitung" in der puberalen Ablösephase werden betont, zum Teil in starker Verselbständigung gegenüber dem traditionellen kirchlichen Kontext (vgl. COMENIUS-INSTITUT 1984, SCHILDMANN/WOLF 1979, STOODT 1973). Grundsätzlich bleibt jedoch der Konfirmandenunterricht in das neu sich konturierende Praxisfeld *„Gemeindepädagogik"* eingebunden (vgl. ADAM 1980).
Das Interesse an einer Gemeindepädagogik als einer integrierten Gemeindebildungsarbeit umschließt heute auch die kirchliche Arbeit im Elementarbereich, die große Zahl kirchlich getragener *Kindergärten* (vgl. COMENIUS-INSTITUT 1974, 1975ff.), ferner den *Kindergottesdienst* (vgl. COMENIUS-INSTITUT 1972ff.). Er ist aus den Sonntagsschulen (seit 1780) hervorgegangen und aus sozialdiakonischen, unterrichtlichen und evangelistisch-missionarischen Motiven begründet worden. Unter dem Einfluß der Erweckungsbewegung, ausgerichtet auf persönliche Jesusnachfolge und missionarische Arbeit am Reich Gottes, bildeten sich in der Mitte des 19. Jahrhunderts außerdem eigene christliche Vereine junger Männer, später auch der Mädchen. Es entstand die *christliche Jugendarbeit.* Sie vollzieht sich heute, ähnlich wie die verschiedenen Formen der *kirchlichen Erwachsenenarbeit* (zu ihren Grundsätzen im evangelischen Raum vgl. ERWACHSENENBILDUNG ... 1983), innerhalb und außerhalb der Ortsgemeinden (als Grundsatztexte für die katholische Seite vgl. STEINKAMP 1976, S. 99ff.; für die evangelische Seite vgl. AFFOLDERBACH 1982).
Die Ausweitung des Blickfeldes vom institutionalisierten Unterricht auf allgemeinere Lernfelder in Kirche und Gesellschaft mit funktionalen Erziehungswirkungen (vgl. FEIFEL u.a. 1975, NIPKOW 1975b) ist durch die Fragestellungen der Sozialisationsforschung verstärkt worden. „Religiöse Sozialisation" meint die Gesamtheit der Einflüsse, Eindrücke und Erfahrungen in einem religiös bedeutsamen Lernraum. Sie bezieht sich nicht mehr nur auf christliche Erziehung und Unterweisung, sondern auch auf die Einflüsse anderer Religionen und religiöser Bewegungen in einer multikulturellen und multireligiösen Gesellschaft (zu Großbritannien vgl. SMART/HORDER 1975; zur subkulturellen Religiosität vgl. PUNTIGAM 1986).

Ekkehard Martens/ Karl Ernst Nipkow

2.4 Religiöse Entwicklung und religiöse Erziehung

2.4.1 Zur wissenschaftlichen Analyse religiöser Verhaltensformen

Die Probleme, die die Rolle der Kirchen und der Religion in der Gesellschaft betreffen und die sich hinsichtlich der Begründung und Zielsetzung im Schwanken zwischen traditionelleren und neueren, von Kirche und Theologie sich distanzierenden Ansätzen äußern, können durch *empirische* Forschungsergebnisse nur bedingt überwunden werden, da deskriptive und analytische Verfahren die normativen Probleme nicht von sich aus lösen können. Aus denselben empirischen Daten können ganz unterschiedliche konzeptionelle Schlüsse gezogen werden. Auf der anderen Seite ist empirische Forschung notwendig, um die Bedingungen und Wirkungen religiöser Erziehungsprozesse zu erhellen. Von einer theologisch stringenten Entwicklung der Ziele, Inhalte und Wege religiöser Erziehung angesichts gezielter empirischer Forschung ist jedoch die Diskussion in der Bundesrepublik noch weit entfernt. Die sogenannte „empirische Wendung" (vgl. WEGENAST 1968, 1981) hat zwar eine größere Berücksichtigung der Erfahrungen und Interessen der Kinder und Jugendlichen bewirkt und insofern die religiöse Erziehung „empirisch" im Sinne von wirklichkeitsnäher gemacht, aber hierzulande nicht eine Epoche empirischer Forschung eingeleitet (anders in den USA, vgl. STROMMEN 1971; oder Großbritannien, vgl. GOLDMAN 1964, 1965). Die wenigen vorhandenen Arbeiten gehören meist zur Gattung von Meinungsbefragungen und betreffen die Ansichten der Schüler zu Religion, Kirche und Religionsunterricht (vgl. BARGHEER 1972, FEIGE 1982, HAVERS 1972), oder es handelt sich um protokollarische Dokumentationen konkreter Unterrichtsstunden und deren Auswertung (vgl. STACHEL 1976a, 1976b, 1977, 1984).

Die erste theoretische Grundannahme für die Anwendbarkeit empirischer soziologischer und psychologischer Methoden ist die Voraussetzung, daß sich Religion einschließlich des christlichen Glaubens nicht auf eine völlig unzugängliche, übernatürliche Weise bilde. Vielmehr sieht man religiöses Lernen mit dem allgemeinen Lernen, religiöse Entwicklung mit der allgemeinen Entwicklung verbunden. Dies spiegeln die Konstrukte, die den Untersuchungsansätzen zugrunde liegen. *Religiöse Gefühle und Haltungen* meinen nicht eine Emotionalität oder Verfassung völlig eigener Art, sondern es sind dieselben Gefühle und Einstellungen, wie sie das Kind beispielsweise gegenüber den Eltern hat, nur jetzt auf ein anderes „Objekt" gerichtet, auf die Gegenstände der Religion (Gott, Jesus). Entsprechend gilt: „*Religiöses Denken* bezeichnet abgekürzt die Aktivität des Denkens, die sich auf Religion richtet, und ist nicht ein Ausdruck für eine davon getrennte Rationalität" (GOLDMAN 1964, S. 3f.). *Religiöses Handeln und Verhalten* soll entsprechend in die „Sozialisation wertorientierter Verhaltensformen" überhaupt eingeordnet werden, da „kirchlich-religiöse Werte, Normen und Symbole genauso sozialisiert werden wie jene der Gesamtkultur" (VASKOVICS 1967, S. 123).

Die hieraus folgende zweite theoretische Grundannahme ist die geläufige Hypothese, daß religiöse Erfahrungen in vielfältiger Weise durch allgemeine Erfahrungen *vorstrukturiert* werden.

Als empirisch gesichert kann gelten, daß die früh sich bildenden *Gefühlsbeziehungen* des Kindes zu seiner *Mutter* und seinem *Vater* auf das *Gottesbild* strukturbildend wirken. In den nachzuweisenden ähnlichen Gefühlseinstellungen zu den Eltern und zu Gott spielt bei Männern das Bild der eigenen Mutter, bei Frauen das Bild des eigenen Vaters eine größere Rolle. Die Gefühls-„Konditionierung" ist fer-

ner um so stärker, je markanter der eine oder andere Elternteil abgelehnt oder bevorzugt wird. Im einen Fall kann die evozierte Einstellung zu Gott deutlich in Analogie zu den positiven Einstellungen zum bevorzugten Elternteil verlaufen, im anderen kann das Gottesverhältnis ernsthaft durch die enge Beziehung zu dem ungeliebten Elternteil kompromittiert werden (vgl. GODIN/HALLEZ 1965, S. 88 f.).
Während sich strenge empirische Forschung weitergehende Deutungen versagt, sind in der psychoanalytisch orientierten Religionspsychologie und Religionspädagogik Hypothesen geläufig, die sich auf die Verarbeitung klinischer Beobachtungen und ethnologischen Materials gründen. Danach sei innerhalb dualistischer Religiosität Gott als Gesetzgeber und Richter in der *Vatererfahrung* im *ödipalen* Konflikt vorstrukturiert, das Gottesbild mystisch-entgrenzender Religiosität dagegen wurzele in vorödipalen Erfahrungen, nämlich in der *Idealisierung der Mutter*, die auf *primärnarzißtische* Phantasien zurückgehe und der Bildung des eigenen Ichideals bzw. der Sicherung des eigenen Größenselbst dienen solle. Teile der idealisierten Mutter würden dann im Interesse der Objektkonstanz auf eine dritte Instanz – Gott – verlagert (vgl. HEIMBROCK 1977, PREUL 1980). Auch die *Gefühlsambivalenz* zu den Eltern – Liebe und Haß – kehrt in dieser Sicht im „Gott fürchten und lieben" (Luther) wieder (vgl. FRAAS 1973, S. 93).
In den letzten Jahren ist das *religiöse Denken* auf der Grundlage der kognitiven Entwicklungspsychologie Jean Piagets besonders breit untersucht worden. Nach GOLDMAN (vgl. 1964) durchläuft das Kind Stadien intuitiven, konkret-abstrakten und abstrakten Denkens, die sich auch bei der verstehenden Aneignung biblischer Geschichten und theologischer Begriffe identifizieren lassen. Wo ein Kind religiöse Inhalte nur äußerlich aufnimmt und nachspricht, mag ein Lehrer erfreut eine gelungene Vermittlung feststellen. In Wirklichkeit erfährt er so noch nichts über das selbständige Denken des Kindes in religiöser Hinsicht (vgl. HETZER 1971). Befragungen zur „Religion des Kindes" auf dieser Ebene (vgl. THUN 1959) spiegeln daher meist nur angelerntes Wissen. Die tatsächlichen *eigenen Denkformen* des Kindes entwickeln sich dagegen in einer *aktiven Interaktion und Auseinandersetzung* mit seiner Umwelt und den religiösen Lernangeboten, und zwar in doppelter Weise: Das Kind paßt die religiösen Inhalte an die eigenen Verständnisstrukturen an *(Assimilation),* wodurch diese *kindgemäß* angeeignet, aber in der Sache meist verzerrt und mißverstanden werden. Zugleich paßt es bei unbefriedigendem Ausgang der Assimilation, wenn kognitive Dissonanzen bleiben, seine eigenen Verständnisstrukturen durch Differenzierung und Weiterentwicklung den neuen Inhalten an *(Akkommodation).* So kommt es langsam zu einem *sachgemäßeren* Verständnis.
Nach Goldman blieben die von ihm untersuchten Kinder relativ lange einem wörtlichen und konkretistischen Verständnis der biblischen Geschichten verhaftet; ein symbolisches Verständnis entwickelte sich erst spät. Zwischen 1965 und 1976 haben Wiederholungen des Untersuchungsansatzes und vergleichende Analysen bei Schülern aus verschiedenen Kirchen in den USA (Peatling und Peatling/Laabs) und in Finnland (Tamminen) (zusammenfassend vgl. PEATLING 1977) bestätigt, daß sich religiöses Denken tatsächlich im Sinne der Stufen nach Piaget entwickelt, daß sich diese Entwicklung in der mittleren und späteren Adoleszenz fortsetzt, daß Geist und Unterrichtsverfahren des betreffenden Schulsystems sich verzögernd oder beschleunigend auswirken (Schüler aus Schulen mit konservativen biblischen Anschauungen erreichen die „höheren" Stufen später oder gar nicht), daß der früheste Typ konkretistischen Denkens später nicht einfach verschwindet und daß insgesamt der Übergang vom konkreten zum abstrakteren religiösen Denken ein viel länger dauernder Vorgang ist als angenommen.

Inzwischen sind in diese Untersuchungen auch zusätzliche Variablen einbezogen worden. Bei der Entwicklung des Verständnisses etwa von biblischen Gleichnissen spielen neben den allgemeinen Entwicklungsgesetzmäßigkeiten auch die Inhalte der Gleichnisse selbst, die Form, wie sie erzählt werden, und anderes eine Rolle (vgl. MURPHY 1977). Die Forschungen müssen stärker den *gesamten unterrichtlichen Kontext* berücksichtigen, in welchem sich die religiöse Unterweisung abspielt.
Goldman zog aus seinen Befunden den praktischen Schluß, das „angemessene" religiöse Verstehen beginne erst im Alter von 13 oder 14; daher solle man mit dem biblischen Unterricht nicht vor dem 9. Lebensjahr einsetzen (vgl. GOLDMAN 1965). Heute betonen immer mehr Religionspädagogen, daß das religiöse Denken nicht der ausschlaggebende Maßstab sein dürfe; einerseits beginne auf der Gefühlsebene eine angemessene Religiosität sich sehr viel früher auszubilden (vgl. NELSON 1967), ja, einer einseitig kognitiv orientierten Glaubensvermittlung müsse prinzipiell eine Religionsdidaktik entgegengestellt werden, die den Kindern helfe, ihren Sinn für die innere Welt und für den Tiefsinn der Symbole zu entwickeln (vgl. HALBFAS 1982), andererseits erstrecke sich die religiöse Entwicklung für viele Menschen über ihr ganzes Leben (vgl. MORAN 1971). Eine Theorie, die die bisher berührten emotionalen, kognitiven und Handlungskomponenten vereint und *„ganzheitlich"* verstandene *„Entwicklungsstufen"* des *„Glaubens"* über die *gesamte Lebensspanne* hinweg zu identifizieren erlaubt, ist von FOWLER (vgl. 1981) vorgelegt worden (zur Rezeption in der Bundesrepublik vgl. NIPKOW 1982, 1983 b; vgl. H. SCHMIDT 1984 a).
Ferner nähert man sich ansatzweise Fragestellungen, die neben dem Lebenslauf auch die *alltägliche Lebenswelt* als Umfeld religiösen Lernens und religiöser Entwicklung stärker berücksichtigen (vgl. ARNDT 1975). Die Frage nach dem Verhältnis zwischen forschungsmethodologisch begründbarer Beschränkung auf kognitive Entwicklungskomponenten und einer komplexeren Theoriebildung um der Komplexität von Religiosität selbst willen ist noch offen (vgl. OSER/GMÜNDER 1984).

2.4.2 Zur Didaktik religiöser Erfahrung

Für den Religionspädagogen folgt, daß er den emotionalen, kognitiven und sozialen Bereitschaften für Religion, die jedes Kind mitbringt, nachgehen muß. Die religionspädagogische Vermittlungsaufgabe ist jedoch, hermeneutisch gesehen, eine *wechselseitige Erschließung*. Aus dem bisher Gesagten ergibt sich, daß Alltagserfahrungen (Liebe, Haß, Freude, Angst, Streit, Versöhnung, Leiden, Tod) die religiöse Gotteserfahrung vorstrukturieren. Aber der Glaube macht auch *„Erfahrungen mit der Erfahrung"* (JÜNGEL 1974, S. 122). Die biblische Tradition verkörpert erzählte, interpretierte und reflektierte *neue* Erfahrung, die durch ihre Symbole auch heute – im lebendigen Vermittlungsprozeß von Situation zu Situation und von Person zu Person im Lebenszusammenhang der religiösen Gemeinschaft – die symbolisierte Alltagserfahrung aufsprengen und in neue Richtung führen kann. Das religiöse Selbstverständnis deutet dies als „neues Leben" und „Wiedergeburt" (zu einer Symboldidaktik mit dieser im Vergleich zu Halbfas stärker theologischen Ausrichtung vgl. auch BIEHL 1983).
In welche Richtung Interpretationen weitergegeben und Erfahrungen geweckt werden, hängt vom theologischen Selbstverständnis der Erzieher und von den Zielvorstellungen der religiös erziehenden Gemeinschaften ab. In der Gegenwart setzt sich immer mehr das Konzept einer *freisetzenden* religiösen Erziehung durch, die das *Geführtwerden* und selbständige *Entdeckenlassen* dialektisch verschränkt. „Wer glauben *muß,* glaubt nicht mehr. Wer einen anderen nicht enttäuschen will, glaubt ebenso-

Lernbereich Philosophie – Religion – Ethik

wenig. Nur das Kind, das weiß, daß es mit den Fragen, die es beschäftigen, frank und frei hervortreten darf – nur das Kind, das weiß, daß ‚der Glaube eines anderen' nie und nimmer der seine werden kann, nur ein solches Kind lernt allmählich, den Teil Verantwortung für sein Glaubensleben zu übernehmen, der es befähigt, *wahrhaftig* in seinem Glauben zu werden" (LANGEVELD 1959, S. 43).

3 Ethik

3.1 Moralität als Kernfrage der Erziehung

Seit dem Spätmittelalter wird die sittliche Erziehung zunehmend zum maßgeblichen Mittel des *allgemeinen Zivilisierungsprozesses* (vgl. ELIAS 1969). Im 15. Jahrhundert versuchen zunächst einzelne Moralisten und Kirchenmänner, die freiheitlich-anarchischen Lebensverhältnisse des Mittelalters durch sittliche Disziplinierung zu überwinden (vgl. ARIÈS 1978). Diese Bemühungen verschmelzen vom 16. Jahrhundert an mit der auf *religiöse* und *sittliche Erneuerung* gerichteten Dynamik von Reformation und Gegenreformation. Sie gipfeln im 17. Jahrhundert in universalen pädagogischen Utopien, die auf die durchgreifende Versittlichung der menschlichen Natur und die Verbesserung der menschlichen Verhältnisse überhaupt gerichtet sind (vgl. COMENIUS 1681).
Stätten der neuen „Zucht" und „Disziplin" sind neben der *Familie* die *Internate* und *Schulen* mit ihren strengen Schulordnungen. Erziehungsziel wird das „wohlerzogene Kind" auf dem Weg zum frommen, sittsamen und vernünftigen Menschen (ARIÈS 1978, S. 456). Pietismus und Aufklärung verstärken im 18. Jahrhundert diese Entwicklung.
Vermutlich ist die Attraktivität der neuen höheren Schulen bis heute besonders auf ihre Aufgabe zurückzuführen, die „habituelle Statussicherung der herrschenden Schichten" zu gewährleisten (MÜLLER 1979, S. 29). Der erziehende Geist der Institution, der einen *Habitus* schaffen soll, nimmt damit teil an den einen bestimmten *Sozialstatus* gewährenden Auslese- und Zuweisungsfunktionen der Schule, wie umgekehrt die Auslese- und Zuweisungs*verfahren* ihrerseits einen wirksamen erzieherischen Einfluß ausüben (vgl. WAGNER 1980) und ein wichtiges Moment „struktureller Erziehung" werden (vgl. TREML 1982).
Die öffentlichen Schulen sind als „Erziehungs"-Institutionen in der neuzeitlichen Entwicklung nicht nur Ausdruck partikularer gesellschaftlicher Interessen, sondern staatlichen Interessen (vgl. LESCHINSKY/ROEDER 1976). Dies ist ökonomisch auf „geschicktere" und politisch auf „bessere Untertanen" ausgerichtet (Generallandschulreglement 1763, zitiert nach FROESE/KRAWIETZ 1968). Die „geistige Schulung" soll besonders im Volksschulunterricht „durch religiös-sittliche Erziehung die höhere Weihe" erhalten: „durch gesteigertes Pflichtgefühl, durch angewöhnten und anerzogenen Sinn für Pietät, für Achtung vor dem Gesetz und der staatlichen Rechts- wie der sittlichen Weltordnung" (PETERSILIE 1883, S. 61). Alle staatlichen Schulgesetze geben bis heute den öffentlichen Schulen einen Erziehungsauftrag zur *Erhaltung der jeweils geltenden staatlichen Wertordnung* (vgl. DURKHEIM 1973).
Die bisher genannten Bezüge verweisen auf Zwecke, die der ethischen Erziehung vorausliegen. In der deutschen Bildungsphilosophie der Goethezeit wird Moralität „als *höchster* Zweck des Menschen und folglich der Erziehung" zum Selbstzweck erhoben (HERBART o. J., S. 59). Das neue Ideal persönlicher Selbstverwirklichung des höheren Bürgertums wird als *„(Selbst-)Bildung"* bezeichnet und sammelt sich im Gefolge Kants besonders um die Bildung des *sittlichen Charakters*. Diese Sichtweise

täuscht sich einerseits weithin über die gesellschaftliche und politische Funktionalisierung der sittlichen Erziehung hinweg, die den Schulalltag in Gestalt zum Teil rigoroser Disziplinierung prägen sollte (vgl. RUTSCHKY 1977). Auf der anderen Seite ist der Gedanke der persönlichen Bildung auch aus dem Gegensatz zu einer den Menschen von sich selbst entfremdenden gesellschaftlichen Entwicklung entsprungen und kritisch gemeint. Es wird die unverlierbare Einsicht entwickelt, daß Erziehung der selbständigen Urteils- und Entscheidungsfähigkeit dienen soll. Gerade in der sittlichen Erziehung müssen *Sittlichkeit* und *Freiheit* zusammen buchstabiert werden (Kant): „Diese Erhebung zur selbst bewußten Persönlichkeit, soll ohne Zweifel im Gemüth des Zöglings selbst vorgehn, und durch dessen eigne Thätigkeit vollzogen werden" (HERBART o. J., S. 61 f.).

3.2 Gegenwärtige Probleme kollektiver moralischer Integrität

Zu den nachwirkenden historischen Bezügen treten in der lebhaften gegenwärtigen Diskussion (vgl. MAUERMANN/WEBER 1978) unterschiedliche aktuelle Motive.
Der Ruf konservativer Bildungspolitiker nach mehr *„Mut zur Erziehung"* (MUT ZUR ERZIEHUNG 1978) will eine neue kritische Unruhe der jungen Generation verhindern, dem Extremismus von links wehren und die Bewältigung von Nebenfolgen der gesellschaftlichen Entwicklung („Terrorismus", „Drogensucht", „Jugendkriminalität", „Rockertum", „Konsumentenhaltung", vgl. VON DER LIETH 1978, S. 66) den Lehrern aufbürden, anstatt die Ursachen in den gesellschaftlichen Lebensverhältnissen selbst, ihren Widersprüchen und ihren latenten Erziehungswirkungen aufzusuchen. Die „Tugenden des Fleißes, der Disziplin und der Ordnung" (MUT ZUR ERZIEHUNG 1978, S.163) sollen in einer Wohlfahrtsgesellschaft gestärkt werden, die diese Tugenden durch ihre Einladung zu vielfältigem Genuß zugleich unterläuft. Die Aufforderung an die Schule, sie solle wieder erziehen, kann so nur die ironische Gegenfrage provozieren, ob sie denn nicht durch ihre funktionalen Sozialisationswirkungen längst zu eben den Werten erziehe, die jetzt gefordert werden: zu einem angepaßten Leistungsverhalten und zu einem systemkonformen ökonomischen Kalkül, das die schulischen Aufwendungen in Beziehung zum erhofften Nutzen setzt (die Sozialisationseffekte unterscheiden sich nach Schularten, vgl. FEND u. a. 1976). Ethische Erziehung dieser Art soll anscheinend nicht der gesellschaftlich angepaßten Schule und Jugend kritisch entgegenwirken, weil etwa die faktischen Sozialisationswirkungen ethisch unzureichend sind, sondern sie soll eben diese absichtsvoll unterstützen, weil sie nicht effektiv genug sind. Die *Werte,* die faktisch die westlichen Gesellschaften regieren, erweisen sich als ausgesprochen konjunkturanfällig. Beschäftigungskrisen werden zu Sinnkrisen, weil der Lebenssinn vieler Jugendlicher mit den Werten des Lebensstandards, des Konsums und der sozialen Sicherheit steht und fällt (vgl. NIPKOW 1979). Ein Reflex dieser Hypothese in der Forschung ist die Einsicht in die Notwendigkeit, die Erforschung der Moralentwicklung in der Adoleszenz mit der Analyse der Ich-Entwicklung im ganzen zu verbinden (vgl. DÖBERT u. a. 1977; zur Bedeutung von Hilfen für die Neukonstitution von Sinn im Rahmen der Ich-Entwicklung vgl. auch SCHWEITZER 1980).
Die Suche nach identifikationswürdigen, sinnstiftenden Idealfiguren und Ideen, die zugleich neue moralische Orientierung geben sollen, macht die Hinwendung mancher Jugendlicher zur *Religion* verständlich. Nicht wenige engagieren sich ferner dort, wo die globalen Überlebensprobleme und ökologischen Krisen in Verbindung mit der Frage nach einem sinnerfüllten Leben ernst genommen werden und ein *alternativer Lebensstil* gewagt wird. In einer verglasten, asphaltierten, zubetonierten

Lernbereich Philosophie – Religion – Ethik

Umgebung wächst die Lust an alten Dingen und die Lust an der Natur. „Es entwickelt sich eine Sehnsucht nach der Freundlichkeit der Erde" (BOPP 1980, S.32), nach einem einfacheren und natürlichen Leben. Ein „konsistenter gegenkultureller Lebensentwurf" ist unter den Jugendlichen in der Bundesrepublik zur Zeit jedoch nicht zu erkennen (vgl. JUGENDWERK DER DEUTSCHEN SHELL 1982).

Veränderungen kündigen sich ferner in der *Arbeits- und Leistungsmoral* an (vgl. KMIECIAK 1976). Die Aufopferung im Beruf verliert ihre Anziehungskraft; die individuellen Kosten erscheinen als zu hoch. „Ein funktionales Verhältnis zur Arbeit (als Gelderwerb) drängt das moralische (als Lebenserfüllung) zurück" (BOPP 1980, S.33). Dieselbe Ablehnung eines Karrieredenkens kann aber auch zu neuer Leistungsbereitschaft hinsichtlich nichtentfremdeter eigener Tätigkeit führen. Im Blick auf die knapper werdenden Möglichkeiten für wirtschaftliches Wachstum, Zuweisung von Arbeit und Verteilung materieller Güter wird es dringlich, als Bezugsproblem einer zukunftsorientierten ethischen Erziehung die überkommene Arbeits-, Leistungs- und Konsumethik zu überprüfen und eine Ethik des Grenzbewußtseins zu entwickeln.

Viel Sensibilität scheinen Jugendliche auch für die Werte der Unmittelbarkeit, Offenheit, Spontaneität, Aufrichtigkeit und Toleranz in den *zwischenmenschlichen Beziehungen* zu entwickeln, freilich zum Teil mit der Gefahr, sich im kleinen Kreise selbstgenügsam zufriedenzugeben.Die wichtigsten Bezugspunkte der ethischen Erziehung heute müssen jedoch über die Humanität der nahen menschlichen Verhältnisse hinaus die Erhaltung und Stiftung des *Friedens* (vgl. WULF 1973) durch eine Erziehung zur Friedensfähigkeit (vgl. NICKLAS/OSTERMANN 1976, 1986) und der Weg zu *sozialer Gerechtigkeit* im Nord-Süd-Konflikt werden. Da es in der deutschen Erziehungs- und Schulgeschichte eine Erziehung zum Frieden im Sinne einer wirklichen Friedenskultur nicht gegeben hat, ist es sehr schwierig, sie gegen die Tradition der Unfriedlichkeit anzubahnen.

3.3 Zum Dilemma der normativen Begründung geschichtlich-konkreter und freiheitlicher Erziehung

Eine Theorie der ethischen Erziehung in Relation zu ihren konkreten geschichtlichen Bezugsproblemen ist nur schwer zu konstituieren. Einem Aufgreifen dieser Aufgabe wird immer noch ausgewichen. Statt dessen verweist man mehr appellativ auf die allgemeinen *Grundwerte der Verfassung* und leitet aus ihnen abstrakte Kataloge demokratischer Grundtugenden ab (vgl. SCHMADERER 1978, S.69ff.), ein zwar richtiger, aber keineswegs ausreichender Schritt, wenn man die brennende und kontrovers diskutierte Inhaltlichkeit der oben genannten moralischen Herausforderungen bedenkt. Der allgemeine Verfassungskonsens verdeckt außerdem, daß auf der unter der Ebene der Grundwerte liegenden Ebene der konkreten Handlungsfolgen sowie auf der darüberliegenden der letzten Sinndeutungen kein Konsens herrscht (vgl. G.R.SCHMIDT 1975, S.115). Die Gründe für die Tendenz zu einem formal bleibenden ethischen Allgemeinen – meist formuliert als „moralische Mündigkeit" und als „demokratisches Ethos" (vgl. WEBER 1978) – sind verständlich und berechtigt: An öffentlichen Schulen darf ethische Erziehung nicht jenseits der Verfassungskonformität parteiisch und ideologisch werden. Das pädagogische Ethos verbietet ebenfalls Indoktrination.

Diesen berechtigten Gründen kommt allerdings entgegen, daß Lehrer in manchen moralischen Fragen selbst unsicher sind und außerdem Angst haben, eines „konfliktpädagogischen" Ansatzes verdächtigt zu werden. Erschwerend tritt hinzu, daß die ethischen Probleme in der fachwissenschaftlichen Lehrerausbildung verdrängt und in der sozialwissenschaftlichen unkenntlich gemacht worden sind. Letzteres geschieht, wenn ethische Normen als soziologische und psychologische behandelt und nur auf ihre Entstehung oder Wirkung hin untersucht werden. Die philosophische Frage nach den Gründen der Geltung von Normen und die pädagogische nach ihren nichtindoktrinären und doch geschichtlich konkreten Erschließung sind zu kurz gekommen (vgl. NIPKOW 1981 b). So hat man die Sprache der ethischen Erziehung weder gelernt noch reflektiert.

Die Folge kann dann nur sein, daß Lehrer ethische Fragen entweder in blassen, wirklichkeitsfernen Formeln bedenken oder in einen dogmatischen Dezisionismus verfallen, indem sie subjektive Ad-hoc-Urteile präsentieren. Ausweg im Dilemma zwischen einer positivistischen Ausklammerung der Ethik (in den Fachwissenschaften), einem skeptizistischen Wertrelativismus (auf dem Boden der Sozialwissenschaften) und einem neuen Dogmatismus (im Anschluß an politische Ideologien oder religiöse Glaubenslehren) kann nur sein, die normative Problematik in den *gesellschaftlichen Verständigungsprozeß* selbst zu verlegen sowie parallel dazu in den diesen Verständigungsprozeß aufnehmenden *ethischen Verständigungs- und Lernprozeß in der Schule,* weil alle Bürger (auch die Schüler als potentielle Bürger) gemeinsam zu begründeter ethischer Verbindlichkeit kommen sollten (vgl. die Idee der „Kommunikationsgemeinschaft" in der philosophischen Ethik bei APEL 1971).

3.4 Wege moralischer Entwicklung und Erziehung

Seit der Antike wird die *frühe Gewöhnung* der Kinder an Sitte und Ordnung als besonders wirksames Mittel ethischer Erziehung angesehen. Die spätmittelalterlichen Erziehungslehren reichen die Ansicht des Aristoteles, daß die Gewöhnung gleichsam eine zweite Natur sei, weiter (vgl. PETZOLD 1969). Ist die Vernunft erwacht, können *Ermahnungen* wirksam werden, während sittliche *Appelle* den Willen beeinflussen sollen. Der Humanismus betont die Bedeutung der *Vorbilder.* In der Folgezeit verfeinern sich die Methoden auf der Grundlage eines sich vertiefenden psychologischen Verständnisses mit dem Ziel, äußere Triebkontrollen durch *verinnerlichte Regulative* zu ersetzen (*Gewissenserziehung* – vgl. ELIAS 1969).

Die psychoanalytische Forschung ist besonders eindringlich den komplizierten, bis ins Unbewußte reichenden Identifikationsvorgängen bei der Entstehung des „Über-Ich" nachgegangen mit dem Interesse an der Überwindung eines bloßen „Triebgehorsams" und „Lerngehorsams" durch den *„Ich-Gehorsam"* (vgl. MITSCHERLICH 1963). Letzterer meint die Fähigkeit, die im Über-Ich verinnerlichten Normen ihrerseits zu überprüfen, ihnen flexibel zu folgen, sie situations- und ichgerecht anzuwenden und gegebenenfalls nonkonformistisch einen ganz eigenen moralischen Weg zu gehen. Angestrebt wird eine Haltung, die der von Kohlberg bezeichneten *„post-konventionellen Moral"* strukturell gleicht (vgl. KOHLBERG/TURIEL 1978). Sie ist weder durch Belohnungen und Bestrafungen oder durch Gewöhnung und Teilnahme (im Sinne des Verstärkungs- und Selbstverstärkungslernens) noch durch Nachahmung (im Sinne des Beobachtungs- oder Imitationslernens) zu erwerben (vgl. KOHLBERG 1974). Sie ist auf der höchsten Stufe der Stufentheorie KOHLBERGS (vgl. 1981) einzuordnen und dort auf den Begriff der universalen Gerechtigkeit bezogen. Diese Stufe konnte empirisch jedoch nicht belegt werden; sie ist ein Konstrukt (zur Validitätsproblematik der Theorie Kohlbergs im ganzen vgl. BERGLING 1981).

Die traditionellen Wege der Gewöhnung, Ermahnung und des Lernens nach Vorbildern haben in gesellschaftlichen Lagen Sinn, in denen es keine moralischen Le-

gitimationsprobleme gibt, weil das, was gut ist, fraglos feststeht. Sie haben außerdem zeitlich begrenzten Sinn, solange Kindern moralische Einsichts- und Mitsprachefähigkeit fehlen. Von der Selbstverständlichkeit der Moral- und Wertsysteme kann jedoch heute nicht mehr generell ausgegangen werden, sonst würde sich in der Tat das pädagogische Problem auf das der effektiven Vermittlung reduzieren. Das berechtigte Interesse, daß nicht nur ethisch urteilen, sondern ethisch *handeln* gelernt wird (vgl. STACHEL/MIETH 1978), muß folglich mit dem Interesse verbunden bleiben, daß *ethisch* zu handeln gelernt wird. Wo lediglich darüber gestritten wird, ob kognitive oder nicht vielmehr affektive Methoden oder solche der handelnden Erprobung effektiver sind, wird diese Problemebene übersprungen.
Methoden der frühen Gewöhnung, der Teilnahme an Gruppengeist und Gruppenhandeln, der Identifikation mit Vorbildern, der Nachahmung scheinen für die Vermittlung bestimmter Inhalte effektiver zu sein als das Gespräch. Sie stehen darum auch dort hoch im Kurs, wo ein moralisches Persönlichkeitsideal fest vorgegeben ist, zu dem wirkungsvoll erzogen werden soll (etwa Erziehung zur „sozialistischen Persönlichkeit"). Zwar betonen neuerdings auch die Vertreter des Imitationslernens, „daß das Erkennen das Verhalten ursächlich beeinflußt"; daher „verlieren die Argumente gegen kognitive Determinanten an Überzeugungskraft" (BANDURA 1976, S. 218). Aber nicht nur aus Effektivitätsgründen ist auch das *Gespräch* von Bedeutung. Das Gespräch, obwohl stets vom Mißbrauch unverbindlichen Diskutierens bedroht, ist darum unabdingbar, weil die *Begründung der Geltung* der moralischen Ansprüche in den pädagogischen Prozeß selbst hineinreichen muß. Die vorgegebenen ethischen Übereinkünfte einer freiheitlichen Gesellschaft sind prinzipiell zur Zukunft hin offen, sehen sich neuen geschichtlichen Herausforderungen gegenüber und müssen unter der möglichst selbständigen Beteiligung aller erneuert oder verändert werden. Angesichts dieser Aufgabe ist das Gespräch „die einzige Form menschlichen Umgangs, die die volle Freiheit aller Teilnehmer wahrt und zugleich die größte Verbindlichkeit zwischen ihnen schafft" (KÜMMEL 1968, S. 64). Wo allerdings das Gespräch nicht mit der *Bewährung* im gemeinsamen Handeln verbunden wird, bleibt das ethische Urteil leicht abstrakt und die ethische Erfahrung wirklichkeitsleer. Wo umgekehrt moralische Vergewisserung nur im gemeinsamen Handeln gesucht wird, kann die moralische Einsicht blind bleiben: Selbstgewisses, aber völlig unsittliches gemeinsames Handeln kennt die Geschichte zur Genüge; es kann an jeder Verbrecherbande abgelesen werden.
Im Rahmen der für die Möglichkeiten der Schule als Unterrichtsanstalt wichtigen Konzepte einer ethischen Gesprächserziehung zielt der Ansatz der *„Wertklärung"* (value clarification) (vgl. RATHS u. a. 1976) darauf, die Schüler anzuregen, sich ihrer eigenen Werthaltungen und -urteile bewußt zu werden und sie frei untereinander zu diskutieren. Der Lehrer hält sich im übrigen zurück. Philosophisch gesehen, bleibt dieser Ansatz aber im Wertrelativismus stecken (vgl. MAUERMANN 1978).
In Fortführung der klassischen Untersuchung PIAGETS (vgl. 1932) versucht seit 25 Jahren L. Kohlberg, den Wertrelativismus zu überwinden und zugleich den von der Verfassung gebotenen freiheitlichen Grundcharakter der ethischen Erziehung an öffentlichen Schulen zu bewahren. Dies scheint zu gelingen, wenn man der *Entwicklungslogik* folgt; sie verläuft über eine invariante Stufensequenz und scheint universal zu gelten (vgl. KOHLBERG 1974). Wie die kognitiven Strukturen sind auch die des moralischen Urteilens selbsterzeugt; sie bilden sich allerdings erst in der Interaktion mit der Umwelt heraus. Die pädagogische Folgerung ist, daß die moralischen Denkformen im Unterschied zu den kulturabhängigen moralischen Inhalten nicht direkt gelehrt werden können. Die Entwicklung kann allerdings durch

kognitive Konflikte, die ein Ungleichgewicht schaffen und zu angemesseneren Lösungen drängen, vorangetrieben werden. Da die Entwicklung eine Tendenz von einer „vormoralischen" Stufe über Phasen „vorkonventioneller" und „konventioneller" zu einer Phase „postkonventioneller" Moral gleichsam natürlich in sich schließt, hält Kohlberg den Wertrelativismus durch seinen Ansatz für gebannt. Auch für ihn ist der Lehrer hauptsächlich Anreger und Katalysator, aber nach einem entwicklungspsychologisch begründeten Plan stufengemäßen Fortschreitens. Untersuchungen scheinen den Erfolg systematisch durchgeführter *kontroverser moralischer Diskussionen* im Unterricht zu bestätigen (vgl. BLATT/KOHLBERG 1975, HENNESSY 1979, SCHARF 1978). Wichtiger aber ist die kritische Weiterentwicklung des Ansatzes durch Kohlberg selbst und andere: Man sieht jetzt, daß nicht nur hypothetische Dilemmata, sondern selbsterlebte moralische Konflikte aus der Alltagswelt der Jugendlichen und der Gesellschaft erörtert werden müssen, daß hierbei die Anleitung zur Rollenübernahme (durch Rollenspiele) und die Entwicklung empathischen Mitleidens zu einer bewußten, aktiven solidarischen Sorge für den anderen wichtig sind (vgl. HOFFMAN 1983) sowie nicht zuletzt *die Schule als ethischer Erfahrungsraum* im ganzen (zusammenfassend vgl. HERSH/PAOLITTO 1979, WEBER 1979; zur Kritik an Kohlberg vgl. FRAENKEL 1976, SCHREINER 1979; eine Synopse der Einwände und eine Stellungnahme Kohlbergs in: KOHLBERG u.a. 1983).

Mit dem letzten Gesichtspunkt werden Erfahrungen der Reformpädagogik aufgenommen, besonders Deweys Gedanke der Schule als Demokratie im kleinen. Als ethisch bedeutsam wird die „moralische Atmosphäre" bzw. das „moralische Klima" der Schule angesehen, die Übernahme von Verantwortung in öffentlich relevanten „Projekten" und Ernstsituationen sowie die Erfahrung des Ethos einer „neuen Gruppenstruktur" (vgl. KOHLBERG u.a. 1978). Mit diesen Erweiterungen gründet sich der Ansatz Kohlbergs auf das ethische Gespräch *und* das ethische Handeln und nähert sich den Problemen der konkreten Alltags- und Schulwelt. Auch jetzt versperrt jedoch das strukturalistische, ahistorische Interesse an invarianten, kontextunabhängigen Entwicklungsstufen und das philosophische Interesse an universalen Prinzipien (im Gefolge Kants und vermittelt über den entwicklungsgenetisch orientierten Kantianismus bei Piaget) den vollen Zugang zu den geschichtlich-gesellschaftlichen Bezugsproblemen ethischer Erziehung in Vergangenheit und Gegenwart. Andere Fortsetzungen des Kohlbergschen Ansatzes (C. Gilligan, W. Perry, R. Kegan), die sich auf ein *„kontextuelles Verständnis der moralischen Entwicklung"* (SCHWEITZER 1980, S. 932) richten, führen hier weiter zu einer situations- und verantwortungsethischen Orientierung der ethischen Urteilsbildung anstelle einer Prinzipienorientierung. Philosophisch gesehen, ist damit die Frage aufgeworfen, wie eine am Sollen oder Gesollten („deontologisch") ausgerichtete Ethik die Berücksichtigung von konkreten Bedingungen und Konsequenzen, auch unbeabsichtigter Nebenfolgen, utilitaristisch („teleologisch") in sich aufnehmen soll. Außerdem zeigen die Untersuchungen von GILLIGAN (vgl. 1984), daß eine an den Prinzipien der Autonomie, Unabhängigkeit und Gerechtigkeit ausgerichtete Theorie auch inhaltlich revisionsbedürftig ist. Sie berücksichtigt zu wenig die Inhalte, die in der weiblichen Entwicklung zu finden sind (und wohl nicht nur dort): Liebe und Sorge für andere.

Je deutlicher personale Beziehungen, emotionale Bezüge und soziales Handeln als Faktoren ethischer Erziehung in den Blick rücken, desto weniger reichen kognitive Theorien aus, diese Erziehung zu begründen. Die grundlegende Dialektik einer zugleich herausfordernden und freisetzenden Erziehung gilt jedoch weiter: Jugendliche brauchen Erwachsene, die ihre *Selbständigkeit* fördern, aber hierbei ihnen *Konflikte* nicht ersparen. Sonst bleibt in psychoanalytischer Sicht die notwendige psychi-

Lernbereich Philosophie – Religion – Ethik

sche Strukturbildung (Über-Ich- und Gewissensbildung, Ich-Entwicklung) aus (vgl. MITSCHERLICH 1963). Schulorganisatorisch gesehen, sollte ethische Erziehung nicht nur Sache des Religionsunterrichts oder eines Ersatzfachs „Ethikunterricht" sein, das in der Bundesrepublik in mehreren Bundesländern für die Schüler eingerichtet worden ist, die sich vom Religionsunterricht abgemeldet haben (zu Theorie und Praxis des Ethikunterrichts vgl. H. SCHMIDT 1983, 1984 b). Es könnte sonst dem übrigen Fachunterricht ein Alibi für positivistische, erziehungsneutrale Wissensvermittlung verschafft werden. Die ethischen Probleme müssen im Durchgang durch die Breite der Wirklichkeitsbezüge und der modernen Wissenschaften identifiziert und behandelt werden.

ACHENBACH, G. B.: Philosophische Praxis (mit Beiträgen von M. Fischer, Th. H. Macho, O. Marquard, E. Martens), Köln 1984. ADAM, G.: Der Unterricht der Kirche. Studien zur Konfirmandenarbeit, Göttingen 1980. AFFOLDERBACH, M. (Hg.): Grundsatztexte zur evangelischen Jugendarbeit, Stuttgart/Gelnhausen 1982. APEL, K.-O. u. a.: Hermeneutik und Ideologiekritik, Frankfurt/M. 1971. ARIÈS, PH.: Geschichte der Kindheit, München/Wien ²1978. ARNDT, M. (Hg.): Religiöse Sozialisation, Stuttgart/Berlin/Köln/Mainz 1975. BANDURA, A.: Lernen am Modell. Ansätze zu einer sozial-kognitiven Lerntheorie, Stuttgart 1976. BARGHEER, F. W.: Das Interesse des Jugendlichen und der Religionsunterricht, Gütersloh 1972. BERGLING, K.: Moral Development. The Validity of Kohlberg's Theory, Stockholm 1981. BETZ, O./MARTENS, E.: Methodisch-mediales Handeln im Lernbereich Philosophie – Religion. In: Enzyklopädie Erziehungswissenschaft, Bd. 4, Stuttgart 1985, S. 209 ff. BIEHL, P.: Religiöse Sprache und Alltagserfahrung. Zur Aufgabe einer poetischen Didaktik. In: Theol. Pract. 18 (1983), S. 101 ff. BIEMER, G.: Katechetik der Sakramente, Freiburg/Basel/Wien 1983. BLATT, M. M./KOHLBERG, L.: The Effects of Classroom Moral Discussion upon Children's Level of Moral Judgement. In: J. of Moral E. 4 (1975), S. 129 ff. BOPP, J.: Wir machen es jetzt. Zur Moral der Jugendlichen. In: Kursbuch (1980), 60, S. 23 ff. COMENIUS, J. A.: De rerum humanarum emendatione consultatio catholica. Pars secunda, Panaugia, Amsterdam 1681. COMENIUS-INSTITUT (Hg.): Kindergottesdienst heute, Heft 1–10, Münster 1972 ff. COMENIUS-INSTITUT (Hg.): Bildungsplanung und Erziehungsauftrag im Elementarbereich. Der Beitrag der evangelischen Kirche, Münster 1974. COMENIUS-INSTITUT (Hg.): Förderprogramm für den Kindergarten, Heft 1–10, Münster 1975 ff. COMENIUS-INSTITUT (Hg.): Handbuch für die Konfirmandenarbeit, Gütersloh 1984. COX, H.: Turning East. The Promise and Peril of the New Orientalism, New York 1977/deutsch: Licht aus Asien, Stuttgart 1978. DAHM, K.-W.: Religiöse Kommunikation und kirchliche Institution. In: DAHM, K.-W. u. a.: Religion – System und Sozialisation, Darmstadt/Neuwied 1972, S. 133 ff. DAUBER, H./SIMPFENDÖRFER, W. (Hg.): Eigener Haushalt und bewohnter Erdkreis. Ökologisches und ökumenisches Lernen in der „Einen Welt", Wuppertal 1981. DERBOLAV, J.: Selbstverständnis und Bildungssinn der Philosophie. In: DERBOLAV, J. (Hg.): Die Philosophie im Rahmen der Bildungsaufgabe des Gymnasiums, Heidelberg 1964, S. 7 ff. DÖBERT, R. u. a. (Hg.): Entwicklung des Ichs, Köln 1977. DURKHEIM, E.: Erziehung, Moral und Gesellschaft (1925), Neuwied/Darmstadt 1973. ELIAS, N.: Über den Prozeß der Zivilisation. Soziogenetische und psychogenetische Untersuchungen (1936), 2 Bde., Bern ²1969. ELZER, H. M. u. a. (Hg.): Philosophie in der Bildungskrise der Gegenwart, St. Augustin 1980. ENGFER, H.-J. (Hg.): Philosophische Aspekte schulischer Fächer und pädagogischer Praxis, München/Wien/Baltimore 1978. ERWACHSENENBILDUNG als Aufgabe der evangelischen Kirche – Grundsätze, hg. vom Kirchenamt der Evangelischen Kirche in Deutschland, Gütersloh 1983. FEIFEL, E. u. a. (Hg.): Handbuch der Religionspädagogik, 3 Bde., Gütersloh/Einsiedeln/Zürich/Köln 1973 ff. (Bd. 3: 1975). FEIGE, A.: Erfahrungen mit Kirche, Hannover 1982. FEND, H. u. a.: Sozialisationseffekte der Schule, Weinheim/Basel 1976. FEY, E. (Hg.): Beiträge zum Philosophieunterricht in europäischen Ländern, Münster 1978. FOWLER, J. W.: Stages of Faith, San Francisco/Cambridge/Hagerstown/New York u. a. 1981. FRAAS, H.-J.: Religiöse Erziehung und Sozialisation im Kindesalter, Göttingen 1973. FRAENKEL, J. R.: The Kohlberg Bandwagon: Some Reservations. In: Soc. E. 40 (1976), S. 216 ff. FROESE, L./KRAWIETZ, W. (Hg.): Deutsche

Schulgesetzgebung, Weinheim/Basel 1968. GILLIGAN, C.: In a Different Voice, Cambridge/London 1982/deutsch: Die andere Stimme. Lebenskonflikte und Moral der Frau, München 1984. GLATZEL, M./MARTENS, E.: Philosophieren im Unterricht 5–10, München/Wien/Baltimore 1982. GLOCK, CH. Y./BELLAH, R. N. (Hg.): The New Religious Consciousness, Berkeley/Los Angeles/London 1976. GODIN, A./HALLEZ, M.: Parental Images and Divine Paternity. In: GODIN, A. (Hg.): From Religious Experience to a Religious Attitude, Chicago 1965, S. 65 ff. GOLDMAN, R.: Religious Thinking from Childhood to Adolescence, London 1964. GOLDMAN, R.: Readiness for Religion, London 1965/deutsch: Vorfelder des Glaubens, Neukirchen-Vluyn 1972. HAHN, F.: Die Evangelische Unterweisung in den Schulen des 16. Jahrhunderts, Heidelberg 1957. HALBFAS, H.: Religionspädagogik und Katechetik. Ein Beitrag zur wissenschaftstheoretischen Klärung. In: Katech. Bl. 97 (1972), S. 331 ff. HALBFAS, H.: Das dritte Auge, Düsseldorf 1982. HANSELMANN, J. u. a.: Was wird aus der Kirche? Ergebnisse der zweiten EKD-Umfrage über Kirchenmitgliedschaft, Gütersloh 1984. HAVERS, N.: Der Religionsunterricht – Analyse eines unbeliebten Fachs. Eine empirische Untersuchung, München 1972. HECKMANN, F.: Das sokratische Gespräch. Erfahrungen in philosophischen Hochschulseminaren, Hannover 1981. HEIMBROCK, H.-J.: Phantasie und christlicher Glaube. Zum Dialog zwischen Theologie und Psychoanalyse, München/Mainz 1977. HEINTEL, P.: Fachdidaktik Philosophie. In: Z. f. Did. d. Phil. 1 (1979), S. 8 ff. HEINTEL, P./MACHO, TH.: Noch einmal: Konstitutive Philosophiedidaktik. In: Z. f. Did. d. Phil. 5 (1983), S. 3 ff. HENNESSY, TH. C. (Hg.): Value/Moral Education: The Schools and the Teacher, New York/Ramsey/Toronto 1979. HERBART, J. F.: Über die ästhetische Darstellung der Welt als das Hauptgeschäft der Erziehung (1804). In: DÖPP-VORWALD, H. (Hg.): Aus Herbarts Jugendschriften. Kleine pädagogische Texte, Heft 22, Weinheim o. J., S. 59 ff. HERSH, R. H./PAOLITTO, D. P.: The Teacher as Moral Educator. In: HENNESSY, TH. C. (Hg.): Value/Moral Education..., New York/Ramsey/Toronto 1979, S. 9 ff. HETZER, H.: Selbständige Bemühungen kleiner Kinder, Gott zu begreifen. In: d. ev. erz. 23 (1971), S. 137 ff. HILD, H. (Hg.): Wie stabil ist die Kirche? Bestand und Erneuerung. Ergebnisse einer Meinungsbefragung, Gelnhausen/Berlin 1974. HÖFFE, O.: Ethik als Schulunterricht. In: Z. f. Did. d. Phil. 1 (1979), S. 124 ff. HOFFMAN, M. L.: Vom empathischen Mitleiden zur Solidarität. In: SCHREINER, G. (Hg.): Moralische Entwicklung und Erziehung, Braunschweig 1983, S. 235 ff. HOLZHEY, H./ZIMMERLI, W. CH. (Hg.): Esoterik und Exoterik der Philosophie, Basel/Stuttgart 1977. HORKHEIMER, M./ADORNO, TH. W.: Dialektik der Aufklärung, Frankfurt/M. 1969. HULMES, E.: Commitment and Neutrality in Religious Education, London 1979. JUGENDWERK DER DEUTSCHEN SHELL (Hg.): Jugend '81. Lebensentwürfe, Alltagskulturen, Zukunftsbilder, Opladen 1982. JÜNGEL, E.: Metaphorische Wahrheit. In: RICOEUR, P./JÜNGEL, E. (Hg.): Metapher. Zur Hermeneutik religiöser Sprache, München 1974, S. 71 ff. KMIECIAK, L.: Wertstrukturen und Wertwandel in der Bundesrepublik Deutschland, Göttingen 1976. KOHLBERG, L.: Stufe und Sequenz: Sozialisation unter dem Aspekt der kognitiven Entwicklung. In: KOHLBERG, L.: Zur kognitiven Entwicklung des Kindes. Drei Aufsätze, Frankfurt/M. 1974, S. 7 ff. KOHLBERG, L.: The Philosophy of Moral Development. Essays on Moral Development, Bd. 1, San Francisco 1981. KOHLBERG, L./TURIEL, E.: Moralische Entwicklung und Moralerziehung. In: PORTELE, G. (Hg.): Sozialisation und Moral, Weinheim/Basel 1978, S. 13 ff. KOHLBERG, L. u. a.: Die Gerechte-Schul-Kooperative. Ihre Theorie und das Experiment der Cambridge Cluster School. In: PORTELE, G. (Hg.): Sozialisation und Moral, Weinheim/Basel 1978, S. 215 ff. KOHLBERG, L. u. a.: Moral Stages: A Current Formulation and a Response to Critics, Basel u. a. 1983. KÖHLER, B./SCHREIER, H.: Philosophie in der Grundschule. In: Z. f. Did. d. Phil. 4 (1982), S. 166 ff. KOMMER, A. u. a.: Philosophie als Thema der universitären Erwachsenenbildung, Hannover 1981. KÜMMEL, F.: Die Einsicht in das Gute als Aufgabe einer sittlichen Erziehung, Essen 1968. LANGE, E.: Sprachschule für die Freiheit. Bildung als Problem und Funktion der Kirche, München/Gelnhausen 1980. LANGEVELD, M. J.: Das Kind und der Glaube, Braunschweig u. a. 1959. LASSAHN, R.: Zum Philosophieunterricht an Gymnasien. Aufgaben und Wege des Philosophieunterrichts 4. Frankfurt/M 1972. LESCHINSKY, A./ROEDER, P. M.: Schule im historischen Prozeß. Zum Wechselverhältnis von institutioneller Erziehung und gesellschaftlicher Entwicklung, Stuttgart 1976. LIETH, E. VON DER (Hg.): Wissensvermittlung ohne Erziehung? Düsseldorf 1978. LIPMAN, M.: Harry Stottlemeier's Discovery. Upper Montclair (N.J.) 1971/deutsch: Harry Stottlemeiers Entdeckungen, Hannover 1984.

Lernbereich Philosophie – Religion – Ethik

LIPMAN, M./SHARP, A.: Growing up with Philosophy, Philadelphia 1978. LORENZEN, A. K. D./ MARTENS, E.: Philosophiedidaktik in der Bundesrepublik. Ein Situationsbericht. In: Info. Phil. 10 (1982), 1, S. 2ff. LÜBBE, H.: Philosophie nach der Aufklärung, Düsseldorf/Wien 1980. MACHO, TH.: Institutionen philosophischer Lehre und Forschung. In: MARTENS, E./SCHNÄDELBACH, H. (Hg.): Philosophie. Ein Grundkurs, Reinbek 1985, S. 579ff. MARTENS, E.: Dialogisch-pragmatische Philosophiedidaktik, Hannover 1979. MARTENS, E.: Einführung in die Didaktik der Philosophie, Darmstadt 1983a. MARTENS, E.: Praxis und Theorie der Philosophiedidaktik. In: Z. f. P. 29 (1983), S. 87ff. (1983b). MARTENS, E.: Was ist und soll Pseudophilosophie? Wien 1984. MARTENS, E./SCHNÄDELBACH, H. (Hg.): Philosophie. Ein Grundkurs, Reinbek 1985. MATTHES, J.: Erneuerung der Kirche. Stabilität als Chance? Konsequenzen aus einer Umfrage, Gelnhausen/Berlin 1975. MAUERMANN, L.: Methoden der Wertklärung nach dem Ansatz von Raths, Harmin und Simon. In: MAUERMANN, L./WEBER, E. (Hg.): Der Erziehungsauftrag..., Donauwörth 1978, S. 210ff. MAUERMANN, L./WEBER, E. (Hg.): Der Erziehungsauftrag der Schule, Donauwörth 1978. MEYER, M. A.: Unterricht: Philosophie. In: Enzyklopädie Erziehungswissenschaft, Bd. 9.2, Stuttgart 1983, S. 621ff. MILDENBERGER, M.: Die religiöse Revolte. Jugend zwischen Flucht und Aufbruch, Frankfurt/M. 1979. MITSCHERLICH, A.: Auf dem Weg zur vaterlosen Gesellschaft, München 1963. MORAN, G.: Design for Religion, New York 1971. MÜLLER, S. F.: Wie ist die „Geschichte der Kindheit" zu lesen? In: Lit. Rsch. 2 (1979), S. 19ff. MURPHY, R.: Does Children's Understanding of Parables Develop in Stages? In: Learn. f. Liv. 16 (1977), 4, S. 168ff. MUT ZUR ERZIEHUNG. Beiträge zu einem Forum am 9./10. Januar 1978 im Wissenschaftszentrum Bonn-Bad Godesberg, Stuttgart 1978. NEEDLEMAN, J./BAKER, G. (Hg.): Understanding the New Religions, New York 1978. NELSON, C. E.: Where Faith Begins, Richmond 1967. NICKLAS, H./OSTERMANN, Ä.: Zur Friedensfähigkeit erziehen, München/ Berlin/Wien 1976. NICKLAS, H./OSTERMANN, Ä.: Friedenserziehung. In: Enzyklopädie Erziehungswissenschaft, Bd. 3, Stuttgart 1986, S. 439ff. NIPKOW, K. E.: Grundfragen der Religionspädagogik, 3 Bde., Gütersloh 1975/1982 (Bd. 1: 1975a, Bd. 2: 1975b; Bd. 3: 1982). NIPKOW, K. E.: Leben und Erziehen – wozu? In: KIRCHENKANZLEI DER EVANGELISCHEN KIRCHE IN DEUTSCHLAND (Hg.): Leben und Erziehen – wozu? Eine Dokumentation über Entschließungen der Synode der EKD vom 9.–10. November 1978, Gütersloh 1979, S. 17ff. NIPKOW, K. E.: Neue Religiosität, gesellschaftlicher Wandel und die Situation der Jugendlichen. In: Z. f. P. 27 (1981), S. 379ff. (1981a). NIPKOW, K. E.: Moralerziehung. Pädagogische und theologische Antworten, Gütersloh 1981b. NIPKOW, K. E.: Neue Religiosität, Jugend und Sinnfrage. In: HORNSTEIN, W. u. a.: Jugend ohne Orientierung? Weinheim/Basel ²1983, S. 30ff. (1983a). NIPKOW, K. E.: Wachstum des Glaubens – Stufen des Glaubens. Zu James W. Fowlers Konzept der Strukturstufen des Glaubens auf reformatorischem Hintergrund. In: MÜLLER, H. M./RÖSSLER, D. (Hg.): Reformation und Praktische Theologie. Festschrift für Werner Jetter, Göttingen 1983, S. 161ff. (1983b). NIPKOW, K. E.: Wertwandel und neue Religiosität – Die Suche nach Alternativen als pädagogisches Problem. In: Relp. Beitr. (1984), 14, S. 48ff. NORDHOFEN, E.: Armut und Reichtum. Ein Vorschlag zur Spracherweiterung in didaktischer Absicht. In: Z. f. Did. d. Phil. 3 (1981), S. 6ff. OELMÜLLER, W./DÖLLE-OELMÜLLER, R. (Hg.): Philosophische Arbeitsbücher, Paderborn 1977ff. OSER, F./GMÜNDER, P.: Der Mensch – Stufen seiner religiösen Entwicklung. Ein strukturgenetischer Ansatz, Köln 1984. PEATLING, J. H.: On beyond Goldman: Religious Thinking and the 1970s. In: Learn. f. Liv. 16 (1977), S. 99ff. PETERSILIE, A.: Preußens öffentliche Volksschulen. In: Z. d. königl. preuß. stat. Bureaus 23 (1883), S. 45ff. PETZOLD, K.: Die Grundlagen der Erziehungslehre im Spätmittelalter und bei Luther, Heidelberg 1969. PIAGET, J.: Le Jugement Moral Chez L'Enfant, Paris 1932/deutsch: Das moralische Urteil beim Kinde, Frankfurt/M. 1973. PREUL, R.: Religion – Bildung – Sozialisation, Gütersloh 1980. PÜLLEN, K.: Die Problematik des Philosophieunterrichts an Höheren Schulen, Düsseldorf 1958. PUNTIGAM, L.: Alltagskultur: Religion. In: Enzyklopädie Erziehungswissenschaft, Bd. 3, Stuttgart 1986, S. 347ff. RATHS, L. E. u. a.: Werte und Ziele. Methoden zur Sinnfindung im Unterricht (1966), München 1976. REHFUS, W. D.: Didaktik der Philosophie, Düsseldorf 1980. RENDA, E.-G.: Philosophie im Gymnasium, Frankfurt/M. 1981. RITTER, W. H.: Religion in nachchristlicher Zeit, Frankfurt/Bern 1982. ROHLECK, J.: Studium und Beruf. In: MARTENS, E./SCHNÄDELBACH, H. (Hg.): Philosophie..., Reinbek 1985, S. 604ff. RUTSCHKY, K. (Hg.): Schwarze Pädagogik. Quellen zur Naturgeschichte der bürgerlichen Erziehung, Frankfurt/Berlin/Wien 1977. SCHARF, P.: Moral Education. Responsible Action, Davis (Cal.) 1978. SCHILDMANN, J./WOLF, B.: Konfirmandenarbeit, Stuttgart 1979. SCHMADERER, F.O. (Hg.): Werterziehung, München 1978. SCHMEMANN, A.: Liturgy and Life: Christian Development through Liturgical Experience, New York 1974. SCHMIDT, G.R.: Autorität in der Erziehung, Freiburg 1975. SCHMIDT, H.: Religionsdidaktik, 2 Bde., Stuttgart 1982/1984. (Bd.1: 1982; Bd.2: 1984a). SCHMIDT, H.: Didaktik des Ethikunterrichts, 2 Bde., Stuttgart 1983/1984 (Bd.1: Grundlagen, 1983; Bd.2: Der Unterricht in Klasse 1–13, 1984b). SCHMIEDER, T./SCHUHMACHER, K. (Hg.): Jugend auf dem Kirchentag, Stuttgart 1984. SCHMUCKER-HARTMANN, J.: Grundzüge einer Didaktik der Philosophie, Bonn 1980. SCHREINER, G.: Gerechtigkeit ohne Liebe? Autonomie ohne Solidarität? Versuch einer kritischen Würdigung der Entwicklungs- und Erziehungstheorie von L.Kohlberg. In: Z.f.P.25 (1979), S.505ff. SCHRÖDTER, H.: Die Religion der Religionspädagogik, Zürich/Einsiedeln/Köln 1975. SCHWEITZER, F.: Moral, Verantwortung und Ich-Entwicklung. Neue Beiträge zur moralischen Entwicklung: Carol Gilligan, William Perry, Robert Kegan. In: Z.f.P.26 (1980), S.931ff. SCHWERIN, E. (Hg.): Christliche Unterweisung und Gemeinde, Berlin 1978. SMART, N.: Secular Education and the Logic of Religion, London 1968. SMART, N./HORDER, P. (Hg.): New Movements in Religious Education, London 1975. STACHEL, G. (Hg.): Bibelunterricht – dokumentiert und analysiert, Zürich/Einsiedeln/Köln 1976a. STACHEL, G.: Die Religionsstunde – beobachtet und analysiert, Zürich/Einsiedeln/Köln 1976b. STACHEL, G.: Sozialethischer Unterricht – dokumentiert und analysiert, Zürich/Einsiedeln/Köln 1977. STACHEL, G.: Ansätze empirischer Religionspädagogik. In: PORSTNER, K./SEVERINSKI, N. (Hg.): Religionsunterricht und „Offene Gesellschaft", Wien 1984, S.112ff. STACHEL, G./MIETH, D.: Ethisch handeln lernen. Zu Konzeption und Inhalt ethischer Erziehung, Zürich 1978. STEINER, H.-G. (Hg.): Mathematik – Philosophie – Bildung, Köln 1982. STEINKAMP, H.: Kirchliche Jugendarbeit, Düsseldorf 1976. STOODT, D.: Religiöse Sozialisation und emanzipiertes Ich. In: DAHM, K.-W. u.a.: Religion – System und Sozialisation, Darmstadt/Neuwied 1972, S.189ff. STOODT, D.: Kirchliche Begleitung Jugendlicher in der puberalen Ablösephase durch den Konfirmandenunterricht. In: W. u. Prax. in Kirche u. Gesellsch. 62 (1973), S.373ff. STROMMEN, M.P. (Hg.): Research on Religious Development. A Comprehensive Handbook, New York 1971. THUN, TH.: Die Religion des Kindes, Stuttgart 1959. TILLICH, P.: Systematische Theologie, Bd.1, Stuttgart ⁵1977. TREML, A.K.: Theorie struktureller Erziehung. Grundlagen einer pädagogischen Sozialisationstheorie, Weinheim/Basel 1982. VASKOVICS, L.A.: Religionssoziologische Aspekte der Sozialisation wertorientierter Verhaltensformen. In: Internationales Jahrbuch für Religionssoziologie, Bd.3, Köln/Opladen 1967, S.115ff. VIERZIG, S.: Zur Theorie der religiösen Bildung. In: HEINEMANN, H. u.a.: Lernziele und Religionsunterricht, Zürich/Einsiedeln/Köln 1970, S.11ff. VOGEL, P./STIEGLER, I.: Bibliographisches Handbuch zum Philosophieunterricht, Duisburg 1980. WAGNER, E.: Schülerbeurteilung als soziales Handeln. Auswirkungen schulischer Beurteilung auf Alltagswissen und Identität von Schülern, Weinheim/Basel 1980. WEBER, E.: Aktuelle und prinzipielle Überlegungen zum Erziehungsauftrag der Schule. In: MAUERMANN, L./WEBER, E. (Hg.): Der Erziehungsauftrag..., Donauwörth 1978, S.33ff. WEBER, E.: Das Schulleben und seine erzieherische Bedeutung, Donauwörth 1979. WEGENAST, K.: Die empirische Wendung in der Religionspädagogik. In: d.ev.erz.20 (1968), S.111ff. WEGENAST, K.: Religionspädagogik, Bd.1: Der evangelische Weg, Darmstadt 1981. WESTERHOFF, J.H., III: Will our Children have Faith? New York 1976. WUCHTERL, K.: Philosophische Arbeitsweisen und Forschungsprogramme. In: MARTENS, E./SCHNÄDELBACH, H. (Hg.): Philosophie..., Reinbek 1985, S.105ff. WULF, CH. (Hg.): Kritische Friedenserziehung, Frankfurt/M. 1973. ZARETSKY, I.I./LEONE, M.P. (Hg.): Religious Movements in Contemporary America, Princeton 1974.

Thomas Ott/Ingo Scheller/Karlheinz Scherler/Gert Selle

Lernbereich Ästhetik

1 Sport (Karlheinz Scherler)
1.1 Namens- und Konzeptvielfalt
1.2 Fragen und Probleme
1.2.1 Motorisches Lernen oder ganzheitliche Förderung?
1.2.2 Zweckfreiheit oder Zweckvielfalt?
1.2.3 Eigene oder alltägliche Bewegungsumwelt?
1.3 Perspektiven
2 Szenisches Spiel (Ingo Scheller)
2.1 Spiel und Theater als Selbstdarstellung im Alltag
2.2 Szenisches Spiel in der Schule
2.2.1 Szenisches Spiel als Lernform im Unterricht
2.2.2 Szenisches Spiel als Arbeit an Haltungen
2.2.3 Spielformen
2.3 Ausblick
3 Kunst (Gert Selle)
3.1 Kunstunterricht oder Ästhetische Erziehung?
3.2 Probleme der Umsetzung politisch-ästhetischer Erziehungsideen in der Schule
3.3 Zur fachdidaktischen Diskussion des ästhetischen Erziehungskonzeptes
4 Musik (Thomas Ott)
4.1 Gegenwärtige Grundprobleme des Musikunterrichts
4.2 Zur historischen Entwicklung schulischer Musikerziehung
4.3 Ziel- und Inhaltskonzeptionen für den Musikunterricht
4.3.1 Kunstwerkorientierung
4.3.2 Auditive Wahrnehmungserziehung
4.3.3 Popmusik
4.3.4 Musikalische Produktion oder Reproduktion
4.4 Perspektiven

Zusammenfassung: Ästhetische Erziehung ist traditioneller Bestandteil des schulischen Fächerkanons. Gegenwärtig ist jedoch eine weitreichende Neuorientierung der Ziele und Inhalte dieser Fächergruppe zu beobachten. Die fachdidaktische Entwicklung ist dabei durch eine besondere Sensibilität gegenüber gesellschaftlichen Krisenerscheinungen, durch die konstruktive Aufarbeitung vielfältiger Ausdrucksformen der Jugendkultur und Protestbewegung gekennzeichnet:
Sport: Im historischen Rückblick werden verschiedene Fachkonzepte dargestellt und als systematische Variationen dreier Grundprobleme erkannt: des Problems der Spezialisierung zu einem Schulfach trotz Ganzheitlichkeit des Erziehungsanspruchs, des Problems der unterstellten Zwecklosigkeit von Spiel und Sport trotz Zweckhaftigkeit der Erziehung und des Problems zunehmender Ausdifferenzierung von Alltagswelt, Arbeitswelt und Eigenwelt des Sports.
Szenisches Spiel als schulische Lernform dient der Arbeit von Lehrern und Schülern an „Haltungen". Haltungen sind Niederschläge real erlebter, körperbestimmter Interaktionen. Im Spiel kann die gesellschaftliche Bestimmtheit und individuelle Bedeutung von Haltungen bewußtgemacht und zugleich die Voraussetzung für ihre reflektierte Weiterentwicklung geschaffen werden.

Thomas Ott/ Ingo Scheller/ Karlheinz Scherler/ Gert Selle

Kunst: Die historische Entwicklung vom traditionellen Schulfach Kunst bis zum Postulat ästhetischer Erziehung wird skizziert. Das Scheitern politisch-ästhetischer Erziehungsideen der 70er Jahre an der Form ihrer Verwirklichungsversuche wird erläutert, um die daraus erwachsene gegenwärtige fachdidaktische Problemlage zu beschreiben.

Musik: Die im Begriff des Musikunterrichts unterstellte Kontinuität von Theorie und Praxis hat es nie gegeben; die Geschichte des Fachs hat eine Vielfalt von inhaltlichen Akzentuierungen hervorgebracht. Die Phase der Aufarbeitung neuer Inhaltsbereiche scheint jedoch gegenwärtig abgeschlossen zu sein, so daß die Integration bisher konfligierender Zielansätze zu einer neuen musikalischen Allgemeinbildung möglich wird.

Summary: Aesthetic education is a traditional component of the school curriculum. In the present an extensive reorientation of the teaching goals and contents of this group of subjects can, however, be observed. The didactic developments are characterized by a particular sensitivity towards social crisis phenomena and by the constructive integration of a wide range of features expressive of the juvenile subculture and the protest movement:

Sport: In historical retrospect various professional concepts are presented and defined as systematic variations of three basic problems of sport teaching: as the problem of specializing as a school subject a form of activity that makes a total demand on education, as the problem of the assumed pointlessness of sport and games despite the usefulness of this branch of education, and as the problem of the increasing differentiation between the everyday world, the world of work and the world of sport.

Scenic play: As a form of school learning, this subject involves both teachers and pupils in practising "postures". Postures reflect actually experienced interactions determined by the body. Games can reveal the social determination and the individual significance of postures, simultaneously creating the prerequisites for their considered further development.

Art: The historical development of the traditional school subject "Art" to the demand for aesthetic ecucation is sketched in brief. The failure of politico-aesthetic educational ideas formulated in the 70s to clear the hurdle of the attempts made to realize them is explained in order to describe the problematic didactic situation prevailing at the present time as a direct result of this failure.

Music: The assumed continuity of theory and practice implicit in the concept of music teaching has never existed. The history of this subject has produced a wide range of variations in emphasis. But at present the phase during which new aspects of content were assimilated seems to have reached its conclusion, so that the integration of previously conflicting goals to create a new general musical education is now possible.

Résumé: L'enseignement de l'esthétique est partie intégrale de la gamme des matières scolaires. Mais on peut observer une large orientation nouvelle des buts et contenus de ce groupe de matières. Le développement didactique actuel est caractérisé par une sensibilité particulière vis-à-vis des phénomènes sociaux de la crise et par l'élaboration constructive de diverses formes d'expression de la culture des jeunes et du mouvement protestataire:

Sport: On présente, en un flash-back historique, différents concepts de l'éducation physique, et ce, en tant que variations de trois problèmes fondamentaux: en tant que

problème de la spécialisation en une matière scolaire, malgré la globalité de l'exigence d'éducation, en tant que problème de l'absence supposée de but du jeu et du sport malgré la pertinence de l'éducation et en tant que problème de la différenciation croissante entre l'univers de la vie quotidienne, celui du travail et celui, particulier, du sport.
Jeu scénique: En tant que forme d'apprentissage scolaire, le travail des professeurs et des élèves vaut pour des «attitudes». Les attitudes sont le reflet d'interactions déterminées par le corps et réellement vécues. Dans le jeu, la détermination sociale et la signification individuelle d'attitudes peuvent être rendues conscientes et, en même temps, être créée la condition nécessaire à leur développement.
Art: On décrit le développement historique de la matière scolaire traditionnelle vers le postulat d'éducation éthique. L'échec d'idées d'éducation politico-esthétiques dans les années 70 à la forme de leurs tentatives de réalisation est discuté, pour décrire les problèmes didactiques actuels qui en découlent.
Musique: La continuité de la théorie et de la pratique supposée par le concept d'enseignement de la musique n'a jamais existé; l'histoire de cette matière a amené à une gamme importante d'accentuations de contenu. La phase de l'élaboration de nouveaux contenus semble cependant close présentement, de sorte que l'intégration de points de départ d'objectifs, jusqu'ici en conflits, sera possible dans le cadre d'une nouvelle formation générale en matière de musique.

1 Sport

1.1 Namens- und Konzeptvielfalt

Die Sache, um die es geht, hat ebenso viele Bezeichnungen (Gymnastik, Turnen, Sport, Leibesübungen, Körperkultur, ...) wie das Fach, das diese Sache in Schulen vertritt. Schon GUTS MUTHS (vgl. 1797) unterschied die „pädagogische Gymnastik" von der „militärischen", „medizinischen" und „ästhetischen Gymnastik", bei der die Übung des Leibes zur Soldatenausbildung, Heilbehandlung und Schaustellung diente. „Leibes-/Körpererziehung" wurden seit VILLAUME (vgl. 1927) ausdrücklich als „erziehlich gerichtete" Leibes- und Körperübungen verstanden; „Schulturnen" nach SPIESS (vgl. 1934) und nach GAULHOFER/STREICHER (vgl. 1930/1931) sowie „Schulsport", dessen Misere PASCHEN (vgl. 1969) rückblickend beschrieb, bezeichneten Turnen beziehungsweise Sport nach ihrer Zugehörigkeit zur Institution Schule.
So unterschiedlich die Bezeichnung der Sache wie auch des Faches bislang gewesen ist, der Streit um den Namen des Faches ist müßig. Denn einerseits stehen hinter gleichem Namen ganz unterschiedliche Erziehungskonzepte: Die „Bewegungserziehung" nach PASCHEN (vgl. 1962), die nach KIPHARD/HUPPERTZ (vgl. 1971) oder BANNMÜLLER (vgl. 1979) hat außer dem Namen wenig gemein und unterscheidet sich überdies von der „éducation du mouvement" eines LE BOULCH (vgl. 1967) wie von der „movement education" von FROSTIG (vgl. 1975). Andererseits finden sich hinter unterschiedlichen Namen wie Bewegungserziehung, natürliches Turnen, Leibeserziehung oder Körpererziehung durchaus ähnliche pädagogische und didaktische Konzepte. Die Fachdiskussion wird sich damit abfinden müssen – was ihr offensichtlich aber schwerfällt –, daß zu allen Zeiten verschiedene Namen für dieselbe Sache und gleiche Namen für verschiedene Sachen geläufig waren. Unter dem vorgegebenen Stichwort „Sport" sollen daher nicht nur jene Fachkonzepte vorgestellt wer-

Thomas Ott/ Ingo Scheller/ Karlheinz Scherler/ Gert Selle

den, die diesen Namen tragen, sondern verschiedene Ansätze einer gymnastischen, turnerischen, leiblichen, körperlichen oder sportlichen Erziehung. Diese sollen auch nicht für sich und in Abgrenzung voneinander behandelt werden, sondern in bezug auf drei ausgewählte Fragen und Probleme.

1.2 Fragen und Probleme

1.2.1 Motorisches Lernen oder ganzheitliche Förderung?

Das Ganze von Schule und Erziehung will von jeher mehr sein als die Summe der Unterrichtsfächer. Ein Problem jeder fachlichen Erziehung ist daher, sich auf einen fachspezifischen Teil schulischer Erziehung zu beschränken, ohne das Ganze der Erziehung in Frage zu stellen.
Für die Sporterziehung stellt sich dieses Problem auf unterschiedlichen Ebenen. Auf der *Ebene anthropologischer Bedingungen* von Erziehung und Unterricht wird das der Facherziehung zugrunde liegende Menschenbild diskutiert. Leibes-, Körper- oder Bewegungserziehung scheint, wie die verschiedenen Namen desselben Faches sagen, in erster Linie Erziehung eines bestimmten Teiles oder einer bestimmten Verfassung des Menschen zu sein. Entgegen dieser Auffassung haben jedoch viele Fachkonzepte den Anspruch erhoben, „mehr" zu bilden/zu erziehen als „nur" den Leib/Körper. Das Leib-Seele- oder Körper-Geist-Problem ist zu allen Zeiten diskutiert worden: als grundsätzliche philosophische Fragestellung (zum historischen Überblick vgl. SEIFERT 1979), facettenreich auf neuere Theorien körperlicher Sozialisation bezogen (vgl. KAMPER/WULF 1982), im Blick auf die Stellung des Faches Leibeserziehung im Ganzen der Erziehung (vgl. GRUPE 1964, 1969). Das Ergebnis dieser Diskussionen war fast immer, daß die zeitgenössische Bewegungskultur – früher das Turnen, heute der Sport – als notwendiger Teil einer ganzheitlichen Entwicklung und Erziehung des Menschen ausgewiesen wurde. Auf der *Ebene institutioneller Bedingungen* schulischer Erziehung ist nur selten erörtert worden, ob eine ganzheitliche Leibes-, Körper- oder Bewegungserziehung als fachliche oder als fachübergreifende Erziehung zu organisieren sei. Die Auffassung, körperliche Erziehung, pädagogische Gymnastik oder natürliches Turnen dürfe nicht als ein Fach unter vielen, sondern müsse als überfachliches Prinzip realisiert werden, wurde nur gelegentlich vertreten. Seit der Verschulung des Turnens durch Spieß ging man meist nur davon aus, daß das Turnen, die Leibesübungen oder der Sport als ein Unterrichtsfach der Schule organisiert werden müßten (vgl. KLEINDIENST-CACHAY 1980).
In der heutigen Fachdiskussion wird das Problem des Ganzen der Erziehung und seiner Teile häufig in die Formel „Erziehung zum Sport – Erziehung durch Sport" (vgl. GRÖSSING 1981) gekleidet; gelöst ist es damit allerdings nicht. Je höher der Anspruch des Faches ist, den ganzen Menschen zu erziehen und nicht nur seinen Körper zu trainieren oder seine körperliche Verfassung zu verbessern, desto schwieriger ist der Anspruch in fachlicher Beschränkung einzulösen, um so leichter kann er zur ideologischen Überhöhung eines fachlichen Egoismus werden. Je geringer dieser Anspruch ist, desto leichter ist er zwar einzulösen, und sei es nur „wie von selbst"; desto eher aber trifft das Fach auch der Vorwurf der Isolation von Teilen, des Lebens wie auch des Menschen.
Die Spezialisierung der Erziehung auf die leibliche/körperliche Verfassung des Menschen und ihre schulische Organisation in einem Unterrichtsfach geraten leicht in Widerspruch zu dem Anspruch einer ganzheitlichen Förderung des Menschen. Der

Lernbereich Ästhetik

Widerspruch kann nicht nur in einer einseitig an Körper- und Bewegungsschulung orientierten Praxis des Faches nachgewiesen werden; auch auf der Ebene fachdidaktischer Theoriebildung und Richtlinienentwicklung sind, wenn einmal von den vollmundigen Prämissen und Leitzielen abgesehen wird, auffällig viele Ziel-, Inhalts- und Methodenkomplexe nur am motorischen Lernen orientiert (vgl. FETZ 1979, GÜNZEL 1975, STIEHLER 1976). Andere Aspekte der Persönlichkeitsentwicklung von Schülern – die Förderung von Wissen, Einsichten, Empfindungen und Gefühlen – werden nur in eine funktionale Beziehung zu diesem motorischen Lernen gesetzt. Fachdidaktische Theorieansätze, die diese Funktionalität in Frage stellen und die genannten Aspekte im Unterricht zu thematisieren versuchen, geraten dadurch jedoch in die Gefahr einer neuen, anderen Einseitigkeit: Da sie die Erfahrungen der Schüler in den Mittelpunkt stellen – leibliche (vgl. BANNMÜLLER 1979), körperliche (vgl. FUNKE 1979), materiale (vgl. SCHERLER 1975) oder soziale (vgl. LANDAU 1979, MARAUN 1981) –, werden traditionelle Aufgaben des Faches wie Übung oder Training randständig. Inwieweit die auf besondere Erfahrungen bezogenen Ansätze den ganzen Menschen erreichen, ist gleichfalls ungewiß.

1.2.2 Zweckfreiheit oder Zweckvielfalt?

Schulische Erziehung hat den Zweck, Kinder und Jugendliche auf die autonome und kompetente Teilhabe am gesellschaftlichen Leben vorzubereiten. Das gesellschaftliche Leben aber ist ein so großes, vielseitiges Ganzes, daß Differenzierungen unvermeidlich sind. Die Aufgliederung des schulischen Curriculum in den Fächerkanon ist eine solche Differenzierung. Ob diese Fächerbildung nun an Lebensbereichen, an Berufsfeldern oder an Wissenschaftsdisziplinen orientiert wird, keine dieser Differenzierungen vermag der Komplexität und dem schnellen Wandel gesellschaftlichen Lebens auch nur annähernd gerecht zu werden. Gleichwohl wird unterstellt, daß der Wissens- und Könnenserwerb in solchen Fächern ein Mittel darstelle, das Ziel autonomer und kompetenter Lebensbewältigung zu erreichen.

Das Zweck-Mittel-Problem des Faches Sport liegt darin, daß sein Gegenstand sowohl als zweckbestimmt wie auch als zweckfrei angesehen wird. Alle Fachkonzepte verfolgen den Zweck (das Ziel) einer möglichst ganzheitlichen Förderung der Person des Schülers und dadurch zugleich einer Bereicherung der Gemeinschaft (des Volkes, der Gesellschaft), deren Teil der Schüler ist. Andererseits wird in diesen Konzepten von jeher betont, daß das Spezifische der Bewegung und der Leibesübung die Freiheit von Zwecken sei. Zweckhaftigkeit der Erziehung und Zweckfreiheit des Gegenstandes, durch den erzogen werden soll, treten in einen Widerspruch.

Jener Lebensbereich, dem die Gymnastik, das Turnen, die Leibesübung und der Sport immer wieder zugeordnet wurden, ist der des *Spiels* im Sinne einer „primären Lebenskategorie" (vgl. HUIZINGA 1956) oder eines „existentiellen Grundphänomens" (vgl. FINK 1957). Die Bestimmung dieses Lebensbereiches durch Freiheit von Not und Zwang, von Ernst und Arbeit, vom Kampf ums Dasein und von Sorgen um die Zukunft hat philosophische, anthropologische und pädagogische Tradition (vgl. SCHEUERL 1954, S. 69). In einem vorwiegend ästhetischen Spielverständnis spielt der Mensch nicht nur mit Bewegungen, sondern auch mit Wörtern, Tönen, Farben und Formen. Ein solcher Spielbegriff faßt so unterschiedliche Lebensbereiche wie Literatur, Musik, Kunst und Sport als Objektivationen des Ästhetischen zusammen. Sie bilden dann einen Lebens- und Lernbereich, dessen Eigenart darin zu bestehen scheint, daß diesbezügliche Aktivitäten Mittel für viele Zwecke sein können, aber kein einzelner Zweck dominant oder allgemein gültig ist. Die Zweckfreiheit der Literatur, der Musik, der Kunst und auch des Sports kann daher wohl nur als *Freiheit in der Setzung von Zwecken,* nicht aber als Fehlen derselben verstanden werden.

Für solche Zweckbestimmungen von Gymnastik, Leibesübung oder Sport ließen sich zahlreiche Belege anführen. Darauf soll verzichtet und statt dessen der Versuch unternommen werden, den *historischen Wandel* der Zweckbestimmungen von „pädagogischer Gymnastik" und „erziehlicher Leibesübung" in groben Zügen zu skizzieren: (vgl. GROLL 1970, S. 196 ff.):

Ende des 18. Jahrhunderts war die körperliche Erziehung Villaumes und die pädagogische Gymnastik Guts Muths' in Form von naturnahen Körperübungen, gymnastischen Bewegungsspielen und körperlich-handwerklicher Arbeit *Realerziehung.* Das Jahnsche Turnen der Aufbruchszeit (bis zur Turnsperre im Jahre 1820) war in Form von natur- und lebensnahen Leibesübungen, Turnspielen und Wanderungen eine Erziehung zur Wehrhaftigkeit, zur Gemeinschaft und zur Vaterlandsliebe; es kann vorwiegend als *Nationalerziehung* angesehen werden. Das stark reglementierte Turnen von Spieß und die „rationelle Gymnastik" von Ling und Rothstein bildeten ab Mitte des 19. Jahrhunderts eine Phase intellektualistischer und disziplinierender *Formalerziehung.* Mit dem „natürlichen Turnen" der österreichischen Schulreformer Gaulhofer und Streicher wurde das zuvor weitgehend verschulte Turnen durch naturnahe Übungen, Volkstänze und Tanzspiele zu Beginn des 20. Jahrhunderts „reformiert", es wurde eine Art *Naturerziehung.* In der Zeit des Nationalsozialismus war die „Politische Leibeserziehung" von Baeumler und Wetzel Erziehung zu Volk, Wehr, Rasse und Führertum, wiederum *Nationalerziehung,* allerdings rassistisch-nationalistischer Prägung.

In der Nachkriegszeit vollzog sich der allmähliche Übergang von einer nach 1945 wieder entpolitisierten Leibeserziehung zum *Schulsport.* Dabei wurden der Leistungs- und Freizeitsport außerhalb der Schule zum zentralen Bezugspunkt für den Sport in der Schule; eine exemplarische Darstellung dieser Auffassung liefert BRETTSCHNEIDER (vgl. 1975), eine kritische EHNI (vgl. 1977), eine pragmatische KURZ (vgl. 1977). Weniger in der fachdidaktischen Theoriebildung als in der unterrichtlichen Praxis läßt sich heute eine zunehmende Anpassung des Schulsports an die Normen und Inhalte des Sports außerhalb der Schule feststellen. Diese Entwicklung scheint so weit fortgeschritten zu sein, daß man vom Schulsport als schulischem Beitrag zur *Freizeiterziehung* sprechen könnte und die Frage stellen muß, warum Sport in der Schule noch angeboten werden soll.

Das Zweck-Mittel-Problem des Faches besteht somit darin, daß sein Gegenstand grundsätzlich ganz unterschiedliche Zwecksetzungen zuläßt. Die sogenannte Zweckfreiheit ist eine Freiheit im Setzen der Zwecke, ist Zweckvielfalt. Eine der möglichen Zwecksetzungen besteht darin, Spiel und Sport zu einem Mittel schulischer Erziehung zu machen. Aber nicht nur die Sache „Sport" ist Mittel zum pädagogischen Zweck, es gibt auch andere Mittel, die denselben Zweck erfüllen.

1.2.3 Eigene oder alltägliche Bewegungsumwelt?

Bei der Beschreibung der Differenzen zwischen dem Ganzen der Erziehung und ihren fachlichen Teilen, zwischen dem Zweck der Erziehung und den verfügbaren Mitteln wird vorausgesetzt, daß der Gegenstand des Faches einen eingrenzbaren Bereich menschlichen Lebens ausmache. Erklärt man nun die menschliche Bewegung zum zentralen Gegenstand des Faches, so stellt sich beim Versuch der Legiti-

Lernbereich Ästhetik

mation dieses Fachgegenstands das Problem, die Besonderheit gymnastischer, rhythmischer, spielerischer und sportlicher Bewegungen gegenüber alltäglichen Formen der Bewegung zu kennzeichnen. Alltägliche Bewegung verfolgt meist nützliche, lebenspraktische Zwecke: Man bückt sich, um etwas aufzuheben, und man läuft, weil man es eilig hat. Wer ohne Eile läuft und wer sich bückt, ohne etwas aufzuheben, muß andere Gründe dafür haben. Zu anderen Bewegungsgründen kommen in der Regel auch andere Bewegungsbedingungen. Man läuft in besonderer Kleidung und auch auf besonderen Bahnen, man beugt, bückt und streckt sich in besonderer Weise. Die besonderen Zeiten, Räume und Geräte solchen Bewegens – die Trainingszeiten, die Spielhallen, die Sportgeräte – schaffen eine eigene Welt, die mit der Alltagswelt nur noch wenig gemein hat. Diese Differenz zwischen der Alltagswelt menschlicher Arbeit und der Eigenwelt von Spiel und Sport hat ihre eigene Geschichte und ist auch heute noch in ständigem Wechsel begriffen.
Für die schulische Sporterziehung stellt sich von jeher die Frage, ob und wieweit sie diese Differenz hinnimmt, vergrößert oder verringert. Je größer der zeitliche, räumliche und apparative Aufwand ist, um eine Sportart regelgerecht betreiben zu können, desto größer sind auch die Schwierigkeiten, diesen Sport in der Schule auszuüben. Was zum Inhalt des Schulsports werden soll, muß innerhalb der engen räumlichen und zeitlichen Grenzen schulischen Fachunterrichts organisierbar sein. Und was einmal zum Fachinhalt geworden ist, bleibt dies auch mit beträchtlicher Beständigkeit. Die Schwerfälligkeit des Wandels fachlicher Voraussetzungen und Entscheidungen verhindert einerseits, wenn auch ungewollt, daß jede kurzlebige Bewegungsmode vom Schulfach mitgemacht wird; sie führt andererseits dazu, daß der Schulsport von jeher dem Sport außerhalb der Schule hinterherhinkt. Nur wer eine Annäherung von beidem anstrebt, bewertet diesen Modernitätsrückstand als Mangel.
Die entscheidende Frage schulischer Sporterziehung ist, wie die Differenz zwischen der Schule und dem Leben, zwischen der Eigen- und der Alltagswelt der Bewegung in eine pädagogisch begründete und nicht nur institutionell erklärbare Beziehung zueinander gebracht werden kann. Wie die Geschichtsschreibung dieses Schulfachs zeigt, ist diese Differenz bislang jedoch kaum zum pädagogischen Problem und Gegenstand wissenschaftlicher Analysen gemacht worden. Schon in einem ersten Zugriff wird deutlich, daß Phasen, in denen die Alltagswelt stärker den Zwecken sportlicher Bewegung angepaßt wurde, mit Phasen abwechselten, in denen der Sportunterricht stärker den Umweltbedingungen angepaßt wurde.
Die Schulgymnastik der Philanthropen wie auch das Jahnsche Turnen waren noch weitgehend Formen der Leibesübungen, die sich notgedrungen der Natur und der Witterung anpassen mußten. Geturnt wurde vorwiegend im Freien, auf anfangs noch wenig hergerichteten „Volksturnplätzen" sowie, insbesondere bei den „Turnspielen", auf benachbarten Wiesen, Feldern und brachliegenden Flächen. Wanderungen und Fahrten erschlossen die weitere Umgebung (vgl. JAHN/EISELEN 1816). Aber recht bald wurde die Gestaltung der Turnplätze aufwendiger. Schon die „Turnsperre" in Preußen (1819–1842) zeigte die Abhängigkeit des Turnens von einer hergerichteten Umgebung, denn diese Sperre war, äußerlich betrachtet, nur ein Verbot des Turnens an eigens dafür hergerichteten Geräten. Und allein dies reichte, um die Aktivitäten der politisch verdächtigen Turnbewegung zumindest in Preußen für mehr als 20 Jahre zu unterbinden.
Durch Spieß erfuhr das Turnen nach Aufhebung der Turnsperre eine noch weitergehende Materialisierung. Der Turnplatz wurde ummauert, Klettergeräte wuchsen zu einem „Kletterwald". Turnspiele in der nicht hergerichteten Umgebung des Turn-

platzes wurden selten. Das Saalturnen, und damit die Unabhängigkeit von der Witterung, nahm zu. Dies war eine Voraussetzung seiner Aufnahme in den Kanon schulischer Fächer; Schulturnen fand mehr und mehr auf schuleigenen Anlagen statt.
Mit dem „Goßlerschen Spielerlaß" (1882) nahm eine gegenläufige Tendenz ihren Anfang. Mit Forderungen wie „Auslüftung des Schulturnens" und „Befreiung aus der Enge der Turnhalle" kehrte das Turnen in Gestalt von „Spielnachmittagen" auf schulnahe Spielplätze und in die freie Natur zurück. Auch die zunehmende Verbreitung des englischen Sports, insbesondere der Ballspiel- und Wassersportarten, begünstigte um die Jahrhundertwende diese Entwicklung. Die reformpädagogische Bewegung und das Konzept des natürlichen Turnens verstärkten die Tendenz einer freieren, von hergerichteten Umgebungen weniger abhängigen Bewegungserziehung, außerhalb wie auch innerhalb der Schule. Unter „einfachen Bedingungen" Leibesübungen zu betreiben war noch in den 50er Jahren gängige pädagogische Forderung – angesichts der Folgen des verlorenen Krieges blieb oft auch keine andere Wahl.
In den 60er und 70er Jahren dieses Jahrhunderts wurden, durch ökonomischen Wohlstand begünstigt, zahlreiche Spiel- und Sportplätze (Kinderspielplätze, Turnhallen, Sportplätze, Schwimmbäder) gebaut. Durch die Umsetzung des „Goldenen Plans" (1961–1975) der Deutschen Olympischen Gesellschaft sowie Aktivitäten des Deutschen Sportbundes (vgl. WOLF 1974) wurden die räumlich-gegenständlichen Voraussetzungen für einen zwei bis drei Wochenstunden umfassenden Pflichtunterricht in den traditionellen Schulsportarten Turnen, Gymnastik, Leichtathletik, Schwimmen und Sportspiele geschaffen. Da die gebauten Sportstätten in gleichem oder größerem Umfange auch von Sportvereinen genutzt werden, ging mit der immer besseren Ausstattung des Schulsports auch seine „Versportung" einher. Mit den normierten Wettkampfgeräten des Vereinssports wurden die Unterschiede zwischen Schul- und Vereinssport zunehmend geringer. Wer dem Sport außerhalb der Schule vorwiegend positiv gegenübersteht, wird diese Entwicklung als Annäherung von Schule und Leben begrüßen; wer das Verhältnis eher kritisch sieht, wird darin den Verlust pädagogischer Ansprüche an den Sport beklagen.

1.3 Perspektiven

Drei Probleme des Faches und seiner Entwicklung sind erörtert worden. Damit wird weder behauptet, daß diese drei die einzigen fachlichen Probleme seien, noch daß sie nicht auch anders formuliert und akzentuiert werden könnten. Die systematische Betrachtung der in der Fachgeschichte deutlich gewordenen Differenzen von Teil und Ganzem, von Mitteln und Zwecken, von Eigenwelt und Alltagswelt erlaubt es jedoch, zwei gegensätzliche Konzeptionen des Faches zu entwerfen: auf der einen Seite ein Konzept, das sich auf den körperlichen Teil des Menschen beschränkt, die Wahl der Mittel nach Maßgabe sachimmanenter Ziele vornimmt und die Herrichtung einer besonderen Bewegungsumwelt erfordert; auf der anderen Seite ein Konzept, das die Ganzheitlichkeit des Menschen, die Vorsätzlichkeit der pädagogischen Ziele und die Alltäglichkeit der zu ihrer Umsetzung notwendigen Umwelt voraussetzt. Die vorliegende historische Betrachtung folgte der Annahme, daß weniger die *Probleme* der Sporterziehung als vielmehr die jeweils aktualisierten *Lösungen* einem geschichtlichen Wandel unterliegen. Deshalb soll abschließend versucht werden, die Richtung künftiger Lösungsversuche zu bestimmen.
Es ist kaum damit zu rechnen, daß der Schulsport in der Lage wäre, die fortschreitende Entwicklung zur *Eigenweltlichkeit* des Sports, die in der Ausgrenzung und

Lernbereich Ästhetik

Reglementierung eigener Räume, Zeiten, Geräte und Bewegungen ihren sichtbaren Ausdruck findet, zu verhindern. Er kann und sollte jedoch dafür eintreten, sie zum „Thema" des Unterrichts zu machen, statt sie als „soziokulturelle Voraussetzung" des Unterrichts hinzunehmen. Schulsport sollte weiterhin das Ziel verfolgen, die Eigenweltlichkeit überall dort aufzuheben, wo sie pädagogisch nicht zu begründen ist. Sich wieder auf „Leibesübungen unter einfachen Bedingungen" oder auf „natürliches Turnen" zu berufen muß kein historisch unreflektierter Rückfall in vergangene Zeiten sein; dies kann auch Ausdruck der Absicht sein, den Schulsport zu „entsporten". So ist auch die neue Spielbewegung („New Games") zu interpretieren: In ihr wird das Ziel verfolgt, die Eigenwelt des Sports wieder dem alltäglichen Spiel zu öffnen.

Die in der fachdidaktischen Diskussion immer wieder hervorgehobene notwendige *Eigenständigkeit* des Sports als selbständiges Schulfach bedarf einer kritischen Überprüfung. Die Besonderheit des Gegenstandes „Bewegung, Spiel und Sport" muß nicht zwangsläufig die Bildung eines eigenen Faches zur Folge haben. Zwar erlauben es sportorientierte Fachkonzepte wie die von KURZ (vgl. 1977) oder BRETTSCHNEIDER (vgl. 1975) kaum, fachübergreifende Lernbereiche zu bilden. Bewegungs- oder spielorientierte Konzepte aber wie die von BANNMÜLLER (vgl. 1979) oder KRETSCHMER (vgl. 1981) legen es nahe, das Fach in einen musisch-ästhetischen Lernbereich zu integrieren. Angesichts vielfältiger und begründeter Kritik an der breiten und starren Auffächerung allgemeiner schulischer Bildung scheinen solche Integrationsversuche lohnend, selbst dann, wenn der Sport dabei charakteristische Merkmale seiner selbst verändern sollte. Die Veränderung des Gegenstandes schulischer Bewegungs-, Körper- oder Sporterziehung ist nicht nur die Folge institutioneller Bedingungen, sondern auch pädagogischer *Zielsetzungen*. Auf letztere verzichten zu wollen hieße, den Anspruch einer „Erziehung durch Bewegung" aufzugeben. Damit aber wären die Erziehungs- und Bildungsaufgaben des Faches gefährdet. Wenn Spielen und Sporttreiben nicht „von selbst" erzieherisch wirksam sind, was angesichts zahlreicher Verfehlungen im Sport wohl kaum behauptet werden kann, muß diese Wirkung bewußt angestrebt und vermittelt werden. Dazu bedarf es aber pädagogisch begründeter Zielsetzungen. Auch auf die Gefahr hin, daß sich auf diese Weise der Sport in der Schule vom Sport außerhalb der Schule beträchtlich entfernt, ist für die Setzung solcher Ziele und ihre Umsetzung einzutreten. Denn nur so kann die Vorstellung Wirklichkeit werden, daß „richtiger Sport" in der Schule „falschen Sport" außerhalb von ihr in erzieherischer Absicht beeinflußt.

2 Szenisches Spiel

2.1 Spiel und Theater als Selbstdarstellung im Alltag

Seit dem Ende der 60er Jahre ist im schulischen und im außerschulischen Bereich eine große Vielfalt von spiel- und theaterpädagogischen Ansätzen entwickelt worden (für das Darstellende Spiel vgl. HAVEN 1970, R. MÜLLER 1972; für das Rollenspiel vgl. COBURN-STAEGE 1977, KOCHAN 1981, SHAFTEL/SHAFTEL 1973; für das Kindertheater vgl. SCHEDLER 1972; für das Lehrstück vgl. KOCH u. a. 1984; für das freie Theater vgl. BATZ/SCHROTH 1983; für die Entwicklung einer schulisch orientierten Spieldidaktik vgl. DAUBLEBSKY 1973; einen Literaturbericht enthält ZIEGENSPECK 1980). Die Fülle dieser Ansätze darf nicht darüber hinwegtäuschen, daß die theoretische und empirische Erfassung dessen, was mit Spielern im Spiel geschieht und was sie dabei erleben und lernen, immer noch nicht geleistet ist. Es gibt vielfältige

Thomas Ott/ Ingo Scheller/ Karlheinz Scherler/ Gert Selle

Gründe für dieses Forschungsdefizit. Neben den methodologischen Schwierigkeiten der Analyse des Spielens scheint in der sozialwissenschaftlichen und damit auch der neueren erziehungswissenschaftlichen Diskussion immer noch das Schillersche Postulat der Zweckfreiheit des Spiels (vgl. SCHILLER 1795) nachzuwirken (vgl. auch SCHEUERL 1954): Das Spiel, so die landläufige Auffassung, müsse vor allem Spaß machen, es entziehe sich der planmäßigen Gestaltung im Unterricht, es stehe im Gegensatz zum Arbeiten und Lernen. Und selbst noch dem Rollenspiel, das seit dem Ende der 60er Jahre Eingang in die Didaktiken und Lehrpläne gefunden hat, wird in der Unterrichtspraxis nachgesagt, daß es zu zeitaufwendig, deshalb im Grunde ineffektiv und eigentlich nur zum Zweck der Motivation der Schüler für nachfolgende, kognitiv orientierte Lernphasen zu rechtfertigen sei (vgl. KELLER 1973). Die in spielpädagogischen Ansätzen vertretenen szenischen Spielformen (vom Stegreifspiel über Rollen- und Planspiele zum Darstellenden Spiel und Schülertheater) werden bis heute im schulischen Curriculum in Randbereiche abgedrängt (etwa in bestimmte Fächer der Grundschule, in Arbeitsgemeinschaften der Sekundarstufe I und II), oder in den Freizeitbereich verlagert. Offensichtlich soll aus dem Unterrichtsprozeß herausgehalten werden, was im Sinne seiner zweckrationalen Organisation und Kontrolle dysfunktional zu werden droht, nämlich die Einbeziehung der Körperlichkeit der Schüler und ihrer konkreten sinnlichen Beziehungen zueinander (vgl. zur Analyse der Ursachen dieser Entwicklung RUMPF 1981). Ein Verständnis der Didaktik als „Dramaturgie des Unterrichts" (vgl. HAUSMANN 1959), in dem vielfältige spiel- und theaterpädagogische Traditionen aufgenommen worden sind, hat sich nicht durchsetzen können.
Scheinbar im Gegensatz zur „Entsinnlichung" schulischen Lernens steht die Entwicklung neuer Spiel- und Theaterformen außerhalb der Schule: Freie Theater schießen aus dem Boden (vgl. HARJES 1983, ROBERG 1981), Kinder-, Jugend- und Schülerfestivals mehren sich (jährliches Schülertheater-Treffen in Berlin), Theater-, Pantomime, Clown- und Akrobatik-Workshops haben regen Zulauf (vgl. HINRICHS u. a. 1983). Das Spielen in all seinen Variationen – so scheint es – wird als kulturelle Artikulationsform, als Mittel der Selbstdarstellung, als Möglichkeit zur Wiederaneignung verlorengegangener ganzheitlicher Ausdrucksfähigkeit von Jugendlichen neu entdeckt. Jedoch nicht das Interesse an einer Wiederaneignung der Sinne und des Körpers ist das Motiv dieser öffentlich inszenierten Selbstdarstellung, dahinter steht vielmehr das Bedürfnis, in einer sozialen Umwelt, in der traditionale normative Orientierungen mehr und mehr verlorengegangen sind, sich zumindest äußerlich mit anderen identisch zu zeigen. Theatralische Ausdrucksformen und Selbstinszenierungen mit fließenden Übergängen in subkulturellen Jugendprotest und in Alternativbewegungen (vgl. HARTWIG 1980, ZINNECKER 1982) können als Teil von „identitätsbezogenen Such- und Probebewegungen" (ZIEHE 1981, S. 31 f.) interpretiert werden, mit denen sich Jugendliche eigene Orientierungen und Ausdrucksformen zu schaffen versuchen. Die Jugendlichen inszenieren sich und ihren Alltag, um sich darzustellen, um „eine Rolle zu spielen", um aufzufallen oder sich abzugrenzen.
Solche Selbstdarstellungen und die daraus resultierenden sozialen Beziehungen entsprechen zumindest auf der Erscheinungsebene jenen ökonomisch und institutionell produzierten Verhaltensweisen und Beziehungsformen, die die Rollentheorien mit unterschiedlichen Akzenten beschreiben, wobei sie den Spielbegriff auf das Alltagsverhalten von Menschen anwenden. „Wir alle spielen Theater" (GOFFMAN 1976), um uns vor den anderen darzustellen, um Erwartungen zu genügen, die uns tatsächlich oder vermeintlich entgegengebracht werden; wir „verkaufen" uns, wir

Lernbereich Ästhetik

werben in Körperhaltung, Gestik und Mimik, in der Kleidung, mit der Sprache und mit unseren Handlungsweisen für uns; wir suchen Anerkennung und Zuneigung und versuchen, sozial uneindeutige Situationen nach unseren Spielregeln zu definieren; der Geschäftsmann spielt vor dem Kunden, Männer spielen vor Frauen, und Frauen vor Männern. Auch in der Schule finden diese Inszenierungen statt: Der Lehrer spielt vor den Schülern, um sie für ein Unterrichtsthema zu motivieren, um seine Machtausübung zu kaschieren, um seine wahren Gefühle und Bedürfnisse zu verdecken (vgl. BRÜCK 1978, GUDJONS/REINERT 1981, WELLENDORF 1973). Und die Schüler spielen vor ihren Lehrern, um gute Noten zu erhalten oder um „ungeschoren" den Schulvormittag zu überstehen (vgl. HEINZE 1980, ZINNECKER 1975).
Die verschiedenen Rollentheorien (vgl. den soziologischen Ansatz bei DAHRENDORF 1971; vgl. sozialisations- und interaktionstheoretische Ansätze bei BERGER/ LUCKMANN 1970, DREITZEL 1968) *beschreiben* dieses „Gesellschaftsspiel" zwar facettenreich und treffend, sie können es aber nicht *erklären,* weil sie nicht zu den historischen, ökonomisch-politischen und psychischen Voraussetzungen dieses Rollenverhaltens vorstoßen, weil sie die mit den ökonomischen Beziehungen verbundenen Herrschafts- und Klassenverhältnisse ignorieren (zur Kritik vgl. HAUG 1972; vgl. OTTOMEYER 1977, S.50ff.). Sie können nicht erklären, warum ein Großteil der Bevölkerung gesellschaftlich „keine Rolle spielt" und deshalb kaum oder gar nicht in der Lage ist, die in neueren, sich gesellschaftskritisch verstehenden Rollentheorien (vgl. HABERMAS 1968, KRAPPMANN 1972, MOLLENHAUER 1968) geforderten Kompetenzen der Empathie, der Rollenflexibilität und Rollendistanz sowie der Metakommunikation zu entfalten. Ebensowenig können diese Theorien erklären, warum jene wenigen, die gesellschaftlich „eine Rolle spielen", sich immer wieder gezwungen sehen, von ihren inneren Einstellungen, Gefühlen und Wünschen abzusehen und sich nach außen hin anders darzustellen, als ihnen zumute ist. Und sie können nicht erklären, warum und wie über Rollen und das Rollenverhalten Herrschaft und Abhängigkeit, Unterdrückung und Selbstunterdrückung hergestellt und aufrechterhalten werden. Indem sie das Rollenverhalten, in dem sich die einzelnen von sich und anderen entfremden, als gesellschaftlich angemessenes Verhalten beschreiben, erheben die Rollentheorien zur Norm, was für die bürgerlichen Mittelschichten und ihre Institutionen charakteristisch ist.
Dies gilt auch für die seit Beginn der 70er Jahre diskutierten, am Symbolischen Interaktionismus orientierten *Rollenspielkonzepte* (vgl. KOCHAN 1981, KRAPPMANN 1972, NICKEL 1972, SHAFTEL/SHAFTEL 1973). Im Rollenspiel sollen die Schüler Rollen übernehmen, sie sollen in „Als-ob-Situationen" stellvertretend für andere Rollenträger und im Bezug zu den von den Mitschülern gespielten anderen Rollen handeln. Sie sollen sich in die Spielsituation hineinversetzen, sie sollen „realitätswirksame Lernprozesse" durchlaufen, wobei jedoch die Frage strittig bleibt, „ob gelernt werden soll, sich in die Gegebenheiten *einzupassen* oder auf sie nach eigenen Bedürfnissen einzuwirken" (KOCHAN 1981, S.18). So plausibel eine solche Definition auf den ersten Blick erscheint, so problematisch wird sie, wenn man das Rollenspiel als Teil institutionell erzwungener Lernprozesse sieht: Die zu spielenden Rollen und die Richtung, in der Lösungen für Rollenkonflikte zu suchen sind, werden direkt oder indirekt vom Lehrer vorgegeben; umgekehrt stehen die Schüler unter dem Zwang, beim Lehrer „gut anzukommen". Es liegt deshalb nahe, das Rollenspiel auf die Darstellung der vom Fachlehrer erwarteten fachspezifischen Handlungs- und Sprechhandlungsmuster zu reduzieren. Dabei geraten dann unter der Hand mittelschichtspezifische Handlungs- und Kommunikationsmuster mit der ihnen eigentümlichen Masken- und Rollenhaftigkeit (vgl. GOFFMAN 1967) zur Norm.

Das gilt auch in anderer Weise für das Darstellende Spiel und das Schülertheater, bei denen die meist vom Lehrer eingebrachten Normen des bürgerlichen Theaterbetriebs die Schüler anhalten, sich in Haltungen und Posen zu präsentieren, die sie von ihren Alltagshaltungen entfremden, ohne daß sie den an sie gestellten Ansprüchen gerecht werden können.
Auch wenn man davon ausgehen muß, daß alle Lern- und Arbeitsformen in der Schule solchen Reduktionen ausgesetzt sind, so ist doch zu kritisieren, daß die vorliegenden Rollenspielkonzepte solche – meist entgegen den eigenen Ansprüchen – rechtfertigen, weil sie ignorieren, daß ganzheitliches körperbezogenes Lernen nur stattfinden kann, wenn die Schüler im Spiel auch einen Zusammenhang zwischen den eigenen Erfahrungen, Einstellungen und Gefühlen und den Rollen und Situationen herstellen und entdecken können, die sie spielen.

2.2 Szenisches Spiel in der Schule

2.2.1 Szenisches Spiel als Lernform im Unterricht

Eine Konzeption des szenischen Spiels, das auf ganzheitliche, die Erfahrungen der Schüler integrierende körperbezogene Lernprozesse zielt, muß davon ausgehen,
– daß szenisches Spielen Handeln in vorgestellten Situationen ist, und daß diesem Handeln Vorstellungen, Intentionen und Gefühle zugrunde liegen, die – dem Spieler häufig nicht bewußt – in körperlichen und sprachlichen Handlungen und Haltungen zum Ausdruck kommen,
– daß Schüler aufgrund unterschiedlicher individueller, geschlechts- und klassenspezifischer Erfahrungen auch unterschiedliche Vorstellungen, Intentionen und Gefühle und körperliche und sprachliche Handlungsmöglichkeiten ins Spiel einbringen.
Sie muß sich als Teil eines umfassenden Konzepts ästhetischer Erziehung verstehen und als solche anstreben, den Schülern die Möglichkeit zu geben, bei der Aneignung und Reflexion sozialer Realität und Erfahrungen die eigenen Vorstellungen, Wahrnehmungs- und Handlungsfähigkeiten zu entdecken und in ihrer Entstehung und Wirkung zu erfahren und zu erklären. In diesem Sinne sieht SCHELLER (vgl. 1981a, S. 191 ff.) im *szenischen Spiel* eine Lernform, mit der innerhalb und gegen das alltägliche „Rollenspiel" in der Schule Situationen geschaffen werden können, in denen die Schüler ihre alltäglichen Erlebnisse, Phantasien und Wünsche im und über das Spiel darstellen und bewußtmachen, ihr Rollenverhalten, ihre im Sozialisationsprozeß erworbenen Bornierungen und Verstümmelungen entdecken, in Ursache und Wirkung untersuchen und zusammen mit anderen neue Verhaltensweisen entwerfen und erproben können. Im Mittelpunkt des Lernprozesses steht dabei das, was die Schüler bei der Erarbeitung der Rollenfigur in der Vorstellung und bei der Umsetzung dieser Vorstellung in die Spielhandlung über sich und andere erfahren können: welche Verhaltensvorstellungen, -wünsche und -möglichkeiten sie in bestimmten Situationen haben, wie andere darauf reagieren und welche Gefühle, Phantasien und Erlebnisse sie aktualisieren oder auslösen, welche individuellen, geschlechts- und schichtenspezifischen Erfahrungen ihnen zugrunde liegen. Stehen die Haltungen, die die Schüler im Spiel sich und anderen gegenüber einnehmen, im Mittelpunkt der Untersuchung, dann bleiben sie als einzigartige und gesellschaftliche Subjekte Ausgangs- und Bezugspunkt des Lernprozesses (vgl. SCHELLER 1982a, 1982b).

2.2.2 Szenisches Spiel als Arbeit an Haltungen

Entscheidend für die Entwicklung einer Theorie und Praxis des szenischen Spiels in der Schule ist die Präzisierung des Haltungsbegriffs. Dieser hat eine lange, zum Teil problematische pädagogische Tradition. Er ist jedoch im Gegensatz zum Rollenbegriff, der nur beschreibt, wie sich ein Mensch „äußerlich" im Bezug zu anderen Menschen und zu gesellschaftlichen Normen verhält, geeignet, die komplexen Wechselwirkungen von inneren Einstellungen, Gefühlen, Erfahrungen und äußerlich sichtbarer Körpersprache begrifflich zu fassen. Eine *„Haltung"* ist das Gesamt an inneren Vorstellungen, Gefühlslagen, sozialen und politischen Einstellungen und Interessen („innere Haltung") und körperlichen und sprachlichen Ausdrucksformen („äußere Haltung"), das eine Person oder eine Personengruppe in bestimmten Interaktionssituationen zeigt, aber auch längerfristig gegenüber anderen Personen und sich selbst aufrechterhält (vgl. SCHELLER 1982a, S. 234; vgl. SCHELLER 1982b, S. 425). Haltungen drücken *Beziehungen* aus; sie zeigen, wie sich jemand oder eine Gruppe mit der sozialen Umwelt auseinandersetzt; sie zeigen, wie man den anderen Menschen wahrnimmt, welche Gefühle man ihm entgegenbringt, was man mit ihm tun oder ihm zeigen will. Haltungen sind häufig *in sich widersprüchlich:* Unterschiedliche Schichten (etwa Sprache und Körper) treten in Widerspruch zueinander, heben sich auf oder rechtfertigen sich gegenseitig, auch wenn dies dem einzelnen nicht immer bewußt zu sein braucht. Haltungen sind Niederschläge *real erlebter, körperbestimmter Interaktionen* und der in diese Interaktionen eingehenden gesellschaftlichen Beziehungen. Sie werden in ihren strukturbildenden Momenten im vorsprachlichen Raum in der frühen Mutter-Kind-Beziehung produziert (vgl. LORENZER 1973, S. 30) und im Verlaufe des Lebens durch neue Erlebnisse geformt, entfaltet und überarbeitet. Dabei wird der Körperausdruck zunehmend auf geschlechts-, schichten- und berufsspezifisch anerkannte Körperbilder und -haltungen hin entwickelt, an diesen gemessen, entsprechend eingeschränkt oder modelt. Über Beobachtung und Nachahmung körperlicher Verhaltensmuster, die dem einzelnen gezeigt, nahegelegt oder zur Abgrenzung demonstriert werden, entwickelt der Mensch bestimmte Verhaltensvorstellungen und versucht – überwiegend unbewußt –, sie mit seinen spezifischen körperlichen Voraussetzungen und Fähigkeiten in eine äußere Haltung umzusetzen (vgl. SCHELLER 1982a, S. 235f.; vgl. ZUR LIPPE 1978, S. 137).

Bei der Arbeit an Haltungen *in der Schule* sind folgende Voraussetzungen und Schwierigkeiten zu beachten: Weil sowohl die äußere als auch die innere Haltung eines Menschen nicht nur Produkt seiner individuellen Erfahrungen, sondern immer Ausfluß einer bestimmten schichtenspezifischen Kultur und Lebensweise sind, müssen widersprüchliche Haltungen von Schülern immer auch im Kontext der Widersprüche ihres Lebenszusammenhangs interpretiert und bearbeitet werden. Dies bereitet vielen Lehrern Schwierigkeiten, die – insbesondere an *Haupt- und Sonderschulen* – mit Haltungen konfrontiert werden, die sie aufgrund ihrer eigenen Sozialisation nur schwer verstehen und noch schwerer emotional akzeptieren können. Die Haltungen dieser Schüler – überwiegend aus Arbeiterfamilien stammend – orientieren sich vor allem an körperbezogenen Handlungs-, Darstellungs- und Deutungsmustern, die im Lebens- und Traditionszusammenhang von Handarbeitern eine wichtige Rolle spielen. Bezugspunkt ist dabei die Gruppe (Familie, Clique), die einen „Stil" (vgl. CLARKE u. a. 1979, S. 133 ff.) auch über die Nachahmung der von der Medienindustrie vermittelten Verhaltensmuster (Körperhaltung, Sprache, Kleidung, Haartracht) entwickelt. Medium des Erlebens, Handelns, der Verständigung

Thomas Ott/ Ingo Scheller/ Karlheinz Scherler/ Gert Selle

und der Identitätssuche sind weniger sprachliche als direkte körperliche Ausdrucks- und Reflexionsformen, die – an eine konkrete Situation gebunden – häufig auch nur von der Bezugsgruppe selbst verstanden werden können. Deshalb bietet das szenische Spiel insbesondere diesen Schülern die Möglichkeit, sich auf ihre Weise die eigenen Erfahrungen bewußtzumachen und sie in ihrer sozialen Wirkung auf andere zu erleben, ohne sofort vom Lehrer zensiert zu werden (vgl. SCHELLER 1981a, S. 193 ff.; vgl. SCHELLER/SCHUMACHER 1984). Die Bedeutung des szenischen Spiels für die Erziehung von Arbeiterkindern ist denn auch immer wieder betont worden (vgl. BENJAMIN 1969, S. 79 ff.; vgl. BOAL 1979, S. 42; vgl. EBERT/PARIS 1976; vgl. HARTWIG 1980, S. 116). Demgegenüber sind die Haltungen von Lehrerinnen und Lehrern, aber auch der meisten Schüler, die *Gymnasien* besuchen, eher sprachzentriert. Soziales Handeln wird oft mit sprachlichem Handeln gleichgesetzt, auch wenn der Körper – vom offiziellen Lehrplan stillgelegt – anderes signalisiert und heimlich ein reges, zum Teil asoziales Leben in der Phantasie, in der Sehlust, in Klatsch und Tratsch und im Sport führt. Angehörige der Mittelschichten definieren sich mehr über das, was sie denken und sagen, als über das, was sie wirklich tun. Sie wissen deshalb meist relativ wenig über das, was sie über ihren Körper an Gefühlen und Einstellungen heimlich mitteilen. So fallen bei ihnen oft Selbst- und Fremdwahrnehmung auseinander, ohne daß sie sich dessen bewußt sind (vgl. SCHELLER 1982b). Haltungsunterschiede existieren natürlich auch innerhalb einzelner Sozialschichten, beispielsweise zwischen Mann und Frau (vgl. SAVIER/WILDT 1980, WEX 1980) oder zwischen den Angehörigen verschiedener Berufsgruppen (zur Diskussion um den Habitusbegriff vgl. WINDOLF 1981).
Die Schule privilegiert durch ihre Lern- und Leistungsarrangements die Haltungen von Mittelschichtangehörigen. Lehrer können diese Bedingungen nicht einfach aufheben. Sie können den Schülern allerdings mit dem szenischen Spiel eine Lernform anbieten, mit der sie ihre individuellen, ihre geschlechts- und ihre schichtenspezifischen inneren und äußeren Haltungen entdecken, untersuchen und entfalten können und dabei vor allem auch jene Haltungsanteile zum Tragen kommen lassen können, die sonst in der Schule nur heimlich eine Rolle spielen: sinnliche Vorstellungen, Gefühle (auch die asozialen), Körperhaltungen, Gestik, Mimik und Intonation. Möglich werden solche Lernprozesse, weil die Handlungen und Haltungen, die die Spieler – haben sie eine genaue Vorstellung von der Figur – im Spiel zeigen, sich nicht wesentlich von denen unterscheiden, die sie in entsprechenden Alltagssituationen einnehmen oder einnehmen könnten (vgl. SCHELLER 1982b).
Das hier skizzierte Spielkonzept, bei dem es um die Arbeit an den Haltungen der Schüler geht, versucht, eine Reihe von Spielansätzen zu integrieren, die in recht unterschiedlichen Traditionen stehen: das Lehrstück Brechts (vgl. KOCH u.a. 1984, RITTER 1981, STEINWEG 1978), die Einfühlungsübungen STANISLAWSKIS (vgl. 1983), Sozio- und Psychodrama (vgl. COBURN-STAEGE 1977, PETZOLD 1972, SCHERF 1973, SCHÜTZENBERGER 1976), das Theater der Unterdrückten (vgl. BOAL 1979). Das Spielkonzept basiert auf langjährigen Erfahrungen mit Schülern aller Schulformen (vgl. SCHELLER 1980, 1981b; vgl. SCHELLER/SCHUMACHER 1984) und mit Studenten und Lehrern in der Aus- und Fortbildung (vgl. SCHELLER 1981a, 1982a, 1982b, 1984).
Das Konzept geht davon aus, daß der Spielprozeß methodisch kontrolliert durchgeführt werden muß: Zunächst müssen die Schüler die Möglichkeit bekommen, sich in ihre Rolle und die zu spielende Situation *einzufühlen* und entsprechend in der vorgegebenen Situation zu handeln. In einem zweiten Schritt muß die Einfühlung und damit auch das Spiel unterbrochen werden, so daß Haltungen und Situation *verfremdet* und *szenisch reflektiert* werden können. Einfühlung, Spiel und Refle-

xion zielen dabei auf eine *Selbstverständigung in der Gruppe* im Hinblick auf gemeinsam vertretene Haltungen und Problemlösungen:
Einfühlung: Wer eine Rolle in einer bestimmten Situation spielen will, muß sich zunächst aufgrund der Rollen- und Situationsvorgaben eine Vorstellung davon machen, wer die Figur ist, was sie unter den gegebenen Umständen (Ort, Zeit, Ereignis, andere Figuren, deren Handlungsinteressen und Beziehungen) tun, denken und fühlen könnte. Er muß sich in die Figur „einfühlen", das heißt Vorstellungen entwickeln, die auch die Figur in dieser Situation haben könnte. Da eine solche Einfühlung nur gelingen kann, wenn der Spieler bei der Figur und deren Handlungen Ansätze für eigene Assoziationen, Erfahrungen, Einstellungen und Gefühle finden kann, müssen den Spielern dort, wo ihnen die Figuren fremd sind, Hilfen gegeben werden, um solche Ansätze zu finden. Setzen die Spieler die inneren Haltungen, die sie sich aufgrund ihrer Einfühlung in eine Figur für das Spiel vorgenommen haben, in äußere Handlungen um, so aktivieren sie – zumeist unbewußt – das ihnen in analogen Alltagssituationen zur Verfügung stehende körperliche und sprachliche Ausdrucksrepertoire. Während des Spiels können dabei über das „Körpergedächtnis" (ZUR LIPPE 1978, S. 137) sinnliche Erlebnisse, Gefühle und Phantasien aufgeweckt werden, die gerade wegen ihrer Bindung an Körpererlebnisse dem Bewußtsein nur selten zugänglich sind. Dies sind weniger traumatisch verdrängte Erlebnisse (vgl. LORENZER 1973, S. 30 ff.) als jene an Körperbedürfnisse gebundenen frühen Interaktionserlebnisse, die die unbewußte Basis unseres Antriebs- und Wunschsystems bilden. Obwohl sie die Persönlichkeitsentwicklung maßgebend bestimmen, bleiben sie als „verdrängte Anteile des Körper-Ichs", als „soziale Desymbolisierungen" (LORENZER 1973, S. 139 f.) aus dem gesellschaftlich akzeptierten Kommunikationszusammenhang ausgeschlossen und können deshalb nicht angemessen symbolisiert, bewußtgemacht und verändert werden. Im Spiel können solche unbewußten oder nur halb bewußten, häufig asozialen Phantasien, Wünsche, Gefühle und Verhaltensweisen aktiviert, mit der Figur verbunden, thematisiert, ausagiert und ohne Furcht vor unmittelbaren Sanktionen durch die Mitspieler erlebt werden (Beispiele: vgl. SCHELLER 1982a, S. 242 ff.).
Reflexion und Verfremdung: Welche Haltung jemand im Spiel nach außen hin sichtbar zeigt, welche sozialen Beziehungen er dabei über körperliche Handlungen und Haltungen, über Gestik, Mimik und Sprechhaltung aufbaut oder abbricht, das kann er nur erfahren, wenn sein Spiel von anderen beobachtet, beschrieben und interpretiert wird. Nur Beobachter können die Wechselwirkung der eingenommenen Haltungen und die über sie entstehenden sozialen Beziehungen wahrnehmen. Ihre Rückmeldungen sind Ergebnis subjektiver Wahrnehmungen und Deutungen, die damit zur Diskussion gestellt werden. Die Sprache reicht allerdings als Reflexionsmedium nicht aus. Nicht nur, daß sich komplexes Spielgeschehen nicht einfach in Sprache abbilden läßt, die Widersprüche, Brüche und Inkonsequenzen in den Haltungen der Spieler müssen diesen *körperlich* erfahrbar gemacht werden, damit sie zum Problem werden und nicht vorschnell durch Verbalisierung verdrängt werden. Dieses Ziel ist nur zu erreichen, wenn die Reflexion selbst zum Bestandteil des Spielens wird, wenn mit Mitteln des Spiels die Einfühlung, die Identifikation mit der Rolle unterbrochen wird und die Haltungen des Spielers sichtbar gemacht und mit den Haltungen der anderen konfrontiert und damit problematisiert werden. Ein solches Vorgehen kann als *szenische Reflexion* bezeichnet werden (vgl. SCHELLER 1984, S. 21 ff.). Leitendes Prinzip ist dabei die *Verfremdung:* Das Spielgeschehen wird unterbrochen, wiederholt, variiert, so daß die von den Spielern eingenommenen Haltungen das „Selbstverständliche, Bekannte, Einleuchtende" verlieren, daß

„Staunen und Neugierde" auf das, „was hinter den Vorgängen vorgeht" (BRECHT 1967, S. 301) geweckt wird. Über die Verfremdung sollen die vertrauten Alltagshandlungen in ihrer Gesellschaftlichkeit und damit in ihrer Veränderbarkeit erfahren werden. Im einzelnen können die Schüler dabei lernen,
- daß die Haltungen, die sie im Spiel zeigen, sich nicht wesentlich von denen unterscheiden, die sie in analogen Alltagssituationen einnehmen,
- daß sie ein Repertoire an Gefühlen, Phantasien und Einstellungen, aber auch an sprachlichen und körperlichen Handlungs- und Ausdrucksweisen gelernt haben und „besitzen", die soziale Wirkungen haben, die teilweise im Widerspruch zu den eigenen Ansprüchen stehen und die sie deshalb nur zu gerne aus ihrem Bewußtsein verdrängen,
- daß vertraute, moralisch gerechtfertigte Gefühle, Phantasien und Verhaltensweisen (wie Mitleid, Liebe, Spontaneität) in bestimmten sozialen Situationen asozial und widersprüchlich wirken können,
- daß sie bestimmte Handlungen nicht allein dadurch rechtfertigen können, daß sie ihnen durch die Rolle auferlegt sind, sondern daß diese auch ganz konkret die Mitspieler treffen und daß sie auch diesen gegenüber verantwortet werden müssen,
- daß die Haltungen, die sie im Spiel zeigen, Produkte bestimmter historischer, aber auch schichten- und geschlechtsspezifischer Erfahrungen sind und daß sie sich von denen unterscheiden, die unter anderen historischen und sozialen Bedingungen möglich sind.

Selbstverständigung in der Gruppe: Spielprozesse sind immer Gruppenprozesse. Die Beziehungen, die die Schüler im Spiel zueinander eingehen, sind nicht - wie das Rollenspiel unterstellt - fiktiv, sondern immer real, konkret und körperlich. Weil sich die Schüler im Spiel immer auch mit ihren Wahrnehmungen, Gefühlen, Erfahrungen, Wünschen und ihrem Körper einbringen und zeigen, lernen sie sich besser kennen. Um sich über das, was sie im Spiel zeigen und untersuchen, verständigen zu können, müssen sie sich eine neue, sinnlichere Sprache erarbeiten. Dabei sind die unterschiedlichen, zum Teil gegensätzlichen Haltungen der Schüler nicht störend, im Gegenteil, sie sind Voraussetzung, Gegenstand und Mittel der Selbstverständigung in der Gruppe über die von allen Teilnehmern akzeptierten Haltungen. Über die gemeinsame Arbeit an den Haltungen entsteht in der Spielgruppe *sinnlich faßbares Material für die Entwicklung kollektiv akzeptierter Haltungen.* Solche den politisch reflektierten Vorstellungen aller Gruppenmitglieder nahekommenden Haltungen, die in der Regel im Verhaltensrepertoire eines Gruppenmitglieds entdeckt werden, können als kollektive Handlungsmuster begriffen werden, die auf die körperlichen, gestischen, mimischen und sprachlichen Möglichkeiten der Teilnehmer rückbezogen werden müssen, damit sie in zukünftigen Realsituationen praktisch handlungsleitend werden können.

Bei der Arbeit an Haltungen mit Mitteln des szenischen Spiels werden Einfühlungs-, Verfremdungs- und Reflexionsverfahren verwendet, die der Lehrer beherrschen und den Schülern zunehmend vermitteln sollte. Wie in jedem Experiment müssen Situationen und Haltungen aufgebaut, variiert, verfremdet und wiederholt werden: durch Rollenwechsel, durch Einführung neuer Rollen in die Spielsituation, durch Selbstgespräch, durch das „Hilfs-Ich" (vgl. SCHELLER 1981 a, S. 196 ff.), durch „Leerstellenspiel" (vgl. H. D. MÜLLER 1980), durch „Konfrontationsspiel" (vgl. MODELLVERSUCH KÜNSTLER UND SCHÜLER BERLIN 1981).

Die Komplexität der im szenischen Spiel stattfindenden Lernprozesse schließt eine Evaluation im Sinne der empirischen Sozialforschung aus. Die zahlreich vorliegen-

Lernbereich Ästhetik

den Erfahrungsberichte lassen jedoch den Schluß zu, daß in dem und durch das szenische Spiel langfristig wirksame Lernprozesse initiiert werden können.

2.2.3 Spielformen

Eine Systematik szenischer Spielformen liegt nicht vor. Systematisierungsversuche (vgl. COBURN-STAEGE 1977) werden meist unternommen, indem unterschiedliche Spielformen einem Oberbegriff ohne deutliche Zuordnungskriterien untergeordnet werden. Die folgenden Hinweise nennen – ohne Anspruch auf Vollständigkeit oder Systematik – Spielformen, die im Unterricht verwendet werden können:
- Mit Mitteln der *Pantomime* können körperliche Haltungen und Ausdrucksweisen erprobt, präzisiert, in ihrer Wirkung auf andere untersucht und interpretiert werden (beispielsweise durch Verzögerung, Betonung, Temposteigerung; vgl. KRAMER 1975).
- Mit Hilfe von *Standbildern* können Körperhaltungen, Gestik und Mimik, die einzelne oder mehrere Personen in einer bestimmten realen oder vorgestellten Situation zeigen oder zeigen könnten, demonstriert werden (vgl. BOAL 1979, SCHELLER/SCHUMACHER 1984).
- Durch *Sprechübungen* können Sprechhaltungen, kann der Gestus sprachlicher Äußerungen untersucht, präzisiert und – mimisch und gestisch verstärkt – interpretiert werden (vgl. BOAL 1979, S. 30 ff.).
- Durch *Improvisationen* und spontane Inszenierungen können die vorgegebene Situation und das Verhaltensspektrum der verschiedenen Figuren erkundet werden (vgl. BATZ/SCHROTH 1983, S. 109 ff.).

Sensibilisieren solche Spielformen für die Darstellung und Wahrnehmung vor allem äußere Haltungen, so wird das Verhältnis von äußerer und innerer Haltung erst bei komplexeren Spielformen zum Thema, zum Beispiel:
- Bei dem *pädagogischen Rollenspiel,* einer Variante von Sozio- und Psychodrama, geht es um die Rekonstruktion, Reflexion und Veränderung von Erlebnissen und Haltungen, die ein Hauptspieler in einer erlebten oder vorgestellten Problemsituation eingenommen hat (vgl. DAMASCHKE/MÄVERS 1982).
- Beim *Lehrstückspiel* handeln die Spieler nach durch das Lehrstück vorgegebenen, gesellschaftlich widersprüchlichen, zum Teil asozialen Handlungsmustern und können dabei entdecken, welche widersprüchlichen Haltungen sie einzunehmen in der Lage sind (vgl. KOCH u.a. 1984, SCHELLER 1982a).

Sollen die im Spiel gezeigten Haltungen in ihren gesellschaftlichen Voraussetzungen und Wirkungen untersucht werden, kann das szenische Spiel als soziologisches Experiment organisiert werden, in dem mit Methoden der Theoretisierung, der Verfremdung, der Montage und der Variation Haltungen von einem gesellschaftlichen Standpunkt aus interpretiert werden. Soziodramatische Spiele, Statuen- und Forumtheater (vgl. BOAL 1979) und das Spiel mit Charaktermasken (Clown, Maskenspiel, Commedia dell'arte) können strukturelle Zusammenhänge aufdecken. Hilfreich sind hier literarische, vor allem dramatische Texte – vom klassischen Drama bis hin zu Kinder- und Jugendtheaterstücken und vom Lehrer selbst geschriebenen Szenen. Bei der spielerischen Interpretation der in diesen Texten skizzierten sozialen Situationen werden die Schüler mit neuen, zum Teil historisch, kulturell und schichtenspezifisch fremden Verhaltensweisen und Lebenszusammenhängen konfrontiert. Modelle dafür bieten neben den Spielversuchen mit Brechts Lehrstücken (vgl. KOCH u.a. 1984) Projekte zur szenischen Interpretation von Dramentexten (vgl. SCHELLER 1984).

Thomas Ott/ Ingo Scheller/ Karlheinz Scherler/ Gert Selle

2.3 Ausblick

Möglichkeiten und Grenzen der *Institutionalisierung* des szenischen Spiels in Schule und Unterricht sind noch nicht ausreichend geklärt. Die Frage, ob ein eigenes Schulfach „Spiel/Theater" eingeführt werden soll, wird von den Schulverwaltungen der einzelnen Bundesländer unterschiedlich und zum Teil widersprüchlich beantwortet. Während es etwa in Berlin wie auch in Hamburg in der Sekundarstufe II das Fach „Darstellendes Spiel" gibt, wurde das Unterrichtsfach „Schulspiel" und ein entsprechender Studiengang an der ehemaligen Pädagogischen Hochschule Berlin wieder abgeschafft. Modellversuche zur Spielarbeit mit Schauspielern in Schulen (vgl. BUNDESMINISTER FÜR BILDUNG UND WISSENSCHAFT 1980) sind trotz beträchtlicher Erfolge wieder eingestellt worden. Die Voraussetzungen für eine systematische Aus- und Weiterbildung von Lehramtsstudenten und Lehrern sind bis auf wenige Ansätze (zum Beispiel in Berlin) mangelhaft. Allerdings zeichnet sich im Zuge der durch die wachsende Arbeitslosigkeit von Lehrern verursachten Umorientierung der Hochschulen von der Lehrerausbildung hin zur Lehrerfortbildung, zu Diplom- und Magisterstudiengängen eine Veränderung in dieser Richtung ab.

3 Kunst

3.1 Kunstunterricht oder Ästhetische Erziehung?

In der Bundesrepublik hat sich die Bezeichnung „Ästhetische Erziehung" für einen kulturpädagogischen Entwurf eingebürgert, der nicht auf ein Schulfach einzugrenzen ist und dennoch, nicht zuletzt in Folge des Scheiterns der Bildungsreformen, in der gegenwärtigen Schule kaum ein anderes Praxisfeld finden kann als das Fach Kunst. Die Schule kennt die Fachbezeichnung „Ästhetische Erziehung" nicht. Dort gibt es das Fach Kunst oder Kunstunterricht. In der Lehrerausbildung heißt das Fach Bildende Kunst (gelegentlich auch Visuelle Kommunikation). Die Berufsbezeichnung des Kunsterziehers ist noch immer geläufig, die des ästhetischen Erziehers weithin ungebräuchlich. In kaum einem anderen Fach wurden derart weitreichende Umstellungen des Selbstverständnisses bezüglich der Inhalte und Erziehungsaufgaben diskutiert (vgl. zum historischen Überblick GIFFHORN 1972, S. 14 ff.; vgl. zur Diskussion der Identitätsproblematik des Fachs vgl. EHMER 1976). So kann G. OTTO (vgl. 1980, S. 14) mit breiter Zustimmung auf programmatisch-didaktischer Ebene rechnen, wenn er „Neugierde, Wahrnehmung, Handlung" in alltäglichen Lern- und Lebensvollzügen zu Bestandteilen „des Ästhetischen" erklärt und damit den ästhetischen Erziehungsprozeß als weit über die Bereiche künstlerischer Gestaltung hinausführend interpretiert. Hier sind die Grenzen des traditionellen Faches Kunst gesprengt.
Als erste Anstöße zur Revision schulischer Curricula im Sinne einer ästhetisch-politischen Erziehung gegeben wurden (vgl. v. HENTIG 1969, KERBS 1975, ZIMMER 1970), bestand die Aussicht auf Verallgemeinerung eines solchen Anspruchs, und seither führt die didaktische Diskussion immer wieder über die Grenzen des Faches hinaus. Freilich existieren auch die Widersprüche zwischen den Forderungen fortgeschrittener didaktischer Theorien zur Erweiterung der Ziele des Faches ins Gesellschaftliche hinein und den bescheidenen Möglichkeiten des Kunstunterrichts weiter. Zwar hat das Kurssystem der Sekundarstufe II Chancen zu dessen Ausbau eröffnet, von einer allgemeinen schulischen Praxis ästhetischer Erziehung zu reden ist jedoch verfrüht. Empirische Untersuchungen zur durchschnittlichen Unterrichts-

praxis im Fach Kunst fehlen, und die Analyse didaktischer Trends läuft gerade hier Gefahr, sich in von der Fachpraxis abgehobenen Literaturvergleichen zu erschöpfen. Dennoch kann man heute von einer deutlich veränderten Situation insofern sprechen, als das didaktische Problembewußtsein im Bereich des ästhetischen Erziehungsdenkens konsistenter und praxisbezogener in Erscheinung tritt als in der Periode der heftigen Positionskämpfe führender Fachdidaktiker etwa zwischen 1969 und 1976. Unvermittelte politisch-emanzipatorische Leitziele werden nur noch selten vorangestellt (vgl. ÄSTHETISCHE PRAXIS, POLITISCHE PRAXIS 1981). Dafür haben Versuche zugenommen, mittels didaktischer Theoriebildung und pädagogischer Grundlagenforschung die praktische Handlungsfähigkeit des ästhetischen Erziehers zu verbessern (vgl. HARTWIG 1980, MAYRHOFER/ZACHARIAS 1976).
Allerdings haben diese Versuche den *Widerspruch zwischen dem interdisziplinären Charakter* einer nach wie vor im Gesellschaftlichen verankerten ästhetischen Erziehungsidee und der *Enge des Schulfachs Kunst* keineswegs aufgelöst. Unter dem Begriff „ästhetisches Lernen" (vgl. MAYRHOFER/ZACHARIAS 1976) ist eher ein reformpädagogischer Ansatz des erfahrungsorientierten sinnlich-sozialen Lernens ins Blickfeld gerückt, der sich kaum fachdidaktisch eingrenzen läßt. Seit v. HENTIG (vgl. 1969) im „Leben mit der Aisthesis" den umfassenden Anspruch des Wahrnehmungsvermögens anmeldete, EHMER (vgl. 1979) das Erleben und Mitgestalten des Alltags hervorhob und G. OTTO (vgl. 1980) das Ästhetische als „Fundament des Lernens überhaupt" bezeichnete, sind fachliche Zuweisungen fragwürdiger geworden.
Bereits MAYRHOFER/ZACHARIAS (vgl. 1976) verstehen unter „Ästhetischer Erziehung" ein Organisationsprinzip des ästhetischen Lernens, dem nur eine „nichtdomestizierte Didaktik" angemessen sei. Sie verwirklichen sie folgerichtig nicht in der Schule, sondern in der Kinder- und Jugendkulturarbeit. Dort wird ästhetisches Lernen als lustvolle, praktisch-gegenständliche Tätigkeit mit dem Ziel des spielerischen Einübens in situationsbezogenes Wahrnehmen und Handeln beschrieben, das Defizite an sinnlicher Erfahrung ausgleicht. Insoweit ist ästhetische Erziehungsarbeit in und außerhalb der Schule heute immer noch „in einem Zwischenfeld von Pädagogik, Politik und Ästhetik" (KERBS 1975) anzusiedeln.
Diesem Ausweitungsversuch des fachlichen Erziehungsdenkens im ästhetischen Bereich (bei v. Hentig beispielsweise im Zusammenhang mit der Gesamtschulkonzeption angedeutet) ging eine bewegte *innerfachliche Didaktikdiskussion* voraus, aus der sich vorerst noch fachdidaktische Modelle konkurrierend entwickelten. Das Modell des formalen Kunstunterrichts (vgl. G. OTTO 1964, PFENNIG 1959) hob sich durch gestalterische und methodische Rationalität von der traditionell musischen Kunsterziehungspraxis ab (vgl. KOSSOLAPOW 1975), bezog sich aber eindeutig noch auf den Fachgegenstand Kunst. Mit einer unmißverständlichen Wendung „Gegen den Kunstunterricht" (MÖLLER 1971) machte das Modell „Visuelle Kommunikation" (vgl. EHMER 1971) Front sowohl gegen den Fachinhalt Kunst als auch gegen musische oder rationalisierte Praktiken des Kunstunterrichts zugunsten einer kritischen Aufarbeitung des gesamten massenmedialen Bereichs. Damit war der Bruch mit der Fachtradition vollzogen, ebenso wie der sogenannte aktionistische Kunstunterricht (vgl. KEKS-DOKUMENTATION 1971) ästhetische Aktivitäten in einem bereits erweiterten Verständnis zur gesellschaftlichen Wirklichkeit hin propagierte.
Blieb das Modell „Visuelle Kommunikation" noch eindeutig auf fachspezifisches Lernen in der Schule bezogen, so entwickelte sich mit dem Vorschlag, „Umwelt als Lernraum" (GRÜNEISL u.a. 1973) aktiv zu nutzen, eine didaktische Variante, die in ein Modell „Ästhetische Erziehung" münden sollte, das keine fachliche, ja nicht einmal mehr eine schulische Eingrenzung anerkannte. Für beide Modelle ergaben

sich unterschiedliche Probleme der Verwirklichung, wobei sich die spielerischen Erfahrungsformen aus dem Bestand des aktionistischen Kunstunterrichts als ausbaufähig, andere Versuche dagegen als revisionsbedürftig erwiesen.

3.2 Probleme der Umsetzung politisch-ästhetischer Erziehungsideen in der Schule

Daß die Verwirklichung umfassender ästhetischer Erziehungsziele durch eine fachliche Eingrenzung in Frage gestellt wird, ist heute unstrittig. Aber die Auslegung der damit gesetzten Ansprüche und ihre Umsetzungsstrategien, die im Anschluß an die Studentenbewegung und im Aufbruch in die Ära der Bildungsreformen entworfen wurden, erwiesen sich als revisionsbedüftig: Wo zunächst alles vorgreifende Denken der Unabhängigkeit von massenmedialer und warenästhetischer Manipulation und einer unmittelbar selbstbestimmten politischen und ästhetischen Kultur galt, wurde der lange Weg des Lernens und Handelns auf diese Ziele hin unterschätzt. Utopien wie der „Baukasten zu einer Theorie der Medien" (ENZENSBERGER 1970) oder auch Schillers Briefe über die ästhetische Erziehung der Menschen (vgl. SCHILLER 1795) waren einmal Mittel des Sich-selber-utopiefähig-Machens einer Generation von Didaktikern, die zwar wichtige Anstöße gab (vgl. KERBS 1975), jedoch den Anschluß an eine in den Alltag von Schule und Kulturarbeit umsetzbare Praxisentwicklung noch finden mußte. Einerseits war die Rigidität der politischen Zielsetzungen für die Mehrheit der Kunsterzieher nicht konsensfähig, obwohl die neuen Leitziele ästhetisch-politischer Bildungsarbeit gelegentlich auch durch Richtlinienentwürfe wie in Hessen (vgl. KUNST/VISUELLE KOMMUNIKATION 1972) verallgemeinert wurden. Andererseits waren angemessene Formen des ästhetischen Lernens noch nicht entwickelt. Die Thesen der ADHOC-GRUPPE VISUELLE KOMMUNIKATION (vgl. 1971) forderten Kritikfähigkeit gegenüber Produkten und Prozessen der Massenkommunikation in strenger Absolutheit des kognitiven Vollzugs theoretisch-stringenter Argumente. Dem entsprach unmittelbar der Versuch einer *Intellektualisierung* des revidierten Kunstunterrichts, die Ausblendung von Schülerbedürfnissen aus dem Bewußtsein des Lehrers und eine methodische Vereinseitigung der Fachpraxis im Sinne verbal-abstrakter Auseinandersetzung. Während diese aus der Sicht von Kunsterziehern und Schülern problematische Totalrevision eines wegen seiner bedürfnisgerechten Andersartigkeit geschätzten Schulfaches in der Praxis auf Widerstände stieß, konnte sich das Modell „Visuelle Kommunikation" an einer Reihe von Hochschulen in der Lehrerausbildung durchsetzen, noch ehe die Weiterentwicklung des Modells „Ästhetische Erziehung" Publizität gewann.

Daß man noch heute vor allem in der *Sekundarstufe II* Formen des Kunstunterrichts beobachten kann, die Sinnlichkeit, Emotionalität, Lebenserfahrung, Tätigkeitsbedürfnisse und -fähigkeiten der Schüler weitgehend ausschließen, hängt auch damit zusammen, daß zeitweilig auf dieser Schulstufe bevorzugt eine frühe Fassung des Modells „Visuelle Kommunikation" rezipiert wurde. Dazu gab es unterschiedliche Motive: Als der erste Grundlagenband zur Visuellen Kommunikation (vgl. EHMER 1971) erschien, ging es noch um Basisgewinne der jungen didaktischen Theorie in neuen, bisher nicht fachrelevanten Bezugswissenschaften. Die Gesellschaft als Ganzes, speziell aber die Massenmedien, die „Bewußtseinsindustrie" und die Warenästhetik sollten theoretisch-kritisch durchdrungen werden. Dazu kamen Abgrenzungszwänge gegenüber den obsolet gewordenen Modellen der musischen Kunsterziehung und des formalen Kunstunterrichts (vgl. GIFFHORN 1972), gespeist aus nicht unbegründeter Angst vor dem Verblassen politisch-pädagogischer Ideale in vorschnellen Kompromissen mit der Fachtradition.

Lernbereich Ästhetik

Bis über die Mitte der 70er Jahre hinaus muß man daher dort, wo nicht mehr die bewährte kunstpädagogische Praxis unbeirrt weiterbetrieben oder mit neuen Erfahrungsformen des ästhetischen Lernens schon gearbeitet wurde, eine mit Hoffnungen besetzte, anspruchsvolle *Experimentalphase* des Modells „Visuelle Kommunikation" voraussetzen. Systematische Analysen des veröffentlichten Materials (beispielsweise von Unterrichtsdokumentationen) liegen allerdings nicht vor. Jedoch kann davon ausgegangen werden, daß Erwartungen gegenüber politisch-postulativen ästhetischen Erziehungsversuchen, die sich an einem lehrerzentrierten, auf kognitive Vollzüge ausgerichteten Modell der orthodoxen Visuellen Kommunikation orientieren, heute niedrig angesetzt werden müssen (vgl. SELLE 1981).
Indes ist es nicht verfehlt, von „Weiterarbeit am Konzept Visuelle Kommunikation" (vgl. HARTWIG 1976) zu reden. In einem veränderten bildungspolitischen Klima und unter dem Druck praktischer Erfordernisse wurde ein *neuerlicher Revisionsprozeß* eingeleitet, in dem sich die Protagonisten des Modells „Visuelle Kommunikation" auf Beispiele des ästhetischen Lernens einließen (vgl. EHMER 1979) und vor allem der Ausbau des Modells „Ästhetische Erziehung" durch MAYRHOFER/ZACHARIAS (vgl. 1976, 1977) und die außerschulischen Experimente der Münchener Pädagogischen Aktion (vgl. PÄDAGOGISCHE AKTION 1981) sich bemerkbar machten. Daneben sind relativ breit gefächerte Bemühungen um die Praxisgrundlagen des ästhetischen Erziehungshandelns mit eigenen Forschungsansätzen und ersten Ergebnissen (vgl. DAUCHER/SPRINKART 1979) zu beobachten, die den Eindruck vermitteln, daß sich die anfangs recht abstrakt-utopische Erziehungsidee einer wissenschaftlich fundierten Realpraxis annähert, obwohl die gesellschaftlichen und bildungspolitischen Voraussetzungen sich eher verschlechtert haben. Unterdessen sind – den didaktisch-theoretischen Differenzierungsleistungen zum Trotz – deutliche *Regressionstendenzen* der staatlichen Förderungspolitik im Bereich der sogenannten musisch-kulturellen Bildung (vgl. BUND-LÄNDER-KOMMISSION FÜR BILDUNGSPLANUNG UND FORSCHUNGSFÖRDERUNG 1977) zu beobachten, die wieder auf nur kompensatorische Erwartungen und auf ein obsoletes Verständnis ästhetischer Kultur rückverweisen, etwa in der Begründung des Modellversuchs der Jugendkunstschule (vgl. BUNDESMINISTER FUR BILDUNG UND WISSENSCHAFT 1979). Doch ist auf der Ebene der Didaktikdiskussion eine Annäherung, ja *Durchdringung* der ursprünglich getrennt entwickelten Konzepte „Visuelle Kommunikation" und „Ästhetische Erziehung" festzustellen, die an der inhaltlichen Ausweitung und politischen Relevanz des ästhetischen Lernens festhält (vgl. GEW - HAUPTVORSTAND 1980).

3.3 Zur fachdidaktischen Diskussion des ästhetischen Erziehungskonzeptes

Als *Bezugsfelder* ästhetischen Erziehungshandelns gelten heute nicht nur alle Gegenstände und Räume der gestalteten und sozialen Lebensumwelten, sondern auch die ritualisierten Formen ihres gesellschaftlichen Gebrauchs; dafür stehen Stichworte wie Design, Architektur, Modeverhalten und Subkultur. Nach wie vor ist auch die übermächtige Medienwirklichkeit eine Herausforderung für ästhetische Erzieher, heute noch verschärft durch den Videokonsum und die Verkabelungsprojekte. In jedem Falle bedeutet hier Erziehungshandeln einen Eingriff in das Sozialisationsgeschehen, das sich außerhalb der Bildungsinstitutionen im gelebten Alltag vollzieht. Handlungstheorien für ästhetische Erziehung müssen also, bevor sie in fachdidaktischen Modellen auf schulische Aktivitäten bezogen werden können, der Dichte jenes Prozesses gerecht werden, den man als Vergesellschaftung der Sinnlichkeit, als „Kultur der Sinne" (vgl. SELLE 1981) bezeichnen kann.

Thomas Ott/ Ingo Scheller/ Karlheinz Scherler/ Gert Selle

Daß die wahrnehmungsbestimmende, ästhetisches Verhalten prägende gesellschaftlich-historische Wirklichkeit in das Blickfeld der Theoretiker ästhetischer Erziehung gekommen ist, zeigt sich in der Verlagerung bezugswissenschaftlicher Schwerpunkte von der politischen Ökonomie und der kritischen Medientheorie zur *Sozialisationsproblematik, Sozialgeschichte* und *Ästhetik des Alltags*. Anstöße gab die Auseinandersetzung mit materialistischer Wahrnehmungspsychologie im Verlauf der Holzkamp-Rezeption (vgl. HOLZKAMP 1973, G. OTTO 1976), die den Aneignungsbegriff erschloß und unter anderem das Zeichnen als Akt der symbolischen Aneignung (vgl. HARTWIG 1975) wiederentdeckte. PAZZINI (vgl. 1979) wies auf die sinnliche Erfahrung an Alltagsgegenständen im kindlichen Sozialisationsprozeß hin; EHMER (vgl. 1979, S.9) versuchte eine Definition „des Ästhetischen" als Summe alltäglicher Momente der Erfahrung, die sich durch sinnliche Wahrnehmung im „Zugriff gegenständlicher Tätigkeit" erschließen. Mit dem Aufmerksamwerden gegenüber Formierungsprozessen der Sinnlichkeit in der Kultur sind auch Arbeiten von ELIAS (vgl. 1969), ZUR LIPPE (vgl. 1974) und THEWELEIT (vgl. 1980) grundlagentheoretisch bedeutsam geworden.

Die von KERBS (vgl. 1976) angeregte Forschung zur Geschichte des Zeichen- und Kunstunterrichts (vgl. BUND DEUTSCHER KUNSTERZIEHER 1976, JOERISSEN 1979, KEMP 1979, REISS 1979, TEBBEN 1979) hat erstmals den Zusammenhang der Fachtradition mit ästhetischen Erziehungsvorgängen in der Geschichte sichtbar gemacht und damit die fachdidaktische Diskussion historisch fundiert. HARTWIG (vgl. 1977, 1980) arbeitete beobachtend und innovativ-analysierend zur gleichen Zeit die besonderen Funktionen ästhetischer Eigentätigkeit in Pubertät und Adoleszenz heraus und gab damit Hinweise auf mögliche und notwendige Identitätsförderung in der Jugendkultur- und Sozialarbeit der Gegenwart. Die Identitätsproblematik wurde jüngst generell im Zusammenhang mit ästhetisch-praktischer Eigentätigkeit neu diskutiert (vgl. BLOHM 1984).

Auch das *Thema Subjektivität,* über längere Zeit aus der kunstpädagogischen Theoriediskussion gleichsam hinausrationalisiert und unter politischen Zielsetzungen begraben, hat wieder Eingang in Theorie und Praxis der ästhetischen Erziehung gefunden. Die gesellschaftlichen Praktiken der künstlerischen und kunsthandwerklichen Freizeittätigkeit und die emotionsgeladene Selbstverwirklichung in den Subkulturen und der alternativen Szene haben den Trend zur Wiederentdeckung des kreativen Subjekts auch in der Fachdidaktik geebnet. Eine neue Parallelität von Theoriediskussion und praktischer Entwicklung zeichnet sich ab (vgl. KLUGE 1983, SCHWARZE 1984). Damit ist die beschleunigte Wiedergewinnung von Dimensionen der kreativen Ich-Bestätigung angedeutet, die einmal ihr schulisches Reservat in der Reformkunstpädagogik gefunden hatte und lange Zeit sich auch in Teilbereichen der musischen Praxis behaupten konnte.

So ist heute im Kunstunterricht und in der außerschulischen Kulturarbeit eine recht unübersichtliche Situation insofern entstanden, als sich alte, noch immer unreflektierte Modelle subjektzentrierter künstlerischer Aktivität mit durchdachten Ansätzen bedürfnisorientierter Gestaltungspraxis überdecken. Oberflächlicher Betrachtung vermittelt sich so der Anschein von Rückfälligkeit oder Theorielosigkeit gegenwärtiger kunstpädagogischer Praxis. Dieser Eindruck ist jedoch angesichts reflektierter Weiterarbeit am Konzept „Ästhetische Erziehung" und angesichts praktischer Versuchsarbeit nicht immer gerechtfertigt.

Immerhin zeichnet sich ein *engeres Hand-in-Hand-Arbeiten von Forschung, Lehre und Schulpraxis* ab. Dieses sich annähernde Vorantasten läßt sich sowohl auf der fachspezifischen Ebene des neuen Einkreisens und Erweiterns traditioneller Bildungsaufgaben des Kunstunterrichts (etwa im Heranführen an und im Verständlichmachen von Kunst) als auch auf der Ebene des allgemeinen Aufgreifens ehemals fachlicher Ahnungen und Erfahrungen, das Lernen mit den Sinnen betreffend, beobachten. Innerfachlich hat sich die Forschungstätigkeit ohne großes Aufheben intensiviert. So suchte beispielsweise das Bremer Projekt „Wahrnehmung von Kunstwerken – Sozialisation der Bilderfahrung" (vgl. MATTHIES/ALTENSTÄDT 1980) nach neuen Erkenntnissen auf dem Gebiet der Kunstvermittlung, indem es nach biographischen und sozialen Bedingungen der Rezeption fragte. Zur gleichen Zeit arbeitete zur Lippe an einem neuen Begriff der „Übung", um mit einer allgemeinen Ästhetik der Besinnung auf menschliche Wahrnehmungs- und Erfahrungsfähigkeit der Verdrängung des Körpers als Lernorgan aus dem von der Industriekultur geprägten Bewußtsein entgegenzuwirken; dabei konnte er eine über das fachdidaktische Denken weit hinausweisende, gleichwohl dieses Denken eng berührende Praxistheorie ästhetischen Selbsterziehungshandelns in der Gesellschaft durch den Aufweis erfahrungsvermittelnder Eigentätigkeiten entwerfen (vgl. KÜKELHAUS/ZUR LIPPE 1982, ZUR LIPPE 1978). Weitere Publikationen dieser Autoren werden vorbereitet, in denen eine Fundamentalästhetik des Lernens – auf die auch Erziehungswissenschaftler Bezug nehmen (vgl. RUMPF 1981) – mit Beispielen einer neuen Elementarpraxis des Übens und Erfahrens auf den verschiedensten Gebieten verknüpft wird, deren Verwandtschaft in der historischen Reformkunstpädagogik bereits deutlich geworden ist oder sich ankündigt.

Was die fachspezifischen, unterrichtsbezogenen Handlungsperspektiven betrifft, so sind vor allem zwei große Bereiche der gesellschaftlichen Wirklichkeit noch als didaktisch unzureichend erschlossen zu bezeichnen: die breite alternativ-kulturelle Szenerie (die vielfach in Hochschule und Schule hineinragt) und die quasi „naturwüchsige" Pädagogik alltagsästhetischer Handlungsfelder wie Wohnen und Gegenstandsgebrauch, in denen wir uns – vielerlei gesellschaftlichen Einflüssen ausgesetzt – gleichwohl als kompetente einzelne tagtäglich von Kindesbeinen an lernend bewähren müssen (vgl. PAZZINI 1983).

Den breitgefächerten Wünschen nach gestaltender, ausdrucksmächtiger Versinnlichung von Lebensbezügen nicht nur in den jugendlichen Subkulturen, sondern auch in den Lebenswelten Erwachsener stehen Kunst- und Kulturpädagogen auch heute noch ziemlich hilflos gegenüber. Auch das, was die scheinbar angepaßten Erwachsenen und deren Kinder im normalen Alltag des Wohnens, der Freizeit und der Lebensgestaltung treiben, war und ist als „Alternative" zu allem zu charakterisieren, was an ästhetischer Praxis in Schule und Hochschule getrieben und was dazu kritisch gesagt wird. Die *gelebte Alltagsästhetik* wird daher in Zukunft noch stärker als bisher in das Forschungsspektrum einer Didaktik aufgenommen werden müssen, die sich als Wissenschaft von den Bedingungen und Voraussetzungen ästhetischen Lernens sowie der Begründung seiner Ziele und der Ausfaltung seiner Methoden versteht.

Die Stichworte Wahrnehmungstheorie, Sozialisationsgeschichte, historische Kunstpädagogik, ästhetische Praxis, Wiederentdeckung des Körpers, außerschulische Kulturarbeit, alternatives Lernen und Leben markieren Interessenschwerpunkte für Forschung und Theoriediskussion. Sie verweisen auch auf den unbestrittenen Gesellschaftsbezug des ästhetischen Erziehungsdenkens. Ein Problem bleibt jedoch der ihm zugewiesene Ort der Verwirklichung, also die *Schule,* speziell der Kunstunterricht. Dieser Lernort ist von institutionellen Vorgaben, Lehrplänen und Leistungskontrollen umstellt. Dennoch erweist er sich als ein mit starken pädagogischen Hoffnungen besetztes Territorium, das bei aller Begrenzung und trotz seiner

Thomas Ott/ Ingo Scheller/ Karlheinz Scherler/ Gert Selle

Abtrennung von der außerinstitutionellen Wirklichkeit noch Möglichkeiten der Wahrnehmung und des Handelns offenzuhalten scheint. Aber während das Modell „Ästhetische Erziehung" in der außerschulischen Kinder- und Jugendkulturarbeit einen gewissen Grad der Publizität erreicht hat (siehe die Münchener Pädagogische Aktion) und sich auch außerhalb der Schule als umsetzbar erwiesen hat, bleibt die breite Verwirklichung des Prinzips allseitiger sinnlicher Entfaltung durch ästhetisches Lernen im alltäglichen Kunstunterricht an der Regelschule fraglich. Nicht zuletzt aus Gründen der institutionellen Enge sehen sich Theoriegeber des Modells „Ästhetische Erziehung" immer wieder auf außerschulische Ansätze der Sozial- und Kulturarbeit verwiesen (vgl. HARTWIG 1980, ROPOHL 1979). Andere Publikationen lassen hingegen darauf schließen, daß ästhetische Erziehungsaktivitäten in einem den traditionellen Kunstunterricht erweiternden Verständnis auch in der Schule – bei aller Einschränkung und trotz aller Vorbehalte hinsichtlich ihrer Reichweite – punktuell verwirklicht werden können und die Sozialisationsbiographien der Schüler zu beeinflussen vermögen. Hier sind insbesondere Veröffentlichungen zu nennen, die Lernbeispiele aus dem Unterricht kritisch referieren (vgl. EHMER 1979), die sich als praktische Wegweiser verstehen (vgl. ANDRITZKY/SELLE 1979, EUCKER/ KÄMPF-JANSEN 1980, STAUDTE 1980) oder die die Rolle des Lehrers und der Schüler im ästhetischen Erziehungsprozeß reflektieren (vgl. DREIDOPPEL 1981, PURITZ 1980).

Es bleibt abzuwarten, wieweit es gelingt, den Weg des selbständigmachenden ästhetischen Erfahrungslernens in alltäglichen Unterrichtssituationen für eine größere Zahl von Fachlehrern kalkulierbar und attraktiv zu machen. Dazu gehört eine Integration derartiger Praxiserfahrungen in die Lehrerausbildung, was wiederum eine bildungspolitische Entwicklung voraussetzt, die sich nicht gegen fachinhaltliche, zielperspektivische und methodische Konsequenzen des Modells „Ästhetische Erziehung" sperrt. Hier sind jedoch eher Restriktionsmaßnahmen zu erwarten, beispielsweise im Rahmen der Studienreformkommissionsarbeit, der Prüfungsordnungen und der Richtlinien für die Fächer im sogenannten ästhetisch-kulturellen Bereich, wie das Beispiel Niedersachsens zeigt (vgl. STUDIENREFORMKOMMISSION IM LANDE NIEDERSACHSEN 1981). Ob sich die Schere zwischen dem theoretisch-didaktisch ausgebauten Entwurf des Modells „Ästhetische Erziehung" und der in der Bundesrepublik verbreiteten Praxis des Kunstunterrichts weiter öffnen oder enger schließen wird, ist im Augenblick offen, zumal die Lehrerarbeitslosigkeit gerade die jungen Kollegen von der Praxis aussperrt, die sich an der Hochschule als neue ästhetische Erzieher qualifiziert haben.

4 Musik

4.1 Gegenwärtige Grundprobleme des Musikunterrichts

Das Schulfach Musik gibt es strenggenommen erst seit den 20er Jahren, als der traditionelle Schulgesangsunterricht – vor allem in volksbildnerischer Absicht – in ein „kulturkundliches" Fach umgewandelt wurde (vgl. BRAUN 1957). Der seither fast durchweg verwendete Begriff „Musikunterricht" erweckt den Eindruck einer Kontinuität in Unterrichtspraxis und didaktischer Theorie, die in Wirklichkeit nie existiert hat. Das relativ junge Fach befindet sich nach wie vor in einer paradoxen Situation: Einerseits ist bildungspolitisch und gesellschaftlich unumstritten, daß musikalische Bildung notwendig sei; andererseits ergibt die Fülle der curricularen Ansätze in Geschichte und Gegenwart das Bild einer gewissen Beliebigkeit dessen, was im Musikunterricht zu geschehen habe - ganz abgesehen davon, daß es bis heute nicht gelungen ist, dem Fach auf breiter Basis die unabdingbaren schulischen Rahmenbedingungen (Lehrerausbildung, Ausstattung, Stundenzahl) zu sichern, so daß die in Lehrplänen und didaktischer Literatur formulierten Ansprüche an musikalische Qualifizierung weitgehend uneingelöst bleiben (vgl. SCHAFFRATH u.a. 1982). Das ungefestigte Selbstverständnis und die unsichere äußere Situation gründen in der Diskontinuität des historischen Prozesses (Nachwirken der Tradition des Gesangsunterrichts, Umfunktionierung der Reform durch den Faschismus, restaurative Tendenzen der Adenauerzeit, Entwicklung der musikalischen Massenmedien in den vergangenen Jahrzehnten), aber auch in gegenstandsspezifischen Problemen, die eine bildungstheoretisch gestützte Funktionsbestimmung des Faches und die Legitimation möglicher Lernprozesse erschweren. So steht *erstens* die Frage, wie der „Gebrauchswert" musikalischer Bildung (soweit ein höchstens zweistündiges Randfach sie überhaupt vermitteln kann) zu definieren und nachzuweisen ist, und zwar in objektiver und in subjektiver Hinsicht: objektiv, weil die Bedeutung des Schulfaches Musik für die Reproduktion und wünschenswerte Weiterentwicklung von Musikkultur entgegen allen programmatischen Erklärungen bis heute unklar geblieben ist, und subjektiv, weil es im Zeitalter der Massenmedien offenbar keiner intentionalen Lernprozesse bedarf, um individuelle und soziale Bedürfnisse mit Hilfe von Musik zu befriedigen. *Zweitens* ist Musik zugleich ästhetisches und funktionales Phänomen; daraus ergaben und ergeben sich immer wieder konfligierende Erziehungsansprüche, die einerseits die „Sache selbst" in vorwiegend struktureller Betrachtung, andererseits die Bedeutung von Musik im Lebensvollzug zum inhaltlichen Ansatzpunkt des Musikunterrichts machen (sei es, daß man mit Hilfe von Musik außermusikalische Erziehungsziele - beispielsweise politischer Art - verfolgt, sei es, daß man in kritisch-emanzipatorischer Absicht die gesellschaftlichen Funktionen von Musik aufzuarbeiten sucht; vgl. ABEL-STRUTH 1978/1979). *Drittens* sind Normprobleme als Bestandteil jeder Ziel-Inhalts-Diskussion im ästhetischen Bereich besonders schwer zu lösen, zumal *viertens* der Musikunterricht bei den Schülern vor allem der höheren Altersstufen immer schon ausgeprägte musikalische Werthaltungen und Verhaltensnormen vorfindet, die das gesellschaftliche Verhaltens- und Einstellungsspektrum repräsentieren. Dadurch werden methodische Probleme häufig zu inhaltlichen und umgekehrt, will man nicht schon durch inhaltliche Entscheidungen bestimmte Wertnormen verabsolutieren. *Fünftens* entspricht der prinzipiellen Offenheit ästhetischer Erfahrung und der faktischen Variationsbreite musikalischer Rezeption eine Fülle von struktur-, aussage- und funktionsanalytischen Thematisierungsmöglichkeiten, über die zu entscheiden ein vielschichtiges Problem darstellt.

4.2 Zur historischen Entwicklung schulischer Musikerziehung

Vor dem Ersten Weltkrieg war Musikunterricht - im Einklang mit dem Namen des Faches - bloßer Gesangsunterricht (vgl. BRAUN 1957). Seine Geschichte ist im Blick auf die tatsächlichen Unterrichtsprozesse noch weitgehend unerforscht, jedoch hat jüngst LEMMERMANN (vgl. 1984) nachgewiesen, daß der Gesangsunterricht ab 1890 zunehmend in den Dienst der Kriegserziehung gestellt wurde.
Die preußische Reform der schulischen Musikerziehung nach dem Ersten Weltkrieg, der sich bald die übrigen Länder des Reichs anschlossen, verfolgte weitgespannte Ziele. Kestenberg, sozialdemokratischer Kulturpolitiker und Initiator der Reform, legte 1921 ein umfassendes Programm vor, das die Erneuerung des ge-

samten musikalischen Bildungs- und Ausbildungswesens vorsah. Hauptziel war die Demokratisierung des Musiklebens in einem „einheitlichen Kulturwillen" und die Erhebung des Kunstwerks zu einem „gesellschaftlich unentbehrlichen Erziehungs- und Bildungsmittel" (KESTENBERG 1921, S. 3 f.). Den wichtigsten Ansatzpunkt sah Kestenberg in einem voll durchgeführten schulischen Musikunterricht, der nun für alle Schüler das leisten sollte, was bis dahin der Privatunterricht für die Kinder höherer Bildungsschichten geleistet hatte, nämlich die Erschließung von Musik als Kunst. Der Erlaß neuer Lehrpläne (ab 1925) brachte allerdings zunächst keine Veränderungen der Unterrichtspraxis mit sich, da es trotz sofort eingerichteter neuer Studiengänge noch auf Jahre hinaus nicht die Musiklehrer gab, die das Konzept hätten tragen können. Außerdem geriet Kestenbergs demokratische Intention schon bald in Konflikt mit konservativen schulpolitischen Strömungen der Weimarer Zeit, die in Schulorganisation und Lehrplänen an der programmatischen Unterscheidung „volkstümlicher" und „höherer" Bildung festhielt – mit Folgen auch für den Musikunterricht weit über den Zweiten Weltkrieg hinaus.

Diese Tendenz zeigt sich bereits an den noch unter Kestenberg verfaßten Lehrplänen. Vergleicht man etwa die ersten Lehrpläne für Gymnasium und Volksschule, so enthalten zwar beide die Forderung nach der Vermittlung von Sachwissen und musikalischen Grundfähigkeiten (Notenlehre, Gehörbildung, rhythmische Erziehung, Musiklehre, Musikgeschichte, Chorsingen); darüber hinaus stehen jedoch in der Volksschule das Volkslied, in der höheren Schule exemplarische Musikwerke aus Barock, Klassik und Romantik im Mittelpunkt des Unterrichts (vgl. BRAUN 1957, GÜNTHER 1967). Gleichwohl zeichneten diese Lehrpläne das Bild eines Musikunterrichts auch als „Lernfach" und begründeten damit eine Tradition, die sich – gestützt zumindest auf die gleichzeitig etablierte, quasiprofessionelle künstlerische Musiklehrerausbildung an Musikhochschulen – hauptsächlich an höheren Schulen bis heute erhalten hat, ungeachtet aller ideologischen Verzerrungen musikpädagogischen Denkens.

Seit den 20er Jahren – und paradoxerweise von Kestenberg selbst gefördert – wurde zunehmend der Einfluß der irrationalistischen, antizivilisatorischen und in manchen Zügen präfaschistischen Denkvoraussetzungen der Jugendmusikbewegung wirksam (vgl. GÜNTHER 1967, HODEK 1977, KOLLAND 1979, MARTIN 1982). Dieser ging es weniger um eine Demokratisierung des vorfindlichen Musiklebens als vielmehr um die Schaffung einer eigenständigen „Volksmusikkultur", wobei man sich an Modellen des Gemeinschaftsmusizierens der Zeit vor Bach orientierte, die man – in oft bewußter Frontstellung gegen das klassisch-romantisch ausgerichtete Konzertleben – wiederbeleben wollte. In Theorie und Praxis folgenreich wurde ein funktionalistisches Denken, das der „heilenden" Wirksamkeit von Musik Vorrang vor einer als intellektualistisch und ästhetisierend diffamierten Musikbetrachtung gab. Es ging eher um die „gemeinschaftsbildende Kraft" des Singens und Musizierens als um das Musizierte selbst; identifikatorisches „Erleben" der vermeintlich ethischen, gemüts- und charakterbildenden Gehalte von Musik ersetzte rational-distanzierende Analyse. Dies begründete auch den hohen pädagogischen Stellenwert des Volksliedes, das textlich und musikalisch als Ausdruck gesunden Menschentums galt. Dadurch – und durch die fortwirkende Tradition des alten Schulgesangsunterrichts – behauptete das Liedersingen weiterhin seine unterrichtspraktische Vorrangstellung, vor allem in der Volksschule. Allerdings wurde (zumindest in der Theorie) die überkommene Unterrichtsmethodik allmählich durch reformpädagogische Prinzipien – wie Improvisations- und Erfindungsübungen im Sinne des „arbeitenden Unterrichts" – modifiziert, die vor allem JÖDE (vgl. 1928), der pädagogisch einfluß-

Lernbereich Ästhetik

reichste Exponent der Jugendmusikbewegung, vertrat. Freilich wurden solche Ansätze – wie in anderen Fächern auch – nach 1933 zurückgenommen (vgl. RITZEL 1979).
Standen die meisten Vertreter der Jugendmusikbewegung vor 1933 politisch nicht auf dem Boden des Nationalsozialismus, so hinderte dies nicht, daß viele von ihnen später die Musikarbeit der Hitler-Jugend und die nationalsozialistische Musikpädagogik wesentlich mittrugen. Denn der funktionalistische, an Gemeinschaftserziehung, Volksmusik und identifikatorischer Musikrezeption orientierte Ansatz vertrug sich bruchlos mit den Zielen und Prinzipien der nationalsozialistischen Pädagogik (vgl. KRIECK 1933, KÜHN 1939, REUSCH 1938) und Musikpropaganda (vgl. PRIEBERG 1982). Die politisch-ideologische Attraktivität, die dem Musikunterricht unter solchen Voraussetzungen zuwuchs, führte dazu, daß die Ziele der Kestenberg-Reform in organisatorischer Hinsicht erst jetzt eingelöst wurden: Die Musiklehrerausbildung wurde intensiviert; Musik erhielt als „deutschkundliches Fach" einen der obersten Ränge im Lehrplan. Auch die Musiklehrpläne der Weimarer Zeit wurden – wenngleich im „völkischen Sinne" modifiziert – in ihren Grundstrukturen übernommen (vgl. GÜNTHER 1967).
Ohne diese Kontinuität sehen zu wollen, suchte die Musikpädagogik während der Restaurationsperiode der Bundesrepublik an die vermeintlich abgebrochene Tradition der Zeit vor 1933 anzuknüpfen (vgl. GÜNTHER 1983, KRAUS 1950). Mit dem Programm „Musische Bildung" setzte sich erneut das funktionalistische Denken durch (vgl. GÖTSCH 1949ff., HAASE 1951, KRAUS 1956ff.), das in seiner kulturkonservativ-zivilisationskritischen Zielrichtung Rückhalt im herrschenden Trend der Allgemeinpädagogik fand. Wesentliches Legitimationskriterium für schulischen Musikunterricht war ein idealistischer, theologisch verbrämter Musikbegriff, der weitgehend ohne ästhetische, soziologische und psychologische Differenzierung erneut die gemeinschaftsbildende, moralisch-ethische, im weitesten Sinne „heilende" Wirksamkeit von Musik in den Vordergrund stellte, vor allem gegenüber Zivilisationserscheinungen wie Intellektualismus, seelischer Verarmung, Technisierung, Vermassung, Materialismus, Alltagshetze und Utilitarismus. Auch die Entgegensetzung volkstümlicher und höherer musikalischer Bildung, wie sie sich nach wie vor in den Lehrplänen spiegelte, blieb unbefragt. So ging eine Didaktik noch 1957 davon aus, daß der musikalische Bildungsauftrag der Volksschule in der Neubelebung einer am Volksgesang orientierten „usuellen Grundschicht" der Musikkultur bestehe (vgl. H. OTTO 1957). Der ideologiekritische Angriff Adornos auf die Denkvoraussetzungen der Musikpädagogik und sein Gegenmodell strukturell-adäquater Rezeption authentischer Werke blieben in der Praxis zunächst folgenlos (vgl. ADORNO 1956).
Erst in den 60er Jahren kam es allmählich zu einer Umorientierung, gefördert durch den Generationenwechsel unter den führenden Musikpädagogen, durch die „realistische Wende" in der Erziehungswissenschaft, die Hinwendung zur außerschulischen Realität als Bezugsgröße des Unterrichts, schließlich die Bildungsreformdiskussion mit ihren Postulaten der Chancengleichheit und individuellen Förderung. Der dualistische Bildungsbegriff wurde aufgegeben, Musikunterricht nun als Lern- und Leistungsfach statt als gemütsbildendes Ausgleichsfach definiert (vgl. ABEL-STRUTH 1967, KRAUS 1965, SEGLER/ABRAHAM 1966). Zugleich wurden realistischere Analysen der Schülervoraussetzungen im Musikunterricht vorgenommen und eine Hinwendung zur Empirie vollzogen: Technisch vermittelte Musikrezeption und Popularmusik wurden als wichtige Einflußgrößen der Struktur der Lernvoraussetzungen erkannt und didaktisch reflektiert (vgl. KLAUSMEIER 1963, KRAUS 1968; vgl. RAUHE 1962, 1970). Trotz dieser „Wende" entstanden recht schnell sehr

unterschiedlich akzentuierte Ziel-/Inhaltskonzeptionen für den Musikunterricht und für seine inhaltlichen Teilbereiche.

4.3 Ziel- und Inhaltskonzeptionen für den Musikunterricht

4.3.1 Kunstwerkorientierung

Nach dem Fortfall der „musischen" Legitimationsgründe erschienen zunächst Programme, die den normativen Bezugspunkt der Zielbestimmung im Kunstbegriff fanden (vgl. ALT 1968), sich primär auf die Vermittlung rezeptiver Fähigkeiten ausrichteten (vgl. ANTHOLZ 1970, VENUS 1969, VOGELSÄNGER 1970) und damit in gewisser Weise an die Kestenbergsche Tradition des gymnasialen Musikunterrichts anknüpften, dessen inhaltliche Teilbereiche dabei durchweg um das Arbeitsfeld „Information über Musikkultur in der Industriegesellschaft" (ANTHOLZ 1970, S. 190 ff.) erweitert wurden. Diese Konzeptionen, die auch Geltung für den Musikunterricht der übrigen Schularten beanspruchen, gehen vom tradierten Elementarisierungskonzept eines schrittweisen Aufbaus der Rezeptionsfähigkeit mit Hilfe von Noten- und Elementarlehre aus; in Analogie dazu ergibt sich eine schulstufenbezogene Hierarchie der behandelten Musikwerke nach struktureller Komplexität. Dabei wird das (Volks-)Lied ideologischer Überhöhungen entkleidet, nun in erster Linie als eine Art struktureller Elementarstufe der Musik begriffen (vgl. ABEL-STRUTH 1967). ALT (vgl. 1968) arbeitete im Blick auf das Postulat der Wissenschaftsschule (vgl. WILHELM 1967) interpretative Methoden aus, die an die werkanalytischen und historiographischen Ansätze der Musikwissenschaft anknüpften, wobei die Frage offenblieb, ob die damit markierten abbilddidaktischen Wege der Gegenstandskonstitution auf Interessen und rezeptive Gewohnheiten der Schüler beziehbar sind. Im Gegensatz dazu fordern EHRENFORTH (vgl. 1971) und RICHTER (vgl. 1976, 1984) ein „hermeneutisches" Verfahren der Musikbetrachtung, das den Sinnhorizont der Werke und den Verstehenshorizont der Schüler als prinzipiell gleichrangige Größen einander anzunähern sucht. Mit der vor allem von Alt akzentuierten, weniger ausdrücklich aber auch in anderen Ansätzen enthaltenen „Orientierung am Kunstwerk" stellt sich nicht nur die (ästhetische) Frage, wie Kunst und Nicht-Kunst normativ abgegrenzt werden können, sondern im weiteren Sinn auch das curriculumtheoretische und unterrichtsmethodische Problem der Bewältigung unterschiedlicher musikalischer Wertzuweisungen und Präferenzen. Davon ist freilich nicht nur die musikpädagogische Kunstwerkorientierung betroffen. Auch das allgemein akzeptierte Erziehungsziel eines in Kenntnis von Alternativen erfolgenden Wahlverhaltens kann sich bis heute nicht auf eine Theorie der Herausbildung von Wertorientierungen im Unterrichtsprozeß stützen. Da musikalische Wertungen deutlich in sozialen Faktoren gründen, dürften Aufschlüsse darüber am ehesten von einer Thematisierung des Musikunterrichts als Interaktionsfeld zu erwarten sein (vgl. Ansätze hierzu bei GÜNTHER u. a. 1982, 1983; vgl. NYKRIN 1978, RAUHE u. a. 1975).

4.3.2 Auditive Wahrnehmungserziehung

Diese Konzeption, die mit den musikpädagogischen Traditionen weitgehend brach, entwickelte sich aus innovativen Ansätzen etwa seit 1965 und wurde zuerst im 1972 erschienenen Lehrwerk von FRISIUS u. a. (vgl. 1972) ausformuliert. Prinzipien, die aus der avantgardistischen Musik der 50er und 60er Jahre übernommen wurden (Ausweitung des musikalischen Materials, Aleatorik, Improvisation, graphische Notation), eröffneten neue Möglichkeiten des produktiven Umgangs mit Musik, insbesondere des Musizierens; zugleich wurden – als Alternative zur herkömmlichen Notation und musiktheoretischen Begrifflichkeit – Elementarisierungsprinzipien entwickelt, die an die Umgangssprache und die Möglichkeit freier Visualisierung von Hörbarem anknüpfen. Im Gegensatz zur tradierten Elementarlehre setzen diese Prinzipien der inhaltlichen Auswahl keine altersspezifischen Grenzen mehr: Sie ermöglichen schon in der Grundschule einen umfassenden Zugriff auf alle Arten von Musik und ziehen damit die fällige Konsequenz aus der frühzeitigen Prägung musikalischer Erfahrung durch die Massenmedien. Der Umkreis der Inhalte wurde auf „alles Hörbare" ausgeweitet und zugleich unter strukturellen, funktionalen und kommunikativen Aspekten thematisiert. Die oft betonte Wertfreiheit des Ansatzes („Musikunterricht ohne Vorbedingungen") beruft sich auf das allgemeine Ziel der Chancengleichheit und -gerechtigkeit des Unterrichts; allerdings ist zu bezweifeln, daß allein durch die Suspendierung der Auswahlproblematik der unverzichtbare Interessenbezug des Musikunterrichts gesichert werden kann (vgl. OTT 1984). Viele Neuerungen der auditiven Wahrnehmungserziehung sind mittlerweile in Lehrpläne und Unterrichtspraxis eingegangen, ohne daß sich das Konzept als Ganzes – was der eigene Anspruch war – hätte durchsetzen können.

Das unterrichtspraktisch wirksame Nebeneinander älterer und neuerer fachdidaktischer Prinzipien, deren Verträglichkeit ungeprüft und oft genug bestritten ist, ist kennzeichnend für die gegenwärtige Situation der Musikpädagogik und des Musikunterrichts. Besonders dringlich erscheint es, die verschiedenen Elementarisierungsmodelle, die die Unterrichtskommunikation über die strukturelle Seite der Musik bestimmen, auf ihre didaktische Reichweite und ihre Funktion für die Hörerziehung einerseits und für das Klassenmusizieren andererseits zu befragen. So ist unklar, bis zu welchem Grad eine alltagssprachlich vorgeprägte, „voraussetzungslose" Terminologie dazu verhelfen kann, strukturelles Hören auszudifferenzieren, in welchem didaktischen Verhältnis „freie" Klangexperimente, Improvisationen und Produktionen zur tonal geprägten Musikpraxis stehen, wieweit es überhaupt des langfristig-systematischen Aufbaus eines „musiktheoretischen" Ordnungszusammenhangs bedarf und in welcher Weise dieser die verschiedenen Ansätze integrieren kann.

4.3.3 Popmusik

Die Frage, ob und in welcher Weise Popmusik in den Unterricht einbezogen werden sollte, stellte sich in den 60er Jahren mit Dringlichkeit angesichts des wachsenden Einflusses der Massenmedien auf das musikalische Bewußtsein der Schüler. KNOLLE (vgl. 1979) unterscheidet drei Grundpositionen der Diskussion der 60er und beginnenden 70er Jahre:
- Abwehr der Popmusik durch „Gegenqualifizierung" (musische Erziehung/Kunstwerkdidaktik);
- Einbeziehung von Popmusik zwecks Aufbaus einer kritischen Haltung, und zwar vor allem durch Strukturanalysen, aus denen sich Wertbewußtsein ergeben sollte;
- Behandlung von Popmusik unter Einbeziehung von Informationen über gesellschaftliche, ökonomische, psychologische und technische Zusammenhänge.

Trotz wachsenden Problembewußtseins hinsichtlich der Verankerung musikalischer Gewohnheiten in den Lebenszusammenhängen der Schüler (vgl. RAUHE 1970, 1972; vgl. WIECHELL 1975) ist diese Diskussion doch immer noch von der Frage bestimmt, wieweit die Prägung der Schüler im Widerspruch zu tradierten Zielen des Musikunterrichts steht. Empirische Untersuchungen, die das Musikverhalten von Jugendlichen als Ausdruck ihrer Selbstdefinition im sozialen Kontext zu bestimmen versuchen (vgl. ARBEITSKREIS MUSIKPÄDAGOGISCHE FORSCHUNG 1983, DOLLASE u. a. 1974), machen zweifelsfrei deutlich, daß die Popmusik als ein pädagogisch zu bewältigendes Problem dazu zwingt, die traditionelle Fachperspektive zu erweitern; vielleicht ist dies das Hauptproblem gegenwärtiger Musikpädagogik. Seit Beginn der 80er Jahre hat sich insbesondere unter jüngeren Musiklehrern und -didaktikern eine unvoreingenommenere Haltung gegenüber der Popmusik durchgesetzt, die dazu geführt hat, daß vor allem neuere unterrichtsmethodische Möglichkeiten des Klassenmusizierens auf der Grundlage von Stilprinzipien der Popmusik erschlossen wurden (vgl. BROCK/MOSER 1983, SCHÜTZ 1982). Dabei bleibt es unbestritten, daß es eine wichtige Aufgabe des Musikunterrichts ist, kritisches Wissen über manipulative Mechanismen des Musikmarktes und über die Beeinflussung der Jugendlichen durch „funktionelle" Genres der Medienmusik zu vermitteln (vgl. FEHLING 1976, HELMS 1981, KEMMELMEYER/WEHMEIER 1976).

4.3.4 Musikalische Produktion oder Reproduktion

Singen und Musizieren als traditionelle Wege des kreativen Selbstausdrucks im Musikunterricht erfuhren im Laufe der Zeit vielfältige inhaltlich-methodische Ausprägungen und Funktionszuweisungen. Die musische Erziehung stellte aus den genannten Gründen das „umgangsmäßige" Singen in den Vordergrund; in den 50er Jahren wurden mit dem Vordringen des Orff-Instrumentariums auch elementare Formen der instrumentalen Singbegleitung für den Unterricht erschlossen. Die nachmusische Musikdidaktik engte den Stellenwert des Singens und Musizierens zunächst stark ein: Dem (Volks-)Lied wurde nun hauptsächlich „stilgeschichtliche Repräsentanz" zugesprochen (vgl. SEGLER/ABRAHAM 1966); ging es primär um Hörerziehung, so konnten Produktion und Reproduktion (abgesehen von der Grundschule) weitgehend nur den Sinn haben, kognitives und rezeptives Lernen methodisch zu stützen (vgl. ALT 1968, ANTHOLZ 1970). Schon bald entwickelten sich jedoch neue Formen des kreativen Umgangs mit musikalischem Material: aus der Avantgarde entlehnte experimentelle und improvisatorische Verfahren, wie sie vor allem von der auditiven Wahrnehmungserziehung aufgegriffen wurden und die ihre Eignung gerade auch für die Vor- und Grundschule erwiesen (vgl. MEYER-DENKMANN 1970); der Ansatz der „polyästhetischen Erziehung", der diese Verfahren mit Elementen von Bewegung, Tanz und Szene zu größeren Schülerproduktionen verbindet (vgl. KOHLMANN 1978, ROSCHER 1976); kreatives Arbeiten mit elektroakustischen Geräten (vgl. DWYER 1973); in jüngster Zeit das Musizieren von Popmusik. Neue Ansätze ergaben sich auch in der Lieddidaktik: Internationalisierung des Repertoires, Liedbehandlung unter ideologiekritischen und historischen, gesellschaftlichen und politischen Aspekten (vgl. BRECKOFF u. a. 1975, FUCHS u. a. 1983, MOSSMANN/SCHLEUNING 1978), Produktion von Liedern durch die Schüler selbst (vgl. SCHLEUNING 1978). Die fach- und allgemeindidaktische Legitimationsproblematik dieser offensichtlichen Renaissance des Musikmachens im Unterricht ist aber noch nicht aufgearbeitet. Immerhin zeigt eine Fallstudie (vgl. GÜNTHER/OTT 1984), daß dieser Ansatz offenbar die an einen handlungsorientierten Unterricht zu stellenden Ansprüche (vgl. MEYER 1980, S. 211 ff.) einzulösen vermag, indem er breiten Raum für Schülerinteressen zuläßt, in der Regel aber auch deutliche didaktische Bezüge zu weiteren Arbeitsbereichen des Musikunterrichts (Notation und Musiklehre, Musikbetrachtung, Hörerziehung, Musikgeschichte) herzustellen erlaubt.

Lernbereich Ästhetik

4.4 Perspektiven

Die Phase der didaktischen Aufbereitung neuer inhaltlicher Bereiche scheint abgeschlossen zu sein. Die Vielfalt der inhaltlich-methodischen Ansätze ergibt jedoch ein widersprüchliches Bild, das auf keinen klaren Begriff musikalischer Bildung zu bringen ist. Vordringlich sind theoretische, durch Unterrichtsforschung gestützte Bemühungen, die konfligierenden Zielansätze (wertende Kulturpädagogik versus Schülerinteressen; Sachanspruch versus hedonistisches Prinzip; Musik als Strukturphänomen versus Musik als Ausdruck und Spiegelung von Selbst- und Fremderfahrung; Offenhalten und Vertiefen vorhandener Erfahrungsweisen des Ästhetischen versus selektive Elementarisierung; kritische musikkulturelle Orientierung versus Musik-Lernen im engeren Sinne) im Hinblick auf ihre Legitimierbarkeit zu überprüfen und aufeinander zu beziehen.

ABEL-STRUTH, S.: Musikalische Grundausbildung, Frankfurt/M. 1967. ABEL-STRUTH, S.: Ziele des Musik-Lernens, 2 Bde., Mainz 1978/1979. ADHOC-GRUPPE VISUELLE KOMMUNIKATION: Visuelle Kommunikation – Zur gesellschaftlichen Begründung eines neuen Unterrichtsfaches. In: EHMER, H. K. (Hg.): Visuelle Kommunikation..., Köln 1971, S. 367 ff. ADORNO, TH. W.: Dissonanzen, Göttingen 1956. ALT, M.: Didaktik der Musik, Düsseldorf 1968. ANDRITZKY, M./SELLE, G. (Hg.): Lernbereich Wohnen. Didaktisches Sachbuch zur Wohnumwelt vom Kinderzimmer bis zur Stadt. Grundlagen, Materialien, Lernbeispiele, 2 Bde., Reinbek 1979. ANTHOLZ, H.: Unterricht in Musik, Düsseldorf 1970. ARBEITSKREIS MUSIKPÄDAGOGISCHE FORSCHUNG: Musikalische Teilkulturen. Musikpädagogische Forschung, Bd. 4, Laaber 1983. ÄSTHETISCHE PRAXIS, POLITISCHE PRAXIS. Kunst u. U., Sonderheft 1981. BAEUMLER, A.: Politische Leibeserziehung. In: REICHSSPORTFÜHRUNG (Hg.): Sport und Staat, Bd. 2, Berlin 1937, S. 136 ff. BANNMÜLLER, E.: Neuorientierung der Bewegungserziehung in der Grundschule, Stuttgart 1979. BATZ, M./SCHROTH, H.: Theater zwischen Tür und Angel. Handbuch für freies Theater, Reinbek 1983. BENJAMIN, W.: Über Kinder, Jugend und Erziehung, Frankfurt/M. 1969. BERGER, P. L./LUCKMANN, TH.: Die gesellschaftliche Konstruktion der Wirklichkeit, Frankfurt/M. 1970. BERNETT, H.: Sportpolitik im Dritten Reich, Schorndorf 1971. BLOHM, M.: Identitätsfördernde ästhetische Praxis. Eine Untersuchung aktueller kunstpädagogischer Konzepte unter Kriterien eines sozialisationstheoretisch begründeten Identitätsbegriffs, Frankfurt/M. 1984. BOAL, A.: Theater der Unterdrückten, Frankfurt/M. 1979. BODE, R.: Ausdrucksgymnastik, München ³1920. BRAUN, G.: Die Schulmusikerziehung in Preußen, Kassel/Basel 1957. BRECHT, B.: Gesammelte Werke, Bd. 15, Frankfurt/M. 1967. BRECKOFF, W. u.a.: Liedermagazin, Kassel/Basel/London 1975. BRETTSCHNEIDER, W.-D.: Grundlagen und Probleme einer unterrichtsrelevanten Sportdidaktik, Ahrensburg 1975. BROCK, J./MOSER, J.: Pop-Musik mit Schülern, Mainz 1983. BRODTMANN, D.: Sportunterricht und Schulsport, Bad Heilbrunn ²1984. BRÜCK, H.: Die Angst des Lehrers vor seinem Schüler. Reinbek 1978. BUND DEUTSCHER KUNSTERZIEHER (Hg.): Katalog Kind und Kunst, Berlin 1976. BUNDESMINISTER FÜR BILDUNG UND WISSENSCHAFT (Hg.): Modellversuch „Künstler und Schüler". Zwischenbilanz. BMBW-Werkstattberichte 11, Melsungen 1978. BUNDESMINISTER FÜR BILDUNG UND WISSENSCHAFT (Hg.): Die Jugendkunstschule – Modell sozialer Kulturarbeit, Werkstattbericht 20, Bonn 1979. BUNDESMINISTER FÜR BILDUNG UND WISSENSCHAFT (Hg.): Modellversuch „Künstler und Schüler". Abschlußbericht. BMBW-Werkstattberichte 23, Melsungen 1980. BUNDESMINISTER FÜR JUGEND, FAMILIE UND GESUNDHEIT (Hg.): Zur alternativen Kultur in der Bundesrepublik Deutschland, Bonn 1981. BUND-LÄNDER-KOMMISSION FÜR BILDUNGSPLANUNG UND FORSCHUNGSFÖRDERUNG (Hg.): Musisch-kulturelle Bildung. Ergänzungsplan zum Bildungsgesamtplan, 2 Bde., Stuttgart 1977. CLARKE, J. u.a.: Jugendkultur als Widerstand, Frankfurt/M. 1979. COBURN-STAEGE, U.: Lernen durch Rollenspiel. Theorie und Praxis für die Schule, Frankfurt/M. 1977. DAHRENDORF, R.: Homo sociologicus: Ein Versuch zur Geschichte, Bedeutung und Kritik der Kategorie der sozialen Rolle, Opladen ¹⁰1971. DAMASCHKE, T./MÄVERS, W.: Pädagogisches Rollenspiel. In: ARBEITSKREIS PÄDAGOGISCHES ROLLENSPIEL (Hg.): Materialien zur Praxis des Rollenspiels 11, Hannover 1982, S. 3 ff. DAUBLEBSKY, B. (Hg.): Spielen in der Schule, Stuttgart 1973. DAUCHER, H./SPRINKHART, K.-P. (Hg.): Ästhetische Erziehung als Wissenschaft. Probleme, Positionen, Perspektiven, Köln 1979. DOLLASE, R. u. a.: Rock People oder Die befragte Szene, Frankfurt/M. 1974. DREIDOPPEL, H.: „Das sieht unheimlich stark aus!" Perspektiven im 8. Schuljahr – ein Praktiker erzählt. In: „Dann zeichneten sie los wie der Teufel". Texte des Symposions „Kunstpädagogik 1980". Kasseler Hefte f. Kunstw. u. Kunstp. (1981), 1, S. 45 ff. DREITZEL, H. P.: Die gesellschaftlichen Leiden und das Leiden an der Gesellschaft, Stuttgart 1968. DWYER, T.: Komponieren mit dem Tonbandgerät. Stuttgart 1973. EBERT, H./PARIS, V.: Warum ist bei Schulzes Krach? Kindertheater „Märkisches Viertel", Teil I und II, Berlin 1976. EHMER, H. K. (Hg.): Visuelle Kommunikation. Beiträge zur Kritik der Bewußtseinsindustrie, Köln 1971. EHMER, H. K.: Krise und Identität – Zur Kritik einiger fachdidaktischer und fachpolitischer Kategorien. In: HARTWIG, H. (Hg.): Sehen lernen, Köln 1976, S. 13 ff. EHMER, H. K. (Hg.): Ästhetische Erziehung und Alltag, Gießen 1979. EHNI, H.: Sport und Schulsport, Schorndorf 1977. EHRENFORTH, K. H.: Verstehen und Auslegen, Frankfurt/M. 1971. ELIAS, N.: Über den Prozeß der Zivilisation, 2 Bde., Bern/München 1969. ENZENSBERGER, H. M.: Baukasten zu einer Theorie der Medien. In: Kursbuch (1970), 20, S. 159 ff. EUCKER, J./KÄMPF-JANSEN, H.: Ästhetische Erziehung 5-10, München/Wien/Baltimore 1980. FEHLING, R.: Manipulation durch Musik, Starnberg 1976. FETZ, F.: Allgemeine Methodik der Leibesübungen, Frankfurt/M. [8]1979. FINK, E.: Oase des Glücks. Gedanken zu einer Ontologie des Spiels, Freiburg 1957. FRISIUS, R. u. a.: Sequenzen – Musik Sekundarstufe I, Stuttgart 1972. FROSTIG, M.: Bewegungserziehung, München 1975. FUCHS, M. u. a.: Deutsches Volkslied, Stuttgart 1983. FUNKE, J.: Curriculumrevision im Schulsport, Ahrensburg 1979. GAULHOFER, K./STREICHER, M.: Natürliches Turnen, 2 Bde., Wien/Leipzig 1930/1931. GEW-HAUPTVORSTAND: Zur Sicherung Ästhetischer Erziehung in der Schule. In: BDK-Mitt. 16 (1980), 1, S. 33 ff. GIFFHORN, H.: Kritik der Kunstpädagogik. Zur gesellschaftlichen Funktion eines Schulfachs, Köln 1972. GOFFMAN, E.: Interaktionsrituale, Frankfurt/M. 1967. GOFFMAN, E.: Wir alle spielen Theater. Die Selbstdarstellung im Alltag, München [3]1976. GÖTSCH, G.: Musische Bildung, 3 Bde., Wolfenbüttel 1949 ff. GROLL, H.: Systematiker der Leibesübungen, Wien [5]1970. GRÖSSING, ST.: Einführung in die Sportdidaktik, Bad Homburg [3]1981. GRÜNEISL, G. u. a.: Umwelt als Lernraum. Organisation von Spiel- und Lernsituationen. Projekte ästhetischer Erziehung, Köln 1973. GRUPE, O.: Leibesübung und Erziehung, Freiburg 1964. GRUPE, O.: Grundlagen der Sportpädagogik, München 1969. GUDJONS, H./REINERT, G.-B. (Hg.): Lehrer ohne Maske? Grundfragen zur Lehrerpersönlichkeit, Königstein 1981. GÜNTHER, U.: Die Schulmusikerziehung von der Kestenberg-Reform bis zum Ende des Dritten Reiches, Neuwied/Berlin 1967. GÜNTHER, U.: Musikerziehung im Dritten Reich. In: Musik u. B. 15 (1983), 11, S. 11 ff. GÜNTHER, U./OTT, TH.: Musikmachen im Klassenunterricht, Wolfenbüttel 1984. GÜNTHER, U. u. a.: Musikunterricht 1-6, Weinheim/Basel 1982. GÜNTHER, U. u. a.: Musikunterricht 5-11, Weinheim/Basel 1983. GÜNZEL, W.: Taschenbuch des Sportunterrichts, Baltmannsweiler 1975. GUTS MUTHS, J. CH. F.: Spiele zur Übung und Erholung des Körpers und Geistes für die Jugend, Schnepfenthal 1797. HAASE, O.: Musisches Leben, Hannover/Darmstadt 1951. HABERMAS, J.: Thesen zur Theorie der Sozialisation. Stichworte und Literatur zur Vorlesung, Frankfurt/M. 1968. HARJES, R.: Handbuch zur Praxis des Freien Theaters, Köln 1983. HARTWIG, H.: Ein Vormittag in der Hauptschule. In: Ästh. u. Komm. 6 (1975), 20, S. 8 ff. HARTWIG, H. (Hg.): Sehen lernen, Kritik und Weiterarbeit am Konzept Visuelle Kommunikation, Köln 1976. HARTWIG, H.: Ästhetische Praxis als Gegenstand von Theorie und Erinnerung. Hinweis auf Symbolbegriff und Adoleszenzkonzept in Psychoanalyse und Aneignungstheorie. In: Ästh. u. Komm. 8 (1977), 30, S. 29 ff. HARTWIG, H.: Jugendkultur. Ästhetische Praxis in der Pubertät, Reinbek 1980. HAUG, F.: Kritik der Rollentheorie und ihrer Anwendung in der bürgerlichen deutschen Soziologie, Frankfurt/M. 1972. HAUSMANN, G.: Didaktik als Dramaturgie des Unterrichts, Heidelberg 1959. HAVEN, H.: Darstellendes Spiel, Düsseldorf 1970. HEIMANN, P.: Didaktik als Unterrichtswissenschaft, Stuttgart 1976. HEINZE, TH.: Schülertaktiken, München/Wien/Baltimore 1980. HELMS, S.: Musik in der Werbung, Wiesbaden 1981. HENTIG, H. V.: Das Leben mit der Aisthesis. In: DEUTSCHER BILDUNGSRAT (Hg.): Lernziele der Gesamtschule. Deutscher Bildungsrat: Gutachten und Studien der Bildungskommission, Bd. 12, Stuttgart 1969, S. 29 ff. HINRICHS, W. u. a. (Hg.): Wir bringen was in Bewegung. Perspektiven alternati-

Lernbereich Ästhetik

ver Sportkultur, Oldenburg 1983. HODEK, J.: Musikalisch-pädagogische Bewegung zwischen Demokratie und Faschismus, Weinheim/Basel 1977. HOLZKAMP, K.: Sinnliche Erkenntnis – historischer Ursprung und gesellschaftliche Funktion der Wahrnehmung, Frankfurt/M. 1973. HUIZINGA, J.: Homo ludens, Reinbek 1956. JAHN, F. K./EISELEN, E.: Die Deutsche Turnkunst, Berlin 1816. JÖDE, F.: Das schaffende Kind in der Musik, Wolfenbüttel 1928. JOERISSEN, P.: Kunsterziehung und Kunstwissenschaft im wilhelminischen Deutschland 1871–1918, Diss., Köln 1979. KAMPER, D./WULF, CH.: Die Wiederkehr des Körpers, Frankfurt/M. 1982. KEKS-DOKUMENTATION 1971. In: BDK-Mitt. (1971), 1, S. 1 ff. KELLER, M.: Spiel und kognitives Lernen, ein Widerspruch? In: DAUBLEBSKY, B. (Hg.): Spielen in der Schule, Stuttgart 1973, S. 252 ff. KEMMELMEYER, K.-J./WEHMEIER, R.: Der Schlager, Regensburg 1976. KEMP, W.: „... einen wahrhaft bildenden Zeichenunterricht überall einzuführen". Zeichnen und Zeichenunterricht der Laien 1500–1870. Ein Handbuch, Frankfurt/M. 1979. KERBS, D.: Zum Begriff der ästhetischen Erziehung (1970/72). In: OTTO, G. (Hg.): Texte zur Ästhetischen Erziehung, Braunschweig 1975, S. 12 ff. KERBS, D.: Historische Kunstpädagogik. Quellenlage, Forschungsstand, Dokumentation, Köln 1976. KESTENBERG, L.: Musikerziehung und Musikpflege, Leipzig 1921. KIPHARD, E./HUPPERTZ, H.: Erziehung durch Bewegung, Bad Godesberg 1971. KLAUSMEIER, F.: Jugend und Musik im technischen Zeitalter, Bonn 1963. KLEINDIENST-CACHAY, CH.: Die Verschulung des Turnens, Schorndorf 1980. KLUGE, A.: Die Macht der Gefühle. Geschichten, Gespräche und Materialien von und über Alexander Kluge. In: Ästh. u. Komm. 14 (1983), 53/54, S. 168 ff. KNOLLE, N.: Populäre Musik in Freizeit und Schule, Diss., Oldenburg 1979. KOCH, G. u. a. (Hg.): Assoziales Theater. Spielversuche mit Lehrstücken und Anstiftung zur Praxis, Köln 1984. KOCHAN, B. (Hg.): Rollenspiel als Methode sozialen Lernens, Königstein 1981. KOHLMANN, W.: Projekte im Musikunterricht, Weinheim/Basel 1978. KOLLAND, D.: Die Jugendmusikbewegung, Stuttgart 1979. KOSSOLAPOW, L.: Musische Erziehung zwischen Kunst und Kreativität, Frankfurt/M. 1975. KRAMER, M.: Jetzt spielen wir Theater. Das praktische Rollenspielbuch, Berlin 1975. KRAPPMANN, L.: Soziologische Dimensionen der Identität, Stuttgart 1969. KRAPPMANN, L.: Lernen durch Rollenspiel. In: KLEWITZ, M./NICKEL, H.-W. (Hg.): Kindertheater und Interaktionspädagogik, Stuttgart 1972, S. 37 ff. KRAUS, E. (Hg.): Musik in der deutschen Bildung, Ratingen 1950. KRAUS, E. (Hg.): Tagungsberichte der Bundesschulmusikwochen, Mainz 1956 ff. KRAUS, E. (Hg.): Fortschritt und Rückbildung in der deutschen Musikerziehung, Mainz 1965. KRAUS, E. (Hg.): Der Einfluß der Technischen Mittler auf die Musikerziehung unserer Zeit, Mainz 1968. KRETSCHMER, J.: Sport und Bewegungsunterricht, München/Wien/Baltimore 1981. KRIECK, E.: Musische Erziehung, Leipzig 1933. KÜHN, W.: Führung zur Musik, Lahr 1939. KÜKELHAUS, H./ZUR LIPPE, R.: Entfaltung der Sinne. Ein „Erfahrungsfeld zur Bewegung und Besinnung", Frankfurt/M. 1982. KUNST/VISUELLE KOMMUNIKATION: Arbeitsmaterialien der Rahmenrichtlinien, Fachgruppe Sekundarstufe, Wiesbaden 1972. KURZ, D.: Elemente des Schulsports, Schorndorf 1977. LANDAU, G.: Ordnung im Sportunterricht, Schorndorf 1979. LE BOULCH, J.: L'éducation par le mouvement, Paris ²1967. LEMMERMANN, H.: Kriegserziehung im Kaiserreich. Studien zur politischen Funktion von Schule und Schulmusik 1890–1918, Lilienthal 1984. LORENZER, A.: Sprachzerstörung und Rekonstruktion, Frankfurt/M. 1973. LORENZER, A.: Die Analyse der subjektiven Struktur von Lebensläufen und das gesellschaftlich Objektive. In: BAACKE, D./SCHULZE, TH. (Hg.): Aus Geschichten lernen, München 1979, S. 129 ff. MARAUN, A.: Analysieren und Planen als Handlungsprobleme des Sportlehrers, Schorndorf 1981. MARTIN, A.: Studien zur Musikpädagogik der Weimarer Republik, Mainz 1982. MATTHIES, K./ALTENSTÄDT, W.: Forschungsprojekt-Bericht WAVER. Wahrnehmungsverhalten vor Kunstwerken – Sozialisation der Bilderfahrung. Darstellung auf dem kunstpädagogischen Kongreß, Köln 1980. MAYRHOFER, H./ZACHARIAS, W.: Ästhetische Erziehung. Lernorte für aktive Wahrnehmung und soziale Kreativität, Reinbek 1976. MAYRHOFER, H./ZACHARIAS, W.: Projektbuch ästhetisches Lernen, Reinbek 1977. MEYER, H. L.: Leitfaden zur Unterrichtsvorbereitung, Königstein 1980. MEYER-DENKMANN, G.: Klangexperimente und Gestaltungsversuche im Kindesalter, Wien 1970. MODELLVERSUCH KÜNSTLER UND SCHÜLER BERLIN: Das Projektbuch, Berlin 1981. MOLDENHAUER, H. (Hg.): Die Leibeserziehung. Quellen zur Unterrichtslehre, Heft 3, Weinheim o. J. MOLLENHAUER, K.: Erziehung und Emanzipation, München 1968. MÖLLER, H. R.: Gegen den Kunstunterricht. Versuche zur Neuorientierung, Ravensburg 1971. MOSSMANN, W./SCHLEUNING, P.: Alte und

Thomas Ott/ Ingo Scheller/ Karlheinz Scherler/ Gert Selle

neue politische Lieder, Reinbek 1978. MÜLLER, H. D.: Spielend interpretieren. Zum theaterspezifischen Umgang mit Texten. In: Disk. Dt. 12 (1980), S. 163 ff. MÜLLER, R.: Spiel und Theater als kreativer Prozeß, Berlin 1972. NICKEL, H.-W. (Hg.): Rollenspielbuch. Theorie und Praxis des Rollenspiels, Recklinghausen 1972. NYKRIN, R.: Erfahrungserschließende Musikerziehung, Regensburg 1978. OTT, TH.: Didaktischer Optimismus und Unterrichtswirklichkeit. In: RITZEL, F./STROH, W. M. (Hg.): Musikpädagogische Konzeptionen und Schulalltag, Wilhelmshaven 1984, S. 117 ff. OTTO, G.: Kunst als Prozeß im Unterricht, Braunschweig 1964. OTTO, G.: Das erneute Interesse der Kunstpädagogik an der Wahrnehmungstheorie. In: Kunst u. U. 9 (1976), 40, S. 26 ff. OTTO, G.: Die Lust an sinnlicher Nähe. In: spiel. u. lern. (1980), 4, S. 12 ff. OTTO, H.: Volksgesang und Volksschule, Celle 1957. OTTOMEYER, K.: Ökonomische Zwänge und menschliche Beziehungen, Reinbek 1977. PÄDAGOGISCHE AKTION (Hg.): Jahresbericht '80, München 1981. PASCHEN, K.: Bewegungserziehung, Bad Godesberg [2]1962. PASCHEN, K.: Die Schulsport-Misere, Braunschweig 1969. PAZZINI, K.-J.: Was lernen Kinder an alltäglichen Gebrauchsgegenständen? In: STURM, H. (Hg.): Ästhetik und Umwelt, Tübingen 1979, S. 165 ff. PAZZINI, K.-J.: Die gegenständliche Umwelt als Erziehungsmoment, Weinheim/ Basel 1983. PESTALOZZI, J. H.: Über Körperbildung als Einleitung auf den Versuch einer Elementargymnastik, in einer Reihenfolge körperlicher Übungen, Langensalza 1807. PETZOLD, H. (Hg.): Angewandtes Psychodrama in Therapie, Pädagogik und Wirtschaft, Paderborn 1972. PFENNIG, R.: Bildende Kunst – Analyse und Methode, Oldenburg 1959. PRIEBERG, F. K.: Musik im NS-Staat, Frankfurt/M. 1982. PURITZ, U.: Ich pfeife auf dem letzten Loch, aber ich pfeife. In: Ästh. u. Komm. 10/11 (1980), 39, S. 31 ff. RAUHE, H.: Musikerziehung durch Jazz, Wolfenbüttel 1962. RAUHE, H.: Zur pädagogischen Relevanz der Theorie von der jugendlichen Teilkultur. In: KRÜTZFELDT, W. (Hg.): Didaktik der Musik 1969, Hamburg/Wolfenbüttel/Zürich 1970, S. 20 ff. RAUHE, H.: Kulturindustrielle Sozialisierung durch Musik und ihre pädagogischen Konsequenzen. In: RECTANUS, H. (Hg.): Neue Ansätze im Musikunterricht, Stuttgart 1972, S. 5 ff. RAUHE, H. u. a.: Hören und Verstehen. Theorie und Praxis handlungsorientierten Musikunterrichts, München 1975. REISS, W. A.: Die Kunsterziehung in der Weimarer Republik. Geschichte und Ideologie, Diss., Kassel 1979. REUSCH, F.: Musik und Musikerziehung im Dienste der Volksgemeinschaft, Osterwieck/Berlin 1938. RICHTER, C.: Theorie und Praxis der didaktischen Interpretation von Musik, Frankfurt/M. 1976. RICHTER, C.: Das Prinzip von Vers und Prosa in der Musik, Frankfurt/M. 1984. RITTER, H. M.: Ausgangspunkt: Brecht. Versuche zum Lehrstück, Recklinghausen 1981. RITZEL, F.: „Dieser freche Blödsinn wird seit Jahren in den Schulen geduldet". In: BRINKMANN, R. (Hg.): Improvisation und neue Musik, Mainz 1979, S. 66 ff. ROBERG, D.: Theater muß wie Fußball sein. Freie Theatergruppen – eine Reise über Land, Berlin 1981. ROPOHL, U.: Ästhetische Erziehung in der Jugendarbeit. Zur Theorie und Praxis der politischen Jugendkulturarbeit, Weinheim/Basel 1979. ROSCHER, W. (Hg.): Polyästhetische Erziehung, Köln 1976. ROTHSTEIN, H.: Die Gymnastik nach dem System des schwedischen Gymnasiarchen P. H. Ling, Berlin 1848. RUMPF, H.: Die übergangene Sinnlichkeit, München 1981. SAURBIER, B.: Geschichte der Leibesübungen, Frankfurt/M. [10]1978. SAVIER, M./WILDT, C.: Mädchen zwischen Anpassung und Widerstand, München [3]1980. SCHAFFRATH, H. u. a.: Studie zur Situation des Musikunterrichts und der Musiklehrer an allgemeinbildenden Schulen, Mainz 1982. SCHEDLER, M.: Kindertheater. Geschichte, Modelle, Projekte, Frankfurt/M. 1972. SCHELLER, I.: Alte und neue Sinnlichkeiten. Und wie man in der Schule damit umgehen kann. In: Westerm. P. Beitr. 32 (1980), S. 455 ff. SCHELLER, I.: Erfahrungsbezogener Unterricht, Königstein 1981 a. SCHELLER, I.: An Erfahrungen lernen – auch in der Lehrerausbildung? Pädagogische Praxis in der Universität. In: Westerm. P. Beitr. 33 (1981), S. 122 ff. (1981 b). SCHELLER, I.: Das szenische Spiel im Unterricht. In: BECK, J./BOEHNKE, H. (Hg.): Jahrbuch für Lehrer 6, Reinbek 1981, S. 184 ff. (1981 c). SCHELLER, I.: Arbeit an Haltungen oder: Über Versuche, den Kopf wieder auf die Füße zu stellen. In: SCHOLZ, R./ SCHUBERT, P. (Hg.): Körpererfahrung, Reinbek 1982, S. 230 ff. (1982 a). SCHELLER, I.: Lehrerhaltungen und das was andere davon wahrnehmen. In: Westerm. P. Beitr. 34 (1982), S. 416 ff. (1982 b). SCHELLER, I.: Szenische Interpretationen – erläutert an einer Szene aus Büchners „Woyzeck". In: OSSNER, J./FINGERHUT, K. (Hg.): Methoden der Literaturdidaktik. Methoden im Literaturunterricht. Beiträge des V. Symposions Deutschdidaktik, Ludwigsburger Hochschulschriften 4, Ludwigsburg 1984, S. 178 ff. SCHELLER, I./SCHUMACHER, R.: Das szenische

Spiel als Lernform in der Hauptschule, Oldenburg 1984. SCHERF, E.: Aus dem Stegreif. Soziodramatische Spiele mit Arbeiterkindern. In: Kursbuch (1973), 34, S. 103 ff. SCHERLER, K.: Sensomotorische Entwicklung und materiale Erfahrung, Schorndorf 1975. SCHEUERL, H.: Das Spiel, Weinheim 1954. SCHILLER, F.: Über die ästhetische Erziehung des Menschen, in einer Reihe von Briefen, Tübingen 1795. SCHLEUNING, P.: Kinderlieder selber machen, Reinbek 1978. SCHÜTZ, V.: Rockmusik – eine Herausforderung für Schüler und Lehrer, Oldenburg 1982. SCHÜTZENBERGER, A. (unter Mitarbeit von J.-P. Arfeuil): Einführung in das Rollenspiel, Stuttgart 1976. SCHWARZE, M./LIMPERT, W. (Hg.): Quellenbücher der Leibesübungen, 8 Bde., Dresden 1927 ff. SCHWARZE, R.: Bericht über die BDK-Tagung „Subjektorientierte ästhetische Praxis". In: BDK-Mitt. (1984), 1, S. 32 ff. SEGLER, H./ABRAHAM, L. U.: Musik als Schulfach, Braunschweig 1966. SEIFERT, J.: Das Leib-Seele-Problem in der gegenwärtigen philosophischen Diskussion, Darmstadt 1979. SELLE, G.: Kultur der Sinne und ästhetische Erziehung. Alltag, Sozialisation, Kunstunterricht in Deutschland vom Kaiserreich zur Bundesrepublik, Köln 1981. SHAFTEL, F. R./SHAFTEL, G.: Rollenspiel als soziales Entscheidungstraining, München/Basel 1973. SPIESS, A.: Turnbuch für Schulen (1847). In: SCHWARZE, M./LIMPERT, W. (Hg.): Quellenbücher der Leibesübungen, Bd. 8: Führer in der zweiten Hälfte des 19. Jahrhunderts, bearb. v. K. Werner, Dresden 1934, S. 120 ff. STANISLAWSKI, K. S.: Die Arbeit des Schauspielers an sich selbst im Prozeß des schöpferischen Erlebens, Berlin 1983. STAUDTE, A.: Ästhetische Erziehung 1-4, München/Wien/Baltimore 1980. STEINWEG, R. (Hg.): Auf Anregung Bertold Brechts: Lehrstücke mit Schülern, Arbeitern, Theaterleuten, Frankfurt/M. 1978. STIEHLER, G.: Methodik des Sportunterrichts, Berlin (DDR) ^{3}1976. STIELOW, R.: Körper – Sinnlichkeit – Sinn. Menschen- und Welt-Bilder als Strukturelemente zu einer Theorie der ästhetischen Erziehung, Meisenheim 1981. STUDIENREFORMKOMMISSION IM LANDE NIEDERSACHSEN (Hg.): Grundzüge der Empfehlung zur Neuordnung der Teilstudiengänge Kunst, für die Lehrämter an Grund- und Hauptschulen, an Realschulen und an Gymnasien, Hannover 1981. TEBBEN, M.: Entwicklungen und Bedingungen von institutionellen Reformen für schulische Praxis im Bereich Kunstpädagogik, Diss., Oldenburg 1979. THEWELEIT, K.: Männerphantasien, Reinbek 1980. VENUS, D.: Unterweisung im Musikhören, Wuppertal 1969. VILLAUME, P.: Von der Bildung des Körpers in Rücksicht auf die Vollkommenheit und Glückseligkeit der Menschen oder über die physische Erziehung insonderheit (1787). In: SCHWARZE, M./LIMPERT, W. (Hg.): Quellenbücher der Leibesübungen, Bd. 2, Dresden 1927, S. 5 ff. VOGELSÄNGER, S.: Musik als Unterrichtsgegenstand, Mainz 1970. WELLENDORF, F.: Schulische Sozialisation und Identität, Weinheim/Basel 1973. WETZEL, H.: Politische Leibeserziehung, Berlin ^{2}1938. WEX, M.: „Weibliche" und „männliche" Körpersprache als Folge patriarchalischer Machtverhältnisse, Frankfurt/M. ^{2}1980. WIECHELL, D.: Didaktik und Methodik der Pop-Musik, Frankfurt/M. 1975. WILHELM, TH.: Theorie der Schule. Hauptschule und Gymnasium im Zeitalter der Wissenschaften, Stuttgart 1967. WINDOLF, P.: Berufliche Sozialstation, Stuttgart 1981. WOLF, N. (Hg.): Dokumente zum Schulsport, Schorndorf 1974. ZIEGENSPECK, J.: Spielen in der Schule. Sachstandsbericht und systematischer Literaturnachweis 1973 bis 1978, Duisburg 1980. ZIEHE, TH.: Die Wirklichkeit rückt uns auf den Leib. In: päd. extra (1981), 7/8, S. 29 ff. ZIMMER, J.: Hypothesen über die Funktion von Kunst und Kunstunterricht in einem revidierten Curriculum. In: Ästh. u. Komm. 1 (1970), 1, S. 52 ff. ZINNECKER, J. (Hg.): Der heimliche Lehrplan, Weinheim/Basel 1975. ZINNECKER, J.: Die Gesellschaft der Altersgleichen. In: JUGENDWERK DER DEUTSCHEN SHELL (Hg.): Jugend '81, Opladen 1982, S. 422 ff. ZUR LIPPE, R.: Naturbeherrschung am Menschen, Frankfurt/M. 1974. ZUR LIPPE, R.: Am eigenen Leibe. Zur Ökonomie des Lebens, Frankfurt/M. 1978.

Reinhold Freudenstein/Heinz W. Giese/Arno Schmidt

Lernbereich Sprachen

1 Erstsprache (Heinz W. Giese)
1.1 Spracherziehung als Teil des Deutschunterrichts
1.2 Konzeptionen der Spracherziehung
1.2.1 Zur Geschichte sprachdidaktischer Reflexion
1.2.2 Spracherziehung nach 1945
1.3 Brennpunkte fachdidaktischer Diskussion
1.4 Perspektiven
2 Alte Sprachen (Arno Schmidt)
2.1 Kontinuität und Wandel altsprachlicher Bildung
2.2 Zur Didaktik altsprachlichen Unterrichts
2.3 Zur Situation altsprachlichen Unterrichts nach der Bildungsreform
2.4 Subjektive Bedeutungsaspekte altsprachlichen Unterrichts
3 Neue Sprachen (Reinhold Freudenstein)
3.1 Fremdsprache als Bildungssprache
3.2 Wissenschaftliche Neuorientierung des Fremdsprachenunterrichts
3.2.1 Der Einfluß der Linguistik
3.2.2 Die lernpsychologische Perspektive
3.2.3 Die Bedeutung der Erziehungswissenschaft
3.3 Zur Situation des Fremdsprachenunterrichts nach der Bildungsreform

Zusammenfassung: Der fremdsprachliche Unterricht bildete schon in den Anfängen des europäischen Bildungswesens den Mittelpunkt des Lehrplans. Muttersprachlicher Unterricht kam hinzu, sobald sich die Nationalsprachen herausgebildet hatten und die allgemeine Schulpflicht schrittweise durchgesetzt wurde. Ziele, Inhalte und Methoden dieses Unterrichts sind jedoch – trotz aller Kontinuität des „Lehrplans des Abendlandes" – weitreichenden Wandlungen unterworfen worden. Sprachunterricht ist nicht mehr Standesprivileg für wenige, auch nicht mehr Ausweis bürgerlicher Gebildetheit, sondern ein zum Zweck der Kommunikation in Alltags- und Berufssituationen veranstalteter Unterricht für Schüler aller weiterführenden Schulformen. Eine interdisziplinär angelegte Sprachlehrforschung ist entstanden, die Aspekte der Linguistik, der Lernpsychologie, der Sozialisations- und Kommunikationsforschung sowie der Landeskunde miteinander verknüpft:
Erstsprache: Die Abfolge sprachdidaktischer Konzepte vom 18. Jahrhundert bis zur aktuellen Auseinandersetzung der 80er Jahre wird skizziert und mit linguistischen, sozialisations- und kommunikationstheoretischen Forschungsergebnissen konfrontiert.
Alte Sprachen: Der Funktionswandel altsprachlicher Bildung durch die Jahrhunderte wird nachgezeichnet. Versuche der bildungstheoretischen Legitimation altsprachlichen Unterrichts von v. Humboldt bis zur Curriculumdiskussion der 60er Jahre werden skizziert. Subjektive und objektive Determinanten des Stellenwerts altsprachlicher Bildung im Alltagsbewußtsein von Lehrern, Schülern und Eltern werden aufgearbeitet.
Neue Sprachen: Die insbesondere nach dem Zweiten Weltkrieg eingeleiteten weitreichenden Reformen eines Sprachunterrichts für alle werden erläutert. Didak-

tische und methodische Modelle fremdsprachlichen Unterrichts werden in ihrer Verschränkung zur schrittweisen Entwicklung einer modernen, interdisziplinären Sprachlehrforschung dargestellt; die bildungspolitischen Restriktionen für die Weiterentwicklung fremdsprachlichen Unterrichts in den 80er Jahren werden analysiert und bewertet.

Summary: Even in the early stages of the development of education in Europe, the teaching of foreign languages already formed the kernel of the curriculum. Teaching of the vernacular was added as soon as the national languages had consolidated themselves and general schooling for all had, step by step, been introduced. Despite the continuity of the "European curriculum", however, the goals, contents and methods of teaching foreign languages have been subjected to extensive changes. Learning a foreign language is no longer the prerogative of the upper classes nor a proof of bourgeois education but a subject taught to all secondary-school pupils for the purpose of facilitating communication in everyday and job-oriented situations. As a result, an interdisciplinary type of language-teaching has arisen, linking aspects of linguistics, learning psychology, research into socialization and communication, and the study of the countries involved and their peoples:
First language: The sequence of language-teaching concepts, from the 18th century to the topical discussions of the 1980s, is sketched and compared with the results of research into linguistics, socialization theory and the theory of communication.
Classical languages: The change in the function of the "classical education" over the centuries is set out. Attempts to justify the teaching of classical languages in educational theory from v. Humboldt to the curriculum discussions of the 1960s are sketched. Subjective and objective determinants of the value of Latin and Greek teaching in the everyday consciousness of teachers, pupils and parents are discussed.
Modern languages: The extensive reforms involved in offering language teaching for all pupils, particularly those following the Second World War, are explained. Didactic and methodological models for modern-language teaching are presented in their association with the step-by-step development of modern, interdisciplinary linguistic research, and the restrictions imposed by educational policies on the further development of modern-language teaching in the 1980s are analysed and evaluated.

Résumé: L'enseignement des langues étrangères constituait déjà dans les débuts de l'enseignement en Europe le point central des programmes. L'enseignement de la langue maternelle vint s'ajouter dès que les langues nationales se furent formées et que, progressivement l'obligation scolaire généralisée se fut imposée. Mais les objectifs, les contenus et les méthodes de cet enseignement – malgré toute la continuité du «programme de l'Occident» – sont soumis à des profonds changements. L'enseignement linguistique n'est plus un privilège social pour quelques-uns, n'est plus un critère bourgeois de culture, mais un enseignement pour les élèves de toutes les formes d'écoles supérieures, organisé dans le but de communiquer dans les situations de la profession et de la vie de tous les jours. Est née une recherche en matière d'apprentissage linguistique recherche qui unit les aspects de la linguistique, de la psychologie de l'apprentissage, de la recherche en socialisation et communication ainsi que de la civilisation:
Langue première: La succession des concepts de didactique des langues depuis le XVIIIe siècle jusqu'aux discussions actuelles des années 80 est décrite et confrontée à des résultats de recherches en linguistique et en théorie de socialisation et de communication.

Reinhold Freudenstein/ Heinz W. Giese/ Arno Schmidt

Langues anciennes: On décrit le changement de fonction de l'apprentissage des langues anciennes à travers les siècles. On esquisse les tentatives de légitimation théorique d'éducation de cet enseignement depuis v. Humboldt jusqu'à la discussion des programmes dans les années soixante du vingtième siècle. On dégage les déterminants objectifs et subjectifs de la position de la formation en langues anciennes dans la conscience quotidienne des professeurs, élèves et parents.

Langues modernes: On discute, en particulier, des réformes profondes de l'enseignement linguistique pour tous introduit après la Seconde Guerre Mondiale. On présente les modèles didactiques et méthodologiques de l'enseignement des langues étrangères dans leur entrelacement vers le développement progressif d'une recherche moderne et interdisciplinaire en apprentissage des langues, on analyse et évalue les restrictions en matière de politique de formation du développement de l'enseignement des langues étrangères dans les années quatre-vingt du vingtième siècle.

1 Erstsprache

1.1 Spracherziehung als Teil des Deutschunterrichts

In der didaktischen Literatur wird der Terminus „Spracherziehung" häufig synonym verwendet mit „Sprachunterricht". Gemeint ist dann meist jener Teil des Deutschunterrichts, der sich – neben der literarischen Bildung – vor allem die Aufgabe stellt, den Schülern muttersprachliche Handlungskompetenzen zu vermitteln und diese zum Gegenstand eigener Reflexion zu machen. Die klassischen Teilbereiche sind: Sprecherziehung, der Unterricht im Lesen und Schreiben, der Rechtschreib-, Grammatik- und Aufsatzunterricht. Diese Gegenstände schulischer Spracherziehung sind in allen didaktischen Konzeptionen – auch jenen, die einer anderen Terminologie folgen – als notwendige Ausbildungsbestandteile des Deutschunterrichts akzeptiert. Strittig waren und sind Fragen der Gewichtung einzelner Teilbereiche, ihrer theoretischen Fundierung sowie ihres strukturellen Verhältnisses zueinander im Gesamt des Deutschunterrichts, der als einheitliches Schulfach erhalten blieb und nicht in Sprach- und Literaturunterricht aufgespalten wurde, wie es in der Diskussion der 60er Jahre unter anderem deshalb vorgeschlagen wurde, um eine engere Orientierung des Deutschunterrichts (vor allem an den Gymnasien) an der Entwicklung der sprach- und literaturwissenschaftlichen Disziplinen der Hochschulgermanistik zu ermöglichen (vgl. ISER 1969, SCHWENCKE 1973, WEINRICH 1969).

Für die Ausbildung der Deutschlehrer hatte diese Diskussion größere Folgen. Diese studieren seit den Reformen in der Lehrerausbildung zu Beginn der 70er Jahre an nahezu allen Hochschulen gleichberechtigt Sprach- und Literaturwissenschaft und daneben – an den einzelnen Hochschulen unterschiedlich gewichtet – ältere deutsche Sprache und Literatur und Deutschdidaktik, die sich in den letzten 20 Jahren als relativ eigenständige Disziplin in der Deutschlehrerausbildung herausgebildet hat. Diese Entwicklung wurde durch Reformen im Schul- und Hochschulsystem begünstigt: Die verschiedenen Schularten, die sich zuvor deutlich gegeneinander abgrenzten, wurden in Richtung auf das Ziel integrierter oder zumindest kooperativer Stufenschulen weiterentwickelt, zwischen denen eine größere Durchlässigkeit zu schaffen versucht wurde. In vielen Bundesländern wurden in den 70er Jahren die pädagogischen Hochschulen in die Universitäten integriert oder zu neuen wissenschaftlichen Hochschulen ausgebaut, so daß auch die Ausbildung der Lehrer für die verschiedenen Schulstufen und -formen einander angenähert werden konnte.

„Spracherziehung" wurde und wird im wesentlichen als eine Aufgabe des *schulischen* Sprachunterrichts betrachtet, also als Teil eines institutionalisierten Bildungsprozesses, dessen außerschulische Faktoren, die in der neueren Literatur unter dem Begriff der *„sprachlichen Sozialisation"* zusammengefaßt werden, zwar zu berücksichtigen sind, jedoch nicht direkt zum Gegenstand des Unterrichts gemacht werden. Der Begriff „sprachliche Sozialisation" spielte in der Diskussion um die „Sprachbarrierenproblematik" und den „kompensatorischen Sprachunterricht" eine zentrale Rolle (vgl. BADURA 1971, BERNSTEIN 1972, DU BOIS-REYMOND 1971, LAWTON 1971, NEULAND 1975, OEVERMANN 1972). In dieser Diskussion wurde eine dichotomische Trennung unterstellt, und zwar in eine gleichsam natürliche sprachliche Sozialisation, als deren wesentliche Bedingungen die familiale und soziale Umwelt angenommen wurde, einerseits, in die Spracherziehung andererseits, die im Rahmen unterrichtlicher Prozesse angesiedelt wurde und die dann auch im wesentlichen die sprachkompensatorischen Aufgaben übernehmen sollte.

Die Tatsache, daß Spracherziehung und Sprachunterricht traditionell zunächst einmal Lese- und Schreibunterricht waren und zu großen Teilen auch heute noch sind, wird auch für den elementaren Unterricht in der Muttersprache durch diese Diskussion in Frage gestellt, indem die Beziehungen zwischen Sprechen/Sprache und Denken, deren Behandlung eine lange philosophische, sprachwissenschaftliche und psychologische Tradition hat (vgl. SEEBASS 1981), so betrachtet wird, daß Unterricht in dieses Wechselverhältnis bewußt eingreifen soll: Einzelnen Sprachformen („Codes") wird eine jeweils spezifische - größere oder geringere - Leistungsfähigkeit für die kognitive Bewältigung von Aufgaben zugewiesen; eine (kompensatorische) Spracherziehung soll dann konsequent auch die kognitiven Leistungen mitentwickeln (vgl. GAHAGAN/GAHAGAN 1971, GUTT/SALFFNER 1972, IBEN 1972).

„Spracherziehung" ist daher als ein übergreifender Begriff zu verstehen, der sowohl die vorschulischen Spracherwerbs- und Sprachvermittlungsprozesse einschließt als auch die außer- und nachschulische sprachliche Sozialisation meint. Dabei muß eine schematische Trennung zwischen den didaktisch geplanten und gesteuerten sowie den „natürlichen", ungesteuerten Lernprozessen vermieden werden. Die Wechselwirkung zwischen beiden ist zwar bislang noch nicht ausreichend erforscht; daß sie überhaupt besteht, ist jedoch unbestritten (vgl. BRUNER/OLVER 1971, KAINZ 1970, LEWIS 1970, LURIJA/JUDOWITSCH 1972). Trotz dieser Einsicht in die Wechselwirkung muß - angesichts des gegenwärtigen Standes der Diskussion - in diesem Beitrag die im muttersprachlichen *Unterricht* stattfindende Spracherziehung im Mittelpunkt stehen.

1.2 Konzeptionen der Spracherziehung

Soll im schulischen Unterricht ein Gegenstand gelehrt werden, so ist es nötig, sich eine Vorstellung von diesem Gegenstand zu machen. Bei einem so komplexen Handlungsgefüge wie dem des menschlichen Sprechens besteht die Gefahr, daß bei einer Reduktion des Gegenstands zu einem für die Unterrichtspraxis akzeptablen Modell wesentliche Aspekte vernachlässigt werden (müssen). Auf solche Reduktionen und Einseitigkeiten können dann relativ einsichtig die Schwierigkeiten und Probleme der jeweils vorherrschenden Praxis und ihrer theoretischen Legitimation zurückgeführt werden; in einem neuen Modellbildungsprozeß kann versucht werden, solche Defizite zu vermeiden, wobei die Gefahr besteht, daß nun wieder eine neue, einseitige Dominanz des als bislang vernachlässigt Erkannten entsteht. Dies ist einer der Gründe dafür, daß seit Beginn der sprachdidaktischen Reflexion eine Abfolge immer neuer Modelle und Positionen zu beobachten gewesen ist. Ein weiterer Grund ist in der Schwierigkeit zu sehen, das komplizierte Verhältnis der Vermittlung schriftsprachlicher Fähigkeiten zum Weitergeben von Kenntnissen und Fähigkeiten durch Sprache und Sprechen selbst hinreichend zu bestimmen. Im folgenden soll deshalb versucht werden, anhand einer knappen Skizze der Geschichte der fachdidaktischen Diskussionen und Kontroversen die Aspektvielfalt und den Problemzusammenhang der Spracherziehung zu verdeutlichen.

1.2.1 Zur Geschichte sprachdidaktischer Reflexion

Läßt man einmal die oft zitierte Forderung aus der „Didactica magna" von 1638, vor den Lateinunterricht eine „Muttersprachschule" zu setzen (vgl. COMENIUS 1954, S. 193 ff.), außer acht, so beginnt die systematische fachdidaktische Reflexion am Ende des 18. und zu Beginn des 19. Jahrhunderts. Muttersprachliche Erziehung heißt hier vor allem Erziehung zur Beherrschung der Lesetechnik und zur grundlegenden Kenntnis der Orthographie, die mit ein Vehikel ist, um zur Verbreitung einer einheitlichen Lautsprache beizutragen. Der didaktische Hinweis *„Schreib so, wie du sprichst"* ist von Schülern und Lehrern zunächst umgekehrt zu verstehen: *„Sprich so, wie du schreiben sollst"* (vgl. GESSINGER 1980). In den weiterführenden Schulen schließen sich hieran Stilübungen an, in denen durch Kennenlernen und Nachgestalten vorbildlicher Texte eigene schriftsprachliche Fähigkeiten entwickelt werden sollen (vgl. FRANK 1973, VESPER 1980). Den Gegenstand dieses Sprachunterrichts konstruieren die Schulgrammatiken und die in Anlehnung an sie erstellten Methodiken, die nach dem didaktisch-methodischen Prinzip *Vom Einfachen zum Komplizierten* vorgehen. Was einfach war, wurde aus der Sicht des sprach- und schriftkundigen Schulgrammatikers bestimmt: vom einzelnen Buchstaben und von dem ihm zugeordneten Laut zum Wort, vom einzelnen Wort zum einfachen Satz. Die Folge für den Unterricht war formales Lernen; die Struktur des Lernens war durch die konstruierte Systematik des Gegenstandes vorgezeichnet.

Eine Verordnung vom 24. Oktober 1837 regelt den Lehrplan an preußischen Gymnasien und enthält auch speziellere Lehrpläne für die einzelnen Fächer; sie „kann als der erste Deutschlehrplan angesehen werden" (VESPER 1980, S. 33). Dieser Lehrplan ist der formalen Bildung verpflichtet (zum Begriff vgl. B. SCHWENK/ v. POGRELL 1986), in deren Tradition zum Teil auch der heutige Deutschunterricht noch steht. ULSHÖFER (1964, S. 14) kritisiert an diesem Lehrplan: „Sein größter und folgenschwerster Mangel ist, daß er das Fach Deutsch zu einem theoretisch-intellektuellen Fach macht, das den Schüler zur Rezeptivität und Reproduktivität verurteilt. Der Humboldtsche Gedanke der Wechselbeziehung zwischen rezeptiven und produktiven Kräften ist preisgegeben. So hat dieser Lehrplan eine Modellvorstellung des Deutschunterrichts begründet, die auszurotten der Reformbewegung des 20. Jahrhunderts nicht gelungen ist und die sich bis auf diesen Tag verhängnisvoll auswirkt." Demgegenüber macht VESPER (1980, S. 35) darauf aufmerksam, daß eine Reihe von Schulgrammatikern des frühen 19. Jahrhunderts (vgl. beispielsweise BECKER 1831, 1833) in der intellektuellen Komponente des Deutschunterrichts „eine letzte Gegenposition zu den restaurativen Prozessen der Vormärzzeit" sah. Ulshöfers Kritik – so Vesper – hätte sich vielmehr gegen „die schlechte zeitgenössische didaktisch-methodische Ausbildung der (Gymnasial-)Lehrer und gegen die damalige phantasielose Unterrichtspraxis" richten sollen (VESPER 1980, S. 35).

Es ist allerdings problematisch, aus dem Studium der Lehrpläne, Schulgrammatiken, Methodiken und Ausbildungsverordnungen der damaligen Zeit auf den tatsäch-

lichen Unterricht zu schließen. Die Behauptung scheint jedoch plausibel, daß im 19.Jahrhundert (ebenso wie heutzutage) eine Vielfalt von Positionen und Konzepten aus der Sprachwissenschaft und der Schulgrammatik Einfluß auf den tatsächlichen Unterricht genommen hat. Dennoch: Ulshöfers Kritik bleibt insofern berechtigt, als sie deutlich macht, daß schulisch institutionalisierte Spracherziehung traditionell dazu tendiert, die Beschäftigung mit Sprache allzusehr an der Ausbildung *schrift*sprachlicher Fähigkeiten zu orientieren und in einer Weise „systematisch" zu behandeln, die der Vielfalt des außerunterrichtlichen „sprachlichen Lebens" nicht gerecht zu werden vermag.
Die Kritik solch falscher, blutleerer Systematisierung des Deutschunterrichts hat in der Geschichte der Fachdidaktik eine lange Tradition. Ein prominenter Vertreter am Ausgang des 19.Jahrhunderts war Hildebrand: „Daß man das Leben der Sprache in die Schule, in die Schrift und Orthographie versetzt hat, ist genau wie bei einem altersschwachen Baume, dessen Kern abzusterben beginnt [...]. Das Hauptgewicht im deutschen Unterricht soll künftig auf die gesprochene und gehörte Sprache gelegt werden, nicht auf die geschriebene und gesehene, beide Erscheinungsformen der Sprache müßten da wieder in ihr natürliches Verhältnis rücken – es fragt sich nur, wie das zu machen sei [...]" (HILDEBRAND 1890, S.66f.). In der Reformpädagogik zu Beginn des 20.Jahrhunderts wurde die Ablehnung systematisch-intellektuell orientierter Sprachlehre zum didaktisch-methodischen Prinzip eines kindgemäßen Unterrichts entwickelt, was allerdings nicht zu einer Neukonzeption der Sprachlehre führte, sondern eine andere Gewichtung der Unterrichtsinhalte und -formen zur Folge hatte: Das freie Erzählen und das freie Schreiben von Texten standen nun im Mittelpunkt des Sprachunterrichts (vgl. GANSBERG 1914, JENSEN/ LAMSZUS 1910, SCHARRELMANN 1910; für die neuere Rezeption von reformpädagogischen Ansätzen vgl. SENNLAUB 1980).

1.2.2 Spracherziehung nach 1945

Die Geschichte der Spracherziehung seit 1945 ist dadurch gekennzeichnet, daß sich im Kontext der allgemeinen pädagogischen Theoriediskussion ein neues Verständnis des Verhältnisses von Didaktik und Methodik sowie von allgemeiner und Fachdidaktik entwickelte (vgl. HEURSEN 1986, KLAFKI 1963). Der Schritt von einer Methodik, die sich im wesentlichen mit Verfahren und Techniken des Unterrichtens beschäftigte, jedoch Ziel- und Inhaltskomplexe von den Fachwissenschaften vorgeben ließ, hin zu einer eigenständigen Didaktik als Theorie der Bildungsziele und -inhalte wurde vollzogen, die Methodik wurde dem „Primat der Didaktik" (KLAFKI 1963, S.126ff.) untergeordnet. MÜLLER-MICHAELS (vgl. 1980, S.45f.) weist in seiner Geschichte der Deutschdidaktik auf ein mögliches Mißverständnis dieses allgemeindidaktischen Postulats von der Priorität der Ziel- und Inhaltsentscheidungen hin, daß nämlich nur noch solche Ziele und Inhalte als didaktisch legitimiert gelten könnten, deren methodische Realisierung unmittelbar möglich erscheint; die Didaktik müsse „sich aber auch ständig um die Durchsetzung solcher Inhalte im Lehrplan bemühen, für die es noch kein geeignetes Verfahren gibt" (MÜLLER-MICHAELS 1980, S.45), zum Beispiel die Fähigkeit zu selbständigem sprachlichem Handeln.
Diesen Ansprüchen wurden am ehesten jene Ansätze gerecht, die in den 50er und 60er Jahren eine Theorie des gesamten Deutschunterrichts vorzulegen versuchten (vgl. ESSEN 1955, HELMERS 1966; vgl. ULSHÖFER 1952, 1957, 1963). Die „Methodiken" und „Didaktiken" dieser Autoren erreichten viele Neuauflagen, die jeweils – zum Teil grundlegend – bearbeitet wurden. Eine besondere Bedeutung ist der Arbeit

von Helmers beizumessen, da sie die grundlegenden Argumente für eine eigenständige fachdidaktische Disziplin als Bezugswissenschaft des Deutschunterrichts liefert. Das Problem des Helmersschen Ansatzes, das bis heute als Problem der Fachdidaktik insgesamt diskutiert wird, liegt in der fehlenden Bestimmung des Verhältnisses von fachwissenschaftlichen und fachdidaktischen Theorien. Eine eigenständige deutschdidaktische Theoriebildung muß stets bestimmte Theoriefragmente aus der germanistischen Literatur- und Sprachwissenschaft (darüber hinaus auch noch aus der Psychologie und den Sozialwissenschaften) heranziehen; dabei bringt sie diese Fragmente in einen neuen Problemzusammenhang, ohne daß die damit einhergehende neue begriffliche Bedeutung stets klar wäre (vgl. DIEGRITZ/KÖNIG 1973, W. HERRLITZ 1979). Unklar bleibt dabei oft, ob sich die Sprachdidaktik am jeweiligen Erkenntnisstand der Sprachwissenschaft lediglich orientiert oder aber sich als eine ihrer Subdisziplinen begreift.

Eingebettet in diesen Prozeß einer schrittweisen Entfaltung der Eigenständigkeit der Fachdidaktik Deutsch ist die Entwicklung einer Reihe unterschiedlicher, auf die konkreten Aufgaben und Probleme schulischen Unterrichts bezogener Modelle und Positionen der Spracherziehung:

Nach 1945 herrschte in der Sprachdidaktik in der Bundesrepublik zunächst ein starker Einfluß der *inhaltsbezogenen Sprachwissenschaft* vor. Weisgerber war der wichtigste und einflußreichste Vertreter dieser Richtung im deutschsprachigen Gebiet, gerade auch deshalb, weil er seine sprachwissenschaftliche Arbeit explizit für sprachpädagogische Fragestellungen präzisierte (vgl. WEISGERBER 1962, 1969). An die Sprachinhaltsforschung bereits stark angelehnt war die schon 1927 von Seidemann vorgelegte sprachpädagogische Konzeption von „Deutschunterricht als innere Sprachbildung", die nach 1945 mehrere Neuauflagen erlebte (vgl. SEIDEMANN 1965). Dennoch konnte die Sprachinhaltsforschung in den entstehenden *didaktischen* Konzeptionen, was deren sprachwissenschaftliche und -theoretische Orientierung anlangte, keinen nachhaltigen Einfluß gewinnen. Sie lieferte zwar noch längere Zeit die Begrifflichkeit für den Grammatikunterricht; doch hier gewannen zunehmend funktionale und vereinzelt auch strukturelle sprachwissenschaftliche Ansätze Einfluß, die wesentlich auf die Arbeiten von GLINZ zurückgingen (vgl. 1947, 1970a, 1970b).

Zu einer grundsätzlichen *theoretischen Neubestimmung* der Spracherziehung kam es mit Beginn der 70er Jahre. Im Zentrum der Auseinandersetzung stand zunächst der Versuch, den bisherigen Deutschunterricht als „heimlichen" Vermittler von Ideologien in Frage zu stellen und für den neu zu konzipierenden Unterricht auch neue Gegenstände zu erschließen: Pragmatische Literatur, Massenmedien und die gesprochene Umgangssprache sollten im Unterricht stärker berücksichtigt werden. „Heute ist der Deutschunterricht, wie uns scheint nach Zurückdrängung des Religionsunterrichts und der Preisgabe des nationalen Prinzips in der Geschichtsbetrachtung, immer noch Refugium bürgerlicher Ideologie: die Vermittlung puren Scheins fernab jeder gesellschaftlichen Realität. Sein Irrationalismus ist konstitutiv" (HOFFACKER/LECKE 1970, S. 89). Theoretisch orientierte sich diese Kritik des Deutschunterrichts an den Arbeiten zur kritischen Theorie der Frankfurter Schule, wobei die kommunikationstheoretischen Studien von Habermas bevorzugt rezipiert wurden (vgl. HABERMAS 1968, 1971). Die Kritik des „traditionellen" Deutschunterrichts (vgl. BÜRGER 1970, IDE 1970) mündete in den „Grundriß einer Didaktik und Methodik des Deutschunterrichts" des BREMER KOLLEKTIVS (vgl. 1974). Die ideologiekritische Position dieser didaktischen Richtung und ihre konsequente Orientierung an Inhalten (und eben explizit nicht an formalen Bildungszielen) verfolgte das Ziel, die Schüler zu befähigen, an einer Demokratisierung der Gesellschaft mitzuarbeiten. Dies hatte auch unmittelbar Folgen für die didaktisch-methodische Strukturierung des Unterrichts: Statt die Lernbereiche eher formal zu bestimmen und Möglichkeiten der Verknüpfung und Wechselwirkung anzugeben, geht diese Konzeption explizit von politisch-inhaltlichen Bestimmungen aus, „sie lehnt einen technokratischen und unter das Postulat der ‚Ideologiefreiheit' und ‚Wertneutralität' gestellten Deutschunterricht ab" (BREMER KOLLEKTIV 1974, S. 135). So findet sich beispielsweise der Rechtschreibunterricht nicht als eigenständiger Lernbereich; er verschwindet in „kommunikativen Übungen", die sich an Formen alltäglicher Schreib- und Leseanlässe orientieren (Brief, Plakat, Zeitung). Ein zentraler eigenständiger Schwerpunkt ist demgegenüber die Behandlung der Massenmedien, um „von dem auszugehen, was real von den Massen konsumiert wird" (BREMER KOLLEKTIV 1974, S. 27). Solche Neubestimmungen und das starke Zurückdrängen des traditionellen Literaturunterrichts dürften – neben der Bezugnahme auf (bildungspolitische) Positionen der Studentenbewegung – wesentlich zu der großen öffentlichen und bildungspolitischen Aufmerksamkeit, aber auch Ablehnung, beigetragen haben. Die lange währende Auseinandersetzung um die von den Autoren der „kritischen Didaktik" (wie MÜLLER-MICHAELS 1980 diese Richtung zusammenfassend nennt) mit beeinflußten *Hessischen Rahmenrichtlinien* war Ausdruck dieser Kontroverse.

Hatte nun bereits das *Bremer Kollektiv* in seinem Kapitel „Kommunikationsanalyse (Sprachbetrachtung)" in der Auseinandersetzung mit der traditionellen Konzeption von Grammatikunterricht Bezug genommen auf sprechhandlungstheoretische Konzeptionen, so war dies in der vehementen fachdidaktischen Diskussion zunächst fast unbemerkt geblieben. Über den Umweg der Rezeption allgemeiner kommunikationstheoretischer Positionen, die vor allem durch das Funkkolleg Sprache weite Verbreitung fanden, wurde eine breite fachdidaktische Würdigung solcher „modernen" linguistischen Positionen möglich (vgl. BAUMGÄRTNER u.a. 1973). Das Schlüsselwort der *Kommunikation:* „Sprache wird als Instrument der Kommunikation und als sozial vereinbartes System von Zeichen behandelt. Andere mögliche Standpunkte, etwa: die Sprache als einen geschichtlichen Prozeß oder als ein geschichtliches Produkt, als Kulturgut, als Ausdruck einer Mentalität oder gar als jeweilige Gliederung der Wirklichkeit aufzufassen, werden im folgenden außer acht gelassen" (BAUMGÄRTNER 1973, S. 18). „Erziehung zur Kommunikationsfähigkeit" ist seitdem zu einem festen Bestandteil sprachdidaktischer Zielbestimmungen geworden, wobei auf den ersten Blick zumeist nicht deutlich wird, ob die Verwendung dieser Zielformel lediglich ideologisch-rechtfertigende Funktion hat oder aber tatsächlich begrifflich-strukturierend wirkt. Letzteres ist zweifellos bei dem wichtigsten Konzept dieser kommunikativ orientierten Sprachdidaktik, dem „Grundkurs für Deutschlehrer" von BEHR u.a. (1972), der Fall. In dem von denselben Autoren vorgelegten „Folgekurs für Deutschlehrer" (BEHR u.a. 1975) wird das Konzept durch die Aufarbeitung „projektorientierten Lernens im Deutschunterricht" ausgeweitet und zugleich unterrichtspraktisch konkretisiert. Gerade durch diese Vorschläge, deren sprachtheoretische Absicherung fraglich bleibt in dem Sinne, ob linguistisch-pragmatische Positionen allein zur Fundierung sprachdidaktischer Arbeit herangezogen werden können, ist eines (wieder) in den Mittelpunkt sprachdidaktischer Reflexion gerückt worden: die Notwendigkeit, daß sprachliches (und literarisches) Lehren und Lernen sich stets *auch* an den Erfahrungen der Schüler, an ihren bereits entwickelten Fähigkeiten, an ihren Zielen und Wünschen zu orientieren hat. Die Vertreter dieses Konzepts haben die naheliegende, dennoch unzulängliche Verkürzung ihres Ansatzes zu einer bloßen Methodik des Lehrens und Lernens in projektartigem Unterricht vermieden; daß das Konzept dennoch vielfach verkürzt rezipiert worden ist, illustriert die Gefahr, der konzeptionelle Arbeiten, die sich unmittelbar an Unterrichtspraxis orientierten, grundsätzlich ausgesetzt sind. Sie können leicht als Steinbrüche für unterrichtsmethodische Anregungen mißverstanden werden, die – offensichtlich problemlos – immer wieder in traditionelle Unterrichtskonzepte integriert werden. Die Kehrseite der Medaille: Fachdidaktische Ansätze, die sich weitgehend auf abstrakt-begrifflicher Ebene mit den Zielen und Inhalten des Unterrichts befassen, ohne theoretisch reflektiert Verfahren des Lehrens und Lernens zu entwickeln, laufen Gefahr, lediglich als interessante und modische Rechtfertigungsfiguren für unverändert gelassene Unterrichtspraxis herangezogen zu werden (vgl. ADL-AMINI 1986).

Eine neue Etappe der fachdidaktischen Diskussion wurde am Ende der 70er und zu Beginn der 80er Jahre durch die Weiterentwicklung kommunikationstheoretischer zu *sprachhandlungstheoretischen Konzepten* eingeleitet. Häufig handelte es sich hierbei lediglich um einen Austausch von Begriffen (vgl. MÜLLER-MICHAELS 1980, S. 203). Es gibt jedoch auch Arbeiten, in denen mit Erfolg versucht worden ist, auf dem Hintergrund der Sprechhandlungs- und der Sprechtätigkeitstheorie eine umfassende begriffliche Neubestimmung vorzunehmen, wobei in der Tradition der Sprechhandlungstheorie eher Vorschläge für die kritische Reflexion über Sprache entwickelt worden sind, während im Anschluß an die Sprechtätigkeitstheorie vorrangig Hinweise auf eine engere Verknüpfung von sprachlichem und begrifflichem Lernen gegeben worden sind (vgl. GIESE/JANUSCHEK 1979). Eine Möglichkeit, die erforderliche Präzisierung des Begriffs sprachlichen Handelns und sprachlicher Tätigkeit zu leisten, liegt dabei in der Untersuchung der sprachlichen Handlungen selbst – gerade auch jener, die im schulischen Sprachunterricht beobachtet werden können. Die methodologischen Probleme, die sich dabei aus der besonderen Situation der Spracherziehung ergeben, liegen auf der Hand: Spracherziehung will Kenntnisse über einen Gegenstand vermitteln (sofern die Muttersprache überhaupt als „Gegenstand" bezeichnet werden kann), für dessen Vermittlung der Gegenstand selbst, nämlich die muttersprachliche Kommunikation, beständig vorausgesetzt wird. Die didaktisch-methodische Reflexion dieser Problematik ist bislang unzureichend, obgleich in einigen Untersuchungen zur Kommunikation im Unterricht wichtige Voraussetzungen für diese Reflexion geschaffen worden sind (vgl. EHLICH/ REHBEIN 1983, FORYTTA/LINKE 1981, GOEPPERT 1977, KLUGE 1978, RAMGE 1980, ROTH 1980). Auch die Erforschung von Tätigkeiten von Lehrern, die korrigieren, Unterricht planen, Schüler bewerten, wird hier weiterhelfen. Das zentrale Problem wird darin bestehen, die deskriptiven handlungstheoretischen Analysen in Verbindung zu bringen mit ebenfalls handlungstheoretisch orientierten normativen und handlungsanleitenden Konzeptionen. Einen ersten Entwurf hat Ivo (1975) mit seinem Werk „Handlungsfeld: Deutschunterricht" vorgelegt.

1.3 Brennpunkte fachdidaktischer Diskussion

Kennzeichnend für die gegenwärtige fachdidaktische Diskussion der Spracherziehung ist die Tatsache, daß einerseits Anregungen der allgemeindidaktischen Diskussion (vom „handlungsorientierten" bis zum „erfahrungsbezogenen" Unterricht) aufgenommen, modifiziert und weiterentwickelt werden (vgl. SCHELLER 1981), daß andererseits die ungelösten fachdidaktischen Kontroversen der Spracherziehung wieder aufbrechen und zu fruchtbaren Auseinandersetzungen um Stellenwert und Ausrichtung von Teilbereichen der Spracherziehung führen. Dies soll an drei Problembereichen beispielhaft erläutert werden.

Vom „Grammatikunterricht" zur „Reflexion über Sprache": Ob als „Sprachlehre" oder als „Sprachbetrachtung", als Einüben von Regelwissen oder als kritische Reflexion, der Grammatikunterricht hatte - seit er von Becker zu Beginn des 19. Jahrhunderts konzeptualisiert worden war - stets einen bedeutenden Platz im Deutschunterricht gehabt. Nachdem die Neukonzeption des Sprachunterrichts nach 1945 sich gerade auch an grammatiktheoretischen und linguistischen Positionen orientiert hatte, erlebte die Schule eine Fülle von immer neuen grammatischen Ansätzen. Die gleichlautend gestellte Frage von AUGST (1976) und H. SCHWENK (1976): „Welchen Sinn hat der Grammatikunterricht in der Schule?" wurde zunehmend nur noch rhetorisch zu beantworten versucht: Da der unmittelbare Nutzen grammatischer Kenntnisse für die Förderung sprachlicher und kommunikativer Kompetenz nicht mehr klar ersichtlich war, wurde Grammatikunterricht tendenziell bedeutungslos. Man mußte von einer „Krise des Grammatikunterrichts" (NÜNDEL 1981) sprechen; die die Diskussion dominierende Orientierung an dem Lernziel der Kommunikationsfähigkeit war nicht mehr geeignet, einen systematischen Grammatikunterricht zu legitimieren; allenfalls ein situativ orientierter, angesichts kommunikativer Probleme des Unterrichts aktualisierter Grammatikunterricht schien denkbar (vgl. BOETTCHER/SITTA 1978). Wenn dennoch von „Reflexion über Sprache" die Rede sein soll, so muß allerdings der Aspekt des sprachlichen Handelns in den Mittelpunkt gestellt werden (vgl. ADER u. a. 1974). Diese Konfrontation von situativem und systematischem Grammatikunterricht hat zur Entwicklung von Ansätzen geführt, die beide Aspekte miteinander verbinden wollen: *„integrativer Grammatikunterricht",* der als Teil eines umfassenderen Lernbereichs „Reflexion über Sprache" verstanden werden soll (vgl. BOUEKE 1984). Die Folge der „Linguistisierung" und der sich anschließenden Grammatikfeindlichkeit ist in der Praxis der Spracherziehung noch nicht überwunden, was sich auch daran zeigt, daß eine Einigung auf eine geeignete Terminologie für das Reden über Sprache noch nicht abzusehen ist.

Aufsatzunterricht, schriftliche Kommunikation, freies Schreiben: Das Schreiben von Aufsätzen wurde über Generationen hinweg als Mittel zur Einübung in schriftsprachliche Fähigkeiten akzeptiert; durch die Auseinandersetzung mit den als vorbildlich hingestellten Texten und den Versuch ihrer Reproduktion sollten schließlich schriftsprachliche kreative (schöpferische) Fähigkeiten entwickelt werden. Dieses Selbstverständnis der Aufsatzdidaktik wurde zunächst dadurch schwer erschüttert, daß in den 60er Jahren eine Vielzahl von Untersuchungen zur Problematik der Bewertung von Aufsätzen gemacht wurde (zu einer zusammenfassenden Darstellung vgl. MERKELBACH 1972, SCHRÖTER 1971). Die Bewertungspraxis erwies sich - mangels intersubjektiv vermittelter Kriterien - als willkürlich. Hinzu kam die ideologiekritische Auseinandersetzung mit den gängigen Aufsatzthemen, die auch das traditionelle Gefüge der Aufsatzarten in Frage stellte (vgl. GUTTE 1970). Statt einer Orientierung an vorgegebenen Gattungen sollte nun vor allem die kommunikative Funktion auch der geschriebenen Sprache im Mittelpunkt stehen (vgl. HAUEIS/HOPPE 1972). So taucht bei HOPSTER (vgl. 1984) das Stichwort „Aufsatzunterricht" nicht mehr auf; statt dessen wird von „schriftlicher Kommunikation" als einem „Handlungsfeld des Deutschunterrichts" gesprochen (vgl. FRITZSCHE 1984). Diese Betonung des kommunikativen Aspekts von geschriebener Sprache brachte neue Probleme mit sich, die derzeit in der fachdidaktischen Diskussion eine breitere Berücksichtigung finden: Einmal hat geschriebene Sprache auch andere als nur kommunikative Funktionen; Menschen stellen sich selbst dar, sie reflektieren schriftsprachlich kognitive Probleme, drücken ihre Gefühle aus (vgl. DEHN 1983,

GÜNTHER/GÜNTHER 1983, LUDWIG 1980). Darüber hinaus ist der schulische Unterricht eine Kommunikationssituation ganz eigener Art, in der die vielfach geforderten Schreibanlässe in aller Regel fiktive, von den Schülern bloß vorgestellte Kommunikationssituationen sind: Dem schreibenden Schüler wird also eine weitere Abstraktionsleistung abverlangt. Da ist es nicht verwunderlich, wenn auf solche linguistisch orientierte kommunikative Schreibdidaktik als Antwort das „freie Schreiben" der Reformpädagogik wiederentdeckt wurde (vgl. SENNLAUB 1980) und auch die Rezeption von Freinet im Hinblick auf den Schreibunterricht verstärkt betrieben wurde. Doch freies Schreiben als Prinzip des gesamten schriftsprachlichen Unterrichts wird die Probleme nicht lösen können, die sich gerade dadurch stellen, daß schriftliche Fähigkeiten vermittelt werden müssen, die in Situationen erforderlich sind, die sich den Menschen oftmals sehr viel später stellen und die für die Schüler vielfach auch nur schwer vorstellbar sind. In diesem Zusammenhang sind die Anforderungen, die neue Kommunikationsmedien an die Benutzer stellen, kaum untersucht worden (vgl. GIESE/GLÄSS 1984).

Lesen- und Schreibenlernen, Rechtschreibung, Analphabetismus: Die Diskussion um Analphabetismus und Alphabetisierungsarbeit in der Bundesrepublik hat seit 1979 große Beachtung gefunden (vgl. DRECOLL/MÜLLER 1981). Besondere Überraschung löste dabei die Beobachtung aus, daß die überwiegende Zahl der jetzt in Kursen von Erwachsenenbildungseinrichtungen beschulten jugendlichen und erwachsenen Analphabeten der neunjährigen Schulpflicht durchaus nachgekommen war. Hatte das Schulsystem insgesamt versagt? Oder sind die Reformen des Deutschunterrichts der letzten Jahrzehnte mitverantwortlich? Die Beantwortung dieser Fragen ist kompliziert. Denn das Auffälligwerden von Analphabeten in den letzten Jahren besagt nicht zwangsläufig, daß es vor dem schulpraktischen Wirksamwerden der genannten Reformen weniger Analphabeten als heute gab – es besagt vielmehr, daß angesichts der krisenhaften Entwicklungen auf dem Arbeitsmarkt auch schärfere Selektionen bei der Vergabe von Arbeitsplätzen vorgenommen wurden. Der Rechtschreibfähigkeit kam so wieder eine erhöhte Bedeutung zu – auch dort, wo sie von der Qualifikationsstruktur des zu vergebenden Arbeitsplatzes her nicht erforderlich war. Schule und Didaktik dürfen sich mit dieser Einsicht aber nicht zufriedengeben: Unterrichtskonzepte, die nicht gewährleisten, daß eine von der Gesellschaft als grundlegend betrachtete (und zum Teil immer noch als entscheidender Ausweis von Intelligenz und Bildungsfähigkeit angesetzte) Fähigkeit an alle Schüler vermittelt wird, müssen sich der Kritik stellen. Offensichtlich sind die Schwierigkeiten der Sicherung der Rechtschreibfähigkeit in den letzten Jahren und Jahrzehnten deutlich unterschätzt worden. Wenn in einem aktuellen Handbuch zum Deutschunterricht (vgl. HOPSTER 1984) das Stichwort „Rechtschreibung" nicht auftaucht und auch in dem Teilbeitrag zur „Schriftlichen Kommunikation" (FRITZSCHE 1984) nicht angesprochen wird, so deutet dies darauf hin, daß eine große Zahl der Fachdidaktiker offensichtlich davon ausgeht, daß die Vermittlung der (Recht-)Schreibfähigkeit in der Grundschule, ja in den ersten beiden Schuljahren zum Abschluß gebracht werden kann. Schüler, die dieser Anforderung nicht gerecht werden können, finden dann im Rahmen des weiterführenden Sprachunterrichts kein ausreichendes, schon gar nicht systematisches Angebot zur Weiterentwicklung der Schreibfähigkeit und zum Ausgleich von Defiziten. Die schulisch institutionalisierte Form der Spracherziehung drängt jene Schüler, die – aus welchen Gründen auch immer – am Ende der Grundschulzeit noch nicht schreiben können, frühzeitig in jene Rolle, die sie als spätere Analphabeten spielen müssen: Sie lernen durch den heimlichen Lehrplan der Schule, ihre Unfähigkeit mit Erfolg zu verbergen und zu

Lernbereich Sprachen

versuchen, den an sie gestellten Anforderungen ohne oder mit möglichst wenigen schriftsprachlichen Handlungen nachzukommen. Die neu entfachte Beachtung des Analphabetismus hat dazu geführt, daß die Aneignungsbedingungen in den Grundschulen erneut in die Diskussion geraten sind (vgl. BERGK/MEIERS 1985, BRÜGELMANN 1983, GÜMBEL 1980, SCHORCH 1983). Darüber hinaus stellt sich die Frage, ob und wie der Deutschunterricht auf weiterführenden Schulen intensiviert werden kann. Auch die Trennung des Erwerbs der „Kulturtechniken" von der Entwicklung „schriftlicher Kommunikationsfähigkeit" im Unterricht wird zunehmend in Frage gestellt: Eine stärkere Verschränkung beider Teile könnte den Schülern breitere Einsichten in schriftsprachliche Handlungsmöglichkeiten vermitteln und sie zugleich zum Erwerb der Orthographie motivieren.

1.4 Perspektiven

Es ist schwierig, plausible Vermutungen darüber anzustellen, in welche Richtung die Spracherziehung in den nächsten Jahren gehen wird. Noch sind verschiedene, zum Teil im Gegensatz zueinander stehende Strömungen der didaktischen Diskussion auszumachen, die jeweils unterschiedliche historische Traditionen aktualisieren. So sind Ansätze zu einer stärker wissenschaftsorientierten, systematischen Orientierung stets mit der Forderung nach verstärkter Schülerorientiertheit und nach stärkerer Berücksichtigung der Erfahrungen und der Lebenswelt der Schüler konfrontiert worden (vgl. HEURSEN 1986). Hatte letztere Position einen stärkeren Einfluß gewonnen, so wurde stets - und oft zu Recht - die Befürchtung geäußert, daß diese Akzentuierung des Unterrichts unter der Hand zur Folge haben werde, gerade die traditionell benachteiligten Schülergruppen von höherer sprachlicher Bildung auszuschließen. Dominierte jedoch eine wissenschaftlich-systematische Orientierung, so wurde vor Lebensferne und Praxisirrelevanz gewarnt. Auch der Ausweg einer „kommunikativ orientierten Spracherziehung" (vgl. BEHR u.a. 1972) ist jedoch problematisch, da die „Funktionen", deren Realisierung die Schüler erlernen sollen, nur unpräzise und unvollständig systematisiert werden können. Sprache ist offensichtlich mehr als Kommunikation; sie ist mehr, als Grammatik und Grammatiktheorie beschrieben haben; sie hat im gesellschaftlichen Zusammenleben von Menschen einer schriftsprachlich strukturierten Kultur eine zu zentrale Bedeutung, als daß sie der natürlichen, spontanen Entwicklung des einzelnen Individuums überlassen bleiben könnte. Dennoch haben Ansätze aller Richtungen wertvolle Hinweise - gerade auch in der Kritik der jeweils anderen - gegeben. Diese Hinweise insgesamt zu reflektieren, die gesellschaftlichen Anforderungen an die sprachliche Bildung von Menschen zu berücksichtigen *und* Vorschläge für die Vermittlung zu machen, die weitgehend in Institutionen stattfindet, bleibt Aufgabe weiterer theoretischer Reflexion. Eine Handlungswissenschaft also, die sich nicht scheut, systematisch wichtige Aspekte auszugrenzen, die die Komplexität sprachlichen Handelns auf Vermittelbares reduziert, dann aber solche Reduktionen im Bewußtsein hält und nicht mit dem Gegenstand selbst verwechselt, eine solche Handlungswissenschaft bleibt offen für neue Entwicklungen und hält sich selbst revisionsfähig. Es bleibt zu hoffen, daß mit der Entwicklung einer solchen Wissenschaft vom sprachlichen Handeln und sprachlichen Lernen die immer schnellere Abfolge von „Neukonzeptionen" für die Spracherziehung beendet werden kann zugunsten einer fundierteren Bearbeitung von sprachlichem Handeln und sprachlichem Lernen selbst. Auf dem Wege zu einer wissenschaftlich reflektierten Praxis der Spracherziehung sind noch viele Fragen des aktiven sprachlichen Lernens von Menschen zu klären, das bislang fälschlicherweise als bloße Folge von Spracherziehung begriffen wurde.

2 Alte Sprachen

2.1 Kontinuität und Wandel altsprachlicher Bildung

Griechisch-, Latein- und Hebräischunterricht werden in der Tradition des gymnasialen Fächerkanons als altsprachliche Bildung zusammengefaßt (vgl. BLÄTTNER 1960, BRACHT 1986, v. HENTIG 1966, MAIER 1984, MATTHIESSEN 1983, PRIESEMANN 1962). Seit es im engeren Sinne Gymnasien in Deutschland gab, seit dem Ende des 18. Jahrhunderts also, standen der Latein- und der Griechischunterricht im Mittelpunkt seines Fächerkanons. Bezogen auf den gesamten überschaubaren Zeitraum der Geschichte schulisch institutionalisierter Unterweisung, sind die rund 200 Jahre seit dem Preußischen Allgemeinen Landrecht von 1794 jedoch nur ein kurzer Ausschnitt. Aber an dieser Stelle wurde das Gymnasium formalrechtlich, später auch inhaltlich von den Hochschulen und Universitäten abgetrennt. Die Trennung von Schule und Hochschule bedeutete, daß nach und nach die Möglichkeit des ungehinderten Zugangs zu den Universitäten durch staatlich definierte Zulassungsvoraussetzungen ersetzt wurden. Äußerlicher Ausdruck dieses Zugriffs des Staates ist das „Reglement über die Prüfung an den Gelehrten Schulen" vom 23. Dezember 1788 (vgl. PAULSEN 1921, S. 93 ff.) sowie der Erlaß über das Abiturientenexamen vom 25. Juni 1812 (vgl. PAULSEN 1921, S. 289 ff.), der für den Griechisch- und Lateinunterricht vorsah, daß die Schüler unter anderem einen lateinischen Aufsatz fertigen sowie Übersetzungen aus dem Griechischen und in das Griechische vorlegen mußten; in dem Erlaß wird zwischen „Sprachen" und „Wissenschaften" unterschieden, wobei erstere die Grundlage für letztere sind.

Schon bald wurde die erziehungswissenschaftliche Diskussion über den *Bildungswert* der alten Sprachen (vgl. BLANKERTZ 1963; vgl. BLANKERTZ 1982, S. 89 ff.; vgl. FLITNER 1961, 1965; vgl. PAULSEN 1919/1921; vgl. WILLMANN 1957) unlösbar verknüpft mit der sozialwissenschaftlichen Diskussion über die *Selektionsfunktion* der Schule und damit gerade auch der Sprachenzentrierung ihres Curriculums. Es gilt zu klären, ob die erstaunliche Kontinuität des sprachlich akzentuierten gymnasialen Fächerspektrums der Bildungswirksamkeit und dem Gebrauchswert dieser alten Sprachen selbst geschuldet wird oder ob die Ursache für diese Lehrplankontinuität in der Sicherung der Selektionsfunktion der Schule zu suchen ist, für die die altsprachliche Bildung – im erklärten Widerspruch zum politisch-emanzipatorischen Selbstverständnis ihrer Fachvertreter – immer wieder funktionalisiert werden konnte (vgl. BERNSTEIN 1977, BOURDIEU/PASSERON 1973, DURKHEIM 1977).

Die geschichtliche Kontinuität des altsprachlichen Unterrichts ist freilich noch nahezu 1500 Jahre älter und in zahlreichen historischen Analysen umfassend aufgearbeitet worden (vgl. DOLCH 1982, PAULSEN 1919; vgl. auch FLÖSSNER u.a. 1977, S. 26 ff.). Schon im platonischen Alterswerk, in den „Gesetzen" (818 d 4 - 819 a 6 Burnet), war erstmalig für das europäische Abendland die Lehrplanfrage gestellt worden – selbstverständlich jedoch noch ohne ein fremdsprachliches Element. Fremde Sprachen galten als barbarisch. Erst in der römischen Tradition der „septem artes liberales" wird ein „orbis doctrinae" geschaffen, der ansatzweise eine inhaltliche Kanonisierung der Lehrplanfrage leistete und das Griechische – von aller Welt gesprochen – als fremdsprachliche Komponente aufnahm, das dann im 5. und 6. Jahrhundert n. Chr. mit der christlich-theologischen Tradition verschmolzen wurde.

Lernbereich Sprachen

Das Lateinische, das in den folgenden Jahrhunderten das Griechische als tragende Sprache ablöste, behielt für gut 1000 Jahre seine unangefochtene Vormachtstellung als Berufssprache der Gelehrten und Theologen; eine bildungstheoretische Legitimation war überflüssig. Erst nach dem Eindringen der Nationalsprachen in Schulen und Hochschulen, also erst in dem Moment, in dem der unmittelbare Gebrauchswert der alten Sprachen geringer wurde, wurden sie auch zu einem pädagogischen Problem. Die immer schon geführte Diskussion über die Brauchbarkeit lateinischer Grammatiken wurde nun zu einer radikalen Kritik an der „Latinitätsdressur" der Lateinschulen (vgl. KRAUL 1984, S. 13 ff., aber auch PAULSEN 1919); erst jetzt entstand – und zwar in unmittelbarer Auseinandersetzung mit den größer werdenden unterrichtspraktischen Schwierigkeiten des altsprachlichen Unterrichts – eine *formale* Bildungstheorie, die den Wert des altsprachlichen Unterrichts trotz seines immer brüchiger werdenden beruflichen Gebrauchswerts zu sichern versuchte (vgl. B. SCHWENK/V. POGRELL 1986).
Im Unterschied zu den sich rasch ausdifferenzierenden naturwissenschaftlichen, später dann sozialwissenschaftlichen Universitätsdisziplinen hat die Altphilologie an den Hochschulen insofern eine *Sonderstellung* gewahrt, als seit den Anfängen des Neuhumanismus eine enge Wechselwirkung zwischen Schule und Hochschule bestanden hat: Die Hochschulphilologien der Gräzistik und Latinistik fühlten sich seit je dem Unterricht an den Schulen verpflichtet und bemühten sich intensiv um Lehrerausbildung und Schulbucherstellung. Hier sei nur F. A. Wolf (1759–1824) genannt, ein maßgeblicher Vertreter der neuhumanistischen Philologie und Gymnasialpädagogik: Dieser gelehrte Altphilologe entwarf 1809 für das Joachimsthaler Gymnasium, dessen Visitator er war, einen Lehrplan mit Stundentafeln; bereits 1787 gründete er in Halle/Saale das philologische Seminar, das gelehrte Schulmänner ausbilden sollte (vgl. WOLF 1835). Bedeutende Beiträge lieferten und liefern bis heute Gelehrte der Universitäten den Schulen: U. v. Wilamowitz am Ende des letzten Jahrhunderts, C. J. Classen oder M. Fuhrmann heute. Andererseits formulierten Lehrer an den Schulen wichtige Beiträge für die Universitätsdisziplinen (vgl. DIELS 1903). Damit stellt sich die Frage, welches wissenschaftstheoretische Konzept der Tatsache zugrunde liegt, daß für das Universitätsfach und das Schulfach die Interdependenz als charakteristische Beziehung genannt werden kann. Das Paradigma der Altphilologie als Universitätsdisziplin ist die pädagogische Intentionalität ihrer Inhalte und ihres Gegenstandes: Wissenschaftliche Disziplin und erzieherischer Anspruch sind in einem Komplex vereint. Forschungen selbst in entlegenen Wissenschaftsbereichen stehen unter humanistischem Anspruch. Daran ändert auch nichts die Tatsache, daß sich aus Gründen der Spezialisierung und Arbeitsteilung Forschung und Unterricht getrennt haben. Aber schon in der Hochschul*lehre* wird die genannte Einheit, die für den künftigen Fachwissenschaftler ebenso gilt wie für den angehenden Lehrer, wieder sichtbar.
Im Widerstreit zu dieser Interdependenz von altsprachlichem Unterricht und universitärer Forschung entfaltete sich die relative Autonomie der Schule von kirchlichen und ständestaatlichen Vorgaben im Kontext der Freisetzung der bürgerlichen Gesellschaft (vgl. H.-G. HERRLITZ u.a. 1981, S. 12 ff.; vgl. LESCHINSKY/ROEDER 1983, S. 445 ff.). Auf der administrativen Ebene ging Preußen voran: Es richtete 1786 das Oberschulkollegium ein, um das bis dahin geradezu chaotische Schulwesen des Landes zu ordnen, und führte 1788 die Abiturientenprüfung ein. Von da an waren diejenigen Schulen Gymnasien, die diese Prüfungen abnehmen konnten. Neben dem Lateinischen wurde das Griechische neu begründet. Mit der Abiturprüfungsordnung von 1812 veröffentlichte v. Süvern als Nachfolger v. Humboldts

und in Zusammenarbeit mit Schleiermacher (vgl. LOHMANN 1984) neuhumanistische Lehrpläne, die die harmonisch-proportionierliche Ausbildung des Geistes und seiner Fähigkeiten durch die kanonisierten Fächer Deutsch, Lateinisch, Griechisch und Mathematik sichern sollten. Dieser bis heute nachwirkende, viel diskutierte große Entwurf war durch zwei Komplexe belastet und scheiterte: Zum einen wurde der große Aufbruch der preußischen Reform schon bald durch die einsetzende Reaktion gestoppt; den von den hohen Schulen ausgehenden Geist der Freiheit glaubte man mit polizeistaatlichen Methoden unterdrücken zu können; durch die bis ins einzelne gehende Regelung von Prüfungen, Stundentafeln, Unterrichtsinhalten und -methoden entstand das, was PAULSEN die „Bureausouveränität" nannte (1921, S. 302). Zum anderen wurde aber auch in diesem epochemachenden Lehrplan das Verhältnis der sprachlichen Bildung zu den Realien nicht abschließend gelöst. Die in Humboldts Menschenbild auf den Begriff gebrachte neuhumanistische Hoffnung, durch eine Besinnung auf das Subjekt, auf den Bildungswert der Sprachen und der Antike die Mündigkeit des einzelnen und der Gesellschaft besser sichern zu können als durch die Hinwendung des Jugendlichen zur Ökonomie, Technik und Politik einer Nation, hat sich bis heute nicht erfüllt (vgl. BLANKERTZ 1963, 1975). Gegenwärtig werden die Verwirklichungsbedingungen altsprachlicher humanistischer Bildung zusätzlich durch den Abbau der Stundentafeln, durch den Rückgang altsprachlicher Gymnasien und durch deren Enttypisierung in der Oberstufe erschwert. Trotz wichtiger bildungstheoretischer Vorklärungen durch Kerschensteiner und Spranger in der ersten Hälfte dieses Jahrhunderts ist die Humboldtsche Option für die alten Sprachen bildungstheoretisch und -politisch letztlich erst zu Beginn der 70er Jahre mit der Forderung nach einer Wissenschaftsorientierung allen Lernens in allen Fächern und Stufen (vgl. DEUTSCHER BILDUNGSRAT 1970, S. 33) sowie durch das Konzept einer die Allgemein- und Berufsbildung integrierenden Sekundarstufe II korrigiert worden (vgl. DEUTSCHER BILDUNGSRAT 1974; vgl. KULTUSMINISTER NORDRHEIN-WESTFALEN 1972). Alte Sprachen spielen dort nur noch eine marginale Rolle (vgl. BLANKERTZ 1983, V. HENTIG 1982, MEYER 1980).
Die in den Theorien materialer und klassischer Bildung geleistete Fixierung eines inhaltlichen Kanons allgemeinbildender Fächer, an deren Spitze die alten Sprachen standen, ist heute bildungstheoretisch nicht mehr legitimierbar und darüber hinaus schulpraktisch obsolet geworden. Dies muß freilich nicht bedeuten, daß ein Bildungswert der alten Sprachen überhaupt nicht mehr zu begründen sei, wohl jedoch, daß die alten Sprachen ihren Bildungswert und ihre Brauchbarkeit für ein modernes Curriculum durch didaktisch-methodische Analysen und durch die Bestimmung der Lebenssituationen, in denen altsprachliche Bildung zur Bewältigung der gestellten Aufgaben beiträgt, nachzuweisen haben.

2.2 Zur Didaktik altsprachlichen Unterrichts

Für die allgemein- und fachdidaktische Diskussion der altsprachlichen Bildung ist eine Vielzahl von höchst unterschiedlichen, zum Teil widersprüchlichen, zum anderen Teil nur erst partiell entfalteten Begründungsansätzen typisch: Neben den in der allgemeindidaktischen Diskussion weitgehend überwundenen materialen Bildungstheorien (zur Kritik vgl. KLAFKI 1963, S. 27 ff.) finden sich im wesentlichen Konzepte der bildungstheoretisch-geisteswissenschaftlichen Didaktik und erste Ansätze einer situationsanalytischen Revision der Lehrpläne.
Die Substanz altsprachlicher Bildung sind Zeichensysteme, deren besondere Merkmale die relative Überschaubarkeit und Abgeschlossenheit sind: Das trifft vor allem

für das Griechische zu; aber auch das Lateinische, so wie es im Unterricht der Schulen repräsentiert ist, beschreibt einen Kreis, dessen Radius auf einer Zeitachse nur wenige Jahrhunderte ausmacht. Die Beschäftigung mit beiden Sprachen steht insoweit in einer festen Tradition, die bestimmte Segmente kanonisierte und zum Klassischen erhob.

In der jüngsten *allgemeindidaktischen Diskussion* sind Versuche zur Rekonstruktion einer inhaltlich fixierten, wenn auch stark formalisierten Allgemeinbildung zu konstatieren (vgl. KLAFKI 1985, S. 12 ff.), deren bildungstheoretische Stringenz jedoch noch zu klären ist. Klafki versucht, in expliziter Analogie zu Wenigers Lehrplantheorie Schichten des allgemeinbildenden Kanons im polaren Bezug von „Schlüsselproblemen" der Gegenwart und traditional vermittelten „Lernangeboten", die „Zugänge zu unterschiedlichen Möglichkeiten menschlichen Selbst- und Weltverständnisses" eröffnen (KLAFKI 1985, S. 20, S. 25), zu bestimmen, in deren Rahmen eine Legitimierung altsprachlicher Bildung zumindest möglich erscheint. Die seit Humboldts Zeiten strittige Frage, ob altsprachlicher Unterricht verbindlich für alle gemacht werden solle, ist damit freilich nicht beantwortet. Humboldt hatte 1809 im Litauischen Schulplan hypothetisch (deshalb leicht mißzuverstehen) formuliert: „Auch Griechisch gelernt zu haben könnte auf diese Weise dem Tischler ebenso wenig unnütz sein, als Tische zu machen dem Gelehrten" (v. HUMBOLDT 1956, S. 78). Aber schon Humboldts Zeitgenosse Pestalozzi (1746–1827) hatte diese Vorstellung einen „Irrtum der Begriffe" gescholten und die der neuhumanistischen Argumentation zugrunde liegende lernbiographische Nachordnung der Berufs- nach der Allgemeinbildung als Benachteiligung der Armen und Schwachen kritisiert: „Der Mensch müsse Mensch sein, während er in Wahrheit muß Kannengießer werden, weil eben seine Menschheit unabhängig von seiner Kannengießerarbeit ihn zum Unmenschen in der Gesellschaft machen würde" (PESTALOZZI 1930, S. 355; vgl. BLANKERTZ 1982, S. 135 ff.; vgl. KRAUL 1984, S. 30 ff.). Jeder Versuch einer inhaltlichen Rekonstruktion des Allgemeinbildungskanons unterläuft also – ohne Not – die geisteswissenschaftliche, insbesondere von Weniger (1894–1961) formulierte Einsicht, daß sämtliche schulischen Fachinhalte, also auch die alten Sprachen, nur insoweit gesichert werden können, als sie eine Vorwegnahme der Zukunft der Schüler darstellen und in ihrer Lebenswelt erfahren werden können. Und da dies gerade für die alten Sprachen ein immer drängenderes Problem wird, wirft Weniger den kulturkundlichen Versuchen der Erneuerung des Lehrplans aus der Weimarer Republik ausdrücklich vor, sich durch „den allzu engen Anschluß an die Philologie" das didaktische Konzept „einigermaßen verdorben" zu haben (WENIGER 1952, S. 85).

Wenigers bis heute richtungweisende Lehrplantheorie (vgl. BLANKERTZ 1969, S. 111 ff.) zwingt jedes Schulfach, das seinen Platz an allgemeinbildenden Schulen behaupten will, zu einer nüchternen Realanalyse seines Gebrauchswerts und Erfahrungsbezugs. Wenigers Lehrplantheorie befreit die Didaktik der alten Sprachen von dem nicht einlösbaren Zwang, Transferhypothesen ihrer formallogischen Bildungsmächtigkeit zu formulieren; sie macht deutlich, daß altsprachlicher Unterricht, wie jeder andere Fachunterricht auch, Spezialbildung ist und daß die „Wahrheit der Allgemeinbildung" nur in der dialektischen Aufhebung der „Spezial- und Berufsbildung" gefunden werden könne (BLANKERTZ 1982, S. 141; vgl. auch BLANKERTZ 1963). Erst auf dieser Ebene der Argumentation kann die Fachdidaktik unbefangen und unverstellt die empirische Frage nach dem Bildungswert sprachlicher Spezialbildung stellen und ihr fachliches Angebot durch den Nachweis seiner Verankerung in der Lebenswelt der Schüler einerseits, durch den Nachweis gelingender, zur Mündigkeit beitragender Lernprozesse andererseits legitimieren.

Auch für die altsprachliche Bildung bedeutete deshalb die *Curriculumdiskussion* vom Ende der 60er Jahre (vgl. ROBINSOHN 1967) so etwas wie eine kopernikanische Wende: Man konnte und kann nicht mehr ohne weiteres von der Exemplarik griechischer und lateinischer Texte ausgehen, sondern mußte sie auf spezielle Ziele hin organisieren und im Unterricht präsentieren. Die Texte (und ihre Erschließung) verkörperten nicht mehr völlig unbefragt „klassisch" genannte Werte, sondern es mußte ihnen überhaupt erst die Chance erarbeitet werden, für die Schüler ein Stück Lebenswirklichkeit zu repräsentieren, in die der junge Mensch hineinzuwachsen vermag. Erst dann, wenn durch die Auswahl und Interpretation altsprachlicher Texte den Schülern identitätsverbürgende Deutungssysteme angeboten werden, kann altsprachlicher Unterricht im Interesse des lernenden Subjekts legitimiert werden.
Eine Reihe fachdidaktischer Modelle für die Lösung dieser Aufgabe ist vorgestellt worden (vgl. FUHRMANN 1976, JÄKEL 1962, MAIER 1984; vgl. NICKEL 1978, 1982; vgl. WILSING 1964).

2.3 Zur Situation altsprachlichen Unterrichts nach der Bildungsreform

Den Rahmen für den altsprachlichen Unterricht bestimmen die Erlasse und Verordnungen der einzelnen Bundesländer und auf der Ebene der Ministerpräsidenten- und Kultusministerkonferenz die Abkommen und Vereinbarungen von Hamburg (28. Oktober 1964 und 31. Oktober 1968), Kiel (14. Oktober 1971) und Bonn (7. Juli 1972). Abgesehen von Schulversuchen beginnt der fremdsprachliche Unterricht in Klasse 5 (Sexta) mit einer „lebenden" Fremdsprache oder Latein (= Latein I). Die zweite Fremdsprache ist in aller Regel in Klasse 7 (Quarta) entweder bei Beginn mit einer „lebenden" Fremdsprache in Klasse 5 Latein (= Latein II) oder Französisch. Schließlich kann Lateinisch auch noch als dritte Fremdsprache (= Latein III) ab Klasse 9 (Obertertia) wahlfrei gelernt werden. Im humanistischen Zweig des Gymnasiums beginnt ab Klasse 9 Griechisch als (3.) Pflichtfremdsprache; aber nur solche Schülerinnen und Schüler dürfen sich für Griechisch entscheiden, die zuvor Latein als 1. oder 2. Fremdsprache gelernt haben. Eine selten genutzte Möglichkeit besteht darin, daß man ab Klasse 9 (Obertertia) Griechisch als wahlfreie Sprache erlernt. Schließlich kann dort, wo die schulischen Verhältnisse es zulassen, schon ab Klasse 8 (Untertertia) Griechisch einstündig gelernt werden; es handelt sich hier dann um eine Art Vorkurs für das in Klasse 9 einsetzende Griechisch als 3. Pflichtfremdsprache. Der Unterricht in beiden Sprachen verläuft dann bis zum Ende der 11. Klasse (Obersekunda) so gut wie unangetastet. Spätestens mit Beginn der 12. Klasse (Unterprima), da nach der genannten Bonner Vereinbarung vom 7. Juli 1972 das Kurssystem voll entwickelt sein soll, tritt im gesamten Bundesgebiet ein erheblicher Bruch des unterrichtlichen Kontinuums ein; denn viele Schülerinnen und Schüler wählen die beiden alten Sprachen ab (vgl. SCHMIED 1982, S. 16).
Die aufgrund der Bonner Vereinbarung von 1972 erforderliche Neukonzeption des Abiturs (vgl. SCHINDLER 1980, TENORTH 1975) hat offensichtlich zu einer nachhaltigen Verunsicherung der fachdidaktischen Diskussion in den alten Sprachen geführt, die in differenzierter Kritik an den „Normenbüchern" Latein und Griechisch (vgl. KEMPER 1977) ihren Ausdruck gefunden hat. Die Bonner Vereinbarung hatte und hat aber auch für die Schulpraxis schwerwiegende Folgen. Denn mit der Entscheidung der Schüler gegen eine Fortsetzung ihres altsprachlichen Unterrichts in der 12. und 13. Jahrgangsstufe werden gerade im Sprachenunterricht für die Entfaltung des Denkens notwendige Lernprozesse abgebrochen. Wenn man die genannte

Lernbereich Sprachen

Reduzierung des in der Mittelstufe zur Verfügung stehenden Stundenvolumens hinzunimmt, muß man mit aller Schärfe die Frage nach den Chancen altsprachlicher Bildung in der Schule stellen. Die Beantwortung dieser Frage ist allerdings angesichts des sehr niedrigen Standes der empirischen Erforschung alltäglichen altsprachlichen Unterrichts sehr schwierig (vgl. SCHULZ-VANHEYDEN 1975). Dennoch bleibt festzuhalten, daß das Fach Latein in der Sekundarstufe I – allen anderslautenden Prognosen zum Trotz – unverändert in quantitativ erheblichem Umfang gewählt wird, ja sogar eine gewisse Renaissance erlebt (vgl. EVANGELISCHE AKADEMIE LOCCUM 1977).

2.4 Subjektive Bedeutungsaspekte altsprachlichen Unterrichts

Alltagsmeinungen und Alltagskonzepte zum altsprachlichen Unterricht sind, wenn man einmal von Partialanalysen absieht (vgl. BARGEL u. a. 1984; DOMNICK/KROPE 1972), noch nicht sozialwissenschaftlich aufgearbeitet worden. Die folgenden Thesen über die subjektive Wahrnehmung altsprachlicher Bildung bedürfen deshalb noch der empirischen Überprüfung.
Altsprachliche Bildung kann als funktionslos gewordenes Herrschaftswissen, als klassisches Fach zur Entwicklung der formallogischen Denkfähigkeiten der Schüler, als ein die Aneignung moderner Fremdsprachen und naturwissenschaftlicher Kenntnisse behindernder Ballast oder als unverzichtbare Voraussetzung für eine ihrer eigenen Geschichtlichkeit bewußte, allseitige Bildung verstanden werden. So widersprüchlich diese Thesen auch sind, so ernst müssen sie dennoch genommen werden, weil sie Alltagserfahrungen mit Schule und Unterricht darstellen, weil sie Substrate erfreulicher und unerfreulicher Erfahrungen und Kommunikationssituationen des einzelnen darstellen, die unabhängig vom gelingenden oder scheiternden Nachweis ihrer objektiven Berechtigung den individuellen Lernprozeß und die gesamtgesellschaftliche Bedeutsamkeit alter Sprachen beeinflussen. Die Sperrigkeit des Bildungsgegenstandes der alten Sprachen wird dabei deutlich: Wer Latein und gegebenenfalls Griechisch oder Hebräisch lernt, ist stets auf einen *Text* angewiesen. Dieser kann Fragen nicht so beantworten wie ein englischer oder französischer Gesprächspartner. Irgendwie ist der Lernende der unerbittlichen Schwere eines Textes ausgeliefert und hat allenfalls den helfenden Lehrer zur Seite. Aber da gibt es auch ein Machtverhältnis, und der Schwächere (= der Schüler) muß sich dem Stärkeren (dem wissenden Lehrer) beugen. So assoziiert man mit der altsprachlichen Bildung zumeist auch den im Wissen dominierenden Lehrer und den vom schweren Text abhängigen Schüler. Altsprachliche Bildung bedeutet, trotz aller unterrichtsmethodischen Innovationen, den Verzicht auf lebendige Kommunikation, auf die das wachsende, europäische Bewußtsein angewiesen ist. Viele kommen so zu dem Schluß, daß eine Auseinandersetzung mit Texten ohne Dialog, also ohne die Möglichkeit zum Aufbau eines lebendigen Austausches zwischen den Personen, nicht erstrebenswert sei. Im „heimlichen Lehrplan" altsprachlicher Bildung kommt also ein Komplex stabiler, verdeckter Urteile und Vorurteile zum Ausdruck, dessen Grundaussagen ungefähr lauten:
– Altsprachlicher Unterricht leidet allzuoft an einer unausgewogenen Kosten-Nutzen-Relation; neun Jahre für das große Latinum, dessen faktischer Nutzen im Studium und Beruf gering ist, sind zu viel!
– Die entscheidenden, produktivitätssteigernden Wissenschaften sind für moderne, hochzivilisierte Gesellschaften die Sozial- und vor allem die Naturwissenschaften, nicht die alten Sprachen.

Reinhold Freudenstein/ Heinz W. Giese/ Arno Schmidt

– Die kommunikative Tätigkeit des Menschen drückt sich in sachverständiger, problembezogener Mitarbeit an gegenwärtigen Problemen aus. Die lautlosen Fragen und das Bemühen um Antwort aus vergangener und nur noch schriftlich sich dokumentierender Geistigkeit rücken immer deutlicher in den Bereich politischer Esoterik.

Es ist zu vermuten, daß dieser Einstellungskomplex sehr stark sozialschichtspezifisch variiert: Während in unteren Bildungsschichten und bei sozialen Aufsteigern die Wertschätzung des Abiturs und seines traditionellen Fächerkanons einschließlich der alten Sprachen sehr hoch anzusetzen sein dürfte, wie dies auch durch die von den Eltern der Gymnasialschüler gelenkte Fächerwahl dokumentiert wird, so ist gerade bei akademisch gebildeten Eltern häufig einerseits eine gesellschaftskritisch argumentierende inhaltliche Geringschätzung der alten Sprachen, andererseits eine formale Wertschätzung der alten Fächer wegen der durch eine entsprechende Fächerwahl scheinbar gesicherten Studienorientierung der eigenen Kinder anzutreffen.

3   Neue Sprachen

3.1 Fremdsprache als Bildungssprache

Kennzeichnend für die Situation des modernen Fremdsprachenunterrichts am Ende des 20. Jahrhunderts sind vornehmlich zwei Tatbestände: einmal die Betonung des Wertes von Fremdsprachenkenntnissen zum Zweck der internationalen Kommunikation, zum anderen – und damit verbunden – eine Akzentverschiebung in der Einschätzung des Bildungswertes, der den neueren Sprachen zuerkannt wird. Damit zeichnet sich gegenüber der historischen Entwicklung ein radikaler Bruch ab. Bis ins späte 19. Jahrhundert hinein wurde der Unterricht im Französischen und im Englischen, parallel zum altsprachlichen Unterricht, als ein Beitrag zur humanistischen Bildung betrachtet. Fremdsprachen wurden gelehrt, weil sie einen Zugang zur Literatur ermöglichten. Zwar wurden auch bis dahin schon immer sprachpraktische Fertigkeiten vermittelt, wenn sich eine konkrete Notwendigkeit dafür ergab. Massive Einwände gegen das Konzept einer sprachlich-literarischen Bildung wurden aber erst am Ende des 19. Jahrhunderts vorgetragen. Mit seiner Forderung, der Sprachunterricht müsse „umkehren" und den Gebrauchswert der modernen Fremdsprachen betonen, leitete VIËTOR (vgl. 1882) eine Reformbewegung ein, die Grundsatzdiskussionen über Ziele und Inhalte der fremdsprachlichen Bildung auslöste. Wesentliche Veränderungen wurden damit allerdings nicht bewirkt. Eine kulturkundliche Bewegung nach dem Ersten Weltkrieg gab dem philologischen Anliegen des Fremdsprachenunterrichts sogar neuen Auftrieb und führte zu Rahmenbedingungen, die unter der Bezeichnung „vermittelnde Methode" bis zur Mitte des 20. Jahrhunderts gültig blieben. Die lebenden Fremdsprachen waren sich danach „ihres großen Wertes für das spätere Leben voll bewußt, ohne in den überwundenen Irrtum einer nur praktischen Ausrichtung zu verfallen, und arbeiten zugleich mit an dem Fundament, das für den späteren geistigen Arbeiter durch die Überlieferung wissenschaftlich gesicherter Kulturgüter und durch die erste Einführung in wissenschaftliches Denken […] gelegt wird" (BOHLEN 1953, S. 2). Das Lernen fremder Sprachen war damit eng mit dem Anliegen der „höheren Bildung" verbunden; es blieb insgesamt das Privileg einer Elite. Noch um 1950 wurden die Aufgaben des Fremdsprachenunterrichts unter dieser Perspektive unumstritten anerkannt. Danach sollte er

- in *sprachlicher* Hinsicht den Schüler mit der Sprache des Schrifttums und der Umgangssprache vertraut machen;
- in *geistig-formaler* Hinsicht dazu beitragen, an planmäßiges Denken zu gewöhnen und zur Konzentration zu erziehen;
- in *kulturkundlicher* Hinsicht in das Geistesleben fremder Völker einführen und Schöpfungen der abendländischen Tradition zum Bewußtsein bringen;
- in *erziehlicher* Hinsicht Werte wie Wahrheitsliebe, Rechtssinn, Toleranz, Freiheitsbewußtsein und Achtung vor fremdem Volkstum zur Entwicklung bringen.

Diese vierfache Aufgabenstellung bestimmte bis in die späten 50er Jahre die Zielsetzung des gymnasialen Fremdsprachenunterrichts (vgl. BOHLEN 1953, S. 6), und sie hatte konkrete Auswirkungen auf die Praxis, da sich Lehrverfahren und Unterrichtsmaterialien nach ihr ausrichteten. So wurde die geistig-formale Schulung weitgehend über einen systematisch angelegten Grammatikunterricht zu erreichen versucht, und die erziehlichen Ziele schlugen sich unter anderem in Texten nieder, mit denen Repräsentanten des fremden Volkes in ihren Leistungen vorbildhaft porträtiert wurden. Der umgangssprachliche Nutzen einer Fremdsprache wurde zwar mit berücksichtigt („Gebrauchssprache") und in bestimmten Schulformen – etwa in der seit 1832 in Preußen erstmals anerkannten Realschule – auch besonders betont. Richtungweisend für die Entwicklung des Fremdsprachenunterrichts als Schulfach blieb jedoch die seit dem 17. Jahrhundert vertretene Auffassung vom Wert einer Fremdsprache als „Bildungssprache". Unter dieser Prämisse wurden in der zweiten Hälfte des 19. Jahrhunderts die ersten Lehrstühle für moderne Fremdsprachen an den Universitäten eingerichtet, und wo immer eher sprachdidaktisch angelegte Lehrgänge durchgeführt wurden, galten sie als „Verkürzung" der eigentlichen Leistungen, die von der fremdsprachlichen Bildung erwartet wurden.

3.2 Wissenschaftliche Neuorientierung des Fremdsprachenunterrichts

Trotz der starken traditionalistischen Nachwirkungen trat nach dem Ende des Zweiten Weltkriegs eine entscheidende Wende ein. Die Erschütterungen zweier Kriege in Europa hatten das Vertrauen in den Bildungswert humanistisch geprägten Sprachunterrichts schwinden lassen. Hinzu kam, daß sich die fremdsprachliche Unterweisung den Vorwurf gefallen lassen mußte, die sprachpraktischen Ergebnisse ihrer Bemühungen seien wenig überzeugend; selbst nach sieben oder neun Jahren Unterricht waren die meisten Schüler nicht in der Lage, die Sprache, die sie gelernt hatten, im Ausland funktional zu verwenden. Die Zeit für einen Neubeginn war günstig, zumal der unmittelbare Anstoß dazu aus den Vereinigten Staaten kam, die um die Jahrhundertmitte als die stärkste politische, ökonomische und kulturelle Kraft der Welt anerkannt waren.

Den ersten Anstoß zur Neuorientierung gab LADO (vgl. 1964) mit seiner Forderung, Fremdsprachenunterricht künftig „auf wissenschaftlicher Grundlage" zu planen, durchzuführen, auszuwerten und weiterzuentwickeln. Damit war ein Modell vorgestellt, das den Fremdsprachenunterricht aus seinen philosophisch-geistesgeschichtlichen Begründungszusammenhängen löste und ihn zum Gegenstand der empirischen Forschung werden ließ. Es waren vor allem zwei Wissenschaftsbereiche, die für eine begründbare Fundierung des Lehrens und Lernens fremder Sprachen in Anspruch genommen wurden: die Linguistik und die Lernpsychologie. Diese beiden Disziplinen gelten seither als unverzichtbare Bezugswissenschaften für alle Überlegungen und Maßnahmen, die im Zusammenhang mit Fremdsprachenunterricht relevant sind. Daneben sind im Laufe der Zeit noch weitere wissenschaftliche

Disziplinen für bestimmte Inhalte der Fremdsprachendidaktik bedeutungsvoll geworden, so die Sozialwissenschaften für den Themenbereich „Landeskunde".
Niemals zuvor hat in der Geschichte der neueren Sprachen eine Einzelpersönlichkeit die Entwicklung eines Schulfachs nachhaltiger beeinflußt als Lado. Zwar sind die von ihm vertretenen inhaltlichen Positionen unter dem Einfluß neuerer Forschungen inzwischen modifiziert worden. Die von ihm postulierte Notwendigkeit einer wissenschaftlichen Absicherung der Ziele, Arbeitsweisen, Prüfverfahren und des Medieneinsatzes ist jedoch nicht in Frage gestellt worden und wird heute als selbstverständliche Voraussetzung einer jeden fremdsprachendidaktischen Reflexion betrachtet.

3.2.1 Der Einfluß der Linguistik

Die traditionelle Sprachwissenschaft verstand sich – soweit sie für den Sprachunterricht von Bedeutung war – weitgehend als historisch-hermeneutische Disziplin; sie unterwarf die lebenden Fremdsprachen dem Bezugssystem der lateinischen Grammatik und leitete aus ihr den Aufbau – und damit auch die Wertung – der englischen und französischen Sprache ab. Die von Lado vertretene linguistische Richtung des Strukturalismus betonte demgegenüber die Eigengesetzlichkeit einer jeden Sprache, die es verbietet, sie vor der Folie des Lateinischen zu analysieren. Vielmehr wurde die Durchführung von *kontrastiven* Analysen gefordert; dabei können durch einen Vergleich eigenständiger Sprachsysteme diejenigen Übereinstimmungen und Unterschiede ermittelt werden, die das Erlernen einer Fremdsprache für Sprecher unterschiedlicher Muttersprachen erleichtern oder erschweren.
Eine zweite wichtige Auswirkung der strukturalistischen Linguistik auf den modernen Sprachunterricht ist darauf zurückzuführen, daß ihre Untersuchungen der *gesprochenen* Sprache galten, die bis dahin im neusprachlichen Unterricht nur eine untergeordnete Rolle gespielt und ihre Berechtigung lediglich aus der Ableitung schriftsprachlicher Aufzeichnungen bezogen hatte. Vor diesem Hintergrund formulierte Lado seine Forderung: Ziel des Fremdsprachenunterrichts ist die Erlernung einer Sprache als Mittel der – vornehmlich mündlichen – Kommunikation. Der dazu vorgeschlagene methodische Weg führte über eine festliegende Reihenfolge der zu erlernenden sprachlichen Teilfertigkeiten: vom Hörverstehen zum Sprechen über das Leseverstehen zum Schreiben. Das zentrale Anliegen der herkömmlichen fremdsprachlichen Bildung, Lesen und Schreiben, war damit zugunsten der Sprechfertigkeit auf einen nachgeordneten Platz gerückt.
Seit Beginn der 70er Jahre sind die wissenschaftstheoretischen Voraussetzungen des Strukturalismus in das Kreuzfeuer der sprachwissenschaftlichen und auch der pädagogischen Kritik geraten. Gegenbewegungen und neue Schulen sind entstanden (Transformationsgrammatik, Kontextualismus, Pragmatik), die ihrerseits Auswirkungen auf die linguistische Begründung des Fremdsprachenunterrichts und auf die didaktische Umsetzung der neuen Erkenntnisse hatten (vgl. HÜLLEN 1971). Dabei ist gelegentlich das Verdienst des Strukturalismus für den modernen Fremdsprachenunterricht in Vergessenheit geraten: Auf seiner Grundlage entstand das erste Modell für einen wissenschaftlich begründeten Sprachunterricht, und seit Lado hat sich das Erlernen einer Fremdsprache zum Zweck der Kommunikation als oberstes Lernziel in schulischen und außerschulischen Lehrgängen weltweit durchgesetzt. Alle neueren Entwicklungen haben sich an diesen Gegebenheiten orientiert, und auch künftig wird man nicht hinter die Grundforderung zurückfallen können: Innovationen im Fremdsprachenunterricht müssen linguistisch legitimiert werden.

Damit ist allerdings die Gefahr verbunden, daß neue theoretische Konzepte vorschnell und ohne didaktisch ausgereifte Filterung für den Unterricht aufbereitet werden. So haben sich weitreichende Hoffnungen auf positive Auswirkungen des Einbezugs der Transformationsgrammatik oder linguistischen Pragmatik in die theoretische Fundierung des Fremdsprachenunterrichts nicht erfüllt. Eine unreflektierte Wissenschaftsgläubigkeit führt – vor allem bei praktizierenden Lehrern – häufig zu unrealistischen Erwartungen; stellen sich die erhofften Erfolge nicht ein, wird dafür der wissenschaftliche Ansatz verantwortlich gemacht. Andererseits werden gelegentlich aber auch didaktische Modelle als neu und wissenschaftlich abgesichert angeboten, die lediglich Bekanntes und Bewährtes mit neuer Terminologie verbinden (so der Austausch der Begriffe „Kommunikationsfähigkeit" und „kommunikative Kompetenz").

Insgesamt jedoch haben sich dadurch, daß Fremdsprachenunterricht zum Forschungsgegenstand geworden ist, neue Entwicklungsperspektiven eröffnet. Der neusprachliche Unterricht kann sich künftig an Ergebnissen der *Sprachlehrforschung* orientieren, die als interdisziplinärer Wissenschaftsbereich ein breites Aufgabenfeld abdeckt: von der (seit Ende der 70er Jahre stark beachteten) Spracherwerbsforschung über didaktisch-methodische Einzelfragen bis hin zu Überlegungen zu Sprachenfolge und Sprachenpolitik.

3.2.2 Die lernpsychologische Perspektive

Neben der Linguistik hat vor allem die Lernpsychologie verändernd auf den Fremdsprachenunterricht nach 1945 eingewirkt. Zunächst dominierte das behavioristische Lernmodell die Diskussion. Spracherlernung wurde als der Prozeß einer von außen steuerbaren Verhaltensänderung betrachtet. Das Üben in der Fremdsprache wurde zu einem automatisierten Vorgang, der auf bestimmte sprachliche Reize (Stimuli) vorprogrammierte Reaktionen auszulösen vermochte. Die Verbreitung von Lehrmaterialien auf der Grundlage des Behaviorismus wurde durch die gleichzeitige Entstehung der Unterrichtstechnologie gefördert. Große Hoffnungen wurden vor allem an das Sprachlabor geknüpft, das es einem Schüler ermöglicht, Sprechmodelle über Tonband zu hören, zu imitieren und gelenkt abzuwandeln; dadurch konnte der Lernvorgang intensiviert, individualisiert und objektiviert werden (vgl. FREUDENSTEIN 1975). In Frankreich und Jugoslawien trugen strukturalistisch-behavioristische Grundlagenforschungen zur Entwicklung von audiovisuellen Kursmaterialien bei, die den Unterrichtsstoff über Bild, Film und Tonband vermittelten (vgl. SCHIFFLER 1973).

Zunächst wurden die neuen Lehrmethoden uneingeschränkt anerkannt. Aber schon bald danach wurde dem behavioristischen Lernmodell vorgeworfen, daß es das Sprachenlernen zu einseitig steuere und darum nur punktuell – nämlich allein beim Üben neuer Wörter und Strukturen – fördern könne; auf diesem Wege könne den differenzierten Gegebenheiten unterschiedlicher Adressatengruppen kaum im erforderlichen Ausmaß Rechnung getragen werden. Eine Gegenbewegung setzte bereits in den 60er Jahren ein. Sie gab unter Rückgriff auf traditionelle gestaltpsychologische Ansätze und unter Berufung auf neuere sowjetische Forschungen dem kognitiven Element beim Sprachenlernen wieder stärkeres Gewicht. Dadurch wurde die psychologische Komponente gezielter auf das *individuelle Lernen* des Sprachschülers bezogen, nachdem zuvor versucht worden war, bestimmte *Lehrmethoden* möglichst optimal zu gestalten. In neueren Lehrwerken für den Fremdsprachenunterricht schlägt sich der lernpsychologische Einfluß heute in einem breiten Angebot unterschiedlicher Übungstypen nieder: von imitativ-reproduktiven Aufgabenstellungen (behavioristischer Art) bis hin zu Übungsformen, die eine gedankliche Beteiligung des Sprachschülers am Übungsinhalt erfordern.

Ähnlich wie bei der linguistischen Fundierung des modernen Fremdsprachenunterrichts haben sich seit der ersten systematischen Einbeziehung der Lernpsychologie in fremdsprachendidaktische Planungen inhaltliche Veränderungen und Schwerpunktverlagerungen ergeben. Sie fallen allerdings gegenüber der Tatsache, daß die Lernpsychologie in ihren verschiedenen Ausprägungen überhaupt zu einer unverzichtbaren Bezugswissenschaft geworden ist, weniger stark ins Gewicht. Eine eigenständige Fremdsprachen-Lernpsychologie konnte sich bisher nicht etablieren. Es sind entweder Fremdsprachendidaktiker (vgl. HEUER 1976, LEE 1972, WIENOLD 1973), die auf Ergebnisse und Forderungen der Lernpsychologie zurückgreifen, oder Psychologen (vgl. OLECHOWSKI 1970, VAN PARREREN 1963), die ihre Forschungen gelegentlich auch auf den Fremdsprachenbereich beziehen.

3.2.3 Die Bedeutung der Erziehungswissenschaft

Seit Beginn der 70er Jahre macht sich ein weiterer Einfluß bemerkbar, der den Fremdsprachenunterricht erneut mit zu bestimmen beginnt: pädagogische, speziell allgemeindidaktische Fragestellungen, die seit Comenius die fremdsprachendidaktische Diskussion dominiert hatten und die von Lado weitgehend durch fachspezifische Gesichtspunkte ersetzt worden waren, werden in zunehmendem Maße wieder aufgegriffen und bewirken Veränderungen gegenüber neueren Denkweisen und Praktiken. Während die geisteswissenschaftliche Pädagogik – etwa über die didaktische Analyse (vgl. KLAFKI 1962) – in allen Unterrichtsfächern eine prägende Position einnahm, war der Fremdsprachenunterricht von ihrem Einfluß ausgeschlossen geblieben. Seit der Didaktik der Berliner Schule jedoch werden auch fachdidaktische Modelle für den Unterricht in den neueren Sprachen unter Bezug auf allgemeinpädagogische Curriculum- und Didaktiktheorien reflektiert (vgl. PIEPHO 1976). Pädagogische Implikationen lassen sich besonders hinsichtlich des Prinzips eines einsprachigen unterrichtlichen Vorgehens und der Interaktionsformen im Fremdsprachenunterricht nachweisen.

Die Frage, ob man im Fremdsprachenunterricht die Sprache, die gelernt werden soll, zugleich auch als Unterrichtssprache verwenden soll, ist seit mehr als hundert Jahren kontrovers diskutiert und beantwortet worden. Im Zusammenhang mit der Grammatik-Übersetzungs-Methode, die den Fremdsprachenunterricht in der zweiten Hälfte des 19. Jahrhunderts bestimmte, war der Gebrauch der Muttersprache notwendig und unbestritten. Die mit der Reformbewegung um 1900 aufkommenden „direkten Methoden" plädierten dann jedoch für eine strikte *Einsprachigkeit*. Ähnlich wie beim Erwerb der Muttersprache sollten sich die Schüler an Klang und Rhythmus des fremden Idioms gewöhnen und gezwungen sein, so früh wie möglich in der Fremdsprache zu sprechen und zu denken. Mit der „vermittelnden Methode" kam der Muttersprache wieder größere Bedeutung zu, bis mit dem „audiolingualen Vorgehen" (nach 1960) der alleinige Gebrauch der Fremdsprache erneut favorisiert wurde. Starken Nachdruck erhielt die Forderung nach Einsprachigkeit durch lernpsychologische Forschungsergebnisse (vgl. VAN PARREREN 1963); unter Hinweis auf „Spurensysteme" im Gehirn von Sprachschülern forderte der holländische Psychologe, beim Sprachunterricht Muttersprache und Fremdsprache strikt voneinander zu trennen. Damit war erstmals ein wissenschaftlicher Nachweis, der durch empirische Untersuchungen belegt war, in die bis dahin von Linguisten und Sprachlehrern auf der Grundlage von Überzeugungen und Erfahrungen geführte Diskussion eingebracht worden. Weil in der täglichen Unterrichtspraxis aber die Muttersprache der Schüler dennoch eine nicht unerhebliche Rolle spielte, fand BUTZKAMM (vgl. 1973) mit dem Konzept einer „aufgeklärten Einsprachigkeit" eine relativ positive Aufnahme: Die Praktiker, die auf die Muttersprache im Fremdsprachenunterricht nicht verzichten wollten, fühlten sich bestätigt, Untersuchungen zum fremdsprachlichen Lernprozeß ließen eine größere Flexibilität im Hinblick auf Lernerwartungen von Sprachschülern geboten erscheinen, und nicht zuletzt argumentierte Butzkamm auch als Erziehungswissenschaftler. Ebenso wie DIETRICH (vgl. 1973) postulierte er den pädagogischen Auftrag des Sprachlehrers, den Schüler als Menschen ernst zu nehmen und in seinen Wünschen und Anliegen zu respektieren; das sei aber – vor allem im Anfangsunterricht – nur dann möglich, wenn man ihn sprachlich nicht künstlich unmündig halte, indem man ihn nur das sagen ließe, was er bis zu einem bestimmten Zeitpunkt jeweils gerade in der Fremdsprache gelernt habe. Mit diesem Argument war die bis dahin fachdidaktisch geführte Diskussion in eine direkte Verbindung mit neuen übergreifenden Zielsetzungen schulischen Lernens – Erziehung zur Mündigkeit, Befähigung zur Emanzipation – gebracht worden.

Einwirkungen erziehungswissenschaftlichen Denkens auf die Gestaltung des Fremdsprachenunterrichts sind auch im Hinblick auf den *Führungsstil der Lehrer* und die *unterrichtlichen Interaktionsformen* nachweisbar. Durch die besondere Stellung des Fremdsprachenunterrichts als einziges Schulfach, in dem in der Regel die Muttersprache nicht zugleich auch Unterrichtssprache ist, betrachten es die meisten Lehrer als unumgänglich, die Schüler im Frontalunterricht stark zu lenken; auch lernwirksame Übungsformen zeichnen sich durch einen besonders hohen Steuerungsgrad bei der Lenkung des Sprachverhaltens aus. In dieser Hinsicht bahnten sich seit Beginn der 70er Jahre Veränderungen an. Unterrichtsphraseologien für den Lehrer boten in zunehmendem Maße Äußerungen und Wendungen eines sozialintegrativen Führungsstils, die den Schüler weniger als Objekt des Faches und eher als Partner des Lehrers ansprechen. Partner-, Kleingruppen-, Gruppen- und Projektarbeit, die früher als nicht möglich galten, weil beim unkontrollierten fremdsprachlichen Arbeiten ein Ansteigen der Fehlerhäufigkeit befürchtet wurde, werden seither von einigen Autoren als bevorzugte Interaktionsformen gefordert (vgl. SCHIFFLER 1980, SCHWERDTFEGER 1977), wobei dem Aspekt des sozialen Lernens eine besondere Bedeutung zukommt.

3.3 Zur Situation des Fremdsprachenunterrichts nach der Bildungsreform

Mit der Neustrukturierung der Sekundarerziehung, vor allem mit der Einführung der Gesamtschule, aber auch durch bildungspolitische Grundsatzentscheidungen wurde der Fremdsprachenunterricht in den meisten Ländern Europas zum Regelfach, auf das alle Schüler – unabhängig von Herkunft und Leistungsvermögen – einen gesetzlichen Anspruch haben. Dies führte zu einer explosionsartigen Ausweitung des Englischunterrichts, der heute in den meisten westeuropäischen Ländern obligatorisches Schulfach ist. Damit verlor der Fremdsprachenunterricht seinen Ruf als elitäres Bildungsfach, das in vielen Fällen rigide Auslesefunktionen erfüllte; gleichzeitig wandelte sich jedoch auch sein Anspruchsniveau, weil die erste Fremdsprache in der Schule nunmehr in aller Regel in heterogen zusammengesetzten Klassen unterrichtet werden muß, deren Lernstruktur nicht ohne Einfluß auf die Inhalte und Methoden des Unterrichts bleiben konnte. Schulformspezifische

Reinhold Freudenstein/ Heinz W. Giese/ Arno Schmidt

Ausprägungen und Ansprüche wurden auf ein für alle Situationen anwendbares fachdidaktisches Konzept reduziert. Man spricht nur noch von Anfangs- oder Fortgeschrittenenunterricht, weitgehend unabhängig von der Frage, wo und für wen ein solcher Unterricht auf der Sekundarstufe I erteilt wird (vgl. GUTSCHOW 1978).
Dieser Trend kam den Forderungen zur Verwirklichung des Lernziels „Kommunikationsfähigkeit" sehr entgegen. Wer sich umgangssprachlich verständlich machen will, kommt bereits mit wenigen Elementarstrukturen und mit einem überschaubaren Grundwortschatz recht gut aus. Andererseits machten sich aber auch neue Probleme bemerkbar. Dazu gehört die zentrale Frage der Über- oder Unterforderung einzelner Schüler in heterogenen Lerngruppen. Wenn sich der Unterricht am Leistungsvermögen lernschwacher Schüler orientiert, kann den Leistungsstarken keine optimale Förderung zuteil werden; stellt man den Unterricht auf das Lernvermögen leistungsstarker Schüler ab, geht man an den Bedürfnissen der weniger Begabten vorbei, die zwar grundsätzlich in der Lage sind, eine Fremdsprache zu lernen, aber auf anderen Wegen und langsamer als gute Schüler. Insgesamt hat diese Situation dazu geführt, daß mehr Schüler als früher Gelegenheit erhalten, eine Fremdsprache zu lernen, daß aber gleichzeitig auch immer weniger Schüler die Möglichkeit haben, so zu lernen, wie es ihrem Leistungsvermögen entspricht.
Die veränderten Anforderungen in der ersten Fremdsprache haben schließlich auch bewirkt, daß der Fremdsprachenunterricht als Schulfach an Ansehen und Attraktivität verloren hat. Die Schulsysteme vieler Länder machen eine zweite Fremdsprache nicht verpflichtend oder lassen dem Schüler die Wahl zwischen einer Fremdsprache oder einem anderen Fach, wobei meistens die Fremdsprache, deren Erlernung trotz verbesserter Methoden und gesenkter Anforderungen nach wie vor als „schwer" gilt, abgewählt wird. Die Reform der gymnasialen Oberstufe in der Bundesrepublik Deutschland (1972) hat die fremdsprachlichen Anforderungen auch im Bereich der Sekundarstufe II weiter gesenkt, und es gibt Bundesländer, in denen man zum Abitur nur die Kenntnis *einer* Fremdsprache nachzuweisen braucht (Nordrhein-Westfalen). Diese Entwicklung steht im Gegensatz zum tatsächlichen Fremdsprachenbedarf und zur Notwendigkeit, die Bürger Europas zwei- und mehrsprachig zu erziehen, damit sie die politischen, wirtschaftlichen und kulturellen Aufgaben der Zukunft bewältigen können.
Daß schulischer Fremdsprachenunterricht in der jetzigen Form den Bedarf fremdsprachlicher Kenntnisse für Beruf und Freizeit nur unvollkommen abdeckt, läßt sich an der Fülle außerschulischer Aktivitäten in diesem Bereich ablesen. Fremdsprachenkurse an Volkshochschulen gehören zu den am stärksten besuchten Veranstaltungen der Erwachsenenbildung. Für viele europäische Sprachen werden Volkshochschul-Zertifikatsprüfungen durchgeführt, die für die berufliche Qualifikation der Absolventen einen höheren Stellenwert besitzen als die Note für den Fremdsprachenunterricht in der Schule. Große Firmen und mittlere Industriebetriebe sind dazu übergegangen, den Fremdsprachenbedarf ihrer Mitarbeiter selbständig abzudecken, indem sie in eigenen Aus- und Weiterbildungszentren Fremdsprachenunterricht erteilen (vgl. FREUDENSTEIN u. a. 1981, SCHRÖDER u. a. 1978). Hunderte von privaten Sprachschulen, vor allem in Großbritannien und Frankreich, haben sich darauf eingestellt, ganzjährig Fremdsprachenkurse anzubieten, die sich an Jugendliche und Erwachsene richten und die inhaltlich sowohl allgemeine umgangssprachliche Kenntnisse als auch spezielle sprachliche Fähigkeiten (für bestimmte Berufsgruppen) vermitteln.
Die außerschulischen Aktivitäten sind unter zwei Gesichtspunkten von Bedeutung. Erstens läßt sich durch die von ihnen nachgewiesenen Erfolge aufzeigen, daß es

Lernbereich Sprachen

durchaus möglich ist, beim Einsatz moderner Lehrmittel und bei entsprechender Motivation der Lernenden eine Fremdsprache innerhalb kurzer Zeit so zu lernen, daß sie zum umgangs- oder spezialsprachlichen Gebrauch Verwendung finden kann. Dies wiederum hat jedoch zweitens zur Folge, daß der Stellenwert des schulischen Unterrichts nicht besonders hoch eingeschätzt wird. Warum sollte man sich jahrelang mit einem Unterrichtsgegenstand befassen, dessen zentrale Inhalte man sich später – je nach Bedarf – in wesentlich kürzerer Zeit aneignen kann? Eine solche Auffassung zeigt, daß das Vertrauen in den Wert fremdsprachlicher Kenntnisse als Bildungsgut verlorengegangen ist.

Der schwerste Vorwurf, der gegen die fremdsprachliche Bildung in der Schule erhoben wird, besteht in der Feststellung, ihr fehle eine überzeugende Zukunftsperspektive. Die gesellschaftliche Mobilität der Menschen, die Erhaltung und Integration der europäischen Sprach- und Kulturgüter, die immer stärker werdenden internationalen Kontakte und die wirtschaftliche Zusammenarbeit verlangen eine begründete Sprachenpolitik, deren Kern in dem Nachweis liegen müßte, daß die Bürger Europas mehrsprachig erzogen werden sollten. Das Konzept einer solchen europäischen Sprachenpolitik zeichnet sich jedoch erst in Umrissen ab (vgl. ZAPP 1979), und es wird nur von wenigen Bildungspolitikern und Fremdsprachendidaktikern als eine dringende Aufgabe empfunden. Darum entspricht der Fremdsprachenunterricht weder im Umfang noch in seiner möglichen Vielfalt und Qualität den Anforderungen, die vor dem Hintergrund seiner geschichtlichen Entwicklung und der künftigen Aufgaben der Bürger Europas an ihn gestellt werden müssen.

ADELUNG, J.C.: Umständliches Lehrgebäude der Deutschen Sprache. Zur Erläuterung der Deutschen Sprachlehre für Schulen, 2 Bde., Leipzig 1782. ADER, D. u.a.: Sprechakte als Unterrichtsgegenstand. Ein Vorschlag für die Sekundarstufe I. In: Ling. Berichte (1974), 30, S. 77ff. ADL-AMINI, B.: Ebenen didaktischer Theoriebildung. In: Enzyklopädie Erziehungswissenschaft, Bd. 3, Stuttgart 1986, S. 27 ff. ARENS, H.: Sprachwissenschaft. Der Gang ihrer Entwicklung von der Antike bis zur Gegenwart, Freiburg ²1969. AUGST, G.: Welchen Sinn hat der Grammatikunterricht in der Schule? In: Disk. Dt. 7 (1976), 29, S. 227ff. AUSSCHUSS FÜR DIDAKTISCHE FRAGEN im deutschen Altphilologenverband (Hg.): Materialien zur Curriculum-Entwicklung im Fach Latein, Augsburg 1971. BADURA, B.: Sprachbarrieren. Zur Soziologie der Kommunikation, Bad Cannstatt 1971. BAETHGE, M.: Materielle Produktion, gesellschaftliche Arbeitsteilung und die Institutionalisierung von Bildung. In: Enzyklopädie Erziehungswissenschaft, Bd. 5, Stuttgart 1984, S. 21ff. BARGEL, TH. u.a.: Studiensituation und studentische Orientierung, Bad Honnef 1984. BAUMGÄRTNER, K.: Einführung in Inhalt, Methode und Didaktik. In: BAUMGÄRTNER, K. u.a.: Funk-Kolleg Sprache, Bd. 1, Frankfurt/M. 1973, S. 17ff. BAUMGÄRTNER, K. u.a.: Funk-Kolleg Sprache. Eine Einführung in die moderne Linguistik, 2 Bde., Frankfurt/M. 1973. BAURMANN, J./HOPPE, O. (Hg.): Handbuch für Deutschlehrer, Stuttgart 1984. BAYER, K./WESTPHALEN, K. (Hg.): Kollegstufenarbeit in den alten Sprachen, München 1971. BECKER, K.F.: Schulgrammatik der deutschen Sprache, Frankfurt/M. 1831. BEKKER, K.F.: Leitfaden für den ersten Unterricht in der deutschen Sprachlehre, Frankfurt/M. 1833. BEHR, K. u.a.: Grundkurs für Deutschlehrer: Sprachliche Kommunikation. Analyse der Voraussetzungen und Bedingungen des Faches Deutsch in Schule und Hochschule, Weinheim/Basel 1972. BEHR, K. u.a.: Folgekurs für Deutschlehrer: Didaktik und Methodik der sprachlichen Kommunikation. Begründung und Beschreibung des projektorientierten Deutschunterrichts, Weinheim/Basel 1975. BERGK, M./MEIERS, K. (Hg.): Schulanfang ohne Fibeltrott, Bad Heilbrunn 1985. BERNSTEIN, B.: Studien zur sprachlichen Sozialisation, Düsseldorf 1972. BERNSTEIN, B.: Beiträge zu einer Theorie des pädagogischen Prozesses, Frankfurt/M. 1977. BLANKERTZ, H.: Berufsausbildung und Utilitarismus, Düsseldorf 1963. BLANKERTZ, H.: Theorien und Modelle der Didaktik, München 1969. BLANKERTZ, H.: Bildungstheorie und Ökonomie. In: KUTSCHA, G. (Hg.): Ökonomie an Gymnasien, München 1975, S. 59 ff. BLANKERTZ, H.: Die Geschichte der Pädagogik. Von der Aufklärung bis zur Gegenwart, Wetzlar 1982. BLANKERTZ, H. (Hg.): Lernen und Kompetenzentwicklung in der Sekundarstufe II. Abschlußbericht der Wissenschaftlichen Begleitung Kollegstufe NW, Mimeo, Münster 1983. BLÄTTNER, F.: Das Gymnasium. Aufgaben der höheren Schule in Geschichte und Gegenwart, Heidelberg 1960. BOETTCHER, W./SITTA, H.: Der andere Grammatikunterricht, München 1978. BOETTCHER, W. u. a.: Schulaufsätze, Texte für Leser, Düsseldorf 1973. BOHLEN, A.: Methodik des neusprachlichen Unterrichts, Heidelberg 1953. BOUEKE, D. (Hg.): Deutschunterricht in der Diskussion. Forschungsberichte, 2 Bde., Paderborn ²1979. BOUEKE, D.: Reflexion über Sprache. In: HOPSTER, N. (Hg.): Handbuch ..., Paderborn 1984, S. 334 ff. BOUEKE, D. u. a.: Bibliographie Deutschunterricht, Paderborn ³1978. BOURDIEU, P./PASSERON, J. C.: Grundlage einer Theorie der symbolischen Gewalt, Frankfurt/M. 1973. BRACHT, U.: Fach – Fächerkanon. In: Enzyklopädie Erziehungswissenschaft, Bd. 3, Stuttgart 1986, S. 419 ff. BRAUN, P./KRALLMANN, D. (Hg.): Handbuch Deutschunterricht, Bd. 1: Sprachdidaktik, Düsseldorf 1983. BREMER KOLLEKTIV: Grundriß einer Didaktik und Methodik des Deutschunterrichts in der Sekundarstufe I und II, Stuttgart 1974. BRÜGELMANN, H.: Kinder auf dem Weg zur Schrift. Eine Fibel für Lehrer und Laien, Konstanz 1983. BRUNER, J. S./OLVER, R. R. (Hg.): Studien zur kognitiven Entwicklung. Eine kooperative Untersuchung am „Center for Cognitive Studies" der Harvard-Universität, Stuttgart 1971. BÜNTING, K.-D./KOCHAN, D. C.: Linguistik und Deutschunterricht, Kronberg 1973. BÜRGER, CH.: Deutschunterricht – Ideologie oder Aufklärung? Frankfurt/M. 1970. BUTZKAMM, W.: Aufgeklärte Einsprachigkeit, Heidelberg 1973. CLASSEN, C. J.: Alter Wein in neuen Schläuchen. In: Gymnasium 86 (1979), S. 1 ff. COMENIUS, J. A.: Große Didaktik (1638), hg. v. A. Flitner, Düsseldorf/München 1954. DEHN, M.: Schriftsprachenerwerb. Ein Problem nicht nur für den Anfangsunterricht. In: Disk. Dt. 14 (1983), 69, S. 3 ff. DEUTSCHER BILDUNGSRAT: Strukturplan für das Bildungswesen. Empfehlungen der Bildungskommission, Stuttgart 1970. DEUTSCHER BILDUNGSRAT: Zur Neuordnung der Sekundarstufe II. Empfehlungen der Bildungskommission, Stuttgart 1974. DIEGRITZ, TH./KÖNIG, E.: Deutschdidaktik und Wissenschaftstheorie. In: Ling. u. Did. 4 (1973), 13, S. 59 ff. DIEGRITZ, TH. u. a. (Hg.): Perspektiven der Deutschdidaktik, Kronberg 1975. DIELS, H.: Fragmente der Vorsokratiker, Berlin 1903. DIETRICH, I.: Pädagogische Implikationen der Einsprachigkeit im Fremdsprachenunterricht. In: Prax. d. nspr. U. 20 (1973), S. 349 ff. DOLCH, J.: Lehrplan des Abendlandes, Darmstadt ³1982. DOMNICK, J./KROPE, P.: Student und Latinum, Weinheim/Basel 1972. DRECOLL, F./MÜLLER, U. (Hg.): Für ein Recht auf Lesen. Analphabetismus in der Bundesrepublik Deutschland, Frankfurt/Berlin/München 1981. DRÖGEMÜLLER, H. P.: Latein im Sprachunterricht einer neuen Schule, Stuttgart 1972. DU BOIS-REYMOND, M.: Strategien kompensatorischer Erziehung. Das Beispiel der USA, Frankfurt/M. 1971. DURKHEIM, E.: Die Entwicklung der Pädagogik. Zur Geschichte und Soziologie des gelehrten Unterrichts in Frankreich, Weinheim/Basel 1977. EHLICH, K./REHBEIN, J. (Hg.): Kommunikation in Schule und Hochschule. Linguistische und ethnomethodologische Analysen, Tübingen 1983. ERLINGER, H. D.: Sprachwissenschaft und Schulgrammatik. Strukturen und Ergebnisse von 1900 bis zur Gegenwart, Düsseldorf 1969. ESSEN, E.: Methodik des Deutschunterrichts, Heidelberg 1955. EVANGELISCHE AKADEMIE LOCCUM (Hg.): Renaissance des Lateinunterrichts. Loccumer Protokolle, Heft 13, Loccum 1977. FLITNER, W.: Die gymnasiale Oberstufe, Heidelberg 1961. FLITNER, W.: Grundlegende Geistesbildung, Heidelberg 1965. FLITNER, W.: Die Hochschulreife in der heutigen Situation. In: Z. f. P. 15 (1969), S. 1 ff. FLÖSSNER, W. u. a.: Theorie: Oberstufe. Grundlagen, Bedeutung und Intentionen der neugestalteten gymnasialen Oberstufe in der Sekundarstufe II, Braunschweig 1977. FORYTTA, C./LINKE, J.: Ist Unterricht „gestörte" Kommunikation? 2 Bde., München 1981. FRANK, H. J.: Geschichte des Deutschunterrichts. Von den Anfängen bis 1945, München 1973. FREUDENSTEIN, R.: Unterrichtsmittel Sprachlabor, Bochum ⁴1975. FREUDENSTEIN, R. u. a. (Hg.): Language Incorporated. Teaching Foreign Languages in Industry, Oxford/München 1981. FRINGS, U.: Antike – Rezeption im altsprachlichen Unterricht, Bamberg 1983. FRITZSCHE, J.: Schriftliche Kommunikation. In: HOPSTER, N. (Hg.): Handbuch..., Paderborn 1984, S. 281 ff. FUHRMANN, M.: Cäsar oder Erasmus? In: Gymnasium 81 (1974), S. 394 ff. FUHRMANN, M.: Alte Sprachen in der Krise? Analysen und Programme, Stuttgart 1976. GAHAGAN, D./GAHAGAN, G.: Kompensatorische Spracherziehung in der Vor- und Grundschule, Düsseldorf 1971. GANS-

Lernbereich Sprachen

BERG, F.: Der freie Aufsatz. Seine Grundlagen und seine Möglichkeiten. Ein fröhliches Lehr- und Lesebuch, Leipzig 1914. GESSINGER, J.: Sprache und Bürgertum. Zur Sozialgeschichte sprachlicher Verkehrsformen im Deutschland des 18.Jahrhunderts, Stuttgart 1980. GIESE, H.W.: Bemerkungen zum gegenwärtigen Stand der Alphabetisierungsarbeit und zur wissenschaftlichen Untersuchung des Analphabetismus in der Bundesrepublik. In: Osnabr. Beitr. z. Sprachth. (1983), 23, S.33ff. GIESE, H.W.: Handlungstheoretisch orientierte Anfänge des Schriftspracherwerbs. Schriftsprache als Untersuchungsgegenstand für Schüler. In: BERGK, M./MEIERS, K. (Hg.): Schulanfang..., Bad Heilbrunn 1985, S.153ff. GIESE, H.W./AHSENDORF, B.: Analphabetismus – auch eine Folge des Unterrichts im Lesen und Schreiben. In: Osnabr. Beitr. z. Sprachth. (1984), 26, S.11ff. GIESE, H.W./GLÄSS, B.: Analphabetismus und Schriftkultur in entwickelten Gesellschaften. Das Beispiel der Bundesrepublik Deutschland. In: D. Dtu. 36 (1984), 6, S.25ff. GIESE, H.W./JANUSCHEK, F.: Editorial: Tätigkeitstheorie vs. Handlungstheorie. In: Osnabr. Beitr. z. Sprachth. (1979), 10, S.7ff. GLINZ, H.: Geschichte und Kritik der Lehre von den Satzgliedern in der deutschen Grammatik, Bern 1947. GLINZ, H.: Deutsche Syntax, Stuttgart ³1970a. GLINZ, H.: Sprachwissenschaft heute, Stuttgart ²1970b. GLÜCKLICH, H.-J.: Lateinunterricht. Didaktik und Methodik, Göttingen 1978. GOEPPERT, H.C. (Hg.): Sprachverhalten im Unterricht. Zur Kommunikation von Lehrern und Schülern in der Unterrichtssituation, München 1977. GRUBER, J./MAIER, F. (Hg.): Fachdidaktisches Studium in der Lehrerbildung. Alte Sprachen, 2 Bde., München 1979/1982. GÜMBEL, R.: Erstleseunterricht. Entwicklungen – Tendenzen – Erfahrungen, Königstein 1980. GÜNTHER, K.B./ GÜNTHER, H. (Hg.): Schrift, Schreiben, Schriftlichkeit. Arbeiten zur Struktur, Funktion und Entwicklung schriftlicher Sprache, Tübingen 1983. GUTSCHOW, H.: Eine Methodik des elementaren Englischunterrichts, Berlin 1978. GUTT, A./SALFFNER, R.: Sozialisation und Sprache. Didaktische Hinweise zu emanzipatorischer Sprachschulung, Frankfurt/M. ³1972. GUTTE, R.: Deutsche Werte. Eine Analyse von Reifeprüfungsthemen nebst Anmerkungen zum ideologischen Kontext. In: IDE, H. (Hg.): Bestandsaufnahme Deutschunterricht, Stuttgart 1970, S.205ff. HABERMAS, J.: Erkenntnis und Interesse. In: HABERMAS, J.: Technik und Wissenschaft als „Ideologie", Frankfurt/M. 1968, S.146ff. HABERMAS, J.: Vorbereitende Bemerkungen zu einer Theorie der kommunikativen Kompetenz. In: HABERMAS, J./LUHMANN, N.: Theorie der Gesellschaft oder Sozialtechnologie, Frankfurt/M. 1971, S.101ff. HABERMAS, J.: Wahrheitstheorien. In: FAHRENBACH, H. (Hg.): Wirklichkeit und Reflexion. Walter Schulz zum 60. Geburtstag, Pfullingen 1973, S.211ff. HABERMAS, J.: Theorie der kommunikativen Handelns, 2 Bde., Frankfurt/M. 1981. HAUEIS, E.: Die theoretische Grundlegung des gegenwärtigen Aufsatzunterrichts, Essen 1971. HAUEIS, E./HOPPE, O.: Aufsatz und Kommunikation. Zwei Untersuchungen, Düsseldorf 1972. HELMERS, H.: Didaktik der deutschen Sprache. Einführung in die Theorie der muttersprachlichen und literarischen Bildung, Stuttgart 1966. HENTIG, H.V.: Platonisches Lehren. Probleme der Didaktik, dargestellt am Modell des altsprachlichen Unterrichts, Bd.1, Stuttgart 1966. HENTIG, H.V.: Die Krise des Abiturs und eine Alternative, Stuttgart 1982. HERRLITZ, H.-G. u.a.: Deutsche Schulgeschichte von 1800 bis zur Gegenwart, Königstein 1981. HERRLITZ, W.: Sprachwissenschaft und Sprachdidaktik. In: BOUEKE, D. (Hg.): Deutschunterricht..., Bd.1, Paderborn 1979, S.168ff. HERRMANN, W.: Schriftliche Arbeiten im Sprachunterricht. In: BOUEKE, D. (Hg.): Deutschunterricht..., Bd.2, Paderborn 1979, S.91ff. HEUER, H.: Lerntheorie des Englischunterrichts, Heidelberg 1976. HEURSEN, G.: Fachdidaktik. In: Enzyklopädie Erziehungswissenschaft, Bd. 3, Stuttgart 1986, S. 427 ff. HEYDORN, H.-J.: Über den Widerspruch von Bildung und Herrschaft, Frankfurt/M. 1970. HILDEBRAND, R.: Vom deutschen Sprachunterricht in der Schule und von deutscher Erziehung und Bildung überhaupt, Leipzig/Berlin ⁴1890. HOFFACKER, H./LECKE, B.: Beliebte Opfer oder Klassiker in der Schule. Aus Handbüchern für den Deutschunterricht. In: IDE, H. (Hg.): Bestandsaufnahme..., Stuttgart 1970, S.19ff. HOPSTER, N. (Hg.): Handbuch „Deutsch". Sekundarstufe I, Paderborn 1984. HÜLLEN, W.: Linguistik und Englischunterricht, Heidelberg 1971. HUMBOLDT, W.V.: Pädagogische Texte, hg. v. A.Flitner, Düsseldorf/München 1956. IBEN, G.: Kompensatorische Erziehung. Analysen amerikanischer Programme, München ²1972. IDE, H. (Hg.): Bestandsaufnahme Deutschunterricht. Ein Fach in der Krise, Stuttgart 1970. ISER, W.: Überlegungen zu einem literaturwissenschaftlichen Studienmodell. In: Ling. Berichte (1969), 2, S.77ff. IVO, H.: Kritischer Deutschunterricht, Frankfurt/M. 1969. IVO, H.:

Reinhold Freudenstein/ Heinz W. Giese/ Arno Schmidt

Handlungsfeld: Deutschunterricht. Argumente und Fragen einer praxisorientierten Wissenschaft, Frankfurt/M. 1975. Ivo, H.: Zur Wissenschaftlichkeit der Didaktik der deutschen Sprache und Literatur. Vorüberlegungen zu einer „Fachunterrichtswissenschaft", Frankfurt/Berlin/München 1977. JÄKEL, W.: Methodik des altsprachlichen Unterrichts, Heidelberg 1962. JENS, W.: Antiquierte Antike? Perspektiven eines neuen Humanismus, Münsterdorf o.J. (1972). JENSEN, A./LAMSZUS, W.: Unser Schulaufsatz – ein verkappter Schundliterat, Hamburg 1910. KAINZ, F.: Die Sprachentwicklung im Kindes- und Jugendalter, München 1970. KEMPER, H.: Die Normenbücher Latein/Griechisch. In: FLITNER, A./LENZEN, D. (Hg.): Abitur-Normen gefährden die Schule, München 1977, S. 150 ff. KERKHOFF, L. VAN DEN: Zum Verhältnis von Sprachtheorie und Sprachdidaktik. Eine kritische Untersuchung neuerer sprachdidaktischer Konzepte und ihrer theoretischen Grundlagen, Frankfurt/M. 1983. KEULEN, H.: Kreativität und altsprachlicher Unterricht, Düsseldorf o.J. KLAFKI, W.: Didaktische Analyse als Kern der Unterrichtsvorbereitung. In: ROTH, H./BLUMENTHAL, A. (Hg.): Didaktische Analyse, Hannover 1962, S. 5 ff. KLAFKI, W.: Studien zur Bildungstheorie und Didaktik, Weinheim 1963. KLAFKI, W.: Neue Studien zur Bildungstheorie und Didaktik, Weinheim/Basel 1985. KLUGE, N. (Hg.): Das Lehrer-Schüler-Verhältnis. Forschungsansätze und Forschungsbefunde zu einem pädagogischen Interaktionssystem, Darmstadt 1978. KMK: Einheitliche Prüfungsanforderungen in der Abiturprüfung. Latein/Griechisch, Neuwied 1975. KOCHAN, D.C. (Hg.): Sprache und kommunikative Kompetenz, Stuttgart 1973. KRAUL, M.: Das deutsche Gymnasium 1780–1980, Frankfurt/M. 1984. KREFELD, H. (Hg.): Impulse für die lateinische Lektüre. Von Terenz bis Thomas Morus, Frankfurt/M. 1979. KRÜGER, M./HORNIG, E.: Methodik des altsprachlichen Unterrichts, Frankfurt/M. 1959. KRUMM, H.-J.: Methodisch-mediales Handeln im Lernbereich Sprache. In: Enzyklopädie Erziehungswissenschaft, Bd. 4, Stuttgart 1985, S. 255 ff. KULTUSMINISTER NORDRHEIN-WESTFALEN (Hg.): Kollegstufe NW, Ratingen/Kastellaun/Düsseldorf 1972. LADO, R.: Language Teaching, New York 1964/deutsch: Moderner Sprachunterricht. Eine Einführung auf wissenschaftlicher Grundlage, München 1967. LAWTON, D.: Soziale Klasse, Sprache und Erziehung, Düsseldorf ²1971. LEE, W.R.: External and Internal Motivation in the Foreign-Language Lesson. In: FREUDENSTEIN, R. (Hg.): Focus 80. Fremdsprachenunterricht in den siebziger Jahren, Berlin 1972, S. 105 ff. LESCHINSKY, A./ROEDER, P.M.: Schule im historischen Prozeß, Frankfurt/Berlin/Wien 1983. Lewis, M.M.: Sprache, Denken und Persönlichkeit im Kindesalter, Düsseldorf 1970. LOHMANN, I.: Lehrplan und Allgemeinbildung in Preußen, Frankfurt/Bern/New York 1984. LUDWIG, O.: Funktionen geschriebener Sprache und ihr Zusammenhang mit Funktionen der gesprochenen und inneren Sprache. In: Z. f. Germanist. Ling. 8 (1980), 1, S. 74 ff. LUNDGREEN, P.: Institutionalisierung des höheren Schulwesens. In: Enzyklopädie Erziehungswissenschaft, Bd. 5, Stuttgart 1984, S. 98 ff. LURIJA, A.R./JUDOWITSCH, F.J.: Die Funktion der Sprache in der geistigen Entwicklung des Kindes, Düsseldorf ²1972. MAAS, U.: Kann man Sprache lehren? Frankfurt/M. 1976. MAAS, U./WUNDERLICH, D.: Pragmatik und sprachliches Handeln. Mit einer Kritik am Funkkolleg „Sprache", Frankfurt/M. 1972. MAIER, F.: Lateinunterricht zwischen Tradition und Fortschritt, 3 Bde., Bamberg 1979–1984 (Bd. 3: 1984). MATTHIESSEN, K.: Unterricht: Alte Sprachen. In: Enzyklopädie Erziehungswissenschaft, Bd. 9.2, Stuttgart 1983, S. 516 ff. MENZEL, W.: Die deutsche Schulgrammatik. Kritik und Ansätze zur Neukonzeption, Paderborn ³1975. MERKELBACH, V.: Kritik des Aufsatzunterrichts, Frankfurt/M. 1972. MEYER, M.A. (Hg.): Fremdsprachenunterricht in der Sekundarstufe II, Königstein 1980. MÜLLER-MICHAELS, H.: Positionen der Deutschdidaktik seit 1945, Königstein 1980. NEULAND, E.: Sprachbarrieren oder Klassensprache? Untersuchungen zum Sprachverhalten im Vorschulalter, Frankfurt/M. 1975. NIKKEL, R.: Die alten Sprachen in der Schule, Frankfurt/M. ²1978. NICKEL, R.: Einführung in die Didaktik des altsprachlichen Unterrichts, Darmstadt 1982. NÜNDEL, E.: Zur Grundlegung einer Didaktik des sprachlichen Handelns, Kronberg 1976. NÜNDEL, E. (Hg.): Lexikon zum Deutschunterricht, München 1979. NÜNDEL, E.: Zur Krise des Grammatikunterrichts. In: D. Dtu. 33 (1981), 1, S. 42 ff. OEVERMANN, U.: Sprache und soziale Herkunft. Ein Beitrag zur Analyse schichtspezifischer Sozialisationsprozesse und ihrer Bedeutung für den Schulerfolg, Frankfurt/M. 1972. OLECHOWSKI, R.: Das Sprachlabor, Wien 1970. PARREREN, C. VAN: Psychologie und Fremdsprachenunterricht. In: Prax. d. nspr. U. 10 (1963), S. 6 ff. PAULSEN, F.: Geschichte des gelehrten Unterrichts, 2 Bde., Berlin/Leipzig 1919/1921 (Bd. 1: 1919, Bd. 2: 1921).

Lernbereich Sprachen

PESTALOZZI, J. H.: Bemerkungen zu gelesenen Büchern. Sämtliche Werke, hg. v. A. Buchenau u. E. Spranger, Bd. 9, Berlin/Leipzig 1930, S. 299 ff. PIEPHO, H.-E.: Einführung in die Didaktik des Englischen, Heidelberg 1976. PLATON: Platonis leges, Bd. 5, hg. v. J. Burnet, Oxford 1906, S. 624 ff. PRIESEMANN, G.: Grundfragen und Grundlagen des altsprachlichen Unterrichts, Göttingen 1962. RAMGE, H.: Studien zum sprachlichen Handeln im Unterricht, Gießen 1980. ROBINSOHN, S. B.: Bildungsreform als Revision des Curriculum, Neuwied/Berlin 1967. RÖMISCH, E. (Hg.): Griechisch in der Schule, Frankfurt/M. 1972. ROTH, J.: Lehrer und Schüler. Interaktion und Kommunikation in der Schule, München 1980. RÖTZNER, H. G. (Hg.): Zur Didaktik der deutschen Grammatik, Darmstadt 1973. SCHARRELMANN, H.: Im Rahmen des Alltags. 800 Aufsätze und Aufsatzthemen für das erste bis fünfte Schuljahr, Hamburg 1910. SCHELLER, I.: Erfahrungsbezogener Unterricht, Königstein 1981. SCHIFFLER, L.: Einführung in den audiovisuellen Fremdsprachenunterricht, Heidelberg 1973. SCHIFFLER, L.: Interaktiver Fremdsprachenunterricht, Stuttgart 1980. SCHINDLER, I.: Die gymnasiale Oberstufe – Wandel einer Reform. In: Z. f. P. 26 (1980), S. 161 ff. SCHMIED, D.: Fächerwahl, Fachwahlmotive und Schulleistungen in der reformierten gymnasialen Oberstufe. In: Z. f. P. 28 (1982), S. 11 ff. SCHORCH, G. (Hg.): Schreibenlernen und Schriftspracherwerb, Bad Heilbrunn 1983. SCHRÖDER, K. u. a. (Hg.): Fremdsprachen in Handel und Industrie, Augsburg 1978. SCHRÖTER, G.: Die ungerechte Aufsatzzensur, Bochum 1971. SCHULZ-VANHEYDEN, E.: Fachspezifische und fächerübergreifende Curricula und Curriculumprojekte: Alte Sprachen. In: FREY, K. (Hg.): Curriculum-Handbuch, Bd. 3, München 1975, S. 382 ff. SCHWENCKE, O. (Hg.): Sprache in Studium und Schule. Studium der Linguistik – Linguistik in der Schule? Dokumentation zur Reform des Philologiestudiums, München 1973. SCHWENK, B./POGRELL, L. v.: Bildung, formale – materiale. In: Enzyklopädie Erziehungswissenschaft, Bd. 3, Stuttgart 1986, S. 394 ff. SCHWENK, H.: Welchen Sinn hat der Grammatikunterricht in der Schule? In: Disk. Dt. 7 (1976), 29, S. 211 ff. SCHWERDTFEGER, I. CH.: Gruppenarbeit im Fremdsprachenunterricht, Heidelberg 1977. SEEBASS, G.: Das Problem von Sprache und Denken, Frankfurt/M. 1981. SEIDEMANN, W.: Der Deutschunterricht als innere Sprachbildung, Heidelberg 1965. SENNLAUB, G.: Spaß beim Schreiben oder Aufsatzerziehung? Stuttgart/Berlin/Köln/Mainz 1980. SITTA, H./TYMISTER, H. J.: Linguistik und Unterricht, Tübingen 1978. SNELL, B.: Der Aufbau der Sprache, Hamburg 1952. TENORTH, H.-E.: Hochschulzugang und gymnasiale Oberstufe in der Bildungspolitik von 1945–1973, Bad Heilbrunn 1975. THIENEL, H.: Lernziele des Lateinunterrichts, Kiel 1972. ULSHÖFER, R.: Methodik des Deutschunterrichts, 3 Bde., Stuttgart 1952–1963 (Bd. 1: Mittelstufe I, 1952; Bd. 2: Mittelstufe II, 1957; Bd. 3: Unterstufe, 1963). ULSHÖFER, R.: Wohin steuern die Richtlinien den Deutschunterricht? Die Geschichte des Deutschunterrichts im Spiegel der Lehrpläne. In: D. Dtu. 16 (1964), 1, S. 5 ff. VESPER, W.: Deutsche Schulgrammatik im 19. Jahrhundert. Zur Begründung einer historisch-kritischen Sprachdidaktik, Tübingen 1980. VIËTOR, W.: Der Sprachunterricht muß umkehren! Heilbronn 1882. WATZLAWICK, P. u. a.: Menschliche Kommunikation. Formen, Störungen, Paradoxien, Bern/Stuttgart/Wien 1969. WEINRICH, H.: Überlegungen zu einem Studienmodell der Linguistik. In: Ling. Berichte (1969), 2, S. 70 ff. WEISGERBER, L.: Die sprachliche Gestaltung der Welt, Düsseldorf ³1962. WEISGERBER, L.: Die Entfaltung der Sprachengabe. In: HÖFLE, W. L. (Hg.): Sprachpädagogik – Literaturpädagogik, Frankfurt/Berlin/Bonn/München 1969, S. 38 ff. WENIGER, E.: Didaktik als Bildungslehre, Teil 1: Theorie der Bildungsinhalte und des Lehrplans, Weinheim 1952. WESTPHALEN, K. (Red.): Curriculumentwicklung in den Alten Sprachen: Versuch einer Dokumentation. In: D. altspr. U. 4 (1973), S. 74 ff. WICHMANN, O.: Eigengesetz und bildender Wert der Lehrfächer, Darmstadt 1930. WIENOLD, G.: Die Erlernbarkeit der Sprachen, München 1973. WILAMOWITZ, U. v.: Der Unterricht im Griechischen. In: LEXIS, W. (Hg.): Die Reform des höheren Schulwesens in Preußen, Halle 1902, S. 157 ff. WILAMOWITZ, U. v.: Griechisches Lesebuch, Berlin 1910. WILLMANN, O.: Didaktik als Bildungslehre (1882), Freiburg/Wien ⁶1957. WILSING, N.: Die Praxis des Lateinunterrichts, 2 Bde., Stuttgart ²1964. WOLF, F. A.: Über Erziehung, Schule, Universität, hg. v. W. Körte, Quedlinburg/Leipzig 1835. WOLFF, G.: Der Kommunikationsbegriff in der Sprachdidaktik. Kritische Bemerkungen zu einem modischen Denkmodell. In: D. Dtu. 29 (1977), 1, S. 21 ff. WOLFRUM, E.: Taschenbuch des Deutschunterrichts. Grundfragen und Praxis der Sprach- und Literaturpädagogik, Waldmannsweiler ²1976. WUNDERLICH, D.: Lernziel Kommunikation. In: Disk. Dt. 6 (1975), 23, S. 263 ff. ZAPP, F.-J.: Fremdsprachenpolitik in Europa, Brüssel 1979.

Gerhard H. Duismann/Christine Keitel/Falk Rieß/Hartmut Sellin

Lernbereich Mathematik – Natur – Technik

1   Mathematik und formale Systeme (Christine Keitel)
1.1 Bedeutung und Geschichte des Mathematikunterrichts
1.2 Reform der Schulmathematik
1.3 Zielkonzeptionen für den Mathematikunterricht
1.3.1 Die Konzeption der „neuen Mathematik"
1.3.2 Die technologische Konzeption
1.3.3 Die strukturalistische und die formative Konzeption
1.3.4 Die fächerübergreifende Konzeption
1.4 Konkretisierung der Reformintentionen in Lehrplänen und Lehrbüchern
2   Natur (Falk Rieß)
2.1 Begriff, Gegenstand und normativer Gehalt naturwissenschaftlicher Erziehung
2.2 Zur Didaktik naturwissenschaftlicher Erziehung
2.3 Sozialisationswirkungen naturwissenschaftlichen Unterrichts
2.4 Konsequenzen und Forderungen
3   Technik (Gerhard H. Duismann/Hartmut Sellin)
3.1 Begriff, Geschichte und normativer Gehalt technischer Erziehung
3.1.1 Begriff und Geschichte technischer Erziehung
3.1.2 Technische Erziehung im Zusammenhang gesellschaftlicher und technischer Entwicklung
3.1.3 Zum normativen Gehalt technischen und polytechnischen Unterrichts
3.2 Zur Didaktik technischer Erziehung
3.2.1 Vom Nachmachen zur aktiven Aneignung: Die Tradition der Handwerkslehre
3.2.2 Fachdidaktische Ansätze technischer Erziehung
3.3 Schulische und außerschulische Einflußfaktoren technischer Erziehung
3.4 Konsequenzen und Forderungen

Zusammenfassung: Mathematik, Naturwissenschaft und Technik sind jene Disziplinen, die die theoretischen Voraussetzungen und das Instrumentarium für den im „Projekt der Moderne" unternommenen Versuch der rationalen Weltbeherrschung geschaffen haben. Die gesellschaftliche Hochachtung dieser Disziplinen trotz inzwischen offenkundiger widersprüchlicher und selbstzerstörerischer Folgen ihrer Produktivität ist deshalb ungebrochen. Sie spiegelt sich im unbestrittenen Stellenwert dieser Disziplinen im Schulfächerkanon wider:
Mathematik ist als Unterrichtsfach für alle Schüler allgemeinbildender Schulen während ihrer gesamten Schulzeit verbindlich. Neue, umfangreiche Reformbemühungen wurden seit 1968 eingeleitet, jedoch nur zum Teil vollendet. Die wachsende Bedeutung der Computertechnologie und der Informatik wird nur zögernd im Fachunterricht berücksichtigt.
Natur: Die historische, aufklärerische Funktion der exakten Naturwissenschaften für moderne Industriegesellschaften wird herausgearbeitet, die dieser Bedeutung entsprechenden fachdidaktischen und fächerübergreifenden Modelle naturwissenschaftlicher Erziehung werden beschrieben, in ideologiekritischen Analysen wird der normative Gehalt der durch diesen Unterricht produzierten Fachsozialisation

von Schülern und Lehrern herausgearbeitet, konzeptionelle Defizite des Fachunterrichts werden bestimmt.
Technik: Der mühsame Weg der Emanzipation technischer Erziehung aus traditionellen Orientierungsmustern (Meisterlehre, Werkunterricht) wird beschrieben, schulische und außerschulische Einflußfaktoren technischer Erziehung werden analysiert, ein Überblick über die Genese fachdidaktischer Konzepte wird gegeben, theoretische und unterrichtspraktische Defizite technischer Erziehung werden aufgearbeitet.
Die Einsicht in die Krise wissenschaftlich-rationaler Weltbeherrschung setzt sich, wie die Autoren der Beiträge dieses Lernbereichs zeigen, in Bezugsdisziplinen und Fachdidaktiken ansatzweise durch. Beim Versuch, Konsequenzen aus dieser Einsicht für Schule und Unterricht zu ziehen, werden jedoch zählebige Widerstände und Beharrungstendenzen sichtbar.

Summary: Mathematics, science and technology are the disciplines which created the theoretical prerequisites and the instruments for the attempt at a rational understanding of the world in the "project of modernism". These disciplines thus continue to enjoy their traditional social esteem, despite the obviously contradictory and self-destructive consequences of their productivity that have since come to light. This esteem is reflected in the unchallenged status of these disciplines in the school curriculum:
Mathematics: This subject is obligatory for all pupils at normal state schools during the whole of their school careers. New and comprehensive efforts at reform have been initiated since 1968 but only some of them were carried out in full. The increasing importance of computer technology and informatics is only being taken into account very hesitatingly as far as school mathematics teaching is concerned.
Science: The historical enlightening function of the precise natural sciences for modern industrial societies is demonstrated and the subject-oriented and interdisciplinary didactic models for science teaching that correspond to this importance are described. In ideologically critical analyses the normative content of the subject-socialization of pupils and teachers produced by this teaching is shown, and deficits in the conception of the teaching of these subjects are outlined.
Technology: The difficult progress towards the emancipation of technical education from traditional orientation patterns (apprenticeships, "handicrafts") is described, scholastic and extra-scholastic influences on technical education are analysed, a survey of the genesis of the various concepts relating to the teaching of this subject is given, and the theoretical and practical deficits of technical education are gone into.
Insight into the crisis of a scientific-rational understanding of the world is, as the authors of the contributions on this learning sector point out, beginning to permeate related disciplines and the didactic methods of this subject. The attempt to apply the consequences of this insight to schools and the teaching of these subjects, however, reveals stubborn resistance and conservatice tendencies.

Résumé: Les mathématiques, les sciences naturelles et la technique sont des disciplines qui ont créé les conditions théoriques et l'instrument de la tentative effectuée dans le «Projet de la modernité» de maîtrise rationnelle du monde. L'estime importante dont ces disciplines jouissent dans la société malgré des conséquences devenues patentes entre-temps, de contradictions et d'autdestruction de leur productivité demeure effective. Elle se reflète dans la position indéniable qu'elles occupent dans la gamme des matières scolaires.

Gerhard H. Duismann/ Christine Keitel/ Falk Rieß/ Hartmut Sellin

Mathématiques: Elles sont, en tant que matière, obligatoires pour les élèves de tous les types d'écoles dispensant un enseignement général, et ce, pendant toute leur scolarité. Mais les efforts nouveaux, importants de réforme, commencés depuis 1968 n'ont été accomplis qu'en partie. L'importance croissante de la technologie des ordinateurs et de l'informatique n'est prise en compte que de façon hésitante dans l'enseignement de la matière.

Nature: La fonction historique, clarifiant des sciences exactes de la nature pour les sociétés industrielles modernes est dégagée ici. On décrit les modèles de didactique de ces matières et les modèles qui les dépassent d'éducation en sciences naturelles, modèles qui se conforment à cette importance. On dégage le contenu normatif de la socialisation des élèves et professeurs produite par cet enseignement. On détermine les déficits de conception de l'enseignement de ces matières.

Technique: Le long chemin de l'émancipation de l'éducation technique des schémas traditionnels d'orientation (formation à la maîtrise, travail manuel) est décrit; on analyse les facteurs d'influence scolaires et extra-scolaires dans l'éducation technique; on dégage les déficits théoriques et pratiques de l'éducation technique.

La constatation de la crise dans la maîtrise scientifique-rationnelle du monde s'impose, comme le montrent les auteurs des articles de ce domaine d'apprentissage, de façon progressive dans les disciplines correspondantes et les didactiques spécialisées. Mais apparaissent, dans la tentative de tirer les conséquences de cette constatation pour les écoles et l'enseignement, des résistances opiniâtres et des tendances à l'inertie.

1   Mathematik und formale Systeme

1.1 Bedeutung und Geschichte des Mathematikunterrichts

Mathematische Erziehung vollzieht sich von jeher überwiegend in Form von Unterricht als planvoller pädagogischer Veranstaltung. Akzidentelles Mathematiklernen, beispielsweise bei der Anleitung zum Gebrauch von Meßgeräten, Werkzeugen, Zeichenapparaten, beim Umgang mit dem Taschenrechner oder Kleincomputer, ist von vergleichsweise geringer Bedeutung gegenüber der Gesamtheit der unterrichtlich organisierten mathematischen Erziehung an den schulischen Institutionen. Daher soll nur von dieser die Rede sein, wenn im folgenden Ziele und Inhalte der mathematischen Bildung behandelt werden.

Mathematikunterricht ist heute ein Schulfach, das für alle Schüler allgemeinbildender Schulen während ihrer ganzen Schulzeit verbindlich ist. Als Hauptfach nimmt der Mathematikunterricht in allen Schularten 15–20% der gesamten Unterrichtszeit ein. Leistungsnachweise in Mathematik sind ein wichtiger Bestandteil aller Schulabschlüsse. Die Rolle der Mathematik im Fächerkanon, die traditionell etwa mit dem ihr zugeschriebenen Qualifizierungspotential der Denkschulung oder Persönlichkeitsbildung begründet wird, erhält eine neue Bewertung durch gesellschaftliche Anforderungen an das Bildungssystem. In dem Beschluß der Kultusminister der Länder in der Bundesrepublik Deutschland (KMK) zur Modernisierung des Mathematikunterrichts an den allgemeinbildenden Schulen wird zur Rechtfertigung der Reformbemühungen behauptet, daß das „Eindringen moderner mathematischer Betrachtungsweisen in Wissenschaften und Bereiche, die für Wirtschaft, Gesellschaft und Staat von Bedeutung sind", von allen Mitgliedern der modernen Industriegesellschaft ein breites Spektrum mathematischer Qualifikationen verlange

(KMK 1974, S. 172). Hieraus ergibt sich zum erstenmal die Forderung einer „Mathematik für alle" als pädagogisches Programm. Ein generelles Ziel für die Gestaltung des Mathematikunterrichts ist es daher heute, immer mehr Schülern ein immer besseres Verständnis mathematischer Problemstellungen, Sachverhalte, Begriffsbildungen und Theorien zu vermitteln.

Als eine – im Unterschied etwa zur Spracherziehung – *von Grund auf* geplante Veranstaltung ist der Mathematikunterricht in besonderer Weise verpflichtet, seine Ziele und Zwecke zu reflektieren und zu legitimieren. Er ist eingebunden in ein komplexes Gefüge divergenter, vielfach widersprüchlicher Anforderungen und Konzeptionen. Dennoch ist das Bestreben, die zielgebenden Kräfte zu analysieren, kritisch zu prüfen und nach Möglichkeit zu einem konstruktiven Ausgleich zu bringen, in der Mathematikdidaktik neu, und es gibt nur eine in Ansätzen entwickelte Diskussion über die Ziele des Mathematikunterrichts. Dieses Bemühen geht einher mit dem Versuch, der Mathematikdidaktik eine Basis wissenschaftlicher Reflexion zu geben (vgl. DAMEROW 1977, 1984; vgl. DAMEROW u. a. 1972, 1974; vgl. JUNG 1969, LENNÉ 1969, WINTER 1972, WITTMANN 1974).

Die Anfänge der Schulmathematik sind eindeutig von unmittelbar ökonomischen Zwecken bestimmt. Am Beginn der Neuzeit wird die „Rechenkunst" von einer nicht selten von Geheimnis umgebenen akademischen Disziplin zum Gegenstand der Unterweisung an neu entstehenden bürgerlichen Rechenschulen, weil die Ausbreitung der Geldwirtschaft mathematische Grundqualifikationen für die beherrschenden Berufsgruppen, vor allem für Kaufleute, erforderlich macht. Die Rechenschulen vermitteln die für die Buchhaltung notwendigen Rechenfertigkeiten im Kontext praktischer Aufgaben aus dem Berufsleben.

Auch im 17. und 18. Jahrhundert bestimmen die Ziele praktischen Nutzens die weitere Entwicklung mathematischer Unterweisung. Das Lehrangebot wird dem Bedarf entsprechend erweitert, und die moderne Hinwendung zu den Realien wird durch kraß utilitaristische pädagogische Theorien abgestützt. Wirtschaftspolitik und Finanzverwaltung in den entwickelten Administrationen der absolutistischen Staaten erfordern mathematische Kenntnisse. Die Universitäten nehmen Ballistik, Zeit- und Feldmessung in ihr Programm auf, wofür mathematische Grundfertigkeiten in Arithmetik und elementarer Geometrie notwendig sind. In den Rechenschulen wird der Ausweitung der handwerklichen Produktion zu Manufakturen dadurch Rechnung getragen, daß zusammen mit den Rechentechniken auch technische und kaufmännische Kenntnisse vermittelt werden. Das Prinzip der Rechenhaftigkeit, mit dem diese Schulen Realität zu strukturieren und manipulierbar zu machen suchen, durch das Ereignisse und Handlungen kalkulierbar werden, charakterisiert das Denken des aufstrebenden Bürgertums und verändert seine Beziehungen zur Welt, die durch konstruktive Eingriffe verfügbar gemacht wird. Aus den Aufgaben und Vermittlungstechniken der Rechenschulen bildet sich ein Kanon verselbständigten Schulrechnens heraus, der bis ins 20. Jahrhundert den Unterricht im Rechnen beeinflußt und durch eine eigentümliche Kopplung statischer Wissensauffassung mit einem simplen Utilitarismus gekennzeichnet ist.

Einen Gegenpol zu der pragmatisch-utilitaristischen Orientierung der schulischen Unterweisung stellen Bildungskonzepte dar, die in der Tradition philosophisch-pädagogischer Reflexion über die Heranbildung der gesellschaftlichen Eliten wurzeln. In ihnen wird die Persönlichkeitsentwicklung als das eigentliche Ziel schulischer Erziehung postuliert, und die Inhalte des Lehrens und Lernens sind ihm weitgehend untergeordnet als Mittel zum Zweck. Bildungswert wird hauptsächlich den klassischen Disziplinen zugebilligt, und so gelangt, wie etwa in England, Mathe-

Gerhard H. Duismann/ Christine Keitel/ Falk Rieß/ Hartmut Sellin

matik nur über die klassischen Autoren, vor allem Euklid, in die höhere Schulbildung. Nachdem in den bürgerlichen, berufsbezogenen Realienschulen des 18. Jahrhunderts Mathematikkenntnisse nur im engen Zusammenhang mit Anwendungsbereichen in Mechanik, Naturkunde, Baukunst und Wirtschaft vermittelt worden waren, wird in der Humboldtschen Bildungskonzeption Mathematik schließlich erstmals *selbständiges Unterrichtsfach* am neuhumanistischen Gymnasium. Sie wird nicht wegen ihrer Anwendungen gelehrt, vielmehr wird einer mittelbaren Erziehungsfunktion der Lerngegenstände eine besondere Bedeutung beigemessen. Man nimmt an, daß die Mathematik ganz besonders geeignet sei, einen bestimmten Bereich der geistigen Entwicklung zu fördern, nämlich das klare, logisch ordnende Denken. Der Einübung in der prozessualen Disziplin, die mathematisches Denken fördert, wird zugebilligt, Disziplin überhaupt zu fördern; und die Widrigkeiten beim Erlernen eines spröden Stoffes machen die Mathematik zu einem besonders geeigneten Übungsfeld charakterlicher und moralischer Tugenden.

In ihren Konkretisierungen für schulische Praxis, vor allem im Hinblick auf die fachlichen Inhalte des Unterrichts, führen utilitaristische und bildungsorientierte Zielvorgaben zu weitgehend unterschiedlichen, teilweise entgegengesetzten Konsequenzen. Der damit programmierte Konflikt über Zielbestimmungen des Mathematikunterrichts braucht so lange nicht ausgetragen zu werden, wie ein gegliedertes Schulsystem unterschiedliche Bildungsziele für verschiedene soziale Gruppen, auch mit Abstufungen zwischen den Extremen, parallel nebeneinander bestehenläßt.

Die Zuordnung unterschiedlicher Bildungsziele zu unterschiedlichen Bildungsgängen geschieht nicht explizit, es gibt Überschneidungen. Die Auffassung, daß die Beschäftigung mit bestimmten Gegenständen eine sittlich erziehende Wirkung zeitige, ist alt, doch sie wird durch Bildungskonzeptionen im 19. Jahrhundert verstärkt. Wenn in der Reform der preußischen Volksschule um 1870 Rechnen neben der Muttersprache zum wichtigsten Fach und damit zur allgemeinen Kulturtechnik wird, so zum einen, weil die Entwicklung der Produktionstechniken qualifizierte Arbeiter, Techniker, kaufmännische Angestellte verlangt; zum anderen aber auch, weil dem Rechenunterricht die Möglichkeit zugeschrieben wird, zugleich in hervorragender Weise die für die Arbeit in den industriellen Betrieben notwendigen Tugenden und Disziplinen zu trainieren.

Andererseits kann sich auch das Gymnasium den gesetzlichen Anforderungen, Qualifikationen für neue Berufe zu vermitteln, nicht entziehen. Die Ingenieurbewegung am Ende des 19. Jahrhunderts hat maßgeblichen Einfluß auf die erste große Reform des Mathematikunterrichts am neuhumanistischen Gymnasium, durch die die Mathematik und die Naturwissenschaften eine bedeutende Stellung im Gymnasium erhalten und durch die wichtige Gebiete – wie die Analysis und analytische Geometrie, Anfänge der Differential- und Integralrechnung, die bisher der Universität vorbehalten waren – als Stoffe in die Schule verlagert werden. Diese Erweiterung der Unterrichtsstoffe führt zu einem Bedürfnis nach einer Reorganisation der Schulmathematik, die die eher historisch entstandene Akkumulation von Inhalten durch ein vereinheitlichtes gestrafftes Lehrprogramm ersetzen soll, das durch grundlegende Begriffe – wie den Funktions- und Abbildungsbegriff – systematisiert ist. Diese Vorschläge der Meraner Reform werden allerdings nicht erfolgreich umgesetzt (vgl. DAMEROW 1977).

Bis in die Mitte der 60er Jahre dieses Jahrhunderts bleiben die Ziele und Inhalte der Schulmathematik eng gebunden an die drei Schularten und ihre allgemeinen Bildungsziele: volkstümlich-praktisches Rechnen in der Volksschule, angewandte Mathematik in der Realschule und wissenschaftspropädeutische formale Mathematik am Gymnasium. Die unterschiedliche Bezeichnung als Rechen- oder Mathematikunterricht steht dabei für eine Differenzierung des Angebots in höhere und niedere Bildung, die krasser als in anderen Fächern Umfang und Qualität des erreichbaren Wissens vom Schultyp abhängig macht.

Der Rechenunterricht als der Unterricht der Elementarschule und vor allem der Volksschule umfaßt die Stoffgebiete Rechnen, Raumlehre und Sachrechnen. Ziel ist die Vermittlung der Rechentechniken für Rechnen mit natürlichen Zahlen, Brüchen und Dezimalzahlen und die Anwendung dieser Techniken in alltäglichen, handwerklichen und wirtschaftlichen Sachzusammenhängen, einschließlich einfacher Flächen- und Körperberechnungen, womit zugleich die praktische Bedeutung dieser Fertigkeiten dargestellt und ihr Erwerb legitimiert wird. Die Raumlehre behandelt einfache Formenkunde als Voraussetzung für Flächen- und Körperberechnungen, das Sachrechnen den rechnerischen Umgang mit Maßen, Gewichten und eine Einführung in die Dreisatz-, Prozent- und Zinsrechnung.

Der Mathematikunterricht der höheren Schulen umfaßt die Stoffgebiete Algebra und Geometrie, deren klare Trennung voneinander in der Sekundarstufe I konstitutives Merkmal traditioneller Schulmathematik ist. Klassischer Inhalt der Algebra sind der Kalkül der Termumformungen (Rechnen mit allgemeinen Buchstaben) und die Gleichungslehre. Mit der Meraner Reform kommen als weitere Schwerpunkte die Behandlung von Funktionen hinzu (lineare, Potenz-, Exponential-, Logarithmus- und trigonometrische Funktionen) sowie Folgen und Reihen. Ziel der Behandlung von Funktionen ist die Vorbereitung auf die Analysis und analytische Geometrie der Oberstufe des Gymnasiums.

Klassischer Bestand der Geometrie ist ein an den euklidischen „Elementen" orientierter Kanon von Lehrsätzen und Beweisen, der im 19. Jahrhundert um die Trigonometrie und in der Meraner Reform um abbildungstheoretische und analytische Begriffe erweitert wird.

Die Inhalte des Mathematikunterrichts von Realschule und Gymnasium unterscheiden sich weniger in ihrer Auswahl als vielmehr in ihrer Ausrichtung und in ihrem Verhältnis zu den mathematischen Anwendungen. In der Realschule werden die Anwendungen von Mathematik breiter ausgeführt und in den höheren Klassen als immer wichtiger angesehen, während am Gymnasium die Vermittlung abstrakter mathematischer Ideen und die Entwicklung des mathematischen Denkens und Beweisens die Behandlung von Anwendungen in höheren Klassen immer mehr verdrängt.

Der lange Bestand dieser Lehrprogramme, die in Jahrzehnten nur geringe Veränderungen erfahren, führt zu einer Sicherheit in der Tradierung der Ziele und Inhalte des Mathematikunterrichts, die es gestattet, deren Auslegung und Handhabung im weitesten Umfange der Unterrichtspraxis zu überlassen. Die Lehrpläne, die die Ziele, Auswahl und Organisation der mathematischen Inhalte für die verschiedenen Schularten beschreiben, sind in der Regel kurze, mit Präambeln und methodischen Hinweisen versehene Stoffkataloge. Die Lehrbücher sind im wesentlichen Aufgabensammlungen, die das zu erwerbende Wissen einüben und festigen sollen. Die Sicherheit pädagogischer Konvention, die kritischer Befragung überhoben ist, manifestiert sich darin, daß die in den Präambeln der Lehrpläne und in den Vorworten der Lehrbücher formulierten Ziele im allgemeinen ohne jede herleitende oder begründende Beziehung zu den ihnen folgenden Inhalten angeführt werden (vgl. LENNÉ 1969).

Gerhard H. Duismann/ Christine Keitel/ Falk Rieß/ Hartmut Sellin

1.2 Reform der Schulmathematik

Nach der Abwertung des Mathematikunterrichts im Nationalsozialismus, die eine Folge der Unterwerfung des gesamten Bildungssystems unter die faschistische Ideologie der Bildungswerte darstellte (vgl. RADATZ 1984), und nach der sich anschließenden Reklamation des status quo ante nach 1945 ändert sich der Zustand einer in den Bahnen der Traditionen festgefügten und festgefahrenen Schulmathematik erst, jedoch abrupt, mit der Bildungsreform in der Bundesrepublik Deutschland, die für die Schulmathematik mit dem Beschluß der KMK von 1968 einsetzt. Die Hauptziele dieses Beschlusses sind (vgl. KMK 1974):
- Verbesserung und Anhebung des wissenschaftlichen Niveaus der höheren Bildungseinrichtungen, Wissenschaftsorientierung der Schulmathematik;
- Verbesserung und Anhebung des allgemeinen Ausbildungsniveaus für breite Bevölkerungsschichten und Steigerung der Effektivität des Mathematikunterrichts im Sinne einer mathematischen Grundbildung;
- Berücksichtigung moderner mathematischer Anwendungen im Unterricht und Vermittlung moderner Anwendungsverfahren;
- horizontale Öffnung und verbesserte Durchlässigkeit des Bildungssystems und damit Ausschöpfen des mathematisch-naturwissenschaftlich-technischen Begabungspotentials mit Zugangsmöglichkeit zur Hochschule von prinzipiell jedem Ausbildungsgang her.

Diese Ziele sind unterschiedlich weitreichend und unterschiedlich komplex. Es geht ebenso um die Neuorganisation des Kanons der Schulmathematik und seine quantitative und qualitative Anreicherung durch Anpassung an Neuentwicklungen in der Hochschulmathematik wie darum, dem durch die Entwicklung der Mikroelektronik und Computertechnologie veränderten Stellenwert mathematischer Methoden in den Anwendungsbereichen Rechnung zu tragen. Das entscheidende Novum aber ist, daß Mathematik nicht länger einem partiellen Bildungsgang vorbehalten bleibt, sondern Kernbestand einer allgemeinen mathematischen Grundbildung werden soll, einer „Mathematik für alle". Dies bedeutet, einen weiten Bereich spezieller Kompetenzen auf einen Schlag zu Zielen einer Grundqualifikation der gesamten Bevölkerung zu machen, ein Vorhaben also, dem in seiner Radikalität in der Bildungsgeschichte nur wenige Beispiele an die Seite gestellt werden können.

Die Schulmathematik aller Schultypen prinzipiell als Einheit zu sehen wird zur Grundlage von Integrationsbestrebungen der drei Ausbildungsgänge auf der Ebene des Curriculum, der Schulorganisation und der Lehrerbildung:
- Mathematikunterricht an allen Schulformen auf der Basis eines einheitlichen, schultypspezifisch differenzierten Curriculum,
- Wissenschaftsorientierung des Mathematikunterrichts für alle Schultypen,
- Einrichtung von Gesamtschulen,
- Fachlehrerprinzip für alle Schultypen, verbunden mit einer fachlichen Universitätsausbildung und einer praktischen Ausbildungsphase für alle Lehrämter.

Die Reform der Schulmathematik in der Bundesrepublik Deutschland ist im internationalen Rahmen kein singuläres Ereignis. Sie wird vielmehr ausgelöst und in ihren Zielen und Konkretisierungen wesentlich beeinflußt von den umfangreichen Reformen des Mathematikunterrichts in den westlichen Industriestaaten (vgl. Organization for Economic Cooperation and Development 1974). Seit den 20er Jahren ist in den USA eine Diskussion über die Zielbestimmung der Schulbildung geführt worden, und als die Reform in der Bundesrepublik Deutschland einsetzte, sind intensive Bemühungen um die Modernisierung des Mathematikunterrichts in

Lernbereich Mathematik – Natur – Technik

den USA und Großbritannien bereits seit mehr als zehn Jahren im Gange. Diese konkretisieren sich vor allem in einer Vielzahl von Curriculumentwicklungsprojekten, die an Universitäten, Forschungsinstituten, Lehrerzentren und Schulen durchgeführt werden und eine außerordentliche Fülle von Materialien zur Erneuerung und Effektivierung des Mathematikunterrichts produzieren und erproben.

1.3 Zielkonzeptionen für den Mathematikunterricht

In diesen Projekten kommt ein denkbar weites Spektrum unterschiedlicher Orientierungen, Intentionen und Lösungswege zum Ausdruck, die wiederum auf verschiedene Ergebnisse in Curriculumtheorie, Lerntheorie, Epistemologie und Kognitionspsychologie Bezug nehmen:
- unterschiedliche Interpretationen des Verhältnisses von Individuum – Schule – Gesellschaft;
- Unterschiede in der Interpretation der Beziehung von mathematischem Wissen zum Bildungsinstitut Schule und zur schulmathematischen Tradition (Wissen als objektives, subjektives, prozessuales und soziales Wissen ebenso wie die Organisation *von* Wissen und Wissen *über* Wissen);
- Unterschiede in der Auffassung vom Lehr- und Lernprozeß und von der Rolle von Lehrer und Schüler (kognitionspsychologische und lerntheoretische Aspekte in Gegenstandsauffassung und Methodologie);
- unterschiedliche Funktionen von Unterrichtsmaterialien im Lernprozeß und im globalen Prozeß der Erneuerung des Mathematikunterrichts.

Aus den entstandenen Materialien lassen sich folgende Zielkonzeptionen explizieren (zu 1.3.1 bis 1.3.4: vgl. KEITEL 1981).

1.3.1 Die Konzeption der „neuen Mathematik"

Dieser Ansatz ist primär durch seine fachinhaltliche Perspektive charakterisiert. Ziel ist es, das gesamte Mathematikcurriculum so umzustrukturieren, daß die für die Wissenschaft der Gegenwart grundlegenden Begriffe und Theorien die Inhalte der Schulmathematik bestimmen. Moderne Begriffe wie Menge, Relation, Gruppe, Vektor werden frühzeitig in den Unterricht eingeführt; zentrale Methoden und Darstellungsweisen wie Axiomatik, Deduktion, Grundstrukturen, formale Logik, Prinzipien der Generalisation, Abstraktion, Formalisierung und Mathematisierung werden Ziele des Lernens und Inhalte des Unterrichts. Die im traditionellen Kanon disparaten Gegenstandsbereiche werden integriert und auf der Grundlage der Mengensprache einheitlich behandelt. Besondere inhaltliche Merkmale sind:
- mengentheoretische Fundierung der Zahlbegriffe schon im Primarbereich; Struktureinsichten werden für wichtiger gehalten als Techniken und Fertigkeiten;
- Betonung von Algebra und Benutzung algebraischer Strukturen als Basis des Curriculum;
- Algebraisierung der Geometrie (als Einführung in die lineare Algebra) und Verringerung des Anteils traditioneller (euklidischer) Geometrie;
- Verschiebung von Stoffen in frühere Klassenstufen;
- Einführung neuer Stoffe wie Wahrscheinlichkeitstheorie und Statistik;
- das ausführliche Schulbuch als wichtigstes Lernmittel für die selbständige Arbeit des Lernenden.

Gerhard H. Duismann/ Christine Keitel/ Falk Rieß/ Hartmut Sellin

1.3.2 Die technologische Konzeption

Ziel ist vor allem die Effektivierung des Mathematikcurriculum, Mittel sind behavioristische Lerntheorien und Lerntechnologien. Mit Hilfe des Instrumentariums der Verhaltenssteuerung werden *effektive Methoden* für den Mathematikunterricht entwickelt. Ihre Basis sind Regeln zur Operationalisierung von Lernzielen, die Unterrichtsstoffe partikularisieren und als Schülerverhalten beschreiben, und behavioristische Klassifikationen wie Taxonomien, die die operationalisierten Lernziele hierarchisch ordnen. Die Sequenzierung des Curriculum erfolgt in Kleinschritten von definierten Ausgangssituationen zu eindeutig und präzis als Verhaltensänderung beschriebenen Endzielen, die zugleich den Lernerfolg des Schülers kontrollieren. Die konsequenteste Anwendung dieser Konzeption sind die programmierte Unterweisung („lehrersicherer" Unterricht) und der computergesteuerte Unterricht (vgl. v. CUBE 1985).
Die Konzeption ist prinzipiell inhaltsunabhängig, wird aber auffallend oft am Beispiel des Mathematikunterrichts exemplifiziert. Der Aufgabencharakter der Schulmathematik bietet eine Analogie zur Systematik der Lernziel- und Testformulierung. Die Formulierung, Hierarchisierung und Sequenzierung mathematischer Lernziele und Tests, die den gesamten Inhaltsbereich des Mathematikunterrichts abdecken, bilden den Kern der „unterrichtstechnologischen" Curriculumentwicklung.

1.3.3 Die strukturalistische und die formative Konzeption

Beide Konzeptionen basieren auf Folgerungen, die Didaktiker für den Mathematikunterricht aus kognitionspsychologischen Forschungsergebnissen ziehen. Piaget und seine Nachfolger hatten beobachtet, daß einerseits die psychologischen Operationsstrukturen bei der kindlichen Entwicklung des formalen Denkens mathematischen Grundstrukturen entsprechen und daß andererseits die selbständige Aktivität des Lernenden für den Lernprozeß als ein Aufbau kognitiver Strukturen konstitutiv ist. Die *strukturalistische* Konzeption betont diese Analogie von Wissenschaftsstrukturen und Lernstrukturen und folgert daraus, daß die Grundstrukturen der Mathematik optimal geeignet sind, mathematische Lernprozesse zu fördern. Ziel der Vermittlung der Strukturen ist nicht deren Kenntnis (Strukturen als Stoff), sondern ihr *prozessualer Gehalt*. Zentrale Begriffe der Konzeption sind *„Spiralcurriculum"*, die fortschreitende Entwicklung vom intuitiven Erfassen der Strukturen als Generalisation und Abstraktion zu den komplexen Strukturen der Mathematik, und *„das entdeckende Lernen an strukturiertem Material"* als entscheidendes methodisches Prinzip. Wissen wird als entwickelndes Wissen aufgefaßt, der strukturelle Aufbau der Mathematik soll neu entdeckt und neu konstruiert werden, Gegenstände der Schulmathematik erhalten exemplarischen Charakter. Für die Entdeckungsprozesse werden sinnvolle und anregende *didaktische Modelle* als Verkörperung von Strukturen entwickelt, die die Lehrbücher ergänzen oder ersetzen.
In der *formativen* Konzeption wird unter Bezug auf die Piagetsche Theorie und darauf aufbauende kognitionspsychologische Untersuchungen die Schaffung geeigneter Handlungskontexte für die selbständige Auseinandersetzung des Lernenden im Lernprozeß betont. Das Ziel der Konzeption ist ein offener, spontaner, frei sich entfaltender Unterrichtsverlauf, der nur an den kognitiven Prozessen der Schüler und den daraus sich bestimmenden Handlungszielen orientiert ist. Schlüsselbegriffe sind „Lernen des Lernens", „offenes Curriculum", „optimale Lernumgebung" und das „mathematische Laboratorium". Mathematische Gegenstände und Unterrichts-

methoden dienen *exemplarisch* dazu, Prozesse der Förderung allgemeiner kognitiver, affektiver und motivationaler Fähigkeiten in Gang zu setzen und zu stützen. Mit dem Labor erhält der Mathematiklehrer einen Apparat von Informationen, Ideen, Verkörperungs- und Anschauungsmaterial, der paradigmatisch mögliche Unterrichtsweisen darstellt und eine Auswahl für situationsspezifisch zu entwickelnde Unterrichtsgestaltung bietet. Im Mathematikunterricht werden keine gebrauchsfertigen Unterrichtseinheiten verwendet, sondern Situationen für reales Handeln geschaffen. Heuristische Strategien (wie Problemlösen oder experimentelle Verfahren) und Bereitschaft zum Experimentieren zu vermitteln sind die wichtigsten Ziele des Mathematikunterrichts.

1.3.4 Die fächerübergreifende Konzeption

Dieser Ansatz versucht, über Aussagen zur Methodik und Organisation des Mathematikunterrichts (im Sinne der formativen Konzeption) hinaus die Wahl der Lerngegenstände an den Bedürfnissen und Interessen der Schüler auszurichten. *Reale Bedürfnisse der Schüler,* die ihre gegenwärtige und zukünftige Lebens- und Berufssituation betreffen, gehören ebenso in den Unterricht, wie *reale Probleme* seine Inhalte bestimmen. Beim Lösen von Problemen der Realität werden die Grenzen des Schulfaches Mathematik überschritten; in den realen Problemlösestrategien spielt gerade das Zusammenwirken von Verfahren und Erkenntnissen aus verschiedenen Wissenschaften und Praxisbereichen eine entscheidende Rolle. Anwendungsbezogene Erkenntnismittel und Verfahren der Wissenschaft sollen Eingang in den Mathematikunterricht halten. Die zentralen Begriffe des Mathematikunterrichts sind die Mathematisierung und das *mathematische Modell,* mit dessen Hilfe reale Problemlösungen in Situationen und formale Systeme in Beziehung gebracht werden. Problemfindung und -formulierung soll von den Schülern geleistet werden, Unterrichtsmaterialien bieten beispielhaft Vorschläge und Anreize für reale Probleme und bereiten das notwendige mathematische Instrumentarium auf. „Projekte"/„projektorientierte Einheiten" und „Umweltorientierung des Mathematikunterrichts" integrieren Mathematik mit naturwissenschaftlichen und sozialwissenschaftlichen Fragestellungen (vgl. DAMEROW u. a. 1974).

1.4 Konkretisierung der Reformintentionen in Lehrplänen und Lehrbüchern

Die Strukturen des Bildungssystems in der Bundesrepublik Deutschland, die grundlegende Veränderungen nur auf administrativem Wege zulassen, haben bewirkt, daß hier eine eigenständige Curriculumentwicklung nicht in nennenswertem Umfange zustande gekommen ist. Die Bemühungen konzentrieren sich darauf, die Vorgaben des KMK-Beschlusses auf den Ebenen der Lehrpläne und der Unterrichtswerke, teilweise auch in der Schulpraxis unmittelbar zu interpretieren und durch Adaptationen zu konkretisieren. Ausgangspunkt ist der dem KMK-Beschluß beigegebene Rahmenplan. Die Auslegungen dieses Planes auf Länderebene sowie die weitere Umsetzung in die Praxis geschehen in dem Spannungsfeld der eigenständigen traditionellen didaktischen Theorieansätze und der gewohnten Praxis einerseits und einem unübersichtlichem Angebot der vielfältigen Reformansätze in den USA und Großbritannien andererseits (vgl. KIRSCH 1974, WITTMANN 1974). Bereits der Rahmenplan stellt eine eklektische Kompilation aus Bestehendem und verschiedenen Reformkonzepten dar. Dieses Prinzip der eklektischen Kompilation bleibt für die weitere Umsetzung charakteristisch.

Gerhard H. Duismann/ Christine Keitel/ Falk Rieß/ Hartmut Sellin

Auf den verschiedenen Ebenen der Reformtätigkeit sind unterschiedliche Einflüsse und Adaptationen der im angloamerikanischen Raum entwickelten Konzeptionen wirksam: Der Rahmenplan der KMK (vgl. 1974) selbst bezieht sich auf einzelne Projekte der „neuen Mathematik", ohne aber gleichermaßen rigorose Reformkonzeptionen anzustreben. Er entlehnt ihnen den Anspruch auf Verwissenschaftlichung der Schulmathematik bis hinab in die Grundschule. Dieser drückt sich vor allem in einer neuen mengentheoretisch begründeten Schreib- und Sprechweise aus. Von strukturmathematischen Begriffsbildungen wird ausgiebig Gebrauch gemacht, Inhalte werden zu neuen Themenbereichen gruppiert, mit neuen Schwergewichten versehen, zum Teil in frühere Klassenstufen verlegt und mit modernen Inhalten ergänzt.

Die Länderpläne folgen dieser Orientierung in der Auswahl der Inhalte und der Darstellungsweise in verschiedenen Graden. Unterschiede betreffen die Konsequenz der mengentheoretischen Darstellung der mathematischen Stoffe, den Umfang neu hinzugenommener Stoffe und die Beibehaltung der Orientierung an alten schultypspezifischen Lehrplänen. Alsbald werden in den Länderlehrplänen jedoch auch Einflüsse der technologischen Konzeption wirksam: Es zeigt sich nämlich, daß mit der traditionellen Formulierung in Stoffkatalogen weder die neue Sichtweise auf die Schulmathematik adäquat ausgedrückt noch das Problem der Einheitlichkeit und Differenzierung bewältigt werden kann. So werden die mathematischen Unterrichtsstoffe zu Lernzielen umformuliert und entsprechend den Taxonomien in Anforderungsniveaus unterschieden. Die Lernzielorientierung der Lehrpläne, die die neue Funktion der Lehrpläne als Innovationsinstrumente sichern soll, führt zu aufwendigen und umfangreichen, vielfach gegliederten Lehrplanwerken mit wuchernden Terminologien und Einzelvorschriften. Neue Revisionen von Lehrplänen lösen gerade revidierte ab, Kurzlebigkeit der Vorgaben und Uneinheitlichkeit in Format und Inhalten kennzeichnen aufeinanderfolgende Generationen von Richtlinien für den Mathematikunterricht. Die Kodifizierungsform in Lernzielen erweist sich aber als nicht hinreichend und zumeist als Hindernis, *inhaltliche* Neuerungen kenntlich zu machen; sie wird schließlich ergänzt durch ausführliche Beschreibung der Gegenstände und der intendierten Wissens- und Methodenauffassung (vgl. DAMEROW 1977, DAMEROW u.a. 1981, SCHUBRING u.a. 1977).

Auf der Ebene der Lehrmittelentwicklungen werden nach einer kurzen Phase, in der einige rigoros wissenschaftspropädeutische Lehrbücher erscheinen, vor allem Einflüsse des strukturalisierten Konzepts wirksam: Die Idee des „didaktischen Modells" als Verkörperung von mathematischen Strukturen erscheint selbst als ein beinahe ideales Modell der Konkretisierung der neuen Programme; und in seiner Eigenschaft als kurze, relativ abgeschlossene Einheit ist es der Adaption besonders gut zugänglich. Die Entwicklung neuer didaktischer Modelle wird aber auch zu einem besonderen, relativ selbständigen Interesse der Mathematikdidaktik. Für die mit den neuen Theorien und Programmen konfrontierten Lehrer werden die neuen Unterrichtswerke von Lehrmitteln zu *Unterrichtsmodellen*. Das vielfältige Angebot an didaktischen Modellen birgt aber auch die Gefahr einer Vertauschung von Inhalt und Methode, durch die die ursprünglichen Ziele verlorengehen können. So müssen etwa die Spielregeln didaktischer Spiele und die oft umfangreichen speziellen Terminologien der jeweiligen Modelle zusätzlich zu den eigentlichen Inhalten gelernt werden, so daß sie diese zu verdrängen drohen: Die didaktischen Mittel werden so selbst zum Gegenstand des Unterrichts (vgl. KEITEL 1980).

Auf der Ebene der interessierten Lehrerschaft und der Lehrerbildung sind Schwerpunkte der Orientierung unterschiedlich, je nachdem, ob noch Traditionen der alten Gymnasialpädagogik, die der neuen Mathematik besonders nahestehen, oder der Grund- und Hauptschuldidaktik wirksam sind, denen eher Ansätze der formativen Konzeption entsprechen. An einigen Gesamtschulen sind Ideen des fächerintegrierenden Konzepts adaptiert und weiterentwickelt worden, da sie den gesamtschulspezifischen Zielsetzungen am ehesten zu entsprechen scheinen und als Annäherung an den Entwurf einer mathematischen Grundbildung angesehen werden. Vor allem scheinen sie den Lehrern selbst am geeignetsten, Widersprüche in den Zielen „Differenzierung" und „Förderung" zu überwinden und den Unterricht an den Interessen der Schüler auszurichten (vgl. DAMEROW u. a. 1974, MÜNZINGER 1977).

Mit dem elektronischen Taschenrechner und dem Computer ist der Mathematikunterricht um ein Hilfsmittel bereichert worden, das auch seine mathematischen Gegenstände erweitert und teilweise neu und anders zu erschließen gestattet (vgl. BRUHN 1985). Die Mikroelektronik ermöglicht es, Verfahrensweisen aus der angewandten Mathematik in den Unterricht zu übernehmen, die dem Schüler bisher kaum zugänglich zu machen waren. Heuristische Verfahren und experimentelle Mathematik, Schätzen, Approximieren, Variieren des Algorithmus wurden vom Lehrer bis dahin kaum in den Unterricht gebracht, weil sie nur in schlichtesten Beispielen vom Schüler selbst ausgeführt werden können. Taschenrechner und Computer ermöglichen nun die Behandlung mathematischer Prozesse, deren Vollzug im numerischen Bereich vom Aufwand her in der Schule praktisch unmöglich war. Intervallschachtelungen, Iterationsverfahren, Rekursionen, Simulationen von Wachstums- und Zerfallsprozessen und ähnliches, für die bisher Substitute gesucht werden mußten, sind nun unmittelbar durchführbar, und es steht außer Zweifel, daß durch die Möglichkeit dieses neuen Lehrmittels die Gesamtorganisation des Mathematikunterrichts, der Anteil der einzelnen Stoffe und ihre Sequenz von der praktischen Benutzbarkeit der Rechnermöglichkeiten her neu durchdacht werden müssen: Mathematikunterricht nicht nur als Unterricht der Strukturen und formalen Systeme, sondern der Algorithmen. Diesen nicht absehbaren Auswirkungen von Rechnern im Mathematikunterricht stehen bisher zwei Momente entgegen: zum einen die Verselbständigung des Informatikunterrichts unabhängig vom Mathematikunterricht, der den Mathematikunterricht in einer Isolierung von den gesellschaftlichen Anwendungsmöglichkeiten des Computers beläßt, zum anderen die Abneigung oder generelle Angst der Mathematiklehrer vor der Benutzung des Taschenrechners oder Computers. Es ist aber zu vermuten, daß die Lobbyisten des Computers in der Gesellschaft stark genug sind, eine faktische Reform im Mathematikunterricht durchzusetzen. Die Propaganda der „Computer-illiteracy" wird Zwänge schaffen, denen auch der Mathematikunterricht sich nicht wird entziehen können.

2 Natur

2.1 Begriff, Gegenstand und normativer Gehalt naturwissenschaftlicher Erziehung

Der Begriff „naturwissenschaftliche Erziehung" soll *alle Bildungs- und Erziehungsprozesse* umfassen, die die *natürliche Umwelt des Menschen* sowie *den Menschen selbst als Naturwesen* zum Gegenstand haben. Dabei besteht angesichts der engen Wechselwirkung zwischen Mensch und Natur die „natürliche Umwelt" wiederum weitgehend aus bereits bearbeiteter Natur, die damit nicht nur naturwissenschaftlich, sondern auch technisch geprägt ist. Eine Verkürzung der naturwissenschaftli-

Gerhard H. Duismann/ Christine Keitel/ Falk Rieß/ Hartmut Sellin

chen Erziehung auf den Gegenstandsbereich und die Methoden der Naturwissenschaften würde mithin wichtige Bildungs- und Erziehungsziele ausblenden. Insofern wäre der Begriff „Naturerziehung" (in Anlehnung an das frühere Schulfach Naturlehre) angemessener. Gleichwohl bilden die Naturwissenschaften den wichtigsten Bezugspunkt der intentionalen naturwissenschaftlichen Erziehung. Obwohl historisch auf unterschiedlichem Entwicklungsstand, zählen zu den „exakten Naturwissenschaften" die Biologie, Chemie und Physik; idealtypisch beschäftigt sich die Biologie mit lebenden Organismen, Ökosystemen und der Biosphäre, während die Chemie Stoffeigenschaften und -umwandlungen beschreibt und erklärt; die Physik dagegen stellt Gesetzmäßigkeiten über den Zusammenhang von mikroskopischen und makroskopischen Eigenschaften der Materie auf.

Obgleich durch die Ausdehnung von Gegenstandsbereichen und die Vielfalt der Methoden die Einzelwissenschaften stark voneinander unterschieden sind (so entspricht die Biologie mit ihren weiten deskriptiven Bereichen am wenigsten der gemeinsamen Charakterisierung der „harten" Naturwissenschaften), verbindet sie zumindest die *Idee einer einheitlichen wissenschaftlichen Vorgehensweise*. Gemeinsam sind ihnen die Gebote der Intersubjektivität und Reproduzierbarkeit; hinzu kommt die spezifische Erkenntnismethode, die auf einem engen Wechselspiel zwischen theoriegeleitetem Beobachten, entsprechender Begriffs- und Modellbildung sowie der experimentellen Herstellung „reiner Phänomene" unter Ausschaltung möglichst vieler Störgrößen beruht (vgl. HEIDELBERGER/THIESSEN 1981).

Besondere Bedeutung gewinnen die Naturwissenschaften für den Bildungs- und Erziehungsprozeß heute aufgrund ihrer kaum zu überschätzenden *gesellschaftlichen Wichtigkeit:* Als Grundlage für die moderne Technologie im Produktions- und Reproduktionsbereich bestimmen sie in zunehmendem Maße die Lebensbedingungen der Menschen; dem entspricht die gesellschaftliche Hochachtung, die die Naturwissenschaften als vermeintliches Musterbeispiel für rationale Erkenntnisgewinnung auf empirischer Grundlage und als Motor für den wissenschaftlich-technischen Fortschritt genießen. So können die Naturwissenschaften als eine der wesentlichen materiellen und ideologischen Grundlagen moderner Industrienationen gelten, wie auch ihre Entstehungsgeschichte mit der Entwicklung der westlichen Gesellschaften eng verknüpft ist (vgl. BERNAL 1970). Dabei ist die historische, *aufklärerische Funktion der exakten Naturwissenschaften* gegenüber tradierten, unhinterfragten oder autoritär verordneten Naturbildern unbestritten. Der Weg aus der „selbstverschuldeten Unmündigkeit" des Menschen wurde von KANT in seiner „Kritik der reinen Vernunft" (vgl. 1963) an den Erfolgen der Naturwissenschaften exemplarisch verdeutlicht. Daß bei diesem Prozeß andere Erkenntnismöglichkeiten abgeschnitten wurden, so daß Naturerkenntnis weitgehend zum Werkzeug von Naturbeherrschung verkommen ist, zeigt sich erst neuerdings.

Die wichtigste Institution, in der heute naturwissenschaftliche Kenntnisse und Einstellungen systematisch vermittelt werden, ist die *Schule*. Die Geschichte des naturwissenschaftlichen Unterrichts zeigt, daß dem Einbezug wissenschaftlicher Erkenntnisse in die handwerkliche und industrielle Produktion die Etablierung der naturwissenschaftlichen Unterrichtsfächer an den allgemeinbildenden Volksschulen und höheren Schulen korrespondierte (vgl. SCHENK 1983). Insofern orientierte und orientiert sich schulischer Unterricht an den Qualifikationsanforderungen des Beschäftigungssystems der Gesellschaft. Über die Qualifizierungsaufgabe hinaus erfüllt der naturwissenschaftliche Unterricht aber auch die Funktion, die Schüler auf die je herrschenden gesellschaftlichen Ideologien über Natur festzulegen. Noch wenig entwickelt, aber als Potenz vorhanden ist schließlich die kritisch-aufklärerische Funktion, die Unterricht haben kann, indem er den Schülern Informationen über das Zustandekommen des Wissens über die Natur vermittelt, indem er die individuellen und gesellschaftlichen Triebkräfte für die Weiterentwicklung von Einzelkenntnissen oder auch der gesamten Fachsystematik deutlich macht und indem er die Problematik der Anwendung und Verwendung naturwissenschaftlicher Kenntnisse im Kontext politischer und sozialer Wünschbarkeit aufweist.

Bei einer Inhaltsanalyse von Lehrplänen, Lehrbüchern und fachdidaktischen Veröffentlichungen wird deutlich, daß vor allem Beiträge zur Sicherung der Qualifizierungsaufgabe und zur Vermittlung des herrschenden Naturverständnisses wiederzufinden sind. Auf der inhaltlichen Ebene ist beispielsweise im Fach Physik eine Verschiebung des Schwergewichts von der Teildisziplin Mechanik hin zur Elektrizitätslehre zu konstatieren, die der Zunahme der Bedeutung dieses Zweigs in der technischen Anwendung entspricht. Der Erweiterung des Biologiecurriculum um moderne Teilgebiete wie Mikrobiologie und Molekulargenetik korrespondiert die wachsende Wichtigkeit biotechnologischer Produktionsmethoden. Dabei sind die Lehrplananforderungen der naturwissenschaftlichen Unterrichtsfächer durchaus schulartspezifisch differenziert: Die Hauptschüler sollen entsprechend ihrer späteren Tätigkeit eher Kenntnisse auf der instrumentellen Ebene erwerben, während das Gymnasium der Herausbildung von Eliten dient, die sich ein vertieftes Verständnis für die Vorgehensweise der Naturwissenschaften aneignen sollen (vgl. RIESS 1977, S. 323 ff.).

Nach wie vor einen breiten Raum nehmen die Ziele ein, die ein bestimmtes Bild von den Naturwissenschaften und von ihrer Rolle in der Gesellschaft erzeugen sollen. So wurde im Kaiserreich und im Faschismus die Bedeutung der Physik für die Kriegführung betont; in der Bundesrepublik sollte bis in die 60er Jahre der naturwissenschaftliche Unterricht - ausweislich der Lehrpläne - zur Ehrfurcht vor Gott erziehen. Inzwischen wurde diese Zieldimension fast durchgängig durch den Begriff des naturwissenschaftlich-technischen Fortschritts ersetzt, der - scheinbar naturgegeben - mit gesellschaftlichem Fortschritt verknüpft wird, obwohl angesichts vielfältiger naturwissenschaftlich-technisch induzierter Umweltprobleme Zweifel an dieser Gleichsetzung angebracht sind. Weitere gängige Ideologeme in Lehrplänen und Lehrbüchern für den naturwissenschaftlichen Unterricht sind: die Behauptung der Wertfreiheit der Naturwissenschaften (ohne Hinweise auf den Realitätsverlust, mit dem sie erkauft wird); das Interesse an „reiner" Naturerkenntnis als Triebkraft für die naturwissenschaftliche Erkenntnisgewinnung (ohne Offenlegung der Verwertungsinteressen der Industrie an Forschungsergebnissen); und die falsche Reduktion der historischen Genese naturwissenschaftlichen Erkenntnisfortschritts auf die „genialen Einfälle" großer Forscherpersönlichkeiten (vgl. BUSCHE u. a. 1978; vgl. RIESS 1977, S. 332 ff.).

Darüber hinaus erzeugt der naturwissenschaftliche Unterricht im Sinne eines „heimlichen Lehrplans" eine Reihe von allgemeinen, nicht fachspezifischen Einstellungen und Haltungen oder verstärkt bereits vorhandene. Dazu gehört insbesondere die Wissenschafts- und Autoritätsgläubigkeit, die nicht die Stellung einer Person in einer Hierarchie zur Grundlage hat, sondern die scheinbare Objektivität von Fakten, den Wahrheitsanspruch der exakten Naturwissenschaften. Der naturwissenschaftliche Unterricht favorisiert bestimmte Arbeitshaltungen, die besonders beim Experimentieren - sei es nach dem Lehrbuch oder den Empfehlungen der Lehrmittelhersteller - geschult werden: genaues Arbeiten nach Anweisung, Befolgen von Regeln, Unterwerfen unter einen nicht begriffenen oder überblickten Gesamtvorgang. Schließlich fördert der Unterricht die Verinnerlichung des kausalen, insbesondere des monokausalen Denkens. Ihren besonderen ideologischen Gehalt gewinnen die angeführten Unterrichtsinhalte durch den Anspruch, *alleinige* rationale Grundlage für den Umgang des Menschen mit der Natur zu sein und hierfür das methodische Instrumentarium vollständig bereitzustellen. Es fehlt allerdings nicht an fachdidaktischen Versuchen, diesen vorfindlichen Wirkungen des Unterrichts gegenzusteuern.

2.2 Zur Didaktik naturwissenschaftlicher Erziehung

Die folgenden kurzen Darstellungen fachdidaktischer Ansätze für den naturwissenschaftlichen Unterricht sind nicht nur konstitutiv für die Struktur von Lehrbüchern und Stoffplänen sowie für die Unterrichtsplanung von Lehrern, sondern stellen auch idealtypisch handlungsleitende Prinzipien für die außerschulische naturwissenschaftliche Erziehung dar. Selbstverständlich ist es in diesem Rahmen nur möglich, die einzelnen Konzeptionen grob zu charakterisieren; hinzu kommt, daß notwendigerweise die Beschreibung und Kritik vom wissenschaftspolitischen Standpunkt des Autors geprägt sind. Eine weitere, tiefer gehende Übersicht können sich Interessierte aus Fachdidaktiklehrbüchern (für Physik: vgl. TÖPFER/BRUHN 1979) verschaffen; eine sehr ausführliche und differenzierte Information über die Aufarbeitung der internationalen Diskussion zu Zielen, Inhalten und Organisationsformen des naturwissenschaftlichen Unterrichts durch die westdeutschen Naturwissenschaftsdidaktiker bieten die beiden Berichtsbände über das 4. und 5. Symposium des Instituts für die Pädagogik der Naturwissenschaften (IPN, Kiel – vgl. FREY/BLÄNSDORF 1974, FREY/HÄUSSLER 1973).

Der *fachsystematische Ansatz,* der mit seinen Modifikationen den überwiegenden Anteil des alltäglichen Unterrichts beherrscht, geht davon aus, daß den Schülern ein – wenn auch verkleinertes – Abbild der systematischen Struktur der naturwissenschaftlichen Einzeldisziplinen vermittelt werden soll. Dabei zeigt sich, daß das Ergebnis keineswegs selbst fachimmanenten Ansprüchen genügt: Die Systematik, wie sie sich etwa in Lehrbüchern wiederfindet, ist ein Konglomerat aus historisch überholten Lehrbuchdarstellungen, überlagert von didaktischen Prinzipien wie etwa dem Grundsatz, „vom Einfachen zum Komplexen" vorzuschreiten, und aus nicht ausgewiesenen didaktischen Komplexitätsreduktionen. Dem so entstehenden Begriffssystem mangelt es sowohl an Konsistenz als auch an Aktualität. Dennoch wird der Eindruck erweckt, als handele es sich bei der in schulischen Curricula und Lehrbüchern vermittelten Inhaltsfolge um das überzeitlich gültige, starre begriffliche Gerüst *der* Naturwissenschaften.

Neuere wissenschaftsimmanent orientierte Curriculumansätze aus den USA akzentuieren jeweils einen wesentlichen Aspekt der Wissenschaftsstruktur: Der *konzeptorientierte Ansatz* hat moderne Begriffskonzepte zur Grundlage, in der Physik etwa Energie und Wechselwirkung. Dagegen stellt der *prozeßorientierte Ansatz* wichtige Tätigkeiten des Wissenschaftlers in den Vordergrund des Vermittlungsprozesses, wie etwa Beobachten, Ordnen, Klassifizieren. Solche Ansätze können nicht mehr als im engeren Sinne „fachsystematisch" bezeichnet werden, da sie die Wissenschaftsstruktur nach didaktischen Gesichtspunkten umordnen und zusammenfassen. Dafür sind sie leichter an Veränderungen im wissenschaftlichen Weltbild anzupassen und vermitteln den Schülern größere Zusammenhänge statt isolierter Einzelfakten (vgl. FREY/HÄUSSLER 1973).

Der *anwendungsorientierte Ansatz* benutzt als Ausgangspunkt für die Vermittlung naturwissenschaftlicher Kenntnisse Gegenstände und Verfahren aus dem Bereich der Technik. Die Verfechter dieses Ansatzes hoffen, eine erhöhte Motivation der Schüler zu erzielen, weil sie davon ausgehen, daß diese Gegenstände und Verfahren in größerer Nähe zu den Alltagserfahrungen der Schüler liegen. Oft genug dient der Ansatz jedoch nur zur Auflockerung eines ansonsten streng fachsystematischen Unterrichts. Eine Berliner Curriculumgruppe hat dagegen versucht, den naturwissenschaftlichen Unterricht der Sekundarstufe I auf die für die zukünftige Arbeits- und Lebenswelt der Schüler relevanten Qualifikationen hin zu planen. Dabei stehen die naturwissenschaftlich-technischen Grundlagen der Produktion im Mittelpunkt des Unterrichts (vgl. PROJEKTGRUPPE PINC 1978). Bei konsequenter Durchführung dieses Ansatzes ergibt sich eine Verbindung von naturwissenschaftlichem und technischem Unterricht zur polytechnischen Erziehung. Allerdings kann die einseitige Orientierung auf die gegenwärtige Struktur der Produktion zur Folge haben, daß eine frühzeitige Fixierung auf den technischen und sozialen Status quo eintritt. Immerhin sind hier naturwissenschaftliche Kenntnisse nicht Selbstzweck, sondern in einen relevanten Verwendungszusammenhang eingebettet.

Eine genetische Auffassung von Lernen, eine von sinnlich wahrnehmbaren Phänomenen ausgehende fachliche Systematik und eine Orientierung an den pädagogischen Prinzipien der Selbsttätigkeit und des handelnden Lernens bilden die Grundlage des von M. Wagenschein in langer lehrender Erfahrung entwickelten Ansatzes des *exemplarischen* (oder „paradigmatischen") *Lernens*. Danach kann Verständnis für die Natur und ihre Erscheinungen nur dann geweckt werden, wenn die Lernenden an einigen wenigen, besonders geeigneten Stellen – weitgehend selbständig und vom Lehrer nur behutsam begleitet – den Weg von der neugierigen Beobachtung über vorwissenschaftliche Beschreibungs- und Erklärungsversuche hin zur begrifflichen Durchdringung und quantitativen Aufarbeitung naturwissenschaftlicher Probleme gehen. Besonders geeignet für solche Lernprozesse scheint ein möglichst selbsttätiges Nachvollziehen historischer Entdeckungen einer bestimmten Gesetzmäßigkeit oder eines Modells zu sein (vgl. WAGENSCHEIN 1962, 1965/1970, 1980). Konsequenz dieses Ansatzes sind die drastische Reduktion der Stofffülle, die Ermöglichung von Epochalunterricht und die Veränderung der Lehrerausbildung.

Die von jüngeren Naturwissenschaftsdidaktikern häufig geäußerte Kritik am exemplarischen Prinzip Wagenscheins, es berücksichtige zuwenig die gesellschaftlichen Randbedingungen der Wissenschaft, führte zur Entwicklung des *historisch-genetischen Ansatzes* (vgl. PUKIES 1979): Der wachsende Grad der Abstraktion naturwissenschaftlicher Theorien und Modelle von ihrem Entstehungs- und Verwendungszusammenhang führe zu Lernschwierigkeiten bei den Lernenden; Verständnis werde erst möglich, wenn der Lernprozeß den gesellschaftlich eingebundenen Entstehungsprozeß des Wissens ebenfalls thematisiere. Voraussetzung für die unterrichtliche Umsetzung dieses Programms ist die historische Rekonstruktion der Entwicklungsgeschichte naturwissenschaftlicher Erkenntnis in didaktischer Absicht, wobei die Triebkräfte der Entwicklung, die herrschenden und widerstreitenden Theorieansätze, und die geistes-, sozial- und wirtschaftsgeschichtlichen Bedingungen in Zusammenhang gebracht werden müssen. Wenn dies gelingt (bisher liegen erst Einzelfallstudien vor), kann mit dem historisch-genetischen Ansatz der individuelle mit dem gesellschaftlichen Lernprozeß bewußt in Beziehung gesetzt werden: Die Genese des Schülerwissens vom Alltagsverständnis zum wissenschaftlichen Begriff entspricht dann der Wissenschaftsentwicklung vom vorparadigmatischen Laisserfaire zur systematisierten Wissenschaft (vgl. KUHN 1976, PIAGET 1973).

Eine eindeutige Abkehr von dem zu Beginn dieses Abschnitts skizzierten fachsystematischen Ansatz der Wissensvermittlung stellt der *projektorientierte Ansatz* dar, der die Lösung realer Probleme, von denen die Lernenden auch individuell betroffen sind, in den Mittelpunkt des Unterrichts stellt. Die Naturwissenschaften werden instrumentell als bloße Hilfsmittel benutzt; die Lernenden eignen sich Teilstücke entsprechend dem aktuellen Stand des Projekts an. Interdisziplinarität, Anwendungsorientierung und Gesellschaftsbezug sind die inhaltlichen Kennzeichen dieses Ansatzes; Kritikfähigkeit, soziales Lernen und Handlungskompetenz sind die pädagogischen Ziele (vgl. FREISE 1973, NAUMANN 1980). Einer gewissen Bruchstückhaftigkeit des vermittelten Wissens stehen bei diesem Ansatz im Gegensatz zum systematisch geordneten naturwissenschaftlichen Qualifikationsaufbau eine große Souveränität der Anwendung des erworbenen Wissens sowie eine deutlich erhöhte Motivation der Lernenden gegenüber (vgl. GUST u. a. 1979). Unbestritten ist allerdings auch von den Protagonisten dieses Ansatzes, daß nicht der gesamte Unterricht projektorientiert ablaufen kann.

2.3 Sozialisationswirkungen naturwissenschaftlichen Unterrichts

Wenn man die Ebene der Ansprüche und Konzepte verläßt und sich der empirisch erfaßten Realität zuwendet, so ergibt sich ein gänzlich anderes Bild. Alle Untersuchungen über die *Beliebtheit von schulischen Unterrichtsfächern* weisen für Chemie und Physik eine rapide abfallende Beliebtheit im Verlauf der Schuljahre aus: Nach einer relativ hohen Anfangsbeliebtheit vor Beginn des lehrgangsmäßigen Unterrichts, die offenbar vom oft angeführten „natürlichen Interesse" der Jugendlichen an Fragen von Natur und Technik herrührt, sinken diese Fächer nach wenigen Schuljahren auf die unteren Plätze der Rangskala, in Konkurrenz mit Musik, Erdkunde und Religion (vgl. NOLTE 1983). Dabei sind geschlechtsspezifische Unterschiede auffällig: Bei den Mädchen liegen Chemie und Physik unangefochten auf den letzten Plätzen, bei den Jungen gibt es ein wenig günstigere Ergebnisse. Folgerichtig ergreifen Schülerinnen und Schüler in der reformierten Sekundarstufe II die Gelegenheit zur Fächerabwahl; nur noch wenige beschäftigen sich auf der Oberstufe des Gymnasiums über das vorgeschriebene Maß hinaus mit den „harten" Naturwissenschaften Chemie und Physik (vgl. BORN/EULER 1978). Das Fach Biologie, dem von den Schülern größere Lebensnähe und geringere Abstraktheit zugeschrieben wird, schneidet dagegen in beiderlei Hinsicht bedeutend besser ab (vgl. NOLTE 1983).
Angesichts der großen Ablehnung der Fächer Chemie und Physik durch die Mehrzahl aller Schüler verwundert es nicht, wenn fast alle nach 1960 durchgeführten Untersuchungen über die *Wirksamkeit* des naturwissenschaftlichen Unterrichts zu dem Ergebnis kommen, daß der Unterricht nur in sehr geringem Umfang zu stabilen Lern- und Behaltensleistungen führt (ausführliche Bibliographie siehe ZUR EMPIRIE DES NATURWISSENSCHAFTLICHEN UNTERRICHTS 1983). Diese Untersuchungsergebnisse stellen eine radikale Kritik der im Schulalltag dominierenden, traditionellen Formen naturwissenschaftlichen Unterrichts dar, ohne daß sie zu einschneidenden Reaktionen seitens der Schulverwaltung und Bildungspolitik oder der für die Lehrerausbildung zuständigen universitären Fachdidaktik geführt hätten.
Angesichts der skizzierten Struktur naturwissenschaftlicher Ausbildungsgänge ist zu erwarten, daß diejenigen Menschen, die diese Ausbildungsgänge erfolgreich durchlaufen haben (beispielsweise diplomierte Physiker und Chemiker, Lehrer naturwissenschaftlicher Unterrichtsfächer), als Ergebnis eines solchen professionellen Sozialisationsprozesses eine besondere *Persönlichkeitsstruktur* entwickelt haben. Tatsächlich wird in den wenigen vorliegenden Untersuchungen der Hochschul-Sozialisationsforschung der „typische Naturwissenschaftler" als wissenschafts- und ex-

pertengläubig, als fortschritts- und technikorientiert, als politisch wenig interessiert, dabei eher kontaktarm und emotionsscheu beschrieben (vgl. BRÄMER/NOLTE 1983). Dabei wirkt die Struktur naturwissenschaftlicher Ausbildungsgänge selektiv verstärkend gerade auf diejenigen, die entsprechende Voreinstellung und Dispositionen bereits mitbringen; andererseits erzeugen die naturwissenschaftliche Arbeitsmethode und die Struktur des naturwissenschaftlichen Denkens jene angeführten Persönlichkeitsmerkmale. Besondere Folgen hat dieser „Sozialisationszirkel" für die Lehrer naturwissenschaftlicher Fächer: Nur Schüler, die entsprechende Voreinstellungen und Dispositionen mitbringen, werden ein entsprechendes Lehramtsstudium wählen, im Studium in ihrer Persönlichkeitsstruktur bestärkt werden und dann an die heranwachsende neue Schülergeneration wiederum das skizzierte einseitige Bild naturwissenschaftlichen Denkens weitergeben.

2.4 Konsequenzen und Forderungen

Die Entwicklung von Naturwissenschaft und Technik ist eine wesentliche Determinante des gesellschaftlichen Lebens im Produktions- und Reproduktionsbereich. Das Bild der zugrunde liegenden Wissenschaften, die vorgeblich per se den menschlichen Fortschritt garantieren, ist in den letzten Jahren brüchig geworden. Zu viele technologische Großprojekte, die im wesentlichen aufgrund ihrer prinzipiellen Machbarkeit zustande kamen, haben sich als unnötig oder gefährlich erwiesen. Gleichzeitig wurde deutlich, daß weder die verantwortlichen Politiker noch die betroffene Bevölkerung ein methodisches und begriffliches Instrumentarium zur Verfügung hatten, um in Kenntnis von Folgen und Alternativen auf vorhandene oder geplante technische Systeme Einfluß zu nehmen. Ziel einer auf Mündigkeit ausgerichteten schulischen wie außerschulischen naturwissenschaftlichen Erziehung muß daher der *gebildete Laie* sein, der in der Lage ist, sich souverän der Aussagen von Experten zu bedienen und sie kritisch zu werten, ohne sich einen Detailstreit aufzwingen zu lassen (vgl. RIESS 1979). Gesellschaftliche Probleme können, selbst wenn sie naturwissenschaftlich-technischer Herkunft sind, nur politisch (und das heißt: unter Beachtung der zugrunde liegenden Interessen) gelöst werden; die Fachwissenschaften vermögen lediglich Entscheidungshilfen zu geben. Eine umfassende *„Umwelterziehung"* hätte die Aufgabe, sowohl einzelne Faktoren menschlichen Einwirkens auf die Natur in Voraussetzungen und Konsequenzen zu analysieren als auch deren systematische Vernetzung mit anderen gesellschaftlichen Problemen aufzuzeigen und die Spannbreite technisch-wissenschaftlicher wie politischer Eingriffsmöglichkeiten zu markieren. In diesem Rahmen hat die naturwissenschaftliche Erziehung den spezifischen Beitrag der Einzeldisziplinen zu verdeutlichen, denn fächerübergreifend-interdisziplinär kann nur denken, wer Möglichkeiten und Grenzen der disziplinären Beiträge kennt.

Bei einer solchen Erziehung der Lernenden zum autonomen Umgang mit dem Wissen über die Natur spielen die Alltagsvorstellungen und das *Alltagswissen über Natur und Technik* eine wichtige Rolle. In einigen didaktischen Konzepten wird vorgeschlagen, im Lernprozeß an die Alltagsbegriffe anzuknüpfen, um sie dann möglichst rasch durch die „richtigen", wissenschaftlich abgesicherten Begriffsbildungen zu ersetzen. Ein solches Vorgehen führt allerdings zum Entstehen zweier, scheinbar weitgehend voneinander getrennter Naturbilder, eines „alltäglichen" und eines „wissenschaftlichen" (vgl. BRÄMER 1983). Das erste wird von den Jugendlichen dann vor allem zur Lösung technischer Fragen außerhalb des Unterrichts und zur vorwissenschaftlich-ganzheitlichen Interpretation von Naturphänomenen ge-

Gerhard H. Duismann/ Christine Keitel/ Falk Rieß/ Hartmut Sellin

nutzt, das zweite hat vor allem unterrichtliche Gültigkeit und dient dem Nachweis der vom Lehrer positiv sanktionierten Schulleistungen. Eine differenzierte Bewertung des Alltagswissens legt es nahe, es als ein eigenständiges System dem Lernenden bewußtzumachen und es den wissenschaftlichen Begriffen gegenüberzustellen (vgl. JUNG 1981). Im Lernprozeß ginge es dann darum, sowohl die zutreffenden Elemente des Alltagsbewußtseins (beispielsweise die Tendenz zur ganzheitlichen Betrachtung von Naturphänomenen, das Festhalten an einer Vielfalt von Erklärungsweisen) als auch deren ideologische Anteile (etwa Omnipotenzvorstellungen, Fortschrittsgläubigkeit) offenzulegen und den Weg von der Erfahrung zur Wissenschaft nachzuzeichnen (vgl. BÖHME 1979); dabei wäre zu klären, welchen Anwendungsgebieten des individuellen und gesellschaftlichen Lebens die Bereiche Alltagswissen und Wissenschaft zuzuordnen sind. Dieses Vorgehen weist über die Reproduktion der bestehenden Gesellschafts- und Wissenschaftsstruktur hinaus: Sowohl die Suche nach einer neuen Naturphilosophie (vgl. DAXNER u. a. 1981) als auch die Diskussion um die wünschenswerte Zukunft der Arbeit und des Lebens werden Bestandteil des naturwissenschaftlichen Erziehungsprozesses.

3 Technik

3.1 Begriff, Geschichte und normativer Gehalt technischer Erziehung

3.1.1 Begriff und Geschichte technischer Erziehung

Welcher Definition man auch immer im einzelnen folgen mag (vgl. FRANKIEWICZ 1968, S.39ff.; vgl. FÜSSEL 1978, S.6ff.), so schließt der Begriff „Technik" alle Gegenstände, Verfahren und Systeme ein, die durch gesellschaftliche Arbeit hervorgebracht werden und mit denen – in der jeweiligen historischen Situation und in Auseinandersetzung mit der Natur – Lebensbedürfnisse befriedigt sowie die Grundlagen der Existenz geschaffen und gesichert werden. Technische Erziehung ist die Gesamtheit erzieherischer Einflüsse *durch* Technik sowie von Wissen und Einstellungen *über* Technik. Sie erfolgt sowohl unbewußt und unbeabsichtigt durch die zwangsläufige Konfrontation mit Technik (funktional) wie durch die bewußte, planmäßige Erziehung von Verhaltensweisen gegenüber Technik (intentional).
Intentionale technische Erziehung in der Schule wird angelegt als Bestandteil allgemeiner Bildung für das Verstehen, die Bewältigung und die Mitgestaltung von Technik in allen Lebenssituationen sowie als vorberufliche Bildung zur Einführung in technisch orientierte Bildungsgänge. Intentionale technische Erziehung setzt sich fort in Institutionen beruflicher Bildung und in Betrieben, in denen sie vielmals mit unscharfen Grenzen in funktionale technische Erziehung übergeht. Da alle Arbeitsprozesse als wechselseitiger Austausch zwischen Arbeitskraft, Arbeitsmittel und Arbeitsgegenstand anzusehen sind und da dies auch für alle ähnlichen Prozesse außerhalb der Produktion und im Reproduktionsbereich gilt, setzt sich funktionale technische Erziehung als ein lebenslanger Lernprozeß fort. Da „Technik" nie wertneutral ist, sondern immer aus bestimmten, teils recht unterschiedlichen Interessenlagen heraus zum Einsatz kommt, kann auf eine technische Erziehung zum Zwecke der Sicherung und Kontrolle dieses Technikeinsatzes aus pädagogischen Gründen nicht verzichtet werden.
Funde prähistorischer Werkzeuge (vgl. HONORÉ 1969, S.17; vgl. TROITZSCH/WEBER 1982, S.9), die durch Bearbeitungsspuren deren bewußte Herstellung mit Hilfe anderer Werkzeuge aufzeigen, gelten als sicherer Nachweis für das Auftreten des Men-

schen. Und da für menschliche Arbeit bestimmte Arbeitsmittel (Werkzeuge, Geräte, später Maschinen) und Verfahren (Technologien) erforderlich sind, deren Gebrauch geübt werden muß, ist die technische Erziehung ebenso alt wie menschliche Arbeit selbst. Die Weitergabe der Arbeitsmittel und Verfahren an die Nachkommenden erfordert deren Zuschauen, Nachahmen und Mittun.

Auf frühen Entwicklungsstufen der Menschheit waren die Ziele, Inhalte und Methoden der technischen Erziehung – abgesehen von biologisch begründeten Unterschieden – für alle gleich. Die gesellschaftliche Arbeitsteilung brachte dann zwar einen Verlust an der Allseitigkeit technischen Könnens, zugleich mit der Spezialisierung der Tätigkeit aber auch eine Vertiefung des Könnens des einzelnen und die gesellschaftlich folgenreiche Trennung von Kopf- und Handarbeit.

Die im Mittelalter herausgebildete Funktionsteilung zwischen Stadt und Land und die Ausbildung des städtischen Handwerks brachten dann eine besondere Form der technischen Erziehung hervor: die *Meisterlehre* (vgl. SCHURER 1983, S. 403). Sie wurde zum Grundmuster aller gewerblichen Erziehungs- und Ausbildungsformen und hat bis in die Gegenwart bestimmenden Einfluß auf die technische Erziehung, auch für qualifiziertere Tätigkeiten in der Industrie, gehabt.

Die Entfaltung des Manufakturwesens im 18. Jahrhundert verlangte dagegen andersartige Qualifikationsstrukturen: Für die einfachen, sich ständig wiederholenden Tätigkeiten bedurfte es keines Fachwissens, sondern im wesentlichen nur einer Gewöhnung des Arbeiters an die Stetigkeit der Arbeit, einer Erziehung zu Fleiß, Ausdauer und Gehorsam (vgl. JONAS u. a. 1969, S. 350 f., S. 360). In den *Industrieschulen* (vgl. DEUTSCHE AKADEMIE ... 1970, S. 24 f., S. 62 f.; vgl. WILKENING o. J., S. 5 ff.) fand erstmalig eine technische Erziehung auf niedrigem Anspruchsniveau in schulisch-institutionalisierter Form statt. Für leitende Funktionen wurde mit den *Realschulen* eine zusätzliche Schulform für die mittlere technische Erziehung geschaffen (vgl. DEUTSCHE AKADEMIE ... 1970, S. 35 f.).

Mit dem in Deutschland um 1820 einsetzenden Prozeß der Industrialisierung verschwanden die Industrieschulen, ohne daß an deren Stelle neue Institutionen technischer Erziehung geschaffen wurden, da die für die industriellen Produktionsprozesse erforderlichen gehobenen Qualifikationen immer noch durch die traditionelle handwerkliche Ausbildung zum Gesellen und Meister gesichert werden konnten, während für die technischen Leitungsfunktionen die Realschulen, Gewerbeinstitute und polytechnischen Schulen zuständig blieben, aus denen später die technischen Hochschulen hervorgingen (vgl. BLANKERTZ 1969, S. 77 ff.).

Erst gegen Ende des 19. Jahrhunderts wurde die traditionelle Handwerkslehre durch berufsbezogenen Teilzeitunterricht ergänzt, aber eine industrietypische Ausbildung war dies immer noch nicht! Noch zögernder fand die technische Erziehung Eingang in allgemeinbildende Schulen. Neue Impulse erhielt sie erst durch die Verfassung der Weimarer Republik (vgl. WESSELS 1969, S. 22) und nach dem Zweiten Weltkrieg durch die schrittweise Einführung der polytechnischen Bildung und Erziehung in der DDR sowie durch die Eröffnung der Diskussion um die Arbeitslehre durch die Vorschläge des DEUTSCHEN AUSSCHUSSES FÜR DAS ERZIEHUNGS- UND BILDUNGSWESEN (vgl. 1964, S. 41). Noch ehe technische Erziehung generell als Schulfach eingeführt worden ist, noch ehe der erhebliche Nachholbedarf an fachdidaktischer Diskussion und curricularer Erneuerung der Lehrpläne behoben worden ist, noch bevor wenigstens ein Anschluß an den Problemstand traditioneller Technik gefunden worden ist, kündigt sich in der ersten Hälfte der 80er Jahre vielerorts der Ruf nach einer technischen Erziehung an, die den Herausforderungen der „neuen Technologien" gerecht werden könnte (vgl. zusammenfassend TYRCHAN 1984).

Gerhard H. Duismann/ Christine Keitel/ Falk Rieß/ Hartmut Sellin

3.1.2 Technische Erziehung im Zusammenhang gesellschaftlicher und technischer Entwicklung

Ziele und Inhalte der technischen Erziehung entsprechen materiellen und ökonomischen Bedürfnissen der Gesellschaft. Die Aufrechterhaltung der gesellschaftlichen Produktivität ist von der Vermittlung technischer Fähigkeiten und Kenntnisse durch technische Erziehung abhängig. Für die frühe *funktionale* technische Erziehung gilt nun, daß die Ziele und Inhalte dieser Erziehung den Stand der in einer Gesellschaft vorhandenen technischen und technologischen Kenntnisse und Fähigkeiten umfassend widerspiegeln. Dies ändert sich erst in dem Moment, in dem sich in Gewerben und Zünften von den konkreten Arbeitshandlungen eine *Theorie* technischer Prozesse abzulösen beginnt, die nicht mehr ausschließlich funktional vermittelt werden kann. In diesem Moment entsteht auch eine intentionale, institutionalisierte und aus dem unmittelbaren Zusammenhang mit dem Arbeitsprozeß gelöste technische Erziehung. Dieser Zustand ist mit der Einrichtung der *Industrieschulen* erreicht. Merkantilistisches Interesse der Landesherren an wachsendem Steueraufkommen aus der Produktion von Gütern, steigende Nachfrage, Bevölkerungswachstum und Landflucht (die wiederum zu erhöhter Nachfrage bei steigender Anzahl billiger Arbeitskräfte führte) begünstigten die Ausbreitung von Manufakturen und Betrieben. Eine spezifisch technische Ausbildung der Arbeitskräfte war aber noch nicht erforderlich. Aufgrund der organischen Arbeitsteilung waren das erforderliche Geschick, technisches Können und Wissen denkbar gering. Dagegen galt es, den an straffes, pünktlich und kontinuierlich organisiertes Arbeiten nicht gewöhnten Arbeitskräften die erforderlichen Einstellungen und Arbeitstugenden zu vermitteln (vgl. JONAS u. a. 1969, S. 360).

Diesen Zielstellungen entsprach die Konzeption der Industrieschulen: Auf zum Teil aufklärerischer, zum Teil evangelisch-pietistischer Grundlage versprachen diese Schulen ein Lernen durch Anschauung, das Fernhalten von schädlichem Müßiggang, die Hinführung zu sittlichem Lebenswandel und die Befähigung, den eigenen Lebensunterhalt zu bestreiten (vgl. WILKENING o. J., S. 7 f.). Den größten Teil des Schulalltags nahmen einfache praktische Arbeiten ein, durch deren Erlöse die Schule mitfinanziert wurde (vgl. DEUTSCHE AKADEMIE ... 1970, S. 71). Der „theoretische" Unterricht bestand vorwiegend in religiöser Unterweisung, also dem Erlernen von Kirchenliedern, Gebeten und Bibelsprüchen. Das Ende der Industrieschulen wurde zwar durch die neuhumanistische Kritik am utilitaristischen Konzept dieser Schulen beschleunigt (vgl. BLANKERTZ 1963), die eigentlichen Gründe waren jedoch der Entzug der materiellen Basis dieser Schulen durch Nichtabnahme ihrer Produkte und durch die Entwertung der dort vermittelten Qualifikationen aufgrund veränderter Qualifikationsansprüche des aufkommenden Fabrikwesens (vgl. DEUTSCHE AKADEMIE ... 1970, S. 77, S. 86 f., S. 97).

Im 18. Jahrhundert förderte das Streben der absolutistischen Landesherren nach wirtschaftlicher Autonomie ebenfalls die Entwicklung der *„realistischen" Wissenschaften* (sowohl der experimentellen Naturwissenschaften wie Mechanik, Physik, Chemie, Technologie als auch der Wirtschafts- und Staatswissenschaften in Form „Ökonomischer Fakultäten" und „Hoher Kameralschulen"). Auf mittlerem Niveau entwickelten sich die Realschulen, zu deren Fächern unter anderem Mechanik, Meß-, Bau- und Zeichenkunst, die Mathematik, Optik und Hydraulik gehörten (vgl. DEUTSCHE AKADEMIE ... 1970, S. 87 f.). Eine enge Verbindung von Theorie und Anschauung, von Abstraktion und konkreter Handlung wurde ebenso angestrebt wie die für die zukünftigen technisch-leitenden Funktionen erforderliche Erzie-

hung zum treuen, obrigkeitsstaatlich denkenden Bürger und Beamten. Damit wurden auf der Grundlage der veränderten Produktionsweise, der vom technischen Herstellungsprozeß abgelösten technischen Theorie sowie der Entwicklung der Grundlagenwissenschaften *drei* klar voneinander geschiedene Niveaustufen technischer Erziehung geschaffen, die der ständischen Gliederung der Gesellschaft entsprachen (vgl. WILKENING o. J., S. 5 ff.).
Die Grundlagen der technischen Erziehung sind also im 18. Jahrhundert gelegt worden – vor der industriellen Revolution, aber auch vor den politisch-gesellschaftlichen Umwälzungen, die durch die Französische Revolution eingeleitet wurden.
In der zweiten Hälfte des 20. Jahrhunderts ist die Technik nun jedoch immer stärker *zur gesellschaftlichen Produktivkraft* und zum Motor grundlegender Umwälzungen geworden (vgl. BIALAS 1978, S. 110). Eine „rasante" Entwicklung vor allem im Bereich der Elektronik, vom ersten Transistor Mitte der 50er Jahre über die ersten integrierten Schaltkreise Mitte der 60er Jahre bis zu den heutigen hochintegrierten Chips, ermöglichte immer größere Schaltungs- und Speicherkapazität auf immer kleinerem Raum zu immer günstigeren Kosten. Aber auch in anderen technischen Bereichen, wie der Kunststofftechnologie, der Biotechnik und der Energietechnik, kam es zu vergleichbaren Innovationsschüben. Die Analyse der Struktur dieser technischen Veränderungen ist Gegenstand wissenschaftlicher und gesellschaftlicher Kontroversen, einige Merkmale dieses Strukturwandels sind allgemein anerkannt: *Automatisierung* (von zunehmend komplexeren und umfangreicheren Abläufen und Systemen in Produktion, Handel und Verwaltung); *Elektronisierung* (Steuerung und Regelung technischer Systeme durch Mikroprozessoren und Computer); Zunahme des *Veränderungstempos* und wachsende *Abstraktion* (Verwissenschaftlichung des Technisierungsprozesses als Grundlage und Folge der unanschaulicher, komplexer und immer schwerer zu beherrschenden Systeme – vgl. MÖHLENBROCK 1981, S. 19 ff.).
Das *Bildungssystem* stand diesen technischen Innovationen weitgehend unvorbereitet gegenüber und reagierte mit einer zum Teil hektischen inhaltlichen Diskussion in der Tagespresse, in eilig einberufenen Fachtagungen (beispielsweise „Neue Technologie und Schule" in der EVANGELISCHEN AKADEMIE LOCCUM 1983) sowie in pädagogischen Fachzeitschriften (vgl. KÖRFGEN 1984, S. 11). Der Bundesminister für Bildung forderte 1984 einen „informationstechnischen Führerschein für Jugendliche und Erwachsene"; Informatik wurde als Modellversuch an verschiedenen Schulen der Sekundarstufen I und II zum Schulfach gemacht; Schulen kauften plötzlich – unterstützt von Industrieunternehmen – Computer in großer Anzahl. Eine angemessene Fachdiskussion sowie curriculare Planung und Lehrerfort- und -ausbildung fehlen jedoch (vgl. TYRCHAN 1984).

3.1.3 Zum normativen Gehalt technischen und polytechnischen Unterrichts

Technische Erziehung dient, wie jede andere fachbezogene Erziehung auch, nicht nur der unmittelbaren fachlichen Qualifizierung der Lernenden, sondern darüber hinaus der Vermittlung systemstabilisierender, ideologisch begründeter Normen und Verhaltensweisen sowie der Reproduktion bestimmter Herrschaftsverhältnisse (vgl. AUERNHEIMER u. a. 1979). Auch das Bildungssystem der Bundesrepublik zeigt trotz vielfältiger Versuche zur horizontalen Integration der verschiedenen Schulformen immer noch einen hierarchischen Aufbau. Die Frage, wie umfassend und auf welchem Anspruchsniveau in diesem Bildungssystem technische Erziehung stattfinden soll, ist deshalb eine politisch-ideologische Grundsatzfrage, die von Bildungspolitikern und Kultusbürokratien entschieden wird. Die Notwendigkeit einer differenzierten technischen Erziehung für alle wird dabei kaum mehr bestritten (vgl. DEUTSCHER BILDUNGSRAT 1970, S. 153). Die konkrete Analyse von Schulpraxis und Richtlinien zeigt aber sehr schnell, daß unverändert eine deutliche Staffelung des Anspruchsniveaus der technischen Erziehung, aber auch des quantitativen Umfangs und der Inhalte von den Sonder- über die Haupt- und Realschulen bis zu den Gymnasien vorgenommen wird. (Dies ist besonders deutlich an dem Lernzielbereich Informatik/Programmierung abzulesen.) Das Fach Technik (Technisches Werken, ...) ist vor allem an Sonder- und Hauptschulen zum Pflichtfach gemacht worden, in Realschulen ist es vielfach nur als Wahlpflichtfach vorhanden, an Gymnasien (bis auf einige Sonderformen) nur als Wahlfach oder überhaupt nicht gegeben. Dieser Staffelung liegt offensichtlich die Vorstellung zugrunde, daß Haupt- und Sonderschüler auf mehr oder weniger unselbständige Anlernvorgänge, auf Ausbildungsberufe und allenfalls auf den Besuch von Techniker- und Fachschulen vorzubereiten seien, während als angemessene Vorbereitung auf ein Technikstudium an den technischen Hochschulen und Universitäten unverändert Mathematikunterricht und naturwissenschaftlicher Unterricht erforderlich seien (zur Kritik vgl. NÖLKER 1982, S. 652).

Die DDR hat sich dagegen für einen breit gefächerten polytechnischen Unterricht in der zehnjährigen allgemeinbildenden polytechnischen Oberschule für alle Schüler entschieden. Er beginnt mit einem zunehmend technologisch orientierten Werkunterricht in den Klassen 1–3 sowie 4–6. In den Klassen 7–10 wird in technisches Zeichnen eingeführt sowie in das Fach „Einführung in die sozialistische Produktion" und ein technisches Grundwissen anhand ausgewogener Anteile von technischen Experimenten, Konstruktionsanleitungen und Theorieteilen vermittelt; zusätzlich werden die Schüler im „Unterrichtstag in der Produktion" mit praktischer Arbeit in ausgewählten Betrieben vertraut gemacht (vgl. KLEIN 1974, S. 83 ff.). Grundprinzip dieses polytechnischen Unterrichts ist die Orientierung an der Lösung gesamtwirtschaftlich relevanter Aufgaben. Dazu wird in technische Fachsystematiken eingeführt; es werden regionale Schwerpunkte gesetzt (etwa in der Landwirtschaft oder im Schiffbau), wobei das wissenschaftliche Niveau der Ausbildung für alle Schüler gleichermaßen zu sichern versucht wird (vgl. BAMMÉ/HOLLING 1976, S. 49ff.; UNTERRICHTSHILFEN 1968).

3.2 Zur Didaktik technischer Erziehung

3.2.1 Vom Nachmachen zur aktiven Aneignung: Die Tradition der Handwerkslehre

Die im Mittelalter ausgebildete *Handwerkslehre* stellt für Europa die früheste Form einer institutionalisierten technischen Erziehung dar. In der Handwerkslehre wurde das für lange Zeiträume unverändert bleibende technische Wissen und Können weitergereicht. Der einzelne Handwerker hatte nur wenige Produktarten herzustellen und arbeitete zumeist auch nur mit einem einzigen Werkstoff. *Zunftregeln* sicherten für jedes Handwerk die Beibehaltung bestimmter Produktionsverfahren, schützten diese Verfahren vor dem Gebrauch durch Außenstehende und verhinderten umgekehrt die Übernahme neuer Arbeitsmittel oder Technologien aus anderen Gewerben.

Die Stufung *Lehrling – Geselle – Meister* bezeichnete nicht nur ein Ausbildungsverhältnis, hierarchische Rangordnung und fachlichen Kompetenzaufbau, sondern auch Stadien menschlicher Reife und „natürlicher" Abfolge von Lebensabschnit-

ten, die im Prinzip jeder durchlief, der als Lehrling anfing. Arbeitsgemeinschaft in Werkstatt und Haus war immer auch Lebensgemeinschaft. Lernen vollzog sich ganzheitlich, durch die Nachahmung der vorbildlichen Arbeit des Meisters, durch Mitwirkung bei einfachen Verrichtungen, deren Schwierigkeitsgrad im Laufe der Lehre nur langsam erhöht wurde, aber auch durch die Aufnahme in die Familie des Meisters. Eine „Theorie" dieser Arbeitsvollzüge gab es nur als anschauliche Reflexion der Arbeitspraxis selbst. Technische Neuerungen konnten sich so nur sehr schwer durchsetzen (vgl. zusammenfassend ROESSLER 1961).
Wesentliche Merkmale der heutigen Praxis technischer Erziehung lassen sich auf diese Tradition der Handwerkslehre zurückführen: das Lernen durch Vor- und Nachmachen, die „Wortlosigkeit" der Vermittlung und die Theoriearmut der auf den niedrigen Niveaus angesiedelten Formen technischer Erziehung; die Gewöhnung der Lernenden an vorgebliche Sachzwänge der Werkregeln und Verfahrensweisen; die Anerkennung der Autorität des Meisters und die Stufung der Lernabschnitte vom Leichten zum Schweren; die Beschränkung auf möglichst *ein* Material und die Ganzheitlichkeit der Arbeit an dem einen herzustellenden Produkt sowie die Vernachlässigung der Reflexion über ökonomische, gesellschaftliche und politische Bedingungen technischer Erziehung. Dies läßt sich an den *ersten Versuchen zur Institutionalisierung* technischer Erziehung *in den Schulen* nachweisen, etwa an der „Leipziger Methode", die von dem 1887 in Leipzig gegründeten Lehrerausbildungsseminar des „Deutschen Vereins für Knabenhandarbeit" (vgl. WESSELS 1969, S.19f.) entwickelt wurde. Nur mühsam, in kleinen Schritten und bis heute unvollständig gelang die Emanzipation der technischen Erziehung von der skizzierten handwerklichen Ausbildungspraxis. (Dies gilt übrigens in gleicher Weise für die Entwicklung des polytechnischen Unterrichts in der DDR; vgl. KLEIN 1962, S.12; vgl. KLEIN 1974, S.50ff.) Die Aufnahme der folgenden, der Tradition der Meisterlehre widersprechenden *didaktischen Ziele und Prinzipien* ist jedoch dringend geboten:
- Ergänzung rezeptiver durch aktive Lernverfahren, teilweise durch entdeckendes und problemlösendes Lernen; weniger Training von Fertigkeiten, mehr Entwicklung von Handlungskompetenz und Erwerb von Wissen;
- Aufnahme neuer Lerninhalte aus dem Bereich der mechanisierten, teilweise automatisierten industriellen Produktion;
- Gliederung des Lehrplans nach technischen Sachgebieten und Problemzusammenhängen statt nach Werkstoffen;
- Verbindung technischer und technologischer mit ökonomischen, politischen und sozialen Lerninhalten; Versuche zur Kritik am vorgeblichen Sachzwangcharakter von Technik;
- Ergänzung handwerklicher Regeln durch wissenschaftliche Erklärungsansätze (zur Diskussion von Gegnern und Befürwortern dieser neuen Zielstellungen vgl. SELLIN 1972, S.41ff., S.146ff.).

3.2.2 Fachdidaktische Ansätze technischer Erziehung

Alle Versuche einer schulischen Vermittlung der Theorie und Praxis technischer Arbeitsprozesse stehen vor schwer lösbaren Problemen, die durch bildungspolitische und – in deren Folge – bildungstheoretische und fachdidaktische Kontroversen weiter kompliziert werden. Verschiedene fachdidaktische Ansätze haben unterschiedliche Antworten gegeben; deshalb eignet sich die Frage nach dem Theorie-Praxis-Verhältnis, den aktuellen *Stand fachdidaktischer Diskussionen* zu skizzieren: Noch in den 60er Jahren bestand die Hoffnung, die Trennung von theoretischer und

Gerhard H. Duismann/ Christine Keitel/ Falk Rieß/ Hartmut Sellin

praktischer technischer Erziehung dadurch überspielen zu können, daß man die Einführung der Schüler in arbeitspraktische Verrichtungen in den Mittelpunkt rückte, sich dann aber bemühte, diese Einführung mit „Interpretation und Reflexion" zu begleiten und zugleich auf die Vermittlung der erforderlichen Arbeitstugenden zu achten (vgl. DEUTSCHER AUSSCHUSS... 1964, S. 47). Als einige Jahre später die Einsicht in soziale und ökonomische Bedingungen des Arbeitsprozesses zum zusätzlichen Gegenstand des Technikunterrichts gemacht werden sollte, ging man immer noch davon aus, diese Ziele durch die Simulation praktischer Tätigkeiten im Unterricht erreichen zu können (vgl. WERNER 1972, S. 46f.).
In Ansätzen der technischen Erziehung aus der Mitte der 60er Jahre (vgl. SELLIN/ WESSELS 1970, USCHKEREIT u.a. 1969) wurde diese Hoffnung aufgegeben. Man konzentrierte sich statt dessen auf den didaktisch vermittelten Versuch, eine *Theorie der Beherrschung technischer Prozesse* zu konzipieren, die gewissermaßen dem eigentlichen Arbeitsprozeß vorgelagert (Planung, Entwurf, Konstruktion), nebengeordnet (als Maschinen-, Steuerungs- und Regelungslehre) und nachgeordnet (als Kontrolle, Bewertung und Analyse von Produkten) wurde. Damit gerieten die sozialen, ökonomischen, politischen und arbeitspsychologischen Aspekte aus dem Blick, wurde der Zusammenhang von Technik und Arbeit aufgelöst (vgl. LEMKE u.a. 1976, S. 26; vgl. PROJEKTGRUPPE ARBEITSLEHRE MARBURG 1974, S. 72f., S. 105f.; vgl. SACHS 1971, S. 105f.; vgl. STÜHRMANN/WESSELS 1970).
Als Versuch einer konstruktiven Kritik an dieser als „technizistisch" bezeichneten Konzeption technischer Erziehung entstand eine *Arbeitslehre-Konzeption,* in der auf praktische Tätigkeit der Schüler weitgehend verzichtet und statt dessen verbalbegrifflicher Unterricht, Betriebserkundungen und Betriebspraktika vorgeschlagen wurden (vgl. MODELLVERSUCH ARBEITSLEHRE... 1979). Vermittelt über Lehr- und Schulorganisationspläne, setzte sich in der Mehrzahl der Länder der Bundesrepublik ein in Fächer aufgegliedertes, kooperatives Konzept technischer Erziehung durch, indem für ein Fach Technik ein „mehrperspektivischer" Ansatz (vgl. KRAATZ 1978) wirksam wurde und in einem anderen Fach (Arbeit/Wirtschaft) die ursprünglich zentralen Inhalte „Arbeit" und „Beruf" zugunsten von wirtschaftlichen Fragekomplexen wie „Einkommen", „Markt" und „Konsum" reduziert wurden (vgl. HENDRICKS 1975, NIEDERSÄCHSISCHER KULTUSMINISTER 1982, ZIEFUSS 1981).
Integrierte Konzeptionen stellen das Fach Arbeitslehre in Berlin (West) (vgl. SENATOR FÜR SCHULWESEN... 1983) und das Fach Polytechnik/Arbeitslehre in Hessen (vgl. HESSISCHER KULTUSMINISTER 1978) dar. Das Berliner Modell vereinigt die früheren Fächer Hauswirtschaft, Textilarbeit und Werken, um mit technischen, wirtschaftlichen und politisch-gesellschaftlichen Schwerpunkten den Zusammenhang von Produktion und Konsum sichtbar zu machen. Der didaktische Stufengang innerhalb der Klassen 7 bis 10 lehnt sich an das Strukturgitter von GROTH (vgl. 1967) an. Zentrale Form des Unterrichts ist das Projekt. Der hessische Lehrplan ist nach Situationsfeldern (Beruf, Familie, freie Zeit, Öffentlichkeit), nach Sachbezügen (Technik, Soziökologie, Ökonomie) und nach 19 Interessenschwerpunkten gegliedert, die zum Beispiel Berufswahlmöglichkeiten, Mitbestimmungs- und Gestaltungsmöglichkeiten in der Arbeitswelt, Ernährung und Versorgung mit Textilien, Wohnverhältnisse, Lösung der Umweltprobleme betreffen.
Der sich *„historisch-genetisch"* verstehende Ansatz technischer Erziehung versucht, sowohl die Trennung von Technik und Arbeit als auch von Theorie und Praxis zu vermeiden. Indem er die Darstellung früher Stadien technischer Entwicklung und Produktionsformen in den Unterricht aufnimmt, erleichtert er durch diese didaktische Reduktion die Aneignung komplexerer neuerer Problemzusammenhänge für

die Schüler; indem er „Knotenpunkte" gegenwärtiger technischer Entwicklungen aufsucht und nachvollziehbar macht, erleichtert er die Einsicht der Schüler in die gesellschaftlichen Triebkräfte, in Voraussetzungen und Folgen technischer Entwicklungen. Wesentliche Ziele dieses Ansatzes sind Einsicht in die wechselseitige Bedingtheit von Technik, Politik und Ökonomie, Einsicht in die prinzipielle Offenheit technischer Entwicklungen und Zerstörung des falschen Scheins eines Sachzwangscharakters dieser Entwicklungsprozesse (vgl. SCHÜTTE 1981).

Konzepte technischer Erziehung mit *höheren Anteilen technischer Theorievermittlung* (vgl. VOLPERT 1979, S. 39 f.) versprechen eine größere Offenheit gegenüber späterer beruflicher und außerberuflicher Weiterbildung. Gegen sie wird jedoch eingewandt, daß die Lernfähigkeit und Lernbereitschaft der Schüler unterer Bildungsstufen nicht ausreiche, daß für die spätere Berufsausbildung ganz andere Qualifikationen entwickelt werden sollten als das Denken in großen Zusammenhängen, aber auch, daß eine Überforderung und Entfremdung von den eigenen Klasseninteressen Folge einer solchen technischen Erziehung werden könne (vgl. CHRISTIAN u. a. 1970, S. 196; vgl. SCHWEGLER 1974, S. 185 f.; vgl. SELLIN 1972, S. 50).

Der Stand der technischen Erziehung in der Bundesrepublik ist uneinheitlich und unausgewogen. Es gibt krasse Unterschiede zwischen dem Stand fachdidaktischer Konzeptualisierungen, der Entwicklung von Unterrichtsmaterialien, von Richtlinien und Lehrplänen und der Schulrealität. Dabei geht es nicht nur, wie in allen anderen Fächern auch, um Unterschiede im didaktischen Reflexionsniveau und im Ausbildungsstand der Lehrer, sondern vor allem um Nähe oder Ferne zur gegenwärtigen gesellschaftlichen Realität von Technik und um den meist katastrophalen Ausstattungsstandard der Schulen, der selbst dann nur die Vergegenwärtigung mittelalterlicher Technik zuließe, wenn Ausbildungsstand und Aktualität der Lehrpläne wesentlich darüber hinausgingen. Insgesamt gilt, daß auf Gebieten wie Meß-, Steuer-, Regel-, Nachrichtentechnik, Informationsverarbeitung, Energietechnik – auf den Durchschnitt der Schulen gesehen – nur in sehr geringem Umfang angemessen unterrichtet wird. Zum anderen bestehen erhebliche Unterschiede in den schulorganisatorischen Konzeptionen der Bundesländer; teils werden die traditionellen Schulfächer Hauswirtschaft, Werkunterricht in das Fach Arbeitslehre integriert, teils werden traditionelle Fächer nur durch unverbindliche Kooperationsvorschläge verbunden; Aufhebung oder Beibehaltung geschlechtsspezifischer Erziehung wird unterschiedlich gehandhabt (vgl. zusammenfassend ZIEFUSS 1981).

3.3 Schulische und außerschulische Einflußfaktoren technischer Erziehung

Intentionale technische Erziehung muß die komplexen Lernergebnisse berücksichtigen, die außerhalb von Schule und Unterricht durch den Umgang der Kinder und Jugendlichen mit Technik ausgelöst werden. Dies macht den Prozeß der Auswahl von Zielen, Inhalten und Methoden technischer Erziehung sehr kompliziert.

Das weithin anerkannte *allgemeine Ziel* technischer Erziehung ist die *Befähigung zu sachgemäßem und kritischem technischem Verhalten.* Dabei lassen sich drei Verhaltensebenen unterscheiden:
- *Praktisches technisches Verhalten:* Geschicklichkeit, Fähigkeit zum Umgang mit Material und Werkzeug, Geräten und Maschinen, Fertigkeiten (spezialisiert und bezogen auf Teilverrichtungen);
- *Bildhaftes technisches Verhalten:* Optisches, räumliches Erkennen von technischen Funktionen, Abläufen und Systemen (Modellvorstellungen);
- *Theoretisch-begriffliches technisches Verhalten:* Wissen und Erkennen technisch-

wissenschaftlicher Begriffe, Gegenstände und Gesetzmäßigkeiten (vgl. DUISMANN 1983, S. 81).
Die Ausprägung der einzelnen Verhaltensweisen kann bei jedem Individuum sehr unterschiedlich sein. So ist es durchaus verbreitet, daß hohes Spezialwissen (etwa in Kerntechnik) mit geringem Wissen (beispielsweise in Haushaltstechnik) in einer Person vereinigt sind. Die genannten Verhaltensweisen sind untereinander interdependent; isolierte „praktische Begabung" ohne bildhaftes und theoretisches Verhalten ist nicht denkbar. Jedoch kann es auch hier deutliche individuelle Niveauunterschiede geben. Interindividuelle Unterschiede zwischen Jungen und Mädchen, zwischen Schülern an Sonder-, Haupt-, Realschulen und Gymnasien sind mit hoher Wahrscheinlichkeit gesellschaftlich verursacht; sie lassen sich auf traditionelle Rollenerwartungen, auf unterschiedliche Erfahrungs- und Lernmöglichkeiten in den verschiedenen Gesellschaftsschichten zurückführen (vgl. DUISMANN 1983). Auch politische Einstellungen beeinflussen die Verhaltensweisen gegenüber Technik (vgl. JUGENDWERK DER DEUTSCHEN SHELL 1982, S. 678 f.). Alle Faktoren, die die Verhaltensweisen beeinflussen, sind mit der Motivation für Technik verknüpft.
Diese „technische Sozialisation" ist noch wenig erforscht. Dennoch ist offenkundig, daß jedes Mitglied der Gesellschaft eine umfassende Auseinandersetzung mit vielfältigen technischen Geräten und Verfahren, mit Freizeitangeboten, Verkehrsmitteln und Unterhaltungsmedien zu bewältigen hat. Die selbstverständliche Akzeptanz dieser Technik ist weit verbreitet; sie kann mit partieller kritischer Distanz oder gar Technikfeindlichkeit zu bestimmten technischen Verfahren oder Objekten (Kerntechnik, Kriegstechnik, Personalinformationssysteme) verknüpft sein (vgl. ZIEFUSS 1983, S. 7 ff.). Die technische Sozialisation der *Kinder und Jugendlichen* wird über die Haltung der Erwachsenen zur Technik, aber auch über das in den Haushalten vorhandene Spielzeug und die Spielmöglichkeiten sowie über die Medien beeinflußt. Eine geschlechtsspezifische Ausprägung des Umgangs mit der Technik ist empirisch belegt (vgl. DUISMANN 1983, S. 91 f., S. 216 ff.); der „technische Baukasten", den der kleine Junge erhält, fördert die konstruktive Auseinandersetzung mit technischen Problemen; das Spielzeugbügeleisen für Mädchen führt eher zu passiver und unkritischer Technikakzeptanz. Neuere Entwicklungen auf dem Spielzeugmarkt (Lego, Playmobil) können zur geschlechtsunspezifischen Erziehung beitragen.
Technische Verkehrsmittel (Fahrrad, Moped), Medien (Hi-Fi-Stereoanlage, Filme, Video, Fototechnik, Druckmaschinen), Kommunikationsmittel (Telefon) werden auch von solchen Jugendlichen und Erwachsenen selbstverständlich genutzt, die sich abstrakt erscheinender, nicht unmittelbar sinnlich erfahrbarer Technik gegenüber ablehnend verhalten. Das Bewußtsein für die Notwendigkeit, Nützlichkeit, aber auch für die Gefahren technischer Entwicklung insgesamt wird durch ökologische Krisen und technologische Pannen zwar immer wieder punktuell geweckt, aber nicht systematisch entwickelt. Dies ist auch eine Folge mangelhafter technischer Erziehung. Technische Erziehung in der Schule steht angesichts dieser Entwicklung allerdings in der Gefahr dauerhafter Überforderung.

3.4 Konsequenzen und Forderungen

Technische Erziehung ist in den hochtechnisierten Gesellschaften dringende Aufgabe. Das bislang in der Bundesrepublik erreichte Niveau entspricht nicht dem Stand der Entwicklung der Technik, so daß sich folgende Forderungen erheben lassen:

Lernbereich Mathematik – Natur – Technik

- Technische Erziehung auf hohem, *wissenschaftlichem Niveau für alle Menschen* (Mädchen und Jungen, Sonderschüler und Gymnasiasten) ist Voraussetzung für die Demokratisierung der Gesellschaft und des Technikgebrauchs und dadurch für die Emanzipation der Individuen über den Reproduktionsbereich hinaus. Ziel technischer Erziehung sollte die *kritisch-konstruktive Technikakzeptanz und -beherrschung* sein.
- Technische Erziehung muß ausgerichtet sein auf die *Lösung gesellschaftlich relevanter Aufgaben und Probleme.* In technischer Erziehung sind die produktiven Bedürfnisse (individuelle/gesellschaftliche) aufzunehmen. Die Auswahl von Inhalten und Vermittlungsmethoden muß sich ausrichten sowohl an den Lern- und Lehrmöglichkeiten als auch an gesellschaftlichen Notwendigkeiten (Qualifikationen) und den Fachwissenschaften.
- Technische Erziehung muß auf allen Lernniveaus (Schulformen und -stufen) *von* aktuellen, kurzfristigen *„Nützlichkeitserwägungen"* (Verwertungsqualifikationen) bestimmter gesellschaftlicher Interessengruppen *unabhängig* werden.
- Technische Erziehung kann nur erfolgreich verlaufen, wenn die *materiellen und rechtlichen Rahmenbedingungen* geschaffen sind. Hierzu gehört die angemessene Ausstattung der erforderlichen Räume (Werkzeuge, Geräte, Maschinen), die Möglichkeit, die technischen Mittel unfallsicher zu benutzen, und die Bereitstellung ausreichenden Arbeitsmaterials.
- Technische Erziehung muß stärker als bisher die *wissenschaftlichen Forschungsergebnisse* der Bezugsdisziplinen (Technik, Handlungstheorien, Lerntheorien) nutzen. Die Ausweitung fachdidaktischer Forschung und die Intensivierung der Aus- und Weiterbildung von Lehrern, Erziehern und Ausbildern ist erforderlich.

AUERNHEIMER, G. u.a.: Reproduktionsqualifikation als eine Determinante von Pädagogik und Bildungspolitik. In: 30 Jahre Bildungspolitik in der Bundesrepublik. Argument Sonderband 38, Berlin 1979, S.88ff. BAMMÉ, A./HOLLING, E.: Qualifikationsentwicklung und Curriculumkonstruktion, Hamburg/Berlin 1976. BENJES, H.: Erfinden, Forschen, Konstruieren im Technikunterricht, Bad Heilbrunn 1974. BERNAL, J.D.: Wissenschaft. Science in History, 4 Bde., Reinbek 1970. BIALAS, V.: Wissenschaftliche und technische Revolution in Vergangenheit und Gegenwart, Köln 1978. BLANKERTZ, H.: Berufsausbildung und Utilitarismus, Düsseldorf 1963. BLANKERTZ, H.: Bildung im Zeitalter der großen Industrie, Hannover 1969. BLANKERTZ, H. u.a. (Hg.): Sekundarstufe II – Jugendbildung zwischen Schule und Beruf. Enzyklopädie Erziehungswissenschaft, Bd. 9.1, 9.2, Stuttgart 1982/1983. BÖHME, G.: Die Verwissenschaftlichung der Erfahrung. In: BÖHME, G./ENGELHARDT, M.v. (Hg.): Entfremdete Wissenschaft, Frankfurt/M. 1979, S.114ff. BORN, G./EULER, M.: Physik in der Schule. In: bild d.w. 15 (1978), 2, S.74ff. BRÄMER, R.: Über das doppelte Naturbild in den Köpfen der Schüler. In: ZUR EMPIRIE... 1983, S.5ff. BRÄMER, R./NOLTE, G.: Die heile Welt der Wissenschaft. Zur Empirie des „typischen Naturwissenschaftlers", Marburg 1983. BRUHN, J.: Computer – Taschenrechner. In: Enzyklopädie Erziehungswissenschaft, Bd.4, Stuttgart 1985, S.404ff. BUSCHE, E. u.a. (Hg.): Natur in der Schule. Kritik und Alternativen zum Biologieunterricht, Reinbek 1978. CHRISTIAN, W. u.a.: Arbeitslehre und polytechnische Bildung. In: BECK, J. u.a.: Erziehung in der Klassengesellschaft, München 1970, S.184ff. CUBE, F.v.: Unterricht, programmierter. In: Enzyklopädie Erziehungswissenschaft, Bd.4, Stuttgart 1985, S.646ff. DAMEROW, P.: Die Reform des Mathematikunterrichts in der Sekundarstufe I, Bd. 1: Reformziele, Reform der Lehrpläne, Stuttgart 1977. DAMEROW, P.: Mathematikunterricht und Gesellschaft. In: HEYMANN, H.W. (Hg.): Mathematikunterricht zwischen Tradition und neuen Impulsen, Köln 1984, S.9ff. DAMEROW, P. u.a.: Zur Revision des Curriculum der Schulmathematik in der BRD. In: ROBINSOHN, S.B. (Hg.): Curriculumentwicklung in der Diskussion, Düsseldorf/Stuttgart 1972, S.119ff. DAMEROW, P. u.a.: Elementarmathematik: Lernen für die Praxis? Ein Versuch der Bestimmung fachüberschreitender Curriculumziele, Stuttgart 1974. DAMEROW, P. u.a.: Do-

Gerhard H. Duismann/ Christine Keitel/ Falk Rieß/ Hartmut Sellin

kumentation der Mathematiklehrpläne Allgemeinbildende Schulen II. Schriftenreihe des Instituts für Didaktik der Mathematik (IDM), Bd. 24, Bielefeld 1981. DAXNER, M. u. a. (Hg.): Andere Ansichten der Natur, Münster 1981. DEUTSCHE AKADEMIE DER WISSENSCHAFTEN ZU BERLIN, Kommission für deutsche Erziehungs- und Schulgeschichte (Hg.): Monumenta Paedagogica, Bd. 10: Zur Geschichte der Arbeitserziehung in Deutschland, Teil 1: Von den Anfängen bis 1900, Berlin (DDR) 1970. DEUTSCHER AUSSCHUSS FÜR DAS ERZIEHUNGS- UND BILDUNGSWESEN: Empfehlungen und Gutachten. Folge 7/8, Stuttgart 1964. DEUTSCHER BILDUNGSRAT: Strukturplan für das Bildungswesen. Empfehlungen der Bildungskommission, Stuttgart 1970. DUISMANN, G. H.: Ansätze zur Untersuchung des Verhaltens von Grund-, Haupt- und „lernbehinderten" Sonderschülern gegenüber der Technik, Diss., Oldenburg 1983. EVANGELISCHE AKADEMIE LOCCUM: Neue Technologie und Schule. Loccumer Protokolle, Loccum 1984. FRANKIEWICZ, H.: Technik und Bildung in der Schule der DDR, Berlin (DDR) 1968. FREISE, G.: Möglichkeiten, Probleme und Grenzen bei der Durchführung von problemorientierten Unterrichtseinheiten. In: Westerm. P. Beitr. 25 (1973), S. 610 ff. FREY, K./ BLÄNSDORF, K. (Hg.): Integriertes Curriculum Naturwissenschaft der Sekundarstufe I: Projekte und Innovationsstrategien, Weinheim/Basel 1974. FREY, K./HÄUSSLER, P. (Hg.): Integriertes Curriculum Naturwissenschaft: Theoretische Grundlagen und Ansätze, Weinheim/Basel 1973. FÜSSEL, M.: Die Begriffe Technik, Technologie, Technische Wissenschaften und Polytechnik, Bad Salzdetfurth 1978. GROTH, G.: Zur Didaktik der Arbeitslehre. In: BLANKERTZ, H. (Hg.): Arbeitslehre in der Hauptschule, Essen 1967, S. 39 ff. GUST, B. u. a.: „Heile Karren sind heilig". In: BECK, J./BOEHNCKE, H. (Hg.): Jahrbuch für Lehrer 4, Reinbek 1979, S. 178 ff. HEIDELBERGER, M./THIESSEN, S.: Natur und Erfahrung, Reinbek 1981. HENDRICKS, W.: Arbeitslehre in der Bundesrepublik Deutschland, Ravensburg 1975. HESSISCHER KULTUSMINISTER: Rahmenrichtlinien. Sekundarstufe I. Polytechnik - Arbeitslehre, Frankfurt/M. 1978. HESSISCHES IINSTITUT FÜR BILDUNGSPLANUNG UND SCHULENTWICKLUNG: Fachräume für Polytechnik/Arbeitslehre, Frankfurt/M. 1982. HONORÉ, P.: Es begann mit der Technik, Stuttgart 1969. JONAS, W. u. a.: Die Produktivkräfte in der Geschichte, Berlin (DDR) 1969. JUGENDWERK DER DEUTSCHEN SHELL (Hg.): Jugend '81. Lebensentwürfe, Alltagskulturen, Zukunftsbilder, Opladen 1982. JUNG, W.: Unterrichtsziele im Mathematikunterricht in der differenzierten Gesamtschule. In: DEUTSCHER BILDUNGSRAT (Hg.): Lernziele der Gesamtschule. Gutachten und Studien der Bildungskommission, Bd. 12, Stuttgart 1969, S. 81 ff. JUNG, W.: Zur Bedeutung von Schülervorstellungen für den Unterricht. In: DUIT, R. u. a. (Hg.): Alltagsvorstellungen und naturwissenschaftlicher Unterricht, Köln 1981, S. 1 ff. KANT, I.: Kritik der reinen Vernunft. Werke in sechs Bänden, hg. v. W. Weischedel, Bd. 2, Darmstadt 1963. KEITEL, CH.: Entwicklungen im Mathematikunterricht. In: MAX-PLANCK-INSTITUT FÜR BILDUNGSFORSCHUNG/ PROJEKTGRUPPE BILDUNGSBERICHT (Hg.): Bildung in der Bundesrepublik Deutschland. Daten und Analysen, Bd. 1, Stuttgart 1980, S. 447 ff. KEITEL, CH.: Reformen des Mathematikunterrichts in den USA. Geschichte, Reformkonzeptionen, Curriculumentwicklung, Diss., Bielefeld 1981. KIRSCH, A.: Über Ziele der „neuen Mathematik" in der Schule. In: Westerm. P. Beitr. 26 (1974), S. 155 ff. KLEIN, H.: Polytechnische Bildung und Erziehung in der DDR. Entwicklungen, Erfahrungen, Probleme, Reinbek 1962. KLEIN, H.: Bildung in der DDR. Grundlagen, Entwicklungen, Probleme, Reinbek 1974. KMK: Empfehlungen und Richtlinien zur Modernisierung des Mathematikunterrichts an den allgemeinbildenden Schulen. Beschluß Nr. 611 vom 3. 10. 1968. In: ORGANIZATION FOR ECONOMIC COOPERATION AND DEVELOPMENT (OECD) (Hg.): Synopsis für moderne Schulmathematik, Frankfurt/ Berlin/Mainz ^{2}1974, S. 172 ff. KÖRGEN, P.: Chips gegen pädagogische Besonnenheit. In: E. u. W. 36 (1984), 2, S. 11 ff. KRAATZ, R.: Grundlinien einer Technikdidaktik. In: technica didactica 1 (1978), S. 3 ff., S. 59 ff. KUHN, TH. S.: Die Struktur wissenschaftlicher Revolutionen, Frankfurt/M. 1976. LEMKE, I. G. u. a.: Abriß des DIFF/hr-Fernstudienlehrgangs. In: GÖRS, D./WERNER, P. (Hg.): Arbeitslehre und Schulpolitik. Was Lehrer nicht lernen sollten, Köln/Frankfurt 1976, S. 11 ff. LENNÉ, H.: Analyse der Mathematikdidaktik in Deutschland, Stuttgart 1969. MODELLVERSUCH ARBEITSLEHRE in den niedersächsischen Verwaltungsbezirken Braunschweig und Oldenburg: Lehrplan für den Sekundarbereich I. Stand: Dezember 1976. In: GEWERKSCHAFT ERZIEHUNG UND WISSENSCHAFT, Landesverband Niedersachsen (Hg.): Materialien zur Arbeitslehre in Niedersachsen, o. O. 1979. MÖHLENBROCK, R.: Modellbildung und didaktische Transformation, Diss., Hamburg 1981. MÜNZINGER, W. (Hg.): Projektorientierter Mathematikunterricht, München/ Wien/Baltimore 1977. NAUMANN, E.: Arbeiterkinder lernen im Umgang mit Natur und Technik, Marburg 1980. NIEDERSÄCHSISCHER KULTUSMINISTER (Hg.): Rahmenrichtlinien für die Hauptschule. Arbeit - Wirtschaft - Technik, Hannover 1982. NÖLKER, H.: Unterricht: Technik. In: Enzyklopädie Erziehungswissenschaft, Bd. 9.2, Stuttgart 1983, S. 652 ff. NOLTE, G.: Identifikation mit dem Aggressor? In: ZUR EMPIRIE... ³1983, S. 51 ff. ORGANIZATION FOR ECONOMIC COOPERATION AND DEVELOPMENT (OECD) (Hg.): Synopsis für Schulmathematik, Frankfurt/Berlin/Mainz ²1974. PIAGET, J.: Einführung in die genetische Erkenntnistheorie, Frankfurt/M. 1973. PROJEKTGRUPPE ARBEITSLEHRE MARBURG: Schule, Produktion, Gewerkschaften, Reinbek 1974. PROJEKTGRUPPE PINC: Natur und Produktion im Unterricht, Weinheim/ Basel 1978. PUKIES, J.: Das Verstehen der Naturwissenschaften, Braunschweig 1979. RADATZ, H.: Der Mathematikunterricht in der Zeit des Nationalsozialismus. In: Zentrbl. f. Did. d. Math. 16 (1984), S. 199 ff. RIESS, F.: Ideologiekritik des naturwissenschaftlichen Unterrichts. In: RIESS, F. (Hg.): Kritik des mathematisch-naturwissenschaftlichen Unterrichts, Frankfurt/ M. 1977, S. 322 ff. RIESS, F.: Naturwissenschaftlicher Unterricht. In: BECK, J./BOEHNCKE, H. (Hg.): Jahrbuch für Lehrer 4, Reinbek 1979, S. 296 ff. ROESSLER, W.: Die Entstehung des modernen Erziehungswesens in Deutschland, Stuttgart 1961. SACHS, B.: Technische Bildung und Emanzipation. In: Dortm. Hefte f. Arblehre. u. Sachu. 2 (1971), S. 105 ff. SCHENK, B.: Unterricht: Naturwissenschaften. In: Enzyklopädie Erziehungswissenschaft, Bd. 9.2, Stuttgart 1983, S. 600 ff. SCHUBRING, G. u. a.: Dokumentation der Mathematik-Lehrpläne in der Bundesrepublik Deutschland. Schriftenreihe des Instituts für Didaktik der Mathematik (IDM), Bd. 12, Bielefeld 1977. SCHURER, B.: Meisterlehre - Meisterprüfung. In: Enzyklopädie Erziehungswissenschaft, Bd. 9.2, Stuttgart 1983, S. 403 ff. SCHÜTTE, I.: Die historisch-genetische Methode im Arbeitslehre- und Technikunterricht. In: SCHÜTTE, I. (Hg.): Technikgeschichte als Geschichte der Arbeit, Bad Salzdetfurth 1981. SCHWEGLER, J.: Zur politischen Kontroverse um die Arbeitslehre, Frankfurt/Köln 1974. SELLIN, H.: Werkunterricht - Technikunterricht, Düsseldorf 1972. SELLIN, H./WESSELS, B. (Hg.): Beiträge zur Didaktik der technischen Bildung, Weinheim/Basel 1970. SENATOR FÜR SCHULWESEN, JUGEND UND SPORT: Rahmenplan für Unterricht und Erziehung in der Berliner Schule. Fach Arbeitslehre, Berlin 1983. STÜHRMANN, H.-J./WESSELS, B.: Lehrerhandbuch für den Technischen Werkunterricht, Bd. 1: Maschinentechnik in Unterrichtsbeispielen, Weinheim/Basel 1970. TÖPFER, E./BRUHN, J.: Methodik des Physikunterrichts, Heidelberg 1979. TRAEBERT, W. E. (Hg.): Technik als Schulfach, Bd. 3: Lehren und Lernen im Technikunterricht, Düsseldorf 1980. TROITZSCH, U./WEBER, W.: Die Technik. Von den Anfängen bis zur Gegenwart, Braunschweig 1982. TYRCHAN, G.: Technische Bildung in Deutschland und die Mikroelektronik. In: Z. f. Tech. im U. 8 (1984), 33, S. 8 ff. UNTERRICHTSHILFEN. Einführung in die Sozialistische Produktion. (Bände für die Klassen 7/9, 9 - mit Varianten für Produktionsbereiche - 10), Berlin (DDR) 1968. USCHKEREIT, G. u. a.: Werkunterricht als technische Bildung, Weinheim/Basel 1969. VOLPERT, W.: Der Zusammenhang von Arbeit und Persönlichkeit aus handlungspsychologischer Sicht. In: GROSKURTH, P. (Hg.): Arbeit und Persönlichkeit. Berufliche Sozialisation in der arbeitsteiligen Gesellschaft, Reinbek 1979. WAGENSCHEIN, M.: Die pädagogische Dimension der Physik, Braunschweig 1962. WAGENSCHEIN, M.: Ursprüngliches Verstehen und exaktes Denken, 2 Bde., Stuttgart 1965/1970. WAGENSCHEIN, M.: Naturphänomene sehen und verstehen, Stuttgart 1980. WEBER, W.: Mikroelektronik. Technische Aspekte. In: KOSCHNITZKE, R./ROLFF, H.-G. (Hg.): Technologischer Wandel und soziale Verantwortung, Essen 1980, S. 19 ff. WERNER, P.: Spezielle Aspekte. In: KLEDZIK, U.-J. (Hg.): Arbeitslehre als Fach, Hannover 1972. WESSELS, B.: Die Werkerziehung, Bad Heilbrunn ²1969. WILKENING, F.: Technische Bildung im Technikunterricht, Weinheim o. J. WILKENING, F./SCHMAYL, W.: Technikunterricht, Bad Heilbrunn 1984. WINTER, H.: Vorstellungen zur Entwicklung von Curricula in der Gesamtschule. In: Beiträge zum Lernzielproblem, Ratingen/Kastellaun/Düsseldorf 1972, S. 67 ff. WITTMANN, E.: Grundfragen des Mathematikunterrichts, Braunschweig 1974. ZIEFUSS, H.: Technische Bildung als Teil allgemeiner Bildung in der Bundesrepublik Deutschland. Institut für die Pädagogik der Naturwissenschaften (IPN), Kiel 1981. ZIEFUSS, H.: Technikfeindlichkeit - eine vergebliche Debatte? Institut für die Pädagogik der Naturwissenschaften (IPN), Kiel 1983. ZUR EMPIRIE DES NATURWISSENSCHAFTLICHEN UNTERRICHTS. Soznat. 6 (1983), Heft 1/2.

Hermann Giesecke/Jürgen Hasse/Hans Kaminski

Lernbereich Gesellschaft

1   Politik (Hermann Giesecke)
1.1 Begriffsabgrenzungen
1.2 Zur historischen Entwicklung von politischer Erziehung und Bildung
1.3 Didaktische Grundprobleme politischen Unterrichts
2   Geographie (Jürgen Hasse)
2.1 Zur krisenhaften Entwicklung des Geographieunterrichts
2.2 Lernzielorientierte, fachwissenschaftlich-didaktische und fächerübergreifende Neuansätze
2.3 Restaurationstendenzen und Entwicklungsperspektiven
3   Arbeit und Ökonomie (Hans Kaminski)
3.1 Thematische Eingrenzung
3.2 Zur historischen Entwicklung von Arbeitslehre und ökonomischer Erziehung
3.3 Zielperspektiven und Inhaltsbereiche der ökonomischen Erziehung
3.4 Organisationsformen der Arbeitslehre
3.5 Probleme der Ermittlung, Auswahl und Begründung von Zielen und Inhalten der Arbeitslehre
3.6 Zentrale Aufgabenfelder der ökonomischen Erziehung im Rahmen der Arbeitslehre
3.7 Ausblick

Zusammenfassung: Politik, Geographie und Arbeitslehre/Ökonomie stellen drei zentrale Felder des lehrplangeschichtlich jungen, immer noch expandierenden und in der Zuordnung unscharfen Lernbereichs Gesellschaft dar.
Die Zuweisung immer neuer Aufgaben und neuer Inhalte an diesen Lernbereich ist einerseits Konsequenz der Demokratisierung der Gesellschaft, andererseits Resultat veränderter Sozialisationsbedingungen. Was früher „naturwüchsig" im Umgang mit der älteren Generation angeeignet wurde, ist heute teils überflüssig geworden, zu anderen Teilen nur noch über aufwendige intentionale Erziehungsmaßnahmen zu sichern:
Politik: Seit 1950 wird politischer Unterricht mit unterschiedlichen Bezeichnungen in allen allgemein- und berufsbildenden Schulformen erteilt. Die für diesen Unterricht entwickelten fachdidaktischen Modelle werden skizziert. Als didaktisches Grundproblem wird die Aufgabe bestimmt, eine Balance zwischen Bewahren und Verändern, zwischen Propädeutik und Handlungsorientierung, zwischen der Subjektivität der Schülerinteressen und den Anforderungen des politischen Systems herzustellen.
Geographie: als Schulfach ist deutlich älter als ihre universitäre Bezugsdisziplin. Dennoch sind Unterrichtspraxis und fachdidaktische Diskussion seit je durch ein krisenhaftes Ringen um das eigene Selbstverständnis gekennzeichnet gewesen. Die durch die Curriculumrevision vom Ende der 60er Jahre ausgelöste Entfaltung neuer fachdidaktischer Ansätze wird skizziert, ihr teilweises Scheitern analysiert; der zu Beginn der 80er Jahre eingeleiteten Restaurationsphase werden konzeptionelle Alternativen gegenübergestellt.

Lernbereich Gesellschaft

Arbeit und Ökonomie: Die historischen Voraussetzungen von Arbeitslehre und ökonomischer Erziehung werden aufgearbeitet. Disziplinorientierte und situations-/problemorientierte fachdidaktische Ansätze werden dargestellt. Zentrale Aufgabenfelder – die Berufsorientierung, die Verbrauchererziehung und die Vermittlung gesamtwirtschaftlicher Grundkenntnisse – werden referiert.

Summary: Politics, geography und economics are three central fields of the modern, still expanding and as yet vaguely defined learning sector: society.
The attribution of more and more new tasks and contents to this learning sector is, on the one hand, the result of the democratization of society and, on the other, the consequence of changed conditions of socialization. Knowledge that was once acquired "naturally" from contacts with the older generation has now become partly superfluous and partly something that can only be acquired via extensive "intentional" education measures:
Politics: Since 1950, politics has been taught under various different designations at all general and vocational schools. The didactic models developed for the teaching of this subject are briefly sketched. The basic didactic problem is the task of maintaining an equilibrium between preservation and change, between propaedeutics and activity orientation, between the subjectivity of pupils' interests and the requirements of the political system.
Geography: As a school subject, geography is considerably older than its related university discipline. Teaching practice and didactic discussions have, however, always been characterized by somewhat frenetic attempts to define the subject's own image of itself. The development of new didactic approaches triggered off by the curriculum reforms at the end of the 1960s is sketched and its partial failure is analysed. Alternative concepts are compared with the restoration phase introduced at the beginning of the 1980s.
Economics: The historical prerequisites for the teaching of economics are summarized. Didactic approaches, both of a subject-oriented and situation/problem-oriented nature, are presented. The central tasks of this subject – job-orientation, consumer education and the provision of basic general economic knowledge – are dealt with.

Résumé: La politique, la géographie et l'économie-science du travail constituent trois domaines centraux de ce champ d'apprentissage jeune du point de vue des programmes, toujours en expansion et difficile à cerner.
Des tâches et des contenus toujours nouveaux qui s'imposent à ce domaine d'apprentissage sont, d'une part, la conséquence de la démocratisation de la société; d'autre part, le résultat de conditions changées de socialisation. Ce qui, autrefois, était acquis de façon naturelle par la vieille génération est devenu aujourd'hui en partie superflu, et, en d'autre partie, ne peut être assuré que par l'intermédiaire de mesures d'éducation fort compliquées:
Politique: L'enseignement de la politique est dispensé, depuis 1950, sous différentes dénominations, dans tous les types d'établissements. On décrit les modèles de didactique mis au point pour cet enseignement. En tant que problème didactique fondamental, on se fixe la tâche d'établir un équilibre entre la conservation et le changement entre la propédeutique et l'orientation vers l'action, entre la subjectivité des intérêts de l'élève et les exigences du système politique.
Géographie: En tant que matière scolaire, elle est nettement plus ancienne que sa discipline universitaire correspondante. Mais la pratique d'enseignement et la dis-

Hermann Giesecke/ Jürgen Hasse/ Hans Kaminski

cussion didactique se caractérisent depuis toujours par une lutte de crise pour sa propre compréhension d'elle-même. On décrit l'apparition de nouveaux points de départ didactiques amenés par la révision des programmes à la fin des années 60; on analyse leur échec partiel; on oppose des alternatives de conception à la phase de restauration intervenue au début des années quatre-vingt du vingtième siècle.
Travail et économie: On dégage les conditions historiques de la science de l'éducation en science du travail et économie. On présente des points de départ didactiques liés à la discipline, à la situation et au problème. On parle des domaines de tâche, de l'orientation vers la profession, de l'éducation du consommateur et de la dispensation de connaissances de base en économie générale.

1 Politik

1.1 Begriffsabgrenzungen

Jede Gesellschaft sorgt in irgendeiner Weise dafür, daß die nachwachsenden Generationen die für das jeweilige Gemeinwesen gültigen Normen, Regeln und Institutionen als Maßstäbe des Verhaltens akzeptieren lernen. Dies kann durchaus unbewußt geschehen, ohne Planmäßigkeit, zum Beispiel dadurch, daß die Jungen an den gesellschaftlichen Handlungen und Ritualen teilnehmen und dadurch an sie gewöhnt werden. Bezeichnet man dies als Sozialisation und unterstellt, daß der Mensch von seiner Natur her ein soziales Wesen ist, dann ist politische Sozialisation (wie Sozialisation überhaupt) eine übergeschichtliche anthropologische Notwendigkeit; die Konkretionen allerdings sind geschichtlich veränderbar. Aber die historischen Veränderungen sind nicht nur Variationen jenes übergeschichtlichen anthropologischen Tatbestandes, sondern beinhalten durchaus substantielle Verschiebungen. Der Begriff „politische Erziehung" zum Beispiel meint die *planmäßige* Instruktion in eigens dafür ausgegliederten Institutionen und setzt insofern nicht nur eine relativ komplex gegliederte Gesellschaft, sondern auch das Fragwürdigwerden der im gesellschaftlichen Umgang gleichsam naturwüchsig zu erwerbenden beziehungsweise erworbenen politischen Loyalität voraus. Der Begriff „politische Bildung" ist dagegen gebunden an eine ganz bestimmte historische Epoche, die mit der Aufklärung beginnt; er ist einem Menschenbild verpflichtet, das sich durch persönliche Autonomie und individuelle Verantwortung aufgrund eigener Einsicht auszeichnet und das damit gerade auch die Distanz zur naturwüchsigen politischen Sozialisation zum Ausdruck bringt. Der politisch Gebildete ist also zumindest tendenziell derjenige, der unter Absehen von seinen konkreten sozialen Kontexten, seiner Herkunft wie seiner sozialen Perspektiven und Chancen zu einem auf Einsicht beruhenden politischen Urteil und Handeln kommt. Dieses Konzept des politisch Gebildeten entspricht den Prinzipien einer demokratischen Gesellschaft, insofern diese die Bürger als prinzipiell gleiche Rechtssubjekte und politische Teilhaber unter Ausklammerung ihrer sonstigen Ungleichheiten definieren muß. Politische Erziehung und politische Bildung lediglich als Variationen der übergeschichtlichen Notwendigkeit der politischen Sozialisation anzusehen würde also die qualitativen Veränderungen, die sich in jenen Begriffen ausdrücken, zu wenig beachten.
Hinzu kommen Schwierigkeiten beim Begriff des Politischen selbst, von dem ja die Begriffe „politische Erziehung" und politische Bildung abhängen. Es erscheint wenig ratsam, den Begriff des Politischen zum Beispiel sowohl auf moderne gesellschaftliche Strukturen wie auf einfache Stammesverbände anzuwenden, nur um

den Begriff der übergeschichtlichen politischen Sozialisation zu retten. Aber selbst wenn man – was im folgenden geschehen soll – die Begriffe „politische Erziehung" und „politische Bildung" nur für die historische Epoche seit der Aufklärung verwendet, lassen sich unterschiedliche Begriffe des Politischen ausmachen. So kann man ihn – wie in der Wilhelminischen Zeit – beschränken auf die staatlichen Angelegenheiten im engeren Sinne, politische Bildung und Erziehung wird dann ebenfalls inhaltlich beschränkt auf die notwendigen staatsbürgerlichen Kenntnisse, Fähigkeiten und Tugenden (vgl. KERSCHENSTEINER 1901). Nimmt man jedoch wie nach 1945 – vor allem unter dem Einfluß der „Kritischen Theorie" – die komplexen Wechselwirkungen zwischen Staat und gesellschaftlichem System mit in den Blick und berücksichtigt zudem die komplizierten sozialpsychologischen Mechanismen der Einstellungs- und Verhaltensbildung, dann erfährt notwendigerweise auch der Begriff der politischen Bildung und Erziehung eine derartige Ausdehnung, daß *alle* Erziehungs- und Sozialisationseinflüsse dazu zu rechnen oder zumindest dafür relevant sind. Der Begriff der politischen Bildung und Erziehung fällt im Extremfalle dann mit dem der Erziehung und Bildung überhaupt zusammen. Die Definition des Politischen ist also selbst eine politische Definition und bestimmt insofern den jeweils gültigen Begriff der politischen Erziehung und Bildung mit.

1.2 Zur historischen Entwicklung von politischer Erziehung und Bildung

Für die politischen Führungseliten gab es in der ganzen Geschichte des Abendlandes immer schon politische Erziehungslehren, vor allem in der Form von Tugendlehren. Das Problem einer politischen Erziehung für *alle* Staatsbürger stellte sich jedoch erst in dem Augenblick, als der absolutistische Staat die Loyalität seiner Bürger aus den ständischen Bindungen löste und unmittelbar auf sich selbst beziehen mußte oder wollte und damit überhaupt aus Ständemitgliedern Bürger im modernen Sinne machte. Jedoch blieben – zumal in Deutschland – ständische Traditionen und Gewohnheiten weniger im rechtlichen Sinne als vielmehr faktisch noch lange Zeit erhalten und sorgten weiterhin für eine eher naturwüchsige politische Sozialisation im Rahmen einer selbstverständlichen sozialen Integration. Diesen Vorstellungen blieb auch die offizielle Volksschulpolitik bis gegen Ende des 19. Jahrhunderts verhaftet: Die Volksschule war eine eigentümliche Mischung aus Klassenschule und Standesschule. Politische Erziehung erfolgte hier im wesentlichen über den Geschichts- und Religionsunterricht. Erst das moderne Industrieproletariat fiel aus diesen Traditionen heraus und setzte deshalb das Problem einer allgemeinen politischen Erziehung auf die Tagesordnung, zumal die entstehenden Arbeiterorganisationen mit ihrer marxistisch-sozialistischen Weltanschauung in Konflikt mit dem Staat geraten mußten. Die um die Jahrhundertwende einsetzende Diskussion über politische Bildung und Erziehung hatte diese „soziale Frage" zum Hintergrund. Zunächst schien es so, als ginge es dabei lediglich darum, durch eine entsprechende „staatsbürgerliche Erziehung" den Nachwuchs der Arbeiter in den bestehenden Staat zu integrieren. In diesem Zusammenhang entwickelte G. Kerschensteiner sein Konzept der „staatsbürgerlichen Erziehung": Die Arbeiterjugend müsse dort angesprochen werden, wo sie selbst das Zentrum ihres Lebens sehe, nämlich bei der Arbeit. Der Sinn der Handarbeit für das ganze Volk müsse erfahren werden, in der „Arbeitsschule" mit ihrer sozialen Form der „Arbeitsgemeinschaft" müßten die Arbeitstugenden erfahrbar werden, die auch die wichtigsten Tugenden des Staatsbürgers seien. Aber liberale Politiker und Wissenschaftler wie F. Naumann, M. Weber und W. Rathenau sowie der Pädagoge P. RÜHLMANN (vgl. 1908) erkann-

Hermann Giesecke/ Jürgen Hasse/ Hans Kaminski

ten, daß angesichts der unaufhaltsamen Tendenz zur Demokratisierung politische Bildung und Erziehung nicht nur für die Arbeiterschaft zur Übernahme der ihr bisher vorenthaltenen politischen Rechte und Pflichten erforderlich sei, sondern gerade auch für die führenden Schichten, wenn diese ihre Position unter demokratisierten Verhältnissen weiter behaupten wollten (vgl. D. HOFFMANN 1971). Die Entwicklung der politischen Erziehung und Bildung in der Weimarer Republik bestätigte diese Ansicht insofern, als es gerade weiten Teilen der früheren Führungsschichten nicht gelang, eine positive Einstellung zur Weimarer Staatsform zu finden. Artikel 148 der Reichsverfassung schrieb „Staatsbürgerkunde" als „Lehrfach" an den Schulen vor. Aber es gab keine überzeugende didaktische Theorie und keine konsensfähigen Vorstellungen über Ziele, Inhalte und Unterrichtsformen. Die führenden pädagogischen Autoren versuchten entweder, die politische Erziehung im Rahmen einer allgemeinen Erziehungslehre zu formulieren, und trafen so nicht die Realität der Republik, oder sie visierten den „idealen Staat" im Unterschied zum empirischen Staat als Erziehungsziel an, was an den Realitäten der Republik ebenfalls vorbeigehen mußte (vgl. D. HOFFMANN 1971). Diesen trug am ehesten noch WENIGER (vgl. 1926) Rechnung durch eine didaktische Konzeption des Geschichtsunterrichts, die auf die gegenwärtige und künftige Verantwortung der jungen Generation gerichtet war. Im ganzen blieb die „Staatsbürgerkunde" weitgehend wirkungslos – nicht zuletzt auch deshalb, weil die Schule keine Werte und Verhaltensweisen stiften konnte, die außerhalb der Schule und auch bei einem großen Teil der Lehrerschaft auf Resonanz gestoßen wären. Die politische Erziehung fand einerseits im Elternhaus und andererseits außerhalb der Schule statt, wo die politischen Parteien und Verbände weniger durch politische Aufklärung als vielmehr durch Agitation die Jugend für sich zu gewinnen hofften.
Im Nationalsozialismus setzte sich dann das Konzept einer auf völkisch-rassischer Grundlage beruhenden totalen Politisierung der Erziehung vor allem in der Hitler-Jugend, die das außerschulische Erziehungsmonopol erhielt, durch; im Bereich der Schulen war diese „Gleichschaltung" nicht ganz so konsequent; Wortführer waren vor allem E. Krieck und A. Baeumler (vgl. LINGELBACH 1970). Als nach dem Ende des Nationalsozialismus die Notwendigkeit einer gründlichen politischen Bildung und Erziehung erneut auf der Tagesordnung stand, gab es dafür keine brauchbaren Traditionen, an die sich anknüpfen ließ. Nun ging es darum, einerseits die junge Generation gegen totalitäre Ideologien zu immunisieren und sie andererseits für die neue demokratische Verfassung zu gewinnen. Da aber die entsprechenden Bezugswissenschaften wie Geschichte, Soziologie und Politologie sich nach ihrem Verfall im Nationalsozialismus erst wieder neu konstituieren mußten, mußte sich die politische Bildung im wesentlichen zunächst mit politisch-moralischen Appellen sowie mit Institutionenkunde begnügen. Zwar vereinbarten die Kultusminister 1950, daß politische Bildung in allen Schulen eingeführt wird, stellten aber den einzelnen Ländern frei, ob dies in Form eines eigenen Faches oder lediglich im Sinne eines Unterrichtsprinzips zu realisieren sei. Zudem ließ das öffentliche Interesse an politischer Bildung und Erziehung in den 50er Jahren schnell nach, lediglich äußere Anlässe (Hakenkreuzschmierereien; intensive jugendpolitische Werbung der DDR) führten zu Initiativen. Eine davon war die „Saarbrücker Rahmenvereinbarung" (1960) der Kultusminister, durch die die Fächer Geschichte und Geographie – unter heftigen Protesten vor allem der Geschichtslehrer und ihrer Organisationen – an der Oberstufe des Gymnasiums in das Sammelfach „Gemeinschaftskunde" übergeführt wurden. Während in den Gymnasien die politische Bildung sich weitgehend an historischen Aspekten sowie an Grundsatzfragen orientierte und unter Hinweis

Lernbereich Gesellschaft

auf die künftigen Führungspositionen der Gymnasiasten auch ernster genommen wurde, blieb die politische Bildung in den Volksschulen und in den Berufsschulen – die Realschulen nahmen eine Mittelstellung ein – weitgehend den auf Integration mit dem Herkunftsmilieu zielenden traditionellen Konzepten des heimatkundlichen Prinzips und der volkstümlichen Bildung verpflichtet (vgl. SPRANGER 1957). Dies änderte sich wenigstens der Intention nach erst durch die Einführung des Schulstufenprinzips Anfang der 70er Jahre.

Die didaktische Diskussion stagnierte in den 50er Jahren. Einige Autoren aus der Weimarer Zeit trugen ihre Vorstellungen erneut in kaum geänderter Weise vor (vgl. LITT 1957, SPRANGER 1957, WENIGER 1964) und setzten sich kritisch mit dem einzigen originellen Entwurf dieser Zeit, mit Th. Wilhelms Konzept der „Partnerschaft" (vgl. OETINGER 1956) auseinander, in dem versucht wurde, die unproduktive Erörterung staatstheoretischer Prinzipien der politischen Bildung durch die politische Kultivierung der sozialen und gesellschaftlichen Beziehungen zu durchbrechen. Erst Anfang der 60er Jahre wurde das öffentliche Interesse an der politischen Bildung als Folge einer zunehmenden politischen Verunsicherung wieder größer; zudem boten die nun neu konstituierten Sozialwissenschaften für die Didaktik der politischen Bildung eine gründlichere Fundierung. Die vereinfachten Modelle des Antikommunismus beziehungsweise Antitotalitarismus wurden zunehmend differenziert, Konflikte und Widersprüche in Staat und Gesellschaft thematisiert. Im Zuge der Studentenbewegung Ende der 60er Jahre wurden – vorbereitet durch die sogenannte Kritische Theorie der Frankfurter Schule (vgl. ADORNO 1962, 1969; vgl. HABERMAS u. a. 1961) – neomarxistische und psychoanalytische Aspekte adaptiert. Bedeutsam für die weitere Entwicklung wurden Theorieelemente, die zunehmend für die subjektive Seite der politischen Vorstellungen und Interessen zu Lasten der objektiven, institutionellen Realität votierten: Psychoanalytische, kommunikationstheoretische, interaktionistische Aspekte setzten sich in den 70er Jahren immer mehr durch; sie zeigten eine deutliche Tendenz, politische Bildung *gegen* die politischen Institutionen zu formulieren. Zudem erfaßte die teils wissenschaftstheoretisch begründete, teils auch nur politisch-ideologisch motivierte politische Polarisierung auch die politische Bildung. In diesem Klima entstanden heftige innenpolitische Auseinandersetzungen um die neuen Hessischen Rahmenrichtlinien „Gesellschaftslehre" (erstmals vorgelegt 1972) und die NRW-Richtlinien „Politik". Gegenwärtig zeichnet sich einerseits eine theoretische Konsolidierung, andererseits die Tendenz ab, die politische Bildung in den Schulen wieder zurückzudrängen zugunsten anderer Fächer und Lehrstoffe (etwa „Werte und Normen"). Trotz eines großen wissenschaftlichen Aufwandes hat die politische Bildung in den Schulen bisher noch keine allgemein anerkannte Fundierung erfahren, die sie in eine produktive Distanz zu wechselnden politischen Moden und Mehrheiten bringen könnte.

1.3 Didaktische Grundprobleme politischen Unterrichts

Seit es überhaupt Überlegungen darüber gibt, wie die jeweils nachwachsende Generation *in* einer demokratischen Gesellschaft *für* deren Kontinuität politisch gebildet und erzogen werden soll und kann, stellen sich einige *Grundprobleme*, die sich – das zeigt die historische Erfahrung – nur in Form von pädagogischen und politischen Kompromissen ausbalancieren, kaum jedoch eindeutig lösen lassen.
Die Balance zwischen Bewahren und Verändern: Einer demokratischen Staatsverfassung muß – wie anderen auch – daran gelegen sein, durch politische Bildung und Erziehung die eigene politische Kontinuität fortschreiben zu können. Angesichts

der zu erwartenden, aber im einzelnen unmittelbar nicht vorhersehbaren politisch-gesellschaftlichen Veränderungen gehört dazu auch die Fähigkeit, produktiv mit neuen gesellschaftlichen Problemen umgehen und dabei zugleich die Substanz demokratischer Prinzipien (vor allem der Verfassungsprinzipien) bewahren zu können. Derartige komplexe Fähigkeiten sind aber didaktisch nicht planbar; planbar sind vielmehr nur einige Randbedingungen für diese Aufgabe, zum Beispiel das Training von Empathie und Konfliktlösungsverhalten. Die didaktischen Konzepte unterscheiden sich unter anderem dadurch, daß sie diese Balance unterschiedlich akzentuieren. Auch bildungspolitische Kontroversen lassen sich hier einordnen, sie werden durch dieses Problem gleichsam notwendig herausgefordert, je nachdem, ob mehr das Bewahren oder das Verändern im Mittelpunkt steht.

Die Balance zwischen Propädeutik und Handeln: Politisches Lernen im Jugendalter ist einerseits immer propädeutisch, insofern es auf späteres Handeln vorbereitet, andererseits aber auch auf das unmittelbare Handeln Jugendlicher bezogen. Jedoch sind hier die Akzente entscheidend. In der Weimarer Zeit und etwa bis zur Mitte der 60er Jahre galt der Grundsatz, daß vor der Volljährigkeit die Jugendlichen selbst noch keine politischen Interessen hätten beziehungsweise daß diese durch ihre Familien vertreten würden. Demnach hatte der politische Unterricht nur propädeutische Funktion, bereitete auf *künftige* staatsbürgerliche Rollen (Wahlrecht; Militärdienst; Berufstätigkeit) vor. Nach dieser Vorstellung konnte sich der politische Unterricht – wie in den 50er Jahren – auf institutionenkundliche und moralische Belehrung beschränken und aktuelle Konflikte zugunsten historisch orientierter Problemerörterungen ignorieren. Halten ließ sich diese Vorstellung jedoch nur so lange, wie der Staat im engeren Sinne Thema der politischen Bildung war und gesellschaftliche Dimensionen der jugendlichen Lebenswelt ausgeklammert blieben. In dem Maße nun, wie die Jugendlichen selbst in gesellschaftliche Auseinandersetzungen verwickelt werden und politisch aktiv werden (etwa in Demonstrationen, Streiks, ...), muß die Didaktik dieser neuen Lage auch Rechnung tragen. In diesen Zusammenhang gehören die „konfliktorientierten" Ansätze (vgl. GIESECKE 1965, SCHMIEDERER 1971). Bei zu einseitiger Hinwendung zur politischen Aktualität drohen allerdings die propädeutischen, auf die Zukunft gerichteten Themen und Gegenstände im Politikunterricht zu kurz zu kommen.

Die Balance zwischen Subjektivität und politischem System: Bei der politischen Bildung geht es wie bei jedem Bildungsprozeß um die Vermittlung zwischen je subjektiven Erfahrungen, Interessen und Bedürfnissen einerseits und den objektiven Strukturen der Welt andererseits, wozu insbesondere auch die politischen und gesellschaftlichen Institutionen mit ihren Regelsystemen gehören. Nur wenn vorausgesetzt wird, daß politische Sachverhalte zuverlässig erkannt und durchschaut werden können, kann es auch angemessene Urteile über sie und rationale Handlungen in ihrem Rahmen geben. Andererseits sind Einsicht und Handlungsbereitschaft nicht zu erwarten, wenn dafür keine Motive vorhanden sind, die sich ihrerseits nur auf subjektive Planungen und Strebungen gründen können. Diese Vermittlung ist wegen ihrer Komplexität ein nach wie vor ungelöstes didaktisches Problem. Im Grunde können seitens der didaktisch-methodischen Planung, will sie nicht ideologisch einseitig verfahren, nur Bedingungen der Möglichkeit dafür angeboten werden; die Vermittlung selbst bleibt eine Leistung der einzelnen Individuen, die für von außen kommende Planung nicht mehr verfügbar ist. Mit diesem Problem versuchen die didaktischen Ansätze auf unterschiedliche Weise fertig zu werden. Die frühe „staatsbürgerliche Erziehung" unterstellte subjektive Bereitschaft oder versuchte, diese durch Erweiterung vorhandener moralischer oder beruflicher Interessen (vgl. KERSCHENSTEINER 1901) zu erreichen. Die konfliktorientierten Ansätze sehen in den herausragenden politischen Konflikten und Auseinandersetzungen den geeigneten Ansatzpunkt für die Vermittlung zwischen subjektiven und objektiven Aspekten. Andere sehen die Interessen der Schüler als Ausgangspunkt (vgl. SCHMIEDERER 1977), wobei es sich um die empirisch feststellbaren oder um politisch vorinterpretierte „eigentliche" oder „wahre" Interessen handeln kann. Soziales Lernen (vgl. CLAUSSEN 1978) setzt dagegen (wieder) auf die unmittelbaren sozialen Fähigkeiten, auf Kooperation und Solidarität einerseits, Kritik und Interessenvertretung andererseits. Bei den beiden letztgenannten Konzepten ist die Balance erheblich zugunsten der subjektiven Seite verschoben. Einen anderen Weg gehen die im Zusammenhang mit den NRW-Richtlinien entwickelten Curriculumkonzepte (vgl. SCHÖRKEN 1974). Sie versuchen, Lernziele, die als Verhaltensziele in bestimmten, standardisiert gedachten Lebenssituationen (Freizeit, Arbeit, Massenkommunikation, ...) formuliert sind, zum Maßstab zu machen und daraufhin die nötigen Lerngegenstände auszuwählen. Hier besteht die Gefahr, die politische Realität nur selektiv unter dem Gesichtspunkt der erwünschten Verhaltensziele zu sehen und daraufhin zu instrumentalisieren. Allen didaktischen Ansätzen gemeinsam ist die Versuchung, das Lehr- und Lernbare für das Wirkliche zu halten.

Das Problem des Konsenses: Eine demokratische Staats- und Gesellschaftsverfassung ist unter anderem durch die legitime Pluralität politischer, weltanschaulicher und sozialer Vorstellungen gekennzeichnet. Im außerschulischen Bereich (Erwachsenenbildung, Jugendarbeit) können sich diese Positionen als partikulare in eigenen Bildungsveranstaltungen zur Geltung bringen. Das staatliche monopolisierte Schulwesen jedoch ist auf Konsens angewiesen, daß heißt auf Toleranz und Neutralität gegenüber diesen unterschiedlichen Positionen. Parteilichkeit des politischen Unterrichts – wie sie den umstrittenen Richtlinien in Hessen und Nordrhein-Westfalen unterstellt wurde – muß daher der Intention nach ausgeschlossen werden, obwohl sich unter ideologiekritischem Aspekt zeigen läßt, daß es sie immer mehr oder weniger deutlich gegeben hat. Das Problem der Parteilichkeit wird bis heute als Argument dafür benutzt, aktuelle politische Konflikte und Auseinandersetzungen nicht zum Gegenstand des Unterrichts zu machen. Jedoch läßt sich dieses Problem von der inhaltlichen wie von der formalen Seite angehen. In der Weimarer Republik konzentrierte man sich darauf, die Verfassung und die daraus resultierenden Pflichten und Rechte der Bürger zu behandeln. Aber genaugenommen war auch diese Reduktion nicht konsensfähig, weil eine nicht geringe Zahl von Bürgern diese Verfassung und das sich darin ausdrückende parlamentarisch-demokratische System nicht akzeptierte. Nach 1945 stellte sich dieses Problem kaum, so daß die in den 50er Jahren herrschende Institutionenkunde und politisch-moralische Tugendlehre, verbunden mit antikommunistischen und antitotalitären Vorstellungen, weitgehend konsensfähig wurden. Das änderte sich, als ab Mitte der 60er Jahre die inneren Probleme und Widersprüche der Bundesrepublik stärker ins Bewußtsein traten und zu konfliktorientierten didaktischen Ansätzen führten. Nun wurden auch politische Meinungsverschiedenheiten und Konflikte Gegenstand des Unterrichts. Spätestens die schon erwähnten Auseinandersetzungen über die neuen Richtlinien zeigten, daß der nötige Konsens nicht mehr über die Inhalte des politischen Unterrichts zu erzielen sein konnte, sondern nur noch über die Art und Weise des unterrichtlichen Umgangs mit politischen Konflikten (beispielsweise Ausgewogenheit, Toleranz, Empathie, Wechsel der Perspektiven). Nötig wurden also wieder Tugenden des politischen Umgangs und einer politischen Unterrichtskultur, wie sie ähnlich OETINGER (1956) als solche der „Partnerschaft" vorgeschlagen hatte.

Hermann Giesecke/ Jürgen Hasse/ Hans Kaminski

2 Geographie

2.1 Zur krisenhaften Entwicklung des Geographieunterrichts

Die Anfänge schulischen Geographieunterrichts können bis in das Zeitalter des pädagogischen Realismus im 17.Jahrhundert zurückgeführt werden; schon im gothaischen „Schulmethodus" von 1642 und in dem vom Rektor des Gothaer Gymnasiums, Andreas Reyher, im Jahre 1657 herausgegebenen ersten „Realienbuch" waren erdkundliche Unterrichtsinhalte aufgenommen (vgl. BLANKERTZ 1982, S. 38; vgl. HETTNER 1927). Ein Schulfach im modernen Sinne wurde aus diesen Inhalten jedoch erst am Ende des 18. und zu Beginn des 19.Jahrhunderts, nachdem die „Klassiker" pädagogischen Denkens, Rousseau, Herder, Pestalozzi, die Philanthropen Campe, Salzmann, Guts Muths, die Schulpraktiker Henning, Harnisch, Graser, später dann Diesterweg und die Herbartianer vielfältige Anregungen zur Entwicklung einer Erd- und Weltkunde gegeben hatten und nachdem auch an den Universitäten, beispielsweise durch A. v. Humboldts physische Geographie und C. Ritters Anthropogeographie, eine wissenschaftliche Bezugsdisziplin für das junge Fach geschaffen worden war. Seither bestehen sehr enge, wenn auch immer wieder krisenhafte Beziehungen zwischen Schulfach, Fachdidaktik und Hochschuldisziplin (vgl. HARD 1983, S. 554; zur Geschichte des Geographieunterrichts vgl. SCHRAMKE 1975, SPERLING 1981).

Spätestens seit der Zeit der Curriculumrevision am Ende der 60er und zu Beginn der 70er Jahre dieses Jahrhunderts ist die fachdidaktische Diskussion erneut durch die Suche nach einem erziehungs- und fachwissenschaftlich tragfähigen, schulpraktisch umsetzbaren Konzept gekennzeichnet. Aber bis in die Gegenwart haben sich die kontroversen Positionen über das bildungspolitische Selbstverständnis des Faches erhalten, wenn sie auch mit Ablauf der Bildungsreformära am Ende der 70er Jahre gewissermaßen in einem Zustand des „steady state" eingefroren worden sind.

Mit dem Ausgang der 60er Jahre geriet im Zuge einer allgemeinen (bildungs)politischen Reformbewegung die Länderkunde, die bis dahin synonym für den Geographieunterricht stand, in die Krise. Hauptkritikpunkte, die gegen die Länderkunde erhoben wurde, lauteten:

- Die Länderkunde vermittle nur idiographische Erkenntnisse, trage also nicht zum Verstehen von Gesetzmäßigkeiten und Regelhaftigkeiten räumlicher Entwicklungen bei;
- sie könne das Problem der Stoffülle nicht begründet lösen;
- sie erliege einer umweltdeterministischen Betrachtungsweise durch den Ausgang von physisch-geographischen Gegebenheiten;
- sie überstrapaziere das Prinzip des Exemplarischen, weil kein Land exemplarisch für das andere stehen könne;
- das Prinzip der Lehrplangestaltung in konzentrischen Kreisen (vom Nahen zum Fernen) sei lernpsychologisch nicht haltbar.

Trotz eines „retardierenden Moments" (G. HOFFMANN 1970, S.331) in dieser Phase beginnender fachdidaktischer Neuorientierung, in der die Länderkunde durch eine modernisierte Fassung zu retten versucht wurde („Problemländerkunde" - vgl. BIRKENHAUER 1970, SCHULTZE 1972a), verschwand die Länderkunde in der Auseinandersetzung über neue, den Ansprüchen der Bildungsreform und Curriculumrevision genügende fachdidaktische Konzepte zunächst einmal völlig (vgl. BÖRSCH u. a. 1978; kritisch dazu vgl. HARD 1982a).

Der Anstoß zu einer Erneuerung der Fachdidaktik kam aus der allgemeinen Cur-

Lernbereich Gesellschaft

riculumdiskussion, in der gefordert wurde, „Lebenssituationen" zum Maßstab für die Bestimmung von Qualifikationen und Curriculuminhalten zu machen (vgl. ROBINSOHN 1967). Der zunächst fächerübergreifend gedachte Ansatz wurde recht bald zu einer mittelfristig-fachdidaktischen Strategie revidiert (vgl. ACHTENHAGEN/ MENCK 1970). Vor diesem bildungspolitischen und allgemeindidaktischen Hintergrund stellte 1968 GEIPEL (vgl. 1972) die Schulgeographie in ihrem damalig vorherrschenden Selbstverständnis als Länderkunde in Frage. Einen entscheidenden Einfluß auf die bald (wie in vielen anderen Fächern auch) einsetzende Revision der Fachdidaktik Geographie hatte zweifellos v. Hentig, der mit seinem Katalog allgemeiner Lernziele ein auch für die geographiedidaktische Arbeit geeignetes Qualifikationsspektrum für Lebenssituationen beschrieb (vgl. v. HENTIG 1969). Das innerfachliche Umdenken wurde schließlich auf dem 37. Deutschen Geographentag in Kiel (1969) durch eine rigorose Kritik studentischer Vertreter forciert, die unter anderem eine mangelnde Gesellschaftsrelevanz der Geographie in Forschung und Lehre beklagten.

2.2 Lernzielorientierte, fachwissenschaftlich-didaktische und fächerübergreifende Neuansätze

Die durch die Curriculumdiskussion angestoßene fachdidaktische Reformphase seit Beginn der 70er Jahre war durch *drei einander strukturell überlagernde Einflußstränge* gekennzeichnet, die eine kontroverse fachdidaktische Diskussion um ein für die Lehrplanrevision konsensfähiges Konzept bestimmen sollten: lernzielorientierte, fachwissenschaftlich-fachdidaktische sowie fächerübergreifend angelegte Konzepte.

Einen direkten Niederschlag in der Fachdidaktik Geographie durch die Entwicklung *lernzielorientierter Konzepte* fanden v. HENTIGS „allgemeine Lernziele" (vgl. 1969) in dem im Jahr 1970 von HENDINGER (vgl. 1972) vorgelegten Entwurf. Ausgehend von sieben allgemeinen Verhaltensdispositionen (beispielsweise der Befähigung zur Auseinandersetzung mit den von der Natur gegebenen Möglichkeiten), begründet sie einen Katalog fachlich bestimmter Kategorien (etwa Bezogenheit der Daseinsbewältigung auf die Auseinandersetzung mit den ursprünglich gegebenen beziehungsweise bereits vom Menschen gestalteten Naturräumen). Den fachlichen Bezug schreibt sie in der Aufstellung eines Lernzielkataloges fort. Ihr Voranschreiten bis zum Vorschlag einer Lehrplansequenz (Klasse 5-10) unterstreicht den Innovationsanspruch der einsetzenden Curriculumrevision.

Der Lernzieldiskussion gilt auch ERNSTS Beitrag (vgl. 1970). Er schlägt fachlichgeographisch akzentuierte Lernziele vor, die er zu Situationsfeldern (im Sinne Robinsohns), zu Daseinsgrundfunktionen (im Sinne der Sozialgeographie), zu Verhaltensdispositionen (im Sinne Hendingers) und zu fachdidaktischen Grundkategorien (zum Beispiel zum Mensch-Raum-Bezug in Verbindung mit den Naturfaktoren) in Beziehung setzt. Ernsts Beitrag legt einen Schwerpunkt auf die Diskussion der Eignung von Suchinstrumenten für eine fachdidaktisch orientierte Lernzielbestimmung und stellt damit die fachdidaktische Grundsatzfrage vor einen programmatischen Entwurf.

Ebenfalls 1970 veröffentlicht der Verband Deutscher Schulgeographen eine Erklärung „zur Gestaltung und Zielsetzung geographischen Unterrichts", in die grundlegende und konzeptionelle Entwurfsmomente der Lernzieldiskussion eingehen. Der Entwurf unterscheidet allgemeine kognitive und instrumentelle Lernziele. Die lernzielorientierten Konzepte knüpfen zwar (mehr oder weniger pauschal) an Robinsohn an, sind jedoch in ihrer inhaltlichen Ausfüllung *fach*didaktische Ansätze, weil sie nicht von einer allgemeinen Analyse „des Spektrums der in Zukunft möglichen Schulfächer und Aufgabenfelder" ausgingen (MEYER/H. OESTREICH 1973, S. 100). Das den drei Variablen „Lebenssituation/Qualifikation/Inhalt" zugrunde liegende „Zirkelverhältnis" (MEYER/H. OESTREICH 1973, S. 100) impliziert jedoch die Unmöglichkeit, die Frage nach fachwissenschaftlichen Kategorien chronologisch „nachlaufen" zu lassen beziehungsweise in der Phase der Einleitung einer Curriculumrevision auszublenden.

Wenn auch Ernsts und Hendingers Entwürfe als fachdidaktisch konstruktive Modifizierungen des Robinsohnschen Curriculumkonzeptes gelten können (vgl. ERNST 1972a, HENDINGER 1971), ergeben sich aus curriculumtheoretischer Sicht Kritikpunkte:
- der unzureichend eindeutige Verzicht auf die Vorstellung, konkrete Lernziele aus allgemeinen ableiten zu können;
- der mangelnde wechselseitige Bezug von gesellschafts-, fachwissenschafts- und schülerbezogenen Kriterienbereichen;
- curriculumtheoretisch ungebräuchlicher, mißverständlicher terminologischer Umgang mit den Lernzieldimensionen (vgl. MEYER/H. OESTREICH 1973; zur Grundsatzkritik an der Lernzielorientierung vgl. DAUM/SCHMIDT-WULFFEN 1980).

Etwa zeitgleich mit der fachdidaktischen Lernzieldiskussion setzte die *Auseinandersetzung um geeignete fachwissenschaftliche Konzepte* für ein neues Curriculum ein. Für eine Allgemeine Geographie als Struktur zur Auswahl und Anordnung von Inhalten der Schulgeographie spricht sich 1970 SCHULTZE aus: „Die Allgemeine Geographie isoliert einzelne Tatsachen und Themenkomplexe; sie greift gerade das heraus, was nicht singulär ist" (1972a, S. 229). Schultze sieht in seinem Vorschlag eine Weiterentwicklung des exemplarischen Ansatzes von der Länderkunde nach dominanten Faktoren (etwa „Frankreich als Weinland") zu einer Allgemeinen Geographie, in der die *Inhalte* dem Raumbeispiel vorangestellt werden (beispielsweise Weinbau und Klima am Beispiel Mosel, Pfalz, Frankreich). Es werden vier Kategoriengruppen vorgeschlagen, die für den Didaktiker praktikabel seien: Naturstrukturen, Mensch-Natur-Strukturen, funktionale Strukturen und gesellschaftlich-kulturell bedingte Strukturen. Indem die den Strukturen zugeordneten Inhalte, nach Schwierigkeit und Komplexität gegliedert, Jahrgangsstufen zugeordnet werden (Jg. 5/6: Hinführung zu allen 4 Kategoriengruppen sowie Inhalte der beiden ersten Kategoriengruppen, Jg. 7/8: die ersten beiden Kategoriengruppen, Jg. 9/10: die letzten beiden Kategoriengruppen), fällt implizit die Entscheidung über „schwere" und „einfache" Inhalte/Fragestellungen, die lernpsychologisch zweifelhaft ist (Naturstrukturen müssen nicht grundsätzlich „leichter" sein als gesellschaftlich-kulturell bedingte Strukturen). Schultze nimmt mit seiner kategorialen Gliederung der Allgemeinen Geographie (als didaktisches System) eine Segmentierung ganzheitlicher (Lebens-)Zusammenhänge von Gegenständen vor, die die Wertung impliziert, eine politische, gesellschaftskritische Hinterfragung von physischgeographischen Inhalten (Naturstrukturen) auf höhere Jahrgänge zu verweisen. Dabei werden politische Implikationen etwa von „Naturkatastrophen" ausgeblendet (vgl. DAUM/SCHMIDT-WULFFEN 1980, HARD 1982b, JANNSEN 1982, SCHMIDT-WULFFEN 1982). Zugleich wird hier die Trennschärfe von Schultzes Kategorien in ihrer theoretischen Begründbarkeit fraglich (vgl. DAUM/SCHMIDT-WULFFEN 1980, HASSE 1984, SCHMIDT-WULFFEN 1982).

Eine unmittelbare Anknüpfung an Robinsohns Curriculumtheorie wurde in den frühen 70er Jahren durch die *Sozialgeographie* der „Münchner Schule" (Geipel,

Lernbereich Gesellschaft

Ruppert/Schaffer) geleistet. In einem grundlegenden Beitrag stellen Ruppert und Schaffer 1969 die Sozialgeographie als „Wissenschaft von den räumlichen Organisationsformen und raumbildenden Prozessen der Grunddaseinsfunktionen menschlicher Gruppen und Gesellschaften" vor (vgl. J. MAIER u. a. 1977). „Didaktikträchtigkeit" ist im Vollzug der euphorischen Neuerungsbereitschaft der Fachdidaktik den „Daseinsgrundfunktionen" unter dem Aspekt der formalen Stoffgliederung zugeschrieben worden (Sich fortpflanzen und in Gemeinschaften leben, Wohnen, Arbeiten, Sich versorgen und Konsumieren, Sich bilden, Sich erholen, Am Verkehr teilnehmen/Kommunikation, Information). Die Übernahme der sozialgeographischen Konzeption der Münchner Schule als fachdidaktisches Konzept kommt stärker noch als die Allgemeine Geographie dem „sozialen" Zeitgeist der (bildungs-)politischen Reformphase entgegen. Erkenntnisobjekt ist nun weniger ausschließlich der Raum als vielmehr das „anthropogene Kräftefeld" seiner Entstehung und Veränderung. Die Fragestellung der Sozialgeographie erforscht laut SCHRETTENBRUNNER (1970, S. 229) „eben jene Situationen, für die der Schüler Qualifikationen erhalten soll [...] Die Säulen der Grunddaseinsfunktionen ergeben sich aus dieser Sicht als wesentlich zwingendere Gliederung des geographischen Stoffes als die zufällige horizontale Aneinanderkettung von Staaten" (im Sinne einer Abgrenzung von der Länderkunde). Die Sozialgeographie der Münchner Schule hatte sich, wie das Konzept einer Allgemeinen Geographie nach Schultze, bereits um die Mitte der 70er Jahre fachdidaktisch manifestiert (vgl. SCHRETTENBRUNNER 1974). Die bald einsetzende grundlegende theoretische Reflexion und Kritik dieser Fachperspektive konnte so kaum Eingang in die Grundlegung einer revidierten Geographiedidaktik finden. Diese Kritik richtete und richtet sich vor allem auf die künstliche Segmentierung der Wirklichkeit durch die Daseinsgrundfunktionen und auf den sozialgeographischen Gruppenbegriff, der weitgehend immun sei gegen sozialwissenschaftliche Theorie (vgl. BIRKENHAUER 1974, DAUM/SCHMIDT-WULFFEN 1980, KÖCK 1980, LENG 1973, RHODE-JÜCHTERN 1975, SCHRAMKE 1978, THOMALE 1978, WENZEL 1982, WIRTH 1977). Aus der vor allem ab der zweiten Hälfte der 70er Jahre geführten kritischen Diskussion um die Sozialgeographie (in der Schule) sind allerdings fachdidaktische Entwicklungsperspektiven deutlich geworden, die weiter unten aufgegriffen werden.
In einem dritten Einflußstrang können *fächerübergreifende Konzepte der Geographiedidaktik* zusammengefaßt werden. Unter dem Schlagwort „Umweltkrise" griffen in der ersten Hälfte der 70er Jahre die Fachdidaktiker vieler sozial- und naturwissenschaftlicher Fächer Themenbereiche der Ökologie und des Umweltschutzes auf. Fächerübergreifend wurde die Umwelterziehung auch institutionell aufgegriffen (vgl. DEUTSCHE UNESCO-KOMMISSION 1979, INSTITUT FÜR DIE PÄDAGOGIK DER NATURWISSENSCHAFTEN 1981, UNESCO 1977, UNESCO-VERBINDUNGSSTELLE ... 1984, ZENTRALSTELLE FÜR UMWELTERZIEHUNG 1977).
Die Geographie nahm hier neben der Biologie und Sozialkunde die Funktion eines „Zentrierungsfaches" ein (vgl. EULEFELD/PULS 1978). Innerhalb der Geographie lag der erkenntnistheoretische Zugang zum Themenfeld „Umweltschutz" in der Funktion des Raumes als „fachspezifisches Objekt". Die sich angesichts fächerübergreifender Ansprüche einer Umwelterziehung stellenden Forderungen an projektorientiertes Arbeiten sind zwar fester Bestandteil fachdidaktischer Programmatik (vgl. HABRICH 1975, HAGEL 1972, HASSE 1976), stehen jedoch einem Schulalltag gegenüber, der an der Effizienz der schulischen Umwelterziehung (nicht nur) in der Geographie zweifeln läßt (vgl. BRAUN 1983, HASSE 1982). Die mit der Umwelterziehung auf der Ebene fachdidaktischer Diskussion intendierten Ziele der politi-

schen Bildung (vgl. JANDER/WENZEL 1982, G. MAIER 1974, STROHM 1977) erscheinen in veröffentlichten Unterrichtseinheiten oft nur in der Qualität individualistischer Verhaltensansprüche und -appelle sowie in individueller Schuldzuschreibung („Umweltschutz fängt mit dem eigenen Verhalten an"; vgl. BRAUN 1983, HASSE 1984). Daß der Verband Deutscher Schulgeographen der Umwelterziehung in ihrer politisch bildenden Funktion die Neutralität erhalten will, dokumentiert deren Vorsitzender FRIESE (1978, S. 1): „Hinter Forderungen nach Umweltschutz verbergen sich häufig andere Interessen und ideologischer Dogmatismus." Zugleich ist dieses Statement wertender Ausdruck gegenüber einer Geographie, die sich als Beitrag zur politischen Bildung versteht.

Ihren fachdidaktisch-politischen Impuls erhielt die Geographie durch SCHRAMKES Beitrag zur „Geographie als politische Bildung" (1978). Der Mensch als Träger sozialräumlicher Prozesse wird bei Schramke aus seiner pauschalen, systemneutralen Position gelöst (im Gegensatz dazu vgl. RICHTER 1977). Eine bewußte politische Bildung durch Geographieunterricht müsse mit ihren Fragen die Wirklichkeit erschließen. Darin seien jene Bereiche gesellschaftlicher Realität zu bestimmen, an denen am ehesten exemplarisch der Zustand der Wirklichkeit ermittelt werden könne (vgl. SCHRAMKE 1978, S. 34). Methodisch verbindet sich mit diesem Anspruch die Folge „Erfahrung – Lernen – Handeln". Da das Konzept der Geographie als politischer Bildung seinen politischen Anspruch didaktisch und methodisch begründet offenlegt, wird es auch der Kritik zugänglich (so etwa im Vorwurf der „Einseitigkeit" durch RAUCHFUSS 1981). Daß der Anspruch der politischen Bildung keineswegs, wie dies eingewandt wurde, auf die Sozialgeographie begrenzt ist, sondern auch für die Didaktisierung physisch-geographischer Unterrichtsinhalte Geltung erhalten kann, unterstreichen JANNSEN (vgl. 1982) und HARD (vgl. 1982b).

Die Curriculumrevisiion fand in der Geographie gegen Ende der 70er/Anfang der 80er Jahre in *neuen Rahmenrichtlinien* ihren formalen Abschluß. In den für die allgemeinbildenden Schulen erlassenen Rahmenrichtlinien sind (als Niederschlag der kontrovers geführten Curriculumdiskussion) teils widersprüchliche Anteile der Sozialgeographie, Allgemeinen Geographie und Regionalen Geographie festgeschrieben worden (vgl. HAUBRICH 1979, ZENTRALVERBAND DER DEUTSCHEN GEOGRAPHEN 1980), teils haben die grundlegenden Ziele der Umwelterziehung in die Curricula Eingang gefunden. Aufgrund des eher methodologischen als thematischen Anspruchs des Konzepts der „Geographie als politischer Bildung" können deren Strukturen allenfalls interpretativ zur Geltung kommen, indem ihre didaktischen und methodischen Ansprüche aus Aussagen der Richtlinienpräambeln „gewonnen" werden. Immerhin machen die Rahmenrichtlinien gerade aufgrund ihrer theoretisch gebrochenen „Ganzheit" für die Zukunft fachdidaktisch-konzeptionelle Trend- und Akzentverschiebungen sowie Schwerpunktsetzungen prinzipiell möglich.

Mit dem Erscheinen der Rahmenrichtlinien setzte eine kurze *Phase kritischer Bestandsaufnahme* zehnjähriger fachdidaktischer Virulenz ein (vgl. DAUM/SCHMIDT-WULFFEN 1980, G. HOFFMANN 1978, SCHRAMKE 1980, SCHRAND 1981, SCHULTZE 1979). Die kritische Reflexion galt dabei:
- der *Ambivalenz der durch die Lernzielorientierung* geschaffenen Akzentsetzungen; der Blick auf qualifikationsrelevante Inhalte wurde zwar geschärft, aber die Distanz zur Fachwissenschaft auch vergrößert; die Integration affektiver und sozialer Lernprozesse in den Fachunterricht blieb ein ungelöstes Problem; die Lernzielpräferenz in didaktischen Entscheidungsprozessen führte in vielen Fällen zu einer Beliebigkeit der Inhaltsentscheidungen; dem „Lernzielfetischismus" man-

cher Theorieansätze steht jedoch bis heute eine Unterrichts- und Planungspraxis gegenüber, in der das Lernziel-Formulieren oft nur eine nachträglich legitimierende Funktion hat (vgl. DAUM/SCHMIDT-WULFFEN 1980, ERNST 1978, SCHULTZE 1979);
- der *Konfliktneutralisierung* und -ausblendung, indem der Geographieunterricht von den politisch-ökonomischen Hintergründen der geographisch relevanten Veränderungen abstrahierte und deshalb auch keine Betroffenheit erzeugen konnte (vgl. DAUM/SCHMIDT-WULFFEN 1980, SCHRAMKE 1980);
- der mangelnden Auseinandersetzung mit den allgemeindidaktischen Konzepten des *offenen Curriculums* und des schüler- und des erfahrungsbezogenen Unterrichts (vgl. GARLICHS u. a. 1974, MEYER 1980, SCHELLER 1981);
- der nicht bewältigten Differenz zwischen den verschiedenen *Schulformen* (vgl. SCHULTZE 1979), die ihren extremen Ausdruck in der weitgehenden Ausblendung der Sonderschule aus der fachdidaktischen Reflexion findet (vgl. CHAI/HASSE 1984).

Seit dem Zeitpunkt, auf den sich diese fachdidaktische Zwischenbilanz bezieht, also seit Beginn der 80er Jahre, haben sich auch die Ebenen und Themenstellungen fachdidaktischer Argumentation qualitativ verschoben: Während die Schulgeographie in den Jahren der Curriculumrevision ihr neues Profil weniger an ihren Bezugsdisziplinen als an den auf den Lernenden bezogenen Qualifikationsfragen zu gewinnen versuchte, so artikuliert sich die Fachdidaktik heute vor allem über die Vorlage und Diskussion unterrichtspraktisch orientierter Handlungshilfen. Otto konstatiert diese Entwicklung als ein Charakteristikum fast aller Fachdidaktiken in den 80er Jahren, und er macht auf die damit einhergehende Tendenz aufmerksam, „sich skeptisch gegenüber *jeder* Theorie zu verhalten, deren unmittelbarer Zusammenhang mit dem Lehrerhandeln nicht in der konkreten Situation oder beim Formulieren eines Unterrichtsentwurfs erkennbar wird" (OTTO 1983, S. 539). In diesem Kontext kann auch der jüngste Schrumpfungsprozeß der theoretischen Anteile in der Mehrzahl der fachdidaktischen (Zeitschriften-)Publikationen gesehen werden. Die Geographiedidaktik, so kann zusammengefaßt werden, befindet sich derzeit in einer unterrichts*praktischen* Konsolidierungsphase.

2.3 Restaurationstendenzen und Entwicklungsperspektiven

Rückwendungstendenzen in der Geographiedidaktik greifen einen traditionellen Bildungsbegriff, wie er mit der „alten" Erdkunde verbunden war, auf und versuchen (teils mit aktueller bildungspolitischer Terminologie), die Resultate der Reformphase durch Entpolitisierung zu harmonisieren (vgl. HARD 1976, SCHRAMKE 1980). So ist die Diskussion um die Länderkunde auch in den 80er Jahren keineswegs tot. In seinem Grußwort zum 18. Deutschen Schulgeographentag 1982 in Basel appelliert A. SEIFERT an die Repräsentanten des Faches, das Prinzip „vom Nahen zum Fernen" wieder einzuführen und fügt hinzu: „Ohne ein Minimum an Fakten geht's nicht" (1983, S. 20). Auf derselben Tagung fordert MECKELEIN die Länderkunde „oder, wie man es heute lieber nennt, ‚Regionale Geographie'" (1983, S. 15). Somit überrascht es nicht, wenn Newig u. a. sich für die Wiedereinführung des räumlichen Kontinuums (vom Nahen zum Fernen) und die unterrichtliche Behandlung von zehn Ländern aussprechen, die exemplarisch (!) für je einen Kulturerdteil stehen sollen. Gefordert wird damit „eine Synthese zwischen der alten Länderkunde und der jetzt üblichen Allgemeinen bzw. thematischen Geographie" (NEWIG u. a. 1983, S. 39).

Hermann Giesecke/ Jürgen Hasse/ Hans Kaminski

Auch BIRKENHAUER (vgl. 1983, S. 173) stellt fest, daß die Länderkunde nicht überflüssig sei. Er bettet sie in eine „regionale Geographie" ein, in der die Erkenntnis von Regelhaftigkeiten in bezug auf staatlich-territoriale Regionen intendiert wird. Eine bloße „Häppchengeographie" könne diesem Anspruch nicht gerecht werden (BIRKENHAUER 1983, S. 174; vgl. auch FICK 1978).
Rückbesinnung auf das klassisch Räumliche der Geographie dokumentiert MEKKELEIN (1983, S. 15) in einer weiteren Nuance: „Den Raum mit seinen Strukturen gilt es zu erkennen, und nicht die Gesellschaft an sich, die Natur usw. an sich." Implizit wird aufgerufen zur Abkehr von einem politischen Selbstverständnis des Faches (das nie die Erkenntnis der Gesellschaft/Natur *an sich* angestrebt hat) sowie von sozialwissenschaftlichen Anteilen, die an einen emanzipations-, also zugleich erfahrungs- und handlungsorientierten Anspruch innerhalb des Faches gebunden sind. Deshalb jedoch waren und sind diese Konzepte nicht prinzipiell ideologiegeladener als jene Ansprüche, in der geographischen Bildung Ideologie vermeiden zu helfen, indem es gelte, „nüchtern die ökologische Belastbarkeit der einzelnen Erdräume abzuschätzen" (MECKELEIN 1983, S. 17; vgl. auch FRIESE 1978 in Punkt 3) oder die Lage der Entwicklungsländer anstatt vor kolonialpolitischen Hintergründen im Zusammenhang mit Fragen der Lage und des Bevölkerungswachstums zu begreifen (vgl. MECKELEIN 1983, S. 16).
Von restaurativen Wertzu- und Wertumschreibungen dieser Art ist gleichermaßen die physische Geographie betroffen. Stand sie in der Reformphase im Kontext der politischen und sozioökonomischen Bedingungen gesellschaftlichen Umgangs mit natürlichen Ressourcen, so gerät sie hier, wie in der Gestaltung von Schulbüchern bereits praktisch vollzogen, in die Isolation. „So präsentiert sich die Physische Geographie heute, was die manifeste Seite angeht, traditional und reduziert, auf der anderen, ‚heimlichen' Seite aber als eine zuweilen exzessive ‚Naturalisierung' von Gegenständen, die besser ‚politisiert', d. h. mit dem Ziel und im Kontext ‚politischer Bildung' traktiert würden" (HARD 1982b, S. 275; vgl. auch JANNSEN 1982).
Im Gegenzug zu diesen Restaurationstendenzen zeichnen sich in den letzten Jahren *Entwicklungsperspektiven einer „modernen" Geographie* in neueren Diskussionsansätzen ab. Sie intendieren eine „Raumerziehung" (SCHRAMKE 1985), deren Raum-Begriff sich von dem der traditionellen Länderkunde deutlich abhebt. Zumindest fünf verschiedene „Raum"-Begriffe der Geographie sind zu unterscheiden (vgl. Abbildung 1).
„Mit einiger konzeptioneller Geschlossenheit wird über ‚Raumerziehung' dann eigentlich nur im Rahmen zweier Ansätze nachgedacht: mit dem Vorschlag, entlang ‚räumlicher Konzepte' Lernen zu strukturieren, und im Zusammenhang des Umweltwahrnehmungs-Konzepts" (SCHRAMKE 1985, S. 2), wobei diesen zwei Ansätzen dann Raum als „Chora" begrifflich zugrunde gelegt wird. Darüber hinaus wird über den didaktischen Wert sozialwissenschaftlicher Ansätze nachgedacht, die den *Raum als soziales Interaktionsgefüge* begreifen. Dabei können wiederum *drei Konzeptvarianten* unterschieden werden:
Erstens. Über *räumliche Konzepte* sollen kognitive Strukturen aufgebaut werden, die alltägliche Handlungssituationen subjektiv transparent machen können. Solche Konzepte sind beispielsweise Erreichbarkeit, Diffusion, Zentralität oder Distanz. Während die „conceptual revolution", die der englischen Schulgeographie ein neues Selbstverständnis gab, im engen Verbund mit quantifizierenden Verfahren und EDV-Einsatz primär kognitiven Lerntheorien folgt und an der Stoffvermittlung qua fachwissenschaftlicher Theorie- und Modellbildung ausgerichtet ist (vgl. BÄUERLE 1983), herrscht in subjektorientierten Ansätzen der Schülerorientierung der Gedanke vor,

Lernbereich Gesellschaft

Abbildung 1: „Raum"-Begriffe der Geographie

Raum als Landschaft	„komplexe" Gesamtheit der sichtbaren dinglichen Erfüllung an einer Erdstelle (konstitutiver Begriff der traditionellen Landschafts- und Länderkunde).
Raum als Chora (Behälter)	zweidimensionales Modell der Erdoberfläche, in dem Standorte mit ihren Flächenqualitäten und -ansprüchen sowie Distanzen zwischen ihnen beschrieben werden.
Raum als Region	Ausschnitt der Chora – klassenlogische Zusammenfassung von Standorten gleicher Merkmale (Chora und Region als Raumbegriffe der Regionalwissenschaft, Wirtschafts- und Sozialgeographie sowie Stadt- und Regionalplanung).
Raum als Ökosystem	Modell des strukturell-funktionalen Gefüges von Naturelementen und deren Beziehungen untereinander (Raumbegriff der Landschafts- und Geoökologie).
Raum als soziales Interaktionsgefüge	Metapher für das Beziehungsnetz zwischen Menschen, in dem große und kleine „Distanzen" auftauchen können (Raumbegriff in modernen sozialwissenschaftlichen Ansätzen zur Erklärung zwischenmenschlicher Beziehungen).

(Quelle: BARTELS/HARD 1975, S. 76 ff.)

die Einsicht in räumliche Konzepte zu subjektiv erfahrener Alltagswelt in Beziehung zu setzen, das heißt, von hierher die Frage der didaktischen Relevanz wissenschaftlicher Konzepte kritisch zu hinterfragen (vgl. DAUM/SCHMIDT-WULFFEN 1980, S. 137 ff; vgl. HASSE 1984, S. 80 ff.; vgl. SCHRAMKE 1985). Indem das Interesse des Schülers (als subjektive Beziehung zum Gegenstand sowie als Bedürfnislage) das didaktische Handeln nicht nur legitimatorisch, sondern auch in der Gestaltung des Unterrichtsprozesses mitbestimmt, erhalten affektive Lernziele unterrichtswirksamen Stellenwert (zu handlungsorientierten und erfahrungsbezogenen Unterrichtskonzepten vgl. MEYER 1980, SCHELLER 1981).

Zweitens. Ebenfalls am chorischen Raum-Begriff knüpft der Ansatz der *„environmental perception"/„Umweltwahrnehmung"* an. Aus der angelsächsischen Geographie der 60er Jahre übernommen, stellt er dem „Realmilieu" als in qualitativen und quantitativen Merkmalen definierbarem Raum das „Psychomilieu" gegenüber (HARD 1973; vgl. WENZEL 1982). Der Raum wird in diesem Ansatz als subjektive „Brechung" einer „objektiven" Ganzheit zum erlebten Raum. „Mental maps" (kognitive Karten), die in ihrer Genese auf individuelle und gesellschaftliche Sozialisationsumwelten zurückgeführt werden, beeinflussen als subjektive Bedeutungs- und Sinnebenen Alltagshandeln.

Hermann Giesecke/ Jürgen Hasse/ Hans Kaminski

Die didaktische und damit *nicht* fachspezifische Funktion des Ansatzes sei in Stichworten umrissen: Ausgang von subjektiven Erfahrungen, Einstellungen und Interessen; Bewußtmachung aporetischer Beziehungen zur Umwelt sowie bedürfnisgerechter Umweltansprüche (vgl. KREIBICH 1977); Erkenntnis interessenspezifischer Abhängigkeiten planungspolitischer Zielsysteme (kommunal, regional, national, international). Der Wahrnehmungsansatz gibt somit die Nachrangigkeit des Subjektiven hinter „Objektivem" auf, bezieht jedoch die subjektive Wahrnehmung in ihrer weiteren didaktischen Verwendung auf die äußeren Bedingungen, in deren Kontext sie sich herausgebildet haben (vgl. SCHULZE-GÖBEL 1984). Problematisch erscheint der Ansatz, wenn er im Kontext verhaltenstheoretischer Ansätze kurzschlüssig auf Verhaltensbeeinflussung durch Wahrnehmung abhebt (vgl. G. BECK 1982, WIRTH 1981), was mit zunehmender fachdidaktischer Verbreitung des „behavioral approach" auch ein Problem des Unterrichts werden könnte (Gefahr scheinkausaler Erklärungen im Prozeßfeld Mensch – Umwelt).

Drittens. Einem Verständnis des Raumes als sozialem Interaktionsgefüge *und* Chora können jüngere Beiträge zugeordnet werden, die die *Heimatkunde* über sozialwissenschaftliche Konzepte neu konstituieren wollen (vgl. BARTELS 1981, V. BREDOW 1978; vgl. HASSE 1984, 1985; vgl. STÖCKLE 1984). An die Stelle euphemistischer Harmonisierungstendenzen der philosophischen Heimatkunde oder der propädeutisch sachbezogen-differenzierten Sichtweise der pragmatischen Heimatkunde, wie sie Element des Sachunterrichts ist, tritt die alltagswissenschaftliche Perspektive, die dem Ziel folgt, die Beziehung des Schülers zu seiner (räumlichen) Umwelt affektiv und kognitiv bewußt- und transparent zu machen. Der Raum wird zur Identifikationsdimension neben anderen (sozialen, politischen, historischen). Über kritische Aufmerksamkeit in bezug auf (auch räumliche) Wandlungen der Lebenswelt werden erfahrungs- und handlungsorientierte Ansätze zum didaktischen Element einer Heimatkunde, die Bewahrungs- und Veränderungsbereitschaft intendiert. Sie steht im fächerübergreifenden Kontext und integriert sich damit in überfachliche Ansprüche der politischen Bildung. Die traditionelle Bindung an den Unterricht der Primarstufe wird damit gegenstandslos, weil sich die Frage nach Heimat im Sinne einer Identifikation mit der Lebenswelt unabhängig von der Jahrgangsstufe stellt und auf lokale, regionale und nationale Themen bezogen werden kann (vgl. KLATTENHOFF 1986).

Die jüngere Entwicklung einer „modernen" Sozialgeographie als Fachwissenschaft entfaltet derzeit ein Profil als *„Humanistische Geographie",* in die phänomenologische und alltagstheoretische Ansätze eingehen (vgl. BUTTIMER 1976, JOHNSTON 1983, TUAN 1976). Der Wert einer alltagswissenschaftlichen Geographie im Kontext einer subjektorientierten Fachdidaktik könnte darin liegen, die Milieuumwelten von Lernenden als Ausgangslage in den Unterricht einbeziehen zu können und dadurch den Unterricht auf präreflektierte Wissensvorräte, in denen der Alltag als die Welt des selbstverständlich und fraglos Gegebenen erscheint (vgl. SCHÜTZ/ LUCKMANN 1979/1984), und auf das unexplizierte Metier intersubjektiven Handelns auszulegen. Die Schulgeographie könnte mit der didaktischen Adaptation einer „Humanistischen Geographie" in eine Gratwanderung geraten, in der sie sich zu einem politischen Selbstverständnis bekennen müßte, das zwischen den zwei extremen Eckpfeilern narzißtischer Subjektfixierung einerseits und radikal systemtheoretischer Gesellschaftskritik andererseits einen Standort finden müßte, der sowohl das Subjekt *als auch* dessen gesellschaftliche Existenzbedingungen erfahrbar zu machen hätte.

Lernbereich Gesellschaft

3 Arbeit und Ökonomie

3.1 Thematische Eingrenzung

Arbeitslehre wird hier als Aufgabenbereich für diejenigen erzieherischen Bemühungen im Sekundarbereich I verstanden, mit denen versucht wird, Kinder und Jugendliche auf die Bedingungen und Möglichkeiten ihrer ökonomischen Existenz in einer von Technik geprägten Welt in den Situationsfeldern Arbeit/Beruf, Betrieb, Konsum und Staat vorzubereiten. Die *curriculare Verankerung* dieser Aufgabe erfolgt in unterschiedlichen Fächern und Lernbereichen, wobei die Bezeichnung „Arbeitslehre" nicht in allen Bundesländern in gleicher Weise anerkannt ist. Zu finden sind auch Fachbezeichnungen wie Wirtschaftslehre, Wirtschaftskunde, Wirtschaft, Arbeit/Wirtschaft, Technik, Haushaltslehre, Hauswirtschaft. In der *fachdidaktischen Diskussion* werden diese Fächer allerdings überwiegend mit dem Konsenskürzel „Arbeitslehre" versehen beziehungsweise einem „Lernbereich" Arbeitslehre zugerechnet. Zu diesem Lernbereich werden – je nach länderspezifischer Ausformung – auch die Fächer Technik, Technisches Werken, Haushaltslehre, Hauswirtschaft gezählt. In diesem Beitrag wird deshalb im folgenden der Begriff „Arbeitslehre" stellvertretend für die länderspezifischen Begriffsvarianten genutzt (zur Begriffsgeschichte vgl. SCHRAMM 1970; vgl. ZIEFUSS 1976, S. 52 ff.). Unberücksichtigt bleiben Probleme der Arbeitslehre an Sonderschulen (vgl. dazu DUISMANN 1974, VETTER 1983) und im berufsbildenden und allgemeinen Teil der Sekundarstufe II (vgl. dazu KUTSCHA 1975). Die Verknüpfungen mit den Fächern Technik und Haushaltslehre bleiben ebenfalls weitgehend ausgespart (vgl. DUISMANN u. a. 1986, TORNIEPORTH 1986).

Als *ökonomische Erziehung* im Rahmen der Arbeitslehre wird hier – ausgerichtet an der Leitidee Mündigkeit – die Gesamtheit aller erzieherischen Bemühungen verstanden, den Lernenden mit solchen Kenntnissen, Fähigkeiten, Fertigkeiten, Verhaltensbereitschaften und Einstellungen auszustatten, die ihn für die Bewältigung gegenwärtiger und zukünftiger Lebenssituationen befähigen, sich mit den ökonomischen Bedingungen seiner Existenz in ihren sozialen, funktionalen, politischen, rechtlichen, technischen und humanen Dimensionen auf privater, betrieblicher und volkswirtschaftlicher Ebene auseinanderzusetzen. Der bei dieser Definition zugrunde gelegte Ökonomiebegriff reduziert sich nicht auf Knappheits- und Wirtschaftlichkeitsprinzipien einer „reinen" Ökonomie, zielt also nicht ab auf das abstrakte, blutleere Menschenbild des „homo oeconomicus" als regulativer Idee der ökonomischen Erziehung, sondern auf das komplexe, historisch gewachsene Verhalten des real existierenden, arbeitenden und wirtschaftenden Menschen.

3.2 Zur historischen Entwicklung von Arbeitslehre und ökonomischer Erziehung

Historische Analysen (vgl. DAUENHAUER 1974, DERBOLAV 1957; vgl. F.-J. KAISER 1974, S. 15 ff.; vgl. MÜLLGES 1979, S. 3 ff.; vgl. ROSENSTRÄTER 1968; vgl. TIMMERMANN 1976, S. 43 ff.) ergeben, daß bis zum Beginn des 19. Jahrhunderts die ökonomische Erziehung in unterschiedlichen Formen durchaus als ein Bestandteil der allgemeinen Bildung angesehen wurde. So zeigt BOKELMANN (1964, S. 53), daß von der griechischen Paedeia bis zu den Lehrplänen der neueren Zeit „der Kanon der gelehrten Schulbildung nie ohne Bezug zu den ökonomisch-sozialethischen Fragen" entwickelt worden ist. Im 17. Jahrhundert waren im Rahmen der Realien noch die Oeconomia in die gelehrte Bildung einbezogen, und gerade die Gründung einer

Hermann Giesecke/ Jürgen Hasse/ Hans Kaminski

„mathematischen, mechanischen und ökonomischen Realschule" in Halle durch Semler (1739) und einer „ökonomisch-mathematischen Realschule" in Berlin durch Hecker (1747) mit Fachklassen für Manufaktur, Handel und Ökonomie zeugen von dem Versuch, ökonomische Sachverhalte zum Gegenstand von Unterricht zu machen (vgl. BLANKERTZ 1982, S. 63 f.).
Während die Realschulen eine qualifizierte ökonomische und handwerklich-technische Ausbildung vermitteln sollten, waren die ebenfalls im 18. Jahrhundert gegründeten *Industrieschulen* ein erster, wichtiger Versuch der neueren Zeit, auch den Kindern mittel- und besitzloser Eltern die Möglichkeit zu geben, sich mit der Arbeits- und Wirtschaftswelt auseinanderzusetzen, nützliche (und gewinnbringende) Arbeit zu leisten und zugleich der Schulpflicht nachzukommen (vgl. KINDERMANN 1971, SEXTRO 1968; vgl. auch BLANKERTZ 1982, S. 60 f.; vgl. DUISMANN u. a. 1986). Insgesamt waren Zielstellungen und Realisationsformen der Industrieschulen aufgrund ihres politischen und ökonomischen Bedingungszusammenhangs sehr heterogen (vgl. KONEFFKE 1973, LESCHINSKY 1978), und die Verbindung von theoretischem Unterricht und gesellschaftlich nützlicher Arbeit gelang den Industrieschulen letztlich nicht: Ökonomische Zwänge überwucherten die pädagogischen Bemühungen; die Verknüpfung von Arbeit und Lernen, von Theorie und Praxis mißlang.
Durch die Auseinandersetzung des *Neuhumanismus* mit der Aufklärungspädagogik des 18. Jahrhunderts wurde die Industrieschulbewegung einer vernichtenden bildungstheoretischen Kritik unterzogen, die strikte Trennung von Ausbildung und Bildung gefordert und gegen die von der Aufklärung versuchte Verknüpfung der Erziehung mit einer produktionsorientierten Berufs- und Standeserziehung zu Felde gezogen. Die Erziehung habe vielmehr zu einer reinen, inneren Vervollkommnung des Menschen beizutragen, fern von Utilitätsmotiven. Erst die maßgeblich von G. Kerschensteiner beeinflußte *Arbeitsschulbewegung* zu Beginn des 20. Jahrhunderts konnte mit ihren bildungstheoretischen Überlegungen und schulpraktischen Konsequenzen an die Industrieschulbewegung sowie auch an Pestalozzisches Gedankengut anknüpfen. Zwar sind die Kerschensteinerschen Überlegungen einzuordnen in den Zusammenhang der Entwicklung der Fortbildungsschule des ausgehenden 19. Jahrhunderts hin zur Etablierung der Berufsschule zu Beginn des 20. Jahrhunderts, aber die Bestimmung des Berufes zum didaktischen Zentrum des Arbeitsschulansatzes läßt sich in seinen Auswirkungen bis hin zu dem für Arbeitslehreentwicklung in der Bundesrepublik bedeutsamen Gutachten des „Deutschen Ausschusses" vom 2. 5. 1964 beobachten.
Eine sozialistische Richtung der Arbeitsschulbewegung verbindet sich mit solchen Namen wie P. OESTREICH (vgl. 1921) aus dem „Bund der entschiedenen Schulreformer" und dem Russen P. P. BLONSKIJ (vgl. 1973). Vor allem Blonskij versuchte im nachrevolutionären Rußland eine Arbeitsschule, die in ihrem Kern eine „Produktionsschule" war, auf der Grundlage des Marxschen Ansatzes einer „polytechnischen Bildung" zu entwickeln und zu realisieren. Sie hatte das Ziel einer „Vereinigung der Produktivkraft mit der physischen Entwicklung der geistigen Bildung und politischen Erziehung" (BLONSKIJ 1967, S. 145). Nach dem Zweiten Weltkrieg versuchte die *DDR* in ihrem Erziehungssystem der „polytechnischen Bildung" einen zentralen Platz einzuräumen (vgl. BODE 1978; vgl. DENIS/PREWO 1981, S. 227 ff.; vgl. FRANKIEWICZ 1968, KLEIN 1962; zu den Antinomien einer allgemeinen polytechnischen und zugleich beruflichen Bildung vgl. SZANIAWSKI 1972).
In der Bundesrepublik fordert der DEUTSCHE AUSSCHUSS FÜR DAS ERZIEHUNGS- UND BILDUNGSWESEN (1966) eine „Bildung von Kopf, Herz und Hand, in der die

moderne Technik und Wirtschaft mit dem, was ihren Zweigen an elementaren praktischen Anforderungen gemeinsam ist, in pädagogisch verantwortbarer Weise zur Wirkung" kommt und in der „der Schüler mit den Grundzügen des Arbeitens in der modernen Produktion und Dienstleistung so weit vertraut [gemacht wird], daß er danach seine Berufswahl verständiger treffen kann". Dieses Gutachten hatte für die Etablierung der Arbeitslehre im Fächerkanon der Hauptschule entscheidenden Einfluß und löste eine breite Diskussion aus (vgl. ABEL 1966, ABRAHAM 1966, WIEMANN 1966). Allerdings ist dieses Gutachten gleichzeitig mitverantwortlich dafür, daß schon damals der *hauptschul*spezifische Charakter der Arbeitslehre festgeschrieben wurde, indem der Beruf als „didaktisches Zentrum" des neuen Fachs und die Hauptschule zugleich als „Eingangsstufe der beruflichen Bildung" definiert wurde: Arbeitslehre als Arbeiterbildung, Arbeitslehre als „Blaujackenfach". Damit war ein Einzug der Arbeitslehre in die Realschule nur vereinzelt, in das Gymnasium so gut wie überhaupt nicht (wenn man von dem schon seit Jahrzehnten bestehenden Fach Wirtschaftslehre/Rechtskunde an bayerischen Gymnasien absieht) möglich. Selbst in reformorientierten Schul- und Unterrichtskonzepten wird bis heute die „Allgemeinbildungsfähigkeit" der Arbeitslehre in Frage gestellt (vgl. DAUENHAUER 1981, S. 672).

Die im Jahre 1969 verabschiedeten „Empfehlungen zur Hauptschule" forderten die Arbeitslehre als selbständiges Fach mit folgenden Aufgaben:
„ - Einsichten, Kenntnisse und Fertigkeiten im technisch-wirtschaftlichen und gesellschaftlich-politischen Bereich vermitteln, die heute notwendige Bestandteile der Grundbildung jedes Bürgers sind,
- neue Impulse zur Mitarbeit geben,
- Hilfen für die Wahl eines Berufsfeldes bieten und auf die Berufswahl vorbereiten, jedoch noch keine Berufsausbildung leisten" (KMK 1969, S. 4).

Hierfür waren drei Bereiche vorgesehen, und zwar
- eine allgemeine Orientierung über die Wirtschafts- und Arbeitswelt,
- eine Erziehung zum Arbeitsverhalten und
- eine Einführung zur Berufswahl.

Sie sollten auf der „Grundlage praktischen Tuns und theoretischer Durchdringung" erschlossen werden (KMK 1969, S. 5).

Neben diesen „Empfehlungen" des Deutschen Ausschusses und der KMK übte die von ROBINSOHN (vgl. 1967) initiierte Diskussion um die langfristige Revision des Gesamtcurriculums sowie die von BLANKERTZ (vgl. 1969, S. 172 ff.) formulierte mittelfristig-fachdidaktische Strategie der Curriculumentwicklung erheblichen Einfluß auf die Entfaltung der jungen Fachdidaktik Arbeitslehre aus. Hinzu kam die Öffnung des Fächerspektrums der gymnasialen Oberstufe, beispielsweise auch im Blick auf das Fach Technik, durch die Vereinbarung der KMK zur „Neugestaltung der gymnasialen Oberstufe in der Sekundarstufe II" vom 7.7.1972 (vgl. KMK 1972, S. 13 ff.), die Einführung der Arbeitslehre in die Sekundarstufe I in einigen Bundesländern und die Einführung von Grund- und Leistungskursen „Wirtschaft" in der Sekundarstufe II in verschiedenen Bundesländern ab 1970 (vgl. KUTSCHA 1975).

Der letzte umfassende Versuch einer Standortbestimmung der Arbeitslehre ist in dem vom Bundesminister für Bildung und Wissenschaft im Jahre 1979 herausgegebenen „*Arbeitslehre-Gutachen*" sowie in den in diesem Zusammenhang veröffentlichten Positionspapieren der Bundesvereinigung der Deutschen Arbeitgeberverbände und des Deutschen Gewerkschaftsbundes zu sehen (vgl. BUNDESMINISTER FÜR BILDUNG UND WISSENSCHAFT 1979, 1981).

Hermann Giesecke/ Jürgen Hasse/ Hans Kaminski

3.3 Zielperspektiven und Inhaltsbereiche der ökonomischen Erziehung

Die Entwicklungsspielräume einer ökonomischen Erziehung jedweder Art werden von den sozialen, politischen und ökonomischen Verhältnissen einer Gesellschaft mitbestimmt. Eine Didaktik der ökonomischen Erziehung wird jedoch in ihrer Existenz gefährdet, wenn von einer Identität ihres Erkenntnisobjekts mit der gegenwärtig vorgefundenen sozialen und politischen Realität ausgegangen wird, statt die unterrichtlichen Bemühungen auf das Ziel auszurichten, in Interaktion mit den betroffenen Schülern die vorgefundene ökonomische Wirklichkeit daraufhin zu untersuchen, welche Spielräume die entsprechenden Handlungsfelder dem Lernenden belassen und wie sie für ihn verfügbar gemacht werden können. Von daher wird es verständlich, daß es in der Arbeitslehrediskussion der letzten zwei Jahrzehnte heftige Auseinandersetzungen über das *Konstrukt einer interessenbezogenen Arbeitslehre* für den künftigen („lohnabhängigen") Arbeitnehmer gegeben hat (vgl. BLANKERTZ 1974, DEUTSCHES INSTITUT FÜR FERNSTUDIEN... 1977, GÖRS 1975, GÖRS/ WERNER 1976, GROTH 1974, HIMMELMANN 1977, KAMINSKI 1977, LAURIEN 1974, NYSSEN 1971, PROJEKTGRUPPE ARBEITSLEHRE MARBURG 1974, SCHWEGLER 1976, WEINBRENNER 1977).

Die Entwicklung der Arbeitslehre ist denn auch in den einzelnen Bundesländern nach dem Erscheinen des Gutachtens des Deutschen Ausschusses von 1964 sehr unterschiedlich verlaufen. Dies gilt vor allem hinsichtlich der Stundendeputate, der Organisationsstruktur, des Verbindlichkeitsgrades für Lehrpläne und Rahmenrichtlinien sowie hinsichtlich der Auswahl der Lehrplaninhalte (vgl. F.-J. KAISER 1979). Am ehesten ergibt sich noch auf der Ebene allgemeiner Zielproklamationen eine weitgehende Übereinstimmung zwischen den einzelnen Bundesländern, und zwar in der generellen Absicht, Schüler auf künftige Arbeits- und Lebenssituationen in den Bereichen Arbeit, Beruf, Konsum, Staat und Öffentlichkeit vorzubereiten.

Eine Synopse der Richtlinien und Lehrpläne aller Bundesländer zeigt, daß durchgängig die Vermittlung einer *technischen und sozioökonomischen Grundbildung* angestrebt wird, „die zugleich eine Vorbereitung bzw. Hinführung zur Arbeits- und Wirtschaftswelt und eine Berufsorientierung bzw. Hinführung zur Berufswahlreife eines Startberufes beinhaltet. Die Einübung in die Arbeits- und Wirtschaftswelt soll zumeist auch Umgangserfahrungen aus Arbeitsprozessen (Berlin) und die Aneignung allgemeiner praktischer Fertigkeiten (speziell Bayern, Berlin, Saarland) und Verhaltensweisen (z. B. Nordrhein-Westfalen) vermitteln. Fast alle Länder zielen auf eine Kenntnisvermittlung zum Verhältnis von Technik/Wirtschaft/Politik" (F.-J. KAISER 1979, S. 96). Bei der Bestimmung der Inhaltsbereiche wird häufig eine Untergliederung nach sogenannten *„Situationsfeldern"* vorgenommen, die in den Lehrplänen und Rahmenrichtlinien der Bundesländer geringfügig variieren (Baden-Württemberg: „Haushalt – Unternehmung – Staat"; Bremen: „Privater Haushalt – berufliche Arbeit – Betrieb"; Hamburg: „Beruf – Familie – freie Zeit – Öffentlichkeit"; Niedersachsen: „Betrieb – Beruf – Arbeitsplatz – privater Haushalt – Markt"; Rheinland-Pfalz: „Privater Haushalt – Arbeit – Beruf – Betrieb – Wirtschaft").

Die Breite des hier erkennbaren inhaltlichen Anspruchs hat der Arbeitslehre verschiedentlich den Vorwurf eingetragen, sich als eine Art „Überfach" mit einer *„Anbindungsoffenheit"* gegenüber nahezu jedem Fach darzustellen: „Weil die potentielle Aufhebung der Fachlogiken jeden Trennschärfeversuch (ein wichtiges Kriterium für die bildungspolitische Inkorporationschance jeder neuen Schulidee) schwächt, kann faktisch von der Physik bis zum Ethikunterricht (Wertedebatte u. a.) jedes Fach der Arbeitslehre im Geleitzugverfahren angehängt werden; selbst die Öffnung

Lernbereich Gesellschaft

zu musischen Fächern ist durch die Zwitterstellung Textilarbeit/Textiles Gestalten gegeben" (DAUENHAUER 1981, S. 670f.). Diese offene Struktur der Arbeitslehre wird nicht selten dafür verantwortlich gemacht, daß dem Fach seit den Anfängen seiner Geschichte das erforderliche Maß innerer Ruhe abgeht, das für die fachdidaktische Entwicklungsarbeit erforderlich ist.

3.4 Organisationsformen der Arbeitslehre

Hinsichtlich der Organisationsstruktur der Arbeitslehre sind vor allem drei *Organisationsformen* zu erkennen, und zwar Arbeitslehre als *Fach,* Arbeitslehre als *Kooperationsbereich* und Arbeitslehre als *Prinzip* (vgl. F.-J. KAISER 1980, S. 193 f.; vgl. NITSCH 1979). Bis auf Berlin und Hessen wird die Arbeitslehre in den anderen Bundesländern vornehmlich als Kooperationsbereich zwischen solchen Fächern wie Arbeit/Wirtschaft, Technik und Hauswirtschaft organisiert. Allerdings ist die in den Lehrplänen/Rahmenrichtlinien der meisten Bundesländer immer wieder aus didaktischen Gründen betonte Notwendigkeit der Kooperation zwischen den Fächern des Lernbereichs Arbeitslehre (vgl. RAHMENRICHTLINEN FÜR DIE HAUPTSCHULE IN NIEDERSACHSEN 1982, S. 4) bisher weder unter technisch-organisatorischen noch unter wissenschaftstheoretischen, inhaltlichen, methodischen und sozialen Aspekten zufriedenstellend gelöst (vgl. HENDRICKS 1975; vgl. HIMMELMANN 1980, S. 63 ff.; vgl. KAMINSKI 1983, S. 29 ff.; vgl. KRAATZ 1978; vgl. LACKMANN 1981, S. 55 ff.; vgl. LACKMANN 1982, S. 4 ff.; vgl. WOLF 1981, S. 83 ff.). Trotz dieser ungelösten Probleme fordern Lehrpläne und Rahmenrichtlinien nahezu einhellig, daß die Schüler zu befähigen seien, ihre Interessen in verschiedenen Situationsfeldern und unter Beachtung ökonomischer, politischer und technischer Einflußfaktoren zu analysieren und diesen Interessen entsprechende Sach-, Sozial- und Handlungskompetenzen für die Bewältigung der in den Situationsfeldern gestellten Aufgaben zu entwickeln.

Insgesamt fehlt es nicht nur an der personellen, institutionellen und organisatorischen Absicherung von Kooperationsformen, sondern auch an der generellen wissenschaftstheoretischen und organisationstheoretischen Aufarbeitung des Kooperationsproblems. Auch in den Ländern, in denen von einem Integrationsfach „Arbeitslehre" (beispielsweise Polytechnik/Arbeitslehre in Hessen oder Arbeitslehre in Berlin) ausgegangen wird, sind die theoretischen Probleme sowie die Defizite in der unterrichtspraktischen Einlösung des Integrationsanspruchs unübersehbar.

3.5 Probleme der Ermittlung, Auswahl und Begründung von Zielen und Inhalten der Arbeitslehre

Die Arbeitslehre hat sich seit ihren Anfängen mit der Schwierigkeit auseinanderzusetzen gehabt, ihren Gegenstandsbereich eindeutig zu definieren, eine einheitstiftende Idee zu formulieren und Kriterien der Ziel- und Inhaltsauswahl zu entwickeln, die sich als insgesamt tragfähig für die Curriculumentwicklung, für die Lehrplan- und Richtlinienerstellung sowie für die Entwicklung der Studiengänge an den Hochschulen und der Konzepte für die Lehrerfort- und -weiterbildung erweisen.

Für die Entwicklung von Lehrplänen und Rahmenrichtlinien sind zwei aus der Curriculumdiskussion stammende Konzepte übernommen und weiterentwickelt worden, die im Blick auf die jeweils unterschiedliche Bestimmung des Verhältnisses von Fachwissenschaft, Fachdidaktik und Lebensbezug differenziert werden kön-

nen: ein „disziplinorientiertes" Konzept und ein „situativ/problemorientiertes" Konzept (vgl. REETZ 1984, S. 75 ff.):
- Beim „*disziplinorientierten*" *Ansatz* wird die Ziel- und Inhaltsauswahl vor allem bestimmt durch vorliegende wissenschaftliche Objektivationen; dabei wird einer der möglichen Bezugswissenschaften, zum Beispiel der Wirtschaftswissenschaft, eine Leitfunktion zugeschrieben. Die Vorzüge dieses Ansatzes werden vor allem darin gesehen, „daß nur eine strukturerhaltende Vereinfachung von Wissenschaft die ‚wissenschaftliche Unbedenklichkeit' und Ideologiefreiheit von Unterricht gewährleisten könne, daß eine Integration verschiedener Disziplinen wegen ihrer unterschiedlichen Fragestellungen ‚strukturerhaltend' nicht möglich sei, daß eine Prognose künftig problematischer Lebenssituationen und des dafür erforderlichen Wissens derzeit nicht exakt genug möglich sei oder die Adressaten auf rigide Rollen festlege, daß Wissenschaften über eine implizite Didaktik verfügten, weil erst nach Einführung des Grundlegenden und Einfachen das Komplizierte und Differenzierte verständlich werde, daß Lehrer bei integriertem Unterrichten zum Schaden der Schüler überfordert seien u. ä." (GERDSMEIER 1980a, S. 436). Diesem Ansatz können die ersten Arbeitslehre-Lehrpläne in Nordrhein-Westfalen und in Berlin vom Ende der 60er Jahre zugerechnet werden.
Eine „*disziplinkritische*" *Variante* der disziplinorientierten Ansätze stellen die für die Arbeitslehre (vgl. DIBBERN u. a. 1974, GROTH 1968, KELL 1971) sowie eine Reihe weiterer Fachdidaktiken entwickelten „didaktischen Strukturgitter" dar (vgl. BLANKERTZ 1971, 1973; vgl. KELL 1986; vgl. REETZ 1984, S. 113 ff.). Das Strukturgittermodell hat aber letztlich keine durchschlagende Praxisrelevanz für die Lehrerschaft erlangen können.
- Der „*situativ/problemorientierte*" *Ansatz* steht in der Tradition der Überlegungen von ROBINSOHN (vgl. 1967). In Robinsohns dreischrittigem Entwicklungsmodell sollen erstens aktuell und zukünftig zu erwartende Lebenssituationen der Schüler (im Beruf, bei der Arbeit, im Betrieb, in der Freizeit, im privaten Haushalt) ermittelt, zweitens die zu ihrer Meisterung erforderlichen Qualifikationen formuliert und drittens die zur Erreichung dieser Qualifikationen beitragenden Curriculumelemente erarbeitet werden. Das Konzept wird vor allem damit begründet, „daß problemorientierter Unterricht Schüler stärker motiviere und ihnen eine größere Chance zum subjektiv relevanten Erwerb von Kenntnissen, Einstellungen und Fähigkeiten einräume, daß Schülern so nicht nur die Funktionalität, sondern deutlicher auch die Gestaltbarkeit ihrer Umwelt vorgestellt werde und daß Schüler nicht zu Volks-, Betriebswirten, Technikern u. ä. ausgebildet werden sollen. Außerdem spielt für die Ablehnung disziplinbestimmten Vorgehens die Annahme eine Rolle, daß es wegen der Rivalitäten verschiedener Paradigmen innerhalb der Wissenschaften gar keine Stoffe gebe, die unbefangen reduziert werden können" (GERDSMEIER 1980a, S. 437).
Die Rahmenrichtlinien „Polytechnik/Arbeitslehre" in Hessen sind ein Beispiel für einen situativen Ansatz (vgl. K.-H. BECK 1981, S. 230). Auch die revidierten Lehrpläne von Nordrhein-Westfalen (1974) rücken vom mehr disziplinorientierten Ansatz des ersten Entwurfs (1968/1969) ab. Ein neueres Beispiel für einen eher situativen Ansatz sind auch die *Niedersächsischen Rahmenrichtlinien für das Fach Arbeit/Wirtschaft (Arbeitslehre)* von 1981.
Insgesamt haben jedoch beide Ansätze mit einer Vielzahl von Problemen zu kämpfen, die bis in die unterrichtspraktische Arbeit hineinreichen: Der *situationsorientierte Ansatz* konnte bis heute nicht das sogenannte „Heterogenitätsproblem" lösen, das heißt eine überzeugende Antwort auf die Frage geben, welches die Be-

Lernbereich Gesellschaft

zugsdisziplinen der Arbeitslehre sein sollen. Noch weniger ist dieser Ansatz in der Lage, fachimmanente Positions- und Methodenstreitigkeiten der Bezugsdisziplinen (vgl. ARNDT 1979) in ihrer Relevanz für die Diskussion der fach- oder lernbereichsspezifischen Zielsetzungen zu beurteilen. Da gegenwärtig Arbeitslehreunterricht häufig von nicht grundständig ausgebildeten Lehrern erteilt wird, ist die Gefahr „privatistischer" Deutungen von Phänomenen der Arbeits- und Wirtschaftswelt im Rahmen des situationsorientierten Ansatzes besonders groß. Angesichts dieser Problemlage ist es verständlich, daß sich viele Autoren an der Diskussion über mögliche Bezugswissenschaften beteiligen und daß sehr unterschiedliche Konsequenzen für die Ziel- und Inhaltsauswahl in der Arbeitslehre gezogen werden (vgl. FRESE 1979, GERDSMEIER 1980b, HENDRICKS 1978, KAMINSKI 1977, LAURISCH 1980, MAY 1978, OCHS/STEINMANN 1978, SCHMID 1982, SCHNEIDEWIND 1978, SCHOENFELDT 1979).

Bei den *disziplinorientierten Ansätzen* ist gegenwärtig das Problem nicht lösbar, daß fachwissenschaftliche Fragestellungen in ihrer durch wissenschaftliche Arbeitsteilung gekennzeichneten und durch historische Entwicklungsprozesse bedingten Ausformung in der Regel die Komplexität alltäglicher Lebenssituationen, für deren Bewältigung die Schüler doch vorbereitet werden sollen, nicht angemessen zu berücksichtigen erlauben. Eine strenge Bindung der ökonomischen Erziehung an die Wirtschaftswissenschaft als alleinige Bezugsdisziplin hätte zur Folge, daß große Bereiche individueller Lebenspraxis sich dem fachdidaktischen Zugriff gar nicht eröffnen könnten. Auch der in der Fachdidaktik heftig diskutierte Versuch, über einen wie immer gearteten *Arbeitsbegriff* eine zentrale Kategorie zu gewinnen, um die allenthalben konstatierten Schwierigkeiten in der Beschreibung anerkannter Ziel-/Inhaltsbereiche zu überwinden (vgl. AMMEN 1978, GATTERMANN 1983, HIMMELMANN 1977, IMMLER 1981), hat zwar zu Diskussionen auf einer anspruchsvollen Ebene geführt, aber dennoch bisher keine trennscharfe Beschreibung des Gegenstandsbereichs der Arbeitslehre erbringen können.

Neuerdings wird in der Wirtschaftspädagogik im Sekundarstufen-II-Bereich (vgl. F.-J. KAISER 1985, REETZ 1984, WEINBRENNER 1985) mit dem sogenannten *Persönlichkeitsprinzip* ein dritter Ansatz zur Ermittlung, Auswahl und Begründung der Ziel-/Inhaltsbereiche diskutiert, der eine Weiterentwicklung des situationsorientierten Ansatzes versucht und danach fragt, was im Blick auf die Bildung der Schülerpersönlichkeit für bedeutsam gehalten wird. Dieser Ansatz kann auch für die ökonomische Erziehung im Sekundarstufen-I-Bereich erhebliche Bedeutung erhalten: Subjektbezogene Lernvoraussetzungen der Schüler werden zum Ausgangspunkt für die Organisation der Lernprozesse genommen und so auf gegenwärtige und zukünftige Handlungssituationen des Schülers als Arbeitnehmer, Konsument und Wirtschaftsbürger bezogen, daß im Prozeß der Aufarbeitung subjektiver Theorien der Schüler eine dialektische Vermittlung von Alltagserfahrung und Wissenschaftserkenntnis möglich wird. Der Ansatz rekurriert auf neuere Entwicklungs- und Motivationstheorien, auf Lebensweltanalysen, Theorien der beruflichen und schulischen Sozialisation, der Jugendforschung und vor allem auf erkenntnis- und entwicklungspsychologische Ansätze (vgl. AEBLI 1983, PIAGET 1975) sowie auf die Tätigkeitspsychologie der sowjetischen kulturhistorischen Schule (vgl. GALPÉRIN 1980, HACKER 1973, LEONTJEW 1982, SÖLTENFUSS 1983, VOLPERT 1974).

Die Schwierigkeiten in der Bestimmung des Gegenstandsbereiches der Arbeitslehre haben für diese in Lehre und Forschung weitreichende Konsequenzen gehabt: In der Lehrerausbildung sind die Studiengänge für den Arbeitslehrebereich sehr unterschiedlich organisiert und zumeist mitbestimmt von der jeweils länderspezifischen Ausformung des entsprechenden Schulfaches. Insgesamt ist die Lehrerausbildung an wirtschaftswissenschaftlichen Disziplinen ausgerichtet, obwohl die didaktischen Fragen des Faches einen eher interdisziplinären Zuschnitt haben. Selbst dort, wo die Arbeitslehre als Fach und nicht als Kooperationsbereich in der Schule organisiert ist, erfolgt die Ausbildung an der Hochschule in mehreren, zumeist ungenügend aufeinander abgestimmten Studienfächern. Die mangelhafte personelle Ausstattung der Studiengänge an den Hochschulen, fehlende Forschungsressourcen sowie die Breite der fachwissenschaftlichen, fachdidaktischen und schulpraktischen Aufgaben, die von den Lehrenden erfüllt werden sollen, behindern die systematische Entwicklung der Fachdidaktik Arbeitslehre.

3.6 Zentrale Aufgabenfelder der ökonomischen Erziehung im Rahmen der Arbeitslehre

Berufsorientierung. In allen konzeptionellen Überlegungen zur Arbeitslehre gehört die Vorbereitung des Schülers auf die Berufswahl zu den unbestrittenen Aufgabenfeldern der Arbeitslehre, wobei jedoch die Berufswahl nicht als einmaliger Akt, sondern als ein langfristiger Prozeß verstanden wird und damit verschiedene Berufswahlsituationen in der individuellen Berufs- und Lebensbiographie umfaßt. In einer Fülle von Publikationen sind die Möglichkeiten und Grenzen der Berufsorientierung im allgemeinbildenden Schulwesen untersucht worden (vgl. AMMEN 1978, AMMEN u.a. 1979; vgl. BUDDENSIEK u.a. 1977, 1979; vgl. DIBBERN u.a. 1974, FRIEDRICH/MÜLLER 1980, HOPPE 1980, LANGE 1978, STEFFENS 1975, TENFELDE 1978).

Die Diskussion hat gezeigt, daß die Berufsorientierung als ein komplexer Prozeß nur über unterschiedliche Ansätze erklärbar ist (vgl. HOPPE 1980, S. 101 ff.; vgl. K. H. SEIFERT 1977). Eine unterrichtliche Umsetzung der Berufsorientierung kann deshalb nur auf unterschiedlichen Ebenen erfolgen. Erforderlich wird zum Beispiel
- eine breite Information zur Arbeitsmarkt- und Ausbildungsstellensituation, über die regionale Wirtschaftsstruktur, über soziokulturelle und sozialpsychologische Determinanten der Berufswahl *(allokationstheoretischer Aspekt),*
- die Berücksichtigung der individuellen Biographie des Schülers, um die Entwicklung eines beruflichen Selbstkonzepts zu fördern *(entwicklungstheoretischer Aspekt),*
- die Interpretation der Berufswahl als komplexer, mehrstufiger Entscheidungskomplex *(entscheidungstheoretischer Aspekt)* und
- die Sicherung vielfältiger Möglichkeiten, das erworbene berufliche Wissen, die individuellen Wertmaßstäbe und das Entscheidungsverhalten in der Interaktion mit bedeutsamen Interaktionspartnern, wie den Eltern, Gleichaltrigen, Lehrern, Berufsberatern, zu entwickeln *(interaktionstheoretischer Aspekt).*

Im Rahmen der Berufsorientierung ergibt sich die Notwendigkeit der Zusammenarbeit zwischen Schule und Berufsberatung (vgl. JENSCHKE 1979). Durch das Arbeitsförderungsgesetz (AFG) vom 25.6.1969 wird diese Aufgabe der *Bundesanstalt für Arbeit* (Nürnberg) mit ihren Arbeitsämtern übertragen. Eine „Rahmenvereinbarung über die Zusammenarbeit von Schule und Berufsberatung" zwischen KMK und Bundesanstalt aus dem Jahre 1971 schafft den rechtlichen Rahmen.

Verbrauchererziehung. Im Rahmen der ökonomischen Erziehung hat sich in den letzten Jahren neben der Berufsorientierung die Verbrauchererziehung als weiteres unbestrittenes schulisches Aufgabenfeld entwickeln können (vgl. STEFFENS 1980). Die Alltagswirklichkeit von Kindern und Jugendlichen ist in vielfältiger Weise mit

konsumrelevanten Situationen durchzogen. Die Art und Weise der Auseinandersetzung mit Konsumfragen und -problemen, die sich in Interaktionen mit den Eltern und mit Bezugsgruppen außerhalb des privaten Haushalts ergeben, sozialisieren den Jugendlichen und prägen sein zukünftiges Konsumverhalten und die Art und Weise seiner künftigen Einkommensverwendung.
Konzepte der Verbrauchererziehung und -information werden in der verbraucherpolitischen Diskussion als Maßnahmen empfohlen, mit denen der als schutzbedürftig erkannte Verbraucher über wirtschaftliche Zusammenhänge, über die Funktionsweise der Marktwirtschaft, über Produkte, Dienstleistungen und Bestimmungsgründe eigenen Konsumverhaltens, über Informationsmöglichkeiten aufgeklärt und das für die Verfolgung individueller und kollektiver Konsuminteressen erforderliche Verhalten eingeübt werden kann. Als „Verbrauchererziehung" wird speziell jener Teil einer allgemeinen Verbraucherbildung bezeichnet, der sich im Bereich des allgemein- und berufsbildenden Schulwesens vollzieht und nach Maßgabe amtlicher Lehrpläne bestimmten Fächern oder Lernbereichen zugewiesen ist (vgl. FISCHER/ LENZEN 1978, S. 50f.; vgl. SCHERHORN 1979; vgl. STEFFENS 1978, S. 224).
Da mehrere Schulfächer in Konkurrenz zueinander verbrauchererzieherische Zielsetzungen für sich reklamieren, ist es bisher nicht gelungen, ein tragfähiges allgemeines Curriculumkonzept für dieses Aufgabenfeld zu konstruieren und schulisch wirksam werden zu lassen. Schwierigkeiten bestehen sowohl bei der fachwissenschaftlichen Fundierung (vgl. KAMINSKI 1978, S. 38ff.; vgl. KRUBER 1983) als auch bei der fachdidaktischen Einbindung in vorhandene Schulfächer mit ihren unterschiedlichen historischen Entwicklungslinien:
– Es besteht die Gefahr, daß der unabdingbare Zusammenhang von Konsum und Arbeit aufgelöst wird und die Verbrauchererziehung ihrer Perspektive verlustig geht, diesen Zusammenhang in einer verknüpften Betrachtungsweise zu interpretieren. Defizitäre Bedingungen menschlicher Arbeit lassen sich nicht durch eine Erziehung zum „rationalen Konsum" kompensieren, verändern, überwinden, vielmehr werden sie immer auch defizitäre Erscheinungsformen von Konsum reproduzieren.
– Neuere konzeptionelle Vorstellungen zur Verbrauchererziehung versuchen diese Gefahr zu vermeiden (vgl. VERBRAUCHER-ZENTRALE NORDRHEIN-WESTFALEN E. V./STIFTUNG VERBRAUCHERINSTITUT 1984) und eine enge Sichtweise von Verbrauchererziehung zu überwinden, die sich vornehmlich auf Preis-Qualitäts-Vergleiche kapriziert, ohne den gesamtgesellschaftlichen Zusammenhang zu formulieren. Dabei werden vor allem auch solche Kategorien wie „soziale" und „ökologische" Verantwortlichkeit in die Verbrauchererziehung stärker einbezogen, die mit handlungsorientierten Methodenkonzepten eingelöst werden sollen.
Schulische Verbrauchererziehung muß jedoch immer dann überfordert sein, wenn sie nicht durch ein verbraucherpolitisches Gesamtkonzept getragen wird, das die Markt- und Rechtsposition des Verbrauchers stärkt und die Verbrauchererziehung vor der theoretisch überholten Fiktion des „souveränen Konsumenten" bewahrt (zur kritischen Einschätzung verbraucherpolitischer Konzepte vgl. KROEBER-RIEL 1984, S. 669ff.).
Vermittlung gesamtwirtschaftlicher Grundkenntnisse. Ohne gesamtwirtschaftliche Grundkenntnisse ist heute nicht einmal der schmale Wirtschaftsteil einer kleinen Kreiszeitung zu verstehen (vgl. THIEME 1983), geschweige denn, daß die tagespolitische Diskussion von Themenstellungen wie Inflation, Strukturwandel, Arbeitslosigkeit, Wirtschaftswachstum und Währungsfragen nachvollzogen werden könnte. Insofern ist es folgerichtig, daß in den meisten Lehrplänen/Rahmenrichtlinien zur

Hermann Giesecke/ Jürgen Hasse/ Hans Kaminski

Arbeitslehre auch gesamtwirtschaftliche Fragestellungen in ihrem Pflicht- und Wahlbereich enthalten sind (Wirtschaftssysteme, Geld und Währung, die Volkswirtschaft im internationalen Beziehungsfeld, Strukturwandel, Arbeitslosigkeit, Gruppen im wirtschaftlichen Geschehen, Wirtschaftskreislauf, ...). Während es bei solchen Aufgabenfeldern wie Berufsorientierung und Verbrauchererziehung möglich ist, den unterrichtlichen Zugang in vielen Fällen vom unmittelbaren Erfahrungsbereich des Schülers her zu wählen, ergeben sich für die Entwicklung gesamtwirtschaftlicher Kenntnisse eine Reihe von fachlichen, didaktischen und methodischen Problemen. Zwar lassen sich in einer problemorientierten Vorgehensweise unterrichtliche Anknüpfungspunkte für die Behandlung gesamtwirtschaftlicher Fragestellungen entwickeln, die sich auch im Erfahrungshorizont des Schülers verankern lassen. Letztlich müssen beim Schüler aber Einsichten in Gesamtstrukturen wirtschaftlicher Prozesse entwickelt werden, die so komplexer und abstrakter Art sind, daß sie grundsätzlich nicht mehr auf einer anschaulich-kasuistischen und episodischen Ebene zu klären sind. Einzelwirtschaftliche Phänomene können erst dann angemessen beurteilt werden, wenn sie mit gesamtwirtschaftlichen Strukturen und Prozessen verknüpft und in ihren Wechselwirkungen erfaßt werden können (vgl. VESTER 1983). Die kurzschlüssige Verwendung bestimmter wirtschaftswissenschaftlicher Theoreme und Denkmethoden (etwa des Konstrukts der „idealen Preisbildung", des Denkens in Modellen und in Wirtschaftskreisläufen) provoziert ökonomische Halbbildung, solange die Entstehungsbedingungen dieser Konstrukte und die Reichweite des methodischen Vorgehens und der damit verknüpfte Geltungsanspruch der Aussagen nicht mit verdeutlicht werden kann. Die curricularen Schwierigkeiten sind deshalb erheblich, die Aufarbeitung gesamtwirtschaftlicher Problemstellungen in der didaktischen Literatur ist entsprechend unterrepräsentiert, auch wenn verschiedentlich schon beachtliche Versuche zur unterrichtlichen Behandlung in der Sekundarstufe I vorgelegt worden sind (vgl. die „Modellanalysen" VON ORTLIEB/ DÖRGE 1969, 1970; vgl. STEINMANN 1975).

3.7 Ausblick

Gegenwärtig fehlt immer noch ein Strategiekonzept, in dem geklärt wird, wie die ökonomische Erziehung den lernenden Jugendlichen erreichen kann und wie ein öffentliches Bewußtsein bei allen (bildungs)politischen Entscheidungsträgern dafür zu schaffen ist, daß die Notwendigkeit einer ökonomischen Erziehung für Schüler aller Schulformen und Schulstufen akzeptiert und dann auch in verantwortliches bildungspolitisches Handeln umgesetzt wird.
Ökonomische Erziehung hat für die schulexterne Öffentlichkeit noch keine „Corporate identity" und auch noch kein konturiertes und allgemein akzeptiertes Erscheinungsbild bei Schülern, Eltern, Lehrern und bei den gesellschaftlich relevanten Gruppen herstellen können. Die Offenheit der Ziel-, Inhalts- und Methodendiskussion der ökonomischen Erziehung im Rahmen der Arbeitslehre hat das Fortbestehen dieses Defizits sicherlich verstärkt. Bei allen innovationsstrategischen Überlegungen wird deshalb besonders darauf zu achten sein, daß eine feste Verankerung der ökonomischen Erziehung im Sekundarbereich I nur dann sinnvoll ist und auch nur dann erfolgen kann, wenn es auch in den allgemeinen (und nicht nur den berufsqualifizierenden) Bildungsauftrag der Sekundarstufe II aufgenommen wird.

Lernbereich Gesellschaft

ABEL H.: Berufsvorbereitung als Aufgabe der Pflichtschule. In: P. Rsch. 20 (1966), S. 617 ff. ABRAHAM, K.: Wirtschaftspädagogik. Grundfragen der wirtschaftlichen Erziehung, Heidelberg ²1966. ACHTENHAGEN, F./MENCK, P.: Langfristige Curriculumentwicklung und mittelfristige Curriculumforschung. In: Z. f. P. 16 (1970), S. 407 ff. ADORNO, TH. W.: Was bedeutet: Aufarbeitung der Vergangenheit? In: ADORNO, TH. W.: Eingriffe, Frankfurt/M. 1962, S. 125 ff. ADORNO, TH. W.: Erziehung nach Auschwitz. In: ADORNO, TH. W.: Stichworte, Frankfurt/M. 1969, S. 85 ff. AEBLI, H.: Zwölf Grundformen des Lehrens, Stuttgart 1983. AMMEN, A.: Arbeit und Beruf im Rahmen der Arbeitslehre. Versuch einer Begriffserklärung. In: D. Reals. 86 (1978), S. 301 ff. AMMEN, A. u. a.: Berufsorientierung. Eine zentrale Aufgabe der Schule. In: arb. + lern. 1 (1979), 1, S. 8 ff. AMMON, H.: Berufsorientierung in der Schule, München 1980. ARNDT, H.: Irrwege der Politischen Ökonomie. Die Notwendigkeit einer wirtschaftstheoretischen Revolution, München 1979. BARTELS, D.: Menschliche Territorialität. In: RIEDEL, W. (Hg.): Heimatbewußtsein, Husum 1981, S. 7 ff. BARTELS, D./HARD, G.: Lotsenbuch für das Studium der Geographie als Lehrfach, Bonn/Kiel 1975. BÄUERLE, L.: Konzeptorientierte Geographie. In: Int. Sbuchfo. 5 (1983), S. 5 ff. BECK, G.: Der verhaltens- und entscheidungstheoretische Ansatz. In: SEDLACEK, P. (Hg.): Kultur-/Sozialgeographie, Paderborn/München/Wien/Zürich 1982, S. 55 ff. BECK, K.-H.: Polytechnik – Arbeitslehre. In: KAISER, F.-J./KAMINSKI, H. (Hg.): Wirtschaft. Handwörterbuch zur Arbeits- und Wirtschaftslehre, Bad Heilbrunn 1981, S. 230 ff. BEHRMANN, G. C.: Soziales System und politische Sozialisation, Stuttgart/Berlin/Köln/Mainz 1972. BEINKE, L.: Das Betriebspraktikum. Darstellung und Kritik eines pädagogischen Konzeptes zur Berufswahlhilfe, Bad Heilbrunn ²1978. BEINKE, L. (Hg.): Betriebserkundungen, Bad Heilbrunn 1981. BERGSTRAESSER, A.: Politik in Wissenschaft und Bildung, Freiburg 1961. BIRKENHAUER, J.: Die Länderkunde ist tot. Es lebe die Länderkunde. In: Geogr. Rsch. 22 (1970), S. 196 ff. BIRKENHAUER, J.: Die Daseinsgrundfunktionen und die Frage einer „curricularen Plattform" für das Schulfach Geographie. In: Geogr. Rsch. 26 (1974), S. 499 ff. BIRKENHAUER, J.: Die Notwendigkeit der regionalen Geographie als Konsequenz einer ernstgenommenen allgemeinen Bildung. In: Geogr. im U. 8(1983), S. 171 ff. BLANKERTZ, H.: Berufsbildung und Utilitarismus, Düsseldorf 1963. BLANKERTZ, H. (Hg.): Arbeitslehre in der Hauptschule, Essen 1967. BLANKERTZ, H.: Theorien und Modelle der Didaktik, München 1969. BLANKERTZ, H. (Hg.): Curriculumforschung – Strategien, Strukturierung, Konstruktion, Essen 1971. BLANKERTZ, H. (Hg.): Fachdidaktische Curriculumforschung. Strukturansätze für Geschichte, Deutsch, Biologie, Essen 1973. BLANKERTZ, H.: Bestimmung des politischen Standorts der Arbeitslehre-Didaktik. In: D. Arblehre. 5 (1974), S. 1 ff. BLANKERTZ, H.: Die Geschichte der Pädagogik. Von der Aufklärung bis zur Gegenwart, Wetzlar 1982. BLONSKIJ, P. P.: Pädagogische Aussagen. In: P. u. S. in Ost u. West 15 (1967), S. 145 ff. BLONSKIJ, P. P.: Die Arbeitsschule (1919), Neuübersetzung v. H. E. Wittig, Paderborn 1973. BODE, D.: Polytechnischer Unterricht in der DDR, Frankfurt/M. 1978. BOKELMANN, H.: Die ökonomisch-sozialethische Bildung, Heidelberg 1964. BÖRSCH, D. u. a. (Hg.): Staaten und Regionen im lernzielorientierten Geographieunterricht. Hefte z. Fachdid. d. Geogr. 2 (1978), Heft 4. BRAUN, A.: Umwelterziehung zwischen Anspruch und Wirklichkeit, Frankfurt/M. 1983. BREDOW, W. v.: Heimat-Kunde. In: a. pol. u. zeitgesch. (1978), B 32, S. 19 ff. BUDDENSIEK, W.: Pädagogische Simulationsspiele im sozio-ökonomischen Unterricht der Sekundarstufe I. Theoretische Grundbildung und Konsequenzen für die unterrichtliche Realisation, Bad Heilbrunn 1979. BUDDENSIEK, W. u. a.: Praxisnahe Curriculumentwicklung im sozio-ökonomischen Lernbereich. In: D. Arblehre. 8 (1977), S. 38 ff. BUDDENSIEK, W. u. a.: Berufswahlunterricht – Curriculare Probleme und Forschungsperspektiven. In: technica didactica 2 (1979), S. 37 ff. BUDDENSIEK, W. u. a.: Grundprobleme des Modelldenkens im sozioökonomischen Lernbereich. In: STACHOWIAK, H. (Hg.): Modelle und Modelldenken im Unterricht, Bad Heilbrunn 1980, S. 92 ff. BUNDESMINISTER FÜR BILDUNG UND WISSENSCHAFT (Hg.): Arbeitslehre – Gutachten, Bonn 1979. BUNDESMINISTER FÜR BILDUNG UND WISSENSCHAFT (Hg.): Arbeitslehre – Positionen, Bonn 1981. BUTTIMER, A.: Grasping the Dynamism of Lifeworld. In: Annals of the Association of American Geographers 66, Washington 1976, S. 277 ff. CHAI, E./HASSE, J.: Geographie in der Sonderschule für Lernbehinderte. In: Geogr. u. i. Did. 12(1984), S. 134 ff. CLAUSSEN, B.: Didaktische Konzeptionen zum sozialen Lernen, Ravensburg 1978. CLAUSSEN, B.: Kritische Politikdidaktik, Opladen 1981a. CLAUSSEN, B.: Methodik der politischen Bildung, Opladen 1981b. DAHRENDORF, R.:

Hermann Giesecke/ Jürgen Hasse/ Hans Kaminski

Gesellschaft und Freiheit, München 1961. DAUENHAUER, E.: Einführung in die Arbeitslehre, München 1974. DAUENHAUER, E.: Kategorien und Zukunftsaspekte der Wirtschafts- und Arbeitslehre. In: TWELLMANN, W. (Hg.): Handbuch Schule und Unterricht, Bd. 5.2, Düsseldorf 1981, S. 670 ff. DAUM, E./SCHMIDT-WULFFEN, W.: Erdkunde ohne Zukunft? Paderborn 1980. DENIS, R./PREWO, R.: Polytechnik. In: KAISER, F.-J./KAMINSKI, H. (Hg.): Wirtschaft. Handwörterbuch zur Arbeits- und Wirtschaftslehre, Bad Heilbrunn 1981, S. 227 ff. DERBOLAV, J.: Wesen und Formen der Gymnasialbildung, Bonn 1957. DEUTSCHER AUSSCHUSS FÜR DAS ERZIEHUNGS- UND BILDUNGSWESEN: Empfehlungen zum Aufbau der Hauptschule vom 2.5.1964. In: Empfehlungen und Gutachten des Deutschen Ausschusses für das Erziehungs- und Bildungswesen 1953-1965. Gesamtausgabe, Stuttgart 1966, S. 366 ff. DEUTSCHES INSTITUT FÜR FERNSTUDIEN AN DER UNIVERSITÄT TÜBINGEN (DIFF): Grundsatzentscheidungen. Leitlinien für die Entwicklung des erweiterten mediengestützten Fernstudienlehrgangs Arbeitslehre des DIFF, Tübingen 1977. DEUTSCHE UNESCO-KOMMISSION (Hg.): Zwischenstaatliche Konferenz über Umwelterziehung, Tiflis 1977. UNESCO-Konferenzbericht 4, München 1979. DIBBERN, H. u. a.: Berufswahlunterricht in der vorberuflichen Bildung, Bad Heilbrunn 1974. DUISMANN, G. H.: Technisches Werken in der Arbeitslehre der Schule für Lernbehinderte, Berlin 1974. DUISMANN, G. H. u. a.: Lernbereich Mathematik - Natur - Technik. In: Enzyklopädie Erziehungswissenschaft, Bd. 3, Stuttgart 1986, S. 258 ff. ENGELHARDT, R.: Politisch bilden - aber wie? Essen 1964. ERNST, E.: Lernziele in der Erdkunde. In: Geogr. Rsch. 22 (1970), S. 186 ff. ERNST, E.: Lernziele in der Erdkunde. In: SCHULTZE, A. (Hg.): Dreißig Texte..., Braunschweig 1972, S. 265 ff. (1972 a). ERNST, E.: Lernzielorientierter Erdkundeunterricht. In: DEUTSCHER GEOGRAPHENTAG ERLANGEN - NÜRNBERG. Tagungsbericht und wissenschaftliche Abhandlungen, Wiesbaden 1972, S. 186 ff. (1972 b). ERNST, E.: Bleibt die Lehrplanentwicklung im Ansatz stecken? In: ERNST, E./HOFFMANN, G. (Hg.): Geographie für die Schule, Braunschweig 1978, S. 99 ff. EULEFELD, G./PULS, W. W.: Umweltschutz in den Schulfächern Biologie und Geographie. In: Natw. im U. - Biol. 26 (1978), S. 251 ff. FACHRÄUME - EINRICHTUNG UND NUTZUNG. arb. + lern. 6 (1984), Heft 35. FÄHNRICH, H. (Hg.): Arbeitslehre im Sekundarbereich, Bd. 1: Betriebserkundung. Hannover/Darmstadt/Dortmund ²1981. FICK, K. E.: Kategoriale Länderkunde statt aleatorischer Geographie. In: FICK, K. E. (Hg.): Schulgeographie heute. Frankfurter Beiträge zur Didaktik der Geographie, Bd. 2, Frankfurt/M. 1978, S. 7 ff. FISCHER, CH./LENZEN, R.: Verbrauchererziehung an Bremischen Schulen unter besonderer Berücksichtigung der Sekundarstufen. Untersuchung im Auftrag des Senators für Wirtschaft und Außenhandel. Bremen 1978. FISCHER, K. G. (Hg.): Zum aktuellen Stand der Theorie und Didaktik der politischen Bildung, Stuttgart ⁴1980. FLITNER, A.: Die politische Erziehung in Deutschland. Geschichte und Probleme 1750-1880, Tübingen 1957. FRANKIEWICZ, H.: Technik und Bildung in der Schule der DDR, Berlin (DDR) 1968. FRESE, M.: Ein Beitrag einer neuorientierten Arbeitswissenschaft zur Arbeitslehre. In: did. - arb., tech., wirtsch. 2 (1979), S. 137 ff. FRIEDRICH, H./MÜLLER, I.: Berufswahlunterricht Sekundarstufe I, Düsseldorf 1980. FRIESE, H. W.: Umweltplanung und Geographieunterricht. Eine Stellungnahme des Verbandes Deutscher Schulgeographen, Berlin 1978. GALPÉRIN, P. J.: Zu Grundfragen der Psychologie, Köln 1980. GARLICHS, A. u. a.: Didaktik offener Curricula, Weinheim/Basel 1974. GATTERMANN, H.: Arbeitslehre im Sekundarbereich, Bd. 2: Betriebspraktikum, Hannover/Berlin/Darmstadt/Dortmund 1974. GATTERMANN, H.: Entwurf einer didaktischen Theorie der Arbeit als Grundlage für eine praxisnahe Curriculum-Entwicklung der Arbeitslehre, Frankfurt/M. 1983. GEIPEL, R.: Die Geographie im Fächerkanon der Schule. In: SCHULTZE, A. (Hg.): Dreißig Texte..., Braunschweig 1972, S. 159 ff. GERDSMEIER, G.: Wissenschaftsbestimmtheit und Problemorientierung in den hessischen Rahmenrichtlinien zur Polytechnik/Arbeitslehre. In: D. Dt. S. 72 (1980), S. 436 ff. (1980 a). GERDSMEIER, G.: Ökonomie in der Lehrerbildung im Bereich Arbeitslehre/Arbeit-Wirtschaft-Technik. In: did. - arb., tech., wirtsch. 3 (1980), S. 73 ff. (1980 b). GERDSMEIER, G.: Wirtschaftswissenschaftliche Inhalte in der Polytechnik/Arbeitslehre. Ein fachlich akzentuiertes Planungskonzept. In: Did. d. Ber.- u. Arbwelt. 1 (1982), 2, S. 17 ff. GIESECKE, H.: Didaktik der politischen Bildung, München 1965. GIESECKE, H.: Methodik des politischen Unterrichts, München 1973. GÖRS, D.: Politische und didaktische Aspekte einer interessenbezogenen „Arbeitslehre/Polytechnik". In: WSI-Mitt. 28 (1975), S. 294 ff. GÖRS, D./WERNER, P. (Hg.): Arbeitslehre und Schulpolitik. Was Lehrer nicht lernen sollten, Frankfurt/

Lernbereich Gesellschaft

Köln 1976. GROTH, G.: Arbeitslehre - Entwicklung eines Lehrplans als politisches und didaktisches Problem. In: D. Dt. Ber.- u. Fachs. 64 (1968), S. 444 ff. GROTH, G.: „Unparteilich - nicht neutral". Die Legitimation von Interessen in der Arbeitslehre. In: D. Arb.lehre 5 (1974), S. 4 ff. GROTH, G.: Methodisch-mediales Handeln im Lernbereich Technik - Wirtschaft - Gesellschaft. In: Enzyklopädie Erziehungswissenschaft, Bd. 4, Stuttgart 1985, S. 307 ff. HABERMAS, J.: Arbeit, Freizeit, Konsum. Frühe Aufsätze, Frankfurt/M. 1973. HABERMAS, J. u. a.: Student und Politik, Neuwied 1961. HABRICH, W.: Umweltprobleme, Umweltplanung und Umweltschutz als curriculare Elemente des neuzeitlichen Erdkundeunterrichts, Kastellaun 1975. HACKER, W.: Allgemeine Arbeits- und Ingenieurpsychologie, Berlin (DDR) 1973. HAGEL, J.: Geographische Aspekte der Umweltgestaltung. In: Geogr. Rsch. 24 (1972), S. 20 ff. HARD, G.: Die Geographie. Eine wissenschaftstheoretische Einführung, Berlin/New York 1973. HARD, G.: Rezension zu Filipp, K.: Geographie im historisch-politischen Zusammenhang. In. Geogr. u. i. Did. 4 (1976), S. 85 ff. HARD, G.: Länderkunde. In: JANDER, L. u. a. (Hg.): Metzler Handbuch..., Stuttgart 1982, S. 144 ff. (1982a). HARD, G.: Physisch-geographische Probleme im Unterricht. In: JANDER, L. u. a. (Hg.): Metzler Handbuch..., Stuttgart 1982, S. 273 ff. (1982b). HARD, G.: Unterricht: Geographie. In: Enzyklopädie Erziehungswissenschaft, Bd. 9.2, Stuttgart 1983, S. 553 ff. HASSE, J.: Umweltschäden als Thema des Geographieunterrichts, Weinheim/Basel 1976. HASSE, J.: Umwelterziehung in den Schulen - Flucht in die Abstraktion. In: Z. f. Umweltpol. 5 (1982), S. 31 ff. HASSE, J.: Erkenntnisprozesse im Geographieunterricht, Oldenburg 1984. HASSE, J.: Welchen Sinn hat Heimat? In: Geogr. u. i. Did. 13 (1985), S. 7 ff., S. 75 ff. HAUBRICH, H.: Föderalismus der geographischen Lehrpläne. In: SEDLACEK, P. (Hg.): Zur Situation der deutschen Geographie zehn Jahre nach Kiel, Osnabrück 1979, S. 81 ff. HENDINGER, H.: Lernziele und ihre Verwirklichung. Erläuterungen zum Lernzielschema. In: ERNST, E. (Hg.): Arbeitsmaterialien zu einem neuen Curriculum. Beiheft 1 zur Geogr. Rsch. 1971, S. 8 ff. HENDINGER, H.: Ansätze zur Neuorientierung der Geographie im Curriculum aller Schularten. In: SCHULTZE, A. (Hg.): Dreißig Texte..., Braunschweig 1972, S. 246 ff. HENDRICKS, W.: Arbeitslehre in der Bundesrepublik Deutschland. Theorien/Modelle/Tendenzen, Ravensburg 1975. HENDRICKS, W.: Arbeitslehre und Arbeitswissenschaft. Bemerkungen zu einem didaktischen Defizit. In: technica didactica 1 (1978), S. 193 ff. HENTIG, H. V.: Allgemeine Lernziele der Gesamtschule. In: DEUTSCHER BILDUNGSRAT (Hg.): Lernziele der Gesamtschule. Gutachten und Studien der Bildungskommission, Bd. 12, Stuttgart 1969, S. 13 ff. HETTNER, A.: Die Geographie. Ihre Geschichte, ihr Wesen und ihre Methoden, Breslau 1927. HILLIGEN, W.: Zur Didaktik des politischen Unterrichts, Bd. 1, Opladen 1975. HIMMELMANN, G.: Arbeitsorientierte Arbeitslehre. Eine Einführung, Opladen 1977. HIMMELMANN, G.: Arbeitsbegriff und Fachprinzip. In: D. Arblehre. 9 (1978), S. 117 ff. HIMMELMANN, G.: Kooperation in der Arbeitslehre. In: did. - arb., tech., wirtsch. 3 (1980), S. 63 ff. HOFFMANN, D.: Politische Bildung 1890-1933, Hannover 1971. HOFFMANN, G.: Allgemeine Geographie oder Länderkunde? Es geht um Lernziele! In: Geogr. Rsch. 22 (1970), S. 329 ff. HOFFMANN, G.: Der Weg der Curriculumdiskussion in der Geographie. In: ERNST, E./HOFFMANN, G. (Hg.): Geographie für die Schule, Braunschweig 1978, S. 46 ff. HOPPE, M.: Berufsorientierung, Weinheim/Basel 1980. IMMLER, H.: Beiträge zur Didaktik der Arbeit, Bad Heilbrunn 1981. INSTITUT FÜR DIE PÄDAGOGIK DER NATURWISSENSCHAFTEN (IPN) (Hg.): Ökologie und Umwelterziehung, Stuttgart/Berlin/Köln/Mainz 1981. JANDER, L./WENZEL, H.-J.: Umweltschutz. In: JANDER, L. u. a. (Hg.): Metzler Handbuch..., Stuttgart 1982, S. 479 ff. JANDER, L. u. a. (Hg.): Metzler Handbuch für den Geographieunterricht, Stuttgart 1982. JANNSEN, G.: Die Rettung der Physischen Erdkunde durch politische Bildung, Mimeo, Oldenburg 1982. JENSCHKE, B.: Berufsberatung und Schule. Aufgaben und Möglichkeiten der Zusammenarbeit (Fernstudienlehrgang Arbeitslehre), hg. v. Deutschen Institut für Fernstudien, Tübingen 1979. JOHNSTON, R.J.: Philosophy and Human Geography, London 1983. KAISER, A./KAISER, F.-J. (Hg.): Projektstudium und Projektarbeit in der Schule, Bad Heilbrunn 1977. KAISER, F.-J.: Arbeitslehre. Materialien zu einer didaktischen Theorie der vorberuflichen Bildung, Bad Heilbrunn ³1974. KAISER, F.-J.: Entscheidungstraining. Die Methoden der Entscheidungsfindung, Fallstudie-Simulations-Planspiel, Bad Heilbrunn ²1976. KAISER, F.-J.: Aktualisierte Darstellung der Grundkonzeptionen zur Arbeitslehre im Sekundarbereich I mit Synopse aller Lehrpläne nach vergleichbaren Kriterien. In: BUNDESMINISTER FÜR BILDUNG UND WISSENSCHAFT (Hg.): Arbeitslehre - Gutachten, Bonn 1979, S. 80 ff. KAISER, F.-J.: Arbeitslehre. In: NICKLIS, W. S. (Hg.): Hauptschule – Erscheinung und Gestaltung, Bad Heilbrunn 1980, S. 188 ff. KAISER, F.-J. (Hg.): Die Fallstudie, Bad Heilbrunn 1983. KAISER, F.-J.: Merkmale einer zielgruppenorientierten Fachdidaktik – aufgezeigt am Beispiel eines Modellversuchs zur Verbindung des Berufsvorbereitungsjahres mit dem Berufsgrundschuljahr in beruflichen Schulen und Kollegschulen. In: TWARDY, M. (Hg.): Fachdidaktik zwischen Normativität und Pragmatik, Sonderband 1, Düsseldorf 1985, S. 163 ff. KAISER, H.-J.: Erkenntnistheoretische Grundlagen pädagogischer Methodenbegriffe. In: MENCK, P./THOMA, G. (Hg.): Unterrichtsmethode – Intuition, Reflexion, Organisation, München 1972, S. 129 ff. KAMINSKI, H.: Grundlegende Elemente einer Didaktik der Wirtschaftserziehung, Bad Heilbrunn 1977. KAMINSKI, H.: Verbrauchererziehung in der Sekundarstufe I. Fachwissenschaftliche Erklärungsansätze, Unterrichtsmodelle und Materialien, Bad Heilbrunn 1978. KAMINSKI H.: Der Fachbereich Arbeit – Wirtschaft – Technik in Niedersachsen. Stand und Möglichkeiten der Entwicklung von Hilfen für die Umsetzung der Rahmenrichtlinien. In: NIEDERSÄCHSISCHES LANDESINSTITUT FÜR LEHRERFORTBILDUNG, LEHRERWEITERBILDUNG UND UNTERRICHTSFORSCHUNG (Hg.): Der Fachbereich Arbeit – Wirtschaft – Technik in niedersächsischen Schulen, Hildesheim 1983, S. 21 ff. KELL, A.: Didaktische Matrix – Konkretisierung des didaktischen Strukturgitters für den Arbeitslehreunterricht. In: BLANKERTZ, H. (Hg.): Curriculumforschung ..., Essen 1971, S. 25 ff. KELL, A.: Strukturgitter, didaktisches. In: Enzyklopädie Erziehungswissenschaft, Bd. 3, Stuttgart 1986, S. 584 ff. KERSCHENSTEINER, G.: Staatsbürgerliche Erziehung der deutschen Jugend, Erfurt 1901. KINDERMANN, F.: Kurze Beschreibung des Probsten von Schulstein, von der Entstehungs- und Verbreitungsart der Industrialklassen in den Volksschulen des Königreichs Böhmen (1792). In: KAISER, F.-J./KIELICH, H. (Hg.): Theorie und Praxis der Arbeitslehre, Bad Heilbrunn 1971, S. 9 ff. KLATTENHOFF, K.: Heimat – Heimatkunde. In: Enzyklopädie Erziehungswissenschaft, Bd. 3, Stuttgart 1986, S. 467 ff. KLEIN, H.: Polytechnische Bildung und Erziehung in der DDR. Entwicklung, Erfahrungen, Probleme, Reinbek 1962. KLIPPERT, H.: Didaktik des Lernbereichs Wirtschaft, Weinheim/Basel 1981. KLIPPERT, H.: Wirtschaft und Politik erleben – Planspiele für Schule und Lehrerbildung, Weinheim/Basel 1984. KMK: Empfehlungen zur Hauptschule. Beschluß vom 3./4. 7. 1969, Neuwied 1969. KMK: Vereinbarung zur Neugestaltung der gymnasialen Oberstufe in der Sekundarstufe II. Beschluß vom 7. 7. 1972, Neuwied 1972. KÖCK, H.: Theorie des zielorientierten Geographieunterrichts, Köln 1980. KONEFFKE, G.: C. L. F. Lachmanns Schrift „Das Industrieschulwesen, ein wesentliches und erreichbares Bedürfnis aller Bürger- und Landschulen" (Braunschweig und Helmstedt 1802) und der norddeutsche Industrieschulbewegung am Ausgang der Manufakturperiode. In: HEYDORN, H.-J./KONEFFKE, G.: Studien zur Sozialgeschichte und Philosophie der Bildung, Bd. 1: Zur Pädagogik der Aufklärung, München 1973, S. 131 ff. KRAATZ, H.: Grundlinien einer Technikdidaktik. In: technica didactica 1 (1978), S. 13 ff. KREIBICH, B.: Stadtplanung aus Schülersicht. D. Erdku., Sonderheft 5, Stuttgart 1977. KREIBICH, B./HOFFMANN, G.: Vorbemerkungen zum Bremen-Münchner Lehrplanentwurf. In: ERNST, E. (Hg.): Arbeitsmaterialien zu einem neuen Curriculum, Beiheft 1 zur Geogr. Rsch. 1971, S. 53 ff. KROEBER-RIEL, W.: Konsumentenverhalten, München ^{3}1984. KRUBER, K.-P.: Der Beitrag der mikroökonomischen Theorie zur Erklärung des Konsumentenverhaltens. Traditionelle Lehrbuchinhalte und neuere Erklärungsansätze. In: NIBBRIG, B. (Hg.): Fachdidaktik der Wirtschaftslehre in der Sekundarstufe II, Köln/Wien 1983, S. 1 ff. KUTSCHA, G. (Hg.): Ökonomie an Gymnasien, München 1975. KUTSCHA, G.: Das politischökonomische Curriculum, Kronberg 1976. LACKMANN, J.: Zur „kopernikanischen Wende" der Arbeitslehre – Thesen zum Verhältnis von Ökonomie, Politik, Technik und Hauswirtschaft. In: did. – arb., tech., wirtsch. 4 (1981), S. 55 ff. LACKMANN, J.: Fragestellung im Hinblick auf das Forschungsprojekt „Probleme der fächerübergreifenden Didaktik in der Arbeitslehre". In: PÄDAGOGISCHE HOCHSCHULE WEINGARTEN, FORSCHUNGSSTELLE ARBEIT – WIRTSCHAFT – TECHNIK (Hg.): AWT-Info (1982), 1, S. 4 ff. LANGE, E.: Berufswahl, München 1978. LAURIEN, H.-R.: Wirtschaftslehre ist kein Instrument des Klassenkampfes. In: managem. heute u. marktwirtsch. (1974), 2, S. 15 ff. LAURISCH, W.: Arbeitswissenschaft – Eine Bezugswissenschaft der Arbeitslehre. In: D. Arblehre. 11 (1980), S. 13 ff. LENG, G.: Zur „Münchner" Konzeption der Sozialgeographie. In: Geogr. Z. 61 (1973), S. 121 ff. LEONTJEW, A. N.: Tätigkeit, Bewußtsein, Persönlichkeit, Köln 1982. LESCHINSKY, A.: Industrieschulen – Schulen der Industrie? In: Z. f.

P. 24 (1978), S. 89 ff. LINGELBACH, K. CH.: Erziehung und Erziehungstheorie im nationalsozialistischen Deutschland, Weinheim/Basel 1970. LITT, TH.: Die politische Selbsterziehung des deutschen Volkes, Bonn 1957. MAIER, G.: Umweltschutz im politischen Unterricht. Lernziele, Strukturierung von Materialien für eine Unterrichtseinheit. In: Bürger im Staat 24 (1974), S. 270 ff. MAIER, J. u. a.: Sozialgeographie. Das Geographische Seminar, Braunschweig 1977. MAY, H.: Arbeitslehre. Wirtschaftswissenschaftliche und wirtschaftsdidaktische Grundlagen, München/Basel 1978. MECKELEIN, W.: Über Wert und Unwert geographischer Bildung heute. In: 18. DEUTSCHER SCHULGEOGRAPHENTAG BASEL 1982, Tagungsband, Basel 1983, S. 9 ff. MESSER, A.: Das Problem der staatsbürgerlichen Erziehung, Leipzig 1912. MEYER, H. L.: Leitfaden zur Unterrichtsvorbereitung, Königstein 1980. MEYER, H. L./OESTREICH, H.: Anmerkungen zur Curriculumrevision Geographie. In: Geogr. Rsch. 25 (1973), S. 94 ff. MEYER-DRAWE, K.: Lebenswelt. In: Enzyklopädie Erziehungswissenschaft, Bd. 3, Stuttgart 1986, S. 505 ff. MICKEL, W.: Politische Bildung an Gymnasien 1945–1965, Stuttgart 1967. MICKEL, W.: Lehrpläne und politische Bildung, Neuwied 1971. MÜLLGES, U.: Geschichtliche Tatbestände und Zusammenhänge der Berufserziehung. In: MÜLLGES, U. (Hg.): Handbuch der Berufs- und Wirtschaftspädagogik, Bd. 1, Düsseldorf 1979, S. 3 ff. NEUGEBAUER, W.: Didaktische Modellsituationen. In: STACHOWIAK, H. (Hg.): Modelle und Modelldenken im Unterricht, Bad Heilbrunn 1980, S. 50 ff. NEWIG, J. u. a.: Allgemeine Geographie am regionalen Faden. In: Geogr. Rsch. 35 (1983), S. 38 ff. NITSCH, R.: Konsequenzen aus der Entscheidung für eines der Organisationsmodelle Arbeitslehre als Fach, als Kooperationsbereich und als Prinzip. In: BUNDESMINISTERIUM FÜR BILDUNG UND WISSENSCHAFT (Hg.): Arbeitslehre – Gutachten, Bonn 1979. NYSSEN, F. (Hg.): Schulkritik als Kapitalismuskritik, Göttingen 1971. OCHS, D./STEINMANN, B.: Beitrag der Ökonomie zu einem sozialwissenschaftlichen Curriculum. In: FORNDRAN, E. u. a. (Hg.): Studiengang Sozialwissenschaften: Zur Definition eines Faches, Düsseldorf 1978, S. 186 ff. OESTREICH, P.: Zur Produktionsschule, Berlin 1921. OETINGER, F.: Partnerschaft. Die Aufgabe der politischen Erziehung, Stuttgart ³1956. ORTLIEB, H.-D./DÖRGE, F.-W. (Hg.): Wirtschafts- und Sozialpolitik. Modellanalysen politischer Probleme, Opladen ⁴1969. ORTLIEB, H.-D./DÖRGE, F.-W. (Hg.): Wirtschaftsordnung und Strukturpolitik. Modellanalysen, Bd. 2, Opladen ²1970. OTTO, G.: Zur Etablierung der Didaktiken als Wissenschaften. In: Z. f. P. 29 (1983), S. 519 ff. PIAGET, J.: Gesammelte Werke, 10 Bde., Stuttgart 1975. PIERENKEMPER, T.: Wirtschaftssoziologie, Köln 1980. PLATTE, H. K.: Betriebspraktika in schulischen Bildungsgängen, hg. vom Bundesminister für Bildung und Wissenschaft, Bonn 1981. PROJEKTGRUPPE ARBEITSLEHRE MARBURG: Schule, Produktion, Gewerkschaften. Ansätze für eine Arbeitslehre im Interesse der Lohnabhängigen, Reinbek 1974. RAHMENRICHTLINIEN FÜR DIE HAUPTSCHULE IN NIEDERSACHSEN. Hannover 1982. RAHMENVEREINBARUNG über die Zusammenarbeit von Schule und Berufsberatung vom 5. Febr. 1971. In: Bundesanz. 23 (1971), 64 vom 2.4.1971. RAUCHFUSS, D.: Geographie als politische Bildung. In: Geogr. Rsch. 33 (1981), S. 27 ff. REETZ, L.: Wirtschaftsdidaktik – Eine Einführung in Theorie und Praxis wirtschaftsberuflicher Curriculumentwicklung und Unterrichtsgestaltung, Bad Heilbrunn 1984. RHODE-JÜCHTERN, T.: Geographie und Planung. Marburger Geographische Schriften, Heft 65, Marburg 1975. RICHTER, D.: Gesellschaftsrelevanz des Geographieunterrichts. In: HAUBRICH, H. u. a. (Hg.): Konkrete Didaktik der Geographie, Braunschweig 1977, S. 64 ff. ROBINSOHN, S. B.: Bildungsreform als Revision des Curriculum, Neuwied/Berlin 1967. ROLOFF, E.-A.: Erziehung und Politik, Bd. 1, Göttingen 1972. ROSENSTRÄTER, H.: Hinführung zur Berufs- und Wirtschaftswelt, Düsseldorf 1968. RÜHLMANN, P.: Politische Bildung, ihr Wesen und ihre Bedeutung, Leipzig 1908. RUPPERT, K./SCHAFFER, F.: Zur Konzeption der Sozialgeographie. In: Geogr. Rsch. 21 (1969), S. 205 ff. SCHELLER, I.: Erfahrungsbezogener Unterricht, Königstein 1981. SCHERHORN, G. (Hg.): Verbrauchererziehung in der Bundesrepublik Deutschland, Baltmannsweiler 1979. SCHMID, A.: Arbeitslehre als Hochschulfach. In: arb. + lern. – D. Arb.lehre 4 (1982), 23, S. 6 ff. SCHMIDT-WULFFEN, W.: Allgemeine Geographie. In: JANDER, L. u. a. (Hg.): Metzler Handbuch ..., Stuttgart 1982, S. 15 ff. SCHMIEDERER, R.: Zur Kritik der politischen Bildung, Köln/Frankfurt 1971. SCHMIEDERER, R.: Politische Bildung im Interesse der Schüler, Frankfurt/M. 1977. SCHNEIDEWIND, K.: Das Bezugsgefüge curricularer Planung und der Begriff der Arbeit im Gegenstandsbereich der Arbeitslehre. In: D. Arb.lehre 9 (1978), S. 97 ff. SCHOENFELDT, E. (Hg.): Polytechnik und Arbeit – Beiträge zu einer Bildungskonzeption, Bad Heilbrunn

1979. SCHÖRKEN, R. (Hg.): Curriculum „Politik", Opladen 1974. SCHRAMKE, W.: Zur Paradigmengeschichte der Geographie und ihrer Didaktik. Geographische Hochschulmanuskripte, Heft 2, Göttingen 1975. SCHRAMKE, W.: Geographie als politische Bildung. Elemente eines didaktischen Konzepts. In: Geographische Hochschulmanuskripte, Heft 6, Oldenburg 1978, S. 9 ff. SCHRAMKE, W.: Geographiedidaktik 1979–1980. In: Pol. Did. (1980), 3, S. 96 ff. SCHRAMKE, W.: Orientierungswissen/Topographie. In: JANDER, L. u. a. (Hg.): Metzler Handbuch..., Stuttgart 1982, S. 247 ff. SCHRAMKE, W.: Raumerziehung, Mimeo, Oldenburg 1985. SCHRAMM, A.: Kritisch-vergleichende Untersuchungen zum Arbeitslehreproblem, Meisenheim 1970. SCHRAND, H.: Konzepte der Curriculumforschung in ihrer Bedeutung für die Geographie. In: HENDINGER, H./SCHRAND, H. (Hg.): Curriculumkonzepte in der Geographie, Köln 1981, S. 7 ff. SCHRETTENBRUNNER, H.: Die Daseinsfunktion „Wohnen" als Thema des Geographieunterrichts. In: Geogr. Rsch. 22 (1970), S. 229 ff. SCHRETTENBRUNNER, H. (Hg.): Sozialgeographie für die Schule. Beihefte 2 zur Geogr. Rsch. 1974. SCHULTZE, A.: Allgemeine Geographie statt Länderkunde! In: SCHULTZE, A. (Hg.): Dreißig Texte..., Braunschweig 1972, S. 225 ff. (1972 a). SCHULTZE, A. (Hg.): Dreißig Texte zur Didaktik der Geographie, Braunschweig 1972 b. SCHULTZE, A.: Kritische Zeitgeschichte der Schulgeographie. In: Geogr. Rsch. 31 (1979), S. 2 ff. SCHULZE-GÖBEL, H.-J.: Räumliche Symbolbildung – Eine von der Geographie vergessene Realität. In: JÜNGST, P. u. a. (Hg.): Innere und äußere Landschaften, Urbs et Regio, Bd. 34, Kassel 1984, S. 67 ff. SCHÜTZ, A./LUCKMANN, TH.: Strukturen der Lebenswelt, Bd. 1, 2, Frankfurt/M. 1979/1984. SCHWEGLER, J.: Zur politischen Kontroverse um die Arbeitslehre, Frankfurt/Köln 1976. SEIFERT, A.: Gedanken zum Schulgeographentag und zur Stellung der Schulgeographie. In: 18. DEUTSCHER SCHULGEOGRAPHENTAG BASEL 1982, Tagungsband, Basel 1983, S. 19 ff. SEIFERT, K. H.: Theorien der Berufswahl und der beruflichen Entwicklung. In: SEIFERT, K. H. (Hg.): Handbuch der Berufspsychologie, Göttingen/Toronto/Zürich 1977, S. 173 ff. SEXTRO, H. PH.: Über die Bildung der Jugend zur Industrie (1785). Quellenschriften zur Industrieschulbewegung, Bd. 1, Frankfurt/M. 1968. 37. DEUTSCHER GEOGRAPHENTAG, Kiel 1969, Tagungsbericht und wissenschaftliche Abhandlungen, Wiesbaden 1970. SÖLTENFUSS, G.: Grundlagen handlungsorientierten Lernens, Bad Heilbrunn 1983. SPERLING, W. (Hg.): Theorie und Geschichte des geographischen Unterrichts, Braunschweig 1981. SPRANGER, E.: Gedanken zur staatsbürgerlichen Erziehung, Bonn 1957. STEFFENS, H.: Berufswahl und Berufswahlvorbereitung, Ravensburg 1975. STEFFENS, H.: Strategie der Verbraucherbildung. In: BIERVERT, B. u. a. (Hg.): Verbraucherpolitik in der Marktwirtschaft, Reinbek 1978, S. 224 ff. STEFFENS, H.: Verbrauchererziehung (Fernstudiengang Arbeitslehre), hg. v. Deutschen Institut für Fernstudien, Universität Tübingen 1980. STEINMANN, B.: Der Wirtschaftskreislauf im Unterricht, Köln 1975. STEINMANN, G.: Erkundungen ökonomischer Realität. Theoretische Grundlegung und schulische Anwendung, Essen 1982. STÖCKLE, F.: Heimat heute. In: KNOCH, P./LEEB, TH. (Hg.): Heimat oder Region? Frankfurt/M. 1984, S. 17 ff. STROHM, H.: Politische Ökologie. Arbeitsmaterialien und Lernmodelle für Unterricht und Aktion, Reinbek 1977. SUTOR, B.: Didaktik des politischen Unterrichts, Paderborn 1971. SZANIAWSKI, I.: Die Humanisierung der Arbeit und die gesellschaftliche Funktion der Schule. Die Antinomien der allgemeinen, polytechnischen und beruflichen Bildung sowie Wege zu ihrer Überwindung, Weinheim/Basel 1972. TENFELDE, W.: Berufliche Orientierung durch Berufswahlunterricht, Bad Heilbrunn 1978. THIEME, H. J.: Neuere Entwicklungen in der Marktökonomie und ihre curricularen Implikationen. In: NIBBRIG, B. (Hg.): Fachdidaktik der Wirtschaftslehre in der Sekundarstufe II, Köln/Wien 1983, S. 21 ff. THOMALE, E.: Entwicklung und Stagnation in der Sozialgeographie. In: Die Erde 109 (1978), S. 81 ff. TIMMERMANN, J.: Bemerkungen zum Wirtschaftslernen in den deutschen Schulen seit der Aufklärung. In: NEUGEBAUER, W. (Hg.): Wirtschaft I. Unterricht in Wirtschaftslehre, München 1976, S. 43 ff. TORNIEPORTH, G.: Hauswirtschaftslehre. In: Enzyklopädie Erziehungswissenschaft, Bd. 3, Stuttgart 1986, S. 459 ff. TUAN, YI-FU: Humanistic Geography. In: Annals of the Association of American Geographers, Bd. 66, Nr. 2, Washington 1976, S. 266 ff. UNESCO (Hg.): Trends in Environmental Education, Paris 1977. UNESCO-VERBINDUNGSSTELLE FÜR UMWELTERZIEHUNG IM UMWELTBUNDESAMT (Hg.): Bericht über Aktivitäten der Umwelterziehung in Bund, Ländern und überregionalen Institutionen, Berlin 1984. VERBRAUCHER-ZENTRALE NORDRHEIN-WESTFALEN E. V., DÜSSELDORF/STIFTUNG VERBRAUCHERINSTITUT, BERLIN: Verbrauchererziehung in der Schule. – Ein Zielkatalog, Berlin/Düsseldorf 1984. VESTER, F.: Unsere Welt – ein vernetztes System, München 1983. VETTER, K. F.: Zur Didaktik der Arbeitslehre. Ein systematischer Theorie-Praxis-Beitrag mit Materialien für den Arbeitslehreunterricht in Sonderschulen, Solms-Oberbiel 1983. VOLPERT, W.: Handlungsstrukturanalyse als Beitrag zur Qualifikationsforschung, Köln 1974. WEINBRENNER, P.: Arbeitnehmer- und verbraucherorientierte Wirtschaftsdidaktik. Zum Problem einer wissenschaftstheoretischen und fachdidaktischen Begründung parteilicher Curricula. In: Z. f. P. 23 (1977), S. 381 ff. WEINBRENNER, P.: Begrifflich-theoretische Grundlagen einer zielgruppenorientierten Fachdidaktik. In: TWARDY, M. (Hg.): Fachdidaktik zwischen Normativität und Pragmatik, Sonderband 1, Düsseldorf 1985, S. 123 ff. WENIGER, E.: Die Grundlagen des Geschichtsunterrichts, Leipzig/Berlin 1926. WENIGER, E.: Politische Bildung und staatsbürgerliche Erziehung, Würzburg 1964. WENZEL, H.-J.: Sozialgeographische Probleme im Unterricht. In: JANDER, L. u. a. (Hg.): Metzler Handbuch..., Stuttgart 1982, S. 389 ff. WIEMANN, G.: Arbeitslehre in der Hauptschule. In: Westerm. P. Beitr. 18 (1966), S. 198 ff. WILHELM, TH.: Traktat über den Kompromiß, Stuttgart 1973. WIRTH, E.: Die deutsche Sozialgeographie in ihrer theoretischen Konzeption und in ihrem Verhältnis zu Soziologie und Geographie des Menschen. In: Geogr. Z. 65 (1977), S. 161 ff. WIRTH, E.: Kritische Anmerkungen zu den wahrnehmungszentrierten Forschungsansätzen in der Geographie. In: Geogr. Z. 69 (1981), S. 161 ff. WOLF, H.-U.: Fächerübergreifende Unterrichtseinheiten zu den Themen: Produktion und Absatz; Arbeitsteilung – Automation. In: D. Arblehre. 12 (1981), S. 83 ff. WULF, CH.: Das politisch-sozialwissenschaftliche Curriculum, München 1973. ZENTRALSTELLE FÜR UMWELTERZIEHUNG (Hg.): Memorandum. Aufgaben einer an der Universität Essen – Gesamthochschule errichteten Zentralstelle für Materialien zur Didaktik der Umwelterziehung, Essen 1977. ZENTRALVERBAND DER DEUTSCHEN GEOGRAPHEN (Hg.): Basislehrplan Geographie, Würzburg 1980. ZIEFUSS, H.: Analyse gesellschaftspolitischer Gehalte von Arbeitslehre, Kastellaun 1976.

Lexikon

Alltagskultur: Essen

Begriff. Die „Eßkultur" ist – wie viele andere Bereiche der Alltagskultur auch – ein erziehungswirksamer Lebensbereich, der für die Mehrzahl der Pädagogen noch außerhalb ihres unmittelbaren Arbeitsbereiches liegt, auch wenn bestimmte Segmente in wachsendem Umfang in schulische Curricula eingehen, so beispielsweise in den Sachunterricht der Grundschule (vgl. WILLIMSKY 1973), in die hauswirtschaftliche Erziehung (vgl. TORNIEPORTH 1986) und in bestimmte berufsqualifizierende Bildungsgänge der Sekundarstufe II (vgl. WAGNER-BLUM 1983). Das Essen ist oft Gegenstand eines heimlichen, nebenherlaufenden Lehrplans vom Kindergarten und von der Grundschule an (mit Belehrungen über das „gesunde Frühstück", den Umgang mit dem Pausenbrot und nicht zuletzt mit dem Verbot des Essens während des Unterrichts mit dem den Beteiligten vielleicht nicht bewußten Ziel der strikten Trennung der Wissens- und Essensaufnahme). Eine systematische Reflexion der Bedeutung der Eßkultur für das schulische Curriculum liegt jedoch nicht vor.

Essen als Teil des Sozialisationsprozesses. Das Essen und die es umgebenden Situationen (Einkaufen, Vorbereiten, Zubereiten, Verdauen), die mit dem Essen verknüpften Prozesse und Verhaltensweisen (Zunehmen, Abnehmen, Sich-Erholen, Hungern, Prassen, Feiern) stehen exemplarisch für eine breite Anzahl wichtiger Sozialisationsprozesse auf der Grenze von nicht-intendierten/unbewußten zu intendierten/planmäßigen Erziehungsmaßnahmen. Das Lernen „um das Essen herum" beginnt in einer pränatalen Phase (zur Ratgeberliteratur für werdende Mütter vgl. HÄUSSLER 1976, WILBERG 1979), spätestens vom Augenblick der Geburt an steht es im Zentrum des Tagesablaufs des Säuglings und geschieht dennoch gewissermaßen nebenher. Jede Essensaufnahme hat neben der psychophysischen Funktion der Ernährung eine individuelle Bedeutung und einen gesellschaftlich und kulturell festgelegten Sinn (vgl. RATH 1984, S. 12 f.). Diese Dimensionen des Essens lassen sich nur unscharf voneinander abheben, ihre wissenschaftliche Analyse ist nur interdisziplinär möglich, zum Beispiel unter Zuhilfenahme der Nahrungsphysiologie, Diätetik und Gastrosophie (vgl. BRILLAT-SAVARIN 1913, RUHMOR 1978), der „Gastrokritik" und Kulturgeschichte (vgl. SCHIEVELBUSCH 1982), der Soziologie (vgl. SIMMEL 1957), der Ästhetik, der Psychologie und der Pädagogik (vgl. den Literaturüberblick bei RATH 1984, S. 328 ff.). Zusätzlich spielen gerade beim Essen volkstümliche Formen der Wissensüberlieferung (Sprichwörter, Volkswissen, intuitives Wissen, Geheimwissen) eine entscheidende Rolle (vgl. RATH 1984, S. 12).

Als individuelle sinnliche Qualität wird dem Essen und der Eßkultur der Geschmack zugeordnet. Die weitere Bedeutung des Wortes „Geschmack" verweist schon auf die paradigmatische Qualität des Geschmackssinnes für die Bewertung und die Verarbeitung von Erfahrungen überhaupt. Fast alle Sinne erfahren im Zusammenhang mit dem Essen in seiner historisch und kulturell bestimmten Form ihre Grundausbildung (vgl. GLATZEL 1959; vgl. TELLENBACH 1968, S. 43 f.).

Durch die Entwicklung von Eßkultur wird vieles zusammengebracht und -gehalten, was auch nicht annäherungsweise zur gleichen Zeit ins Bewußtsein gehoben werden kann: Bestimmte Aspekte der Eßkultur unterliegen einer bewußten sozialen Formung und werden dadurch auch teilweise für bewußte Erziehungsmaßnahmen zugänglich, viele weitere Aspekte bleiben latent, aber für die soziale Situation des Essens dennoch wirksam. Drei dieser Aspekte sollen im folgenden genauer analysiert werden: der ontogenetisch-sozialisationstheoretische Aspekt, der kulturhistorische Aspekt und der Aspekt des Zusammenhangs von Eßkultur und postindustriellen Lebensbedingungen.

Der ontogenetisch-sozialisationstheoretische Aspekt der Eßkultur. Im Sozialisationsprozeß des neugeborenen Kindes werden zwei wichtige Entwicklungen miteinander verknüpft: einmal die Übernahme der in einer Gruppe gültigen symbolischen Bedeutungen des Essens „als einer Verkehrsform des Menschen" (TOKAREV 1971, S. 301 f.), zum anderen die Herausbildung der je individuellen Bedeutung des Essens für die (Trieb-)Befriedigung. Der Prozeß der Trennung von der Mutter und die je neuen Formen von Kontakt zu ihr und zu anderen Personen stehen zunächst in unmittelbarem Zusammenhang mit der Nahrungsaufnahme (Durchtrennen der Nabelschnur, Säugen, Füttern mit dem Löffel). Der das Essen aufnehmende, saugende Mund ist nach FREUD (vgl. 1972) die erste erogene Zone des Körpers und, weitergefaßt, „die Wiege der Wahrnehmung" (SPITZ 1966, S. 79 ff.). Wegen dieses Ausgangspunktes haben die später herausgebildeten Formen des Essens immer auch etwas mit Kontaktaufnahme, Trennung und Erotik zu tun. Der zunächst enge Zusammenhang bietet die Möglichkeit zur Verdrängung und Verschiebung von einem Bereich in den anderen. So wird die *Einverleibung der Nahrung* zum *Grundmuster für jegliche Aneignungsweise äußerer Natur* (vgl. ABRAHAM 1969, S. 136). Durch die Art und Weise des Fütterns und Essens werden dem heranwachsenden Kind die gruppen-, klassen- und schichtspezifischen, die weltanschaulichen, die regionalen und nationalen Grundregeln sozialen Verhaltens und seiner Bedeutungen eingeflößt. Dieser Prozeß läuft für alle Beteiligten im wesentlichen unbewußt ab, wird zu großen Teilen auch „nur" körpersprachlich vermittelt, ist jedoch ein wichtiges Moment in der Entwicklung der Persönlichkeitsstrukur (vgl. BARTHES 1970, S. 36 f.; vgl. LÉVI-STRAUSS 1976a, 1976b; vgl. RATH 1984, S. 31 ff.). Beim Erlernen des Essens wird zugleich eine je individuelle Kombination der Nah- und Fernsinne herausgebildet (zum entwicklungspsychologischen Aspekt vgl. HOLZKAMP 1973, S. 195; vgl. LEONTJEW 1973, S. 285, S. 292).

Der im „Prozeß der Zivilisation" in langen Jahrhunderten durchlaufene Prozeß der Disziplinierung des Körpers und der Sinne muß in der Ontogenese zwar nicht in identischer, aber doch in äquivalenter Form durchlaufen werden; dabei ist eine Fülle von Verhaltensweisen zu erlernen, die zunächst mit dem Essen verbunden sind, in ihrer Bedeutung aber weit darüber hinausgehen, beispielsweise der Erwerb von Hygieneregeln, die Mäßigung der „Triebe" (vgl. RATH 1984, S. 215 f.). Damit einher geht ein Prozeß der Ästhetisierung des Essens (angefangen bei der Gestaltung des Bestecks und Geschirrs über die Präsentation der Speisen bis zur Entfaltung von Tischsitten, Ritualen und Gepflogenheiten); die Beurteilung durch das Auge wird immer wichtiger („Das Auge ißt mit"), die Nahsinne werden eingeschränkt (es ist verboten, an den Speisen zu schnüffeln oder sie zu berühren, ohne sie dann zu verzehren).

Der kulturhistorische Aspekt der Eßkultur. Der komplexe und langwierige Prozeß der Individualisierung der Lebensbedingungen und der Herausbildung der Identität, wie er seit dem Ende des Mittelalters beobachtet werden kann (vgl. ELIAS 1969a), kann an der historischen Entfaltung der Eßkultur nachdrücklich illustriert werden. Die Einverleibung der äußeren Natur beim Essen ist zugleich eine der Voraussetzungen für die Aktualisierung und Ausdifferenzierung der inneren Natur, also für den Aufbau der Persönlichkeitsstruktur. Das Essen erfährt dadurch eine gewichtige Bedeutungsausweitung bis hin zu der Tatsache, daß es eine Ersatzfunktion für andere, aus bestimmten Gründen unbefriedigt gebliebene Bedürfnisse erhalten kann.

Lebten die Menschen im Mittelalter in Gruppen und Gemeinschaften, die fest an bestimmte Orte, Landschaften, Herrschaftsformen und Produktionsweisen gebunden waren, so geraten die einzelnen im Zeitalter der Frührenaissance mit seiner Ausweitung des Handels- und Bankkapitals und der Entwicklung eines noch über Europa hinausgehenden Verkehrsnetzes zunehmend unter die Anforderung, eine individuelle Identität auszubilden, die relativ unabhängig von sozialen Gruppen, Orten und Produktionsweisen aufrechterhalten werden kann (vgl. GURJEWITSCH 1982, LESEMANN 1981, MUCHEMBLED 1982). Der einzelne muß sich von den anderen unabhängig erfahren können, er muß lernen, sich selbst zu beherrschen, er muß sich den neuen, naturwissenschaftlichen Modus der Welterfahrung zu eigen machen. Die für solche Identitätsbildung erforderliche Lösung aus der engen Bindung an die eigene Sippe spiegelt sich überraschend deutlich auch im Wandel der Eßkultur wider: Bediente man sich bis zum Ende des Mittelalters noch der gemeinsamen Eßschüssel, teilte man sich Messer, Gabel und Becher, legte man angebissene Speisen in die Schüssel zurück, so setzt sich in der Renaissance mehr und mehr eine Distanzierung zu den übrigen Tischgenossen, aber auch zum eigenen Körper durch (vgl. ELIAS 1969a, S.86ff.; vgl. PAZZINI 1979, 1983; vgl. RATH 1984, S.215ff.): Jeder erhält seinen eigenen Teller (Trennung von Tischplatte und individuellem Eßplatz), sein eigenes Besteck (es wird weniger mit den Händen gegessen), die Speisen werden mit einer „distanzierenden" Gabel, mit dem Löffel zum Mund geführt; Jagd- und Arbeitsmesser, die als Waffen dienen könnten, werden vom Tisch verbannt; Arbeit und Wohnung werden also getrennt, Assoziationen an aggressives Verhalten vermieden (vgl. die Dokumentation der Quellen bei ELIAS 1969a).

Mit dem Bürgertum kommt dann ein Zug der Askese auf, eine zumeist pädagogisch motivierte Forderung nach „vernünftigem" Essen und nach der Vermeidung von Leckereien, der ebenfalls im Dienst der Affektbeherrschung des „autonomen" Individuums steht. So schreibt Sailer im Jahre 1809: „Wir sind überall zu weit von der einfachen Natur abgekommen, also wohl auch in der einfachen Angelegenheit der Küche, die nur zu vielfach geworden ist. Denn, wie die Sophistik des Herzens den Verstand, so zerrüttet die üppige Kunst der Küche den Leib. [...] Vielfraß und Leckermaul werden also nicht geboren, sondern erzogen" (SAILER 1977, S.351). Und hundert Jahre später in kleinbürgerlicher Zuspitzung: „Gerade das Kind unterliegt so leicht dem heftigen Gaumenkitzel und läßt seine Eßlust sich steigern bis zur Gefräßigkeit. Nun ist es aber eine auch von Ärzten anerkannte Tatsache, daß ein ungezügelter Nahrungstrieb nicht selten der Vorbote eines heftigen Geschlechtstriebes ist" (ROLOFF 1913, S.1114). Gegenüber diesen asketischen Zügen der bürgerlichen Gesellschaft, die sich zum Teil in anderer Form in der „Öko-Kultur" von heute wiederfinden lassen, überlebt aber auch die genuß- und lustvolle Seite der Eßkultur, und zwar über feudale Traditionen im Bürgertum, die zum Teil auch nur im Gestus des Schreibens (vgl. BRILLAT-SAVARIN 1913, RUHMOR 1978) als ideologische Überhöhung der Eßdisziplin ausgebildet wird.

Die Konstitution des autonomen Individuums in der Neuzeit zeitigt aber auch gegenläufige Tendenzen, die Teil der Dialektik von Individualisierung und Vergesellschaftung sind (vgl. SIMMEL 1957). Denn: „Seitdem das Individuum sich herausgerissen hatte aus der es überdauernden Gemeinschaft, wird seine Lebensdauer zum Maßstab seines Genießens. Der Einzelmensch will als er selbst möglichst viel von dem Wandel der Dinge erleben" (SOMBART 1983, S. 120). Auf der Grundlage sicher internalisierter „Grundregeln" der Affektbeherrschung werden Variationen und Auflockerungen möglich, die der Erhöhung des Genusses in kurzer Lebenszeit dienen und die es erlauben, dem Essen im Alltagsbewußtsein des modernen Menschen neben dem Sich-Kleiden, dem Wohnen und dem Reisen eine große Bedeutung zu geben (vgl. CLAESSENS 1967, S. 124; vgl. ELIAS 1969b, S. 321).

Zum Zusammenhang von Essen und „postmoderner" Kultur. Durch die immer weiter fortschreitende Rationalisierung der Lebensbezüge des Menschen wird auch die Sichtweise auf die Nahrungsmittel verwissenschaftlicht, gleichzeitig aber auch die subjektive Bedeutungsaufladung und Ästhetisierung des Essens vorangetrieben: „Wird nun die Geschmacksdimension einer Speise – weil nicht wissenschaftlich faßbar – dem Subjektiven zugeschlagen, behaupten Nährwert und Wirkstoff – da naturwissenschaftlich erforschbar – einen Status der Objektivität" (RATH 1984, S. 90). Der im Sinne naturwissenschaftlichen Denkens flüchtigen Dimension des sozialen und kommunikativen Sinns und der individuellen Bedeutung der Speisen werden die harten Fakten der Nährstoffanalyse, der Ökotrophologie und Diätkunde oft relativ unvermittelt gegenübergestellt, dann aber doch durch historisch ältere, nicht restlos vertriebene Schichten der Eßkultur aufeinander bezogen: Erst über die Rudimente noch vorhandener religiöser Schuldgefühle werden die aus erfahrungswissenschaftlicher Sicht eher zweifelhaften Ergebnisse der modernen Ernährungsforschung für das Individuum bedeutsam: Der „Lohn" für die Beachtung der vielen Ernährungsregeln und Diätpläne ist zwar nicht mehr das ewige, wohl jedoch das in Krankenkassenbroschüren, Haushaltszeitschriften und ökologischen Kochbüchern versprochene lange Leben; das tägliche Addieren der verzehrten Kalorien tritt an die Stelle der Gewissenserforschung (vgl. RATH 1984, S. 272 f.).

So lassen sich unter den Bedingungen einer postmodernen Kultur (zum vorerst noch rein deskriptiven, aber fruchtbaren Gebrauch des Begriffs – vgl. KLOTZ 1984, S. 15 ff., S. 133 ff.; dagegen: vgl. HABERMAS 1985) recht unterschiedliche, zum Teil widersprüchliche Tendenzen als bestimmende Momente verschiedener Eßkulturen festhalten: Die *Eindeutigkeit* der wissenschaftlichen Nährwertanalysen, der artifiziellen, von bestimmten Jahreszeiten und von einer bestimmten Region unabhängigen Produktion der Lebensmittel, ihrer vielfältigen, in der Natur nicht vorkommenden Kombination mit Hilfe der Lebensmittelchemie, der Möglichkeit der Konservierung der Nahrungsmittel (als ein „Anhalten" und beliebiges „Auftauen" der Zeit) entspricht eine *Vieldeutigkeit* der Essenssituationen. Etwas vereinfachend lassen sich in den gegenwärtigen Eßkulturen also *drei Bedeutungsschichten* voneinander abheben:
- eine naturwissenschaftlich orientierte, die über Nährwertanalysen und Diätvorschriften die Zusammenstellung des Essens, die Quantität und Häufigkeit der Mahlzeiten beeinflußt;
- eine ältere, fast archaische Schicht, die an Traditionen gebunden ist, die noch bis in die Vorstellungswelten der Humoralmedizin reichen und an körperlicher Arbeit und ihren Konnotationen orientiert sind;
- eine Schicht von fast beliebigen Bedeutungsaufladungen des Essens infolge der Abkoppelung von „gewachsenen" Lebens- und Arbeitszusammenhängen.

Da im naturwissenschaftlichen Zugriff auf die Eßkultur jedoch kein sozialer

Sinn und auch keine individuelle Bedeutung des Essens vermittelt wird, entsteht der wachsende Zwang, in einer postmodernen Haltung auf unterschiedliche, historisch tradierte Vorstellungen von Genuß, Lust, Sinnlichkeit und Glück zu rekurrieren: Die mit den „nackten" Nährstoffen verbundenen Vorstellungsbilder werden aus unterschiedlichen Kulturen und Geschichtsepochen, vom Land, vom Hof und aus den Metropolen entnommen, collagiert, mit dem Siegel „echt", „natürlich", „ökologisch" künstlich vereinheitlicht. So können in ein und demselben Individuum Genußstile nebeneinander existieren: Currywurst und Hamburger werden genauso „mit Genuß" gegessen wie am Morgen desselben Tages das Müsli und am Abend ein Essen gemäß der Nouvelle cuisine.

Durch solche Bedeutungsaufladungen entsteht in den Eßkulturen der hochindustrialisierten, postmodernen Gesellschaften eine Art Verpflichtung zum Genuß, zur Gesundheit und zum Glück. Und wer hierin erfolglos ist, scheint genausowenig auserwählt wie der in weltlich-ökonomischen Dingen erfolglose Calvinist. Das Schicksal der Eßkultur scheint dem der Sexualität vergleichbar: So, wie in kirchlichen Morallehren Sexualität auf den Zeugungsakt zu reduzieren versucht wurde, so versucht die moderne Ernährungswissenschaft – wenn auch ohne durchschlagenden Erfolg – das Essen auf die Nahrungsaufnahme zu reduzieren (vgl. MATTENKLOTT 1982; vgl. RATH 1984, S. 325).

ABRAHAM, K.: Psychoanalytische Studien, Frankfurt/M. 1969. BÄCHTOLD-STÄUBLI, H. (Hg.): Handwörterbuch des deutschen Aberglaubens, 10 Bde., Berlin/Leipzig 1927–1942. BARTHES, R.: Mythen des Alltags. Frankfurt/M. 1970. BRILLAT-SAVARIN, J. A.: Physiologie des Geschmacks oder Betrachtung über transzendentale Gastronomie, 2 Bde., hg. v. H. Conrad, München 1913. CLAESSENS, D.: Familie und Wertsystem, Berlin 1967. ELIAS, N.: Über den Prozeß der Zivilisation, 2 Bde., Bern/München 1969 (Bd. 1: 1969 a; Bd. 2: 1969 b). FREUD, S.: Drei Abhandlungen zur Sexualtheorie. Studienausgabe, Bd. 5, Frankfurt/M. 1972. GLATZEL, H.: Vom Genußwert der Nahrung, Wiesbaden/Berlin 1959. GURJEWITSCH, A. J.: Das Weltbild des mittelalterlichen Menschen, München 1982. HABERMAS, J.: Der philosophische Diskurs der Moderne, Frankfurt/M. 1985. HÄUSSLER, S.: Ärztlicher Ratgeber für werdende und junge Mütter, München 1976. HOLZKAMP, K.: Sinnliche Erkenntnis. Historischer Ursprung und gesellschaftliche Funktion der Wahrnehmung, Frankfurt/M. 1973. KLOTZ, H. (Hg.): Moderne und Postmoderne. Architektur der Gegenwart 1960–1980, Braunschweig/Wiesbaden 1984. LEONTJEW, A. N.: Probleme der Entwicklung des Psychischen, Frankfurt/M. 1973. LESEMANN, K.: Quantifikation und Entsinnlichung. Notizen zur Disziplinierung des Leibes und Berechnung der Seele. In: Psych. u. Gesellschkrit. (1981), 20, S. 7 ff. LÉVI-STRAUSS, C.: Mythologica I: Das Rohe und das Gekochte, Frankfurt/M. 1976 a. LÉVI-STRAUSS, C.: Mythologica III: Der Ursprung der Tischsitten, Frankfurt/M. 1976 b. MATTENKLOTT, G.: Der übersinnliche Leib. Beiträge zur Metaphysik des Körpers, Reinbek 1982. MUCHEMBLED, R.: Kultur des Volks – Kultur der Eliten, Stuttgart 1982. PAZZINI, K.-J.: Unterrichtsanregung zur Funktion alltäglicher Gebrauchsgegenstände um das Essen herum. In: EHMER, H. K. (Hg.): Ästhetische Erziehung und Alltag, Gießen 1979, S. 19 ff. PAZZINI, K.-J.: Die gegenständliche Umwelt als Erziehungsmoment. Zur Funktion alltäglicher Gebrauchsgegenstände in Erziehung und Sozialisation, Weinheim/Basel 1983. RATH, W.-D.: Rechte der Tafelrunde. Das Abenteuer der Eßkultur, Reinbek 1984. ROLOFF, E. M.: Ernährung. In: ROLOFF, E. M./WILLMANN, O. (Hg.): Lexikon der Pädagogik, Bd. 1, Freiburg 1913, S. 1108 ff. RUHMOR, K. F.: Geist und Kochkunst, Frankfurt/M. 1978. RUTSCHKY, K. (Hg.): Schwarze Pädagogik. Quellen zur Naturgeschichte der bürgerlichen Erziehung, Frankfurt/Berlin/Wien 1977. SAILER, J.: Einiges über die Ernährung der Kinder (1809). In: RUTSCHKY, K. (Hg.): Schwarze Pädagogik..., Frankfurt/Berlin/Wien 1977, S. 355 ff. SALZMANN, CH. G.: Die Regulierung der Eßlust (1796). In: RUTSCHKY, K. (Hg.): Schwarze Pädagogik..., Frankfurt/Berlin/Wien 1977, S. 352 ff. SCHIEVELBUSCH, W.: Das Paradies, der Geschmack und die Vernunft, München 1982. SIMMEL, G.: Soziologie der Mahlzeit (1910). In: SIMMEL, G.: Brücke und Tür, Stuttgart 1957, S. 243 ff. SOMBART, W.: Liebe, Luxus und Kapitalismus. Über die Entstehung der modernen Welt aus dem Geist der Verschwendung (1922), Berlin 1983. SPITZ, R. A.: Vom Säugling zum Kleinkind, Stuttgart 1966. TELLENBACH, H.: Geschmack und Atmosphäre, Salzburg 1968. TOKAREV, S. A.: Zur Methodik der ethnographischen Erforschung der Nahrung. In: Studia Ethnographica et folkloristika in honorem Bela Gunda, Debrecen 1971. TORNIEPORTH, G.: Hauswirtschaftslehre. In: Enzyklopädie Erziehungswissenschaft, Bd. 3, Stuttgart 1986, S. 459 ff. WAGNER-BLUM, B.: Unterricht: Ernährungslehre – Nahrungsmitteltechnologie. In: Enzyklopädie Erziehungswissenschaft. Bd. 9.2, Stuttgart 1983, S. 549 ff. WILBERG, G.: Zeit für uns, München 1979. WILLIMSKY, H.: Gesunde Ernährung. In: Sachu. u. Math. in d. Grunds. 1 (1973), S. 188 ff.

Karl-Josef Pazzini

Alltagskultur: Heimwerken

Die Heimwerkerbewegung. Als „Heimwerken" wird die in der Freizeit, zumeist in der eigenen Wohnung, in Haus und Garten, von Laien durchgeführte technisch-handwerkliche Arbeit für den Eigenbedarf verstanden.

Die stets feststellbare Unvollkommenheit häuslicher Ausstattung und die Unmöglichkeit, sich alle fehlenden Gegenstände oder Dienstleistungen zu kaufen, zwangen schon früher viele Familienväter zum „Heimwerken", zum schlichten Selbermachen. Ein geringer Bestand an Werkzeug, ein ständiger oder bei Bedarf geschaffener Werkplatz, der Umgang mit Bau- und Gartengeräten waren im bäuerlich-handwerklichen Umfeld selbstverständlich. Daß „Heimwerken" zu einem Programm und zu einer Bewegung werden konnte, spiegelt demgegenüber eine unmittelbare politisch-ökonomische Notlage aus der ersten Hälfte dieses Jahrhunderts wider. Das Schlagwort „Do it yourself!" entstand in den 20er Jahren in den USA, als angesichts eines sinkenden Angebots (bezahlbarer) handwerklicher Leistungen von der einschlägigen Industrie ein neuer Markt entdeckt und zielstrebig ausgebaut wurde. Eine „Bewegung" entstand und wurde nach dem Zweiten Weltkrieg in Europa bereitwillig aufgenommen.

Neben dem immer schon gegebenen ökonomischen Zwang zum Selbermachen kamen seit Ende der 60er Jahre weitere Motive hinzu, die die Bewegung verstärkten. Immer mehr Menschen in der Produktion finden in ihren Berufen keine Möglichkeit mehr, ganze Werkstücke herzustellen, mit denen sie sich identifizieren können, auf die sie stolz sind. Für viele gilt dies in besonderer Weise, da sie beruflich keine Möglichkeit haben, mit ihren „Händen" etwas zu schaffen. Ein weiteres Motiv ist die seit Jahren zunehmende Freizeit (Verlängerung des Urlaubs, Vorverlegung des Rentenalters und Verringerung der Wochenarbeitszeit), aber auch das Ausmaß der Massenarbeitslosigkeit zu Beginn der 80er Jahre ist ein wesentlicher Grund für die steigende Anzahl der Heimwerker.

In der Bundesrepublik Deutschland wird die Zahl der „aktiven Heimwerker" auf 12,7 Millionen, die der „gelegentlichen" auf weitere 11 Millionen geschätzt. Somit sind ungefähr 46 Prozent der Bevölkerung als „Heimwerker" anzusehen. Insgesamt werden für diese Tätigkeit schätzungsweise 1325 Millionen Stunden pro Jahr aufgewendet (vgl. INSTITUT FÜR FREIZEITWIRTSCHAFT 1984, S. 107).

Dieser Personenkreis ist Zielgruppe einer Branche mit kontinuierlich hohen Wachstumsraten. Das Marktvolumen wird auf etwa 25 Milliarden Mark geschätzt (vgl. G + J BRANCHENBILD DO-IT-YOURSELF-WERKZEUGE 1983). Über 500 Großbaumärkte, zahlreiche Abteilungen in Warenhäusern und Einzelhandelsgeschäfte beliefern die Heimwerker mit Material und Arbeitsmitteln. Die elektrischen Kleinmaschinen sind besonders begehrt: „Aktive Heimwerker" verfügen über Handbohrmaschinen (87%), elektrische Sägen (48%), Schleifmaschinen (39%), Spritzpistolen (18%) sowie Schweißgeräte und Betonmischer (je 13%). Ferner gehören zur Grundausstattung Lötgeräte und Werkraumausstattung (Werkbank, Werkzeugschrank). Zur Zeit setzen sich elektronisch gesteuerte Bohrhämmer, Kappsägen und Elektrouniversalscheren auf dem Markt durch. Ein Ende dieser technisch-ökonomischen Entwicklung ist nicht in Sicht.

Quantitative Analysen der beim Heimwerken durchgeführten Arbeiten zeigen, daß das Heimwerken ursprünglich zur Kostensenkung im Haushalt eingeführt wurde und diese Funktion bis heute auch in beträchtlichem Umfang erfüllt. „Tapezieren" führt die Rangliste durchgeführter Arbeiten mit 64% an, es folgen „Streichen der Wände" mit 55%, „Elektroinstallationen machen" und „Teppich verlegen" mit je 39%. Hier handelt es sich vorwiegend um Renovierungs- und Unterhaltungsarbeiten. Eine andere Qualität haben „Schreinern und Tischlern" (33%) oder „Wand- und Deckenverkleidungen anbringen" (39%) (alle Angaben beziehen sich auf „aktive" Heimwerker, vgl. INSTITUT FÜR FREIZEITWIRTSCHAFT 1984); denn bei diesen und ähnlichen Arbeiten werden Werkstücke neu hergestellt. Es wird nach eigenem Plan, oft nach Anregungen aus Heimwerkerbüchern und „Fachzeitschriften" verfahren. Monatlich erscheinende Zeitschriften wie „selber machen" (Auflage 190 000) oder „selbst ist der Mann" bringen eine Fülle von immer neuen Anregungen und Werkmöglichkeiten, so daß dem „aktiven Heimwerker" immer neue Aufgaben offenstehen. Diese reichen vom kompletten Selbstbauhaus, von der Renovierung (Dachgeschoßausbau, Bad/Dusche, Isolierung) über Heizungsanlagen, Bau von Booten, Gartengestaltung (Pergolen, Spielplätze, Grillstation) bis hin zu allen Arten von Möbeln und anderen häuslichen Gegenständen. Ein kleinerer Randbereich ist die Pflege von Fahrzeugen. Informationen über neue Produkte und aktuelle Sonderangebote des heiß umkämpften Markts werden zur Hälfte durch Publikumszeitschriften der Baumärkte, zu einem Viertel vom Fernsehen sowie von Fachzeitschriften und Tageszeitungen verbreitet. Die Werbeaufwendungen stiegen von 21 Millionen Mark im Jahre 1978 auf 37 Millionen Mark im Jahre 1982 (vgl. G + J BRANCHENBILD DO-IT-YOURSELF-WERKZEUGE 1983, S. 18).

Auswirkungen des Heimwerkens. Die wachsende ökonomische Bedeutung des Heimwerkens ist offenkundig. Der Beitrag des Heimwerkens für die Alltagskultur, seine offenen und geheimen Sozialisationsbezüge sind noch kaum erforscht.

Schon die Renovierung und Pflege, erst recht aber die Neuanfertigung von Gegenständen des täglichen Bedarfs erfordern vom Heimwerker *Qualifikationen,* die nur einige wenige unter ihnen im Rahmen ihrer Berufsausbildung erworben haben. Spezifische handwerkliche Fertigkeiten im Umgang mit Werkzeugen und Maschinen, Materialkenntnisse und ein allgemeines „technisches Verhalten" (visuelles Vorstellungsvermögen, Geschicklichkeit, Kraft, Geschmack, Ausdauer) sind zum Teil die Voraussetzung für ein erfolgreiches Heimwerken, sie können aber auch im Verlauf der Arbeit erworben werden (Lernen durch Versuch und Irrtum, Lernen durch Tun, Lernen durch Nachahmung; vgl. HALLER 1980, S. 3). Viele Heimwerker sind Autodidakten, andere suchen Rat bei Kollegen, bei Handwerkern, selbst an der Kasse des Heimwerkermarktes. Der beim langjährigen Heimwerker beobachtbare Kompetenz-

Alltagskultur: Heimwerken

zuwachs kann beträchtlich sein, die anfängliche Toleranz gegenüber mißlungenen eigenen Arbeiten ebenfalls. Die Qualität des fertigen Produkts wird ja nicht, wie beim gekauften und bezahlten Gegenstand, zum alleinigen Maßstab erhoben; die Befriedigung über ein selbsthergestelltes Stück kann über die unverhältnismäßig hohen Kosten hinwegtäuschen oder -trösten. Die Fachliteratur und viele Lieferfirmen unterstützen durch Anleitungen und fortlaufende Lehrgänge, neuerdings auch auf Videokassette, die Bemühungen der Heimwerker bei komplizierten Arbeiten oder neuen Verfahren. Tätigkeiten, wie die Elektroinstallation, werden selbst ohne professionelle Anleitung durchgeführt, obwohl sie wegen der damit verbundenen Gefahren geprüften Fachleuten vorbehalten bleiben sollten. Von den benutzten Maschinen geht auf viele Heimwerker eine eigentümliche Faszination aus, die durch das Gefühl ausgelöst werden dürfte, die eingesetzte Technik zu beherrschen, und die sich im Stolz über das fertige Produkt widerspiegelt. Es ist bemerkenswert, daß eine Reihe von Geräten und Materialien speziell für den Einsatz durch Heimwerker entwickelt und hergestellt wird. Der Umgang mit diesen Geräten und Materialien ist - im Vergleich zu den an Fachleute gerichteten Ansprüchen - vereinfacht, dennoch ist die Qualität der mit diesen vereinfachten Techniken erstellten Produkte hoch. Dieser Sachverhalt ist auch deshalb bemerkenswert, weil es vergleichbare Entwicklungen im Material- und Medienangebot für schulische Technikcurricula bisher nicht gibt.

Die *lerntheoretischen Aspekte* des Heimwerkens sind - wie andere Tätigkeiten der Alltagskultur ebenfalls - bislang wenig analysiert. Es ist aber wahrscheinlich, daß aufgrund der gegenüber schulischem Lernen deutlich veränderten Motivations- und Handlungsstruktur des Heimwerkens andere kognitive Prozesse ablaufen; durch die häufig erforderlichen Improvisationen wird technische Kreativität gefordert und gefördert; durch unmittelbare Wahrnehmung von Fehlhandlungen findet ein produktbezogenes Lernen statt; Qualitätsmaßstäbe werden individuell entwickelt und laufend verändert, aber - vor allem im Blick auf den Zeitaufwand - nur selten mit professionellen Standards verglichen. Die Toleranz des Heimwerkers gegenüber mißlungenen oder nur teilweise funktionsfähigen selbsterstellten Produkten schwankt zwischen naiver Anspruchslosigkeit und überzogenem Perfektionsdrang. Der Anteil an „aktiv heimwerkenden" *Frauen* ist mit 16% noch relativ gering. Werbung und Image des Heimwerkens beziehen sich wie selbstverständlich auf den Mann; die Werbung nutzt oft eine aggressive Sexualsymbolik. Das Interesse des Familienvaters für die Pflege und Ausgestaltung des „Heims" scheint eine notwendige zusätzliche Motivation zu sein. Es gibt aber Anzeichen dafür, daß Frauen sich zunehmend bestimmte Bereiche des Heimwerkens, beispielsweise das Abbeizen und Neustreichen von historischen Möbeln, aber auch Glasarbeiten (sogenannte Tiffany-Technik) aneignen.

Heimwerker arbeiten zumeist allein, sie ziehen sich in ihre Hobbywerkstatt zurück; Heimwerken kann - entgegen dem ideologischen Klang des Wortes - auch ein Ausbruch aus der Familie und ein Versuch zur Verdrängung ungelöster Konflikte sein. Heimwerken wird dann zur bloßen Beschäftigung, zum „Zeit-Totschlagen"; der Kauf von nur einmal oder nie benötigten Maschinen, Geräten und Zubehör wird zum - teuren - Selbstzweck.

Für die *technische Erziehung* von Kindern und Jugendlichen leistet das Heimwerken nur einen geringen unmittelbaren Beitrag, auch wenn indirekte Sozialisationswirkungen wahrscheinlich sind: Viele Väter rechtfertigen zwar die teuren Investitionen für das Heimwerken mit dem Hinweis auf die Erziehung der Kinder, schließen diese dann jedoch von den Arbeiten weitgehend aus und behindern dadurch deren technische Erziehung. Andererseits führt die bloße Kenntnis der arbeitserleichternden Funktion von Heimwerkermaschinen zu ungewollten Nebenwirkungen auf den schulischen Werk- und Technikunterricht: Die Schüler erwarten, auch im schulischen Unterricht jene Maschinen benutzen zu dürfen, die sie aus der häuslichen Arbeit des Vaters kennen; und sie sind frustriert, wenn dies nicht ermöglicht werden kann.

Für die Heimwerkerindustrie hat die Adressatengruppe der Kinder und Jugendlichen bisher nur eine untergeordnete Bedeutung. Es gibt einen begrenzten Markt, der sich jedoch zumeist auf Bastelangebote und ähnliches beschränkt. Eine der Ursachen dürfte darin bestehen, daß technische Interessen von Kindern und Jugendlichen vornehmlich auf andere Inhalte und Gegenstände bezogen sind: auf Fahrräder, Mopeds und Autos, auf elektrische Eisenbahnen, auf Videospiele und - neuerdings - auf Heimcomputer. Hierfür existieren eigene kommerzielle Angebote, eigene Statussymbole und Kommunikationsformen. Auch in ihrem Verhältnis zur Technik haben Kinder und Jugendliche inzwischen eine eigenständige, kommerziell ausgenutzte Subkultur.

Die „Heimwerkerbewegung", die zur Zeit ein Bestandteil der Alltagskultur von Erwachsenen ist, wird sich aufgrund der zunehmenden Freizeit und des Wandels der Arbeitsstrukturen im Beruf auch in Zukunft weiterentwickeln und in ihren wirtschaftlichen und individuellen Folgen größere Bedeutung erlangen.

G + J Branchenbild Do-it-yourself-Werkzeuge. Gruner und Jahr Marktanalysen Nr. 7, Hamburg 1983. Haller, H.-D.: Lernmethoden statt Lehrmethoden! Zur lernorientierten Organisation des Lernens. In: arb. + lern. 2 (1980), 10, S. 3 ff. Institut für Freizeitwirtschaft: Spezialstudie „Do it yourself", München 1984.

Gerhard H. Duismann

Alltagskultur: Kleidung – Mode

Begriffsabgrenzung. Alles, was wir am Körper tragen, ist Kleidung und dient zuerst dem Schutz vor Witterung, vor Hitze und Kälte, vor Regen und Sonnenschein. Als Mode, Tracht, Kostüm oder Uniform erhält die Kleidung eine soziale Bedeutung: Sie erfüllt Schmuckbedürfnisse, sie dient der Integration wie auch der Ausgrenzung sozialer Schichten und wird so zum Bestandteil unserer Alltagskultur. Das Wort „Kleidung" stammt vom mittelhochdeutschen *kleit,* das ursprünglich die Bedeutung „Tuch" oder „Stoff" hatte (vgl. Beyer/Kafka 1977, S. 32). Bis in das 19. Jahrhundert hinein waren „Kleid" und „Rock" geschlechtsneutrale Bezeichnungen für Männer- *und* Frauenkleidung; heute werden die Begriffe im wesentlichen nur noch zur Bezeichnung der Bekleidung von Frauen verwendet (vgl. Kybalová u. a. 1966, S. 17 ff.).

Das Wort „Mode" ist vom lateinischen *modus* (Art und Weise, Regel) abgeleitet, wurde im Französischen zu „mode" und nahm im 16. Jahrhundert die zwei Bedeutungen „le mode" (Maß, Regel, Art) und „la mode" (zeitgemäße Bekleidung, Lebensart) an (vgl. Beyer/Kafka 1977, S. 32; vgl. Petrascheck-Heim 1966). Moden werden bewußt entworfen und gemacht. Sie sind also nicht fester Bestandteil einer Tradition, sondern deren gezähmtes oder auch wucherndes Gegenstück. Ihr ständig und immer

schneller wechselnder Rhythmus ist Ausdruck der rationalen und sinnlich-ästhetischen Strömungen einer Zeit.
Die Begriffe „Tracht", „Kostüm" und „Uniform" sind deutlich abzugrenzen. Die Tracht ist die gemeinsame Kleidung einer sozial ausgrenzbaren Gruppe und aus ständischer, regionaler oder beruflicher Tradition erwachsen (vgl. BEYER/ KAFKA 1977, S. 34; vgl. BRINGEMEIER 1980, S. 32 ff.). Mit „Kostüm" wird entweder das historische Kostüm, die Phantasiekleidung für Kunst, Spiel, Feste und Feiern (etwa als Faschingskostüm; vgl. BERCKENHAGEN/WAGNER 1978, S. 98) oder das zweiteilige Frauenkleid bezeichnet. Uniformen werden vom Militär, von Teilen des Staatsbeamtentums und bestimmten Berufsgruppen getragen. Eine Uniform weist auf eine straff gelenkte, hierarchisch geordnete Institution, die keinerlei Spielräume für eine individuelle Variation der Kleidung zuläßt (vgl. KANNIK O.J., KNÖTEL/SIEG 1956).

Historische Entwicklung. Die Kleidung entstand, wie mit Hilfe archäologischer Funde geklärt werden konnte, ungefähr in der Zeit von 6500 bis 4500 v. Chr. (vgl. THIEL 1982, S. 9 ff.). Die ersten Kleidungsstücke waren Tierfelle. Später entstand die Webkunst; die Menschen begannen, Kleidungsstücke selbst herzustellen und sie zu verzieren.
Das gemeinsame Merkmal der Bekleidung vorchristlicher Kulturen war (mit Ausnahme des kretisch-mykenischen Kulturkreises) das einteilige, für Männer und Frauen gleichartige *Gewand*. Status und Herkunft des Trägers wurden durch Schmuck und Zubehör (Haube, Kragen, Gürtel, Farbstreifen, Faltenwurf) kenntlich gemacht. Diese Kleidform war bis zum Ende des Mittelalters für alle Schichten üblich; sie findet sich noch heute als Robe des Richters oder Talar des Pastors.
Am Ausgang des Mittelalters ändert sich diese Kleidform, und zwar zunächst in der höfischen Gesellschaft (vgl. ELIAS 1969). Ober- und Unterteil werden unterschieden; einzelne Körperteile werden betont, die Farben erhalten heraldische Bedeutung. Die Kleidung wird männer- und frauenspezifisch (vgl. v. BOEHN 1925, S. 224 ff.). Mit der Entwicklung des städtischen Bürgertums, der Erweiterung der Handelsbeziehungen und der Zunahme der technischen Kenntnisse sowie mit der wachsenden Herausbildung von „Ichbewußtsein" und „Renaissancegeist" (v. MARTIN 1974, S. 35; vgl. BURKE 1984) entstehen die materiellen und geistigen Voraussetzungen für einen häufigeren Wechsel der Kleiderformen: Das Gewand im Absolutismus wird zum *Kostüm* (die Etikette „à la mode" des Louis XIV), dann zur theatralischen *Geste* im Barock. In den Städten und Gemeinden werden Kleiderordnungen erlassen und ihre Einhaltung kontrolliert, um die Klassenzugehörigkeit öffentlich sichtbar zu machen und eine Angleichung der Unterschicht an die Oberschicht zu verhindern. Zugleich wird bis in das 18. Jahrhundert hinein versucht, „Kleiderluxus" und „Erotisierung" der Kleidung einzudämmen (vgl. EISENBART 1962, S. 103).
Die mit der Französischen Revolution einsetzende Demokratisierung der europäischen Gesellschaft führt zu einem schrittweisen Abbau der in der Kleidung ausgedrückten sozialen Differenzierungen. Das Bürgertum bestimmt nun die Mode. Eine schnell wachsende Textilindustrie entsteht; sie wird geradezu zum Schrittmacher der industriellen Revolution (vgl. BLANKERTZ 1969, S. 56 f.). Die Massenproduktion in der Textilindustrie hatte Rückwirkungen auf Kleidung und Mode. Die „Herrenkonfektion" mit dem „Anzug von der Stange" entstand, der nicht mehr vom Schneider maßgefertigt zu werden brauchte und deshalb auch preiswerter war. Die nicht als industrielle Massenware herzustellenden „auf Korsett ge-

Alltagskultur: Kleidung – Mode

1   2 a   2 b

Abbildung 1: Griechisches Frauengewand (übergürteter Peplos der klassischen Zeit)
(Quelle: THIEL 1982, S. 28)

Abbildung 2: Höfische Männertracht (a) und höfisches Frauenkleid (b) aus der Zeit Ludwigs des XIV.
(Quelle: THIEL 1982, S. 230, S. 240)

Abbildung 3: Reformkleid aus der „Illustrierten Frauenzeitung", 1905
(Quelle: THIEL 1982, S. 377)

3

arbeiteten" Krinolinen- und Tournürenkleider der großbürgerlichen Frau des 19. Jahrhunderts wurden langsam verdrängt. Das sogenannte *Reformkleid* wurde entwickelt, für das, aber auch gegen das von sehr unterschiedlichen Interessenstandpunkten aus gekämpft wurde, einerseits von der bürgerlichen Frauenbewegung, von anthroposophisch orientierten Naturbewegungen, den Künstlern des Bauhauses und des Deutschen Werkbundes, andererseits von Modeschöpfern der Haute Couture wie Worth und Poiret, die sich später ebenfalls der neuen Kleidform zuwandten.

Dieses „Reformkleid" konnte industriell gefertigt werden; es führte zu einer bequemeren und gesünderen Kleidung der Frau, es unterstützte aber auch die beschleunigte Eingliederung der Frau in die Industriearbeit und in bis dahin Männern vorbehaltene Berufe (vgl. BROWNMILLER 1984, S. 75 ff.; vgl. B. STAMM 1978, S. 117 ff.; vgl. THIEL 1982, S. 7 f., S. 331 f.).

In der zweiten Hälfte des 20. Jahrhunderts ist das Tempo des Wechsels der Bekleidungsmoden so weit beschleunigt, daß zweimal jährlich neue „Moden" kreiert und durchgesetzt werden. Dar-

Alltagskultur: Kleidung – Mode

über hinaus gibt es einen Modezyklus, der einen Sieben- bis Zehnjahresrhythmus (vgl. KROEBER 1940) durchläuft und in dieser Zeitspanne eine grundlegende Wandlung der Moden produziert (vgl. BLECKWENN 1981, S. 105).

Der häufige Wechsel der Moden hat ökonomisch-technische und politisch-sozialkulturelle Voraussetzungen: Der Aufbau einer industriellen Massenkonfektion und vor allem die wachsende vertikale und horizontale Verzahnung von Bekleidungs-, Zulieferer- und Medienindustrie ermöglichen erst den Massenkonsum modischer Kleidung. Trotzdem bleibt die Abgrenzung der Ober- von den Mittel- und Unterschichten durch die Mode ein Faktum, sie erfolgt allerdings mit subtileren Mitteln als früher. Ebensowenig ist eine Emanzipation der Frauen von männlicher Bevormundung in der Mode erreicht. Mode wird nach wie vor überwiegend *für* Frauen, aber *von* Männern gemacht. Zwischen der gesellschaftlich sanktionierten, abhängigen Rolle von Frauen und der Präsentation oder Verhüllung des weiblichen Körpers durch Bekleidung, Frisur und modische Accessoires lassen sich, auch im historischen Verlauf, Zusammenhänge sehen. Durch die Mode werden bestimmte weibliche Haltungen diktiert, die sowohl eine körperliche als auch eine ideelle Seite haben. Die Dialektik von innerer und äußerer Körperhaltung, von Subjekt und Objekt bestimmt die Bewegungsspielräume der Frauen innerhalb der Gesellschaft. Die von wenigen Soziologen formulierte Hoffnung, durch die Mode zur Emanzipation der Gesellschaft beizutragen, sie als „ein wesentliches Mittel zur Selbstgestaltung der großen Massen" auffassen zu können (KÖNIG 1971, S. 256), bleibt ein frommer Wunsch.

Gesellschaftliche Funktion. Kleidung erfüllt auch gesellschaftliche Funktionen und ist Ausdruck individueller Bedürfnisse und Interessen. Sie wird dem Tagesablauf gemäß gewechselt (Arbeits-, Freizeit-, Sport-, Schul-, Berufs-, Haus-, Ausgeh- oder Nachtkleidung); sie dient der sozialen Integration, der Statussicherung, der Demonstration von Hoheitsaufgaben; sie befriedigt Schmuckbedürfnisse; sie kann Gefühle und Stimmungen ebenso wie Sexualität oder Sexualfeindlichkeit aus- und unterdrücken (Alltags-, Feiertags-, Trauerkleidung, Brautkleid). Kleidung ist nie lediglich eine zweckgebundene, neutrale „zweite Haut", sondern eine Beschreibung der innerlichen Befindlichkeit und des sozialen Standorts ihres Trägers (vgl. THIEL 1982, S. 5). Die Tatsache, daß sich Menschen kleiden, ist Ausdruck menschlicher Grundverhältnisse mit vielfältigen anthropologischen, biologischen, sozialen, ökonomischen, psychologischen, ästhetischen und sexuellen Aspekten (vgl. FUCHS 1909, S. 4 f., S. 164 ff.; 1910, S. 153 ff.; 1912, S. 169 ff.; vgl. KIENER 1956).

Eine *gesellschaftstheoretische Interpretation* von Kleidung und Mode ist noch wenig entfaltet, zum Teil auch nur auf Umwegen möglich, etwa über kulturanthropologische Konzepte (vgl. BENEDICT 1955; vgl. BOURDIEU 1970, 1982; vgl. BRINGEMEIER 1980; vgl. GREVERUS 1976, 1978; vgl. WEBER-KELLERMANN 1974, 1979, 1983), über kommunikationstheoretische Ansätze (vgl. GOFFMAN 1981, LEACH 1978, WEX 1979), über die Frauenbewegung und die Diskussion zur geschlechtsspezifischen Erziehung (vgl. DE BEAUVOIR 1983, BOVENSCHEN 1979, BROWNMILLER 1984, HAHN u. a. 1982, WARTMANN 1980) und die Konzepte einer ganzheitlichen politisch-ästhetischen Erziehung (vgl. HARTWIG 1980, KERBS 1975, ROPOHL 1979, SELLE 1981). Zum unverstellten Objekt wissenschaftlicher Analysen wird das Thema „Kleidung und Mode" jedoch erst innerhalb jener gesamtgesellschaftlichen Bewegung, die ELIAS (1978) als „Prozeß der Zivilisation" beschrieben und ZUR LIPPE (vgl. 1981) als zuneh-

mende „Geometrisierung des Menschen" kritisiert hat.
Kleidung und Mode sind Ausdruck der sozialen Lage ihrer Träger; sie weisen aber auch darüber hinaus. Schon BENJAMIN sprach in der ersten Hälfte dieses Jahrhunderts von einer „Feminisierung der Kultur" (1983, S. 471 f., vgl. S. 974 f.; vgl. BUCI-GLUCKSMANN 1984, S. 36, S. 50 f.) und belegte diese These mit dem Hinweis auf die Mode; er erfaßte ihre politisch-atmosphärische Dimension und ihren utopischen Überschuß, wenn er feststellte, daß die Mode „aus geheimen Flaggensignalen der kommenden Dinge" bestehe und daß derjenige, der diese Signale „entziffern" könne, bereits im voraus „um neue Gesetzesbücher, Kriege und Revolutionen" wisse (BENJAMIN 1983, S. 112). Bloch und Kracauer untersuchten in den 20er Jahren das Kleidungsverhalten der neuen Angestelltenklasse und konstatierten eine Sublimierung erotischer Wünsche durch und mit der Kleidung und eine wachsende Entfremdung (vgl. BLOCH 1977; vgl. KRACAUER 1980, S. 65 f., S. 94 f.). Neuere soziologische Analysen aus der Bundesrepublik wirken demgegenüber eher unpräzis: KÖNIG definiert Mode mit einem wissenschaftstheoretisch diffus bleibenden Begriff als „soziales Totalphänomen" (1971, S. 10) und nennt als deren wichtigste Bewegungsmittel „Wandel und Beharrung" sowie „Rivalität und Sexualität" (1971, S. 41 f., S. 101 f., S. 141 f.).

Identität – Kleidung – Mode. Der Beitrag der Kleidung für die Identitätsbildung des Menschen ist unbestritten und sprichwörtlich bekannt: „Kleider machen Leute" (Keller). Die Poesie der Kleidung hat die Dichter immer wieder fasziniert – unabhängig von wechselnden politischen Orientierungen und zeitgeschichtlichen Besonderheiten: Baudelaire, Balzac und Mallarmé, Goethe, Keller, Fontane, Stifter, Mann, Musil, Brecht, Keun oder Grass – sie alle entfalten eine sinnliche Lust am Beschreiben von Kleidung und Mode (vgl. BLECKWENN 1981, S. 112 ff.).

In der *Formensprache der Kleidung* findet sich der grundsätzliche Widerspruch zwischen individuellen Bedürfnissen und gesellschaftlichen Erwartungen wieder: Kleidformen drücken gesellschaftlich sanktionierte Bewegungsmuster und -verbote aus; sie können zu einer theatralischen Geste stilisiert werden, oder durch Unauffälligkeit das Aufgehen in der Massengesellschaft ausdrücken. Kleiderformen können aber auch die Sehnsucht nach natürlichen Lebensformen symbolisieren. Der Stil der Kleidung gibt Aufschluß darüber, „wie jemand erscheinen *will*, aber nicht darüber, wie er *ist*" (CURTIUS 1971, S. 37). Die Formensprache von Kleidung und Mode ist deshalb innerhalb der Kulturbeschreibung Gegenstand differenzierter historischer und sozialpsychologischer Analysen geworden (vgl. FLÜGEL 1966, FUCHS 1909 ff., KIENER 1956, LEMOINE-LUCCIONI 1983, VEBLEN 1981, WIEDERKEHR-BENZ 1973).

Selbst das, was als „Anti-Mode" bezeichnet und als „Un-Mode" getragen wird, bleibt in der Negation auf Mode bezogen, greift auf vergangene Moden zurück oder nimmt zukünftige vorweg. Die Möglichkeit des Umschlagens progressiver und lebendiger Ideen und Bewegungen in modische Vermarktung und Erstarrung ist immer gegeben und den „Erfindern" dieser neuen Moden selten bewußt. Minderheiten und sozialen Randgruppen wird in bezug auf Kleidung und Mode ästhetische Freizügigkeit gewährt, aber für die große Mehrheit der Bevölkerung bleiben ungeschriebene Kleiderordnungen bestehen, die bis zur „Uniformierung" führen können (vgl. CURTIUS 1971, S. 36 f.; vgl. PASOLINI 1980). Über gruppenspezifische Kleidernormen wird eine „Modellierung und Technokratisierung der Sinnlichkeit" (HAUG 1980, S. 55; vgl. SELLE 1981) gesteuert.

Erzieherische Aspekte. Seit das allgemeinbildende Schulwesen für alle durchgesetzt worden ist, gibt es Versuche, erzieherisch auf Kleidung und Mode der heranwachsenden Generation – fast ausschließlich der Mädchen – einzuwirken (vgl. GIFFHORN 1974; LADJ-TEICHMANN 1983). Die Effektivität dieser schulischen Erziehung ist empirisch nicht erfaßt, sie dürfte jedoch sehr gering sein, vielleicht sogar eher negative affektive Einstellungen hervorrufen. Bedürfnisse und Einstellungen der Kinder und Jugendlichen werden nachhaltiger über die Gestaltung ihres soziokulturellen Umfeldes im Interesse der Wirtschaft geformt und zu der langfristig stabilen Einstellung weiterentwickelt, daß Kleidung und Mode wichtig und daß beträchtliche finanzielle und zeitliche Aufwendungen dafür selbstverständlich seien (vgl. HARTWIG 1980, LENZEN 1978): Kleine Mädchen spielen mit Puppen und eignen sich „problemlos" die neueste Mode an (vgl. BROWNMILLER 1984, S. 8); kleine Jungen spielen Cowboy in der „Original Lewis"; Studentinnen frequentieren alternative Naturgarn-Läden; Mütter lesen „bestrickende" Zeitschriften („Nicole", „Brigitte"); Karrierefrauen verinnerlichen Kleiderregeln für Karrierefrauen (vgl. BERNARD/SCHLAFFER 1984, S. 193). Die Wirtschaft hat die „Logik des Unbewußten" und der Sinne (BENJAMIN 1983, S. 396; vgl. BUCI-GLUCKSMANN 1984, S. 68) umfassend im Griff.

Die Schule hat bei ihrem Versuch, auf diesen umfassenden Sozialisationsprozeß Einfluß zu nehmen, sehr enge Handlungsspielräume. Vergleicht man bundesdeutsche Richtlinien und Lehrpläne des Faches Textil (vgl. FONTAINE 1982a, b), so fällt auf, daß Textilunterricht immer noch vor allem an Mädchen, nicht an Jungen, häufig an Sonder- und Hauptschulen und so gut wie überhaupt nicht auf der gymnasialen Oberstufe erteilt wird. Fachdidaktische Literatur zum Thema „Kleidung und Mode" ist entsprechend rar (vgl. GIFFHORN 1974, IMMENROTH 1970, LÖHRER 1979-1983, M. STAMM/STROHMEIER 1977/1984). Erst in jüngster Zeit werden fachdidaktische und fächerübergreifende Konzepte entwickelt, in denen Kleidung und Mode auf ihre politisch-ökonomischen Voraussetzungen befragt, in Hinblick auf ihren möglichen Beitrag für die Identitätsbildung von Jugendlichen analysiert und in einen umfassenden Anspruch politisch-ästhetischer Erziehung eingebettet werden (vgl. BEYER/KAFKA 1977, BLECKWENN 1981, GIFFHORN 1974, HOFFMANN 1983, PAZZINI 1983, ROPOHL 1979, RUMPF 1981, SELLE 1981).

BEAUVOIR, S. DE: Das andere Geschlecht, Reinbek ³1983. BENEDICT, R.: Urformen der Kultur (1934), Hamburg 1955. BENJAMIN, W.: Das Passagen-Werk, Frankfurt/M. 1983. BERCKENHAGEN, E./WAGNER, G.: Bretter, die die Welt bedeuten, Berlin 1978. BERNARD, CH./SCHLAFFER, E.: Liebesgeschichten aus dem Patriarchat, Reinbek 1984. BEYER, B./KAFKA, H.: Textilarbeit (Kleiden und Wohnen), Bad Heilbrunn ²1977. BLANKERTZ, H.: Bildung im Zeitalter der großen Industrie, Hannover 1969. BLECKWENN, R.: Kleidung und Mode, Baltmannsweiler 1981. BLOCH, E.: Erbschaft dieser Zeit, Frankfurt ⁹1977. BOEHN, M. V.: Die Mode, 8 Bde., München 1908-1925 (Bd. 1: 1925) BOURDIEU, P.: Zur Soziologie der symbolischen Formen, Frankfurt/M. 1970. BOURDIEU, P.: Die feinen Unterschiede, Frankfurt/M. 1982. BOVENSCHEN, S.: Die imaginierte Weiblichkeit, Frankfurt/M. 1979. BOVENSCHEN, S.: Über die Listen der Moden. In: N. Rsch. 95 (1984), 1/2, S. 87 ff. BRINGEMEIER, M.: Mode und Tracht, Münster 1980. BROWNMILLER, S.: Weiblichkeit, Frankfurt/M. 1984. BUCI-GLUCKSMANN, CH.: Walter Benjamin und die Utopie des Weiblichen, Hamburg 1984. BURKE, P.: Die Renaissance in Italien. Sozialgeschichte einer Kultur zwischen Tradition und Erfindung, Berlin 1984. CURTIUS, M.: Modelle für den sozialwissenschaftlichen Unterricht, Modell 12. In: CURTIUS, M./HUND, W. D.: Mode und Gesellschaft – Zur Strategie der Konsumindustrie, Frankfurt/M. 1971, S. 7 ff. EISENBART, L.: Kleiderordnungen der deutschen Städte zwischen 1350 und 1700, Göttingen/Berlin/Frankfurt 1962. ELIAS, N.: Die höfische Gesellschaft, Neuwied/Berlin 1969. ELIAS, N.: Über den Prozeß der Zivilisation, 2 Bde., Frankfurt/M. ^{6}1978. ERIKSON, E. H.: Identität und Lebenszyklus, Frankfurt/M. ^{2}1971. FLÜGEL, J. C.: The Psychology of Clothes (1930), London ^{4}1966. FONTAINE, A.: Die Grobstruktur der bundesdeutschen Lehrpläne allgemeinbildender Schulen für den Textilunterricht. In: Textilarb. u. U. 53 (1982), S. 168 ff. (1982 a). FONTAINE, A.: Die Feinstrukturen der bundesdeutschen Lehrpläne für den Textilunterricht. In: Textilarb. u. U. 53 (1982), S. 215 ff. (1982 b). FUCHS, E.: Illustrierte Sittengeschichte vom Mittelalter bis zur Gegenwart, 3 Bde., Berlin 1909 ff. (Bd. 1: 1909, Bd. 2: 1910, Bd. 3: 1912). GIFFHORN, H.: Modeverhalten – ästhetische Normen und Erziehung, Köln 1974. GOFFMAN, E.: Geschlecht und Werbung, Frankfurt/M. 1981. GREVERUS, I.-M.: Kleidung, Notwendigkeit, Hoffnung oder Danaergeschenk. In: Biologische und kulturelle Komponenten im menschlichen Verhalten. Kolloquium der Schweizerischen Geisteswissenschaftlichen Gesellschaft, Bern 1976, S. 66 ff. GREVERUS, I.-M.: Kultur und Alltagswelt, München 1978. HAHN, G. u. a.: Kinder, Küche, Kleider, Wien/München/Zürich 1982. HARTWIG, H.: Jugendkultur, Ästhetische Praxis in der Pubertät, Reinbek 1980. HAUG, W. F.: Kritik der Warenästhetik, Frankfurt/M. ^{7}1980. HOFFMANN, O.: Kleidung statt Mode, Frankfurt/M. 1983. IMMENROTH, L.: Textil-Werken, Ratingen/Wuppertal/Kastellaun 1970. KANNIK, P.: Uniform in Farben, Berlin o. J. (1970). KERBS, D.: Design, Kosmetik, Mode, Werbung – Manipulierte Werbung ohne Sinn? In: HAUG, W. F. (Hg.): Warenästhetik. Beiträge zur Diskussion, Weiterentwicklung und Vermittlung ihrer Kritik, Frankfurt/M. 1975, S. 69 ff. KIENER, F.: Kleidung, Mode und Mensch, München/Basel 1956. KNÖTEL, H./SIEG, H.: Handbuch der Uniformkunde (1937), Hamburg 1956. KÖNIG, R.: Macht und Reiz der Mode, Düsseldorf/Wien 1971. KRACAUER, S.: Die Angestellten, Frankfurt/M. ^{3}1980. KROEBER, A. L.: Three Centuries of Women's Dress Fashions, Berkeley/Los Angeles 1940. KYBALOVÁ, L. u. a.: Das große Bilderlexikon der Mode, Prag 1966. LADJ-TEICHMANN, D.: Erziehung zur Weiblichkeit durch Textilarbeit, Weinheim/Basel 1983. LEACH, E.: Kultur und Kommunikation – Zur Logik symbolischer Zusammenhänge, Frankfurt/M. 1978. LEMOINE-LUCCIONI, E.: La robe. Essai psychoanalytique sur le vêtement, Paris 1983. LENZEN, K.-D.: Kinderkultur – die sanfte Anpassung, Frankfurt/M. 1978. LÖHRER, U.: Textilgestaltung, 3 Bde., Limburg 1979–1983. MARTIN, A. v.: Soziologie der Renaissance, München ^{3}1974. PACKARD, V.: Die große Verschwendung, Düsseldorf/Wien 1961. PASOLINI, P.: Die Zerstörung der Kultur des Einzelnen durch die Konsumgesellschaft, Berlin 1980. PAZZINI, K.-J.: Die gegenständliche Umwelt als Erziehungsmoment. Zur Funktion alltäglicher Gebrauchsgegenstände in Erziehung und Sozialisation, Weinheim/Basel 1983. PETRASCHECK-HEIM, I.: Sprache und Kleidung, Wien 1966. RIEDERER, M.: Wie Mode Mode wird, München 1962. ROPOHL, U.: Ästhetische Erziehung in der Jugendarbeit, Weinheim/Basel 1979. RUMPF, H.: Die übergangene Sinnlichkeit, München 1981. SAINT LAURENT, Y. (Hg.): Metropolitan Museum of Modern Art, New York 1983. SELLE, G.: Kultur der Sinne und ästhetische Erziehung, Köln 1981. SOMBART, W.: Liebe, Luxus und Kapitalismus (1922), Berlin 1984. STAMM, B.: Auf dem Wege zum Reformkleid. In: SIEPMANN, E. (Hg.): Kunst und Alltag um 1900. 3. Jahrbuch des Werkbund-Archivs, Lahn-Gießen 1978, S. 117 ff. STAMM, M./STROHMEIER, A.: Beispiele zur Textilgestaltung 1 und 2, Paderborn 1977/1984. THIEL, E.: Geschichte des Kostüms, Berlin ^{2}1982. VEBLEN, TH.: Theorie der feinen Leute (1899), München 1981. WARTMANN, B.: Weiblich – Männlich. Kulturgeschichtliche Spuren einer verdrängten Weiblichkeit, Berlin 1980. WEBER-KELLERMANN, I.: Die deutsche Familie, Frankfurt/M. 1974. WEBER-KELLERMANN, I.: Die Kindheit, Frankfurt/M. 1979. WEBER-KELLERMANN, I.: Frauenleben im 19. Jahrhundert, München 1983. WEBER-KELLERMANN, I. (unter Mitarbeit v. D. Eicke-Jennemann u. R. Falkenberg): Der Kinder neue Kleider. 200 Jahre deutsche Kindermode, Frankfurt/M. 1985. WEX, M.: „Weibliche" und „männliche" Körpersprache als Folge patriarchalischer Machtverhältnisse, Frankfurt/M. 1979. WIEDERKEHR-BENZ, K.: Sozialpsychologische Funktionen der Kleidermode, Zürich 1973. ZUR LIPPE, R.: Naturbeherrschung am Menschen, 2 Bde., Frankfurt/M. ^{2}1981.

Marita Bechthold

Alltagskultur: Laienmalerei

Begriff. Der Begriff der Laienmalerei wird hier als Bezeichnung für die bildnerische Betätigung von Menschen verwendet, die keine spezielle künstlerische Ausbildung absolviert haben und nicht berufsmäßig oder nebenberuflich malen, zeichnen, drucken, modellieren oder plastizieren. Laienmalerei ist Teilbereich einer Laienkultur, in der die Menschen vorwiegend aus Gründen der Persönlichkeitsentfaltung kreativ tätig werden, ohne damit ein professionelles Interesse zu verfolgen. Darin drückt sich ein künstlerisches Gestaltungsbedürfnis, der Wunsch nach Produktivität und Teilnahme am kulturellen Leben aus.

Malen, Zeichnen und Modellieren können - wie andere Formen ästhetischer Praxis auch - als *Aneignungsprozeß* interpretiert werden (vgl. HARTWIG 1980, HOLZKAMP 1973): In der ästhetischen Aneignung von Wirklichkeit werden sozial-kommunikative Bedürfnisse befriedigt; die Möglichkeit, sich in einem Produkt zu vergegenständlichen, dient der Selbstvergewisserung und der Stabilisierung sozialer Identität (vgl. OTT u.a. 1986, S. 212 ff.). Die dem Begriff der Laienmalerei gegenwärtig anhaftende abwertende Bedeutung macht es erforderlich, darauf hinzuweisen, daß Laienmalerei grundsätzlich nicht als minderwertige, volkstümelnde Variante der Hochkunst zu verstehen ist. Seit sich Kunst in unserer Kulturtradition als besondere Form der Kulturdifferenzierung herausgebildet und zu einem Sonderbereich mit eigenem Werte- und Normgefüge verselbständigt hat, hält sich zwar hartnäckig die Vorstellung, daß nur diejenigen Schichten unserer Gesellschaft „Kultur" hätten, die über dieses Werte- und Normengefüge und über die Institutionen der Kunst verfügen. Diese Vorstellung wird jedoch durch die anthropologische Erkenntnis widerlegt, daß *jeder* Mensch Kulturwesen ist, in einer eigenen kulturellen Tradition steht, Kultur hat und Kultur schafft, die sich auf die Gestaltung des privaten, aber auch öffentlichen Umfeldes bezieht und als Alltagskultur bezeichnet werden kann. Laienmalerei ist darum nur aus ihrem sozialen Umfeld heraus richtig zu verstehen und zu bewerten (vgl. dazu auch die Beiträge zur kulturtheoretischen Diskussion, Alltagskultur und Kulturarbeit in: GREVERUS 1978, HAUG/MAASE 1980).

Geschichte. Die Entwicklung der Laienmalerei in Mitteleuropa beginnt zu Anfang des 19. Jahrhunderts; sie ist im Zusammenhang mit der zunehmenden Industrialisierung und den dadurch ausgelösten gesellschaftlichen Veränderungen zu sehen (vgl. JAKOVSKY 1976, S. 12). Sie erreicht im 20. Jahrhundert - nach einem Rückgang in den 50er und 60er Jahren, die durch Zukunftsoptimismus und Technikfaszination breiter Bevölkerungskreise geprägt waren - gegenwärtig einen erneuten Höhepunkt. Diese auch in anderen Bereichen kultureller Produktion zu beobachtende „Bewegung von unten" kann als eine Reaktion auf die immer komplizierter werdenden Lebenszusammenhänge und auf die wachsende intellektuelle Überfrachtung, Theoretisierung und Verselbständigung des „offiziellen" Kunstbetriebs interpretiert werden.

Von einigen Vorläufern abgesehen, wird eine selbständige Laienmalerei seit 1800 erkennbar, also seit jener Zeitwende, die auch für andere Bereiche des öffentlichen und kulturellen Lebens einen Verfall tradierter Normen und Kulturen erkennen läßt. Je mehr die bis ins 19. Jahrhundert wirkende „Volkskunst" als authentischer Beitrag der Menschen zu ihrer Persönlichkeits- und Umweltgestaltung einer immer stärker werdenden Gefährdung von außen erlag, je mehr sie als kulturelle Kraft, die Leben und Kunst miteinander zu verbinden vermochte, auseinanderfiel in Hochkunst

und Massenkultur, je mehr sie zu einer industrialisierten, kaufbaren und gesammelten Volkskunst geworden war, um so bedeutsamer wurde die Laienkultur und als ihr Teilbereich die Laienmalerei. „Mit dem Dahinschwinden der alten Volkskunst ist das allmähliche Entstehen der Laienmalerei aufs engste verbunden. So ist sie strenggenommen eine Verfallserscheinung der Volkskunst, ein Nebenprodukt ihrer Auflösung, und doch ist sie ihre fast einzig lebendige, da gewandelte und zeitbedingte Äußerung und kein erstarrtes Relikt" (MICHAILOW 1935, S. 299). Für die Volkskunst galt, daß sie aus der Tradition einer Gemeinschaft heraus entstanden war, daß sie in genau geregelte Lebenszusammenhänge integriert war und für den einzelnen wie für die Gemeinschaft einen konkreten Zweck erfüllte. Ihre Hersteller blieben anonym, und ihre Äußerungen unterlagen weitgehend den überlieferten Gestaltungsgesetzen, wobei der Spielraum für eigene, ungebundene Entfaltung nur sehr gering war. Die Laienmalerei ist dagegen außerhalb einer gemeinschaftlichen Tradition anzusiedeln, vorwiegend auf ein individuelles Ausdrucksbedürfnis zurückzuführen und relativ frei von Überlieferung und Schulung. Sie ist als primäre Formäußerung eine eher voraussetzungslose und ursprüngliche Neuschöpfung, gleichwohl immer auch ein Ergebnis sozialer Prozesse. Kunstgeschichtlich wird die Laienmalerei als „naive Kunst" bezeichnet, die im Unterschied zur akademischen Kunst ohne entsprechende Vorbildung überwiegend in der Freizeit (Sonntagsmaler) ausgeübt und durch die Individualität des Künstlers geprägt wird.
Die Biographien der ersten Laienmaler sind nur lückenhaft bekannt. Am weitesten zurückverfolgen läßt sich die Laienmalerei in den Vereinigten Staaten von Amerika, wo es in der frühen Pionierzeit eine Vielzahl „Limners" genannter Laienmaler gab, die überwiegend Porträts anfertigten. Die bekanntesten Vertreter sind Edward Hicks (1780-1849), Joseph Pikett (1848-1919), Horace Pippin (1888-1946) und Anna Maria Robertson, genannt Grandma Moses (1860-1961), die mit 70 Jahren anfing, Erinnerungen an vergangene Tage, Gebäude und Landschaften zu malen.
In Europa wurden besonders die französischen „Maler des heiligen Herzens" berühmt: der Zöllner Henri Rousseau (1844-1910), der Postbeamte Louis Vivin (1861-1936), die Putzfrau Seraphine Louis (1864-1942), der Gärtner André Bauchant (1873-1958) und der Artist und Schriftsetzer Camille Bombois (1883-1970).
In Deutschland ist der Föhrer Schulmeister Oluf Braren (1787-1839) der erste bekannt gewordene Laienmaler. Aus der „imponierenden Anzahl in ihrer Darstellungsweise unverwechselbarer naiver Künstler" (GROCHOWIAK 1976, S. 6) seien hier einige weitere genannt: der Bäckermeister Jan Arndt Boetius (1809-1860), der Unternehmer Adalbert Trillhaase (1859-1936), der Gutsverwalter Felix Muche, genannt Ramholz (1868-1947), die Geschäftsfrau Emma Stern (1878-1969), der Hilfsarbeiter und Schausteller Carl Christian Thegen (1883-1955), der Bergarbeiter Erich Bödeker (1904-1971) und die Krankenschwester Vivian Ellis (geboren 1933).

Verbreitung. Inzwischen hat sich das bildnerische Laienschaffen weiter verbreitet und erfreut sich ständig zunehmender Beliebtheit. Die Vorstellung von einem Laienmaler als skurrilem Außenseiter unserer Gesellschaft ist nicht länger haltbar: Als im Jahr 1972 unter dem Thema „Schiffe und Häfen" ein „Wettbewerb deutscher Laien- und Sonntagsmaler" veranstaltet wurde, meldeten sich 11 130 Teilnehmer. Wie den sozialstatistischen Daten der Wettbewerbsteilnehmer zu entnehmen ist, sind diese gut 11 000 Laienmaler „eine moderne und mehr großstädtisch-industriell orientierte Gruppe [...], sie sind relativ jung und leben eher aktiv in den industriellen Zentren unserer Gesellschaft" (KOB 1973, S. 8). Einen weiteren Hinweis auf die Bedeutung der Laienmalerei liefert das Weiterbildungsverhalten der Bevölkerung. Obwohl den einschlägigen empirischen Untersuchungen zum Bildungsbewußtsein der Bevölkerung zu entnehmen ist, daß eine verstärkte Wertschätzung der eher formalen Kennzeichen wie Wissen, Können, Erfahrung, Tüchtigkeit, Schulbildung und Studium zu beobachten ist (vgl. SCHULENBERG u. a. 1978), bleibt im tatsächlichen Weiterbildungsverhalten ein starkes Bedürfnis nach ästhetischer Praxis sichtbar, das sich in einer beständigen Nachfrage nach kreativen und freizeitbezogenen Kursangeboten niederschlägt (vgl. DEUTSCHER VOLKSHOCHSCHULVERBAND 1961 ff.; vgl. MÜLLER-BLATTAU 1979, S. 62). Schätzungsweise eine Million Erwachsene nehmen jährlich in der Bundesrepublik in Weiterbildungseinrichtungen an Kursen teil, in denen eine manuelle Orientierung vorherrscht und überwiegend auch gemalt und gezeichnet wird. Dieses Bedürfnis nach praktischem Umgang mit Material und nach bildnerischen Gestaltungsmöglichkeiten bestätigt eine Untersuchung vom Januar 1984, in der ein repräsentativer Querschnitt der Bevölkerung (ab 16 Jahren) unter anderem nach den liebsten Freizeitbeschäftigungen befragt wurde: 6,9 Prozent der Befragten nannten das Malen und Zeichnen an erster Stelle. Auf die Frage, was das Leben besonders lebenswert mache, antworteten insgesamt 17,9 Prozent mit „künstlerisch tätig sein" und 6,7 Prozent der Befragten mit „Malen" (INSTITUT FÜR DEMOSKOPIE ALLENSBACH 1984, S. 26, S. 28).

Motive. Für alle diese Laienmaler hat ihre künstlerische Betätigung einen individuellen sozialen Sinn, eine Bedeutung, die sich aus dem jeweiligen Lebenszusammenhang des einzelnen erschließt.

Die Beweggründe, sich der Laienmalerei zu widmen, sind sicherlich nicht nur zufälliger Art, sondern in persönlichen Lebensumständen zu suchen, wie zum Beispiel dem Eintritt in den Ruhestand, in der Rücksichtnahme auf eine angegriffene Gesundheit, in dem Gefühl, einsam zu sein, in den Belastungen des Arbeitsalltags und der Suche nach sinnvollen Formen der Freizeitgestaltung. Durch die im Berufsleben vorherrschende Verrichtung „entfremdeter Arbeit", in der eine Reihe vorhandener oder erworbener Fähigkeiten, ganz besonders gestalterischer Art, selten oder gar nicht abverlangt werden, entfällt die Bestätigung individuellen Könnens in der Berufs- und Arbeitswelt. Es ist kaum möglich, über den Ablauf und die Verteilung von Arbeitsaufgaben selbst zu bestimmen; die Übersicht über den ganzen Arbeitsgang fehlt; die Verantwortung für das Endprodukt kann nicht übernommen, eine Einsicht in den Sinn der Arbeit kaum entwickelt werden; individuelle kreative Fähigkeiten verkümmern (vgl. HABERMAS 1973, S. 65). Aber auch Menschen aus hochqualifizierten Berufen, Ärzte, Techniker und Wissenschaftler, suchen einen Ausgleich zu einer weitgehend theoretisch-abstrakten Arbeit und finden den Weg in die Welt der Kunst, in der sie selbst praktisch tätig werden können.

Es sind überwiegend Landschaften in poetisch-idealisierter Atmosphäre (Abbildung 1 und 2), Begegebenheiten aus der Vergangenheit und die Dinge aus der unmittelbaren persönlichen Umwelt, die festgehalten werden. Aber auch zeitkritische Bilder und Darstellungen der Arbeit sind zu finden (vgl. ALTONAER MUSEUM 1971; Abbildung 3 und 4). Die Bildthemen spiegeln das Verhältnis der Laienmaler zu der Welt, in der sie leben, zu den Dingen, die ihnen etwas bedeuten und denen sie mit Aufmerksamkeit begegnen. Es entstehen kreative Äußerungen in einer jeweils individuellen Bildsprache, es wir-

Alltagskultur: Laienmalerei

Abbildung 1: Isa Tumat, Inselhäuser, 1982, Mischtechik, 24 cm × 30 cm

Abbildung 2: Isa Tumat, Neuharlingersiel, 1982, Mischtechnik, 24 cm × 31,5 cm

Alltagskultur: Laienmalerei

Abbildung 3: Johannes Kappelhoff, Auf dem Weg zur Arbeit, 1976, kolorierte Federzeichnung, 21 cm × 30 cm

ken aber auch gängige, manchmal klischeehafte Bild- und Verhaltensmuster hinein. So kann im Hobby als einer der reinsten Formen der Gestaltung von Freiräumen zwar eine alternative Vorstellung von Arbeit entwickelt werden, die „um ihrer selbst willen" getan wird, die in der Selbstverwirklichung angestrebte Überwindung gesellschaftlicher Zwänge gelingt letztlich jedoch nur scheinbar: „Wir überlassen uns der Vision einer Welt, in der Ausbruchsversuche nicht nötig sind, in der die Identität innerhalb der beherrschenden Realität glücklich verwirklicht werden kann" (COHEN/TAYLOR 1980, S. 140).

Im Unterschied zum naiven Künstler, der vom Beginn seines Tuns an schon „vollkommen" ist und keiner Schulung bedarf (die ihn ohnehin von seiner Unbefangenheit und elementaren Ausdrucksweise wegführen würde), bemühen sich viele Hobbymaler und Freizeitkünstler intensiv um die Vervollkommnung ihrer technischen Fähigkeiten, indem sie etwa an Fortbildungskursen teilnehmen. Einzeln oder in Gruppen zusammengeschlossen, unterziehen sie sich akademischen Lehrgängen, orientieren sich an Gestaltungsweisen berühmter Künstler und ringen vielerorts in Ausstellungen um öffentliche Anerkennung, die sie dann durch den Verkauf ihrer Bilder in einem gesellschaftlich anerkannten Geld-Wert-Maßstab und durch die Veröffentlichung von Ausstellungserfolgen in der lokalen oder regionalen Presse erhalten. Dadurch setzen sich die Laienmaler jedoch auch der öffentlichen Kritik an ihren Bildern und der Konkurrenz der professionellen Künstler aus.

Alltagskultur: Laienmalerei

Abbildung 4: Johannes Kappelhoff, Rohrschlosser beim Öffnen eines Ventils, 1978, kolorierte Federzeichnung, 30 cm × 21 cm

Alltagskultur: Laienmalerei

Obwohl die Laienmalerei gegenwärtig der Gefahr der Vermarktung ebenso wie einem modischen Verschleiß ausgeliefert ist, bleibt sie von Bedeutung, weil sie als kreativer Impuls weiterhin viele Menschen in unserer heutigen Zeit zu aktivieren vermag, weil sie in einem kulturellen Teilbereich den Willen zur Befreiung von den Zwängen des Kulturbetriebes zu artikulieren hilft und die schöpferische Selbstbehauptung dem normierten Massenbewußtsein entgegenzusetzen erlaubt.

Laienbildung. Die Bedürfnisse, im bildnerischen Bereich zu lernen, Erfahrungen zu sammeln und sie zu gestalten, können in der Schule nicht gänzlich befriedigt werden; sie bleiben auch nicht auf die Schulzeit begrenzt. Für Erwachsene sind Bildungsangebote im außerschulischen Bereich bedeutsam, die eine kreative, manuelle, aktive und praktische Teilnahme ermöglichen und in denen nicht primär kognitive, sondern gestalterische Ansprüche gestellt werden. Kunstpädagogische Bemühungen, die offizielle Kunst dabei zu einer Kunst aller zu machen, sind allerdings problematisch, solange deren eigene Schönheitsvorstellungen – in ungebrochener Selbstgewißheit mit Gütesiegeln versehen – zur einzig gültigen ästhetischen Norm erklärt werden. Nicht das Überstülpen einer repräsentativen Kunst ist sinnvoll, sondern die Weiterentwicklung vorhandener Interessen und Aktivitäten der Teilnehmer.

Laienmalerei und Kunst sind nicht identisch, gleichwohl gibt es viele Vermittlungsformen zwischen beiden. In der Auseinandersetzung um die Bedeutung und den Wert der Laienbildung und Laienkunst (vgl. FLITNER 1931, LORENZEN 1966, WOLFF 1986) und die Wege der Vermittlung zwischen repräsentativer und volkstümlicher Kunst läuft die Hinwendung zur Laienmalerei zwar Gefahr, als ideologisch im Sinne nationalsozialistischer Tendenzen, als oberflächlich im Sinne des Folklorismus oder als unkünstlerisch im Sinne des Provinzialismus mißverstanden zu werden; sie kann aber auch den Zugang zu einem originären, befreienden Persönlichkeitsausdruck des Menschen in seiner Zeit im Gegensatz zur Massenkultur und in Ergänzung zur Hochkunst öffnen. In seinem 1889 erschienenen Buch „Rembrandt als Erzieher" warnte Langbehn vor einer „Überkultur", die noch roher sei als „Unkultur". Eine Erziehung des Volkes durch sich selbst, „indem es auf seine eigenen Urkräfte zurückgreift" (Langbehn zitiert nach LORENZEN 1966, S. 9), sollte Abhilfe schaffen. „Ein bildender Einfluß der Kunst auf das Volk kann sich nur seitens einer wahrhaft volkstümlichen Kunst entwickeln" (Langbehn zitiert nach LORENZEN 1966, S. 12).

Die heutige kulturpädagogische Diskussion stellt – unter gewandelten gesellschaftlichen Bedingungen – oftmals eine Wiederkehr alter Überlegungen in moderner Sprache dar: Nicht nur „Kultur für alle" (HOFFMANN 1981), sondern „Kultur von allen" und „Kulturpolitik für alle" (FOHRBECK 1979) sind Perspektiven gegenwärtiger Kulturpädagogik, in der die Laienmalerei aus dem Umfeld heraus, aus dem sie entsteht, bewertet und respektiert wird und die Kunst als besondere Form kultureller Ausdrucks- und Erkenntnismöglichkeiten in ihrer Eigenständigkeit erhalten und in ihren Entwicklungsmöglichkeiten gefördert wird.

ALTONAER MUSEUM: Naive Kunst im Ruhrgebiet. Katalog zur Ausstellung in Hamburg vom 13.5. bis 27.6.1971, Hamburg 1971. BIHALJI-MERIN, O.: Die Malerei der Naiven, Köln ³1981. COHEN, ST./TAYLOR, L.: Ausbruchsversuche. Identität und Widerstand in der modernen Lebenswelt, Frankfurt/M. ²1980. DEUTSCHER VOLKSHOCHSCHULVERBAND: Statistische Mitteilungen, Frankfurt/M. 1961 ff. FLITNER, W.: Laienbildung, Langensalza ²1931. FOHRBECK, K.: Kulturbedürfnisse und kulturelle Infrastruktur – Kulturpolitik im Elfenbeinturm? In: Kulturpolitik und Kulturarbeit. Bericht von der 2. kulturpolitischen Arbeitstagung des Deutschen Gewerkschaftsbundes am 8. und 9. Juni 1979 in Recklinghausen, Mimeo, Düsseldorf 1979, S. 6 ff. GREVERUS, I.-M.: Kultur und Alltagswelt, München 1978. GROCHOWIAK, TH.: Deutsche naive Kunst, Recklinghausen 1976. HABERMAS, J.: Soziologische Notizen zum Verständnis von Arbeit und Freizeit. In: HABERMAS, J.: Arbeit – Freizeit – Konsum. Frühe Aufsätze, Gravenhage 1973, S. 63 ff. HARTWIG, H.: Jugendkultur. Ästhetische Praxis in der Pubertät, Reinbek 1980. HAUG, W. F./MAASE, K. (Hg.): Materialistische Kulturtheorie und Alltagskultur. Argument Sonderband AS 47, Berlin 1980. HOFFMANN, H.: Kultur für alle, Frankfurt/M. ²1981. HOLZKAMP, K.: Sinnliche Erkenntnis. Historischer Ursprung und gesellschaftliche Funktion der Wahrnehmung, Frankfurt/M. 1973. INSTITUT FÜR DEMOSKOPIE ALLENSBACH: Umfrage im Auftrag des Stern im Januar 1984. In: Stern-Magazin, Nr. 21, 17. 5. 1984, S. 24 ff. JAKOVSKY, A.: Naive Malerei, Freiburg 1976 KOB, J.: Die Modernität des „Naiven". Anmerkungen zu sozialen Daten der Wettbewerbsteilnehmer. In: Schiffe + Häfen. Laienmaler zeigen ausgewählte Arbeiten aus dem „Wettbewerb deutscher Laien- und Sonntagsmaler". Katalog zur Ausstellung, hg. von den Veranstaltern Altonaer Museum, Stern, Westbank, Hamburg 1973, S. 7 f. LORENZEN, H. (Hg.): Die Kunsterziehungsbewegung, Bad Heilbrunn 1966. MICHAILOW, N.: Zur Begriffsbestimmung der Laienmalerei. In: Z. f. Kunstgesch. 4 (1935), S. 283 ff. MÜLLER-BLATTAU, M.: Kulturelle Bildung. Die Angebote in den Arbeitsplänen der Volkshochschulen. In: Volkshs. im West. 31 (1979), S. 61 ff. OTT, TH. u. a.: Lernbereich Ästhetik. In: Enzyklopädie Erziehungswissenschaft, Bd. 3, Stuttgart 1986, S. 193 ff. SCHULENBERG, W. u. a.: Soziale Faktoren der Bildungsbereitschaft Erwachsener, Stuttgart 1978. WOLFF, J.: Laie – Experte. In: Enzyklopädie Erziehungswissenschaft, Bd. 3, Stuttgart 1986, S. 500 ff. WÜRTTEMBERGISCHER KUNSTVEREIN STUTTGART (Hg.): Katalog zur Ausstellung „Szenen der Volkskunst" vom 24. 5.–26. 7. 1981, Stuttgart 1981.

Gerd Wübbena

Alltagskultur: Religion

Thematische Eingrenzung. Im religionspädagogischen Arbeitsfeld wird die Vermittlung der Ebene intentionaler religiöser Erziehung mit der Ebene vorfindlicher religiöser Orientierungen zunehmend schwierig. Die Frage nach einem verläßlichen Sinn und verbindlichen Werten richtet sich heute – sofern sie überhaupt noch als religiöse Frage identifiziert wird – immer weniger an die christliche Tradition und die sie repräsentierenden Großkirchen. Allgemeine säkularisierte Wert- und Sinnorientierungen, außerchristliche Religionen und subkulturelle religiöse Orientierungen gewinnen an Bedeutung (vgl. SORGE/VIERZIG 1979, S. 79 ff.).
Der *Theologe* betrachtet in der Regel Religion vom Binnenstandpunkt aus; das heißt, er redet von seinem Gott, an den er sich gebunden weiß. Der *Religionswissenschaftler* hingegen betrachtet Religionen von außen, häufig sogar mit dem Anspruch eines objektivistischen Wissenschaftsverständnisses. In diesem Kontext erscheint eine dezidiert *religionswissenschaftliche* Definition der Religion angemessener als eine *theologische*. Dabei schärft die diesem Artikel zugrunde gelegte religions*psychologische* Akzentuierung – gegenüber gängigeren religions*soziologischen* Definitionen, die die gesellschaftliche Funktion der Religion hervorheben (vgl. BERGER/LUCKMANN 1970, DAHM u. a. 1972, MARX/ENGELS 1958, WEBER 1920) – den Blick für die individual- und sozialpsychologische Bedeutung von Religion in der heutigen Alltagswelt: In Anlehnung an SCHARFENBERG/KÄMPFER (vgl. 1980) wird Religion definiert als *Zusammenhang von Symbolen,* der den Menschen helfen kann, existentielle Fragen zu formulieren und zu bearbeiten.

Diese Definition umgreift verschiedene religiöse Orientierungen und überwindet darin den (den theologischen Definitionen notwendig anhaftenden) Verbindlichkeitsanspruch der *einen* christlichen Religion. Die Zuspitzung der Definition auf das Symbol betont den offenen Charakter religiöser Antworten. Die Symbolsprache der Religion(en) bietet nicht reale Lösungen existentieller Konflikte, sondern sie *imaginiert Möglichkeiten des Umgangs* mit ihnen (anders Nipkow - vgl. MARTENS/NIPKOW 1986, S. 177 f.).

Bedeutungsverlust der religiösen Tradition. In der abendländischen Kultur wurde der Stellenwert der christlichen Religion im täglichen Leben erstmals fragwürdig, als das geschlossene mittelalterliche Symbolsystem anfing, seine allgemeine Gültigkeit zu verlieren. Die Erosion der religiösen Tradition als verbindliche Lebensorientierung erreicht in diesem Jahrhundert jedoch eine neue Stufe, auf der die gesellschaftlichen „Kosten" dieser Entwicklung deutlicher in Erscheinung treten. Der Prozeß der Säkularisierung - verstanden als Verdrängung der Religion aus der Gesellschaft, aber auch als innere Wandlung der Religion, in der sich aufklärerische Ideale ebenso niedergeschlagen haben wie der genuin bürgerliche Wert der Rationalität (vgl. WEBER 1920) - erweist sich als ambivalent: Er hat die Verbindlichkeit der Antworten, die religiöse Tradition bereithielt, unterhöhlt, was einen Zugewinn an Freiheit und einen Verlust an Orientierung bedeutet (vgl. RENDTORFF 1969); und er hat die Artikulation existentieller Fragen schwieriger gemacht, da mit der Verdrängung mythisch-symbolischer Formen des Denkens durch abstrakt-mentale - auch im verbliebenen Wirkungsbereich der Kirchen - eine spezifische *Sprachform* individueller und gesellschaftlicher *Selbstverständigung* des Menschen destruiert wurde (vgl. LORENZER 1970, 1981).

Plausibel, aber noch nicht hinreichend empirisch abgesichert, erscheint der Zusammenhang zwischen diesen theoretisch erfaßten Entwicklungstendenzen und kirchensoziologischen Erhebungen, die darauf verweisen, daß die kirchlich vermittelten Formen der Religion auch für den privaten Bereich - auf den Religion in der bürgerlichen Gesellschaft beschränkt wurde - an Bedeutung verloren haben (vgl. HARENBERG 1968, HILD 1974, MARHOLD 1971). Überfällig erscheinen vor allem Untersuchungen über die Motivstrukturen derjenigen Jugendlichen, die nach wie vor die auf diese Zielgruppe zugeschnittenen Angebote der Großkirchen annehmen. Welche Rolle spielt dabei das Angebot von Räumen und Begegnungsmöglichkeiten einerseits, welche Rolle spielen religiöse Motive der Jugendlichen selbst? Finden Jugendliche in den religiösen Angeboten der Ortsgemeinden tatsächlich das, was sie suchen? Die weitgehende Unvereinbarkeit der religiösen Szene, wie sie sich auf den großen Kirchentagen herstellt, mit der religiösen Praxis in den Ortsgemeinden erscheint als Beleg, daß dies nicht der Fall ist! Die derzeitigen Erfahrungen im Bereich kirchlicher Jugendarbeit und im Bereich des Religionsunterrichts sprechen eher dafür, daß das originäre Angebot der Kirchen (ihre Verkündigung) für die Angesprochenen an Bedeutung verliert. Die Gegenseite dieses Bedeutungsverlustes ist eine zunehmende Anzahl subkultureller religiöser Bewegungen außerhalb und am Rande der Großkirchen. Quantitative Angaben zu dieser subkulturellen Religiosität sind angesichts der starken Fluktuation in dieser Szene wenig aussagekräftig. Interessanter erscheint die strukturelle Einordnung neuer religiöser Erfahrungen, die im „Ausbruch aus den Traditionen" (PFLÜGER 1976) gemacht werden. Die religionswissenschaftliche Arbeit von SCHIBILSKY (vgl. 1976) hat hierfür wichtige Pionierfunktion erfüllt. Ein Beispiel, an dem die

Struktur und die Ambivalenz des Phänomens besonders deutlich hervortritt, sind die Jugendsekten.

Subkulturell-religiöse Orientierungen. Der Begriff „Jugendsekten" versucht, sehr unterschiedliche Gruppierungen zu fassen, die „Kinder Gottes", die Mun-Sekte oder die Neo-Sannyas-Bewegung, um nur einige zu nennen. Die Bezeichnung dieser subkulturellen religiösen Gruppen als „Jugendsekten" ist in zweierlei Hinsicht problematisch: Daß ihre Mitglieder sich überwiegend aus Jugendlichen rekrutieren, stimmt allenfalls unter der Voraussetzung einer prolongierten Adoleszenzkrise. Aber auch der Begriff „Sekte" selbst ist zweischneidig. Er entstammt der apologetischen Kritik der christlichen Kirchen an diesen Gruppierungen und läßt sich daher leicht als Negativetikett mißbrauchen. Die Kritik aus einer Position, die für sich selbst die absolute Wahrheit beansprucht – eine Haltung, die durch die teilweise obstrusen Lehren der religiösen Sektenführer verstärkt wird –, macht unfähig, die religiösen Defizite der herrschenden Kultur zu sehen; auf solche verweist aber schon die bloße Existenz solcher Gruppen. Andererseits bringt der Sektenbegriff wesentliche Grundstrukturen dieser Gruppierungen gut zum Ausdruck: die bedingungslose Unterwerfung der Mitglieder unter ihren Führer, die Anerkennung der herrschenden Doktrin, die Verpflichtung auf eine oft im Detail festgelegte Lebenspraxis sowie die dichotomische Trennung des „guten" Innenbereichs von der „bösen" Welt draußen (für die Sannyas-Bewegung gilt letzteres allerdings nur eingeschränkt).

MOELLER (vgl. 1979) hat aus psychoanalytischer Sicht gezeigt, daß solches Sektierertum keineswegs nur religiösen Sekten eigen ist. Vielmehr sei die Etikettierung anderer Realitätsauffassungen und anderer Glaubensgemeinschaften als sektiererisch ein Versuch, die eigene Sektenhaftigkeit zu verbergen. Diese wurzelt nach Moeller in der prinzipiell nicht zu überwindenden Selbstzentriertheit des Menschen: „Wir nehmen spontan stets eine Position ein, die uns als Zentrum erscheinen läßt" (MOELLER 1979, S. 10). Besonders deutlich ist dieser selbstzentrierte „Standpunkt" an kleinen Kindern zu beobachten, die sich fraglos als Mittelpunkt des Universums setzen, aber auch an der Radikalität, mit der Jugendliche in der Adoleszenzkrise ihre Weltanschauung und ihre Bezugsgruppe absolut setzen, am euphorisch-weltvergessenen Zustand Verliebter oder eben am religiösen Sektierer, der seine Überzeugungen fanatisch vertritt. Die Illusion aufzugeben, der Nabel der Welt zu sein, bedeutet eine narzißtische Kränkung, eine Vertreibung aus dem Paradies. Daher gelingt diese Desillusionierung nie vollständig. Moeller zeigt verschiedene Mechanismen, mit dieser kränkenden Realität umzugehen. Dazu gehört die Abstempelung der „anderen" als Sektierer, die Verdrängung der eigenen Sektenhaftigkeit – auch mittels der Fiktion einer wertfreien Wissenschaft – sowie das Ausleben der eigenen Sektenhaftigkeit in Segmenten der eigenen Lebenswelt. Das Kennzeichen der Jugendsekten ist, daß die „absolute Bindung" – nach Moeller zentrales Merkmal der Sektenhaftigkeit – nicht auf die religiöse Orientierung im engeren Sinne begrenzt bleibt. Die Bindung an den Sektenführer wird vielmehr total. Gefordert ist die Unterwerfung der gesamten Person. Daß junge Menschen diese Selbstaufgabe wollen, ist mit Hinweisen auf die aggressiven Werbemethoden der Gruppen und mit Schlagworten wie „Indoktrination" oder „Psychomutation" (verstanden als „erzwungene Persönlichkeitswandlung", HAACK 1979, S. 42) nicht hinreichend zu erklären. Junge Menschen werden nicht einfach gefangen, sie gehen auch hin. Dieses aktive Moment bedarf der Erklärung. Grob zusammengefaßt, suchen junge Menschen

in den Jugendsekten:
- emotionale Geborgenheit,
- einen Sinn, der das Leben lohnt, und
- ein Objekt absoluter Hingabe.

Eine plausible Erklärung dieses Syndroms von Wünschen bietet die neuere psychoanalytische *Narzißmustheorie* (vgl. JACOBSON 1978, KOHUT 1976). Narzißtisch gestörte Menschen leiden an der Labilität ihres Selbstwertgefühls, die sie auch am Aufbau befriedigender Objektbeziehungen behindert. Die Störung resultiert aus der nicht gelungenen Lösung der ursprünglichen Mutter-Kind-Symbiose. Narzißtisch gestörte Menschen behalten dadurch eine quälende Sehnsucht, zu dem ursprünglichen, befriedigenden Zustand zurückzukehren. Es gibt unterschiedliche Grade der Störung des Selbst. Zunehmend setzt sich in der Psychoanalyse – unter dem Eindruck klinischer Erfahrungen – die Auffassung durch, daß die narzißtische Störung ein Charakteristikum der gegenwärtigen Zivilisation sei und in abgeschwächter Form auch die als „normal" oder „gesund" geltenden Individuen betreffe (vgl. MOELLER 1979, S. 25). ZIEHE (vgl. 1975) versucht, dieses Phänomen theoretisch in den Zusammenhang veränderter Sozialisationsbedingungen sowie den Verfall überlieferter Sinn- und Wertorientierungen einzuordnen. Die Sehnsucht, zur Vollkommenheit der pränatalen Existenz zurückzukehren, als das Leben noch einfach, warm und mühelos war, gewinnt gegenwärtig – mangels geeigneter Gratifikationen, die ein Leben mit der Realität lohnend erscheinen lassen – an verführerischer Kraft.

Es läßt sich nachweisen, daß die Jugendsekten dieser zentralen Sehnsucht entgegenkommen (vgl. HEIMBROCK 1978, MÜLLER-POZZI 1978, PUNTIGAM 1979): Die Gruppe bildet den „sozialen Uterus" (vgl. ZIEHE 1975), in dem Geborgenheit erlebt werden kann. Der Guru oder der Sektenführer entspricht eher dem archaischen Mutterbild als einem „geistigen Vater" und bietet sich daher als Objekt narzißtischer Verschmelzung an. Der elitäre Anspruch der Sekte ermöglicht eine dauerhafte Aufwertung des Selbstbewußtseins des Sektenmitgliedes; die religiöse Praxis birgt sinnliche Momente, die den narzißtischen Urzustand halluzinativ wiederzubeleben vermögen. Die Sekte ist das wiedergefundene Paradies. Dieser Gewinn scheint den Verlust an Individualität und die Einbuße an intellektueller und emotionaler Differenziertheit auszugleichen, Werte, die „wir anderen" vielleicht nur deshalb so hochschätzen (müssen), weil die Mühsal ihrer täglichen Verteidigung auch uns zu schaffen macht.

Zwei weitere subkulturell-religiöse Phänomene sollen genannt werden: die Suche von *Frauen* nach authentischen Formen religiöser Praxis und das wachsende Interesse an der Beschäftigung mit *Naturreligionen*. Beide Phänomene weisen über die sprachlose Opposition der Jugendsekten hinaus, indem hier Kritik artikuliert wird. Frauen und Männer problematisieren die patriarchale Stigmatisierung der herrschenden Kultur und ihr religiös verankertes altruistisches Wertsystem sowie die Entwertung des Körpers. Sie beklagen den Mangel an sinnlichen Erlebnisdimensionen religiöser Praxis und sensibilisieren für Fragen der Friedenssicherung und des Umweltschutzes. In der feministischen Theologie (vgl. DALY 1980) und im Rahmen neuerer ethnologischer Forschungen (vgl. DUERR 1983) wird die wissenschaftliche Reflexion dieser Gesellschaftskritik vorangetrieben. Bezeichnenderweise werden solche Forschungsansätze vom Standpunkt der traditionellen Wissenschaft aus als „unwissenschaftlich" und „sektiererisch" diffamiert. Die Entlarvung der selbstverständlich für wahr gehaltenden Realitätsauffassung der westlichen Kultur als *relativ* und *beschränkt* wird von der „herr"schenden Wissenschaft offensichtlich als so bedrohlich und kränkend erlebt, daß sie abgewehrt werden muß.

Schlußfolgerungen. Die Beispiele zeigen deutlich, warum die religiöse Subkultur an Bedeutung gewinnt. Die kulturelle Tradition erweist sich im Wandel der Zivilisation als defizitär. Fand die bürgerliche Gesellschaft mit ihrer kleinfamilialen Sozialisation, in der der Vater und der ödipale Konflikt mit ihm zentrale Bedeutung hatten, eine sinnvolle Ergänzung in der patriarchal orientierten christlichen Religion, welche die zentralen bürgerlichen Tugenden der Selbstbeherrschung und der Rationalität wirksam zu stützen vermochte (vgl. WEBER 1920), so kann die Religion in ihrer heutigen Erscheinungsform diese Funktion für die spätbürgerliche Gesellschaft offensichtlich nicht mehr erfüllen (vgl. HABERMAS 1973).

Das überkommene religiöse Symbolsystem erweist sich im doppelten Sinne als hilflos: Die Tendenz zur Entsinnlichung der Religion hat viele religiöse Symbole zerstört, die Konfliktbearbeitungsmöglichkeiten für gegenwärtig drängende Fragen präsentieren könnten (vgl. LORENZER 1981). Die Zentrierung des christlichen (besonders des protestantischen) Symbolsystems auf die Symbole Kreuz und Rechtfertigung dagegen gibt Antwort auf eine immer weniger gestellte Frage.

Diese Schlußfolgerung ist eine Hypothese, die weiterer Erforschung bedarf. Immerhin hat sie einige Plausibilität, da sie die Gleichzeitigkeit und den inneren Zusammenhang verschiedener Phänomene zu erklären vermag: das weitverbreitete Desinteresse Jugendlicher gegenüber der religiösen Tradition *und* die Sehnsucht nach tragenden (religiösen) Symbolen, die die eigenen Wünsche und Nöte artikulieren könnten.

Sollte diese These einer Überprüfung standhalten, würde den neokonservativen Appellen, zu den alten Werten zurückzukehren, der Wind aus den Segeln genommen. Zugleich würde sich das Wegdekretieren der Religion als Verdrängung erweisen. Die Rückkehr zur „alten" Religion stünde sowenig an wie das Ende der Religionskritik. Die religiösen Defizite der gegenwärtigen Kultur und die neuen religiösen Bewegungen wären dann als Herausforderung an die erzieherische Einfühlung, Phantasie und Kritikfähigkeit ernst zu nehmen. Die Frage nach der religiösen Sozialisation, die im Kontext des schülerorientierten Religionsunterrichts relevant wurde und derzeit in der politisch-pädagogischen Wende unterzugehen droht, müßte in diesem Fall dringlich weiterverfolgt werden (vgl. ARNDT 1975, DAHM u.a. 1982, DÖRGER u.a. 1981, SORGE/VIERZIG 1979).

ARNDT, M.: Religiöse Sozialisation, Stuttgart/Berlin/Köln/Mainz 1975. BERGER, P.L./LUCKMANN, TH.: Die gesellschaftliche Konstruktion der Wirklichkeit, Frankfurt/M. 1970. DAHM, K.-W. u.a.: Religion – System und Sozialisation, Darmstadt/Neuwied 1972. DALY, M.: Jenseits von Gottvater, Sohn & Co., München 1980. DÖRGER, H.J. u.a.: Religionsunterricht 5-10, München/Wien/Baltimore 1981. DUERR, H.P.: Traumzeit. Über die Grenzen zwischen Wildnis und Zivilisation, Frankfurt/M. 1983. HAACK. F.-W.: Jugendreligionen. Ursachen, Trends, Reaktionen, München 1979. HABERMAS, J.: Legitimationsprobleme im Spätkapitalismus, Frankfurt/M. 1973. HARENBERG, W. (Hg.): Was glauben die Deutschen? München/Mainz 1968. HEIMBROCK, H.-G.: Zur Soziologie und Theologie zeitgenössischer Jugendreligiosität. In: Relu. an höh. S. 21 (1978), S.132ff. HILD, H. (Hg.): Wie stabil ist die Kirche? Gelnhausen/Berlin 1974. JACOBSON, E.: Das Selbst und die Welt der Objekte, Frankfurt/M. 1978. KOHUT, H.: Narzißmus, Frankfurt/M. 1976. LORENZER, A.: Sprachzerstörung und Rekonstruktion, Frankfurt/M. 1970, LORENZER, A.: Das Konzil der Buchhalter. Die Zerstörung der Sinnlichkeit. Eine Religionskritik, Frankfurt/M. 1981. MARHOLD, W.: Fragende Kirche, München 1971. MARTENS, E./NIPKOW, K.E.: Lernbereich Philosophie – Religion – Ethik. In: Enzyklopädie Erziehungswissenschaft, Bd. 3, Stuttgart 1986, S. 167 ff. MARX, K./ENGELS, F.: Über Religion, Berlin (DDR) 1958. MOELLER, M. L.: Zwei Personen – eine Sekte. In: Kursbuch (1979), 55, S. 1 ff. MÜLLER-POZZI, H.: Himmlische Heime – die Illusion einer Realität. Gedanken eines Psychoanalytikers zur modernen Jugendreligiosität. In: Wege z. Mensch. 30 (1978), 11/12, S. 450 ff. PFLÜGER, P.-M. (Hg.): Religiöse Erfahrung im Ausbruch aus den Traditionen, Stuttgart 1976. PUNTIGAM, L.: Jugendreligionen. Die Sehnsucht nach dem verlorenen Paradies. In: info. z. relu. 11 (1979), 2, S. 6 ff. RENDTORFF, T.: Christentum außerhalb der Kirche, Hamburg 1969. SCHARFENBERG, J./KÄMPFER, H.: Mit Symbolen leben. Soziologische, psychologische und religiöse Konfliktbearbeitung, Olten/Freiburg 1980. SCHIBILSKY, M.: Religiöse Erfahrung und Interaktion, Stuttgart/Berlin/Köln/Mainz 1976. SORGE, H./VIERZIG, S.: Handbuch Religion I. Sekundarstufe II – Studium, Stuttgart/Berlin/Köln/Mainz 1979. WEBER, M.: Die protestantische Ethik, Tübingen 1920. ZIEHE, TH.: Pubertät und Narzißmus. Sind Jugendliche entpolitisiert? Frankfurt/Köln 1975. ZIEHE, TH./STUBENRAUCH, H.: Plädoyer für ungewöhnliches Lernen, Reinbek 1982.

Lore Puntigam

Alltagskultur: Sammeln

Das Phänomen. Sammeln als wählerisches und oft lustvolles Zusammentragen von vielfältigen Objekten ist heute Bestandteil der Alltagskultur, zumeist in privatem Rahmen gehalten, bisweilen jedoch auch öffentlich präsentiert. In der Vergangenheit haben der Sammler und die Sammlung immer wieder fasziniert, haben insbesondere im Bereich der schönen Künste markante Spuren hinterlassen. Das Einzigartige so mancher Kollektion, die besondere Weise, wie sie zusammengetragen und begründet wurde, das Engagement und die Leidenschaften eines ernsthaften Sammlers gaben des öfteren literarischen Erzählstoff ab (vgl. BENJAMIN 1979, KELLER 1978, NETTELBECK 1979, SCHMIDT 1966, ZWEIG 1972). Inzwischen gehört das Sammeln von Gegenständen zu den selbstverständlichen, in moderne Alltagszusammenhänge eingebetteten Handlungsweisen: Fast jeder hat heutzutage schon als Kind zu sammeln angefangen, sammelt auch als Erwachsener noch – als Hobby, aus Ehrgeiz und mit Gefallen.

Trotz solch vielfältiger Sammeltätigkeit, trotz ihrer ökonomischen und kulturellen Bedeutung steht eine fundierte Theoriebildung zu diesem Handlungsfeld noch aus. Phänomenologische Betrachtungen, Essays und Autobiographisches bestimmen bislang die Rede über das Sammeln.

Das Sammeln als Geste. Dinge zu sammeln, stellt eine Geste der geformten materiellen Welt gegenüber dar, einen ordnenden und auswählenden Zugriff in eine schier unendliche Objektvielfalt. Als zielgerichtete und bewußte Auseinandersetzung mit der gegenständlichen Umwelt beschreibt sie einen bezeichnenden Bogen der Gewahrwerdung, der Inbesitznahme und der Bewahrung bestimmter Objekte. Diese Besonderung von Dingen, mittels der Geste des Sammelns ihrer „ursprünglichen" Orts-, Zeit- und Funktionszuweisung enthoben, stellt so einen schöpferischen Akt dar. Die Gegenstände werden in einen neuen, mehr oder minder durch den Sammler bestimmten Zusammenhang eingebettet, sie werden eingebracht in das persönliche Nähefeld (die Wohnung, das Haus als stetiger Versammlungsort dieser Objekte). So werden aus eigentlich unpersönlichen Dingen (Waren zumeist) persönliche, affektiv besetzte. Das Sammeln besitzt wie die Sammlung den Charakter eines Zeichens: Mitteilung über und Rückverweis auf die eigene Person. Diese Botschaft wird durchaus bewußt und gezielt eingesetzt und macht, noch vor dem Aspekt des

Bewahrens, die soziale Dimension der Geste aus.

Aus anderem Blickwinkel erschließt sich eine pädagogische Dimension des Sammelns. Es ist als Geste nicht nur Ausdruck einer mehr oder weniger fortgeschrittenen Persönlichkeitsentwicklung, es kann selbst Teil eines solchen Entwicklungsprozesses werden. Die Schule hat den „Sammeltrieb" der Kinder seit je genutzt, zugleich aber auch vor den sittlichen Verfehlungen der „Sammelwut" gewarnt (vgl. OPPERMANN 1915, SIEGERT 1908). Heute wird die Sammelbereitschaft vieler Schüler nicht nur für die naturwissenschaftlichen und sozialwissenschaftlichen Fächer (vor allem der Grundstufe und der Sekundarstufe I) genutzt, sondern selbst zum Thema des Unterrichts gemacht (vgl. FLITNER/FATKE 1983, PAZZINI 1983).

Viele Sammler erwerben aufgrund ihrer langjährigen Sammlertätigkeit ein differenziertes, oft professionelles Fachwissen. Darüber hinaus vermittelt die Aufnahme in den Kreis der Sammler soziale Anerkennung und persönliche Identität. Die komplexen Motive für das Sammeln müssen deshalb in einem historisch gewachsenen, gesellschaftlichen Spannungsfeld gesucht werden, in dem das Anhäufen von privatem Eigentum, die Entwicklung einer ichbezogenen Persönlichkeitsstruktur und damit die Herausbildung besonderer Objektbezüge konstitutiv sind. Indem den einzelnen Gegenständen einer Sammlung mehr als ein materieller Wert zukommt, nämlich der der Bedeutung für die Sammlung, wird zugleich der Anspruch auf soziale Wertschätzung des Sammlers erhoben.

In der Betrachtung sind also zu trennen: die Objekte, die des Sammelns für wert befunden werden; die Art und Weise des Sammelns (und, damit verbunden, die Form, in der das Gesammelte präsentiert wird); schließlich die individuellen Beweggründe und Absichten des Sammelns sowie dessen gesellschaftliche Bedeutung.

Objekte des Sammelns. Prinzipiell ist die gesamte gegenständliche Welt offen dafür, zum Sammelobjekt zu werden. Feststellen läßt sich allerdings, daß diese „Offenheit" der Sammelobjekte in der Geschichte des Sammelns (vgl. SPRINGER 1984, S. 27 ff.) nicht immer gegeben war und abhängig ist sowohl von der Entwicklung materiellen Reichtums dieser Gesellschaft wie der Veränderung ihrer Sozialstruktur. Sammeln war in der Vergangenheit schon aus ökonomischen Gründen im wesentlichen auf die herrschenden Klassen beschränkt. Gesammelt wurde und wird hier, was Wert besitzt (und vorzugsweise darin eine Steigerung erfährt) oder was Bedeutung hat (und damit über den Besitz solche verleiht): wertvolle (Geschmeide, Gemälde, . . .), seltene (Chinoiserien, Trophäen, . . .), bedeutende (Schriften, Reliquien, . . .) Gegenstände. Gesammelt wurden und werden Objekte aus dem Formenreichtum der Natur (Insekten, Gesteine, Gräser, . . .) und solche aus den Bereichen anerkannter kultureller Leistungen (Bücher, Kunstgegenstände, Exotika, . . .).

In der Gegenwart ist jedoch ein ambivalenter Prozeß der Vergesellschaftung des Sammelns zu beobachten; es verliert seinen elitären Charakter und wird Bestandteil der Massenkultur. Durch die Ausweitung der industriellen Warenproduktion und die räumliche Erschließung der Welt vergrößert sich das Feld potentieller Sammelstücke insgesamt; damit korrespondiert eine veränderte Einstellung und Wahrnehmung dem Sammeln gegenüber: Die Briefmarke zum Beispiel wurde um die Jahrhundertwende zum allgemein akzeptierten, der Bildung förderlichen Sammelgegenstand. So werden schon lange Briefmarken (Sondermarken) hergestellt, die vornehmlich für die wachsende Zahl von Sammlern gedruckt werden. Und wie dadurch das Postwertzeichen, so „emanzipieren" sich auch andere Dinge von ihrem konkreten Gebrauchswert. Damit geht einher die Gründung von Vereinen und Klubs (für Objekt- und Kenntnistausch, aber auch für Geselligkeit), die Einrichtung eines Marktes und seiner Medien (Sammlerbörsen, Messen, Journale) und die Entfaltung einer auf das Sammeln abzielenden und dieses stimulierenden Warenproduktion.

Dabei ist eine weitere qualitative Schnittstelle zu vermerken: Die frühere Exklusivität des Sammelns schwindet. Ungefähr seit den 50er, 60er Jahren ist im Zusammenhang mit der neugewonnenen wirtschaftlichen und gesellschaftlichen Prosperität zu beobachten, daß sich das Sammeln auf immer weitere, schließlich beliebig werdende Gegenstandsfelder bezieht, nur bestimmt durch eine persönliche Definition dessen, was für wert und würdig erachtet wird.

Folge davon ist einmal, daß die Bedeutung des Gesammelten sich oft nur mehr in einem quasi privaten Rahmen mitzuteilen vermag, das heißt in direkter Anschauung auch der Person, der Biographie des Sammlers. Andererseits entlastet diese Ausweitung des Potentials sammelnswerter Dinge das Verhältnis Sammler – Objekt von ökonomischen und/oder funktionalen Maßgaben, das Sammelgut kann frei von jeglichem Tausch- oder Anschauungswert sein, bloßer Spiegel eines Selbst.

Indem sich so der Blick von den konventionellen Sehweisen des Sammelnswerten befreit (ohne diese dadurch ungültig zu machen), verliert auch die Form des Gesammelten ihren bestimmenden Charakter.

Formen des Sammelns. Eine Sammlung kann eine „geschlossene" oder eine „offene" Gestalt annehmen; diesem wichtigen Unterschied entspricht auch die verschiedene Art und Weise des Sammelns. Die erstere Form entspricht dem, was meist mit dem Begriff einer Sammlung verbunden wird: Es existiert ein bestimmter, begrenzter Rahmen, der durch die gesammelten Dinge ausgefüllt wird (die „Lücke" ist hierfür konstitutiv). Das Ideal einer solchen Sammlung ist ihre Komplettheit, durch die ihr ideeller wie materieller Wert grundlegend bestimmt wird. Diese Form erheischt eine bestimmte Haltung des Sammlers: mit einer gleichsam geeichten Wahrnehmung auf beständiger Suche, durch Kennerschaft ausgezeichnet, ernsthaft und dabei leidenschaftlich. Hier begegnet uns der Typus eines Sammlers, dem Sammeln immer auch ein „Sich-Sammeln", ein Sich-Versenken ist: die Sammlung als Ego-Zentrum. Beispiele lassen sich leicht in etablierten Sammlergefilden finden: Kunstmarkt, Bibliophilie, Briefmarken.

Die „offene" Gestalt einer Sammlung präsentiert sich auf andere Art. Ihr liegt eine Idee, ein thematischer roter Faden zugrunde, entlang dem Dinge gesammelt werden; solch eine Sammlung ist wandelbar und hat keine definierte, auszufüllende Figur. Das Sammeln geschieht gleichsam beiläufig, mit gestreuter Wahrnehmung, eher spielerisch und vom persönlichen Gefallen geleitet, oft sogar dem Zufall gehorchend. Beispiele für solch „unsystematisches" Sammeln finden sich in der Art und Weise, wie Kinder sammeln, beim Aufbewahren von (Erinnerungs-)Fotos, im Teile-Fundus des Bastlers, im Ideen-Zettelkasten des Kopfarbeiters (vgl. SPRINGER 1984).

Beweggründe und Absichten. Eine solche idealtypische Unterscheidung bestätigt sich im Anspruch und in der Ausrichtung, die mit dem Sammeln verbunden werden. Eine „geschlossene" Sammlung zielt auf ein (wenn auch meist begrenztes) Publikum, auf die öffentliche Präsentation eines Werks (das idealerweise den Eigennamen seines Schöpfers und Eigners trägt). Damit wird auf Anerkennung abgezielt, eingestandenerma-

ßen oder nicht, wird sozialer Ranggewinn angestrebt, wird „Persönlichkeit" fabriziert.
Eine „offene" Sammlung hingegen, Resultat einer eher unambitionierten Geste, steht in unmittelbarem Bezug zur Person des Sammlers, die sich in den gesammelten Dingen sozusagen selbst ansieht. Der gegenständlichen Umwelt wird durch die Auswahl und Zusammenstellung ein persönlicher Stempel aufgedrückt, ein Akt auch der Vergewisserung über den eigenen Standort und der Erzeugung von Selbstsicherheit.
Zwischen den beiden Absichtspolen: Vergegenwärtigung seiner selbst und Präsentation eines Images, bewegen sich die lauten und leisen Leidenschaften der Sammler, ihre Sehnsüchte und ihr Begehren, Besitzerstolz und Komplettierungsehrgeiz. Die gefühlsbetonten und ästhetischen Objektbezüge, wie sie im Sammeln herstellbar sind, können sogar eine Ersatzfunktion für eigentlich soziale Bedürfnisse erhalten: Der narzißtische Sammler sucht und findet affektive Sicherheit in der Sammlung statt in menschlicher Anteilnahme.

Gesellschaftliche Bedeutung. Durch das Sammeln werden Gegenstände aus ihrem ursprünglichen Kontext herausgelöst und als natur- oder menschengeschichtliche Zeugnisse bewahrt. Sie werden dadurch auch vor ihrem sonst vorgezeichneten Verfall behütet, werden mittels Investition von Zeit, Geld und Mühe beständig gemacht. Das Sammeln ist, auf welche Weise auch immer, ein aufwendiges Unterfangen, die eigene Person muß darin eingebracht werden. Diente in ihrer ursprünglichen Form die Geste des Sammelns der Existenzsicherung im Ansammeln lebensnotwendiger Güter (Überbrückungsfonds für Mangelzeiten), so ermöglichte es der materielle Reichtum der Neuzeit, gewissermaßen aus der Not eine Tugend zu machen: Die umfassende Sammlerei von heute ist ein Indiz für materiellen Überfluß, für breitgestreute Üppigkeit im Besitz von Dingen.
Am Sammeln lassen sich so einige wesentliche Aspekte der gegenwärtigen Lebensverhältnisse verdeutlichen: die Unterschiede im Umgang mit Dingen (Zerstörung – Bewahrung) wie deren wandelbare Funktion und Bedeutung (als Ware, als Gebrauchsgegenstand, als Ausstellungsobjekt). Auch die Ausbildung bestimmter Konsumgewohnheiten und ökonomische Gesetzmäßigkeiten lassen sich daran darstellen und diskutieren. Schließlich gibt das Thema „Sammeln" – worin jeder kompetent zu sein vermag – die Möglichkeit, sich eigene alltägliche Verhaltens- und Handlungsweisen zu vergegenwärtigen und persönliche Neigungen und Interessen zu hinterfragen.
Das Sammeln als ein Teilbereich der Alltagskultur bietet Anlaß und Ansatz zu einer Reihe weiterführender Fragen. Die Frage, „warum" heute gesammelt wird, wird kaum eindeutig für jedermann beantwortbar sein; dennoch wäre eine empirische Analyse der Beweggründe des Sammelns und der Bedeutung solcher Gegenstandsbezüge im Alltagsleben dringend geboten. Die menschliche Geste des Sammelns könnte dabei zu einem wesentlichen Baustein einer empirisch gehaltvollen „Theorie der Dingbezüge" werden, in der die Ambivalenz des freien und lustvollen Umgangs mit den Dingen einerseits, der Zwanghaftigkeit und Rigidität der sozialen Kontrolle solcher Dingbezüge andererseits zu klären ist. Erst dann sollte die Frage gestellt werden, ob eine „Didaktik des Sammelns" möglich und sinnvoll ist.

BENJAMIN, W.: Schränke. In: BENJAMIN, W.: Berliner Kindheit um Neunzehnhundert, Frankfurt/M. 1979, S.119ff. BENJAMIN, W.: Das Passagen-Werk, Frankfurt/M. 1983. FLITNER, A./ FATKE, R.: Was Kinder sammeln. Beobachtungen und Überlegungen aus pädagogischer Sicht.

Alltagskultur: Umgang mit Literatur

In: N. Samml. 23 (1983), S. 600ff. KELLER, G.: Hadlaub. In: KELLER, G.: Züricher Novellen, München 1978, S.19 ff. LAND-WEBER, E.: The Passionate Collector, New York 1980. NETTELBECK, U.: Fantômas. Eine Sittengeschichte des Erkennungsdienstes, Salzhausen 1979. OPPERMANN, E.: Sammlungen. In: ROLOFF, E. M. (Hg.): Lexikon der Pädagogik, Bd. 4, Freiburg 1915, S. 535ff. PAZZINI, K.-J.: Die gegenständliche Umwelt als Erziehungsmoment. Zur Funktion alltäglicher Gebrauchsgegenstände in Erziehung und Sozialisation, Weinheim/Basel 1983. SAMMELN UND AUSSTELLEN. Kunst u. U. (1978), Heft 52. SCHLOZ, TH.: Sehbares, Greifbares, Fühlbares. Vom Umgang mit Gegenständen, dem Bezug zu Sachen und dem Leben mit Dingen, Mag.-Arb., Ludwig-Uhland-Institut, Tübingen 1984. SCHMIDT, A.: Schlüsseltausch. In: SCHMIDT, A.: Trommler beim Zaren, Karlsruhe 1966, S.17ff. SIEGERT, G.: Sammeltrieb. In: REIN, W. (Hg.): Enzyklopädisches Handbuch der Pädagogik, Bd. 8, Langensalza ²1908, S. 634f. SPRINGER, P.: Gesammelt in und um Oldenburg. Aspekte der Alltagskultur, Ausstellungskatalog des Oldenburger Kunstvereins, Oldenburg 1984. ZWEIG, ST.: Die unsichtbare Sammlung. In: ZWEIG, ST.: Meisternovellen, Stuttgart 1972, S. 334ff.

Thomas Schloz

Alltagskultur: Umgang mit Literatur

Fragestellung. Die Frage nach dem Umgang mit Literatur als Teil der Alltagskultur kann auf die verlegerische, materielle Produktion und Distribution sowie auf die Rezeption von Literatur bezogen werden. Einen Überblick über *Produktion und Distribution* liefern die jährlich erscheinenden Berichte des BÖRSENVEREINS DES DEUTSCHEN BUCHHANDELS E.V. (vgl. 1984). Für 1983 weist die Statistik des Börsenvereins eine Titel-Neuproduktion von 67 176 aus; insgesamt waren 400 000 Bücher deutscher Sprache lieferbar. Die künftige Entwicklung des Buchmarkts wird angesichts technischer und demographisch-ökonomischer Entwicklungen eher skeptisch beurteilt. Die Frage nach der *Rezeption* von Literatur ist in den vergangenen Jahren verstärkt zum Gegenstand empirischer Untersuchungen und theoretischer Konzeptualisierungen gemacht worden (vgl. DEHN 1974, GRIMM 1975, GROEBEN 1977, WARNING 1975). Auf der Grundlage dieser Arbeiten kann der Prozeß der Rezeption von Literatur genauer analysiert werden.

Literaturkritik. Die Entscheidung für den Kauf eines Buches wird bei vielen Lesern nicht unwesentlich davon mitbestimmt, ob zu dem Titel eine Besprechung in Zeitungen, Zeitschriften oder Büchern vorgelegen hat. Die Literaturkritik hat die Funktion, das Lesen – und das bedeutet häufig auch den Erwerb eines Buches – zu empfehlen oder davon abzuraten. Vormweg hat die Bedeutung der Literaturkritik für die literarisch interessierte Öffentlichkeit untersucht: Jährlich erscheinen etwa 1 000 Zeitungsseiten mit Literaturkritik (vgl. VORMWEG 1976, S. 61), aber auch Rundfunk und Fernsehen haben Einfluß auf die Rezeptionsgewohnheiten. Als „professionelle Leser" übernehmen die Literaturkritiker eine vermittelnde Rolle zwischen Autor und Verlag auf der einen, den Lesern auf der anderen Seite. MECKLENBURG (vgl. 1977, S. 41) spricht deshalb vom meinungsbildenden Charakter der gesellschaftlichen Kommunikation über Literatur, einer Kommunikation, die durch die Literaturkritik wesentlich beeinflußt wird.

Rezeptionswissenschaftlich gesprochen, stellen die Rezensionen erste Hinweise auf Deutungen und Verständnis der Werke dar, die den Erwartungshorizont der Leser in bezug auf den besprochenen Text prägen können (vgl. ALFS/RABES 1982). VODIČKA (1975, S. 75) spricht von der Pflicht des Kritikers, „sich über ein Werk als ästhetisches Objekt auszusprechen, die Konkretisation des Werks,

d. h. seine Gestalt vom Standpunkt des ästhetischen und literarischen Empfindens seiner Zeit festzuhalten und sich über dessen Wert im System der gültigen literarischen Werte zu äußern". Vom Kritiker wird erwartet, daß er den literarischen Erwartungshorizont seiner Leser einschätzen kann, daß er ihn auf den besprochenen Band bezieht, das Werk analysiert und die „ästhetische Distanz" (JAUSS 1970, S. 177) markiert, die sich aufgrund des neuartigen inhaltlichen oder formalen Charakters eines Textes im Vergleich zu dem durch vorausgegangene Lektüren des Lesers geprägten Erwartungshorizont ergibt. Die „ästhetische Distanz" bewirkt beim Leser einen „Horizontwandel" (JAUSS 1970, S. 178), sobald er sich auf die neuartigen Strukturen und Inhalte eines Textes einläßt und sie in seinen Erwartungshorizont gegenüber zukünftigen Werken integriert.

Rezeptionsästhetik. Jauß gehörte zu den ersten, die die Literaturwissenschaft auf die Bedeutung der Textrezeption des Lesers hinwiesen: Bis dahin hatte sie sich in erster Linie mit dem Schaffensprozeß literarischer Werke durch den Autor beschäftigt. Groeben spricht provokativ davon, daß ein – durch Jauß angeregter – (literatur)wissenschaftlicher *„Paradigmawechsel" von der Produktions- zur Rezeptionsästhetik* zu beobachten sei und daß dieser Wechsel erst dann zum Abschluß gebracht sein werde, wenn mit Hilfe empirischer Methodik und Wissenschaftskonzentration die klassischen, hermeneutischen Verfahren der Textinterpretation weiterentwickelt und durch die Analyse der Rezeption in Akten der Konkretisation literarischer Werke beim Leser selbst ergänzt sein werden (vgl. GROEBEN 1977, S. 2, S. 9). Damit rückt der Prozeß der Textaufnahme und -verarbeitung beim Leser in den Vordergrund der Untersuchungen. Dieser Prozeß ist von besonderem Interesse, weil in der Forschung davon ausgegangen wird, daß jeder literarische Text sogenannte „Unbestimmtheits- oder Leerstellen" enthält, die der Leser durch ein „Lesen zwischen den Zeilen" mit eigenen Erfahrungen, Assoziationen und Phantasien auffüllt: „Dieses ergänzende Bestimmen nenne ich das ‚Konkretisieren' der dargestellten Gegenstände" (INGARDEN 1975, S. 47). Diese Konkretisationen fallen von Leser zu Leser sehr unterschiedlich aus (vgl. ISER 1976, S. 45). Im Bewußtsein des Lesers wird aus der materiellen Gestalt einer Textvorlage der literarische Gehalt, der sich aus einer Symbiose aus vorliegendem Text und Erfahrungen, Phantasien und Assoziationen des Rezipienten entwickelt. Der Leser wird geleitet, gleichzeitig aber emanzipiert er sich vom Gedankengang des Autors, indem er die Leerstellenfüllungen aufgrund seiner eigenen biographischen Erfahrungen vornimmt; dabei ist ihm die Textvorlage des Autors Leitlinie des Konkretisationsprozesses (vgl. NAUMANN u. a. 1975, S. 78 f.).

Konsequenzen. Werden die aus diesem Paradigmenwechsel folgenden Ergebnisse auch für den schulischen Umgang mit Literatur anerkannt, so stellen sich der Literaturdidaktik neuartige Probleme: Eggert, Berg und Rutschky weisen darauf hin, daß die von den Schülern vorgenommenen privaten Rezeptionen und Konkretisation von Texten nicht mit dem im Unterricht von den Schülern veröffentlichten Textverständnis gleichgesetzt werden darf. Der institutionelle Rahmen von Schule und Unterricht beeinflusse den Konkretisationsakt des Schülers, so daß das im Unterricht erworbene Textverständnis deutlich anders aussieht als das aus privater, häuslicher Lektüre (vgl. EGGERT u. a. 1974, S. 282 ff.). Die Autoren rechnen wegen dieses institutionell bestimmten Verständnisses mit einer ausgeprägten „Doppelsprachigkeit" der Interpretation von Texten durch die Schüler (EGGERT u. a. 1974, S. 275). Der Lehrer muß im

Unterricht die Tatsache akzeptieren, daß Schüler private Konkretisationen der Texte vornehmen, er kann aber auch nicht von ihnen verlangen, ihre individuellen Konkretisationen, die immer auch mit persönlichen Erfahrungen, Assoziationen und Phantasien behaftet sind, im Unterricht vor den Augen aller Mitschüler und des Lehrers zu veröffentlichen. Das Problem der schulischen Akzeptanz oder Verdrängung der privaten Textkonkretisationen wird durch Bewertungs- und Zensierungszwänge des Unterrichts verschärft. Die bisher durch die enge Anlehnung an die Textausdeutungen des Autors gelieferte Sicherheit der Interpretation wird relativiert und in Frage gestellt, sobald dem Leser die eigene Verantwortung für seine Form der Textaufnahme zugestanden wird.

ALFS, G./RABES, M.: „Genauso war es..." Kempowskis Familiengeschichte „Tadellöser & Wolff" im Urteil des Publikums, hg. und mit einem Forschungsbericht versehen von M. Dierks, Oldenburg 1982. BÖRSENVEREIN DES DEUTSCHEN BUCHHANDELS E. V. (Hg.): Buch und Buchhandel in Zahlen, Ausgabe 1984, Frankfurt/M. 1984. DEHN, W. (Hg.): Ästhetische Erfahrung und literarisches Lernen, Frankfurt/M. 1974. EGGERT, H. u. a.: Literaturrezeption von Schülern als Problem der Literaturdidaktik. In: DEHN, W. (Hg.): Ästhetische Erfahrung..., Frankfurt/M. 1974, S. 267 ff. GRIMM, G. (Hg.): Literatur und Leser, Stuttgart 1975. GROEBEN, N.: Rezeptionsforschung als empirische Literaturwissenschaft. Paradigma – durch Methodendiskussion an Untersuchungsbeispielen, Kronberg 1977. INGARDEN, R.: Konkretisation und Rekonstruktion. In: WARNING, R. (Hg.): Rezeptionsästhetik..., München 1975, S. 42 ff. ISER, W.: Der Akt des Lesens. Theorie ästhetischer Wirkung, München 1976. JAUSS, H. R.: Literaturgeschichte als Provokation, Frankfurt/M. ²1970. MECKLENBURG, N.: Faschismus und Alltag in deutscher Gegenwartsprosa. In: WAGENER, H. (Hg.): Gegenwartsliteratur und Drittes Reich, Stuttgart 1977, S. 11 ff. NAUMANN, M. u. a.: Gesellschaft – Literatur – Lesen. Literaturrezeption in theoretischer Sicht, Berlin/Weimar ²1975. VODIČKA, F. V.: Die Rezeptionsgeschichte literarischer Werke. In: WARNING, R. (Hg.): Rezeptionsästhetik..., München 1975, S. 71 ff. VORMWEG, H.: Geschichte und Aufgaben der Literaturkritik. In: BRACKERT, H./LÄMMERT, E. u. a. (Hg.): Funkkolleg Literatur, Studienbegleitbrief 11, Weinheim/Basel 1976, S. 49 ff. WARNING, R. (Hg.): Rezeptionsästhetik. Theorie und Praxis, München 1975.

Günter Alfs

Alltagskultur: Umgang mit Natur

Problemstellung. Die Menschen haben nicht eine Natur, sondern sie *sind* Natur. Dennoch wird Natur in menschlicher Arbeit angeeignet. Je bedrohlicher jedoch die unberücksichtigten wie unerwarteten (Neben-)Folgen der Ausbeutung und Zerstörung der Natur durch menschliche Arbeit und Naturbeherrschung werden, desto häufiger wird auch von der Pädagogik eine (Überlebens-)Hilfe gefordert. Jedoch erscheinen die pädagogischen Hilfestellungen zur Funktionalisierung und Domestizierung des menschlichen Umgangs mit Natur zunehmend komplizierter und fragwürdiger. Die ökologische Krise der Naturbeherrschung des Menschen hat somit auch eine Krise der Erziehung zur Folge.

Die Erziehungswissenschaft reflektierte diese Entwicklung zunächst vornehmlich im Rahmen neuer Aufgabenzuweisungen (von der Umwelt- bis zur Friedenserziehung), auf die sie konventionelle Antworten gab, nämlich die Konstituierung neuer Fachgebiete und Curricula und die Ausweitung der Erwachsenenbildung. Inzwischen ist jedoch deutlich geworden, daß der zweckrational-schulische Zugriff auf das Thema „Natur" selbst ein Teil des Problems darstellt, das im Interesse der Natur sowie der Menschen als Teil dieser Natur gelöst werden muß. Es besteht die Gefahr, daß bei einer kurzfristigen Erfolgsorientierung der Wissenschaften und der vorschnellen Institutionalisierung ökologischer Lernprogramme der menschliche Umgang mit Natur lediglich kurzatmig und in peripheren Bereichen humanisiert und rationalisiert, jedoch nicht im Kern langfristig verändert wird. Die Krise der Naturbeherrschung macht deshalb zunächst einmal eine Revision des im Erziehungsverständnis selbst subsumierten Naturbegriffs notwendig.

Wissenschaftstheorie und Naturverständnis. Galt die Natur über Jahrtausende hinweg als ein lebensbedrohender Außenbereich des Menschen, vor dessen Gefahren und Unwägbarkeiten die Menschheit sich mit Magie und Technik zu schützen suchte, so verlor sie spätestens seit Beginn der Neuzeit im Prozeß fortschreitender naturwissenschaftlich-technischer Beherrschung der Welt ihre Schrecken, zugleich wandelte sich das Naturverständnis entscheidend. Man entlockte der Natur – vermeintlich – ihre Geheimnisse und wandte sie, zu naturwissenschaftlicher Gesetzeseinsicht transformiert, gegen die Natur selbst. Man erkannte, daß die „Vernunft" die „Natur nötigen müsse, auf ihre Fragen zu antworten, nicht aber sich von ihr allein gleichsam am Leitbande gängeln lassen müsse" (KANT 1966, B XIV). Aber schon im 18. Jahrhundert kam es – als Reaktion auf die aufklärerische Enttarnung der Natur – zur Renaissance der Reflexion einer „schönen", durch den Menschen bedrohten Natur: „Alles, was aus den Händen des Schöpfers kommt, ist gut; alles entartet unter den Händen des Menschen. [...] Nichts will er so, wie es die Natur gemacht hat, nicht einmal den Menschen. Er muß ihn dressieren wie ein Zirkuspferd" (ROUSSEAU 1962, S. 11). Heute, am Ende des 20. Jahrhunderts, wird die Aufmerksamkeit auf eine Natur gelenkt, deren ökosystemische Struktur gefährdet und deren ökologisches Gleichgewicht unter der Gewalt der wissenschaftlich-technischen Naturbeherrschung zusammenzubrechen scheint. Die Menschheit ist imstande, kurzfristig (durch atomaren Overkill) oder langfristig (durch Umweltvergiftung und Zerstörung aller Ressourcen) die Natur für den Menschen unbelebbar zu machen. Diese „ökologische Krise" im Umgang mit der äußeren Natur ist zugleich die Krise des modernen Menschen, seiner wissenschaftlich-technischen Weise der Naturbeherrschung und seines wissenschaftlichen Rationalismus (vgl. ZUR LIPPE 1979a, S. 22ff.). Diese Krise ist tief mit dem spezifisch abendländischen Dualismus von Geist und Materie verknüpft und auch in fortgeschrittenen wissenschaftstheoretischen Positionen nachweisbar (vgl. POPPER/ECCLES 1982; vgl. dazu die Kritik bei JANTSCH 1984, S. 227). Eine für spätkapitalistische Gesellschaftsformationen offensichtlich spezifische Sehnsucht nach Harmonie mit der Natur und nach intakten Naturkreisläufen bricht auf. Wurde in früheren Jahrhunderten die mythisch und religiös geprägte Version einer Natur als Paradies mit den Aspekten der Versöhnung, Brüderlichkeit und Harmonie in eine vorgeschichtlich gedachte Vergangenheit projiziert (vgl. ZUR LIPPE 1979a, S. 26), so ist die heute deutlich werdende Sehnsucht vielmehr ein nichtrationaler Reflex (vgl. HÜBNER 1981) auf die zunehmend problematisch gewordene dominante naturwissenschaftliche Rekonstruktion der Genesis und Evolution der Natur. Diese Entwicklung der Naturbeherrschung in der europäischen Gesellschaft ist zu einem „kalkulierten System von Herrschaft und Ausbeutung der Menschen über die anderen, von Herrschaft über die innere Natur aller Menschen [...] geworden; sie läßt Versöhnung und Brüderlichkeit ebenso unrealistisch erscheinen, wie die gewonnene Unabhängigkeit gegenüber

Alltagskultur: Umgang mit Natur

der Natur erst Entfaltung und Freiheit realisierbar macht" (ZUR LIPPE 1979a, S. 26f.).

Aufgrund einer mechanistisch-dualistischen Erkenntnisproduktion der klassischen Wissenschaften geriet die Natur zum paradigmatisch-positivistischen *Objekt* einer aufklärerisch-normativen Pädagogik. Die naturwissenschaftliche Segregation der Natur in die Einzeldisziplinen Physik, Chemie und Biologie wirkte konstitutiv im Hinblick auf das abendländische Naturverständnis wie auch funktional im Sinne wissenschaftlich-technischer Naturbeherrschung und im alltäglichen Umgang mit Natur. Im Anschluß eines sich abzeichnenden Paradigmenwechsels (vgl. KUHN 1973) in den Naturwissenschaften gegen Ende der 70er Jahre, weg von einem mechanistischen Naturverständnis eines Descartes und Newton, hin zu einer ganzheitlichen Wahrnehmungs- und Denkweise von Natur (vgl. dazu für die Physik CAPRA 1975, für die Chemie PRIGOGINE 1979 sowie für die Biologie MANTURANA 1982), wird das neue Weltbild dieser revidierten, allgemeinen „Natur"-Wissenschaften beschrieben als eine „in allen Aspekten auf globaler Ebene verwobenen Welt, in der sämtliche biologischen, psychologischen, gesellschaftlichen und ökologischen Phänomene voneinander abhängig sind" (CAPRA 1983, S. 10).

Die naturwissenschaftlich-philosophische Revision des Naturverständnisses hat als grundlegende methodologische Wende der Naturerkenntnis eine systemisch-dialogische Erkenntnisproduktion (vgl. PRIGOGINE/STENGERS 1981) zur Folge, wonach Natur als ein vernetztes System dynamischen Gleichgewichts definiert wird (vgl. CAPRA 1983, JANTSCH 1984), in dem der Mensch/das Menschliche nicht mehr als distinkter Wesensbegriff im Gegensatz zum Naturbegriff verstanden werden kann. Vielmehr wird „Natur" als umfassender ganzheitlich-körperlicher Umgang von Geist und Körper des Menschen mit der Natur, also als ein ganzheitlicher *Produktionsprozeß,* bestimmt (Vorüberlegungen zu dieser Definition von „Natur als Produktionsprozeß": vgl. DELEUZE/GUATTARI 1974). „Umgang mit Natur" im hier thematisierten Problemzusammenhang umfaßt also zum einen die universelle Dimension von Natur als Natur des Menschen, also die wissenschaftliche Erkenntnisproduktion menschlicher Naturbeherrschung wie auch die spezifischen Aneignungsformen von Natur in der Medizin, der Pädagogik oder dem Sport. Zum anderen meint der Begriff „Umgang mit Natur" die je konkrete Praxis im Umgang mit Natur als ein Moment der Alltagskultur einer Gesellschaft, wie er auch im Gartenbau oder in der Eßkultur zum Ausdruck kommt. Daraus folgt, daß Umgang mit Natur immer auch eine Verhaltens- und Handlungspraxis des „Umgangs mit sich selbst" ist (GAMM 1977). Die Frage nach der Humanität eines Gesellschaftssystems ist damit immer auch eine Frage nach dem Umgang mit Natur und umgekehrt! Die Humanität einer Gesellschaft läßt sich dann nicht mehr primär mit politökonomischen und sozialpolitischen Kategorien definieren, sondern auch zunehmend an den ökologischen Krisenerscheinungen. Dieser Komplexität des Gegenstandes entspricht jedoch nicht zwingend eine analoge Komplexität der (natur)wissenschaftlichen Analyse und Darstellung, sondern auf der heutigen Evolutionsstufe eines „selbstreflexiven Geistes [...] wird Selbstbezug zur Selbsterkenntnis" (JANTSCH 1984, S. 415). Das meint, daß der Umgang mit sich selbst als Teilmoment des Umgangs mit Natur menschlicher Selbstbezug im Prozeß der Naturbeherrschung ist und somit zum tragenden Moment der Selbsterkenntnis innerhalb der umfassenden Naturerkenntnis einer allgemeinen, revidierten „Natur"-Wissenschaft wird.

Nach HUSCHKE-RHEIN (vgl. 1984) kann

diese Revision des Naturverständnisses auch für die Erziehungswissenschaft weitreichende Konsequenzen erhalten; der Naturbegriff ist „nicht länger bloß eine Kategorie der objektiven Wirklichkeit, also der Faktizität von Erscheinungen (wie noch bei Kant) [...], sondern er enthält [...] zugleich die Kategorie der Möglichkeit, also auch der möglichen Zukunft"; sie wird darum „die allgemeinste Kategorie, die wir denken und erfahren können" (HUSCHKE-RHEIN 1984, S. 46; vgl. SCHOLZ 1983). Eine revidierte allgemeine „Natur"-Wissenschaft kann also zu einer übergeordneten Bezugswissenschaft auch der Pädagogik werden, die als ihren Beitrag die Lernbarkeit des Umgangs mit Natur bestimmt (vgl. GAMM 1977, S. 15).

Gesellschaftliche Determinanten der Sehnsucht nach Natur. Dem revidierten Naturverständnis in den Naturwissenschaften korrespondiert eine erneute, allerdings in sich widersprüchliche, auch als postmodern (vgl. WELLMER 1985) zu kennzeichnende Sehnsucht des modernen Menschen nach Harmonie und Frieden mit der Natur und mit sich selbst. Sie wird in einem skeptischen, teils gesellschaftskritischen, teils sich unpolitisch und individualistisch gebenden Zeitgeist deutlich:
- Das *Umweltbewußtsein* der Bevölkerung der Bundesrepublik wächst beständig. 1970 maßen 44 Prozent der Bevölkerung dem Umweltschutz „große Bedeutung" bei; 1977 waren es 73 Prozent und 1980 fast 97 Prozent (vgl. V. WERDER 1983, S. 232). Die Befragung bestätigt ferner die wachsende Gefahr eines subjektivistischen Mißverständnisses der Ursachen der Umweltbedrohung sowie der Bekämpfung der ökologischen Krise.
- Die Sehnsucht nach Natur ist an einer Renaissance der *Heimat*diskussion (vgl. KLATTENHOFF 1986) ebenso wie an der Wiederentdeckung des *Körpers* abzulesen (vgl. KAMPER/WULF 1982,

KÜKELHAUS/ZUR LIPPE 1982, PAZZINI 1985).
- Vielfältige Formen *naturnahen Lebens, Lernens und Arbeitens* werden seit Beginn der 70er Jahre neu entwickelt oder im Rückgriff auf historische Vorbilder (beispielsweise aus der Zeit der Reformpädagogik) entfaltet. Am Anfang steht der Versuch von Initiativen, Wohngemeinschaften, sogenannten Alternativgruppen, durch ein ökologisch orientiertes und lebenspraxisbezogenes Arbeiten die historische Trennung von Kopf- und Handarbeit tendenziell aufzuheben und damit der zunehmenden geistigen wie ökonomischen Rationalisierung von Arbeits- und Lernprozessen gegenzusteuern (vgl. BUSCH u. a. 1982).
- Immer hektischer und ungeprüfter wird gesellschaftlich auf die jeweiligen Krisenerscheinungen reagiert. So wird auch die neue Naturthematik relativ unreflektiert von den traditionellen oder von neugeschaffenen *Institutionen* vereinnahmt und das jeweilige Krisenthema gerät zum Modeboom. Die Volkshochschulen zum Beispiel bieten seit Mitte der 70er Jahre in verstärktem Umfang Kurse an zur ökologischen Krise und ihren politischen Hintergründen, aber auch zur „natürlichen" Ernährung und zum Fasten, zum biologischen Gartenbau und Wohnen.
- Die durch technische Großprojekte betroffenen Bürger organisieren sich – zunächst in *Bürgerinitiativen*, schon bald in bundesweit agierenden *Naturschutzorganisationen* und in *politischen Parteien*, vornehmlich der der „Grünen". Traditionelle Naturschutzorganisationen wie der Deutsche Bund für Vogelschutz, die Umweltstiftung WWF-Deutschland, der Bund für Umwelt und Naturschutz (BUND) setzen sich, zum Teil basisdemokratisch, für eine Verbesserung von Umweltbedingungen ein. Sie werden ergänzt durch Aktionsgruppen

wie „Greenpeace" und „Robin Wood", die mitunter einen spektakulären Aktionismus entwickelt haben.
- Unterstützt von den Massenmedien, erreicht die Sehnsucht nach Natur und nach „Natürlichem" inzwischen den größten Teil der Bevölkerung. Damit einher geht eine Kommerzialisierung dieser im *Alltagsbewußtsein* verankerten Naturbedürfnisse und Interessen der Menschen: Die Kürzel „Bio" und „Öko" werden zum Schlagwort und Werbeträger für vielfältige Produkte, die als „Bio"- oder „Öko"-Artikel zum Verkaufsschlager werden. Gewichtige Ansprechpartner sind unter anderem die etwa 13 Millionen bundesdeutschen Privatgärtner, deren Versorgung durch die Hausgärtner-Märkte und Gartencenter mit Bio-Schreddern, Bio-Kompostern, mit Bio-Dünger und Öko-Literatur inzwischen einen Jahresumsatz von zirka 5 Milliarden DM erreicht hat (vgl. ZÄNGL 1984, S. 139).

Diese wachsende Sehnsucht nach Harmonie mit einer intakten Natur führt nicht zwangsläufig zum intensivierten Schutz der Natur; sie kann selbstzerstörerisch wirken, wenn ihre individuellen und gesellschaftlichen Voraussetzungen und Konsequenzen nicht ausreichend reflektiert werden. Auch die Versuche zum Schutz und zur Wiederherstellung der intakten Natur spielen sich nicht außerhalb der gesellschaftlichen Realität ab, sondern sind integrativer Teil der Naturaneignung durch Arbeit. Die Naturbeherrschung bei der Haltung von Haustieren wie bei der Arbeit im Hausgarten oder bei der Freizeitgestaltung in naturnahen Räumen erfährt eine beträchtliche soziale Bedeutungsaufladung. Sie dient der Selbstdarstellung ebenso wie der Psychohygiene und der Reproduktion der Arbeitskraft: „Die Ordnung des Gartens spiegelt den Sauberkeitsgrad des Haushaltes (und der Gesinnung) wider. Das Innere wendet sich nach außen; es muß nicht mehr bekannt gemacht werden und stimmt nahtlos überein – mit dem Nachbarn und mit der Werbung" (ZÄNGL 1984, S. 139). Das menschliche Bedürfnis nach der Beherrschung der Natur ist historisch vermittelt und soziokulturell überformt. Es ist wesentliches Moment der sozialkommunikativen Infrastruktur hochentwickelter Industriegesellschaften; es wird reguliert und kontrolliert, kultiviert und prämiert durch staatliche überregionale und kommunale Fördermaßnahmen, durch Medien- und Zuliefererindustrie, durch Schule und durch Vereinsarbeit. Der Umgang mit Natur wird zum Element des Sozialisationsprozesses und nimmt Einfluß auf die Persönlichkeitsentwicklung des einzelnen. Er dient der Einübung bürgerlicher Verkehrsformen, er kann aber auch – gerade bei Jugendlichen – zum Ausdruck politisch-gesellschaftlichen Widerstands und Protestverhaltens werden. Dabei wird die Abhängigkeit des menschlichen Umgangs mit Natur von konkreten politischen, soziokulturellen, geographischen und auch ökonomischen Voraussetzungen häufig übersehen. Der gesellschaftliche Verlust des „Wissens um die Langsamkeit von Wachstum und Entwicklung eines ökologischen Gleichgewichts" (WIELAND 1984, S. 115) führt offensichtlich auch im Umgang mit Natur zur Anwendung eines industriekapitalistischen Konsumverhaltens, zu einem Verständnis einer „Wegwerf-Natur" mit dem Trend zur „Einweg-Pflanze" für Wohnung, Balkon und Garten. Die freie Verfügung über die Natur wird zunehmend zur freigesetzten Orientierungslosigkeit im Umgang mit Natur; sie verkommt deshalb nicht selten zu einem „Chaos von Entwurzeltem", zu „sinnlos verpflanzten Mißverständnissen" (WIELAND 1984, S. 118) in Haus und Garten.

Ansätze ökologischen Lernens. Zwei Schritte in Richtung auf ökologisches Lernen müssen unterschieden werden:

- In einem ersten Schritt müssen bisherige Denkweisen und Verhaltensmuster im Umgang mit Natur *bewußtgemacht* und problematisiert werden; neue Wertvorstellungen im Umgang mit Natur müssen entwickelt werden.
- In einem zweiten Schritt muß die Fähigkeit und Bereitschaft zu solidarischem *Handeln* entwickelt werden (vgl. OHNEZAT/PENNING 1983).

Die in den letzten Jahren vermehrt vorgelegten Konzepte ökologischen Lernens im schulischen und außerschulischen Bereich (vgl. RIEDEL/TROMMER 1981) spiegeln die skizzierte naturwissenschaftlich-erkenntnistheoretische Problematik des menschlichen Umgangs mit Natur überhaupt nicht oder allenfalls ansatzweise wider. Es wäre jedoch naiv, bei der Entfaltung eines neuen, handlungsorientierend wirksamen Umweltbewußtseins mit schnellen Erfolgen zu rechnen. Trotz vielfach vorhandener besserer Einsicht in die Schutzbedürftigkeit der Umwelt sind die im Sozialisationsprozeß erworbenen Haltungen und Einstellungen zumeist fest verankert und nur mühsam und bruchstückhaft aufzubrechen. Die in großen Teilen der Ökologiebewegung gängige Auffassung, daß das Gefühl der Betroffenheit durch Umweltkrisen in der Bevölkerung bereits in ausreichendem Maße geweckt sei, bedarf offensichtlich der Korrektur; denn dieses Umweltbewußtsein ist oft oberflächlich, an Modethemen geknüpft und schon bei geringfügigen persönlichen Interessenkollisionen gefährdet.

Die Komplexität der Zielstellungen ökologischen Lernens kann am Thema „Schulgarten" illustriert werden. Seit Anfang der 80er Jahre erlebt die Schulgartenidee eine Renaissance (vgl. PETERSEN 1985). Neu ist dabei im Vergleich zu den historisch älteren Konzepten der Versuch, zu einer ökologisch orientierten Schulhof- und Schulgartengestaltung zu gelangen, die die Lebenswelt der Schüler und Erwachsenen sowie die bebaute Umwelt zu integrieren versucht. Elemente der Stadtökologie (Dach- und Fassadenbegrünung; Wasserrückhaltung, Verzicht auf die „Versiegelung" des Bodens mit Asphalt und Stein) werden aufgenommen; oft werden zusätzlich Obst-, Gemüse- oder Kräutergärten angelegt. Es wird versucht, auf dem Schulgelände Biotope einzurichten (vgl. KLOEHN/ZACHARIAS 1984).

Ökologische Schulhofgestaltung erfordert ein erhebliches Engagement und auch Mehrarbeit von Lehrern, Eltern und Schülern. Dabei ist mehrfach und mit Erfolg versucht worden, diese Arbeit in Form von Lernprojekten zu organisieren. Wenn diese Kooperation gelingt, so bietet sie gute Möglichkeiten, ökologische Zusammenhänge durch das eigene Erleben von Wirklichkeit nachdrücklich zu erfassen, das soziale und selbständige Lernen in Gruppen zu fördern und starre Schulfachgrenzen zu überwinden.

Ökologische Lernprojekte müssen, wenn sie zu einem dauerhaften Bewußtseinswandel beitragen sollen, in ein umfassendes Konzept des Umgangs mit Natur eingebunden werden. In jüngster Zeit ist versucht worden, die Ökologiefrage mit der neu entfachten Diskussion um den Heimatbegriff zu verknüpfen (vgl. TREPL 1983). Im Begriff der Heimat wird die Natur nicht als bloßes Konsumgut des Menschen, aber auch nicht losgelöst von seinem Alltag, sondern als ein für jeden einzelnen Menschen einmaliger, nicht austauschbarer Erfahrungsraum definiert, in dem die Vergangenheit des Menschen aufgehoben, zugleich aber auch auf seine Zukunft verwiesen wird. Der Umgang mit Natur bleibt als Erfahrungsraum „Heimat" nicht abstrakt, sondern wird im handelnden Umgang als eine historische und geographische Wirklichkeit konkret (vgl. BLOCH 1977, S. 729 ff.). Der Mensch, dem sein Garten zur Heimat geworden ist, steht mit „seiner" Natur trotz aller Bewußtseinsmanipulationen

Alltagskultur: Umgang mit Natur

und Entfremdungstendenzen in einem Er-Lebenszusammenhang, in einem lebensgeschichtlich einmaligen und nicht austauschbaren Wechselverhältnis. So kann die Natur für den Menschen die „Gegenwart der Zukunft" als ihre „in Fakten fundierte Möglichkeit" (v. WEIZSÄCKER 1982, S. 432) repräsentieren.

BLOCH, E.: Das Prinzip Hoffnung. Gesamtausgabe, Bd. 5, Frankfurt/M. 1977. BUSCH, P. u. a.: Leben in drei Landwohngemeinschaften. Versuch einer Selbstverständigung, Oldenburg 1982. CAPRA, F.: Der kosmische Reigen, Bern/München/Wien 1975. CAPRA, F.: Wendezeit. Bausteine für ein neues Weltbild, Bern/München/Wien 1983. DELEUZE, G./GUATTARI, F.: Anti-Ödipus. Kapitalismus und Schizophrenie I, Frankfurt/M. 1974. GAMM, H.-J.: Umgang mit sich selbst. Grundriß einer Verhaltenslehre, München 1977. HUBER, J.: Die verlorene Unschuld der Ökologie. Neue Technologien und superindustrielle Entwicklung, Frankfurt/M. 1982. HÜBNER, K.: Wie irrational sind Mythen und Götter? In: DUERR, H. P. (Hg.): Der Wissenschaftler und das Irrationale, Bd. 2, Frankfurt/M. 1981, S. 11 ff. HUSCHKE-RHEIN, R.: Über die Zukunft der Allgemeinen Pädagogik. Systematische und Systemökologische Überlegungen. In: Z. f. P. 30 (1984), S. 31 ff. JANTSCH, E.: Die Selbstorganisation des Universums. Vom Urknall zum menschlichen Geist, München 1984. KAMPER, D./WULF, CH. (Hg.): Die Wiederkehr des Körpers, Frankfurt/M. 1982. KANT, I.: Kritik der reinen Vernunft (1787). Werke in sechs Bänden, hg. v. W. Weischedel, Bd. 2, Darmstadt 1966. KLATTENHOFF, K.: Heimat – Heimatkunde. In: Enzyklopädie Erziehungswissenschaft, Bd. 3, Stuttgart 1986, S. 467 ff. KLOEHN, E./ZACHARIAS, F. (Hg.): Einrichtung von Biotopen auf dem Schulgelände, Kiel 1984. KUHN, TH. S.: Die Struktur wissenschaftlicher Revolutionen, Frankfurt/M. 1973. KÜKELHAUS, H./ZUR LIPPE, R.: Entfaltung der Sinne, Frankfurt/M. 1982. KURT, F.: Naturschutz – Illusion und Wirklichkeit, Hamburg/Berlin 1982. LE ROY, L.: Natur ausschalten – Natur einschalten, Stuttgart 1983. MANTURANA, H. R.: Erkennen: Die Organisation und Verkörperung von Wirklichkeit, Braunschweig 1982. MÜLLER, A. M. K.: Wende der Wahrnehmung. Erwägungen zur Grundlagenkrise in Physik, Medizin, Pädagogik und Theologie, München 1978. OHNEZAT, F.-D./PENNING, L.: Umweltzerstörung – Umweltschutz, Universität Oldenburg, Zentrum für pädagogische Berufspraxis, Oldenburg 1983. PAZZINI, K.-J.: Körper. In: Enzyklopädie Erziehungswissenschaft, Bd. 4, Stuttgart 1985, S. 490 ff. PETERSEN, J.: Schulgarten. In: Enzyklopädie Erziehungswissenschaft, Bd. 4, Stuttgart 1985, S. 598 ff. POPPER, K. R./ECCLES, J. C.: Das Ich und sein Gehirn, München/Zürich 1982. PRIGOGINE, I.: Vom Sein zum Werden. Zeit und Komplexität in den Naturwissenschaften, München 1979. PRIGOGINE, I./STENGERS, I.: Dialog mit der Natur, München 1981. RIEDEL, W./TROMMER, G. (Hg.): Didaktik der Ökologie, Köln 1981. ROUSSEAU, J.-J.: Emil oder über die Erziehung, Stuttgart 1962. SCHOLZ, F. R.: Die Zukunft der Welt. Ist die Pädagogik hilflos? Leer 1983. SCHULZE, TH.: Ökologie. In: Enzyklopädie Erziehungswissenschaft, Bd. 1, Stuttgart 1983, S. 262 ff. TREPL, L.: Ökologie – eine grüne Leitwissenschaft? In: Kursbuch (1983), 74, S. 6 ff. WEIZSÄCKER, C. F. v.: Der Garten des Menschlichen, Frankfurt/M. 1982. WELLMER, A.: Zur Dialektik von Moderne und Postmoderne, Frankfurt/M. 1985. WERDER, L. v.: Die ökologische Herausforderung und die alltägliche Erwachsenenbildung. In: HEGER, R.-J. u. a. (Hg.): Wiedergewinnung von Wirklichkeit. Ökologie, Lernen und Erwachsenenbildung, Freiburg 1983, S. 230 ff. WIELAND, D.: Grün kaputt. In: WIELAND, D. u. a. (Hg.): Grün kaputt. Landschaft und Gärten der Deutschen, München ^{5}1984, S. 114 ff. ZÄNGL, W.: Oasen und Wüsten. In: WIELAND, D. u. a. (Hg.): Grün kaputt..., München ^{5}1984, S. 138 ff. ZUR LIPPE, R.: Am eigenen Leibe. Zur Ökonomie des Lebens, Frankfurt/M. 1978. ZUR LIPPE, R.: Naturbeherrschung am Menschen, 2 Bde., Frankfurt/M. 1979 (Bd. 1: 1979a).

Peter Busch/Rüdiger Klane

Alltagskultur: Vereinstätigkeit

Gegenstandsbestimmung. Vereinstätigkeit bezeichnet dasjenige soziale Handeln, das sich als der *Zusammenhang formeller und informeller Beziehungen* im Rahmen der Institution Verein konstituiert, das heißt, sie umfaßt die *Gesamtheit sozialer und psychischer Austauschprozesse* im Kontext des Vereins.
Vereinstätigkeit wird hier bezogen auf *freiwillige Freizeitorganisationen mit Vereinsstatus* (vgl. SCHLAGENHAUF 1977, S. 15; zu Freizeit und Animation vgl. OPASCHOWSKI 1983, S. 103 ff.), mit Ausnahme derjenigen Vereine, die religiösen, ökonomischen oder politischen Zwecken dienen. Nach einer repräsentativen Erhebung im Rahmen der bisher umfangreichsten Untersuchung über Sportvereine (vgl. SCHLAGENHAUF 1977) verteilen sich die 88 Mitgliedschaften, die 56 von 100 Personen zwischen 16 und 65 Jahren auf sich vereinigen, wie folgt auf die Vereine: Sportvereine 25, Quasisportvereine (Schützen-, Schach-, Kegelvereine, ...) 3, Gesang- und Musikvereine 3, Hobbyvereine (inklusive Tier-, Garten-, Naturvereine) 6, gesellige Vereine 3, soziale und caritative Vereine (inklusive freiwilliger Feuerwehr) 7 und kulturelle Vereinigungen 2. Auf die politischen, wirtschaftlichen und religiösen Vereinigungen entfallen insgesamt 39 Mitgliedschaften, wobei die Gewerkschaften mit 19 am stärksten vertreten sind (vgl. SCHLAGENHAUF 1977, S. 43; zu der Mitgliedschaft von Jugendlichen in Verbänden vgl. GIESECKE 1983, S. 80 ff.). Da die Mitgliedschaften im Deutschen Sportbund von 12,8 Millionen im Erhebungsjahr 1974 auf 18,3 Millionen im Jahr 1983 gestiegen sind, hat sich die bereits 1974 dominierende Rolle der Sportvereine gegenüber den anderen hier aufgeführten noch erheblich verstärkt.
Die gesellschaftliche Relevanz der Vereinstätigkeit beruht jedoch nicht nur darauf, daß sie in der Bundesrepublik Deutschland die umfassendste Freizeitaktivität in einer freiwilligen Organisation darstellt. Die Vereinstätigkeit ist auch deswegen von Bedeutung, weil
- sie seit ihren Anfängen *ein Spezifikum deutscher Entwicklung* darstellt, in der die besondere Ausprägung des Bürgertums und sein Verhältnis zur politischen Macht wie auch die spezifische Rolle des Kleinbürgertums und der Arbeiterschaft sich widerspiegeln,
- ihre gegenwärtige *soziale und psychische Bedeutung* für die Vereinsmitglieder Gegenstand sehr differenzierter und hoch kontroverser Einschätzungen geworden ist – von kleinbürgerlicher Vereinsmeierei bis zu sinn- und identitätstiftender Produktion sozialer Beziehungen oder der Bewertung als sozialpolitisches Übungsfeld, in dem kooperatives und verantwortliches Handeln trainiert werden kann (vgl. BENEDICT 1972, RITTNER 1983) – und sie
- unter sozialisationstheoretischen Gesichtspunkten einen *relativ eigenständigen Modus von Sozialisation* darstellt, der sich deutlich unterscheidet von Sozialisationsprozessen in der Familie, in staatlichen Einrichtungen der Erziehung und Ausbildung sowie den gesellschaftlichen Bereichen der Arbeit und des Marktes, wenngleich diese Dimensionen die Vereinstätigkeit immer auch mitbestimmen.

Historische Entwicklung. „Vereine als Organisationsform sind eine Erfindung des bürgerlichen Zeitalters und zugleich eine typisch städtische Erscheinung. Während sie in England (und Frankreich) in der Gestalt des politischen Klubs die Emanzipation der Bourgeoisie vorantrieben, wurden sie in Deutschland wegen des Verbots politischer Vereinigung vor allem im kulturellen Bereich tätig" (BENEDICT 1972, S. 75). In Deutschland entstehen seit Mitte des 18. Jahrhunderts Vereine – zunächst auch als „Assoziation", „Gesellschaft", „Club" – als Antwort auf einen Vergesellschaftungsbedarf, der auf die Ausdifferenzierung neuer sozialer Gruppen, Interessen und gesellschaftlicher Funktionen verweist und den die sozialen Strukturen des Spätfeudalismus – ständische Ordnung und traditionsgebundene soziale Verankerung – nicht mehr befriedigen können. Soweit diese Vereine nicht nur Ausdruck des wirtschaftlichen, künstlerischen, wissenschaftlichen oder geselligen Interesses des Bürgertums, sondern auch seines Emanzipationsbestrebens sind, werden sie von der herrschenden Obrigkeit rigoros unterdrückt, so daß sich neben den offiziell zugelassenen Vereinen (etwa Museums- und Lesevereine, Akademikervereine, Gewerbevereine) schon sehr früh eine Tradition von geheimen Organisationen entwickelt, die – im 19. Jahrhundert vor allem dank der Mobilität der wandernden Gesellen – über die Grenzen des jeweiligen Kleinstaates hinaus international verflochten sind.

Während bis zur ersten Hälfte des 19. Jahrhunderts überwiegend bürgerliche Vereinigungen entstehen, werden seit den 40er Jahren, vor allem nach der gescheiterten Revolution von 1848, auch zahlreiche Arbeitervereine gegründet, und zwar mit unterschiedlichen Intentionen: In den vom Bürgertum initiierten Arbeiterbildungsvereinen sollen den Arbeitern bürgerliche Tugenden und Ordnungsvorstellungen durch Teilhabe an höherer Bildung vermittelt werden. Ihnen haftet – ähnlich wie den von der Kirche gegründeten katholischen Arbeitervereinen sowie den von Adolf Kolping und Franz Hitze gegründeten Vereinigungen – eine deutliche pädagogische Intention an. Dagegen entstehen die von Arbeitern selbst gebildeten Vereine mehr aus praktischen Bedürfnissen (Konsum- und Unterstützungsvereine) oder sind motiviert durch ihre am Bürgertum orientierten Bildungsvorstellungen. Arbeiterbildungsvereine, aber auch Geheimorganisationen, wie der Bund der Geächteten und der Bund der Gerechten bilden in Deutschland die Vorläufer der Großorganisationen der Arbeiterbewegung, der Parteien und Gewerkschaften.

Als Reaktion auf die Sozialistengesetze von 1878 organisieren Arbeiter sich massenhaft in Vereinen, um einen minimalen Zusammenhalt in politisch unverdächtiger Form aufrechtzuerhalten. Dabei wächst auch in der Arbeiterschaft – wie schon seit Mitte des Jahrhunderts in der bürgerlichen Vereinstätigkeit – die Tendenz zu Unterhaltungs- und Hobbyvereinen aller Art (vgl. BENEDICT 1972, S. 76; vgl. BRÜCKNER 1982, S. 246). Zugleich nimmt auch die Bedeutung der – in den Arbeitervereinen stark von Elementen des familiären und nachbarschaftlichen Lebenszusammenhanges geprägten – *Geselligkeit* zu, was von seiten des traditional orientierten Bildungsbürgertums zum Vorwurf der *Vereinsmeierei* führt.

Im Verein ist man unter sich – zunächst auch klassenspezifisch. Bis in die Zeit der Weimarer Republik existieren häufig am gleichen Ort sowohl Arbeitervereine als auch bürgerliche Vereine mit gleicher Zielsetzung nebeneinander, ohne sich wechselseitig auszutauschen. Den „Höhepunkt des deutschen Vereinslebens" in der Weimarer Republik erklärt BENEDICT (1972, S. 77) „aus dem Bedürfnis irritierter kleinbürgerlicher Schichten, etwas sein zu wollen", und er zitiert Tucholsky: „Am Anfang war der Verein. Jede andere Übersetzung des Wortes Logos durch Faust beruht auf einem philologischen Irrtum" (zitiert nach BENEDICT 1972, S. 77).

Im Nationalsozialismus werden viele Vereine liquidiert oder über Dachverbände gleichgeschaltet, und zwar ohne allzu großen Widerstand. Die nationalsozialistische Ideologie konnte fugenlos an die von den Vereinen mittransportierten weltanschaulichen Tendenzen anknüpfen, an den Patriotismus, an

tradierte Werte wie Ehre, Treue und Heimat sowie an die Bindungsbereitschaft an Symbole – Fahnen, Wappen, Eide –, und somit einen Teil der zuvor in der Vereinstätigkeit befriedigten unbewußten Bedürfnisse für die eigenen Zielsetzungen nutzen (vgl. BENEDICT 1972).
Nach den Erfahrungen im Faschismus wird in der Verfassung der Bundesrepublik die Vereinigungsfreiheit als Grundrecht in Artikel 9 des Grundgesetzes garantiert. Inzwischen ist etwa jeder zweite Bundesrepublikaner Mitglied in einer freiwilligen Vereinigung und gut jeder dritte Mitglied in einem oder mehreren der hier diskutierten Vereine.

Die soziale und psychische Bedeutung der Vereinstätigkeit. In dem Maße, in dem allgemeine Geltung beanspruchende, individuelle und soziale Identität verbürgende Sinnsysteme und traditionelle Netzwerke an Bedeutung verlieren, wächst die Relevanz derjenigen sozialen Systeme, die zumindest zeitweilig *Sinnstiftung und Identität sichern* (vgl. RITTNER 1983). Vereine leisten dies, indem sie in einer Art „Weltausgrenzung auf Zeit" (v. KROCKOW 1980, S. 92) gesellschaftliche Komplexität reduzieren und durch die ausschließliche Thematisierung bestimmter Inhalte (Schrebergarten, Tennis,...) eine begrenzte Sinnstiftung ermöglichen. Die Vereinstätigkeit konkurriert dabei vor allem mit den inflationären Sinnangeboten der Freizeitindustrie und der Medien, hat jedoch den Vorteil, daß sie eine freiwillige inhaltsbezogene Aktivität mit Formen der Geselligkeit verbindet. Denn gerade die fehlende Verknüpfung dieser beiden Dimensionen kennzeichnet die wichtigsten Lebensbereiche heute: den durch emotionale Überlastung und Gegenstandslosigkeit bestimmten Privatbereich (vgl. OTTOMEYER 1977, S. 129 f.) sowie die durch wechselseitige Funktionalisierung, Konkurrenz und Atomisierung bestimmten Sphären der Arbeit, des Marktes und der Politik. Für viele Männer, die zu Beginn der Vereinstätigkeit in Deutschland fast ausschließlich und jetzt noch im überwiegenden Maße das Vereinsleben bestimmen (während auf 100 Männer 65 Mitgliedschaften der hier diskutierten Vereine entfallen, sind es bei 100 Frauen nur 31) (vgl. SCHLAGENHAUF 1977, S. 43), war und ist die Vereinstätigkeit häufig auch Flucht vor den Anforderungen der Familie.
Geselligkeit im Verein bedeutet nicht nur Entlastung von permanenten Abgrenzungsleistungen und aufreibender Konkurrenz; die in der Regel überschaubaren Kontexte der Vereinstätigkeit mit *konkreten Interaktionschancen* ermöglichen die zeitweilige Ausbalancierung von Identität, wobei „die Umstände des gewöhnlichen Rollenhandelns, des Fassadenwahrens und die damit verbundenen Streßobligationen umgangen werden" (RITTNER 1983, S. 16).
Entlastung durch *Begrenzung* – im Vorwurf der Borniertheit negativ gewandt – als ein wesentlicher Bedingungsfaktor der Identitätssicherung in der Vereinstätigkeit kann sich folgender Ambivalenz nicht entziehen: Auf der einen Seite befreit sie von permanenter psychischer und sozialer Überforderung, die aus der Tatsache resultiert, daß soziale Ungerechtigkeit, drohende Konflikte oder Katastrophen in modernen Gesellschaften ständig zu gesellschaftlichem Engagement auffordern und latent ein schlechtes Gewissen und unglückliches Bewußtsein erzeugen. Auf der anderen Seite kann die starke Selbstbeschränkung, die sich Menschen in der Vereinstätigkeit auferlegen, auch den Verzicht auf die bewußte Teilhabe am allgemeinen Prozeß gesellschaftlicher Entwicklung bedeuten – und dies in einer Zeit, in der die Bestimmung der Menschen zunehmend darin gesehen wird, „daß sie ein gut Teil ihrer Freizeit darauf verwenden, sich in eine bewußte Teilnahme am undurchdringlich gewordenen gesellschaftlichen Geschehen einzuüben" (HABERMAS 1970, S. 68).

Alltagskultur: Vereinstätigkeit

Auch in der Partizipationsforschung wird diese Ambivalenz der Vereinstätigkeit diagnostiziert. Einerseits wird die „hybride kleinbürgerliche Geselligkeit und Abkapselung in den Vereinen" kritisiert; andererseits werden Vereine als ein „sozialpolitisches Übungsfeld, in dem kooperatives und verantwortliches Handeln trainiert werden können", bewertet (BENEDICT 1972, S. 88 f.). Untersuchungen haben ergeben, daß „Vereinsmitglieder, besonders aber Mehrfachmitglieder, einer sozial besonders aktiven Gruppe angehören" (BENEDICT 1972, S. 89). Vor allem in kleineren Orten ist die gesellschaftliche Bedeutung und entsprechend die sozialintegrative Wirkung der Vereine groß. Vereinstätigkeit wird dort zum festen Bestandteil lokaler Traditionspflege und für nicht wenige – überwiegend mittelständische Vertreter aus dem örtlichen Establishment – auch zur „Sprungschanze in die Politik" (BENEDICT 1972, S. 89). Der Verein als ein „halböffentlicher Modus von Vergesellschaftung" (BRÜCKNER 1982, S. 247) ermöglicht ambitionierten Persönlichkeiten ein Maß an Profilierung, das sie als soziales Kapital auch in politische – oder wirtschaftliche – Karrieren einbringen können.

Neben diesen sozialen Funktionen befriedigt die Vereinstätigkeit auch wesentliche, den Mitgliedern in der Regel *nicht bewußte psychische Bedürfnisse*. Bereits die Zugehörigkeit zu einer sozial anerkannten und klar definierten Gruppe wie dem Verein bedeutet in einer Gesellschaft mit der Tendenz zu Atomisierung und Isolation einen Identitätsgewinn. Die Mitgliedschaft verringert die Angst vor Identitätsverlust und Rollendiffusion, trägt dazu bei, der Anonymität zu entgehen, und verleiht dem Mitglied eine Bedeutsamkeit, deren es sich in einem überschaubaren Kontext vergewissern kann. „Da draußen bin ich nur ein armes Luder. Hier bin ich ich – und Mann und Bundesbruder" (Tucholsky, zitiert nach BENEDICT 1972, S. 77).

Die Gruppe der für die eigene Identitätsbalance relevanten anderen im Verein ist begrenzt und das Risiko mißlingender Interaktion dank der thematischen Beschränkung der Kommunikation, etwa auf das Angeln, den Gesang oder das Turnen, gering. Allerdings sind dadurch die Chancen zu einer produktiven Auseinandersetzung mit dem anderen auch eingeschränkt.

In einer Zeit, in der die menschliche Existenz sich nicht mehr im Kampf gegen Mangel und Notwendigkeit erschöpft, in der sinnverbürgende Weltdeutungen jedoch an Geltung verlieren, bedeuten die Vereine mannigfaltige „Sinnangebote in kleiner Münze" und helfen dem einzelnen so, der Konfrontation mit der grundlegenden Zufälligkeit seiner Existenz und den damit verbundenen seelischen Belastungen auszuweichen. Wenn man aber die Kategorie Sinn von den Kategorien „Vernunft, Wirklichkeit, Glück und Zusammenhang [...] nicht trennen kann" (NEGT/KLUGE 1981, S. 377), so ist für denjenigen, dem die Vereinstätigkeit zum Lebensinhalt wird, der Sinn zugleich Beschränkung. Viele Vereine machen die Erfahrung, daß Jugendliche dann ihrem Verein den Rücken kehren, wenn sie ihre eigene soziale und politische Identität gewinnen. Die aktive Vereinstätigkeit kann allerdings auch teilweise ersetzt werden durch den psychischen Mechanismus der *teilnehmenden Identifikation*: Mitglieder steigern ihr Selbstwertgefühl durch die Identifikation mit besonders bedeutsamen Personen oder Gruppen innerhalb des Vereins. Gelegentlich reicht auch das Sozialprestige eines traditionsreichen Vereins, diese Funktion zu erfüllen – „Mein Verein" als „Ichprothese" (BRÜCKNER 1982, S. 247).

Aktive Betätigung im Verein bietet viele weitere Möglichkeiten, unbewußte psychische Tendenzen auszuagieren. Schon hinsichtlich der Vereine im 19. Jahrhundert stellt Brückner die Vermutung an, „daß der Verein die Chance

bot, Autoritäts- und Gehorsamsbedürfnisse, die politisch-kulturellen Stützen der funktionierenden Gesellschaft, in Freizeit und im Zivilleben ausgiebig zu befriedigen" (BRÜCKNER 1982, S. 247). Einige solcher Tendenzen sollen hier nur angedeutet werden:
- Privat und beruflich unbefriedigte Bedürfnisse nach Leistung, Konkurrenz und Anerkennung können in vielfältigen Wettbewerben in und zwischen den Vereinen ausgelebt werden;
- Identifikationswünsche von Kindern und Jugendlichen mit Erwachsenen oder untereinander können Befriedigung finden und zu einer Gegenerfahrung zu familiären Rollenkonflikten werden (Geschwisterrivalität, Eltern-Kinder-Problematik);
- Helfertendenzen (vgl. SCHMIDBAUER 1977) können in aufopferungsvollem, freiwilligem Einsatz bei der Betreuung von Gruppen, bei der Organisation von Veranstaltungen oder in der Arbeit an vereinseigenen Anlagen ausagiert werden;
- hoch narzißtische Persönlichkeiten haben die Chance, die eigenen Vorstellungen von Größe und Bedeutung mit den Zielen des Vereins zu verschmelzen und in führenden Positionen auszuleben;
- im Verein kann man versuchen, andere - nicht zuletzt die eigenen Kinder - die nicht erfüllten eigenen Allmachtphantasien und unbewußten Wünsche realisieren zu lassen.

Sozialisation im Verein. Vereine stellen einen spezifischen Modus der Vergesellschaftung dar zwischen Familie, Freundschaft und Peer-group auf der einen und großen Verbänden, der Sphäre der Arbeit und dem Bereich des Marktes auf der anderen Seite. In diesem Zwischenbereich bilden sie ein Kontinuum vom Kleinverein („Wir sind alle eine Familie") über den mittleren Dienstleistungsbetrieb (Mehrspartenverein mit verschiedenen Abteilungen) bis zum großen Wirtschaftsunternehmen (Profifußball).

Die Sozialisation im Verein unterscheidet sich von anderen Bereichen der Vergesellschaftung vor allem dadurch, daß im Verein *interessengeleitete,* in der Regel *hoch motivierte* einzelne sich *freiwillig* in eine *inhaltsbezogene* Interaktion begeben und zugleich versuchen, den Lustgewinn aus ihrer Aktivität durch geselligen Umgang miteinander zu steigern. RITTNER (1983, S. 21) hat am Beispiel der Vereinstätigkeit in Sportvereinen „die eminente Kulturbedeutung von Spaß" hervorgehoben und damit eine für Vereinstätigkeit spezifische Dimension charakterisiert. Spaß „beschreibt den Sachverhalt freiwilliger und nicht-obligatorischer Bindungen, die Generierung von Motivation in einem Raum relativer Freiheit [...]. Spaß ist demnach eine das Erleben in Netzwerken beschreibende Schlüsselform, zugleich ein Indikator für mancherlei die Individuen ausschöpfenden Identifikationsleistungen" (RITTNER 1983, S. 22). Die Differenz zu Schule und Arbeit wird in diesem Punkt besonders eklatant.

Man darf jedoch auch nicht unterschlagen, was Vereine dem einzelnen Mitglied „antun"; Vereine greifen die Motivation neu eintretender Mitglieder auf und transformieren sie auf vereinsspezifische Ziele hin, etwa bei der Orientierung einer lustvollen Aktivität auf Wettbewerb und Konkurrenz. Daraus resultiert die in vielen Vereinen wahrnehmbare Spannung zwischen den Eigeninteressen der Organisation und der individuellen Motivation der Mitglieder, die auszugleichen nicht zuletzt die Aufgabe der haupt- und vor allem nebenamtlichen Funktionsträger ist.

Die Grundtendenz in Vereinen ist *harmonistisch;* Konflikte machen sich eher an Personen fest - Palastrevolution gegen den Vorstand oder einzelne Funktionsträger - als an Problemen. Dem spezifisch halböffentlichen Modus von Vergesellschaftung im Verein (vgl. BRÜCKNER 1982, S. 247) entspricht die halböffentliche Form der Verarbeitung von Konflikten als Klatsch oder Intrige (v. KROCKOW 1980, S. 69) oder durch Verleugnung und Vermeidung. Gerade in Vereinen mit großer Differenz in der sozialen Herkunft der Mitglieder bedeutet die ständige Harmonisierung nicht nur einen Authentizitätsgewinn (vgl. RITTNER 1983), sondern immer auch eine Verdrängungsleistung.

Bestimmte gesellschaftliche Gruppen – vor allem wirtschaftliche und politische Eliten – organisieren sich zwar immer noch gern in Vereinen, in denen sie unter sich bleiben und sich so ihres sozialen Status versichern können; insgesamt findet in Vereinen jedoch eine relativ starke soziale Integration unterschiedlicher Schichten, aber auch unterschiedlicher Altersgruppen und Geschlechter statt. Damit ermöglicht die Vereinstätigkeit gesellschaftlich andernorts seltene Erfahrungen, allerdings unter der Bedingung einer harmonistischen Neutralisierung von Konfliktpotentialen.

Lebenszusammenhänge wirken sinnstiftend, wenn sie für die Subjekte tatsächlich „handlungsbestimmend und erlebnisgestaltend" (RITTNER 1983, S. 21) sind. Das gilt für die Vereinstätigkeit etwa in bezug auf besondere Zeiterfahrungen, qualitativ unterschieden von der linearen, quantitativ zerteilten Zeit von Arbeitswelt und Schule: Höhepunkte, auf die die Mitglieder erwartungsvoll ausgerichtet sind, zyklische Ereignisse, die dem Wochen-, Monats- oder Jahresablauf eine eigene Rhythmisierung geben, biologische Ereignisse von Tierzucht- oder Gartenvereinen, bei denen Menschen sich stärker an naturhaften Prozessen orientieren müssen. All diese Ereignisse haben für die Menschen eine ähnliche Bedeutung wie Festtage im Jahresablauf; sie geben dem immer gleichen Lebensfluß Akzente, verleihen einem Sachverhalt eine besondere Bedeutung und werden als Sinn erlebt von denjenigen, die an ihnen partizipieren.

Vereinstätigkeit ist, seit es Vereine gibt, starker Kritik ausgesetzt gewesen: zunächst obrigkeitsstaatlicher Verdächtigung, dann dem bürgerlichen Verdikt kleinbürgerlicher Vereinsmeierei und schließlich dem Vorwurf intellektueller Kritik, sie schaffe Inseln bornierter Selbstbeschränkung. Aber wie andere Elemente stabiler Alltagskultur auch, so entwickeln sich Vereine – unabhängig von und gleichgültig gegenüber solcher Kritik – beständig weiter. Dieser Tatbestand belegt, welch große Bedeutung Vereine haben und wie umfassend sie im gesellschaftlichen Leben verankert sind.

BENEDICT, H.-J.: Kleinbürgerliche Politisierung. Zur Partizipationsform des Vereinslebens und der Verbandstätigkeit. In: BAHR, H.-E. (Hg.): Politisierung des Alltags. Gesellschaftliche Bedingungen des Friedens, Darmstadt/Neuwied 1972, S. 70 ff. BRÜCKNER, P.: Psychologie und Geschichte. Vorlesungen im „Club Voltaire" 1980/81, Berlin 1982, S. 243 ff. GIESECKE, H.: Jugend in Verbänden und Organisationen. In: Enzyklopädie Erziehungswissenschaft, Bd. 8, Stuttgart 1983, S. 80 ff. HABERMAS, J.: Soziologische Notizen zum Verhältnis von Arbeit und Freizeit. In: HABERMAS, J.: Arbeit, Erkenntnis, Fortschritt. Aufsätze 1954–1970, Amsterdam 1970, S. 56 ff. KROCKOW, CH. V.: Sport, Gesellschaft, Politik, München 1980. NEGT, O./KLUGE, A.: Geschichte und Eigensinn, Frankfurt/M. 1981. OPASCHOWSKI, H. W.: Freizeit und Animation. In: Enzyklopädie Erziehungswissenschaft, Bd. 8, Stuttgart 1983, S. 103 ff. OTTOMEYER, K.: Ökonomische Zwänge und menschliche Beziehungen. Soziales Verhalten im Kapitalismus, Reinbek 1977. RITTNER, V.: Zur kulturellen Funktion der Sportvereine. In: FÜHRUNGS- UND VERWALTUNGSAKADEMIE BERLIN DES DSB E. V. (Hg.): Der moderne Verein – Träger öffentlicher Interessen, Berlin 1983, S. 13 ff. SCHLAGENHAUF, K. (Hg.): Sportvereine in der Bundesrepublik Deutschland, Teil 1: Strukturelemente und Verhaltensdeterminanten im organisierten Freizeitbereich, Schorndorf 1977. SCHMIDBAUER, W.: Die hilflosen Helfer, Reinbek 1977. *Rainer Fabian*

Alltagskultur: Wohnen

Begriff. Unter „Wohnkultur" sind die räumlichen Vergegenständlichungen unterschiedlicher menschlicher Lebensformen sowie die im Umgang mit diesen Gegenständen entwickelten Verhaltensweisen zu verstehen (vgl. MÜLLER 1979, S. 252). In der Architektur der Wohnung, in der Aufteilung der Räume, in der Ausstattung mit Möbeln, Geräten, mit Schmuck, Pflanzen, in der Gestaltung der näheren Umgebung der Wohnung, des Hauses, des Wohnblocks kommen die individuellen Bedürfnisse und Interessen der Bewohner, aber auch soziokulturell gewachsene Verhaltensnormen zum Ausdruck, deren Befriedigung von vielfältigen gesellschaftlichen, politischen und ökonomischen Bedingungen begrenzt wird (vgl. TRÄNKLE 1972, S. 1). Der Begriff „Wohnkultur" umfaßt auch die „Tätigkeit" des Wohnens selber und die damit verbundenen primären und sekundären Sozialisationsprozesse. Dem heranwachsenden Kind liefert die Wohnung einen ersten, entscheidenden Ausschnitt gegenständlicher Realität. Wichtig für die Analyse der Bedeutung der Wohnkultur im Erziehungsprozeß ist es deshalb, nicht nur die gegenständlich sedimentierten Formen dieser Wohnkultur (die Architektur, die Möbel, das Gerät, die Lage der Wohnung) in den Blick zu nehmen, sondern den Umgang der Bewohner mit diesen Gegenständen, die Art des Zusammenlebens in der Wohnung, die Förderung oder Behinderung bestimmter Interaktionsformen sowie die historische (auch familiengeschichtliche) Entwicklung dieser Kultur zu berücksichtigen. An der Vernachlässigung dieses zweiten Teils der Frage scheiterten letztlich immer wieder alle obrigkeitsstaatlichen oder reform- und kulturpädagogischen Versuche, durch „gutes Bauen" auch zum „guten Menschen" erziehen zu wollen (vgl. die Beispiele bei SELLE 1979). Da noch keine abgesicherten Methoden zur Untersuchung der Wohnkultur entwickelt worden sind, haben die bisher vorgelegten Beiträge zur Wohnkultur entweder den Charakter von Einzelfallstudien (vgl. ANDRITZKY/SELLE 1979), oder sie dienen einer grundsätzlichen wissenschaftstheoretischen Reflexion und Gegenstandsbestimmung der Wohnkultur als Erziehungsmoment (vgl. PAZZINI 1983, S. 116 ff.). Dennoch können bei vorsichtiger Interpretation der vorliegenden historischen, soziologischen und psychologischen Daten einige begründete Aussagen über die Erziehungsrelevanz der Wohnkultur getroffen werden, auch wenn eine eindeutige Zuordnung bestimmter Merkmale der Persönlichkeitsstruktur eines Menschen zu seiner Wohnumwelt sicherlich nicht möglich ist.

Das Wohnen ist – ähnlich wie das Essen, das Sich-Kleiden oder Bewegen – die Manifestation eines menschlichen Grundbedürfnisses und gehört deshalb in das Zentrum einer Analyse der Alltagskultur. Entsprechend vielfältig sind die in der Geschichte der Menschheit ausgeprägten, oft nebeneinander existierenden, zugleich einem beständigen technisch-wissenschaftlichen und gesellschaftlichen Wandel unterliegenden Formen der Wohnkultur. Und ebenso groß ist die Vielfalt wissenschaftlicher Disziplinen, die sich mit dem Wohnen befaßt haben: die Kulturphilosophie (vgl. BOLLNOW 1963, HEIDEGGER 1959), die Geschichtswissenschaft (vgl. ELIAS 1969), die Soziologie (vgl. CHAPMAN 1955, SILBERMANN 1966), die Psychologie (vgl. BURNETT 1983, HELLPACH 1953, MERTON 1948, MITSCHERLICH 1969), die Geographie (vgl. SCHRAMKE/STRASSEL 1978), Umwelt- und Architekturtheorien, Designtheorien, volkskundliche Ansätze (vgl. FRÄNKLE 1972, ITTELSON u. a. 1977), Beiträge zur Ethnologie, Ergonomie (vgl. KAMINSKI 1976) und in begrenztem Maße auch die Pädagogik (vgl. LANGEVELD 1963, S. 71 ff.).

Drei Aspekte seien im folgenden herausgehoben, weil sie für die Untersuchung der erziehungsrelevanten Momente der Wohnkultur eine unverzichtbare Matrix abgeben: der kulturhistorische Aspekt, der ontogenetisch-sozialisationstheoretische Aspekt und schließlich der Aspekt des Zusammenhangs von Wohnverhältnissen und postmoderner Kultur.

Geschichte. Die Betrachtung der Wohnkultur unter kulturhistorischem Aspekt geht von der oben formulierten Einsicht aus, daß die Geschichte des Wohnens nicht nur im Sinne einer herkömmlichen Stilgeschichte zu betrachten ist, daß sie nicht nur eine Geschichte gegenständlicher Erscheinungen ist, sondern „die Geschichte handelnder Menschen, die sich in ihren Gewohnheiten und Verkehrsformen, in der Ausdifferenzierung und Selbstkontrolle ihrer Triebregungen und Affekte verändert haben" (MÜLLER 1979, S. 255). Deshalb sind zivilisationstheoretische Ansätze wie die von ELIAS (vgl. 1969) oder von ARIÈS (vgl. 1975) für unsere Fragestellung besonders aussagekräftig.

Mit dem *Beginn der Neuzeit* verlagert sich besonders in unseren Breiten – noch heute im Unterschied zu südlicheren Ländern – das Leben der Menschen hinter eine „Mauer der Heimlichkeit" (ELIAS 1969, S. 249; vgl. PAZZINI 1983, S. 80 ff.); es kommt zu einer stärkeren Trennung von Privatsphäre und Öffentlichkeit, aber auch innerhalb der „eigenen vier Wände" beginnt ein Differenzierungsprozeß, welcher einzelnen Räumen bestimmte, voneinander abgegrenzte Funktionen zuweist. Diese Entwicklung erfolgt schichtenspezifisch; insbesondere für die Unterschichten wird sie zum Teil erst im 20. Jahrhundert zur Realität.

Die Wohnung erhält im Verlauf dieser Entwicklung eine immer zentralere Bedeutung für die Ausbildung und Formung sämtlicher *vitaler menschlicher Funktionen:* für das Essen und Trinken, für die Körperpflege, die Harn- und Kotentleerung, für das Be- und Entkleiden, für Schlafen und Sexualität, für Gastlichkeit und Geselligkeit (vgl. ELIAS 1969, S. 174 ff.; vgl. GLEICHMANN 1973, 1976). Körpersozialisation und Wohnkultur sind also unmittelbar miteinander verknüpft: „Wir erlernen den Umgang mit der eigenen und mit der fremden Leiblichkeit in der Wohnung. Hier erfahren wir Grundprinzipien sozialer Distanz und Nähe, lernen unser Schamgefühl zu handhaben, mit unseren ‚Affekten hauszuhalten' [Elias 1939; identisch mit ELIAS 1969: K.-J.P.]. Wir können deshalb von einer ‚Verhäuslichung der Techniken unserer Affektbeherrschung' sprechen" (GLEICHMANN 1976, S. 322). Der bis zum Beginn der Neuzeit sowohl bei der Landbevölkerung wie auch im städtischen Handwerk vorherrschende multifunktionale Großraum, wie er in anderen Kulturen noch heute anzutreffen ist, wird abgelöst durch die Aufgliederung des Hauses in differenzierte Wohnbereiche mit fester Einrichtung (vgl. ARIÈS 1975, S. 61, S. 542, S. 548; vgl. ELSCHENBROICH 1977, S. 99). Das Bewußtsein von der Schutzwürdigkeit und -bedürftigkeit der Privatsphäre entwikkelt sich und wird juristisch kodifiziert. So wird die Wohnung einerseits gegenüber der ebenfalls einem Strukturwandel ausgesetzten Öffentlichkeit (vgl. HABERMAS 1962), andererseits – und dieser Aspekt ist ebenso folgenreich – gegenüber der Erwerbsarbeit abgegrenzt; zugleich setzt die Abwertung der auf die Wohnung begrenzten Arbeit der Hausfrau ein. Der bis heute nicht zum Abschluß gebrachte (durch wachsende Freizeit ebenso wie durch zunehmende Arbeitslosigkeit verstärkte) Funktionszuwachs der privaten Wohnung hat nachhaltige Folgen für alle Sozialisations- und Erziehungsprozesse, und zwar sowohl für die häuslich-familialen als auch für außerhäusliche institutionalisierte und nichtinstitutionalisierte Lernprozesse. Es scheint kein Zufall zu sein, daß etwa zur selben Zeit, in der in der europäisch-abendländischen Geschichte die Ausdifferenzierung von Öffentlichkeit und privatem Wohn- und Lebensraum stattfindet, auch das *öffentliche Schulwesen* ausgebaut und die allgemeine Schulpflicht durchgesetzt wird. Erlaubte es die private Wohnsphäre, sich der öffentlichen Kontrolle durch Gemeinwesen, Kirche und Staat ein Stück weit zu entziehen, so entstand andererseits eine das „Lernen durch Nachahmung" behindernde Distanz zwischen Wohnumwelt des Kindes und Arbeitsplatz des Vaters. Durch die Institutionalisierung der schulischen Erziehung wurde einerseits eine methodische Überbrückung zwischen Wohnen und Arbeiten geschaffen, andererseits sicherte sich die im Absolutismus herausgebildete zentralstaatliche Macht durch den Aufbau des schulischen Berechtigungswesens neue und wirksame Mechanismen der sozialen Kontrolle der Bevölkerung (vgl. LESCHINSKY/ROEDER 1983, S, 67). Die Lebensbedingungen der Kinder verändern sich im Zuge dieser Entwicklungen grundlegend. Erst jetzt kann in einem soziologischen und psychologischen Sinne von einer „Kindheit" gesprochen werden (vgl. ARIÈS 1975). Die immer stärker auf die Kleinfamilie zugeschnittene Form des Wohnens schafft zugleich die Voraussetzungen für eine spezifisch bürgerliche Form der Modellierung von Sinnlichkeit: Die Abgeschlossenheit einer kleinen Gruppe in einem relativ kleinen Raum schafft einerseits Intimität und Geborgenheit, andererseits jedoch auch neue Formen der Isolation und Einsamkeit. Beide Tendenzen – Intimität und Einsamkeit – werden zu einer spannungsreichen Voraussetzung der Ontogenese und Sozialisation des Individuums.

Ontogenetisch-sozialisationstheoretische Aspekte des Wohnens. Erziehung und Sozialisation des Kindes finden zu wesentlichen Teilen in der Wohnung statt; und sie werden durch die spezifische Form der Gegenständlichkeit der Wohnung (durch den Grundriß, die Raumzuweisung an die Kinder, durch Gebote und Verbote, durch Spiel- und Arbeitsmöglichkeiten, durch Enge oder Weite der Räume, durch Armut oder Reichtum der Ausstattung) entscheidend geprägt (vgl. HOLZKAMP 1973, LEONTJEW 1973, PAZZINI 1983). Durch die Formung der Wohnung und des Lebens in ihr nimmt das Kind erste Grundzüge gesellschaftlich geltender Normen wahr (vgl. KROVOZA 1975). Die Wohnkultur nimmt so auch Einfluß auf die Ich-Entwicklung des Kindes. Darauf machen – in relativ unspezifischer Weise – psychoanalytische (vgl. LORENZER 1972, vgl. WINNICOTT 1973 a, b) und sozialisationstheoretische Arbeiten (vgl. BERGER/LUCKMANN 1970, S. 139 ff.) aufmerksam. Geht es in diesen Studien mehr um die emotionale und affektive Prägung des Kindes aufgrund der in einer spezifischen Wohnumwelt möglichen Interaktionen, so wird in anderen, kognitionspsychologischen Untersuchungen (vgl. BRUNER 1974, PIAGET/INHELDER 1977) auch nach dem Einfluß der Wohnumwelt auf die kognitive Entwicklung gefragt. Insgesamt läßt sich aber feststellen, daß die Wohnkultur in ihren komplexen Zusammenhängen erst in jüngster Zeit zum Gegenstand sozialisationstheoretischer Forschungen gemacht worden ist (vgl. ABT 1972; vgl. HECKHAUSEN 1974, S. 2; vgl. HERZKA 1977; vgl. MAJORIBANKS 1972, S. 192; vgl. MEINHOLD/HOLLSTEIN 1975, S. 16 ff.; vgl. OERTER 1967, S. 313; vgl. ZIEHE 1975, S. 191 ff.), obwohl schon einige Jahre früher auf die Bedeutung der Wohnumwelt für den Sozialisationsprozeß hingewiesen wurde und auch differenzierte theoretische Modelle (vgl. BRONFENBRENNER 1981) vorgelegt worden sind (vgl. den Überblick von KUTSCHA 1986).

In der Geschichte der Pädagogik ist – wenn auch mit wechselnder Intensität –

immer wieder auf die Erziehungsmächtigkeit der „Wohnstube" hingewiesen worden, seit je ist der Unterricht in Analogie zur häuslichen Familienerziehung modelliert worden, ja die Anfänge didaktischer Theoriebildung weisen auf die ursprüngliche Einheit von Hofmeister-, Hauslehrer- und schulischer Erziehung hin. Comenius (1592–1670) fordert in seiner „Didactica magna", die Erziehung in früher Kindheit in der „Mutterschule" zu beginnen (vgl. COMENIUS 1954, S. 188 ff.); Rousseau (1712–1778) konstruiert in seinem bis heute für die pädagogische Theoriebildung fruchtbar gebliebenen Erziehungsroman „Émile" (1762) eine der Eigenstruktur der Erziehung genügende ideale Lebens- und Wohnumwelt des Zöglings Émile; Pestalozzi (1746–1827) hat in seinen Schriften immer wieder das Leben in der „Wohnstube" zum Vorbild und Ausgangspunkt jeglicher erfolgreichen Erziehung emphatisch beschrieben (vgl. PESTALOZZI 1966). Und noch der Reformpädagoge Berthold Otto (1859–1933) hat sein Konzept eines schulischen Gesamtunterrichts auf das freie Gespräch am häuslichen Mittagstisch zurückgeführt und selbst „Ratschläge für den häuslichen Unterricht" (OTTO 1908) veröffentlicht, die eine Fülle von Detailbemerkungen zur Erziehungsmächtigkeit des Wohnhauses enthalten (zur Geschichte pädagogischer Reflexion der Wohnumwelt vgl. PAZZINI 1983, S. 96 ff.).

Die „Wohnkultur" im Sinne einer pädagogisch-ästhetischen Gestaltung gerät jedoch erst zum Ende des 19. Jahrhunderts in den Blick der Pädagogik, und zwar in dem Augenblick, in dem sich die zuvor gleichsam naturwüchsig tradierten Wohnkulturen unter den Bedingungen einer forcierten Industrialisierung nicht mehr von selbst reproduzierten, sondern zum Gegenstand einer öffentlich geforderten, planmäßigen Geschmacksbildung und Konsumerziehung gemacht werden sollten (vgl. BUSEMANN 1927, 1937; vgl. LOEWENBERG 1903; vgl. POPP 1928, 1930; vgl. WAITZ 1875). Das Interesse an der Vergrößerung von Absatzmärkten für industriell gefertigte Wohnungseinrichtungen und an der Förderung der internationalen Konkurrenzfähigkeit führte bereits vor 1914 zu einer „Reform" der Arbeiterwohnkultur und in der Weimarer Republik dann zur Entwicklung des sozialen Wohnungsbaus. In der Schule bleibt die Thematisierung der Wohnkultur im wesentlichen auf ein Fach, die Kunsterziehung, beschränkt (vgl. EHMER 1979; vgl. SELLE 1979, 1981), auch wenn Teilaspekte der Thematik im Sachunterricht der Grundschule und im Sozialkunde- und Geographieunterricht der Sekundarstufe I auftauchen (vgl. SCHRAMKE/STRASSEL 1978).

Wohnkultur und Postmoderne. Ein enger Zusammenhang zwischen der in einer Gesellschaft entwickelten Wohnkultur und den ökonomisch-technischen und soziokulturellen Reproduktionsbedingungen dieser Gesellschaft liegt auf der Hand. Der Nachweis dieses Zusammenhangs ist sowohl auf eine theoretische Bestimmung der gegenwärtigen Gesellschaftsformation als auch auf Detailanalysen angewiesen. Die aktuelle Diskussion in verschiedenen Disziplinen mit dem vorerst noch rein deskriptiven Begriff der „*Postmoderne*" (vgl. den ursprünglich architekturtheoretischen Gebrauch bei KLOTZ 1984, S. 15 ff., S. 133 ff.; vgl. die philosophische Diskussion bei HABERMAS 1985; vgl. WELLMER 1985, S. 48 ff.) kann Hilfen für die Erarbeitung eines solchen theoretischen Bezugsrahmens geben; bereits vorliegende Detailanalysen (vgl. GLASER 1979, GÖTZE 1979, GÜNTHER 1979, HIPP 1982, INTERNATIONALES DESIGN ZENTRUM (IDZ) o. J., 1973; vgl. STURM 1977; vgl. WENZ-GAHLER 1979 a, b) liefern jedoch nur erst einen bruchstückhaften Einblick.

Als generelle Entwicklungstendenz läßt

sich festhalten, daß die jeweilige Wohnkultur in eine immer schärfer ausgeprägte, abstrakte Negation zum Arbeitsplatz gerät. Dem privaten Wohnen werden immer stärker Kompensationsfunktionen aufgebürdet, die am jeweiligen Arbeitsplatz nicht mehr erfüllt werden können: Die Wohnung soll Erholung, Entspannung, Geborgenheit, Gemütlichkeit liefern, sie soll zur Gestaltung der Freizeit taugen, sie soll der Selbstverwirklichung und dem Selbstwertgefühl dienen; sie soll andererseits – wie eh und je – als Statussymbol der sozialen Etikettierung und der Abgrenzung gegenüber anderen dienen. So bilden sich berufs- und sozialschichtspezifische Wohnstile heraus, die als Kompensation der jeweiligen Arbeitssituation auf die Arbeit bezogen bleiben (vgl. KOELBL/SACK 1980).

Gegen diese in sich totlaufenden Tendenzen einer immer stärkeren Kompensation der am Arbeitsplatz nicht befriedigten Bedürfnisse wenden sich verschiedene Ansätze *alternativen Wohnens* (vgl. ANDRITZKY u.a. 1981). Insgesamt läßt sich eine collageartige Vielfalt unterschiedlicher Wohnkonzepte ausmachen, es gibt vielfältige Vermischungen von eigentlich unverträglichen Wohnkonzepten in ein und derselben Wohnung, es gibt Ausbruchsversuche und die Flucht in den Historismus. Auf diesem Hintergrund scheinen staatliche und halbstaatliche Maßnahmen einer Wohnungsbaupolitik, die partikularen ökonomischen und bestenfalls architektonischen Überlegungen verhaftet bleiben, ebenso zu versagen wie die gutgemeinte pädagogische Ratgeberliteratur zur Wohnungsgestaltung (vgl. DESSAI 1974). Nicht einmal theoretische Konzeptionen stehen zur Verfügung, wie dies FRANK/SCHUBERT (vgl. 1983) festhalten und versuchsweise ältere Konzeptionen zur „Wohnungsfrage" zu Rate ziehen. Nach wie vor läßt sich jedoch beobachten, daß die Wohnkultur im Alltagsbewußtsein der Betroffenen und in utopischen Entwürfen einer nichtentfremdeten Lebenswelt unverändert zentrale Bedeutung hat (vgl. BLOCH 1959; vgl. JUGENDWERK DER DEUTSCHEN SHELL 1982, S. 103 ff., S. 326 ff., S. 582 ff.).

ABT, U.: Kind und Wohnen, Teufen 1972. ANDRITZKY, M./SELLE, G. (Hg.): Lernbereich Wohnen. Didaktisches Sachbuch zur Wohnumwelt vom Kinderzimmer bis zur Stadt, 2 Bde., Reinbek 1979. ANDRITZKY, M. u. a.: Für eine andere Architektur, 2 Bde., Frankfurt/M. 1981 ARIÈS, PH.: Geschichte der Kindheit, München/Wien 1975. BERGER, P. L./LUCKMANN, TH.: Die gesellschaftliche Konstruktion der Wirklichkeit, Frankfurt/M. 1970. BLOCH, E.: Das Prinzip Hoffnung, 2 Bde., Frankfurt/M. 1959. BOLLEREY, F./HARTMANN, K.: Zur Geschichte des alternativen Wohnens – ein Bildessay. In: ANDRITZKY, M./SELLE, G. (Hg.): Lernbereich Wohnen..., Bd. 2, Reinbek 1979, S. 326 ff. BOLLNOW, O. F.: Mensch und Raum, Stuttgart 1963. BRONFENBRENNER, U.: Die Ökologie der menschlichen Entwicklung, Stuttgart 1981. BRUNER, J.S.: Entwurf einer Unterrichtstheorie, Berlin/Düsseldorf 1974. BURNETT, J.: The Social History of Housing. 1815-1970, London 1983. BUSEMANN, A.: Pädagogische Milieukunde I, Halle 1927. BUSEMANN, A.: Handbuch der pädagogischen Milieukunde, Frankfurt/M. 1937. CHAPMAN, D.: The Home and The Social Status, London 1955. COMENIUS, J. A.: Große Didaktik, hg. v. A. Flitner, Düsseldorf/München 1954. DESSAI, E.: Kinderfreundliche Erziehung in der Dreizimmerwohnung, Frankfurt/M. 1974. EHMER, H. K. (Hg.): Ästhetische Erziehung und Alltag, Gießen 1979. ELIAS, N.: Über den Prozeß der Zivilisation, Bd. 1, Bern/München 1969. ELSCHENBROICH, F.: Kinder werden nicht geboren. Studien zur Entstehung der Kindheit, Frankfurt/M. 1977. FRANK, H./SCHUBERT, D. (Hg.): Lesebuch zur Wohnungsfrage, Köln 1983. FRÄNKLE, M.: Wohnkultur und Wohnwesen, Tübingen 1972. GEORGSDORF, H.: Betroffenheit: ernst genommen. Zum Thema Wohnen in der Oberstufe. In: EHMER, H. K. (Hg.): Ästhetische Erziehung..., Gießen 1979, S. 43 ff. GLASER, H.: Wohnbilder – Seelenbilder. In: ANDRITZKY, M./SELLE, G. (Hg.): Lernbereich Wohnen, Bd. 1, Reinbek 1979, S. 321 ff. GLEICHMANN, P. R.: Gast-

Alltagskultur: Wohnen

lichkeit als soziales Verhältnis. Ein Baustein zu einer soziologischen Theorie des Tourismus. In: Mitteilungen des Instituts für Fremdenverkehrsforschung der Hochschule für Welthandel, Jahresheft, Wien 1973, S. 25 ff. GLEICHMANN, P. R.: Wandel der Wohnverhältnisse, Verhäuslichung der Vitalfunktion, Verstädterung und siedlungsräumliche Gestaltungsmacht. In: Z.f.Soziol. 5 (1976), S. 319 ff. GÖTZE, U.: Die gute Stube. In: ANDRITZKY, M./SELLE, G. (Hg.): Lernbereich Wohnen..., Bd. 1, Reinbek 1979, S. 288 ff. GÜNTHER, S.: Arbeitermöbel vor dem ersten Weltkrieg. In: ANDRITZKY, M./SELLE, G. (Hg.): Lernbereich Wohnen..., Bd. 1, Reinbek 1979, S. 312 ff. HABERMAS, J.: Strukturwandel der Öffentlichkeit, Neuwied/Berlin 1962. HABERMAS, J.: Der philosophische Diskurs der Moderne, Frankfurt/M. 1985. HARTWIG, H.: Projekt 2: Wohnen. Arbeitsgruppe unter Vorsitz von H. Hartwig der Kommission zur Reform der hessischen Bildungspläne, Marburg 1971. HECKHAUSEN, H.: Faktoren des Entwicklungsprozesses. In: WEINERT, F. E. u. a. (Hg.): Funkkolleg Pädagogische Psychologie, Bd. 1, Frankfurt/M. 1974, S. 101 ff. HEIDEGGER, M.: Bauen, Wohnen, Denken. In: HEIDEGGER, M.: Vorträge und Aufsätze, Pfullingen 1959, S. 145 ff. HELLPACH, W.: Psychologie der Umwelt. In: ABDERHALDEN, E. (Hg.): Handbuch der biologischen Arbeitsmethoden, Abt. VI, Teil C, Heft 3, Wien 1924. HELLPACH, W.: Kulturpsychologie, Stuttgart 1953. HERZKA, H. ST.: Spielzeug – Thesen. Über die Wirkung der Dinge auf das Kind, Zürich 1977. HIPP, H.: Wohnstadt Hamburg. Mietshäuser zwischen Inflation und Weltwirtschaftskrise, Hamburg 1982. HOLZKAMP, K.: Sinnliche Erkenntnis. Historischer Ursprung und gesellschaftliche Funktion der Wahrnehmung, Frankfurt/M. 1973. INTERNATIONALES DESIGN ZENTRUM (IDZ): Mode – das inszenierte Leben, Nr. 4, Berlin o. J. INTERNATIONALES DESIGN ZENTRUM (IDZ): Baderaum – sozialer Raum der Familie, Nr. 5, Berlin 1973. ITTELSON, W. H. u. a.: Einführung in die Umweltpsychologie, Stuttgart 1977. JUGENDWERK DER DEUTSCHEN SHELL (Hg.): Jugend '81, Opladen 1982. KAMINSKI, G. (Hg.): Umweltpsychologie. Perspektiven – Probleme – Praxis, Stuttgart 1976. KLOTZ, H. (Hg.): Moderne und Postmoderne. Architektur der Gegenwart 1960–1980, Braunschweig/Wiesbaden 1984. KOELBL, H./SACK, M.: Das deutsche Wohnzimmer, München/Luzern 1980. KROVOZA, A.: Zur Genese der Normen abstrakter Arbeit. Eine sozialisationstheoretische Untersuchung aus dem Grenzbereich von Psychologie, Soziologie und Sozialgeschichte, Diss., Hannover 1975. KUTSCHA, G.: Lernfeld. In: Enzyklopädie Erziehungswissenschaft, Bd. 3, Stuttgart 1986, S. 531 ff. LANGEVELD, M. J.: Die Schule als Weg des Kindes, Braunschweig ²1963. LEONTJEW, A. N.: Probleme der Entwicklung des Psychischen, Frankfurt/M. 1973. LESCHINSKY, A./ROEDER, P. M.: Schule im historischen Prozeß, Berlin 1983. LOEWENBERG, J.: Geheime Miterzieher, Hamburg 1903. LORENZER, A.: Zur Begründung einer materialistischen Sozialisationstheorie, Frankfurt/M. 1972. MAJORIBANKS, K.: Umwelt, soziale Schichten und Intelligenz. In: GRAUMANN, C. F./HECKHAUSEN, H. (Hg.): Handbuch der Psychologie, Bd. 7.2: Sozialpsychologie, Göttingen 1972, S. 190 ff. MEINHOLD, M./HOLLSTEIN, W.: Erziehung und Veränderung. Entwurf einer handlungsbezogenen Sozialisationstheorie, Neuwied/Darmstadt 1975. MERTON, R. K.: The Psychology of Housing. In: DENNIS, W. (Hg.): Current Trends in Social Psychology, Pittsburgh 1948, S. 163 ff. MITSCHERLICH, A.: Die Unwirtlichkeit unserer Städte. Anstiftung zum Unfrieden, Frankfurt/M. 1969. MÜLLER, M.: Sozialgeschichtliche Aspekte des Wohnens. In: ANDRITZKY, M./SELLE, G. (Hg.): Lernbereich Wohnen..., Bd. 1, Reinbek 1979, S. 252 ff. OERTER, R.: Moderne Entwicklungspsychologie, Donauwörth 1967. OTTO, B.: Ratschläge für den häuslichen Unterricht, Berlin ³1908. PAZZINI, K.-J.: Unterrichtsanregung zur Funktion alltäglicher Gebrauchsgegenstände um das Essen herum. In: EHMER, H. K. (Hg.): Ästhetische Erziehung..., Gießen 1979, S. 19 ff. PAZZINI, K.-J.: Die gegenständliche Umwelt als Erziehungsmoment. Zur Funktion alltäglicher Gebrauchsgegenstände in Erziehung und Sozialisation, Weinheim/Basel 1983. PESTALOZZI, J. H.: Lienhard und Gertrud, Bad Heilbrunn ²1966. PIAGET, J./INHELDER, B.: Die Psychologie des Kindes, Frankfurt/M. 1977. POPP, W.: Das pädagogische Milieu. Studien zum Milieubegriff und eine Milieupädagogik, Langensalza 1928. POPP, W.: Milieu und Selbstbestimmung in der individuellen Entwicklung, Langensalza 1930. SCHRAMKE, W./STRASSEL, J. (Hg.): Wohnen und Stadtentwicklung. Ein Reader für Lehrer und Planer, Oldenburg 1978. SELLE, G.: Weshalb keine Geschmackserziehung? In: ANDRITZKY, M./SELLE, G. (Hg.): Lernbereich Wohnen..., Bd. 1, Reinbek 1979, S. 240 ff. SELLE, G.: Kultur der Sinne und ästhetische Erziehung. Alltag, Sozialisation, Kunstunterricht in Deutschland. Vom Kaiserreich zur Bundesrepublik, Köln 1981. SILBERMANN, A.: Vom Wohnen der Deutschen.

Eine Studie über das Wohnerlebnis, Frankfurt/Hamburg 1966. STURM, H.: Fabrikarchitektur, Willer Arbeitersiedlung, München 1977. TRÄNKLE, M.: Wohnkultur und Wohnweisen, Tübingen 1972. WAITZ, TH.: Allgemeine Pädagogik und allgemeine Schriften, hg. v. O. Willmann, Braunschweig ²1875. WELLMER, A.: Zur Dialektik von Moderne und Postmoderne, Frankfurt/M. 1985. WENZ-GAHLER, I.: Die Küche. In: ANDRITZKY, M./SELLE, G. (Hg.): Lernbereich Wohnen..., Bd. 1, Reinbek 1979, S. 266 ff. (1979a). WENZ-GAHLER, I.: Wohnen mit Kindern. In: ANDRITZKY, M./SELLE, G. (Hg.): Lernbereich Wohnen..., Bd. 1, Reinbek 1979, S. 298 ff. (1979b). WINNICOTT, D. W.: Übergangsobjekte und Übergangsphänomene. In: AMMON, G. (Hg.): Psychoanalytische Pädagogik, Hamburg 1973, S. 141 ff. (1973a). WINNICOTT, D. W.: Objektverwendung und Identifizierung. In: WINNICOTT, D. W.: Vom Spiel zur Kreativität, Stuttgart 1973, S. 101 ff. (1973b). ZIEHE, TH.: Pubertät und Narzißmus, Frankfurt/Köln 1975.

Karl-Josef Pazzini

Anschauung

Anschauung und schulisches Lehren und Lernen. Seitdem Lehren und Lernen aus dem alltäglichen Lebenszusammenhang herausgelöst und situations- und anlaßunabhängig in eigens dafür eingerichteten Institutionen und systematischen Lehrgängen arrangiert wird, gehört das Problem der Anschauung zum Kerngebiet didaktischer Reflexion (vgl. die historische Aufarbeitung des Begriffs bei KLAFKI 1963a). Eine Theorie schulischen Lehrens und Lernens ist seither immer auch eine Theorie der Anschauung. Offenbar droht ein anlaß- und situationsunabhängig veranstaltetes Lehren und Lernen zum Transport von „bloßem" Schulwissen zu verkümmern, und es steht zu befürchten, daß die so belehrten Lerner zu „Maulbrauchern", „Zungendreschern", „Besserwissern", eben zu Schülern werden. Anschauung als didaktisches Problem markiert zunächst also eine defizitäre Situation: Schule ist nicht das Leben selbst.

Die Forderung nach Anschauung, also nach Lebens-, Erfahrungs-, Praxis-, Alltags- oder Handlungsnähe im Unterricht, nach hautnahem sinnlichem Umgang mit Dingen und Personen, zielt darauf ab, die Lebensferne schulischen Wissens durch das Raffinement veranstalteter Lehre wiederaufzuheben, fernes Wissen so nahezubringen, als hätte man es selbst erfahren. Anschauung wird im Prozeß der didaktischen Reduktion zu einem „Transmissionsriemen" zwischen Schulwissen und Erfahrungswissen, zwischen wissenschaftlichem Wissen und Alltagswissen, einerlei ob nun wissenschaftliches Wissen durch Modellbildung aus dem Erfahrungswissen abstrahiert oder ob umgekehrt das im Wissenschaftsprozeß akkumulierte, alltagsferne Wissen in Exempeln „veranschaulicht" wird. „Anschauung" ist ein Grundprinzip didaktischer Transformation (vgl. TERHART 1983, S. 77 ff.).

Durch Anschauung wird keine getreue Abbildung der real existierenden Wirklichkeit geschaffen, weder der alltäglichen noch der wissenschaftlichen. Anschauung in der Schule arrangiert vielmehr Wirklichkeit, sie selektiert sie, modelliert, reduziert, zeigt, elementarisiert, überhöht und strukturiert, macht aus der Welt die Welt der Schule. Die in der Schule gelehrte Wirklichkeit ist eine Funktion der Anschauung und nicht, umgekehrt, die Anschauung eine Funktion der zu lehrenden Wirklichkeit (vgl. GIEL 1965, HILLER 1973).

Begriffsgeschichte. Der Begriff „Anschauung" (mittelhochdeutsch *anschouwunge*) taucht erstmals in der spätmittelalterlichen Mystik auf und wird dort im Sinne von „Anblick" beziehungsweise reiner Schau gebraucht und meint ein unmittelbares Innewerden von „Wesenheiten", wie dies dem leiblich begrenzten verstandesmäßigen Erkennen nicht möglich ist.

Anschauung

Die Unterscheidung von „Sinnlichkeit" (als einem Vermögen, den Gegenstand unmittelbar anzuschauen) und „Verstand" (als dem Vermögen, über einen in der Anschauung gegebenen Gegenstand „diskursiv" zu urteilen) hat sich seitdem durchgehalten. Anschauungen und Begriffe sind für KANT die „zwei Bedingungen, unter denen allein die Erkenntnis eines Gegenstandes möglich ist" (1966, VB 125/S.131), denn „Gedanken ohne Inhalt sind leer, Anschauungen ohne Begriffe sind blind" (1966, B75/S.98).

Wenngleich die Unterscheidung zwischen unmittelbarer Anschauung und diskursiver begrifflicher Klarheit in den erkenntnistheoretischen Entwürfen durch die Jahrhunderte immer wiederkehrt, so kommt doch der Anschauung jeweils eine recht unterschiedliche Bedeutung für die Erkenntnis zu. Entsprechend unterschiedlich wird auch ihre jeweilige Bedeutung für eine Theorie des Lehrens gesehen:

Erstens: Für die *Sensualisten* ist nichts im Verstande, was nicht zuvor in den Sinnen gewesen ist. Anschauung meint daher eine möglichst exakte „Abbildung" der Sinneswahrnehmung. Die Umsetzung dieses Abbildungskonzepts in die Didaktik hatte eine Fülle von Modellen zur Folge von der naturgemäßen, lebensnahen, sachgerechten, situationsbezogenen Erziehung bis hin zum Anpassen des Lehrens und Lernens an die „Struktur der Disziplin".

Zweitens: Nach der durch *Kant* geleisteten „kopernikanischen Wende" in der Erkenntnistheorie, wonach nicht die Wirklichkeit in der Erkenntnis abgebildet wird, sondern umgekehrt der Mensch mit Hilfe seiner Verstandeskräfte den Gegenstand der Erkenntnis „konstruiert", erhalten die Anschauungs*formen* als kategoriale Bedingungen menschlicher Erkenntnis einen neuen Stellenwert. Dieses neue Verständnis von Anschauung hatte wiederum neue Entwürfe in der didaktischen Theoriebildung zur Folge, denen es allesamt um den Aufbau der Kategorien, Elemente, Muster, Konstruktionsschemata der Anschauung ging: von der Anschauungslehre PESTALOZZIS (vgl. 1901) über die Ansätze genetischen, generativen, kategorialen, elementaren Lehrens und Lernens bis hin zur konstruktiven Didaktik eines an Modellen und Mustern orientierten Lehrens (vgl. HILLER 1973, MENCK 1975, SALZMANN/KOHLBERG 1983). In letzter Konsequenz wird dann die Konstruiertheit und Perspektivität jeglichen Lehrens und Lernens selbst wieder zum Gegenstand einer „mehrperspektivischen" Lehre (vgl. EHNI 1985). Anschauung ist so nicht nur Mittel, sondern zugleich Inhalt eines anschaulichen Lehrens und Lernens (vgl. HILLER 1974).

Ein *drittes* Begriffsverständnis von „Anschauung", nämlich das einer *„nichtsinnlichen, intellektuellen Anschauung"*, einer Offenlegung des „Wesens", der „wahren Natur" der Wirklichkeit, ist zwar von KANT als „schlechterdings außer unserem Erkenntnisvermögen" liegend zurückgewiesen worden (1966, S.278), dennoch hat dieses Verständnis in der abendländischen Erkenntnistheorie eine lange Tradition von den Anfängen der griechischen Philosophie bis hin zu Husserls Phänomenologie. Im Anschluß an dieses Verständnis sind wieder und wieder „große Didaktiken" (vgl. COMENIUS 1954) entworfen worden, denen es um die Offenlegung des wahren Wesens der Natur, um die Wiederherstellung der in der real existierenden Wirklichkeit korrumpierten Ordnung mit Hilfe der rechten Lehre ging – und dies nicht durch einen vordergründigen Kontakt mit dieser Wirklichkeit, sondern durch die Anschauung ihres „Wesens", ihres „Witzes". Die in der Anschauung dem Schüler präsentierte Wirklichkeit wird daher bewußt aus der Alltagswelt herausgerissen und auf das Reißbrett gebracht: Nicht der „orbis" selbst, sondern der „orbis pictus" präsentiert die göttliche

Ordnung und lehrgangsgerechte Stimmigkeit der Welt (vgl. COMENIUS 1964). Anschauliches Lehren und Lernen vermittelt nicht nur die Wirklichkeit, wie sie ist, sondern verändert die Wirklichkeit durch ihre anschauliche Präsentation; über diese „Mache" wissen Lehrer immer schon besser Bescheid als andere.

Anschauung, Lebensnähe und Erfahrungsbezug. Ging es in der „Großen Didaktik" des COMENIUS von 1638 (vgl. 1954) noch darum, den Menschen in die von Anfang bis Ende geordnete Welt einzuführen, so geht es in der Aufklärungsdidaktik (beispielsweise in BASEDOWS „Elementarwerk" von 1774 - vgl. 1965) umgekehrt darum, die Dinge der Welt durch die rechte Anschauung in den Dienst des menschlichen Subjekts zu verfügen. Anschauungsmittel haben seither die Dinge dem Menschen „nahezubringen", sie „leicht zu machen". Anschauung wird zur Lebensnähe, wobei unter „Leben" nahezu alles und darum nichts Bestimmtes mehr verstanden wird:
- die unmittelbaren Lebensverhältnisse (die „Reallage" bei PESTALOZZI, vgl. 1902),
- die räumliche Nähe (zum Beispiel im heimatkundlichen Anschauungsunterricht),
- die aktuelle Welt des Kindes (Lebensnähe als Kindgemäßheit; vgl. MEYER-DRAWE 1978),
- schließlich die Leibnähe sinnlich-ganzheitlicher Erfahrungen (vgl. RUMPF 1981, SCHELLER 1981).

Dem eigenen Leben nahe ist eine Sache nur, wenn sie mit allen Sinnen erfahren werden kann. Damit kommt dem Begriff der Erfahrung für das Verständnis der Anschauung als Lebensnähe konstitutive Bedeutung zu. Erfahrungen sind immer auf eng begrenzte Lebenslagen, innerhalb deren man handelt, bezogen (vgl. BERGER/LUCKMANN 1971); und deshalb sind sie immer auch von der Fülle der zuvor gemachten Erfahrungen abhängig. Erfahrungen stehen daher ständig in der Gefahr, engstirnig, borniert und dumm zu machen (vgl. HERBART 1964, S.19). An diesem Problem hat ein auf den eigenen Erfahrungen aufbauender lebensnaher Anschauungsunterricht anzusetzen: Er muß einerseits die Unmittelbarkeit des Erfahrungswissens der Schüler nutzen, andererseits die Enge dieses Erfahrungskreises zu durchbrechen suchen, so daß das in den eigenen Erfahrungskreis hereingeholte fremde Wissen zum unentbehrlichen Bestandteil der eigenen Welt wird (vgl. BUCK 1967). Lebensnaher Unterricht wird von der - von den Schülern immer schon verstandenen - alltäglichen Erfahrung seinen Ausgang nehmen, Störungen dieser Alltagspraxis aber geradezu zum methodischen Stilmittel erheben und Problemsituationen zu schaffen versuchen, die es nötig machen, über die begrenzte eigene Situation hinauszufragen und allgemein verfügbares Wissen zur Lösung der Probleme heranzuziehen. Dem Theoriewissen wird bei einem solchen Unterrichtsverständnis kein Eigenrecht mehr zugestanden. Sein Gegenstand wird eingebracht in den Hof der durch Erfahrung und Umgang erschlossenen Praxis. Theorie wird nur dann angerufen, wenn diese Praxis gestört ist, wenn ein „Problem auftaucht". Ihre eigene Systematik und ihre unverwechselbare Perspektive, bedingt durch eigene Sprache und Begrifflichkeit, interessieren nicht. Man will sich nicht in sie hineinziehen lassen, sondern versucht umgekehrt, wissenschaftliche Tatsachen herunterzuholen in die durch eigene Erfahrung erschlossene Umgangspraxis.

Anschauung als kritische Distanz. Seitdem Fichte in seiner Pestalozzikritik vor dessen „ABC der Anschauung" ein solches der „Empfindung" setzen und zum Ausgangspunkt der Erziehung machen wollte (vgl. FICHTE 1908, S.531 f.), ist die distanzierende Wirkung der Anschauung zwar immer wieder gesehen, zugleich aber auch immer wieder aufzuheben versucht worden. Der Dreischritt: *Empfindung – Anschauung – Begriff* wurde seitdem zum Grundgerüst unterrichtlicher Formalstufen. Doch ist gerade dieser harmonisierende Dreischritt äußerst problematisch, weil die „Anschauung" die Wirklichkeit prinzipiell anders sehen läßt als die hautnahe Empfindung und daher nicht in einem Zusammenhang mit dieser genannt werden kann. Das Anschauungsding ist gerade nicht zum Anfassen da. Man kann nicht mit ihm umgehen, kann es nur anschauen und überschaut seine Ordnung so besser als von der unmittelbaren Nähe aus, weil man jetzt die gehörige Distanz hat. Ohne diese Distanz verlöre man die Übersicht. Überindividuelle Zusammenhänge bleiben gerade dem verborgen, der zu engen Kontakt mit der „Wirklichkeit" hat. Daher kann Pestalozzi völlig zu Recht seine gewagte These formulieren, daß es „nicht in den Wald und auf die Wiese" sei, wohin man die Kinder führen solle, um ihnen das Wesen von Bäumen und Sträuchern nahezubringen, denn dort stünden sie nicht in der richtigen Reihenfolge, um sie auf Wesenszüge hin durchschauen zu können (vgl. PESTALOZZI 1901, S. 132). Anschauung schafft Distanz zum Gegenstand und eröffnet dadurch erst einen Zugang zu seinem Begriff, einen Zugang, der der unmittelbaren Berührung verschlossen bleibt. Anschauungsunterricht reißt die Dinge aus ihrer Einbindung in einen Erlebnis- und Handlungszusammenhang heraus, macht sie aber gerade dadurch zu Gegenständen der „bloßen" Betrachtung und des „reinen" Erkennens.

Insofern Anschauung die Wirklichkeit aus der unmittelbaren leiblichen Nähe entrückt, das Anschauungsding aus seinem Lebenszusammenhang herausreißt und dadurch allererst auffällig macht, ist Anschauung ein aktiver Eingriff. Anschauung bildet die Dingwelt nicht einfach ab, sondern gestaltet sie. Diese Gestaltung wird von FLÜGGE zu Recht als „vergleichsweise [...] abstrakt" bezeichnet (1963, S. 30), denn die distanzierende Anschauung löst nicht vertraute Individuen aus dem Kontext der leibhaft nahen Wirklichkeit heraus, sondern schafft im Vollzug der Anschauung etwas Neues: *Typen,* die an ihren Merkmalen erkannt werden, der Baum an Stamm und Geäst, die Birke an der weißen Rinde: „Man sieht Genera, nicht Individuen" (FLÜGGE 1963, S. 30).

Die Anschauung stellt daher einen völlig anderen Zugang zur Theorie dar als die Erfahrung und der Umgang. Wurde dort die gestörte Praxis als Ort der Theorie bezeichnet, einer Theorie, die an ihr Ende gekommen ist, wenn die Praxis „wieder in Ordnung gebracht" ist, so läßt die Anschauung eine von der Praxis befreite Theorie sehen, die gerade in der Distanz von den Dingen einen unverstellten Zugang zu ihren Begriffen und Strukturen sucht.

Anschauung als methodische Konstruktion. Wenn Anschauung eine aktive, mit allen Sinnen erfolgende Erkenntnisleistung ist, die durch die Gesetzmäßigkeiten schulisch institutionalisierten Lehrens und Lernens gebrochen wird, dann muß es möglich sein, Ort und Funktion der Anschauung im Unterricht genauer zu bestimmen. Schon KÜHNEL (vgl. 1919) hat versucht, eine *Stufenfolge* der Anschauung zu entwerfen in „vier Arten von sehr verschiedenem, und zwar absteigendem Wert", wobei die eigene gegenwärtige Erfahrung des Kindes inmitten des wirklichen Lebens vor der „Erfahrungsmitteilung seitens aller oder einzelner Kinder" steht; dann erst können „sogenannte Anschauungsmittel (Präparate, Bilder usw.)" eingesetzt werden, und erst ganz zuletzt darf das „Wort des Lehrers die Vermittlung von Vorstellungsmaterial übernehmen" (KÜHNEL 1919, S. 39f.). Mit dieser Rangordnung ist der Grundsatz der An-

schauung in eine Stufentheorie des Unterrichts eingebracht, die ihren Ausgang in der unmittelbaren Erfahrung mit der umgebenden Wirklichkeit nimmt und langsam über Modelle und Skizzen zum „wirklichkeitserfüllten Begriff" fortschreitet (zur Diskussion zu Beginn dieses Jahrhunderts vgl. JANSCH 1920, KEHR/KLEINSCHMIDT 1904; zur heutigen Diskussion vgl. BRUNER 1970).
Die in Begriffen geordnete Wirklichkeit leitet die Anschauung, und umgekehrt drängt Anschauung darauf, die Wirklichkeit in Begriffen zu ordnen. Anschauung der Wirklichkeit ist demnach nicht Abbildung, sondern Auswahl und aktive Gestaltung der Wirklichkeit. Anschauen ist ein Entwerfen von Bildern (vgl. RUMPF 1976, S. 69 ff.). So ist die Anschauung der Wirklichkeit notwendig gekoppelt mit ihrer *Darstellung*, durch die wesentliche Züge herausgehoben werden und dann besser zu sehen sind, als es die komplexe Wirklichkeit erlaubt. Der Grundsatz der Anschauung wird also vornehmlich dann verwirklicht werden müssen, wenn im Unterricht Gegenstände gelehrt werden, die aus dem unmittelbaren Erfahrungskreis des Kindes herausfallen und durch eigenen Umgang nicht mehr zu verstehen sind. Anschaulicher Unterricht wird diese Gegenstände auf wenige Linien reduzieren und sie so darzustellen versuchen, daß das Wesentliche besser zu sehen ist als in der vielfältigen Wirklichkeit selbst. Aber auch die Umkehrung gilt: Durch die Distanzierung von der unmittelbar erlebten Wirklichkeit, durch elementarisierende Gestaltung hin auf überschaubare Linien, durch Schematisierung und musterhafte Vereinfachung wird aus der unmittelbar nahen eine begrifflich abstrakte, in der Theorie geordnete allgemeine Wirklichkeit.

Das Prinzip der *Anschauung als Lebensnähe* verweist auf einen Unterricht, der die Sachen zu handgemeinen, im praktischen Umgang erfahrbaren werden läßt und der das Kind zu einem praktisch Handelnden, aus Erfahrung Lernenden erzieht. Lebensnähe und Lernen aus Erfahrung gehören notwendig zusammen, während andererseits auf dem Prinzip der *Anschauung als Konstruktion* ein Unterricht fußt, der den Gegenstand aus dem unmittelbaren Umgang herausbricht, ihn situationsunabhängig darstellt und so den Weg weist zur Theorie.

BASEDOW, J. B.: Elementarwerk (1774). Ausgewählte pädagogische Schriften, hg. v. A. Reble, Paderborn 1965. BERG, J. H. VAN DEN: Metabletica. Über die Wandlungen des Menschen, Göttingen 1960. BERGER, P. L./LUCKMANN, TH.: Die gesellschaftliche Konstruktion der Wirklichkeit, Frankfurt/M. ²1971. BÖNSCH, M.: Verlaufsgestalten und Aktionsstrukturen des Unterrichts, Essen 1969. BRUHN, J.: Demonstration - Anschauung. In: Enzyklopädie Erziehungswissenschaft, Bd. 4, Stuttgart 1985, S. 407 ff. BRUNER, J. S.: Der Prozeß der Erziehung, Berlin/Düsseldorf 1970. BUCK, G.: Lernen und Erfahrung. Zum Begriff der didaktischen Induktion, Stuttgart/Berlin/Köln/Mainz 1967. COMENIUS, J. A.: Große Didaktik (1638), Düsseldorf/München 1954. COMENIUS, J. A.: Orbis sensualium pictus (1658), Osnabrück 1964. EGGIMANN, E.: Landschaft des Schülers, Zürich 1972. EHNI, H.: Unterricht, mehrperspektivischer. In: Enzyklopädie Erziehungswissenschaft, Bd. 4, Stuttgart 1985, S. 643 ff. FAUSER, P. u. a. (Hg.): Lernen mit Kopf und Hand, Weinheim/Basel 1983. FICHTE, J. G.: Grundriß des Eigentümlichen der Wissenschaftslehre. Auswahlausgabe der Hauptwerke in 6 Bänden, hg. v. F. Medicus, Bd. 1, Berlin 1908. FLÜGGE, J.: Die Entfaltung der Anschauungskraft, Heidelberg 1963. GIEL, K.: Studie über das Zeigen. In: B. u. E. 18 (1965), S. 181 ff. HERBART, J. F.: Pädagogische Schriften, 3 Bde., hg. v. W. Asmus, Bd. 1, Düsseldorf/München 1964. HILLER, G. G.: Konstruktive Didaktik, Düsseldorf 1973. HILLER, G. G.: Anschauung. In: WULF, CH. (Hg.): Wörterbuch der Erziehung, München 1974, S. 16 ff. HOLZKAMP, K.: Sinnliche Erkenntnis, Frankfurt/M. 1973. JANSCH, P.: Zur Theorie und Praxis des modernen Anschauungsunterrichts, Osterwieck/Leipzig ⁴1920. Kant, I.: Kritik der reinen Vernunft (1781). Werke in sechs Bänden, hg. v. W. Weischedel, Bd. 2, Darmstadt 1966. Kehr, G./Kleinschmidt, A.: Der Anschauungsunterricht für Haus und Schule auf der Grundlage der Hey-Speckterschen Fabeln, Gotha ⁷1904. Klafki, W.: Das pädagogische Problem des Elementaren und die Theorie der kategorialen Bildung, Weinheim 1963a. Klafki, W.: Studien zur Bildungstheorie und Didaktik, Weinheim 1963b. Kühnel, J.: Moderner Anschauungsunterricht, Leipzig ⁶1919. Lassen, H.: Beiträge zur Phänomenologie und Psychologie der Anschauung, Würzburg 1939. Loser, F.: Die Unterrichtsgrundsätze der Lebensnähe und der Anschauung und ihr Beitrag für eine pädagogische Theorie des Lehrens und Lernens. In: B. u. E. 22 (1969), S. 14 ff. Loser, F.: Methode. In: Hopf, H./Heise, W. (Hg.): Lexikon der Musikpädagogik, Düsseldorf 1975, S. 107 ff. Loser, F./Terhart, E. (Hg.): Theorien des Lehrens, Stuttgart 1977. Memmert, W.: Erfahrung und Anschauung als Grundbegriffe einer Pädagogischen Anthropologie. In: Z. f. P. 15 (1969), S. 709 ff. Memmert, W.: Die wissenschaftstheoretische Grundlegung einer pädagogischen Anschauungslehre. In: Westerm. P. Beitr. 21 (1969), S. 473 ff. Menck, P.: Unterrichtsanalyse und didaktische Konstruktion, Frankfurt/M. 1975. Meyer-Drawe, K.: Der Begriff der Lebensnähe und seine Bedeutung für eine pädagogische Theorie des Lehrens und Lernens. Bielefelder Hochschulschriften, Bd. 20, Bielefeld 1978. Pestalozzi, J. H.: Die Methode. Eine Denkschrift Pestalozzis (1808). Sämtliche Werke, hg. v. L. W. Seyffarth, Bd. 9, Liegnitz 1901, S. 132 ff. Pestalozzi, J. H.: Das Leben bildet (1826). Sämtliche Werke, hg. v. L. W. Seyffarth, Bd. 12, Liegnitz 1902, S. 314 ff. Petzelt, A.: Der Begriff der Anschauung, Leipzig 1933. Reidemeister, K.: Anschauung als Erkenntnisquelle. In: Z. f. phil. Fo. 1 (1946/1947), S. 197 ff. Röhrs, H.: Sinn und Grenzen des Prinzips der Lebensnähe in der Erziehung. In: D. Samml. 12 (1957), S. 442 ff. Rumpf, H.: Unterricht und Identität, München 1976. Rumpf, H.: Die übergangene Sinnlichkeit, München 1981. Salzmann, Ch./Kohlberg, W. D.: Modellunterricht und Unterrichtsmodell. In: Z. f. P. 26 (1983), S. 929 ff. Scheller, I.: Erfahrungsbezogener Unterricht, Königstein 1981. Terhart, E.: Unterrichtsmethode als Problem, Weinheim/Basel 1983. Zocher, K.: Zur Erkenntnistheorie der empirischen Anschauung. In: Z. f. phil. Fo. 6 (1951/1952), S. 543 ff.

Fritz Loser

Ausländerarbeit

Rahmenbedingungen. Obwohl 58% der 4,3 Millionen Ausländer gegenwärtig länger als zehn Jahre in der Bundesrepublik leben (vgl. Funcke 1985) und Deutschland eine mehr als 300jährige Geschichte der Immigration kennt, geht die Politik der Bundesregierung davon aus, daß die Bundesrepublik Deutschland kein Einwanderungsland sei. Mit dieser Prämisse sind einer Ausländerarbeit, die sich an der Existenz einer multiethnischen Gesellschaft in der Bundesrepublik orientiert und hierauf angemessene pädagogische Konzeptionen zu entwickeln sucht, enge bildungspolitische Grenzen gesetzt.

Von der „integrativen" zur „interkulturellen" Erziehung. Die Schulpolitik der Bundesländer entsprach der allgemeinen Ausländerbeschäftigungspolitik: Ganz an den Gesetzen des „freien Arbeitsmarktes" orientiert, sollte sie die Option sowohl für eine längerfristige „Verweildauer" als auch für eine kurzfristige Rückkehr der Migrantenfamilien mit ihren Kindern offenhalten. Diese schulpolitische Doppelstrategie manifestierte sich in zwei pädagogischen Leitzielen: dem der „Integration" und dem der „Re-Integration" (vgl. Siewert 1980). Ende der 70er Jahre traten Krisenvermeidungsstrategien auch in der Bundespolitik in den Vordergrund, nachdem sich das Prinzip der Rotation der Arbeitskräfte zwischen der Bundesrepublik und den Heimatländern als undurchführbar erwiesen hatte (vgl. schon Bodenbender 1977). Angesichts der Tatsache, daß die Aufenthaltsdauer ausländischer Familien in der Bundesrepublik ständig gestiegen war, und unter dem Eindruck, daß die schulpolitische Doppelstrategie zur schulischen Segregation der Ausländerkinder und zu „Analphabeten in zwei Sprachen" geführt hatte, wurden im Auftrage der sozialliberalen Regierung in den 70er Jahren zahlreiche Programme entworfen, die zur schnellen Integration ausländischer Kinder führen sollten (vgl. GESPRÄCHSKREIS ... 1980, KOORDINIERUNGSKREIS ... 1979, KÜHN 1980). Als politische und pädagogische Zielperspektive erwies sich „Integration" jedoch als Begriffsschimäre, unter der – je nach politischem Standort – höchst Unterschiedliches verstanden wurde. Durchweg implizierte der Begriff das Bild von einer dominanten (höherwertigen) deutschen Kultur, der sich die fremde (minderwertige) Kultur „einzupassen" und unterzuordnen habe. Unter der Forderung nach „Integrationsbereitschaft" wurde meist die „Kolonisierung von Lebenswelten" verstanden (RICHTER 1981, S. 274).

Entwürfe zur interkulturellen Erziehung. Das Gegenmodell zum Integrationskonzept heißt „interkulturelle Erziehung" (vgl. zuerst VINK 1974, dann AKPINAR/MERTENS 1979). Interkulturelle Erziehung wurde zum Schlüsselbegriff einer neuen pädagogischen Disziplin: Hochschulinstitute benannten sich um, spezielle Zeitschriften (vgl. BEITRÄGE ... 1982) und Bibliographien (vgl. DÖBRICH/MÜLLER 1982, GROSCH 1984) erschienen, und es fehlte auch nicht an Stimmen, die vor der Gefahr einer neuen Pädagogisierung eines politischen Problems warnten (vgl. HAMBURGER/WOLTER 1981).
Deutschland hat keine Tradition interkultureller Bildung und Erziehung. Kinder nationaler und ethnischer Minderheiten sind – wenn nicht mit ihren Eltern immer wieder ausgewiesen – germanisiert worden (vgl. HEINEMANN 1975). Dies gilt auch für die oft zu hörende, aber falsche Behauptung über die angeblich gelungene Integration polnischer Einwandererkinder zu Beginn dieses Jahrhunderts (vgl. GLÜCK 1982).
Die Schwierigkeiten, mit denen die ersten vorliegenden Konzepte zur interkulturellen Erziehung zu kämpfen haben, sind beträchtlich: Es gibt keine entfalteten und unterrichtspraktisch bewährten Curricula und Lehrbücher für den gemeinsamen Unterricht von ausländischen und deutschen Schülern. Unverändert bestimmen „ethnozentrische Weltbilder" unsere Rahmenrichtlinien; unverändert wird der Unterricht für die Migrantenkinder eher zu einem Akt der „kulturellen Invasion" als zu einem behutsamen Aufbauen auf den vorhandenen Lernvoraussetzungen (vgl. S. ESSINGER/GRAF 1984, S. 6); unverändert werden ausländische Schulkinder an Grund- und Hauptschulen, die Schwierigkeiten in der Schule haben, an Sonderschulen abgeschoben (vgl. SCHMIDTKE 1984).
Inzwischen zeichnet sich in der erziehungswissenschaftlichen Diskussion ein Konsens über den Gegenstandsbereich und die Aufgaben der interkulturellen Erziehung ab: „Die interkulturelle Erziehung thematisiert die Aufgaben, die ihr aus einem Miteinander von Deutschen und Ausländern erwachsen in der Forderung nach Toleranz und wechselseitiger Verständnisbereitschaft, in der Ablehnung von Ethnozentrismus und der Forderung nach einer entsprechenden kritischen Revision der Lerninhalte, die der multikulturellen Lebenswelt Rechnung trägt" (HOHMANN 1983, S. 7). Dies bedeutet im einzelnen:
- Interkulturelle Erziehung geht davon aus, daß die Bundesrepublik ein Einwanderungsland ist und daß dieser Tatsache Rechnung tragende pädagogische Konzeptionen und Institutionen zu schaffen sind.
- Fremde Kulturen sind den deutschen gleichwertig.
- Geist und Inhalte dieser fremden Kulturen sind durch Erziehung vermittelbar.
- Interkulturelle Erziehung betrifft so-

wohl ausländische wie deutsche Kinder und Jugendliche; sie versucht, „Schlüsselsituationen" zu definieren, in denen die gemeinsamen Inhalte der Erziehung und des Unterrichts einsehbar und erfahrbar werden können.
- Interkulturelle Erziehung kann nur dann gelingen, wenn Schule, Elternhaus und Gemeinwesen gemeinsam vorgehen (vgl. ZIMMER 1984).
- Sie betont die Bedeutung der Muttersprache für die psychosoziale und kognitive Entwicklung der Migrantenkinder und fordert die Alphabetisierung in zwei Sprachen (vgl. STÖLTING 1984, YLETYINEN 1984).

Der Schule sind bei der Verwirklichung interkultureller Erziehung enge Grenzen gesetzt: Die allgemeine Ausländerfeindlichkeit (vgl. MEINHARDT 1984) pflanzt sich an den Schulen als ein heimlicher Lehrplan fort; dies zeigen beispielsweise die an Schulen kursierenden „Türken-Witze", die häufig wörtliche Übernahmen der „Juden-Witze" des Dritten Reichs darstellen (vgl. GAMM 1984). Interkulturelle Erziehung kommt als vordringlicher Aufgabe die Bewältigung von Konflikten zu, die von außen in die Schule hineingetragen werden (vgl. HOHMANN 1983). Erste Entwürfe zur interkulturellen Erziehung als Friedenserziehung und eine Reihe praktischer Anregungen für den Unterricht liegen vor (vgl. H. ESSINGER/GRAF 1984, GONDOLF u. a. 1983).

Wegen der gesellschaftlichen, politischen und zu großen Teilen auch noch rechtlichen Ungleichheit der Minorität der Ausländer zu der Majorität der Deutschen ist die Herstellung einer gleichberechtigten interkulturellen Kommunikation – als Vorbereitung der nachfolgenden Generation auf ein Leben in einer multikulturellen Gesellschaft – eine ebenso schwierige wie unumgängliche Aufgabe für die Schule. Hier und da gibt es Lehrer, Erzieher und Sozialarbeiter, denen es schon gelungen ist, „Gleichberechtigung zu organisieren, die zumindest einen Vorgeschmack von Ebenbürtigkeit bietet und den ausländischen Kindern den Mut geben kann, sich selbst ernst zu nehmen und Selbstvertrauen zu entwickeln" (MATERIALIEN ... 1984, S. 6).

AKPINAR, Ü./MERTENS, U.: Interkulturelle Arbeit im Kindergarten. In: betr. e. 12 (1979), 1, S. 61 ff. BEITRÄGE ZU EINER INTERKULTURELLEN PÄDAGOGIK IN THEORIE UND PRAXIS, Kiel 1 (1982). BODENBENDER, W.: Zwischenbilanz der Ausländerpolitik. In: RONNEBERGER, F. (Hg.): Türkische Kinder in Deutschland, Nürnberg 1977, S. 25 ff. DÖBRICH, P./MÜLLER, H. (Hg.): Bibliographie zur Lehrerbildung für multikulturelle Schulen, Weinheim/Basel 1982. ESSINGER, H./GRAF, J.: Interkulturelle Erziehung als Friedenserziehung. In: ESSINGER, H./ UÇAR, A. (Hg.): Erziehung in der multikulturellen Gesellschaft, Baltmannsweiler 1984, S. 15 ff. ESSINGER, S./GRAF, J.: Interkulturelle Erziehung – mehr als eine Shake-Hands-Philosophie. Ein Interview mit Jürgen Zimmer. In: ESSINGER, H./UÇAR, A. (Hg.): Erziehung in der multikulturellen Gesellschaft, Baltmannsweiler 1984, S. 3 ff. FUNCKE, L. (Hg.): Daten und Fakten zur Ausländersituation, Bonn 1985. GAMM, H.-J.: Gestern Juden, heute Türken? Die Stigmatisierung von Menschen im Witz. In: MEINHARDT, R. (Hg.), Türken ..., Reinbek 1984, S. 55 ff. „GESPRÄCHSKREIS BILDUNGSPLANUNG" DES BUNDESMINISTERS FÜR BILDUNG UND WISSENSCHAFT: Vorschläge für die Eingliederung ausländischer Kinder und Jugendlicher in das deutsche Bildungs- und Ausbildungssystem. In: Info. - B., W., Sonderausgabe Januar 1980, S. 10 ff. GLÜCK, H.: Die Polen im Ruhrgebiet und die gegenwärtige Ausländerfrage. In: Dt. lern. 7 (1982), 3, S. 3 ff. GONDOLF, U. u. a.: Gemeinsames Lernen mit ausländischen und deutschen Schülern, Tübingen 1983. GROSCH, H.: Literatur zum Thema. In: Mat. z. Projektber. „Ausl. Arbeiter". (1984), 41, S. 118 ff. HAMBURGER, F./WOLTER, O.: Über die Unmöglichkeit, Politik durch Pädagogik zu ersetzen. In: Uw. 9 (1981), S. 158 ff. HEINEMANN, M.: Die Assimilation fremdsprachiger Schulkinder durch die Volksschule in Preußen seit 1880. In: B. u. E. 28 (1975), S. 53 ff. HOHMANN, M., Interkulturelle Erziehung – Versuch einer Bestandsaufnahme. In: Auslki. in S. u. Kigart. 4 (1983), 4, S. 4 ff. KOORDINIERUNGSKREIS „AUSLÄNDISCHE ARBEITNEHMER" BEIM BUNDESMINISTER FÜR ARBEIT UND SOZIALORDNUNG: Vorschläge zur „Integration der zweiten Ausländergeneration", verabschiedet am 22.11.1979, hg. v. Bundesarbeitsminister, Bonn 1980. KÜHN, H.: Stand und Weiterentwicklung der Integration der ausländischen Arbeitnehmer und ihrer Familien in der Bundesrepublik Deutschland – Memorandum des Beauftragten der Bundesregierung vom September 1979. In: MEIER-BRAUN, K.-H. (Hg.): „Gastarbeiter" oder Einwanderungsland? Frankfurt/Berlin/Wien 1980, S. 27 ff. MATERIALIEN ZUM PROJEKTBEREICH „AUSLÄNDISCHE ARBEITER", hg. vom Verband der Initiativgruppen in der Ausländerarbeit (VIA) (1984), Heft 41. MEINHARDT, R. (Hg.): Türken raus? oder Verteidigt den sozialen Frieden. Beiträge gegen Ausländerfeindlichkeit, Reinbek 1984. RICHTER, H.: Kulturkonflikt, soziale Mangellage, Ausländer-Stigma. In: Kriminol. J. 13 (1981), S. 263 ff. SCHMIDTKE, H.-P., Sonderschulüberweisung/Sonderschule, in: AUERNHEIMER, G. (Hg.): Handwörterbuch Ausländerarbeit, Weinheim/Basel 1984, S. 289 ff. SIEWERT, P., Zur Entwicklung der Gastarbeiterpolitik und der schulpolitischen Abstimmung der Kulturministerkonferenz. In: MAX-PLANCK-INSTITUT FÜR BILDUNGSFORSCHUNG, PROJEKTGRUPPE BILDUNGSBERICHT (Hg.) Bildung in der Bundesrepublik Deutschland, Bd. 2, Reinbek 1980, S. 1053 ff. STÖLTING, W.: Zweisprachigkeit. In: AUERNHEIMER, G. (Hg.): Handwörterbuch Ausländerarbeit, Weinheim/Basel 1984, S. 356 ff. VINK, J.: Außerschulische Fördermaßnahmen für ausländische Kinder. In: MÜLLER, H. (Hg.): Ausländerkinder in deutschen Schulen, Stuttgart 1974, S. 127 ff. YLETYINEN, R.: Über das Für und Wider der Zweisprachigkeit. In: Auslki. – For. f. S. u. Sozp. 5 (1984), 18, S. 51 ff. ZIMMER, J., Interkulturelle Erziehung: Eine konkrete Utopie? In: ESSINGER, H./UÇAR, A. (Hg.): Erziehung in der multikulturellen Gesellschaft, Baltmannsweiler 1984, S. 237 ff.   *Rolf Meinhardt*

Autodidaktik

Begriff. Autodidaktik, manchmal auch als Autodidaxie bezeichnet, ist als Wort aus dem Griechischen neu gebildet worden (*autos* = selbst). In der Umgangssprache ist es seit dem 18. Jahrhundert gebräuchlich und bezeichnet einen „Selbstgelehrten" oder „Selbstlerner", das heißt jemanden, der sich Wissen ohne Anleitung durch Lehrer beziehungsweise außerhalb von Bildungseinrichtungen aneignet. Es taucht dabei auch häufig die Vorstellung von einem nichtformalen, ja sogar defizitären Bildungsverlauf auf. Die pädagogische Fachsprache hat den Begriff aus der Umgangssprache übernommen, dabei jedoch keine Eindeutigkeit erreicht: So läßt sich feststellen, daß häufig Synonyma benutzt werden („Lernen des Lernens", „Selbsttätigkeit", „selbstgesteuertes Lernen", „selbständige Weiterbildung", „lebenslanges Lernen"). Außerdem gibt es unterschiedliche Definitionsvorschläge; am deutlichsten wird dieser Unterschied hinsichtlich der Frage, ob irgendein Umgang mit vorgegebenen Strukturierungen des Wissens noch unter den Begriff „Autodidaktik" fallen soll. Nach der Definition von MICHAEL (vgl. 1963, S. 268) verbietet ein strenges Verständnis von Autodidaktik *jede* Zuhilfenahme fremder Strukturierung des Wissens, das hieße, der Autodidakt wäre ausschließlich auf seine eigene, dem Selbst entsprungene Didaktik verwiesen. Dazu gehört, daß die Inhalte wie auch die Lernweise „ohne Beistand" bestimmt werden müssen. Demgegenüber schließen andere Definitionsvorschläge (vgl. SCHMIDT 1970, SIMMEN 1950) solche Vorstrukturierungen des Wissens bei autodidaktischen Prozessen nicht aus; sie sehen nur eine äußerliche Differenz, nämlich die Absenz einer professionell tätigen Lehrperson. Diesen Zustand bezeichnet MICHAEL wiederum als „Selbstbildung", als „individuelles und von der unmittelbaren Gegenwart des Lehrers freies Lernen des Schülers" (1963, S. 6). Den Begriff „Autodidaktik" reserviert er für Selbstbildungsprozesse *außerhalb von Schule:* „Autodidaktik aber legt mehr Nachdruck auf eine selbstentworfene und -entwickelte Didaktik und sollte deshalb der treffenderen Kennzeichnung des (von Schule) freien Bildungserwerbs vorbehalten bleiben, wo jeder sein eigener Didaktiker (und Methodiker) sein darf" (MICHAEL 1963, S. 7). Dieser Definitionsvorschlag wird im folgenden berücksichtigt. Wenn überhaupt der Begriff „Autodidaktik" gegenüber „Selbstbildung" oder auch „Selbsttätigkeit" (vgl. ASSELMEYER 1986) fachsprachlich abgegrenzt werden soll, sollte diese Abgrenzung auf den Kriterien Institutionalisierung und Entscheidungsinstanz beruhen: Autodidaktik ist eine Alternative zu formellen, schulischen Lernprozessen, bei der es konstitutives Merkmal ist, daß der Lernende zentrale didaktische Entscheidungen (insbesondere *was* und *wie* gelernt werden soll) von sich aus trifft, sich dabei allerdings vorfindbarer didaktischer Hilfen (etwa Lehrmaterialien) aufgrund eigener Entscheidungen bedienen kann.

Geschichte. Die voranstehend genannte Eigenart der Autodidaktik, eine Alternative zu schulischen Lernprozessen darzustellen, ist zugleich auch das zentrale Diskussionsthema in früheren Beiträgen der Pädagogik.

Schon Thomas von Aquin (1225-1274) stellte die Frage, ob jemand Schüler und zugleich sein eigener Lehrer sein kann; mit dem Hinweis darauf, der Betreffende müßte dann „gleichzeitig (als Magister) das Wissen in sich haben und (als Schüler) nicht haben, was unmöglich wäre", wird diese Frage von ihm verneint (zitiert nach SCHNEIDER 1956, S. 17). Die Idee der Autodidaktik ist in mehreren Fällen im Zusammenhang umfassender didaktischer Konzepte angesprochen worden. Comenius (1592-1670) stellte die Autodidaktik sogar als Leitbild seiner Didaktik dar: „Ja, auch ohne fremde Leitung, schon durch den Trieb einer gütigen Natur gelingt es vielen, in sich zugleich den Lehrer und den Schüler, den Lehrgegenstand und den Weg zur Unterweisung oder die Methode zu finden. Ich meine die Autodidakten, die ohne fremde Anleitung durch sich selbst gelehrt, geschickt und beredt werden" (COMENIUS 1959, S. 43). Diese optimistische Vorstellung entwickelte Comenius aus seinem Menschenbild, nach dem Bildung auf die Ratio des Menschen gestellt ist und „Teilhabe an der göttlichen Kraft" bedeutet, daß die Welt auch „ohne mühevollen Unterricht" angeeignet werden kann. Allerdings ist damit die Schule nicht ausgeklammert: Ihr „Seins-Grund liegt in der Sündhaftigkeit und Imperfektheit" des Menschen; durch Lehrer müsse geholfen werden, die „Welt bis auf den Grund durchdringen, die Ordnung und Harmonie der Dinge erkennen zu können" (COMENIUS 1954, S. 38).

Einer allzu optimistischen Vorstellung vom „nicht zu hindernden Bildungstrieb" und vom „freien Bildungserwerb" hält Willmann die Nachteile autodidaktisch gewonnener Bildung entgegen: „Aber es sind doch auch Mängel mancher Art, welche die Entwicklung des Autodidakten zeigt, sittlicher Art wie Selbstüberhebung und Dünkel, welche bei den selfmade men der Bildung anzutreffen sind, und intellektueller Art, wie die Einseitigkeit und argen Lücken, welche nicht minder das Teil der Selbstgelehrten sind. Das Lernen auf eigene Faust ist zwar als Beweis der Kraft, die der Bildungstrieb zu entfalten vermag, erfreulich, aber es ist doch der Gesamtaufgabe der Bildung nicht gewachsen. Der individualistische Zug bleibt ein Mangel der autodidaktischen Bildung, der durch jenes organische Entfalten nicht aufgewogen wird, da dasselbe dieser Bildung gar nicht spezifisch ist; ein regulärer Unterricht, der nach der Bestimmung des Menschen orientiert und auf die Entwicklung seiner Kräfte mit Rücksicht auf das Individuum angelegt ist, trifft auch dessen Kern und arbeitet mit dessen innerstem

Vermögen" (WILLMANN 1923, S. 595). Sowohl eine bestimmte Auswahl von Inhalten sachgesetzlich anzubieten als auch dem natürlichen Selbstbildungstrieb des Menschen Rechnung zu tragen sei die eigentliche Aufgabe der Schule. Die These, daß vor allem in der Schule ein methodisch geregeltes Lernen gewährleistet sei, wird auch von anderen Autoren zur Begründung ihrer ablehnenden Haltung gegenüber autodidaktischem Lernen ins Feld geführt (vgl. NOHL 1927, S. 520). Die Diskussion kehrt schließlich durch Michael wieder zu Thomas von Aquin zurück, wenn er behauptet, daß autodidaktische Bildung im Prinzip unmöglich sei: Da es einem Menschen kaum möglich sei, sich inhaltlich breit und methodisch streng zu bilden, sei das Resultat keine Bildung, der Horizont des Individuellen werde dabei nicht überwunden; werde Bildung aber mittels Medien, Bücher oder sonstiger Hilfen erworben, handele es sich nicht um Autodidaktik, sondern „nur" um selbsttätiges Lernen (vgl. MICHAEL 1963, S. 272).

Begründungen. Wenn man individuell organisiertes Lernen außerhalb von Bildungsinstitutionen als Kriterium für Autodidaktik setzt, so lassen sich mindestens vier Begründungsstränge aufweisen, wenngleich diese nur selten explizit auf den Begriff „Autodidaktik" ausgerichtet worden sind.

Erstens: Autodidaktik ist für verschiedene Bildungsprozesse hilfreicher, als wenn diese in Bildungsinstitutionen stattfinden würden. So führte die Formel vom technischen und wissenschaftlichen Fortschritt und von der damit verbundenen Wissensexplosion zu der Forderung, flexiblere und individuellere Lernprozesse zu ermöglichen, als dies in herkömmlichen Institutionen der Fall sein kann. Im Bildungsgesamtplan des Deutschen Bildungsrates geht diese Einsicht mit den Forderungen nach „Individualisierung", „lernen des Lernens" und „ständiger Weiterbildung" einher (vgl. DEUTSCHER BILDUNGSRAT 1970). Wenn auch der Begriff „Autodidaktik" nicht verwendet wird, so zielt doch die Dringlichkeit ständiger und selbständiger Weiterbildung auf Autodidaktik. Ein anderes Beispiel dafür, daß die Entwicklung in der Welt zur Notwendigkeit nichtinstitutionell gebundener Lernprozesse geführt hat, ist die vom Club of Rome vorgelegte Studie „Das menschliche Dilemma: Zukunft und Lernen", in der insbesondere unter dem Stichwort „antizipatorisches Lernen" eine Qualifizierung für kreative und vielseitige Problemlösungsprozesse verlangt wird, für die es häufig keine Lehrer gebe und die in sich bereits Eigeninitiative und individuelle Verantwortlichkeit forderten (vgl. PECCEI 1981). Mit der „Qualität des Menschen" (PECCEI 1977) sind unter anderem eben jene Qualifikationen angesprochen, die für Autodidaktik vorausgesetzt werden.

Zweitens: Autodidaktik findet statt im Zusammenhang von persönlicher Befriedigung und Sinnentfaltung des individuellen Lebens. Das Recht auf Selbstbestimmung des Lerners korrespondiert mit Grundgesetznormen und entsprechenden Freiheitsidealen (vgl. KARPEN 1979). Autodidaktik wird somit als konsequentes Korrektiv zu Vereinheitlichungstendenzen im Schulwesen und als „Gegengewicht zur übermächtigen Gesellschaft" (H. Roth) gesehen. Ferner stoßen Menschen aufgrund der Erweiterung der verfügbaren und sinnvoll zu nutzenden Freizeit immer mehr in Bereiche, für die sie nicht speziell ausgebildet sind. Die Entwicklungen im Freizeit- und Hobbybereich zeigen in besonderem Maße, daß und auf welche Weise Kenntnisse auch autodidaktisch erworben werden können.

Drittens: Autodidaktik richtet sich auch gegen Tendenzen der Bürokratisierung des Schulwesens und die damit verbundene „Pädagogisierung allen Lebens" (ILLICH 1976). Der autodidaktische Lerner ist hier ein wichtiges Implikat der Entschulungsdebatte; er orientiert sich an sich selbst und handelt gemäß seinen eigenen Entwürfen und Bedürfnissen (vgl. DAUBER/VERNE 1976, ILLICH 1976).

Viertens: Autodidaktisches Lernen läßt sich durch jene wissenschaftlichen Ansätze begründen, die eine Selbststeuerung des Menschen sehen und sich somit von deterministischen Modellen abgrenzen. In der lernpsychologischen Forschung drückt sich dieses veränderte Menschenbild in der Abwendung vom behavioristischen zu kognitiven Lerntheorien aus, die Lernen nicht als Produkt von Umwelteinflüssen ansehen, sondern als Prozeß der aktiven Auseinandersetzung des Menschen mit Informationen aus der Umwelt (vgl. WESSELLS 1984). Weitere Beispiele für Forschungsrichtungen, welche die Bedeutung der Selbststeuerung des Menschen betonen, sind der Identitäts- und Selbstkonzeptansatz (vgl. FILIPP 1979) und die subjektorientierte Alltagswende (vgl. LENZEN 1980). Der weitestgehende Versuch, wissenschaftliche Nachweise für die Existenz einer Selbststeuerungsinstanz im Menschen vorzulegen, stammt von POPPER/ECCLES (vgl. 1982).

Voraussetzungen von Autodidaktik. Es würde dem Grundcharakter von Autodidaktik zuwiderlaufen, wollte man eine Rezeptur für den autodidaktischen Umgang mit Wissen vorstellen. Trotzdem gibt es aber gewisse Voraussetzungen des autonomen Wissenserwerbs, in denen der Autodidakt Orientierungen finden kann. Dörner unterscheidet diesbezüglich zwei Gruppen von Fähigkeiten. Zum einen sind es Fähigkeiten, Wissen von einem Bereich in einen neuen durch Analogiebildung zu „importieren". Hierzu sind vielfältige Wissensbestände sowie Verknüpfungen durch Abstraktionen besonders vorteilhaft. Die auf diese Weise gewonnenen Hypothesen müssen korrigiert und erweitert werden können. Zum anderen geht es um Formen der Selbstreflexion und Selbstkontrolle, die sicherstellen sollen, daß Denkverläufe und ausgeführte oder vorangehende Handlungen oder Strategien gedächtnismäßig protokolliert und ausgewertet werden (vgl. DÖRNER 1982, S. 134ff.).

Als ein Ansatz, mit dem die autodidaktischen Funktionen konkreter bestimmt werden können, ist das „Inventar autodidaktischer Handlungen" (FLECHSIG 1983) zu nennen. Mit Hilfe einer solchen Aufstellung lassen sich Lernschritte nachverfolgen und kontrollieren sowie Lernprobleme besser lokalisieren. FLECHSIG (vgl. 1983) unterscheidet zwischen *zentralen* und *subsidiären* oder *flankierenden* Strategien:

Zentrale Strategien (Sensibilisierung und Selbstmotivation; Problemfindung und -formulierung; Informationsfindung und -verarbeitung; Ordnung und Zuordnung des neuen Wissens; Problemlösen; Bewertung und Reflexion sowie Integration).

Subsidiäre Strategien (Ressourcen beschaffen; Zeitplanung und Lernortwahl; Selbststabilisierung).

ASSELMEYER, H.: Selbständigkeit – Selbsttätigkeit. In: Enzyklopädie Erziehungswissenschaft, Bd. 3, Stuttgart 1986, S. 572 ff. ASSELMEYER, H.: Implizite Lerntheorien von erwachsenen Lernern, Göttingen, i. Vorber. COMENIUS, J. A.: Große Didaktik (1638), hg. v. A. Flitner, Düsseldorf/München 1954. COMENIUS, J. A.: Analytische Didaktik und andere pädagogische Schriften, hg. v. F. Hofmann, Berlin (DDR) 1959. DAUBER, H./VERNE, E. (Hg.): Freiheit zum Lernen. Alternativen zum lebenslänglichen Verschulung, Reinbek 1976. DAUBER, H. u. a.: Lernen in eigener Verantwortung. Arbeitsstelle für Erwachsenenbildung der Evangelischen Kirche in Hessen und Nassau, Darmstadt 1976. DEUTSCHER BILDUNGSRAT: Strukturplan für das Bildungswesen. Empfehlungen der Bildungskommission, Stuttgart 1970. DÖRNER, D.: Lernen des Wissens- und

Kompetenzerwerbs. In: TREIBER, B./WEINERT, F.E. (Hg.): Lehr-Lern-Forschung, München 1982, S.134ff. FILIPP, S.-H. (Hg.): Selbstkonzept-Forschung, Stuttgart 1979. FLECHSIG, K.-H.: Zur Gliederung des Inventars autodidaktischer Handlungen, Mimeo, Göttingen 1983. ILLICH, I.: Vorwort. In: DAUBER, H./VERNE, E. (Hg.): Freiheit..., Reinbek 1976. KARPEN, U.: Rechtsfragen des lebenslangen Lernens, Tübingen 1979. LENZEN, D. (Hg.): Pädagogik und Alltag, Stuttgart 1980. MICHAEL, B.: Selbstbildung im Schulunterricht, Weinheim 1963. NOHL, H.: Der humanistische Sinn der Arbeit in der Arbeitsschule. In: D.E. 2(1927), S.516ff. PECCEI, A.: Die Qualität des Menschen. Plädoyer für einen Humanismus, Stuttgart 1977. PECCEI, A.: Das menschliche Dilemma. Zukunft und Lernen, Wien ⁴1981. POPPER, K.R./ECCLES, J.C.: Das Ich und sein Gehirn, München/Zürich 1982. SCHMIDT, G.R.: Autodidakt. In: HORNEY, W. u.a. (Hg.): Pädagogisches Lexikon, Bd.1, Gütersloh 1970, Spalte 236f. SCHNEIDER, F.: Die Theorie der Selbsterziehung. Ein international vernachlässigtes Forschungs- und Lehrgebiet. In: Int. Z.f.Ew. 2(1956), S.16ff. SIMMEN, M.: Autodidakt/Autodidaxie. In: KLEINERT, H. (Hg.): Lexikon der Pädagogik, Bd.1, Bern 1950, S.118ff. WESSELLS, M.G.: Kognitive Psychologie, New York 1984. WILLMANN, O.: Didaktik als Bildungslehre nach ihren Beziehungen zur Sozialforschung und zur Geschichte der Bildung, Braunschweig 1923.

Herbert Asselmeyer

Autonomie

Begriff. In pädagogisch-systematischen Zusammenhängen läßt sich der Autonomiebegriff (von griechisch *autonomia* = politische Unabhängigkeit, Selbständigkeit) nicht eindeutig nur einem Problembereich zuordnen. Über den Stellenwert einer Zielkategorie pädagogisch-didaktischen Handelns hinaus erhielt der Autonomiebegriff eine grundlegende Bedeutung insofern, als auf ihn zur wissenschaftstheoretischen Legitimation eines spezifischen, ausgrenzbaren Bereichs pädagogischer Theorie und Praxis zurückgegriffen wurde.

Autonomie des Subjekts. Als Zielbegriff von Erziehung findet der Autonomiebegriff bei konkurrierenden bildungstheoretischen Richtungen innerhalb der bürgerlichen Pädagogik häufige Verwendung; er wird oft synonym oder komplementär zu Begriffen wie Mündigkeit, Emanzipation und Selbstbestimmung gebraucht, also im Rahmen von Ansätzen, die subjektorientiert sind. Dabei gehen solche Ansätze trotz vielfältiger Unterschiede des jeweiligen Begründungszusammenhangs von einer gemeinsamen Basis aus, die dem Subjekt die Möglichkeit zuschreibt, sich distanzierend, reflektierend und gestaltend mit seiner Umwelt und den es umgebenden gesellschaftlichen Verhältnissen auseinanderzusetzen. Diese Grundvoraussetzung jeder bürgerlichen Pädagogik unterstellt dem zu erziehenden Subjekt eine anthropologisch fundierte oder historisch-systematisch begründete Bildsamkeit, die erzieherisch zu aktualisieren ist und gleichzeitig dem Subjekt selbst auch immer schon als Verpflichtung zur Entfaltung aufgegeben ist.

In empirischen und kulturvergleichenden Untersuchungen haben insbesondere PIAGET (vgl. 1973) und KOHLBERG/TURIEL (vgl. 1978) nachgewiesen, daß die für den Aufbau der Autonomie wesentliche Moralentwicklung des Subjekts nach einer weitgehend im Individuum selbst angelegten Stufenfolge verläuft, auf deren invariante Struktur sich unterschiedliche Sozialisationsbedingungen nur hinsichtlich der vom Individuum erreichten Stufenhöhe der Moralentwicklung differierend auswirken. Solche Forschungsergebnisse könnten dazu beitragen, die in den letzten Jahren oft von sozialisationstheoretischer Seite vorgetragene Kritik an individualpädagogischen Ansätzen zu relativieren und in den konzeptionellen Versuchen um die Begründung einer Erziehungstheorie, die die Autonomie des Subjekts intendiert, fortzufahren.

Im Verständnis einer so orientierten Erziehungstheorie bestimmt sich die Realisierung einer Erziehung zur Autonomie weniger von der kognitiven Ebene der Vermittlung bestimmter Bildungsinhalte her als vielmehr im Vollzug einer besonderen Gestaltung des pädagogischen Verhältnisses. Diesbezügliche Untersuchungen liegen insbesondere aus psychologischer (vgl. TAUSCH/TAUSCH 1971), sozialpsychologischer (vgl. BLUMER 1973, GOFFMAN 1971, KRAPPMANN 1971, MEAD 1968) und kommunikationstheoretischer beziehungsweise gesellschaftstheoretischer Sicht (vgl. MOLLENHAUER 1972, SCHÄFER/SCHALLER 1973, WATZLAWICK u. a. 1974) vor. Historisch sind solche Ansätze überwiegend der Tradition einer Persönlichkeitspädagogik zuzuordnen, die im Anschluß an Rousseau insbesondere in den 20er Jahren innerhalb der Reformpädagogik bemüht war, von den unterschiedlichsten Begründungszusammenhängen her pädagogisches Denken und Handeln vom Subjekt her, vom Kinde aus (vgl. GLÄSER 1920), zu verstehen.

Das verbindende Element verschiedener Ansätze der Erziehung zur Autonomie, in denen sich nahezu die gesamte pädagogische Grundsatzdebatte spiegelt, ist dabei die Annahme, daß den zunehmenden Vergesellschaftungstendenzen und Entfremdungserfahrungen (vgl. BUCK 1984), denen sich das zu erziehende Individuum gegenübergestellt sieht, aus pädagogischen Motiven heraus entgegenzuwirken sei. Es wird also unterstellt, daß ein Bereich der Selbstverwirklichung des Individuums, der seinerseits auch pädagogischem Handeln zugänglich ist, prinzipiell vorhanden sei.

In den 70er und in der ersten Hälfte der 80er Jahre sind vor allem in der schulpädagogischen Diskussion einzelne Ansätze entwickelt worden, in denen die Unterrichtsarbeit stärker an den Belangen des Schülers auszurichten versucht wird (vgl. EINSIEDLER/HÄRLE 1976, WAGNER 1976). Die Begriffe *sozialintegrativer Führungsstil, symmetrische Interaktion, schülerzentrierter Unterricht, offenes Curriculum* beleuchten schlagwortartig Fragestellungen, unter denen gegenwärtig die Autonomie des Schülers verhandelt wird. Dazu gehören ebenfalls neuere Entwicklungen im Schulrecht einzelner Bundesländer, auf deren Grundlage die Mitbestimmung von Lehrern, Eltern und Schülern bei der schulischen Erziehung zumindest teilweise institutionell abgesichert worden ist (vgl. WEHNES 1976).

Autonomie der Pädagogik. In der Zeit der Reformpädagogik gab es zahlreiche Versuche, das praktische Erziehungsfeld zu erneuern und pädagogischem Handeln einen Schonraum zu sichern. Diesen Bemühungen war der Autonomieanspruch inhärent. Die zu dieser Zeit gegründeten Modellschulen (Landerziehungsheime, freie Schulgemeinden), die unterrichtsmethodischen Bemühungen um selbsttätiges Lernen und um projektförmigen Unterricht belegen diese Entwicklung (vgl. HOHMANN 1966, RÖHRS 1980).

Vor dem Hintergrund dieser praktischen Reformbemühungen sind auch die seit den 20er Jahren besonders durch Nohl und andere Vertreter der geisteswissenschaftlichen Pädagogik unternommenen Versuche zu sehen, die Pädagogik als eine eigenständige Disziplin zu begründen. Dabei galt es, den nur einer spezifisch pädagogischen Fragestellung zugänglichen Gegenstandsbereich auszumachen, welcher seinerseits die Pädagogik als autonome Wissenschaft wissenschaftssystematisch zu fundieren erlaubte. Zweck dieser Bemühungen war es, historisch überkommene, jedoch pädagogisch unreflektierte Geltungsansprüche von Theologie und Philosophie zurückzuweisen.

Aus der Erfahrung der politischen Vereinnahmung von Erziehung und Pädagogik durch den Nationalsozialismus erfuhr die Forderung nach relativer Autonomie des Pädagogischen neues Gewicht (vgl. WENIGER 1952). Der Begriff der „relativen" Autonomie berücksichtigte einerseits die nicht zu übersehende Verflochtenheit von Erziehung und Gesellschaft, andererseits wies er auf die bleibende systematische Bedeutung des Autonomiebegriffs für die Konstitution der Erziehungswissenschaft (vgl. FROESE 1952). „Autonomie" begründete den spezifisch pädagogischen Auftrag des Erziehers, dessen Funktion vor allem darin gesehen wurde, unpädagogische Ansprüche von Staat, Interessenverbänden und Kirchen vom Kind fernzuhalten oder pädagogisch „umzuformen". Der Erzieher hatte den ihm zustehenden Freiraum zu nutzen, um in einer „Auslese der wirkenden Welt" (BUBER 1969, S. 20) nur das pädagogisch Verantwortbare an das Kind heranzulassen, denn „er ist verantwortlich für das Subjekt" (NOHL 1933, S. 18).

Kritik. Ein pädagogisch-theoretischer Ansatz, der die Autonomie der Pädagogik sowohl als Wissenschaft als auch als praktisches erzieherisches Tun zu fundieren sucht, setzt sich konsequenterweise in erster Linie der Kritik solcher Konzepte aus, die als normative Pädagogik die Ziele von Bildung und Erziehung von apriorisch ermittelten Normen der Philosophie und Pädagogik her begründen. Die dieser Richtung verpflichteten pädagogischen Ansätze interpretierten die subjektive Verfaßtheit des Menschen als Person. Personale Pädagogik schränkt die Autonomie des Subjekts insofern ein, als sie den einzelnen immer schon als in einem „Sein in und aus Beziehungen" (THEUNISSEN 1977, S. 463) befindlich versteht, das sich als radikale Verwiesenheit auf „Dialogizität", „Gesellschaftlichkeit" gegenüber Gott und gegenüber den Mitmenschen versteht. Das „Personale" konkretisiert sich nach diesem Verständnis immer schon in Beziehungen. Auch dort, wo im Anschluß an protestantisch-theologische Gedankengänge die Gewissensfreiheit des Erziehers im Hinblick auf seine pädagogische Verantwortung systematisch begründet war, erfuhr das Autonomiestreben der Pädagogik generelle Kritik. DELEKAT (vgl. 1928) bezweifelte in den 20er Jahren die Möglichkeit der Begründung einer Autonomie des Erziehers allein von dessen spezifisch pädagogischer Aufgabe her. Ein verantwortungsbewußter Erzieher solle vielmehr aus seinem „persönlichen Glauben" (DELEKAT 1928, S. 726) heraus handeln.

Auch nach dem Zweiten Weltkrieg wurden jene Autonomieansätze, die die legitimatorische Basis von Bildung und Erziehung ausschließlich vom Zögling her verstanden, von den Vertretern bildungstheoretischer Pädagogik kritisiert; Erziehung müsse als ein Verhältnis zwischen dem zu erziehenden Subjekt und „jener Welt, wie sie die sogenannten Lebensmächte präsentieren" (SCHALLER o. J., S. 103), interpretiert werden. Sowohl die „Pädagogik der Entsprechung" (Schaller/Ballauff) als auch die „personale Pädagogik" (Guardini) verwarfen die Sichtweise einer „Potentialitätenanthropologie" (vgl. SCHALLER 1968) zugunsten einer Auffassung des Pädagogischen im Aussagespektrum der Begriffe „Bezug, Beziehung, Verhältnis, Relation, Dialektik, Dialogik" (DICKOPP 1969, S. 770).

Als Vertreter einer existenzphilosophisch orientierten Pädagogik wies Bollnow besonders auf die pädagogische Relevanz von Begegnung hin, die als „unstete Erziehungsform" (vgl. BOLLNOW 1977) prinzipiell „zufällig, unberechenbar" und „schicksalhaft" (BOLLNOW 1977, S. 121) sei. Damit war der Vorstellung einer pädagogischen Autonomie im Sinne einer fest einplanbaren, kalkulierbaren Struktur zumindest für diese existentielle Erziehungsform der systematische Boden entzogen, insofern in Akten der Begegnung keine pädagogisch verantwortbaren Bildungsinhalte an das Subjekt herangetragen werden, sondern dieses selbst unmittelbar von der „Härte" und der „Unerbittlichkeit einer Wirklichkeit" (BOLLNOW 1977, S. 120) betroffen wird und erst so zu einem sittlichen Aufschwung gelangt; andererseits erhielt der Begriff der Autonomie einen Bedeutungszuwachs, insofern die Unverfügbarkeit des Subjekts gegenüber den Zugriffen der Bildungsplanung und Schulpraxis betont und begründet wurde.

Im Zusammenhang mit der Rezeption sozialwissenschaftlicher Ansätze in der Erziehungswissenschaft der Bundesrepublik in den 60er und 70er Jahren wurde insbesondere durch die nun relevant werdenden Sozialisationstheorien (vgl. HURRELMANN/ULICH 1980) das Bedingungsverhältnis von Erziehung und Gesellschaft zunehmend thematisiert. So weisen etwa die Kategorien „Rolle" und „soziale Schichtung" auf die prinzipielle Abhängigkeit aller am Erziehungsprozeß Beteiligten von gesellschaftlichen Strukturen hin und stellen damit die systematische Möglichkeit einer pädagogischen Autonomie von vornherein in Frage.

Dabei sind vor allem die Sozialisationstheorien im Anschluß an die Anthropologie Gehlens zu nennen (vgl. KUCKARTZ 1971), deren Anliegen es ist, den für das Individuum entlastenden Charakter von Institutionen zu betonen. Das sich über den normierenden Gehalt der Institutionen hinwegsetzende Individuum überschätzt seine subjektive Potenz im Hinblick auf seine Möglichkeiten der Selbstgesetzgebung. Insofern bilden hier die Institutionen erst den notwendigen Bedingungsrahmen für die Autonomie des Subjekts.

BLUMER, H.: Der methodologische Standort des symbolischen Interaktionismus. In: ARBEITSGRUPPE BIELEFELDER SOZIOLOGEN (Hg.): Alltagswissen, Interaktion und gesellschaftliche Wirklichkeit, Bd. 1, Reinbek 1973, S. 80 ff. BOHNSACK, F./RÜCKRIEM, G. M.: Pädagogische Autonomie und gesellschaftlicher Fortschritt, Weinheim/Berlin/Basel 1969. BOLLNOW, O. F.: Existenzphilosophie und Pädagogik, Stuttgart/Berlin/Mainz 1977. BRÜGELMANN, H.: Offene Curricula. In: Z. f. P. 18 (1972), S. 95 ff. BUBER, M.: Reden über Erziehung, Heidelberg 1969. BUCK, G.: Rückwege aus der Entfremdung, Paderborn/München 1984. DELEKAT, F.: Pädagogische Autonomie und Freiheit des Erziehers. In: D. E. 3 (1928), S. 725 ff. DICKOPP, K.-H.: Der pädagogische Sinn von Begegnung. In: P. Rsch. 23 (1969), S. 769 ff. DÖBERT, R. u. a. (Hg.): Entwicklung des Ichs, Köln 1977. EINSIEDLER, W./HÄRLE, H. (Hg.): Schülerorientierter Unterricht, Donauwörth 1976. FROESE, L.: Die bleibende Bedeutung des pädagogischen Autonomieprinzips. In: B. u. E. 5 (1952), S. 561 ff. GLÄSER, J. (Hg.): Vom Kinde aus, Hamburg/Braunschweig 1920. GOFFMAN, E.: Interaktionsrituale, Frankfurt/M. 1971. GUARDINI, R.: Grundlegung der Bildungslehre, Würzburg 1965. HABERMAS, J. (Hg.): Die geistige Situation der Zeit, Bd. 1, Frankfurt/M. 1973. HOHMANN, M.: Die pädagogische Insel, Ratingen 1966. HURRELMANN, K./ULICH, D. (Hg.): Handbuch der Sozialisationsforschung, Weinheim/Basel 1980. KOHLBERG, L./TURIEL, E.: Moralische Entwicklung und Moralerziehung. In: PORTELE, G. (Hg.): Sozialisation und Moral, Weinheim/Basel 1978, S. 13 ff. KRAPPMANN, L.: Neuere Rollenkonzepte als Erklärungsmöglichkeit für Sozialisationsprozesse. In: betr. e. 4 (1971), 3, S. 27 ff. KUCKARTZ, W.: Sozialisation und Erziehung, Essen 1971. LEPENIES, W./NOLTE, H.: Kritik der Anthropologie, München 1971. MEAD, G. H.: Geist, Identität und Gesellschaft aus der Sicht des Sozialbehaviorismus, Frankfurt/M. 1968. MOLLENHAUER, K.: Theorien zum Erziehungsprozeß, München 1972. NICKLIS, W. S.: Die Schule im Würgegriff der Verwaltungsperfektion und die Wiederentdeckung der Pädagogischen Autonomie. In: GROTH, G. (Hg.): Horizonte der Erziehung – Festgabe für Theodor Wilhelm zum 75. Geburtstag, Stuttgart 1981, S. 125 ff. NOHL, H.: Die Theorie der Bildung. In: NOHL, H./PALLAT, L. (Hg.): Handbuch der Pädagogik, Bd. 1, Langensalza/Berlin/Leipzig 1933, S. 3 ff. PIAGET, J.: Das moralische Urteil beim Kinde, Frankfurt/M. 1973. ROHRMOSER, G.: Autonomie. In: KRINGS, H. u. a. (Hg.): Handbuch philosophischer Grundbegriffe, München 1973, S. 155 ff. RÖHRS, H.: Die Reformpädagogik, Hannover 1980.

SCHÄFER, K.-H./SCHALLER, K.: Kritische Erziehungswissenschaft und kommunikative Didaktik, Heidelberg ²1973. SCHALLER, K.: Die Autonomie der Pädagogik und die pädagogische Verantwortung. In: SCHALLER, K.: Der Gebildete heute, Bochum o.J. (1962), S.97ff. SCHALLER, K. (Hg.): Bildung und Kultur, Hamburg 1968. SCHIESS, G.: Die Diskussion über die Autonomie der Pädagogik, Weinheim/Basel 1973. SEIFFERT, H.: Muß die Pädagogik eigenständig sein? Essen 1964. TAUSCH, R./TAUSCH, A.-M.: Erziehungspsychologie, Göttingen ⁶1971. THEUNISSEN, M.: Der Andere, Berlin/New York ²1977. WAGNER, A.C. (Hg.): Schülerzentrierter Unterricht, München/Berlin/Wien 1976. WATZLAWICK, P. u.a.: Menschliche Kommunikation, Bern/Stuttgart/Wien 1974. WEHNES, F.J. (Hg.): Mitbestimmung und Mitverantwortung in der Schule, Düsseldorf/Ratingen/Kastellaun 1976. WENIGER, E.: Die Eigenständigkeit der Erziehung in Theorie und Praxis, Weinheim 1952.

Roland Bast

Bildung, formale – materiale

Begriffsbildung aus Anlaß schulorganisatorisch-didaktischer Probleme. Die Entgegensetzung „formale Bildung" und „materiale Bildung" entstand, soweit die bisher aufgefundenen Belege erkennen lassen, im Zusammenhang mit der Weiterentwicklung der Lateinschulen in der zweiten Hälfte des 18. Jahrhunderts (vgl. HEINEMANN 1974, S. 209 ff.). Die gestiegenen Ansprüche führten zu dem Bestreben, das Ausbildungsniveau anzuheben. Dabei ergab sich die entscheidende Schwierigkeit daraus, daß diese oft sehr kleinen, überall im Land verstreuten Anstalten neben der Wissenschaftspropädeutik zugleich die Funktion allgemeiner höherer Bürgerschulen hatten. Die Problematik dieser Doppelfunktion wurde besonders im altsprachlichen Unterricht fühlbar. Der größere Teil der Schüler ging mit etwa 14 Jahren ab. Was sollte der Anfangsunterricht in den alten Sprachen ihnen einbringen?

Der Altphilologe J. M. Gesner (1691–1761), in Göttingen um eine verbesserte Ausbildung der Lehrer für das höhere Schulwesen bemüht, votierte für einen direkten, sprechorientierten Anfangsunterricht und meinte, der Nichtstudierende hätte davon immerhin den Vorteil, bei Reisen in mittelmeerische Länder sich leichter mit den dortigen Sprachen zurechtzufinden (vgl. GESNER 1756, S. 309). Sein Schüler und Nachfolger Ch. G. Heyne (1729–1812) dagegen gab sich der Hoffnung gar nicht erst hin, man könne es im lateinischen Anfangsunterricht zur Sprech- und Verständnisfähigkeit bringen, und verlangte 1770, die für die gelehrten Studien nicht in Frage kommenden Schüler von den betreffenden Schulen fernzuhalten (vgl. HEYNE 1894, S. 66, S. 74 f.; vgl. ferner HEYNE 1780, S. 12 ff.). Anders F. Gedike (1754–1803), Rektor am Friedrichswerderschen Gymnasium in Berlin. Prinzipiell hält auch er das in der „Mischung" der Schülerschaft liegende Problem nur durch ausgiebige Gründung gesonderter Bürgerschulen für lösbar, auf denen die Schüler das ihnen „Nützliche" bekommen, anstelle von Latein und Französisch. Gelehrte Schulen brauche man nur einige wenige, drei bis vier für das ganze Land Preußen. Doch am Ende gelangt er zu der Feststellung, an eine derart aufwendige Umgestaltung des gesamten Schulwesens sei nicht zu denken. Angesichts der daraus resultierenden Notwendigkeit, sich mit der „Mischung" der Schüler abzufinden, postuliert er 1780, der lateinische Anfangsunterricht müsse für den Schüler, der das Latein im späteren Leben nicht mehr brauche, wenigstens „formellen Nutzen" haben (GEDIKE 1789a, S. 25) und müsse „Anregung, Richtung, Bildung der verschiedenen Seelenfähigkeiten" bewirken (GEDIKE 1789b, S. 118 f.; vgl. SÜNKEL 1971, S. 64 ff.). Diese könnten auch durch solche Kenntnisse gefördert werden, die keinen unmittelbaren Nutzen gewähren (vgl. SCHOLTZ 1965, S. 175 f.). Das von Gedike wie schon vorher von Heyne zunächst als schulorganisatorisches wahrgenommene Problem ist damit auf die didaktische Ebene verschoben.

Vermögenspsychologische Begründung. Die in den folgenden Jahrzehnten diskutierten Vorstellungen von „formeller" oder „formaler" Bildung entstehen auf dem Boden der seit Leibniz und Ch. Wolf verbreiteten Lehre von den „Seelenvermögen", wie Gedächtnis, Witz, Verstand, Einbildungskraft und dergleichen mehr. Dies deutet sich schon in den Überlegungen zum altsprachlichen Unterricht bei Gesner und Heyne an und ist bei Gedike klar erkennbar. In der Kopplung an die Seelenvermögenslehre gewinnt „formale Bildung" einen bildhaft-konkreten Sinn. Der Ausdruck „formieren" steht schon bei J. Böhme (1575–1624) in Konkurrenz zum deutschen Ausdruck „bilden". Dies Verständnis setzt sich bis ins 18. Jahrhundert fort, in Redewendungen wie, die Seele werde „formiert" (vgl. SCHAARSCHMIDT 1965, S. 34, S. 38), das Studieren „formiere" den Geist (HEYNE 1894, S. 76). Dabei wirken auf die Antike rückführbare Vorstellungen einer dem Menschen einwohnenden Bildseele nach, welcher analog zum Körper gesonderte Organe zuerkannt werden, die wie Muskeln der Ausbildung bedürfen. Von den gleichen Voraussetzungen her verlangt auch Kant eine „Kultur der Gemütskräfte" (KANT 1923, S. 472), Verstand, Urteilskraft, Vernunft, Gedächtnis, Witz, Einbildungskraft und anderes mehr. Allerdings bindet Kant die Ausbildung dieser „Kräfte" an die Modalitäten der Vermittlungsverfahren. Für den Geschichtsunterricht zum Beispiel empfiehlt er die Übung des Verstandes anhand der Beurteilung gelernten Wissens. Bei Gedike hingegen ergab sich aus der apologetischen Tendenz der Argumentation die pauschale Zuschreibung besonderer formalbildender Wirkung an einen bestimmten Unterrichtsgegenstand. Damit wird eine Tradition begründet, innerhalb deren bis in die Gegenwart hinein Fächer wie die Mathematik, aber eben auch das Latein mit dem pauschalen Hinweis auf ihre „formalbildende" Wirkung begründet oder verteidigt werden (vgl. LUTHER 1961).

Eindringen in die pädagogische Literatur nach 1800. Die Wortprägungen „formale Bildung" und entsprechend „materiale Bildung" setzen sich zu Beginn des 19. Jahrhunderts in der pädagogischen Literatur durch. Sie fanden Aufnahme in dem Standardwerk von A. H. Niemeyer (1754-1829; vgl. NIEMEYER 1810, S. 473 f.; in der 1. Auflage 1796 findet sich anstelle von „formaler Bildung" noch „formeller Nutzen" – vgl. NIEMEYER 1970, S. 283 f.) und werden auch in der neuhumanistischen Literatur diskutiert (vgl. LEHMENSICK 1926, S. 4 ff.). Es fällt jedoch auf, daß sie in den systematischen Darstellungen allgemein nicht in den engeren Kreis der tragenden, zentralen pädagogischen Begriffe rücken. Eher behalten sie auch in der Folgezeit den Charakter umlaufender Schlagworte, mit denen man sich notgedrungen auseinandersetzt. So jedenfalls empfand es aus zeitgenössischer Sicht F. E. Beneke (1789-1854; vgl. BENEKE 1842b, S. 103). G. W. F. Hegel (1770-1831) schiebt 1809 die Frage, ob „das Formelle" von der „Materie", das Üben der Geisteskräfte von dem Gegenstand, an dem es geschehen soll, abtrennbar ist oder nicht, ganz einfach zur Seite. Nur Inhalte, die Wert und Interesse für sich selbst haben, stärken die Seele. Der Stoff muß zugleich Nahrung sein. Als das „Formelle" der Bildung bezeichnet er dann in ganz anderer Wendung die Notwendigkeit, den Stoff der Bildung zum „Gegenstand" zu machen, ihn uns „gegenübertreten" zu lassen, damit er „verändert und neu formiert" werden, „verarbeitet" werden kann (HEGEL 1983, S. 312 ff.). F. D. E. Schleiermacher (1768-1834) ist die Entstehungssituation der Rede von „formaler Bildung" und ihr genauerer sprachlicher Sinn ganz offensichtlich noch vertraut. Man habe dies Prinzip dem altsprachlichen Unterricht erst untergelegt und auch dann nicht konsequent danach gehandelt, stellt er 1826 lapidar fest (vgl. SCHLEIERMACHER 1957, S. 290). Auf die Unterscheidung eines formalen „Zwecks" oder „Nutzens" eines Unterrichtsgegenstandes von dessen materialen Zwecken läßt er sich zwar ein, und er gelangt von hier aus sogar zur Unterscheidung „formaler" Unterrichtsgegenstände, nämlich Sprache und Mathematik, von den „materialen", Geschichte, Geographie, Naturkunde (vgl. SCHLEIERMACHER 1957, S. 294 f.). Doch als generelle Linie stellt er fest, daß man sich auf den formalen Nutzen eines Unterrichtsgegenstandes nur dann berufen dürfe, wenn nachgewiesen wird, daß er mit anderen Gegenständen nicht erreich-

Bildung, formale – materiale

bar ist. Ihm ist durchaus klar, daß sich mit dem Argument formaler Bildung leicht längst obsolet gewordene Unterrichtsinhalte der Kritik entziehen lassen. Auch der formale Zweck ist möglichst an einem Gegenstand zu erreichen, der seine Bedeutung im weiteren Leben behält. J. F. Herbart (1776–1841), der bestrebt war, die Lehre von den Seelenvermögen durch seine eigene Psychologie zu ersetzen, konnte, anders als Schleiermacher, sich mit der Forderung nach formaler Bildung nur polemisch befassen. Für die Vorstellung, man könne seelisch-geistige Kräfte in der Art gymnastischer Übungen kräftigen, gleich an welchem Gegenstand, hat er nur Spott übrig (vgl. HERBART 1964, S. 172). Der seiner Psychologie zugrunde gelegte Begriff der „Vorstellung" erlaubt es ihm, „Inhalt" und „Kraft" aneinander gebunden zu denken (vgl. SCHWENK 1963, S. 121 ff., S. 138 ff.). So kann er dann ganz hart formulieren: „Der Verstand der Grammatik bleibt in der Grammatik; der Verstand der Mathematik bleibt in der Mathematik; der Verstand jedes andern Faches muß sich in diesem andern Fache auf eigne Weise bilden" (HERBART 1964, S. 173 f.). Keinesfalls seien Grammatik und Mathematik Surrogate füreinander.

Zu ähnlichen Feststellungen kommt auch BENEKE (vgl. 1842a, S. 81). Vom Ergebnis her gesehen, steht die Auffassung Herbarts nahe bei der, die W. v. Humboldt (1767–1835) im Litauischen Schulplan aus dem Jahre 1809 entwickelt hat. Er stellt „Hauptfunktionen" menschlichen Wesens fest, deren Ausbildung der allgemeine Schulunterricht für den „gemeinsten Tagelöhner" ebenso wie für den „am feinsten Ausgebildeten" zu leisten habe. Gymnastischer, ästhetischer, mathematischer und philosophischer Unterricht sowie „historischer", das heißt Sachunterricht, erlauben dann allerdings jeweils in ihrem Bereich Unterschiede in der Wahl des Stoffes. Auf eine Begründung des Unterrichts allein um seines kräftebildenden Werts willen, mithin auf die Berücksichtigung der Möglichkeit „formaler Bildung" unerachtet ihres „materialen" Effekts, läßt Humboldt sich nicht ein. weil „jede Form nur an einem Stoffe geübt werden kann" (v. HUMBOLDT 1956, S. 77 ff.), „Form" und „Stoff" sich wechselseitig bedingen.

Versuche zur Uminterpretation und Neubestimmung. Im weiteren Verlauf des 19. Jahrhunderts ging dem Sprachempfinden der im Ausdruck „formal" ursprünglich noch enthaltene Sinngehalt, der den Bezug auf die zu bildende Seele einschloß, verloren. Der entleerte Begriff war damit frei für neue Besetzungen unterschiedlichster Art. F. W. Dörpfeld (1824–1893), der zum Kreis der Herbartianer gehörte und gemeinsam mit diesem die Möglichkeit einer allgemeinen formalen Bildung ablehnte, klagt 1897, die formale Schulung werde vorzugsweise und einseitig auf dem Gebiet des „Formenunterrichts" gesucht, wozu er Mathematik und Sprache rechnet (vgl. DÖRPFELD 1963, S. 100). In ähnlicher Richtung, wie sie hier von Dörpfeld kritisiert wird, verschiebt sich der Sinn der Rede von der „formalen Bildung", wenn W. Dilthey (1833–1911) mit Hinweis auf Grammatik und Mathematik im Jahre 1888 vorschlägt, das „Bewußtmachen der Beziehungen am Wirklichen und die Einübung ihrer Auffassung" als formale Bildung zu bezeichnen (DILTHEY 1924, S. 80). Bei O. Willmann (1839–1920) macht sich der ursprüngliche Bedeutungsgehalt insofern wieder geltend, als er mit der „formalen Ansicht der Bildung" ihre „subjektive" Seite bezeichnet, die Frage nach der Gestaltung des „Innern" des Menschen (WILLMANN 1957, S. 322 ff.). Der „formalen" stellt er als die „materiale Ansicht der Bildung" nicht etwa die Vielfalt gelernten Wissens und die damit verbundene Problematik gegenüber, sondern die kulturellen Objektivationen in ihrer Funktion als bildende Inhalte wie Sprache, Wissenschaften, Künste, Religion. Willmann versucht so, den Vorgang des Bildungserwerbs dialektisch zu begreifen: Das Subjekt sucht seine Form, indem es sich die bildenden Inhalte aneignet und sie sich assimiliert. Dabei unterliegt es jedoch zugleich seinerseits der Aneignung und Assimilation durch die kulturellen Objektivationen, in die es hineingezogen wird. H. Nohl (1879–1960) sieht in ähnlicher Weise wie Willmann das Charakteristische des Bildungsvorgangs in der geschichtlichen Auseinandersetzung des Subjekts und seiner schöpferischen Kräfte mit den „objektiven Gesetzlichkeiten". Das Subjekt, so stellt er 1920 fest, erarbeitet sich den „neuen großen Stil seines Lebens", seine „Form" (NOHL 1949, S. 19 f.). Wenn Nohl in einer späteren Formulierung (vgl. NOHL 1935, S. 182 f.) den formalen Gesichtspunkt den eigentlich pädagogischen nennt, so dient die Gegenüberstellung von „formal" und „material" zur Bezeichnung des Problems der Einheit der Persönlichkeit, die befähigt werden muß, die Bildungsgüter auf sich zu beziehen und ihnen damit den Zusammenhang zu geben.

Verallgemeinerung zu einer Dialektik „formaler" und „materialer" Bildung. So hat der Begriff „formale Bildung" auf dem Wege mehrfacher Uminterpretation jenen Bereich schulorganisatorisch-didaktischer Fragestellungen längst verlassen, aus denen er erwuchs. Die Verwendung durch Willmann und Nohl führt in die allgemeine Bildungstheorie. Von Nohl ausgehend, hat dessen Schüler E. Lehmensick versucht, eine allgemeine „Theorie der formalen Bildung" zu entwickeln. Wie Nohl, so definiert auch Lehmensick formale Bildung als Bildung zu einer „inneren Verfassung", zu einem „Grundverhalten, von dem aus sich das ganze Leben strukturiert"; solche formale Bildung, einmal gewonnen, bestimme aus sich heraus jede weitere Aufnahme von Gehalten (vgl. LEHMENSICK 1926, S. 84 f.). Getragen ist dies von der Erfahrung der Jugendbewegung und der Reformpädagogik am Beginn des 20. Jahrhunderts. Lehmensicks Auffassung, die Möglichkeit einer derart verstandenen Bildung sei schon seit der Antike gesehen worden, führt in eine Verallgemeinerung, die sich die „formale" Bildung der Seelenkräfte als „funktionale Bildung" zu subsumieren weiß. W. Klafki knüpft in seinem Versuch, den Gegensatz von formaler und materialer Bildung endgültig zu überwinden, an Lehmensick und den bei ihm auftretenden Begriff einer „kategorialen" Bildung an, wobei er zugleich auf Willmann zurückgreift, indem er das objektive Moment im Bildungsprozeß mit dem materialen und das subjektive mit dem formalen identifiziert. Bildung als Erschlossensein der Wirklichkeit für den Menschen und zugleich des Menschen für die Wirklichkeit wird zur erlebten Einheit des materialen und formalen Moments (vgl. KLAFKI 1963, S. 43). Mit der Unterstellung einer derartigen Dialektik von „formaler" und „materialer" Bildung ist ein Instrumentarium gewonnen, das sich, wie H. Blankertz gezeigt hat, zu einer durchgängigen Interpretation der Bildungsgeschichte nutzen läßt. Auch Blankertz ordnet den materialen Aspekt den an den Menschen herantretenden objektiven Anforderungen zu, den formalen dem subjektiven Bedürfnissystem (vgl. BLANKERTZ 1977, S. 37 ff.; vgl. BLANKERTZ 1982, S. 84). Daneben hat sich die auf die Ausbildung seelischer Kräfte zielende Intention des Ausdrucks „formale Bildung" bis heute erhalten, besonders in der Diskussion der Didaktik des altsprachlichen Unterrichts (vgl. BAYER 1984, CLASEN 1971; vgl. NICKEL 1973, 1974; vgl. STOLLENWERK 1978).

Weiterführung der ursprünglichen Fragestellung in der Transferforschung. Die in der ursprünglichen These von der Möglichkeit „formaler" Bildung enthaltene Fragestellung, ob und wie durch das Lernen bestimmter Inhalte zugleich für andere Inhalte mitgelernt werden kann, ist von den US-Amerikanern THORNDIKE/WOODWORTH (vgl. 1901) wiederaufgenommen worden und rückt damit in den Bereich der empirischen Überprüfbarkeit. Ihrer Auffassung nach ist die Übertragung der Leistungssteigerung von einer geistigen Funktion auf andere darauf zurückzuführen, daß diese Funktionen gleiche Elemente enthalten. Zu demselben Ergebnis kommt auch E. Meumann nach einem mit E. Ebert zusammen durchgeführten Experiment zu Übungsphänomenen im Bereich des Gedächtnisses (vgl. EBERT/MEUMANN 1904; vgl. MEUMANN 1907, S. 52 f.). Unter dem Stichwort „Übungsübertragung" oder „Transfer" ist damit eine Diskussion eingeleitet, die bis in die Gegenwart andauert (vgl. KEULEN 1979, SEISENBERGER 1974).

Schlußbemerkung. Aus dem Vorgelegten ergibt sich von einem gewissen Punkt der Entwicklung an eine erhebliche Unsicherheit hinsichtlich der Bedeutungszuweisung für die inzwischen in allgemeinem Gebrauch befindlichen Termini. Ihre schließliche Verwendung als allgemeine, aufeinander bezogene Kategorien zur Interpretation der Bildungsgeschichte, Bildung als Dialektik von Form und Materie, läßt die ursprünglichen Motive weit hinter sich. Versucht man die Mannigfaltigkeit dessen, was seit nahezu zwei Jahrhunderten unter dem Stichwort „formale Bildung" verhandelt worden ist, zu verallgemeinern, so zeigt sich als das Verbindende hinter allen, zum Teil aus sehr unterschiedlichen denkerischen Voraussetzungen entwickelten Ansätzen das Bemühen um die Lösung jenes Problems, das in einer Formulierung Heraklits lautet: „Vielwisserei lehrt nicht Verstand haben" (DIELS 1951, Fragment 40).

BAYER, K.: Die alten Sprachen im Konzept der Allgemeinbildung. In: Anregung 30 (1984), 3, S. 145 ff. BENEKE, F.E.: Erziehungs- und Unterrichtslehre, 2 Bde., Berlin/Posen/Bromberg ²1842 (Bd. 1: 1842a, Bd. 2: 1842b). BLANKERTZ, H.: Theorien und Modelle der Didaktik, München ¹⁰1977. BLANKERTZ, H.: Die Geschichte der Pädagogik. Von der Aufklärung bis zur Gegenwart, Wetzlar 1982. CLASEN, A.: Wozu Latein? Wie ist sein Platz im modernen Curriculum zu begründen? In: BAYER, K./WESTPHALEN, K. (Hg.): Kollegstufenarbeit in den alten Sprachen, München 1971, S. 26 ff. DIELS, H.: Die Fragmente der Vorsokratiker, hg. v. W. Kranz, Bd. 1, Berlin ⁵1951. DILTHEY, W.: Über die Möglichkeit einer allgemeingültigen Pädagogischen Wissenschaft (1888). Gesammelte Schriften, hg. v. G. Misch, Bd. 6.2, Leipzig 1924. DÖRPFELD, F.W.: Der didaktische Materialismus (1879). Ausgewählte pädagogische Schriften, hg. v. A. Reble, Paderborn 1963, S. 84 ff. EBERT, E./MEUMANN, E.: Über einige Grundfragen der Psychologie der Übungsphänomene im Bereich des Gedächtnisses, Leipzig 1904. GEDIKE, F.: Über die Verbindung des wissenschaftlichen und philologischen Schulunterrichts (1780). Gesammelte Schulschriften, Bd. 1, Berlin 1789, S. 20 ff. (1789a). GEDIKE, F.: Praktischer Beitrag zur Methodik des öffentlichen Schulunterrichts (1781). Gesammelte Schulschriften, Bd. 1, Berlin 1789, S. 75 ff. (1789b). GESNER, J.M.: Ob man aus der Grammatik die lateinische Sprache zu lernen anfangen müsse (1751). Kleine deutsche Schriften, Göttingen 1756, S. 294 ff. HEGEL, G.W.F.: Rede zum Schuljahresabschluß am 29. September 1809. Werke, hg. v. E. Moldenhauer u. K.M. Michel, Bd. 4, Frankfurt/M. 1983, S. 312 ff. HEINEMANN, M.: Schule im Vorfeld der Verwaltung. Die Entwicklung der preußischen Unterrichtsverwaltung von 1771–1800, Göttingen 1974. HERBART, J.F.: Von der Erziehungskunst (1831). Pädagogische Schriften, hg. v. W. Asmus, Bd. 1, Düsseldorf/München 1964, S. 165 ff. HEYNE, CH.G.: Nachricht von der gegenwärtigen Einrichtung des Königlichen Pädagogiums zu Ilfeld, Göttingen 1780. HEYNE, CH.G.: Unterthänigste Verbesserungsvorschläge das Pädagogium zu Ilfeld betreffend. (1770). In: Mitt. d. Ges. f. dt. E.- u. Sgesch. 4 (1894), S. 66 ff. HUMBOLDT, W. v.: Der Litauische Schulplan (1809).

Schriften zur Anthropologie und Bildungslehre, hg. v. A. Flitner, Düsseldorf/München 1956, S. 76 ff. KANT, I.: Über Pädagogik. Kants gesammelte Schriften, hg. v. d. Königlich Preußischen Akademie der Wissenschaften, Bd. 9, Berlin/Leipzig 1923, S. 437 ff. KEULEN, H.: Formale Bildung – Transfer. In: GRUBER, J./MAIER, F. (Hg.): Alte Sprachen, München 1979, S. 70 ff. KLAFKI, W.: Kategoriale Bildung. Zur bildungstheoretischen Deutung der modernen Didaktik (1959). In: KLAFKI, W.: Studien zur Bildungstheorie und Didaktik, Weinheim 1963, S. 25 ff. LEHMENSICK, E.: Die Theorie der formalen Bildung, Göttingen 1926. LUTHER, W.: Die neuhumanistische Theorie der „formalen Bildung" und ihre Bedeutung für den lateinischen Sprachunterricht der Gegenwart. In: D. altspr. U. 5 (1961), 2, S. 5 ff. MEUMANN, E.: Vorlesungen zur Einführung in die experimentelle Pädagogik und ihre psychologischen Grundlagen, Bd. 2, Leipzig 1907. NICKEL, R.: Altsprachlicher Unterricht. Neue Möglichkeiten seiner didaktischen Begründung, Darmstadt 1973. NICKEL, R.: Die alten Sprachen in der Schule. Didaktische Probleme und Perspektiven, Kiel 1974. NIEMEYER, A. H.: Grundsätze der Erziehung und des Unterrichts, Bd. 3, Halle ⁶1810. NIEMEYER, A. H.: Grundsätze der Erziehung und des Unterrichts (1796), hg. v. H.-H. Groothoff u. U. Herrmann, Paderborn 1970. NOHL, H.: Die pädagogische Bewegung in Deutschland und ihre Theorie, Frankfurt/M. ²1935. NOHL, H.: Die neue deutsche Bildung (1920). In: NOHL, H.: Pädagogik aus dreißig Jahren, Frankfurt/M. 1949, S. 9 ff. SCHAARSCHMIDT, I.: Der Bedeutungswandel der Begriffe „Bildung" und „bilden" in der Literaturepoche von Gottsched bis Herder (1931). In: FURCK, C.-L. u. a. (Hg.): Kleine pädagogische Texte, Bd. 33: Beiträge zur Geschichte des Bildungsbegriffs, Weinheim 1965, S. 25 ff. SCHLEIERMACHER, F. D. E.: Die Vorlesungen aus dem Jahre 1826. Pädagogische Schriften, hg. v. E. Weniger u. Th. Schulze, Bd. 1, Düsseldorf/München 1957. SCHOLTZ, H.: Friedrich Gedike (1754–1803). Ein Wegbereiter der preußischen Reform des Bildungswesens. In: BERGES, W./HERZFELD, H. (Hg.): Jahrbuch für die Geschichte Mittel- und Ostdeutschlands, Bd. 13/14, Berlin 1965. S. 128 ff. SCHWENK, B.: Das Herbartverständnis der Herbartianer, Weinheim 1963. SEISENBERGER, G.: Problemlösen im Unterricht. Eine Untersuchung zum Transfer von Kenntnissen, München 1974. STOLLENWERK, CH.: Die Stellung des altsprachlichen Unterrichts im heutigen Gymnasium. In: GLÜCKLICH, H.-J. (Hg.): Der altsprachliche Unterricht im heutigen Gymnasium, Mainz 1978, S. 15 ff. SÜNKEL, W.: Zur Entstehung der Pädagogik in Deutschland. Studien über die philanthropische Erziehungsrevision, Habil.-Schrift, Münster 1971. THORNDIKE, E. L./WOODWORTH, R. S.: The Influence in One Mental Function upon the Efficiency of Other Functions. In: Psych. Rev. 8 (1901), S. 247 ff., S. 384 ff., S. 553 ff. WILLMANN, O.: Didaktik als Bildungslehre, Freiburg/Wien ⁶1957.

Bernhard Schwenk/Lorenz v. Pogrell

Bildungsformen

Begriff. Die Begriffe „formelle Bildung", „nichtformelle Bildung", „informelle Bildung" und „beiläufige (inzidentelle) Bildung" entstammen der Terminologie der von internationalen Organisationen wie UNESCO, UNICEF und Weltbank wesentlich geförderten und schwerpunktmäßig im US-amerikanischen Sprachraum angesiedelten *development education* der frühen 70er Jahre. Sie bezeichnen zunächst Untersuchungs- und Entwicklungsfelder in verschiedenen Weltregionen, vorzugsweise auf der südlichen Halbkugel, mit denen sich auch erziehungswissenschaftliche Teildisziplinen in der Bundesrepublik Deutschland im Rahmen einer interdisziplinären Bildungsforschung in nennenswertem Umfang seit Mitte der 70er Jahre beschäftigen (zum Stand dieses Forschungsgebiets vgl. GOLDSCHMIDT/MELBER 1981). Die formale Aufteilung aller denkbaren menschlichen Lernaktivitäten und -situationen in vier Bildungsformen (auf der Grundlage eines generellen Bildungsbegriffs und in Abgrenzung zum Sozialisationsbegriff, der auf spezifische Kulturen und Gesellschaften gerichtet ist) hat sich erst zu Beginn der 80er Jahre vollzogen. Mit EVANS (vgl. 1981, S. 28) lassen sich die vier Begriffe folgenderma-

Bildungsformen

ßen definieren:
- *Formelle Bildung* („formal [school] education") ist charakterisiert (und so von nichtformeller Bildung unterschieden) „durch ihre Anbindung an Institutionen, die als Schulen bezeichnet werden und deren hervorstechendes Merkmal nach Altersgruppen gestufte Klassen sind, in denen Kinder und Jugendliche nach einem festen Curriculum durch einen Kader geprüfter Lehrer mittels standardisierter pädagogischer Methoden unterrichtet werden."
- *Nichtformelle Bildung* („nonformal [out-of-school] education") ist „jedwedes Lernen außerhalb von Schulen, bei dem *sowohl* die Informationsquelle *als auch* der Lernende die bewußte Absicht zur Förderung des Lernprozesses haben."
- *Informelle Bildung* („informal education") vollzieht sich „in solchen Situationen, in denen *entweder* der Lernende *oder* die Informationsquelle die bewußte Absicht hat, einen Lernprozeß in Gang zu bringen beziehungsweise zu fördern - nicht aber beide."
- *Beiläufige oder inzidentelle Bildung* („incidental education") ist bezogen auf „Lernen, welches weder als bewußter Versuch der Informationsgebung seitens einer Quelle noch als bewußter Lernversuch seitens des Lernenden stattfindet" (Übersetzung: B.S.).

Der Unterschied zwischen formeller Bildung (vgl. FUHR 1986) und den drei anderen Lern- und Bildungsformen besteht in den unterschiedlichen Bedingungen und der Lokalisation von Lernen, entweder in schulmäßig organisierten Institutionen (von Vorschulen bis zu Universitäten) oder im nichtschulischen, alltäglichen Leben. Ansonsten fungieren Form und Grad der Organisiertheit der *Lernumgebung* (des Environments) sowie Vorhandensein oder Nichtvorhandensein der *Lernintention* bei dem Lernenden und/oder Lehrenden als Unterscheidungskriterien zwischen nichtformeller, informeller und beiläufiger Bildung.

Dieses Kategoriensystem stellt ein heuristisches Begriffsinstrumentarium für drittweltorientierte Bildungsforscher und Bildungsplaner dar und dient sowohl der Beschreibung und Analyse existierender Erziehungs- und Lernaktivitäten (im Kontext von Entwicklungshilfeprojekten ebenso wie im Rahmen von einheimischer Erziehung) als auch der Planung, Entwicklung und Evaluation von Lernprozessen vor allem im nichtschulischen Bereich in Ländern der Dritten Welt.

Die Ausdifferenzierung des generellen Bildungsbegriffs in vier Bereiche ist das vorläufig letzte Ergebnis fast dreißigjähriger Bemühungen, die weltweite Ausbreitung von Bildung und Bildungssystemen theoretisch auf den Begriff zu bringen. Zu Beginn der Entwicklungspolitik, Ende der 40er Jahre, war mit Bildungsentwicklung fast ausschließlich der Auf- und Ausbau von Schulen gemeint. Mit der zunehmenden Verlagerung von Bildungshilfeaktivitäten auf nichtschulische Felder in den 50er und 60er Jahren ergab sich auch die Aufteilung des Bildungsbegriffs in formelle (schulische) und nichtformelle (außerschulische) Bildung. Die vielfältigen Versuche, das weite Feld von außerschulischen Bildungsprozessen analytisch zu fassen, haben schließlich Anfang der 70er Jahre zur weiteren Ausdifferenzierung auch dieses Bereichs geführt. Die nunmehr vorliegenden vier Begriffe sind insofern nicht unproblematisch, als sie Überschneidungen mit anderen Verwendungszusammenhängen aufweisen. Für die englischsprachige Version gilt dies vor allem hinsichtlich der „incidental education", da der Begriff „incidental learning" einen lernpsychologischen Traditionszusammenhang aufweist; hier wird eine Lernsituation bezeichnet (vgl. POSTMAN 1964, S.185f.), bei der zwar Unterricht gegeben ist, dieser aber nicht auf prüfungsrelevante Lernziele bezogen wird (auf die deutschsprachigen Begriffsprobleme wird an späterer Stelle eingegangen).

Ungeachtet der Tatsache, daß sich der größte Teil der menschlichen Ontogenese als beiläufiges oder informelles Lernen erklären läßt – man denke nur an das Erlernen kulturspezifischer Verkehrsformen oder der Muttersprache –, ist der Bereich nichtformeller Bildung aufgrund seiner Plan- und Machbarkeit wichtigster Bereich praktischer wie theoretischer Bemühungen in der Entwicklung von Bildung und Bildungssystemen geworden.

Geschichte. Die Entstehungsgeschichte des vorgestellten Begriffsinstrumentariums kultur- und nationübergreifender Bildungsformen ist wesentlich die Geschichte nichtformeller Bildung. Drei historische Wurzeln lassen sich vor dem zeitlichen Hintergrund der 1960 mit der ersten – von den Vereinten Nationen proklamierten – Entwicklungsdekade einsetzenden internationalen Weltbildungsstrategie skizzieren.

In der ersten Entwicklungsdekade war es unter Bildungspolitikern, Entwicklungsexperten und in der Sprache der internationalen Bildungsplaner zwar noch weithin üblich, den Begriff *„education"* gleichbedeutend mit *„school education"* zu gebrauchen und nichtschulische Erziehungsvorgänge mit dem Sammelbegriff *„out-of-school education"* zu bezeichnen. Dessenungeachtet hat die aktuelle erziehungswissenschaftliche Diskussion um nichtformelle Bildung ihre Ursprünge in den 50er und 60er Jahren, als vormalige Kolonien ihre Unabhängigkeit erlangten und internationale und nationale Organisationen als Teil ihrer Entwicklungshilfe auch Bildungshilfe zu leisten begannen. Ihre Vertreter und Experten, Entwicklungshelfer im weitesten Sinne, waren und sind auch heute noch – um nur die wichtigsten Felder zu nennen – mit „adult education", „literacy", „functional literacy", „farmer education", „cooperative education", „agricultural extension", „population education", „family-life planning", „nutrition education" und „community development education" befaßt (vgl. EVANS 1981, S. 18). Nimmt man zu dieser keineswegs vollständigen Liste den Komplex des internationalen Jugendaustauschs und den der freiwilligen Hilfsdienste und deren Aktivitäten in all ihren Formen hinzu, so wird zum einen deutlich, daß nichtformelle Bildung bereits praktisch betrieben wurde, als man den Begriff noch gar nicht kannte, zum anderen aber auch, daß Konzepte nichtformeller Bildung auf langjährigen und vielfältigen Erfahrungen aufbauen können.

Im Verlauf der letzten Jahrzehnte sind immer wieder Versuche unternommen worden, das weite Feld dieser Bildungs- und Lernaktivitäten zu Planungszwecken zu kategorisieren. Zumindest im Kreis der internationalen Bildungsplaner hat sich ein Ansatz durchgesetzt, der jene Aktivitäten danach klassifiziert, in welchem Verhältnis sich die jeweiligen Lernenden zu formellen Bildungsinstitutionen wie Schulen befinden. In dieser Perspektive der Abgrenzung zu formeller Bildung lassen sich drei Typen nichtformeller Bildung unterscheiden (vgl. EVANS 1981, S. 19 ff.):

- *komplementäre Erziehung* („complementary education"), welche die schulische Erziehung vervollständigt, beispielsweise durch Training von Jungfarmern;
- *zusätzliche Erziehung* („supplementary education"), die zu späterer Zeit und an anderem Ort an die schulische Erziehung angehängt wird, wie etwa Trainingsprogramme für arbeitslose Primarschulabgänger in Afrika;
- *schulische Erziehung ersetzende Bildungsaktivitäten* („replacement education") für Kinder *und* Erwachsene, die zu Schulen keinen Zugang hatten, etwa Alphabetisierungskurse.

Neben ungezählten Praktikern hat eine zweite Gruppe an der Entwicklung des Konzepts nichtformeller Bildung gearbeitet. Es handelt sich um die zahlenmäßig zwar kleine, auf der Entscheidungsebene von Entwicklungs- und Bildungspolitik jedoch einflußreiche Gruppe von Entwicklungsexperten und Bildungsplanern an Universitäten, in internationalen Organisationen und in Ministerien. Ihr Interesse an nichtformeller Bildung wurde entscheidend stimuliert durch den 1968 veröffentlichten Weltbildungsbericht mit dem Titel „*The World Educational Crisis: A Systems Analysis*" (COOMBS 1968), in dem die nicht erfüllten Erwartungen an das System formeller Bildung in der Dritten Welt (mehr Schulen = mehr Bildung = Entwicklung) auf der Grundlage umfangreichen Datenmaterials erstmals radikal in Frage gestellt wurden. Insbesondere der Aufweis der finanziellen Implikationen eines Auf- und Ausbaus schulischer Institutionen für den auch Ende der 60er Jahre nach wie vor großen Bevölkerungsteil in den Ländern der Dritten Welt, der bisher keine Möglichkeit zum Schulbesuch hatte, ließ nichtformelle Bildung als mögliche Lösung der „Weltbildungskrise" erscheinen. Bestärkt wurde dieser Optimismus in die Möglichkeiten nichtschulischer Erziehung als Mittel der Entwicklung der Gesellschaften der Dritten Welt durch einen weiteren, von der UNESCO veranlaßten Bildungsentwicklungsbericht „Learning to Be" (FAURE u.a. 1972), in dem zwei neue didaktische Prinzipien ein geändertes Erziehungs- und Lernverständnis proklamierten: Das Prinzip außerschulischen Lernens beruht auf der Erkenntnis, daß Erziehung nicht länger als zeit- oder ortsgebundener Prozeß verstanden werden könne, der auf Schulen beschränkt ist und in Jahren der Verweildauer gemessen wird. Daneben war es das Prinzip lebenslangen Lernens („lifelong learning"), das zur Erweiterung des Erziehungs- und Lernverständnisses führte. Seither wurde in mehreren Untersuchungen die Praxis von „out-of-school"-Projekten in der Dritten Welt dokumentarisch erfaßt; anhand zahlreicher Fallstudien wurde zu definieren versucht, was als „nonformal education" zu gelten habe. Im Rahmen einer solchen Untersuchung über Bildungsaktivitäten in überwiegend ländlichen Regionen jener „armen Länder" haben COOMBS/AHMED (vgl. 1974) den ersten differenzierten Versuch einer Dreiteilung des Gesamt an Erziehung und Lernen in „*formal*", „*nonformal*" und „*informal education*" unternommen.

Ein dritter Entwicklungsschritt ist durch die Namen Illich und Freire und die damit einsetzende „Entschulungsdebatte" geprägt worden. ILLICH (vgl. 1973), der dem traditionellen Schulsystem generell jegliche Entwicklungsrelevanz absprach, hat die Idee von „Netzwerken" gegenseitigen Lernens populär gemacht und gemeinsam mit FREIRE (vgl. 1973) die Voraussetzungen für ein verändertes Verständnis von Erziehung geschaffen.

Die Analyse des repressiven Charakters des formellen Bildungssystems in Ländern der Dritten Welt durch den brasilianischen „Volkspädagogen" Freire hat weltweit Interesse geweckt und in praktischer Hinsicht zu einem Wandel der Alphabetisierungskonzeptionen geführt. Angeregt durch sein Konzept politischer Alphabetisierung, wurden unter anderem Kampagnen in Angola, Guinea-Bissau und Nicaragua durchgeführt. Beide Schulkritiker haben die Diskussion, auch die deutschsprachige, über die Folgen formeller Bildung in der Dritten Welt nachhaltig angeregt (vgl. HANF u.a. 1977, NESTVOGEL 1978, JOUHY 1981) und das Nachdenken über Alternativen im nichtformellen Bildungsbereich nicht nur in der Dritten Welt, sondern auch in der Ersten Welt befördert (vgl. FUHR 1986). Die vorher im Grunde technokratisch orientierte Diskussion über den „Export" formeller Bildungssysteme in die Dritte Welt wurde durch die von Freire und Illich geleistete ideologiekritische Analyse der zugrunde liegenden Interessen wesentlich ausgeweitet. EVANS (vgl. 1981) hat versucht, dieser Kritik dadurch zu entsprechen, daß er als wesentliches didaktisches Kriterium für die Legitimation nichtformeller Bildungsprozesse den „subjektiven Faktor" des Lernenden, also dessen eigene Absichten und Interessen, in seinen Bildungsbegriff aufnahm.

Im Gegensatz zu Aktivitäten formeller und nichtformeller Bildung – einen Überblick über deutsche Bildungshilfeprojekte bieten ENGELS/LAASER (vgl. 1978) – haben Prozesse *informeller Bildung* in der deutschsprachigen drittweltorientierten erziehungswissenschaftlichen Forschung erst gegen Ende der zweiten Entwicklungsdekade Interesse gefunden. Aber auch im Kreis der internationalen Bildungsexperten, in den er durch COOMBS/AHMED (vgl. 1974) eingeführt worden war, spielt der Begriff bis heute die Rolle einer „Restkategorie" (vgl. SCHÖFTHALER 1981) bei der Planung formeller oder nichtformeller Bildungsmaßnahmen.

Das gleiche gilt für den Begriff der *beiläufigen Bildung,* der vermutlich nur deshalb aufgenommen wurde, um bei Entwicklungs- und Bildungspolitikern das Bewußtsein für die im Enthusiasmus der ersten Bildungsdekade in Vergessenheit geratene Tatsache zu schärfen, daß Menschen auch *vor und neben* aller organisierten Bildung lernen.

Bildungsprozesse, die nicht schulisch institutionalisiert und die nicht experimentell arrangiert sind, die ohne ersichtliche Hilfestellung eines Lehrers stattfinden oder sich gar ohne erkennbare Handlungsabsichten der Lernenden vollziehen, galten und gelten als informelle Bildungs- und Lernprozesse, über deren Funktionsregeln wenig bekannt ist und die folglich bildungs- und entwicklungspolitischer Planung wenig zugänglich sind. Dennoch ist offensichtlich, daß in nicht- oder nur teilindustrialisierten Gesellschaften (ohne ein flächendeckendes formelles Bildungswesen) der informellen Bildung eine höhere Bedeutung zukommen muß als in Industrieländern.

Aufgrund der wenig entwickelten empirischen Forschung ist der erziehungswissenschaftlich Interessierte zu Anleihen bei Ethnologie, Anthropologie und Psychologie gehalten; er muß Forschungsergebnisse aus der Kultur- und Kognitionsforschung, aus Sozialisations- und Modernisierungsforschung aufgreifen (vgl. SCHÖFTHALER 1981). Die ersten Arbeiten im Bereich informeller Bildung beziehen sich auf Afrika und beschäftigen sich mit frühkindlicher Erziehung (vgl. SCHULTZ 1980), Familienerziehung (vgl. BAUER 1979) und mit dem System traditionaler („indigenous") Erziehung als Ganzem (vgl. MOCK 1980; zum Überblick über den Forschungsstand vgl. SANDHAAS 1982).

Besonderheiten interkultureller Forschung und kulturspezifischer Begriffsbildung. Der realgeschichtliche Hintergrund weltweiter Bildungsentwicklung und die Begriffsgeschichte haben deutlich gemacht, daß sich die vier vorgestellten Begriffe auf Lern-, Erziehungs- und Ausbildungsvorgänge *in Ländern der Dritten Welt* beziehen und erste Theorieansätze in der Sprache der internationalen Organisationen entwickelt wurden. Die deutsche Erziehungswissenschaft (in West und Ost) war dabei nur randständig beteiligt. Die Theorieentwicklung ist auch heute noch – nach Gründung einer Fachkommission „Bildungsforschung mit der Dritten Welt" in der Deutschen Gesellschaft für Erziehungswissenschaft (vgl. FLECHSIG 1981) – Domäne von Bildungsforschern an den Zentren für International Education/Development an nordamerikanischen Universitäten oder bei internationalen Organisationen.

Drei historische Wurzeln sind skizziert

Bildungsformen

worden, die zu dieser Situation geführt haben. Dabei sind die englischen Begriffe „education" und „learning" synonym mit den deutschen Begriffen „Bildung", „Erziehung" und „Lernen" verwendet worden. Die Übertragung des Begriffs „Bildung" in die internationale Diskussion ist jedoch insofern problematisch, als mit ihm spezifisch deutsche Ideologiebestände transportiert werden, die in dem englischen Begriff „education" oder in dem französischen Begriff „éducation" nicht enthalten sind (vgl. EGGERS 1981).

Die eingangs zitierte Definition von Evans geht zurück auf die Gruppe um Coombs im „International Council for Educational Development", deren Erziehungsverständnis durch die Gleichsetzung von „education" und „learning" charakterisiert ist (vgl. COOMBS/AHMED 1974, S. 8). Deshalb ist (formal, nonformal, informal und incidental) „education" am ehesten zu übersetzen mit *Lernen* – Lernen verstanden im weitesten Sinne (wie der Begriff auch im „Lernbericht" des Club of Rome verwendet wird, vgl. BOTKIN u. a. 1979). „Education" meint weniger „Erziehung", am wenigsten aber „Bildung", sofern darunter ein normatives Konzept oder eine pädagogische Leitkategorie im Sinne geisteswissenschaftlicher Bildungstheorie (vgl. KLAFKI 1963) verstanden wird.

Eine wortgetreue Übersetzung der englischsprachigen Termini (etwa „formal education" als „formale Bildung"), wie sie noch im ersten deutschsprachigen Forschungsbericht über Bildung in der Dritten Welt überwiegend praktiziert wird (vgl. GOLDSCHMIDT/MELBER 1981), erschwert die deutsche Diskussion aufgrund bildungstheoretischer Traditionen und damit vorliegender Begriffsimplikationen. Seit LEHMENSICK (vgl. 1926) fungiert „formale Bildung" als Gegenbegriff zu „materialer Bildung" (vgl. auch SCHWENK/V. POGRELL 1986). Um diesbezüglich zu erwartende Begriffsverwirrungen möglichst auszuschließen und diesen Traditionszusammenhang nicht zu verdrängen, wurde die vorliegende Übersetzung („form*ell*") vorgetragen.

Bislang wird in den deutschsprachigen Publikationen, welche entsprechende Bildungsprobleme thematisieren (vgl. LAASER 1980, NESTVOGEL 1978, SCHÖFTHALER 1981) „education" relativ willkürlich als „Bildung" oder „Erziehung" wiedergegeben, obgleich der Begriff der *Bildung* geradezu dadurch charakterisiert war, daß er den Bereich der *Ausbildung,* des englischen „training" beziehungsweise der französischen „formation", ausgrenzte.

Das hier vorgestellte Begriffsinstrumentarium ist hingegen daraufhin angelegt, das Gesamt menschlicher Lernprozesse zu erfassen, also auch die im Englischen übliche Trennung zwischen „education" und „training", im Französischen zwischen „éducation" und „formation" und die in der deutschen Bildungstradition angelegte zweifache Trennung zwischen „Erziehung" und „Bildung" einerseits, „(Allgemein-)Bildung" und „(beruflicher) Ausbildung" andererseits zu überwinden.

Ausblick. Ein weitgefaßter, lerntheoretisch fundierter Bildungsbegriff scheint für vergleichende interkulturelle Forschung gegenwärtig aus mehreren Gründen unabdingbar. Seine Relevanz für didaktisches Handeln und dessen erziehungswissenschaftliche Reflexion sei hier nur angedeutet:

- Kulturen geraten ins Blickfeld, die bislang – sofern überhaupt – von anderen Disziplinen „verwaltet" wurden, beispielsweise Stammesgesellschaften und ihr Erziehungssystem in Schwarzafrika durch Völkerkunde, Ethnologie und Ethnopsychoanalyse (vgl. SANDHAAS 1982).
- Lebensbereiche werden als Lernbereiche erschlossen, die zuvor als solche wenig bekannt waren, etwa Erziehung in Altersgruppen oder das System tra-

ditionaler Erziehung als Ganzes (vgl. MOCK 1980).
- Die Analyse organisierter Lernprozesse in anderen Kulturen vermag anzuregen, das Lernverständnis der eigenen Gesellschaft in Frage zu stellen und neue Lernfelder zu entdecken, so beispielsweise Alternativen zur lebenslangen Verschulung (vgl. DAUBER/VERNE 1976).
- Die vom Lernenden und von seinen Bedürfnissen („needs") ausgehende Analyse fördert ein neues Didaktikverständnis, das als Bewegung von einer *Lehrerdidaktik* zur *Lernerdidaktik* charakterisiert werden kann. Die Analyse von Lernercharakteristiken sehr unterschiedlicher Zielgruppen wird zur Forschungsaufgabe.

Angesichts der Möglichkeiten, die mit den verschiedenen Bildungsformen und der Rolle des Lernens in der zukünftigen „Weltgesellschaft" (vgl. LUHMANN 1975) - also nicht nur in der Dritten Welt - eröffnet werden, dürfen die mit der Ausbreitung des evolutionär-universalistischen Wissenschaftsverständnisses verbundenen Implikationen nicht übersehen werden (vgl. SCHÖFTHALER 1983). Entwicklungsbezogene Bildungsforschung in und mit der Dritten Welt wird darauf auszurichten sein, daß nicht Regional- und Subkulturen durch die von einer spezifischen Planerrationalität verbreitete „technisch-wissenschaftliche Weltkultur" (vgl. TIBI 1980) marginalisiert oder gar verdrängt werden.

Die Theorieentwicklung zu Problemen der Weltbildung, etwa zu der Frage, in welchem Verhältnis die verschiedenen Bildungsformen zueinander stehen, ob als „types of education" im Modell eines konzentrischen Zirkels (vgl. PAULSTON 1972) oder aber als klar unterscheidbare „educational modes", die immer auch Elemente der jeweils anderen Modi beinhalten (vgl. LA BELLE 1977), oder zu der Frage, worin der spezifische Beitrag der einzelnen Modi zur sozialen Entwicklung zu sehen ist (vgl. COLETTA/RADCLIFFE 1980), oder gar darüber, welche Populationen bestimmter Länder in welchem Bildungsbereich mittels welcher Lernarrangements vorrangig Entwicklungschancen erhalten sollen (vgl. LAASER 1980), steht erst am Anfang.

BAUER, A.: Kind und Familie in Schwarzafrika. Der Einfluß von Verwandtschafts- und Familienstrukturen auf familiale Erzieherrollen, Saarbrücken 1979. BOTKIN, J.W. u.a.: Das menschliche Dilemma. Zukunft und Lernen, Wien u.a. [3]1979/englisch: No Limits to Learning: Bridging the Human Gap, Oxford 1979. COLETTA, N.J./RADCLIFFE, D.J.: Non-Formal Education: An Educological Approach. In: Canad. and Internat. E. 9 (1980), 2, S. 7ff. COOMBS, PH.H.: The World Educational Crisis: A Systems Analysis, New York 1968/deutsch: Die Weltbildungskrise, Stuttgart 1969. COOMBS, PH.H./AHMED, M.: Attacking Rural Poverty. How Nonformal Education Can Help, Baltimore 1974. DAUBER, H./VERNE, E. (Hg.): Freiheit zum Lernen. Alternativen zur lebenslänglichen Verschulung, Reinbek 1976. EGGERS, P.: Der Bildungsbegriff im interkulturellen Vergleich. In: BAUMANN, U. u.a. (Hg.): Vergleichende Erziehungswissenschaft, Wiesbaden 1981, S. 187ff. ENGELS, B./LAASER, U. (Hg.): Deutsche Bildungshilfe in der zweiten Entwicklungsdekade. Eine Zwischenbilanz, München 1978. EVANS, D.R.: The Planning of Nonformal Education, Paris 1981. FAURE, E. u.a.: Wie wir leben lernen. Der UNESCO-Bericht über Ziele und Zukunft unserer Erziehungsprogramme, Reinbek 1973/englisch: Learning to Be, Paris 1972. FLECHSIG, K.-H.: Die Kommission „Bildungsforschung mit der Dritten Welt". In: GOLDSCHMIDT, D./MELBER, H. (Hg.): Die Dritte Welt..., Weinheim/Basel 1981, S. 289ff. FREIRE, P.: Pädagogik der Unterdrückten, Reinbek 1973. FUHR, R.: Didaktisches Handeln in außerschulischen Feldern. In: Enzyklopädie Erziehungswissenschaft, Bd. 3, Stuttgart 1986, S. 148ff. GOLDSCHMIDT, D./MELBER, H. (Hg.): Die Dritte Welt als Gegenstand erziehungswissenschaftlicher Forschung. Z. f. P., 16. Beiheft, Weinheim/Basel 1981. HANF, TH. u.a.: Erziehung - ein Entwicklungshindernis? Überlegungen zur politischen Funktion der formalen Erziehung in Asien und Afrika. In: Z. f. P. 23 (1977), S. 9ff./englisch: Education: An Obstacle to Development? In: Comp. E. Rev. 19 (1975), S. 68 ff. ILLICH, I.: Entschulung der Gesellschaft, Reinbek 1973. JOUHY, E.: Die Dialektik von Herrschaft und Bildung in der Dritten Welt. In: GOLDSCHMIDT, D./MELBER, H. (Hg.): Die Dritte Welt..., Weinheim/Basel 1981, S. 67 ff. KLAFKI, W.: Studien zur Bildungstheorie und Didaktik, Weinheim 1963. LAASER, U.: Zum Verhältnis von Bildung und Entwicklung in den Ländern der Dritten Welt, München 1980. LA BELLE, T. J.: Liberation, Development, and Rural Non-Formal Education. In: NIEHOFF, R. O. (Hg.): Non-Formal Education and the Rural Poor, Michigan State University East Lansing, East Lansing 1977, S. 211 ff. LEHMENSICK, E.: Die Theorie der formalen Bildung, Göttingen 1926. LUHMANN, N.: Soziologische Aufklärung 2. Aufsätze zur Theorie der Gesellschaft, Opladen 1975. MOCK, E.: Afrikanische Pädagogik. Chancen und Möglichkeiten einer ‚entwicklungs'-orientierten, authentisch afrikanischen Pädagogik, untersucht am Beispiel des frankophonen Schwarzafrika, Wuppertal ²1980. NESTVOGEL, R.: Verstärkung von Unterentwicklung durch Bildung? Schulische und außerschulische Bildung im Kontext gesamtgesellschaftlicher Entwicklung in Kamerun, Bonn 1978. PAULSTON, R. G.: Nonformal Education: An Annotated International Bibliography, New York 1972. POSTMAN, L.: Short-Term Memory and Incidental Learning. In: MELTON, A. W. (Hg.): Categories of Human Learning, New York/London 1964, S. 145 ff. SANDHAAS, B.: Traditionale Erziehung und traditionales Lernen in der Dritten Welt. Internes Arbeitspapier der Abteilung Allgemeine Didaktik und Unterrichtsforschung am Institut für Kommunikationswissenschaften Göttingen, Mimeo, Göttingen 1982. SCHÖFTHALER, T.: Informelle Bildung. In: GOLDSCHMIDT, D./MELBER, H. (Hg.): Die Dritte Welt..., Weinheim/Basel 1981, S. 97 ff. SCHÖFTHALER, T.: Kultur und Logik. Ansätze zu einem Konzept bikognitiven Denkens und bi-kultureller Erziehung. In: GERIGHAUSEN, J./SEEL, P. C. (Hg.): Interkulturelle Kommunikation und Fremdverstehen, München 1983, S. 186 ff. SCHULTZ, M.: Frühkindliche Erziehung in Afrika südlich der Sahara, Saarbrücken 1980. SCHWENK, B./POGRELL, L. v.: Bildung, formale – materiale. In: Enzyklopädie Erziehungswissenschaft, Bd. 3, Stuttgart 1986, S. 394 ff. TIBI, B.: Akkulturation und interkulturelle Kommunikation. Ist jede Verwestlichung kulturimperialistisch? In: Gegenwartsk. 29 (1980), S. 173 ff.

Bernd Sandhaas

Didaktik, allgemeine

Begriff und Geschichte. Daniel Defoe für einen Didaktiker und seinen „Robinson Crusoe" für ein didaktisches Modell zu halten, mag den Leser der heute gängigen didaktischen Literatur überraschen, es entspricht jedoch Goethes Definition, der das Didaktische als ein lehrreiches, „rhythmisch, mit Schmuck von der Einbildungskraft entlehnt, lieblich oder energisch vorgetragenes Kunstwerk" in der Form eines Lehrgedichts bezeichnete (v. GOETHE 1967, S. 158). Im französischen Kulturraum bezeichnet der Begriff „didactique" noch heute eine Literaturgattung. In der deutschen Sprache ist diese Begriffsbedeutung trotz Goethes Kennzeichnung bis heute ungewöhnlich; und im Angloamerikanischen schließlich ist das Wort als spezifischer pädagogischer Terminus nahezu unbekannt. Es zeigt sich, daß der Begriff wenig eindeutig, ja schillernd ist.

Ein Rückgriff auf die ursprüngliche Bedeutung des griechischen Wortes διδάσκειν (didáskein) bringt jedoch eine vorläufige Klärung. Das Verb διδάσκειν kann sowohl aktiv (als: lehren, unterrichten) wie passiv (als: lernen, belehrt werden, unterrichtet werden) sowie als Medium (im Sinne von: aus sich selbst lernen, ersinnen, sich aneignen) verwendet werden. Das vom Verb abgeleitete Substantiv δίδαξις (dídaxis) bedeutet: Lehre, Unterricht, Unterweisung; die διδακτική τέχνη (didakatiké téchne) heißt soviel wie Lehrkunst. In allen Bedeutungen deckt das sprachliche Feld von Didaktik also die Begriffe „Lehren" und „Lernen" ab. In diesem umfassenden Sinne kann die *Didaktik* deshalb als *die wissenschaftliche Reflexion des Lehrens und Lernens* aufgefaßt werden.

Die allgemeine Didaktik befaßt sich im Gegensatz zu den speziellen Didaktiken mit den allgemeinen Prinzipien, den Strukturmomenten und der Institutionalisierungsproblematik organisierten Lehrens und Lernens; sie ist mithin eingeschränkt auf die gesellschaftlich aufgeworfenen, entfalteten und aufrechterhaltenen Normen, Regeln und Formen des Lehrens und Lernens. Zwar hatte das Nachdenken über didaktische Fragen schon in der griechischen Antike bei den Sophisten, bei Sokrates und Platon eingesetzt, doch ist es dort noch nicht in einem im wissenschaftlichen Sinne pädagogischen Kontext gestellt. Denn die Frage nach einem *selbständigen* Problembereich der Erziehung „ist im Grunde erst von der Aufklärung hervorgebracht worden" (BLANKERTZ 1982, S. 13). Es waren denn auch Vertreter der frühen Aufklärung des 17. Jahrhunderts, Wolfgang Ratke (1571-1635) und Johann Amos Comenius (1595-1670), die das planvolle Lehren und Lernen als erste in einen pädagogischen Bedeutungszusammenhang stellten. Mit ihrem Wirken begann die Entwicklung der allgemeinen Didaktik als Wissenschaft. Während RATKE (vgl. 1957) vor allem als Schulreformer hervortrat, entwickelte COMENIUS (vgl. 1959) in seiner „Didactica magna" ein erstes umfassendes System der Lehrkunst. Es zeichnete sich dadurch aus, daß didaktisches Handeln nicht eingeschränkt war auf ein bestimmtes Anwendungsfeld, beispielsweise die Schule, sondern das gesamte Lehren und Lernen mit seinen vielfältigen Erscheinungen und Voraussetzungen ansprach. Didaktik als Lehrkunst war die „vollständige Kunst, allen Menschen alles zu lehren" (COMENIUS 1959, S. 3). Mit diesem weiten Begriff von Didaktik kann der Autor Comenius noch heute mit Gewinn studiert werden (vgl. HEYDORN 1980). Mit nachhaltiger Wirkung eingeengt auf das schulische Lehren und Lernen wurde der Didaktikbegriff vor allem von Herbart (1776-1841). In seiner „Allgemeinen Pädagogik, aus dem Zweck der Erziehung abgeleitet" (vgl. HERBART 1964), in der die Begriffe „Pädagogik" und „Didaktik" weitgehend identisch gesetzt worden sind, entwikkelt Herbart seine Vorstellung vom „erziehenden Unterricht", der durch seine Ausrichtung auf das „allgemeine Ziel" der Erziehung zu rechtfertigen sei. Dabei unterscheidet sich nach Herbart der Unterricht von anderen Erziehungsarten dadurch, daß zwischen *„Erzieher"* und *„Zögling"* der *„Inhalt"* tritt, über den unterrichtet wird. In seiner Konzeption der Didaktik sind die bestimmenden Momente jeden Unterrichts schon angelegt: (allgemeine) Zielsetzung, Inhalte, Lehrender und Lernender sowie die Methode, mit der ein Ziel erreicht werden soll. Der Einfluß Herbarts auf die weitere Entwicklung der Didaktik wuchs durch die Aktivitäten seiner Schüler (vor allem Rein und Ziller), die seine didaktische Lehre aber so sehr formalisierten, daß von ihr für lange Zeit im wesentlichen nur die schematische Anwendung der Formalstufentheorie, ein Artikulationsschema des Unterrichtes, übrigblieb (vgl. SCHWENK 1963). Erst in jüngster Zeit wird die Bedeutung dieses ersten geschlossenen Systems einer pädagogischen Unterrichtslehre wiederentdeckt (vgl. ADL-AMINI u.a. 1979; vgl. BENNER 1985a, b; vgl. OELKERS 1985).

Modelle und Theorien der Didaktik. Die Unterscheidung und Systematisierung der vorhandenen Modelle und Theorien der Didaktik wird nach unterschiedlichen Gesichtspunkten vorgenommen, beispielsweise im Blick auf den Aspektzusammenhang verschiedener wissenschaftstheoretischer Standorte (vgl. BLANKERTZ 1975a), im Blick auf die Bestimmung ihrer Gegenstandsfelder (vgl. KLAFKI 1963), durch die schlichte Unterscheidung nach den Kategorien „klassisch" und „progressiv" (vgl. ASCHERSLEBEN 1983); auch Mischformen treten auf (vgl. PETERSSEN 1977, REICH 1977). ADL-AMINI (vgl. 1986) unterscheidet drei Ebenen didaktischer Theoriebildung und ordnet einzelne Modelle schwerpunktmäßig zu.
Im folgenden sollen die gegenwärtig diskutierten didaktischen Modelle und Theorien im Blick auf den in dem jeweiligen Ansatz akzentuierten Aspekt kurz dargestellt werden. Dabei können die schon in Herbarts Didaktik formulierten *Bestimmungsmomente* institutionalisierten Lehrens und Lernens (der Inhalts-, der Vermittlungs-, der Beziehungssowie der Zielaspekt) zur Untergliederung genutzt werden:

Was soll gelehrt und gelernt werden? – Der Aspekt der Inhalte. Im Kontext der geisteswissenschaftlichen Pädagogik formuliert die bildungstheoretische Didaktik als eine Hauptkategorie des didaktischen Handelns die pädagogische Verantwortung vor dem Heranwachsenden, deren Bezugsgrundlage die geschichtliche Wirklichkeit ist. In ihr soll dem Heranwachsenden ein Welt- und Selbstbild schrittweise erschlossen werden. Dieses Erschließen wird im Begriff der Bildung, der anderen zentralen Kategorie bildungstheoretischer Didaktik, gefaßt. Der Bildungsbegriff ist Ausgangs- und Bezugspunkt aller didaktischen Entscheidungen. Die Aufgaben des Lehrplans beschreibend, formuliert WENIGER (1952, S. 22) dementsprechend: „Die Aufgabe des Lehrplans ist die Festlegung der Bildungsziele und Auswahl und Konzentration [...] der Bildungsgüter oder der Bildungswerte; wir ziehen es vor, von den Bildungsinhalten zu sprechen."
Auch Klafki, ein Schüler Wenigers, rückt in seiner Didaktik als der „Theorie der kategorialen Bildung" (vgl. KLAFKI 1959) den Begriff der Bildung in den Mittelpunkt. Jeder Inhalt im Unterricht muß die Möglichkeit bieten, daß Bildung geschehen kann. Nur wenn einem Inhalt des Unterrichts dieser Bildungsgehalt zukommt, kann er im Sinne der didaktischen Theorie Klafkis als Bildungsinhalt bezeichnet werden. Klafki konkretisiert seine didaktischen Vorstellungen an einem Modell der Unterrichtsvorbereitung, zu deren Kernpunkt

er die „didaktische Analyse" (vgl. KLAFKI 1958, 1963) erklärt. Die Selbstbeschränkung der didaktischen Analyse auf die jeweils vorgefundenen Inhalte des Unterrichts und auf das gegebene Lehrplangefüge ist kritisiert worden, zum einen, weil im Modell vorschnell unterstellt wird, daß „der Staat" einen rationalen Konsens der gesellschaftlichen Interessengruppen bei der Lehrplanerstellung garantieren könne, zum anderen, weil die Betonung der Inhaltsfrage unbeabsichtigt zu einer Vernachlässigung der Methodenproblematik in der bildungstheoretischen Didaktik geführt habe (vgl. BLANKERTZ 1975a, S. 28 ff.).
Dieses methodische Defizit kritisiert vom Standpunkt der Curriculumtheorie aus auch Robinsohn, der sich gleichwohl in der Tradition bildungstheoretisch orientierter Didaktiken bewegt. ROBINSOHN (vgl. 1967, S. 11) verwendet den Curriculumbegriff in seiner engeren Bedeutung als „Gefüge der Bildungsinhalte", wobei die Gegenstände des Unterrichts jeweils auf die pädagogisch und politisch legitimen Bildungsintentionen bezogen bleiben sollen. Eine zentrale Aufgabe der curriculumorientierten Didaktik soll es sein, durch geeignete wissenschaftliche Verfahren die inhaltlichen Curriculumentscheidungen so vorzubereiten, daß sie aus der Beliebigkeit, aus pädagogischem und politischem Dezisionismus herausgehoben und zu einem rationalen Konsens geführt werden, der nach akzeptablen und vor allem offen dargelegten Kriterien erzielt worden ist. An die Stelle des schillernden Bildungsbegriffs setzt ROBINSOHN (1967, S. 45), wenn auch mit gleicher Funktion, nun das Kriterium, „daß in der Erziehung Ausstattung zur Bewältigung von Lebenssituationen geleistet wird". Das von Robinsohn entwickelte und von seinen Schülern entfaltete Modell (vgl. ZIMMER 1984) hat wichtige Impulse für die Curriculumdiskussion gegeben; wegen der prinzipiellen Schwierigkeit, zukünftige Lebenssituationen der Schüler verläßlich zu bestimmen, war die Umsetzung in die Praxis jedoch wenig erfolgreich (zur Kritik vgl. BLANKERTZ 1975b).

Wie soll gelehrt und gelernt werden? - Der Aspekt der Vermittlung. Die zweite Grundfrage didaktischer Theorie und didaktischen Handelns bezieht sich auf den *Weg* des organisierten Lehrens und Lernens, auf die *Methode* des didaktischen Handelns. Sie ist in fast allen didaktischen Modellen mit angelegt. In einem engeren Verständnis umfaßt der Begriff der Methode die Verfahrensweisen, mit denen institutionalisierte Lehr- und Lernprozesse planmäßig und kunstgerecht beeinflußt werden (vgl. MENCK/THOMA 1972). In einem weiten Verständnis sollen hier alle diejenigen systematischen Entscheidungen der Lehrplanung umfaßt werden, die der Erreichung eines vorgegebenen Zieles dienen. In diesem Verständnis ist auch die lehrtheoretische Didaktik der „Berliner Schule" (vgl. HEIMANN u. a. 1965) ein zuerst an methodischen Entscheidungen orientiertes Konzept. Ausdrücklich in Opposition zu den bildungstheoretischen Modellen stellt sie das Lehren und Lernen im Unterricht in den Mittelpunkt ihres Interesses. Ihre Fortentwicklung als „Unterrichtswissenschaft" wird deshalb von ihren Anhängern angestrebt (vgl. ARBEITSGRUPPE THEORIE DER UNTERRICHTSWISSENSCHAFT 1980). Als Ensemble von Fragen an den Unterricht dient die Didaktik seiner Analyse, will Aufschluß geben über die praktischen Entscheidungen des Lehrerhandelns und ihre Bedingungen. Dabei wird Unterricht nicht nur aus *einer* Perspektive betrachtet, sondern unter seinen verschiedenen Strukturmomenten, die in einem ausdrücklichen Zusammenhang gesehen werden. Die klare Herausarbeitung dieses Implikationszusammenhanges aller Unterrichtsfaktoren kann als hervorragende Leistung der lehrtheoretischen Didaktik aufgefaßt werden. Ihr Kern ist das Konzept der Unterrichtsplanung. HEIMANN u. a. (vgl. 1965) unterscheiden darin Entscheidungsfelder und Bedingungsfelder des Unterrichts. Zu den Entscheidungsfeldern gehören die Entscheidungen über die Intentionen des Unterrichtes, über seine Inhalte, über seine Methoden und Medien. Das Bedingungsfeld wird aufgegliedert in die anthropogenen und die soziokulturellen Voraussetzungen des Unterrichts. Wolfgang Schulz hat das Modell aufgrund vielfältiger Kritik vor allem an der scheinbaren Wertfreiheit inhaltlicher Entscheidungen (vgl. SCHULZ 1972) revidiert und schließlich als „Hamburger Modell" (vgl. SCHULZ 1980) wesentlich erweitert und gewandelt. Wegen ihres geschlossenen Charakters hat die lehrtheoretische Didaktik großen Anklang vor allem in der zweiten Phase der Lehrerbildung gefunden.

Ist im lehrtheoretischen Modell die Inhaltsebene über die Kategorien Inhalt und Intentionalität auf der Ebene der Entscheidungsfelder noch aufgehoben, so verzichtet die informationstheoretisch-kybernetische Didaktik (vgl. v. CUBE 1968, FRANK 1969) gänzlich auf die Diskussion und Legitimation des Inhalts- und Zielaspektes von Lehren und Lernen. Entscheidungen darüber werden zu wissenschaftlich nicht abklärbaren Fragen der Normensetzung und der Ideologie gezählt. Das Modell sieht seine Aufgaben ausschließlich im Bereich der Methoden, um die für dieses Handlungsfeld erforderlichen Entscheidungen wissenschaftlich abzusichern. Dazu bedient es sich der Kybernetik. Ziel ist die „Algorithmisierung" der Lehraufgaben. Didaktik wird hier auf unüberbietbare Weise verkürzt. Das Modell hat deshalb auch lediglich im Bereich des programmierten Unterrichts Anklang gefunden.

Zum Bereich der eher methodisch ausgerichteten Didaktiken ist auch die systemtheoretische Didaktik (vgl. KÖNIG/RIEDEL 1970, 1976) zu zählen, insofern ihr erklärtes Ziel die Konstruktion eines Modells ist, das die Ableitung konkreter Handlungsanweisungen zur optimalen Realisierung und Planung von Unterricht ermöglicht. Aussagen über Zielpositionen des Unterrichts werden zwar analysiert, sind aber nicht Aufgabe der Didaktik selbst.

Wie interagieren die an Lehr- und Lernprozessen beteiligten Personen? – Der Aspekt der Beziehungen. Lehren und Lernen geschieht immer zwischen Personen, die zueinander in eine Beziehung treten. Wird dieser Aspekt in den Vordergrund gestellt, so rückt der Begriff didaktischen Handelns in die Nähe des Begriffs kommunikativen Handelns, ja er geht in ihm auf (vgl. MOLLENHAUER 1972; zur Kritik vgl. OELKERS 1983). Inhalte und Methoden des Lehrens und Lernens werden als Inhalte der Kommunikation und als Kommunikationsformen aufgefaßt. Beziehungs- und Inhaltsaspekte durchdringen sich gegenseitig. Die Theorie der kommunikativen Didaktik (vgl. SCHÄFER/SCHALLER 1973) thematisiert eben jene „sozialen Dimensionen des didaktischen Feldes" (POPP 1976). Die Position knüpft insofern an die bildungstheoretische Didaktik an, als diese mit Hilfe des dort entwickelten Theorems des „pädagogischen Bezuges" (NOHL 1961, S. 119) ebenfalls die Beziehungsdimension, wenngleich nicht in so zentraler Bedeutung, thematisiert hatte. Der „pädagogische Bezug" kann als der Kern der kommunikativen Didaktik angesehen werden. Zur regulativen Kategorie wird das Prinzip der symmetrischen Kommunikation der Interaktionspartner im Unterricht. Folgerichtig gewinnt auch die Kategorie der Partizipation, der Teilhabe an der Kommunikation einen konstitutiven Stellenwert für die unterrichtliche Situation. In systematischer Nähe zum Ansatz der kommunikativen Didaktik befindet sich das Konzept erfahrungsbezogenen Unterrichts (vgl. JANK 1986, SCHELLER 1981).

Wozu wird etwas gelehrt und gelernt? – Der Aspekt der allgemeinen Ziele. Von der Frage nach dem Zweck des Lehrens und Lernens, nach seiner obersten Zielsetzung, sind alle didaktischen Modelle und Theorien berührt, ob sie sich nun ausdrücklich als nicht zuständig erklären, wie die kybernetische Didaktik, oder ob sie sich die Frage zu eigen machen, wie die bildungstheoretische Didaktik. Denn jede didaktische Entscheidung enthält eine mehr oder weniger differenzierte Vorstellung über das erstrebte Gesamtziel der pädagogischen Bemühungen. Die Frage nach den Normen des Erziehens und des Lernens gilt aber für die Pädagogik insgesamt noch als ungelöst (vgl. RUHLOFF 1980). Auch die didaktischen Theorien und Modelle vermögen keine Antwort im einzelnen zu geben. Lediglich die normativen Didaktiken (vgl. BLANKERTZ 1975a, S. 18 ff.) suggerieren eine Lösung: Indem sie oberste Normen als gegeben annehmen – das können religiöse Ideale sein, das kann aber auch ein bestimmtes Menschenbild sein –, umgehen sie eine wissenschaftliche pädagogische Diskussion um deren Begründung und Legitimation. Statt dessen unterstellen sie, die konkreten Ziel-, Inhalts- und Methodenentscheidungen aus diesen Normen deduziert zu haben, ohne jedoch diesen Nachweis wissenschaftlich kontrolliert erbringen zu können (vgl. MEYER 1972). Die zuvor dargestellten allgemeinen Didaktiken sind sich in der Ablehnung der normativen Didaktiken einig. Die Frage, wie die dennoch unverzichtbar erscheinende Leitidee didaktischen Handelns zu gewinnen und zu begründen sei, wird jedoch sehr unterschiedlich beantwortet (vgl. TENORTH 1986). Während die bildungstheoretische Didaktik aufgrund der von ihr vorgenommenen Analyse der Erziehungswirklichkeit meint, ein Bildungsideal konstituieren zu können, das keine leere „Abstraktion", sondern eine konkrete Aufgabenbestimmung der „gegebenen Wirklichkeit" (WENIGER 1952, S. 66) darstelle und deshalb von allen relevanten gesellschaftlichen Gruppen getragen werden könne – was ihr jedoch den Vorwurf unkritischer Tradierung des Bestehenden eingebracht hat (vgl. BLANKERTZ 1968, S. 103; vgl. ROBINSOHN 1967, S. 24) –, verzichtet die lehrtheoretische Didaktik der Berliner Schule in der Konzeption von HEIMANN (vgl. 1965, S. 10) explizit auf die pädagogische Hinterfragung der vorgegebenen Leitziele. Sie zu bestimmen sei Aufgabe der Politik. Beide Modelle sind wegen ihres Versuchs der Lösung der Normenproblematik kritisiert worden; beide Modelle haben ihre Position in diesem Punkt revidiert. Zur leitenden Kategorie ist nun der Begriff der Emanzipation beziehungsweise der Mündigkeit gemacht worden, wobei dieser Begriff nicht mehr als eine positiv zwingende Norm verstanden wird, sondern als ein „negatives Kriterium, das dem pädagogisch Unverantwortbaren widersteht und sich eben dadurch zur organisierenden Kategorie qualifiziert" (BLANKERTZ 1975a, S. 36). Vermittels der Einsicht in die Wertgebundenheit aller didaktischen Entscheidungen, in ihre Abhängigkeit von den gesellschaftlichen Verhältnissen, vermag die Didaktik nur Kategorien zur ideologie- und gesellschaftskritischen Reflexion didaktischer Handlung bereitzustellen. KLAFKI (vgl. 1980) integriert als Vertreter der bildungstheoretischen Didaktik dieses Modell deshalb in den Rahmen einer kritisch-konstruktiven Erziehungswissenschaft. SCHULZ (vgl. 1972) als Vertreter der lehrtheoretischen Didaktik revidiert diese unter einem emanzipatorischen Interesse und fragt in seiner neuen Didaktik, dem Hamburger Modell: „Wann ist Planung emanzipatorisch relevant?" (SCHULZ 1980, S. 23). Ohne daß sie sich das allgemeine Ziel der „Emanzipation" zu eigen macht,

Didaktik, allgemeine

stellt auch die curriculumorientierte Didaktik Robinsohns die Frage nach der legitimatorischen Grundlage der Ziel- und Inhaltsselektion und gelangt letztlich zu einer Rehabilitation des Bildungsbegriffs (vgl. BLANKERTZ 1975a, S. 145; vgl. KÜNZLI 1975).

Die Frage „Wozu soll gelehrt und gelernt werden?" kann unter einem anderen Aspekt auch anders formuliert werden, nämlich: „Wem nützt ein bestimmtes Lehren und Lernen?" Die Frage so zu stellen heißt, nach der gesellschaftlichen Interessengebundenheit jedes organisierten didaktischen Handelns zu fragen. Da didaktisches wie überhaupt pädagogisches Denken durch ökonomische Gegebenheiten der je konkreten gesellschaftlichen Situationen bedingt ist, geht in dem materialistischen Ansatz der Pädagogik, der hier angesprochen ist, der didaktischen Analyse immer eine Analyse der gesellschaftlichen Verhältnisse voraus (vgl. BECK u.a. 1970, HUISKEN 1972). Ihre Leitkategorie ist ein kritischer Bildungsbegriff, in dem Erziehung und Bildung als Mittel im Kampf um eine Veränderung der gesellschaftlichen Strukturen verstanden werden. Daß dieser Ansatz nur allzu leicht der Gefahr unterliegt, komplexe pädagogische Prozesse auf einfache Gesellschaftsbilder zurückzuführen und deshalb Alternativen und Ambivalenzen im pädagogischen Geschehen zu ignorieren, ist einsehbar.

Offene Fragen. Aus den vielen offenen und unerledigten Fragen der allgemeinen Didaktik sollen drei herausgegriffen werden (für eine differenzierte Aufarbeitung vgl. ADL-AMINI/KÜNZLI 1980, BORN/OTTO 1978, GEISSLER 1981, GUDJONS u. a. 1981, KLAFKI 1985; vgl. KLINGBERG 1982a, b; vgl. KÖNIG u.a. 1980, PETERSSEN 1982, REICH 1977):

Der institutionelle und der ökologische Aspekt: Seltsamerweise reflektieren die vorliegenden gängigen Theorien organisierten Lehrens und Lernens - wenn man einmal von der in dieser Hinsicht eigenständigen Didaktikdiskussion in der Deutschen Demokratischen Republik absieht - nur selten die institutionelle Gebundenheit jeglichen didaktischen Handelns. Selbst die naheliegende Frage, ob schulstufen- oder schulformspezifische Didaktiken entwickelt werden sollten, ist gegenwärtig theoretisch und praktisch unbeantwortet. Obgleich schon zu Beginn dieses Jahrhunderts BERNFELD (1968, S. 28) festgestellt hatte: „Die Schule - als Institution - erzieht", verweisen lediglich FLECHSIG/HALLER (vgl. 1975) in ihrem Konzept des didaktischen Handelns auf die Notwendigkeit einer differenzierten Einbeziehung und Beeinflussung der institutionellen Rahmenbedingungen des Unterrichts; und nur in wenigen jüngeren Anleitungen zur Unterrichtsvorbereitung (vgl. MEYER 1980, S. 280 ff.; vgl. SCHELLER 1981) wird gefordert, die gesellschaftlich determinierten Verkehrsformen und den heimlichen Lehrplan der Schule bei der Planung angemessen zu berücksichtigen. Ansonsten wird dieser Aspekt der Institutionalisierung im Rahmen der Schultheorie (vgl. FEND 1980, FÜRSTENAU u. a. 1969), in der Bildungs- und Entwicklungssoziologie (vgl. BAUER/ROLFF 1978, HURRELMANN 1974) oder aber in der radikalen Schulkritik (vgl. GAMM 1972, v. HENTIG 1971, ILLICH 1972) erörtert. Aber selbst diese Ausweitung der Fragestellung greift zu kurz, weil die Didaktik ja nicht nur ihren institutionellen Rahmen, sondern darüber hinaus ihr lernökologisches Umfeld (vgl. SCHULZE 1983) in die Reflexion einbeziehen muß.

Das ungeklärte Verhältnis zu den Fachdidaktiken: Fachdidaktiken sind sehr junge Disziplinen; einen eigenständigen wissenschaftlichen Status haben sie zum Teil erst ab 1970 erhalten (vgl. HEURSEN 1986, KOCHAN 1970). Konnte in der Vergangenheit noch von der Mehrzahl der Allgemein- und Fachdidaktiker fraglos akzeptiert werden, daß die allgemeine

Didaktik die allgemeinen Kategorien der Analyse, Planung und Reflexion von Unterricht zu liefern habe, während die Fachdidaktiken diese auf einen bestimmten schulischen Aufgabenkomplex anzuwenden versuchten, so ist im Zuge des Eigenständigwerdens der Fachdidaktiken (vgl. HEURSEN 1984a) die Frage nach dem Zueinander neu aufgeworfen worden. Von der theoretischen und schulpraktischen Beantwortung der Frage wird abhängen, ob die allgemeine Didaktik ihre noch 1975 von BLANKERTZ (vgl. 1975a, S. 11f.) konstatierte große Bedeutung für die Etablierung der Erziehungswissenschaft einerseits, für die Weiterentwicklung der Schule andererseits behalten wird oder ob sie ihr eigenes Aufgabenfeld dadurch verlieren wird, daß immer mehr Fachdidaktiken sich gleicher oder ähnlicher Fragestellungen und theoretischer Positionen bedienen, um so ihre Anerkennung durch Ausgrenzung zu sichern.

Das Verhältnis von Theorie und Praxis in der allgemeinen Didaktik: So alt diese Frage auch ist (vgl. BREZINKA 1971; vgl. KÖNIG 1975, S. 20ff.; vgl. RÖHRS 1969, WENIGER 1957), so ungeklärt ist ihre Beantwortung. Und diese Antwort wird auch so lange unbefriedigend bleiben, wie nicht geklärt ist, wie sich Lehrer didaktisches Theoriewissen aneignen und wie dieses Wissen im Prozeß der Routinebildung des Lehrers modifiziert wird. Ein Versuch, näher an die Analyse des Unterrichtsgeschehens selbst zu gelangen, ist in der Alltagswende der Erziehungswissenschaft und der Didaktik zu sehen. Indem die alltäglichen und nicht die idealen Strukturen des Lehrens und Lernens aufgesucht und zu analysieren versucht werden (vgl. LENZEN 1980, TERHART 1986), soll die Didaktik in den Stand versetzt werden, stärker als bisher handlungsrelevante Aussagen zu machen. Eine „Alltagsdidaktik", die institutionelle Zwänge und menschliche Unzulänglichkeiten im Interesse der lernenden Subjekte aufzuheben gestattet, ist freilich auch von diesen Untersuchungen nicht zu erwarten. Denn Fortschritte in der didaktischen Theoriebildung und im schulischen Alltag werden nicht durch die Entwicklung immer neuer und immer ausgeklügelterer didaktischer Modelle erzielt, sondern durch gemeinsame, bewußte Anstrengungen handelnder Subjekte in der Praxis und in der Theoriebildung.

ADL-AMINI, B.: Ebenen didaktischer Theoriebildung. In: Enzyklopädie Erziehungswissenschaft, Bd. 3, Stuttgart 1986, S. 27 ff. ADL-AMINI, B./KÜNZLI, R. (Hg.): Didaktische Modelle und Unterrichtsplanung, München 1980. ADL-AMINI, B. u.a.: Pädagogische Theorie und erzieherische Praxis, Bern/Stuttgart 1979. ARBEITSGRUPPE THEORIE DER UNTERRICHTSWISSENSCHAFT (Hg.): Theorie einer praxisnahen Lehrerausbildung, Königstein 1980. ASCHERSLEBEN, K.: Didaktik, Stuttgart 1983. BAUER, K.-O./ROLFF, H.-G. (Hg.): Innovation und Schulentwicklung, Weinheim/Basel 1978. BECK, J. u.a.: Erziehung in der Klassengesellschaft, München 1970. BENNER, D.: Herbart als Theoretiker der Allgemeinen Erziehungswissenschaft, München 1985a. BENNER, D.: Herbarts systematische Pädagogik, Stuttgart 1985b. BERNFELD, S.: Sisyphos oder die Grenzen der Erziehung (1925), Frankfurt/M. 1968. BLANKERTZ, H.: Bildungsbegriff. In: DAHMER, I./KLAFKI, W. (Hg.): Geisteswissenschaftliche Pädagogik am Ausgang ihrer Epoche - Erich Weniger, Weinheim/Berlin 1968, S. 103ff. BLANKERTZ, H.: Theorien und Modelle der Didaktik, München ^{9}1975a. BLANKERTZ, H.: Analyse von Lebenssituationen unter besonderer Berücksichtigung erziehungswissenschaftlich begründeter Modelle: Didaktische Strukturgitter. In: FREY, K. (Hg.): Curriculum-Handbuch, Bd. 2, München/Zürich 1975, S. 202ff. (1975b). BLANKERTZ, H.: Die Geschichte der Pädagogik, Wetzlar 1982. BORN, W./OTTO, G. (Hg.): Didaktische Trends, München 1978. BREZINKA, W.: Von der Pädagogik zur Erziehungswissenschaft, Weinheim/Basel 1971. COMENIUS, J.A.: Große Didaktik (1638), hg. v. A. Flitner, Düsseldorf/München 1959. CUBE, F.v.: Kybernetische Grundlagen des Lernens und Lehrens, Stuttgart ^{2}1968. FEND, H.: Theorie der Schule, München/Wien/Baltimore 1980.

Didaktik, allgemeine

Flechsig, K.-H./Haller, H.-D.: Einführung in didaktisches Handeln, Stuttgart 1975. Frank, H.: Kybernetische Grundlagen der Pädagogik, 2 Bde., Baden-Baden ²1969. Fürstenau, P. u. a.: Zur Theorie der Schule, Weinheim 1969. Gamm, H.-J.: Das Elend der spätbürgerlichen Pädagogik, München 1972. Geissler, E. E.: Allgemeine Didaktik. Grundlegung eines erziehenden Unterrichts, Stuttgart 1981. Goethe, J. W. v.: Briefe. Hamburger Ausgabe in vier Bänden, Bd. 4, Hamburg 1967. Gudjons, H. u. a. (Hg.): Didaktische Theorien, Braunschweig 1981. Heimann, P.: Didaktik als Theorie und Lehre. In: D. Dt. S. 54 (1962), S. 407 ff. Heimann, P.: Didaktik 1965. In: Heimann, P. u. a.: Unterricht..., Hannover u. a. 1965, S. 7 ff. Heimann, P. u. a.: Unterricht - Analyse und Planung, Hannover u. a. 1965. Hentig, H. v.: Cuernavaca oder: Alternativen zur Schule? Stuttgart/München 1971. Herbart, J. F.: Pädagogische Schriften, hg. v. W. Asmus, Bd. 1, Düsseldorf/München 1964. Heursen, G. (Hg.): Didaktik im Umbruch - Aufgaben und Ziele der (Fach-)Didaktik in der integrierten Lehrerbildung, Königstein 1984 a. Heursen, G.: Didaktik im Umbruch: Fachdidaktik auf dem Weg zu ihrer Eigenständigkeit. In: Heursen, G. (Hg.): Didaktik... Königstein 1984, S. 1 ff. (1984 b). Heursen, G.: Fachdidaktik. In: Enzyklopädie Erziehungswissenschaft, Bd. 3, Stuttgart 1986, S. 427 ff. Heydorn, H.-J.: Die Hinterlassenschaft des Jan Amos Comenius an eine unbeendete Geschichte. In: Heydorn, H.-J.: Zur bürgerlichen Bildung. Bildungstheoretische Schriften, Bd. 1, Frankfurt/ M. 1980, S. 293 ff. Huisken, F.: Zur Kritik bürgerlicher Didaktik und Bildungsökonomie, München 1972. Hurrelmann, K. (Hg.): Soziologie der Erziehung, Weinheim/Basel 1974. Illich, I.: Entschulung der Gesellschaft, München 1972. Jank, W.: Unterricht, erfahrungsbezogener. In: Enzyklopädie Erziehungswissenschaft, Bd. 3, Stuttgart 1986, S. 594 ff. Klafki, W.: Das Problem des Elementaren und die Theorie der kategorialen Bildung, Weinheim 1957. Klafki, W.: Didaktische Analyse als Kern der Unterrichtsvorbereitung. In: D. Dt. S. 50 (1958), S. 450 ff. Klafki, W.: Kategoriale Bildung. In: Z. f. P. 5 (1959), S. 386 ff. Klafki, W.: Studien zur Bildungstheorie und Didaktik, Weinheim 1963. Klafki, W.: Zur Unterrichtsplanung im Sinne kritisch-konstruktiver Didaktik. In: Adl-Amini, B./Künzli, R. (Hg.): Didaktische Modelle..., München 1980, S. 11 ff. Klafki, W.: Die bildungstheoretische Didaktik im Rahmen kritisch-konstruktiver Erziehungswissenschaft. In: Gudjons, H. u. a. (Hg.): Didaktische Theorien, Braunschweig 1981, S. 11 ff. Klafki, W.: Neue Studien zur Bildungstheorie und Didaktik. Beiträge zur kritisch-konstruktiven Didaktik, Weinheim/Basel 1985. Klingberg, L.: Unterrichtsprozeß und didaktische Fragestellung, Berlin (DDR) 1982 a. Klingberg, L.: Einführung in die allgemeine Didaktik. Vorlesungen, Berlin (DDR) ⁵1982 b. Kochan, D. C. (Hg.): Allgemeine Didaktik - Fachdidaktik - Fachwissenschaft, Darmstadt 1970. König, E.: Theorie der Erziehungswissenschaft, Bd. 1, München 1975. König, E./Riedel, H.: Unterrichtsplanung als Konstruktion, Weinheim/Berlin/Basel 1970. König, E./Riedel, H.: Systemtheoretische Didaktik, Weinheim/Basel ³1976. König, E. u. a. (Hg.): Diskussion Unterrichtsvorbereitung - Verfahren und Modelle, München 1980. Künzli, R. (Hg.): Curriculumentwicklung. Begründung und Legitimation, München 1975. Lenzen, D. (Hg.): Pädagogik und Alltag, Stuttgart 1980. Menck, P./Thoma, G. (Hg.): Unterrichtsmethode, München 1972. Meyer, H. L.: Einführung in die Curriculum-Methodologie, München 1972. Meyer, H. L.: Leitfaden zur Unterrichtsvorbereitung, Königstein 1980. Mollenhauer, K.: Theorien zum Erziehungsprozeß, München 1972. Nohl, H.: Die pädagogische Bewegung in Deutschland und ihre Theorie, Frankfurt/M. ⁵1961. Oelkers, J.: Pädagogische Anmerkungen zu Habermas' Theorie kommunikativen Handelns. In: Z. f. P. 29 (1983), S. 271 ff. Oelkers, J.: Erziehen und Unterrichten. Grundbegriffe der Pädagogik in analytischer Sicht, Darmstadt 1985. Peterssen, W. H.: Gegenwärtige Didaktik: Positionen, Entwürfe, Modelle, Ravensburg 1977. Peterssen, W. H.: Handbuch Unterrichtsplanung, München 1982. Popp, W. (Hg.): Kommunikative Didaktik - Soziale Dimensionen des didaktischen Feldes, Weinheim/Basel 1976. Ratke, W.: Die neue Lehrart, hg. v. G. Hohendorf, Berlin (DDR) 1957. Reich, K.: Theorien der allgemeinen Didaktik, Stuttgart 1977. Robinsohn, S. B.: Bildungsreform als Revision des Curriculum, Neuwied/Berlin 1967. Röhrs, H.: Allgemeine Erziehungswissenschaft, Weinheim/Berlin/Basel 1969. Ruhloff, J.: Das ungelöste Normproblem der Pädagogik, Heidelberg 1980. Schäfer, K.-H./Schaller, K.: Kritische Erziehungswissenschaft und kommunikative Didaktik, Heidelberg ²1973. Scheller, I.: Erfahrungsbezogener Unterricht, Königstein 1981. Schulz, W.: Revision der Didaktik. In: betr. e. 5 (1972), S. 19 ff. Schulz, W.: Unterrichtsplanung, München/Wien/Baltimore 1980.

SCHULZE, TH.: Ökologie. In: Enzyklopädie Erziehungswissenschaft, Bd. 1, Stuttgart 1983, S. 262 ff. SCHWENK, B.: Das Herbartverständnis der Herbartianer, Weinheim 1963. SCHWENK, B.: Unterricht zwischen Aufklärung und Indoktrination, Frankfurt/M. 1974. TENORTH, H.-E.: Leitvorstellungen didaktischen Handelns. In: Enzyklopädie Erziehungswissenschaft, Bd. 3, Stuttgart 1986, S. 80 ff. TERHART, E.: Der Stand der Lehr-Lern-Forschung. In: Enzyklopädie Erziehungswissenschaft, Bd. 3, Stuttgart 1986, S. 63 ff. WENIGER, E.: Didaktik als Bildungslehre, Teil 1: Theorie der Bildungsinhalte und des Lehrplans, Weinheim 1952. WENIGER, E.: Theorie und Praxis in der Erziehung. In: WENIGER, E.: Die Eigenständigkeit der Erziehung in Theorie und Praxis, Weinheim 1957, S. 7 ff. WILLMANN, O.: Didaktik als Bildungslehre, Braunschweig [4]1909. ZIMMER, J.: Der Situationsansatz als Bezugsrahmen der Kindergartenreform. In: Enzyklopädie Erziehungswissenschaft, Bd. 6, Stuttgart 1984, S. 21 ff.

Gerd Heursen

Erziehung, anarchistische

Historisches. Wie von anderen Revolutionären und Reformern des 19. und beginnenden 20. Jahrhunderts wurde auch von Anarchisten früh erkannt, daß ein wesentlicher Faktor der Beständigkeit des Bestehenden in der Herrschaft über das Erziehungswesen liegt.

Schon vor der Einführung eines staatlich organisierten, finanzierten und beaufsichtigten Schulwesens kritisierte der erste neuzeitliche Anarchist, Godwin, 1793 Pläne, Intentionen und Utopien, die auf die Etablierung eines öffentlichen Unterrichtssystems abzielten (vgl. GODWIN 1946). Die Durchsetzung der allgemeinen Schulpflicht in Rußland Mitte des 19. Jahrhunderts wurde von dem anarchistischen Dichter und Sozialkritiker Tolstoj heftig bekämpft. Mit derartiger Kritik an staatlicher Einmischung in Erziehungsfragen, wie sie in ähnlicher Form auch von anderen Klassikern des Anarchismus - etwa Proudhon, Stirner, Bakunin und Tucker - formuliert wurde, führten die Anarchisten radikale liberale Argumentationen weiter, etwa 1792 v. HUMBOLDT (vgl. 1980, S. 103 ff.) und 1843 SPENCER (vgl. 1981, S. 226 ff.). Humboldts Idee, sich als Kultusminister überflüssig zu machen und die Kontrolle über die Erziehung in die Hände der Lehrer, Eltern und Schüler sowie der betroffenen Gemeinden zu legen (vgl. MENZE 1975, S. 133 ff.), entbehrte zwar des revolutionären Pathos späterer anarchistischer Ideen, steht ihnen aber sachlich näher als der historischen Realität des Liberalismus, der v. Humboldt gemeinhin zugerechnet wird. Die radikale Schulkritik des 19. Jahrhunderts hat ebenfalls viele staatsskeptische und anarchistische Elemente (vgl. MÜLLER 1978).

Neben der generellen Kritik am staatlichen Erziehungswesen ergab sich für die Anarchisten die Frage, ob der staatlichen Indoktrination und Disziplinierung durch Gründung von nichtstaatlichen Schulen entgegengewirkt werden könne. Zu den berühmtesten Versuchen dieser Art gehören TOLSTOJS russische Schule von Jasnaja Poljana Mitte des 19. Jahrhunderts (vgl. 1980; vgl. KLEMM 1984), Francisco FERRERS spanische Escuela Moderna 1901-1909 (vgl. 1970), Bertrand RUSSELS englische Schule Beacon Hill 1927-1943 (vgl. 1974) und die amerikanische Ferrer Modern School 1915-1953 (vgl. AVRICH 1980). In Deutschland gab es in der Zeit der Weimarer Republik mehrere, teils untereinander im Widerstreit liegende Ansätze praktischer anarchistischer Erziehung (vgl. BAUMANN 1984, LINSE 1976). Pädagogisch noch nicht ausgewertet sind die Erziehungsanstrengungen in der anarchistischen freien Ukraine 1917-1922, Gustav Landauers Bemühungen als Volksbeauftragter für Volksaufklärung in der Münchner Räterepublik 1919 sowie die Alphabetisierungskampagne während des „kurzen Sommers der Anarchie" (Enzensberger) in Spanien 1936-1939.

Von den Gegenschulen anderer sozialer Bewegungen unterschieden sich die von anarchistischen Pädagogen eingerichteten Erziehungsstätten dadurch, daß es sich die dort Wirkenden zur Aufgabe und zum Programm machten, die Kinder *nicht* auf die eigene politische Überzeugung einzuschwören, sie vielmehr zur mündigen Entscheidung freizusetzen.

Beide Kennzeichen anarchistischer Pädagogik, die generelle Kritik an der Staatsschule und die Idee von freien Gegenschulen, wurden durch die Protestbewegung der 60er Jahre wieder aktuell, wobei besonders in den USA explizit an die anarchistische Tradition angeknüpft wurde (vgl. AVRICH 1980, S. 350 ff.; vgl. ST. BLANKERTZ 1975, DENNISON 1971, GOODMAN 1962).

Wenn sich die anarchistische Gegenschulbewegung vor dem Zweiten Weltkrieg - von einzelnen Ausnahmen abgesehen - in kurzen Projekten erschöpfte und wenig breitenwirksam war und wenn die gegenwärtige Gegenschulbewegung da, wo sie erfolgreich ist, „verstaatlicht" wird durch finanzielle und organisatorische Einbindung in das bestehende System (vgl. LESCHINSKY 1984), so wird dies häufig ihrer angeblich unrealistischen, romantizistischen oder utopischen Konzeption zugeschrieben. In den letzten Jahren haben Anarchisten und am klassischen Liberalismus orientierte Denker eine alternative Erklärung hierfür vorgelegt: Es sei ein vom Staat gesteuerter ökonomischer Prozeß, durch den nicht nur anarchistische, sondern alle nichtstaatlichen „privaten" Erziehungseinrichtungen verdrängt und marginalisiert würden. Der Hauptgrund für diesen Verdrängungs- und Marginalisierungsprozeß besteht ihrer Meinung nach in der Tatsache, daß kaum eine Konkurrenz, sei sie noch so preisgünstig, gegen die staatlichen, *scheinbar* kostenlosen Institutionen eine Chance habe (vgl. ROTHBARD 1978, WEST 1975). Die staatlichen Institutionen werden von allen Bürgern durch die zwangsweise erhobenen Steuern bezahlt, während die „privaten" Einrichtungen von den Benutzern oder von freiwilligen Spendern unterhalten werden müssen.

Systematisches. Obwohl Anarchisten, die sich mit Erziehungsfragen auseinandergesetzt haben, persönlich meist einer „sokratischen", „indirekten", „antiautoritären", „nichtdirektiven", „personalen" Pädagogik nahestehen (vgl. SPRING 1982), ist es nicht möglich, von einer „anarchistischen Erziehung" in *dem* Sinne zu sprechen, daß damit bestimmte Formen, Methoden, Inhalte oder Ziele des Erziehens gemeint sind. So wie der Anarchismus als politische Theorie keiner Lebensform den Vorrang gibt, sondern den Modus ausfindig zu machen versucht, unter dem alle von Menschen gewünschten Lebensformen nebeneinander bestehen können (vgl. AVRICH 1978, S. 144 ff.; vgl. DE CLEYRE 1914), so muß die anarchistische Vorstellung von Erziehung allen Methoden und Zielen das Recht auf Existenz einräumen, solange ihre Basis die absolute Freiwilligkeit der Beteiligten ist. Anarchisten haben beispielsweise klerikale Erziehungsmonopole angegriffen; aber dort, wo die Säkularisierung so weit getrieben werden sollte, kirchliche Schulen zu verbieten, prinzipiell das Existenzrecht von katholischen, protestantischen oder sektiererischen Privateinrichtungen verteidigt (vgl. ROTHBARD 1978).

Eine Systematik mit inhaltlicher und methodischer Festlegung, was anarchistische Erziehung sei, ist also nicht möglich. Mit „anarchistischer Erziehung" kann nur die Bedingung gemeint sein, unter der erzieherische Handlungen, wie sie im einzelnen auch aussehen mögen, nach anarchistischer Auffassung legitim sind. Die Bedingung besteht in der Freiwilligkeit des organisatorischen und rechtlichen Rahmens, nicht in dem Leugnen von möglicher Autorität und von der prinzipiellen fürsorglichen Verpflichtung von Erwachsenen gegenüber Kindern innerhalb von freien Gruppen.

Erziehungsphilosophie als anarchistische Theorie. Neben der äußerlichen Feststellung, wie Anarchisten sich mit der Erziehungsproblematik auseinandergesetzt haben, gibt es noch die Möglichkeit, eine innere Verbindung zwischen anarchistischer Theorie und Erziehungsphilosophie zu sehen, wie sie besonders Goodman hervorhob. Die mögliche Verbindung kann in folgendem vermutet werden: Erziehung widerstrebt ihrer Struktur nach der Herrschaft des Menschen über den Menschen. Sie muß, auch wenn sie Indoktrination zum Ziel hat, langfristig gesehen die zu Erziehenden bis zu dem Punkt bringen, an dem diese die indoktrinierten Normen selbständig, ohne weitere Anleitung erfüllen und auf unvorhergesehene oder unvorhersehbare Probleme übertragen können; andernfalls würden nur abhängige, selbst bei einfachen Aufgaben dysfunktional handelnde Kreaturen geschaffen, deren Produktion - die vom „technischen" Standpunkt durchaus möglich ist - nicht „Erziehung" genannt werden kann und deren Dasein keinem wie auch immer gearteten sozialen System dient, nicht mal einem despotischen.

Die in der Erziehung, selbst der normorientierten indoktrinierenden Erziehung implizierte Selbständigkeit kann nie ausschließen, daß der zur Selbständigkeit erzogene Mensch sich gegen die gesetzten Normen wendet. Insofern bildet Erziehung die Essenz der anarchistischen Anthropologie, die das Mensch-Sein mit der Fähigkeit zur „Empörung" (Bakunin) oder zum „Widerstand" (Sigrist) bezeichnet sieht: Der Mensch kann nicht endgültig unterworfen werden, insoweit er ein zu erziehendes Wesen ist (vgl. ST. BLANKERTZ 1984, S. 72 ff.). Wird unter dieser These die Geschichte des Erziehungsdenkens inspiziert (vgl. H. BLANKERTZ 1982), dann fällt auf, wie unter der - bisweilen Unterwerfung des zu Erziehenden und Brechung seines Eigenwillens kündenden - Oberfläche das Wissen schlummert, daß eine Norm nicht gegen den Verstand und das Herz des Zöglings zu oktroyieren ist. So betrachtet, könnte die Geschichte der Pädagogik als Geschichte möglicher Anarchie verstanden werden.

AVRICH, P.: An American Anarchist. The Life of Voltairine de Cleyre, Princeton 1978. AVRICH, P.: The Modern School Movement. Anarchism and Education in the United States, Princeton 1980. BAUMANN, H.: Libertäre Erziehung. Ein Beitrag zur Sozialgeschichte des Kindes 1900-1933, Bremen 1984. BLANKERTZ, H.: Die Geschichte der Pädagogik. Von der Aufklärung bis zur Gegenwart, Wetzlar 1982. BLANKERTZ, S.: Nachwort: Goodman und die Free-School-Bewegung. In: GOODMAN, P.: Das Verhängnis der Schule, Frankfurt/M. 1975, S. 118 ff. BLANKERTS, ST.: Kritischer Pragmatismus. Zur Soziologie Paul Goodmans, Wetzlar 1984. DE CLEYRE, V.: Anarchism. Selected Works, hg. v. A. Berkman, New York 1914, S. 96 ff. DENNISON, G.: Lernen und Freiheit. Aus der Praxis der First Street School, Frankfurt/M. 1971. FERRER, F.: Revolutionäre Schule, Berlin 1970. GODWIN, W.: Enquiry Concerning Political Justice and its Influence on Morals and Happiness, Toronto 1946. GOODMAN, P.: The Community of Scholars, New York 1962. HUMBOLDT, W. v.: Werke, Bd. 1, Stuttgart 1980. KLEMM, U.: Anarchistische Pädagogik. Über den Zusammenhang von Lernen und Freiheit in der Bildungskonzeption Leo N. Tolstojs, Siegen-Eiserfeld 1984. LESCHINSKY, A.: Entschulung. In: Enzyklopädie Erziehungswissenschaft, Bd. 5, Stuttgart 1984, S. 482 ff. LINSE, U.: Anarchistische Jugendbewegung 1919-1933, Frankfurt/M. 1976. MENZE, C.: Die Bildungsreform Wilhelm von Humboldts, Hannover/Dortmund/Darmstadt/Berlin 1975. MÜLLER, W.: Zur Geschichte radikaler Schulkritik in der jüngsten Vergangenheit. In: FISCHER, W. (Hg.): Schule als parapädagogische Organisation, Kastellaun 1978, S. 9 ff. ROTHBARD, M.: For A New Liberty. The Libertarian Manifesto, New York 1978. RUSSEL, B.: Erziehung ohne Dogma, München 1974. SPENCER, H.: The Man versus the State, Indianapolis 1981. SPRING, J.: Erziehung als Befreiung, Anzhausen 1982. TOLSTOJ, L.: Die Schule von Jasnaja Poljana, Wetzlar 1980. WEST, E. G.: Education and the Industrial Revolution, London 1975.

Stefan Blankertz

Fach – Fächerkanon

Die gesellschaftliche Bedeutung des Fächerkanons. Bildungsvorstellungen einer historischen Epoche über Umfang, Struktur und Einheit (System) des an die aufwachsende Generation zu vermittelnden Wissens materialisieren sich im Fächerkanon des jeweiligen Bildungssystems. Von DURKHEIM (1977, S. 22) stammt die Aussage, daß der – in Fächern organisierte – Unterricht eine „Kurzfassung der intellektuellen Kultur der Erwachsenen" sei. Durkheim gibt damit das Stichwort für die Interpretation der Systematisierung und Hierarchisierung von Wissen in Unterrichts- und Schulfächern: Seit den Anfängen des abendländischen Bildungsdenkens ist die hierarchische Anordnung des Lernstoffs als Mittel der intellektuellen *und* sozialen Organisation der gesellschaftlichen Wissensaneignung beschreibbar. *Fächer*, so kann in einer ersten Definition formuliert werden, *sind Ordnungsschemata für die sozial geregelte Aneignung von Wissen*. Sie vermitteln also zwischen der Fülle vorhandenen Wissens und seiner Anwendung in den gesellschaftlichen Praxisbereichen. In ihrer Vermittlungsfunktion sind sie selbst das Resultat historischer und sozialer Vermittlungsprozesse. Insofern dient ihre Kanonbildung auch – neben der inhaltlichen Vereinheitlichung gemäß dem zugrunde liegenden Bildungsprinzip – der *Steuerung sozialer Selektionsprozesse*, wie dies etwa in der Unterscheidung von allgemein- und berufsbildenden Fächern deutlich wird.

Die Fächerarchitektonik, die im fünften bis dritten vorchristlichen Jahrhundert, im sogenannten pädagogischen Zeitalter Griechenlands, zur Zeit des Sokrates, Platon und Aristoteles entstand, enthielt sowohl wissenschaftlich-inhaltsbezogene als auch soziale Ordnungsgesichtspunkte; die damals entstandene *Enkýklios paideía* mit Grammatik, Rhetorik, Dialektik, Arithmetik, Geometrie, Astronomie, Musiktheorie und Gymnastik stellte einen geschlossenen Kreis („kyklos") von Fächern dar, dessen Studium als allgemeine Voraussetzung für die Zugehörigkeit zum „Kreis der Gebildeten" im Staatswesen zwingend vorgeschrieben war (vgl. DOLCH 1982, S. 25, S. 56; vgl. MEISTER 1947, S. 145 f.). Die in den ersten Anfängen der Fächergruppierung bereits auffindbare Intention einer engen Verknüpfung von intellektuellen und sozialen Funktionen, die unter anderem auch durch die Relationierung der Fächer gewährleistet werden soll, ist keineswegs immer ein Akt bewußter, also reflektierter und begriffener Entscheidung (vgl. BOURDIEU 1982, S. 48 ff., S. 122, S. 162 ff.), sondern Teil einer kulturellen Praxis, die soziale Unterschiede nicht zuletzt auch dadurch produziert, daß bestimmten kulturellen und wissenschaftlichen Inhalten im Schulsystem die höchste, anderen die geringste soziale Anerkennung zuteil wird. Seit den Anfängen schulisch organisierter Bildungsprozesse stellt die Kanonbildung als konstruiertes Wissensgefüge das klassifikationsrelevanteste Organisationsprinzip dar (vgl. DURKHEIM 1977, S. 257); seine Klassifikationswirksamkeit, das heißt die allgemeine gesellschaftliche Akzeptanz dieser rangspezifischen inhaltlichen Gliederung, wird dadurch gesichert, daß diese Inhaltshierarchisierung ihrerseits aus objektivierten Klassifizierungssystemen, nämlich aus gesellschaftlich-kulturellen Hierarchien erwachsen ist (vgl. BERNSTEIN 1975; vgl. BOURDIEU 1982, S. 48, S. 52, S. 122, S. 204, S. 605; vgl. HOPF 1984). Die unangefochtene Gültigkeit einer Fächerklassifikation im Schulsystem deutet auf den Grad der erreichten sozialen Integration einer Gesellschaft hin. Ist aber die Gefahr einer Desintegration der Gesellschaft gegeben, wenn zwischen den verschiedenen Zonen der kulturellen Aktivitäten (wie der künstlerischen, politischen, wissenschaftlichen, philosophischen und religiösen) große Differenzen entstanden sind (vgl. BOURDIEU 1975, S. 197), so wird die in Fächern verortete und durch die Vermittlungsinstanz der jeweils herrschenden intellektuellen Kultur gesicherte allgemeine Bildung gerade wegen ihrer scheinbar überzeitlichen und jenseits sozialer Gruppierungen formulierbaren Gültigkeit zu einem wichtigen Stabilisierungsfaktor (vgl. BLANKERTZ 1982, S. 14); der Fächerkanon wird zum Dokument der Legitimität symbolischer Gewalt (vgl. BOURDIEU/PASSERON 1973, S. 71 ff.).

Die in Fächern organisierte Wissenstradierung hat es in mehrfacher Hinsicht mit *Differenzen* zu tun: mit der Differenz zwischen der „Einheit" des Wissens und seiner Gliederung in Disziplinen, Gegenstände und Methoden; mit der Differenz zwischen dem in Disziplinen gefächerten Wissen insgesamt und dem Substrat derselben in Schulfächern, die weder *alle* Wissenschaften im Schulfächerspektrum repräsentieren noch deren Inhalte, falls sie repräsentiert sind, *vollständig* und im Sinne der Fachdisziplin für die Vermittlungsprozesse bereitstellen. Es gilt also zu beachten, daß einerseits keineswegs alle Schulfächer ihre Entsprechung in einer wissenschaftlichen Disziplin finden (so die Heimatkunde oder der Sachunterricht) und daß andererseits Schulfächer (wie Deutsch, Mathematik, Fremdsprachen oder Geographie) auf die Etablierung und Entwicklung der Fachwissenschaften an Hochschulen und Universitäten einen entscheidenden Einfluß genommen haben (für die Mathematik vgl. INSTITUT FÜR DIDAKTIK DER MATHEMATIK DER UNIVERSITÄT BIELEFELD (IDM) 1982, S. 1 ff.; für die Geographie vgl. HARD 1983, S. 533; vgl. SCHRAND 1983, S. 75 ff.; für die Technik vgl. BLANKERTZ 1969, S. 90).

In ähnlicher Weise wie die Differenz zwischen wissenschaftlichem Wissen und Schulwissen auf Transformationsprozesse zwischen unterschiedlichen Wissensformen verweist, die aufgrund der schulinstitutionellen Rahmenbedingungen sowie aus Gründen pädagogischer Intentionalität erforderlich sind, muß die Differenz zwischen schulischem Wissen und Alltagswissen als Transformationsproblem aufgefaßt werden, wenn wissenschaftlicher Unterricht auch für die Bewältigung von Lebenssituationen qualifizieren soll (zur Diskussion um den „heimlichen Lehrplan" vgl. BÖHME/V. ENGELHARDT 1979, S. 87 ff., S. 124 ff.; vgl. HÖHN 1980; vgl. RUMPF 1981, S. 121 ff.; vgl. THIEMANN 1980; vgl. WEINGART 1976, S. 205 ff.; vgl. ZINNEKKER 1975). Diese Differenz zwischen außerschulischem und schulischem Wissen berührt auch das Problem der Wissenschafts- und Schulpolitik der Professionen (vgl. JARAUSCH 1983, S. 306 ff.).

Auf die Bedeutung einer starken oder schwachen Grenzziehung (Klassifikation) zwischen den Fächern für die Bildung professioneller Identität hat BERNSTEIN (vgl. 1975, S. 47 ff.; vgl. 1977, S. 125 ff.) mit seinem Hinweis auf das „entscheidende Paradoxon" der Habitusbildung der Professionen aufmerksam gemacht (zum Habitusbegriff vgl. BOURDIEU 1982, BOURDIEU u.a. 1981, WINDOLF 1981). Dieses Paradoxon besagt, daß eine *strenge Grenzziehung* („Sammlungscode") zwischen den Inhalten und Arbeitsmethoden einzelner Fächer eines Bildungssystems bei den Absolventen einen Habitus „*organischer Solidarität*" erzeuge, der in einer starken Ausbildung der Fachidentität und -loyalität seinen Ausdruck finde. Die stillschweigend vorausgesetzte, nicht explizit gemachte ideologische Basis der Sammlungscodes verberge hingegen die Struktur einer „mechanischen Solidarität". Genau entgegengesetzt verlaufe dieser Prozeß der Identitätsbildung im Falle einer *schwachen* (das heißt durch eine Integration der Inhalte, Fragestellungen und Arbeitsmethoden gekennzeichneten) *Grenzziehung* („integrierter Code") zwischen den Fächern: Die explizite

und ausgewiesene ideologische Basis integrierter Codes, die eine offene und organische Solidarität voraussetze, erzeuge jedoch aufgrund der geringeren Spezialisierung der Absolventen weniger Fachidentität und somit „*mechanische Solidarität*" (BERNSTEIN 1977, S. 155).
Das von Bernstein entdeckte Paradoxon, das auf generelle Wirkungsweisen von Fächerrelationen aufmerksam macht, nimmt den Bezug zur sozialen Organisation des „Output" von Bildungssystemen konstitutiv auf und findet damit den Anschluß an Durkheims Begriff der intellektuellen Kultur (vgl. APPLE 1978, CHERKAOUI 1977; vgl. YOUNG 1975, S. 26 f.). Im Anschluß an Bernsteins Analyse des Zusammenhangs von schulischem Wissen und sozialer Kontrolle können all jene theoretischen und praktischen Ansätze, starre Fächergrenzen tendenziell aufzulösen und Fächerhierarchisierungen abzuschwächen, wie sie seit der Reformpädagogik mit dem Gesamtunterricht, der Projektmethode, dem Exemplarischen, der Arbeit in Erfahrungseinheiten, Lernbereichen oder Aufgabenfeldern vorgeschlagen worden sind, zugleich als Versuche interpretiert werden, Veränderungen in der Wissensstruktur sowie sozialen Wandel und eine Auflösung der engen Kopplung von Sozialstruktur und schulischem Berechtigungswesen zu erreichen (vgl. BERNSTEIN 1977, S. 157).

Historische Kontinuität und Entwicklung. Betrachtet man den „Lehrplan des Abendlandes" (DOLCH 1982), analysiert man also die Fächerkonstellation über zwei Jahrtausende hinweg, so beeindruckt - bei allen Differenzierungen und Schwerpunktverlagerungen im Detail - dennoch die historische Beständigkeit dieses Lehrplans. Entgegen dem oft geäußerten Selbstverständnis der Reformer vergangener Jahrhunderte ist - insbesondere im Bereich der Gymnasialbildung - eine inzwischen nahezu zweitausendjährige Kontinuität grundlegender Strukturen des abendländischen Lehrplans zu konstatieren. Diese Beharrungstendenz, die sich ungeachtet aller politischen und ökonomischen Revolutionen zeigt, deutet zum einen auf die objektive Seite der Gültigkeit von Wissensstrukturen, zum anderen auf ein - ebenfalls objektiv gegebenes - gesellschaftliches Interesse an der Erhaltung eben dieser grundlegenden Strukturen im Bildungssystem.

Die Fächerbildung setzte zunächst im Bereich der „gelehrten Bildung" ein (vgl. DURKHEIM 1977, PAULSEN 1919/1921), war also auf die Ausbildung der intellektuellen und politischen Eliten ausgerichtet, während die Fächergliederung im Volksschulwesen erst im 17. Jahrhundert im Zuge der Aufnahme realistischer Bildungsinhalte entstand (Gothaer Schulmethodus von 1642). So verweist schon die historische Genese auf die Nachordnung der Ausbildung praktisch-technischer Qualifikationen gegenüber „humanistisch-wissenschaftlichen" Ausbildungsinhalten und Qualifikationen (vgl. DOLCH 1982, S. 293 f.; vgl. FLITNER 1949, LESCHINSKY/ROEDER 1983, SCHENK 1984, SPRANGER 1949).

Mit der Übertragung des griechischen Lehrplangefüges in das Bildungswesen des Römischen Reichs konstituierten sich die *septem artes liberales* als ein allgemeinbildender Fächerzusammenhang, der zwischen Elementarbildung und Philosophie unter dem Anspruch der „Humanität" (Cicero) das damals verfügbare Wissen didaktisch organisierte (vgl. DOLCH 1982, S. 59 ff.). Die *septem artes liberales* (die Sieben Freien Künste), für die Geistesbildung der „Freien" im Staatswesen gedacht, wurden nach der Übernahme vom frühen Christentum (Cassiodorus 490-583) im Bildungswesen des Mittelalters zu einer festen Einrichtung (vgl. DURKHEIM 1977, S. 47 f.); sie bildeten bis zur Renaissance und zum Humanismus die Grundlage des gelehrten Unterrichts. Im Mittelalter wurden sie durch die Unterordnung unter die Theologie und ihre Auffüllung mit biblischen Stoffen inhaltlich miteinander verbunden und dienten vor allem der allgemeinen Grundbildung theologischer Gelehrter (vgl. BLANKERTZ 1982, S. 14 ff.).

Die Zweiteilung der *septem artes* in das *trivium* mit Grammatik, Rhetorik, Dialektik – auch artes serminocales oder logica, später Humaniora genannt – und in das *quadrivium* mit Geometrie, Arithmetik, Astronomie, Musik – auch artes reales oder physica genannt – ist nicht zufälliger Natur, sondern drückt ein Prinzip der Gewichtung aus, das die gesamte Geschichte der Fächerentwicklung durchzieht: Das trivium zielte auf sprachliche, auf den menschlichen Geist und somit auf die Haltung und die allgemeine *formale* Bildung des Intellekts bezogene Belehrung, während das quadrivium wesentlich Kenntnisse über die äußeren Dinge der Natur, die Gesetze der Zahl, des Raumes, der Gestirne sowie der Töne vermitteln und somit *material* bilden und den Geist inhaltlich bereichern sollte (vgl. DURKHEIM 1977, S. 256 ff.). Die bildungstheoretische begriffliche Unterscheidung von formaler und materialer Bildung ist jedoch erst jüngeren Datums (vgl. SCHWENK/V. POGRELL 1986).

Für das *karolingische Zeitalter* (8. bis 11. Jahrhundert) war eine Vorrangstellung des eher auf formale Bildung bezogenen trivium charakteristisch; es wird von DURKHEIM (vgl. 1977, S. 47 ff., S. 256 ff.) auch als Zeitalter der „grammatischen Kultur" im Sinne eines an den Schulen vorherrschenden *grammatischen Formalismus* gekennzeichnet. Die Grammatik galt als Hauptfach der Kloster-, Dom- und Stiftsschulen, war Gegenstand elementarer Grundbildung in lateinischer Sprache, während das quadrivium als zusätzlicher Lernstoff einigen wenigen zuteil wurde. Das Zeitalter der Grammatik wurde abgelöst vom *scholastischen Zeitalter* (12. bis 14. Jahrhundert), in welchem die Fächer Dialektik und Rhetorik in den Vordergrund rückten (dialektischer Formalismus). Es war das Zeitalter der Universitätsgründungen, deren Einteilung in *Fakultäten* das Ergebnis einer fächerspezifischen Differenzierung in der zuvor existierenden Gemeinschaft gelehrter Personen aller Fächer war. Die drei Fakultäten der Theologie, des Rechts und der Medizin waren gewissermaßen „Fachschulen" und professionsorientiert, die ihnen im Studiengang vorgeordnete Fakultät der Künste (also der „artes") übernahm jene allgemeinbildenden, vorrangig auf das Erlernen der lateinischen Sprache bezogenen Aufgaben, die vordem die Kloster-, Dom- und Lateinschulen wahrgenommen hatten. Die hierarchische Differenzierung der Fakultäten und die Eingliederung der septem artes in die propädeutisch bildende artistische Fakultät führte dann bereits im Spätmittelalter zur allmählichen Auflösung der septem artes als eines geschlossenen Fächersystems, auch wenn die Betonung der formalsprachlichen Bildung im trivium Nachwirkungen bis in die gegenwärtige Gestaltung des Gymnasialkanons zeigt.

Das nachfolgende *humanistische Zeitalter* (16.–18. Jahrhundert) führte mit seiner intellektuellen Kultur und seiner Betonung der Gelehrsamkeit und höfischen Zivilisation zur Herausbildung eines universalistischen, kosmopolitischen Habitus. Ein – unter anderem durch Erasmus von Rotterdam (1466–1536) geförderter – *literarischer Formalismus* löste den dialektischen ab (vgl. DURKHEIM 1977, S. 188): Der „humanistische" Lehrplan entstand, in dem das Griechische dem trivium hinzugefügt und die Unterordnung der Realien unter die verbalen Studien durchgesetzt wurde. Das Lateinische wurde nun als tote Sprache gelehrt, die als Vorbild den Geist der Lebenden bilden sollte, obwohl sie als Mittel allgemeiner gelehrter Verständigung an Bedeutung verlor.

Die mit der Verbreitung des Buchdrucks einhergehende Veränderung der Organisation gelehrter Bildung und der wachsende Anteil der in den Nationalsprachen, auch in Deutsch, gedruckten Bücher veränderte im 16. und im 17. Jahrhundert die humanistische Fächerordnung („ordo docendi"), die vor allem auf den beiden alten Sprachen aufbaute, nicht etwa dahin gehend, daß nun Deutsch als selbständiges Fach im höheren Schulwesen etabliert wurde (vgl. DOLCH 1982, S. 196 ff.). Statt dessen wurde unter dem Einfluß von Reformation und Gegenreformation Religion als im Lehrplan ausgegrenztes Schulfach erstmalig durchgesetzt. Die durch Renaissance, Humanismus und Reformation entstandene neue geistig-kulturelle Situation führte zur Entwicklung eines neuen Fächergefüges mit Religion, alten Sprachen und Elementen aus trivium und quadrivium, das vor allem durch das Fehlen der sogenannten Realien gekennzeichnet war. Die während dieser Epoche entstehende Volksschule war demgegenüber deutschsprachig: Religion, Lesen, Schreiben, Singen und Rechnen waren die Kernfächer des Lehrplans (vgl. DOLCH 1982, S. 216 ff.). Die letzte historische Etappe, in der es zu einer grundlegenden Erneuerung der Fächerproportionen kommt, wird von Durkheim als *realistisches Zeitalter* bezeichnet, das durch die Französische Revolution eingeleitet wurde und bis heute Bestand hat (vgl. DURKHEIM 1977, S. 255; vgl. LESCHINSKY/ROEDER 1983). Entscheidend für die Gestaltung des Fächerkanons ist die Hinwendung zur Natur und die Aufnahme realistischer Inhalte sowie wissenschaftlicher und historischer Fächer – eine Entwicklung, die durch das enzyklopädisch-aufklärerische Wissenschaftsverständnis eines Bacon (1561–1626), Ratke (1571–1635) und Comenius (1592–1670) vorbereitet wurde und sich als Kampf zwischen Humanismus und Realismus bis in das 20. Jahrhundert hinein fortsetzt. Die spezifisch deutsche Ausformung dieses Widerstreits ist der Formalismus des *Neuhumanismus* mit seiner Betonung einer historisch-philologischen Kultur (v. Humboldt 1767–1835), der die Differenz zwischen den formal bildenden Fächern wie Sprachen und Mathematik und den material bildenden Sachfächern zu der bildungstheoretisch begründeten, schulpolitisch folgenreichen Unterscheidung von Allgemein- und Berufsbildung weiterentwickelte (vgl. BLANKERTZ 1963; vgl. BLANKERTZ 1982, S. 89 ff.). Der von J. Schulze im Jahre 1837 durchgesetzte Fächerkanon für das Gymnasium mit Deutsch, Latein, Griechisch, Religionslehre, Philosophischer Propädeutik, Mathematik, Physik, Naturbeschreibung, Geschichte, Geographie, Schreiben, Zeichnen und Singen führte zur Klassifizierung in Haupt- und Nebenfächer und sicherte den Vorrang des sprachlich-mathematischen, also des formalbildenden Bereichs.

Diese Tendenz hat sich bis heute erhalten (vgl. HAARMANN 1971). Dennoch ist auch bereits für das 19. Jahrhundert unübersehbar, daß im Zuge der Wissenschaftsentwicklung und der damit verbundenen Ausweitung des Fächerspektrums und -volumens vor allem die Naturwissenschaften einen auch für die Schulen bedeutsamen Aufschwung erfuhren (erste naturwissenschaftliche Seminare an Universitäten seit 1825, Naturwissenschaft als Prüfungsfach für Gymnasiallehrer seit 1810). Von einer Dominanz der naturwissenschaftlichen Fächer kann allerdings bis heute keine Rede sein (vgl. SCHENK 1984, S. 54 ff.).

Erziehungswissenschaftliche Begründungsansätze. Erziehungswissenschaftliche Theorien zur Struktur des Schulfächerspektrums, die nicht nur die historische Entwicklung nachzeichnen (vgl. DOLCH 1982, PAULSEN 1919/1921), sondern ein begründetes Konzept für die Neugruppierung vorlegen, sind nicht sehr zahlreich (vgl. KONRAD 1976,

S. 21; vgl. MEISTER 1947, S. 56 ff.). Sieht man von Theorie und Praxis des Neuhumanismus als einer epochalen Besonderheit ab, in dessen kultureller Bewegung sowohl eine Neukonzeption des Schulfächerspektrums als auch die tatsächliche Veränderung der Fächerstruktur (Fächerklassifizierung mit starker Hierarchiebildung) in Schule und Hochschule gelang, so kennzeichnet die systematischen Versuche des 19. Jahrhunderts (Herbart, Graser, Ziller, Dörpfeld), daß sie entweder als brüchige Deduktionen aus abstrakten Prämissen charakterisiert werden müssen oder aber als reine pädagogische „Konzentrationsidee" bereits existierende Unterrichtsfächer bündeln und vereinheitlichen wollten (vgl. BLANKERTZ 1982, S. 150 ff.).

In unserem Jahrhundert verdienen *bildungstheoretische und kulturwissenschaftliche Ansätze* Erwähnung, die sich auf ein geisteswissenschaftliches Theorieverständnis berufen: der von SPRANGER (vgl. 1914) vorgelegte Versuch, „Lebensformen" und Bildungsaufgaben zu integrieren, WICHMANNS (vgl. 1930) Bestimmung des „Eigengesetzes und bildenden Werts der Lehrfächer", MEISTERS (vgl. 1947) kulturwissenschaftlicher Ansatz von 1932. Bildungspolitische Bedeutung hat aber vorrangig FLITNERS (vgl. 1959, 1965) Konzept einer „kyklischen Grundbildung" erlangt, das gerade nicht durch einen direkten Bezug zum System der Wissenschaften, sondern durch einen Rückgriff auf die klassische Kultur intellektueller Bildung begründet wurde. Es hatte entscheidenden Einfluß auf die Neugestaltung der reformierten gymnasialen Oberstufe aus dem Jahr 1972 mit seiner Dreiteilung in ein sprachlich-literarisch-künstlerisches, gesellschaftswissenschaftliches und mathematisch-naturwissenschaftliches Aufgabenfeld (vgl. SCHINDLER 1974, 1980). Vom System der Wissenschaft und von ihren Sinndimensionen ausgehend, versucht der *prinzipientheoretische Ansatz* im Anschluß an Hegel eine Begründung des Fächerkanons, die keiner von außen (Staat, Gesellschaft, Wirtschaft, Kirche, Professionen) beigebrachten Bestimmungsmomente bedarf, sondern aus der systematischen Stufung der Wissenschaften und ihrer jeweiligen Sinnvoraussetzungen eine Hierarchie des Fächerspektrums abzuleiten verspricht (vgl. DERBOLAV 1970, 1971; vgl. FISCHER 1975).

Der in den USA in den 60er Jahren entwickelte curriculumtheoretische Ansatz der *Struktur der Disziplin* (vgl. BRUNER 1970, FORD/PUGNO 1972, PHENIX 1964) ist in einem strengeren Sinne als wissenschaftsorientiert zu kennzeichnen. Er greift einerseits auf die aristotelische Tradition der Einteilung der Wissenschaftsdisziplinen in theoretische (Physik, Mathematik, Metaphysik), praktische (Ethik, Politik) und produktiv-technische (Kunst, Technik) Wissenschaften zurück, andererseits nimmt er die neuzeitliche Einteilung der Wissenschaften eines Comte (1798–1857) auf, dessen „enzyklopädisches Gesetz" eine zugleich historische und systematische Rangordnung von sechs nach ihren Verwandtschaftsverhältnissen gegliederten Grundwissenschaften enthält: Mathematik, Astronomie, Physik, Chemie, Biologie und Soziologie (vgl. COMTE 1956, S. 205 ff.). Dieser Ansatz verfolgt vor allem zwei Intentionen: Zum einen sollen neue Erkenntnisse über den Zusammenhang der Fächer- und Disziplinstruktur erarbeitet und zum anderen die Einzeldisziplinen auf den Stand ihrer Repräsentation im Schulfächerspektrum neu überprüft werden (vgl. ENGFER 1978, v. HENTIG 1972, KÜNZLI 1978, SCHWAB 1972).

Perspektiven der Systematisierung. Der Begriff des „Fachs" und „Fächerkanons" enthält grundlegende pädagogische, philosophische sowie soziologische Probleme, auf die auch Kant verweist. Seiner Auffassung zufolge ist der „Streit der Fakultäten" über ihre Rangordnung aus dem Grunde politisch so bedeutsam, weil er um „den Einfluß aufs Volk" geführt werde und weil die Regierung diejenigen Fakultäten am höchsten schätze, deren Gegenstände für das staatliche und gesellschaftliche Leben die wichtigsten seien, „wodurch sie sich den stärksten und dauerndsten Einfluß aufs Volk verschaff[e]" (KANT 1959, S. 11). Kant begreift die zu seiner Zeit bestehende Rangfolge von theologischer, juristischer, medizinischer Fakultät (als den „oberen" Fakultäten) und der philosophischen (als der „unteren") Fakultät so, daß paradoxerweise diejenige Fakultät das geringste Ansehen habe, nämlich die philosophische, die die größte Freiheit vom staatlichen Interesse verbuche, da sie nur das Interesse der Wissenschaft zu besorgen habe. Im Streit der Fakultäten aber gehe es letztlich um diejenige Form der Volksbildung durch Wissenschaft, Aufklärung und Staat, die garantiere, daß „das menschliche Geschlecht (im Großen) zum Besseren beständig fortschreite" (KANT 1959, S. 77). Kants Philosophie der Fächerhierarchie führt konsequent auf das Problem der Bildung: Die Struktur und Begründung des Fächerkanons läßt sich aus prinzipiellen Gründen nicht aus einer abstrakten Fächersystematik ableiten; sie muß vielmehr im Blick auf die *Aufgabenstellung schulischer Bildung* in einer historisch-systematischen Rekonstruktion erarbeitet werden. *„Fächer" ordnen also historisch gewordene, inhaltlich zugleich abgegrenzte als auch aufgrund bestimmter Zielsetzungen verknüpfte Aufgabenfelder institutionalisierter Lehre.*

Die Problematik der Fächerbildung besteht darin, daß ihre Hierarchisierung aufgrund einer sozialen Praxis der Klassifizierung des Wissens erfolgt, die als Dialektik von formaler und materialer Bildung durchschlagende Bedeutsamkeit für Schulpraxis und Berechtigungswesen erhalten hat. Die soziale Geringschätzung einer material bildenden, realistischen Wissensaneignung gegenüber einer sich behauptenden Vorrangstellung formaler Schulung wirkt habitusbildend und verlangt in analytischer wie in praktischer Absicht noch genauere Untersuchungen.

APPLE, M. W.: Ideology, Reproduction, and Educational Reform. In: Comp. E. Rev. 22 (1978), S. 367 ff. BERNSTEIN, B.: On the Classification and Framing of Educational Knowledge. In: YOUNG, M. F. D. (Hg.): Knowledge and Control. New Directions for the Sociology of Education, London 1975, S. 47 ff. BERNSTEIN, B.: Beiträge zu einer Theorie des pädagogischen Prozesses, Frankfurt/M. 1977. BLANKERTZ, H.: Berufsbildung und Utilitarismus, Düsseldorf 1963. BLANKERTZ, H.: Bildung im Zeitalter der großen Industrie, Hannover/Berlin/Darmstadt/Dortmund 1969. BLANKERTZ, H.: Die Geschichte der Pädagogik. Von der Aufklärung bis zur Gegenwart, Wetzlar 1982. BÖHME, G./ENGELHARDT, M. v. (Hg.): Entfremdete Wissenschaft, Frankfurt/M. 1979. BOURDIEU, P.: Systems of Education and Systems of Thought. In: YOUNG, M. F. D. (Hg.): Knowledge and Control. New Directions for the Sociology of Education, London 1975, S. 189 ff. BOURDIEU, P.: Die feinen Unterschiede. Kritik der gesellschaftlichen Urteilskraft, Frankfurt/M. 1982. BOURDIEU, P./PASSERON, J.-C.: Grundlagen einer Theorie der symbolischen Gewalt, Frankfurt/M. 1973. BOURDIEU, P. u. a.: Titel und Stelle. Über die Reproduktion sozialer Macht, Frankfurt/M. 1981. BRUNER, J. S.: Der Prozeß der Erziehung, Berlin/Düsseldorf 1970. CHERKAOUI, M.: Bernstein and Durkheim: Two Theories of Change in Educational Systems. In: Harv. E. Rev. 47 (1977), S. 556 ff. COMTE, A.: Discours sur l'Esprit Positif, hg. u. übersetzt v. I. Fetscher, Hamburg 1956. DERBOLAV, J.: Frage und Anspruch. Pädagogische Studien und Analysen, Kastellaun 1970. DERBOLAV, J.: Systematische Perspektiven der Pädagogik, Heidelberg 1971. DIETRICH, TH.: Inhalte und Fächer der Schule. In: ROTH, L. (Hg.): Handlexikon zur Didaktik der Schulfächer, München 1980, S. 36 ff. DOLCH, J.: Lehrplan des Abendlandes. Zweieinhalb Jahrtausende seiner Geschichte, Darmstadt 1982. DURKHEIM, E.: Die Entwicklung der Pädagogik. Zur Geschichte und Soziologie des gelehrten Unterrichts in Frankreich, Weinheim/Basel 1977. ENGELHARDT, M. v.: Das gebrochene Verhältnis zwischen wissenschaftlichem Wissen und pädagogischer Praxis. In: BÖHME, G./ENGELHARDT, M. v. (Hg.): Entfremdete Wissenschaft, Frankfurt/M. 1979, S. 87 ff. ENGFER, H.-J. (Hg.): Philosophische Aspekte schulischer Fächer und pädagogischer Praxis, München/Wien/Baltimore 1978. FISCHER, F.: Darstellung der Bildungskategorien im System der Wissenschaften, Ratingen/Kastellaun 1975. FLITNER, W.: Die vier Quellen des Volksschulgedankens, Hamburg 1949. FLITNER, W.: Grund- und Zeitfragen der Erziehung und Bildung, Stuttgart 1954. FLITNER, W.: Hochschulreife und Gymnasium, Heidelberg 1959. FLITNER, W.: Grundlegende Geistesbildung, Heidelberg 1965. FORD, G. W./PUGNO, L. (Hg.): Wissensstruktur und Curriculum, Düsseldorf 1972. HAARMANN, D.: Die Entwicklung der Lehrplanstruktur an allgemeinbildenden Schulen. In: Westerm. P. Beitr. 23 (1971), S. 403 ff. HARD, G.: Unterricht: Geographie. In: Enzyklopädie Erziehungswissenschaft, Bd. 9.2, Stuttgart 1983, S. 553 ff. HENTIG, H. v.: Magier oder Magister? Über die Einheit der Wissenschaft im Verständigungsprozeß, Stuttgart 1972. HÖHN, K.-R.: Schule und Alltag, Weinheim/Basel 1980. HOPF, W.: Bildung und Reproduktion der Sozialstruktur. In: Enzyklopädie Erziehungswissenschaft, Bd. 5, Stuttgart 1984, S. 189 ff. INSTITUT FÜR DIDAKTIK DER MATHEMATIK DER UNIVERSITÄT BIELEFELD (IDM): Wissenschaft und Bildung im frühen 19. Jahrhundert, 2 Bde., Bielefeld 1982. JARAUSCH, K. H. (Hg.): The Transformation of Higher Learning 1860–1930, Stuttgart 1983. KANT, I.: Der Streit der Fakultäten, Hamburg 1959. KONRAD, M.: Das Schulfächerspektrum im Rahmen einer Theorie der Erziehung, Kronberg 1976. KÜNZLI, R.: Die Theorie der Wissenschaften und der schulische Fächerkanon. In: ENGFER, H.-J. (Hg.): Philosophische Aspekte..., München/Wien/Baltimore 1978, S. 15 ff. LESCHINSKY, A./ROEDER, P. M.: Schule im historischen Prozeß, Frankfurt/Berlin/Wien 1983. LOCH, W.: Vorwort. In: FORD, G. W./PUGNO, L. (Hg.): Wissensstruktur..., Düsseldorf 1972, S. 7 ff. MANNZMANN, A. (Hg.): Geschichte der Unterrichtsfächer, 3 Bde., München 1983/1984. MEISTER, R.: Beiträge zur Theorie der Erziehung, Wien ²1947. PAULSEN, F.: Geschichte des gelehrten Unterrichts, 2 Bde., Leipzig ³1919/1921. PAULSEN, F.: Das deutsche Bildungswesen in seiner geschichtlichen Entwicklung, Darmstadt 1966. PHENIX, PH. H.: Realms of Meaning. A Philosophy of the Curriculum for General Education, New York 1964. RUMPF, H.: Die übergangene Sinnlichkeit, München 1981. SCHALLER, K.: Fachunterricht. In: GROOTHOFF, H.-H./STALLMANN, M. (Hg.): Neues Pädagogisches Lexikon, Stuttgart ⁵1971, S. 346 ff. SCHENK, B.: Geschichte des Physikunterrichts im allgemeinen Schulwesen und Anfänge des Technikunterrichts. In: MANNZMANN, A. (Hg.): Geschichte der Unterrichtsfächer, Bd. 3, München 1984, S. 54 ff. SCHINDLER, I.: Die Umsetzung bildungstheoretischer Reformvorschläge in bildungspolitische Entscheidungen, Saarbrücken 1974. SCHINDLER, I.: Die gymnasiale Oberstufe – Wandel einer Reform. Von der „Saarbrücker Rahmenvereinbarung" bis zur „Bonner Vereinbarung". In: Z.f.P. 26 (1980), S. 161 ff. SCHRAND, H.: Zur Geschichte der Geographie in Schule und Hochschule. In: MANNZMANN, A. (Hg.): Geschichte der Unterrichtsfächer, Bd. 2, München 1983, S. 74 ff. SCHWAB, J.J.: Die Struktur der Wissenschaften: Sinn und Bedeutung. In: FORD, G. W./PUGNO, L. (Hg.): Wissensstruktur..., Düsseldorf 1972, S. 55 ff. SCHWENK, B./POGRELL, L. v.: Bildung, formale – materiale. In: Enzyklopädie Erziehungswissenschaft, Bd. 3, Stuttgart 1986, S. 394 ff. SPRANGER, E.: Lebensformen, Tübingen 1914. SPRANGER, E.: Zur Geschichte der deutschen Volksschule, Heidelberg 1949. THIEMANN, F. (Hg.): Konturen des Alltäglichen. Interpretationen zum Unterricht, Königstein 1980. WEINGART, P. (Hg.): Wissenschaftssoziologie 1. Wissenschaftliche Entwicklung als sozialer Prozeß, Frankfurt/M. 1972. WEINGART, P. (Hg.): Wissenschaftssoziologie 2. Determinanten wissenschaftlicher Entwicklung, Frankfurt/M. 1974. WEINGART, P.: Wissensproduktion und soziale Struktur, Frankfurt/M. 1976. WICHMANN, O.: Eigengesetz und bildender Wert der Lehrfächer, Halle 1930. WILHELM, TH.: Theorie der Schule, Stuttgart 1967. WINDOLF, P.: Berufliche Sozialisation. Zur Produktion des beruflichen Habitus, Stuttgart 1981. YOUNG, M. F. D.: An Approach to the Study of Curricula as Socially Organized Knowledge. In: YOUNG, M. F. D. (Hg.): Knowledge and Control. New Directions for the Sociology of Education, London 1975, S. 19 ff. ZINNEKKER, J. (Hg.): Der heimliche Lehrplan, Weinheim/Basel 1975.

Ulla Bracht

Fachdidaktik

Begriff. Ein einheitliches, allgemein akzeptiertes Verständnis der noch jungen Disziplin „Fachdidaktik" liegt nicht vor. Die Vorstellung davon, was Fachdidaktik sei, reicht von der bloßen Aufklärung über die beglaubigten Regeln unterrichtlichen Handelns (Methodik) bis hin zur „angewandten Grundlagenwissenschaft" (OTTE 1984, S. 94).
Betrachtet man die beiden Komponenten des Begriffes, „Fach" und „Didaktik", so bieten sich folgende vorläufige Begriffsbestimmungen an: *Didaktik* kann verstanden werden als die Wissenschaft vom planvollen, institutionalisierten Lehren und Lernen. Das Wort *Fach* verweist auf die in einer Gesellschaft vorhandenen Ordnungsschemata für Aneignungsprozesse (vgl. BRACHT 1986, S. 419); es bezieht sich also nicht lediglich auf die organisatorische Ausdifferenzierung des verfügbaren Wissens, sondern auf gesellschaftlich vorgegebene Aufgaben-, Problem- und Sachbereiche, für deren Bewältigung fachlicher Unterricht erforderlich erscheint. *Fachdidaktik* kann mithin verstanden werden als Wissenschaft vom planvollen, institutionalisierten Lehren und Lernen spezieller Aufgaben-, Problem- und Sachbereiche. Gegenüber der im alltäglichen Begriffsverständnis vorherrschenden sehr engen Verknüpfung von Fachdidaktik und Fachwissenschaft stellt diese Definition eine Ausweitung dar, die an frühere Begriffsverständnisse von Fachdidaktik anknüpft, in denen von „spezieller Didaktik" (REIN 1904a, S. 203 ff.) oder von der „Didaktik der geistigen Grundrichtungen" (NOHL/PALLAT 1930, S. 155 ff.) die Rede ist. In jüngster Zeit spricht Ivo (1977, S. 1) von der Fachdidaktik als einer „Fachunterrichtswissenschaft". Mit dieser formelhaften Begriffsbestimmung ist freilich noch nichts über das wissenschaftstheoretische Selbstverständnis und über eventuelle Eigenständigkeitsansprüche der Fachdidaktiken ausgesagt. Wie die Geschichte der Entwicklung der Fachdidaktiken zeigt (vgl. MANNZMANN 1983/1984), wäre es auch verfrüht, zum gegenwärtigen Zeitpunkt ein gemeinsames Begriffsverständnis aller Fachdidaktiken zu erwarten. Eher kämpfen die einzelnen Fachdidaktiken darum, überhaupt als wissenschaftliche Disziplin anerkannt zu werden (vgl. ACHTENHAGEN 1969, S. 13 ff.; vgl. HELMERS 1966, S. 25 ff.; vgl. JUNGBLUT 1972), als daß sie ein über die einzelnen Didaktiken hinweg akzeptiertes Selbstverständnis von sich selbst als einer Wissenschaft zu entwickeln versuchten. Erst seit Beginn der 80er Jahre werden Versuche unternommen, fachübergreifende Gesichtspunkte einer allgemeinen Theorie der Fachdidaktik zu entwickeln (vgl. ACHTENHAGEN 1981, FISCHLER u.a. 1982; vgl. HEURSEN 1984a, b; vgl. SCHMIEL 1978). Gunter Otto spricht dementsprechend vorsichtig von einer „Zwischenbilanz 1983" in dem Prozeß der „Etablierung der Didaktiken als Wissenschaften" (G. OTTO 1984, S. 22). Der These von Ivo, daß die Rede vom wissenschaftlichen Status der Fachdidaktik „sich weniger einer empirisch antreffbaren ausgearbeiteten Disziplin als vielmehr dem Postulat danach verdankt" (Ivo 1977, S. 34), ist deshalb auch heute noch zuzustimmen.

Zur Geschichte der Fachdidaktik als Geschichte der Lehrerbildung. Uneinheitlich wie das Selbstverständnis einzelner Fachdidaktiken stellt sich auch ihre Geschichte dar. Neben einer großen Fülle von „Kompendienliteratur" (vgl. HEILMANN 1910, KARSTÄDT 1921, NOWACK 1897; zur Kritik vgl. BLANKERTZ 1975a, S. 18), die auf vorwissenschaftlicher Ebene mehr oder weniger apodiktisch formulierte Anweisungen an den Unterrichtenden, Erfahrungssätze und Handreichungen gibt, lassen sich in der Geschichte der Fachdidaktik zwei große Stränge ausmachen, die aufs engste mit der Lehrerbildung überhaupt verknüpft sind und im Grunde erst um 1970, markiert in der Veröffentlichung des „Strukturplans für das Bildungswesen" (vgl. DEUTSCHER BILDUNGSRAT 1970), in eine gemeinsame Entwicklung eingemündet sind: die Ausbildung verschiedener Fachdidaktiken im Zuge der Verwissenschaftlichung der Volksschullehrerpädagogik und die schrittweise Herausbildung gymnasial orientierter Fachdidaktiken aus der universitären Lehrerbildung.

Von einer Fachdidaktik mit wissenschaftlichem Anspruch kann in der *Voksschullehrerpädagogik* etwa seit der Zeit der Reichsschulkonferenz von 1920 gesprochen werden. Zuvor war bestenfalls im Rahmen der Seminaristenausbildung eine Fachdidaktik anzutreffen, die – zumeist in das Korsett der Lehrplantheorie der Herbartianer eingebettet – im wesentlichen fachbezogene Sachinformationen und unterrichtsmethodische Fertigkeiten nach dem Muster der „Meisterlehre" vermittelte (vgl. OSTERMANN/WEGENER 1883, REIN u.a. 1903, THIELE 1912; zur Kritik vgl. GEISSLER 1986). Nach der Reichsschulkonferenz von 1920 wurde die Akademisierung und Professionalisierung der Lehrerbildung vorangetrieben, indem für die zukünftigen Volksschullehrer das Studium eines „Wahlfaches" obligatorisch wurde, das die Einführung in dessen pädagogische Zielsetzungen und unterrichtspraktische Vermittlungsformen einschloß (vgl. KITTEL 1957, S.58). Noch immer geprägt durch das von den Herbartianern weiterentwickelte Herbartsche Konzept des „erziehenden Unterrichts", aber auch aufgelockert durch die vor allem an den preußischen Akademie-Neugründungen stark vertretenen reformpädagogischen Ideen, entwickelten sich langsam Fachdidaktiken mit wissenschaftlichem Anspruch, als Abzweig der Pädagogik. Das Studium der Pädagogik – und mit ihm das Studium fachdidaktischer Anteile – hatte die für die Professionalisierung des Volksschullehrerstandes wichtige Wissenschaftlichkeit der Ausbildung zu garantieren. Mit der vor allem nach dem Zweiten Weltkrieg verstärkt durchgesetzten Fachdifferenzierung des Lehrerstudiums und dem damit korrespondierenden Verzicht auf das Klassenlehrerprinzip (vgl. BECKMANN 1968, S.173ff.) erhielten die Fachdidaktiken nun eine zusätzliche Aufgabe, die ihrer weiteren Entwicklung zu einer eigenständigen wissenschaftlichen Disziplin jedoch abträglich sein mußten: Sie sollten zugleich – neben der Vermittlung pädagogischer und didaktisch-methodischer Kenntnisse und Fertigkeiten – das für den Lehrerberuf notwendige Fachwissen vermitteln. Terminologisch stand nun an den pädagogischen Hochschulen „Fachdidaktik" für „Fachwissenschaft", die Lehrstühle erhielten beispielsweise die Bezeichnung „Deutsch und seine Didaktik". Trotz dieser konzeptionellen Probleme entstand für die meisten Schulfächer eine differenzierte fachdidaktische Diskussion (vgl. BLUMENTHAL u.a. 1961, ROTH 1980, TIMMERMANN 1972, TWELLMANN 1981ff.).

Ganz anders stellt sich die Geschichte der *gymnasialen Didaktik* dar. Der Literaturdidaktiker VOGT (1972, S.9) beschreibt die Differenzen 1972 so: „Didaktik der deutschen Sprache und Literatur ist das Studienfach, das künftige Deutschlehrer an Volksschulen vor allem an pädagogischen Hochschulen studieren [...]. Literatur und Sprachwissenschaft sind die Studienfächer [...], die künftige Gymnasiallehrer für das Fach Deutsch bisher an Universitäten studieren." Tatsächlich lief die traditionelle Gymnasiallehrerbildung nach dem Muster des Studiums klassischer Philologien: In der Annahme, daß das fachwissenschaftliche Studium eine umfassende Bildung vermittle, die auch zu pädagogischem Handeln befähige, wurde keine Notwendigkeit gesehen, auf die spätere Berufstätigkeit des Gymnasiallehrers durch ein eigenes pädagogisches Studium vorzubereiten. In diesem Milieu entstand eine im Blick auf die Studienanteile kaum ins Gewicht fallende, für die weitere Entwicklung dennoch wesentliche didaktische Tradition, die über das „Philosophikum" oder „Pädagogikum" als Zwischenprüfung und über hier und dort geschaffene Lehrstühle für Fachdidaktik den Praxisbezug der Gymnasiallehrerausbildung zu sichern suchte. Ganz in diesem restriktiven Aufgabenverständnis formuliert der Germanist CONRADY (1966, S. 81) in einem Standardwerk für Anfänger des germanistischen Studiums: „Die Universität hat nicht die Aufgabe, die Studenten als Lehrer auszubilden, sondern sie Wissenschaft zu lehren. Das ist nicht widersinnig, sondern im Gegenteil die einzig sinnvolle Vorbereitung für den späteren Beruf." Die ersten „Schriften" in der Linie der gymnasialen Fachdidaktik sind dementsprechend auch durchweg von Fachwissenschaftlern konzipiert und verfaßt worden, die eine Umsetzung ihrer akademischen Lehre in schulische Lehre anstrebten. Verwiesen sei hier nur auf die „consilia scholastica" von F. A. Wolf, auf die Unterrichtslehren von Jacob GRIMM (vgl. 1968), Philipp WACKERNAGEL (vgl. 1843) für den Deutschunterricht; eine erste umfassende Didaktik für das Fach Deutsch von Rudolf HILDEBRAND (vgl. 1867) und auf die Entwürfe für den Geschichtsunterricht von BIEDERMANN (vgl. 1860). Freilich blieben auch frühe gymnasialpädagogische Schriften (vgl. PAULSEN 1919/ 1921, WICHMANN 1930) auf die Entwicklung der gymnasialen Fachdidaktiken nicht ohne Einfluß. Die Dominanz der fachwissenschaftlichen Orientierung vermochten sie allerdings kaum zurückzudrängen.

Das fast ausschließlich fachwissenschaftliche Ausbildungskonzept für die Gymnasiallehrer setzt eine hohe Affinität von universitärer Disziplin und Schulfach voraus. Mag dies für Wilhelm von Humboldt (1767–1835) noch gegolten haben, so wurde diese Unterstellung aufgrund der zunehmenden Spezialisierung und Differenzierung der universitären Fachdisziplinen schon im 19., aber erst recht im 20. Jahrhundert immer brüchiger. Darüber hinaus zeigten erste empirische Untersuchungen des Gymnasialunterrichts, daß die Absolventen eines solchen Studiums sich denkbar schlecht in der Berufspraxis zurechtfanden (vgl. BECKMANN 1980, S. 535; vgl. FRECH/ REICHWEIN 1977). Das geringe fachdidaktische Studienangebot, das sich seit den 50er Jahren in einigen Fakultäten entwickelte und zumeist nicht obligatorisch war (vgl. RICHTER 1969), sollte diese Mängel der Gymnasiallehrerausbildung kompensieren. Aber auch damit mußte die Fachdidaktik überfordert sein.

Aus der Geschichte der Fachdidaktik bis Ende der 60er Jahre läßt sich zweierlei ablesen. Beide Entwicklungsstränge muten der Fachdidaktik jeweils eine Funktion zu, die ihr nicht eigen ist, nicht zu eigen sein kann: Im Falle der Volksschullehrerpädagogik steht die Fachdidaktik für den Versuch, unter vergleichsweise eingeschränkten Ausbildungsbedingungen eine wissenschaftliche Fachausbildung zu betreiben. Im Bereich der Gymnasiallehrerausbildung soll sie die mangelhafte Praxisorientierung der universitären Studiengänge kompensieren. Beide, zueinander widersprüchlichen „Surrogatfunktionen" haben die Entfaltung der Fachdidaktiken als eigenständige Disziplinen entscheidend behindert. Erschwerend kommt hinzu, daß eine einheitliche Wissenschaftspolitik für die einzelnen Fachdidaktiken bis heute nicht erkennbar ist. So haben sie kein gemeinsames Verständnis ihrer Disziplin entwickeln können. Erst recht fehlt eine „gegenseitige Einflußnahme inhaltlicher Art und ein wirklicher Erfahrungsaustausch zwischen den einzelnen Fachdidaktiken", wie LESCHINSKY/ROEDER (1980, S. 288)

Fachdidaktik

in ihrem Rückblick auf die Entwicklung der Fachdidaktiken seit 1945 feststellen. Die beiden geschichtlichen Stränge der fachdidaktischen Entwicklung laufen erst zusammen in dem „Strukturplan für das Bildungswesen", in dem der Deutsche Bildungsrat 1970 seine Empfehlungen für eine Gesamtperspektive der Veränderung des Bildungswesens in der Bundesrepublik seit Mitte der 60er Jahre gebündelt hat (vgl. RASCHERT 1980, S. 177 ff.). Zwar gab es schon zuvor Versuche, die Lehrerbildung zu verwissenschaftlichen und damit auch Fachdidaktiken einen anderen, höheren Stellenwert beizumessen, indessen fehlte bis 1970 eine entscheidende Voraussetzung: Das Bildungssystem selbst hatte noch keine einheitliche Konzeption erfahren. Diese versuchte erstmals der Strukturplan zu entwickeln. Insofern aber Bildungsreform und Lehrerbildung in einem engen Zusammenhang stehen (vgl. ROEDER 1984, S. 59 ff.), konnte nur dann mit einer Verwirklichung der Konzeption des Bildungsrats gerechnet werden, wenn die im Strukturplan festgelegten Prinzipien sich auch in den Programmen und Institutionen der Lehrerbildung niederschlügen. In den gleichlautenden Passagen des Strukturplans (vgl. DEUTSCHER BILDUNGSRAT 1970, S. 221 ff.) und den „Empfehlungen zur Struktur und zum Ausbau des Bildungswesens im Hochschulbereich nach 1970" des Wissenschaftsrats (vgl. WISSENSCHAFTSRAT 1970 b, S. 7 ff.) ist dies versucht worden, auch wenn die Schwierigkeiten der schnellen Realisierung dieses Konzepts sicherlich unterschätzt worden sind (vgl. HOFFMANN 1976). Die für die weitere Entwicklung der Lehrerbildung relevanten Strukturmerkmale lauteten:
- Wissenschaftsorientierung allen Lernens,
- Chancengleichheit für alle Schüler sowie
- Ermöglichung der Partizipation aller von Bildungsprozessen Betroffener.

Nach diesen drei Strukturmerkmalen lassen sich auch die vielfältigen Theorie- und Modellansätze in der Entwicklung von Fachdidaktiken gruppieren und zugleich in ihren Defiziten kritisieren.

Wissenschaftsorientierung: Fachdidaktiken unter dem Aspekt ihres Umgangs mit der Bezugsdisziplin. Die zunehmende Wissenschaftsorientiertheit allen Lernens (vgl. DEUTSCHER BILDUNGSRAT 1970, S. 33 ff.) verlangt anstelle der alten Allround-Ausbildung des Volksschullehrers einen weitgehend fachlich ausgebildeten Lehrer. Dabei übernimmt die Fachdidaktik nunmehr neben der Vermittlung praktischer Fertigkeiten die wichtige Funktion, „festzustellen, welche Erkenntnisse, Denkweisen und Methoden der Fachwissenschaft Lernziele des Unterrichts werden sollen" (DEUTSCHER BILDUNGSRAT 1970, S. 225). Mit dieser Empfehlung begründet sich eine fachdidaktische Konzeption, die die Abstimmung von Fachstudium und Schulpraxis in den Vordergrund stellt. Mindestens vier Modelle lassen sich unterscheiden:

Die *Abbilddidaktik* geht von einem Parallelismus zwischen Fachwissenschaften und Schulfach aus. Fachwissenschaft dient als unmittelbarer Lieferant von Lerninhalten, die lediglich nach einer Lern- und Entwicklungspsychologie geordnet und dosiert werden (vgl. für den Physikunterricht: SPRECKELSEN 1975; für den Deutschunterricht: EICHLER 1974; für den Englischunterricht: MINDT 1979; vgl. zur Kritik: BLANKERTZ 1975a, S. 134 ff.; vgl. KRAMP 1970). In der fachdidaktischen Praxis, bei der Richtlinien- und Schulbuchproduktion besitzt das Konzept der Abbilddidaktiken – auch wenn der polemische Begriff vermieden wird – unverändert ein großes Gewicht. Seinen bildungspolitisch stärksten Ausdruck fand es in dem Versuch, bundeseinheitliche „Normenbücher" für die Abiturprüfungen durchzusetzen (vgl. FLITNER/LENZEN

1977). Für den Physikunterricht brachte Wagenschein die Kritik auf den Begriff: Das Normenbuch für Physik hieße: „Pädagogik dem Physikalismus opfern" (WAGENSCHEIN 1977, S. 147).

In großer Nähe, wenn auch nicht identisch mit Abbilddidaktiken ist das Konzept der „Struktur der Disziplin" (BRUNER 1970, FORD/PUGNO 1972), in dem die bildungswirksamen Strukturen und Konzepte einer Fachdisziplin zu einem „Spiralcurriculum" gestaltet werden sollen.

Eine zweite Position im Rahmen der wissenschaftsorientierten Didaktik vertreten die Verfechter der *bildungstheoretischen Fachdidaktik*. In Anlehnung an das Konzept der bildungstheoretischen Didaktik (vgl. KLAFKI 1963, WENIGER 1952) betonen sie vor allem die Notwendigkeit, aus der Vielzahl fachwissenschaftlicher Inhalte auszuwählen und die ausgewählten – exemplarischen – Inhalte für die Schule aufzubereiten. Die bereits von Willmann im Jahre 1882 formulierte Frage, welcher Bildungs*ge*halt den Bildungs*in*halten der in der Schule vorgefundenen Fächer zukomme (vgl. WILLMANN 1957, S. 326), wurde in vielen Fachdidaktiken als Frage nach der Legitimation der Fachinhalte im Blick auf die Gegenwart und Zukunft der Schüler ernst genommen (vgl. für Physik: BLEICHROTH 1970; für Deutsch: HELMERS 1966; für Politik: GIESECKE 1965; für altsprachlichen Unterricht: v. HENTIG 1966). Freilich bleibt die bildungstheoretisch orientierte Didaktik der vorgefundenen Struktur wissenschaftlicher Disziplinen und schulischer Fächer verhaftet. Sie setzt sich dadurch selbst Erkenntnisgrenzen: Zum einen gelingt es ihr nicht, die Legitimation gegebener Schulfächer grundsätzlich zu hinterfragen, zum anderen vermag sie die grundsätzliche Interessengebundenheit der einzelnen Disziplinen (vgl. HABERMAS 1969) nicht zu erkennen und von ihrem eigenen Standpunkt der Parteinahme für die Zukunft der Jugend deshalb nicht ideologiekritisch zu kritisieren (vgl. ACHTENHAGEN 1969, S. 16 ff).

Auf allgemeiner Ebene ist der Aspekt der *ideologiekritischen Hinterfragung* von Bildungsinhalten und damit auch der ihnen zugeordneten Wissenschaften für die bildungstheoretische Didaktik durch KLAFKI (vgl. 1977) aufgenommen worden. Nach der breiten Rezeption dieser Überlegungen ist – bedingt durch die Nähe der Fachdidaktiker zu ihrer fachwissenschaftlichen Bezugsdisziplin – auch die Notwendigkeit zur Wissenschaftskritik zumeist sehr scharf gesehen und eine ganze Reihe ideologiekritischer Analysen der jeweiligen Fachtradition ausgelöst worden. Der Literaturdidaktiker Ide zitierte im Jahre 1970 genüßlich den studentischen Slogan „Schlagt die Germanistik tot, macht die blaue Blume rot!" (IDE 1970, S. 13), VIERZIG (vgl. 1975) konzipierte eine ideologiekritische Theorie der Religionspädagogik; das Fach Kunst mauserte sich zu der dezidiert politisch orientierten „Visuellen Kommunikation" (vgl. EHMER 1971, GIFFHORN 1972); die Naturwissenschaften und ihr Unterricht wurden in historisch-materialistischer Sicht in ihrer Bedeutung für die Aufrechterhaltung der Produktionsverhältnisse im Spätkapitalismus analysiert (vgl. BLOCH/JAECKEL 1975, PROJEKTGRUPPE PINC 1978, RIESS 1977). Auch die von Miehm 1972 konstatierte „Krise" der neusprachlichen Didaktik ist nicht zuletzt auf die Einsicht vieler Englischdidaktiker zurückzuführen, daß der Englischunterricht einen erheblichen Anteil an der ungleichen Verteilung von Lebenschancen im Bildungswesen der Bundesrepublik habe (vgl. NEUNER 1980, S. 430 ff.; vgl. ähnlich zur Mathematikdidaktik LENNÉ 1969, S. 286 f.). Aufgrund radikalen Zweifels an der Wissenschaftspraxis der jeweiligen Bezugsdisziplin wird schließlich von der Fachdidaktik selbst die Forderung nach einem „kritisch neu zu be-

Fachdidaktik

stimmenden Wissenschaftsbegriff" (BLOCH u.a. 1978, S.8; vgl. VIERZIG 1975, S.157ff.) erhoben.

Die systematisch am weitesten entfaltete Position im Rahmen ´wissenschaftsorientierter Didaktiken stellt der *Strukturgitteransatz* der Münsteraner Arbeitsgruppe für Didaktik dar (vgl. BLANKERTZ 1971, 1973a), in dem fachdidaktische Kriteriensätze unter anderem für den Politikunterricht (vgl. THOMA 1971), für die Arbeitslehre (vgl. KELL 1971), für Deutsch (vgl. LENZEN 1973) und für die Wirtschaftsdidaktik (vgl. KUTSCHA 1976) vorgelegt worden sind (zusammenfassend vgl. KELL 1986).

Ein Verdienst der wissenschaftskritischen Ansätze insgesamt ist es, die Fachdidaktiken nicht mehr ausschließlich in ihrem Funktionszusammenhang als Mittler von Wissenschaft und Unterricht, sondern – weiter greifend – als Mittler zwischen Gesellschaft und Wissenschaft in den Blick gerückt zu haben. Allerdings darf der Verlust der individuellen und psychologischen Dimension nicht übersehen werden: Die ursprünglich bildungstheoretisch gestellte Frage nach dem Bildungssinn für den einzelnen wird vernachlässigt zugunsten der Sachstruktur und der gesellschaftlichen Kritik an ihr.

Chancengleichheit: Fachdidaktik unter dem Aspekt der Schülerorientierung. Das schon aus der Reformpädagogik bekannte didaktische Prinzip der Schülerorientierung wurde in der Bildungsreformphase häufig in der Forderung nach mehr Chancengleichheit für alle Schüler (vgl. DEUTSCHER BILDUNGSRAT 1970, S.230) aufgenommen. Die fachdidaktische Diskussion konkretisierte dieses Postulat in der Frage, wie ein Unterricht aussehen müsse, der jedem einzelnen Schüler die ihm angemessene Förderung zuteil kommen lasse. Diese Frage kann unterschiedlich interpretiert werden:
– Sie kann als Orientierung an dem *situationsanalytischen Ansatz der Curriculumforschung* (vgl. HEMMER/ZIMMER 1975, S.188ff.; vgl. OTT/MILLER 1976, ROBINSOHN 1967) entfaltet werden und davon ausgehen, daß „in der Erziehung Ausstattung zur Bewältigung von Lebenssituationen geleistet wird" (ROBINSOHN 1967, S.47). Dazu ist es erforderlich, im Leben des einzelnen und der Gesellschaft relevante, typische Situationen ausfindig zu machen, für die die Schule dann die zu ihrer angemessenen Bewältigung erforderlichen Qualifikationen vermitteln muß. Dieser allgemeindidaktische Ansatz war ursprünglich als ein Weg zur Revision des gesamten schulischen Curriculum gedacht. Er wurde in der Folge allerdings nur in wenigen fach- oder bereichsspezifischen Projekten tatsächlich ausgeführt, so in der Vorschulerziehung (vgl. ZIMMER 1973). Dies liegt nicht nur an den prinzipiellen Schwierigkeiten einer Gesamtrevision in einem Wurf (vgl. BLANKERTZ 1973a, S.10), sondern an der Schwierigkeit, ohne strukturierenden und selektierenden Orientierungsrahmen jene Situationen zu bestimmen, die im zukünftigen Leben der Schüler Relevanz erhalten könnten. Die Orientierung an Schulfächern und Lernbereichen oder Aufgabenfeldern wird dann immer wieder zum entscheidenden Hilfsmittel zur Bestimmung relevanter Lebenssituationen (vgl. HEMMER/ZIMMER 1975, S.188ff.).
– Eng verwandt, jedoch in der wissenschaftstheoretischen Akzentuierung eigenständig, ist der Ansatz der *Lebensweltorientierung* (vgl. LIPPITZ 1980, MEYER-DRAWE 1986), der ebenfalls zur Revision bestimmter Fachdidaktiken genutzt wurde (für den Deutschunterricht: vgl. EGGERT 1984; für den Physikunterricht: vgl. REDEKER 1984, SCHENK 1984; für den Geographieunterricht: vgl. GLATFELD/SCHRÖDER 1982).

- Schließlich können die Konzepte *erfahrungsbezogener Fachdidaktik* (vgl. NYKRIN 1978, SCHELLER 1981) und zum Teil auch die Konzepte *handlungsorientierten Unterrichts* (vgl. zusammenfassend WOPP 1986) als Versuche gewertet werden, die Schülerorientierung durch das Ernstnehmen von Erfahrungen und Handlungsmotiven der Schüler zu sichern.

Wissenschaftsorientierung und Schülerorientierung des Unterrichts schließen einander nicht prinzipiell aus. Allerdings muß aus der Sicht der situations-, erfahrungs- und lebensweltorientierten Ansätze dort eine Einschränkung gemacht werden, wo die Schulfächer sich an solchen Disziplinen orientieren, die ihren Bezug zu relevanten Lebensbereichen verloren haben (vgl. BÖHME 1979, S. 122 ff.). Die Kritik an einer entfremdeten Wissenschaftspraxis hat zu mannigfaltigen Versuchen geführt, wissenschaftsorientierte und lebensweltorientierte Didaktiken wieder zu verbinden (vgl. FREISE 1985, WAGENSCHEIN 1970); das kindliche Suchen, Forschen und Theoretisieren wird hier zum Ausgangspunkt für die Aneignung wissenschaftlicher Begriffe gesetzt. Unterstützt werden solche Integrationsbemühungen durch die Erkenntnis, daß heute die Wissenschaftspraxis selbst zu einer für die Schüler immer wichtigeren, relevanten Lebenssituation geworden ist, weil Wissenschaft selbst zu einer entscheidenden Produktivkraft geworden ist (vgl. BLANKERTZ 1975a, S. 3f.).

Viel radikaler werden die wissenschaftsorientierten Didaktiken durch diejenigen Fach- und Allgemeindidaktiker in Zweifel gezogen, die – oft in der Tradition der Reformpädagogik – *Unterricht vom Kinde aus* betreiben wollen und nur noch jene Unterrichtsinhalte zulassen wollen, denen Lehrer und Schüler gemeinsam eine aktuelle Bedeutung abzugewinnen vermögen und die in ihren Lebenszusammenhang eingebettet sind. Die Grundschuldidaktik verfocht in reformpädagogischer Tradition für lange Zeit das Prinzip des Gesamtunterrichts, in dem die „Trennung der Forschungsgebiete und die Einteilung der Fächer schwinden sollte" (B. OTTO 1961, S. 191); Spranger forderte heimatkundlichen Unterricht gerade deshalb, weil Heimatkunde „das bisher eindrucksvollste Beispiel einer Überwindung der abstrakten Fächertrennung" sei (SPRANGER 1952, S. 26). Durch die Einführung des Fachlehrerprinzips (vgl. DEUTSCHER BILDUNGSRAT 1970, S. 225) ist diese Traditionslinie in der Regelschule unterbrochen, auch wenn im Rahmen von Modellversuchen und Projekten seit Ende der 60er Jahre immer wieder versucht worden ist, die starren Fächergrenzen aufzuweichen, „Lernbereiche", „Aufgaben-" oder „Erfahrungsfelder" statt Fächer zu konstituieren und die eigenen Fachgrenzen zu durchstoßen (vgl. IVO/MERKELBACH 1972 für den Deutschunterricht; vgl. VOLK 1975 für den Mathematikunterricht; vgl. FREY/HÄUSSLER 1973 für ein integriertes Curriculum Naturwissenschaft; vgl. MEYER 1980 für den Fremdsprachenunterricht in der Sekundarstufe II).

Im Bereich der sprachlichen Fächer wird das Leitziel der „kommunikativen Kompetenz" zu einer umfassenden Begründungskategorie, auf die sich mehrere Fachdidaktiken beziehen (vgl. BEHR u.a. 1975, BOETTCHER 1973, NEUNER 1980). Indessen zeigt gerade das Beispiel der sprachlichen Didaktik, daß die Orientierung an den Fachgrenzen nur sehr schwer zu überwinden ist. Die Voraussetzung dafür wäre eine andere Schulorganisation, die das Lernen des Schülers an *seinem* Bildungsgang und nicht ausschließlich an Fächern entfaltet (vgl. BLANKERTZ 1983). Denn erst wenn der Bildungsprozeß des einzelnen nicht mehr an abstrakten Strukturen des Wissens, sondern an seinem Wissenserwerb und seiner Kompetenzentwicklung ausgerichtet wird, werden Wissenschaftspropädeutik und Lebenswelt-

Fachdidaktik

orientierung kein Widerspruch mehr sein, wie SCHENK (vgl. 1984, S. 203 ff.) darlegt.

Partizipation: Fachdidaktik als Berufswissenschaft des Lehrers. Die in dem Strukturplan für das Bildungswesen erhobene Forderung nach Partizipation aller von Bildungsmaßnahmen Betroffenen (vgl. DEUTSCHER BILDUNGSRAT 1970, S. 38) bezog sich nicht nur auf die Mitwirkungsrechte der Schüler und der Eltern, sondern in erster Linie auf die Lehrer. Galt zuvor die Lehrplangestaltung und – trotz des Postulats der Methodenfreiheit – auch die unterrichtsmethodische Organisation des Unterrichts weitgehend als Monopol des Staates, so wird im Gefolge der Curriculumdiskussion am Ende der 60er und zu Beginn der 70er Jahre sehr schnell deutlich, daß schulische Innovationen nur gemeinsam mit den Lehrern durchgeführt werden können (vgl. DEUTSCHER BILDUNGSRAT 1974, HUBER u. a. 1972). Fachdidaktische Analysen und Forschungen durch den Lehrer und für den Lehrer fungieren von nun an als „forschungspraktische Lösung von Legitimationsproblemen in der Curriculumforschung" (ACHTENHAGEN 1975, S. 200). Die Fachdidaktik stellt dabei die notwendigen inhaltlichen und methodischen Entscheidungskriterien zur Verfügung. Auswahl und Legitimation von Unterrichtsinhalten sind freilich auch unhintergehbar politische Tätigkeiten (vgl. BLANKERTZ 1975a, S. 181). In der Hand des über die Lehrpläne mitbestimmenden Lehrers wird das fachdidaktische Instrumentarium damit zugleich zu einem politischen. Das haben nicht zuletzt die politisch geführten Auseinandersetzungen um die Hessischen Rahmenrichtlinien Deutsch und Gesellschaftslehre (vgl. CHRIST u. a. 1974) gezeigt. Bezeichnenderweise nehmen sich auch die Lehrerverbände dieses fachdidaktischen Themas an (vgl. KÖHLER/ REUTER 1973). Fachdidaktik als „Berufswissenschaft für den Lehrer" (HEURSEN 1984c, S. 89 ff.) legt ihr Augenmerk aber nicht nur auf die Auswahl und Legitimation der Unterrichtsinhalte, sondern in wachsendem Ausmaß auf das Lehrerhandeln in seiner ganzen Breite und Vielschichtigkeit. Die fachdidaktischen Analysen, die im Anschluß an die „*lehr*theoretische Didaktik" der Berliner Schule (vgl. HEIMANN u. a. 1965) durchgeführt worden sind, betonen deshalb auch ausdrücklich den Implikationszusammenhang aller am Unterricht beteiligten Faktoren und Entscheidungen. Freilich reduziert sich das fachdidaktische Instrumentarium in diesem Ansatz oft gänzlich auf die Unterrichtsplanung. Wie überhaupt Fachdidaktik unter dem Gesichtspunkt des Lehrerhandelns und der Lehrerkompetenz häufig in Modellen fachlicher Unterrichtsplanung interpretiert wird (vgl. KÖHNLEIN 1982, SCHULZ 1980; vgl. DUIT u. a. 1981 für den Physikunterricht; vgl. GRAF u. a. 1977 für den Deutschunterricht; vgl. SCHÄFER 1976 für den Geschichtsunterricht; vgl. G. OTTO/SCHULZ 1980 ff.). Darin mag auch ein Grund für die relative Unterrichtsferne der fachdidaktischen Entwürfe liegen, wie sie von Fachdidaktikern selbst beklagt wird (vgl. FREUDENSTEIN/GUTSCHOW 1979, S. 77).

Allgemeine Didaktik – Fachdidaktik – Fachwissenschaft. Die Frage, ob die Fachdidaktik eher der allgemeinen Didaktik und damit der Erziehungswissenschaft oder eher den Fachwissenschaften zuzuordnen sei, stellt sich, seitdem es Fachdidaktiken gibt. Der Herbart-Schüler Rein warnt schon 1904 vor einer speziellen Didaktik allein vom Standpunkt der Fachwissenschaften aus, weil derart die Bezogenheit auf die Grundlage des erziehenden Unterrichts nicht gewährleistet sei (vgl. REIN 1904a, S. 204). Einen ersten Versuch, die Diskussion aufzuarbeiten, unternahm KOCHAN (vgl. 1970), später folgten auch ALTRICHTER u. a. (vgl. 1983), BECKMANN (vgl. 1981). Diesen Versuchen ist zu eigen, daß sie über die Bestimmung der Fachdidaktik im Dreieck von Fachdidaktik/allgemeiner Didaktik/Fachwissenschaft nicht hinausgelangten. Seinen Ursprung hat der Streit um die Zuordnung der Fachdidaktik in der oben dargestellten Entwicklung zweier Traditionsstränge der Fachdidaktik innerhalb der Geschichte der Lehrerbildung, in der er durchaus auch eine politische Funktion erfüllte: Je nach der besseren Reputation der einen – Erziehungswissenschaft – oder der anderen – Fachwissenschaft – schlugen sich die Vertreter der Fachdidaktiken auf die entsprechende Seite. Im Umfeld der pädagogischen Akademie sicherte die Erziehungswissenschaft die Wissenschaftlichkeit der Studien; im Umfeld der Universitäten die Fachwissenschaften. Die Diskussion um die Zuordnung der Fachdidaktiken ist also in erster Linie eine Diskussion um die Reputationsbemühungen der jungen Disziplin (vgl. BLANKERTZ 1984, S. 277 ff.). Erst derart interpretiert, ergibt der oft verbissene Streit um die disziplinäre und institutionell-organisatorische Zuordnung der Fachdidaktiken einen Sinn. Es ist selbstverständlich, daß die Fachdidaktik nicht ohne Bezüge zur allgemeinen Didaktik und zu der oder den jeweiligen Fachwissenschaften konstituiert werden kann. Doch in dem Maße, in dem die Fachdidaktiken sich als eigenständige Disziplinen entwickeln, sind sie gezwungen, sich die pädagogischen Fragen selbst zu eigen zu machen, selbst pädagogisch zu denken.

Gagel sieht daher auch die entscheidende Wirkung der allgemeinen Didaktik auf die Entwicklung der Politikdidaktik darin, „daß es der Fachdidaktik des politischen Unterrichts mit Hilfe der allgemeinen Didaktiken gelang, sich als selbständiges Wissensgebiet zu etablieren" (GAGEL 1983, S. 565). Die derart „emanzipierte" Fachdidaktik lehnt es ab, Anhängsel einer allgemeinen didaktischen Theorie zu sein, die es zudem als einheitliche Theorie nicht gibt. „Der Fachdidaktiker steht vielmehr vor der Aufgabe, aus dem Diskussionsstand der allgemeinen Didaktik und aus dem Angebot an Planungsmodellen aus fachdidaktischer Sicht Planungsprinzipien und Regeln herauszudestillieren und für seine Zwecke zusammenzustellen" (GAGEL 1983, S. 569). Die Folgen für die institutionelle Zuordnung der Fachdidaktiken liegen auf der Hand: Fachdidaktik ist weder Teil der Erziehungswissenschaft noch Teil der Fachwissenschaften, sondern eher eine eigenständige Disziplin, die einer eigenen Institution bedarf. Das gilt nicht zuletzt auch unter dem Aspekt der Nachwuchspflege. Allerdings gibt es im deutschsprachigen Raum nur wenige Institute, wie das Zentralinstitut für Unterrichtswissenschaften und Curriculumentwicklung an der Freien Universität Berlin, die auf universitärer Ebene der Fachdidaktik die Möglichkeit bieten, sich in enger Kooperation mit Fachwissenschaften und Erziehungswissenschaft als eigenständige Disziplin zu entwickeln (vgl. FISCHLER u. a. 1982).

ACHTENHAGEN, F.: Didaktik des fremdsprachlichen Unterrichts, Weinheim/Berlin/Basel 1969. ACHTENHAGEN, F.: Fachdidaktische Analysen als Beitrag zur forschungspraktischen Lösung von Legitimationsproblemen. In: KÜNZLI, R. (Hg.): Curriculumentwicklung..., München 1975, S. 200 ff. ACHTENHAGEN, F.: Theorie der Fachdidaktik. In: TWELLMANN, W. (Hg.): Handbuch Schule und Unterricht, Bd. 5.1: Schule und Unterricht unter dem Aspekt der didaktischen Bereiche, Düsseldorf 1981, S. 275 ff. ALTRICHTER, H. u. a.: Fachdidaktik in der Lehrerbildung, Wien/Köln/Graz 1983. BECKMANN, H.-K.: Lehrerseminar – Akademie – Hochschule. Das Verhältnis von Theorie und Praxis in drei Epochen der Volksschullehrerbildung, Weinheim 1968. BECKMANN, H.-K.: Modelle der Lehrerbildung in der Bundesrepublik Deutschland. In: Z. f. P. 26 (1980), S. 535 ff. BECKMANN, H.-K.: Schulpädagogik und Fachdidaktik, Stutt-

Fachdidaktik

gart 1981. BEHR, K. u.a.: Folgekurs für Deutschlehrer: Didaktik und Methodik der sprachlichen Kommunikation, Weinheim/Basel 1975. BIEDERMANN, K.: Der Geschichtsunterricht in der Schule, seine Mängel und ein Vorschlag zu seiner Reform, Braunschweig 1860. BLANKERTZ, H. (Hg.): Curriculumforschung – Strategien, Strukturierung, Konstruktion, Essen ²1971. BLANKERTZ, H.: Fachdidaktische Curriculumforschung. Strukturansätze für Geschichte, Deutsch, Biologie, Essen 1973a. BLANKERTZ, H.: Die fachdidaktisch orientierte Curriculumforschung und die Entwicklung von Strukturgittern. In: BLANKERTZ, H.: Fachdidaktische Curriculumforschung..., Essen 1973, S. 9 ff. (1973 b). BLANKERTZ, H.: Theorien und Modelle der Didaktik, München ⁹1975a. BLANKERTZ, H.: Analyse von Lebenssituationen unter besonderer Berücksichtigung erziehungswissenschaftlicher Modelle: Didaktische Strukturgitter. In: FREY, K. (Hg.): Curriculum-Handbuch, Bd. 2, München/Zürich 1975, S. 202 ff. (1975 b). BLANKERTZ, H. (Hg.): Lernen und Kompetenzentwicklung in der Sekundarstufe II. Abschlußbericht der wissenschaftlichen Begleitung Kollegstufe NW, Mimeo, Münster 1983. BLANKERTZ, H.: Thesen zur Stellung der Fachdidaktik an einer Universität am Beispiel der Didaktik der Mathematik. In: HEURSEN, G. (Hg.): Didaktik im Umbruch..., Königstein 1984, S. 277 ff. BLEICHROTH, W.: Das Verhältnis von Fachwissenschaft und Fachdidaktik am Beispiel des Volksschulfaches „Naturlehre" (Physik/Chemie). In: KOCHAN, D.C. (Hg.): Allgemeine Didaktik..., Darmstadt 1970, S. 285 ff. BLOCH, J.-R./JAECKEL, K.: Naturwissenschaft als gesellschaftliche Praxis und die Legitimierung naturwissenschaftlicher Inhalte im Unterricht. In: KÜNZLI, R. (Hg.): Curriculumentwicklung..., München 1975, S. 181 ff. BLOCH, J.-R. u.a.: Einleitung. In: BLOCH, J.-R. u.a. (Hg.): Grundlagenkonzepte der Wissenschaftskritik als unterrichtsstrukturierende Momente. IPN-Arbeitsberichte 29, Kiel 1978. BLUMENTHAL, A. u.a. (Hg.): Handbuch für Lehrer, Bd. 2: Die Praxis der Unterrichtsgestaltung, Gütersloh 1961. BOETTCHER, W.: Kritische Kommunikationsfähigkeit, Bebenhausen 1973. BÖHME, G.: Die Verwissenschaftlichung der Erfahrung. Wissenschaftsdidaktische Konsequenzen. In: BÖHME, G./ENGELHARDT, M. v. (Hg.): Entfremdete Wissenschaft, Frankfurt/M. 1979, S. 114 ff. BRACHT, U.: Fach – Fächerkanon. In: Enzyklopädie Erziehungswissenschaft, Bd. 3, Stuttgart 1986, S. 419 ff. BRUNER, J.S.: Der Prozeß der Erziehung, Berlin/Düsseldorf 1970. CHRIST, H. u.a.: Hessische Rahmenrichtlinien Deutsch, Analyse und Dokumentation eines bildungspolitischen Konflikts, Düsseldorf 1974. CONRADY, K.O.: Einführung in die neuere deutsche Literaturwissenschaft, Reinbek 1966. DEUTSCHER BILDUNGSRAT: Strukturplan für das Bildungswesen. Empfehlungen der Bildungskommission, Stuttgart 1970. DEUTSCHER BILDUNGSRAT: Zur Förderung praxisnaher Curriculum-Entwicklung. Empfehlungen der Bildungskommission, Stuttgart 1974. DUIT, R. u.a.: Unterricht Physik. Materialien zur Unterrichtsvorbereitung, Köln 1981. EGGERT, H.: Leser zwischen Lehrplan und Literaturwissenschaft, oder: Was ist die Lebenswelt der Literatur? In: HEURSEN, G. (Hg.): Didaktik im Umbruch..., Königstein 1984, S. 168 ff. EHMER, H.K. (Hg.): Visuelle Kommunikation – Beiträge zur Kritik der Bewußtseinsindustrie, Köln 1971. EICHLER, W.: Sprachdidaktik Deutsch, München 1974. FISCHLER, H. u.a.: Integrierte Lehrerbildung in Berlin, Weinheim/Basel 1981. FISCHLER, H. u.a.: Allgemeine Fachdidaktik? In: LENZEN, D. (Hg.): Erziehungswissenschaft im Übergang – verlorene Einheit, Selbstteilung und Alternativen. Jahrbuch für Erziehungswissenschaft 1980–1982, Stuttgart 1982, S. 116 ff. FLITNER, A./LENZEN, D. (Hg.): Abitur-Normen gefährden die Schule, München 1977. FLITNER, W./KUDRITZKI, G. (Hg.): Die deutsche Reformpädagogik, Düsseldorf/München 1961. FORD, G.W./PUGNO, L. (Hg.): Wissensstruktur und Curriculum, Düsseldorf 1972. FRECH, H.-W./REICHWEIN, R.: Der vergessene Teil der Lehrerbildung, Stuttgart 1977. FREISE, G.: Methodisch-mediales Handeln im Lernbereich Natur. In: Enzyklopädie Erziehungswissenschaft, Bd. 4, Stuttgart 1985, S. 280 ff. FREUDENSTEIN, R./GUTSCHOW, H.: Fachdidaktische Trendberichte (17), Englisch. In: betr. e. 12 (1979), 3, S. 76 ff. FREY, K. (Hg.): Curriculum-Handbuch, Bd. 2, München/Zürich 1975. FREY, K./HÄUSSLER, P. (Hg.): Integriertes Curriculum Naturwissenschaft: Theoretische Grundlagen und Ansätze, Weinheim/Basel 1973. GAGEL, W.: Zum Verhältnis von allgemeiner Didaktik und Fachdidaktik des politischen Unterrichts. In: Z. f. P. 29 (1983), S. 563 ff. GEISSLER, H.: Unterrichtsplanung. In: Enzyklopädie Erziehungswissenschaft, Bd. 3, Stuttgart 1986, S. 640 ff. GIESECKE, H.: Didaktik der politischen Bildung, München 1965. GIFFHORN, H.: Kritik der Kunstpädagogik, Köln 1972. GLATFELD, M./SCHRÖDER, E.CH.: Anfangsunterricht in Geometrie unter phänomenologischer Hinsicht. In: LIPPITZ, W./MEYER-

Fachdidaktik

DRAWE, K. (Hg.): Lernen und seine Horizonte, Königstein 1982, S. 137 ff. GRAF, H. u. a. (Hg.): Unterricht Deutsch, Modelle, Methoden, Skizzen, Braunschweig 1977. GRIMM, J.: Vorreden zur deutschen Grammatik von 1819 und 1822, hg. v. H. Steger, Darmstadt 1968. HABERMAS, J.: Erkenntnis und Interesse. In: HABERMAS, J.: Technik und Wissenschaft als „Ideologie", Frankfurt/M. 1969, S. 146 ff. HAHN, K.: Methodik des physikalischen Unterrichts, Leipzig 1927. HEILMANN, K.: Handbuch der Pädagogik, 3 Bde., Leipzig ^{14}1910. HEIMANN, P. u. a.: Unterricht – Analyse und Planung, Hannover u. a. 1965. HELMERS, H.: Didaktik der deutschen Sprache, Stuttgart 1966. HEMMER, K. P./ZIMMER, J.: Der Bezug zu Lebenssituationen in der didaktischen Diskussion. In: FREY, K. (Hg.): Curriculum-Handbuch..., Bd. 2, München/Zürich 1975, S. 188 ff. HENTIG, H. v.: Platonisches Lehren. Das Problem der Didaktik, dargestellt am Modell des altsprachlichen Unterrichts, Bd. 1, Stuttgart 1966. HENTIG, H. v.: Wissenschaftsdidaktik. In: N. Samml., 5. Sonderheft, 1970, S. 13 ff. HEURSEN, G. (Hg.): Didaktik im Umbruch – Aufgaben und Ziele der (Fach-)Didaktik in der integrierten Lehrerbildung, Königstein 1984 a. HEURSEN, G.: Didaktik im Umbruch: Fachdidaktik auf dem Weg zu ihrer Eigenständigkeit. In: HEURSEN, G. (Hg.): Didaktik..., Königstein 1984, S. 1 ff. (1984 b). HEURSEN, G.: Lehrerbildung ohne Wissenschaft? Zur Rolle von allgemeiner Didaktik und Fachdidaktik in der Lehrerbildung an der Universität. In: HEURSEN, G. (Hg.): Didaktik..., Königstein 1984, S. 76 ff. (1984 c). HEURSEN, G.: Didaktik, allgemeine. In: Enzyklopädie Erziehungswissenschaft, Bd. 3, Stuttgart 1986, S. 407 ff. HILDEBRAND, R.: Vom deutschen Sprachunterricht in der Schule und von deutscher Erziehung und Bildung überhaupt, Leipzig 1867. HOFFMANN, J.: Bildungsplanung als Versuch und Irrtum – Ein Beispiel für Politikberatung: Der Deutsche Bildungsrat. In: HALLER, H.-D./LENZEN, D. (Hg.): Lehrjahre in der Bildungsreform. Jahrbuch für Erziehungswissenschaft 1976, Stuttgart 1976, S. 195 ff. HUBER, H. u. a.: Schulreform durch Curriculumrevision, Stuttgart 1972. IDE, H.: Die Schullektüre und die Herrschenden. In: IDE, H. (Hg.): Bestandsaufnahme Deutschunterricht, Stuttgart 1970, S. 9 ff. IVO, H.: Zur Wissenschaftlichkeit der Didaktik der deutschen Sprache und Literatur. Vorüberlegungen zu einer „Fachunterrichtswissenschaft", Frankfurt/Berlin/München 1977. IVO, H./MERKELBACH, V.: Abschied vom klassischen Schulfach. Zum Beispiel: Deutsch, Heidelberg 1972. JUNGBLUT, G.: Fachdidaktik als Wissenschaft. In: D. Dt. S. 64 (1972), S. 610 ff. KARSTÄDT, O. (Hg.): Methodische Strömungen der Gegenwart, Langensalza ^{9}1921. KELL, A.: Didaktische Matrix-Konkretisierung des „didaktischen Strukturgitters" für den Arbeitslehreunterricht. In: BLANKERTZ, H. (Hg.): Curriculumforschung..., Essen 1971, S. 35 ff. KELL, A.: Strukturgitter, didaktisches. In: Enzyklopädie Erziehungswissenschaft, Bd. 3, Stuttgart 1986, S. 584 ff. KITTEL, H.: Die Entwicklung der Pädagogischen Hochschulen 1926–1932, Hannover/Berlin/Darmstadt 1957. KLAFKI, W.: Das Problem der Didaktik. In: Z. f. P., 3. Beiheft, 1963, S. 19 ff. KLAFKI, W.: Didaktische Analyse als Kern der Unterrichtsvorbereitung. In: KLAFKI, W.: Studien zur Bildungstheorie und Didaktik, Weinheim/Basel ^{4}1974, S. 126 ff. KLAFKI, W.: Zur Entwicklung einer kritisch-konstruktiven Didaktik. In: D. Dt. S. 69 (1977), S. 703 ff. KOCHAN, D. C. (Hg.): Allgemeine Didaktik, Fachdidaktik, Fachwissenschaft, Darmstadt 1970. KÖHLER, G./REUTER, E. (Hg.): Was sollen die Schüler lernen? Die Kontroverse um die hessischen Rahmenrichtlinien für die Unterrichtsfächer Deutsch und Gesellschaftslehre. Dokumentation einer Tagung der GEW, Frankfurt/M. 1973. KÖHNLEIN, W.: Exemplarischer Physikunterricht. Beispiele und Anmerkungen zu einer Pädagogik der Physik, Bad Salzdetfurth 1982. KRAMP, W.: Fachwissenschaft und Menschenbildung. In: KOCHAN, D. C. (Hg.): Allgemeine Didaktik..., Darmstadt 1970, S. 322 ff. KÜNZLI, R. (Hg.): Curriculumentwicklung. Begründung und Legitimation, München 1975. KUTSCHA, G.: Das politisch-ökonomische Curriculum, Kronberg 1976. LENNÉ, H.: Analyse der Mathematikdidaktik in Deutschland, Stuttgart 1969. LENZEN, D.: Didaktik und Kommunikation, Frankfurt/M. 1973. LESCHINSKY, A./ROEDER, P. M.: Didaktik und Unterricht in der Sekundarstufe I seit 1950. In: MAX-PLANCK-INSTITUT FÜR BILDUNGSFORSCHUNG, PROJEKTGRUPPE BILDUNGSBERICHT (Hg.): Bildung..., Reinbek 1980, Bd. 1, S. 283 ff. LIPPITZ, W.: „Lebenswelt" oder die Rehabilitierung vorwissenschaftlicher Erfahrung, Weinheim/Basel 1980. MANNZMANN, A. (Hg.): Geschichte der Unterrichtsfächer, 3 Bde., München 1983/1984. MAX-PLANCK-INSTITUT FÜR BILDUNGSFORSCHUNG, PROJEKTGRUPPE BILDUNGSBERICHT (Hg.): Bildung in der Bundesrepublik Deutschland, 2 Bde., Reinbek 1980. MEYER, M. A. (Hg.): Fremdsprachenunterricht in der Sekundarstufe II, Königstein 1980. MEYER-DRAWE, K.: Lebenswelt.

Fachdidaktik

In: Enzyklopädie Erziehungswissenschaft, Bd. 3, Stuttgart 1986, S. 505 ff. MINDT, D.: Unterrichtsplanung Englisch für die Sekundarstufe I, Stuttgart 1979. NEUNER, G.: Entwicklungen im Englischunterricht. In: MAX-PLANCK-INSTITUT FÜR BILDUNGSFORSCHUNG, PROJEKTGRUPPE BILDUNGSBERICHT (Hg.): Bildung..., Reinbek 1980, Bd. 1, S. 393 ff. NOHL, H./PALLAT, L. (Hg.): Handbuch der Pädagogik, Bd. 3, Langensalza/Berlin/Leipzig 1930. NOWACK, H.: Der Unterricht im Deutschen. Eine methodische Anweisung mit Lehrproben für die verschiedenen Zweige und Stufen des deutschen Unterrichts in der Volksschule, Breslau 1897. NYKRIN, R.: Erfahrungserschließende Musikerziehung, Regensburg 1978. OSTERMANN, W./WEGENER, L.: Lehrbuch der Pädagogik, Oldenburg 1883. OTT, R./MILLER, G. (Hg.): Zielfelderplan. Dialog mit den Wissenschaften, München 1976. OTTE, M.: Fachdidaktik als Wissenschaft. In: HEURSEN, G. (Hg.): Didaktik..., Königstein 1984, S. 94 ff. OTTO, B.: Der Gesamtunterricht. In: FLITNER, W./KUDRITZKY, G. (Hg.): Die deutsche Reformpädagogik, Düsseldorf/München 1961, S. 191 ff. OTTO, G.: Zur Etablierung der Didaktiken als Wissenschaften. Beobachtungen, Anmerkungen, Versuche einer Zwischenbilanz 1983. In: HEURSEN, G. (Hg.): Didaktik..., Königstein 1984, S. 22 ff. OTTO, G./SCHULZ, W. (Hg.): Praxis und Theorie des Unterrichtens, München 1980 ff. PAULSEN, F.: Geschichte des gelehrten Unterrichts, 2 Bde., Berlin/Leipzig 1919/1921. PROJEKTGRUPPE PINC: Natur und Produktion im Unterricht, Weinheim/Basel 1978. RASCHERT, J.: Bildungspolitik im kooperativen Föderalismus. Die Entwicklung der länderübergreifenden Planung und Koordination des Bildungswesens der Bundesrepublik Deutschland. In: MAX-PLANCK-INSTITUT FÜR BILDUNGSFORSCHUNG, PROJEKTGRUPPE BILDUNGSBERICHT (Hg.): Bildung..., Reinbek 1980, Bd. 1, S. 103 ff. REDEKER, B.: Zum Lernen von Physik. In: LIPPITZ, W./MEYER-DRAWE, K. (Hg.): Kind und Welt, Königstein 1984, S. 16 ff. REIN, W.: Allgemeine Didaktik. In: REIN, W. (Hg.): Enzyklopädisches Handbuch..., Langensalza ²1904, Bd. 2, S. 203 ff. (1904 a). REIN, W. (Hg.): Enzyklopädisches Handbuch der Pädagogik, 7 Bde., Langensalza ²1904 b. REIN, W. u.a.: Theorie und Praxis des Volksschulunterrichts, Leipzig ⁷1903. RICHTER, W.: Didaktik als Aufgabe der Universität, Stuttgart 1969. RIESS, F. (Hg.): Kritik des mathematisch-naturwissenschaftlichen Unterrichts, Frankfurt/M. 1977. ROBINSOHN, S. B.: Bildungsreform als Revision des Curriculum, Neuwied/Berlin 1967. ROEDER, P. M.: Lehrerbildung und Bildungsreform. In: HEURSEN, G. (Hg.): Didaktik im Umbruch..., Königstein 1984, S. 59 ff. ROTH, L. (Hg.): Handlexikon zur Didaktik der Schulfächer, München 1980. SCHÄFER, W.: Geschichte in der Schule, Stuttgart 1976. SCHELLER, I.: Erfahrungsbezogener Unterricht, Königstein 1981. SCHENK, B.: Wissenschaftspropädeutik und Lebensweltorientierung im Physikunterricht – ein Widerspruch? In: HEURSEN, G. (Hg.): Didaktik..., Königstein 1984, S. 203 ff. SCHMIEL, M.: Einführung in fachdidaktisches Denken, München 1978. SCHULZ, W.: Unterrichtsplanung, München/Wien/Baltimore 1980. SPRANGER, E.: Der Bildungswert der Heimatkunde, Stuttgart 1952. SPRECKELSEN, K.: Strukturelemente der Physik als Grundlage ihrer Didaktik. In: Natw. im U. 23 (1975), S. 418 ff. THIELE, G.: Die Organisation des Volksschul- und Seminarwesens in Preußen 1809–1819. Mit besonderer Berücksichtigung der Wirksamkeit Ludwig Natorps, Leipzig 1912. THOMA, G.: Zur Entwicklung und Funktion eines „didaktischen Strukturgitters" für den politischen Unterricht. In: BLANKERTZ, H. (Hg.): Curriculumforschung..., Essen 1971, S. 67 ff. TIMMERMANN, J. (Hg.): Fachdidaktik in Forschung und Lehre, Hannover/Darmstadt/Dortmund 1972. TWELLMANN, W. (Hg.): Handbuch Schule und Unterricht, Düsseldorf 1981 ff. VIERZIG, S.: Ideologiekritik und Religionsunterricht, Zürich/Einsiedeln/Köln 1975. VOGT, J.: Literaturdidaktik. In: VOGT, J. (Hg.): Literaturdidaktik, Aussichten und Aufgaben, Düsseldorf 1972, S. 9 ff. VOLK, D.: Plädoyer für einen problemorientierten Mathematikunterricht in emanzipatorischer Absicht. In: EWERS, M. (Hg.): Naturwissenschaftliche Didaktik zwischen Kritik und Konstruktion, Weinheim/Basel 1975, S. 203 ff. WACKERNAGEL, P.: Deutsches Lesebuch, Vierter Teil, für Lehrer. Der Unterricht in der Muttersprache, Stuttgart 1843. WAGENSCHEIN, M.: Ursprüngliches Verstehen und exaktes Denken, 2 Bde., Stuttgart 1970. WAGENSCHEIN, M.: Anmerkungen zum Normenbuch Physik. In: FLITNER, A./LENZEN, D. (Hg.): Abitur-Normen..., München 1977, S. 146 ff. WENIGER, E.: Didaktik als Bildungslehre, Teil 1: Theorie der Bildungsinhalte und des Lehrplans, Weinheim 1952. WICHMANN, O.: Eigengesetz und bildender Wert der Lehrfächer – Untersuchungen über die Beziehung von allgemeiner Pädagogik und Fachwissenschaft, Halle 1930. WILLMANN, O.: Didaktik als Bildungslehre, Freiburg/Wien ⁶1957. WISSENSCHAFTSRAT: Empfehlungen zur Struktur und zum Ausbau des Bildungswesens im Hochschulbereich nach 1970, Bde. 1, 2, Bonn 1970 (Bd. 1: 1970a; Bd. 2: 1970b). WOPP, CH.: Unterricht, handlungsorientierter. In: Enzyklopädie Erziehungswissenschaft, Bd. 3, Stuttgart 1986, S. 600 ff. ZIMMER, J. (Hg.): Curriculumentwicklung im Vorschulbereich, 2 Bde., München 1973.

Gerd Heursen

Friedenserziehung

Friedenserziehung als Erziehung zur Friedensfähigkeit. Friedenserziehung kann nicht bedeuten: Erziehung für den Frieden – diesen Zustand gibt es nicht. Frieden ist erst noch durch gesellschaftliches Handeln herzustellen. Friedenserziehung kann also nur heißen: Erziehung zur Friedensfähigkeit, also Erziehung zu der Befähigung, den Zustand des Friedens herzustellen und zu erhalten.

Erziehung zur Friedensfähigkeit muß sich verstehen als Teil des Prozesses, dessen Ziel der Abbau der Gewalt auf drei Ebenen ist: im internationalen System, in den Einzelgesellschaften, die dieses System bilden, und schließlich in den Köpfen der Menschen. Dies bedeutet, positiv formuliert, die Ausweitung des Freiheits-, Selbstbestimmungs- und Entfaltungsspielraums der Menschen. Damit sind zugleich die Ziele einer inhaltlichen Demokratie genannt. Wenn mit Demokratie nicht nur die formalen Spielregeln zur Herrschaftsbestellung gemeint sind, sondern ein Strukturprinzip von Staat und Gesellschaft, dann ist Friedenserziehung identisch mit den Bemühungen um die Erweiterung von Demokratie.

Friedenserziehung soll die Menschen fähig machen, am Prozeß des Abbaus von Gewalt und der Erhöhung der Selbstbestimmung durch gesellschaftliches Handeln teilzunehmen. Ziel ist dabei eine Welt, in der abnehmende Gewalt, zunehmende soziale Gerechtigkeit und politische Freiheit im internationalen System und in den einzelnen Gesellschaften verbunden sind.

Konzepte der Friedensforschung. Die Friedensforschung hat sich in den vergangenen Jahren von inhaltlich beschränkten Konzeptionen zu differenzierten analytischen Ansätzen entwickelt. Der heute erreichte Diskussionsstand ist weit über erste Versuche in den 50er Jahren hinausgelangt. Die bisherigen Versuche zur Friedenserziehung spiegeln diesen Entwicklungsprozeß der Friedensforschung. Sie knüpfen an den jeweiligen Stand der Forschung an und teilen auch deren Beschränkung.

Eine erste Phase der theoretischen Überlegungen zur Friedenserziehung – sieht man von Ansätzen in den 20er Jahren ab, etwa bei MONTESSORI (vgl. 1970) – beginnt in den 50er Jahren. Der Satz der UNO-Charta könnte das Motto für diese Bemühungen bilden: „Da Kriege in den Köpfen der Menschen beginnen, muß in den Köpfen der Menschen Vorsorge für den Frieden getroffen werden." In dieser Phase standen Arbeiten zur Vorurteilsproblematik, Untersuchungen zu nationalen Stereotypen und der Schulbuchvergleich im Vordergrund. Dieser Ansatz ist wichtig und notwendig, aber er ist von begrenzter Reichweite. Sicher spielen die Vorurteilsdynamik und das Vorhandensein von nationalen Stereotypen eine wichtige Rolle bei der Eskalation von Konflikten, aber das Abhängigkeitsverhältnis ist keineswegs eindeutig: So, wie nationale Vorurteile internationale Konflikte begünstigen und verstärken können, so können auch umgekehrt emotionale und negativ besetzte Feindbilder Ergebnis realer Konflikte sein oder bewußt manipulativ erzeugt werden, um beispielsweise Rüstungskosten zu legitimieren oder die Bereitschaft der Bevölkerung für kriegerische Konflikte zu erzeugen. Die Begrenztheit des Ansatzes liegt vor allem darin, daß er ein *individualpsychologisches Deutungsschema* nahelegt. Er unterstellt, daß, wenn nur beim einzelnen Menschen alle Vorurteile abgebaut und alle nationalen Voreingenommenheiten beseitigt seien, der Friede gesichert sei. Kriege werden von Menschen gemacht, wie abhängig sie auch immer von gesellschaftlichen oder psychologischen Determinanten sind. Aber in der Erfahrung des einzelnen Menschen, der sie wie ein übermächtiges Naturgeschehen empfindet, wird ein objektives Element deutlich.

Das Problem des Krieges läßt sich nicht auf individualpsychologische Phänomene reduzieren. Kriege sind kein Summenphänomen individueller Aggression. Es besteht ein Zusammenhang zwischen individueller Aggression und sozialer Organisation von Gewalt, aber kollektive Aggression kann nicht als bloße Addition individueller Aggression verstanden werden.

Infolgedessen kann Erziehung zum Frieden nicht nur bedeuten, individuelle Aggressivität zu erforschen, vorhandene individuelle Vorurteile rational durchsichtig zu machen und aufzuarbeiten. Eine so auf den individualpsychologischen Bereich reduzierte Erziehung zum Frieden greift zu kurz, weil sie den Menschen nur als isoliertes Individuum sieht, nicht aber das gesellschaftliche System, durch das die individuellen Strukturen vermittelt sind.

Die zweite Phase der Friedensforschung ist durch einen stärker *politikwissenschaftlichen Ansatz* charakterisiert. Man begreift den Krieg als politisches Phänomen des internationalen Systems. Die zentralen Begriffe dieser Friedenskonzeption sind Integration und Assoziation. Die Überlegungen gehen davon aus, daß nur durch eine Verstärkung der internationalen Zusammenarbeit im herrschenden internationalen System der Frieden gesichert werden könne. Grundthese aller Integrationsansätze ist, daß integrative, kooperative und internationale Bewegungen als positive Friedensbeiträge innerhalb des internationalen Systems nuklearer Drohpolitik Chancen haben, sich durchzusetzen.

Für die Erziehung zum Frieden ergeben sich daraus folgende Überlegungen: Wie können neue Objekte von Loyalität gelernt werden? Wie können nationale Loyalität übersteigende Loyalitäten erworben werden? Welche Wirkung hat die Pflege von internationalen Kontakten, besonders von solchen, die für den einzelnen eine funktionale Bedeutung haben (Beruf, Interesse)? Wie kann sich das Bewußtsein, in „einer Welt" zu leben, herausbilden?

In einer dritten Phase steht die *Analyse der organisierten Friedlosigkeit* im Vordergrund: des planvoll erzeugten und scheinbar naturwüchsig sich entwickelnden Systems des Unfriedens und seiner Verknüpfung mit gesellschaftlichen Herrschaftsstrukturen. In dieser Phase werden differenzierte Konzepte zur Analyse der innergesellschaftlichen und internationalen Machtstrukturen möglich, wobei der doppelte Aspekt des kollektiven Unfriedens deutlich wird, nämlich daß der Unfriede eingebaut ist in die gesellschaftliche Struktur der Staaten und daß er gleichzeitig in der gegenwärtigen staatengesellschaftlichen Organisation institutionell verankert ist. Dieser Forschungsstand eröffnet die Möglichkeit zu einer realistischen Friedenserziehung als Teil der Veränderungsstrategie der gegenwärtigen innergesellschaftlichen und staatengesellschaftlichen Wirklichkeit. Die Friedenspädagogik hat in einer solchen Lage die Chance, kritisches Bewußtseinspotential heranzubilden, wenn sie die Kritik der Bedingungen des kollektiven Unfriedens und des internationalen Drohsystems zum entscheidenden Inhalt ihres Selbstverständnisses erhebt. Für die dritte Phase der Friedensforschung ist auch eine inhaltliche und praxisbezogene Ausweitung des Gebietes der Friedenserziehung kennzeichnend. Friedensforschung erstreckt sich nicht nur auf kriegerische Gewalt; sie erfaßt analytische Ebenen vom Individuum bis zum internationalen System. Dementsprechend orientiert sich Friedenspraxeologie nicht ausschließlich an Problemen zwischenstaatlicher Konfliktlösung. Sie muß auf den verschiedenen Ebenen ansetzen: auf der Ebene der frühkindlichen Sozialisation ebenso wie auf der Ebene der Lernfähigkeit ganzer Systeme.

Erstes Ziel der Erziehung zur Friedensfähigkeit ist es, Kriege als historisch, das heißt als von Menschen herbeigeführt und deshalb als vermeidbar begreifen zu lernen.

Ansatzpunkt kann dabei nicht der kriegerische Konflikt allein sein. Die Arbeiten der Friedensforschung haben gezeigt, daß ein Ansatz, der nur vom Krieg und von seinen Ursachen ausgeht, zu kurz greift. Der Krieg ist gewissermaßen nur die Spitze eines Eisberges der Gewalt. Es müssen alle Formen der Gewalt ins Auge gefaßt werden, die den massiven Sockel des Eisberges bilden. GALTUNG (vgl. 1975) hat gezeigt, daß es neben der direkten, personalen Form der Gewalt, die für jedermann offensichtlich ist, viele geheime, verborgene Formen der Gewalt gibt. Diese strukturelle Gewalt hindert Menschen daran, ihre körperlichen und psychischen Anlagen zu entwickeln. Sie unterdrückt, quält und tötet Menschen ebenso wie die personale Gewalt, aber sie ist nicht in der gleichen spektakulären Weise sichtbar wie die direkte Gewalt der Waffen.

Da gibt es die Gewalt in unseren Köpfen: Aggressionen, Vorurteile, Feindbilder. Da gibt es die gesellschaftliche Gewalt, die ganze Gruppen von Menschen entrechtet, ausbeutet und in ihren Lebenschancen beschneidet. Da gibt es die hierarchischen Strukturen im internationalen System, die bewirken, daß es reiche und arme Völker gibt, daß auf der einen Seite der Welt Millionen von Menschen jährlich verhungern und auf der anderen Seite es ein nahezu unlösbares Problem ist, die landwirtschaftlichen Überschüsse zu vermeiden und überflüssige Lebensmittel zu vernichten.

Alle diese Formen der Gewalt wirken mit bei den Prozessen, die schließlich ihre höchste Eskalationsstufe in der kriegerischen Gewalt finden. Deshalb muß Gewalt auf allen Stufen und in allen Formen verringert werden, wenn wir dem Ziel Frieden näher kommen wollen. Deshalb muß auch die Gewalt, ihre Entstehung, ihre Formen und ihre Verringerung, zentrales Thema der Erziehung zur Friedensfähigkeit sein.

Die Friedenserziehung steht in dem Dilemma, zum Frieden in einer friedlosen Welt erziehen zu wollen. Es gibt ein großes Angebot von Lernmodellen der Unfriedlichkeit in der Realität – beginnend bei Alltagssituationen über die Massenmedien bis hin zur Politik, die nahelegen, Gewalt als Problemlösungsmittel zu verwenden. Da die Gewalt als ein allgemein akzeptiertes Problemlösungsmuster angesehen wird, gerät derjenige, der auf Gewalt verzichten möchte, in die Situation, daß sein Verhalten als Schwäche interpretiert wird und Aggressionen provoziert. Einen Ausweg aus diesem Dilemma gibt es nur durch die Problematisierung solcher Mechanismen mit der Chance der langfristigen Umstrukturierung solcher Wahrnehmungsmuster.

Die neuen sozialen Bewegungen als Felder kollektiver Lernprozesse. Friedenspädagogische Bemühungen finden nicht etwa nur als organisierte Lernprozesse, etwa in der Schule, statt, sondern auch als spontane, kollektive Lernprozesse, wie sie sich in Bürgerinitiativen oder den neuen sozialen Bewegungen vollziehen. Unter welchen Bedingungen werden aber neue Ideen, Vorstellungen oder Konzepte gesellschaftlich „gelernt", also von Gruppen aufgenommen und artikuliert? Zum Vergleich könnte man große historische Bewegungen – etwa die Reformation oder die Französische Revolution – befragen. Sie lassen sich als Phasen gesellschaftlichen Lernens interpretieren: Eine „Idee", ein neues Interpretationsmuster von Realität, ergriff die Massen und veränderte die Sichtweise der Welt. Die Neuartigkeit oder Originalität von Ideen allein vermag solche historischen Prozesse nicht zu erklären. Als Beispiel die Reformation: Es gab in der Geschichte der Kirche eine ganze Reihe von Neuformulierungsversuchen des religiösen Dogmas, die keinen historischen Erfolg hatten und im nachhinein als Ketzerbewegungen erscheinen.

Offensichtlich müssen zwei Faktoren zusammenwirken, damit solche kollektiven Lernprozesse möglich werden: Zunächst muß das Angebot eines neuen Interpretationsmusters für Realität vorhanden sein. Im Falle der Reformation war es Luthers neues Verständnis der Bibel, im Falle der Französischen Revolution waren es die philosophischen Schriften zur neuen Begründung von Staat und Gesellschaft – etwa bei Rousseau. Zu diesen neuen Sinnangeboten muß aber eine spezifische historische Situation kommen, die die Gesellschaft empfänglich macht für die neuen Interpretationsmuster. Dieser Wandlungsprozeß, der hier nur grob angedeutet werden kann, ist im jeweiligen geschichtlichen Verlauf höchst komplex; er darf nicht mißverstanden werden als Kausalfolge.

Derartige kollektive Lernprozesse haben in der Regel folgende Struktur: In der ersten Phase sind es nur kleine Gruppen, die sich die neuen Ideen zu eigen machen, sie sind gleichsam die „Vorlerner" einer Gesellschaft. In der zweiten Phase setzt eine Verallgemeinerung der neuen Ideen ein, die schließlich dazu führen kann, daß alte Interpretationsmuster durch neue ersetzt werden.

Die neuen sozialen Bewegungen sind Anzeichen für ein zunehmendes Gefühl des Unbehagens an den traditionellen politischen Paradigmen. Die neue Sensibilität für Natur und Umwelt, der Zweifel an dem Nutzen der Kernenergie und an der Großtechnologie, an dem Wachstumsglauben und an dem Leistungsbegriff, die zahlreichen Bürgerinitiativen und Protestbewegungen, die Frauen- und schließlich auch die Friedensbewegung signalisieren eine zunehmende Erkenntnis der Unzulänglichkeit der herrschenden Paradigmen. So gilt das Paradigma „Sicherheit durch Stärke" keineswegs mehr unbefragt, und eine zunehmende Zahl von Menschen ist nicht mehr bereit, die Sicherung des Friedens durch die Perfektion der Mittel des Krieges und seine umfassende Verbreitung hinzunehmen. Für die Erziehung zur Friedensfähigkeit ergibt sich die Möglichkeit, hier anzuknüpfen. Die Diskussion solcher Möglichkeiten ist von zentraler Bedeutung, wenn die Friedenspädagogik aus der Beschränkung gutgemeinter, aber idealistischer Konzepte herauskommen will.

Untersucht man die Vorstellungen der verschiedenen Protestbewegungen, also der Ökologiebewegung, der Frauenbewegung, der neuen Jugendbewegung und der Friedensbewegung, so nimmt die Frage des Verhältnisses zur Gewalt eine zentrale Stelle ein. Zunächst wächst die Sensibilität für überkommene Gewaltstrukturen. Die Gewalt in den zwischenmenschlichen Beziehungen (etwa Mann-Frau-Verhältnis) wird ebenso thematisiert wie die Gewalt gegen die Natur (Ökologie) oder die Gewalt der Technik (sanfte Technologie). Aber es sind auch inhaltliche Veränderungen in der Einstellung zur Gewalt festzustellen: Die traditionellen Handlungsmuster im Verhältnis zur Gewalt (Gewalt/Gegengewalt, Sicherheit durch Stärke, Friedenssicherung durch Rüstung) überzeugen nicht mehr, neue Formen der Reaktion auf Gewalt kündigen sich an.

Es läßt sich noch nicht sagen, ob es gelingt, neue Formen des Umgangs mit Gewalt in den verschiedenen Bereichen des Lebens zu entwickeln, und ob diese neuen Formen sich durchsetzen. Hier liegt die Chance der Friedenserziehung: Sie kann neue Interpretationsmuster für Realität anbieten und damit jenen Prozeß des Wertwandels weitertreiben, der sich in den neuen sozialen Bewegungen anzeigt.

Friedenserziehung in der Schule. Die *Lernziele* der Friedenserziehung müssen auf drei Ebenen formuliert werden: der kognitiven, der affektiven und der konativen. Im traditionellen Schulwesen dominieren die kognitiven, auf Wissensbestände gerichteten Lernziele. Für die Friedenserziehung ist es jedoch von besonderer Bedeutung, daß auch die affektiven und konativen (zur Handlung anleitenden) Lernziele einbezogen werden. Insbesondere der Handlungsaspekt – der freilich in der institutionalisierten Erziehung am schwierigsten zu erreichen ist – ist für die Friedenserziehung zentral, weil die kognitiven und affektiven Ziele nur dann Gewicht gewinnen, wenn sie für das lernende Subjekt handlungsrelevant werden.

Bei der Formulierung von Lernzielen müssen drei Aspekte berücksichtigt werden:
- Die Lernziele haben anzuknüpfen an die konkreten Bedürfnisse und Interessen der lernenden Subjekte (didaktischer Aspekt).
- Sie müssen aus den Erkenntnisinteressen einer als Teil kritischer Gesellschaftswissenschaft verstandenen Friedensforschung abgeleitet werden (wissenschaftlicher Aspekt).
- Ihr Ort in einer emanzipatorischen Strategie muß angebbar sein (emanzipatorischer Aspekt).

Dabei muß das Kriterium für Auswahl und Gewichtung eines Lernziels die Frage nach seinem emanzipatorischen Gehalt sein. Der Wert des Lernziels innerhalb des organisierten Lernprozesses wäre daran zu messen, inwieweit es zur Reflexion gesellschaftlicher Zusammenhänge, zu kritischem Selbstverständnis und konkreter Handlungsfähigkeit anleitet und damit zum Selbstbefreiungsprozeß des Menschen beiträgt.

Die *Themen* der Friedenserziehung lassen sich auf den drei Analyseebenen: Individuum, Gesellschaft/Staat, internationales System anordnen. Es können hier jeweils nur Beispiele für die drei Ebenen genannt werden:
- *Individuum:* Hierher gehören vor allem Ziele der individuellen Verhaltenskompetenz: Selbsterkenntnis, Selbstkritik, Rollencharakter des eigenen Handelns, Umgang mit den eigenen Gefühlen, Wünschen, Bedürfnissen und Interessen, Rollendistanz, eigene und fremde Aggression, eigene und fremde Vorurteile und Feindbilder, mehrdeutige Situationen, Angst, kommunikative Kompetenz, Konfliktfähigkeit, Empathie, Solidarität, Kooperationsfähigkeit, Toleranz.
- *Gesellschaft/Staat:* Auf dieser Ebene sind die Gewaltstrukturen der Gesellschaft und die Möglichkeiten der Humanisierung des menschlichen Zusammenlebens in der Gesellschaft zu thematisieren: ungleiche Verteilung der Lebenschancen, Rolle der Minderheiten (ausländische Arbeiter, Zigeuner, Behinderte), Gewalt im Alltag, Konflikte in der Gesellschaft, militärische und nichtmilitärische Sicherheitskonzepte, Verhältnis zu Umwelt und Natur, Probleme des wirtschaftlichen Wachstums und der Großtechnik.
- *Internationales System:* Hier sind Struktur und Interaktionsformen im internationalen System und die Möglichkeiten einer friedlichen Weltordnung zu analysieren: hierarchische Struktur des internationalen Systems, ökonomische Ungleichheit und Abhängigkeit im internationalen System, Ost-West- und Nord-Süd-Konflikt, Kriege und Kriegsursachen, Rüstung

und Abrüstung, internationale Organisationen, Friedenskonzepte.
Das Dilemma der Friedenserziehung, in einer friedlosen Welt zum Frieden erziehen zu wollen, gilt natürlich auch für den Bereich des institutionalisierten Lernens, also für die Schule. Die Schule wird in ihrer gesellschaftlichen Reproduktionsfunktion bestimmt durch die (unfriedlichen) gesellschaftlichen Strukturen. Zwar gibt es einen relativen Gestaltungsspielraum der Schule, aber die zentralen gesellschaftlichen Regelungsmechanismen wie Leistungsprinzip und konkurrenzförmige Organisation der Beziehungen reichen bis in die Schule. So besteht ein gewisser Widerspruch zwischen den Zielen der Friedenserziehung und der Schule als Institution, der durch den einzelnen Lehrer nicht aufgehoben werden kann. Dies bedeutet nicht, daß Friedenserziehung in der Schule nicht möglich wäre. Aufgabe ist es vielmehr, diesen Widerspruch selber zum Thema zu machen und den Spielraum zu nutzen, den Schule trotz der Einbindung in gesellschaftliche Strukturzusammenhänge bietet.
Zu unterscheiden ist Friedenserziehung als Unterrichtsprinzip und als Fach oder Teil eines Faches. *Friedenserziehung als Unterrichtsprinzip* bedeutet, daß Erziehung zur Friedensfähigkeit als „soziales Lernen" in den verschiedenen Fächern als allgemeines Prinzip des Lehrers und Lernens verstanden wird (vgl. WULF 1983, S. 439). Hier konvergiert Friedenserziehung mit der politischen Bildung. *Friedenserziehung als Fach* meint curriculare Einheiten, vor allem im politischen Unterricht, aber auch in anderen Fächern wie Deutsch, Religion, Geographie, Geschichte, den Sprachen und den Naturwissenschaften. Beide Formen der Friedenserziehung sind notwendig.
Friedenserziehung darf aber nicht auf die Schule beschränkt bleiben. Weitere wichtige Felder sind die Jugendarbeit der Verbände, Parteien und Kirchen und die Erwachsenenbildung. Da soziales Lernen sich zum überwiegenden Teil nicht im Rahmen der organisierten Formen des Lernens abspielt, sondern als spontanes, ungeplantes Lernen in den verschiedenen sozialen Situationen der Familie, des Alltags und des Berufslebens, gewinnen diese Bereiche besondere Bedeutung für die Friedenserziehung. Wenn die Friedenserziehung mit der Friedensforschung davon ausgeht, daß der jetzige Zustand in den Einzelgesellschaften und im internationalen System durch Unfriedlichkeit gekennzeichnet ist und zur Herstellung des Friedens Veränderungen notwendig sind, gerät sie notwendigerweise in eine gesellschaftliche Konfliktzone, weil ihr vorgeworfen werden kann, daß sie durch diesen Ansatz gerade das befördere, was sie verhindern wolle, nämlich Unfriedlichkeit und Krieg. Dieser Konflikt wurde insbesondere deutlich in einer Kontroverse der Kultusministerkonferenz der Bundesrepublik Deutschland über die Rolle der Friedens- und Sicherheitspolitik im Unterricht, die zur Vorlage zweier getrennter Entwürfe führte. Der Entwurf der CDU-regierten Länder betont die Notwendigkeit der militärischen Verteidigung und den Auftrag der Bundeswehr zur Sicherung des Friedens. Der Entwurf der SPD-regierten Länder stellt in den Mittelpunkt die Notwendigkeit einer „Friedenskultur", die nur durch die Überwindung der bestehenden Rivalitäts-, Macht- und Gewaltstrukturen erreichbar sei.

BRAND, K.-W.: Neue soziale Bewegungen, Opladen 1982. ESSER, J.: Kritische Friedenstheorie und Möglichkeit zur Friedenspraxis, Frankfurt/M. 1976. GALTUNG, J.: Strukturelle Gewalt, Reinbek 1975. GRONEMEYER, M./GRONEMEYER, R.: Frieden vor Ort, Frankfurt/M. 1978. HEITKÄMPER, P.: Friedenserziehung als Lernprozeß, Bad Heilbrunn 1976. MONTESSORI, M.: Der

Frieden und die Erziehung (1932). In: RÖHRS, H. (Hg.): Friedenspädagogik..., Frankfurt/M. 1970, S. 49 ff. NICKLAS, H./OSTERMANN, Ä.: Zur Friedensfähigkeit erziehen, München/Berlin/Wien 1976. PFISTER, H. (Hg.): Friedenspädagogik heute, Waldkirch ³1980. RÖHRS, H.: Frieden – eine pädagogische Aufgabe, Braunschweig 1983. SCHIERHOLZ, H.: Friedensforschung und politische Didaktik, Opladen 1977. SENGHAAS, D.: Die Erziehung zum Frieden in einer friedlosen Welt. In: SENGHAAS, D.: Abschreckung und Frieden, Frankfurt/M. 1969, S. 258 ff. WULF, CH.: Kritische Friedenserziehung, Frankfurt/M. 1973. WULF, CH.: Friedenserziehung. In: Enzyklopädie Erziehungswissenschaft, Bd. 8, Stuttgart 1983, S. 437 ff.

Hans Nicklas/Änne Ostermann

Gesprächserziehung

Begriff. Unter „Gesprächserziehung" soll die Befähigung von Schülern *zur* Gesprächsführung verstanden werden, in Abgrenzung vom Themenbereich „Erziehung *durch* das Gespräch". Versucht man, den Ausdruck „Gespräch" zu klären (zu „Erziehung" vgl. SCHWENK 1983), so läßt sich zunächst am alltäglichen Sprachgebrauch anknüpfen. Unter Rückgriff auf die Alltagssprache lassen sich folgende Beispielsituationen für Gespräche angeben: ein Telefonat mit einem Freund, eine Unterhaltung mit einem Mitreisenden, ein Beratungs- oder Beichtgespräch, eine Diskussion in einer Sitzung, Tratsch, Teambesprechungen (zur Systematisierung der Formen des Miteinander-Sprechens vgl. RÖSSNER 1971, S. 89 ff.). Als Gegenbeispiele mögen dienen: eine Durchsage, eine Anfrage bei der telefonischen Auskunft, die Frage des Beamten nach zu verzollenden Gütern und die Antwort des Reisenden, eine Predigt. Schließlich gibt es nicht eindeutig zuzuordnende Fälle: den Austausch von Höflichkeiten zwischen Bekannten, die sich auf der Straße treffen, eine Erörterung der Gesamtwetterlage im Aufzug. Eine eindeutige Definition des Ausdrucks „Gespräch" ist wegen seiner unscharfen Ränder schwierig, dennoch können im Blick auf seinen alltagssprachlichen Gebrauch Bedingungen genannt werden, die erfüllt sein müssen, damit ein Gespräch vorliegt:
- Ein Gespräch ist ein mündlicher *Austausch* zwischen mindestens zwei Personen, eine wechselseitige „Erwiderung" (LOCH 1962, S. 645). Es ist „dialogisch" (LOCH 1956, S. 529) und unterscheidet sich damit vom bloßen Erzählen.
- Ein Gespräch findet dann statt, wenn sich dieser Austausch über *längere Zeit* hin erstreckt (vgl. SALZMANN 1973, S. 145), wobei allerdings keine genaue Grenze gezogen werden kann.
- Das Gespräch hat ein *Thema,* einen inneren Zusammenhang; es stellt also – nach gewöhnlichem Sprachgebrauch – nicht die abwechselnde Äußerung irgendwelcher unzusammenhängender Sätze dar (vgl. RITZ-FRÖHLICH 1982, S. 15).
- Schließlich ist das Gespräch von weitgehend *ritualisierten* Sprechsituationen *abzugrenzen,* die den Austausch auf die abwechselnde Äußerung von Sprechformeln reduzieren (vgl. LOCH 1956, S. 528 f.).

Diese relativ weite Fassung von „Gespräch" ist von einer engeren, ebenfalls in der pädagogischen Diskussion vorfindbaren, zu unterscheiden (vgl. RITZ-FRÖHLICH 1982, S. 15; vgl. RÖSSNER 1971, S. 29 ff.): In dieser engeren Variante ist ein Gespräch „eine Grundform menschlicher Kommunikation im Medium der Sprache, in der unter Partnern ein Gedanken- und Meinungsaustausch stattfindet" (SALZMANN 1973, S. 145). Das Gespräch steht hier neben anderen Formen der Verständigung wie der Diskussion, in der „das potentielle Gegeneinander" überwiegt.

Legitimation der Gesprächserziehung. Offenbar ist die Fähigkeit, Gespräche führen zu können, weder angeboren, noch entsteht sie „von selbst" im Zuge des Spracherwerbs. Kinder, die in die Schule eintreten, sind normalerweise nur ansatzweise in der Lage, geordnete Gespräche zu führen: Viele Kinder haben Sprechhemmungen, gleiten in motorische Unruhe ab, sobald andere „dran" sind, es fällt ihnen schwer, genau zuzuhören; viele Schüler neigen dazu, dazwischenzusprechen, nur wenige sind in der Lage, auf die Gesprächsbeiträge der anderen einzugehen (vgl. LOCH 1956, S. 527; vgl. RITZ-FRÖHLICH 1982). Zur Rechtfertigung einer didaktisch-methodisch reflektierten Gesprächserziehung können folgende Argumente benannt werden: Gesprächsfähigkeit ist ein Teil dessen, was als kommunikative

Kompetenz zur *Bewältigung von Lebenssituationen* (vgl. HEURSEN 1983, S. 475) erforderlich ist. Die Fähigkeit, Gespräche zu führen, macht einen Teil unserer Kultur aus. Mit dem Erwerb der Gesprächsfähigkeit geht der Erwerb anderer Qualifikationen einher, die für das gemeinsame Lösen von Problemen in Gruppen wichtig sind und mit dem Schlagwort „Teamfähigkeit" bezeichnet werden können.

Das Gespräch erlaubt es dem einzelnen, eigene Bedürfnisse, Probleme, angenehme oder bedrückende Gefühle zu artikulieren und zu verarbeiten; das Gespräch kann der Aneignung eigener und fremder *Erfahrungen* dienen (vgl. SCHELLER 1981, S. 121 ff.).

Eng damit verknüpft ist der Beitrag der Gesprächserziehung für das *soziale Lernen*. Mit dem Gespräch können Qualifikationen – wie: mit anderen kooperieren/mit Kritik umgehen/Toleranz entwickeln/Konflikte besprechen und zu lösen versuchen – vermittelt werden. Gerade für die Bewältigung schulischer und außerschulischer Konflikte ist die Gesprächsfähigkeit vorauszusetzen (vgl. DOMKE 1973, S. 95 ff.; vgl. DREIKURS 1980, S. 88 ff.).

Gesprächsfähigkeit ist Voraussetzung, *planmäßig* und *begründet* zu handeln: Einerseits ist die Interaktion (und damit das Gespräch) als Wurzel planenden Handelns interpretierbar (vgl. MEAD 1968, S. 171 ff.), andererseits kann nur von dem gesagt werden, er handle begründet, der fähig ist, sein Tun vor anderen redend zu vertreten. Gesprächserziehung steht damit im Dienste einer Erziehung zur *Diskursfähigkeit*.

Gesprächsfähigkeit ist schließlich als eine Voraussetzung für einen *dialogischen* Unterricht im Gegensatz zu einem bloß rezeptiven zu beschreiben. Um etwa im Sach-, Deutsch- oder Fremdsprachenunterricht, in den Fächern Ethik, Religion oder Sozialkunde arbeiten zu können, müssen die Schüler bereits über elementare Gesprächstechniken verfügen. Das Gespräch als ein *Erziehungsmittel* setzt also Gesprächserziehung voraus (vgl. GEISSLER 1973, S. 194).

Diese Argumente erlauben es, die Gesprächserziehung im Hinblick auf übergeordnete Ziele wie „Mündigkeit", „Emanzipation", „emanzipierende Mitbestimmung" zu rechtfertigen. Einen ganz besonderen Stellenwert erhält sie jedoch in Konzeptionen, für die der Diskurs die „letzte Legitimationsbasis für Lernzielentscheidungen" darstellt (MOLLENHAUER 1972, S. 62; vgl. GIESECKE 1978, S. 97 ff.): Als Betroffene sind hier auch die Schüler zu beteiligen.

Gesprächserziehung als Aufgabe der Schule. Gesprächserziehung in der Schule – vornehmlich in der Form des Unterrichtsgesprächs, in Debatte, Diskussion, Streitgespräch geübt (vgl. PRIOR 1985) – hat eine Reihe historischer Wurzeln (vgl. KLINGBERG 1982, S. 275 ff.; vgl. STÖCKER 1957, S. 120): die aus dem „sokratischen Gespräch" entwickelte *mäeutische Methode* (auch „Hebammenkunst"), die durch Luthers Katechismus mitgeprägte *„katechetische Methode"*, das heißt ein fragend-entwickelnder Unterricht, der auf die Darstellung – nicht Suche – der (für den Lehrenden) definitiv festliegenden Wahrheit abhebt, oder das von dem Reformpädagogen Berthold Otto gepflegte „freie Unterrichtsgespräch", das er aus dem familiären Tischgespräch herleiten wollte (vgl. OTTO 1928). Ein Großteil der heute vorliegenden Schriften zur Gesprächserziehung bezieht sich auf die Primarstufe, in der die Fundamente zur Gesprächsfähigkeit gelegt werden sollen, aber auch in den weiterführenden Schulen und in der beruflichen Weiterbildung wird Gesprächserziehung immer wieder thematisiert, so in Rhetorikkursen (vgl. SCHLÜTER 1974), in Anleitungen zur Diskussionsleitung und Verhandlungsführung (vgl. FRICKE 1984) oder zum Verkaufsgespräch (vgl. KUTSCHA 1976,

S. 119). Gesprächserziehung in den Sekundarstufen I und II vollzieht sich wesentlich jedoch *im* Unterrichtsgespräch, also im Deutsch-, Fremdsprachen-, Religions- oder Sozialkundeunterricht ebenso wie in jedem anderen Unterrichtsfach (zur didaktisch-methodischen Gestaltung vgl. DAHMS 1979, THIELE 1981). Das Gespräch ist die mit weitem Abstand häufigste Sozialform des Unterrichts: In einer in Nordrhein-Westfalen in der Sekundarstufe I durchgeführten empirischen Analyse des Methodenrepertoires von Lehrern (vgl. HAGE u.a. 1985) wurde ermittelt, daß 49 Prozent des gesamten Unterrichts aus dem „entwickelnden Gespräch", sieben Prozent aus dem „Katechisieren" und zwei Prozent aus „Diskussion" bestanden. Eine nicht nur funktionale, sondern absichtsvolle Gesprächserziehung findet ihren Niederschlag in Unterrichtseinheiten zum Thema „Kommunikation", wie sie für den Deutschunterricht CORDES (vgl. 1980) vorschlägt, der Elemente des Kommunikationstrainings nach GORDON (vgl. 1977) und FITTKAU u.a. (vgl. 1974, 1977) aufgreift. Eine besondere Akzentuierung gewinnt die Gesprächserziehung im Rahmen der Einführung in das begründete Reden, also der Vermittlung von Argumentationstechniken.

Besonders in der Primarstufe stellt die Hinführung zum Gespräch und die Vermittlung elementarer Fähigkeiten der Gesprächsführung ein wichtiges Lernziel dar. Damit ist der Erwerb von Sprecher- und Hörerqualifikationen gemeint, wie: Fragen stellen und beantworten können, etwas erklären, begründen, Kritik akzeptieren, andere ausreden lassen, sich auf andere beziehen, zuhören. RITZ-FRÖHLICH (vgl. 1982, S. 82 ff.) unterscheidet bei der Vermittlung dieser Qualifikationen nicht scharf voneinander abgrenzbare Phasen:

- In der *ersten Phase* sollen die Schüler lernen, „sich einander beim Sprechen und Hören zuzuwenden und einfache Gesprächsregeln aufzustellen und zu beachten" (RITZ-FRÖHLICH 1982, S. 85). Dazu gehört auch die Förderung sprachscheuer und die Integration dominierender Kinder, die Einführung des Gesprächskreises als Organisationsform und die Vermittlung elementarer Fertigkeiten der Gesprächsbeteiligung (vgl. RÖSSNER 1971, S. 38).
- In der *zweiten Phase* sollen die Schüler die Qualifikation erwerben, gezielt Fragen zu stellen und zu beantworten, also sich auf das von den Vorrednern Geäußerte zu beziehen.
- Darauf folgt in der *dritten Phase* die Einführung verschiedener Gesprächsformen (Partner-, Gruppen-, Klassengespräch, Diskussion) und die Förderung des themenzentrierten Redens.
- Schließlich wird in der *vierten Phase* eigenständiges, von der Person des Lehrers stärker abgelöstes Gesprächsverhalten angestrebt, das zu einem relativ selbständigen Gespräch der Kinder führen soll.

Dieser schrittweise Aufbau der Befähigung zum Gespräch darf nicht als isoliertes Training einzelner Qualifikationen verstanden werden. Die genannten Fertigkeiten sind vielmehr immer im Zusammenhang des Gesprächs selbst zu fördern (vgl. RITZ-FRÖHLICH 1982, S. 57).

Aus den methodischen Mitteln für die Hinführung zum Gespräch seien exemplarisch einige herausgegriffen:
- *Räumliche* und *zeitliche* Voraussetzungen schaffen: Es ist zweckmäßig, einen Sitzkreis zu bilden, in dem jeder jeden anderen ansehen kann (zur Organisation vgl. KAMMANN 1981, S. 259 ff.; vgl. RITZ-FRÖHLICH 1982, S. 59 ff.; vgl. RÖSSNER 1971, S. 38 ff.). Ferner ist zu überlegen, ob nicht feste Zeiten für Gespräche im Stundenplan vorzusehen sind (vgl. DREIKURS u.a. 1983, S. 111).
- Der Lehrer hat *Gesprächsanlässe* aufzugreifen und selbst solche anzubieten. Dazu können Geschichten, Rol-

lenspiele, Erzählungen von Kindern, aber ebenso gezielte Maßnahmen dienen. Im Rahmen von *Projekten* bieten sich immer wieder „echte" Gesprächsanlässe, die zur Gesprächserziehung genutzt werden können (vgl. BALHORN 1975, BEHR u. a. 1973; vgl. NÜNDEL 1976, S. 136 ff.).
- Schließlich kann der Verlauf eines Gesprächs selbst zum Gesprächsgegenstand werden (*Gespräch über Gespräch*), und mit den Schülern können Gesprächsprobleme besprochen und Gesprächsregeln eingeführt werden.

Gesprächserziehung als Schulung der Argumentationsfähigkeit. Im Zuge der Rezeption der Diskurstheorie von HABERMAS (vgl. 1971) und der „Erlanger Schule" durch die Erziehungswissenschaft gewann das Erziehungsziel „Diskursfähigkeit" an Bedeutung (vgl. BAACKE 1972, S. 57 ff.; vgl. MOLLENHAUER 1972, S. 67 f.). Der Stellenwert diskursiver Verfahren ist zwar umstritten (vgl. DRERUP/TERHART 1979, S. 379 f.), doch die Auseinandersetzung mit dem Diskursmodell hat die Einsicht verstärkt, daß vernünftiges Handeln an eine vorgängige Beratung gebunden ist. Insofern erscheint es plausibel, im Rahmen der Gesprächserziehung in begründetes Reden und Argumentieren einzuführen.
Auf der Grundlage der „Erlanger Philosophie" (vgl. KAMLAH/LORENZEN 1973, LORENZEN/SCHWEMMER 1975, SCHWEMMER 1971) wurden hierzu insbesondere von GATZEMEIER (vgl. 1975, 1976), FLÜGLISTER (vgl. 1975 a, b, c) und von KÖSSLER (vgl. 1973) Vorschläge unterbreitet.
Gatzemeier stellt in diesem Zusammenhang die Grundzüge einer „sprachlogischen Argumentation" vor, die aus
- der Klärung des Gebrauchs von sprachlichen Ausdrücken (Nominatoren, Prädikatoren) mittels exemplarischer Einführung (durch Beispiele und Gegenbeispiele), Prädikatorenregeln und Definitionen,
- der Unterscheidung zwischen normativen (praktischen) und deskriptiven (theoretischen) Sätzen,
- dem Beratungsmodell für deskriptive und normative Sätze besteht (vgl. KÖNIG u. a. 1976; vgl. KÖSSLER 1973, S. 301).

Normative Sätze („Sei jetzt ruhig!"), deren *Rechtfertigung* einen Schwerpunkt der Erziehung zur Argumentationsfähigkeit darstellt, sollen in einer praktischen Beratung in *Maximen* übergeführt werden (also generalisiert und mit einem Weil-Satz versehen werden, etwa: „Wenn es 13 Uhr ist, sei ruhig, weil sich dann die anderen Hausbewohner ausruhen!"). Dabei gilt dann eine Maxime als gerechtfertigt, „wenn ihre Befolgung (durch alle oder hinreichend viele) eine für alle Betroffenen erstrebenswerte Situation erwarten läßt" (GATZEMEIER 1976, S. 391). Die Schüler sollen lernen, Normen in Maximen umzuformulieren und in einem Konsensverfahren auf ihre Wünschbarkeit hin zu beurteilen. Ein hiervon geringfügig abweichendes Begründungsmodell wird von KÖNIG u. a. (vgl. 1976, S. 31 ff.) vorgeschlagen.
Die Argumentationsfähigkeit kann in nahezu allen Schulfächern und -formen vermittelt und geübt werden; insbesondere im Deutschunterricht und in Projekten ergeben sich vielfältige Möglichkeiten, die Schüler zur argumentativen Bewältigung von Situationen anzuleiten.
Bislang liegen kaum Erfahrungen mit der Argumentationslehre in der Schule vor; über eine Beratung in der Schule berichtet FLÜGLISTER (vgl. 1975 a, c). Dabei wird auch die Hauptschwierigkeit in der Vermittlung argumentativer Fähigkeiten deutlich: die adäquate didaktische Umsetzung der Grundlagen vernünftigen Redens. Anregungen dazu bieten KÖNIG u. a. (vgl. 1976), die auch für die Lehrerbildung Konsequenzen haben müßten (vgl. KÖSSLER 1973).

Gesprächserziehung

BAACKE, D.: Kommunikation als System und Kompetenz. Materialien zu einer pädagogischen Kommunikationstheorie. 2. Teil. In: N. Samml. 12 (1972), S. 57 ff. BALHORN, H.: Argumentationsfähigkeit – fraglos ein Lernziel? In: Westerm. P. Beitr. 26 (1974), S. 657 ff. BALHORN, H.: Projektorientierter Deutschunterricht in der Primarstufe. In: Disk. Dt. 6 (1975), S. 313 ff. BEHME, H.: Zur Theorie und Praxis des Gesprächs in der Schule – eine Bibliographie, Kastellaun 1977. BEHR, K. u. a.: Grundkurs für Deutschlehrer, Weinheim/Basel 1973. BEHR, K. u. a.: Folgekurs für Deutschlehrer: Didaktik und Methodik der sprachlichen Kommunikation, Weinheim/Basel 1975. BENTE, G./MINSEL, W.-R.: Gesprächsmodelle. In: Enzyklopädie Erziehungswissenschaft, Bd. 2, Stuttgart 1984, S. 396 ff. CORDES, H.: Konzept eines Kommunikationsunterrichts. In: DIEGRITZ, TH. (Hg.): Diskussion Grammatikunterricht, München 1980, S. 124 ff. DAHMS, G.: Nachdenken im Unterricht. Fragemethode und Anleitung zum argumentierenden Gespräch, Königstein 1979. DIEGRITZ, TH./ROSENBUSCH, H. S.: Kommunikation zwischen Schülern, München/Berlin/Wien 1977. DOMKE, H.: Lehrer und abweichendes Schülerverhalten, Donauwörth 1973. DREIKURS, R.: Psychologie im Klassenzimmer, Stuttgart 1980. DREIKURS, R. u. a.: Schülern gerecht werden, Weinheim/Basel 1983. DRERUP, H./TERHART, E.: Wissensproduktion und Wissensanwendung im Bereich der Erziehungswissenschaft. In: Z. f. P. 25 (1979), S. 377 ff. FITTKAU, B. u. a.: Kommunikations- und Verhaltenstraining für Erziehung, Unterricht und Ausbildung, München 1974. FITTKAU, B. u. a.: Kommunizieren lernen (und umlernen), Braunschweig 1977. FLÜGLISTER, P.: Bericht über die didaktische Planung und den Verlauf einer Lernzielberatung von Schülern. In: KÜNZLI, R. (Hg.): Curriculumentwicklung..., München 1975, S. 130 ff. (1975a). FLÜGLISTER, P.: Grundsätzliche Überlegungen zur rationalen Argumentation (Eine Arbeitsgrundlage). In: KÜNZLI, R. (Hg.): Curriculumentwicklung..., München 1975, S. 159 ff. (1975b). FLÜGLISTER, P.: WS-Zug: Protokoll der Lernzielberatung mit Schülern der Klasse WS-2. In: KÜNZLI, R. (Hg.): Curriculumentwicklung..., München 1975, S. 171 ff. (1975c). FRICKE, W.: Erfolgreich verhandeln – Diskussionsleitung, Verhandlungsvorbereitung, Verhandlungsführung, Köln 1984. GATZEMEIER, M.: Grundsätzliche Überlegungen zur rationalen Argumentation (mit Bezug auf den schulischen Unterricht). In: KÜNZLI, R. (Hg.): Curriculumentwicklung..., München 1975, S. 147 ff. GATZEMEIER, M.: Argumentationslehre im schulischen Unterricht. In: Disk. Dt. 7 (1976), S. 384 ff. GEISSLER, E. E.: Analyse des Unterrichts, Bochum 1973. GIESECKE, H.: Einführung in die Pädagogik, München [8]1978. GORDON, TH.: Lehrer-Schüler-Konferenz. Wie man Konflikte in der Schule löst, Hamburg 1977. HABERMAS, J.: Vorbereitende Bemerkungen zu einer Theorie der kommunikativen Kompetenz. In: HABERMAS, J./LUHMANN, N.: Theorie der Gesellschaft oder Sozialtechnologie – Was leistet die Systemforschung? Frankfurt/M. 1971, S. 101 ff. HAGE, K. u. a.: Das Methodenrepertoire von Lehrern, Opladen 1985. HEURSEN, G.: Kompetenz – Performanz. In: Enzyklopädie Erziehungswissenschaft, Bd. 1, Stuttgart 1983, S. 472 ff. KAMLAH, W./LORENZEN, P.: Logische Propädeutik. Vorschule des vernünftigen Redens, Mannheim/Wien/Zürich [2]1973. KAMMANN, F.: Methoden der vierpoligen Interaktion. In: Westerm. P. Beitr. 33 (1981), S. 258 ff. KLINGBERG, L.: Einführung in die Allgemeine Didaktik. Vorlesungen, Berlin (DDR) [5]1982. KÖNIG, E. u. a.: Basiswissen Philosophie, München 1976. KÖSSLER, H.: Philosophie und Lehrerausbildung. In: HÜBNER, K./MENNE, A. (Hg.): Natur und Geschichte. Deutscher Kongreß für Philosophie 1972, Hamburg 1973, S. 298 ff. KÜNZLI, R. (Hg.): Curriculumentwicklung. Begründung und Legitimation, München 1975. KUTSCHA, G.: Das politisch-ökonomische Curriculum, Kronberg 1976. LOCH, W.: Das Unterrichtsgespräch. In: B. u. E. 9 (1956), S. 527 ff. LOCH, W.: Beiträge zu einer Phänomenologie von Gespräch und Lehre. In: B. u. E. 15 (1962), S. 641 ff. LORENZEN, P./SCHWEMMER, O.: Konstruktive Logik, Ethik und Wissenschaftstheorie, Mannheim/Wien/Zürich 1975. MEAD, G. H.: Geist, Identität und Gesellschaft aus der Sicht des Sozialbehaviorismus, Frankfurt/M. 1968. MOLLENHAUER, K.: Theorien zum Erziehungsprozeß, München 1972. NÜNDEL, E.: Zur Grundlegung einer Didaktik des sprachlichen Handelns, Kronberg 1976. OTTO, B.: Der Lehrgang der Zukunftsschule, Berlin [3]1928. PRIOR, H.: Sozialformen des Unterrichts. In: Enzyklopädie Erziehungswissenschaft, Bd. 4, Stuttgart 1985, S. 143 ff. RITZ-FRÖHLICH, G.: Das Gespräch im Unterricht. Anleitung, Phasen, Verlaufsformen, Bad Heilbrunn 1982. RÖSSNER, L.: Gespräch, Diskussion und Debatte (im Unterricht der Grund- und Hauptschule), Frankfurt/Berlin/München 1971. SALZMANN, CH.: Gespräch. In: WILLMANN-INSTITUT (Hg.): Wörterbuch der Schulpädagogik, Freiburg/Basel/Wien 1973, S. 145 ff. SCHELLER, I.: Erfahrungsbezogener Unterricht, Königstein 1981. SCHLÜTER, H.: Grundkurs Rhetorik, München 1974. SCHWEMMER, O.: Philosophie der Praxis. Versuch zur Grundlegung einer Lehre vom moralischen Argumentieren in Verbindung mit einer Interpretation der praktischen Philosophie Kants, Frankfurt/M. 1971. SCHWENK, B.: Erziehung. In: Enzyklopädie Erziehungswissenschaft, Bd. 1, Stuttgart 1983, S. 386 ff. STÖCKER, K.: Neuzeitliche Unterrichtsgestaltung, München ^{4}1957. THIELE, H.: Lehren und Lernen im Gespräch, Bad Heilbrunn 1981. WALLRABENSTEIN, W. u. a.: Sprechanlässe und Gesprächssituationen. Lernbereich Sprache, Braunschweig 1979.

Horst Ramsenthaler

Handlungskompetenz

Begriff. Wer eine Kompetenz besitzt, *kann* etwas, ist handlungsfähig. Er besitzt die Fähigkeit, so tätig zu werden, daß er eine Absicht/ein Ziel/einen Zweck unter Beachtung von Handlungsprinzipien/Normen/Regeln und mit Bezug auf konkrete, die jeweilige Handlungssituation bestimmende Bedingungen zu erreichen vermag; er kann auch Situationen bewältigen, die zum Zeitpunkt der Ausbildung der entsprechenden Kompetenz noch nicht eindeutig vorauszusehen sind. Wer Handlungskompetenz besitzt, kann richtig, erfolgreich, vernünftig tätig werden.

Der Begriff „Handlungskompetenz" ist jüngeren Datums und in Erziehungswissenschaft, Didaktik und Fachdidaktiken noch vergleichsweise selten (vgl. aber DIETERICH 1983, PUCHTA/SCHRATZ 1984). Man spricht vom „handlungsorientierten Unterricht" (vgl. H. L. MEYER 1980, RAASCH 1983, WOPP 1986) und von der den Schülern zu vermittelnden „Handlungsfähigkeit" oder „Kompetenz" (vgl. W. SCHULZ 1980, S. 17 ff.; vgl. EUTENEUER 1984), vom „handelnden Lernen" oder einfach von „Handeln", dies dann näher bestimmt als „kommunikativ" (vgl. MOLLENHAUER 1972, S. 17 ff.), als „didaktisch" (vgl. FLECHSIG/HALLER 1975) oder als „pädagogisch" (vgl. OELKERS/W. K. SCHULZ 1984).

Problemgeschichte. Die Verwendung des Begriffes „Handlungskompetenz" und der zugeordneten handlungstheoretischen Begriffe in der Pädagogik ist neu; die Sache, um die es geht, hat eine lange pädagogische Tradition und Wirkungsgeschichte, auch wenn dies oft erst im rekonstruktiven Zugriff deutlich wird. Was bei ROUSSEAU 1762 (vgl. 1963, S. 18 passim), W. v. HUMBOLDT 1793 (vgl. 1960, S. 234 ff.; vgl. BUCK 1981), HERBART 1806 (vgl. 1960, S. 127 f.), SCHLEIERMACHER 1826 (vgl. 1957, S. 31) schon angesprochen war, wird bei Dewey 1916 mit der „Laborschule" und der Forderung, das Denken und Fühlen der Kinder durch Handeln („activity") zu fördern (vgl. DEWEY 1964, S. 203 ff.; vgl. BOHNSACK 1976, S. 94 passim), und 1912 in der „Arbeitsschule" der deutschen Reformpädagogik (vgl. KERSCHENSTEINER 1961, S. 222 ff.; vgl. GAUDIG 1961, S. 238 ff.) entfaltet. Bei aller Verschiedenheit der Problemstellungen ist den genannten Pädagogen die Überzeugung gemeinsam, daß das in der Schule vermittelte Wissen nicht um seiner selbst willen erstrebenswert ist, vielmehr erst dadurch legitimiert wird, daß es der nachfolgenden Generation ermöglicht, sich in der Welt zurechtzufinden und sie handelnd zu gestalten, und daß der Unterricht auf Selbsttätigkeit der Schüler ausgerichtet sein soll. Das heutige pädagogische Interesse an Handlung und Kompetenz entspricht nicht nur dieser erziehungswissenschaftlichen Tradition, sondern wird auch durch Entwicklungen in Philosophie, Linguistik, Gesellschaftstheorie und Entwicklungspsychologie gefördert (vgl. LANGEWAND 1983). Kennzeichnend für die philosophische Diskussion des Handlungsproblems seit Aristoteles ist die Bestimmung von Handeln *(praxis)* als Ergebnis menschlicher, durch Wissen *(phronesis)* und Kunstfertigkeit *(technē)* bestimmter Erfahrung *(empeiria)*. Kennzeichnend für die Neuzeit ist dann die Erörterung der Problematik unter dem Aspekt der Vermittlung von Subjektivität und Objektivität. Handeln bringt die Innenwelt *(mundus intelligibilis)* – ich will etwas – in Beziehung zur sinnlich wahrnehmbaren Außenwelt *(mundus sensibilis)* – ich verändere sie durch mein Handeln. Handlungsfähigkeit ist für KANT Bedingung der Freiheit (vgl. 1963 a, S. 492 = S. B 566/A 538); der „kategorische Imperativ" stellt dementsprechend ein allgemeines Prinzip freier Handlungen dar (vgl. KANT 1963 b, S. 51 = S. BA 52). Ich muß wollen können, daß die Maxime meines Handelns für mich und jeden anderen Menschen gilt, daß sie „allgemeines Gesetz" werden kann. Dabei ist für KANT die innere Handlung, das Sittengesetz zu befolgen, entscheidend, ihre Wirkung in der Welt der Erscheinungen dagegen sekundär (vgl. 1963 b, S. 45 = S. BA 43). Hegel hat dies kritisiert. Die moralische Bewertung freier Handlungen ist ein gesellschaftliches Problem, das er in seiner Rechtsphilosophie wie folgt bestimmt: „Die Äußerung des Willens als *subjektiven* oder *moralischen* ist Handlung", aber erst die „*konkrete* Identität des Guten und des subjektiven Willens [...] ist die *Sittlichkeit*" (HEGEL 1970, § 113 und § 141). Das selbstbewußte Ich, welches Kant in seiner praktischen Philosophie voraussetzt, muß sich seiner selbst erst bewußt *werden*, in einem Bildungsprozeß, in dem es sich auf die gesellschaftliche Wirklichkeit einläßt.

Das Spannungsverhältnis von ethischer Selbstbestimmung und praktischer Handlungsorientierung bestimmt auch noch heute die philosophische Diskussion, wenn auch anthropologisch, gesellschaftskritisch und sprachanalytisch transformiert. Dabei wird die deutsche Diskussion in der letzten Zeit wesentlich, wenn auch insgesamt kritisch-absetzend, durch die angloamerikanische analytische Handlungstheorie bestimmt (vgl. BUBNER 1976; vgl. HABERMAS 1981 a, S. 143 ff., S. 369 ff.). Die analytische Handlungstheorie versucht, die Komplexität menschlicher Handlungen, das Verhältnis von Wille, Handeln und Freiheit, durch eine Analyse unserer Sprache über eben diese Phänomene aufzuklären (vgl. BECKERMANN 1977, DANTO 1973, HAMPSHIRE 1970, MEGGLE 1977, SHWAYDER 1965).

Neben und verknüpft mit der philosophischen Handlungstheoriediskussion haben Entwicklungen in Linguistik und Gesellschaftstheorie auf die Erziehungswissenschaft eingewirkt. WITTGENSTEINS Sprachphilosophie – Sprechen ist Handeln – (vgl. 1960; vgl. M. A. MEYER 1976) und CHOMSKYS transformationell-generative Grammatik – Sprecher/Hörer verfügen über eine angeborene Sprachkompetenz – vgl. 1969) fanden breite Resonanz. „Kommunikative Kompetenz" wurde in der pragmatischen Wende der Linguistik deren zentrale Forschungsaufgabe (vgl. SEARLE 1971, WUNDERLICH 1976; zur erziehungswissenschaftlichen Rezeption vgl. HEURSEN 1983, LENZEN 1973). Durch Kommunikation wird Kontinuität und Veränderung der Gesellschaft gesichert; eine Theorie kommunikativen, nicht nur zweckrationalen Handelns, in der die intersubjektive Verständigung über Geltungsansprüche herausgearbeitet wird, ist deshalb für HABERMAS (vgl. 1971, 1981) Grundlegung der Gesellschaftstheorie in kritisch-emanzipatorischer Absicht.

Eine weitere, naheliegende Bezugsdisziplin der Erziehungswissenschaft ist die Entwicklungspsychologie. In ihr wurden der genetische Zusammenhang von Denken und Handeln und Stufen der Entwicklung von Urteilskraft und moralischer Kompetenz diskutiert und empirisch untersucht (vgl. AEBLI 1980/1981, KOHLBERG 1981/1983, PIAGET 1973). Welche Rolle in diesem Zusammenhang der Sprache zukommt, blieb kontrovers (vgl. PIATTELLI-PALMARINI 1980). Aufgrund ihrer gesellschaftsphilosophischen Einbettung fand auch die sowjetische psychologische Tätigkeitstheorie Beachtung. Hier ist schon früher untersucht worden, wie man sich die „Interiorisation" von Tätigkeiten ins individuelle „Bewußtsein" vorzustellen habe, die als Handlungsmuster gesellschaftlich vorgegeben sind (vgl. LEONTJEW 1977, WYGOTSKI 1974).

Der besondere Blickwinkel und das eigenständige Erkenntnisinteresse der Erziehungswissenschaft an der handlungstheoretischen Diskussion lassen sich dreifach bestimmen:

Zum einen sollen die Schüler/Lernenden/Heranwachsenden handlungsfähig für die zunehmend kompliziertere Lebenswelt („Praxis") werden; Handlungskompetenz der Schüler bezeichnet also eine sehr allgemeine Beschreibung der Zielsetzungen jeglichen Unterrichts; der Mensch ist der Erziehung bedürftig und fähig (vgl. W. SCHULZ 1980; mit Bezug auf Kant: vgl. BENNER 1983).

Zweitens wird aufgrund von Alltagserfahrungen der Lehrer, aber auch aufgrund didaktischer und entwicklungspsychologischer Theorien akzeptiert, daß Schüler besser lernen, wenn sie im Unterricht handelnd ihre Themen/Gegenstände/Probleme erarbeiten können, besser als es ein verbal orientierter, „verkopfter" Unterricht erlaubt (vgl. AEBLI 1976, S. 95 ff.; vgl. FAUSER u. a. 1983; vgl. H. L. MEYER 1980, S. 211 ff.; vgl. PIAGET 1972, S. 76 ff.; vgl. PUCHTA/SCHRATZ 1984). Dabei wird häufig auch normativ-wertend der handlungsorientierte Unterricht von anderem Unterricht abgehoben, der tatsächlich oder auch nur vermeintlich unter zu großer Sach- und Sprachdominanz leidet und die Schüler zu stark in die Rezeptivität drängt (vgl. SCHMIEDERER 1977, S. 104; vgl. VIERZIG 1975, S. 165).

Drittens ergibt sich ein Interesse am Handlungsbegriff aus der Einsicht, daß die Tätigkeit von Erziehern, primär die des Lehrers im Unterricht, als kommunikatives, didaktisches Handeln bestimmt werden muß. Pädagogik ist eine Handlungswissenschaft (vgl. BLANKERTZ 1978). Die breite, fast schon ausufernde Verwendung des Handlungsbegriffs in neueren erziehungswissenschaftlichen, speziell in didaktischen Veröffentlichungen (vgl. BENNER 1977, BRÜGGEN 1980, DE CORTE u. a. 1975, FLECHSIG/HALLER 1975, HALFPAP 1983, HOFER 1981, JOHACH u. a. 1978, LINGELBACH/DIEDERICH 1979, LUHMANN/SCHORR 1982) weist so auf ein in der Erziehungswissenschaft empfundenes Defizit hin, das komplexe gesellschaftlich-institutionelle Ursachen hat. Die Verbindung von Schule und Leben, von praxisfernem Lernen und nachschulischem Handlungszwang wird angesichts fortschreitender Arbeitsteilung, Komplizierung und Anonymisierung von Produktions-, Distributions- und Kommunikationsprozessen immer prekärer. Die wachsende Aufmerksamkeit der Erziehungswissenschaft auf ihren eigenen Charakter als Handlungswissenschaft trägt dem Rechnung, auch wenn die Praxisferne der Disziplin und die ihr zugrunde liegende Lebensferne der schulischen Praxis sicherlich nicht durch den bloßen Akt der Selbstdefinition als Handlungswissenschaft zu kompensieren ist.

Für dieses dreifach gestaffelte Interesse der Erziehungswissenschaft, also für die Zielsetzung, die Handlungskompetenz der Schüler zu fördern, für die Auffassung, daß handelndes Lernen effektiv ist, und für die Definition der Erziehungswissenschaft als Handlungswissenschaft, ist hier zunächst ein vorpädagogisches Handlungsmodell zu skizzieren, das die Komplexität menschlicher Handlungen und entsprechend auch die Komplexität der für ihren Vollzug notwendigen Handlungskompetenz zu illustrieren vermag. Für diese Aufgabe kann aus der Pädagogikgeschichte und der Diskussion in den Bezugswissenschaften zumindest so viel gewonnen werden, daß eine Trennung von Wissen/Denken, Handeln/Interagieren und Sprechen/Kommunizieren offensichtlich *nur analytisch* möglich ist. Praktisch stellen sich diese Problembereiche erzieherischer Tätigkeit und erziehungswissenschaftlicher Reflexion stets in unlösbarer Verknüpfung.

Handlungsbeschreibungen. Handeln (der Vollzug von Handlungen) stellt eine Art menschlichen Verhaltens dar; es ist – wie jegliches Verhalten von Lebewesen – wahrnehmungsmäßig gesteuert, zusätzlich aber dadurch gekennzeichnet, daß eine Absicht/Intention vorliegt. Es ist dadurch von Ereignissen abgegrenzt, die den Menschen passieren. Handlungen sind: Holz hacken, jemanden schlagen, etwas versprechen...; Nichthandlungen sind: einschlafen, ohnmächtig werden, etwas wünschen, etwas meinen (zur Abgrenzungsproblematik vgl. SEARLE 1983, S. 87 ff.; vgl. WITTGENSTEIN 1960, §§ 611 ff.). Für jede Art von Verhalten, nicht nur für Handlungen, können Menschen zur Rechenschaft gezogen werden. Wer zu Recht wegen fahrlässiger Tötung verurteilt wird, darf gerade nicht eine Tötungsabsicht gehabt haben, andernfalls handelte es sich um Totschlag oder Mord. Die Beschreibung eines bestimmten Verhaltens als Handlung ist immer zugleich ein Akt der Klassifikation, ein Akt der „Zuschreibung", bei dem auch die Handlungsabsicht beurteilt und bewertet wird. Handlungen haben für uns ein Ziel, einen Zweck, sie geschehen aus einem Interesse heraus, sind intentional; wir betrachten sie als sinnvoll oder auch als unsinnig, als gut oder schlecht (vgl. HABERMAS 1967, S. 58 ff.; vgl. HART 1948/1949; vgl. SHWAYDER 1965, S. 26 f.; vgl. WEBER 1972).

Handlungen führen oft zu Handlungsprodukten: das Holzhacken zu einem Stapel kleingehackter Holzscheite, der Schlag zu einer Verletzung des Gegners, das Unterrichtsgeschehen zu einem von den Schülern ins Heft geschriebenen Merktext. Oder sie führen zu erwünschten Wirkungen: das Essen dazu, daß man satt ist, das Versprechen dazu, daß der andere zufrieden ist. Immer gilt dabei, daß sich die Welt von einem Zustand, in dem etwas nicht der Fall war, in einen Zustand verwandelt, in dem dies nun der Fall ist (vgl. v. WRIGHT 1963; 1974, S. 42 ff.).

Daß wir für Handlungen zur Rechenschaft gezogen werden können, korreliert mit der Tatsache, daß wir für sie *Begründungen* angeben können. Diese sind zum Beispiel kausal-situativ: Ich tue x, weil y der Fall ist; oder sie sind intentional-teleologisch: Ich tue x, weil ich z erreichen will; oder sie sind beides. Für seine Handlungen (und Meinungen) Rede und Antwort stehen zu können, macht die Vernünftigkeit des Menschen aus. Die Vernünftigkeit besteht nicht darin, immer nur wohlüberlegt-rational zu handeln; sie besteht vielmehr darin, *prinzipiell* in einen Diskurs über Begründung, Intention und Legitimation des Handelns (und Meinens) eintreten zu können (vgl. DAVIDSON 1968). Weil nun das Denken über Handlungen und die Handlungen selbst nicht voneinander getrennt werden können, läßt sich Handeln auch als praktische Schlußfolgerung, als „praktischer Syllogismus" erklären. Ein allgemeines Handlungsprinzip (Maxime/Regel) und konkrete Gründe zum Handeln (der jeweilige Fall/die Situation, wie ich sie wahrnehme) führen quasiautomatisch zum Vollzug einer durch die Schlußfolgerung beschriebenen Handlung: Wenn für jemanden das Prinzip, p, und die konkreten Gründe, q, gegeben sind, dann folgt für ihn daraus r, der Handlungsvollzug. Konkrete lebensweltliche Entscheidungen sind dabei natürlich fast immer durch einander widerstreitende Prinzipien, Gründe und Neigungen gekennzeichnet; eben dies motiviert das Nachdenken über Handeln. Der rationalisierende Ansatz der Beschreibung menschlicher Handlungen geht auf ARISTOTELES zurück (vgl. 1972, S. 207–1147a, 25–30) und wird in der Handlungstheoriediskussion immer wieder problematisiert (vgl. ANSCOMBE 1957; vgl. BUBNER 1976, S. 238 ff.; vgl. v. WRIGHT 1974, S. 83 ff.; vgl. v. WRIGHT 1977).

Für die Erziehungswissenschaft ist die handlungstheoretische Betrachtung der *Sprache* besonders wichtig, auch wenn sich selbstverständlich Unterrichten nicht auf Sprechen reduzieren läßt. Kommunikatives Handeln bezweckt in der Regel die Beeinflussung des Verhaltens und Handelns der Kommunikationspartner. Die von AUSTIN (vgl. 1962,

S. 94 ff.) entwickelte und dann über SEARLE (vgl. 1971) breit rezipierte Sprechakttheorie unterscheidet deshalb drei Ebenen der Analyse sprachlicher Handlungen: den *lokutionären Akt* – ich sage etwas, den Regeln der Sprache gemäß –, den *illokutionären Akt* – ich vollziehe die sprachliche Handlung, fordere mit dem, was ich sage, jemanden auf, etwas Bestimmtes zu tun – und den *perlokutionären Akt* (genauer: *Effekt*) – die tatsächliche Wirkung meiner Handlung. Kommunikatives Handeln ist konventionell, insofern die Regeln der Sprachverwendung auch andere sein könnten. Es ist selbstidentifizierend, insofern es meine Absicht ist, genau das zu sagen, was ich sage. Das, was in diesem regelgeleiteten Handeln geschieht, ist aber nicht konventionell-beliebig, ist vielmehr Praxis, menschliche Tätigkeit und darin menschliche Selbstverwirklichung.

Wieweit die Unterstellung von Effektivität und Zweckrationalität insgesamt mitmenschliches, kommunikatives Handeln bestimmen kann, ist strittig. Kommunikatives Handeln ist konstitutiv auf andere Menschen als Handelnde bezogen, es basiert auf den Regeln, die in einer Sprachgemeinschaft gelten und die deshalb von Mitgliedern dieser Gemeinschaft auch problematisiert und geändert werden können. Erst dadurch wird Verständigung in einer Gesellschaft möglich. Ohne sie gäbe es auch im mitmenschlichen Handeln nur Aktion und Reaktion. HABERMAS (vgl. 1981) vertritt deshalb die These, daß im kommunikativen Handeln eine höhere Rationalität als die des zweckrationalen, Systemzwängen zu Unrecht unterworfenen Handelns vorliegt.

Aufbau von Handlungskompetenz in Lehr-/Lernprozessen. Ob mit der Beschreibung unterrichtlicher Interaktion als „Kommunikation" schon eine für die Erziehungswissenschaft, speziell für die Didaktik, ausreichende Komplexität und Differenziertheit erreicht ist, wird diskutiert. Die Zielsetzung erzieherischen Handelns geht offensichtlich über den perlokutionären Effekt, wie er mit Bezug auf Austin und Searle ausgewiesen werden kann, aber wohl auch über Habermas' kommunikative Verständigung hinaus (vgl. LUHMANN/SCHORR 1982, OELKERS 1983). Der Lehrer will die Schüler durch seine unterrichtlichen Aktivitäten zum Lernen bringen. Insofern ist die Steuerung seiner Schüler Ziel seines Handelns. Zugleich ist er aber auf ihre eigenständige Kooperation angewiesen, denn sein Handeln bezieht sich auf Ziele, welche nur die Schüler selbst anstreben und realisieren können. Ein eher kognitiver Aspekt dieser didaktischen Problematik ist darin zu sehen, daß im Unterricht in der Regel noch nicht antizipiert werden kann, was für eine Handlungskompetenz in welchen Lernfeldern die Schüler für ihr späteres Leben benötigen werden – der Zukunftsbezug der Schule läßt sich offensichtlich nicht durch eine einfache Reproduktion gesellschaftlichen Wissens und Könnens sichern. Eine zweite, stärker moralische Problematik besteht darin, daß das Ziel der Befähigung der Schüler zu autonomem, freiem Handeln eine Dialektik von Steuerung und Offenheit des Lehrers für die Entwicklung seiner Schüler verlangt. Wenn etwa im Englischunterricht der gymnasialen Oberstufe ein Gespräch über Shakespeares „Macbeth" durchgeführt wird, dann präsentiert sich dieses Gespräch in einer oberflächlichen Analyse zunächst wie ein problematisierender Diskurs: Man erörtert, was an diesem Stück befremdend ist, was andererseits allgemein menschlich erscheint, man analysiert das Stück; Schüler und Lehrer äußern ihre Meinung. Die Absichten der Kommunikationsteilnehmer sind hierdurch aber noch nicht ausreichend bestimmt. Für den Lehrer kann etwa der Grund der Auseinandersetzung mit dem Shakespeareschen Werk seine Überzeugung sein, daß die Beschäftigung mit „Macbeth" dem Aufbau fremdsprachlich-kommunikativer Kompetenz diene und darin zugleich die Befähigung der Schüler zu Urteilsbildung und Selbstbestimmung fördere. Sein Handeln ist deshalb strategische Inszenierung *und* Freigabe des Unterrichts an die Schüler. Die Schüler müssen dabei, um im Lehr-/Lernspiel des Lehrers mitspielen zu können, eine Fähigkeit besitzen, die anspruchsvoller ist als die, mitreden zu können. Sie müssen eine Lernkompetenz aufbauen und entsprechend ihre Rolle in der unterrichtlichen Interaktion auch als Lernerrolle definieren; sie müssen sich selbst „Entwicklungsaufgaben" stellen. Nur das Zusammenspiel kompetenter Lehrer und kompetenter Lerner macht es möglich, komplexere, sich über längere Zeiträume erstreckende, oft auch widersprüchliche unterrichtliche Aktivitäten als Prozesse schulischen Kompetenzaufbaus zu verstehen. Der Unterricht kann derart für die Schüler die Möglichkeit zukunftsorientierter Qualifikation, geistiger Entwicklung und Emanzipation eröffnen, ist vielleicht aber auch nur eine lästige Pflichtübung, die die selbstgestellten außerschulischen Entwicklungsaufgaben behindert. Schule und Unterricht werden dadurch zu einer besonders wichtigen, zugleich aber auch besonders gefährdeten Praxis eigener Dignität.

Die Handelnden, Lehrer wie Schüler, sind dabei nicht nur autonome Subjekte, vielmehr immer auch Objekte ihrer eigenen Gefühle, Triebe, Absichten und Aktivitäten; Gesellschaftsstruktur, Sprache und Kultur, ökonomisch-politische wie geschichtliche Situation steuern ihr Verhalten. In diesem Spannungsfeld stellen die bewußten Handlungen der Akteure nur einen integralen Teil dar. Wäre es anders, dann könnte in Lehr-/Lernprozessen nur das passieren, was von einem, mehreren oder allen Beteiligten beabsichtigt wird. Tatsächlich passiert aber sehr viel mehr.

Das Ziel, die Schüler zu „handlungsfähigen Subjekten" zu machen (W. SCHULZ 1980, S. 11), ist in Erziehungspraxis und -wissenschaft zwar weitgehend akzeptiert. Hinsichtlich der inhaltlichen Konkretion des Begriffs und hinsichtlich des richtigen Weges dorthin gibt es jedoch keine Einigkeit (vgl. TERHART 1986). Auf welche Weise müssen sich die Förderung des Sachwissens und der Handlungskompetenz der Schüler und ihre Befähigung zu selbständigem Urteil und eigenständiger Lebensführung ergänzen? Wieweit sollen und können die Lehrer auf die differenzierten Anforderungen der arbeitsteiligen Gesellschaft auch durch zunehmende Ausdifferenzierung des Lernprogramms in der Schule reagieren? Wie läßt sich die Kompetenz der Schüler über Stufen und Niveaus, in einem planvollen Kompetenzaufbau, steuern? Gibt es eine notwendige oder wenigstens eine optimale Sequenzbildung in der Bearbeitung der Entwicklungsaufgaben, vor die die Schüler gestellt sind? Wie weit reicht dabei überhaupt die Möglichkeit der Schule, Kompetenzentwicklung und Identitätsbildung der Schüler gezielt zu beeinflussen?

AEBLI, H.: Grundformen des Lehrens, Stuttgart 1976. AEBLI, H.: Denken: Das Ordnen des Tuns, 2 Bde., Stuttgart 1980/1981. ANSCOMBE, E.: Intention, Oxford 1957. ARISTOTELES: Nikomachische Ethik, hg. v. O. Gigon, München 1972. AUSTIN, J. L.: How to Do Things with Words, London/New York 1962/deutsch: Zur Theorie der Sprechakte, Stuttgart 1972. BECKERMANN, A. (Hg.): Analytische Handlungstheorie, Bd. 2, Frankfurt/M. 1977. BENNER, D. (Hg.): Aspekte und Probleme einer pädagogischen Handlungswissenschaft, Kastellaun 1977. BENNER, D.: Grundstrukturen pädagogischen Denkens und Handelns. In: Enzyklopädie Erziehungswissenschaft, Bd. 1, Stuttgart 1983, S. 283 ff. BLANKERTZ, H.: Handlungsrelevanz pädagogischer Theorie. Selbstkritik und Perspektive der Erziehungswissenschaft am Ausgang der Bil-

Handlungskompetenz

dungsreform. In: Z. f. P. 24 (1978), S. 171 ff. BOHNSACK, F.: Erziehung zur Demokratie. John Deweys Pädagogik und ihre Bedeutung für die Reform unserer Schule, Ravensburg 1976. BRÜGGEN, F.: Strukturen pädagogischer Handlungstheorie. Dilthey, Geisteswissenschaftliche Pädagogik, Mead, Habermas, Erlanger Schule, Freiburg/München 1980. BUBNER, R.: Handlung, Sprache und Vernunft. Grundbegriffe praktischer Philosophie, Frankfurt/M. 1976. BUCK, G.: Hermeneutik und Bildung. Elemente einer verstehenden Bildungslehre, München 1981. CHOMSKY, N.: Aspekte der Syntax-Theorie, Frankfurt/M. 1969. CORTE, E., DE u.a.: Grundlagen didaktischen Handelns, Weinheim/Basel 1975. DANTO, A.C.: Analytical Theory of Action, London 1973. DAVIDSON, D.: Actions, Reasons, and Causes. In: CARE, N.S./LANDESMAN, CH. (Hg.): Readings in the Theory of Action, Bloomington/London 1968, S. 179 ff. DEWEY, J.: Demokratie und Erziehung (1916), Braunschweig ³1964. DIETERICH, R. (Hg.): Pädagogische Handlungskompetenz, Paderborn 1983. EUTENEUER, K.: Handlungsfähigkeit in der Sporterziehung, Köln 1984. FAUSER, P. u.a. (Hg.): Lernen mit Kopf und Hand, Weinheim/Basel 1983. FLECHSIG, K.-H./HALLER, H.-D.: Einführung in didaktisches Handeln, Stuttgart 1975. GAUDIG, H.: Das Grundprinzip der freien geistigen Arbeit (1922). In: FLITNER, W./KUDRITZKI, G. (Hg.): Die Deutsche Reformpädagogik, Bd. 1, Düsseldorf/München 1961, S. 233 ff. HABERMAS, J.: Zur Logik der Sozialwissenschaften, Tübingen 1967. HABERMAS, J.: Vorbereitende Bemerkungen zu einer Theorie der kommunikativen Kompetenz. In: HABERMAS, J./LUHMANN, N.: Theorie der Gesellschaft oder Sozialtechnologie – Was leistet die Systemforschung? Frankfurt/M. 1971, S. 101 ff. HABERMAS, J.: Theorie des kommunikativen Handelns, 2 Bde., Frankfurt/M. 1981 (Bd. 1: 1981 a, Bd. 2: 1981 b). HALFPAP, K.: Dynamischer Handlungsunterricht. Ein handlungstheoretisches Didaktik-Modell, Darmstadt 1983. HAMPSHIRE, S.: Thought and Action, London 1970. HART, H.L.A.: Ascription of Responsibility and Rights. In: Proceed. of Aristot. Society 49 (1948/1949), S. 171 ff. HEGEL, G.W.F.: Grundlinien der Philosophie des Rechts (1821). Werke in 20 Bänden, hg. v. E. Moldenhauer u. K.M. Michel, Bd. 7, Frankfurt/M. 1970. HERBART, J.F.: Allgemeine Pädagogik, aus dem Zweck der Erziehung abgeleitet, hg. v. H. Nohl, Weinheim/Berlin ³1960. HEURSEN, G.: Kompetenz – Performanz. In: Enzyklopädie Erziehungswissenschaft, Bd. 1, Stuttgart 1983, S. 472 ff. HOFER, M. (Hg.): Informationsverarbeitung und Entscheidungsverhalten von Lehrern. Beiträge zu einer Handlungstheorie des Unterrichts, München 1981. HUMBOLDT, W.v.: Theorie der Bildung des Menschen (1793). Werke in fünf Bänden, hg. v. A. Flitner u. K. Giel, Bd. 1, Darmstadt ²1960, S. 234 ff. JOHACH, H. u.a. (Hg.): Handlungstheorie. Probleme, Fragen und Konsequenzen unter pädagogischem Aspekt, Königstein 1978. KANT, I.: Kritik der reinen Vernunft (1781). Werke in sechs Bänden, hg. v. W. Weischedel, Bd. 2, Darmstadt 1963 a. KANT, I.: Grundlegung zur Metaphysik der Sitten (1785). Werke in sechs Bänden, hg. v. W. Weischedel, Bd. 4, Darmstadt 1963, S. 9 ff. (1963 b). KERSCHENSTEINER, G.: Begriff der Arbeitsschule. In: FLITNER, W./KUDRITZKI, G. (Hg.): Die Deutsche Reformpädagogik, Bd. 1, Düsseldorf/München 1961, S. 222 ff. KOHLBERG, L.: Essays on Moral Development, 2 Bde., San Francisco 1981/1983. LANGEWAND, A.: Handeln. In: Enzyklopädie Erziehungswissenschaft, Bd. 1, Stuttgart 1983, S. 427 ff. LENZEN, D.: Didaktik und Kommunikation, Frankfurt/M. 1973. LEONTJEW, A. N.: Tätigkeit, Bewußtsein, Persönlichkeit, Stuttgart 1977. LINGELBACH, K. CH./DIEDERICH, J.: Handlungsprobleme des Lehrers. Eine Einführung in die Schulpädagogik, Bd. 1, Königstein 1979. LUHMANN, N./SCHORR, K.-E. (Hg.): Zwischen Technologie und Selbstreferenz. Fragen an die Pädagogik, Frankfurt/M. 1982. MEGGLE, G. (Hg.): Analytische Handlungstheorie, Bd. 1: Handlungsbeschreibungen, Frankfurt/M. 1977. MEYER, H.L.: Leitfaden zur Unterrichtsvorbereitung, Königstein 1980. MEYER, M.A.: Formale und handlungstheoretische Sprachbetrachtung, Stuttgart 1976. MOLLENHAUER, K.: Theorien zum Erziehungsprozeß, München 1972. OELKERS, J.: Pädagogische Anmerkungen zu Habermas' Theorie kommunikativen Handelns. In: Z.f.P. 29 (1983), S. 271 ff. OELKERS, J./SCHULZ, W.K. (Hg.): Pädagogisches Handeln und Kultur. Aktuelle Aspekte der geisteswissenschaftlichen Pädagogik, Bad Heilbrunn 1984. PIAGET, J.: Theorien und Methoden der modernen Erziehung, Wien/München/Zürich 1972. PIAGET, J.: Einführung in die genetische Erkenntnistheorie, Frankfurt/M. 1973. PIATTELLI-PALMARINI, M. (Hg.): Language and Learning. The Debate between Jean Piaget and Noam Chomsky, London/Henley 1980. PUCHTA, H./SCHRATZ, M.: Handelndes Lernen im Englischunterricht, 3 Bde., München 1984. RAASCH, A. (Hg.): Handlungsorientierter Fremdsprachenunterricht, Tübingen 1983. ROUSSEAU, J.-J.: Emil oder über die Erziehung (1762), hg. v. J. Esterhues, Paderborn 1963. SCHLEIERMACHER, F. D. E.: Die Vorlesungen aus dem Jahre 1826. Pädagogische Schriften, hg. v. E. Weniger u. Th. Schulze, Bd. 1, Düsseldorf/München 1957. SCHMIEDERER, R.: Politische Bildung im Interesse der Schüler, Köln/Frankfurt 1977. SCHULZ, W.: Unterrichtsplanung, München/Wien/Baltimore 1980. SEARLE, J. R.: Sprechakte. Ein sprachphilosophischer Essay, Frankfurt/M. 1971. SEARLE, J. R.: Intentionality. An Essay in the Philosophy of Mind, Cambridge u. a. 1983. SHWAYDER, D. S.: The Stratification of Behaviour, London 1965. TERHART, E.: Der Stand der Lehr-Lern-Forschung. In: Enzyklopädie Erziehungswissenschaft, Bd. 3, Stuttgart 1986, S. 63 ff. VIERZIG, S.: Ideologiekritik und Religionsunterricht. Zur Theorie und Praxis eines kritischen Religionsunterrichts, Zürich/Einsiedeln/Köln 1975. WEBER, M.: Wirtschaft und Gesellschaft (1922), Tübingen 1972. WITTGENSTEIN, L.: Philosophische Untersuchungen, Frankfurt/M. 1960. WOPP, CH.: Unterricht, handlungsorientierter. In: Enzyklopädie Erziehungswissenschaft, Bd. 3, Stuttgart 1986, S. 600 ff. WRIGHT, G. H. V.: Norm and Action, London 1963. WRIGHT, G. H. V.: Erklären und Verstehen, Frankfurt/M. 1974. WRIGHT, G. H. V.: Praktisches Schließen. In: WRIGHT, G. H. V.: Handlung, Norm und Intention, Berlin/New York 1977, S. 41 ff. WUNDERLICH, D.: Studien zur Sprechakttheorie, Frankfurt/M. 1976. WYGOTSKI, L. S.: Denken und Sprechen, Frankfurt/M. 1974.

Meinert A. Meyer

Hauswirtschaftslehre

Unterrichtsinhalte der Haushaltslehre

Eine hauswirtschaftliche Erziehung im öffentlichen Schulwesen gibt es in Deutschland – wie in anderen europäischen Ländern auch – seit dem Ende des 19. Jahrhunderts. Von den „Fabrikhaushaltungsschulen" wurde das Unterrichtsfach in die Mädchenvolks- und -berufsschulen übernommen und fand Eingang in Mittelschulen, Frauenoberschulen und Frauenfachschulen (vgl. v. SCHWEITZER 1983 a).

Der älteste Terminus für das Unterrichtsfach ist „Haushaltsunterricht"; nachfolgend hieß das Fach lange Zeit „Hauswirtschaft", entsprechend zu den vorherrschenden ökonomischen Inhalten. Gegenwärtig haben sich die Fachdidaktiker auf „Haushaltslehre" geeinigt, weil dieser Begriff auch soziale und ökologische Fragestellungen neben den ökonomischen einschließt.

Betrachtet man die fachdidaktische Literatur der Gegenwart und die Lehrplankonzepte der Bundesländer, so ist zu erkennen, daß sowohl über die Unterrichtsinhalte als auch über die Unterrichtsprinzipien der Haushaltslehre ein weitgehender Konsens besteht. Als anerkannte Unterrichtsinhalte gelten Ernährungslehre, Haushaltsökonomie, Sozialisation im Haushalt, Haushaltsökologie und die Arbeitstechniken im Haushalt. Diese fünf Inhaltsbereiche sind historisch gewachsen. Sie befinden sich heute auf einem jeweils unterschiedlichen Entwicklungsstand sowohl im Blick auf die zur Verfügung stehenden fachwissenschaftlichen Erkenntnisse als auch im Blick auf verfügbare Lehrbücher, Medien und den Ausbildungsstand der Lehrkräfte.

Ernährungslehre. Fragen der Ernährung werden so eng mit der Haushaltslehre verknüpft, daß im Schulalltag häufig einfach von „Kochunterricht" die Rede ist, obwohl das Fach diese Bezeichnung in seiner Schulgeschichte offiziell nie hatte. Die traditionelle Ernährungslehre war seit der Jahrhundertwende eine Lehre von den Nahrungsmitteln, die, nach ihrer Herkunft geordnet (Milch und Milchprodukte, Getreideprodukte, Gemüse, ...), hinsichtlich Herstellung, Verarbeitung, Aufbewahrung, Verwendung, Sorten, Preis und Nährwert im Unterricht abgehandelt wurden. Seit Ende der 60er Jahre ist dieser traditionelle Inhaltskanon einem fachsystematischen gewichen, der an der wissenschaftlichen Ernährungslehre orientiert ist. Unterrichtsgegenstand sind seitdem die Nährstoffe, der Stoffwechsel, Nährstoff- und Energiebedarf, vollwertige und Fehlernährung. Diese fachsystematische Anordnung bringt Themen hervor, die nur wenig mit der Alltagswelt der Schüler zu tun haben und deren Handlungsbezug gering ist (vgl. BUSSE 1979, HEYDE 1975, KLUGER 1970, SCHMID/FUNK 1978). Es scheint dringend geboten zu sein, in diesem Inhaltsbereich der Haushaltslehre wieder stärker den Bezug zur Lebenssituation herzustellen, ohne dabei auf fachwissenschaftliche Absicherung der Unterrichtsinhalte zu verzichten (vgl. Abbildung 1).

Haushaltsökonomie. Unbestritten und durch ein traditionsreiches Netz von Rechtfertigungen abgesichert, erscheint heute die *Haushaltsökonomie*. War die Wirtschaftsführung im Arbeiterhaushalt schon bei der Institutionalisierung der „Hauswirtschaftlichen Unterweisung" im Fächerkanon der Volksschule ein bildungspolitisch anerkannter Unterrichtsinhalt, so wurde diese Priorität bestärkt durch die fachwissenschaftliche Fundierung, die die „Wirtschaftsführung" durch die Arbeiten von Lorenz von STEIN (vgl. 1875), Albert SCHÄFFLE (vgl. 1896) und Maria SILBERKUHL-SCHULTE (vgl. 1938) erhielt. Dabei brachte die wissenschaftliche Orientierung an der hauswirtschaftlichen Betriebslehre, angeregt durch den Taylorismus, auch frühzeitig arbeitswirtschaftliche Inhalte in die Fachdidaktik. Eine Renaissance erfuhr die Haushaltsökonomie im Unterricht durch die Integration der Haushaltslehre in das neu entstehende Fach Arbeitslehre; die vom Deutschen Ausschuß für das Erziehungs- und Bildungswesen und von der Kultusministerkonferenz geforderte Hinführung zur Arbeits- und Wirtschaftswelt (vgl. DEUTSCHER AUSSCHUSS FÜR DAS ERZIEHUNGS- UND BILDUNGSWESEN 1964, KMK 1969) verlieh der Auffassung des privaten Haushalts als „Betrieb" neue Bedeutung, was im Unterricht unter anderem zur Simulation von Fertigungs- und Vertriebssituationen und zur betrieblichen Aufgabenanalyse führte.

Für fachdidaktische Konzepte der Gegenwart bietet sich im Bereich der Haushaltsökonomie die Orientierung an dem in der Haushaltswissenschaft entwickelten Theoriekonzept an, dem zufolge die Hauswirtschaft als Subsystem des Haushalts verstanden wird, dem die „Produktion der Versorgungs-, Pflege- und Erziehungsleistungen" (v. SCHWEITZER 1983b, S. 13) obliegt. Als weitere Subsysteme des Haushalts gelten das Personalsystem und das Marktsystem.

Sozialisation im Haushalt. Der Inhaltsbereich „Sozialisation im Haushalt" ist erst in den letzten Jahren mit Verweis auf die auch in den Sozialwissenschaften immer stärker entfalteten Sozialisationstheorien aufgenommen worden. In älteren Konzepten fanden sich zumeist lediglich Hinweise darauf, daß ein gesellschaftlicher Bedarf an bestimmten Sozialisationsleistungen eines entsprechenden Unterrichts bestünde. Es wurde jedoch von Anfang an versucht, soziale Normen zu vermitteln und handlungsleitende Einstellungen zu wecken, die für die spätere Wahrnehmung der Hausarbeit erforderlich waren.

Von den 80er Jahren des vorigen bis in die 50er Jahre unseres Jahrhunderts hinein läßt sich dieser Themenbereich kennzeichnen mit dem Schlagwort von der „Hinführung der Mädchen zum natürlichen Beruf der Frau" (vgl. BRENDL 1954, ZENTRALSTELLE FÜR VOLKSWOHLFAHRT 1908). Dieses Ziel wurde allerdings weniger durch eine thematische Behandlung der Frauenrolle angestrebt als vielmehr durch eine entsprechende Arbeitserziehung. Eine thematische Behandlung der Rollen und Aufgaben aller Familienmitglieder sowie die Koedukation wurden erstmals von LIPPERT (vgl. 1953) gefordert. Typisch für die Diskussion der folgenden Jahre wurde es aber wiederum, daß allein die Frauenrolle thematisiert wurde, die seit den 60er Jahren als „Doppelrolle der Frau" wahrgenommen wurde und in deren Bewältigung mit einer auf Rationalisierung der Hausarbeit zielenden Arbeitserziehung eingeübt werden sollte (vgl. TORNIEPORTH 1977, S. 325 f.).

In allen gegenwärtigen didaktischen Konzepten zur Haushaltslehre ist das Ziel eines Abbaus von Rollenklischees und der Verteilung der Hausarbeit auf beide Geschlechter wiederzufinden und durch die Aufnahme entsprechender Inhalte sowie durch das Prinzip der Koedukation im Haushaltsunterricht verankert (vgl. TORNIEPORTH 1980 a).

Als zweiter Themenkreis kristallisiert sich seit Mitte der 70er Jahre immer deutlicher die Sozialisation von Kindern im Haushalt heraus. Dieser Inhaltsbereich ist allerdings nicht neu, er wurde vielmehr aus den Lerninhalten der „Säuglingspflege" ausdifferenziert und dem Forschungsstand in den Sozialwissenschaften angepaßt. Gehört die Ernährung des Kranken und Säuglings zum hundertjährigen Bestand der Haushaltslehre, so stammt die Säuglingspflege samt Elementen der Kleinkindererziehung aus der Zeit des Ersten Weltkrieges (vgl. TORNIEPORTH 1984) und wurde nahezu unverändert bis in die 60er Jahre beibehalten. Die Entwicklung dieses Themenbereichs zu einer „Kinderpflegekunde" und dann zu einer „Erziehungslehre" (vgl. SANDER 1922) wurde durch die Schulpolitik der Nationalsozialisten unterbrochen und nach dem Zweiten Weltkrieg zunächst nicht wiederaufgenommen.

Die in den 60er Jahren einsetzenden bildungspolitischen Bestrebungen zur Integration der hauswirtschaftlichen Ausbildungselemente in die Arbeitslehre führten dazu, daß in den meisten Lehrplänen der Länder auf das Thema „Säuglingspflege" verzichtet wurde, weil es sich nicht unter die fortan bevorzugten technisch-ökonomischen Fragestellungen einordnen ließ. Ein zweiter Grund für den Wegfall des Lernfeldes mag in der Transformierung ehemals geschlechtsspezifischer Fächer in den koedukativen Unterricht zu finden sein. Die Säuglingspflege war der am engsten auf die Rolle der Frau bezogene Inhaltsbereich; eine Vermittlung an Jungen erschien noch kaum denkbar. Erst die erneute Verselbständigung der Haushaltslehre innerhalb oder neben der Arbeitslehre ermöglichte eine Weiterentwicklung der Säuglingspflege zu einem Lernfeld „Sozialisation des Kindes" (vgl. FRIEDRICH/TORNIEPORTH 1983, KAHLEN/SCHNEIDER 1982). Für eine solche Lösung spricht gegenwärtig nicht allein die Entwicklung in den Haushaltswissenschaften. Auch in der Haushaltssoziologie wird die „Herstellung eines sozialen Milieus" als Hauptbestandteil und wesentliche Leistung der Hausarbeit beschrieben. Schließlich werden Sozialisation, Enkulturation und Personalisation des Kindes auch aus familiensoziologischer Sicht schon lange als zentrale Funktionen der Familie bestimmt.

Haushaltsökologie. Anders als in den oben behandelten Bereichen „Ernährungslehre", „Haushaltsökonomie" und „Sozialisation des Kindes" stehen die Bemühungen um die Strukturierung und Legitimation von Unterrichtsinhalten im Bereich der Haushaltsökologie noch in ihren Anfängen. Am weitesten entwickelt sind die Überlegungen zur Wohnökologie (vgl. AHLERT 1981, KAHLEN/SCHNEIDER 1981, NOWAK 1975, RUGHÖFT 1980, SCHNIEDER 1984). Die Entsorgung privater Haushalte und die Belastung der Verbraucher durch Umweltgifte werden erst in neuesten Veröffentlichungen zur Fachdidaktik thematisiert. Hier wird neben traditionellen Wertmaßstäben für haushälterisches Handeln, das ökonomisch Machbare, das sozial Akzeptierbare und das kulturell Erwünschte, als vierter Wertmaßstab die ökologische Verantwortbarkeit gestellt. Der fachdidaktische Ansatz, mit welchem Schüler(innen) Ökologie als die „bessere Ökonomie" nahegebracht werden soll, wird mit den Merkmalen „Beteiligtsein", „Spurenbewußtsein" und „Kreislaufbewußtsein" umschrieben (vgl. HABERDING 1984).

Arbeitstechniken im Haushalt. Im Gegensatz zur Haushaltsökologie gehört der fünfte Inhaltsbereich, die Vermittlung von Arbeitstechniken im Haushalt, zum selbstverständlichen Bestand des Faches. Haushaltslehre war von jeher auch Werkstattunterricht; auf den Traditionen der Industrieschulen des 18. Jahrhunderts fußend, sicherte dieser den Praxisbezug der Ausbildung. In erster Linie wurden und werden heute noch Techniken der Nahrungsmittelbe- und -verarbeitung gelehrt. Demgegenüber sind die für die Anfänge dieses Inhaltsbereichs wichtigen Techniken der Hausreinigung und Wäschepflege (vgl. HEYL 1914) stark reduziert worden, und zwar entsprechend zur Produktentwicklung auf dem Gebiet der Wasch- und Reinigungsmittel. Verschwunden sind aus dem Inhaltskanon die Techniken zur Schädlingsbekämpfung, zur Heizung und Beleuchtung, zum Gartenbau und zur Krankenpflege. Es ist aber zu erwarten, daß in den kommenden Jahren unter dem Einfluß der Ökologiebewegung die alten Techniken der Produktion und Konservierung von Nahrungsmitteln, die Methoden einer umweltfreundlichen Hausreinigung und Wäschepflege sowie der Entsorgung der Haushalte wieder in den Inhaltskanon aufgenommen und unter neuen Fragestellungen weiterentwickelt werden.

Unterrichtsprinzipien der Haushaltslehre. Im Zuge der fachdidaktischen Entwicklung haben sich neben den beschriebenen Inhaltsbereichen der Haushaltslehre die Prinzipien der Verbraucher-, Ernährungs-, Gesundheits-, Sicherheits- und Arbeitserziehung als Unterrichtsprinzipien herausgebildet. Aus diesen Unterrichtsprinzipien wird die Zielorientierung abgeleitet, welche die Ausformung von Unterrichtsthemen aus den genannten Inhaltsbereichen ermöglicht. „Kinderspielzeug – richtig ausgesucht" ist beispielsweise ein Unterrichtsthema, das inhaltlich in den Bereich Sozialisation fällt und von den Intentionen der Verbrauchererziehung gesteuert wird.

Die abgebildete Matrix gibt einen Überblick über den Zusammenhang zwischen bestimmten Unterrichtsinhalten und -prinzipien sowie Lebenssituationen, zu deren Erschließung der Unterricht beitragen soll. Die Matrix liefert einen geordneten Überblick über Ziel- und Inhaltsstrukturen der Haushaltslehre; sie ist nicht geeignet, die Diskussion über die Legitimität einzelner Zielformulierungen des Haushaltsunterrichts zu ersetzen. Die Matrix hat deshalb lediglich Modellcharakter und vernachlässigt Überschneidungen, zum Beispiel zwischen Ernährungs- und Gesundheitserziehung, sowie die Querverbindungen, zum Beispiel zwischen Verbraucher- und Sicherheitserziehung. Gegenüber früheren Versuchen, die Inhaltsbereiche der Haushaltslehre über eine Matrix zu erschließen, welche nach Funktionsbereichen des Haushalts (Ernährung/Wohnung/Kleidung) und nach Aspekten (technologischer/funktionaler / ökonomischer / ästhetischer Aspekt) gegliedert war (vgl. SCHULZ-TREUTLER/OPITZ 1981), hat die hier vorgeschlagene Matrix den Vorteil, zugleich die Stellung der Fachdidaktik Haushaltslehre zu den fach- und erziehungswissenschaftlichen Bezugsdisziplinen deutlich zu machen (vgl. Abbildung 1).

Verbrauchererziehung. In den frühen Konzepten zur hauswirtschaftlichen Unterweisung existierte das, was heute als Verbrauchererziehung bezeichnet wird, als „Anleitung zu einer dem Arbeitslohn angemessenen Lebensführung"

Abbildung 1: Matrix Haushaltslehre

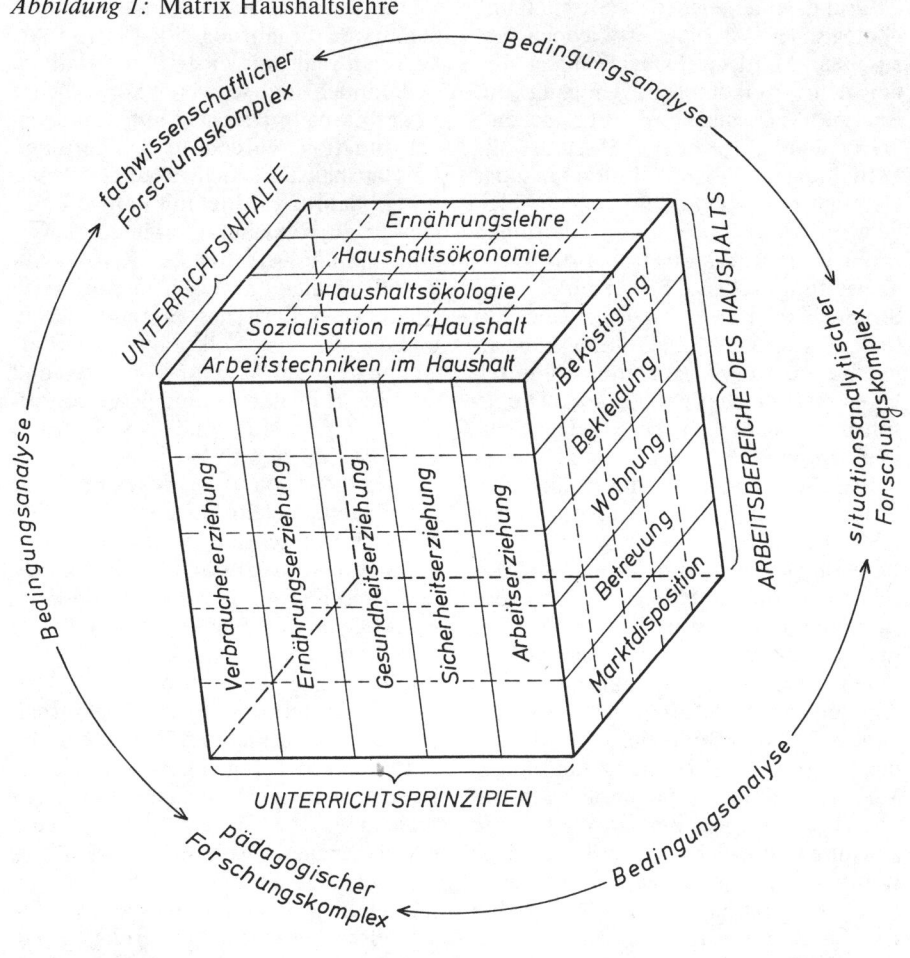

[Diagramm: Würfel mit den Achsen UNTERRICHTSINHALTE (Ernährungslehre, Haushaltsökonomie, Haushaltsökologie, Sozialisation im Haushalt, Arbeitstechniken im Haushalt), ARBEITSBEREICHE DES HAUSHALTS (Beköstigung, Bekleidung, Wohnung, Betreuung, Marktdisposition) und UNTERRICHTSPRINZIPIEN (Verbrauchererziehung, Ernährungserziehung, Gesundheitserziehung, Sicherheitserziehung, Arbeitserziehung); umgeben von den Komplexen: fachwissenschaftlicher Forschungskomplex, situationsanalytischer Forschungskomplex, pädagogischer Forschungskomplex, verbunden durch Bedingungsanalysen]

(Quelle: TORNIEPORTH 1985, S. 160)

(TORNIEPORTH 1977, S. 137 ff.). So lehrte man die Schülerinnen die Kostenberechnung von Mahlzeiten und die Führung eines Haushaltsbuches, was wiederum als Grundlage und Kontrollinstrument der Budgetierung diente. Unter dem Schlagwort „Auskommen mit dem Einkommen" blieb dieser Zielkomplex bis heute erhalten. Andere Ziele wie die Aneignung von Warenkenntnissen und Aufklärung über die Rechtsposition der Konsumenten sind im Vergleich zu älteren Konzepten heute stark ausdifferenziert worden. Einen interessanten Einzelaspekt stellt dabei die Bewertung der Eigenproduktion dar. Ursprünglich sollten die Mädchen durch den Haushaltsunterricht dazu angeleitet werden, das Haushaltsbudget durch Eigenproduktionen möglichst zu entlasten. In den jetzt gültigen bundesdeutschen Lehrplänen werden die Schüler und Schülerinnen eher dazu angehalten, Eigenproduktionen unter zeitökonomischem Gesichtspunkt kritisch zu bewerten; ein erneuter Wandel dieser Position aufgrund einer neuen Wertschätzung ökologischer Aspekte ist jedoch abzusehen. Ähnliche Beobachtungen sind bei dem Zielkomplex „Umgang mit Energie" zu machen: „Lohkochen", „Grudeherd", „Kochkiste" und die „Schaltungen am Herd" lösten einander als Unterrichtsthemen unter gleichbleibender Zielstellung eines sparsamen Energieverbrauchs ab, wobei die Energieberatungsstellen der Kohle- und Stromwirtschaft an den jeweiligen Aktualisierungen der Zielkomplexe beteiligt waren. Den Ansatz einer unmittelbaren Verbraucherlenkung zur Durchführung staatlich angeordneter Sparmaßnahmen zeigen schließlich Konzepte der Verbrauchererziehung aus dem Dritten Reich (vgl. TORNIEPORTH 1977, S. 301 ff.).

Eine theoretische Fundierung der Verbrauchererziehung begann in der Bundesrepublik erst in den 60er Jahren, und zwar außerhalb der fachdidaktischen Diskussion zur Haushaltslehre. Als Teil einer als öffentliche Aufgabe verstandenen Verbraucherpolitik wurde der Auftrag zur Erziehung „mündiger Verbraucher" an die Schule herangetragen (vgl. FISCHER/LENZEN 1978). Eine stürmische Entwicklung bei der Produktion von Konzepten und Medien – insbesondere initiiert durch die Berichte der Bundesregierung zur Verbraucherpolitik 1971 und 1975 sowie durch entsprechende Aktivitäten der Verbraucherverbände – versetzt die Fachdidaktik Haushaltslehre gegenwärtig in die vorteilhafte Lage, daß aus einer Fülle von Konzepten solche ausgewählt werden können, denen ein wirklichkeitsnahes Leitbild des Konsumenten zugrunde liegt und die in ein als handlungsorientiert zu kennzeichnendes Gesamtkonzept der Haushaltslehre zu integrieren sind.

Ernährungs- und Gesundheitserziehung. Die ersten Ansätze der schulischen Ernährungserziehung Ende des 19. Jahrhunderts waren geprägt von der defizitären Ernährungssituation im Arbeiterhaushalt mit niedrigem Familieneinkommen und schwerer körperlicher Erwerbsarbeit. Bezogen auf diese Lebenssituation, wurden die Schülerinnen im Haushaltsunterricht dazu angeleitet, billige Nahrungsmittel mit hohem Energiewert zu einfachen Gerichten zu verarbeiten, die Kartoffel als „Rettungsanker", Innereien und Fisch als preiswerte Quellen für tierisches Protein, Hering und Dorsch als „Volksnahrungsmittel" zu nutzen, den Verzehr von Obst und Gemüse zur Vitamin- und Mineralstoffversorgung positiv und den Konsum von Alkohol negativ zu bewerten. Das explizite Ziel solchen Unterrichts, über individuelle Belehrung zum Ausgleich politisch-ökonomisch bedingter Versorgungsdefizite beizutragen, fand in beiden Weltkriegen dieses Jahrhunderts jeweils wieder Eingang in den Unterricht (vgl. TORNIEPORTH 1977, S. 301 f.). Das implizite Ziel, das darin bestand, ein als falsch betrachtetes Ernährungsverhalten der Unterschichtbevölkerung durch Unterricht der Jugend zu korrigieren, ist auch heute noch Ziel der Ernährungserziehung. Das in der Öffentlichkeit (Versicherungsträger, Bundesregierung, Deutsche Gesellschaft für Ernährung) häufig unter gesundheitlichen Aspekten als falsch bewertete Ernährungsverhalten der Bevölkerung soll gegenwärtig durch Unterrichtseinheiten korrigiert werden, in denen über Risiken der Über- und Fehlernährung aufgeklärt wird. Der durch neuere Untersuchungen fragwürdig gewordene Zusammenhang zwischen Überernährung und Lebenserwartung wird dabei als Movens zur Aneignung einer energieärmeren Ernährungsform genutzt (vgl. BUNDESZENTRALE FÜR GESUNDHEITLICHE AUFKLÄRUNG 1976, KOSCIELNY 1979). Als weniger normative Zieldefinition gilt heute die Entwicklung größerer Kompetenz bei der individuellen Entscheidungsfindung in Ernährungsfragen (vgl.

OLTERSDORF 1983). Hierzu wird ein ganzheitliches Unterrichtskonzept befürwortet, in dem sowohl Aufklärung über soziale Determinanten des Ernährungsverhaltens als auch Erweiterung des Verhaltensspektrums durch Herstellung und Erprobung von Mahlzeiten integriert sind (vgl. HEINDL 1983).
Gesundheitserziehung in der Haushaltslehre umfaßt gegenwärtig weit mehr als die traditionelle Vermittlung von Kenntnissen über Maßnahmen der Ersten Hilfe. Wichtigster Zielkomplex ist die Vermeidung von Lebensmittelinfektionen und Gefährdungen durch Haushaltschemikalien und Heimwerkerartikel. Auch Fragen der Umweltbelastung durch die Entsorgung der Haushalte werden unter gesundheitserzieherischen Zielsetzungen behandelt. Schließlich stellt die Beachtung kleidungs- und wohnungshygienischer Fragen bei Konsumentscheidungen einen Zielkomplex dar, zu dem umfangreiche Materialien vorgelegt wurden (vgl. BUNDESZENTRALE FÜR GESUNDHEITLICHE AUFKLÄRUNG 1983).

Sicherheitserziehung. Dieses Prinzip ist weniger aus lehrplantheoretischen Überlegungen entstanden, sondern eine Auswirkung des starken Praxisbezugs der Haushaltslehre: Da es sich überwiegend um werkstattgebundenen Unterricht handelt, müssen gesetzliche Bestimmungen berücksichtigt werden, die von den Versicherungsträgern erlassen wurden; diese Bestimmungen zur Unfallverhütung sind auch Gegenstand des Unterrichts. Nur erst in Ansätzen existiert ein fachdidaktisches Konzept, in dem das arbeitssichere Verhalten von vornherein in die Organisation der Arbeitsabläufe integriert und zum Unterrichtsthema gemacht wird (vgl. DIEKERSHOFF/KLIEMT 1981).
Dieses Konzept beinhaltet Sicherheitserziehung als Unfallvorbeugung und die Förderung eines Sicherheitsbewußtseins als dauerhafte Verhaltensänderung. Es ist aber vorerst hauptsächlich für den Technikunterricht ausgeführt.

Arbeitserziehung. Der Begriff „Arbeitserziehung" ist Gegenstand vieler Mißverständnisse und ideologischer Überformungen gewesen. Ein gegenwärtig bedeutsames Ziel der Arbeitserziehung in der Haushaltslehre ist der Abbau von klischeehaften Vorstellungen Jugendlicher über „weibliche" und „männliche" Arbeitsbereiche (vgl. TORNIEPORTH 1980b). Arbeitsteilung zwischen den Geschlechtern wird im Werkstattunterricht der Haushaltslehre durch prinzipielle Koedukation unterstützt. Daneben wird planerisches Arbeitsverhalten trainiert und das Gestalten von Arbeitsplätzen unter gesundheitlichen und arbeitsökonomischen Aspekten bewertet. Weiteres Ziel der Arbeitserziehung ist eine positive Wertschätzung der Hausarbeit seitens der Jugendlichen als einer zur Erwerbsarbeit komplementären Arbeitsform mit eigenen Zeit- und Qualifikationsstrukturen.
Ausdrücklich abgelehnt werden heute durch die fachdidaktische Diskussion eine Reihe traditioneller Ziele der Arbeitserziehung: Der Unterricht wird nicht mehr zur Einübung „häuslicher Tugenden" als Teil der „staatsbürgerlichen Erziehung" genutzt (vgl. KERSCHENSTEINER 1908); der Unterricht wird nicht mehr als „gesinnungsbildende" Anlernsituation für den „Beruf der Hausfrau" mißverstanden, wie dies noch im Dritten Reich der Fall war. Im Unterricht wird vielmehr zu vermeiden versucht, daß Mädchen die Hausarbeit als ihren „natürlichen Beruf" auffassen. Es gibt allerdings auch traditionelle Ziele der Reformpädagogik und Arbeitsschulbewegung, die in gegenwärtige didaktische Konzeptionen integriert werden. „Die Handarbeit nicht nur als ‚Lehrmeister', sondern auch als ‚Erzieher' sprechen zu lassen" (KLUGER 1970, S. 51), diese pädagogische Forderung Pestalozzis, die durch Henriette Schrader-Breymann, Kerschensteiner und Gaudig

wieder auflebte, ist in der Fachdidaktik Klugers zentraler Ansatzpunkt. Allerdings wird das Lernen mit „Kopf und Hand" in der jüngsten Zeit nicht zuletzt durch Kooperation mit dem stärker theoretisch ausgerichteten Fach Arbeitslehre oft auch negativ bewertet (dagegen vgl. FAUSER u. a. 1983). Der jahrzehntelange diskriminierende Druck auf die „technischen Fächer", ihre Wissenschaftsorientierung nachzuweisen, hat zu einer teilweisen Preisgabe der früher für die Haushaltslehre konstitutiven Verbindung von enaktivem und symbolischem Lernen geführt, die zurückgenommen werden sollte.

AHLERT, E.: Grundlagen der Wohnökologie. In: Hauswirtsch. u. W. 29 (1981), S. 9 ff. BRENDL, M. TH.: Methodik des hauswirtschaftlichen Unterrichts, München 1954. BUNDESZENTRALE FÜR GESUNDHEITLICHE AUFKLÄRUNG (Hg.): Curriculum Ernährung und Gesundheit, Stuttgart 1976. BUNDESZENTRALE FÜR GESUNDHEITLICHE AUFKLÄRUNG (Hg.): Unterrichtswerk zur Individualhygiene, Stuttgart 1983. BUSSE, B.: Leben im Haushalt. Für den hauswirtschaftlichen Unterricht des 7.–10. Schuljahrs, Hamburg 1979. DEUTSCHE GESELLSCHAFT FÜR ERNÄHRUNG: Ernährungsbericht 1980, Frankfurt/M. 1980. DEUTSCHE GESELLSCHAFT FÜR ERNÄHRUNG: Ernährungsbericht 1984, Frankfurt/M. 1984. DEUTSCHER AUSSCHUSS FÜR DAS ERZIEHUNGS- UND BILDUNGSWESEN: Empfehlungen zum Aufbau der Hauptschule. Empfehlungen und Gutachten, Stuttgart 1964. DIEKERSHOFF, K. H./KLIEMT, G.: Materialien zur Sicherheitstechnik. Fernstudienlehrgang Arbeitslehre, Weinheim/Basel 1981. FAUSER, P. u. a. (Hg.): Lernen mit Kopf und Hand, Weinheim/Basel 1983. FISCHER, W. CH./LENZEN, R.: Verbrauchererziehung an Bremischen Schulen unter besonderer Berücksichtigung der Sekundarstufe. Senator für Wirtschaft und Außenhandel, Bremen 1978. FRIEDRICH, M./TORNIEPORTH, G.: Sozialisation des Kindes im Haushalt. Materialien für den Unterricht der 9. Jahrgangsstufe. Pädagogisches Zentrum, Berlin 1983. HABERDING, M.: Thesen zur Notwendigkeit der Integration ökologischer Aspekte in haushaltswissenschaftliche Lehre und haushaltsbezogene Schulausbildung. In: did. - arb., tech., wirtsch. 7 (1984), S. 63 ff. HAMM, M./JOSTEN, B.: Zur Ernährungserziehung an Schulen. In: did. - arb., tech., wirtsch. 6 (1983), S. 101 ff. HEINDL, I.: Ernährungserziehung – eine Chance des werkstattbezogenen Unterrichts in der Haushaltslehre. In: did. - arb., tech., wirtsch. 6 (1983), S. 115 ff. HEYDE, E.: Bildungsmöglichkeit im hauswirtschaftlich familialen Bereich, München 1975. HEYL, H.: Handbuch für Hausarbeit, Berlin ^{4}1914. KAHLEN, G./ SCHNEIDER, L.: Haushalt 9 (Arbeitslehre), Braunschweig 1981. KAHLEN, G./SCHNEIDER, L.: Haushalt 10 (Arbeitslehre), Braunschweig 1982. KERSCHENSTEINER, G.: Ausbau und Organisation der hauswirtschaftlichen Unterweisung. In: Schriften der Zentralstelle für Volkswohlfahrt, Heft 2 der neuen Folge, Berlin 1908, S. 271 ff. KLUGER, I.: Hauswirtschaftsunterricht in der Hauptschule, Wuppertal 1970. KMK: Empfehlungen zur Hauptschule. Beschluß vom 3.7.1969, Neuwied/Darmstadt 1969. KOSCIELNY, G.: Ernährungserziehung – Eine Bedingungsanalyse des menschlichen Ernährungsverhaltens, München 1979. LIPPERT, E.: Fachbereich Familienhauswesen. Zur Reform des technischen Unterrichts. In: Ganzheitl. B. 4 (1953), 2, S. 33 ff. NOWAK, W. (Hg.): Wohnen und Wirtschaften, Arbeitslehre für das 7. Schuljahr, Unterrichtsfernsehkurs im Medienverbund, Köln 1975. OLTERSDORF, U.: Anstöße der Fachwissenschaft zur Revision der schulischen Ernährungserziehung. In: did. - arb., tech., wirtsch. 6 (1983), S. 79 ff. RUGHÖFT, S.: Vorschlag für ein Curriculum Wohnökologie in der Lehrerausbildung. In: Hauswirtsch. u. W. 28 (1980), 6, S. 293 ff. SANDER, E.: Lebenskunde, Bd. 2: Hauswirtschaftskunde. Kinderpflege und Erziehungslehre, Leipzig 1922. SCHÄFFLE, A.: Bau und Leben des sozialen Körpers, Tübingen ^{2}1896. SCHMID, M./FUNK, E.: Der private Haushalt als Unterrichtsgegenstand an Allgemeinbildenden Schulen, Baltmannsweiler 1978. SCHNIEDER, B.: Wohnökologie im Studiengang der Haushaltswissenschaften. In: Hauswirtsch. u. W. 32 (1984), S. 155 ff. SCHULZ-TREUTLER, H./OPITZ, D.: Haushalts- und Wirtschaftskunde, München 1981. SCHWEITZER, R. v.: Unterricht: Hauswirtschaft. In: Enzyklopädie Erziehungswissenschaft, Bd. 9. 2, Stuttgart 1983, S. 565 ff. (1983a). SCHWEITZER, R. v.: Haushaltsführung, Stuttgart 1983b. SILBERKUHL-SCHULTE, M.: Wirtschaftslehre des Haushalts. Versuch einer hauswirtschaftlichen Betriebslehre, Langensalza 1938. STEIN, L. v.: Die Frau auf dem Gebiet der Nationalökonomie, Stuttgart 1875. TORNIEPORTH, G.: Studien zur Frauenbildung, Weinheim/Basel 1977. TORNIEPORTH, G.: Haushaltslehre, Bad Heilbrunn 1980a. TORNIEPORTH, G.: Rollenklischees in der Schulausbildung. Beispiel Arbeitslehre. In: KUHN, A./TORNIEPORTH, G.: Frauenbildung und Geschlechtsrolle, Gelnhausen 1980, S. 15 ff. (1980b). TORNIEPORTH, G.: Von der Säuglingspflege zur „Sozialisation des Kindes". Curriculumentwicklung in der Haushalts- und Arbeitslehre. In: Hauswirtsch. u. W. 32 (1984), S. 40 ff. TORNIEPORTH, G.: Strukturgitter Haushaltslehre. In: Hauswirtsch. u. W. 33 (1985), 3, S. 160 ff. ZENTRALSTELLE FÜR VOLKSWOHLFAHRT: Die Förderung und Ausgestaltung der hauswirtschaftlichen Unterweisung. Vorbericht und Verhandlungen der 2. Konferenz der Zentralstelle für Volkswohlfahrt am 11. und 12. Mai 1908, Heft 2, Berlin 1908.

Gerda Tornieporth

Heimat – Heimatkunde

Begriff. „Heimat" ist wie Alltag, Region oder Provinz ein Begriff, der seit Anfang der 70er Jahre wieder intensiver diskutiert wird. Noch 1968 hatte Martin WALSER (1968, S. 40) festgestellt: „Heimat, das ist sicher der schönste Name für Zurückgebliebenheit." Seine Kritik am Steckenbleiben in unreflektierten Traditionen weist jedoch nur auf eine spezifische Heimatauffassung und auf *eine* der Möglichkeiten des Umgehens mit Heimat hin. Siegfried Lenz schrieb zehn Jahre später: „Heimat [...] ist der Platz, an dem man aufgehoben ist, in der Sprache, im Gefühl, ja selbst im Schweigen [...], und es ist der Flecken, an dem man wiedererkannt [...] und [...] aufgenommen" wird (LENZ 1978, S. 120). Damit ist der Mensch als Individuum mit seinen Empfindungen genauso angesprochen wie der Ort oder der Raum mit seinen sozialen und kulturellen Gegebenheiten, der ihm diese Empfindungen ermöglicht. Spätestens seit dem Ende des 19. Jahrhunderts zeigt der Heimatbegriff die in den beiden Zitaten zum Ausdruck kommende *Ambivalenz*. Einerseits sind die mit dem Begriff mobilisierten und kanalisierten Gefühle immer wieder verklärt, ideologisiert und mißbraucht worden. Andererseits klingt im Begriff „Heimat" die konkrete Utopie einer nicht-entfremdeten Partizipation aller Menschen an ihrer Umwelt in all ihren vielschichtigen Dimensionen an. In einer solchen Utopie muß ein auf Zukunft bezogener, aufgeklärter Fortschritt nicht mehr im Gegensatz zur Tradition stehen.

Heute kann Heimat *definiert* werden als das durch den historischen Prozeß bedingte, räumlich-territoriale und gesellschaftliche Umfeld des Menschen, zu dem er einen lebensbedeutsamen Bezug herzustellen vermag, das heißt ein Umfeld,

– in dem er die Auswirkungen seiner natürlichen, sozialen und kulturellen Umwelt auf sich erfährt und in dem er sich gemeinsam mit anderen Menschen als Mitgestalter dieser Umwelt verstehen kann,

– in dem er seine persönliche und soziale Identität suchen und sein Bewußtsein ausformen kann,

– in dem er seine Gegenwart in ein Kontinuum von bewußt reflektierter Vergangenheit und erwarteter Zukunft eingebunden weiß,

– in dem er sich emotional als dazugehörend und akzeptiert empfinden und deshalb Geborgenheit fühlen kann.

Heimat wird durch die natürlichen und gesellschaftlichen Voraussetzungen und Bedingungen des Lebens und durch die herrschende Politik mit ihrem ideologischen Gehalt geprägt. Deshalb ist sie weder ein konfliktfreier Raum für privatisierendes Sichzurückziehen noch ein dem Menschen in die Wiege gelegtes Geschenk. Außenseiter, Randgruppen und andere von den vorgegebenen gesellschaftlichen Normen und Wertvorstellungen abweichende Personen und Gruppen beweisen, daß der Mensch in seinem Umfeld auch ein Fremder bleiben und Heimat nicht erfahren kann. Deshalb muß Heimat Perspektive und Ziel menschlicher Arbeit sein: „Die Wurzel der Geschichte [...] ist der arbeitende, schaffende, die Gegebenheiten umbildende und überholende Mensch. Hat er sich erfaßt und das Seine ohne Entäußerung und Entfremdung in realer Demokratie begründet, so entsteht in der Welt etwas, das allen in die Kindheit scheint und worin noch niemand war: Heimat" (BLOCH 1959, S. 1628). Zur Verfolgung dieser Perspektive müssen vielfältige Lernprozesse für den Menschen sozialisations- und erziehungswirksam werden.

Historische Aspekte des Heimatbegriffs.
Der Begriff „Heimat" ist vielschichtig und hat im Verlauf der letzten Jahrhunderte verschiedene Bedeutungen gehabt. Die Wörter „Heim" und „Heimat" sind zur Zeit der germanischen Wanderbewegungen nach Süden und Westen offenbar gebräuchliche Wörter gewesen, die nach dem Seßhaftwerden der Stämme an Bedeutung verloren (vgl. v. BREDOW/FOLTIN 1981, S. 24). Als Äquivalent zum lateinischen *„domicilium"* hatte Heimat in der *römischen Rechtstradition* die Bedeutung von Geburtsort oder auch Heim im Wohnort und war mit Besitz verknüpft. Die Heimat, das heißt Haus und Hof, wurde vererbt. Der Teil der Bevölkerung mit ererbtem Grund und Boden hatte eine Heimat, der Teil der Bevölkerung ohne Besitz an Grund und Boden war folglich heimatlos.

In der Zeit nach der Reformation wurde darüber hinaus durch ein Heimatrecht das Verhältnis des Individuums zu der Gemeinde geregelt, der es durch Geburt, Einheirat oder Einkauf zugehörte. Nach diesem Heimatrecht stehen Gemeinde und Individuum in einem sich wechselseitig bedingenden Verhältnis bezüglich der Wahrnehmung und Gewährung von Rechten und Pflichten zueinander. Der Große Brockhaus von 1896 definiert: „Die Heimat ist im Gegensatz zum faktischen Aufenthalt und andererseits zur Staatszugehörigkeit die rechtliche Zugehörigkeit zu einer Gemeinde, auf welcher die kommunalpolitischen Rechte und Pflichten beruhen" (HEIMAT 1896). Der Fremde hatte diese Rechte und Pflichten nicht. Das Heimatrecht war insbesondere als Grundlage für die Armenordnungen von Bedeutung und spielte in der Armenversorgung bis ins 19. Jahrhundert eine wesentliche Rolle (vgl. HEIMAT 1838). Dieses für den aufgeklärten Absolutismus funktionale Heimatrecht führte infolge der durch Massenarmut auf dem Lande (vgl. ABEL 1972) und fortschreitende Industrialisierung (vgl. ENGELSING 1973, S. 143 ff.) ausgelösten Landflucht dazu, daß immer mehr Menschen als Proletariat in den Städten heimat(recht)los wurden.

Eine andere Heimatauffassung ist auf die *jüdisch-christliche Geistestradition* zurückzuführen. Sie beginnt damit, daß Abraham von Gott aufgefordert wird: „Gehe aus deinem Vaterlande und von deiner Freundschaft und aus deines Vaters Hause in ein Land, das ich dir zeigen will" (Genesis 12,1). Dieses Land ist aber kein als *Besitz* empfangenes oder in Zukunft zugewiesenes Territorium, sondern der Lebensgrund, den der Mensch Gott zu verdanken hat. Nach dem Auszug aus Ägypten erreichte das Volk Israel unter Moses' Führung das verheißene Land, Moses selbst darf es allerdings nicht betreten, er darf es nur sehen (5. Mose 34,4). Die Diskrepanz zwischen der Landverheißung an die Erzväter und den konkreten Erfahrungen des auserwählten Volkes im Verlauf seiner Geschichte speiste die Hoffnung auf den Messias, der die völlige Neuschöpfung bringen sollte. Der Wanderprediger Jesus von Nazareth aber hat selbst „nichts, da er sein Haupt hinlege"

(Matthäus 8,20). Nach Ostern und dem Beginn der Heidenmissionierung wird die zeitlich-irdische Vaterlandshoffnung transzendiert: „Unser Wandel aber ist im Himmel" (Philipper 3,20). „Denn wir haben hier keine bleibende Stadt, sondern die zukünftige suchen wir" (Hebräer 13,14). Das Leben in der Welt ist ein auf die wahre Heimat Zugehen. Im 17. Jahrhundert dichtete Paul Gerhardt (1607-1666): „So will ich zwar nun treiben/mein Leben durch die Welt, doch denk' ich nicht zu bleiben/ in diesem fremden Zelt. Ich wandre meine Straße, die zu der Heimat führt, da mich ohn alle Maße/mein Vater trösten wird. Mein Heimat ist dort droben, da aller Engel Schar/den großen Herrscher loben [...]" (vgl. EVANGELISCHES KIRCHENGESANGBUCH 1967, Nr. 326, Vers 6/ 7; vgl. auch Nr. 367, Vers 4). Diese Heimatauffassung reicht bis in theologische Positionen der Gegenwart hinein. In seiner Auseinandersetzung mit Bloch kritisiert Moltmann dessen Heimatbegriff als „erträumte Identität eines Lebens", die „nicht den absoluten Widerspruch des Todes und der Nichtidentität in sich aufzuheben vermag [...]. Die Eschatologie der Auferstehung der Toten" spreche demgegenüber „von einer ‚Heimat der Versöhnung' in neuer Schöpfung aus dem Nichts" (MOLTMANN 1968, S. 325 f.).

Weitere Bedeutungen hat der Heimatbegriff nach der *Revolution von 1848* bekommen. Im politisch gescheiterten Bürgertum verbreitete sich ein immer stärker die Innerlichkeit betonendes Heimatverständnis. Romantische Naturbilder vom harmonisch-konfliktfreien Leben in einer anheimelnden Welt lassen im Lied und in der Prosa („Heimatromane"; vgl. V. BREDOW/FOLTIN 1981, S. 51 ff.) die Heimat zur „Besänftigungslandschaft" (BAUSINGER 1984, S. 15) werden. Gleichzeitig rückt - auf dem Hintergrund der „Reichsgründung" von 1871 - der Vaterlandsbegriff an die Seite des Heimatbegriffs und wird inhaltlich mit diesem deckungsgleich. Für das besitz- und dadurch heimatlose Proletariat sowie seine internationale Perspektiven verfolgenden politischen Führer eröffnete dies aber keine Orientierungsmöglichkeiten. 1870 schrieb der preußische Politiker Jacoby: „Das Wort ‚Vaterland', das Ihr im Munde führt, hat keinen Zauber für uns; Vaterland in Eurem Sinne ist uns ein überwundener Standpunkt, ein reaktionärer, kulturfeindlicher Begriff; die Menschheit läßt sich nicht in nationale Grenzen einsperren; unsere Heimat ist die Welt [...]. Euer Vaterland ist uns eine Stätte des Elends, ein Gefängnis, ein Jagdgrund, auf dem wir das gehetzte Wild sind [...]. Ihr nennt uns, scheltend, ‚vaterlandslos', und Ihr selbst habt uns vaterlandslos gemacht" (zitiert nach BAUSINGER 1984, S. 16). Sowohl für das Bürgertum als auch das Proletariat entstand so, wenn auch unter entgegengesetzten Vorzeichen, am Ende des 19. Jahrhunderts ein idealisierter, subjektiv-gefühlsbezogener Heimatbegriff. Die von Kaiser Wilhelm II. 1895 als „vaterlandslose Gesellen" beschimpften Proletarier fanden ihre neue Heimat zum Teil in der Arbeiterbewegung (vgl. PRECZANY 1974, S. 288 ff.). Im Bürgertum wurden politisch angepaßte, patriotische Heimatvereine und Heimatbünde gegründet, und die Heimatkunstbewegung erblühte (vgl. ROSSBACHER 1975).

Der im *Bürgertum* verbreiteten Heimatauffassung gab Spranger nach dem Ersten Weltkrieg ein spezifisches, philosophisch-ideologisches Profil: „Heimat ist erlebbare und erlebte Totalverbundenheit mit dem Boden [...], ist geistiges Wurzelgefühl" (SPRANGER 1952, S. 14). Hier konnte die völkisch-nationale Blut- und-Boden-Ideologie im *Nationalsozialismus* zwar anknüpfen (vgl. KRAMER 1973; vgl. PLESSNER 1959, S. 11; vgl. VORLÄNDER 1984), dennoch war „Heimat" für die Nationalsozialisten ein zwiespältiger Begriff: Die regionale Komponente war für die auf Zentralisierung und straffe Machthierarchien bauende faschistische Herrschaft in gewisser Weise dysfunktional (vgl. BAUSINGER 1984, S. 20 f.).

In der nach dem Zweiten Weltkrieg in der *Bundesrepublik Deutschland* geführten Diskussion um Heimat stand zunächst das für die Flüchtlinge, Umsiedler und Vertriebenen proklamierte „Recht auf die Heimat" (RABL 1965) im Mittelpunkt eines politischen Interesses, das zum Teil auch stark durch antikommunistische Ressentiments bestimmt war. Dabei wurde nicht selten an völkisch-nationalistische Inhalte und Brauchtumsformen der Vorkriegszeit angeknüpft. Erst im Zeichen des „Wirtschaftswunders" und der „Wohlstandsgesellschaft" verblaßten diese Formen der „Heimatpflege".

Die Renaissance des Heimatinteresses in den 70er Jahren wurde aus mehreren Quellen gespeist, einerseits aus der Erfahrung, daß „uns der Mutterboden unter dem Hintern wegspekuliert [...] [und] die liebe Atemluft vor der Nase enteignet" wurden (Rühmkorf, zitiert nach KAMBERGER 1981, S. 20 f.), andererseits aus der Hoffnung, in der Heimat eine neue, den ungewollten Nebenfolgen des technisch-wissenschaftlichen Fortschritts standhaltende Geborgenheit (vgl. BOLLNOW schon 1955, S. 186, und wieder 1984, S. 28 ff.) zu finden. Gesellschaftskritiker *und* Kulturpessimisten suchten gleichermaßen Halt im Bezug auf die Heimat.

Aber auch in der *DDR* wird der Heimatbegriff erneut und unter veränderten Vorzeichen diskutiert. Mit dem Bewußtsein, sich bei dieser Frage „auf ein weites Feld" zu begeben, „auf dem nicht nur wertvolle Erkenntnisse reifen, sondern auch giftige Unkräuter in reicher Zahl und Schattierung wuchern", ist von LANGE (1975, S. 9) herausgestellt worden, daß zwar einerseits „die Ideologen der reaktionären deutschen Bourgeoisie" den Heimatbegriff mißbrauchten (LANGE 1975, S. 9 f.), daß aber andererseits die „sozialistische Heimat als Aufgabe und Errungenschaft" (LANGE 1975, S. 55) im Erstürmen der „unendlichen Höhen des gesellschaftlichen Fortschritts" (LANGE 1975, S. 8 f.) aufzuheben sei.

Sozialisation und Heimat. Die verbreitete Auffassung, daß die Bindung an die Heimat in frühester Kindheit gleichsam zwangsläufig durch das Erleben und Erfahren der unmittelbar zugänglichen Umwelt wachse, ist empirisch nicht zu belegen. Vielmehr richtet sich das Heimatgefühl laut der von Treinen 1965 vorgelegten Studie „auf örtlich gebundene Intimgruppen", zum Beispiel die Familie. Die in der Kindheit in ihnen gemachten Erfahrungen werden aber durch „räumlich gebundene Objekte", wie zum Beispiel das Elternhaus oder die landschaftliche Umgebung, symbolisiert (TREINEN 1965, S. 295). Im Gegensatz dazu ist *emotionale Ortsbezogenheit* ein sich im Jugend- und Erwachsenenalter herausbildendes Produkt von Interaktionen mit Personen aus ortsbezogenen Verkehrskreisen, zum Beispiel Vereinen. Sie bezieht sich nicht auf die Herkunftsfamilie, nicht auf Kindheits- und Jugenderlebnisse und nicht auf Freundschaftsbeziehungen (vgl. TREINEN 1965, S. 295). „Heimatliebe", offizielle Zielformel der Richtlinien vieler Bundesländer, dürfte mithin in der Grundschule kaum zu vermitteln sein. Sie ist ein „Effekt sekundärer Motivation und Verstärkung", weil die „Befriedigung starker, ursprünglicher Bedürfnisse" für die Kinder in der Regel in der gleichen räumlichen Umgebung erfolgt (OERTER 1970, S. 103). Im Zusammenhang mit der Qualität der Sozialisation in der Kindheit muß auch die als Heimweh bezeichnete psychophysische Reaktion von Menschen nach einer räumlichen und/oder zeitlichen Trennung von einem Lebensort gesehen werden. Der durch äußere Einflüsse (Trennung von Familie, Landschaft, soziokulturelles

Umfeld, ...) oder endogene Veränderungen (zeitliche Veränderungen; verlorene/verflossene Zeit) empfundene Verlust eines persönlichen Satisfaktionswertes ist in diesem Fall vom Individuum mangels intellektueller Mobilität, Anpassungsfähigkeit oder Kontaktschwierigkeiten nicht aufzufangen (vgl. GREVERUS 1979, S. 106 ff.). Die Auflösung einer in der Kindheit vorhandenen Einheit von Individuum und Milieu kann zur Heimwehpsychose, zum pathologischen Fall werden und so weit gehen, daß eine Entladung im Verbrechen erfolgt (vgl. JASPERS 1963, S. 34 ff.). Die sich in der Kindheit herausbildende personale und soziale Identität als „ein definiertes Ich in einer sozialen Realität" (ERIKSON 1973, S. 17) schließt die Frage nach der *territorialen Identität* des Menschen ein. Die im Sozialisationsprozeß in verschiedenen Stufen geformte Identität (vgl. ERIKSON 1971, S. 241 ff.) steht in Beziehung zu Heimatgefühl *und* Heimatbewußtsein. Ob sich Heimatbewußtsein herausbilden kann, ist abhängig davon, ob das Individuum im Zusammenhang mit der von ihm zu leistenden „Balance" (vgl. KRAPPMANN 1973, S. 70 ff.) seine Situation reflektieren kann (vgl. SCHMIDT 1981, S. 65 ff.). Dabei ist das Selbstbild des Menschen an den Nahraum gebunden, während in Einstellungen und in das Verhältnis zum Lebensraum und zur Region sein Weltbild ebenfalls mit eingeht (vgl. MEIER-DALLACH u. a. 1982, S. 305). Das über Heimatgefühl hinausgehende Heimatbewußtsein ist folglich durch Einflüsse mitbestimmt, die aus dem über den engeren Lebensraum hinausgehenden Bereich kommen. Daraus wird auch deutlich, daß Heimatbewußtsein zu „Ausbruchsversuchen" (COHEN/TAYLOR 1977) mit verschiedenen Motiven und Begründungen führen kann.

Heimatkunde. Heimatkunde ist sowohl ein Fachterminus für die Bezeichnung des Schulfaches als auch ein der Alltagskultur entnommener Begriff zur Bezeichnung von Heimatforschung und Brauchtumspflege. Als Unterrichtsfach wurde Heimatkunde im 19. Jahrhundert in den damaligen Volksschulen eingeführt. Von ihrer Konzeption her geht sie auf HARNISCH (vgl. 1816) und FINGER (vgl. 1844) zurück, die – noch ohne die heute bekannte emotional-patriotische Überfrachtung – im Rückgriff auf Rousseau und Pestalozzi – einen der Erdkunde vorangestellten, dem Prinzip der Anschauung und dem Grundsatz „vom Nahen zum Fernen" folgenden Unterricht konzipierten. Seither ist von verschiedenen Pädagogen immer wieder der Bildungswert der Heimatkunde betont worden (vgl. FIEGE 1964).
In der 1919 in der Weimarer Republik geschaffenen Grundschule bekam die Heimatkunde ihr besonderes curriculares Profil eines fächerübergreifenden Unterrichts und ihren ideologischen Standort durch SPRANGER (vgl. 1952). Nach dem Zweiten Weltkrieg blieb Heimatkunde als Schulfach erhalten, wurde weiterentwickelt, aber auch wieder ideologisch mißbraucht. Mit seiner Kritik am Heimatkundekonzept Sprangers zeigte GROTELÜSCHEN Ende der 60er Jahre eine neue Perspektive: Nicht „Heimat haben aus Tradition, sondern Heimat erwerben aus eigener Kraft!" (1968, S. 229).
Werden über die primäre Sozialisation in der Kindheit die grundlegenden sozialen Erfahrungen dazu vermittelt, so muß über öffentliche Bildung und Erziehung, aufbauend auf dem ursprünglichen Interesse der Kinder an der Natur und ihren Erscheinungen sowie an der Kultur und ihrer historischen Begründung, die aktive und mitgestaltende Auseinandersetzung mit ihrer Umwelt gefördert werden. Die sich dabei in Ansätzen herausbildende Identität könnte ein erster Schritt im Lernprozeß in Richtung Heimat sein. Er ist fortzusetzen im Jugendlichen- und Erwachsenenalter, wo unter Einbeziehung von Berufs- und

Heimat – Heimatkunde

Arbeitswelterfahrungen und der Möglichkeit des ständigen Weiterlernens in der Erwachsenenbildung das Eintreten für die eigenen Belange, das Sich-Einbringen in durchzustehende Konflikte, die Schaffung und Mitgestaltung von Heimat als lebenslange Aufgabe und lebenslanger Lernprozeß eine angemessene Perspektive aufweisen.

ABEL, W.: Massenarmut und Hungerkrisen im vorindustriellen Deutschland, Göttingen 1972. BAUSINGER, H.: Auf dem Wege zu einem neuen, aktiven Heimatverständnis. Begriffsgeschichte als Problemgeschichte. In: BAUSINGER, H. u.a.: Heimat ..., Stuttgart/Berlin/Köln/Mainz 1984, S. 11 ff. BAUSINGER, H. u.a.: Heimat heute, Stuttgart/Berlin/Köln/Mainz 1984. BERGER, P. L./LUCKMANN, TH.: Die gesellschaftliche Konstruktion der Wirklichkeit. Eine Theorie der Wissenssoziologie, Frankfurt/M. 1980. BERGER, P.L. u.a.: Das Unbehagen in der Modernität, Frankfurt/New York 1973. BLOCH, E.: Das Prinzip Hoffnung, Frankfurt/M. 1959. BOLLNOW, O.F.: Neue Geborgenheit, Stuttgart 1955. BOLLNOW, O.F.: Der Mensch braucht heimatliche Geborgenheit. Philosophische Betrachtungen. In: BAUSINGER, H. u.a.: Heimat ..., Stuttgart/Berlin/Köln/Mainz 1984, S. 28 ff. BREDOW, W. v./FOLTIN, H.-F.: Zwiespältige Zufluchten. Zur Renaissance des Heimatgefühls, Berlin/Bonn 1981. COHEN, ST./TAYLOR, L.: Ausbruchsversuche. Identität und Widerstand in der modernen Lebenswelt, Frankfurt/M. 1977. EMMERICH, W. (Hg.): Proletarische Lebensläufe. Autobiographische Dokumente zur Entstehung der „Zweiten Kultur" in Deutschland, Bd. 1: Anfänge – 1914, Reinbek 1974. ENGELSING, R.: Sozial- und Wirtschaftsgeschichte Deutschlands, Göttingen 1973. ERIKSON, E. H.: Kindheit und Gesellschaft, Stuttgart ^{4}1971. ERIKSON, E.H.: Identität und Lebenszyklus, Frankfurt/M. 1973. ERNST, F.: Vom Heimweh, Zürich 1949. EVANGELISCHES KIRCHENGESANGBUCH. Ausgabe für die evangelisch-lutherischen Kirchen Niedersachsens, Oldenburg 1967. FIEGE, H. (Hg.): Die Heimatkunde, Weinheim ^{2}1964. FINGER, F.A.: Anweisung zum Unterricht in der Heimatkunde, Berlin 1844. FREILING, F.-D. (Hg.): Heimat. Begriffsempfindungen heute, Königstein 1981. GREVERUS, I.-M.: Der territoriale Mensch. Ein literaturanthropologischer Versuch zum Heimatphänomen, Frankfurt/M. 1972. GREVERUS, I.-M.: Auf der Suche nach Heimat, München 1979. GROTELÜSCHEN, W.: Eduard Spranger und die Heimatkunde. In: Westerm. P. Beitr. 20 (1968), S. 221 ff. HABERMAS, J.: Zur Rekonstruktion des historischen Materialismus, Frankfurt/M. ^{2}1976. HAGEN, D. u.a.: Bestand und Veränderungstendenzen räumlicher Identität (Heimatbewußtsein) angesichts bevorstehender Umweltveränderungen durch den Neubau des Seedeiches innerhalb der Ortslage des Sielhafenortes Ditzum. Wahrnehmungsgeographische Studien zur Regionalentwicklung, Heft 2, Universität Oldenburg, Oldenburg 1984. HANSEN, W.: Kind und Heimat. Psychologische Voraussetzungen der Heimatkunde in der Grundschule, München 1968. HARNISCH, CH. W.: Weltkunde, o. O. 1816. HASSE, J.: Entwicklung räumlicher Identität als affektiver Lernbereich des Geographieunterrichts. In: HASSE, J.: Erkenntnisprozesse im Geographieunterricht, Oldenburg 1984, S. 119 ff. HAUG, J.: Heimatkunde und Volkskunde, Tübingen 1969. HEIMAT. In: Bilder-Conversations-Lexikon für das deutsche Volk. Ein Handbuch zur Verbreitung gemeinnütziger Kenntnisse und zur Unterhaltung, Bd. 2, Leipzig 1838, S. 360 ff. HEIMAT. In: Der Große Brockhaus, Bd. 8, Berlin/Wien ^{14}1896, S. 970. HEIMAT UND IDENTITÄT. vorgänge. Z. f. Gesellschpol. 19 (1980), Heft 5/6 (Nr. 47/48). JASPERS, K.: Heimweh und Verbrechen (1909). In: JASPERS, K.: Gesammelte Schriften zur Psychopathologie, Berlin 1963, S. 1 ff. KAMBERGER, K.: Mit dem Hintern am Boden und dem Kopf in den Wolken. Entdeckungsfahrten Richtung Heimat, Frankfurt/M. 1981. KLIKKER, J.R. (Hg.): Heimat. Almanach für Literatur und Theologie 14, Wuppertal 1980. KNOCH, P./LEEB, TH. (Hg.): Heimat oder Region? Frankfurt/M. 1984. KRAMER, D.: Die politische und ökonomische Funktionalisierung von ‚Heimat' im deutschen Imperialismus und Faschismus. In: Diskurs: Z. f. Theater, Film u. Fernseh. 3 (1973), 6/7, S. 3 ff. KRAPPMANN, L.: Soziologische Dimensionen der Identität, Stuttgart ^{3}1973. LANGE, G.: Heimat – Realität und Aufgabe. Zur marxistischen Auffassung des Heimatbegriffs, Berlin ^{2}1975. LECKE, D. (Hg.): Lebensorte als Lernorte. Handbuch Spurensicherung. Skizzen zum Leben, Arbeiten und Lernen in der Provinz, Reinheim 1983. LENZ, S.: Heimatmuseum. Roman, Hamburg 1978. MEIER-DALLACH, H.-P. u.a.: Zwischen Zentren und Hinterland. Probleme, Interessen und Identitäten im

Querschnitt durch die Regionstypen der Schweiz, Diessenhofen 1982. MITSCHERLICH, A./ KALOW, G. (Hg.): Hauptworte - Hauptsachen. Zwei Gespräche: Heimat/Nation, München 1971. MOLTMANN, J.: Theologie der Hoffnung. Untersuchungen zur Begründung und zu den Konsequenzen einer christlichen Eschatologie, München 1968. MOOSMANN, E. (Hg.): Heimat, Sehnsucht nach Identität, Berlin 1980. OERTER, R.: Moderne Entwicklungspsychologie, Donauwörth ⁷1970. OERTER, R.: Ein ökologisches Modell kognitiver Sozialisation. In: WALTER, H./OERTER, R. (Hg.): Ökologie ..., Donauwörth 1979, S.57ff. PLESSNER, H.: Die verspätete Nation. Über die Verführbarkeit bürgerlichen Geistes, Stuttgart 1959. PRECZANY, E.: Rückblick (1920). In: EMMERICH, W. (Hg.): Proletarische Lebensläufe ..., Reinbek 1974, S.228f. RABL, K. (Hg.): Das Recht auf die Heimat. Vorträge, Thesen, Kritik, München 1965. RIEDEL, W. (Hg.): Heimatbewußtsein. Erfahrungen und Gedanken, Husum 1981. ROSSBACHER, K.: Heimatkunstbewegung und Heimatroman, Stuttgart 1975. SCHERER, G.: Identität und Sinn. In: SCHERER, G. u.a.: Studien zum Problem der Identität, Opladen 1982, S.1ff. SCHMIDT, H.-H.: Heimat als soziales Lernfeld. In: RIEDEL, W. (Hg.): Heimatbewußtsein ..., Husum 1981, S.58ff. SCHWARTZ, E. (Hg.): Von der Heimatkunde zum Sachunterricht, Braunschweig 1977. SPRANGER, E.: Der Bildungswert der Heimatkunde (1923), Stuttgart ³1952. STAVENHAGEN, K.: Heimat als Lebenssinn, Göttingen ²1948. TREINEN, H.: Symbolische Ortsbezogenheit. Eine soziologische Untersuchung zum Heimatproblem. In: Köln. Z. f. Soziol. u. Sozpsych. 17 (1965), S.73ff., S.254ff. VORLÄNDER, H.: Heimat und Heimaterziehung im Nationalsozialismus. In: KNOCH, P./LEEB, TH. (Hg.): Heimat ..., Frankfurt/M. 1984, S.30ff. WALSER, M.: Heimatkunde. Aufsätze und Reden, Frankfurt/M. 1968. WALTER, H./OERTER, R. (Hg.): Ökologie und Entwicklung. Mensch-Umwelt-Modelle in entwicklungspsychologischer Sicht, Donauwörth 1979.

Klaus Klattenhoff

Implikationszusammenhang, didaktisch-methodischer

Begriff. Die Zusammenhänge von Inhalt, Methode und Ziel des Unterrichts werden unter den Stichworten „Interdependenz" (vgl. HEIMANN u.a. 1979), „Implikationszusammenhang" (vgl. BLANKERTZ 1969) oder „Ziel-Inhalt-Methode-Relation" (vgl. KLINGBERG 1982, 1983) in der Didaktik diskutiert. Es geht um die Frage, ob *gesetzmäßige Beziehungen* zwischen Zielen, Inhalten und Methoden des Unterrichts bestehen.

Eine genauere Untersuchung des Verhältnisses von Unterrichtsziel, -inhalt und -methode in organisierten Lehr- und Lernprozessen kann zu Erkenntnissen führen, die unter anderem eine Revision der Inhalte des Curriculums zur Folge haben. Es müßte allerdings sehr genau geklärt werden, ob und in welchen Fällen eine solche Beziehung existiert. Eine entsprechende Untersuchung über ihre „Realität" steht noch aus.

Zur Problemgeschichte. Bereits 1930 hat OPAHLE das Problem des Implikationszusammenhanges als Problem des Verhältnisses von Erkennen und Unterrichtsmethode bei Ratke, Comenius und Pestalozzi analysiert. Für Ratke löst sich das Implikationsproblem dadurch, daß er eine objektive Welt voraussetzt. Der Lehrer tritt als Vertreter des Wahren auf, der die Harmonie zwischen der Subjektivität des Schülers und der Sache herzustellen hat. Lernen und Verstehen ist für ihn Einordnen von Sachverhalten, die für den Schüler Sinn besitzen. Folgerichtig lernt der Schüler vor allem über das Gedächtnis, wobei „Gedächtnis" und „Erkenntnis" gleichgesetzt sind und Didaktik als Bestimmung der Gesetze des erkenntnismäßigen Verhaltens unter Berücksichtigung der Sache verstanden wird.

Auch Comenius formuliert allgemeingültige Prinzipien der Erkenntnis, auf denen er seine Pansophie aufbauen kann. Für ihn sind Ideen allgemeine Ordnungen der Dinge. „Erkennen" ist somit ein Ordnen der Dinge nach bestimmten, Vollständigkeit voraussetzenden Prinzipien. Da nicht die gesamte Ordnung der Welt dem Lernenden vermittelt werden kann, wird eine Reduktion notwendig, die dazu führt, didaktische Lernumwelten (eigens zum Zwecke des Unterrichts künstlich geschaffene Produkte) zu konstruieren. Der Bezug der Lernumwelten (wie sie Comenius im Orbis sensualium pictus geschaffen hat) zum jeweiligen Unterrichtsinhalt wird über die Nachbildung „natürlicher" Erkenntnisprozesse (Analyse - Synthese) hergestellt.

Pestalozzi hingegen versucht eine wissenschaftliche Begründung der Methoden dadurch zu sichern, daß er sich auf kantianische Erkenntnisprinzipien stützt. Für ihn ist Wahrheit unabhängig *vom* Denken, gleichzeitig aber fordern „Tatsachen" ihre Anerkennung *im* Denken. Die Unterrichtsmethode strebt eine erkenntnistheoretisch formulierte „Einheit der Vernunft" an. Methode ist Organ der Wissenschaft auf der einen Seite und des individuellen Lernens auf der anderen Seite. Die Einheit der Begriffe ergibt sich gerade nicht aus „Tatsachen", die unabhängig von ihrer Erkennbarkeit gedacht werden, sondern umgekehrt gerade aus den Bedingungen der Möglichkeit von Erkenntnis. Die Unterrichtsmethoden werden also in Abhängigkeit zu den leitenden erkenntnistheoretischen Vorstellungen bestimmt, die wiederum vom jeweiligen Sinn (der Intention) der Erkenntnis abhängig sind.

Unterrichtsinhalt und Unterrichtsmethode. In der gegenwärtigen Diskussion ist insbesondere von KLAFKI (vgl. 1976) die gegenstandskonstitutive Funktion von Unterrichtsmethode herausgestellt worden (vgl. LOSER 1975; vgl. MENCK 1975, S. 47). Für ihn werden Inhalt und Methode jeweils durch die dem Unter-

richt zugrunde liegenden Zielentscheidungen (Intentionen) beeinflußt. Zielentscheidungen besitzen den Primat vor inhaltlichen und methodischen Entscheidungen. Inhalte werden erst durch Zielentscheidungen zum Thema. Die Unterrichtsmethode muß der Thematik adäquat sein. Damit ist nach Klafki der Einfluß von inhaltlichen Entscheidungen auf methodische ein anderer als der von methodischen Entscheidungen auf inhaltliche (vgl. KLAFKI 1976, S. 82; 1978).
KLINGBERG beschreibt das Verhältnis von Inhalt und Methode des Unterrichts als didaktische „Grundrelation", die die „formale" Lehren-Lernen-Relation inhaltlich ausfüllt (1982, S. 46). Er konstatiert eine dialektische Einheit dieser konstitutiven Elemente des didaktischen Prozesses.
Diese Problemfassung kann auf der Folie strukturalistischer Begrifflichkeit weiter entfaltet werden. Dazu wird eine operationale Bestimmung von *Unterrichtsinhalt* als kognitiver Struktur vorgesehen, wie sie sich im Umgang mit äußerer Natur herausbildet und durch Kognitionstheorien rekonstruiert werden kann (vgl. HABERMAS 1975; vgl. PIAGET 1973, S. 52 ff.). Der Inhalt des Lehrens und Lernens konstituiert sich durch die Auswahl einzelner Wissenssysteme und durch ihre Transformation zu Bildungsinhalten. Struktur erhalten die Unterrichtsinhalte dadurch, daß sie thematisch gruppiert und sequenziert werden (vgl. HAGE 1979, S. 196). Nach BERNSTEIN (vgl. 1977) wird diese Strukturierung durch das „Vermittlungssystem Curriculum" geleistet, welches definiert, was als gültiges Wissen zu zählen hat.
Der Begriff der *Unterrichtsmethode* ist ungleich schwerer zu fassen. Häufig wird er in „Methode", „Technik" und „Unterrichtsstil" untergliedert. SCHULZE (1978, S. 27 f.) zielt auf eine vergleichbare Unterscheidung, indem er von „Methode (im Singular)" und „Methoden (im Plural)" spricht. Die Unterscheidung von Methode und Lehrtechnik findet sich ebenfalls bei MENCK (vgl. 1975, S. 48). Diese Autoren stehen in der geisteswissenschaftlichen Tradition, in der „Methode" immer eine Auffassung von Wesen und Sinn der Erkenntnis und des Lernens einschließt (vgl. KAISER 1977, S. 114 f.; vgl. KLAFKI 1971, S. 13). Unterrichtsmethode ist in diesem Verständnis *Interpretationsfolie* für Lehr-/Lerntechniken und für Unterrichtsinhalte. Von anderen theoretischen Vorüberlegungen geht das Modell einer strukturalistischen Rekonstruktion der Unterrichtstheorie und Didaktik aus (vgl. HAGE 1979, S. 191 ff.). In diesem Modell sind die Intentionalität des Unterrichts und die Methode nur analytisch trennbar; die Unterrichtsmethode bildet so den interaktiven Rahmen der Unterrichtsstruktur. Das Modell stützt sich auf die theoretischen Arbeiten von HABERMAS (vgl. 1975), PIAGET (vgl. 1973, S. 59 ff.) und insbesondere auf BERNSTEIN (vgl. 1977, S. 162 ff.). Das Modell erlaubt eine weitergehende theoretische Interpretation der These vom Implikationszusammenhang.

Unterschiedliche Facettierungen der Relation von Inhalt und Methode. Es gibt kaum empirische Untersuchungen zum Implikationszusammenhang. Bisher ist eigentlich nur unbestritten, daß er für die didaktische Theoriebildung als gegeben unterstellt werden müsse (vgl. ADL-AMINI 1980). Nur wenige Autoren (vgl. BLANKERTZ 1969, KAISER 1977, LANGEWAND 1978, TERHART 1983) haben versucht, die Bedeutung dieses Themas differenziert herauszuarbeiten.
In älterer didaktischer Literatur taucht der Begriff nicht auf. OPAHLE (1930, S. 24) beispielsweise betrachtet die Inhalt-Methode-Relation als eine „Prinzipienfrage", die philosophisch-deduktiv (also abgeleitet aus einem normativen Sinngefüge), analytisch (im Blick auf die Gebundenheit der Methode an be-

stimmte Lernsituationen) und historisch-kritisch aufgearbeitet werden muß. Noch unbefriedigend gelöst erscheint in diesem von der Reformpädagogik beeinflußten Ansatz die Analyse des Verhältnisses von Sach- und Lehrstruktur des Unterrichts; insbesondere die Beeinflussung dieser Struktur durch individuelle und soziale Determinanten auf der Seite des Lehrers und der Schüler wird ungenügend beachtet (vgl. OPAHLE 1930, S. 23).

Bei jedem Versuch der logischen Ableitung der Methode von der Sache stellt sich das Deduktionsproblem (vgl. MEYER 1971), das durch eine bloße Abbildung von Wissenschaftsstrukturen auf Unterrichtsstrukturen nicht zu lösen ist.

Eine andere Fassung des Interdependenzproblems findet man bei HEIMANN (vgl. 1976, S. 142 ff.). Er versteht die Interdependenzthese sowohl als konstitutive Kategorie für die Unterrichtsanalyse als auch als Prinzip der Unterrichtsplanung. Die dadurch entstehende Fixierung auf die Lehrerperspektive und die mit ihr verbundenen Entscheidungszwänge läßt die Frage unberücksichtigt, wie sich diese Interdependenz bei den Schülern auswirkt. Da üblicherweise der Lehrer den Unterricht plant, führt eine Unterrichtsanalyse, in deren Kategorien die Entscheidungsproblematik des Lehrers abgebildet wird, dann im wesentlichen auch nur zur Rekonstruktion des Unterrichts aus Lehrersicht.

BÜRGER (vgl. 1980) hat versucht, den Ansatz der lerntheoretischen Didaktik weiterzuentwickeln, und ein Modell zur Erzeugung von Konkordanz zwischen den unterrichtlichen Entscheidungsfaktoren vorgelegt, das sich ganz im Sinne Heimanns gegen die Vorstellung hierarchischer wechselseitiger Beziehungen der Strukturmomente wendet. Bürger weist nach, daß sämtliche unterrichtlichen Entscheidungsmomente zu unterschiedlichen Zeitpunkten der Unterrichtsplanung jeweils einen primären oder sekundären Status einnehmen.

Einen weiteren Ansatz zur Interpretation des Implikationszusammenhangs stellt dessen *entwicklungslogische Herleitung,* auf der Grundlage der Arbeiten PIAGETS (vgl. 1973), dar. Hier wird versucht, zeitliche Beziehungen zwischen den Inhalten und Methoden des Unterrichts herzustellen, indem der immer komplexer werdende Aufbau von Sachstrukturen im Unterricht, die geistige Entwicklung der Schüler und die gewählten Unterrichtsmethoden in Bezug zueinander gesetzt werden. Eine spezifische Form der Piaget-Rezeption (so in der „neuen Mathematik") verfolgt vor allem den Versuch, aus empirisch ansatzweise überprüften Entwicklungsstufenkonzepten ähnlich gestufte Strukturen von Unterrichtsinhalten und Lerntechniken abzuleiten (so auch AEBLI bereits 1951). Die stark durch Piaget beeinflußten Untersuchungen KOHLBERGS (vgl. 1977) über die „Stufen der Moralentwicklung" scheinen ebenfalls auf unterrichtstheoretische Fragestellungen anwendbar zu sein (vgl. KREFT 1977).

Die Bezeichnung „Implikationszusammenhang" wird in einem spezifisch didaktischen Sinne von BLANKERTZ (1969, S. 94) verwendet. Er macht jedoch nicht hinreichend deutlich, warum dieser Begriff den Heimannschen der „Interdependenz" ablösen sollte, es sei denn, Blankertz hätte bereits daran gedacht, daß die Abhängigkeit methodischer Entscheidungen von inhaltlichen von anderer Qualität sei als die umgekehrte (so KLAFKI 1976). Dafür gibt es jedoch keine expliziten Hinweise. Blankertz unterscheidet die bereits angesprochenen zwei Ebenen der Unterrichtsmethode, indem er die Methode (Singular) in „methodische Leitfrage" umbenennt. Damit aber ist das Verhältnis zu den Methoden (Plural) und Lehrtechniken (vgl. MENCK 1975) offengelassen.

Es ist versucht worden, die Relation von Inhalt und Methode mit Hilfe empirisch-analytischer Verfahren exakter zu bestimmen. KAISER (vgl. 1977) konnte in einer solchen Untersuchung lediglich feststellen, daß es signifikante Beziehungen gab; die Aussagekraft dieser Studie ist allerdings begrenzt.

Schließlich gibt es Versuche, den Implikationszusammenhang als ein didaktisches *Prinzip* zu bestimmen. Ansätze dazu finden sich bei BLANKERTZ (vgl. 1969, S. 99) und HEIMANN (vgl. 1976, S. 139, S. 156). Darüber hinaus macht Bürger dieses Prinzip explizit, wenn er als Regel formuliert, daß jede didaktische Entscheidung „im Stadium des primären Entscheidungsstatus einer relativierenden Betrachtung ausgesetzt werden" solle (BÜRGER 1980, S. 181).

Die verschiedenen Darstellungen des Implikationszusammenhanges ergeben folgendes Schema:

Implikations-zusammenhang als „logische" Relation	lehrlogisch	Blankertz Klafki Menck
	sachlogisch	
	lernlogisch	
– als entscheidungslogisches Problem	unterrichtsanalytisch planungslogisch	Heimann
– als Problem der Zeitfolge	planungstechnisch	Bürger
	entwicklungslogisch	

Solange der Implikationszusammenhang *als Relation zwischen Entitäten* aufgefaßt wird, ist die Suche nach seiner Wirklichkeit ebenso zum Scheitern verurteilt wie die Suche nach der optimalen (möglichst effektiven) Verknüpfung von Unterrichtsinhalten mit Unterrichtsmethoden. Beides führt in Aporien (vgl. die Diskussion in MENCK/THOMA 1972). Der theoretische Status der „Interdependenz" oder des „Implikationszusammenhangs" muß also genauer geklärt werden, wenn die These nicht ein folgenloses didaktisches Konstrukt bleiben soll.

Aspekte einer lerntheoretischen Fundamentierung. Unterricht dient in jedem Falle der Erweiterung und Vermittlung interaktiver, kognitiver und sprachlicher Kompetenzen. Es bleibt einer näheren Analyse vorbehalten zu beschreiben, inwieweit diese Kompetenzbereiche auf pädagogischer Seite den Bernsteinschen Vermittlungssystemen „Unterrichtsgestaltung", „Curriculum" und „soziale Strategien des Symbolgebrauchs" entsprechen; eine solche Entsprechung ist jedoch wahrscheinlich. Das Vermittlungssystem Curriculum, das als Strukturierung des Unterrichtsinhalts begriffen werden kann, läßt sich als *kognitive Struktur* fassen. Entsprechend legt Unterrichtsmethode den *Interaktionsrahmen* des Unterrichts fest. Dabei kann der Interaktionsbegriff von Habermas unterlegt werden, der zwei Aspekte betont: Interaktives Handeln ist an bestimmte eigene Motive und an Erwartungen über die Intentionen eines anderen, des Interaktionspartners, gebunden (vgl. HABERMAS 1975, S. 218). Funktion, Struktur und Bedeutung müssen also bei der Analyse sozialer Systeme unterschieden werden.

Dieses Konzept ist von HAGE (vgl. 1977, S. 461 f.) auf Unterricht (und zwar unter Benutzung der Heimannschen „Entscheidungsfelder" der Unterrichtsanalyse) bezogen worden. Wenn nun „Unterrichtsmethode" den Interaktionsrahmen des Unterrichts festlegt, so prägt sie sicherlich auch die Einstellung der Schüler gegenüber den Lehrinhalten und beeinflußt so das Maß der Integration des Wissens auf seiten der Schüler (und des Lehrers). ROLFF (1980, S. 82) spricht in diesem Falle von einem „Erziehungscode", der als regulatives Prinzip von den Schülern stillschweigend angeeignet wird und dann als „Tiefenstruktur" den Aufbau von relevanten Bedeutungen und die Form ihrer Realisierung steuert sowie die sie hervorbringenden Kontexte integriert. *Integrierte* Codes (etwa die Arbeit in Projekten oder der „mehrperspektivische Unterricht") auf der Vermittlerseite rufen aber nicht notwendigerweise integrierte Codes auf der Schülerseite hervor, auch dann nicht, wenn von seiten des Lehrers solche Integrationsfähigkeit – kontrafaktisch – behauptet wird. Unterricht nimmt also in vielen Fällen eine heterogene Struktur an; es gibt in ihm interferierende Elemente additiver und integrierter Codes (vgl. BERNSTEIN 1977, S. 126 ff.). Und diese Struktur ist nicht durch die implikative Zuordnung von Inhalt, Methode und Ziel schlicht aufzulösen, weil die von einer solchen Annahme unabhängigen Prozesse, wie sie „in den Köpfen der Schüler" immer auch ablaufen, nicht außer acht gelassen werden können.

Deshalb scheint es aussichtsreicher zu sein, die Unterrichtsinhalte und -methoden theoretisch als *Dimensionen* des Vermittlungssystems Unterricht zu definieren. In strukturalistischer Sprache bildet der Implikationszusammenhang dann die „Tiefenstruktur" des Vermittlungssystems, die sich aber nur zum Teil auf die Schüler abbildet. Die Schüler können geringfügig oder deutlich abweichende eigene Implikationszusammenhänge während des Unterrichts aufbauen. Die Ursachen für diese Abweichungen sind ebensowenig bekannt wie deren Rückwirkungen auf den je individuellen Implikationszusammenhang der Schüler. Eine solche Aufklärung ist aber erforderlich. Erst wenn genauer bekannt ist, was das regulative Prinzip des Unterrichts ist (wie sich also die „Methode des Lehrers" zur „Methode der Schüler" verhält), wird es möglich, den Implikationszusammenhang für die am Unterricht Beteiligten bewußtzumachen und zielstrebig zu gestalten.

ADL-AMINI, B.: Die Interdependenzthese. Probleme ihrer logischen Begründung und konkreten Anwendung. In: REINERT, G.-B. (Hg.): Praxishandbuch Unterricht, Reinbek 1980, S. 165 ff. AEBLI, H.: Didactique psychologique. Application à la didactique de la psychologie de Jean Piaget, Neuchâtel 1951/deutsch: Psychologische Didaktik, Stuttgart [5]1973. BERNSTEIN, B.: Beiträge zu einer Theorie des pädagogischen Prozesses, Frankfurt/M. 1977. BLANKERTZ, H.: Theorien und Modelle der Didaktik, München 1969. BÜRGER, W.: Pädagogisch verantwortliche Unterrichtsplanung aus der Sicht des Interdependenzzusammenhanges. In: ADL-AMINI, B./KÜNZLI, R. (Hg.): Seminar: Unterrichtsvorbereitung. IPN-Arbeitsberichte 38, Kiel 1980, S. 162 ff. HABERMAS, J.: Zur Entwicklung der Interaktionskompetenz, Mimeo, Frankfurt/M. 1975. HAGE, K.: Lehren als Konstruktion von Lernumwelten. In: B. u. E. 30 (1977), S. 457 ff. HAGE, K.: Zur Konstruktion von Wissen in Lehr- und Lernprozessen, Weinheim/Basel 1979. HEIMANN, P.: Didaktik als Unterrichtswissenschaft, Stuttgart 1976. HEIMANN, P. u. a.: Unterricht – Analyse und Planung, Hannover 1979. KAISER, H.-J.: Implikationen des Implikationszusammenhanges. In: BENNER, D. (Hg.): Aspekte und Probleme einer pädagogischen Handlungswissenschaft, Kastellaun 1977, S. 109 ff. KLAFKI, W.: Didaktik und Methodik. In: RÖHRS, H. (Hg.): Didaktik, Frankfurt/M. 1971, S. 1 ff. KLAFKI, W.: Zum Verhältnis von Didaktik und Methodik. In: Z. f. P. 22 (1976), S. 77 ff. KLAFKI, W.: 20 Jahre didaktische Analyse von Wolfgang Klafki. Probleme einer Neufassung. In: Sprax./Schweiz. Lrztg. (1978), S. 65 ff. KLINGBERG, L.: Unterrichtsprozeß und didaktische Fragestellung. Studien und Versuche, Berlin (DDR) 1982. KLINGBERG, L.: Zur didaktischen Inhalt-Methode-Relation. In: Z. d. P. Hs. „Karl-Liebknecht" (Potsdam) 27 (1983), S. 759 ff. KOHLBERG, L.: Kognitive Entwicklung und moralische Erziehung. In: Pol. Did. (1977), 3, S. 5 ff. KREFT, J.: Zur Bedeutung des Konzepts der

Ich-Entwicklung für die Konzeption des Curriculums. In: BENNER, D. (Hg.): Aspekte und Probleme einer pädagogischen Handlungswissenschaft, Kastellaun 1977, S. 173 ff. LANGEWAND, A.: Die Methodisierung des Unterrichts. Versuche zur steuerungs- und verständigungstheoretischen Reduktion des Begriffs der Unterrichtsmethode vor dem Hintergrund der Diskussion in Reformpädagogik und geisteswissenschaftlich-bildungstheoretischer Didaktik, Diss., Münster 1978. LOSER, F.: Unterrichtsmethode. In: HOPF, H./HEISE, W. (Hg.): Lexikon der Musikpädagogik, Düsseldorf 1975, S. 107 ff. MENCK, P.: Unterrichtsanalyse und didaktische Konstruktion, Frankfurt/M. 1975. MENCK, P./THOMA, G. (Hg.): Unterrichtsmethode, München 1972. MEYER, H. L.: Das ungelöste Deduktionsproblem. In: ACHTENHAGEN, F./MEYER, H. L. (Hg.): Curriculumrevision – Möglichkeiten und Grenzen, München 1971, S. 106 ff. OPAHLE, O.: Studien zum Problem der Unterrichtsmethode. In: Vjs. f. w. P. (1930), Reihe A, Erg. Hefte, Heft 6, S. 1 ff. PIAGET, J.: Der Strukturalismus, Olten/Freiburg 1973. ROLFF, H.-G.: Soziologie der Schulreform, Weinheim/Basel 1980. SCHULZE, TH.: Methoden und Medien der Erziehung, München 1978. TERHART, E.: Unterrichtsmethode als Problem, Weinheim/Basel 1983.

Klaus Hage

Integration

Gesellschaftliche Relevanz und Definition. Dem Integrationsbegriff wird seit dem gesellschaftlichen Aufbruch zu Reformen in den 60er Jahren in der bildungspolitischen, erziehungswissenschaftlichen und didaktischen Diskussion eine immer größere Bedeutung zugedacht. Zumeist wird er an zentralen Stellen verwendet (vgl. BAUMERT 1983; vgl. BLANKERTZ 1969, 1976, 1982a; vgl. BREMISCHES SCHULGESETZ 1975; vgl. DEUTSCHER BILDUNGSRAT 1969a, 1970, 1974; vgl. FRISTER 1978, KLAFKI 1970, KULTUSMINISTER NORDRHEIN-WESTFALEN 1972, LANDESREGIERUNG NORDRHEIN-WESTFALEN 1973). Mit ihm werden inhaltliche Probleme gesellschaftlicher Entwicklung aufgenommen und in ihren Voraussetzungen, Lösungsmöglichkeiten und Auswirkungen auf Bildungsprozesse untersucht, denn im vielfältigen Gebrauch des Begriffs und seiner Varianten ist oft nur ein indifferentes Suchen nach problemlösenden Auswegen angezeigt. So hat das Wort „Integration" im *Alltagsbewußtsein* eine überwiegend positive Bedeutung: Es wird auf für sinnvoll gehaltene Lebenszusammenhänge bezogen, die insbesondere in den Grenzen der industriellen Produktion unserer wissenschaftlich-technischen Zivilisation über einen gefühlten Mangel hinaus immer erkennbarer werden. In *Wissenschaft und Technik* werden integrative Problemlösungsstrategien entwickelt, die über das bisher vorherrschende Analyseparadigma auswegsuchend hinausgehen.

Für die *jüngste Schulreform* in der Bundesrepublik Deutschland wurde Integration im „Strukturplan für das Bildungswesen" als inhaltliche Perspektive ausgewiesen (vgl. DEUTSCHER BILDUNGSRAT 1970, S. 147 ff.). Entworfen worden war ein einheitliches, horizontal gestuftes und differenziertes Bildungswesen. Diese Weiterentwicklung forderte der Deutsche Bildungsrat aus einem Zusammenhang, der als Aufstiegsdruck des neuen Mittelstandes längst gesellschaftliche Bedeutung erlangt hatte (vgl. BLANKERTZ 1982a). Aufgrund von bildungsökonomischen (vgl. PICHT 1964) und gesellschaftspolitischen Forderungen (vgl. DAHRENDORF 1965) sollten alle Lernenden gleichermaßen durch ein integriertes Curriculum mit differenzierten Lernangeboten individuell gefördert werden. Praktisch erprobt wurden die Reformentwürfe unter wissenschaftlicher Anleitung und Kontrolle sowie in politischer Bewertung insbesondere in Versuchen mit integrierten Gesamtschulen, Kollegschulen in Nordrhein-Westfalen und zur einphasigen Lehrerausbildung in Osnabrück und Oldenburg. Für das durch Reform zu verändernde Bildungssystem werden Differenzierung und Integration als wechselwirksam miteinander verbundene Prinzipien gesehen; der Integration ist dabei insgesamt die regulative Funktion zugedacht (vgl. DEUTSCHER BILDUNGSRAT 1970, S. 30 ff., S. 36 f., S. 70, S. 91 ff., S. 143, S. 147, S. 150 ff., S. 159 ff., S. 166 ff.).

In der Didaktik wird mit dem Begriff „Integration" ein Interessen- und Problemzusammenhang bezeichnet, in dem durch wechselseitiges Verdichten von didaktischen Theorien und Modellen mit ihren empirisch überprüfbaren Realisierungsmöglichkeiten in gesellschaftlicher Interdependenz notwendige und Inhalt konstituierende Theorie-Praxis-Zusammenhänge entwickelt werden. In methodologischer Sicht ist dabei unter Integration mehr als nur ein Zugleich von Bewegen und Zustand zu verstehen, mehr als nur ein Verknüpfen von „bewegendem Integrieren" (als Entwerfen, Planen, Entwickeln, Konstruieren, Reflektieren pädagogischer Praxis) mit einem „Integrat" (als erreichtes Ziel, entwickelte Problemlösung, Arbeitsprodukt). Im Sinne von Integration als gesellschaftlichem Problem wird in der Didaktik ein systematisierendes Verdichten von Integrieren und Integrat zu einer strukturstrategischen Einheit, dem „Integrativ", versucht, in dem relevante Teile pädagogischen Handelns und ihre prozessualen Wechselwirkungen sowie ihr Integrat unterscheidbar, aufeinander bezogen und als interessengebundener Zusammenhang kontinuierlich und partiell veränderbar sind.

Historische Grundlegung. Integration ist eine gesellschaftlich entwickelte Kategorie: In der *Idee zu Aufklärung* als Freisetzung des Menschen zu sich selbst, mündig zu werden und seinen Verstand ohne Leitung eines anderen zu gebrauchen, gründet der utraquistische Widerstreit (vgl. PAULSEN 1921, S. 446). In diesem *integrativen Zugleich von Zweck und Mittel* werden die Menschen zu Arbeitskraft, sind aber niemals nur als Ware Arbeitskraft zu gebrauchen, weil sie Subjekte bleiben, um derentwillen letztlich entwickelt wird, was sie auch zum Mittel werden läßt. Diese bis heute wirksame utraquistische Spannung resultiert aus den widerstreitenden gesellschaftlichen Ansprüchen an eine allgemeine Menschenbildung einerseits und eine vorwiegend ökonomisch verwertbare Spezialbildung andererseits (vgl. ADORNO 1966, S. 252 f.; vgl. BLANKERTZ 1979; vgl. DILTHEY 1971, S. 51; vgl. KANT 1903, S. 429; 1904, S. 33).

Mit der Industrialisierung und Urbanisierung und dem daraus folgenden Aufbrechen überlieferter Sozialordnungen und ihrer lokalen Lebenswelten wuchsen im 19. Jahrhundert durch eine zunehmende ökonomische und verkehrstechnische Verflechtung größere Regionaleinheiten. Diese Entwicklung im zunächst kleinstaatlich organisierten Deutschland war einbezogen in einen überregionalen, ökonomisch-infrastrukturell und politisch-nationalstaatlich fortschreitenden Integrationsprozeß, von England über Frankreich nach Deutschland übergreifend. Ihm folgte die Verstaatlichung im modernen Sinne (vgl. SIEBERT 1977, SIEGENTHALER 1977). Dieser *gesamtgesellschaftlichen integrativen Entwicklung* zu einer industriestaatlich-kapitalistischen Wirtschaftsordnung folgte innig vernetzt die Entwicklung des bis heute dominierenden dreigliedrigen Schulsystems (vgl. LESCHINSKY/ROEDER 1976).

Erstmals dann in der Weimarer Republik stand der *Gesamtaufbau des Schulsystems* regierungsoffiziell auf der Reichsschulkonferenz 1920 zur Debatte. Höheres und niederes Schulwesen sollten zu einer Einheit zusammengefügt werden. Durchgesetzt werden konnte damals jedoch nur die vierjährige Grundschule (vgl. LESCHINSKY 1983, S. 181).

Seit jener Zeit ist die *Integration aller Schulformen* zu einer Einheitsschule bildungspolitisch immer wieder gefordert worden (vgl. LENZEN 1976). In diesem Sinne wird in unserer zu Demokratie verfaßten Gesellschaft insbesondere in Kollegschulen eine Integration von Allgemein- und Berufsbildung zu realisieren versucht (vgl. BLANKERTZ 1983); und in integrierten Gesamtschulen soll bei aller individuellen Förderung ein einheitlicher, allgemeiner und wissenschaftsorientierter Grundbestand an Wissen und gesellschaftlicher Orientierung allen Kindern und Jugendlichen nicht nur formell zugesichert, sondern durch sozialstaatliche Unterstützung auch erreichbar sein (vgl. BAUMERT 1983; vgl. BAUMERT u. a. 1984, S. 64; vgl. FEND 1982; vgl. Grundgesetz Art. 20, Abs. 1 und Art. 28, Abs. 1).

Systemisch begriffen ist das seit dem 18. Jahrhundert expandierende Bildungswesen gesamtgesellschaftlich *additiv-integrierend:* Immer mehr Menschen werden für immer weitere Lebensbereiche einer immer längeren Beschulung eingeordnet. Einhergehend mit der wissenschaftlich-technischen Industrialisierung unter bürgerlich-kapitalistischem Anspruch entspricht die Differenzierung des Bildungswesens in hierarchisch geordneten, gegeneinander abgeschlossenen Schulformen der staatsbürgerlichen sozialen Schichtung; gesamtgesellschaftlich ist dies ein Vorgang *relativierend-komplementärer* Integration. Das in gesellschaftlicher Funktion expansive und differenzierte, im Prinzip dreigeschichtete Schulsystem ist bildungspolitisch bis heute regulierend, wenngleich im Bewußtsein unserer Zeit im demokratisch verfaßten Recht auf Bildung eine integrative Tendenz immer grundlegender entwickelt wird. Wurden zunächst immer mehr Menschen in die Schulen staatlich hineinverpflichtet, so erfolgt heute nach Realisierung der allgemeinen Schulpflicht eine subjektive, vertikal aufsteigende Expansion innerhalb des Schulsystems: Immer mehr Lernende streben in höherqualifizierende Schulformen und -stufen (vgl. BAUMERT u. a. 1984, S. 81; vgl. ROLFF 1984). Auch greift innerschulisches Lernen und Arbeiten in integrativer Absicht immer vielfältiger in kritischen Entwürfen über den traditionell gefächerten, vielfach gebrochenen und verwalteten Lehr-/Lernprozeß hinaus. Schulisches Handeln und außerschulisches Leben werden miteinander verknüpft: Zur Förderung individueller Lernfortschritte werden gesellschaftliche Probleme, Berufswelt und soziale Einrichtungen vor Ort erfahren. Immer häufiger werden individuelle Lebenskultur, emotionale Lebensmöglichkeiten und neue Sozialformen in den Schulalltag hineingenommen. Mit solcher integrativ einbezogenen Lebenswelt folgen gleichermaßen für alle Schulformen Herausforderungen zu neuorientierenden, organisatorisch und curricular integrativen Differenzierungen im Interesse der Förderung individueller Bildungsentwicklung bei Lernenden.

Integration als konstitutives Regulativ der Theorieentwicklung in der Didaktik. Auch die Theorieentwicklung der Didaktik erfolgt in enger Verknüpfung von gesellschaftlichen Erfordernissen mit der wissenschaftsinternen Dynamik. In diesem Implikationszusammenhang können scheinbar isoliert ablaufende Prozesse didaktischer Theorieentwicklung interpretiert werden. So sind im systematisierenden Erkenntnisinteresse in didaktischen Theorien und Modellentwürfen folgende drei Ansätze zur Entwicklung einer integrativen Didaktik auffindbar:

Erstens: Additiv integrierende Voraussetzungen. Sie sind schon der während der restaurativen Gründungsphase der Bundesrepublik vorherrschenden geisteswissenschaftlichen Didaktik inhärent. Nach ihrem Theorie-Praxis-Verständnis war von einem in der Erziehungswirklichkeit vorgegebenen Lehrgefüge und seinen Bedingungen auszugehen, hatte die Begriffsbildung in enger Fühlung mit der Praxis zu erfolgen, waren „Wirklichkeit" und „Praxis" als durchgängig geschichtlich aufzufassen und galt ein komplexer Zusammenhang als vorausgesetzt, so daß auf Ableitungen aus wenigen obersten Prinzipien, Axiomen oder Grundwahrheiten zu verzichten war (vgl. BENNER 1973, S. 203 ff.; vgl. BLANKERTZ 1975, S. 31; vgl. BLANKERTZ 1982b, S. 262 ff.; vgl. KLAFKI 1976, S. 16 ff.). Die methodologisch an der geisteswissenschaftlichen Didaktik geführte Kritik weist aus, daß diese Didaktik der Erziehungswirklichkeit in subjektiv-hermeneutischer Auslegung affirmativ verhaftet blieb; sie war der Erziehungswirklichkeit *additiv integriert*.

Aus der Kritik wurden der Mangel an empirisch-pädagogischer Forschung, das Fehlen eines Kriteriums zu historisch notwendiger Unterscheidung und das Fehlen an Kompetenz zu kritisch-konstruktivem Handeln deutlich (vgl. BENNER 1973, S. 203 ff.; vgl. BLANKERTZ 1975, 1979; vgl. BLANKERTZ 1982b, S. 289 ff.; vgl. KLAFKI 1976, S. 28 ff.; vgl. KLAFKI 1985, S. 31 ff.).

In den 60er und 70er Jahren formierte sich ein Interesse an Reformen auch im Bildungswesen, wobei Bildungsplanung und empirisch-pädagogische Forschung in besonderer Weise bedeutsam wurden (vgl. BECKER 1971, ROLFF u.a. 1974a, STRAUMANN 1974). In diesem Kontext stellte sich auch für die Weiterentwicklung didaktischer Theorie die Forderung, das Empiriedefizit durch eine „realistische Wendung in der pädagogischen Forschung" zu einer *datenverarbeitenden Integrationswissenschaft* zu überwinden (vgl. ROTH 1964, 1971). Als Integrationsaspekt galt Mündigkeit (vgl. ROTH 1964, S. 188 f.; vgl. ROTH 1965, S. 207 ff.). Unter einer integrierenden Fragestellung sollten Erkenntnisse aus den Erfahrungswissenschaften vom Menschen sowohl in gegenseitigen Austausch gebracht als auch auf ihre wechselseitige Abhängigkeit überprüft werden (vgl. ROTH 1965, S. 207 ff.). Eine methodologisch begründete Integration von empirisch-analytisch ermittelter Bildsamkeit und historisch-hermeneutisch grundgelegter Bildungsbestimmung als Auslegung postulierter Mündigkeit gelang nicht. In systematischem Interesse verblieb der expansive Zugriff auf Erkenntnisse der Erfahrungswissenschaften in *additiv-komplementärer Tendenz auf Integration* nur unvermittelt und fremdwissenschaftlich widerständig. Kritisiert wurden Tendenzen zur Desintegration der Pädagogik in eine Vielzahl von Einzelwissenschaften, zur Eliminierung des pädagogischen Handlungsinteresses aus der pädagogischen Forschung und zur Trennung von Handlungstheorie und Empirie (vgl. BENNER 1973, S. 261 ff.).

Zweitens: Differenzierte Weiterentwicklung didaktischer Theorie als relativierende Integration. Im Bewußtsein der kritisierten Mängel wurden zur Zeit des gesellschaftlichen Aufbruchs in den 60er Jahren in einem „sukzessiven Nebeneinander" neue didaktische Theorien und Modelle entworfen (vgl. BENNER 1973, BLANKERTZ 1975, KLAFKI 1976). Sie nahmen schwerpunktmäßig *unterschiedliche Inhaltsaspekte* der historischen Situation auf:
- Die bildungstheoretische Didaktik thematisierte das Problem der Bildungsinhalte und ihre Organisation in Lehrplänen im Interesse an „kategorialer Bildung", verstanden als dynamische Beziehung zwischen dem sich entwickelnden Menschen als Subjekt und der jeweils historischen Wirklichkeit als Objekt, wobei beide Seiten als Momente eines einheitlichen Prozesses gesehen wurden (vgl. BLANKERTZ 1975, S. 28 ff.; vgl. KLAFKI 1958, 1964, 1975, 1985; vgl. WENIGER 1975, S. 199 ff.).
- Die informationstheoretisch-kybernetische Didaktik war orientiert an positivistischer Wissenschaft. Als vorgeb-

lich von keiner traditionellen Pädagogik belasteter Neuansatz thematisierte sie im Anspruch auf Strenge und Exaktheit das Informieren sowie Verhaltenssteuern der Lernverläufe durch empirische Kontrolle zum Zweck der Effektivitätssteigerung (vgl. BLANKERTZ 1975, S. 51 ff.; vgl. v. CUBE 1968, FRANK 1969).
- Die lerntheoretische Didaktik war orientiert an einer pluralistisch organisierten Gesellschaft. Dementsprechend sollte dieser Ansatz zu einem wertfreien - normativ, programmatisch und inhaltlich nicht festgelegten - System aller interdependent wirkenden Unterrichtsfaktoren auf kategorial-analytischer Grundlage entwickelt werden (vgl. HEIMANN 1979, S. 9 f.).

Die beiden letztgenannten Ansätze waren methodologisch im Wertfreiheitspostulat aktuellen positivistischen Strömungen der 60er Jahre verhaftet und schienen dadurch integrationsfähig, für Schulreformprobleme Lösungen finden zu können. Doch verloren beide Ansätze im von ihnen definierten Lernbegriff an Integrationspotential: Zum einen wurde in seiner zweckrational-technischen Verengung der Anspruch auf Sinnfindung einer praktischen Erziehungswissenschaft aufgegeben, der im Bildungsbegriff noch aufgehoben war; zum anderen wurde in dieser Aspektbegrenzung die Komplexität des Theorie-Praxis-Zusammenhangs von Didaktik als Teil gesellschaftlicher Praxis vernachlässigt.

Beide Reduktionen wurden in den 70er und 80er Jahren in der Didaktik überwunden oder blieben ohne Einfluß:
- Revidiert wurde die lerntheoretische Didaktik: Sie wurde auf „Kompetenzsteigerung in Verbindung mit Emanzipationsförderung als solidarische Hilfe" verpflichtet (vgl. SCHULZ 1972, S. 162). Damit wurde sie als *lehr*theoretische Didaktik der Weiterentwicklung bildungstheoretischer Didaktik angenähert und ebenso in einen prinzipiell nicht abschließbaren Wissenschaftsprozeß von hermeneutischer Theorieentwicklung und empirischer Forschung gestellt (vgl. BLANKERTZ 1975, S. 116 f.; vgl. SCHULZ 1980).
- Die aus dem Kontext bildungstheoretischer Didaktik entwickelten Konzepte kritischer, kritisch-kommunikativer und kritisch-konstruktiver Didaktik (vgl. BLANKERTZ 1979; vgl. KLAFKI 1976, 1985; vgl. MOLLENHAUER 1968, 1972; vgl. SCHÄFER/SCHALLER 1971) entfalteten als kritisches Regulativ für gesellschaftlich notwendige Unterscheidungen das historisch grundgelegte Motiv zu Emanzipation und Mündigkeit: Sie sei zum „Maßstab nicht willkürlich gesetzt, sondern in der Eigenstruktur der Erziehung enthalten" (BLANKERTZ 1982b, S. 306 f.; vgl. MOLLENHAUER 1968).

Unter methodologischem Gesichtspunkt verdeutlichen die „historisch durchgespielten Grundlegungsversuche zur Wissenschaft von der Erziehung", daß „keine szientistische Konstruktion einer besseren und zugleich realisierbaren Welt erwartet werden" kann (BLANKERTZ 1982b, S. 306). Sie verdeutlichen auch das Problem pädagogischer Theorie auf der Suche nach einer überempirischen Sinnbestimmung, die im Sinne intersubjektiver Prüfbarkeit zu behandeln ist (vgl. BENNER 1973, S. 301 f.; vgl. BLANKERTZ 1966, S. 70 f.; vgl. BLANKERTZ 1979, S. 39 f.). Die historisch herausgearbeitete überempirische Sinnbestimmung wird in Mündigkeit gesehen, die als unbedingte Zwecksetzung *orientierendes Regulativ* für „kritische Theorie" (vgl. ADORNO 1966, HABERMAS 1968, HEYDORN 1972, HORKHEIMER 1968, HORKHEIMER/ADORNO 1969) und damit *integrierendes Kriterium* für gesellschaftliche Entwicklung ist. Mündigkeit als Wertmaßstab für didaktisches Handeln ist der Differenz zwischen Anspruch und Wirklichkeit immanent und muß in intersubjektiver Vergewisserung prüfbar sein. Zu *integrativem Regulativ* wird Mündigkeit, wenn die subjektive Vernünftigkeit der Fragestellung empirischer und hermeneutischer Verfahren an dem gemessen wird, was objektiv möglich ist (vgl. BLANKERTZ 1979, S. 41; vgl. MOLLENHAUER 1968, S. 68). Nicht aus der Addition der Verfahren ergibt sich der *integrative Zusammenhang* didaktischen Handelns, sondern erst in der strukturstrategischen Dialektik von überempirischem Sinnkriterium und intersubjektiver Prüfbarkeit werden Möglichkeiten zur Weiterentwicklung bildungsorientierter didaktischer Grundgedanken eröffnet, aus der heraus die methodologische Aporie sich relativierender Didaktikansätze überwunden werden kann. Im Mündigkeitsbegriff gelangen Grundgedanken geisteswissenschaftlicher Pädagogik zu neuer Auslegung: Sie sind nun nicht mehr nur auf die Besserung des je einzelnen jungen Menschen bezogen, sondern im Sinne von Selbstbestimmung, Mitbestimmung und Solidarität zugleich auf den Zusammenhang von Individuum *und* Gesellschaft (vgl. KLAFKI 1985, SCHULZ 1980). Erziehen als Dialektik von individueller *und* gesellschaftlicher Emanzipation wird zu konstitutiver Bedingung pädagogischen Handelns im Medium diskursiver und interaktiver Kommunikation. In diesem Sinne sind didaktisches *und* kommunikatives Handeln integriert (vgl. MOLLENHAUER 1972). Das Interesse ist darauf gerichtet, über das gesellschaftlich-kommunikative Handeln des „Zöglings" auf Zustand und Wandel der Gesellschaft und ihrer Verhältnisse einzuwirken (vgl. SCHÄFER/SCHALLER 1971).

Drittens: Herausforderungen zu einer integrativen Didaktik. In der Teilnahme an der Bildungsreform seit den 60er Jahren wurde auch der kritisierte Mangel an konstruktiver Handlungskompetenz in der Didaktik zu überwinden versucht. Beteiligt waren daran hauptsächlich diejenigen, die ihr eigenes kritisches Urteil an die Verpflichtung gebunden hatten, Mündigkeit und Emanzipation fördern zu wollen. Allerdings hatten, begünstigt durch ein technokratisch orientiertes staatliches Planungsinteresse, vorübergehend behavioristische Konzepte des lernzielorientierten Lernens und Taxonomierungsversuche für den Bereich kognitiver Lernziele sowie Versuche zur Deduktion von Unterrichtszielen aus komplexeren gesellschaftlichen Zielen größeren Einfluß (vgl. BLANKERTZ 1975, BLOOM 1972, DEUTSCHER BILDUNGSRAT 1969b, MAGER 1965; vgl. MEYER 1972, 1974). Zwischen diesem technologischen Ansatz und dem einer Curriculumforschung als konstruktiver Bildungsplanung schwankte zunächst Didaktik, einhergehend mit einem erstaunlichen Defizit an Theoriebewußtsein (vgl. BLANKERTZ 1975, S. 163 ff.). Erst in einem zweiten Schritt der Reform entfalteten systemkritisch beabsichtigte Konzepte, getragen von Studentenrevolte und aufbegehrender Jugend sowie orientiert an Positivismusstreit und Marxrezeption, eine herausfordernde gesellschaftsbewegende Unruhe (vgl. ADORNO u. a. 1969, BECK u. a. 1970, HUISKEN 1972).

Für Versuche mit integrierten Gesamtschulen und Kollegschulen wurde insbesondere in Nordrhein-Westfalen das im Strukturplan des Deutschen Bildungsrats definierte *Prinzip der Integration* versuchsanleitend. Aus bildungspolitischer Absicht wurde der integrative Zielrahmen für beide Versuche in die organisatorische, inhaltlich-curriculare und soziale Integration dimensioniert (vgl. BLANKERTZ 1976, GRUSCHKA/SEMMERLING 1977, KULTUSMINISTER NORDRHEIN-WESTFALEN 1972, LANDESREGIERUNG NORDRHEIN-WESTFALEN 1973).

Die Versuchsentwicklungen führten insbesondere im Blick auf die bildungspolitischen Vorstellungen zur *sozialen Integration* in beiden Schulformen zu ähnlichen, wenngleich schulstufenadäqua-

ten konzeptionellen Perspektiven für schulische Bildungsgänge von Kindern und Jugendlichen:
Für die Bildungsgänge in integrierten Gesamtschulen bekamen im Versuch entwickelte Vorstellungen von einem *emanzipatorischen sozialen Lernen* paradigmatisch orientierende Funktion. Intendiert ist die gleichmäßige Entwicklung von kognitiven, emotionalen und sozialen Fähigkeiten zur Förderung von individueller und sozialer Identität. Um diese Ansprüche realisieren zu können, werden seit Mitte der 70er Jahre Lernkonzepte erprobt, in denen allgemein gestellte Aufgaben in einer *kommunikativen Verständigung* unter den Betroffenen in individuelle Aufgaben umformuliert werden, die bei einer größeren Entfaltung von subjektiven Interessen der Lernenden und einer angemesseneren Berücksichtigung ihrer individuellen Lernbedingungen erfolgreicher gelöst werden können (vgl. BAUMERT 1983, BERNHARDT u. a. 1974, BRANDT/LIEBAU 1978, BRANDT/SCHLÖMERKEMPER 1985, FEND 1982; vgl. GEMEINNÜTZIGE GESELLSCHAFT GESAMTSCHULE 1975, 1976, 1978, 1979; vgl. HELLER/SEMMERLING 1983, KULTUSMINISTER NORDRHEIN-WESTFALEN 1979, ROLFF u. a. 1974b).

In ähnlicher Bildungsorientierung reguliert in den Kollegschulen die *integrierende Struktur der curricularen Schwerpunkte* das Lernen in den doppelqualifizierenden Bildungsgängen. Die allgemein gestellten Entwicklungsaufgaben sind von den Kollegiaten in einzelne, zeitlich aufeinanderfolgende individuelle Entwicklungsaufgaben aufzulösen, um bei der Lösung der so gestellten Aufgaben schrittweise berufliche Identität und Fähigkeiten zu angemessenem beruflichem Handeln zu entwickeln (vgl. BLANKERTZ 1983, GRUSCHKA 1983).

In kritisch-theoretischer Auswertung der mit Schulversuchen gesammelten praktischen Erfahrungen und theoretischen Erkenntnisse ist über die sich relativierenden Partialdidaktiken hinausweisend eine methodenstrategische Möglichkeit für didaktische Theorieentwicklung entworfen, und zwar als integrativer Zusammenhang von empirisch-erfahrungswissenschaftlichen, ideologiekritischen und bildungstheoretisch-hermeneutischen Methoden (vgl. KLAFKI 1985, S. 46 ff.). Die zunächst von den Einzelaspektdidaktiken jeweils behauptete methodologische Orientierung verlor ihren progressiven Gehalt in dem Maße, wie die Einzelaspekte in der konstruktiven Teilnahme an der gesellschaftlich herausgeforderten und bildungspolitisch instrumentierten Bildungsreform der 60er und 70er Jahre im problematisierten Bildungszusammenhang erkenntnistheoretisch aufgearbeitet wurden. Nun ist in der methodologisch zwischen den Einzelaspekten geführten Kritik erkennbar, daß diese notwendige Bewegung eine integrationsstrategische Einheit ergibt: In der jeweils kritisch überprüften anderen Position wird die eigene ergänzt. Die Integration von historisch-hermeneutisch verstandener bildungspolitischer Situation und empirisch-erfahrungswissenschaftlich gewonnenen Erkenntnissen ist durch ein ideologiekritisches Vorgehen im Kriterium von Mündigkeit vermittelt.

Im Sinne dieser *Methodenintegration* bedürfen die aus integrativen Lernkonzepten entwickelten didaktischen Ansätze weiterer wissenschaftstheoretischer und methodologischer Ausarbeitung ihres Theorie-Praxis-Verständnisses zu einer *integrativen Didaktik,* um Aporien aus reduktionistischen deskriptiv-technischen oder präskriptiv-pragmatischen Ansätzen aufzuklären und vermeidbar zu machen. Bewahrt werden können die historisch grundgelegten emanzipativen Implikate in einer kontinuierlichen, integrationsstrategisch geführten Weiterentwicklung problemrelevanter didaktischer Konzepte im Spannungshorizont der Methodenintegration, um in einem kritisch-konstruktiven Lernprozeß durch Teilhabe an gesellschaftlicher Entwicklung für notwendig und sinnvoll gehaltene Lebenszusammenhänge des vertikulären Alltags mit den in wissenschaftlicher Arbeit zu paradigmatischen Orientierungen entwickelten Integrationsperspektiven zukunftsorientiert zu verbinden. Hierfür sind zu empirisch ermittelten schulischen Aufgaben von der Didaktik theoretisch begründete Bedingungen herauszuarbeiten, die Lösungen für ein demokratisch zu organisierendes Schulsystem in kritischer Reflexion der Differenz von Mündigkeitsanspruch und gesellschaftlicher Wirklichkeit in Theorie und Praxis ermöglichen.

ADORNO, TH. W.: Negative Dialektik, Frankfurt/M. 1966. ADORNO, TH. W. u. a.: Der Positivismusstreit in der deutschen Soziologie, Neuwied/Berlin 1969. BAUMERT, J.: (in Zusammenarbeit mit J. Raschert): Gesamtschule. In: Enzyklopädie Erziehungswissenschaft, Bd. 8, Stuttgart 1983, S. 228 ff. BAUMERT, J. u. a.: Das Bildungswesen in der Bundesrepublik Deutschland, Reinbek 1984. BECK, J. u. a.: Erziehung in der Klassengesellschaft, München 1970. BECKER, H.: Bildungsforschung und Bildungsplanung, Frankfurt/M. 1971. BENNER, D.: Hauptströmungen der Erziehungswissenschaft, München 1973. BERNHARDT, M. u. a.: Soziales Lernen in der Gesamtschule. Eine empirische Studie, München 1974. BLANKERTZ, H.: Pädagogische Theorie und empirische Forschung. In: HEITGER, M. (Hg.): Zur Bedeutung der Empirie für die Pädagogik als Wissenschaft. Neue Folge der Ergänzungshefte der Vjs. f. w. P., Heft 5, Bochum 1966, S. 65 ff. BLANKERTZ, H.: Bildung im Zeitalter der großen Industrie. Pädagogik, Schule und Berufsbildung im 19. Jahrhundert, Hannover u. a. 1969. BLANKERTZ, H.: Theorien und Modelle der Didaktik, München ⁹1975. BLANKERTZ, H.: Integrationsversuche im Bildungswesen – Hoffnungen, Provokationen, Notwendigkeiten. In: HALLER, H.-D./LENZEN, D. (Hg.): Lehrjahre in der Bildungsreform. Jahrbuch für Erziehungswissenschaft 1976, Stuttgart 1976, S. 27 ff. BLANKERTZ, H.: Kritische Erziehungswissenschaft. In: SCHALLER, K. (Hg.): Erziehungswissenschaft der Gegenwart, Prinzipien und Perspektiven moderner Pädagogik, Bochum 1979, S. 28 ff. BLANKERTZ, H.: Die Sekundarstufe II. Perspektiven unter expansiver und restriktiver Bildungspolitik. In: Enzyklopädie Erziehungswissenschaft, Bd. 9.1, Stuttgart 1982, S. 321 ff. (1982a). BLANKERTZ, H.: Die Geschichte der Pädagogik, Wetzlar 1982b. BLANKERTZ, H. (Hg.): Lernen und Kompetenzentwicklung in der Sekundarstufe II. Abschlußbericht der Wissenschaftlichen Begleitung Kollegstufe NW zur Evaluation der doppeltqualifizierenden Bildungsgänge des Kollegschulversuchs mit den Abschlüssen Fremdsprachenkorrespondent/Allgemeine Hochschulreife, Technischer Assistent für Physik/Allgemeine Hochschulreife, Erzieher/Allgemeine Hochschulreife und Erzieher/Fachhochschulreife und Freizeitsportleiter/Allgemeine Hochschulreife, Mimeo, Münster 1983. BLOOM, B. S. (Hg.): Taxonomie von Lernzielen im kognitiven Bereich, Weinheim/Basel 1972. BRANDT, H./LIEBAU, E.: Das Team-Kleingruppen-Modell. Ein Ansatz zur Pädagogisierung der Schule, München 1978. BRANDT, H./SCHLÖMERKEMPER, J.: Kommunikative Lerndiagnose. In: Z. f. P. 31 (1985), S. 201 ff. BREMISCHES SCHULGESETZ vom 18. 2. 1975. In: Gesetzblatt der Freien Hansestadt Bremen, Nr. 11, 24. 2. 1975. CUBE, F. V.: Kybernetische Grundlagen des Lernens und Lehrens, Stuttgart 1968. DAHRENDORF, R.: Bildung ist Bürgerrecht. Plädoyer für eine aktive Bildungspolitik, Hamburg 1965. DEUTSCHER BILDUNGSRAT: Einrichtung von Schulversuchen mit Gesamtschulen. Empfehlungen der Bildungskommission, Bonn 1969a. DEUTSCHER BILDUNGSRAT: Lernziele der Gesamtschule. Gutachten und Studien der Bildungskommission, Stuttgart 1969b. DEUTSCHER BILDUNGSRAT: Strukturplan für das Bildungswesen. Empfehlungen der Bildungskommission, Bonn 1970. DEUTSCHER BILDUNGSRAT: Zur Neuordnung der Sekundarstufe II. Konzept für eine Verbindung von allgemeinem und beruflichem Lernen. Empfehlungen der Bildungskommission, Bonn 1974. DILTHEY, W.: Schriften zur Pädagogik, hg. v. H.-H. Groothoff u. U. Herrmann, Paderborn 1971. FAULSTICH, H./FAULSTICH, P.: Bildungsplanung und Sozialisation, Braunschweig 1975. FEND, H.: Gesamtschule im Vergleich. Bilanz der Ergebnisse des Gesamtschulversuchs, Weinheim/Basel 1982. FRANK, H.: Kybernetische Grundlagen der Pädagogik, 2 Bde., Baden-Baden 1969. FRISTER, E.: Zur Integration von allgemeiner und beruflicher Bildung. In: FRISTER, E./BI-

STRAM, M.: Die Jahre der Hoffnung, Köln/Frankfurt 1978, S. 131 ff. GEMEINNÜTZIGE GESELLSCHAFT GESAMTSCHULE (Hg.): Soziale Organisation, soziales Lernen und Differenzierung. Arbeitsmaterialien, Heft 1, Bochum 1975; Heft 2, Bochum 1976. GEMEINNÜTZIGE GESELLSCHAFT GESAMTSCHULE (Hg.): Soziale Organisation, soziales Lernen und Differenzierung, Heft 3, Hamburg 1978. GEMEINNÜTZIGE GESELLSCHAFT GESAMTSCHULE (Hg.): Das Team-Kleingruppen-Modell, Hamburg 1979. GRUSCHKA, A.: Wie Schüler Erzieher werden. Evaluation der Kompetenzentwicklung und fachlichen Identitätsbildung im doppelqualifizierenden Bildungsgang „Erzieher in Verbindung mit der Allgemeinen Hochschulreife bzw. Fachschulreife" des Kollegschulversuchs NW, Habil.-Schrift, Münster 1983. GRUSCHKA, A./SEMMERLING, R.: Gesamtschule – Kollegschule. Kontinuität einer Schulreform oder Kontinuierliche Schulreform? In: HALLER, H.-D./LENZEN, D.: Wissenschaft im Reformprozeß. Aufklärung oder Alibi? Jahrbuch für Erziehungswissenschaft 1977/78, Stuttgart 1977, S. 185 ff. HABERMAS, J.: Technik und Wissenschaft als ‚Ideologie', Frankfurt 1968. HEIMANN, P.: Didaktik 1965. In: HEIMANN, P. u. a.: Unterricht – Analyse und Planung, Hannover ^{10}1979, S. 7 ff. HEIMANN, P. u. a.: Unterricht – Analyse und Planung, Hannover ^{10}1979. HELLER, A./SEMMERLING, R. (Hg.): Das Pro-Wo-Buch. Leben, Lernen, Arbeiten in Projekten und Projektwochen, Königstein 1983. HEYDORN, H.-J.: Zu einer Neufassung des Bildungsbegriffs, Frankfurt 1972. HORKHEIMER, M.: Traditionelle und kritische Theorie, Frankfurt 1968. HORKHEIMER, M./ADORNO, TH. W.: Dialektik der Aufklärung, Frankfurt 1969. HUISKEN, F.: Zur Kritik bürgerlicher Didaktik und Bildungsökonomie, München 1972. KANT, I.: Grundlegung zur Metaphysik der Sitten (1785). Werke, hg. v. der Königlich Preußischen Akademie der Wissenschaften, Bd. 4, Berlin 1903, S. 385 ff. KANT, I.: Beantwortung der Frage: Was ist Aufklärung (1784). Werke, hg. v. der Königlich Preußischen Akademie der Wissenschaften, Bd. 3, Berlin 1904, S. 33 ff. KLAFKI, W.: Didaktische Analyse als Kern der Unterrichtsvorbereitung. In: D. Dt. S. 50 (1958), S. 450 ff. KLAFKI, W.: Das pädagogische Problem des Elementaren und die Theorie der kategorialen Bildung, Weinheim 1964. KLAFKI, W.: Integrative Gesamtschule – Ein notwendiger Schulversuch. In: KLAFKI, W. u. a.: Integrierte Gesamtschule und Comprehensive School, Braunschweig 1970, S. 101 ff. KLAFKI, W.: Studien zur Bildungstheorie und Didaktik, Weinheim/Basel ^{10}1975. KLAFKI, W.: Aspekte kritisch-konstruktiver Erziehungswissenschaft, Weinheim/Basel 1976. KLAFKI, W.: Neue Studien zur Bildungstheorie und Didaktik, Weinheim/Basel 1985. KULTUSMINISTER NORDRHEIN-WESTFALEN (Hg.): Kollegstufe NW. Strukturförderung im Bildungswesen des Landes Nordrhein-Westfalen, Heft 17, Ratingen/Kastellaun/Düsseldorf 1972. KULTUSMINISTER NORDRHEIN-WESTFALEN (Hg.): Gesamtschule in Nordrhein-Westfalen. Ergebnisberichte, Strukturförderung im Bildungswesen des Landes Nordrhein-Westfalen, Heft 38, Köln 1979. LANDESREGIERUNG NORDRHEIN-WESTFALEN: Halbzeitbericht – Nordrhein-Westfalen-Programm 1975, Teil 4: Bildung und Forschung, Düsseldorf 1973. LENZEN, D.: Dokumentation „Integration im Bildungswesen". In: HALLER, H.-D./LENZEN, D. (Hg.): Lehrjahre in der Bildungsreform. Resignation oder Rekonstruktion? Jahrbuch für Erziehungswissenschaft 1976, Stuttgart 1976, S. 89 ff. LESCHINSKY, A.: Geschichte des Schulwesens im Sekundarbereich I. In: Enzyklopädie Erziehungswissenschaft, Bd. 8, Stuttgart 1983, S. 163 ff. LESCHINSKY, A./ROEDER, P. M.: Schule im historischen Prozeß, Stuttgart 1976. MAGER, R. F.: Lernziele und Programmierter Unterricht, Weinheim 1972. MEYER, H. L.: Einführung in die Curriculum-Methodologie, München 1972. MEYER, H. L.: Trainingsprogramm zur Lernzielanalyse, Frankfurt/M. 1974. MOLLENHAUER, K.: Erziehung und Emanzipation, München 1968. MOLLENHAUER, K.: Theorien zum Erziehungsprozeß, München 1972. PAULSEN, F.: Geschichte des gelehrten Unterrichts auf den deutschen Schulen und Universitäten vom Ausgang des Mittelalters bis zur Gegenwart. Mit besonderer Rücksicht auf den klassischen Unterricht, Bd. 2, Berlin/Leipzig 1921. PICHT, G.: Die deutsche Bildungskatastrophe, Olten/Freiburg 1964. ROLFF, H.-G.: Bildungspolitik nach der Wende. In: N. Samml. 24 (1984), S. 40 ff. ROLFF, H.-G. u. a.: Die Stufenschule. Ein Leitfaden zur kommunalen Schulentwicklungsplanung, Stuttgart 1974a. ROLFF, H.-G. u. a.: Strategisches Lernen in der Gesamtschule, Reinbek 1974b. ROTH, H.: Die realistische Wendung in der Pädagogischen Forschung. In: RÖHRS, H. (Hg.): Erziehungswissenschaft und Erziehungswirklichkeit, Frankfurt/M. 1964, S. 179 ff. ROTH, H.: Empirische Pädagogische Anthropologie. Konzeption und Schwierigkeiten. In: Z. f. P. 11 (1965), S. 207 ff. ROTH, H.: Pädagogische Anthropologie. Bd. 1: Bildsamkeit und Bestimmung, Hannover u. a. ³1971. SCHÄFER, K.-H./SCHALLER, K.: Kritische Erziehungswissenschaft und kommunikative Didaktik, Heidelberg 1971. SCHENK, B.: Kollegschule. In: Enzyklopädie Erziehungswissenschaft, Bd. 9.2, Stuttgart 1983, S. 378 ff. SCHULZ, W.: Unterricht zwischen Funktionalisierung und Emanzipationshilfe. In: RUPRECHT, H. u. a.: Modelle grundlegender didaktischer Theorien, Hannover/Dortmund/Darmstadt/Berlin 1972, S. 155 ff. SCHULZ, W.: Unterrichtsplanung, München/Wien/Baltimore 1980. SIEBERT, H.: Zölle; IV: Zollunion und Präferenzzonen. In: ALBERS, W. u. a. (Hg.): Handwörterbuch der Wirtschaftswissenschaften, Bd. 1, Stuttgart/Tübingen/Göttingen/Zürich 1977, S. 666 ff. SIEGENTHALER, H.: Industrielle Revolution. In: ALBERS, W. u. a. (Hg.): Handwörterbuch der Wirtschaftswissenschaft, Bd. 1, Stuttgart/Tübingen/Göttingen/Zürich 1977, S. 142 ff. STRAUMANN, P. R.: Neue Konzepte der Bildungsplanung, Reinbek 1974. WENIGER, E.: Theorie der Bildungsinhalte und des Lehrplans. In: WENIGER, E.: Ausgewählte Schriften zur geisteswissenschaftlichen Pädagogik, hg. v. B. Schonig, Weinheim/Basel 1975, S. 199 ff.

Rüdiger Semmerling

Interesse

Bedeutungsgeschichte. Das römische Recht betont den Unterschied von Staats- und Privatinteresse in vermögensrechtlichem Sinne; Interesse (id quod interest) wird ganz allgemein die Wertdifferenz genannt, die ein Kläger als Schadensersatz beanspruchen kann (vgl. STEINWENTER 1914). Im frühen Mittelalter erfährt der in römischer Tradition gebrauchte Begriff eine Bedeutungserweiterung auf Rechtsansprüche aller Art. Seit 1100 als Substantiv gebraucht, wird Interesse Grundbegriff einer systematischen Interessenlehre. Vorherrschend bleibt bis ins 15. Jahrhundert eine dreifache Bedeutung: vereinbarter Preis (interesse conventum), Sachwert (interesse commune), Zuschlag zum Sachwert, zum Beispiel Entschädigung (interesse singulare) (vgl. FUCHS/GERHARDT 1976). Seit dem 12. Jahrhundert wird das Wort in die neueren abendländischen Sprachen übernommen, ins Deutsche im 15. Jahrhundert. Das mittelalterliche Verbot der Zinsnahme begünstigt die Deutung von Zins als Interesse im Sinne der Erstattung von Wertverlust bei Kapitalverleih, zwischen 1450 und 1550 setzt sich diese Bedeutung, andere verdrängend, durch. Luther wendet sich in Erneuerung des Zinsverbotes gegen diese Interpretation (vgl. LUTHER 1888, S. 53; vgl. v. SCHUBERT 1924, S. 74). Parallel dazu wird Interesse in staatstheoretischen Schriften als konkurrierendes Staats- und Privatinteresse im Sinne von „Nutzen, Vorteil, Wohl" erneuert. Als erster Beleg gelten Guicciardinis Ricordi (1512/30) (vgl. FUCHS/GERHARDT 1976, Spalte 480). Diese Bedeutung reicht bis ins 18. Jahrhundert zu Adam Smith, der in der einander ausgleichenden Konkurrenz der Eigeninteressen eine Garantie für ein harmonisches Zusammenleben sieht. Seine Vorstellungen werden zur theoretischen Grundlage des Wirtschaftsliberalismus. In moralisierendem Sinne wird in Spanien seit dem 16. Jahrhundert Interesse als verdammenswerter Eigennutz oder in religiösem Verständnis als Eigenliebe im Gegensatz zu Gottesliebe gedeutet. Fénelon kritisiert, Interesse meine Selbstbezogenheit, die in der Reflexion immer nur sich selbst finde (vgl. SPAEMANN 1963, S. 74). Dagegen wird der Begriff im 18. Jahrhundert auch positiv verstanden: Helvetius hält Interesse für die Klammer der Orientierungskräfte des Menschen. Das wohlverstandene Eigeninteresse (intérêt bien entendu), nicht der Eigennutz, sei die Triebfeder des menschlichen Handelns, auch des moralischen (vgl. FUCHS/GERHARDT 1976, Spalte 487). Zugleich meint in Frankreich Interesse zunehmend auch die innere Anteilnahme, die eine Sache, ein Gut, bewirkt. Diese Bedeutung ermöglicht die Karriere als Grundbegriff der Ästhetik. Die Zuwendung des Publikums zum Werk und seine Wirkung, Neugierde, Angst, Mitleid, sind gemeint. Schönheit „ist" Interesse (vgl. FUCHS/GERHARDT 1976, Spalte 484). Garve versteht unter Interesse Aufmerksamkeit als subjektive Kraft, die das Zukünftige, Ungewisse betrifft, sie ist mit Begierde oder Abscheu verbunden. Interesse ist so die Bedingung der Wirkung des Kunstwerks (vgl. FISCH u.a. 1982, S.326f.). Für Herder ist Interesse „wie des Guten und Wahren, so auch der Schönheit Seele". Er bemüht sich, den mit dem Wort verbundenen negativen Klang zu löschen: „Mit Nutzbarkeit für mich kann die Tugend bestehen; mit Eigennutz nie. [...] Interesse ist quod mea interest, was mich angeht" (HERDER 1967, S.96f.). Kunst lebt vom Interesse. Bei Kant erreicht der Begriff des Interesses einen ersten Abschluß seiner Entwicklung. „Alles Interesse meiner Vernunft (das spekulative sowohl, als das praktische) vereinigt sich in folgenden drei Fragen: 1. Was kann ich wissen? 2. Was soll ich tun? 3. Was darf ich hoffen?" (KANT 1968a, S.677). Das spekulative Interesse geht auf eine Architektonik der reinen Vernunft, das praktische findet in der Ethik seinen Ausdruck. „Die Abhängigkeit eines zufällig bestimmbaren Willens aber von Prinzipien der Vernunft heißt ein Interesse" (KANT 1968b, S.42). Das ästhetische Urteil kommt in seiner Freiheit nur durch Negation des Interesses der Sinne und des Interesses der Vernunft zustande (vgl. KANT 1968c, S.280ff.; vgl. ferner DODE 1985, S.44ff.). Nach Schopenhauer dient der Intellekt dem Willen, der, metaphysisch bestimmt, in den Lebewesen nichts anderes will als Leben. Interesse hat der Wille, nicht der Intellekt, von Interesse ist alles, was seinen Zwecken dient (vgl. SCHOPENHAUER 1966, S.305; vgl. SCHOPENHAUER 1972, S.165). „Als Ausnahme" kann der Intellekt sich vom interessegebundenen Dienste am Willen lösen und wird dann frei, rein objektiv zu erkennen. Die ästhetische Erkenntnis ist von dieser Art (vgl. DODE 1985, S.160ff.; vgl. HELMER 1980, S.27; vgl. SCHOPENHAUER 1970, S.61ff.). Anders als Kant bestimmt Schopenhauer das moralische Handeln als notwendig interessegebunden (vgl. HELMER 1980, S.27). Während Fichte die Unterscheidungen von Kant modifiziert, verwendet Hegel den Begriff eher gemeinsprachlich (vgl. FISCH u.a. 1982, S.338ff.). Bei Marx wird Interesse als Begriff politischer Theorie erneuert. Interessen entspringen nach seiner Vorstellung der unmittelbaren Auseinandersetzung mit der Natur, sie sind als Produkte der Vermittlung zwischen materiellen Verhältnissen und Bewußtseinsänderungen geschichtlicher Art. Interessen drücken die Lebens- und die Klassenlage aus. Staatsinteressen haben gegenüber den wirklichen Interessen des Volkes nur formelle Wirklichkeit (vgl. FISCH u.a. 1982, S.341ff.; vgl. MARX 1972, S.268). Die privaten Interessen führen in ihrem Spiel keineswegs von selbst zu einem harmonischen Zusammenleben, das ist gegen Adam Smith gesagt, sie müssen vielmehr den objektiven Interessen der Gesellschaft eingefügt werden. Interesse wird somit zu einem Grundbegriff der Ideologie, er ist Maß der Ethik (vgl. EICHHORN 1972). – Kierkegaard greift die ursprüngliche Wortbedeutung des Zwischenseins wieder auf (vgl. PIEPER 1977). „In der Sphäre der ethischen Existenz drückt sich zugleich aus, was das Sein des Menschen ausmacht: das inter-esse, d.h. das Zwischen-sein zwischen Realität und Idealität, zwischen Sein und Denken. Dieses Zwischen ist der stets neue Versuch, [...] das Sein ins Denken emporzuheben und das Denken ins Sein" (ESSER 1973, S.745). – Seit der zweiten Hälfte des 19. Jahrhunderts bis in unsere Zeit wird der Begriff „Interesse" zunehmend inflationär gebraucht. Im Rechts- und im Versicherungswesen bleibt die

Bedeutung von Schaden erhalten. In der Psychologie meint Interesse verbreitet die Disposition eines Individuums, durch die das Verhalten mit erhöhter Aufmerksamkeit auf bestimmte Ziele gerichtet ist, in der Soziologie entsprechend die Einstellungen von Gruppen und Schichten. Schier unüberschaubar ist der Gebrauch in politischen Zusammenhängen, bei Gruppen, Verbänden und Parteien (vgl. FISCH u.a. 1982, S. 357 ff.), Interesse meint hier weithin Anspruch und Zielsetzung. „In der zweiten Hälfte des 20. Jahrhunderts figuriert ‚Interesse' als eine Art öffentlicher Geheimtip [...]. Erstaunlich ist freilich, welche Erwartungen man an den Begriff knüpft. Am sinnfälligsten konvergieren die Erwartungen beim *erkenntnisleitenden Interesse* (oder Erkenntnisinteresse)" (FISCH u.a. 1982, S. 362 f.). Scheler hat das erkenntnisleitende Interesse im Rahmen wissenssoziologischer Untersuchungen thematisiert. Der soziologische Charakter alles Wissens sei unbezweifelbar, nicht der Inhalt, wohl aber die Auswahl des Wissens geschehe nach der „herrschenden sozialen Interessenperspektive" (SCHELER 1960, S.58; vgl. FISCH u.a. 1982, S.363 f.). Habermas erörtert den Begriff eingehend im Zusammenhang der Erkenntniskritik. „Interesse nenne ich die Grundorientierungen, die an bestimmten fundamentalen Bedingungen der möglichen Reproduktion und Selbstkonstituierung der Menschengattung, nämlich an Arbeit und Interaktion, haften. [...] Die erkenntnisleitenden Interessen bemessen sich allein an jenen objektiv gestellten Problemen der Lebenserhaltung, welche durch die kulturelle Form der Existenz als solche beansprucht worden sind. Arbeit und Interaktion schließen eo ipso Lern- und Verständigungsprozesse ein; und von einer bestimmten Entwicklungsstufe an müssen diese in Form methodischer Forschung gesichert werden, wenn der Bildungsprozeß der Gattung nicht in Gefahr geraten soll" (HABERMAS 1968a, S. 242). Szientistik und handlungsorientierte Verständigung werden in der Selbstreflexion zusammengeführt und mit dem Interesse an Mündigkeit verbunden (vgl. HABERMAS 1968 b, S. 164).

Der Interessenbegriff in der Pädagogik. Die Karriere des Begriffs in der Pädagogik im engeren Sinne beginnt mit Rousseau (vgl. RANG 1965, S. 105, S. 272, S. 348, S. 352). „Es gibt oft einen bedeutenden Unterschied zwischen dem Willen aller (volonté de tous) und dem allgemeinen Willen (volonté générale); dieser betrachtet nur den allgemeinen Nutzen (intérest commun), jener den privaten Nutzen (intérest privé) und ist nichts anderes als die Summe der Einzelwillen (volontés particulières)" (ROUSSEAU 1964, S. 252). Das Privatinteresse (l'intérest privé) strebe nach Bevorzugung, das gemeine Interesse (l'intérest public) nach Gleichheit (vgl. ROUSSEAU 1969, S. 843; vgl. ROUSSEAU 1971, S. 510). Nach Abschluß der Erziehung Émiles heißt es: „Das Gemeinwohl, das anderen nur als Vorwand dient, ist für ihn ein echter Beweggrund. Er lernt, sich zu beherrschen und zu besiegen, seinen Nutzen dem Gemeinnutzen zu opfern [...]." Die Gesetze „machen ihm Mut, gerecht zu sein, selbst unter Bösewichtern. Es ist nicht wahr, daß sie ihn nicht frei gemacht haben: sie haben ihn gelehrt, über sich selbst zu herrschen" (ROUSSEAU 1971, S.523). – Nach einem mehr gemeinsprachlichen Gebrauch des Begriffs durch TRAPP 1780 (vgl. 1977, S. 161) und einer ersten ausführlichen Rezeption in der deutschsprachigen Pädagogik durch Niemeyer (vgl. LUNK 1926, S. 79 ff.) macht Herbart das Interesse zu einem zentralen Begriff seiner Pädagogik (vgl. GEISSLER 1970, S. 168 ff.). Interesse ist nach seiner Vorstellung kein Mittel zu einem anderen Zweck. Lernen soll dazu dienen, daß Interesse aus ihm entstehe. Lernen soll vorübergehen, das Interesse während des ganzen Lebens bleiben. „Der letzte Endzweck", so heißt es im Umriß der allgemeinen Pädagogik, „liegt zwar schon im Begriffe der Tugend. Allein das nähere Ziel, welches, um den Endzweck zu erreichen, dem Unterricht insbesondere muss gesteckt werden, lässt sich durch den Ausdruck: *Vielseitigkeit des Interesse,* angeben. Das Wort *Interesse* bezeichnet im Allgemeinen die Art von geistiger Thätigkeit, welche der Unterricht veranlassen soll; indem es bey dem blossen Wissen nicht sein Bewenden haben darf" (HERBART 1964, S. 142). Interesse meint Selbsttätigkeit (vgl. HERBART 1964, S. 145), die die Sache zum Maß nimmt und nicht das eigene Begehren. Es ist, sofern es Zeichen von Bildung ist, nicht flatterinnig und nicht einseitig. Inhaltlich zeigt es sechs Richtungen; die empirische, spekulative und ästhetische, die sympathetische (auf den einzelnen Mitmenschen gerichtete), die soziale und religiöse (vgl. HERBART 1964, S. 152 ff.). Zur Darstellung des Prozesses der Bildung im Sinne der Ausbildung der Vielseitigkeit des Interesses nutzt Herbart die mathematische Kombinatorik (vgl. BLASS 1969, S. 51 ff.). Herbarts Interessenlehre wird von den Herbartianern zwar aufgegriffen, verliert aber mehr und mehr ihre theoretisch zentrale Bedeutung, lediglich Ziller macht hier eine Ausnahme (vgl. BALLAUFF/ SCHALLER 1973, S. 157 ff.; vgl. LUNK 1926, S. 95 ff.). Die Abwendung von Herbart, der in der zweiten Hälfte des 19. Jahrhunderts zumeist in der Vermittlung der Herbartianer populär wird, wird um die Jahrhundertwende von einer Diskussion des Begriffs „Interesse" begleitet. Man wirft Herbart Idealismus und Intellektualismus vor und plädiert für ein aus dem Leben entstehendes, als Gefühl sich äußerndes Interesse. Die Erziehung des Willens wird gegen die Schulung des Intellekts gesetzt. Sozialpädagogen interpretieren Herbarts Interessenbegriff als individualistisch (vgl. LUNK 1926, S. 100 ff.). – Im Gefolge einer neuen Psychologie (beispielsweise Wundt, Kretschmer) setzt sich nun die Bedeutung von Motiv für Interesse gegen Herbarts Lehre durch; Ostermanns Artikel in der zweiten Auflage von Reins Enzyklopädie von 1906 belegt die Neufassung: „Jedes bewußte Begehren und Wollen ist durch psychische Ursachen motiviert. Der Begriff des ‚Motivs' kann in einem weiteren und engeren Sinne genommen werden. Im weiteren Sinne umfaßt er sämtliche Bedingungen, an welche die Entstehung eines Begehrens (Wollens) gebunden ist, und begreift dann also auch die intellektuellen Vorgänge des Vorstellens (Wahrnehmens, Denkens) in sich, da selbstverständlich kein Wollen möglich ist ohne irgend ein Wissen von dem Gewollten. Im engeren Sinne bedeutet ‚Motiv' […] lediglich die treibende Ursache, die das Wollen in Bewegung setzt. In diesem Sinne – in dem hier das Wort genommen werden soll – deckt sich der Begriff des Motives mit dem des Interesses. Die Wertschätzung eines Gegenstandes ist die einzig einleuchtende Ursache, unser Wollen auf ihn zu richten" (OSTERMANN 1906, S. 568). Interesse ist nicht mehr Zweck, sondern die den Willen bewegende Wertschätzung. – Unterschiede werden seit Beginn des Jahrhunderts vor allem in der Einschätzung der Bedeutung sichtbar. Einerseits sprechen *Reformpädagogen* von einem naturhaft im Menschen vorhandenen Interesse, das zu seiner Entfaltung lediglich günstige Bedingungen braucht (vgl. FLÜGGE 1974, S. 61 f.), andererseits dringen kulturtheoretisch und geschichtsphilosophisch orientierte Pädagogen auf die Notwendigkeit der Erzeugung, Förderung und Normierung des Interesses (vgl. LUNK 1927, S. 201 ff.). Kerschensteiner nimmt in der Diskussion eine vermittelnde Position ein. Vorsichtig kritisiert er Herbart; beruft sich dagegen zustimmend auf Dewey. Das echte „Triebinteresse", das allein eigentlich „erzieherisch" genannt wird, hat vier Grundmerkmale: „Angetriebensein" von einem erlebten Wert, aufmerksames Gerichtetsein, die „gefühlsmäßige In-eins-Setzung" des Wertes mit dem eigenen Tun, die „unbedingte Dauerhaftigkeit". Den „Reizinteressen" fehlen zumeist das erste und das vierte Merkmal. Sie lassen sich zwar leicht erzeugen, verschwinden jedoch genauso schnell wie die sie auslösenden äußeren Ursachen (vgl. KERSCHENSTEINER 1926, S. 268f.). Interesse ist nicht allein naturbedingt, Unterricht und Erziehung haben es nach Kerschensteiner in Orientierung an den kulturellen Werten zu fördern und seine Dauerhaftigkeit zu stützen (vgl. KERSCHENSTEINER 1926, S. 293 ff.). – Die Didaktik der ersten drei Jahrzehnte des 20. Jahrhunderts ist nicht unwesentlich von der Frage beeinflußt, welche Bedeutung die vorhandenen Schülerinteressen für den Unterricht haben sollen: Dürfen sie Maß sein, oder müssen sie als unbillig durch Unterricht zurückgedrängt werden? Schattierungen und Stufungen dieser extremen Fragerichtungen bestimmen die Diskussion (vgl. WUNDERLE 1913, Spalte 957 ff.). Die empirische Pädagogik, leitend W. A. Lay, A. Fischer und E. Meumann, erforscht die vorherrschenden kindlichen Ideale und die Beliebtheit der Unterrichtsfächer (vgl. BALLAUFF/SCHALLER 1973, S. 705 ff.). Zunehmend gewinnt in dieser Zeit auch die empirisch-psychologische Motivationsforschung für die Pädagogik an Bedeutung (Claparède, James, Thorndike).

Nach 1945 werden in der Pädagogik ältere Ansätze aufgegriffen, neue kommen hinzu. Bei zahlreichen Varianten und neben kritischer Abwehr lassen sich drei Fassungen des Begriffs „Interesse" unterscheiden: eine an der psychologischen Motivationstheorie orientierte, eine zu psychologischen Theorien bewußt alternative pädagogische Theorie, deren Kern in einer spezifischen Subjekt-Gegenstands-Relation liegt, und eine von der Sozialphilosophie, Sozialwissenschaft, politischen Theorie und Kommunikationstheorie beeinflußte. Der erste Begriff des Interesses ist durch den Begriff der *Motivation,* wie die psychologische Forschung ihn versteht, überformt. In diesem Sinne hat man von einer „üblichen Gleichsetzung von Motivation und Interesse" auszugehen (HEILAND 1979, S. 9), weit häufiger ist allerdings von Motivation als von Interesse die Rede. Pädagogische Konnotationen bleiben in der Regel in beiden Fällen unberührt. Folglich kann es in diesem Zusammenhang heißen: Ein „schulpädagogisches Konzept des Interesses und des Interessierens ist zwar dringend erforderlich, es liegt jedoch nicht vor und kann daher auch nicht dargestellt werden" (HEILAND 1979, S. 9). Ähnliches gilt für andere pädagogisch praktische Felder. Für den motivationspsychologisch gefaßten Begriff des Interesses wird also korrekterweise auf die Literatur zur Motivation verwiesen (vgl. HEILAND 1979, S. 86 ff.; vgl. RHEINBERG 1983).

In deklarierter Alternative zum Alltagsbegriff und zu psychologisch orientierten motivations- und persönlichkeitstheoretischen Konzepten steht seit jüngster Zeit eine Theorie des Interesses, die sich bewußt pädagogisch definiert. „Zum Verständnis solcher Alternativen ist es nötig, *Interesse als spezifische Person-Umwelt-Beziehung* zu verstehen, als Subjekt-Gegenstands-Relation, die mit dem pädagogischen Leitziel der Selbstbestimmung der Person in Einklang steht" (SCHIEFELE u. a. 1979, S. 7; Hervorhebung: K. H.). „Interesse steht grundsätzlich im Tätigkeitszusammenhang des Subjekts. Der Begriff bezeichnet die selbstbestimmten Beziehungen einer Person zu soziokulturell bedeutsamen Gegenständen. Er bedeutet infolgedessen auch die Teilhabe an der Entwicklung der Bedeutungen und Beziehungen. Interesse realisiert sich in der tätigen Auseinandersetzung eines Subjekts mit seiner immer schon gesellschaftlich gegebenen und subjektiv interpretierten Lebenssituation. Es basiert auf reflexiver Erschließung dieser Situation; diese Erschließung muß realitätsangemessen vorgenommen werden können. Interesse bezeichnet keine subjektive Eigenschaft, kein Persönlichkeitsmerkmal. Es entsteht und existiert in den Beziehungen des Subjekts zu anderen Subjekten und Gegenständen" (SCHNEIDER u. a. 1979, S. 57). Interesse existiert „nicht ohne emotionale Anziehungskraft". Es „ist Resultat der reflexiven Auseinandersetzung mit einem Gegenstand, gleichzeitig führt es zu dieser Auseinandersetzung. Es kann so als Voraussetzung des Bildungsprozesses angesehen werden wie auch als dessen Ergebnis. Es ist Weg und Ziel der Erziehung. Interesse im Sinne einer pädagogischen Theorie des Interesses ist somit eine spezifische Subjekt-Gegenstands-Beziehung, orientiert an den Zielvorstellungen der Selbstbestimmung und der sozialen Gleichheit, gekennzeichnet auf seiten des Subjekts durch die Merkmale ‚Reflexivität', ‚Gegenstandsbezogenes Handeln' und ‚Realitätsbezug'" (SCHNEIDER u. a. 1979, S. 58).

Die dritte Fassung ist eher systematisch konzipiert. In Anlehnung an Habermas ist Mollenhauer schon Anfang der 60er Jahre für eine kritisch rationale Pädagogik eingetreten. „Die Vernunft hat ein Interesse an Mündigkeit, Autonomie des Handelns und Befreiung von Dogmatismus" (MOLLENHAUER 1977, S. 67). Interessen sind allein durch die *Praxis des Lebensvollzugs* definierbar, die Aufgabe der theoretischen Pädagogik wie die jeder Wissenschaft soll es sein, die *Realisierung der Mündigkeit* zu befördern; Wissenschaft ist *emanzipatorisch interessiert*. Aus der Analyse der „Praxis der Gesellschaft" und der Aufgabe der Wissenschaft leitet sich die politische Dimension der Pädagogik ab. „Politisches Handeln [...] ist interessengeleitetes Handeln. Das Erkennen des eigenen Interesses oder der Gruppeninteressen ist deshalb die notwendige, aufklärende Voraussetzung einer politischen Beteiligung" (MOLLENHAUER 1977, S. 102). Bildung als kritische Rationalität ist folglich emanzipatorisch interessiert und orientiert. – Der Interessenbegriff, wie Mollenhauer ihn gebraucht, ist in Anlehnung an seine Arbeiten und auch unabhängig von ihnen in der pädagogischen Diskussion breit rezipiert und ausgefaltet worden (vgl. BLANKERTZ 1966, KLAFKI 1971, LEMPERT 1971). Die wichtigsten Disziplinen der pädagogischen Wissenschaft, die theoretischen und die praktisch orientierten, wären hier zu nennen. In sozialpädagogischen Praxisanleitungen findet er sich genauso wie in schulischen Richtlinien verschiedener Bundesländer, oft genug bleiben dabei Begründungen und Einschränkungen unbeachtet (vgl. FLÜGGE 1974, S. 62 ff.). Eine auch nur halbwegs verläßliche Auflistung der Literatur müßte den gegebenen Rahmen sprengen.

In der Pädagogik der Kommunikation erhält der Begriff des Interesses einen eigenen, pädagogisch systematischen Ort. SCHALLER wendet sich gegen eine unkritische Orientierung sowohl an einem gesamtgesellschaftlichen Interesse, „die Gattungsvernunft ist nicht besser als die individuelle" (1973, S. 17), als auch gegen eine normierende Orientierung erzieherischer Prozesse an „zufälligen Interessen, Neigungen und Wünschen der Jugendlichen" (SCHALLER 1979, S. 169). „Interessen, aber auch Emotionen, sind [...] für den kommunikativen Prozeß, in dem die Gesellschaft ihr Leben hat, konstitutiv. Deren Widerspruch ist es, daß er überhaupt geführt wird. Sie sind die ‚Wirklichkeit', die in der gesellschaftlichen Kommunikation ‚zum Gedanken drängt'. Sie sind für die Kommunikation unerläßliche Informationen über die in der Gesellschaft von einzelnen und von Gruppen bezogenen Positionen. Ihr Konflikt ist der Anfang der sie überschreitenden Kommunikation, die im gesellschaftlichen Kommuniqué, der gesamtgesellschaftlichen Erwartung, ihr vorläufiges Ende erreicht" (SCHALLER 1973, S. 22). Interessen werden hier als *sachlich und emotional bedingte Beweggründe* verstanden, die für sich keine pädagogische Maßgeblichkeit beinhalten. Erst mit ihrer Einbindung in eine kritische, an fortschreitender Humanisierung orientierte, kommunikative Pädagogik erhalten Interessen ihren Stellenwert (vgl. SCHALLER 1978, S. 42 f.). Eine kommunikative Pädagogik entzieht so einer schlichtweg Erfüllung und Befriedigung fordernden Äußerung von Bedürfnissen und Interessen von Individuen und Gruppen den Boden. Ballauff kommt auf dem Wege einer Philosophie der Bildung zu einem Ergebnis, das in der Negation der Maßgeblichkeit von Interessen mit den Folgerungen Schallers zusammentrifft: „Interessen sind wichtig als Anknüpfung; sie in selbstlose Sachlichkeit zu überführen ist Intention des Unterrichts" (BALLAUFF 1970, S. 37). Trotz vielfältiger Divergenzen läßt sich eine Übereinstimmung des pädagogischen Verständnisses darin erkennen, daß dem Interesse zwar eine bewegende Kraft zugesprochen wird, es darum auch aufgegriffen, geweckt und in Gang gehalten werden soll, daß pädagogische Ziele und Wege mit ihm aber noch nicht gegeben sind.

BALLAUFF, TH. (unter Mitarbeit v. G. Plamböck): Pädagogik. Eine Geschichte der Bildung und Erziehung, Bd. 1, Freiburg/München 1969. BALLAUFF, TH.: Skeptische Didaktik, Heidelberg 1970. BALLAUFF, TH./SCHALLER, K.: Pädagogik. Eine Geschichte der Bildung und Erziehung, Bd. 2, 3, Freiburg/München 1970/1973 (Bd. 3: 1973). BLANKERTZ, H.: Pädagogische Theorie und empirische Forschung. In: Neue Folge der Ergänzungshefte zur Vjs. f. w. P., Heft 5, Bochum 1966, S. 65 ff. BLASS, J. L.: Herbarts pädagogische Denkformen oder Allgemeine Pädagogik und Topik, Wuppertal/Ratingen/Düsseldorf 1969. DODE, R.-E.: Ästhetik als Vernunftkritik. Eine Untersuchung zum Begriff des Spiels und der ästhetischen Bildung, Frankfurt/Bern/New York 1985. EICHHORN, W. P.: Interessen. In: KLAUS, G./BUHR, M. (Hg.): Marxistisch-leninistisches Wörterbuch der Philosophie, Bd. 2, Reinbek 1972, S. 534 ff. ESSER, A.: Interesse. In: KRINGS, H. u. a. (Hg.): Handbuch philosophischer Grundbegriffe, Bd. 3, München 1973, S. 738 ff. FISCH, D. J. u. a.: Interesse. In: BRUNNER, O. u. a. (Hg.): Geschichtliche Grundbegriffe. Historisches Lexikon zur politisch-sozialen Sprache in Deutschland, Bd. 3, Stuttgart 1982, S. 305 ff. FLÜGGE, J.: Interesse. Ein pädagogischer Leitbegriff und seine Umkehrung. In: Mensch und Bildung. Jahrbuch der Fördergesellschaft für Forschung, Erziehung und Weiterbildung, Stuttgart 1974, S. 59 ff. FUCHS, H. J./GERHARDT, V.: Interesse. In: RITTER, J./GRÜNDER, K. (Hg.): Historisches Wörterbuch der Philosophie, Bd. 4, Basel/Stuttgart 1976, Spalte 479 ff. GEISSLER, E. E.: Herbarts Lehre vom erziehenden Unterricht, Heidelberg 1970. HABERMAS, J.: Erkenntnis und Interesse, Frankfurt/M. 1968 a. HABERMAS, J.: Technik und Wissenschaft als ‚Ideologie', Frankfurt/M. 1968 b. HEILAND, H.: Motivieren und Interessieren. Probleme der Motivation in der Schule, Bad Heilbrunn 1979. HELMER, K.: Das Interesse und das Interessante bei Schopenhauer. In: HÜBSCHER, A. (Hg.): Schopenhauer-Jahrbuch 61, Frankfurt/M. 1980, S. 21 ff. HERBART, J. F.: Umriß pädagogischer Vorlesungen (1835 und 1841). Sämtliche Werke, hg. v. K. Kehrbach u. O. Flügel, Bd. 10, Aalen 1964, S. 65 ff. HERDER, J. G.: Kalligone. Sämtliche Werke, hg. v. B. Suphan, Bd. 22, Hildesheim 1967. KANT, I.: Kritik der reinen Vernunft, 2. Teil. Werke in zehn Bänden, hg. v. W. Weischedel, Bd. 4, Darmstadt 1968, S. 308 ff. (1968 a). KANT, I.: Grundlegung zur Metaphysik der Sitten. Werke in zehn Bänden, hg. v. W. Weischedel, Bd. 6, Darmstadt 1968, S. 11 ff. (1968 b). KANT, I.: Kritik der Urteilskraft. Werke in zehn Bänden, hg. v. W. Weischedel, Bd. 8, Darmstadt 1968, S. 171 ff. (1968 c). KERSCHENSTEINER, G.: Theorie der Bildung, Leipzig/Berlin 1926. KIERKEGAARD, S.: Gesammelte Werke, Bd. 16.2, Düsseldorf 1958. KLAFKI, W.: Erziehungswissenschaft als kritisch-konstruktive Theorie: Hermeneutik - Empirie - Ideologiekritik. In: Z. f. P. 17 (1971), S. 351 ff. LEMPERT, W.: Leistungsprinzip und Emanzipation, Frankfurt/M. 1971. LUNK, G.: Das Interesse, 2 Bde., Leipzig 1926/1927 (Bd. 1: 1926; Bd. 2: 1927). LUTHER, M.: Ein Sermon von dem Wucher (1520). Werke, Bd. 6, Weimar 1888, S. 33 ff. MARX, K.: Zur Kritik der Hegelschen Rechtsphilosophie. Kritik des Hegelschen Staatsrechts §§ 261–313. Marx-Engels-Werke (MEW), Bd. 1, Berlin (DDR) 1972, S. 201 ff. MEYER, F.: Herbarts Lehre vom Interesse und ihre Bedeutung für den Unterricht, insbesondere den naturwissenschaftlichen, Leipzig 1909. MOLLENHAUER, K.: Erziehung und Emanzipation. Polemische Skizzen, München ⁷1977. OSTERMANN, W.: Interesse, Das. In: REIN, W. (Hg.): Enzyklopädisches Handbuch der Pädagogik, Bd. 4, Langensalza ²1906, S. 557 ff. PIEPER, A.: Sören Kierkegaard – Interesse zwischen Theorie und Praxis. In: Phil. Rsch. 24 (1977), S. 129 ff. RANG, M.: Rousseaus Lehre vom Menschen, Göttingen ²1965. RHEINBERG, F.: Motivation. In: Enzyklopädie Erziehungswissenschaft, Bd. 1, Stuttgart 1983, S. 502 ff. ROUSSEAU, J.-J.: Discours sur l'économie politique. Oeuvres complètes, hg. v. B. Gagnebin u. M. Raymond, Bd. 3, Paris 1964, S. 241 ff. ROUSSEAU, J.-J.: Émile ou de l'éducation. Oeuvres complètes, hg. v. B. Gagnebin u. M. Raymond, Bd. 4, Paris 1969, S. 241 ff. ROUSSEAU, J.-J.: Emil oder über die Erziehung, hg. v. L. Schmidts, Paderborn 1971. SCHALLER, K.: Einführung in die kritische Erziehungswissenschaft. In: SCHÄFER, K.-H./SCHALLER, K.: Kritische Erziehungswissenschaft und kommunikative Didaktik, Heidelberg ²1973, S. 9 ff. SCHALLER, K.: Einführung in die kommunikative Pädagogik. Ein Studienbuch, Freiburg/Basel/Wien 1978. SCHALLER, K.: Pädagogik der Kommunikation. In: SCHALLER, K. (Hg.): Erziehungswissenschaft der Gegenwart, Bochum 1979, S. 155 ff. SCHELER, M.: Die Wissensformen und die Gesellschaft, Bern/München 1960. SCHIEFELE, H. u. a.: „Interesse" als Ziel und Weg der Erziehung. Überlegungen zu einem vernachlässigten pädagogischen Konzept. In: Z. f. P. 25 (1979), S. 1 ff. SCHLEISSHEIMER, B.: Interesse. In: WILLMANN-INSTITUT (Hg.): Wörterbuch der Pädagogik, Bd. 2, Freiburg/Basel/Wien 1977, S. 108 f. SCHNEIDER, G. u. a.: Bestimmungsstücke und Probleme einer pädagogischen Theorie des Interesses. In: Z. f. P. 25 (1979), S. 43 ff. SCHOPENHAUER, A.: Frühe Manuskripte 1804–1818. Der handschriftliche Nachlaß, hg. v. A. Hübscher, Bd. 1, Frankfurt/M. 1966, S. 1 ff. SCHOPENHAUER, A.: Foliant I. Der handschriftliche Nachlaß, hg. v. A. Hübscher, Bd. 3, Frankfurt/M. 1970, S. 61. ff. SCHOPENHAUER, A.: Preisschrift über die Grundlage der Moral. Sämtliche Werke, hg. v. A. Hübscher, Bd. 4, Wiesbaden ³1972. SCHUBERT, J. v.: Wirtschaftliche Entscheidungen Luthers. In: Arch. f. Reformationsgesch. 21 (1924), S. 49 ff. SPAEMANN, R.: Reflexion und Spontaneität. Studien über Fénelon, Stuttgart 1963. STEINWENTER: Interesse. In: PAULY, A./WISSOWA, G. (Hg.): Realencyklopädie der classischen Altertumswissenschaft, Bd. 9, Stuttgart 1914, Spalte 1707 f. TRAPP, E. C.: Versuch einer Pädagogik (1780), hg. v. U. Herrmann, Paderborn 1977. WALSEMANN, A.: Das Interesse. Wesen, tatsächlicher Stand und Bedeutung der inneren Anteilnahme am Unterricht, Habelschwerdt ³1920. WUNDERLE, G.: Interesse. In: ROLOFF, E. M. (Hg.): Lexikon der Pädagogik, Bd. 2, Freiburg 1913, Spalte 956 ff.

Karl Helmer

Kollektiverziehung

Sozial- und Individualerziehung. Der Heranwachsende wird zwischen den Anforderungen der Gemeinschaft und den eigenen, individuellen Bestrebungen erzogen. Soziale Erziehung ist damit *ein* Teil erzieherischer Bemühungen; Individualerziehung ist der andere. Soziale Erziehung in der Bundesrepublik Deutschland ist vielgesichtig. Als Interaktion, Kommunikation, Kooperation, Konfliktbewältigung, soziales Reifen werden einige dieser Aspekte begrifflich gefaßt und drohen, sich zu verselbständigen. Sozialisationsforschung mit all ihren Spielarten analysiert, wie die Gesellschaft den Menschen vereinnahmen will. Gelenkte soziale Erziehung wird durch Gruppenunterricht in der Schule und durch Gruppenpädagogik im außerschulischen Raum beabsichtigt. In dieser Vielfalt pädagogischer Ansätze, die durch antiautoritäre Erziehung und Versuche alternativer Schulen noch vermehrt, zum Teil auch in Frage gestellt werden, ist ein Konsens oder gar eine Verbindlichkeit des Ob oder Wie sozialer Erziehung kaum zu sehen. Individuelle Erziehung hat den Vorrang.

Die Kollektiverziehung in den sozialistischen Staaten ist demgegenüber nach Ziel, Inhalt und Methoden fest umrissen. Wenn im folgenden die DDR und die UdSSR Gegenstand der Erörterung sind, so geschieht das deshalb, weil die Diskussion in diesen Ländern besonders intensiv geführt wird. Für die Erziehung in den anderen sozialistischen Ländern gelten die gleichen Prinzipien, wie sie aus der folgenden Begriffsbestimmung abzuleiten sind.

Begriffsbestimmung des Kollektivs. „Ein Kollektiv ist eine relativ dauerhafte und festgefügte Gruppe von Menschen, die ein im Interesse der sozialistischen Gesellschaft liegendes Ziel in gemeinsamer, aufeinander abgestimmter Tätigkeit bewußt verfolgt" (NAUMANN 1975, S. 140). Diese Begriffsbestimmung ähnelt ungezählten anderen und läßt *Prinzipien* erkennen, die ein Kollektiv begründen:
- Das Kollektiv ist Teil der sozialistischen Gesellschaft; als Grundkollektiv (Arbeitskollektiv, Schulklasse, Pioniergruppe, Familie) ist es Zelle der Gesellschaft.
- Das Kollektiv verwirklicht sich in Handlungen; seine Aufgaben erhält es von der Gesellschaft, oder es sucht sich gesellschaftlich wertvolle Aufgaben.
- Das Kollektiv muß organisiert sein, wenn es seinen Auftrag erfüllen will. Es sollte sich selbst leiten und organisieren.
- Die Interessen und sozialistischen Wertvorstellungen des Kollektivs sollten sich mit denen des einzelnen decken.

Die angegebenen Prinzipien beschreiben nicht eigentlich das Kollektiv; sie schreiben vielmehr vor, was und wie es sein soll. Wesentlich ist seine sozialistische Ausrichtung. Um diese Anforderungen zu erreichen, durchläuft ein Kollektiv einen Entwicklungsprozeß. Es ist also nicht bereits mit seiner Organisation (etwa als Schulklasse) gegeben. Es wird erst durch Erziehungsprozesse zum Kollektiv. Bei einer solchen Kollektiverziehung ist das Kollektiv zugleich Ziel und Mittel der Erziehung. Kollektivität gilt als einer der höchsten sozialistischen Werte. Diese Einstellung führt dazu, daß eine Theorie der Kollektiverziehung sich mit der Aufstellung von Postulaten, der Konstruktion von Modellen und der Systematisierung von Praktiken befaßt (vgl. WOLF 1984, S. 40 ff.).

Im folgenden sollen die Grundvorstellungen, die für jedes Kollektiv gelten, auf Kollektive von Kindern und Jugendlichen bezogen werden. Sie sind in besonderem Maße Erziehungsinstrumente. Ihre Eigentümlichkeit besteht darin, daß durch sie Erwachsene auf Heranwachsende einwirken. Infolgedessen gilt das Prinzip der Selbstverwaltung im Kollektiv nur begrenzt.

Stadien der Entwicklung eines Kollektivs. Das Kollektiv mit seinen hohen Anforderungen an sozialistisches Bewußtsein, Handlungsbereitschaft und Herausbildung einer sozialistischen Moral verlangt offenbar Bereitschaft zur Einordnung. Darauf richten sich die drei *Stadien einer Kollektiverziehung,* wie sie seit Makarenkos Erfahrungen in den 20er Jahren bis heute immer wieder dargestellt werden:
Zunächst ist das kollektive Bewußtsein noch schwach entwickelt, so daß der Lehrer oder etwa der Pionierleiter die Normen setzt, Aufgaben stellt und ihre Durchführung überwacht.
Im zweiten Stadium treten dem Erzieher einige Schüler zur Seite, die sich durch Kollektivbewußtsein und Aktivität hervortun. Sie bilden das sogenannte „Aktiv".
Im dritten Stadium ist das Kollektiv so weit herangereift, daß es seine Dinge selbst in die Hand nehmen kann. Merkmale seiner Reife sind Zielbestimmtheit, Geschlossenheit, Aktivität, Ausgewogenheit in der Meinungs- und Wertebildung sowie die Fähigkeit zur Konfliktlösung.
Probleme entstehen jedoch bei der Bildung des „Aktivs". Hinsichtlich seiner Anerkennung durch das Kollektiv gab es bei soziometrischen Überprüfungen Überraschungen. Die Bereitschaft zu aktiver Betätigung einzelner kann positive, aber auch negative Gründe haben (Drang zur Selbstdarstellung, Wunsch nach Privilegien, Herrschsucht). Schwierig wird auch das Sich-Zurückziehen des Erziehers. In der Schulklasse ist das nicht möglich, eher im Schulinternat oder in der Jugendgruppe. Auch dort geschieht es nicht oder unzureichend, wie oft beanstandet wird. Ein anderes Problem besteht darin, daß für die Weiterentwicklung des Kollektivs oft die nötige Zeit und die geeigneten Orte (Ferienlager, Arbeitsgemeinschaften) fehlen.
Wenn auch die Überlegungen zur Entwicklung des Kollektivs vielfach bei MAKARENKO (vgl. 1972) stehengeblieben sind, so versucht NOVIKOVA (vgl. 1978), neue Erfordernisse zu berücksichtigen. Erstes Stadium ist für sie das Erreichen einer gewissen Geschlossenheit des Kollektivs; es folgt eine Periode der Massenerziehung zu den typischen Eigenschaften der sozialistischen Persönlichkeit; am Schluß steht das Kollektiv als Instrument der individuellen Entwicklung zu einer schöpferischen Persönlichkeit. Problematisch bleibt der viel diskutierte Begriff der „Geschlossenheit" des Kollektivs. Bemerkenswert ist jedoch der Schritt zur Erziehung zur Individualität. Er wird in der Sowjetunion stärker betont als in der DDR.

Struktur des Kollektivs. Das Kollektiv als komplexes Sozialsystem bedarf einer *äußeren und inneren Struktur,* damit es als Erziehungsinstrument brauchbar wird, also Handlungen bewirkt und sozialistische Tugenden prägt. Die äußere Struktur wird durch die Leitung des Kollektivs, die formelle und informelle Gruppierung innerhalb des Kollektivs sowie durch die gegenseitigen Beziehungen dieser kollektivbildenden Teile – kurz: durch seine Organisiertheit – bestimmt. Auch die Beziehungen des Kollektivs zu anderen Kollektiven wirken strukturierend. Jeder Schüler gehört in der Regel mindestens vier Grundkollektiven an: der Familie, der Schulklasse, einer Jugendgruppe (Pioniere, FDJ, Komsomol) und einer außerschulischen Arbeitsgemeinschaft. Die Kollektive ergänzen einander in der Möglichkeit der Selbstlenkung oder im Charakter ihrer Tätigkeiten. Wegen ihrer unterschiedlichen Anforderungen oder gar Wertorientierungen sind sie aber auch Konfliktquellen. Hinsichtlich der inneren Struktur wird vor allem das Problem der öffentlichen Meinung im Kollektiv erörtert. Eine gesunde öffentliche Meinung wird dann angenommen, wenn das Kollektiv hohe moralische Forderungen stellen kann, die von seinen Mitgliedern erfüllt werden. Dann deckt sich die Meinung des Kollektivs mit der seiner Angehörigen, und es wird für möglich gehalten, daß das Kollektiv nun gefährdende ideologische Einflüsse von außen paralysieren könne (vgl. STOLZ u. a. 1971, S. 146 f.). Die Probleme liegen jedoch auf der Hand: einseitige Steuerung durch den Erzieher; passive Anpassung der Meinung; öffentliche Anklagen gegen Außenseiter und Unangepaßte; Diskrepanzen zwischen formeller und informeller öffentlicher Meinung; Spaltung des Kollektivs wegen auseinandergehender Meinungen. Daher wird heute der Kommunikation im Kollektiv größere Aufmerksamkeit geschenkt, also dem Meinungsaustausch und dem gegenseitigen Verstehen. Damit wird eine individuelle, nichtsdestoweniger pädagogisch gelenkte Gestaltung der Meinungsbildung angestrebt. Die Einwirkung der Erwachsenen und innere Prozesse der Selbstlenkung greifen dabei eng ineinander.

In der öffentlichen Meinung liegen Quellen von Krisen des Kollektivs, oder Krisen zeigen sich in ihr. Das Problem der Krisen wurde bisher wenig untersucht (vgl. IVANOV 1971). Oft haben sie ihre Gründe in einer unzulänglichen Struktur des Kollektivs. Dann entstehen Führungskrisen, Zielkonflikte, Cliquenbildungen, Anpassungsschwierigkeiten oder Auseinandersetzungen mit anderen Kollektiven. Aber auch die Handhabung der Mittel der Kollektiverziehung kann Krisen bewirken.

Mittel der Kollektiverziehung. Mittel und zugleich Inhalt der Kollektiverziehung ist die perspektivisch ausgerichtete gesellschaftliche Tätigkeit. Durch sie werden die Mitglieder innerlich verbunden; an ihr bildet sich der Charakter des einzelnen; sie prägt moralische Tugenden und gibt Gelegenheit für ihre Bewährung. Zugleich birgt sie Konfliktstoffe. Zielkonflikte entstehen durch zu allgemeine oder äußerliche oder widerspruchsvolle Aufgabenstellung. Beanstandet werden Aufgaben, die den Schülern aufgezwungen werden, die ihre individuellen Interessen nicht berücksichtigen, keine Selbsttätigkeit oder gar Eigeninitiative verlangen und damit Passivität und Gleichgültigkeit bewirken. Aktivität um der Aktivität willen läßt den Kollektivgeist verkommen. Ein besonderes Problem ist das Handeln im Klassenkollektiv, nämlich das Lernen. Tatsächlich lernt jeder für sich. Formen des kollektiven Lernens als Gruppenunterricht werden selten erörtert oder gar praktiziert. Zudem ist die Klasse als Grundkollektiv mit 25 bis 30 Schülern zu groß. Eine informelle Untergliederung entgleitet leicht der pädagogischen Kontrolle, und das um so mehr, wenn organisierte Lerngruppen fehlen.

Andere Mittel der Kollektiverziehung sind Wettbewerbe, das Schaffen von Traditionen, die Übernahme von Patenschaften, die Anbindung an Betriebskollektive und Formen der Schülermitverwaltung. Sie alle sind mit der Übernahme von Aufgaben verbunden. Zu viele derartige Aufgaben verzetteln in äußerlicher Betriebsamkeit und behindern die Ausbildung von Perspektiven.

Kollektiv – Individuum. Fortschreitende Entwicklung des Kollektivs wie auch krisenhafte Erscheinungen vollziehen sich in der *Spannung zwischen Kollektiv und Individuum*. Die Spannung wäre aufgehoben, wenn sich die Interessen des Kollektivs mit denen des einzelnen deckten, das Individuum sich also voll in das Kollektiv einzuordnen vermag; die Erziehung zur Kollektivität, also die gesellschaftliche Ausrichtung des Individuums in bewußter Disziplin, soll dazu beitragen. In neuerer Zeit wird jedoch die Entwicklung individueller Möglichkeiten des einzelnen im Kollektiv stärker beachtet (vgl. NOVIKOVA 1978). Das

Kollektiv sei die Arena des Selbstausdrucks und der Selbstbestätigung. Es gelte, den individuellen Reichtum der Persönlichkeit für das Kollektiv zu nutzen. Der DDR-Pädagoge DREFENSTEDT (1983, S. 681) betont den gesellschaftlichen Bezug: „Nicht die Vielgestaltigkeit oder Originalität an sich bildet das Wertvolle in der Ausprägung der Individualität, sondern deren Bindung an gesellschaftliche Gerichtetheit, Aktivität und Verantwortung, das Nutzbarmachen der individuellen Möglichkeiten für die Gesellschaft, für die Kollektive." Auch hier steht das Kollektiv schließlich im Mittelpunkt der Erziehungsabsichten. Ihm soll das Individuum nutzbar gemacht werden. Widerstand, Passivität und nachgebende Anpassung sind ebenso Ergebnisse einer solchen Kollektiverziehung wie engagierte Einordnung und Teilnahme an gesellschaftlichen Aufgaben.

DREFENSTEDT, E.: Optimale Persönlichkeitsentwicklung jedes Schülers. In: P. 38 (1983), S. 682 ff. IVANOV, V. G.: Kollektiv i ličnost' (Kollektiv und Persönlichkeit), Leningrad 1971. MAKARENKO, A. S.: Der Weg ins Leben. Ein pädagogisches Poem, Frankfurt/Berlin/Wien 1972. MEIER, A.: Soziologie des Bildungswesens, Berlin (DDR) 1974. NAUMANN, W.: Einführung in die Pädagogik, Berlin (DDR) 1975. NEUNER, G. u. a.: Pädagogik, Berlin (DDR) ²1979. NOVIKOVA, L. I.: Pedagogika detskogo kollektiva (Pädagogik des Kinderkollektivs), Moskau 1978. RÜTTENAUER, I. (Hg.): Persönlichkeit, Kollektiv, Gesellschaft, Mülheim 1972. SCHOLTZ, H.: Staatsjugendorganisationen (HJ – FDJ). In: Enzyklopädie Erziehungswissenschaft, Bd. 8, Stuttgart 1983, S. 576 ff. STOLZ, H. u. a.: Beiträge zur Theorie der sozialistischen Erziehung, Berlin (DDR) 1971. WIMMER, M.: Erziehung, sozialistische. In: Enzyklopädie Erziehungswissenschaft, Bd. 8, Stuttgart 1983, S. 430 ff. WOLF, H. E.: Zur Kollektivtheorie und Kollektiverziehung in der DDR. In: a. pol. u. zeitgesch. (1984), B 16–17, S. 31 ff.

Ekkehard Eichberg

Laie - Experte

Etymologie und Geschichte. Die historische Entwicklung des Begriffs ist wenig erforscht. „Laie" kommt vom griechischen Wort *laos,* das heißt: Volk, Menschenmenge. Der Plural wurde nicht nur im Sinne von „Leute", sondern auch von „Zivilbevölkerung" im Gegensatz zu Soldaten und Priestern gebraucht. Anders als das Wort *demos,* das „souveränes Volk" als politischen Begriff versteht, beschreibt *laos* einen sozialen Status, der niedrig Gestellte - insbesondere im Gegensatz zur herausgehobenen Position der Priester - umfaßt (zur Wortbedeutung vgl. LIDELL/SCOTT 1977). - Aus dem Griechischen ist das lateinische Wort *laicus* abgeleitet, das sich auf die Bedeutung „zum Volk gehörig, nicht geistlich" verengte. Laien hatten im System der katholischen Kirche mindere Rechte und Pflichten. Sie durften viele kirchliche Amtshandlungen nicht vornehmen. Um aus dem Stand des Laien zu treten, mußte man eine göttliche Berufung in sich spüren, sich einer Ausbildung unterziehen und zum Priester geweiht werden. Die besondere Hochachtung der Laien vor den Geistlichen hat also eine weltliche (Ausbildung) und eine religiöse (Berufung, Weihe) Wurzel. Die besondere Autorität ergab sich im Mittelalter aus der Verknüpfung von Religion und Bildung. Der Laie war ungelehrt und ungebildet: „Ley, ein person, die kein ampt hat, ein schlächt, einfaltig und unwüssend mensch" (GRIMM/GRIMM 1885, S. 78). Auch die weltliche Macht mußte sich der Geistlichkeit bei der Herrschaftsausübung bedienen (berühmtes Beispiel ist der geistliche Kanzler Barbarossas, Rainald v. Dassel). Gegen Ausgang des Mittelalters trat eine Säkularisierung des Laienbegriffs ein, als sich ein gelehrter Juristenstand entwickelte, der - zunächst auf italienischen Rechtsschulen und Universitäten - ein Rechtsstudium absolviert haben mußte (vgl. SCHMIDT 1965, S. 135).

Diese *doctores juris utriusque* verdrängten schnell die Laien, aber auch die Geistlichkeit an Obergerichten, wie dem Reichskammergericht, und zunehmend auch in der Verwaltung. Sie bildeten den notwendigen Stab für eine moderne staatliche Herrschaft (vgl. WEBER 1972, S. 541 ff.). Juristen vertraten die Interessen des Landesherrn gegenüber dem Adel oder den territorialen Ständen sachkundig, kühl und erfolgreich. Der scharfe Gegensatz zu den Laien - jetzt verstanden als Nichtjuristen - ergab sich einerseits aus der politischen Funktionalität für die Ausbreitung zentraler Herrschaft, andererseits aus der Verwendung gelehrter Theorien in Rechtsetzung und -anwendung, die eine Abstraktion der Rechtsordnung beförderten. Die Rechtsregeln und die Prozeduren ihrer Anwendung wurden den Laien unverständlicher. Beginnend mit dem Zeitalter der Aufklärung und der Französischen Revolution, wurde die politische Auseinandersetzung um die staatliche Herrschaft auch in der Strafgerichtsbarkeit ausgetragen. Bereits Montesquieu lobte das Beispiel der englischen Schwurgerichte, in denen Laien über die Schuldfrage entschieden, während der juristisch gebildete Richter das Strafmaß bestimmte. In der Französischen Revolution gab es jene berüchtigten Revolutionstribunale, die mit Laien besetzt waren. Aus den Grundsätzen dieser Revolution entwickelte sich neben der Unabhängigkeit der Rechtsprechung das Geschworenengericht als ein Eckpfeiler bürgerlicher Freiheit. Die Forderung nach dem Geschworenengericht wurde nach den Freiheitskriegen auch ein Dauerthema deutscher Demokraten. Man erwartete Unabhängigkeit, materiale Gerechtigkeit und Verständlichkeit der Rechtsordnung und des Verfahrens von der Beteiligung von Laien, die jene obrigkeitsergebenen Berufsrichter kontrollieren sollten: „Das Richterpersonal ist abhängig von dem Einfluß der höheren Staatsgewalt und nur zu häufig geneigt, dem vermeintlichen Bedürfnisse dieser Staatsgewalt entgegenzukommen. Die Rechtssicherheit bedarf des Schutzes gegen solche Einflüße, und das Geschworenengericht ist eins der Institute, welche aus dem Bestreben hervorgegangen sind, gegen den Mißbrauch der Gewalt zu schützen" (so der erste Präsident der Frankfurter Nationalversammlung, v. Gagern, zitiert nach SCHMIDT 1965, S. 333). Die Nationalversammlung forderte in ihrem Katalog der Grundrechte daher die Einführung der Schwurgerichte. In der Folgezeit haben sich Gerichte mit einer Besetzung von Laien und Berufsrichtern durchgesetzt. Dennoch blieb der Laienrichter ein politisches Thema. Der Vorwurf der Klassenjustiz wurde mit der Auswahl der Geschworenen erhärtet. Die erste Frauenbewegung beklagte, daß es keine weiblichen Schöffen und Geschworenen gebe (vgl. WEBER 1972, S. 511 f.). Das nationalsozialistische Regime löste bereits im April 1933 alle bisherigen Laienrichter ab und betrieb die Neuwahl zuverlässiger Nationalsozialisten (Verordnung vom 7.4.1933, Reichsgesetzblatt I, S. 188). – In der Bundesrepublik Deutschland ist die Diskussion über den Laienrichter fast völlig verstummt. Sie hat nunmehr ihre politische Bedeutung verloren. Es handelt sich um einen Spezialfall der Beteiligung von Laien an Expertenmacht. Man traut den Laien eine unverbildete Vernunft und die Berücksichtigung menschlichen Gefühls mehr als den Berufsrichtern zu, deren Sachkunde allerdings die korrekte Anwendung der Gesetze garantieren soll. Teilweise nehmen die Laienbeisitzer – beispielsweise bei den Arbeitsgerichten, den Kammern für Handelssachen, den Seeämtern – Expertenaufgaben wahr, weil sie besondere Kenntnis der Materie besitzen, über die entschieden werden soll.

Entwicklung des Laien zum Fachmann.
Im Lauf der historischen Entwicklung schränken Professionalisierung und Institutionalisierung von Tätigkeiten das Laienhandeln ein. In archaischen Gesellschaften waren alle Tätigkeiten Laientätigkeiten – erziehen, heilen, richten, Gott anbeten, helfen – und damit allen zugänglich. Infolge der erheblichen Bedrohung durch die Umwelt und der begrenzten Handlungsmöglichkeiten kam jeder in die Lage des Erzogenen wie in die des Erziehers, des Kranken wie des Heilers, des Hilfsbedürftigen wie des Helfers. Die meisten sozialen Lagen waren ebenso wie die Verhaltensanforderungen reversibel (vgl. LUHMANN 1973). In den hochkultivierten Gesellschaften der Antike und des Mittelalters haben sich durch produktive Arbeitsteilung und Geldwirtschaft bestimmte soziale Lagen verfestigt, so daß auch die Verhaltensanforderungen nicht mehr allgemein blieben. Spezialisierte Tätigkeiten bildeten sich heraus, die infolge der Geldwirtschaft den Lebensunterhalt sichern konnten. Die ersten Spezialisierungen stellten, wie die griechische Bedeutung von *laos* zeigt, die Priester und die Krieger dar. Es folgten die Heilkundigen und die Juristen, die in ungewöhnlichen Lagen halfen, in denen Geld nichts ausrichtete, sondern besondere – teilweise geheime – Techniken des Umgangs mit den Problemen erforderlich waren. Das Verhalten dieser Spezialisten war nicht mehr allgemein zugänglich, sondern mußte in besonderen Institutionen erlernt werden. Auch die Ausübung erforderte Institutionen wie Gerichte, Kirchen oder Krankenhäuser. Aufgrund ihrer Tätigkeit entwickelten diese Experten eine besondere Berufsmoral, die alle übrigen als Laien ausschloß. Sie genossen zudem ein hohes Sozialprestige. Je mehr sich soziale Lagen verfestigten, Tätigkeiten über eine Ausbildung zu einem Beruf wurden und Professionalisierungsprozesse zum Ausschluß von Laien führten, desto unbedeutender wurde die Laientätigkeit für die Funktionszusammenhänge

der Gesellschaft. Infolge der Institutionalisierung und fortschreitenden Spezialisierung wurden diese Funktionszusammenhänge unüberschaubarer und unzugänglicher für Laien. Der Laie konnte in vielen gesellschaftlichen Bereichen bestenfalls dilettieren. Laientätigkeit ist heutzutage auf private und außerinstitutionelle Bereiche verwiesen. Und sie wird laufend durch neue Bereiche der Expertentätigkeit zurückgedrängt. Die ursprüngliche Reversibilität der Lagen und der Verhaltensanforderungen ist strukturell wie institutionell ausgeschlossen.

Verhaltensmuster von Laien und Experten in der Industriegesellschaft. Da Laien- und Expertenwissen keineswegs völlig voneinander getrennt sind, wie das Beispiel des Dilettanten ebenso wie das des chronisch Kranken zeigt, der über seine Krankheit besser als mancher Experte Bescheid weiß, müssen wir fragen, wie sich Laien- und Expertenverhalten systematisch unterscheiden lassen. Der amerikanische Soziologe T. Parsons hat vornehmlich in der industriellen Arbeitswelt geübte Verhaltensweisen von solchen unterschieden, die in privaten, insbesondere familiären Lebenszusammenhängen auftreten (vgl. PARSONS 1964). Diese Unterscheidung ist nahezu identisch mit jener zwischen Experten und Laien.

Gegenüber den *rationalen* Verhaltensweisen der Experten gebrauchen Laien im Alltag die *traditionellen,* von den Eltern erlernten Verhaltensweisen. Alle Ereignisse werden mit schlicht übernommenem, weder rational oder gar theoretisch fundiertem noch methodisch abgesichertem Verhalten beantwortet. Die Umweltbeziehungen des Laien sind im alltäglichen Verhalten *funktional diffus:* Er muß allen Anforderungen ohne Rücksicht auf die eigene Sachkunde genügen und kann nichts wegen eigener Inkompetenz weiterleiten, ohne sich abweichend zu verhalten. Dagegen sind die Beziehungen des Experten zu seiner sozialen Umwelt *funktional spezifisch* geordnet: Für eine medizinische Frage wird der Arzt, nicht der Jurist bemüht. – Die spezifischen Beziehungen des Experten bringen es mit sich, daß er im Gegensatz zum Laien, der *partikularistisch* orientiert ist, *universalistisch* handelt. Der Laie geht mit jenen Personen seiner Umwelt um, zu denen er kraft Liebe, Freundschaft oder Verwandtschaft in einer besonderen Beziehung steht. Auch soweit er Experten in Anspruch nimmt, versucht er die Beziehung nach partikularistischen Gesichtspunkten zu gestalten, indem er sein Problem als höchstpersönlich und einzigartig darstellt. Im Gegensatz dazu tritt der Experte zu jedermann in Beziehung, der ihn in seiner Experteneigenschaft aufsucht, weil Gegenstand der Beziehung beispielsweise ein Rechtsproblem oder eine Krankheit ist, nicht aber die einzigartige Person des Klienten oder Patienten. Daher muß sich der Experte auch bemühen, sein Verhalten frei von Gefühlen, *affektiv neutral* zu gestalten: Kein Arzt darf seine Patienten nach dem Grad wechselseitiger Sympathie aussuchen und behandeln. Vom Lehrer wird erwartet, daß er allen Schülern gleichmäßig freundlich gegenübertritt und seine Abneigungen möglichst unterdrückt, auch niemanden aus Sympathie bevorzugt. Ganz anders beim Laien. Wo der Fachmann die Einhaltung von Regeln unabhängig von seiner Gefühlslage zu gewährleisten hat, kann der Laie *affektiv* handeln, ja seine Beziehungen zur Umwelt geradezu an Affektionen orientieren. Mit Hilfe dieser unterschiedlichen Verhaltensmuster läßt sich der Laie als jemand darstellen, der in die institutionellen Strukturen der Arbeits- und Berufswelt lediglich als Empfänger von Leistungen der Experten eingebunden ist. Seine Welt wird nicht vom obersten Gesetz der Funktionalität allen Handelns beherrscht. Er handelt vielfältiger, aber auch redundanter und häufig sinn- und nutzloser als der Experte. – Die Verhaltens-, aber auch die Denkweisen des Laien kennzeichnen gegenüber der ständig fortschreitenden Arbeitsteiligkeit der modernen Gesellschaft einen historisch früheren Zustand.

Laientum und Dilettantismus. Eine besondere Variante des Laien ist der Dilettant (vgl. v. GOETHE/v. SCHILLER 1896). Zeichnete sich im 18. Jahrhundert der Dilettant als ein Mensch – der gehobenen Gesellschaftsschichten – aus, der die schönen Künste liebte und sich an ihnen ergötzte, wurde er im Laufe des 19. Jahrhunderts zu jemandem, „der sich ohne ausgeprägte Begabung, ohne kompetente Ausbildung und ohne das Gefühl künstlerischer (oder wissenschaftlicher) Verantwortung sozusagen auf eigene Faust auf eine Kunst oder Wissenschaft einläßt und – was das Schlimmste ist – dies tut, nicht um darin etwas objektiv zu leisten, sondern um Wirkung auf seine Umwelt zu erzielen, die auf ihn selbst zurückfällt als Anerkennung, Beliebtheit usw." (RICHTER 1982, S. 6). Hier wird nicht nur eine Veränderung der Bewertung laienhaften Handelns angezeigt, sondern auch eine Veränderung der gesellschaftlichen Bedeutung. Dadurch, daß Laien in denselben Bereichen wie künstlerische oder wissenschaftliche Experten handelten, wurden sie in die Funktionszusammenhänge eines nach Objektivität und Rationalität trachtenden gesellschaftlichen Systems einbezogen: Sie gerieten in Konkurrenz zu den Experten und mußten ihr Tun an den Expertenleistungen messen lassen. Die Zielrichtung des Dilettierens wird verkannt. Angesichts der beträchtlichen Zunahme künstlerischer (vgl. WÜBBENA 1986) oder amateurwissenschaftlicher Betätigung von Laien ist zu bezweifeln, daß eine Wirkung auf die Umwelt in Gestalt von Beliebtheit und Anerkennung beabsichtigt ist. Der Dilettant handelt auf sich selbst bezogen; ihn bestimmen Vorstellungen von Individualität, Selbstverwirklichung und auch Entspannung vom Berufsleben. Seine Tätigkeit ist nicht lebensbestimmend. Der Philharmoniker oder der Spitzensportler hat seinen Tagesablauf den Anforderungen von Proben oder Training, von Aufführungen oder Wettkämpfen unterworfen. Er lebt nicht nur von seiner Tätigkeit, sondern hat sein Leben auf hohe Leistungen hin organisiert. Dem dilettierenden Laien ist Ausnahme, was dem professionellen Experten Routine ist. Die Subjektivität der Tätigkeit ist für den Dilettanten ein Gewinn – für das System jedoch eine Störung.

Kritik. Die scheinbare Unterlegenheit des Laien gegenüber dem Fachmann wird zunehmend angezweifelt. Das Unbehagen an der Ausschließlichkeit der Experten wächst. ILLICH hat es mit seinem Buch „Entmündigung durch Experten. Zur Kritik der Dienstleistungsberufe" (1979) bezeichnet. Aber auch in der Erziehungswissenschaft – insbesondere in der geisteswissenschaftlichen Pädagogik – hat es seit Jahrzehnten eine zum Teil emphatische Wertschätzung der „Laienbildung" (FLITNER 1931) und des „gebildeten Laien" (KLAFKI 1963, S. 130) gegeben.

Obwohl Laien in der Überzahl sind, üben sie wenig Macht aus. Sie sind der Herrschaft der Experten über ihr Dasein ausgeliefert. Und sie können nicht einmal sicher sein, daß diese Experten ihre Probleme lösen, weil sie vielfach die übergreifenden Fragen mit spezialisierten Methoden unzulänglich bearbeiten: Der Richter sieht nur die Straftat, nicht aber die Person des Täters. Der Arzt sieht nur die Krankheit, nicht aber den hilfsbedürftigen Menschen. Der Sozialarbeiter sieht nur die Armut, nicht aber die Einsamkeit des Alten. Die Vernunft der Routine verstellt den Experten den Blick für die Komplexität sozialer Ereignisse und für unkonventionelle, nicht geregelte und nicht methodengerechte Lösungen. Die Folge solcher

Kritik ist die Aufwertung der Laien. Man nimmt an, daß sie zu ganzheitlicher Betrachtung – wie aus der Sicht des Betroffenen – in der Lage seien. Ihre natürliche Menschlichkeit widerstehe der kalten Rationalität (vgl. WOLFF 1984). Entprofessionalisierung oder Laienselbsthilfe (vgl. V. FERBER/BADURA 1983, PETERS 1983) sollen die Herrschaft der Experten brechen. Durch bewußte Aufnahme von subjektiven Deutungen und Alltagsorientierungen sollen die Laien befähigt werden, sich ihre sozialen Lebenszusammenhänge wieder selbst anzueignen, deren Verlust durch die Tätigkeit von Experten begünstigt werde.

Das für Laien undurchschaubar gewordene Großsystem unserer Gesellschaft müsse durch Knüpfung kleiner sozialer Netze verändert werden. So könnten die Laien die politische Funktionalität einer Gesellschaft in Frage stellen, die ausschließlich auf spezialisierten sozialen Beziehungen beruht (vgl. PETERS 1983). – Radikale Wissenschaftskritiker wie P. Feyerabend fordern, daß nicht nur Rolle und Tätigkeit des Experten verändert werden müsse, sondern das gesamte System der Wissenschaft als Grundlage jeden Expertentums. Alles müsse zur Disposition von Laien in Form demokratischer Abstimmung über Inhalte, Methoden und Ergebnisse gestellt werden (vgl. FEYERABEND 1978). Solche Kritik knüpft an die im Zusammenhang der Geschworenengerichte beschriebene politische Dimension des Laienbegriffs an. Der Laie steht für den Citoyen, den aufgeklärten und mündigen Bürger, der nicht nur seine persönlichen Angelegenheiten vernünftig und zugleich mitfühlend zu besorgen in der Lage ist, sondern auch die politischen Aufgaben in Legislative, Judikative und Exekutive wieder selbst wahrnimmt und nicht mehr an „kirchenähnliche Expertenzünfte" (vgl. ILLICH 1979) abtritt.

Schlußfolgerung. Die positive Einschätzung des Laien ist so lange wenig hilfreich, wie die funktionale Beziehung zwischen einem Problem und dem Fachmann übersehen wird. Sie verkennt den vernünftigen Anlaß für die Tätigkeit von Experten. Und sie überschätzt die Urteilskraft des „klugen" Laien. FEYERABEND (vgl. 1978, S. 60 f.) hebt diese Laienklugheit am Beispiel der Geschworenengerichte besonders hervor. Sind aber nicht die Dummen und die Klugen unter Experten wie Laien gleich verteilt? Ist ein dummer Experte nicht einem dummen Laien überlegen und vermag nicht die Fachkenntnis eines dummen Experten die Klugheit eines Laien wenigstens teilweise wettzumachen? Politisch unterstellt die Kritik als handlungsleitendes Motiv der Experten die Lust an der Herrschaft. Das unterschätzt die funktionalen Zusammenhänge. Der Glaube, man könne die Empfindungskraft des Laien und seinen gesunden Menschenverstand, seine Lebensklugheit gegen die Expertenherrschaft setzen, geht von der unzutreffenden Annahme aus, daß sich die komplizierten Beziehungen und Verflechtungen der modernen Industriegesellschaft beliebig abschaffen ließen. Die Entstehung der arbeitsteiligen Gesellschaft, die Vervielfachung der Informationen und die jüngsten technologischen Entwicklungen zeigen, daß eine völlige Umkehr illusorisch ist. Es muß um die Beherrschung solcher Prozesse gehen. Wie verhängnisvoll der Verzicht auf die in solchen Entwicklungen auch verborgene gesellschaftliche Rationalität sein kann, hat sich an der Geschichte der Weimarer Republik gezeigt.

Daher besteht die Perspektive nicht im Ersatz der Experten durch Laien, sondern in der Rückgewinnung der politischen Kontrolle und der sozialen Partizipation durch Laien. Die Laien müssen fachliches Verständnis erwerben; sie müssen dilettieren: Die Mitglieder des Volkshochschulorchesters wissen die künstlerische Leistung der Philharmoniker einzuschätzen, weil sie selbst Musik machen und nicht nur hören. Sie bereiten in ihrer Umgebung den Boden für den Zugang zur Musik. Sie stellen Öffentlichkeit her und dar. Dadurch kontrollieren sie die Leistung der Professionellen. So sind sie in der Lage, als „gebildete Laien" die Ausschließlichkeit des Experten aufzubrechen. Umgekehrt müssen die Experten den Laien in sich (vgl. HESSE 1984, S. 5 f.) besser wahrnehmen, um die Spannung zwischen der vernünftigen Objektivität ihres Handelns und der subjektiven Betroffenheit ihrer Klientel verarbeiten zu können. Daraus resultiert die Forderung nach Veränderung und Verbesserung von beruflichen Qualifikationsprozessen für die Experten einerseits und nach breiten Fortbildungsangeboten für Laien andererseits. Die Veränderung der Ausbildung ist keineswegs leicht durchzusetzen, wenn man beispielsweise die gescheiterten Versuche einphasiger Ausbildung von Juristen (mit der Integration sozialwissenschaftlicher Inhalte) oder von Lehrern (mit einem erziehungs- und gesellschaftswissenschaftlichen Grundstudium) im Rahmen einer engen Verbindung von Hochschulstudium und praktischer Ausbildung betrachtet. Durch das weit verzweigte System der Erwachsenenbildungseinrichtungen ist die Lage für den dilettierenden Laien weitaus günstiger.

FERBER, CH. V./BADURA, B. (Hg.): Laienpotential. Patientenaktivierung und Gesundheitsselbsthilfe, München/Wien 1983. FEYERABEND, P.: Das Märchen Wissenschaft. Plädoyer für einen Supermarkt der Ideen. In: Kursbuch (1978), 53, S. 47 ff. FLITNER, W.: Laienbildung, Langensalza ²1931. GOETHE, J. W. V./SCHILLER, F. V.: Über Dilettantismus (nachgelassenes Fragment). Goethes Werke, hg. im Auftrag der Großherzogin Sophie von Sachsen, Bd. 47, Weimar 1896, S. 299 ff. GRIMM, J./GRIMM, W.: Deutsches Wörterbuch, Leipzig 1885. HESSE, H. A.: Das Recht der Bundesrepublik Deutschland. Orientierung-Grundlagen-Funktionen, Heidelberg 1984. ILLICH, I.: Entmündigende Expertenherrschaft. In: ILLICH, I. u. a. (Hg.): Entmündigung durch Experten. Zur Kritik der Dienstleistungsberufe, Reinbek 1979, S. 19 ff. KLAFKI, W.: Studien zur Bildungstheorie und Didaktik, Weinheim 1963. LIDELL, H./SCOTT, R.: A Greek-English Lexicon, Oxford ⁹1977. LUHMANN, N.: Formen des Helfens im Wandel gesellschaftlicher Bedingungen. In: OTTO, H.-U./SCHNEIDER, S. (Hg.): Gesellschaftliche Perspektiven der Sozialarbeit, Bd. 1.1, Neuwied/Berlin 1973, S. 21 ff. PARSONS, T.: Die akademischen Berufe und die Sozialstruktur. In: PARSONS, T.: Beiträge zur soziologischen Theorie, Berlin/Neuwied 1964, S. 160 ff. PETERS, H.: Entprofessionalisierung der Sozialarbeit? - Ja, aber nicht als Alternative! In: PETERS, F. (Hg.): Gemeinwesenarbeit im Kontext lokaler Sozialpolitik, Bielefeld 1983, S. 153 ff. RICHTER, W.: Der Dilettant. In: Georgia-Augusta. Nachr. a. d. Univ. Göttingen 37 (1982), S. 5 ff. SCHMIDT, E.: Einführung in die Geschichte der deutschen Strafrechtspflege, Göttingen ³1965. WEBER, M.: Wirtschaft und Gesellschaft. Grundriß der verstehenden Soziologie, Tübingen ⁵1972. WOLFF, J.: Routine und Gefühl im Entscheidungshandeln von Sozialarbeitern: Vernachlässigte Themen der Professionalisierung. In: N. Prax. 14 (1984), S. 26 ff. WÜBBENA, G.: Alltagskultur: Laienmalerei. In: Enzyklopädie Erziehungswissenschaft, Bd. 3, Stuttgart 1986, S. 340 ff.

Jörg Wolff

Lebenswelt

Verheißungen. Seit einigen Jahren pflegt man die Entwicklungen pädagogischer Konzeptionen nach „Wenden" zu sortieren (zuletzt vgl. LOCH 1984, S. 119 ff.).

Eine dieser Wenden war die sogenannte Alltagswende (zur Darstellung und Kritik vgl. LENZEN 1980, SCHRÜNDER 1983), innerhalb deren sich eine Auflehnung gegen Technologisierung, Bürokratisierung, Instrumentalisierung

Lebenswelt

und Verwissenschaftlichung von Erziehung formierte. In ihren extremen Konsequenzen führte die Protesthaltung zu schul- und erziehungsfeindlichen Projekten, in denen das alltägliche Leben schließlich selbst erzieherischen Wert erhielt. Stichworte wie „Betroffenheit", „subjektiver Faktor", die verschiedenen „Orientierungen" am Schüler zeigen auf eine Kritik an Überfremdungen von Unterricht, die zu vergessen schienen, daß sich Lehren und Erziehen an lebendige Subjekte in konkreten Situationen richten (vgl. THIEMANN 1980). Der Zweifel an der Tauglichkeit bloß technischer Optimierungsverfahren von Lernprozessen wurde in dem Moment möglich, als die Nachfrage nach solchen Wissensprodukten zurückging, als sich gleichzeitig zeigte, daß eine einseitige Technisierung und Verwissenschaftlichung zu einer Pathologisierung schulischen Lernens führte. In der Wende zum Alltäglichen soll die Situation der Lernenden in all ihren komplexen Bezügen rehabilitiert werden als unumgängliche Basis pädagogischer Prozesse. Die sich ausdrücklich dem Fanal der Alltäglichkeit verpflichtenden Pädagogen hatten, wie LENZEN (vgl. 1980, S. 8) feststellte, einen nur lokkeren Bezug zur phänomenologischen Tradition. Vom Begriff der Lebenswelt ging eher eine Verheißung als ein theoretisch differenziertes Programm aus. Verheißungsvoll ist dieser Begriff, weil er eine Illusion von Unmittelbarkeit ermöglicht, die ein lange gesuchtes Gegengewicht zur Abstraktheit von Theorie anzubieten scheint. Dabei bewahrt der Begriff „Welt" einen kosmologischen Traum, die Suche nach verlorenen Einheiten in einer Zeit zerbrochener Ordnungen, der ungelösten Normenprobleme, der Krise von Rationalität. Der Begriff „Leben" knüpft an eine Tradition an, wie sie um die Jahrhundertwende in der Lebensphilosophie ausgebildet wurde, die gegen die unausgewiesene Autorität eines Wissens kämpfte, das seine lebendigen Grundlagen vergessen hatte.

Dieses wissenschaftskritische Motiv bleibt auch in der phänomenologischen Bewegung unseres Jahrhunderts erhalten, die sich im Anschluß an Husserls Philosophie entwickelte. Unter verschiedenen Bezeichnungen verbirgt sich die gemeinsame Kritik an wissenschaftlichen und institutionellen Überfremdungen menschlichen Wissens: Rückgang auf einen natürlichen Weltbegriff (Avenarius), Welt der natürlichen Einstellung (Husserl), Lebenswelt (vgl. HUSSERL 1976, neuerdings vgl. HABERMAS 1981), Alltagswelt (Schütz, Berger/Luckmann), Milieu (Scheler), Milieuwelt, Ambiance (Gurwitsch). In positivistischen (Avenarius, Mach) wie auch in sozialkritischen (Schütz, Habermas) Thematisierungen des „Universums prinzipieller Anschaubarkeit" (HUSSERL 1976, S. 130) geht es um die Aufwertung der konkreten Erfahrungswelt faktisch agierender Menschen als eigenständigen Bedeutungszusammenhang. Die Entmündigung vorwissenschaftlicher Erfahrungen wird in einer Genealogie der Logik (Husserl) rückgängig gemacht. Die Nähe der Wende zur Alltäglichkeit in der Pädagogik und der phänomenologischen Rehabilitierung vorwissenschaftlicher Erfahrungen (vgl. LIPPITZ 1980a) ist jedoch nur vordergründig. Während innerhalb des phänomenologischen Denkens Lebenswelt als Fundierungshorizont aufgewiesen wird, setzt ein unkritischer Alltagsbegriff gegen eine immer undurchsichtiger werdende Technologisierung und Rationalisierung konkreter Handlungsfelder einen restaurativen Erlebnisbegriff, der gleichsam als Alternative angeboten wird. Der Versuch, wissenschaftliche Rationalität durch bloßen Rekurs auf Erfahrung zu ersetzen, verzichtet voreilig auf kritische Fortschritte innerhalb pädagogischer Theorie und Praxis. Die Folgen lassen nicht auf sich warten. Ein unter dem Stichwort „Betroffenheit" sich entfaltender Subjektivismus treibt in die „Tyrannei der Intimität" (vgl.

SENNETT 1983). In narzißtischer Begeisterung wird die Verantwortung für die konkrete Wirklichkeit in das Leistungsvermögen einzelner verlegt. Therapeutisierungen erzieherischer Verhältnisse (Rogers, Hinte) und Trivialisierungen rationaler Möglichkeiten bedeuten über die „Eskamotierung der Schuldigkeit der Pädagogik" (vgl. RUHLOFF 1981) hinaus, daß in der bloßen Orientierung an der Alltäglichkeit eine radikale Kritik umgangen wird; denn als Alternative zur Wissenschaftlichkeit und Bürokratisierung verharren solche Konzeptionen als lediglich restitutiv auf dem Boden neuzeitlich-technischer Wissenschaft. Hier erweist es sich als lohnend, den nur vagen Bezug zur Phänomenologie zu revidieren, um einen kritischen Lebensweltbegriff zu gewinnen, der imstande ist, Schrumpfungsprozesse menschlicher Rationalität aufzuklären und Wege der Reetablierung von Vernunft zu suchen.

Bedeutungen. Husserls Spätwerk, die berühmte Krisisschrift (vgl. HUSSERL 1976), entfaltet vor allem drei Bedeutungen des Lebensweltbegriffs (vgl. WALDENFELS 1979): Die Lebenswelt wird als Boden, als Fundament wissenschaftlichen Wissens aufgewiesen, sie fungiert als Einstieg in die transzendentale Frage nach einer letztkonstituierenden Subjektivität, und sie soll schließlich eine historische Gesamtperspektive liefern. In nachfolgenden Theorien wurden vor allem die transzendentale und historische Dimension diskutiert (Schütz, Gurwitsch, Merleau-Ponty, Waldenfels). Die Fundierungsfunktion des Lebensweltbegriffs dagegen wird in fast allen Konzeptionen in wissenschaftskritischer Absicht übernommen. So weist beispielsweise Heidegger die Alltäglichkeit des Daseins als das Vor- und Zugrundeliegende alles bloß theoretischen Wissens auf (vgl. HEIDEGGER 1972, S. 63 ff.). Zeitlich parallel entwickelt Scheler seinen Milieubegriff (vgl. SCHELER 1966, S. 153 ff.), um zu demonstrieren, daß wir als Menschen primär in einer Milieuwelt existieren, in der wir nicht vorrangig erkenntnismäßig, sondern vorrational auf die Dinge gerichtet sind. „Die Milieusonne z. B. ist nicht die Sonne der Astronomie; das Fleisch, das gestohlen, gekauft wird usw., ist nicht eine Summe von Zellen und Geweben mit den in ihnen stattfindenden chemischen und physischen Prozessen" (SCHELER 1966, S. 153). GURWITSCH (vgl. 1977) führt diese Diskussion weiter, indem er die Milieukonzeption durch gestalttheoretische Ergebnisse und Heideggers Zeuganalyse anreichert. Er integriert seine phänomenologischen Einsichten in die Diskussion der Pariser Emigrantenszene der später 30er Jahre (vgl. GRATHOFF 1978). Hier treffen psychologische Erkenntnisse auf den Streit um Phänomenologie und Marxismus (vgl. WALDENFELS 1982). Es entsteht eine phänomenologische Sozialwissenschaft.
Zeitlebens werden Schütz und Gurwitsch über Begründungsprobleme korrespondieren (vgl. GRATHOFF/ WALDENFELS 1983). Dabei bleibt für Gurwitsch der Lebensweltbegriff als Polemik gegen wissenschaftliches Wissen bedeutsam: „Hätten wir die Wissenschaft nicht, so hätten wir diesen Begriff nicht nötig" (GRATHOFF 1983, S. 100). Schütz dagegen thematisiert die Lebenswelt als den umfassenden Horizont finiter Sinnbereiche, von denen der Alltag einen ausgezeichneten Bereich darstellt. Nach der Stillegung phänomenologischen Fragens in Deutschland knüpfen nach dem Zweiten Weltkrieg Überlegungen zu einer kritischen Theorie der Gesellschaft nicht zuletzt aufgrund von wissenssoziologischen Anregungen (vgl. BERGER/ LUCKMANN 1980) vor allem an die Schützsche Variante der Sozialphänomenologie an (vgl. BERNSTEIN 1979). Ein viel erörtertes Beispiel ist der neue Versuch von HABERMAS (vgl. 1981 b, S. 171 ff.), die Lebenswelt als Komplementärmodell des kommunikativen

Handelns einzuführen. Die Lebenswelt bildet hier sowohl den präreflexiven Wissensvorrat als auch das unexplizierte Metier intersubjektiven Handelns (vgl. GRIPP 1984, MATTHIESEN 1983).

In Frankreich übernimmt vor allem Merleau-Ponty den Lebensweltbegriff Husserls, indem er ihn radikal auf seine Fundierungsfunktion zurückführt. Er betont die Unaufhebbarkeit des doxischen (göttlichen) Grundzugs lebensweltlichen Wissens und erkennt die Unbestimmtheit als positives Phänomen an (vgl. MERLEAU-PONTY 1966, S. 418, S. 25). „Nie wird Wissenschaft denselben Seinssinn wie die Erfahrungswelt haben, aus dem einfachen Grunde, daß sie *deren* Bestimmung oder Erklärung ist" (MERLEAU-PONTY 1966, S. 4 f.). Husserls Programm einer vollständigen Reduktion auf letzte Gründe wird ebenso revidiert wie die Illusion unvermittelter Unmittelbarkeit (vgl. MERLEAU-PONTY 1966, S. 82). Die radikale Anerkennung lebensweltlicher Fundierungen menschlichen Handelns führt zu einer Pluralisierung von Rationalitätsfeldern (vgl. FOUCAULT 1977) und damit eher in dringliche Aufgaben der Reflexion als zu handhabbaren Lösungen.

Programme. In neuerer Zeit hat vor allem Lippitz innerhalb pädagogischer Theoriebildungen explizit an die Husserlsche Phänomenologie und deren Umbildung durch Merleau-Ponty angeknüpft (vgl. LIPPITZ 1978; 1980 a, b; 1981, 1984). Unter der Perspektive der Rehabilitierung vorwissenschaftlicher Erfahrung arbeitet er sowohl die philosophische Tradition auf als auch die Adaptationen innerhalb pädagogischer Konzeptionen (Strasser, Langeveld, Bollnow). Er kann systematische Anfänge einer lebensweltlich orientierten Pädagogik bereits bei Dilthey aufweisen (vgl. LIPPITZ 1981), Spuren phänomenologischen Denkens reaktualisieren und für konkrete Untersuchungen von Unterricht fruchtbar machen (vgl. LIPPITZ/ PLAUM 1981). Es entfaltet sich ein dichtes Feld phänomenologischen Forschens innerhalb der Pädagogik, in dem Fragen nach der Relevanz einer Biographieforschung (vgl. LOCH 1979), Konzeptionen „konkreten Denkens" (vgl. BRÄUER 1964), Hermeneutiken der Erfahrung (vgl. BUCK 1969), konkrete Milieustudien (vgl. BEEKMAN 1984), Identitätskonzeptionen (vgl. MAURER 1983), Untersuchungen von Intersubjektivität (vgl. SCHALLER 1983, 1984) und anthropologische Studien (vgl. LANGEVELD 1968, 1983 a, b; vgl. LIPPITZ 1980 a, b) ihren Ort finden.

Innerhalb didaktischer Überlegungen haben vor allem GLATFELD/SCHRÖDER (vgl. 1984) im Bereich des Lernens von Mathematik und REDEKER (vgl. 1982) im Hinblick auf das Lernen von Physik einen lebensweltlichen Erfahrungsbegriff erhärten können. Dabei zeigt sich, daß die Gewinnung einer mathematischen Perspektive beziehungsweise die Eröffnung einer physikalischen Sicht nicht durch eine kontinuierliche Erweiterung lebensweltlicher Sichtweisen zu gewinnen ist, sondern nur durch eine krisenhafte Umstrukturierung von fungierenden Erfahrungshorizonten. Die gesetzlich geordnete Welt ist keine gelebte Welt mehr, sie ist nur durch Ideation zugänglich. Mit der Thematisierung der Genealogie rationalen Wissens aus seinen präreflexiven und präpersonalen Voraussetzungen ist ein pädagogisches Themenfeld gewonnen, das in seinen Möglichkeiten noch lange nicht ausgeschöpft ist. So ist die Erfassung der Diskontinuität des Lernvollzugs zwar ein entscheidender Fortschritt im Hinblick auf die Aufklärung des konkreten Lerngeschehens (vgl. BUCK 1969, MEYER-DRAWE 1984), aber in bezug auf die genaue Erfassung des Bruchs zwischen lebensweltlichem Erfahren und wissenschaftlichem Wissen bestehen Reflexionsdefizite (vgl. RÖSLER 1983). Die Fragen nach den lebensweltlichen Voraussetzungen schulischen Lernens bedürfen der Ergänzung durch Lebensraumuntersuchungen (vgl. MUCHOW/ MUCHOW 1980), durch sozialisationsgeschichtliche Erforschungen faktischer Milieuwelten, wie sie etwa von PREUSS-LAUSITZ u. a. (vgl. 1983) oder von ROLFF (vgl. 1982) vorgelegt wurden. Hier verzahnen sich pädagogisch-didaktische Fragen nach der Gegenwartsbedeutung von Unterrichtsgegenständen (Klafki) oder Fragen nach der Ausgangslage der Lernenden (Schulz) mit soziologischen Milieuuntersuchungen, wie sie im Anschluß an Schütz, Weber und Gurwitsch von Bielefelder Soziologen unter der Leitung von GRATHOFF u.a. (vgl. 1981/ 1982) durchgeführt werden. Von hier können sich die Debatten um methodologische Probleme einer „teilnehmenden Erfahrung" (vgl. BARRITT u. a. 1984; vgl. BEEKMAN 1983, 1984; vgl. COENEN 1984) oder einer „teilnehmenden Beobachtung" (vgl. CICOUREL 1974) mit traditionellen hermeneutischen Verfahren des Beispielverstehens (vgl. BUCK 1969, LIPPITZ 1983) oder kasuistischen Studien (vgl. BINNEBERG 1979) verknüpfen und gegenseitig revidieren.

Deutlich wird, daß mit dem Begriff der Lebenswelt eher Programme als Lösungen angeboten werden. Die Thematisierung der Lebenswelt führt in ein Zwischenreich (vgl. SCHALLER 1984, S. 330 f.; vgl. SCHELER 1966, S. 154; vgl. WALDENFELS 1971), in dem nicht Schatten gegen Licht, die *doxa* gegen die *episteme,* das Chaos gegen die Ordnung gesetzt wird, sondern sich Transzendentales mit Historischem unaufhörlich verbindet, Unalltägliches im Alltäglichen sichtbar wird.

BARRITT, L. S. u. a.: Das „Versteck-Dich-Spiel". „Sehen und Gesehen werden" aus der Sicht des Phänomenologen. In: LIPPITZ, W./MEYER-DRAWE, K. (Hg.): Lernen ..., Königstein ²1984, S. 84 ff. BEEKMAN, T.: Human Science as a Dialogue with Children. In: Phen. + Ped. 1 (1983), S. 36 ff. BEEKMAN, T.: Hand in Hand mit Sasha. Über Glühwürmchen, Grandma Millie und andere Raumgeschichten. In: LIPPITZ, W./MEYER-DRAWE, K. (Hg.): Kind..., Königstein 1984, S. 11 ff. BERGER, P. L./LUCKMANN, TH.: Die gesellschaftliche Konstruktion der Wirklichkeit. Eine Theorie der Wissenssoziologie, Frankfurt/M. 1980. BERGMANN, W.: Lebenswelt, Lebenswelt des Alltags oder Alltagswelt? Ein grundbegriffliches Problem „alltagstheoretischer" Ansätze. In: Köln. Z. f. Soziol. u. Sozpsych. 33 (1981), S. 50 ff. BERNSTEIN, R. J.: Restrukturierung der Gesellschaftstheorie, Frankfurt/M. 1979. BINNEBERG, K.: Pädagogische Fallstudien. Ein Plädoyer für das Verfahren der Kasuistik in der Pädagogik. In: Z. f. P. 25 (1979), S. 395 ff. BÖHME, G./ENGELHARDT, M. v. (Hg.): Entfremdete Wissenschaft, Frankfurt/M. 1979. BOLTON, N.: Piaget and Pre-Reflective Experience. In: CURTIS, B./MAYS, W. (Hg.): Phenomenology and Education, London 1978, S. 28 ff. BRAND, G.: Die Lebenswelt. Eine Philosophie des konkreten Apriori, Berlin 1971. BRÄUER, G.: Pädagogisches Denken als konkretes Denken, Essen 1964. BUCK, G.: Lernen und Erfahrung. Zum Begriff der didaktischen Induktion, Stuttgart/Berlin/Köln/Mainz ²1969. CICOUREL, A. V.: Methode und Messung in der Soziologie, Frankfurt/M. 1974. COENEN, H.: Improvisierte Kontexte. Bewegung und Wahrnehmung in Interaktionen tauber Kinder. In: LIPPITZ, W./MEYER-DRAWE, K. (Hg.): Kind..., Königstein 1984, S. 39 ff. FATKE, R./FLITNER, A.: Was Kinder sammeln. Beobachtungen und Überlegungen aus pädagogischer Sicht. In: N. Samml. 23 (1983), S. 600 ff. FLITNER, A./SCHEUERL, H. (Hg.): Einführung in pädagogisches Sehen und Denken, München/Zürich ¹⁰1984. FOUCAULT, M.: Die Ordnung des Diskurses, Frankfurt/Berlin/Wien 1977. GLATFELD, M./SCHRÖDER, E. Ch.: Anfangsunterricht in Geometrie unter phänomenologischer Hinsicht. In: LIPPITZ, W./MEYER-DRAWE, K. (Hg.): Lernen..., Königstein ²1984, S. 137 ff. GRATHOFF, R.: Alltag und Lebenswelt als Gegenstand der phänomenologischen Sozialtheorie. In: HAMMERICH, K./KLEIN, M. (Hg.): Materialien zur Soziologie des Alltags, Opladen 1978, S. 67 ff. GRATHOFF, R.: Das Problem der Intersubjektivität bei Aron Gurwitsch und Alfred Schütz. In: GRATHOFF, R./WALDENFELS, B. (Hg.): Sozialität..., München 1983, S. 87 ff. GRATHOFF, R./WALDENFELS, B. (Hg.): Sozialität und Intersubjektivität. Phänomenologische Perspektiven der Sozialwissenschaften im Umkreis von

Lebenswelt

Aron Gurwitsch und Alfred Schütz, München 1983. GRATHOFF, R. u. a.: Empirische Analysen sozialer Milieus. Abschlußbericht, Lehrforschungsprojekt, Bielefeld 1981/1982. GRIPP, H.: Jürgen Habermas. Und es gibt sie doch – Zur kommunikationstheoretischen Begründung von Vernunft bei Habermas, Paderborn/München/Wien/Zürich 1984. GSTETTNER, P.: die eroberung des kindes durch die wissenschaft, Reinbek 1981. GURWITSCH, A.: Die mitmenschlichen Begegnungen in der Milieuwelt, Berlin/New York 1977. HABERMAS, J.: Theorie des kommunikativen Handelns, 2 Bde., Frankfurt/M. 1981 (Bd. 1: 1981 a; Bd. 2: 1981 b). HEIDEGGER, M.: Sein und Zeit, Tübingen ^{12}1972. HINTE, W.: Non-direktive Pädagogik. Eine Einführung in Grundlagen und Praxis selbstbestimmten Lernens, Opladen 1980. HUSSERL, E.: Erfahrung und Urteil. Untersuchungen zur Genealogie der Logik, redig. u. hg. v. L. Landgrebe, Hamburg 1972. HUSSERL, E.: Die Krisis der Europäischen Wissenschaften und die Transzendentale Phänomenologie, Husserliana, Bd. 6, hg. v. W. Biemel, Den Haag ^{2}1976. LANGEVELD, M. J.: Studien zur Anthropologie des Kindes, Tübingen ^{3}1968. LANGEVELD, M. J.: The Stillness of the Secret Place. In: Phen. + Ped. 1 (1983), S. 11 ff. (1983 a). LANGEVELD, M. J.: The Secret Place in the Life of the Child. In: Phen. + Ped. 1 (1983). S. 181 ff. (1983 b). LENZEN, D. (Hg.): Pädagogik und Alltag, Stuttgart 1980. LIPPITZ, W.: Der phänomenologische Begriff der „Lebenswelt" – seine Relevanz für die Sozialwissenschaften. In: Z. f. phil. Fo. 32 (1978), S. 416 ff. LIPPITZ, W.: „Lebenswelt" oder die Rehabilitierung vorwissenschaftlicher Erfahrung. Ansätze eines phänomenologisch begründeten anthropologischen und sozialwissenschaftlichen Denkens in der Erziehungswissenschaft, Weinheim/Basel 1980 a. LIPPITZ, W.: Möglichkeiten eines lebensweltlichen Erfahrungsbegriffs im pädagogisch-anthropologischen Denken – dargestellt an Langevelds Pädagogik. In: P. Rsch. 34 (1980), S. 695 ff. (1980 b). LIPPITZ, W.: Ansätze eines Begriffs vorwissenschaftlicher Erfahrung bei Dilthey und Nohl – ihre Konsequenzen für die pädagogische Theoriebildung. In: P. Rsch. 35 (1981), S. 515 ff. LIPPITZ, W.: Die Bedeutung des lebensweltlichen Erfahrungsbegriffs für eine praxisnahe pädagogische Theorie. Exemplifiziert an Deutungen des Zeiterlebens und -verstehens von Kindern. In: N. Samml. 23 (1983), S. 240 ff. LIPPITZ, W.: Lebenswelt und Wissenschaft. Eine problematische Alternative. In: B. u. E. 37 (1984), S. 169 ff. LIPPITZ, W./MEYER-DRAWE, K. (Hg.): Lernen und seine Horizonte. Phänomenologische Konzeptionen menschlichen Lernens – didaktische Konsequenzen, Königstein ^{2}1984 a. LIPPITZ, W./MEYER-DRAWE, K. (Hg.): Kind und Welt. Phänomenologische Studien zur Pädagogik, Königstein 1984 b. LIPPITZ, W./PLAUM, J.: Tasten. Gestalten. Genießen. Einführung in konkretes pädagogisch-anthropologisches Denken an Unterrichtsbeispielen aus der Grundschule, Königstein 1981. LOCH, W.: Lebenslauf und Erziehung, Essen 1979. LOCH, W. (Hg.): Lebensform und Erziehung, Essen 1983. LOCH, W.: Die Wenden des pädagogischen Bewußtseins als Herausforderung einer phänomenologischen Pädagogik. In: B. u. E. 37 (1984), S. 119 ff. LUCKMANN, TH.: Einige Überlegungen zu Alltagswissen und Wissenschaft. In: P. Rsch. 35 (1981), S. 91 ff. MATTHIESEN, U.: Das Dickicht der Lebenswelt und die Theorie kommunikativen Handelns, München 1983. MAURER, F.: Das exkommunizierte Ich. Über das Recht des Schülers, den Unterricht zu „stören". In: KÜMMEL, F. u. a.: Vergißt die Schule unsere Kinder? München 1978, S. 55 ff. MAURER, F.: Räumliche Umwelt und Identität. Eine sozialökologische Skizze. In: LOCH, W. (Hg.): Lebensform ..., Essen 1983, S. 27 ff. MERLEAU-PONTY, M.: Phänomenologie der Wahrnehmung, Berlin 1966. METRAUX, A./GRAUMANN, C. F. (Hg.): Versuche über Erfahrung, Bern 1975. MEYER-DRAWE, K.: Lernen als Umlernen – Zur Negativität des Lernprozesses. In: LIPPITZ, W./MEYER-DRAWE, K. (Hg.): Lernen..., Königstein ^{2}1984, S. 19 ff. MUCHOW, M./MUCHOW, H. H.: Der Lebensraum des Großstadtkindes (1935), Bensheim ^{2}1980. MUTH, J.: Von acht bis eins. Situationen aus dem Schulalltag und ihre didaktische Dimension, Essen ^{3}1970. MUTH, J.: Pädagogischer Takt, Essen ^{3}1982. PREUSS-LAUSITZ, U. u. a.: Kriegskinder. Konsumkinder. Krisenkinder. Zur Sozialisationsgeschichte seit dem Zweiten Weltkrieg, Weinheim/Basel 1983. REDEKER, B.: Zur Sache des Lernens – am Beispiel des Physiklernens, Braunschweig 1982. ROGERS, C. R.: Lernen in Freiheit. Zur Bildungsreform in Schule und Universität, München 1974. ROLFF, H.-G.: Kindheit im Wandel – Veränderungen der Bedingungen des Aufwachsens seit 1945. In: ROLFF, H.-G. u. a. (Hg.): Jahrbuch der Schulentwicklung. Daten. Beispiele und Perspektiven, Weinheim/Basel 1982, S. 207 ff. RÖSLER. W.: Alltagsstrukturen – kognitive Strukturen – Lehrstoffstrukturen. Zur phänomenologischen Kritik an der kognitivistischen Lerntheorie. In: Z. f. P. 29 (1983), S. 247 ff. RUHLOFF, J.: Die Wendung zur Alltäglichkeit – Erweiterung der Thematik oder Eskamotierung der Schuldigkeit der Pädagogik? In: Vjs. f. w. P. 57 (1981), S. 191 ff. SCHALLER, K.: Herr der Welt. Mit J. A. Comenius unterwegs zu einer Pädagogik der Rationalität und Intersubjektivität. In: BERLINGER, R. u. a. (Hg.): Perspektiven der Philosophie. Neues Jahrbuch, Bd. 9, 1983, S. 135 ff. SCHALLER, K.: Rationale Kommunikation – Prinzip humaner Handlungsorientierung. In: WINKEL, R. (Hg.): Deutsche Pädagogen der Gegenwart, Düsseldorf 1984, S. 319 ff. SCHELER, M.: Der Formalismus in der Ethik und die materiale Wertethik, Bern/München ^{5}1966. SCHRÜNDER, A.: Alltag. In: Enzyklopädie Erziehungswissenschaft, Bd. 1, Stuttgart 1983, S. 303 ff. SCHÜTZ, A./LUCKMANN, TH.: Strukturen der Lebenswelt, Bd. 1, Frankfurt/M. 1979. SENNETT, R.: Verfall und Ende des öffentlichen Lebens. Die Tyrannei der Intimität, Frankfurt/M. 1983. SPRONDEL, W. M./GRATHOFF, R.: (Hg.): Alfred Schütz und die Idee des Alltags in den Sozialwissenschaften, Stuttgart 1979. STRÖKER, E. (Hg.): Lebenswelt und Wissenschaft in der Philosophie Edmund Husserls, Frankfurt/M. 1979. THIEMANN, F. (Hg.): Konturen des Alltäglichen – Interpretationen zum Unterricht, Königstein 1980. WALDENFELS, B.: Das Zwischenreich des Dialogs. Sozialphilosophische Untersuchungen im Anschluß an Edmund Husserl, Den Haag 1971. WALDENFELS, B.: Die Abgründigkeit des Sinnes. Kritik an Husserls Idee der Grundlegung. In: STRÖKER, E. (Hg.): Lebenswelt..., Frankfurt/M. 1979, S. 124 ff. WALDENFELS, B.: Sozialphilosophie im Spannungsfeld von Phänomenologie und Marxismus. In: FLØLSTAD, G. (Hg.): Contemporary Philosophy. A new Survey, Vol. 3: Philosophy of Action, The Hague/Boston/London 1982, S. 219 ff.

Käte Meyer-Drawe

Lehrerhandeln

Begriff: Empirische Analysen des Lehrerhandelns, in denen die Didaktik konsequent als Handlungstheorie des Unterrichts zu konzipieren versucht wird, stellen insbesondere im angelsächsischen Raum ein sich schnell entwickelndes Forschungsgebiet dar, dem wichtige Beiträge für ein neues und besseres Verständnis des Unterrichtens zu verdanken sind. Analysen zum Lehrerhandeln werden in begrifflicher und inhaltlicher Abgrenzung zum Begriff der „didaktischen Analyse" gefordert. „Didaktische Analyse als Kern der Unterrichtsvorbereitung" nach KLAFKI (1958) zielt nur auf einen kleinen Ausschnitt dessen, was beispielsweise in der niederländischen Pädagogik als „Didactische Analyse" begriffen wird (vgl. DE CORTE u. a. 1981, VAN GELDER u. a. 1969) und als eine Weiterentwicklung der von der deutschen lerntheoretischen Didaktik vorgeschlagenen „Strukturanalyse des Unterrichts" (vgl. HEIMANN u. a. 1965) verstanden werden kann.

Analysen des Lehrerhandelns haben zum Ziel, das unterrichtsbezogene Handeln von Lehrern zu beschreiben, zu analysieren und zu erklären. Dabei interessiert die Frage, wie Lehrer ihre unterrichtlichen *Aufgaben* wahrnehmen und wie sie sie bewältigen. Analysiert werden die Verhaltensweisen der Lehrer während der verschiedenen *Phasen* des didaktischen Handelns: während der Vorbereitung, der Realisierung und der Bewertung des Unterrichts. Dabei hat sich in der Forschung ein sogenanntes *Prozeß-Produkt-Modell* herauskristallisiert, das von der Annahme ausgeht, daß bestimmte Unterrichtsverhaltensweisen (= Prozeßvariablen) zu bestimmten Wirkungen (= Produktvariablen) führen. Dieser Ansatz wurde in den letzten Jahren um die Frage nach der Struktur und den Gesetzmäßigkeiten *kognitiver Prozesse* bei Lehrkräften erweitert. In dieser neueren Forschungsrichtung wird vor allem deskriptiv untersucht, welches „Informationsverarbeitungssystem" Lehrer aufbauen, wie es ihr Handeln beeinflußt und wie es hilft, die vom Lehrer in komplexen Unterrichtssituationen zu leistenden Aufgaben einzuschätzen, zu interpretieren, sie durchzuführen und zu bewerten (vgl. CLARK/

PETERSON 1985, SHAVELSON/STERN 1981).
In diesen Untersuchungen wird das Unterrichten als ein rationales Handeln in einem komplexen Umfeld interpretiert, das der Lehrer durch Reduktion transparent zu machen versucht. Weithin wird dabei unterstellt, dieses Handeln werde vom Denken, Urteilen und Entscheiden der Lehrkraft gelenkt und kontrolliert.

Diese Forschungsrichtung kennt verschiedene *Sub-Theorien und Modelle* für die Erforschung des Unterrichts; ihre Unterschiede resultieren vor allem aus den Divergenzen der jeweils zugrunde gelegten Handlungstheorien. Diese sind „Metaphern" (vgl. CLARK 1980) für das Unterrichten: Es erscheint als Informationsverarbeitung (vgl. MARLAND 1977), als Problemlösung (vgl. YINGER 1977), als Entscheidungsverhalten (vgl. BORKO u. a. 1979, SHAVELSON 1976), als die Durchführung einer Handlung (vgl. LOWYCK 1982, PETERS 1984). Dabei determiniert das zugrunde gelegte Denkmodell weitgehend die Fragestellungen, Forschungsziele, Methoden und das Raster, in dem die Ergebnisse interpretiert werden; es handelt sich also um Betrachtungsweisen der Forscher, die einerseits die unverzichtbare Komplexitätsreduktion leisten, andererseits den unbefangenen Blick auf die Wirklichkeit herstellen (vgl. TERHART 1984).

Untersuchungsmethoden: Die deskriptive Erforschung der kognitiven Aspekte des Unterrichtens führte innerhalb kurzer Frist zu einer Fülle von Untersuchungsmethoden, die teilweise aus älteren Methoden entwickelt werden konnten. Viele Studien gründen sich auf Verhaltensbeobachtungen und auf Selbstbeobachtungen von Lehrkräften. Häufig stützt man sich dabei auf die Wiedergabe von Denkprozessen; dieser Methode ist die Problematik der Validität und Zuverlässigkeit der verbalen Wiedergabe von Denkabläufen inhärent: Die Interpretation solcher Denk-Rapporte ist höchst problematisch (vgl. ERICSSON/SIMON 1980, HUBER/MANDL 1982, NISBETT/WILSON 1977). Oft werden verschiedene Methoden miteinander kombiniert, beispielsweise lautes Denken (vgl. BROMME 1981, PETERSON u. a. 1978, YINGER 1977), stimulated recall (vgl. CALDERHEAD 1981, LOWYCK 1978, MORINE 1976), policy capturing (vgl. SHULMAN/ELSTEIN 1975, TILLEMA 1983), journal keeping (vgl. STATON 1982, YINGER/CLARK 1980), repertory grid (vgl. MUNBY 1983, OLSON 1981).

In den früheren, dem Prozeß-Produkt-Modell verhafteten Untersuchungen wurden häufig größere (Lehrer-)Populationen untersucht. Im Vergleich dazu begnügen sich die Analysemodelle zur Erforschung kognitiver Prozesse im Lehrprozeß oft mit weniger als 20 Lehrkräften als Versuchspersonen (vgl. BROMME 1981, VOIGT 1983). Der Versuchsanordnung liegt mitunter die Methode kontrastiver Analyse zugrunde, etwa werden Anfänger mit erfahrenen Lehrkräften verglichen (vgl. CALDERHEAD 1983, FOGARTY u. a. 1982, HOUSNER/GRIFFEY 1983, LEINHARDT 1983).

Forschungsergebnisse: Untersuchungen zur Analyse der kognitiven Prozesse des Unterrichtens konzentrieren sich vor allem auf die Erhellung des Planungsprozesses, gewisser Aspekte des Entscheidungs- und Diagnosevorgangs und der Frage, welche impliziten oder subjektiven Theorien Lehrkräfte haben mögen. Hatte zunächst die Unterrichtsplanung im Mittelpunkt gestanden, so wurden in den letzten Jahren die anderen erwähnten Fragen untersucht. Wie sich diese Aspekte zueinander verhalten, wurde ebenfalls analysiert. Relativ wenig erforscht sind jedoch das vom Lehrer gezeigte Reflexionsverhalten, und zwar sowohl während der Planung als auch während der Realisierung von Unterricht, und die Diskrepanzen zwischen beiden (vgl. hierzu PETERS 1984); wenig erforscht ist auch das Verhältnis der Unterrichtsplanung und -realisierung zum Lehrerfolg, der sogenannten *teacher effectiveness* (vgl. DOYLE 1978, MORINE/VALLANCE 1975, PETERSON/CLARK 1978).

Die ersten *deskriptiven Analysen des Planungsverhaltens* von Lehrern (vgl. TAYLOR 1970, ZAHORIK 1975) behandeln vor allem die Diskrepanzen, die sich zwischen den Voraussagen der Lehrer über ihre Unterrichtsplanung und der tatsächlichen Unterrichtsplanung ergeben, sowie Probleme der Phasierung des Unterrichts und der Auswahl und Gestaltung des Lehrinhalts. In späteren Studien wurde untersucht, welche Funktionen die Planung, die Zeitspanne (für die geplant wird), die individuellen Planungsstile und die Planungszeit haben und welche Bedeutung dem Umstand beizumessen ist, daß die Lehrkraft den jeweiligen Lehrinhalt unterschiedlich kompetent beherrscht und sich ihn gegebenenfalls noch ganz oder teilweise aneignen muß (vgl. MISCHKE u. a. 1983).

Folgende Forschungsergebnisse liegen im einzelnen vor:
- PETERSON u. a. (vgl. 1978) untersuchten, welchen *Faktoren* die Lehrkräfte bei der Unterrichtsvorbereitung die meiste Zeit widmeten. Dabei ergab sich folgende Prioritätenliste: Inhalt (Lehrstoff), didaktisches Vorgehen und Lernaktivitäten, Einschätzung der Ausgangssituation der Schüler, verfügbare Lehrmittel und ganz zuletzt die Lehrziele.
- Der *Planungsprozeß* wurde von YINGER (vgl. 1977) auf der Grundlage des Problemlösungsmodells untersucht. Es zeigte sich, daß vor allem zyklisch geplant wird und daß von Planungsphasen gesprochen werden kann. Der Planungsprozeß kann in verschiedenen Stilen verlaufen; sie werden als linear oder zyklisch, als detailliert oder in groben Zügen verlaufend dargestellt (vgl. CLARK/YINGER 1979, LOWYCK 1978, LYDECKER 1981).
- Die Frage nach der *Funktion der Planung* wurde unterschiedlich beantwortet (vgl. CLARK/YINGER 1979, MCCUTCHEON 1980/1981): Subjektiv ist die Vorbereitung hilfreich zur Überwindung persönlicher Unsicherheit, objektiv dient sie der Realisierung des Unterrichts (Sammlung und Sichtung von Material, Planung des Unterrichtsablaufs: Einstieg, Motivationsanreize, Lehr-/Lernprozeß, Bewertung).
- YINGER (vgl. 1977) untersuchte die jeweils zu verplanenden *Zeitspannen* und ermittelte sechs Perioden: Die vorbereitenden Planungen beziehen sich auf die Unterrichtsstunde, den Tag, die Woche, den Monat, das Semester und schließlich das Jahr. Auch der Zeitpunkt der Planung innerhalb des (Schul-)Jahres beeinflußt den Planungsprozeß. In der Regel wird zu Anfang des Schuljahres eine Jahresplanung in groben Zügen entworfen, die dann durch detailliertere Kurzzeitplanungen ausgefüllt wird.
- BROMME (vgl. 1981) machte darauf aufmerksam, daß der Planungsprozeß ganz wesentlich davon bestimmt ist, in welchem Maße die Lehrkraft mit dem zu vermittelnden *Lehrinhalt* vertraut ist. Je geringer dies der Fall ist, desto intensiver wird die Suche nach geeignetem Lehrstoff ausfallen. Das Fehlen von Planungsroutinen (vgl. YINGER 1979) wird sich hier empfindlich bemerkbar machen.
- Die *Diskrepanzen zwischen Planung und Realisierung* wurden von ZAHORIK (vgl. 1975), LOWYCK (vgl. 1978), PETERSON u. a. (vgl. 1978), TILLEMA (vgl. 1983) und PETERS (vgl. 1984) untersucht. Es zeigte sich, daß die Planung für Auswahl und Reihenfolge der Lehrinhalte sowie für die Lehr-/Lernaktivitäten und das didaktische Vorgehen von Bedeutung ist. In der Unterrichtsplanung wird der Unterrichtsablauf in groben Zügen festgelegt. In der Realisierungsphase aber

wird diese Planung oft in den Hintergrund gedrängt, und es ergeben sich aufgrund der nie genau vorhersehbaren Interaktionsverläufe mit den Schülern neue Entscheidungen und auch ungeplante Handlungsabläufe.

- Weit weniger als die Vorbereitungsphase ist die *Realisierungsphase* Gegenstand wissenschaftlicher Forschung geworden. Die meisten Studien gehen von einem Modell aus, das weitgehend mit dem Entscheidungsmodell von Shavelson (vgl. SHAVELSON/STERN 1981) übereinstimmt. MARLAND (vgl. 1977), MCNAIR (vgl. 1978/1979), MARX/PETERSON (vgl. 1981) sind der Frage nachgegangen, welche didaktischen Komponenten die Lehrkräfte während der Realisierung des Unterrichts reflektieren. Es stellte sich heraus, daß den Schülern, den didaktischen Verfahren und der Organisation der Unterrichtsstunde die größte, dagegen ihren Zielsetzungen die geringste Aufmerksamkeit gewidmet wird.

- Die *Entscheidungen*, die Lehrkräfte während der Realisierung des Unterrichts treffen, wurden von MORINE/VALLANCE (vgl. 1975), MARLAND (vgl. 1977) und FOGARTY u. a. (vgl. 1982) untersucht. Gefragt wurde, wie oft, auf welche Weise und aufgrund welcher Faktoren Entscheidungen zustande kommen. Die Ergebnisse dieser Studien entbehren der Eindeutigkeit, was wohl mit der jeweiligen Begriffsbestimmung von „decision" (Entscheidung) zusammenhängt.

- Schließlich ist von einer Reihe von Forschern die *Routinebildung* untersucht worden (vgl. BROMME 1983, PETERS 1984, SHAVELSON/STERN 1981, VOIGT 1983). Routinen, die sowohl bei der Planung als auch bei der Durchführung des Unterrichts den Lehrkräften zur Verfügung stehen, wurden in diversen Publikationen auf unterschiedliche Weise beschrieben. Man differenziert zwischen Routinen, die auf Einsicht und Erfahrung zurückgehen, und solchen, die unreflektiert zu Automatismen werden.

Subjektive Theorien des Lehrerhandelns: In der nicht sehr umfangreichen deutschsprachigen empirischen Forschung spielt die Analyse der subjektiven oder „naiven" Theorien von Lehrern, mit denen diese ihr unterrichtliches Verhalten deuten, eine große Rolle. Der Fragestellung entspricht in der angelsächsischen Literatur die Erforschung der sogenannten *teacher beliefs,* deren Inhalte und Einflüsse auf das konkrete Handeln der Lehrer verschiedentlich untersucht worden sind. Dabei hat man sich unterschiedlicher Forschungsmethoden bedient: Auf der Grundlage einer Attitüdenskala, die von KERLINGER (vgl. 1967) vorgestellt worden war, haben BORKO (vgl. 1978), CONE (vgl. 1978) und RUSSO (vgl. 1978) den Einfluß von „traditionellen" Einstellungen einerseits, von „progressiven" andererseits auf das unterrichtliche Entscheidungsverhalten von Lehrern ermittelt. Sie konstatieren, daß diese Einstellungen von keinerlei Einfluß auf Unterrichtsvorbereitung und Disziplin im Klassenzimmer sind. Allerdings räumen „progressiv" eingestellte Lehrkräfte den Schülern mehr Mitspracherechte bei der Planung des Unterrichtsprogramms ein, wenden häufiger „peer tutoring" an und legen größeren Wert auf die soziale und emotionale Entwicklung der Schüler - definiert als den Lernzielen inhärente Zielsetzung - als eher „traditionell" eingestellte Lehrkräfte. Eine andere Methode zur Ermittlung des Inhalts von „teacher beliefs" ist das sogenannte „repertory grid"-Verfahren (vgl. KELLY 1955); auf ihm beruhen die Studien von OLSON (vgl. 1981) und MUNBY (vgl. 1983). ELBAZ (vgl. 1981) führte mit einer Lehrkraft eine Fallstudie durch: Anhand von Interviews versuchte sie, Inhalt, Orientierung, Struktur und kognitiven Stil dessen, was sie als „practical knowledge" bezeichnet, zu bestimmen.

In deutschen Studien werden vor allem Fragen behandelt wie: Was sind subjektive Theorien, und wie sind sie wissenschaftlich zu rekonstruieren? Das Erkenntnisziel gilt vorwiegend der Genese subjektiver Theorien von Lehrkräften (vgl. GROEBEN/SCHEELE 1977, HOFER 1981, WAHL u. a. 1983), Zuverlässigkeits- und Validitätsfragen spielen dabei eine wichtige Rolle (vgl. HUBER/MANDL 1982). Beispielsweise stellt BROMME (vgl. 1983) einen Zusammenhang zwischen subjektiven Theorien und Handlungsmustern in Form von Routinen bei Lehrkräften her und fordert, Routinen auf ihre Begründung durch subjektive Theorien hin zu untersuchen. Er erklärt Routinen als eine Form interner Kenntnisrepräsentation, die bei Lehrkräften qualitativ unterscheidbar sei und somit zu verschiedenen Routinen führen könne. VOIGT (vgl. 1983) untersucht die Rolle von „Interaktionsroutinen" im Mathematikunterricht und gelangt zu dem Ergebnis, daß sie den Lehrer in vielen Fällen über die Wahrnehmung des tatsächlichen (geringen) Lehrerfolgs hinwegtäuschen.

Probleme und Perspektiven: In der unterrichtswissenschaftlichen Diskussion zeichnen sich in letzter Zeit zwei weitere Forschungsrichtungen ab, die unser Wissen über die Struktur und die Bedingungen kognitiver Prozesse im Lehrerhandeln erweitern und in einen größeren Zusammenhang einzuordnen helfen:
- Erstens beschäftigt man sich zunehmend mit den *Umgebungsfaktoren* unterrichtlichen Handelns (vgl. DOYLE 1978). Die Bedingungen, unter denen sich das Handeln vollzieht, beeinflussen sowohl den Unterrichtsprozeß als auch die Lernresultate. Dieser ökologische Ansatz, in dem beispielsweise die Lernzeit als wesentliche Variable erscheint (vgl. BERLINER/TIKUNOFF 1976), kann als Ergänzung zu den Studien über kognitive Prozesse aufgefaßt werden.
- Dies gilt auch für die zweite Richtung, nämlich die *entwicklungspsychologisch orientierten Untersuchungen* zum Verhalten von Lehrern. In diesen Studien werden die Entwicklungen, die Lehrer in den verschiedenen Phasen ihres Studiums und ihrer Berufsausübung durchlaufen, untersucht und die dabei auftretenden Lernprozesse und Einstellungsänderungen zu erfassen versucht (vgl. SPRINTHALL/ THIES-SPRINTHALL 1983).

Der naheliegende, parallele Ansatz der Erforschung des Unterrichtshandelns und der Verhaltensweisen von *Schülern* ist demgegenüber bisher nur wenig entfaltet. Die Forschung hat sich vor allem auf die Analyse des didaktischen Handelns von Lehrern konzentriert; die komplementäre Perspektive aus der Sicht des Schülers dagegen bleibt noch weitgehend Desiderat (vgl. jedoch HEINZE 1980, WAGNER u.a. 1981, WINNE/MARX 1981/1982).

Trotz dieser Defizite ist festzuhalten, daß die vorliegenden Untersuchungen zum Planungs-, Durchführungs- und Reflexionsverhalten von Lehrern sowie die Erkenntnisse über die subjektiven Theorien, die das Lehrerhandeln steuern, die Einsichten in die Strukturen und Bedingungen dieses Handelns vertieft haben. Auf dieser Grundlage wird es möglich, Konsequenzen für die *Ausbildung* und *Weiterbildung* von Lehrern zu ziehen und zu versuchen, in systematisch aufgebauten Trainingskursen adäquates Handeln einzuüben und inadäquates Handeln soweit möglich abzustellen.

BERLINER, D. C./TIKUNOFF, W. J.: The California Beginning Teacher Evaluation Study: Overview of the Etnografic Study. In: J. of Teacher E. 27 (1976), S. 24 ff. BORKO, H.: An Examination of Some Factors Contributing to Teachers' Pre-instructional Classroom Organization and Management Decisions, Mimeo, Toronto 1978. BORKO, H. u.a.: Teachers' Decision Making. In: PETERSON, P.L./WALBERG, H.J. (Hg.): Research on Teaching, Berkeley (Cal.) 1979, S.136ff. BROMME, R.: Das Denken von Lehrern bei der Unterrichtsvorbereitung, Weinheim/Basel 1981. BROMME, R.: Was sind „Routinen" im Lehrerhandeln? Mimeo, Oldenburg 1983. CALDERHEAD, J.: A Psychological Approach to Research on Teachers' Classroom Decision Making. In: Brit. E. Res. J. 7 (1981), S.51ff. CALDERHEAD, J.: Research into Teachers' and Student Cognitions: Exploring the Nature of Classroom Practice, Mimeo, Montreal 1983. CLARK, CH. M.: Choice of a Model for Research on Teaching. In: J. of Curr. Stud. 12 (1980), S.41ff. CLARK, CH. M./ PETERSON, P.L.: Teachers' Thought Processes. In: WITTROCK, M.C. (Hg.): Handbook of Research on Teaching, New York ³1985. CLARK, CH. M./YINGER, R.J.: Teachers' Thinking. In: PETERSON, P.L./WALBERG, H.J. (Hg.): Research on Teaching, Berkeley (Cal.) 1979, S.231ff. CONE, R.: Teachers' Decisions in Managing Student Behavior, Mimeo, Toronto 1978. CORTE, E. DE u.a.: Beknopte didaxologie, Groningen 1981. DOYLE, W.: Paradigms for Research on Teacher Effectiveness. In: SHULMAN, L.S. (Hg.): Review of Research in Education 5, Itasca (Ill.) 1978, S.163ff. ELBAZ, F.: The Teachers' "Practical Knowledge". In: Curr. Inquiry 11 (1981), S.43ff. ERICSSON, K.A./SIMON, H.A.: Verbal Reports as Data. In: Psych. Rev. 87 (1980), S.215ff. FOGARTY, J.L. u.a.: A Descriptive Study of Experienced and Novice Teachers' Interactive Instructional Decision Processes, Mimeo, New York 1982. GELDER, L. VAN u.a.: Didactische Analyse, Groningen 1969. GROEBEN, N./SCHEELE, B.: Argumente für eine Psychologie des reflexiven Subjekts, Darmstadt 1977. HEIMANN, P. u.a. (Hg.): Unterricht - Analyse und Planung, Hannover u.a. 1965. HEINZE, TH.: Schülertaktiken, München/Wien/Baltimore 1980. HOFER, M. (Hg.): Informationsverarbeitung und Entscheidungsverhalten von Lehrern, München 1981. HOUSNER, L.D./GRIFFEY, D.C.: Teacher Cognition: Differences in Planning and Interactive Decision Making between Experienced and Inexperienced Teachers, Mimeo, Montreal 1983. HUBER, G.L./MANDL, H.: Verbale Daten, Weinheim/Basel 1982. KELLY, G.A.: The Psychology of Personal Constructs, 2 Bde., New York 1955. KERLINGER, F.N.: The First, and Second-order Factor Structure of Attitude Toward Education. In: Am.E.Res.J. 4 (1967), S.191ff. KLAFKI, W.: Didaktische Analyse als Kern der Unterrichtsvorbereitung. In: D. Dt. S.50 (1958), S.450ff. LEINHARDT, G.: Novice and Expert Knowledge of Individual Student's Achievement, Mimeo, Montreal 1983. LOWYCK, J.: Procesanalyse van het onderwijsgedrag, Diss., Leuven 1978. LOWYCK, J.: Het plannen van onderwijzen: een handelingstheoretische benadering. In: HALKES, R./NIJHOF, W.J. (Hg.): Planning van onderwijzen, Lisse 1982, S.49ff. LYDECKER, A.F.: Teacher Planning of Social Studies Instructional Units, Mimeo, Los Angeles 1981. MARLAND, P.W.: A Study of Teachers' Interactive Thoughts, Diss., Alberta 1977. MARX, R.W./PETERSON, P.L.: The Nature of Teacher Decision Making. In: JOYCE, B.R. u.a. (Hg.): Flexibility in Teaching, New York 1981. MCCUTCHEON, G.: How do Elementary Schoolteachers Plan? In: The Elem. S. J.81 (1980/1981), S.4ff. MCNAIR, K.: Capturing Inflight Decisions. In: E.Res.Quart. 3 (1978/1979), 4, S.26ff. MISCHKE, W. u.a.: Wie Unterricht gemacht wird, Oldenburg 1983. MORINE, G.A.: A Study of Teacher Planning, San Francisco 1976. MORINE, G./VALLANCE, E.: A Study of Teacher and Pupil Perceptions of Classroom Interaction, San Francisco 1975. MUNBY, H.: A Qualitative Study of Teachers' Beliefs and Principles, Mimeo, Montreal 1983. NISBETT, R.E./WILSON, T.D.: Telling More Than We Can Know: Verbal Reports on Mental Processes. In: Psych. Rev. 84 (1977), S. 231 ff. OLSON, J.K.: Teacher Influence in the Classroom. In: Instruct.Sc. 10 (1981), S.259ff. PETERS, J.J.: Teaching: Intentionality, Reflection and Routines. In: HALKES, R./OLSON, J.K. (Hg.): Teacher Thinking. A New Perspective on Persisting Problems in Education, Lisse 1984, S.19ff. PETERSON, P.L./ CLARK, CH.M.: Teachers' Reports of Their Cognitive Processes During Teaching. In: Am.E.Res.J. 15 (1978), S.555ff. PETERSON, P.L. u.a.: Teacher Planning, Teacher Behavior and Student Achievement. In: Am.E.Res.J. 15 (1978), S.417ff. RUSSO, N.A.: Capturing Teachers' Decision Policies: An Investigation of Strategies for Teaching, Reading and Mathematics, Mimeo, Toronto 1978. SHAVELSON, R.J.: Teachers' Decision Making. In: GAGE, N.L. (Hg.): The Psychology of Teaching Methods. National Society Study of Education, Chicago 1976, S.372ff. SHAVELSON, R.J./STERN, P.: Research on Teachers' Pedagogical Thoughts, Judgements, Decisions and Behavior. In: Rev.of E.Res. 51 (1981), 4, S.455ff. SHULMAN, L.S./ELSTEIN, A.S.: Studies of Problem Solving, Judgement and Decision Making. In: KERLINGER, F.N. (Hg.):

Review of Research in Education 5, Itasca (Ill.) 1975. SPRINTHALL, N. A./THIES-SPRINTHALL, L.: The Teacher as an Adult Learner: A Cognitive-development View. In: GRIFFIN, G. A. (Hg.): Staffdevelopment. National Society for the Study of Education (NSSE), Chicago 1983, S. 13 ff. STATON, J.: Dialogue Journal Writing as a Communicative Event, Bd. 1, Washington 1982. TAYLOR, P. H.: How Teachers Plan their Courses. National Foundation of Educational Research, Bucks 1970. TERHART, E.: Psychologische Theorien des Lehrerhandelns. In: D. Dt. S. 76 (1984), S. 3 ff. TILLEMA, H. H.: Leerkrachten als ontwerpers, Diss., Utrecht 1983. VOIGT, J.: Interaktionsmuster und Routinen im fragend-entwickelnden Mathematikunterricht, Diss., Bielefeld 1983. WAGNER, A. C. u. a.: Unterrichtspsychogramme, Reinbek 1981. WAHL, D. u. a.: Naive Verhaltenstheorie. Abschlußbericht eines Forschungsvorhabens zur Rekonstruktion und Validierung subjektiver psychologischer Theorien, Universität Oldenburg, Oldenburg 1983. WINNE, P. H./MARX, R. W.: Students' and Teachers' Views of Thinking Processes for Classroom Learning. In: The Elem. S. J. 82 (1981/1982), S. 493 ff. YINGER, R. J.: A Study of Teacher Planning: Description and Theory Development Using Ethnographic and Information Processing Methods, Diss., Michigan 1977. YINGER, R. J.: Routines in Teacher Planning. In: Th. into Prac. 18 (1979), S. 163 ff. YINGER, R. J./CLARK, CH. M.: Reflective Journal Writing: Theory and Practice. Institute for Research on Teaching, Michigan State University, o. O. 1980. ZAHORIK, J. A.: Teachers' Planning Models. In: E. Leadersh. 33 (1975), 2, S. 134 ff.

John J. Peters

Lehrgang

Allgemeine Einordnung. Der Begriff Lehrgang findet weit über den schulischen Bereich hinaus Anwendung. Er wird für Angebote der organisierten Freizeit ebenso eingesetzt wie für Formen der Erwachsenenbildung.

Im schulischen Bereich ist die Verwendung des Begriffes Lehrgang mehrdeutig: Er bezeichnet „in der Sprache der Schulverwaltung [...] eine Lehrveranstaltung mit weniger als einem halben Jahr Ganztagsunterricht oder unter 600 Unterrichtsstunden überhaupt" (DOLCH 1963, S. 92). In der pädagogischen Umgangssprache begegnet uns der Lehrgangsbegriff vor allem im Zusammenhang mit der Vermittlung relativ eng begrenzter Lerninhalte. Er hebt sich hierdurch vom allgemeinen Unterricht und von Förder- und Differenzierungskursen ab. Die Begriffe „Lehrgang" und „Kurs" werden im schulischen Bereich – anders als im außerschulischen Bereich – nicht synonym verwendet. Der Lehrgangsbegriff gehört trotz seiner terminologischen Mehrdeutigkeit zu den zentralen Begriffen der Unterrichtsorganisation, und eine Vielzahl schulischer Aktivitäten orientiert sich bewußt oder unbewußt an Lehrgangsstrukturen.

Konstitutive Merkmale. Neben der Beschränkung auf klar umrissene, aus dem übrigen Unterricht ausgliederbare Inhalte (vgl. SAUER 1970, S. 248) lassen sich weitere Merkmale des Lehrgangsbegriffes beschreiben:

– Lehrgang bezeichnet „eine bestimmte im voraus festgelegte Ordnung oder Form, in der die Einzelinhalte eines Bereichs zum Zwecke des Lehrens aufeinanderfolgen" (SCHWAGER o. J., S. 106; vgl. auch KAMMLER 1932, S. 222). Lehrgänge können also im Unterschied zu anderen Formen des Unterrichts über einen größeren Zeitraum hinweg vorausgeplant sein und ohne wesentliche inhaltliche oder organisatorische Änderung wiederholt zur Anwendung kommen.

– Alle Einzelschritte und alle Einzelinhalte eines Lehrgangs müssen sich friktionsfrei aus dem Lehrgangsziel ableiten lassen. Sie müssen so angeordnet sein, daß jeder neue Lernschritt auf den vorhergehenden Einzelschritt aufbaut und als Voraussetzung und Vorbereitung für den nächsten Teilschritt dient (vgl. WILLMANN 1909, S. 459).

Lehrgang

- Mit dem Lehrgangsbegriff ist ein deutliches Informations- und Kompetenzgefälle zwischen dem Lehrenden und dem/den Lernenden verbunden. Eine solche hierarchische Struktur kann auch in objektivierter Form mit Hilfe von schriftlich fixierten Informationen (beispielsweise als Studienbrief) realisiert werden.

Die Merkmalsbeschreibung läßt die Nähe des Lehrgangsbegriffes zum Begriff „planmäßige Unterweisung" deutlich werden, und diese steht zumindest in der traditionellen Schule weitgehend synonym für den Begriff „Unterricht".

Gestaltungsprinzipien. Für die didaktische Realisation von Lehrgangszielen lassen sich im wesentlichen zwei ordnungsstiftende Prinzipien aufweisen:
- Der Lehrgang kann der Eigengesetzlichkeit des jeweiligen Sachverhaltes folgen, das heißt, er nimmt seinen Ausgang von den sachlogischen Elementen und führt durch deren Verknüpfung systematisch zu immer komplexeren Sachverhalten. Der Lehrgangsaufbau ergibt sich dann im wesentlichen aus der fachwissenschaftlichen Analyse des Gegenstandes.
- Ordnungsstiftend für den lehrgangsgemäßen Aufbau eines Lernstoffes kann aber auch die Auseinandersetzung mit dem Lernenden oder der Lerngruppe, an die sich die „Lehre" wendet, sein. An die Stelle der fachwissenschaftlichen Strukturen treten dann die Gesetzmäßigkeiten des Lernens, die sich aus der Analyse des vermuteten Lernvermögens sowie der alters- und entwicklungsgemäßen Aneignungs- und Verarbeitungsstrategien ergeben.

Alle weiteren Ansätze (vgl. LOSER 1977, S. 222 f.) lassen sich mehr oder weniger geradlinig auf diese beiden Grundprinzipien reduzieren. Dabei stehen der fachbezogene/systematische Ansatz und der lernorientierte/psychologische Ansatz keineswegs in einer sich ausschließenden Stellung zueinander. Sie durchdringen sich vielmehr wechselseitig: Ein Lehrgang kann nur als Synthese beider Prinzipien konzipiert werden. Er muß sich immer sachlogischen und adressatenbezogenen Aspekten unterwerfen, wenn er mit Aussicht auf Erfolg durchlaufen werden soll. Tatsächlich wenden sich Lehrgänge - zumal im Bereich der Schule - an relativ genau definierte Adressaten: zum Beispiel an die Schüler der ersten Klasse oder an Kinder, die noch nicht lesen und schreiben können. Bei der Konzeption eines Lehrgangs geht es also weniger um die Frage nach einer fachwissenschaftlichen *oder* adressatenbezogenen Ausrichtung als vielmehr darum, in welchem Verhältnis fachbezogene/systematische und lernorientierte/psychologische Aspekte zueinander stehen. Hieraus folgt, daß die Entwicklung von alternativen Lehrgangskonzepten zumindest immer dann möglich ist, wenn das sachlogisch Einfache und das psychologisch Einfache nicht in einem Punkt zusammenfallen (vgl. MUTH 1967, S. 55 f.).

Historische Aspekte – Gegenwärtige Bedeutung. In früheren pädagogischen Epochen waren die Begriffe Lehrgang und Unterricht, vorwiegend als lehrerzentrierte Unterweisung verstanden, weitgehend identisch. Allerdings ergaben sich im Laufe der Jahrhunderte deutliche Unterschiede hinsichtlich der Gestaltungsprinzipien und der didaktischen Formgebung, so bei Comenius, Rousseau, Pestalozzi und Herbart (vgl. SCHWAGER o. J., S. 15 ff.). Am Ende des 19. Jahrhunderts hat Willmann in der „Didaktik als Bildungslehre" eine relativ genaue Abgrenzung des Lehrgangsbegriffes vorgenommen. Er unterscheidet drei didaktische Stufen, und zwar
- die didaktische Technik, das Lehrverfahren,
- die didaktische Formgebung, den Lehrgang,
- und die didaktische Organisation, den

Lehrplan (vgl. WILLMANN 1909, S. 416).

Das „Prinzip des Lehrgangs [ist] die organisch-genetische Gliederung des Stoffes" (WILLMANN 1909, S. 520) der einzelnen Unterrichtsfächer. Der Lehrgang bildet mithin den Rahmen, in dem sich die gestaltende Tätigkeit des Lehrers, das Lehrverfahren, entfalten kann.

Durch das Aufkommen stärker schülerzentrierter Arbeitsweisen in der Reformpädagogik wurde der Lehrgang zu einer speziellen, von anderen Formen zu unterscheidenden Unterrichtsform. Im Schrifttum der Jena-Plan-Pädagogik kennzeichnet der Begriff Lehrgang „die planmäßig, methodisch fortschreitende Lehrtätigkeit", die sich von den sonst üblichen Lernsituationen (Gruppenunterricht) deutlich unterscheidet (DOLCH 1963, S. 92). Petersen sprach 1927 in diesem Zusammenhang von der Sicherung eines „Mindestlernstoffs", vom „eisernen Bestand" und von der Übermittlung dessen, „was um der ‚allgemeinen Bildung' willen heute zu wissen nötig ist" (PETERSEN 1959, S. 48).

Neue Dynamik bekam der Lehrgangsbegriff im Zuge der bildungspolitischen Diskussion am Ende der 60er Jahre. Zur Ablösung überkommener Bildungsinhalte („Heimatkunde") und der in der Grundschule favorisierten Organisationsform („Gesamtunterricht") wurde der Lehrgangsbegriff geradezu als Kampfbegriff eingesetzt. Das Prinzip der Wissenschaftsorientierung allen Unterrichts trat auch für den Bereich der Grundschule in den Mittelpunkt. Zur Realisierung dieses Prinzips sollte die Organisation der Unterrichtsinhalte in eigenständigen Lehrgängen beitragen (vgl. DEUTSCHER BILDUNGSRAT 1970, S. 48; vgl. RICHTLINIEN ... 1969, S. 9). Hinter dem Paradigmenwechsel vom „Gesamtunterricht" zum „wissenschaftsorientierten Lehrgang" verbarg sich im Kern der Wechsel von einem mehr psychologisch ausgerichteten Gang der Lehre (Lebensraumbezug, vom Nahen zum Weiten, Anordnung der Inhalte in konzentrischen Kreisen) zu einer sachlogisch-systematischen Orientierung (Eigengesetzlichkeit der Sachverhalte, Wissenschaftsorientierung, Fächerpropädeutik). Die etwa zur gleichen Zeit aufkommende Curriculumdiskussion überlagerte beziehungsweise beendete die Beschäftigung mit dem Lehrgangsbegriff. Gegenwärtig findet keine erkennbare Diskussion dieses Begriffes statt. Dennoch spricht einiges dafür, daß der Lehrgang als Organisationsform im schulischen Bereich wieder an Bedeutung gewinnen könnte:

– Die Schülerorientierung des Unterrichts wird sich auf die Dauer nicht lediglich auf individuelle Zeitpläne und Arbeitsverfahren beschränken. In dem Maße, in dem die Inhaltsebene in die Mitverantwortung der Schüler einbezogen wird, wird jedoch der Bedarf an Organisationsformen steigen, die ein gemeinsames Wissensfundament für alle Schüler garantieren. Zu diesen Organisationsformen zählt der bewußt geplante, hierarchisch aufgebaute Lehrgang.

– Seit der Schulreformbewegung ist immer wieder die Frage diskutiert worden, wie das starre Jahrgangsklassensystem überwunden oder doch zumindest partiell aufgehoben werden kann. Auch hierfür bietet die Organisationsform „Lehrgang" relativ günstige Voraussetzungen.

– Lehrgänge können in allen Stufen des Bildungssystems zur Realisierung der erforderlichen Differenzierungsmaßnahmen sowohl für Spitzenleistungen als auch für Stütz- und Förderprogramme beitragen.

Dolch, J.: Grundbegriffe der pädagogischen Fachsprache. München ⁴1963. Deutscher Bildungsrat: Strukturplan für das Bildungswesen. Empfehlungen der Bildungskommission, Bonn 1970. Kammler, B.: Lehrgang. In: Spieler, J. (Hg.): Lexikon der Pädagogik der Gegenwart. Bd. 2, Freiburg 1932, Spalte 222 f. Kerschensteiner, G.: Betrachtungen zur Theorie des Lehrplans, München ²1901. Loser, F.: Lehrgang. In: Willmann-Institut (Hg.): Wörterbuch der Pädagogik, Bd. 2, Freiburg/Basel/Wien 1977, S. 225 ff. Muth, J.: von acht bis eins. Situationen aus dem Schulalltag und ihre didaktische Dimension, Essen 1967. Otto, B.: Der Lehrgang der Zukunftsschule, Berlin ³1928. Otto, B.: Ratschläge für den häuslichen Unterricht, Heidelberg 1965. Petersen, P.: Der kleine Jena-Plan. Braunschweig 1959. Richtlinien und Lehrpläne für die Grundschule – Schulversuch in Nordrhein-Westfalen, Wuppertal 1969. Sauer, K.: Lehrgang. In: Horney, W. u. a. (Hg.): Pädagogisches Lexikon. Bd. 2, Gütersloh 1970, Spalte 248 f. Schwager, K. H.: Wesen und Form des Lehrgangs im Schulunterricht. Weinheim o. J. Willmann, O.: Didaktik als Bildungslehre. Braunschweig ⁴1909.

Wilhelm Topsch

Lehrplan

Begriff. Der Lehrplan kodifiziert Bildungsvorstellungen und Lehrinhalte und ist auf eine bestimmte Schulart - beziehungsweise Schulstufe - bezogen. Aussagen über Zielsetzungen von Unterricht, über Umfang, Reihenfolge und Zuordnungen der Inhalte zu bestimmten Jahrgängen strukturieren ihn. Der Lehrplan hat Rechtsstatus. Gegenwärtig ist er eine *Verwaltungsvorschrift* mit rechtsverbindlichen, aber auch mit rechtsfreien Anteilen. Lehrpläne koordinieren die Arbeit der einzelnen Schulen und ermöglichen damit vergleichbare Abschlüsse. Sie legen den Rahmen bei der Produktion von Unterrichtsmedien fest und bilden Grundlage und Bezugspunkt für Leistungsbeurteilung und Auslese. Außerdem markieren und garantieren sie Freiräume für einen (lehrplanlosen) Unterricht (vgl. Sacher 1983, S. 326).

Es ist die Hauptfunktion des Lehrplans, inhaltliche Vorgaben für den Unterricht festzulegen. Er verkörpert den Inhaltskanon einer Kultur, repräsentiert einen traditionswürdigen Bestand und trägt damit zur Stabilität der Kultur sowie zur Kontinuität der kulturellen Entwicklung bei. Der Lehrplan ist als gemeinsamer Nenner unterschiedlicher gesellschaftlicher Rechte und Interessen immer auch der sichtbare gesellschaftspolitische Kompromiß. Strittig ist seine innovative Funktion. Es gab und gibt Beispiele, die eine initiierende Funktion von Lehrplänen bei schulischen Neuerungen belegen. Häufiger aber gehen schulische Veränderungen von anderen Instanzen aus und werden erst nachträglich von Lehrplänen registriert und „gebilligt".

Zur Geschichte des Lehrplans. Lehrpläne gehören zu den bedeutenden Zeugen der Erziehungswirklichkeit. Vorformen finden sich im griechischen Bildungsideal der *Paideia,* einem Programm für die Gesellschaft der Freien, die sich neben der altgriechischen Adelsgesellschaft herausbildete. Unter Plato und Aristoteles gewann die *Enkyklios paideia* Gestalt. Sie war ein Vorläufer der *septem artes liberales,* der im Altertum und im abendländischen Mittelalter vorherrschenden „Lehrordnung". Bemerkenswert ist die aus heutiger Sicht ungewöhnliche Anordnung der sieben Fächer: Sie wurden nacheinander durchlaufen. Es gab keine Jahrgangsklassen, sondern Stoffklassen. Zum nächsten Fach durfte fortschreiten, wer das vorangegangene erfolgreich absolviert hatte. Der Lehrplan nahm somit Einfluß auf die Schulorganisation.

Der Artes-Lehrplan bildete sowohl die Grundlage für die Ausbildung und Bildung des Klerus als auch für die der Ritter. Er erfuhr erst mit der Renaissance und der Reformation größere Korrekturen. Der Buchdruck ermöglichte die Verbreitung von Büchern, die nun auch in deutscher Sprache erschienen. Damit war die Voraussetzung geschaffen, Muttersprache in den Lehrplan aufzunehmen. Geschichte wurde zum Schulfach, weil mit der Renaissance eine Rückbesinnung (nicht nur auf das Altertum) einherging. Später, im Zeitalter des Merkantilismus, hielten Realienfächer den Einzug in den Lehrplan. Die Veränderungen zu Beginn der Neuzeit verdeutlichen die Abhängigkeit des schulischen Kanons von der ökonomischen, der sozialen und der geistigen Situation der jeweiligen Zeit.

Für einen lehrplangeschichtlich bedeutsamen Einschnitt sorgten die Didaktiker Ratke und Comenius. An die Stelle eines stofforientierten Stufenganges traten nun die *„konzentrischen* Kreise": Schüler wurden möglichst gleichaltrig eingeschult, allen Schülern einer Altersstufe wurden alle Stoffgebiete gleichzeitig angeboten. Jahrgangsklassen wurden gebildet, wie wir sie heute noch kennen. Darüber hinaus führte das Prinzip der konzentrischen Kreise auch zur Einführung anthropologischer, speziell psychologischer Kriterien, die in der Lehrplanarbeit seit der Aufklärung präzisiert wurden (Rousseau, Pestalozzi, Herbart). Die Perspektive kindlicher und jugendlicher Fassungskraft, „Reife" für bestimmte Stoffe, war damit bewußtgemacht.

Vertreter, der reformpädagogischen Bewegung wie Petersen, Montessori, Berthold Otto forderten eine neue Schule (vgl. NOHL 1963, S. 43), in der der Bildungsmaterialismus überwunden und einer Bildung der geistigen und seelischen Kräfte des Individuums der Vorzug eingeräumt werden sollte. Gefragt war damit allerdings nicht ein neuer Lehrplan, sondern gerade eine Rücknahme administrativ verordneter Inhalte (vgl. RUDE 1932, S. 215). *Richtlinien* für den Unterricht wurden gefordert und in den 20er Jahren auch eingeführt. Die 50er und 60er Jahre knüpften zunächst an die Tradition der reformpädagogischen Bewegung an, ehe im Zusammenhang der Curriculumdiskussion eine umfassende Lehrplanreform unter der Regie der Wissenschaften gefordert wurde. Angesprochen waren die Humanwissenschaften und die Bezugswissenschaften der Unterrichtsfächer (vgl. ROBINSOHN 1967). Anläufe wurden gemacht (beispielsweise in Hessen), die Ansprüche ließen sich indes kurzfristig nicht verwirklichen. Zudem wurden die Chancen überschätzt, über die Lehrplanreform Innovationen in der Schule durchzusetzen.

Lehrplantheorien. Die ersten Lehrplantheorien waren normative Theorien, da sie von einem inhaltlich bestimmten Menschenbild ausgingen und daraus schulische Bildungsinhalte ableiteten, diese systematisierten und legitimierten. Klassische Beispiele solcher Theorien sind die „Didactica magna" (vgl. COMENIUS 1982), das scholastische Curriculum von Morhof und der „Versuch einer Pädagogik" von Trapp. Zwar weisen sie Unterschiede bei der Bestimmung der menschlichen Natur auf und entwickeln damit auch jeweils unterschiedliche Schwerpunkte bei der Festlegung des inhaltlichen Programms. Ihr Anspruch jedoch reicht jeweils von einer *anthropologischen Fundierung bis zu einer enzyklopädischen Ordnung* des Lehrplans.

In der lehrplantheoretischen Diskussion des 19. Jahrhunderts wird dieser umfassende Anspruch zurückgenommen. Im Mittelpunkt stehen Gestaltungsprinzipien für den Lehrplan. Bei DÖRPFELD (vgl. 1962) ist der Aufbau des Lehrplans zentrales Thema. Gegenüber der Artes-Tradition ist die Forderung geradezu revolutionär, man solle erst die Sache kennenlernen und sich dann mit sprachlichen Formalien abgeben. Mit Dörpfeld

differenziert und spezialisiert sich gleichzeitig die Lehrplantheorie: Zwar nennt er noch unverzichtbare Inhalte des Lehrplans, sein Augenmerk gilt aber mehr der Perspektive von *Auswahl und Anordnung* von Lehrplaninhalten.
Die geisteswissenschaftliche Pädagogik führt diese Diskussion zwar fort, stellt sie indes unter neue Voraussetzungen. Durch ihren eigenen Anspruch, von der Erziehungswirklichkeit auszugehen und diese verstehend zu erfassen, gerät sie gleichzeitig in Schwierigkeiten mit den herkömmlichen Lehrplantheorien, die normativ angelegt und der Erziehungswirklichkeit vorgeschaltet sind. Der geisteswissenschaftliche Pädagoge kann indes nur von vorhandenen Lehrplänen ausgehen und versucht, diese als Ergebnis eines Kampfes geistiger Mächte zu begreifen (vgl. WENIGER 1956). Der Lehrplanpraktiker erfährt dadurch zwar von Bedingungen und Zwängen, denen er bei Entscheidungen ausgesetzt ist, eine inhaltlich und methodisch gehaltvolle Theorie scheint aber nach wie vor erforderlich, will man den Zufälligkeiten von Alltagswissen entkommen.
Die Curriculumdiskussion der 70er Jahre ist unter lehrplantheoretischen Gesichtspunkten als Versuch zu bewerten, umfassende Ansätze erneut zu favorisieren, indem Inhalte wissenschaftlich legitimiert, Entscheidungen rationalisiert, Konstruktionsprinzipien für curriculare Entscheidungsprozeduren aufgestellt und diskutiert werden (vgl. BLANKERTZ 1973, FLECHSIG/HALLER 1973, ROBINSOHN 1967). Ein weiteres Verdienst der Curriculumdiskussion: Sie hat neben dem Entstehungszusammenhang von Lehrplänen auch deren Verwendungszusammenhang thematisiert. Die Lehr-/Lernforschung konnte die Fragen nach dem Einfluß von Lehrplänen auf den Unterricht sowie nach dem Rezeptionsverhalten von Lehrern wegen der Komplexität der Entscheidungsfelder noch nicht eindeutig beantworten (vgl. BITTLINGER u.a. 1980, BRINKMANN-HERZ 1984). Eine Theorie der Lehrplanverwendung steht daher noch aus.

Reformtendenzen. Die Curriculumdiskussion hat für die Lehrplantheorie und -praxis Forderungen formuliert, die sich scheinbar widersprechen: Zum einen bringt der im Curriculumbegriff beanspruchte Implikationszusammenhang von inhaltlichen und methodischen Entscheidungen eine Erweiterung der Lehrplanaussagen, wovon viele Bildungsverwaltungen in der Vergangenheit Gebrauch machten. Andererseits kommt in den Konzepten offener Curricula der weitgehende Verzicht auf Vorgaben von zentralen Instituten (und dazu zählen auch staatliche Lehrplanstellen) zum Ausdruck (vgl. BECKER u.a. 1974, S. 105 ff.). Vor diesem Hintergrund hat die Lehrplanung für ein demokratisches Erziehungswesen sowohl in bildungspolitischer als auch pädagogischer Hinsicht die Aufgabe, kulturell-gesellschaftliche Notwendigkeiten und individuelle Bedürfnisse in Einklang zu bringen. Ersteres macht einen verbindlichen Rahmen notwendig, letzteres wird durch garantierte Freiräume ermöglicht.
Nach den Vorstellungen des Deutschen Juristentages sollen Lehrpläne künftig nicht mehr als Verwaltungsvorschriften, sondern als *Rechtsverordnungen* erlassen werden. Sie sind nämlich der neueren Rechtsprechung des Bundesverfassungsgerichts zufolge als *wesentliche Materialien* einzustufen und fallen deshalb in die Zuständigkeit der Landesparlamente, allerdings nur in der *grundrechtlich bedeutsamen Substanz*. Das bedeutet, daß in die Rechtsverordnungen nur die wesentlichen Ziele der Unterrichtsfächer aufgenommen werden. Der Juristentag lehnt jede enzyklopädische Vollständigkeit ab, „damit Raum bleibt für die Gestaltung des Unterrichts durch den einzelnen Lehrer" (SCHULE IM RECHTSSTAAT 1980, S. 171).
Betrachtet man Struktur und Funktion solcher Rechtsverordnungen, so scheint

dafür der Begriff „Richtlinien" wohl angemessener. Allerdings sind diese im Gegensatz zu den Richtlinien der 20er Jahre nicht in erster Linie aus pädagogischen Motiven gefordert.

Die Rücknahme birgt indes auch Gefahren: Freiraum kann Beliebigkeit, ja Willkür bedeuten. Soll ein Rückfall in leerformelhafte Aussagen vermieden werden (vgl. ROBINSOHN 1967), sind vor allem zwei Bereiche der schulischen Infrastruktur zu verändern:

Erstens: Lehrpläne mit festumrissenen Verbindlichkeiten und Freiraumgarantie lassen sich nur mit einem neuen *Planungsparadigma* verwirklichen. Weder ein planrationaler Ansatz, ein Paradigma der zentralen Curriculuminstitute, noch ein handlungsorientierter, der Planung nur im unmittelbaren Kontakt mit dem Handlungsfeld und den Adressanten zuläßt, werden dem Verwendungszusammenhang solcher Lehrpläne gerecht, da der erste die bildungspolitische und pädagogische Verantwortung des einzelnen Lehrers, der zweite die des Gesetzgebers ausklammert. Zu favorisieren wäre ein vermittelndes Paradigma: Der Lehrplan enthält Entscheidungsprämissen, die unter der einmaligen Gegebenheit des Unterrichts *appliziert,* das heißt interpretiert und ausgelegt werden. Beim *applikativen Planungsparadigma* wird vor Ort entschieden, allerdings aufgrund von Ziel- und Inhaltsvorgaben, die als Rahmen gesetzt sind (vgl. KAISER 1983, S. 355).

Zweitens: Die Entscheidung vor Ort bedarf aber trotzdem inhaltlich präzisierter Anregungen. Relativ abstrakte Lehrpläne benötigen demnach als Komplement reichhaltige Curriculummaterialien, die als freie Angebote Anregungspotential und Entscheidungshilfe darstellen.

Sowohl das Planungsparadigma als auch die Curriculummaterialien schränken die pädagogische Autonomie des Lehrers ein. Reformvorschläge dieser Art können deshalb nur vertreten werden, wenn die Entscheidungsvorgaben demokratisch legitimiert sind. Deshalb muß auch das Verfahren der Lehrplanerstellung und die Kontrolle der Curriculummaterialien durch die Bildungsverwaltung mehr Transparenz erhalten, was durch eine vom Gesetzgeber abgesegnete Verfahrensordnung erreicht werden kann.

BECKER, H. u.a.: Das Curriculum. Praxis, Wissenschaft und Politik, München 1974. BITTLINGER, L. u.a.: Lehrer und Lehrplan in der Grundschule, München 1980. BLANKERTZ, H. (Hg.): Fachdidaktische Curriculumforschung. Strukturansätze für Geschichte, Deutsch, Biologie, Essen 1973. BLÄTTNER, F.: Geschichte der Pädagogik, Heidelberg ^{4}1956. BRINKMANN, G. u.a. (Hg.): Theorie der Schule. Schulmodelle: Reformpädagogik, Königstein 1980. BRINKMANN-HERZ, D.: Der Einfluß innovativer Lehrpläne auf die Unterrichtsplanung der Lehrer, Bern/Frankfurt 1984. BRÜGELMANN, H.: Strategien der Curriculumreform. Eine kritische Bestandsaufnahme der Curriculumarbeit in den Ländern der Bundesrepublik Deutschland, Tübingen 1975. COMENIUS, J.A.: Große Didaktik, hg. v. A. Flitner, Stuttgart ^{5}1982. DOLCH, J.: Lehrplan des Abendlandes. Zweieinhalb Jahrtausende seiner Geschichte, Ratingen ^{2}1965. DÖRPFELD, F.W.: Schriften zur Theorie des Lehrplans, Bad Heilbrunn 1962. EGGERSDORFER, F.X.: Jugendbildung, München ^{4}1956. FLECHSIG, K.-H./HALLER, H.-D.: Entscheidungsprozesse in der Curriculumentwicklung, Stuttgart 1973. FLITNER, W.: Allgemeine Pädagogik, Stuttgart ^{4}1957. HALLER, H.-D.: Prozeßanalyse der Lehrplanentwicklung in der Bundesrepublik Deutschland, Konstanz 1973. HECKEL, H.: Einführung in das Erziehungs- und Schulrecht, Darmstadt 1977. KAISER, A.: Curriculumforschung als Planungstheorie. In: P. Rsch. 37 (1983), S. 343 ff. KERSCHENSTEINER, G.: Theorie der Bildung, Leipzig/Berlin ^{2}1928. NOHL, H.: Die pädagogische Bewegung in Deutschland und ihre Theorie, Frankfurt/M. ^{6}1963. RATKE, W.: Die neue Lehrart: Pädagogische Schriften, hg. v. G. Hohendorf, Berlin (DDR) 1957. ROBINSOHN, S.B.: Bildungsreform als Revision des Curriculum, Neuwied/Berlin 1967. RUDE, A.: Die neue

Schule und ihre Unterrichtslehre, Osterwieck/Leipzig ⁴1932. SACHER, W.: Kodifizierte Bestimmungsfaktoren curricularer Lernereignisse: Lehrpläne. In: HAMEYER, U. u. a. (Hg.): Handbuch der Curriculumforschung, Weinheim/Basel 1983, S.325 ff. SANTINI, B./TRIER, U. P.: Funktionen von Lehrplänen. In: Schweiz. S. 65 (1978), S. 427 ff. SCHULE IM RECHTSSTAAT. Bd. 2: Gutachten für die Kommission Schulrecht des Deutschen Juristentages, München 1980. WENIGER, E.: Didaktik als Bildungslehre, Teil 1: Theorie der Bildungsinhalte und des Lehrplans, Weinheim ²1956. WILLMANN, O.: Didaktik als Bildungslehre, Freiburg/Wien 1957.

Hartmut Hacker

Lehrplan, heimlicher

Begriff. Der gemeinsame Nenner der Bedeutungsvarianten, in denen der Begriff „heimlicher Lehrplan" gebraucht wird, läßt sich in dem Satz zusammenfassen: Was in der Schule vorgeht und was dort gelernt wird, ist nur zu einem geringen Teil als Inhalt des offiziellen Lehrplans ausgewiesen und weitgehend unbekannt.

Überwiegend werden mit dem Begriff „heimlicher Lehrplan" die *sozialen* Lernerfahrungen von *Schülern* bezeichnet, die diese dadurch machen, daß sie in und mit den organisatorischen und curricularen Strukturen der Schule leben – „Die Schule – als Institution – erzieht" (BERNFELD 1973, S. 28). Diese begriffliche Eingrenzung wird allerdings spätestens in konkreten Analysen des Lebens in der Schule kaum noch durchgehalten, so daß dann unter der Überschrift „heimlicher Lehrplan" alle Aspekte der Schule und des Lebens in der Schule behandelt werden, die nicht zum offiziellen Bild der Schule gemäß Richtlinien oder Hausordnungen gehören. Es ist dann also nicht nur die Rede von *Lern-* oder *Lehr*prozessen, sondern allgemein vom Handeln, Denken und Erleben (vor allem) der Schüler.

Der Begriff „heimlicher Lehrplan" ist eine freie Übertragung des Begriffs „hidden curriculum" (vgl. JACKSON 1968, SNYDER 1971) – eine Schöpfung ZINNECKERS (1975 a, b), der den Begriff im Jahre 1973 mit dem Thema „Der heimliche Lehrplan – Was wirklich gelernt wird" in der Zeitschrift „betrifft: erziehung" in die bundesrepublikanische Diskussion einführte. Beiträge zur Frage, was denn wirklich in der Schule gelernt wird, finden sich inzwischen allerdings kaum noch unter der Überschrift „heimlicher Lehrplan" (eine nennenswerte Ausnahme ist MEIGHAN 1981, S. 51 ff.), sondern eher in solchen Arbeiten, die die Alltagserfahrungen von Schülern oder allgemeiner das Schulleben zum Gegenstand haben – wie etwa „Schüler im Schulbetrieb" (REINERT/ZINNECKER 1978 a), „Schülertaktiken" (HEINZE 1980), „Pupils Strategies"; „Teacher Strategies" (WOODS 1980 a, b), „Life in the Classroom and Playground" (DAVIES 1982).

Wenn der Begriff „heimlicher Lehrplan" die Tatsache betont, *daß* Schüler neben dem, was sie in der Schule offiziell lernen sollen, immer auch anderes lernen, wiederholt er lediglich, was unter dem Begriff der „funktionalen Erziehung" (vgl. KRIECK 1922) seit langem bekannt war. Der „heimliche Lehrplan" engt hier nur die Betrachtung, die im Falle der „funktionalen Erziehung" alle nichtintentionalen Einflüsse auf den Menschen innerhalb *und* außerhalb der Schule einschloß, auf den Rahmen der Schule ein. *Daß* also Schüler vieles lernen, von dem im offiziellen Lehrplan nicht die Rede ist, war demnach keineswegs „heimlich" oder verborgen (vgl. BECK 1974, 1975).

Eine gewisse Berechtigung hatte allerdings die Rede vom „heimlichen Lehrplan" in der konkreten bildungspolitischen Situation der beginnenden 70er Jahre, weil das Wissen um diese nichtgeplanten Lernerfahrungen in der bis dahin überwiegend auf die offizielle Seite der Schule fixierten Unterrichtsforschung und Schulreform in Vergessenheit geraten war. Der Hinweis auf den „heimlichen Lehrplan" dämpfte hier – nicht zuletzt angesichts „ungewollter Nebenwirkungen" (vgl. SPRANGER 1965) der Schulreform (vgl. BERNHARDT u.a. 1974) – die Hoffnungen, schulische Lernprozesse annähernd lückenlos plan- und berechenbar machen zu können.

Neues brachte die mit dem Begriff „heimlicher Lehrplan" gemeinte Fragerichtung insofern, als sie *differenzierter* nach dem fragte, *was* in der Schule neben den offiziellen Inhalten auch gelernt wird. Während in den Beiträgen zur „funktionalen Erziehung" eher allgemein davon die Rede war, daß Menschen durch das Leben in einer konkreten Gemeinschaft (nicht näher bezeichnete) Einstellungen und Verhaltensweisen erwerben, wurde jetzt genauer gefragt, *welche konkreten* Merkmale des Lebens in der Schule *welche* Einstellungen und Verhaltensmuster der Schüler begünstigen.

Dimensionen des heimlichen Lehrplans.
Eine Reihe empirischer Untersuchungen und beispielhafter Erläuterungen des mit dem Begriff Gemeinten liegt inzwischen vor. Es ist beispielsweise gefragt worden, welche Erfahrungen den Schülern aufgrund der *Gestaltung des Schulgebäudes* und der Einrichtung der Unterrichtsräume vermittelt werden. GETZELS (vgl. 1974) und DELAMONT (vgl. 1976; vgl. auch MEIGHAN 1981, S.65ff.) gehen davon aus, daß die (oft nur impliziten) Vorstellungen der Schulplaner von dem, was Unterricht sei und was es bedeute, Schüler zu sein, über die konkrete bauliche Ausgestaltung der Schule den Schülern ebenso nachdrücklich vermittelt werden, wie dies durch die Erwartungen einzelner Lehrer an ihre Schüler über die Gestaltung der Unterrichtsräume (Anordnung der Tische, Dekoration, ...) erfolgt. Die Annahme ist hier, daß die Schüler (wenn auch nicht bewußt) lernen, die Ausgestaltung eines Klassenraumes im Blick auf die Erwartungen des Lehrers an ihr Verhalten im Unterricht auszudeuten.

Anzuschließen ist dann die Frage, was die *Kontrolle über schulische Räume* (Wer darf sich wo bewegen? Wer bestimmt über die Gestaltung von Räumen?) den Schülern über ihre Stellung in der Schule und Erwartungen an ihr Verhalten mitteilt (vgl. JACKSON 1968, REINERT/ZINNECKER 1978b).

Entsprechend ist dann die Festlegung der Zeitabläufe und die *Kontrolle über die Zeit* von Interesse (vgl. JACKSON 1968; vgl. MEIGHAN 1981, S.78ff.). Erfahren die Schüler, wie Jackson dies vermutet, dadurch, daß sie einem festen, von außen vorgegebenen und kontrollierten Zeitplan unterworfen werden, daß Unterricht nicht von ihren Bedürfnissen bestimmt sein soll? Zumindest läßt sich annehmen, daß der schlichte Zwang, sich in festgesetzten Zeitintervallen ständig wechselnden Inhalten (und Lehrern) anzupassen, mit dazu beiträgt, den Schülern deutlich zu machen, daß nicht echtes Interesse am jeweiligen Inhalt, sondern eine hinreichend überzeugende Darstellung von Interesse von ihnen verlangt wird – in den Worten eines Schülers: "Too much interest would result in too little work" (MEIGHAN 1978, S.127).

Als weiteres Beispiel für den heimlichen Lehrplan werden Nebenwirkungen der *Leistungsbeurteilung* genannt. Der Effekt schulischer Leistungsbeurteilung besteht nach Einschätzung von FEND u.a. (vgl. 1975, S.48; vgl. auch FEND 1974, SNYDER 1971, WELLENDORF 1973) darin, daß durch ein System abgestufter Enttäuschungen (cooling-out) gewährleistet wird, daß „gerade die Schüler, die in unserem Schulsystem am meisten benachteiligt sind, also die geringsten schulischen Chancen haben, am meisten die Chancengleichheit verwirklicht sehen". „Sie glauben, daß es ganz allein an ihnen liegt, wenn sie nicht so weit kom-

men wie die anderen Schüler, und daß es ganz gerecht in unserer Gesellschaft zugeht."
Offiziell nichtgewollte Lernerfahrungen dürften aber nicht nur durch die organisatorischen Rahmenbedingungen begünstigt werden, sondern auch durch die Beziehungen zwischen Lehrer und Schülern innerhalb der Schule. Dabei ist einmal von Interesse, was die Schüler über eine angemessene Auseinandersetzung mit den *Unterrichtsinhalten,* zum anderen über die erwünschten Formen des *sozialen Umgangs* miteinander und mit dem Lehrer lernen. Offensichtlich reicht es nicht aus, sich als Schüler an den offiziellen Erwartungen an die Auseinandersetzung mit den Unterrichtsinhalten zu orientieren; möglicherweise ist dies sogar hinderlich. Vielmehr ist es erforderlich, alle offenen und versteckten Hinweise des Lehrers (verbale Andeutungen, Tonfall, Mimik, Bewegung im Raume, ...) heranzuziehen, um seine *tatsächlich* gültigen Anforderungen zu identifizieren und die offiziell als wichtig deklarierten inhaltlichen Anforderungen auf die *wirklich* wichtigen zu reduzieren (vgl. HOLT 1968, MILLER/PARLETT 1976, SNYDER 1971).

So lernen sie nach Einschätzung HOLTS (vgl. 1968), daß die erwünschte Auseinandersetzung mit Unterrichtsinhalten nicht darin besteht, selbständig denkend mit dem jeweiligen Inhalt umzugehen, sondern schlicht bei Bedarf die „richtigen" Antworten zu produzieren. Wie Schüler durch entsprechende Anleitung des Lehrers („Nun ratet einmal, was ich hören will.") zunehmend darin geübt werden, treffsicher nicht nur die Antworten zu produzieren, die der Lehrer vermutlich hören will, sondern dies auch in dem Begriffssystem zu tun, das er für angemessen hält, illustrieren HOLT (vgl. 1968), BARNES (vgl. 1971), EDWARDS/FURLONG (vgl. 1978) und KEDDIE (vgl. 1971).

Entsprechend lernen Schüler auch, mehr oder weniger implizite Erwartungen des Lehrers an ihr Sozialverhalten auszudeuten und sich ihnen gemäß zu verhalten oder diese Erwartungen gezielt zu unterlaufen (vgl. EDWARDS/FURLONG 1978, HARGREAVES u.a. 1975). Wie der Lehrprozeß konkret aussieht, in dem Lehrer Schüler mit ihren Regeln des Umgangs im Unterricht vertraut machen, verdeutlichen etwa EDWARDS/FURLONG (vgl. 1978).

Besondere Aufmerksamkeit haben empirische Untersuchungen der *Schülerstrategien* gefunden: Schüler nutzen ihre differenzierte Kenntnis der inoffiziellen Wirklichkeit der Schule, um die Anforderungen ihrer Lehrer zu unterlaufen und ihre Einflußmöglichkeiten auf die Unterrichtsgestaltung zu erweitern. Zu diesen Strategien zählen unter inhaltlichem Aspekt die Tricks und Kniffe der Schüler, das Tempo des Unterrichts zu drosseln, den Lehrer vom Thema abzulenken, ihn seine Fragen selbst beantworten zu lassen (vgl. HOLT 1968) oder die vom Lehrer mutmaßlich erwünschte Antwort durch Ratestrategien einzugrenzen. Hinsichtlich des sozialen Umgangs miteinander sind Strategien zu nennen, gezielt gegen den Schülern zwar bekannte, aber nur implizite Erwartungen des Lehrers zu verstoßen, um dann nach ihrer expliziten Formulierung buchstabengetreu zu verfahren (vgl. HEINZE 1980, WILLIS 1979, WOODS 1980a, ZINNECKER 1978).

Konsequenzen. Diese Beispiele können nur einen ersten Eindruck von der Fragerichtung vermitteln, die unter der Überschrift „heimlicher Lehrplan" zu klären versucht, was in der Schule auch oder vielleicht vor allem geschieht. Daß die Kenntnis dieser inoffiziellen Seite der Schule wichtig ist, wenn nicht Unterrichts- und Erziehungsprogramme illusionär bleiben und möglicherweise gerade das Gegenteil des eigentlich Intendierten fördern sollen, ist offensichtlich.

Die Gewinnung dieser Kenntnisse weist

Lehrplan, heimlicher

allerdings noch einige Probleme auf. Zwar ist inzwischen ein Stadium, bei dem ohne Zwischenschritte „das kapitalistische System" der Gesellschaft mit dem Stundenplan und den Lernerfahrungen der Schüler in Beziehung gesetzt wurde (vgl. BECK 1975), ebenso überwunden wie die extensive Interpretation einzelner, isolierter Unterrichtsszenen (vgl. ZINNECKER 1975 b). Aber auch die neueren Untersuchungen (vgl. EDWARDS/FURLONG 1978, WILLIS 1979) lassen häufig erkennen, daß die jeweiligen Forscher „eigentlich" schon zu wissen meinen, wie Schule wirklich ist und was Schüler in welchen Situationen erfahren und lernen. Hier wären konsequentere Bemühungen notwendig, von Schülern selbst zu erfahren, wie ihre Sicht der Schule aussieht.

Ein anderes Problem besteht dann in der Anwendung der Kenntnisse über die inoffizielle Seite der Schule. Wie solche Kenntnisse dazu beitragen können, das Leben in der Schule zu „verbessern" (etwa für Schüler psychisch weniger belastend zu gestalten), scheint gegenwärtig noch weitestgehend ungeklärt. Einstweilen überwiegt noch eine Darstellung und Nachzeichnung der inoffiziellen Seite der Schule, bei der die Befunde „für sich" sprechen sollen (und möglicherweise häufig vor allem Unterhaltungswert haben). Theoriegeleitete Versuche, aufzuzeigen, was sich an diesen Befunden für eine Veränderung der pädagogischen Praxis lernen läßt, sind dagegen bisher kaum über erste Ansätze hinausgekommen.

BARNES, D.: Language in the Secondary Classroom. In: BARNES, D.: Language, the Learner and the School, Harmondsworth 1971, S. 9 ff. BECK, J.: Lernen in der Klassenschule, Reinbek 1974. BECK, J.: Heimlicher Lehrplan I. In: SPEICHERT, H. (Hg.): Kritisches Lexikon der Erziehungswissenschaft und Bildungspolitik, Reinbek 1975, S. 165 ff. BERNFELD, S.: Sisyphos oder die Grenzen der Erziehung (1925), Frankfurt/M. 1973. BERNHARDT, M. u.a.: Soziales Lernen in der Gesamtschule, München 1974. DAVIES, B.: Life in the Classroom and Playground, London/Melbourne/Boston/Toronto 1982. DELAMONT, S.: Interaction in the Classroom, London 1976. DER HEIMLICHE LEHRPLAN. Was *wirklich* gelernt wird. In: betr. e. 6 (1973), 5, S. 18 ff. EDWARDS, A.D./FURLONG, V.J.: The Language of Teaching, London 1978. FEND, H.: Gesellschaftliche Bedingungen schulischer Sozialisation, Weinheim/Basel 1974. FEND, H. u.a.: „... was wir in unserer Untersuchung mit dem etwas komplizierten Titel ‚Sozialisationseffekte unterschiedlicher Schulformen' herausgefunden haben" – Ein Bericht für Schüler. In: betr. e. 8 (1975), 8, S. 43 ff. GETZELS, J.W.: Images of the Classroom and Visions of the Learner. In: S. Rev. 82 (1974), S. 527 ff. HARGREAVES, D.H. u.a.: Deviance in Classrooms, London/Boston 1975. HEINZE, TH.: Schülertaktiken, München/Wien/Baltimore 1980. HOLT, J.: How Children Fail, Harmondsworth 1968. JACKSON, PH.W.: Life in Classrooms, New York 1968. KEDDIE, N.: Classroom Knowledge. In: YOUNG, M.F.D. (Hg.): Knowledge and Control, London 1971, S. 133 ff. KRIECK, E.: Philosophie der Erziehung, Jena 1922. MEIGHAN, R.: A Pupil's Eye View of Teaching Performance. In: E. Rev. 30 (1978), S. 125 ff. MEIGHAN, R.: A Sociology of Educating, London/New York/Sydney/Toronto 1981. MILLER, C.M.L./PARLETT, M.: Cue-Consciousness. In: HAMMERSLEY, M./WOODS, P. (Hg.): The Process of Schooling, London 1976, S. 143 ff. REINERT, G.-B./ZINNECKER, J. (Hg.): Schüler im Schulbetrieb, Reinbek 1978 a. REINERT, G.-B./ZINNECKER, J.: „Was wir Schüler in den Pausen auf dem Schulhof und in der Schule machen (auch was Lehrer eigentlich nicht wissen dürfen)". In: REINERT, G.-B./ZINNECKER, J. (Hg.): Schüler..., Reinbek 1978, S. 165 ff. (1978 b). SNYDER, B.R.: The Hidden Curriculum, Cambridge (Mass.) 1971. SPRANGER, E.: Das Gesetz der ungewollten Nebenwirkungen in der Erziehung, Heidelberg ²1965. WELLENDORF, F.: Schulische Sozialisation und Identität, Weinheim/Basel 1973. WILLIS, P.: Spaß am Widerstand – Gegenkultur in der Arbeiterschule, Frankfurt/M. 1979. WOODS, P. (Hg.): Pupil Strategies, London 1980 a. WOODS, P. (Hg.): Teacher Strategies, London 1980 b. ZINNECKER, J.: Heimlicher Lehrplan II. In: SPEICHERT, H. (Hg.): Kritisches Lexikon der Erziehungswissenschaft und Bildungspolitik, Reinbek 1975,

S. 167 ff. (1975 a). ZINNECKER, J. (Hg.): Der heimliche Lehrplan, Weinheim/Basel 1975 b. ZINNECKER, J.: Die Schule als Hinterbühne oder Nachrichten aus dem Unterleben der Schüler. In: REINERT, G.-B./ZINNECKER, J. (Hg.): Schüler ..., Reinbek 1978, S. 29 ff.

Martin Fromm

Lernbiographie

Fragestellungen lernbiographischer Forschung. Unter einer Lernbiographie versteht man den Versuch, individuelle Lernentwicklungen zu rekonstruieren und darzustellen. Je nach Erkenntnisinteresse werden in der lernbiographischen Forschung vier alternative Entscheidungsmöglichkeiten beachtet:
Auf *diachroner Ebene* wird darüber entschieden, ob das Lernen eines Individuums lebenslang oder auf zeitlich begrenzte Lebensabschnitte hin untersucht werden soll. Im ersten Fall kann die lernbiographische Analyse den wechselseitigen Zusammenhang zwischen Lebenslauf und Erziehung aufklären helfen (vgl. LOCH 1979); die gesamte Lebensgeschichte wird dann als Lerngeschichte begriffen, die den Prozeß der Freisetzung von Individualität abbildet (vgl. MAURER 1981). Die Untersuchung lebenslanger Lern-, Erziehungs- oder Bildungsvorgänge stützt sich vorwiegend auf autobiographische Zeugnisse, wie Briefe, Memoiren, Tagebücher und Bekenntnisse (vgl. HENNINGSEN 1981). Bei der Erforschung der Lernentwicklung während eines zeitlich begrenzten Lebensabschnittes wird es möglich, mittels spezieller Interviewverfahren gezielt lernbiographisch relevante Daten zu erheben. Die Erschließung autobiographischer Quellen, wie auch eigens ermittelter lernbiographischer Materialien (etwa Tonbandprotokolle), kann die Selbstbehauptung des Individuums gegen Zwänge vorstrukturierter Lernprozesse (in der Schule, vgl. RUMPF 1976) offenkundig werden lassen.
Auf *synchroner Untersuchungsebene* wird entschieden, welcher Lebensbereich und damit welches gesellschaftliche Interaktionsfeld (Schule, Verein, Ausbildungsbetrieb, Familie, Arbeitsplatz) lernbiographisch analysiert werden soll. Die jeweilige Fragestellung bestimmt den Ausschnitt aus der „Lebenswelt", der unter dem Gesichtspunkt der Lernentwicklung untersucht werden soll. So wird beispielsweise die Lebenswelt von Mädchen erforscht, die, als „verwahrlost" etikettiert, in Erziehungsheime eingewiesen wurden. Dabei interessieren die Versuche der Mädchen, ihre objektiv gebrochene Lebenssituation zu strukturieren (vgl. KIEPER 1980); oder es werden lebensweltspezifische Daten über die Studienmotivation und Lernsituation von „Fernstudenten" untersucht (vgl. ABELS u. a. 1977). Die lernbiographischen Daten sollen dann helfen, die Angebotsstruktur der Fernuniversität zu verbessern (vgl. HEINZE/KLUSEMANN 1979).
Für die Rekonstruktion und Darstellung einer Lernbiographie wird auf einer *qualitativen Ebene* unterschieden, ob die Untersuchung mehr den beiläufigen, relativ spontanen Lernprozessen oder den organisierten und geplanten gelten soll. Im ersten Fall beschäftigt man sich beispielsweise mit den Folgen „heimlicher Lehrpläne", im zweiten Fall kann das lernbiographische Interesse in eine evaluative Fragestellung einmünden.
Die vierte Vorentscheidung betrifft die *Art der Rekonstruktion.* Die Erforschung und Aufarbeitung einer Lernbiographie kann auf die subjektiven Deutungsleistungen des Untersuchten im Blick auf seine Lernentwicklung abzielen. Dazu werden schriftliche und mündliche Dokumente gesammelt, chronologisch oder thematisch geordnet und in ihren inhaltlichen Bezügen kommentiert (vgl. JU-

GENDWERK DER DEUTSCHEN SHELL 1982, KIEPER 1980, NIETHAMMER 1980). Ein zentrales Anliegen bei dieser Vorgehensweise besteht darin, individuelle Lebensäußerungen dem Prozeß des Vergessens zu entreißen. Alternativ dazu kann das Hauptinteresse einer Untersuchung auf eine sinnstrukturelle Rekonstruktion von Lernprozessen angelegt sein. So kann ein Einblick in die „innere Logik" von Lernprozessen gelingen, in regelgeleitete Prozesse einer Lern- und Kompetenzentwicklung.

Unter Berücksichtigung dieser vier Entscheidungsalternativen gewinnt die lernbiographische Forschung die Chance, Zusammenhänge und Komplexität von Lernentwicklungen einsichtig aufzuzeigen und sich nicht in fragmentarisch-punktuellen Einblicken und summarischen Übersichten über Einstellungen, Fähigkeiten und Wissensbeständen von Individuen zu erschöpfen. Diese Möglichkeit der Lernbiographie soll in exemplarischer Weise an einem Forschungsprojekt verdeutlicht werden.

Unter der Leitung von H. BLANKERTZ (vgl. 1983) evaluierte eine Gruppe der „Wissenschaftlichen Begleitung Kollegschule" von 1979 bis 1983 den doppeltqualifizierenden Bildungsgang „Erzieher in der Verbindung mit der allgemeinen Hochschulreife bzw. Fachhochschulreife" (vgl. GRUSCHKA 1985). Dabei sollte die Kompetenzentwicklung der Kollegschüler während ihrer dreijährigen schulischen Ausbildung zum Erzieher untersucht werden. Mit Hilfe lernbiographischer Interviews wurden typische Lernverläufe von Kollegschülern rekonstruiert (vgl. SCHLICHT 1985). Für diesen Weg lernbiographischer Forschung wurden bestimmte inhaltliche und methodische Voraussetzungen beachtet.

Inhaltliche Voraussetzungen für die Rekonstruktion einer Lernbiographie. Die Rekonstruktion einer Lernbiographie verlangt begründete Annahmen zum Verlauf eines Lernprozesses. Antizipativ werden jene Etappen und Stationen einer Lernentwicklung entworfen, die der Lernende zu bewältigen haben wird. Dazu bedarf es eines *kategorialen Rahmens,* der die subjektive Leistung des Lernenden in der Auseinandersetzung mit objektiv gegebenen Lernaufgaben erfassen kann. In der Evaluationsstudie wurden dafür vier zentrale Konstrukte entwickelt:

Bildungsgang. Unter einem Bildungsgang werden die realen Lernprozesse von Schülern verstanden, das heißt, was und wie sie lernen. Der Begriff weist auf ihre Lernbiographien, den individuell gesteuerten Vorgang der Aneignung eines bestimmten Teiles vorgegebener Bildungsinhalte. Auf der einen Seite berücksichtigt die Kategorie Bildungsgang vorstrukturierte curriculare Planungsentscheidungen, auf der anderen Seite die die Identität der Lernenden verbürgenden Modi der Bewältigung objektiver Lernanforderungen.

Die berufsbezogenen Probleme und fachlichen Anforderungen ließen sich in der Erzieherstudie als vier unterschiedlich komplexe Lernaufgaben rekonstruieren. Die Forschungsgruppe nannte sie „Entwicklungsaufgaben".

Entwicklungsaufgabe. Mit der Kategorie Entwicklungsaufgabe (vgl. HAVIGHURST 1972) kann die dialektische Perspektive für das Lernen aufrechterhalten werden. Eine Entwicklungsaufgabe umfaßt die Seite der objektiv gestellten Lernanforderungen, die Qualifikationsstruktur, die, curricular umgesetzt, das Lernen der Schüler absichtsvoll und zielgerichtet anleitet, und sie umfaßt die Seite der subjektiv formulierten Lernansprüche der Schüler. Die Komplexität der Qualifikationsanforderungen wird durch die Schüler reduziert, indem sie die unterschiedlichen Fremd- und Eigenerwartungen zusammenfassen und über Kompetenzziele definieren. Die Lösung der so individualisierten Entwicklungsaufgaben verlangt von den

Schülern die Erarbeitung einer spezifischen Kompetenzstruktur, die die Forschungsgruppe mit dem Konstrukt „Orientierungsmuster" zu erfassen suchte.

Orientierungsmuster. Das Konstrukt umgreift die das Handeln der Schüler leitenden Erfahrungen und Vorstellungen. Als strukturierende Instanz bringt ein Orientierungsmuster alle Fähigkeiten zur Lösung einer Entwicklungsaufgabe in einen geordneten Zusammenhang. Auf der Basis dieses *generativen Zentrums* können die Schüler in verschiedenen Situationen und in unterschiedlichen Reaktionen auf beruflich-fachliche Probleme sich als mit sich selbst identisch Handelnde erfahren. Orientierungsmuster sind als subjektiv sinnstiftende Systeme das einmalige und unverwechselbare Ergebnis individueller Leistungen der Schüler. Dennoch „erfindet" nicht jeder Schüler auf ingeniöse Weise seine Orientierungsmuster. Er greift – mehr oder weniger bewußt – entweder auf Modelle in der vorfindlichen sozialpädagogischen Praxis zurück oder bezieht sich auf Konzepte, die unter den gegebenen gesellschaftlichen Bedingungen zumindest denkmöglich sind. Der Vorgang der Aneignung und Entwicklung eines Orientierungsmusters wird durch lernbiographische Erfahrungen beeinflußt. Sie verdichten sich zu einer strukturierenden Instanz, die als „Motor" für die individuelle Lernentwicklung verstanden werden kann.

Organisierende Perspektive. Hiermit wird die inhaltlich zu bestimmende Instanz bezeichnet, die dem Schüler eine übergreifende Richtung vermittelt, wie die Differenz zwischen seinen allgemeinen kommunikativen Kompetenzen und seinen beruflichen Kompetenzaspirationen überwunden werden kann. Diese Kategorie soll also erklären, worin die konflikthafte Spannung zwischen Können und Können-Wollen bei der Assimilation der Entwicklungsaufgaben und der Grundlegung ihrer Lösungen begründet ist.

Methodische Voraussetzungen für die Rekonstruktion einer Lernbiographie. Die Rekonstruktion einer Lernbiographie setzt geeignete Verfahren zur Gewinnung und zur Interpretation lernbiographisch relevanter Materialien voraus. Zur Datenerhebung erweisen sich standardisierte Fragemethoden als wenig ergiebig. Es besteht kein Grund zu der Annahme, daß die interviewte Person (abgesehen von anekdotischen Erinnerungen) über ihre Lernentwicklung insoweit reflexiv verfügt, daß sie diese anhand eines detaillierten Systems von Frageimpulsen rekapitulieren kann. Das Strukturelle einer Lernentwicklung ist kaum durch eine direkte Befragung zu entdecken.

Meist wird deshalb auf qualitative Interviews zurückgegriffen, die auf die Hervorlockung narrativer Redesequenzen abzielen. Das Erinnern und Erzählen von subjektiv als bedeutungsvoll eingeschätzten Geschichten wird damit zum zentralen Weg für die Erschließung der „inneren Logik" einer Lernbiographie. *Narrativität* kann nachhaltig eine Verschleierung relevanter Daten erschweren, da der Interviewte durch das Erzählen von „Stegreifgeschichten" bestimmten Zugzwängen zur Authentizität ausgesetzt wird (vgl. SCHÜTZE 1976). Die narrativen Interviewsequenzen spiegeln die subjektive Perspektive des Erzählers wider und bilden die für sein Handeln relevanten Sinnstrukturen ab.

Die Erlebnisgeschichten des Erzählers können dann nicht nur subjektiv sinnverstehend rekonstruiert werden, sondern das Material erlaubt die Erschließung objektiver Sinnstrukturen. In Anlehnung an das Verfahren der „objektiven Hermeneutik" (vgl. OEVERMANN u. a. 1979; vgl. MATTHES-NAGEL 1984) bietet sich eine Interpretationsmethode an, die zu einer *sinnstrukturellen Analyse* der erzählten Lerngeschichten vordringen kann. Der Interviewtext kann in seiner objektiven Bedeutungsstruktur erfaßt werden, indem die Erzählbeiträge einer „extensiven Sinninterpretation" unterzogen werden. In einem Prozeß fortschreitender Falsifikation von Bedeutungszuschreibungen wird die objektive Bedeutungsstruktur der mitgeteilten Erlebnisse für die individuelle Lernentwicklung herausgearbeitet. Der gesamte Interpretationsprozeß muß dabei durch ein System inhaltlicher und formal-hermeneutischer (zeitlicher und sozialer) Regeln abgesichert werden.

Bei der Darstellung einer Lerngeschichte wird in der Regel der sinnstrukturelle Zusammenhang gewahrt. Wenn die narrative Form unter Einschluß interpretativer Abschnitte beibehalten wird, kann damit verhindert werden, daß die Analyse und Rekonstruktion einer Lernbiographie in einer bloß kategorialen Klassifikation steckenbleibt.

ABELS, H. u.a.: Lebensweltanalyse von Fernstudenten, Werkstattbericht Fernuniversität Hagen, Hagen 1977. BAACKE, D./SCHULZE, TH. (Hg.): Aus Geschichten lernen, München 1979. BLANKERTZ, H.: Lernen und Kompetenzentwicklung in der Sekundarstufe II. Abschlußbericht der wissenschaftlichen Begleitung Kollegstufe NW, Mimeo, Münster 1983. GRUSCHKA, A.: Wie Schüler Erzieher werden, Wetzlar 1985. HAVIGHURST, R.J.: Developmental Task and Education, New York ^{4}1972. HEINZE, TH./KLUSEMANN, H.W.: Ein biographisches Interview als Zugang zu einer Bildungsgeschichte. In: BAACKE, D./SCHULZE, TH. (Hg.): Aus Geschichten lernen, München 1979, S.182ff. HENNINGSEN, J.: Autobiographie und Erziehungswissenschaft, Essen 1981. JUGENDWERK DER DEUTSCHEN SHELL: Jugend '81, Opladen 1982. KIEPER, M.: Lebenswelten „verwahrloster" Mädchen, München 1980. LOCH, W.: Lebenslauf und Erziehung, Essen 1979. MATTHES-NAGEL, U.: Objektiv-hermeneutische Bildungsforschung. In: Enzyklopädie Erziehungswissenschaft, Bd. 2, Stuttgart 1984, S. 283 ff. MAURER, F. (Hg.): Lebensgeschichte und Identität, Frankfurt/M. 1981. NIETHAMMER, L. (Hg.): Lebenserfahrung und kollektives Gedächtnis. Die Praxis der „Oral History", Frankfurt/M. 1980. OEVERMANN, U. u. a.: Die Methodologie einer „objektiven Hermeneuthik" und ihre allgemeine forschungslogische Bedeutung in den Sozialwissenschaften. In: SOEFFNER, H.-G. (Hg.): Interpretative Verfahren in den Sozial- und Textwissenschaften, Stuttgart 1979, S.352ff. RUMPF, H.: Unterricht und Identität, München 1976. SCHLICHT, H.-J.: Wie ich Erzieher wurde – Schüler erzählen ihre Lerngeschichte, Frankfurt/Bern/New York 1985. SCHÜTZE, F.: Zur Hervorlokkung und Analyse von Erzählungen thematisch relevanter Geschichten im Rahmen soziologischer Feldforschung – dargestellt an einem Projekt zur Erforschung von kommunalen Machtstrukturen. In: ARBEITSGRUPPE BIELEFELDER SOZIOLOGEN: Kommunikative Sozialforschung, München 1976, S.159ff.

Hermann-Josef Schlicht

Lernfeld

Problemaufriß. Der Begriff „Lernfeld" wird im erziehungswissenschaftlichen Sprachgebrauch unterschiedlich verwendet. Er kann sowohl auf den Gegenstandsbereich (Inhalt) von Lernprozessen als auch auf deren räumliche und soziale Umwelt bezogen sein. So ist beispielsweise von den „Lernfeldern des Lernbereichs Sprache in der Primarstufe" (POPP 1978) ebenso die Rede wie vom „Lernort Straße" als „gesellschaftlichem Lernfeld" (ZINNECKER 1979, S.728) oder von „Spielgruppen als sozialen Lernfeldern" (BITTNER u.a. 1973). Mit der vielfältigen Verwendung und teils beabsichtigten Unschärfe des Feldbegriffs korrespondiert die Tendenz, neue beziehungsweise vernachlässigte Lernmöglichkeiten in schulischen und außerschulischen Bereichen zu erschließen. Das ist etwa der Fall, wenn durch Curriculumrevision traditionelle Fächerstrukturen aufgebrochen und fächerübergreifende Lernbereiche eingeführt werden sollen. In diesem Zusammenhang signalisiert der Ausdruck „Lernfeld" Veränderungsabsichten in dreierlei Hinsicht: Abkehr vom Fächerprinzip als historisch überliefertem „Vermittlungsrahmen" für die Verschulung des gesellschaftlichen Wissensvorrats, die Neubestimmung des Verhältnisses von institutionalisierten Lerninhalten und institutionell vernachlässigtem Alltagswissen sowie schließlich – damit verbunden – die Vermeidung starrer Grenzziehungen zwischen den im Unterricht vermittelten Wissensbeständen (vgl. BERNSTEIN 1971).

Der solchermaßen auf didaktisch-curriculare Aspekte eingegrenzte Sprachgebrauch greift jedoch zu kurz, weil er das „pädagogische Feld als Faktorenkomplexion" (vgl. WINNEFELD 1957, S.34ff.) nicht annähernd erfaßt. Damit jedoch wird der besondere Vorzug einer feldbezogenen Betrachtungsweise gegenüber didaktischen Konzepten preisgegeben, die sich bei der Analyse und Planung komplexer Lehr- und Lernprozesse – etwa des Unterrichts – als unzulänglich erwiesen haben. In der didaktischen Literatur wird Unterricht überwiegend unter dem Aspekt zielgerichteten Lehr- und Lernverhaltens thematisiert und analysiert. Darin spiegeln sich Einflüsse so unterschiedlicher Theorietraditionen wie die der geisteswissenschaftlichen Bildungstheorie und der zu ihrer Überwindung aufgebotenen behavioristischen Lerntheorie wider. Beide Ansätze betonen die Zielgerichtetheit des Unterrichts: der bildungstheoretische Ansatz primär unter dem Gesichtspunkt der Auswahl und Legitimation von Unterrichtszielen und -inhalten, der behavioristische unter der Fragestellung, wie Lernprozesse im Hinblick auf vorausgesetzte und eindeutig definierte Ziele optimal zu steuern seien. Bei allen Bemühungen, den Lehrplan beziehungsweise das Curriculum auf die eine oder andere Weise zu verbessern, blieb die wohl entscheidende Frage vernachlässigt: Was und wie lernen Schüler unter bestimmten Umweltbedingungen wirklich? Lernfeldbezogene Forschungsansätze, wie sie durch die feldtheoretischen Arbeiten von Lewin angeregt und in der ökologischen Lernforschung insbesondere durch Bronfenbrenner empirisch angereichert wurden, haben zur Klärung dieser Frage wesentliches beigetragen. Der Begriff des Lernfelds läßt sich mit Bezug auf das Werk dieser Autoren gleichsam als lerntheoretisches Paradigma konzeptualisieren.

Konzeptualisierung des Lernfeld-Begriffs. LEWINS „Feldtheorie des Lernens" (1982a, S.157ff.) geht von der Prämisse aus, daß Verhalten und Entwicklung vom Zustand der Person und der Umwelt abhängen. Dieser Zusammenhang wurde in der berühmten Verhaltensgleichung $V = f(P, U)$ formalisiert (vgl. LEWIN 1982c, S.375). In dieser „Gleichung" gelten Person (P) und deren Umwelt (U) als wechselseitig abhängige Variablen. „Mit anderen Worten, um das Verhalten zu verstehen oder vorherzusagen, müssen Person und Umwelt als eine Konstellation interdependenter Faktoren betrachtet werden" (LEWIN 1982c, S.376). Die Gesamtheit gleichzeitiger Tatsachen, die als gegenseitig voneinander abhängig begriffen werden, nennt Lewin „Feld". „Die Psychologie muß den Lebensraum, der die Person und ihre Umwelt einschließt, als Feld betrachten" (LEWIN 1982c, S.377).

Als paradigmatisches Alternativkonzept zur verhaltenspsychologischen Lerntheorie zeichnet sich Lewins Feldtheorie durch die Berücksichtigung der Gesamtheit lernbedeutsamer Tatsachen und der Verflechtung ihrer strukturellen und dynamischen Merkmale aus. Um ein Lernfeld angemessen charakterisieren zu können, sind nach Lewin spezifische Dinge, beispielsweise besondere Ziele, Reize und Bedürfnisse des Kindes oder dessen soziale Kontakte, ebenso in

Betracht zu ziehen wie umfassendere Eigenschaften des Feldes, beispielsweise die Atmosphäre innerhalb einer Lebenssituation oder das Maß an gesellschaftlich zugestandener Freiheit für Lernsituationen. Mit dem Feldkonzept wird bei Lewin eine methodologische und eine substantielle These verfochten. Die methodologische Kernaussage besteht darin, daß die Eigenschaften des ganzen Feldes als empirische Wirklichkeiten wissenschaftlich beschrieben und analysiert werden können und sollen. Die Fruchtbarkeit dieser Methode läßt sich an Lewins Analyse der psychologischen Situation bei Lohn und Strafe nachvollziehen (vgl. LEWIN 1982b, S. 113 ff.). Bestrafung wird rekonstruiert als „negativer Aufforderungscharakter" von anziehenden und abstoßenden Kräften, die das Verhalten bestimmen. Das Aufzeigen solcher Kräfte und deren Zusammenhänge war geeignet, falsche Annahmen über die Wirkung von Strafe und Belohnung zu korrigieren (vgl. HORN 1983, S. 582) und auch pädagogisch-praktische Konsequenzen daraus abzuleiten: Statt ein Kind zu bestrafen, weil es mangels Interesse seine Aufgaben nicht löst, kann durch die Änderung des feldspezifischen Aufforderungscharakters der zu lösenden Aufgabe (etwa durch Einbettung von Schulaufgaben in praktische Handlungszusammenhänge) eine neue Situation hergestellt werden, die das Problem der Bestrafung gar nicht erst aufwirft. Dieses Beispiel deutet zugleich auf die substantielle These der Lewinschen Lerntheorie hin: Was und wie gelernt wird, ist nicht nur und in erster Linie eine Funktion der erklärten Zielsetzung von Lehrern oder anderen Erziehungspersonen, sondern abhängig vom Aufforderungscharakter des jeweiligen Lernfeldes, wie es vom Lernenden subjektiv wahrgenommen wird.

Ein „Feld" im Lewinschen Sinne ist mehr oder minder eindeutig von anderen Feldern abgegrenzt, beziehungsweise es wird so wahrgenommen (zum Beispiel die Familie von allem, was nicht Familie ist). Gleichwohl wird unterstellt, daß die Felder vom Individuum als interdependent erlebt werden. Auf die lerntheoretische und -praktische Bedeutung gerade dieses Sachverhalts hat BRONFENBRENNER (vgl. 1981) im Anschluß an Lewin mit seinem Vorschlag hingewiesen, den Zusammenhang zwischen Person und Gesellschaft über eine Hierarchie von systemgebundenen Sekundäreffekten zu erfassen. Diesem Ansatz liegt die Hypothese zugrunde, daß Verbindungen zwischen unterschiedlichen Lebensbereichen die Entwicklung eines Menschen in positiver oder negativer Hinsicht ebenso entscheidend beeinflussen können wie die Ereignisse in einem bestimmten Lernbereich. Der Umweltbegriff wird dabei sehr weit, aber auch differenziert ausgelegt. Bronfenbrenner konzeptualisiert ihn topologisch als eine ineinandergeschachtelte Anordnung konzentrischer, jeweils von der nächsten umschlossener Strukturen, die als Mikro-, Meso-, Exo- und Makrosysteme bezeichnet und wie folgt definiert werden:

- „Ein Mikrosystem ist ein Muster von Tätigkeiten und Aktivitäten, rollen- und zwischenmenschlichen Beziehungen, die die in Entwicklung begriffene Person in einem gegebenen Lebensbereich mit den ihm eigentümlichen physischen und materiellen Merkmalen erlebt" (BRONFENBRENNER 1981, S. 38).
- „Ein Mesosystem umfaßt die Wechselbeziehungen zwischen den Lebensbereichen, an denen die sich entwickelnde Person aktiv beteiligt ist (für ein Kind etwa die Beziehungen zwischen Elternhaus, Schule und Kameradschaftsgruppe in der Nachbarschaft; für einen Erwachsenen die zwischen Familie, Arbeit und Bekanntenkreis)" (BRONFENBRENNER 1981, S. 41).
- Unter Exosystem versteht BRONFENBRENNER (1981, S. 42) „einen Lebens-

bereich oder mehrere Lebensbereiche, an denen die sich entwickelnde Person nicht selbst beteiligt ist, in denen aber Ereignisse stattfinden, die beeinflussen, was in ihrem Lebensbereich geschieht, oder die davon beeinflußt werden".
- „Der Begriff des Makrosystems bezieht sich auf die grundsätzliche formale und inhaltliche Ähnlichkeit der Systeme niedrigerer Ordnung (Mikro-, Meso- und Exo-), die in der Subkultur oder der ganzen Kultur bestehen oder bestehen könnten, einschließlich der ihnen zugrundeliegenden Weltanschauungen und Ideologien" (BRONFENBRENNER 1981, S. 42).

Der hier angedeutete Bezugsrahmen läßt erkennen, daß mit Bronfenbrenners Konzept einer ökologischen Theorie menschlicher Entwicklungsprozesse eine integrative Absicht verbunden ist (vgl. KLEBER 1984, S. 88 ff.). Herkömmliche Untersuchungsansätze der Lernforschung beschränken sich meist auf einzelne Lernfelder, in denen sich der Lernende gerade aufhält (Familie, Vorschule, Schulklasse). Nur selten berücksichtigen sie die benachbarten oder übergreifenden Systeme, von denen abhängen kann, was sich in dem engeren unmittelbaren Bereich abspielt. „Zu diesen übergreifenden Systemen gehören Art und Anforderungen des elterlichen Arbeitsplatzes, Besonderheiten der Nachbarschaft, Verkehrsmöglichkeiten, das Verhältnis von Schule und Gemeinde, die Rolle des Fernsehens [...] sowie eine Menge weiterer ökologischer Vorgänge und Gegebenheiten, die bestimmen, mit wem und wie das Kind seine Zeit verbringt" (BRONFENBRENNER 1976, S. 208). Wesentlich für die ökologische Lerntheorie Bronfenbrenners ist, daß die Vernetzung der Systeme sowohl unter synchronischen als auch unter diachronischen Aspekten analysiert wird. Menschliche Entwicklung vollzieht sich in „ökologischen Kontexten" (synchronischer Aspekt) und „ökologischen Übergängen" (diachronischer Aspekt). Letztere finden bei Bronfenbrenner besonderes Interesse, weil sie Folge und Anlaß von Entwicklungsprozessen sind. „Ökologische Übergänge" finden statt, „wenn eine Person ihre Position in der ökologisch verstandenen Umwelt durch einen Wechsel ihrer Rolle, ihres Lebensbereichs oder beider verändert" (BRONFENBRENNER 1981, S. 43). Den terminologischen Konstrukten ist zu entnehmen, daß der Begriff des Lernfeldes nach Bronfenbrenners Konzeptualisierung nur in Referenz auf neben- und übergeordnete Teilsysteme sowie unter dem Gesichtspunkt der Klärung komplexerer Lernprozesse sinnvoll zu verwenden ist. Lernrelevante Ereignisse in der menschlichen Entwicklung, so läßt sich als Fazit festhalten, hängen ab
- von den strukturellen Bedingungen des jeweiligen Lernfeldes, in dem sich ein Lernender befindet, und von dessen subjektiver Wahrnehmung seiner Umwelt,
- von der Verbindung des jeweiligen Lernfeldes mit anderen Lebensbereichen des Lernenden, so wie dieser sie erlebt und wie sie von seinen direkten Kontaktpersonen berücksichtigt werden,
- von der Art und Weise, in der Übergänge zwischen den Lernfeldern (beispielsweise vom Kindergarten in die Schule, von der Schule in die Berufsausbildung) stattfinden,
- und von den Einflüssen der gesamt- und subkulturellen Systeme, in die die Lernfelder eingebunden sind.

Aspekte einer lernfeldorientierten Didaktik. Seit Mitte der 70er Jahre scheint sich in der didaktischen Literatur ein stärkeres Interesse an der feldtheoretischen Betrachtungsweise anzubahnen. Die Gründe dafür sind in der Weiterentwicklung feldtheoretischer Forschungsansätze – insbesondere in der ökologischen Lernforschung (vgl. GRAUMANN 1978, SCHULZE 1983) – wie in der Unergiebigkeit didaktischer Partialanalysen gleichermaßen zu vermuten. Jeder Versuch, einzelne Faktoren pädagogischer Handlungsfelder mittels analytischer Kunstgriffe isoliert zu betrachten, wird letztlich mit dem Verzicht auf pädagogische Handlungsrelevanz erkauft. Die Curriculumforschung, die Entwicklung neuer Unterrichtstechnologien oder die Perfektionierung des diagnostischen Instrumentariums im Bereich der Lernerfolgskontrolle und Leistungsbeurteilung sind Beispiele dafür, wie wenig hilfreich es für die Analyse und Gestaltung der Erziehungswirklichkeit ist, wenn man die Untersuchung von Teilbereichen beliebig vertieft, ohne Folge- und Nachbarprobleme mit zu untersuchen oder Partialergebnisse im Kontext komplexer Strukturzusammenhänge auszuwerten.

Das Unbehagen an der Eigendynamik erziehungswissenschaftlicher Detailforschung hat die Rückbesinnung auf die ganzheitliche Betrachtungsweise offenbar begünstigt. Was das besondere Interesse an der Feldforschung betrifft, kommt noch ein anderer Gesichtspunkt hinzu: die Erkenntnis nämlich, daß Lernen ein situatives Geschehen sei, das nur im Rückbezug auf die natürlichen Feldbedingungen und deren Wahrnehmung durch die Lernenden valide erforscht werden kann. Darin ist ein kritisches Korrektiv sowohl gegen die experimentelle Lernforschung als auch gegen curriculare Planungstechnologien impliziert, soweit diese in der logischen und strategischen Verknüpfung zwischen Lernzielen, Inhalten, Verfahren und Medien die einzig wirksame Steuerung von Lernprozessen sehen. Mit der Feldorientierung wird ein Analyse- und Gestaltungsprinzip zur Geltung gebracht, das beim „Lebensraum" der Lernenden ansetzt und daraus Möglichkeiten sinnvoller didaktischer Interventionen konzeptualisiert (vgl. MADER 1984, S. 52). In dieser Hinsicht konvergieren Feldtheorie und lebensweltheoretische Ansätze, auf die in der didaktischen Diskussion ebenfalls wieder verstärkt Bezug genommen wird (vgl. MEYER-DRAWE 1986).

Aus feldtheoretischer Sicht stellt sich auch die Lernortproblematik neu (vgl. PÄTZOLD 1983). Es ist ein Verdienst der Berufspädagogik, die in der allgemeinen Didaktik stark vernachlässigte Frage „Lernen – aber wo?" (MÜNCH 1977) als ökologisch bedeutsamen Aspekt von Lernprozessen erkannt und im Rahmen der Lernortforschung bearbeitet zu haben. Dabei sind jedoch Tendenzen zu einer technologisch verkürzten Betrachtungsweise nicht zu übersehen. So geht die Studie von Münch/Kath, „Zur Phänomenologie und Theorie des Arbeitsplatzes als Lernort", von der Leitformel aus: „Die Lernortdiskussion kann sinnvoll – jedenfalls unter pädagogischem Aspekt – nur im Hinblick auf die Frage geführt werden, an welchen Lernorten welche Lernprozesse mit optimalem Zielerreichungsgrad realisiert werden können" (MÜNCH/KATH 1973, S. 21).

Eine solche Problemstellung ruft das Mißverständnis hervor, als handele es sich bei Lernortentscheidungen nur um das technokratische Nachwort zu der systematisch vorgeordneten Diskussion über Ziele und Inhalte institutionalisierter Bildungsgänge. Dabei geht es in der beruflichen Ausbildungspraxis von jeher um mehr: nämlich um die Durchsetzung zumeist nicht explizit ausgewiesener Erziehungs- und Qualifikationsabsichten mittels der in jeder Lernortstruktur implizierten Sozialisationsmechanismen. Das gilt grundsätzlich für das Erziehungs- und Bildungswesen insgesamt, ist aber im Berufsbildungssystem früher offenkundig geworden als in anderen Bereichen. In Abwandlung einer berühmten These von WENIGER (vgl. 1952) kann man geradezu davon sprechen, daß die Auseinandersetzung der gesellschaftlichen Mächte um den Einfluß auf die Berufsausbildung der Jugendlichen nicht nur und nicht einmal primär der Gestaltung des Lehrplans und der Ausbildungsordnungen gilt, sondern ein Kampf um Lernortanteile, das heißt um die sozialisationswirksame Verweildauer in betrieblich oder schulisch organisierten Lernfeldern ist (vgl. KELL/KUTSCHA 1983, S. 194).

Vor dem Hintergrund der Feldtheorie Lewins und der ökologischen Lernforschung Bronfenbrenners kann dieser Zusammenhang leicht einsichtig gemacht werden. Danach ist ein auf den räumlichen Aspekt reduzierter Lernortbegriff für die Analyse und Gestaltung komplexer Lernprozesse völlig ungeeignet. Mit der Veränderung der lokalen Lernbedingungen sind in der Regel nicht nur andere räumliche, sondern auch neue sachliche und soziale Verhältnisse hergestellt. Lernorte sind nach feldtheoretischer Interpretation „Umwelt" im Sinne sozialer Lebensräume, die je nach Struktur und Dynamik der Feldkräfte im Mikrosystem (Berufsschulklasse, Arbeitsplatz oder Lehrwerkstatt) sowie der damit verbundenen Meso-, Exo- und Makrosysteme bestimmte Lernerfahrungen ermöglichen, andere behindern oder ausschließen. Demnach haben Lernortentscheidungen weitreichende Konsequenzen; über sie kann vermutlich stärker auf das, was und wie gelernt werden soll, Einfluß genommen werden als über curriculare Ordnungsmittel.

Was am Beispiel der Berufsausbildung angedeutet ist, gilt grundsätzlich auch für andere Bildungsbereiche. Das hat in konstruktiver Absicht der DEUTSCHE BILDUNGSRAT (vgl. 1974) in seinen Empfehlungen „Zur Neuordnung der Sekundarstufe II" mit der Forderung nach der „Pluralität der Lernorte" zum Ausdruck gebracht. Lernorte (Schule, Betrieb, Lehrwerkstatt, Studio) werden in der Bildungsratempfehlung nicht nur unter dem Aspekt der lokalen Differenzierung, sondern im Sinne eines sozialen Lernfeldes interpretiert: „Die Lernorte stellen in je verschiedener Weise ein Feld des sozialen Lernens dar. Damit bietet eine Pluralität der Lernorte schließlich weiterreichende Sozialisationsmöglichkeiten, als die Schule allein sie bieten könnte [...]. Der Wechsel des Lernorts gibt dem Lernenden überdies Gelegenheit, sich allmählich aus der Schülerrolle zu lösen und Verhaltensweisen in nichtschulischem Milieu kennenzulernen und einzuüben" (DEUTSCHER BILDUNGSRAT 1974, S. 18). Diese Auffassung entspricht weitgehend der Hypothese BRONFENBRENNERS (vgl. 1981, S. 202), wonach das Ausmaß, in dem die menschliche Entwicklung gefördert wird, direkt von der Anzahl strukturell verschiedener Lebensbereiche abhängt. Freilich müssen dafür verschiedene Bedingungen erfüllt sein wie beispielsweise unterstützende und vertrauenbildende Verbindungen, Vereinbarkeit der unterschiedlichen Rollenanforderungen in den unterschiedlichen Lernfeldern oder Beteiligung an verantwortlichen, aufgabenorientierten Tätigkeiten. Darüber könnten indes erst im Verlauf umfassender Feldstudien fundierte Aussagen gemacht werden. Die vom Deutschen Bildungsrat vorgeschlagene Neustrukturierung des Bildungswesens durch ein differenziertes und aufeinander abgestimmtes Netz von Lernfeldern stellt sich mithin als Zukunftsaufgabe, die zu wissenschaftlicher Forschung und bildungspolitischer Entscheidung herausfordert.

BERNSTEIN, B.: Klassifikation und Vermittlungsrahmen im schulischen Lernprozeß. In: Z.f.P. 17 (1971), S. 145 ff. BITTNER, G. u.a.: Spielgruppen als soziale Lernfelder, München 1973. BRONFENBRENNER, U.: Ökologische Sozialisationsforschung, Stuttgart 1976. BRONFENBRENNER, U.: Die Ökologie der menschlichen Entwicklung, Stuttgart 1981. DEUTSCHER BILDUNGSRAT: Zur Neuordnung der Sekundarstufe II. Konzept für eine Verbindung von allgemeinem und beruflichem Lernen. Empfehlungen der Bildungskommission, Bonn 1974. GRAU-

MANN, C.F. (Hg.): Ökologische Perspektiven in der Psychologie, Bern/Stuttgart/Wien 1978. HORN, K.: Strafe. In: Enzyklopädie Erziehungswissenschaft, Bd. 8, Stuttgart 1983, S. 580ff. KELL, A./KUTSCHA, G.: Integration durch Differenzierung der „Lernorte"? In: VERBÄNDE DER LEHRER AN BERUFLICHEN SCHULEN IN NORDRHEIN-WESTFALEN (Hg.): Berufliche Sozialisation in der Auseinandersetzung mit verschiedenen Lernorten, Krefeld 1983, S. 192ff. KLEBER, E.W.: Strukturell-funktionale Erziehungsforschung. In: Enzyklopädie Erziehungswissenschaft, Bd. 2, Stuttgart 1984, S. 83ff. LEWIN, K.: Feldtheorie des Lernens. Kurt-Lewin-Werkausgabe, Bd. 4, hg. v. C.-F. Graumann, Bern/Stuttgart 1982, S. 157ff. (1982a). LEWIN, K.: Die psychologische Situation bei Lohn und Strafe. Kurt-Lewin-Werkausgabe, Bd. 6, hg. v. C.-F. Graumann, Bern/Stuttgart 1982, S. 113ff. (1982b). LEWIN, K.: Verhalten und Entwicklung als Funktion der Gesamtsituation. Kurt-Lewin-Werkausgabe, Bd. 6, hg. v. C.-F. Graumann, Bern/Stuttgart 1982, S. 375ff. (1982c). MADER, W.: Paradigmatische Ansätze in Theorien der Erwachsenenbildung. In: Enzyklopädie Erziehungswissenschaft, Bd. 11, Stuttgart 1984, S. 43ff. MEYER-DRAWE, K.: Lebenswelt. In: Enzyklopädie Erziehungswissenschaft, Bd. 3, Stuttgart 1986, S. 505ff. MÜNCH, J. (Hg.): Lernen – aber wo? Der Lernort als pädagogisches und lernorganisatorisches Problem, Trier 1977. MÜNCH, J./KATH, F.M.: Zur Phänomenologie und Theorie des Arbeitsplatzes als Lernort. In: Z. f. Berbfo. 2 (1973), 1, S. 19ff. PÄTZOLD, G.: Lernorte. In: Enzyklopädie Erziehungswissenschaft, Bd. 9.2, Stuttgart 1983, S. 399ff. POPP, W.: Die Lernfelder des Lernbereichs Sprache in der Primarstufe, Heidelberg 1978. SCHULZE, TH.: Ökologie. In: Enzyklopädie Erziehungswissenschaft, Bd. 1, Stuttgart 1983, S. 262ff. WENIGER, E.: Didaktik als Bildungslehre, Teil 1: Theorie der Bildungsinhalte und des Lehrplans, Weinheim 1952. WINNEFELD, F.: Pädagogischer Kontakt und pädagogisches Feld, München/Basel 1957. ZINNECKER, J.: Straßensozialisation. Versuch, einen Lernort zu thematisieren. In: Z.f.P. 25 (1979), S. 726ff.

Günter Kutscha

Lernziel

Begriff und Geschichte. In einem ersten Zugriff läßt sich ein Lernziel als eine sprachliche Formulierung definieren, die Aussagen über beabsichtigte Ergebnisse von Unterricht oder vergleichbaren Situationen macht. Es beschreibt Kenntnisse, Fähigkeiten und Einstellungen, welche die Schüler im Verlauf des Unterrichts entwickeln oder sich aneignen sollen, und zwar in einer Form, die eine Überprüfung der Lernergebnisse ermöglicht (vgl. BRUMLIK 1983, S. 407; vgl. MAGER 1973, S. 3; vgl. MESSNER/POSCH 1971, S. 9; vgl. MEYER 1975, S. 32).
Der Begriff „Lernziel" ist schon beim Herbart-Schüler Dörpfeld nachzuweisen, der ihn mehrfach bedeutungsgleich neben dem damals und auch in der Folgezeit gebäuchlicheren Begriff „Lehrziel" verwendet (vgl. DÖRPFELD 1905, S. 51, S. 55, S. 94). Verblüffend modern mutet den heutigen Leser dabei sein Verständnis der beiden Begriffe insofern an, als er darunter „die geforderte Endleistung" (DÖRPFELD 1910, S. 163) versteht. Erst zu Beginn der 60er Jahre wurde dann wieder öfter von Lernzielen gesprochen, und zwar zunächst vor allem im Zusammenhang mit dem programmierten Unterricht (als Übersetzung der amerikanischen Begriffe „educational objective" und „instructional objective"; vgl. MAGER 1965; vgl. SCHRAMM 1963, S. 8), später dann auch zur Bezeichnung der Ziele von Unterricht überhaupt (vgl. MAGER 1973, MÖLLER 1969). Die ausschließliche Verwendung des Begriffs „Lernziel" in den meisten Schriften zur Bildungs- und Curriculumreform, insbesondere aber in dem viel beachteten „Strukturplan für das Bildungswesen" (vgl. DEUTSCHER BILDUNGSRAT 1970) führte dann dazu, daß konkurrierende Begriffe wie „Lehrziel", „Unterrichtsziel" oder „Bildungsziel" für einige Jahre fast völlig verdrängt wurden und trotz der inzwi-

schen häufiger gewordenen Kritik an den vermeintlichen oder tatsächlichen Implikationen des Lernzielbegriffs dieser Begriff bis heute in weiten Bereichen der bildungspolitischen, allgemein- und fachdidaktischen Diskussion mit Abstand am häufigsten verwendet wird (vgl. FREY 1975, S. 562 f.; PETERSSEN 1982, S. 283 ff.).

Die *Einwände* gegen die seit Mitte der 60er Jahre diskutierten Fassungen des Lernzielbegriffs konzentrieren sich auf drei Punkte. Einmal wird bemängelt, er stelle keine genaue Entsprechung der ursprünglichen amerikanischen Begriffe dar (vgl. KLAUER 1973, S.54). Zum anderen wird vorgebracht, der Lernzielbegriff täusche eine in Wirklichkeit gar nicht vorhandene Verfügungsgewalt des Lehrers über die Lernprozesse seiner Schüler vor (vgl. BREZINKA 1974, S.131; vgl. RUMPF 1976, S.29ff.), anders formuliert: Nur dem Lehren, nicht dem Lernprozeß wohnten Ziele inne (vgl. KLAUER 1973, S.56ff.). Der dritte Einwand besteht in dem Vorwurf, der Begriff „Lernziel" suggeriere das Mißverständnis, daß die in der Regel von den Lehrenden gesetzten Ziele auch von den Lernenden gewünscht und zu ihren eigenen gemacht würden (vgl. MEYER 1980, S.347f.; vgl. SCHULZ 1969, S.XI). Allen drei Einwänden liegt – trotz der Verschiedenheit der Standpunkte im einzelnen – die Annahme zugrunde, daß ein „Lernziel" ein „Ziel eines Lernenden" sein müsse. Da diese Annahme für weite Bereiche schulisch institutionalisierter Lehre nicht aufrechtzuerhalten ist, führte dies entweder zur Vermeidung des Lernzielbegriffs im eigenen didaktischen Konzept (vgl. HEIPCKE 1974, SCHULZ 1980) oder zur parallelen Verwendung der Begriffe „Lehrziel" und „Lernziel" (vgl. FÜGLISTER 1978, S.54ff.).

Zum ersten, sozusagen philologischen Einwand ist anzumerken, daß schon die Fülle der in der amerikanischen Literatur bedeutungsgleich verwendeten Begriffe wortgetreue Übersetzungen ausschließt, so daß die allen Begriffsvarianten gemeinsame Orientierung auf die Beschreibung der beim Lernenden beabsichtigten Verhaltensänderung (vgl. POPHAM 1969, S.35) doch wieder die Wahl des deutschen Wortes „Lernziel" nahelegt, weil es den Blick auf den Lernenden richtet. Zu verstehen ist der Begriff dann jedoch in der Bedeutung „Ziel *für* einen Lernenden" (vgl. BREZINKA 1974, S.131), wobei offenbleibt, wer die Ziele setzt. Damit ist zugleich der zweite Einwand von Klauer entkräftet. Auch eine Verfügungsgewalt des Lehrers über die Lernprozesse seiner Schüler wird im Lernzielbegriff, wie er eingangs definiert wurde, keineswegs suggeriert. Dieser zweite Einwand mag für den zweckrational-technologischen Kontext mancher lernzielorientierter Konzepte zutreffen, im Begriff selbst wird lediglich der in der didaktischen Tradition seit je erhobene Anspruch an den Lehrer auf den Begriff gebracht, bei aller Begrenztheit seiner Möglichkeiten dennoch alle Bemühungen darauf zu richten, daß seine Schüler etwas *Bestimmbares* lernen. Die von Schulz befürchtete Irreführung der Betroffenen findet in der Praxis nicht statt, da Schüler, Lehrer und Eltern mit der Begriffsbedeutung „Lernziel = Ziel *für* einen Lernenden" rechnen, während die von FÜGLISTER (vgl. 1978, S.114, S.184ff.) vorgeschlagene perspektivische Differenzierung in Lehr- und Lernziele in konkreten Planungs- und Beratungssituationen, wie schon der oszillierende Sprachgebrauch in seinem eigenen Buch beweist, kaum durchzuhalten ist. Es empfiehlt sich deshalb, am Lernzielbegriff festzuhalten, da er in dem hier dargelegten offenen Begriffsverständnis sowohl für die vom Lehrer initiierten als auch für kooperativ geplante und für selbständig organisierte Lernprozesse verwendet werden kann.

Im Anschluß an die Lernzieldiskussion, wie sie in den 60er und 70er Jahren in der Curriculumtheorie und Unterrichtsforschung stattfand, sind Ansätze zu einer lernzielorientierten Didaktik entwickelt worden (vgl. BLANKERTZ 1975, S. 151 ff.; vgl. MÖLLER 1969, PETERSSEN 1975), die für die Richtlinienentwicklung im Rahmen der Bildungsreform der 70er Jahre, für die Lehrerausbildung in der zweiten Phase und für die Ausarbeitung eines konkreten Konzepts lernzielorientierten Unterrichts (vgl. LEMKE 1986a) entscheidende Bedeutung erhalten haben.

Formulierung und Operationalisierung von Lernzielen. Lernziele als Beschreibungen intendierter Lernergebnisse beziehen sich auf Inhalte, an und mit denen diese Ergebnisse erzielt werden können. Lernziele sollten deshalb nach dem von Tyler schon im Jahre 1949 gemachten und heute weitgehend akzeptierten Vorschlag grundsätzlich so formuliert werden, daß ein zu lernender Inhalt *und* ein auf diesen Inhalt gerichtetes Verhalten benannt werden, das der Lernende als Ergebnis des geplanten Unterrichts zeigen können soll (vgl. TYLER 1973, S. 54).

Dadurch unterscheiden sich Lernzielformulierungen von traditionellen Zielangaben, die lediglich den im Unterricht zu behandelnden Gegenstand definieren, jedoch über die Art und Weise der Beschäftigung mit diesem Gegenstand und über die Qualität der von den Schülern zu vollziehenden Lern- und Denkprozesse wenig oder nichts aussagen (vgl. BLANKERTZ 1975, S. 146 ff.).

Die von den Lernzieltheoretikern vorgenommene starke Betonung der Verhaltensdimension der Zielformulierung führte bei einigen Pädagogen in der Bundesrepublik zu dem Irrtum, Lernziele mit ihrer Verhaltensdimension gleichzusetzen, so daß sie zu der falschen Annahme kamen, man könne Lernziele detailliert festlegen und dennoch die Entscheidung über die Inhalte offenlassen (zur Kritik vgl. KLAUER 1974, S. 19,

S. 44f.; vgl. LEMKE 1981, S. 73; vgl. MEYER 1975, S. 22 ff.). Nun ist es das Ziel jedes Unterrichts, den Schüler nicht nur zu einer einmaligen Äußerung des für ihn neuen erwünschten Verhaltens zu bringen, sondern ihm die Fähigkeit, dieses Verhalten zu zeigen, als dauerhafte Eigenschaft zu vermitteln, ihm also eine *innere Disposition* zur Äußerung eines bestimmten Verhaltens in neuen, nie genau vorhersehbaren Situationen zu vermitteln. Das für den Schluß einer Lerneinheit erwünschte „Endverhalten" soll also der *Anzeiger* (= Indikator) für das Vorhandensein der Disposition sein (vgl. DE CORTE 1971, S. 77; vgl. KLAUER 1974, S. 31). Diese wichtige Unterscheidung der inneren Disposition und des äußeren Verhaltens wird von fast allen Lernzieltheoretikern betont und ist auch bei MAGER (vgl. 1973, S. 3, S. 10), der diese Form der Lernzielbeschreibung bei uns populär machte, eindeutig nachzuweisen. Nur bei Möller, die in ihrer „Technik der Lernplanung" die Lernzieldefinition von Mager in entstellter Form zitiert, fällt diese Unterscheidung weg (vgl. MÖLLER 1969, S. 17; vgl. MÖLLER 1973, S. 47). Die begriffliche Unterscheidung von beobachtbarem Verhalten und innerer Disposition macht demgegenüber deutlich, daß der für diese Art der Lernzielformulierung gesetzte Anspruch, eine Lernziel-„Operationalisierung" zu leisten, den Sachverhalt genau in dem Sinne trifft, wie ihn AEBLI (vgl. 1976, S. 286) für Operationalisierungsprobleme der Psychologie insgesamt definiert, daß nämlich ein innerer Vorgang oder Zustand durch die Angabe einer beobachtbaren Verhaltensweise sichtbar und kontrollierbar gemacht wird (vgl. HILGARD/BOWER 1970, S. 24 f.). Die von den Lernzieltheoretikern erhobene Forderung, Lernziele zu operationalisieren, bedeutet also keineswegs, daß alle Lernzieltheoretiker Behavioristen wären (vgl. LEMKE 1981, S. 70 ff.).

Die Frage, welche Anforderungen an

eine gelungene Lernzieloperationalisierung zu stellen sind, ist ausführlich diskutiert worden. Erfüllt eine Formulierung die von Tyler erhobene Mindestanforderung, daß sowohl das angestrebte Endverhalten als auch der Unterrichtsinhalt benannt werden (wie dies in der Formulierung „Der Schüler soll den Satz des Pythagoras richtig anwenden können" der Fall ist), so kann bereits von einer Operationalisierung gesprochen werden, denn zumindest für einen unterrichtserfahrenen Lehrer ist es anhand dieser Formulierung möglich, sich konkrete Vorstellungen über denkbare Unterrichtsabläufe und über die Überprüfung des Lernziels zu machen. Das genannte Beispiel kann deshalb im Sinne MEYERS (1975, S. 59) als „Operationalisierung im weiteren Sinne" bezeichnet werden.

Eine Lernzieloperationalisierung im engeren Sinne liegt dagegen dann vor, wenn außer der Beschreibung des gewünschten Endverhaltens auch noch die beiden weiteren von MAGER (vgl. 1973, S. 53) geforderten Angaben vorliegen, nämlich die Beschreibung der *äußeren Bedingungen,* unter denen das erwünschte Verhalten gezeigt werden soll, und die Festlegung des *Beurteilungsmaßstabs* für das als ausreichend geltende Verhalten. Aber auch bei einer solchen Lernzieloperationalisierung im engeren Sinne hängt die Beurteilung, ob eine hinreichende Eindeutigkeit der Formulierung erreicht sei, davon ab, ob eine kompetente Person in der Lage ist, Erfolg oder Mißerfolg eines Lernenden zutreffend festzustellen. Nur unter diesem Vorbehalt ist die dem Verfahren der Lernzieloperationalisierung innewohnende Umständlichkeit in Grenzen zu halten. Denn der Versuch, Lernziele so genau zu formulieren, daß auch ein nichtkompetenter Beobachter erfolgreiche von nicht erfolgreichen Schülern zu unterscheiden vermag, führt zu einem auffallenden Mißverhältnis zwischen der in die Lernzielbeschreibung investierten Mühe und dem davon im Schulalltag zu erwartenden Nutzen.

Der Fachterminus „Operationalisierung" hat erst in den 60er Jahren Eingang in die Lernzieldiskussion gefunden, kaum bekannt ist demgegenüber die Tatsache, daß sich operationalisierte Lernzielformulierungen schon bei Pädagogen des 17. (Comenius und Ratke) und 18. Jahrhunderts (Trapp) finden lassen (vgl. LEMKE 1981, S. 57 ff.): ein Beispiel aus Ratkes „Köthener Lehrplänen" aus dem Jahre 1619: „Der Zweck dieser Arbeit ist: 1. Den Inhalt eines jeglichen Kapitels oder Historie aus der Bibel ingemein verstanden haben. 2. Die allgemeine Sprachlehr also verstehen, daß er [der Schüler; D. L.] eines jeglichen Teils Namen, Natur und Eigenschaft kenne und eins vom andern durch Exempel, sowohl, die er von sich selbst erfunden, als auch im Buch begriffen, zu unterscheiden wisse" (RATKE 1967, S. 43).

Abstraktionsniveaus von Lernzielen. Selbst wenn es möglich wäre, alle Lernziele einer größeren Unterrichtseinheit im Sinne Magers zu operationalisieren, so wäre dies nicht sinnvoll, weil eine lange Liste sehr detaillierter Lernzielbeschreibungen ohne einsichtige Strukturierung weder im Schulalltag noch bei der Richtlinienerstellung und auch nicht bei der empirischen Erforschung von Unterricht handhabbar wäre (vgl. DE CORTE 1971, S. 85). So wundert es nicht, in der Lernzieldiskussion eine Fülle von Vorschlägen anzutreffen, Lernziele nach verschiedenen Reichweiten und Abstraktionsniveaus zu unterscheiden.

Die größte Verbreitung hat in der Bundesrepublik der von Möller gemachte Vorschlag gefunden, drei durchnumerierte Abstraktionsniveaus, nämlich Feinziele, Grobziele und Richtziele, zu unterscheiden (vgl. MÖLLER 1969, S. 49 ff.; vgl. MÖLLER 1973, S. 79 ff.): *Feinziele* haben den höchsten Grad an Eindeutigkeit und Präzision und schließen unterschiedliche Konkretisierungen im Unterrichtsprozeß aus. Ein *Grobziel* enthält demgegenüber nur eine vage Endverhaltensbeschreibung ohne Angabe des Beurteilungsmaßstabes und der äußeren Bedingungen; es hat einen mittleren Grad an Eindeutigkeit und Präzision und schließt viele Alternativen aus. Ein *Richtziel* ist schließlich die Beschreibung eines gewünschten Verhaltens mit umfassenden, unspezifischen Begriffen; es hat den geringsten Grad an Eindeutigkeit und Präzision und schließt nur sehr wenige Alternativen aus.

Die Möllersche Einteilung läßt den Eindruck aufkommen, es gäbe genau diese drei, deutlich zu unterscheidenden Abstraktionsniveaus, in die man beliebige vorliegende Lernzielformulierungen ohne Rest und ohne Zweifel einordnen könne, daß es also einen *absoluten* Maßstab für die Definition der verschiedenen Abstraktionsniveaus gäbe. Diese Annahme ist aber falsch, es ist vielmehr von einem *Kontinuum* beliebig vieler, nach Zweckmäßigkeitsgesichtspunkten zu definierender Abstraktionsgrade auszugehen, und zwar aus grundsätzlichen erkenntnistheoretischen und methodologischen Gründen (vgl. DRESSEL 1960, S. 35; vgl. LEMKE 1981, S. 78; vgl. LYSAUGHT/WILLIAMS 1967, S. 64; vgl. WHEELER 1974, S. 30 ff.). Auch MÖLLER (vgl. 1973, S. 78) referiert die Kontinuumthese in der Neuauflage ihres Buches zustimmend, ohne allerdings die einzig sinnvolle Konsequenz zu ziehen und ihre Dreistufenlehre aufzugeben. Die Kontinuumthese macht auch klar, warum in der Praxis die Einteilung von Lernzielformulierungen nach dem Möllerschen Stufenschema zu großen Schwierigkeiten und Widersprüchen führen mußte. Sogar Möller selbst kann ihre Stufenzuordnungen nicht exakt durchhalten (vgl. MEYER 1975, S. 52). Außerdem ist das Möllersche Stufenschema nicht geeignet, Beziehungen zwischen den einzelnen Lernzielen aufzuzeigen. Dies wird deutlich an einem Planungsbeispiel bei PETERSSEN (vgl. 1975, S. 60), in dem drei Grobziele zugleich als Teilziele eines vierten Grobzieles fungieren. Es zeigt sich also, daß es keinen Grund gibt, an einer absoluten Lernzielklassifikation nach dem Abstraktionsgrad festzuhalten. Statt dessen sollte eine *relative Klassifikation* erfolgen, die in einem gegebenen Zusammenhang übergeordnete Lernziele und Teillernziele unterscheidet. Eine solche Klassifikation, die den Abstraktionsgrad eines Lernzieles nur im Vergleich zu einem anderen Lernziel bestimmt, verschleiert nicht die Tatsache des Abstraktionskontinuums, zeigt für Planungszwecke nützliche Beziehungen zwischen den einzelnen Lernzielen auf und hat überdies den Vorteil, auch praktikabel zu sein.

Das Deduktionsproblem. Über die Frage, wie man, ausgehend von in der Regel sehr allgemeinen Zielvorstellungen, zu den konkreteren Lernzielen und Teillernzielen für die Planung von Unterricht fortschreiten kann, ist noch kein Konsens erzielt worden. In diesem Zusammenhang wird häufig von Deduktion oder, was gleichbedeutend ist, von Ableitung der konkreten Lernziele aus allgemeinen Lernzielen gesprochen. Insbesondere MÖLLER (vgl. 1966, S. 45; vgl. MÖLLER/MÖLLER 1966, S. 10) vertrat ursprünglich die Auffassung, es sei möglich, konkrete Zielsetzungen mit Hilfe mathematisch-logischer Schlußverfahren aus allgemeinen Leitvorstellungen eindeutig und zweifelsfrei zu deduzieren, im Idealfall sogar maschinell, unter Ausschluß der von ihr als „intuitives Verfahren" bezeichneten hermeneutischen Interpretation. Als Reaktion auf die von BLANKERTZ (vgl. 1969, S. 150 ff.) formulierte scharfe methodologische Kritik ist Möller inzwischen von ihrer ursprünglichen Ansicht abgewichen und gesteht zu, daß Ableitungen in einem strengen logischen Sinne nicht möglich sind (vgl. MÖLLER 1973, S. 81).

Lernziel

KLAUER (vgl. 1974, S. 78) vertritt dagegen nach wie vor die These, man könne aus allgemeinen Leitvorstellungen, sofern sie nur genügend präzise operationalisiert sind, unter Berücksichtigung empirischer Forschungsergebnisse konkrete Ziele für den Unterricht im Wege der logischen Deduktion gewinnen. Sein „deduktiv-empirisches Modell" der Lernzielfindung soll, wenn es von verschiedenen Anwendern benutzt wird, stets zu den gleichen Ergebnissen führen. Um dieses Ziel zu erreichen, nutzt er das klassische Modell des logischen Syllogismus (vgl. Abbildung 1):

Abbildung 1: Deduktiv-empirisches Modell

Obersatz (allgemeines Ziel als Leitdefinition)	Lehrziel ist die soziale Selbständigkeit. Sie besteht in der Bewältigung der Aufgabenklasse A.
Untersatz (Ergebnis empirischer Lehrzielforschung)	Heutzutage besteht die Aufgabenklasse A aus den Teilklassen A_i, A_j, A_k.
Folgerung (empirisch-deduktiv gewonnenes Lehrziel)	Lehrziel ist heute die Bewältigung der Aufgabenklassen A_i, A_j, A_k.

(Quelle: KLAUER 1974, S. 78)

Diese Darstellung ist auf einem so hohen Abstraktionsniveau angesiedelt, daß der schwache Punkt nicht sofort ins Auge fällt. Wenn wirklich für das Ziel der sozialen Selbständigkeit eindeutig feststünde, daß für seine Erreichung die Bewältigung der Aufgabenklasse A die sowohl notwendige als auch hinreichende Bedingung wäre, und wenn außerdem zweifelsfrei erwiesen wäre, daß die Teilklassen A_i, A_j und A_k, und *nur* diese Teilklassen die konstituierenden Elemente der Aufgabenklasse A sind, dann wäre das von Klauer vorgeschlagene Verfahren tatsächlich praktikabel. Aber gerade in der von ihm als bereits geleistet dargestellten Bestimmung der Aufgabenklasse A und der empirischen Erforschung ihrer Teilklassen liegt die von Klauer überspielte Schwierigkeit. Es muß damit gerechnet werden, daß auch bei sorgfältigstem Vorgehen kein allgemeiner Konsens über die Bestimmung der Aufgabenklasse A zu erzielen ist. Außerdem kann nicht ausgeschlossen werden, daß es sich bei den Teilklassen A_i, A_j und A_k um *offene* Klassen handelt, deren Elemente zum großen Teil noch unbestimmt sind. Denn eines der Hauptprobleme der Curriculumentwicklung und Unterrichtsplanung besteht ja darin, daß die Reihe der Konkretisierungsmöglichkeiten für ein übergeordnetes Lernziel nur willkürlich einzugrenzen ist, so daß die Gewißheit, alle denkbaren Alternativen gefunden, gewichtet und die beste Alternative ausgewählt zu haben, nicht zu erreichen ist. Sobald aber innerhalb einer Begriffs- oder Lernzielpyramide – und diese Form hat der Zusammenhang der Aufgabenklasse A und ihrer Teilklassen A_i, A_j und A_k – mit offenen Klassen gerechnet werden muß, ist eine Deduktion, also eine logisch zwingende Ableitung, *prinzipiell ausgeschlossen* (vgl. LEMKE 1981, S. 80ff.). Das Bestimmen konkreter Lernziele ist also kein logischer Ableitungsvorgang, sondern ein schöpferischer Prozeß, ein zielgerichtetes Suchen und Finden mit Umwegen, Irrwegen und Holzwegen (vgl. MESSNER/POSCH 1971, S. 31), in dem die allgemeinen Lernziele zwar die Richtung der Suche weisen, aber die Suche nicht ersetzen und nur die nachträgliche Kontrolle zulassen, ob die gefundenen Lernziele nach Auffassung der kompetenten Beurteiler mit dem übergeordneten Ziel vereinbar sind oder nicht.

Angesichts dieses Befundes sollte man so konsequent sein, im Zusammenhang der Lernzielfindung grundsätzlich nicht mehr von Deduktion oder Ableitung zu sprechen. Es hat auch keinen Wert, den Deduktionsbegriff für die Lernzielproblematik dadurch „passend" zu machen, daß man den in ihm enthaltenen Exaktheitsanspruch relativiert, wie es MEYER (vgl. 1972, S. 141 ff.) und TREML (vgl. 1973, S. 159 ff.) tun. Eindeutigkeit und Exaktheit des Ergebnisses der Schlußfolgerung ist mit dem Deduktionsbegriff so unauflöslich verbunden, daß er in Zusammenhängen, in denen diese Eindeutigkeit nicht im entferntesten zu erreichen ist, nur Verwirrung stiften kann und deshalb vermieden werden sollte (vgl. zum Deduktionsproblem auch BRUMLIK 1983, S. 409 ff.).

Begründung und Legitimation von Lernzielen. Wenn aber von Deduktion oder Ableitung von Lernzielen nicht sinnvoll gesprochen werden kann, stellt sich verschärft das Problem der Begründbarkeit oder Legitimation von Lernzielen, denn nun ist es nicht mehr damit getan, einen Konsens über die Leitideen eines Curriculum zu erzielen, sondern bei jedem Konkretisierungsschritt stellt sich neu die Frage, wodurch gerade das ausgewählte Lernziel zuungunsten der möglichen Alternativen als legitimiert erscheint. Dabei ist, wie RUMPF (vgl. 1975, S. 66) richtig feststellt, schon die Festlegung oberster Sinnormen in einer pluralistischen Gesellschaft äußerst problematisch. Die komplizierten methodologischen, wissenschafts- und bildungstheoretischen Voraussetzungen der Legitimation sind in der Curriculumtheorie und Didaktik ausführlich diskutiert worden, ohne daß eindeutige und konsensfähige Lösungen gefunden worden wären (vgl. OTTO/SCHULZ 1986, RUHLOFF 1986, TENORTH 1986).

Eine Übersicht über mögliche *Verfahren der Konsensfindung bei Lernzielentscheidungen* bieten FLECHSIG u. a. (vgl. 1971, S. 247 ff.; zu grundsätzlichen Überlegungen zur Begründungsproblematik vgl. BRUMLIK 1983, S. 408 f.; vgl. FREY 1975; vgl. FÜGLISTER 1978, S. 119 ff.; vgl. ZENK 1983). Auf der Ebene konkreter Unterrichtsplanungen dienen die Richtlinienvorgaben der Legitimation von Zielentscheidungen. Will man sich damit nicht zufriedengeben, sondern die Schüler als Instanz bei der Entscheidung über ihre Lernziele einbeziehen, dann bietet FÜGLISTER (vgl. 1978, S. 167 ff.) mit seinem konsensuellen Ansatz zu einer kooperativen Entscheidung über Lernziele (in der Form einer „Lehrzielberatung") eine theoretisch fundierte Möglichkeit, dieses Vorhaben in die Praxis umzusetzen. Es fragt sich allerdings, ob zur Einbeziehung der Schülerinteressen in die Unterrichtsplanung wirklich ein theoretisch so voraussetzungsreiches und kompliziertes Verfahren der Konsensfindung unabdingbar ist (zu „einfacheren" Vorschlägen vgl. BOETTCHER u. a. 1978; vgl. LEMKE 1981, S. 119 f.; vgl. SCHULZ 1980).

Grenzen des Lernzielkonzepts. Die Frage nach den Grenzen des Lernzielkonzepts ist weitgehend identisch mit der Frage, wieweit pädagogische Zielvorstellungen in operationale Lernzielformulierungen umgesetzt werden können oder sollen. Darüber, daß eine möglichst weitgehende Operationalisierung anzustreben und auch möglich sei, herrscht bei *Verfechtern* einer strikten Lernzielorientierung Einigkeit. So argumentiert EBEL (vgl. 1963, S. 36), diese Forderung werde zu Recht erhoben, weil die Wichtigkeit nichtoperationalisierter Lernziele überhaupt nicht nachzuweisen sei. DE CORTE (vgl. 1971, S. 81) schließt sich Ebel im Prinzip an, gibt aber wie FLECHSIG (vgl. 1966, S. 332, Anmerkung 13) zu, daß mit den bisher vorliegenden Instrumenten nicht sämtliche Lernziele meßbar seien. Als schwierig zu operationalisieren werden komplexere intellektuelle Fähigkeiten und affektive Lernziele, das heißt Einstellungen und Haltungen, angesehen. Diese Schwierigkeiten werden aber von den Verfechtern der Lernzieloperationalisierung als überwindbar angesehen, und zumindest im kognitiven Bereich sind auch schon große Fortschritte zu verzeichnen (vgl. LEMKE 1986b).

Die *Gegner* einer weitgehenden Lernzielorientierung des Unterrichts bezweifeln grundsätzlich, daß es möglich und wünschenswert sei, alle Lernziele in operationalisierter Form in die Planung und Durchführung des Unterrichts einzubringen. Für MOSER (vgl. 1971, S. 71) scheint es fraglich, ob die operationalisierten Lernziele tatsächlich sämtliche Ziel- und Inhaltsaspekte erfassen, die in den nichtoperationalisierten Lernzielen noch vorhanden sind, denn seiner Meinung nach ist jede Operationalisierung mit einem Verlust an semantischer Information verbunden. Ähnlich argumentiert MEYER (vgl. 1975, S. 60), und noch weiter geht BRÜGELMANN (vgl. 1973, S. 21 f.), wenn er behauptet, es gebe Ziele, die sich ihrer Natur nach nicht in Form von Verhaltenszielen operationalisieren lassen, wie Mündigkeit, Kreativität und individuelle Ausdrucksfähigkeit. Für die Argumentation Mosers spricht, daß es kaum möglich sein wird, alle Bedeutungsnuancen eines sehr allgemein formulierten Lernziels bis zu Formulierungen, die den Kriterien Magers entsprechen, zu konkretisieren; und selbst wenn dies wider Erwarten möglich sein sollte, so müßte der Lehrer für seinen Unterricht doch wieder legitimationsbedürftige Auswahlentscheidungen treffen, die kaum mehr repräsentativ für die Gesamtheit aller denkbaren Bedeutungen eines allgemeinen Lernziels sein können. Andererseits dürfte die von den Gegnern der Operationalisierung postulierte Fülle potentieller Bedeutungen abstrakter Zielformeln in der Praxis wohl erst demjenigen ins Bewußtsein kommen, der sich tatsächlich an den mühsamen Versuch der Operationalisierung macht (zum Versuch der Operationalisierung der „Leitidee Emanzipation" vgl. FISCHER 1972, S. 81 ff.).

Die von MEYER (vgl. 1975, S. 59) vorgeschlagene Unterscheidung einer Operationalisierung im engeren und im weiteren Sinne kann sich im Streit über die Grenzen der Operationalisierung als hilfreich erweisen: Operationalisierung im engeren Sinne wird nicht immer möglich und auch nicht immer sinnvoll sein, während eine behutsame, der jeweiligen Situation angepaßte Konkretisierung erwünschter Lernergebnisse eine Hilfe zur Realisierung gerade auch anspruchsvollerer Zielsetzungen werden kann. So können auch die von Brügelmann vorgetragenen Argumente gegen die Operationalisierung differenzierter beurteilt werden: Sie betreffen nämlich nur die Operationalisierung im engeren Sinne, das heißt, es ist sehr wohl möglich, auch Zielvorstellungen wie Mündigkeit, Kreativität und individuelle Ausdrucksfähigkeit so weit zu konkretisieren, daß klar wird, an welchen Verhaltensweisen der Lernenden ein erwünschter Lernerfolg sich zeigen könnte. Die Festlegung darf allerdings nicht so weit gehen, wie Mager es gefordert hat, weil eine genaue Normierung des erwünschten Endverhaltens der allgemeinen Zielvorstellung ja gerade zuwiderliefe. Auch wenn man, wie EISNER (vgl. 1969, S. 14 ff.) es mit seinen „Ausdruckszielen" (expressive objectives) versucht, die Formulierung von erwünschten Lernergebnissen dadurch vermeiden will, daß man statt dessen den Ausgangspunkt des Lernprozesses, die geplante Lernsituation, möglichst genau beschreibt, kommt man nicht daran vorbei, sich konkrete Vorstellungen über mögliche Lernergebnisse zu machen, denn dies ist ja die Voraussetzung für das sinnvolle Entwerfen der Lernsituationen. Ähnliches gilt für die von WULF (1974, S. 44) propagierten „heuristischen Lernziele", die im Rückgriff auf Eisners Ansatz die aktive Rolle der Lernenden bei der Ausfüllung und Konkretisierung von Zielentscheidungen betonen, und für das „Prozeßmodell" aus dem Curriculumkonzept von STENHOUSE (vgl. 1973, S. 447 f.). Situationsorientierte Curriculum- und Unterrichtskonzepte sind also - trotz des häufig gegenteiligen Selbstverständnisses ihrer Vertreter - mit der Forderung nach einer Operationalisierung von Lernzielen im Prinzip durchaus vereinbar (vgl. LEMKE 1981, S. 89 ff.). Es ist deshalb nicht mehr zu fragen, *ob* alle Lernziele operationalisiert werden können, sondern *welche* Ziele *wie weit* zu konkretisieren sind. Die Antwort auf diese Frage aber hängt, wie MEYER (vgl. 1975, S. 61) richtig sieht, von der Entscheidung ab, was man mit seinen operationalisierten Lernzielen anfangen will, das heißt, auch Lernzielformulierungen des engeren Typs haben dann ihren Sinn, wenn eine exakte Überprüfung der Lernleistungen erforderlich ist. Ein genereller Verzicht auf die Formulierung verhaltensbezogener Ziele, wie ihn AEBLI (vgl. 1976, S. 292) vorschlägt, ist demgegenüber als Rückschritt zu betrachten, weil bei einer Verwirklichung dieser Forderung die Beurteilung der Qualität wichtiger Teilaspekte des geplanten Unterrichts unmöglich würde.

AEBLI, H.: Grundformen des Lehrens, Stuttgart ^{9}1976. BLANKERTZ, H.: Theorien und Modelle der Didaktik, München 1969, ^{7}1975. BOETTCHER, W. u.a.: Lehrer und Schüler machen Unterricht, München/Berlin/Wien 1978. BREZINKA, W.: Grundbegriffe der Erziehungswissenschaft, München/Basel 1974. BRÜGELMANN, H.: Lernziele im offenen Curriculum. In: Thema ‚Curr.' (1973), 2, S. 16 ff. BRUMLIK, M.: Erziehungsziel. In: Enzyklopädie Erziehungswissenschaft, Bd. 1, Stuttgart 1983, S. 406 ff. CORTE, E. DE: Analyse der Lernzielproblematik. In: Z.f.P. 17 (1971), S. 75 ff. DEUTSCHER BILDUNGSRAT (Hg.): Strukturplan für das Bildungswesen. Empfehlungen der Bildungskommission, Stuttgart 1970. DÖRPFELD, F.W.: Zwei Worte über Zweck, Anlage und Gebrauch des Schriftchens Enchiridion der biblischen Geschichte. Gesammelte Schriften, Bd. 3.2, Gütersloh ^{5}1905. DÖRPFELD, F.W.: Grundlinien einer Theorie des Lehrplans. Gesammelte Schriften, Bd. 2.1, Gütersloh ^{5}1910. DRESSEL, P.: Measurement and Evaluation of Instructional Objectives. In: HUDDLESTON, E. (Hg.): The Seventeenth Yearbook of the National Council on Measurement in Education, Ames (Iowa) 1960, S. 1 ff. EBEL, R.: The Relation of Testing Programs to Educational Goals. In: FINDLEY, W. (Hg.): The Impact and Improvement of School Testing Programs. Sixty-second Yearbook of the National Society for the Study of Education (NSSE), Part II, Chicago (Ill.) 1963, S. 28 ff. EISNER, E.: Instructional and Expressive Educational Objectives. Their Formulation and Use in Curriculum. In: POPHAM, W. u.a.: Instructional Objectives. American Educational Research Association Monograph Series on Curriculum Evaluation, Bd. 3, Chicago (Ill.) 1969, S. 1 ff. FISCHER, K.: Überlegungen zur Didaktik des Politischen Unterrichts, Göttingen 1972. FLECHSIG, K.-H.: Programmvariable und ihre Erforschung. In: D. Dt. S. 58 (1966), S. 327 ff. FLECHSIG, K.-H. u.a.: Probleme der Entscheidung über Lernziele. In: ACHTENHAGEN, F./MEYER, H. L. (Hg.): Curriculumrevision. Möglichkeiten und Grenzen, München 1971, S. 243 ff. FREY, K. (Hg.): Curriculum-Handbuch, Bd. 1, München/Zürich 1975. FÜGLISTER, P.: Lehrzielberatung. Zur Reflexion didaktischen Handelns mit Schülern, München 1978. HEIPCKE, K.: Lehrziele und Handlungsziele im Unterricht. In: GARLICHS, A. u.a.: Didaktik offener Curricula, Weinheim/Basel 1974, S. 36 ff. HILGARD, E.R./BOWER, G.H.: Theorien des Lernens, Bd. 1, Stuttgart 1970. KLAUER, K.J.: Revision des Erziehungsbegriffs, Düsseldorf 1973. KLAUER, K.J.: Methodik der Lehrzieldefinition und Lehrstoffanalyse, Düsseldorf 1974. KUNERT, K.: Einführung in die curriculare Unterrichtsplanung, München 1976. LEMKE, D.: Lernzielorientierter Unterricht - revidiert, Frankfurt/Bern 1981. LEMKE, D.: Unterricht, lernzielorientierter. In: Enzyklopädie Erziehungswissenschaft, Bd. 3, Stuttgart 1986, S. 611 ff. (1986 a). LEMKE, D.: Lernzieltaxonomie. In: Enzyklopädie Erziehungswissenschaft, Bd. 3, Stuttgart 1986, S. 546 ff. (1986 b). LYSAUGHT, J./WILLIAMS, C.: Einführung in die Unterrichtprogrammierung, München 1967. MAGER, R. F.:

Lernzieltaxonomie

Lernziele und Programmierter Unterricht, Weinheim 1965. MAGER, R. F.: Lernziele und Unterricht, Weinheim/Basel 1973. MESSNER, R./POSCH, P.: Perspektiven für einen neuen Lehrplan. In: MESSNER, R./RUMPF, H. (Hg.): Didaktische Impulse, Wien 1971, S. 9 ff. MEYER, H. L.: Einführung in die Curriculum-Methodologie, München 1972. MEYER, H. L.: Trainingsprogramm zur Lernzielanalyse, Frankfurt/M. ²1975. MEYER, H. L.: Leitfaden zur Unterrichtsvorbereitung, Königstein 1980. MÖLLER, B./MÖLLER, CH.: Perspektiven der didaktischen Forschung, München 1966. MÖLLER, CH.: Zur Methodik der Lehrplanaufstellung. In: B. u. E. 19 (1966), S. 44 ff. MÖLLER, CH.: Technik der Lernplanung, Weinheim 1969, ⁴1973. MOSER, H.: Technik der Lernplanung: Curriculumforschung und Ideologie. In: Z. f. P. 17 (1971), S. 55 ff. OTTO, G./SCHULZ, W.: Der Beitrag der Curriculumforschung. In: Enzyklopädie Erziehungswissenschaft, Bd. 3, Stuttgart 1986, S. 49 ff. PETERSSEN, W. H.: Grundlagen und Praxis des lernzielorientierten Unterrichts, Ravensburg ²1975. PETERSSEN, W. H.: Handbuch Unterrichtsplanung, München 1982. POPHAM, W.: Objectives and Instruction. In: POPHAM, W. u. a.: Instructional Objectives. American Educational Research Association Monograph Series on Curriculum Evaluation, Bd. 3, Chicago (Ill.) 1969, S. 32 ff. RATKE, W.: Kleine pädagogische Schriften, hg. v. K. Seiler, Bad Heilbrunn 1967. RUHLOFF, J.: Die geschichtliche Dimension pädagogischer Aufgabenkonzepte. In: Enzyklopädie Erziehungswissenschaft, Bd. 3, Stuttgart 1986, S. 94 ff. RUMPF, H.: Einführende Verdeutlichungen zur curricularen Fachsprache. In: FREY, K. (Hg.): Curriculum-Handbuch, Bd. 1, München 1975, S. 60 ff. RUMPF, H.: Unterricht und Identität, München 1976. SCHRAMM, W.: Programmierter Unterricht heute und morgen, Berlin 1963. SCHULZ, W.: Drei Argumente gegen die Formulierung von „Lernzielen" und ihre Widerlegung. In: MAGER, R. F.: Lernziele und programmierter Unterricht, Weinheim 1969, S. XI ff. SCHULZ, W.: Unterrichtsplanung, München/Wien/Baltimore 1980. STENHOUSE, L.: Curriculumentwicklung als Experiment. In: Z. f. P. 19 (1973), S. 447 ff. TENORTH, H.-E.: Leitvorstellungen didaktischen Handelns. In: Enzyklopädie Erziehungswissenschaft, Bd. 3, Stuttgart 1986, S. 80 ff. TREML, A. K.: (Rezension zu:) H. L. Meyer: Einführung in die Curriculum-Methodologie. In: Z. f. P. 19 (1973), S. 159 ff. TYLER, R. W.: Curriculum und Unterricht, Düsseldorf 1973. WHEELER, D.: Phasen und Probleme des Curriculum-Prozesses, Ravensburg 1974. WULF, CH.: Heuristische Lernziele - Verhaltensziele. In: ROBINSOHN, S. B. (Hg.): Curriculumentwicklung in der Diskussion, Stuttgart ²1974, S. 36 ff. ZENK, U.: Legitimation. In: Enzyklopädie Erziehungswissenschaft, Bd. 1, Stuttgart 1983, S. 485 ff.

Dietrich Lemke

Lernzieltaxonomie

Begriff und Geschichte. Der Begriff „Taxonomie" stammt aus der Biologie, wo er die botanische und zoologische Klassifikation, aber auch die biologische Teildisziplin der Systematik bezeichnet (vgl. MÄGDEFRAU 1973, S. 263, Anmerkung 5). Für die Erziehungswissenschaft wurde der Begriff in den 50er Jahren durch die von Bloom geleitete Forschungsgruppe adaptiert (vgl. BLOOM u. a. 1972). Ungefähr zehn Jahre später fand er auch Eingang in die deutsche Diskussion um Lernziele und Curricula und spielte dort eine wichtige Rolle. Der Begriff „Taxonomie" wird im pädagogischen Bereich verwendet für Klassifikationen, die entweder den Verhaltensaspekt oder den Inhaltsaspekt von Lernzielen nach einem theoretischen Kriterium ausdifferenzieren. So kann man ihn, um den einer Klassifikation zugrunde gelegten theoretischen Ansatz zu betonen, mit „Ordnungstheorie" übersetzen (FREY 1971, S. 188, Anmerkung 2), ist jedoch die Klassifikation selbst gemeint, empfiehlt es sich, ihn zu verstehen als „gesetzmäßige Ordnung" (entsprechend der Bedeutung der griechischen Wörter táxis = Ordnung, nómos = Gesetz) oder „Ordnungssystem" (MESSNER 1976, S. 426). Im Gegensatz zu einer einfachen Klassifikation stehen die verwendeten Kategorien einer Taxonomie in einem übergreifenden Zusammenhang, wobei die Gültigkeit und Brauchbarkeit der Taxonomie davon abhängt, wie eindeutig und sinnvoll die Beziehung zwischen den einzelnen Klassen ist (vgl. FREY 1971, S. 229 f.). Daher wird beim Entwurf einer Taxonomie versucht, feststellbare und bedeutsame Beziehungen zwischen realen Phänomenen in möglichst eindeutiger und aufschlußreicher Weise abzubilden. Dies ist am besten zu erreichen, wenn das Aufbauprinzip hierarchisch in dem Sinne ist, daß die niedrigere Klasse jeweils Element der höheren ist, wie beim Verhältnis von Art und Gattung in den biologischen Taxonomien. Ist die Einordnung eines Phänomens in eine taxonomische Klasse geleistet, sind damit zugleich seine Beziehungen zu den in den anderen Klassen zusammengefaßten Phänomenen erschlossen.

Lernzieldimensionen. Die bekannteste und meistverwendete Lernzieltaxonomie ist die von einem Arbeitskreis um Bloom und Krathwohl entwickelte Taxonomy of Educational Objectives. Die Gründung des Arbeitskreises hatte den Zweck, die Kommunikation zwischen den mit Prüfungen befaßten Wissenschaftlern zu verbessern und einheitliche Prüfungsmaßstäbe für alle Fächer zu gewinnen (vgl. BLOOM u. a. 1972, S. 15 ff.). Es wurden daher die spezifischen Fachinhalte, also der Inhaltsaspekt der Lernziele und Prüfungsaufgaben, ausgeklammert und eine fachübergreifende Klassifikation für ihren *Verhaltensaspekt* entworfen. Um alle denkbaren Verhaltensweisen zu erfassen, wurden die dem menschlichen Verhalten zugrunde liegenden psychischen Aktivitäten in drei große Teilbereiche aufgegliedert, den kognitiven, der Wahrnehmen und Denken umfaßt, den affektiven, der es mit Einstellungen und Haltungen zu tun hat, und den psychomotorischen, der die Steuerung von Körperbewegungen zum Inhalt hat. Die Autoren sehen zwar selbst, daß jedes konkrete menschliche Verhalten aus allen drei Komponenten besteht, halten aber die analytische Zuordnung nach dem überwiegenden Anteil für möglich und erforderlich. Diese Einteilung, auch als *Lernzieldimensionen* bezeichnet (vgl. MEYER 1975, S. 86 ff.), hat es aufgrund ihrer Plausibilität, die schon durch ihre Ähnlichkeit mit der Pestalozzi-Trias von Denken, Fühlen und Handeln (vgl. LEMKE 1981, S. 127) deutlich wird, große Verbreitung gefunden.

Kognitive Taxonomien. Die von der Arbeitsgruppe Bloom im Jahre 1956 herausgebrachte Taxonomie von Lernzielen im kognitiven Bereich – so der Titel der deutschen Übersetzung von 1972 – ist nach dem Prinzip der Komplexität hierarchisch konstruiert. Es werden psychische Operationen, die zur Lösung immer komplexer werdender Aufgaben notwendig sind, in eine Rangfolge gebracht. Das gleiche Verfahren wenden auch die Autoren anderer kognitiver Taxonomien an, wie bei Gagné deutlich wird, wenn er von seinen Verhaltenskategorien (Lernarten) sagt, sie seien durch die formalen (nicht inhaltsbezogenen) Merkmale der Lernziele und Aufgaben bestimmt (vgl. GAGNÉ 1971, S. 49; vgl. GUILFORD 1967 a, S. 119). Die Verschiedenheit der Bezeichnung (Operationen, Lernarten, Lernzielklassen) darf nicht den Blick dafür verstellen, daß der Sache nach Vergleichbares in den verschiedenen Taxonomien vorliegt (vgl. LEMKE 1981, S. 128, S. 172 f.; anders vgl. GLÜCK 1975, S. 31). Die Lernzieltaxonomie im kognitiven Bereich umfaßt sechs Hauptkategorien: *Wissen, Verstehen, Anwendung, Analyse, Synthese* und *Bewertung* (vgl. BLOOM u. a. 1972, S. 217 ff.). Diese sechs Kategorien werden nach verschiedenen Gesichtspunkten unterschiedlich weit in Subkategorien ausdifferenziert, wobei die zwölffache inhaltliche Untergliederung der Kategorie „Wissen" problematisch erscheint, weil sie dadurch ein zu großes Gewicht innerhalb der Taxonomie bekommt (vgl. MESSNER/POSCH 1971,

S. 33). Betrachtet man nur die Hauptkategorien, so ist festzustellen, daß nur die Kategorie „Wissen" mit behavioristischen Ansätzen zu erfassen ist, da die Denkprozesse der fünf oberen Kategorien eindeutig Einsicht und sinnvolles Lernen erfordern (vgl. AUSUBEL/ROBINSON 1969, S. 72). Insofern ist es nicht zu rechtfertigen, wenn etwa BLANKERTZ (vgl. 1970, S. 147 f., S. 160 f.) diese Taxonomie als behavioristisch abqualifiziert. Zahlreiche empirische Überprüfungen der Kategorien ergaben eine weitgehende Bestätigung der angenommenen Hierarchie (vgl. AYERS 1966, KROPP/STOKER 1966). Es gibt aber Hinweise darauf, daß die Kategorien „Synthese" und „Bewertung" gleichrangig sind, wie eine interpretative Strukturanalyse zeigt (vgl. LEMKE 1981, S. 166 ff.).

Zu einiger Bedeutung hat es auch die Taxonomie von GAGNÉ (vgl. 1969, S. 51 f.) gebracht. Er unterscheidet acht Lerntypen oder Lernarten: *Signallernen, Reiz-Reaktions-Lernen, Kettenbildung, Sprachliche Assoziation, Multiple Diskrimination, Begriffslernen, Regellernen* und *Problemlösen.* Verglichen mit der Taxonomie von BLOOM u. a. (vgl. 1972), werden hier einfache Lernprozesse sehr weit aufgefächert, während anspruchsvolle Denkoperationen nur in der Kategorie „Problemlösen" vorkommen. Die Kategorie „Bewertung" kommt nicht vor.

Als weitere kognitive Taxonomie muß die Dimension der Operationen in der „Struktur des Intellekts" von GUILFORD (1967a, S. 120) genannt werden. Es sind die fünf Operationen *Kognition, Gedächtnis, Divergierendes Denken, Konvergentes Denken* und *Werten.* Auffällig ist die große Ähnlichkeit mit der Bloomschen Taxonomie (vgl. LEMKE 1981, S. 178 f.), bei der aber die Hierarchisierung aufgrund der vorliegenden Untersuchungen besser gelungen scheint.

Weitere kognitive Taxonomien sind entweder Varianten der Taxonomie von Bloom (vgl. ROTH 1972, S. 78 ff.), der von Gagné (vgl. AUSUBEL/ROBINSON 1969, S. 37) oder der von Guilford (vgl. DE CORTE u. a. 1975, S. 56; vgl. KÖNIG/RIEDEL 1971, S. 80 ff.) und bringen nicht wesentlich Neues. Eine vergleichende Übersicht bietet LEMKE (vgl. 1981, S. 162 ff.). Als historische Relativierung sei noch angemerkt, daß es Vorläufer kognitiver Taxonomien schon im 18. und 17. Jahrhundert gab, so die „Unterrichtsziele" von Trapp (vgl. LEMKE 1981, S. 59): *Behalten, Verstehen und Empfinden, Finden und Erfinden* und *Anwenden,* und die „fünf innerlichen Kräfte oder Wirkungen der Seele" von Ratke (vgl. LEMKE 1981, S. 64): *Verständnis, Gedächtnis, Wille, Allgemeiner Sinn* und *Einbildungskräfte.*

Affektive Taxonomien. Für den affektiven Bereich gibt es nur eine gebräuchliche Taxonomie, die der Arbeitsgruppe um Bloom und Krathwohl (vgl. KRATHWOHL u. a. 1975). Die bei ihrer Erarbeitung aufgetretenen Probleme waren aber so gravierend, daß diese Taxonomie erst acht Jahre nach der kognitiven Taxonomie der Bloomschen Arbeitsgruppe erscheinen konnte, und die Autoren betonen, daß sie ihren Entwurf nur als einen ersten Schritt in ein noch weitgehend unerforschtes Gebiet ansehen. Die Taxonomie für den affektiven Bereich ist hierarchisch aufgebaut nach dem Kriterium der Internalisierung oder Verinnerlichung. Sie besteht aus den fünf Hauptkategorien *Aufnehmen, Aufmerksam werden, Reagieren, Werten, Wertordnung* und *Bestimmtsein durch Werte,* die jeweils zwei oder drei Unterkategorien haben (vgl. KRATHWOHL u. a. 1975, S. 23 ff.). Die Hierarchisierung ist längst nicht so überzeugend gelungen wie bei der kognitiven Taxonomie. Empirische Überprüfungen dürften sich schwierig gestalten, weil es fast unmöglich ist, das Erreichen der höheren Lernzielklassen zweifelsfrei festzustellen. Selbst wenn sich diese Schwierigkeit beheben ließe, bliebe zu bedenken, ob es von einem Lehrer moralisch und pädagogisch verantwortet werden kann, eine Leistungsbeurteilung bei affektiven Lernzielen durchzuführen. So hat die affektive Taxonomie bei weitem nicht die gleiche Bedeutung wie die kognitive Taxonomie erlangt. Die beiden letztgenannten Schwierigkeiten bleiben auch beim jüngsten Vorschlag zur Klassifizierung affektiver Lernziele (vgl. NUSSBAUM u. a. 1984) bestehen, der das Problem der Hierarchisierung entschärft, aber wegen seines Verzichts auf ein durchgehendes Klassifikationskriterium kaum als Taxonomie bezeichnet werden kann.

Psychomotorische Taxonomien. Die Arbeitsgruppe Bloom hat selbst keine psychomotorische Taxonomie erstellt. So haben andere Autoren versucht, diese Lücke mit eigenen Entwürfen zu füllen. Zu nennen ist einmal der Vorschlag von Dave (vgl. MÖLLER 1973, S. 255 f.) mit den Hauptkategorien *Imitation, Manipulation, Präzision, Handlungsgliederung* und *Naturalisierung.* Hierarchisierungsgesichtspunkt ist hier der Koordinationsgrad, wie auch beim Vorschlag von Guilford (vgl. MÖLLER 1973, S. 257 f.): *Kraft, Stoß, Geschwindigkeit, Statische Präzision, Dynamische Präzision, Koordination* und *Flexibilität.* Demgegenüber scheint der Vorschlag von Resnick (vgl. FLECHSIG u. a. 1971, S. 273) nicht hinreichend hierarchisiert. Insgesamt haben die psychomotorischen Taxonomien nur eine untergeordnete Rolle gespielt.

Inhaltstaxonomien. Vorschläge für Inhaltstaxonomien, wie sie bei FREY (vgl. 1971, S. 209 ff.), BEAUCHAMP (vgl. 1968, S. 97 ff.) und LEMKE (vgl. 1981, S. 141 ff., S. 186 ff.) zu finden sind, lassen sich nach ihrer Reichweite in Globalklassifikationen von umfassenden Wissensgebieten und in Kataloge von fachspezifischen Schwerpunkten für spezielle Lernbereiche einteilen. Ein Beispiel für eine Globalklassifikation sind die „Sinnbereiche" von Phenix (vgl. FREY 1971, S. 219 f.), als Beispiele für spezielle Klassifikationen können die Inhaltsklassen der vom LOT(lernzielorientierte Tests)-Projekt erstellten Lernzielmatrizes (vgl. FLECHSIG u. a. 1971, S. 273 ff.) dienen. Beide Gruppen können wegen ihrer mangelnden Hierarchisierung kaum als Taxonomien bezeichnet werden. Es gibt nur zwei Vorschläge für hierarchische fachübergreifende Inhaltstaxonomien. Der eine von SCHOTT (vgl. 1975, S. 131) besteht aus den Kategorien *Bausteine, Elementare Lehrstoffe, Komplexe Lehrstoffe* und *Komplexe Lehrstoffe, die aus komplexen Lehrstoffen zusammengesetzt sind.* Hier ist zwar eine klare Hierarchisierung nach der Komplexität erkennbar, aber gleichzeitig ist diese Taxonomie so informationsarm, daß ihr Nutzwert zweifelhaft erscheint. Dagegen verwendet der Vorschlag von LEMKE (vgl. 1981, S. 192 ff.) aussagefähigere Kategorien und ist hierarchisch nach den Kriterien „Komplexität" und „Abstraktheit" aufgebaut. Diese Inhaltstaxonomie besteht aus den Kategorien *Einzelfakten, Zusammenhänge, Begriffe, Regeln/ Gesetze, Methoden/Theorien* und *Wertungen.* Sie soll die Diskussion um das „exemplarische Prinzip" und die „Struktur der Disziplin" in systematisierter Form weiterführen und diese Prinzipien der Inhaltsauswahl in die Praxis umzusetzen helfen (vgl. LEMKE 1980, S. 392 ff.).

Sonstige Taxonomien. Zur Blütezeit des „taxonomischen Gedankens" in der Erziehungswissenschaft versprachen sich viele Autoren einen Erkenntnisfortschritt von weiteren Taxonomien. So forderte HALLER (vgl. 1972, S. 165) eine Taxonomie für den sozialen Lernbereich, zu dem dann ROYL (vgl. 1974, S. 361) auch einen Entwurf vorlegte. Er umfaßt die Kategorien *Anschluß an eine Gruppe suchen, Kooperationsangebote* *annehmen, Kooperationsangebote machen, Kooperation ausdehnen, Unterschiedliche soziale Rollen lernen* und *Soziokulturelle Innovationen anstreben.* Inwieweit hier von Hierarchisierung gesprochen werden kann, sei dahingestellt. Auch spezifische, auf ein Fach bezogene Lernzieltaxonomien wurden erstellt, für die hier als Beispiel die Musiktaxonomie von FÜLLER (vgl. 1974, S. 60 ff.) erwähnt werden soll.

Funktionen und Leistungen von Lernzieltaxonomien. Die allgemeinste Funktion von Lernzieltaxonomien, wie von Taxonomien überhaupt, drückt treffend FLECHSIG (1970, S. 31) aus, wenn er sie als „Instrumente der gedanklichen Organisation" bezeichnet. Um die einzelnen Einsatzmöglichkeiten der aufgeführten Taxonomien zu diskutieren, empfiehlt es sich, von der Taxonomie von BLOOM u. a. (vgl. 1972) auszugehen, deren vielfältige Erprobung am besten dokumentiert ist (vgl. COX/WILDEMANN 1970). Unbestritten ist, daß sie eine große Hilfe bei der *Formulierung* und *Klassifizierung* von Prüfungsaufgaben ist. Dies ist besonders eindrucksvoll zu sehen am „Handbook on Formative and Summative Evaluation" (BLOOM u. a. 1971). Aus der Klassifizierungsfunktion ergibt sich bei einer unbefriedigenden Verteilung der Aufgaben auf die Taxonomieklassen ein Impuls, auch für die vernachlässigten Bereiche Aufgaben zu finden. Gleichzeitig bietet diese Taxonomie für die *heuristische Funktion* ein „Panorama" von möglichen Aufgabentypen (vgl. FREY 1971, S. 245; vgl. KRATHWOHL 1971, S. 94). Die drei genannten Funktionen können auch auf Lernziele angewendet werden. Dies bestreitet zwar AEBLI (vgl. 1976, S. 288), der die kognitive Taxonomie der Bloomschen Arbeitsgruppe nur als „Taxonomie der Prüfungsmöglichkeiten für Gelerntes" ansieht. Dem ist aber entgegenzuhalten, daß die in den verschiedenen kognitiven Taxonomien aufgeführten Denkoperationen, sollen sie gelernt werden, auch im Unterricht schon bei der Behandlung des Lernstoffs geübt werden müssen (vgl. GUILFORD 1967 b, S. 476).

Eine kognitive Taxonomie kann also auch für das Formulieren, Klassifizieren und Finden von Lernzielen eine Hilfe sein. Die heuristische Funktion impliziert allerdings, daß die taxonomischen Klassen etwas über die *Wünschbarkeit* von Lernzielen aussagen, wenn auch nur bezogen auf den von der jeweiligen Taxonomie behandelten Lernziel*aspekt*. Für einen das entdeckende Lernen bevorzugenden Unterricht, der Kritikfähigkeit und Mündigkeit der Schüler fördern soll, kann auf Lernziele der oberen Bloomschen Kategorien nicht verzichtet werden (vgl. LEMKE 1981, S. 154 f.). Dies bedeutet aber nicht, daß jedes Lernziel schon deshalb legitimiert wäre, weil es in die oberen Kategorien fällt. Die thematische Bedeutung und Wünschbarkeit von Lernzielen muß auch bei der heuristischen Verwendung von Lernzieltaxonomien *interpretativ* ermittelt werden. Der heuristische Gebrauch von Lernzieltaxonomien bedeutet also kein „Unterlaufen der hermeneutischen Zielbestimmung", wie BLANKERTZ (1970, S. 158 ff.) argwöhnt. Es ist, wie sich gezeigt hat, notwendig, bei der Verwendung von Lernzieltaxonomien ihren *Aspektcharakter* nicht aus den Augen zu verlieren und gleichzeitig die Tatsache zu beachten, daß die einzelnen Aspekte weitgehend unabhängig voneinander bestehen, weil sonst die Gefahr von Fehleinschätzungen wie im Falle von OTT (vgl. 1973) besteht, der meint, mit Hilfe der in der Bloomschen Taxonomie enthaltenen Kategorien thematische Schwerpunkte eines Unterrichtsthemas bestimmen zu können (vgl. LEMKE 1981, S. 149 f.).

Jeder Aspekt von Lernzielen muß für sich, wenn auch im praktischen Vollzug nicht getrennt voneinander, bedacht und entschieden werden.

Weniger bedeutsam als die bisher geschilderten Funktionen sind die Hilfen, die von kognitiven Taxonomien bei der *Planung von Unterrichtssequenzen* zu erwarten sind. Die Hierarchie der Lernzielklassen legt entgegen einer oft geäußerten Meinung (vgl. MEYER 1975, S. 107) *nicht* fest, in welcher Reihenfolge die einzelnen Lernziele anzuordnen sind. Die Beziehung der einzelnen Kategorien zueinander kann also allenfalls Hinweise auf verschiedene Möglichkeiten der Sequenzbildung liefern. Damit wird der von LENZEN (1978, S. 96) erhobene Vorwurf, die kognitive Taxonomie der Bloomschen Arbeitsgruppe könne als „Vehikel der Verhaltenssteuerung" eingesetzt werden, hinfällig, da er auf einer Überschätzung ihrer Leistungsfähigkeit beruht. Taxonomien können aber Hinweise auf die Angemessenheit von *Unterrichtsmethoden* geben, da beispielsweise kognitiv hochstehende Zielsetzungen anspruchsvollere Unterrichtsmethoden erfordern als Wissensziele, bei denen die Art der Vermittlung bei gleichen Ergebnissen variieren kann (vgl. KRATHWOHL u.a. 1975, S. 73). Als weitere Funktion ist zu erwähnen, daß die Bloomsche Taxonomie mehrfach benutzt worden ist, um das *kognitive Niveau* von Lehrer- und Schüleräußerungen zu überprüfen und Lehrern die Fähigkeit zu vermitteln, anspruchsvollere Fragen zu stellen und Denkanstöße zu geben (vgl. LEMKE 1981, S. 137). Außerdem gibt sie einem Lehrer die Möglichkeit, das kognitive Niveau seines Unterrichts der jeweiligen Situation anzupassen, um seine Schüler bestmöglich zu fördern.

Die hier für die Bloomsche Taxonomie diskutierten Einsatzmöglichkeiten sind nicht für alle anderen kognitiven Taxonomien in gleicher Weise zu belegen, doch sind bei allen in bezug auf Lernziele und Prüfungsaufgaben die Klassifizierungsfunktion und die heuristische Funktion denkbar. Darüber hinaus steht bei Gagné die Planungsfunktion im Vordergrund. Bei der affektiven Taxonomie (vgl. KRATHWOHL u.a. 1975) beschränkt sich die Anwendungsmöglichkeit auf das Klassifizieren und Finden von Lernzielen, während die psychomotorischen Taxonomien möglicherweise auch bei der Planung von Unterricht von Nutzen sind. Sicher ist das der Fall bei der Inhaltstaxonomie von Lemke, die sich schon mehrfach bei der Lernzielfindung und -klassifizierung sowie bei der Sequenzplanung bewährt hat. Über die sonstigen Lernzieltaxonomien ist zu sagen, daß sie schon wegen ihrer mangelnden Hierarchisierung keinen Nutzen erwarten lassen, der über die Feststellung bestimmter Schwerpunkte hinausgeht. Abschließend ist festzustellen, daß besonders im kognitiven und im Inhaltsbereich der Einsatz von Lernzieltaxonomien einen über die nur hermeneutische Unterrichtsplanung hinausgehenden Erkenntnisgewinn verspricht. Deshalb ist es sinnvoll, die Bloomsche Taxonomie mit der Inhaltstaxonomie von LEMKE (vgl. 1981, S. 194 f.) zu einem zweidimensionalen „Suchraster für Lernziele" zu verbinden.

AEBLI, H.: Grundformen des Lehrens, Stuttgart ⁹1976. AUSUBEL, D. P./ROBINSON, F.: School Learning, New York 1969. AYERS, J.: Justification of Bloom's Taxonomy by Factor-Analysis, Paper Presented at the Meeting of the AERA, Chicago 1966. BEAUCHAMP, G.: Curriculum Theory, Wilmette (Ill.) ²1968. BLANKERTZ, H.: Theorien und Modelle der Didaktik, München ⁴1970. BLOOM, B.S. u.a.: Handbook on Formative and Summative Evaluation, New York 1971. BLOOM, B.S. u.a.: Taxonomie von Lernzielen im kognitiven Bereich, Weinheim/Basel 1972. CORTE, E. DE u.a.: Grundlagen didaktischen Handelns, Weinheim/Basel 1975. COX, R./WILDEMANN, C.: Taxonomy of Educational Objectives, Cognitive Domain. An Annotated Bibliography, Pittsburgh (Penns.) 1970. FLECHSIG, K.-H.: Die Bedeutung von Klassifikations- und Kriteriensystemen für die Auswahl von Curriculumelementen. In: FREY, K. (Hg.): Kriterien in

Lernzieltaxonomie

der Curriculumkonstruktion, Weinheim/Basel 1970, S. 25 ff. FLECHSIG, K.-H. u. a.: Probleme der Entscheidung über Lernziele. In: ACHTENHAGEN, F./MEYER, H. L. (Hg.): Curriculumrevision. Möglichkeiten und Grenzen, München 1971, S. 243 ff. FREY, K.: Theorien des Curriculums, Weinheim/Basel 1971. FÜLLER, K.: Lernzielklassifikation und Leistungsmessung im Musikunterricht, Weinheim/Basel 1974. GAGNÉ, R. M.: Die Bedingungen des menschlichen Lernens, Hannover/Berlin/Darmstadt/Dortmund 1969. GAGNÉ, R. M.: Die Analyse der Unterrichtsziele für die Unterrichtsplanung. In: GLASER, R. (Hg.): Programmiertes Lernen und Unterrichtstechnologie, Berlin 1971, S. 19 ff. GLÜCK, G.: Zur Bedeutung der psychologischen Lernzieltaxonomien für Unterrichtswissenschaft und Unterrichtspraxis. In: Uw. 3 (1975), S. 20 ff. GUILFORD, J. P.: Drei Aspekte der intellektuellen Begabung. In: WEINERT, F. (Hg.): Pädagogische Psychologie, Köln 1967a. GUILFORD, J. P.: The Nature of Human Intelligence, New York 1967b. HALLER, H.-D.: Zur Integration sozialer und kognitiver Lernprozesse. In: HALBFAS, H. u. a. (Hg.): Entwicklung der Lernfähigkeit, Stuttgart 1972, S. 145 ff. KÖNIG, E./RIEDEL, H.: Unterrichtsplanung als Konstruktion, Weinheim/Basel ²1971. KRATHWOHL, D. R.: Der Gebrauch der Taxonomie von Lernzielen in der Curriculumkonstruktion. In: ACHTENHAGEN, F./MEYER, H. L. (Hg.): Curriculumrevision. Möglichkeiten und Grenzen, München 1971, S. 75 ff. KRATHWOHL, D. R. u. a.: Taxonomie von Lernzielen im affektiven Bereich, Weinheim/Basel 1975. KROPP, R./STOKER, H.: The Construction and Validation of Tests of the Cognitive Processes as Described in the "Taxonomy of Educational Objectives", Tallahassee 1966. LEMKE, D.: Bedeutung und Reichweite von Unterrichtsinhalten. In: REINERT, G.-B. (Hg.): Praxishandbuch Unterricht, Reinbek 1980, S. 373 ff. LEMKE, D.: Lernzielorientierter Unterricht – revidiert, Frankfurt/Bern 1981. LENZEN, D.: Kontrastexkurs: Lernzieltaxonomien. In: DIENER, K. u. a.: Lernzieldiskussion und Unterrichtspraxis, Stuttgart 1978, S. 80 ff. MÄGDEFRAU, K.: Geschichte der Botanik, Stuttgart 1973. MESSNER, R.: Taxonomie. In: ROTH, L. (Hg.): Handlexikon zur Erziehungswissenschaft, München 1976, S. 426 ff. MESSNER, R./POSCH, P.: Perspektiven für einen neuen Lehrplan. In: MESSNER, R./RUMPF, H. (Hg.): Didaktische Impulse, Wien 1971, S. 9 ff. MEYER, H. L.: Trainingsprogramm zur Lernzielanalyse, Königstein ²1975. MÖLLER, CH.: Technik der Lernplanung, Weinheim/Basel ⁴1973. NUSSBAUM, A. u. a.: Definition und Messung affektiver Lehrziele. In: INGENKAMP, K. (Hg.): Sozial-emotionales Verhalten in Lehr- und Lernsituationen, Landau 1984, S. 211 ff. OTT, E.: Zum Verhältnis von Lernziel und Lerninhalt. In: D. Dt. S. 65 (1973), S. 75 ff. ROTH, H.: Lernzielstufen und Lernzielbereiche. In: DEUTSCHER BILDUNGSRAT: Strukturplan für das Bildungswesen. Empfehlungen der Bildungskommission, Stuttgart ⁴1972, S. 78 ff. ROYL, W.: Die Verwendung der Lernzieltaxonomie im Itembank-System. In: N. Uprax. 7 (1974), S. 358 ff. SCHOTT, F.: Lehrstoffanalyse, Düsseldorf 1975.

Dietrich Lemke

Medienerziehung

Begriffsklärungen. „Medienerziehung" ist eine junge wissenschaftliche Disziplin, deren Gegenstandsbereiche und Methoden sich zum Teil mit denen der Soziologie, Publizistik, der Kommunikationstheorie und der Medienforschung überlagern. Als „Medien" sollen hier Zeichen- und Informationsträger, aber auch Zeichen- und Informationssysteme definiert werden, die die Kommunikation zwischen mindestens zwei Partnern oder zwischen Systemen unterstützen und/oder erst ermöglichen (vgl. DICHANZ u. a. 1974, S. 21).

Medien wie Printmedien (Buch, Zeitung, Zeitschrift), Film, Hörfunk, Fernsehen, Videotechnik und Computersysteme sind heute in nahezu alle Lebensbereiche der Gesellschaft vorgedrungen, haben deren Struktur erheblich verändert und werden sie in Zukunft weiter verändern. Seit es diese Medien gibt, wird darüber diskutiert, welche Gefahren sie für die Erziehung und den Unterricht darstellen können, es wird aber auch über die durch Medien mögliche demokratische Beteiligung an der politischen Willensbildung und über die Bedingungen ihrer pädagogisch verantwortbaren Nutzung gesprochen. Der Ansatzpunkt der Mediendiskussion hat sich in den letzten Jahren erheblich gewandelt: Stand früher die Frage im Vordergrund, ob und wie diese Medien als *Instrument* der Informationsvermittlung zu nutzen seien, so wird heute immer häufiger und intensiver die Frage diskutiert, ob und wie diese Medien zum *Gegenstand* und *Inhalt* der Erziehung und des Unterrichts zu machen sind.

Diese Entwicklung spiegelt sich im *Wandel der Begriffsbildung* wider: Ehemals diskutierte Konzepte einer Medienkunde (vgl. KERSTIENS 1968), einer Medienpädagogik (vgl. FREUDENSTEIN 1970) oder Mediendidaktik (vgl. DICHANZ/KOLB 1974) haben heute eine Erweiterung der Fragestellung erfahren, die den medientheoretischen und kommunikationstheoretischen Entwicklungen Rechnung trägt und den umfassenden Begriff der „Medienerziehung" nahelegt. Medienerziehung als wissenschaftliche Disziplin bezeichnet die Theorie und Praxis des Umgangs mit Medien jedweder Form; dies schließt die Analyse der Zielperspektiven, der Gegenstandsfelder und der methodisch-instrumentellen Aspekte der Arbeit mit Medien ein. Im Begriff der Medienerziehung spiegelt sich die Einschätzung von Pädagogen und Medienwissenschaftlern wider, daß es heute stärker als je zuvor nötig sei, Heranwachsende und Erwachsene für die Nutzung und kritische Auseinandersetzung mit Medien besonders vorzubereiten (vgl. BAACKE 1976, DRÖGE 1976).

Zur historischen Entwicklung des Zusammenhangs von Medien und Bildungssystem. Die Entwicklung unseres Bildungssystems ist in einem vielfach nicht wahrgenommenen Umfang mit der historischen Entwicklung der Medien verknüpft, und zwar in einem Prozeß wechselseitiger Beeinflussung und Abhängigkeit. Die Ausformung eines inzwischen hochdifferenzierten Schul- und Bildungssystems wäre ohne die parallel abgelaufene Ausdifferenzierung der Medien kaum denkbar gewesen.

Im 18. Jahrhundert hat das Bildungsbürgertum, im 19. Jahrhundert vor allem die politisch engagierte Arbeiterbewegung die Entwicklung der Medien, die allein als Prozeß technischen Fortschritts nicht ausreichend zu erklären wäre, maßgeblich beeinflußt. Medienentwicklung ist immer auch eng mit der politischen Bewußtseinsbildung der Bevölkerung verbunden gewesen, die die politische Bedeutung der Verfügung über Informationen und Informationssysteme erkannte. Insbesondere in der Erwachsenenbildung konnte die Nachfrage nach einem differenzierten Mediensystem nicht entstehen ohne ein veränder-

553

tes, politisch und intellektuell aufgeklärtes Bewußtsein größerer Kreise der Bevölkerung (vgl. HABERMAS 1962, NEGT/KLUGE 1972). Dies belegen einige Entwicklungen, die hier nur stichwortartig erwähnt werden können:
Kurz nach 1500 wurden in Europa ständige *Postlinien* eingerichtet; dadurch erhielt Gutenbergs Erfindung des *Buchdrucks* ihr nachrichtenpolitisches Gewicht; zuverlässige und regelmäßige Nachrichtenverbindungen konnten entstehen.
Erste gedruckte *Periodika* wie beispielsweise die „Straßburger Relation" oder der „Wolfenbütteler Aviso" deckten vor allem das Informationsbedürfnis des Handels ab.
Seit 1660 erschienen erste *Tageszeitungen;* Kirchen und Adel begriffen die politische Bedeutsamkeit dieses Nachrichtenmittels und griffen in seine Gestaltung durch Zensur und Lizenzvergabe nachhaltig ein (vgl. LINDEMANN 1969).
Mit der Erfindung der *Schnellpresse* zu Beginn des 19. Jahrhunderts konnten die Zeitungen zum *Massenmedium* werden; 1851 wurde die Nachrichtenagentur Reuter in London gegründet. Zur bloßen Nachrichtenübermittlung kamen die Produktion von Anzeigen, von Werbung und Kommentaren. Der Weg des Mediums zum „Meinungsmacher" war damit vorgezeichnet (vgl. BLANKERTZ 1969a, S.52ff.; vgl. ENGELSING 1968, 1973).
Die neuen Informationssysteme ließen sich nicht auf die Kreise und Schichten begrenzen, für die sie ursprünglich geschaffen worden waren. Eine bürgerliche politische Öffentlichkeit entstand und beeinflußte den Demokratisierungsprozeß der Gesellschaft nachdrücklich (vgl. HABERMAS 1962). Die neuen Informationsmedien bildeten einerseits die erforderliche Plattform zur Diskussion und Verbreitung bildungspolitischer Forderungen nach einer Grundbildung für alle und nach der Popularisierung von Wissenschaft; andererseits schaffte die zur selben Zeit durchgesetzte allgemeine Schulpflicht und ausgreifende Schulbildung (vgl. HERRLITZ u.a. 1981, LESCHINSKY/ROEDER 1976) überhaupt erst die Voraussetzung dafür, daß die neuen Medien von breiteren Bevölkerungskreisen genutzt werden konnten. Wegen dieser engen Verflechtung hat es von jeher auch Einflüsse des Bildungssystems auf die Gestalt der Medien gegeben: Die Entwicklung eines Buchmarktes führte zur Produktion von Lehr- und Schulbüchern (vgl. STEIN 1985), die des Films zum Schulfilm (vgl. ANDRÉ u.a. 1985a), die des Fernsehens zum Einsatz als Schulfernsehen (vgl. ANDRÉ u.a. 1985b). Erst in jüngster Zeit ist eine gegenläufige Entwicklung zu beobachten: Die immer umfassendere Verfügbarkeit technischer Medien, die zunehmende Kompatibilität verschiedener Mediensysteme und die wachsenden Schwierigkeiten bei der Klassifizierung bestimmter Medien im Blick auf bestimmte Adressatengruppen haben dazu geführt, daß die Grenzen zwischen Massenmedien, Schul- und Bildungsmedien immer fließender geworden sind, daß vor allem die Grenzen zwischen Medien für Erwachsene und Medien für Kinder und Jugendliche zu verschwinden drohen (vgl. v.HENTIG 1984, POSTMAN 1984). Damit scheint die von der „Bewahrpädagogik" (vgl. CASELMANN 1953/1954, RUPRECHT 1959, WASEM 1957) und von den Verfechtern der Idee des Jugendschutzes verfolgte Zielstellung, daß bestimmte Medien Kindern und Jugendlichen gar nicht erst zugänglich gemacht werden dürften, unrealisierbar zu werden: Schon ein klassifizierendes inhaltliches Sortieren des Medienangebots im Blick auf bestimmte Alters- und Adressatengruppen wird – wenn man von den eindeutig pornographischen oder gewaltverherrlichenden Medien absieht – immer schwieriger; die pädagogische Entscheidung, wann eine „Verfrühung" vorliegt, will immer weniger gelingen; vor allem aber haben

technischer Fortschritt und ökonomisches Interesse der Medienproduzenten dafür Sorge getragen, daß der freie Zugriff nahezu aller Alters- und Adressatengruppen auf den Medienmarkt heute kaum mehr zurückgenommen werden kann. Dies stellt die Medienerziehung vor neue, noch kaum in Angriff genommene Aufgaben.

Von unterrichtstechnologischen zu kommunikationstheoretischen Konzepten der Mediennutzung. Zu Beginn der 60er Jahre führte das Zusammentreffen einer Reihe von politischen, gesellschaftlichen, schulpolitischen und forschungsmethodologischen Faktoren zu einer *grundlegenden Neubewertung der Medien* sowie ihrer unterrichtlichen Nutzbarkeit: In den USA begünstigten Koreakrieg, „Sputnik-Schock" und ökonomische Krisenerscheinungen die Auffassung, daß eine gezielte unterrichtstechnologische Effektivierung des Bildungssystems geboten und daß entsprechende Umorientierungen im Curriculum und in den Forschungsbemühungen unverzichtbar seien. Es wurde versucht, eine allgemeine Technologie des Unterrichtens zu entwickeln (vgl. LUMSDAINE 1964).

Diese Entwicklung wurde in der erziehungswissenschaftlichen Diskussion der Bundesrepublik zunächst zögernd und mit Vorbehalten gegen den heimlichen Positivismus technologischer Konzepte, dann aber mit größerer Aufmerksamkeit aufgenommen: ROTH (1962) forderte „die realistische Wendung in der Pädagogischen Forschung", Flechsig bemühte sich ebenfalls um die „technologische Wendung in der Didaktik" (FLECHSIG 1969), und Heimann, der führende Vertreter der lerntheoretischen Didaktik, vermeinte, in den neuartigen Medien vom Tonband bis zum Bildschirm den „Anfang vom Ende einer alten Didaktik" zu sehen (HEIMANN 1962, S. 421).

Der Lehrermangel in der Bundesrepublik wurde immer größer; manche Bildungspolitiker und Erziehungswissenschaftler hofften auf die Substituierbarkeit der Lehrertätigkeit durch die neuen Medien. Nie vorher und bis heute nicht wieder war die Bereitschaft des entscheidenden Teils der bildungspolitischen Öffentlichkeit der Bundesrepublik, eine umfassende unterrichtstechnologisch orientierte Medienpädagogik aufzubauen und auch zu finanzieren, so groß wie in jenen Jahren.

Unterrichtstechnologische Medienkonzepte zielten darauf, ein Verfahren zu entwickeln, „mit dem der gesamte Lehr- und Lernprozeß systematisch geplant, gesteuert, evaluiert und revidiert wird, um den unter den jeweils angegebenen Bedingungen bestmöglichen Unterrichtserfolg zu erzielen" (PETERS 1976). Im einzelnen richteten sich unterrichtstechnologische Vorhaben darauf, die Tätigkeiten des Lehrers durch technische Geräte zu simulieren, Lehrtechniken zweckrational zu konstruieren und zu perfektionieren und das unterrichtliche Geschehen als „didaktisches System" (vgl. FLECHSIG 1969) zu begreifen. Dabei bot sich ein umfassender Einsatz von Medien wegen ihrer zweckrationalen Konstruktion und wegen der scheinbar einfachen empirischen Kontrolle ihrer Effektivität an. Die in die „technologische Wende" gesetzten Hoffnungen wurden jedoch weitestgehend enttäuscht: Die „programmierte Instruktion" erwies sich in vielen Fällen als noch nicht „alltagstauglich", die methodologischen Prämissen des technologischen Didaktikkonzepts wurden kritisiert und destruiert, die überzogenen Erwartungen an eine lernzielorientierte Curriculumrevision konnten nicht eingelöst werden, weil Schulreform nicht an den Köpfen der Lehrer vorbei zu realisieren war (vgl. BLANKERTZ 1969b, S. 49ff., S. 143ff.; vgl. DICHANZ 1979).

Aus der Kritik an der unterrichtstechnologischen Didaktik entwickelte sich zögernd ein neues Medienkonzept, das vor allem gegen die objekthafte Verplanung des Schülers Front machte und den Anspruch des Schülers auf Kommunikation und Selbstbestimmung im Lernprozeß betonte. Angeregt durch die Gesellschaftstheorie der Frankfurter Schule, unternahm die Erziehungswissenschaft Anfang der 70er Jahre eine kritische Überprüfung ihrer Grundpositionen (vgl. BAACKE 1973, BLANKERTZ 1969 b, MOLLENHAUER 1972).

Besondere Kritik erfuhr das durch Gesetzesauftrag, Schulverfassung, Richtlinien und Rollenerwartungen zementierte hierarchische Herrschaftsverhältnis zwischen Lehrer und Schülern, das durch den Einsatz von Unterrichtstechnologien nicht aufhebbar erschien. Unterricht wurde statt dessen als ein dem Anspruch nach auf symmetrische Beziehungen zielendes Kommunikationsgeschehen interpretiert, dem eine kommunikative Didaktik (vgl. SCHÄFER/SCHALLER 1971) zu entsprechen versuchte. Nur die direkte kommunikative Interaktion als Zielperspektive und Methode des Unterrichts versprach, die Schüler zu dem Ziel hinzuleiten, selbst kommunikationsfähig zu werden. Nur die direkte Kommunikation zeichnet sich durch Unmittelbarkeit und durch die Spontaneität von Aktion und Reaktion sowie die prinzipielle Möglichkeit kontextadäquaten Handelns aus, wobei Ziele und Inhalte des Unterrichts relativ leicht korrigiert und revidiert werden können (vgl. DICHANZ u. a. 1974, S. 40).

Die *kommunikationstheoretische Didaktik* setzte im Vergleich zu den zuvor diskutierten Unterrichtstechnologien die genau entgegengesetzten Akzente; der Stellenwert der Medien ist dementsprechend ein völlig anderer: Es geht um das Erlernen der Kompetenz, „medial vermittelte" Inhalte verstehen, interpretieren und auf eigene Bedürfnisse und Interessen beziehen zu können, sowie um die Kompetenz, sich mit Hilfe dieser Medien möglichst selbständig mit anderen verständigen zu können (vgl. DICHANZ u. a. 1974, S. 41). Diese Zielsetzung schließt nicht nur die Kompetenz des Schülers ein, die manipulierende Wirkung der Medien analysierend kennenzulernen, sondern – zumindest probeweise – auch die Befähigung, als manipulierendes Subjekt bestimmte Objekte zu manipulieren (vgl. BAACKE 1974).

Kommunikationstheoretische Didaktik ist im Blick auf schulisches Lehren und Lernen entwickelt worden, hat aber auch für andere Bereiche der Medienerziehung Bedeutung erlangt:

In der *Erwachsenenbildung* wurden stärker „teilnehmerorientierte Konzepte" entwickelt, in denen die Medien zur Artikulation eigener Bedürfnisse und Interessen zu nutzen versucht wurden: Neben die Filmproduktion traten Aktivitäten der Schmalfilm-, Tonband- und in jüngster Zeit Videoproduktion (vgl. v. RÜDEN/SCHMID 1978).

In der *Jugendarbeit* ist die aktive Nutzung von Medien aller Art zur Eigenproduktion erfolgreich erprobt worden (vgl. BAACKE/KLUTH 1980).

Die öffentlichen Rundfunk- und Fernsehanstalten entwickelten *neue Programmformen,* die den Zuhörern und Zuschauern mehr Mitwirkungsmöglichkeiten schufen („Hörer machen Programme", „Hallo, Ü-Wagen", „Glashaus").

Die *Kinder- und Vorschulprogramme* wurden quantitativ ausgeweitet und qualitativ spürbar verbessert (vgl. GEISLER/KALB 1975).

Medienforschung und Medienerziehung. Als Hauptforschungsfelder einer erziehungswissenschaftlich orientierten Medienforschung können benannt werden:

Seit den 50er Jahren sind die *Auswirkungen der Massenmedien* auf Kinder und Jugendliche verstärkt durch Psychologen, Soziologen, Kommunikationswissenschaftler und Pädagogen untersucht worden (vgl. HEYGSTER/STOLTE 1974,

POSTMAN 1984). Eine der Hauptfragen war und ist immer wieder die nach den Auswirkungen von Gewaltdarstellungen in den Medien, die bis heute nicht klar zu beantworten ist. Die zusammenfassende Wertung von Baacke dürfte jedoch vielen Teilergebnissen gerecht werden: „Je eindrücklicher, sicherer und ‚präsenter' die Situation des Kindes, desto geringer sind totale Identifikationen [...]. Kindliche Wahrnehmung ist nicht eo ipso auf Überrumpeltwerden angelegt – im Gegenteil: sie ist zunächst präzise, differenzierend, intensiv, an der Organisation des eigenen Ich interessiert" (BAACKE 1975, S. 50).

Als interdisziplinärer Forschungsbereich der Medien- und der Unterrichtsforschung wurden seit den 70er Jahren – in den USA schon wesentlich früher – *unterrichtstechnologische Forschungen* betrieben, um Antworten auf die Frage zu finden, wie und mit Hilfe welcher Medien Lehrziele besser erreicht und Unterricht effektiver gestaltet werden kann (vgl. DALLMANN/PREIBUSCH 1970, Spalte 1535 ff.). Zunächst ist versucht worden, durch Vergleichsuntersuchungen zu Effektivitätsbestimmungen einzelner Medien zu gelangen; davon ist man inzwischen wegen der Schwierigkeiten, vergleichbare Unterrichtssituationen herzustellen, weitgehend abgekehrt (vgl. TERHART 1986). Unterrichtsmedien dürfen nur als *ein* Faktor einer komplexen Lehr-/Lernsituation betrachtet werden, neben dem andere, oft wichtigere (zum Beispiel der Lehrer-Schüler-Beziehung) zu berücksichtigen sind. Inzwischen werden Fragen der unterrichtlichen Mediennutzung mehr und mehr als Kontextfragen übergeordneter didaktischer Probleme erörtert und unterrichtstechnologische Forschungsergebnisse aus unterrichtstheoretischer Sicht interpretiert (vgl. DICHANZ/TULODZIECKI 1984).

Die Erforschung des *produktiven Umgangs* von Kindern und Jugendlichen mit den neuen Medien (der Video- und der Computertechnik) steckt in den Anfängen. Es scheint wenig sinnvoll zu sein, Heranwachsende immer nur vor den „Gefahren" einer mediatisierten Umwelt schützen zu wollen, weil solch ein Schutz angesichts der Allgegenwärtigkeit dieser Medien unmöglich ist. Es ist aber auch immer weniger sinnvoll, Medienprodukte allein als „Bedrohung" der Kultur zu beschreiben, weil sie inzwischen selbst zu einem akzeptierten Bestandteil der Kunst- und Kulturszene geworden sind (von Andy Warhols Polaroidbildern bis zu den Videoclips der Disco-Szene). Es ist kaum noch zu vertreten, Heranwachsenden den Umgang mit Computern aus „Bewahrungsgründen" vorzuenthalten, weil Steuerungsautomaten in der Berufs- und Arbeitswelt immer intensiver genutzt werden. So wird in den USA erwartet, daß bis zum Jahr 1990 insgesamt 75 % aller Arbeitsplätze grundlegende Kenntnisse der Computertechnik voraussetzen und daß im Jahre 2000 an jedem Arbeitsplatz in Teilfunktionen Computer genutzt werden müssen.

Welche Konsequenzen aus diesen Forschungsergebnissen für Erziehung und Unterricht zu ziehen sind, ist umstritten. Einerseits scheint es für viele Politiker und Wirtschaftsvertreter selbstverständlich zu sein, daß die Schule sich des neuen Aufgabenfeldes „Computer literacy" anzunehmen habe (vgl. NATIONAL COMMISSION ON EXCELLENCE IN EDUCATION 1983, DUISMANN u. a. 1986), andererseits warnen Psychologen und Medienwissenschaftler vor den unkontrollierten Folgen einer weiteren „Mediatisierung" der Umwelt (vgl. v. HENTIG 1984, POSTMAN 1984). Die wachsende Bedeutsamkeit der Medien muß nicht zwangsläufig zur Konsequenz haben, daß Schule immer früher und immer länger die Schüler dem Umgang mit Medien aussetzt.

Perspektiven. Die technischen Eigenschaften der heute verfügbaren Medien haben *Möglichkeiten der Substitution* *von Wirklichkeit* geschaffen, die über die Orwellschen Visionen des „1984" hinausgehen. Der Bildschirm ist zum zweidimensionalen Ersatz nicht nur der abgebildeten Wirklichkeit geworden, sondern er ersetzt in immer genauerer Auflösung das Bild von der Wirklichkeit, das Bild vom Bild, das Bild vom Bild vom Bild. Angesichts ihrer leichten technischen Manipulierbarkeit bietet sich – verstärkt durch die Kombination des Bildes mit Texten – eine weitere Abstraktion der Wirklichkeit an, der Beschreibung des Bildes der Wirklichkeit, der Digitalisierung der Beschreibung des Bildes der Wirklichkeit (vgl. BAUER/HENGST 1980). Damit geht einher ein immer schneller verfügbares und immer billigeres Angebot immer größerer Mengen von Informationen.

Diese Entwicklungen führen zum *Verlust der Wahrnehmung von Komplexität*, zur Verdeckung der wahren Funktionen bestimmter gesellschaftlicher Phänomene, zum Anbieten von programmierten Antworten auf programmierte Probleme. Neue Formen von technisch versteckter Herrschaftsstruktur, von Herrschaftswissen und -organisation entstehen (vgl. v. HENTIG 1984). Bereits heute lassen sich auf dem Arbeitsmarkt Entwicklungen beobachten, die die Abhängigkeit einer immer größeren Zahl von Arbeitern von immer verdeckteren Entscheidungen, die Verminderung von Entscheidungsspielräumen in unteren und mittleren Produktionsbereichen erkennen lassen und das Ausmaß abhängiger Arbeit vergrößern. Die Qualifikationsanforderungen auf diesen Berufsebenen werden verringert, die Anforderungen an Verantwortungsträger erhöht. Die Dichotomisierung des Arbeitsmarktes in viele wenig qualifizierte Arbeitsplätze und wenige sehr hoch qualifizierte Positionen wird vermutlich zunehmen (vgl. BAETHGE/TEICHLER 1984, EVANS 1982).

Wenn aber, wie dargestellt, Mediennutzung inzwischen zu einem selbstverständlichen Bestandteil unserer individuellen und kollektiven sozialen Wirklichkeit geworden ist (vgl. EURICH 1980), dann kann es auch *keine sorgfältig gegenüber anderen Bildungsaufgaben abgeschottete Medienerziehung* mehr geben. Die Auseinandersetzung mit Medien muß an allen Orten, in allen Situationen, in allen Schulfächern und -formen erfolgen, in denen Medien auftauchen. Wenn, wie zu erwarten ist, zum Jahrtausendwechsel so viele Heimcomputer in den Häusern stehen werden wie heute Schreibmaschinen, dann wird die technische Handhabung solcher Geräte nur noch im Ausnahmefall in der Schule erfolgen, sie wird weitgehend autodidaktisch oder außerschulisch erlernt werden.

Aufgabe einer Medienerziehung kann es dann nur sein, *die hinter aller Medienbotschaft verborgene soziale, politische und natürliche Wirklichkeit* entdecken zu helfen und Fähigkeiten aufzubauen, diese Wirklichkeit zu erhalten und sie nicht zu einer vollends mediatisierten, inhumanen, apparativen Wirklichkeit verkommen zu lassen. Die Prognosen in Verbindung mit „intelligenten" Computern und das Versprechen einer „neuen" Kreativität durch rechnergestützte Kommunikation bleiben auch nach anspruchsvollen, aber umstrittenen Experimenten in Deutschland (vgl. BAUERSFELD 1985, BUSSMANN/HEYMANN 1985) und den USA äußerst unsicher. Bei einem alles durchdringenden Medienangebot läßt sich die Aufgabe der Vorbereitung auf den Umgang mit Medien nicht auf die Familie, die Schule, die Kirchen, die Gewerkschaften oder Parteien begrenzen, nicht nur für Kinder und Jugendliche konstruieren. Sie sieht sich ähnlich der politischen Bildung einem Aufgabenfeld gegenüber, das Verbindungen zu allen Lebensbereichen und allen Bevölkerungsgruppen hat. Kenntnisse über Zusammenhänge in der Medienproduktion und -distribution, Fähigkeiten der Analyse medialer Botschaften und Strukturen, Entschlossenheit zur Mitgestaltung von Medienumwelt wie Medienprogrammen dürften zu den Hauptzielvorstellungen einer zeitgemäßen Medienerziehung gehören. Sie könnte in Zukunft zum Zentrum politischer Bildung und politisch-demokratischer Mitbestimmung werden.

ALLOUCHE-BNAYOUN, B.J.: Der Einfluß des bewegten Bildes auf Kinder und Jugendliche. Französische Forschungen von 1970-1975. In: Fernseh. u. B. 9 (1975), S. 229 ff. ANDERS, G.: Die Antiquiertheit des Menschen, 2 Bde., München 1980. ANDRÉ, W. u.a.: Film. In: Enzyklopädie Erziehungswissenschaft, Bd. 4, Stuttgart 1985, S. 448 ff. (1985 a). ANDRÉ, W. u. a.: Fernsehen - Schulfernsehen. In: Enzyklopädie Erziehungswissenschaft, Bd. 4, Stuttgart 1985, S. 444 ff. (1985 b). BAACKE, D.: Kommunikation und Kompetenz, München 1973. BAACKE, D. (Hg.): Kritische Medientheorien. Konzepte und Kommentare, München 1974. BAACKE, D.: Kommunikationssituation Fernsehen als Sozialisationsfaktor. In: GEISLER, W./KALB, P. E. (Hg.): Fernsehvorschule, Weinheim/Basel 1975, S. 37 ff. BAACKE, D.: Anmerkungen zum Stichwort „Medienpädagogik" oder: Ein Beispiel für das Chaos im Wissenschaftsbetrieb. In: medien u. e. 20 (1976), S. 83 ff. BAACKE, D. (Hg.): Mediendidaktische Modelle, 2 Bde., München 1975/1977. BAACKE, D./KLUTH, TH. (Hg.): Praxisfeld Medienarbeit, München 1980. BAETHGE, M./TEICHLER, U.: Bildungssystem und Beschäftigungssystem. In: Enzyklopädie Erziehungswissenschaft, Bd. 5, Stuttgart 1984, S. 206 ff. BARTH, N.: Schulfernsehen - Effektivität und Konsequenzen für den Unterricht, Frankfurt/M. 1978. BAUER, K.W./HENGST, H.: Wirklichkeit aus zweiter Hand, Reinbek 1980. BAUERSFELD, H.: Die Besonderheit der Computererfahrungen, Universität Bielefeld, Institut für Didaktik der Mathematik, Occasional Paper Nr. 60, Mimeo, Bielefeld 1985. BLANKERTZ, H.: Bildung im Zeitalter der großen Industrie, Hannover/Berlin/Darmstadt/Dortmund 1969a. BLANKERTZ, H.: Theorien und Modelle der Didaktik, München 1969b. BORNEMANN, A.: Der Schulfunk im Unterricht, Hamburg 1948. BRANDT, G. u.a.: Qualitative und quantitative Beschäftigungseffekte des EDV-Einsatzes. In: HANSEN, H.R. u.a. (Hg.): Mensch und Computer. Zur Kontroverse über die ökonomischen und gesellschaftlichen Auswirkungen der EDV, München/Wien 1979, S. 167 ff. BRECHT, B.: Radiotheorie. Gesammelte Werke, Bd. 18, Frankfurt/M. 1967. BÜCHER, K.: Gesammelte Aufsätze, Tübingen 1926. BUSSMANN, H./HEYMANN, H.W.: Revolutioniert die „Schildkröte" das Lernen? Rekonstruktion und Kritik der Bildungsutopie von S. Papert, Universität Bielefeld, Institut für Didaktik der Mathematik, Mimeo, Bielefeld 1985. CASELMANN, CH.: Möglichkeiten und Grenzen von Film, Bild und Ton in der Bildungsarbeit. In: Film, Bild, Ton 3 (1953/1954), S. 370 ff. DALLMANN, G./PREIBUSCH, W. (Bearb.): Unterrichtsmedien. In: INGENKAMP, K. (in Zusammenarbeit mit E. Parey) (Hg.): Handbuch der Unterrichtsforschung, Teil II, Weinheim/Berlin/Basel 1970, Spalte 1529 ff. DICHANZ, H.: Mediendidaktik im Leerlauf? In: B. u. E. 32 (1979), S. 455 ff. DICHANZ, H.: Medien in der Erwachsenenbildung. In: RAAPKE, H.-D./SCHULENBERG, W. (Hg.): Didaktik der Erwachsenenbildung, Stuttgart 1985, S. 53 ff. DICHANZ, H./KOLB, G.: Kommunikationsorientierte Mediendidaktik? In: DICHANZ, H. u.a.: Medien..., München 1974, S. 42 ff. DICHANZ, H./TULODZIECKI, G.: Mediendidaktik und Medienpädagogik. Eine Einführung, Hagen 1984. DICHANZ, H. u.a.: Medien im Unterrichtsprozeß. Grundlagen, Probleme, Perspektiven, München 1974. DOHMEN, G.: Fernstudium im Medienverbund, Weinheim/Basel 1970. DRÖGE, F.: Positionen und Perspektiven der Medienerziehung. In: medien u. e. 20 (1976), S. 90 ff. DUISMANN, G.H. u.a.: Lernbereich Mathematik - Natur - Technik. In: Enzyklopädie Erziehungswissenschaft, Bd. 3, Stuttgart 1986, S. 258 ff. ENGELSING, R.: Kleine Wirtschafts- und Sozialgeschichte Deutschlands, Hannover 1968. ENGELSING, R.: Analphabetentum und Lektüre, Stuttgart 1973. EURICH, C.: Das verkabelte Leben, Reinbek 1980. EVANS, J.: Arbeitnehmer und Arbeitsplatz. In: FRIEDRICHS, G./SCHAFF, A. (Hg.): Auf Gedeih und Verderb..., Wien 1982, S. 169 ff. FLECHSIG, K.-H.: Die technologische Wendung in der Didaktik. Konstanzer Universitätsreden, Nr. 23, Konstanz 1969. FLEUR, M.L. DE: Theories of Mass Communication, New York 1970. FREUDENSTEIN, R.: Massenmedien und Medienpädagogik. In: KLAFKI, W. u.a.: Erziehungswissenschaft 2. Funk-Kolleg Erziehungswissenschaft. Eine Einführung in drei Bänden, Bd. 2, Frankfurt/M. 1970, S. 251 ff. FRIEDRICHS, G./SCHAFF, A. (Hg.):

Medienerziehung

Auf Gedeih und Verderb. Mikroelektronik und Gesellschaft. Bericht an den Club of Rome, Wien 1982. GEISLER, W./KALB, P. E. (Hg.): Fernsehvorschule, Weinheim/Basel 1975. HABERMAS, J.: Strukturwandel der Öffentlichkeit, Neuwied/Berlin 1962. HACKFORT, J./SCHÖNBACH, K.: Video im Alltag, Münster 1984. HAEFNER, K.: Die neue Bildungskrise. Herausforderung der Informationstechnik an Bildung und Ausbildung, Basel/Boston/Stuttgart 1982. HEESSEN, TH. D.: Schulfunk. Möglichkeiten und Grenzen eines technischen Unterrichtsmittels, Diss., Dortmund 1978. HEIMANN, P.: Didaktik als Theorie und Lehre. In: D. Dt. S. 54 (1962), S. 407 ff. HEINRICHS, H.: Schulfunk. In: SILBERMANN, A. (Hg.): Mediensoziologie, Bd. 2, Kastellaun 1977, S. 131 ff. HENTIG, H. v.: Das allmähliche Verschwinden der Wirklichkeit, München/Wien 1984. HERRLITZ, H.-G. u. a.: Deutsche Schulgeschichte von 1800 bis zur Gegenwart, Königstein 1981. HEYGSTER, A.-L./STOLTE, D. (Hg.): Fernseh-Kritik. Kinder vor dem Bildschirm, Mainz 1974. HICKETHIER, K.: Zur Tradition schulischer Beschäftigung mit Massenmedien. Ein Abriß der Geschichte deutscher Medienpädagogik. In: SCHWARZ, R. (Hg.): Didaktik der Massenkommunikation I, Stuttgart 1974, S. 21 ff. HIMMELWEIT, H. T.: Kinder und Jugendliche. Fernsehforschung gestern und morgen. In: Fernseh. u. B. 9 (1975), S. 9 ff. ISSING, L. J.: Programmiertes Schulfernsehen, München 1971. JOHNSON, F. G.: Der Computer und die Technisierung des Inneren. In: Psyche 34 (1980), S. 790 ff. JUNGK, R./MUNK, H. J. (Hg.): Unsere Welt 1985, München 1969. JÜRGENS, E.: Mediengeschichte. In: MODELLVERSUCH JOURNALISTENWEITERBILDUNG (Hg.): Fernstudium Kommunikationswissenschaft, Teil 1, München 1984, S. 59 ff. KABEL, R.: Massenmedien und politische Kultur. In: vorgänge. Z. f. Gesellschpol. 19 (1980), 3, S. 45 ff. KADELBACH, G./REBEL, K. H. (Hg.): Forschungsreport Funkkolleg – Modelle I und II, Weinheim/Basel 1972. KERSTIENS, L.: Medienkunde in der Schule, Bad Heilbrunn 1968. KIEFER, M.-L.: Massenkommunikation 1964-1980. In: BERG, K./KIEFER, M.-L. (Hg.): Massenkommunikation II. Eine Langzeitstudie zur Mediennutzung und Medienbewertung 1964-80, Schriftenreihe Media-Perspektiven, Bd. 2, Frankfurt/M. 1982. LESCHINSKY, A./ROEDER, P. M.: Schule im historischen Prozeß, Stuttgart 1976. LINDEMANN, M.: Deutsche Presse bis 1815, Berlin 1969. LUMSDAINE, A. A.: Educational Technology, Programed Learning, and Instructional Science. In: HILGARD, E. R. (Hg.): Theories of Learning and Instruction, Chicago 1964, S. 371 ff. MALETZKE, G.: Psychologie der Massenkommunikation. Theorie und Systematik, Hamburg 1978. MEDIA-PERSPEKTIVEN: Daten zur Mediensituation in der Bundesrepublik, Frankfurt/M. 1981. MOLLENHAUER, K.: Theorien zum Erziehungsprozeß, München 1972. NATIONAL COMMISSION ON EXCELLENCE IN EDUCATION: A Nation at Risk. In: E. Week 2 (1983), 4, S. 12 ff. NEGT, O./KLUGE, A.: Öffentlichkeit und Erfahrung, Frankfurt/M. 1972. PETERS, O.: Die didaktische Struktur des Fernunterrichts, Weinheim/Basel 1973. PETERS, O.: Was leistet das Konzept der Unterrichtstechnologie? In: ISSING, L. J./KNIGGE-ILLNER, H. (Hg.): Unterrichtstechnologie und Mediendidaktik, Weinheim/Basel 1976, S. 39 ff. POSTMAN, N.: Das Verschwinden der Kindheit, Frankfurt/M. 1984. PROSS, H.: Medienfreiheit und Medienzwang 1949-1980. In: vorgänge. Z. f. Gesellschpol. 19 (1980), 3, S. 37 ff. REICHWEIN, A.: Film in der Landschule, Schriftenreihe der Reichsstelle für den Unterrichtsfilm, Nr. 10, Stuttgart 1938. RENCKSTORF, K.: Neue Perspektiven in der Massenkommunikationsforschung. Beiträge zur Begründung eines alternativen Forschungsansatzes, Berlin 1977. ROBINSOHN, S. B.: Bildungsreform als Revision des Curriculum, Neuwied/Berlin 1967. ROTH, H.: Die realistische Wendung in der Pädagogischen Forschung. In: N. Samml. 2 (1962), S. 481 ff. RÜDEN, P. v./SCHMID, W. (Hg.): Medienpädagogik. Entwürfe für die Praxis der Erwachsenenbildung, München 1978. RUPRECHT, H.: Die Phasenentwicklung der Schulfilmbewegung in Deutschland, München 1959. SAXER, U.: Forschungen im deutschsprachigen Raum zum Thema Fernsehen und Sozialisationsprozesse in der Familie. In: Fernseh. u. B. 9 (1975), S. 175 ff. SCHÄFER, K.-H./SCHALLER, K.: Kritische Erziehungswissenschaft und kommunikative Didaktik, Heidelberg 1971. SCHAFF, A.: Die Auswirkungen der mikroelektronischen Revolution auf die Gesellschaft. In: PECCEI, A. u. a.: Der Weg ins 21. Jahrhundert. Alternative Strategie für die Industriegesellschaft. Berichte an den Club of Rome, München 1983, S. 163 ff. SCHULZE, TH.: Methoden und Medien der Erziehung, München 1978. SELLMANN, A.: Der Kinematograph als Volkserzieher? Langensalza 1912. SILBERMANN, A./KRÜGER, M.: Soziologie der Massenkommunikation, Stuttgart/Berlin/Köln/Mainz 1973. STEIN, G.: Schulbuch. In: Enzyklopädie Erziehungswissenschaft, Bd. 4, Stuttgart 1985, S. 581 ff. STURM, H.: Die kurzzeitigen

Angebotsmuster des Fernsehens. In: Fernseh. u. B. 9 (1975), S. 39 ff. TERHART, E.: Der Stand der Lehr-Lern-Forschung. In: Enzyklopädie Erziehungswissenschaft, Bd. 3, Stuttgart 1986, S. 63 ff. TERVEEN, F. (Hg.): Dokumente zur Geschichte der Schulfilmbewegung in Deutschland, Emsdetten 1959. TOSTI, D. T./BALL, R.: Ein verhaltensorientierter Ansatz der Unterrichtsplanung und Medienwahl. In: DICHANZ, H./KOLB, G. (Hg.): Quellentexte zur Unterrichtstechnologie, 2 Bde., Stuttgart 1975/1976, S. 214 ff. TULODZIECKI, G./ZIMMERMANN, D.: Schulfernsehen und Unterrichtspraxis, Köln 1976. WASEM, E.: Jugend und Filmleben, München/Basel 1957. WEMBER, B.: Objektiver Dokumentarfilm? Berlin 1972. WINN, M.: The Plug-In-Drug, New York 1977.

Horst Dichanz

Offenheit

Gegenwärtiges Begriffsverständnis. „Offenheit" ist seit Beginn der 70er Jahre ein gebräuchlicher Terminus zur Charakterisierung einer lernerorientierten, wissenschafts- und institutionenkritischen Intentionalität, die in unterschiedlichen Praxisfeldern mit variierenden Akzentsetzungen ausgelegt wird: Unter „*offenen Schulen*" versteht man beispielsweise die unter anderem am englischen Primarschulwesen orientierten Versuche, eine „kindgemäße Wachstumsschule" zu etablieren, deren Lernorganisation durch die Interessen und Aktivitäten der Schüler bestimmt werden soll. Offenheit bedeutet dann: Verlagerung der Lernorganisation von einer normierenden „Objektseite" und von zentralen Instanzen in die Verfügungsgewalt der unmittelbar betroffenen Schüler und Lehrer (vgl. CALLIES 1976, OEHLSCHLÄGER 1986, SILBERMAN 1973).

Unter dem Signum „*offenes Lernen*" ist in der Bundesrepublik versucht worden, den tertiären Bildungsbereich zu reformieren. Nach dem Vorbild der angloamerikanischen „open university" ist vom Deutschen Institut für Fernstudien (DIFF) in Tübingen angestrebt worden, ein Konzept für eine weitgehende Selbstorganisation des Lernens zu entwickeln: Die aufgrund akzelerierender Technisierung und steigender Informationsextensität und -komplexität der Lebenswelt erforderliche Steigerung einer sachkompetenten und flexiblen Reaktionsfähigkeit des Erwachsenen macht nach Ansicht des DIFF auch eine andere Organisation der Weiterbildung notwendig. Statt der institutionellen Abkapselung wird ein breit gestreutes Angebot individuell verfügbarer Lernprogramme vorgeschlagen. Offen ist ein solches Angebot für „persönliche Erfahrungszusammenhänge", „Sinnperspektiven", „Motive und Stile" des Lernens (vgl. DOHMEN 1978).

In der schulpädagogischen Diskussion ist „Offenheit" immer wieder zum Zweck der Abgrenzung von traditionellen Unterrichtskonzepten gefordert worden, so in den Konzeptionen „*offenen Unterrichts*" (vgl. ELIADE 1975, FUHR 1979, GRODDECK 1983, HÄNSEL/WIENSKOWSKI 1986), im Konzept „*offener Erziehung*" (vgl. BARTH 1974), „*offener Medien*" (vgl. WITTERN 1975) und „offener Curricula" (vgl. H. BRÜGELMANN 1972 a).

Begriffsgeschichte. Pädagogisch bedeutsam wurde der Begriff der „Offenheit" zu Beginn des 19. Jahrhunderts, als er zum Merkmal des sich von der politischen und sozialen Dominanz des Adels emanzipierenden deutschen Bürgertums gemacht wurde: Der bei Hofe herrschenden konventionellen Regelung des sozialen Umgangs, der „Höflichkeit", setzte das Bürgertum Aufrichtigkeit und Offenheit als Prinzipien umgänglichen Handelns entgegen (vgl. CAMPE 1796, S. 316 ff.; vgl. ELIAS 1969, S. 38; vgl. FICHTE 1963, S. 321). Dem statischen System der „guten Sitte" entgegnete man mit dem flexiblen Orientierungssystem persönlich zu verantwortender Sittlichkeit. Offenheit wurde zu einer ethischen Maxime, zum Erziehungsziel und ging als Gegenbegriff zur courtoisen Verschlossenheit als Stichwort in Handbüchern und Lexika ein (vgl. v. ROHDEN 1907, WAGNER 1914). In der Tendenz ähnliche, stärker politisch akzentuierte Auslegungen des Begriffs lassen sich im Sinne einer „offenen Denkweise" (vgl. ELIADE 1975) in der neuen Literatur finden. In der gegenwärtigen pädagogischen Diskussion wird „Offenheit" nur noch selten im Sinne eines ethischen Habitus oder einer individuellen Charaktereigenschaft des Lernenden verwendet. Häufiger tritt die Forderung nach Offenheit im Blick auf die *Organisation pädagogischen Handelns* und insbesondere im Bezugsfeld der Curriculumtheorie auf (vgl. NEHLES 1981).

Dimensionen offener Curricula. Die Bezeichnung „offenes Curriculum" tauchte 1972 zum erstenmal in der deutschsprachigen pädagogischen Literatur auf. H. Brügelmann charakterisierte damit den „experimentell-pragmatischen Ansatz in englischen Entwicklungsprojekten" (BRÜGELMANN 1972a, S. 95), der in Gestalt des „Humanities Curriculum Project" (vgl. SCHOOL COUNCIL 1970) zum Urbild eines offenen Curriculum wurde. Unter dieser Bezeichnung wurden in der Folge zahlreiche Detailbeiträge zur Innovation der Curriculumkonstruktionsverfahren zusammengefaßt.

Charakteristisch für das Konzept des offenen Curriculum ist eine Frontstellung gegen die etablierte, mehrheitlich erfahrungswissenschaftlich orientierte und als geschlossen bezeichnete Curriculumtheorie. Erst in der Auseinandersetzung mit der empirisch-szientifischen Variante der Curriculumtheorie (vgl. FLECHSIG u. a. 1972, FREY 1971) gewinnt das Konzept offener Curricula seine spezifische Kontur (vgl. NEHLES/RUHLOFF 1981).

Drei Dimensionen der Forderung nach Offenheit können identifiziert werden:
Erstens: Gegen das in seinem Verlauf eindeutig geregelte, sachstrukturierte „Lehrgangscurriculum" steht in der Dimension des Handlungsvollzugs die *„Offenheit der Lernsituation"* (H. BRÜGELMANN/K. BRÜGELMANN 1973, S. 173), in der die Erfahrungen, die die Schüler in den Unterricht mitbringen, konstitutive Funktion für den Unterrichtsverlauf erhalten sollen. Während in traditionellen Curriculumtheorien das Vorwissen der Schüler nur zum Zwecke des Anknüpfens in der curricularen Struktur Berücksichtigung findet, wird im offenen Curriculum versucht, auch die private, lebensweltliche Erfahrung – ungeachtet ihrer wissenschaftlichen Valenz – zum potentiellen Gegenstand des Unterrichts werden zu lassen. In *unterrichtsmethodischer Sicht* soll die Offenheit der Lernsituation eine „Verwicklung" der Schüler in die Sache fördern (GARLICHS/GRODDECK 1978, S. 11); es wird argumentiert, daß die Verwicklung Betroffenheit hervorrufe, die über den Wissenserwerb hinaus zum Aufbau von Handlungskompetenz beitragen könne (vgl. HEIPCKE 1974, S. 39). In *thematischer Sicht* gilt die Beachtung der Vorerfahrungen als unverzichtbar, weil sie als „subjektive Weltversionen" für den Unterricht konstitutiv sind: Sie stellen individuelle Versuche der selbständigen Weltverarbeitung dar, die als Fundamente des „Aufbaus einer lebensgeschichtlichen Identität" fungieren (RUMPF u. a. 1973, S. 452).

Zweitens: Gegen die traditionelle Hierarchisierung von Theorie und Praxis in der Curriculumentwicklung, gegen die Vorstellung, daß Experten, erfahrungswissenschaftlich informiert (vgl. ROBINSOHN 1967) und entscheidungslogisch geleitet (vgl. FLECHSIG u. a. 1972), konstruieren sollen, was Lehrer dann nach Anweisung handhaben und die Schüler rezipieren, stellen die Vertreter einer „offenen Curriculumentwicklung" ein *komplexes Interaktions- und Kommunikationsmodell* mehrerer Instanzen und unterschiedlicher Ebenen. In Kommunikationsstützpunkten, den sogenannten Regionalen Pädagogischen Zentren (die als Modellversuch in Aurich und Bad Kreuznach realisiert wurden, vgl. H. BRÜGELMANN 1972 b; vgl. DEUTSCHER BILDUNGSRAT 1974, S. 28 ff.), soll Curriculumkonstruktion in einer beständigen Wechselwirkung von praktischer Entwicklung, theoretischer Reflexion und erneuter Erprobung als „pädagogische Kasuistik" (vgl. GÜNTHER 1978) betrieben werden.

Drittens: Gegen die bürokratische Organisationsstruktur der Schule, die die Ausgrenzung lebensweltlicher Erfahrungen der Schüler und die unkollegiale Weisungsgebundenheit der Lehrer zur Folge hat, wird die Forderung einer *„Öffnung der Institution"* (vgl. BENNER 1977) gestellt, durch die die traditionelle

Ausgrenzung von „Schule" und „Leben" überwunden werden soll (vgl. UNSELD 1977).

Grenzen der Realisierung und Kritik. In einer kritischen Analyse der vorgelegten Konzepte offener Curricula entdeckte LENZEN (vgl. 1976, S. 143) alle Merkmale eines *Slogans* (vgl. MEYER 1972, S. 75 ff.): Mit dem inflationären Gebrauch des Schlagworts vom offenen Curriculum werde all das, „was für 10 Jahre Bildungsreform auf den verschiedensten Ebenen ‚gut und teuer' war", assoziiert, ohne daß der Nachweis geführt wäre, daß tatsächlich eine neue pädagogische Konzeption vorliege; solange aber kein Konsens über die Interpretationsregeln erzielt sei, mit denen ein „Slogan" in konkrete Handlungsanweisungen zu übertragen sei, sei das Konzept offener Curricula für jede beliebige Interpretation offen. Der Kritik ist insofern zuzustimmen, als „Offenheit" in diesen Konzepten kein theoretisch gefaßter Begriff ist. Gleichwohl darf die systematische Valenz der Argumente und Forderungen, die im Konzept offener Curricula erhoben werden, nicht unterschätzt werden, zumal die behauptete Beliebigkeit der Interpretation bei der genaueren Analyse realisierter Projekte offener Curriculumentwicklung (vgl. BENNER/RAMSEGER 1981) spürbar schwindet.

Die Forderung nach Offenheit stellt eine historische Reaktion auf ein systematisches Problem der Pädagogik dar. Sie erweist sich als Ausdruck der Unzulänglichkeit einer Organisation pädagogischen Handelns allein nach den Maximen wissenschaftlicher Erkenntnis: Das zweckrational konstruierte, durch Wissenschaft methodisch organisierte Curriculum enthält, entgegen der eigenen Einschätzung der „Sachneutralität", eine normative Implikation, derart, daß die geforderte Sachneutralität nur durch erfahrungswissenschaftliche Methoden, das heißt durch Operationalisierung gesichert werden kann, wodurch „von vornherein über den Modus, wie Bildung in das Blickfeld der Forschung gelangt", entschieden ist (BLASS 1970, S. 74). Diese geheime perspektivische Selektion kann am Unterrichtsgegenstand selbst nicht mehr deutlich werden. Der Gegenstand erscheint im Unterricht als ein „fertiger"; wird seine Konstituierung vom Schüler dennoch in Zweifel gezogen, so stellt dies – gemessen am Wissenschaftsanspruch – eine Störung dar. Die scheinbare Stärke wissenschaftlicher Curriculumkonstruktion erweist sich als Einfältigkeit und bewegt manchen ihrer Kritiker, insbesondere jener, die das Konzept offener Curricula verfechten, die Vielfältigkeit des „wilden Denkens" (vgl. LÉVI-STRAUSS 1968) und der „Traumzeit" (DUERR 1978) hochzuschätzen und die pädagogische Bedeutsamkeit der „inoffiziellen Weltversionen der Schüler" (RUMPF 1979, S. 209) dem offiziell sanktionierten Wahrheitsanspruch der Curricula voranzustellen. Die Privatisierung der Bedeutung des Wissens birgt jedoch die – durchaus gesehene – Gefahr, daß die Begründung für die Relevanz des Wissenswerten in der Bodenlosigkeit der Tiefenpsychologie versinkt (vgl. RUMPF 1979, S. 212 f.) und pädagogische Veranstaltungen zur bloßen Reproduktion von Subjektivismen verkommen. Konzepte offenen Unterrichts und offener Curriculumentwicklung können die Dogmatik der Wissenschaft nicht durch eine Alternativformation der Wissensproduktion überwinden; die Verlagerung der Ebene der Ziel- und Inhaltslegitimation vermag deren Vernünftigkeit noch nicht zu sichern. Die Auseinandersetzung mit wissenschaftlich gewonnenen Unterrichtsgegenständen erfordert die Thematisierung der impliziten Bedingungen der Konstitution von Wissenschaft. Dies kann nicht durch den Verzicht auf die Anstrengung des Begriffs geschehen, sondern nur durch methodologische Reflexion. „Offenheit"

Offenheit

gewinnt ihren pädagogischen Sinn dann als Möglichkeit zur transzendentalen Übersteigung des wissenschaftlichen Denkens: als Skepsis.

ACHTENHAGEN, F./MEYER, H. L. (Hg.): Curriculumrevision – Möglichkeiten und Grenzen, München ³1972. ANDERS, W.: Englands ‚Open University'. Innovation oder Tradition universitärer Ausbildung. In: Z.f.P. 18 (1972), S.431 ff. BARTH, R.: Was ist offene Erziehung? In: B. u. E. 27 (1974), S.338 ff. BENNER, D.: Erziehungswissenschaft 1976. Fortschritt oder Rückschritt im Bereich der pädagogischen Theoriebildung und Forschung. In: BENNER, D. (Hg.): Aspekte und Probleme einer pädagogischen Handlungswissenschaft, Kastellaun 1977, S.19 ff. BENNER, D./RAMSEGER, J.: Wenn die Schule sich öffnet, München 1981. BLASS, J.L.: Über Möglichkeiten und Grenzen der Curriculum-Forschung. In: Vjs. f. w. P. Neue Folge der Ergänzungshefte, Heft 11, 1970, S.64 ff. BÖNSCH, M.: Grundzüge eines offenen und kommunikativen Unterrichtskonzepts. In: D. Dt. S. 68 (1976), S.709 ff. BRÜGELMANN, H.: Offene Curricula. In: Z. f. P. 18 (1972), S.95 ff. (1972 a). BRÜGELMANN, H.: Die englischen ‚Teachers' Centres. In: D. Dt. S. 64 (1972), S.539 ff. (1972 b). BRÜGELMANN, H./BRÜGELMANN, K.: Offene Curricula – ein leeres Versprechen? In: D. Grunds. 5 (1973), S.165 ff. CALLIES, E.: Was man von der englischen Primarschule lernen kann. Open Education – die radikale Alternative? In: Gess. 8 (1976), 2, S.12 ff. CAMPE, J. H.: Theophron oder der erfahrene Rathgeber für die unerfahrene Jugend, Braunschweig 1796. CURRICULUMDISKUSSION. hg. v. d. Redaktion b:e, Weinheim/Basel 1974. DEUTSCHER BILDUNGSRAT: Zur Förderung praxisnaher Curriculumentwicklung. Empfehlungen der Bildungskommission, Stuttgart 1974. DOHMEN, G.: Offenes Weiterlernen: Ein neuer internationaler Entwicklungstrend in der wissenschaftlichen Weiterbildung. In: Uw. 6 (1978), S.4 ff. DOHMEN, G. u.a.: Offenes Lernen und Fernstudium, Weinheim/Basel 1976. DUERR, H. P.: Traumzeit. Über die Grenzen zwischen Wildnis und Zivilisation, Frankfurt/M. 1978. ELIADE, B.: Offener Unterricht, Weinheim/Basel 1975. ELIAS, N.: Über den Prozeß der Zivilisation, Bd.1, Bern/München 1969. FICHTE, J. G.: Das System der Sittenlehre (1798), Hamburg 1963. FISCHER, W.: Sechs Thesen zur Problematik des Curriculum. In: FISCHER, W./RUHLOFF, J.: Aufsätze zu Problemen des Unterrichts, Nürnberg 1972, S.143 ff. FLECHSIG, K.-H. u.a.: Probleme der Entscheidung über Lernziele. In: ACHTENHAGEN, F./MEYER, H. L. (Hg.): Curriculumrevision..., München 1972, S.243 ff. FREY, K.: Theorien des Curriculums, Weinheim/Basel 1971. FUHR, R.: Handlungsspielräume im Unterricht, Königstein 1979. GARLICHS, A./GRODDECK, N.: Erfahrungsoffener Unterricht, Freiburg/Basel/Wien 1978. GARLICHS, A. u.a.: Didaktik offener Curricula, Weinheim/Basel 1974. GRODDECK, N.: Unterricht, offener. In: Enzyklopädie Erziehungswissenschaft, Bd.8, Stuttgart 1983, S.621 ff. GÜNTHER, K. H.: Pädagogische Kasuistik in der Lehrerausbildung. In: Z. f. P., 15. Beiheft, 1978, S.165 ff. HALLER, H.-D.: Zur Integration von Curriculumentwicklung und Lehrerfortbildung. In: Uw.2 (1974), S.22 ff. HALLER, H.-D./LENZEN, D. (Hg.): Lehrjahre in der Bildungsreform. Jahrbuch für Erziehungswissenschaft, 1976, Stuttgart 1976. HÄNSEL, D./WIENSKOWSKI, P.: Möglichkeiten und Grenzen didaktischen Handelns in der Regelschule. In: Enzyklopädie Erziehungswissenschaft, Bd. 3, Stuttgart 1986, S. 115 ff. HEIPCKE, K.: Lehrziele und Handlungsziele im Unterricht. In: GARLICHS, A. u.a.: Didaktik..., Weinheim/Basel 1974, S.36 ff. HOEBEL-MÄVERS, M. u.a.: Offenes Curriculum als Konstruktion im Handlungsfeld, Ahrensburg 1976. HUHSE, K.: Theorie und Praxis der Curriculum-Entwicklung. Ein Bericht über Wege der Curriculum-Reform in den USA mit Ausblick auf Schweden und England. Max-Planck-Institut für Bildungsforschung: Studien und Berichte 13, Berlin 1968. KLEWITZ, E./MITZKAT, H.: Informeller/offener Unterricht in der Grundschule, Bochum 1982. LENZEN, D.: Offene Curricula – Leidensweg einer Fiktion. In: HALLER, H.-D./LENZEN, D. (Hg.): Lehrjahre in der Bildungsreform. Jahrbuch für Erziehungswissenschaft 1976, Stuttgart 1976, S.138 ff. LÉVI-STRAUSS, C.: Das wilde Denken, Frankfurt/M. 1968. LOSER, F.: Aspekte einer offenen Unterrichtsplanung. Eine Einführung in die Problematik. In: B. u. E.28 (1975), S.241 ff. MEYER, H. L.: Einführung in die Curriculum-Methodologie, München 1972. NEHLES, R.: Offenheit – Pädagogisches Engagement ohne Theorie? Frankfurt/Bern 1981. NEHLES, R./RUHLOFF, J.: Vom „Geschlossenen" zum „Offenen" Curriculum – ein pädagogischer Fortschritt? In: Vjs.f.w.P. 57 (1981), S.79 ff. OEHLSCHLÄGER, H.-J.: Lernen in Alternativschulen.

Offenheit

In: Enzyklopädie Erziehungswissenschaft, Bd. 3, Stuttgart 1986, S. 131 ff. RAMSEGER, J.: Offener Unterricht in der Erprobung, München 1977. RIEBER, A.: Offenheit. In: Lexikon der Pädagogik, Bd. 3, Freiburg 1971, S. 236 ff. ROBINSOHN, S. B.: Bildungsreform als Revision des Curriculum, Neuwied/Berlin 1967. ROHDEN, G. v.: Offenheit. In: REIN, W. (Hg.): Enzyklopädisches Handbuch der Pädagogik, Bd. 6, Langensalza ^{2}1907, S. 372 f. RUHLOFF, J.: Überholbarkeit als Bildungsprinzip oder neue Bildungsdogmatik? In: Vjs. f. w. P. 50 (1974), S. 391 ff. RUHLOFF, J.: Das ungelöste Normproblem der Pädagogik, Heidelberg 1979. RUMPF, H.: Lehrziele und Lebenswelten. In: GARLICHS, A. u. a.: Didaktik..., Weinheim/Basel 1974, S. 61 ff. RUMPF, H.: Unterrichtsanalysen im Zug von Curriculumentwicklung. In: Z. f. P. 21 (1975), S. 843 ff. RUMPF, H.: Inoffizielle Weltversionen – Über die subjektive Bedeutung von Lehrinhalten. In: Z. f. P. 25 (1979), S. 209 ff. RUMPF, H.: Die übergangene Sinnlichkeit, München 1981. RUMPF, H. u. a.: Sprache als soziales Handeln. Ein friedenspädagogisch orientiertes Curriculumprojekt für die Sekundarstufe I. In: WULF, CH. (Hg.): Kritische Friedenserziehung, Frankfurt/M. 1973, S. 448 ff. SCHOOL COUNCIL: The Humanities Project. An Introduction, London 1970. SILBERMAN, CH.: Die Krise der Erziehung, Weinheim/Basel 1973. UNSELD, G.: Offene Schulen für offenes Lernen, Kronberg 1977. WAGNER, A. C.: Offenheit. In: ROLOFF, E. M. (Hg.): Lexikon der Pädagogik, Bd. 3, Freiburg 1914, S. 978 f. WITTERN, J.: Mediendidaktik – ihre Einordnung in eine offen strukturierte Entscheidungstheorie des Lehrens und Lernens, 2 Bde., Opladen 1975. ZIMMER, J.: Curriculumforschung: Chance zur Demokratisierung der Lehrpläne. In: ACHTENHAGEN, F./MEYER, H. L. (Hg.): Curriculumrevision..., München ^{3}1972, S. 178 ff.

Rudolf Nehles

Reduktion, didaktische

Begriff. „Didaktische Reduktion" ist kein fest umrissener Fachterminus der didaktischen Wissenschaftssprache, sondern die allgemeine Umschreibung für eine zentrale Aufgabe von Didaktik überhaupt: die Rückführung komplexer Sachverhalte auf ihre wesentlichen Elemente, um sie für Lernende überschaubar und begreifbar zu machen. Diese Komplexitätsreduktion in didaktischer Absicht spielt in unterschiedlichen didaktischen Argumentationskontexten eine Rolle und bekommt dort jeweils unterschiedliche Bedeutungen.

Didaktische Reduktion – im allgemeinen Sinn – ist überall dort zu leisten, wo ein umfangreicher und differenzierter Bestand an Wissen für Lehr- und Lernzwecke „aufbereitet" wird. Beispiele didaktischer Reduktion sind die Veranschaulichung eines Sachzusammenhangs im Tafelbild, die Ausarbeitung von Modellvorstellungen für komplizierte technische, naturwissenschaftliche oder ökonomische Zusammenhänge, die Darstellung einer „idealen" mittelalterlichen Stadt im Wandbild, die Zusammenfassung des geschichtlichen Phänomens „Reformation" in Merksätzen, die Erarbeitung der wesentlichen Merkmale der Blütenpflanzen am Beispiel der Tulpe, das Tischmodell der Planetenbahnen, die Behandlung von Ludwig dem XIV. als „typischem" absolutistischem Herrscher. Jeweils ist ein komplexer Zusammenhang auf eine einfache Form reduziert worden, in der das „Wesentliche" dieses Zusammenhangs enthalten sein soll und die dem Lernenden dessen Verständnis erleichtert oder erst ermöglicht.

Bedenkt man das Verhältnis dessen, was in der Geschichtswissenschaft an Wissen über das Phänomen „Reformation" erarbeitet worden ist, zu dem, was etwa in der Sekundarstufe I als Unterrichtsgegenstand „Reformation" behandelt und schließlich als Ergebnis in Arbeitsblättern oder in Lehrbüchern gefaßt wird, so ist der Verlust an Perspektivenreichtum, Vielschichtigkeit und Fülle des Wissens beträchtlich. Der negative Beigeschmack, der mit dem Begriff „didaktische Reduktion" verbunden ist, wird in der These deutlich, daß sich an Universitäten wegen der bei der Vermittlung zu erhaltenden Differenziertheit des wissenschaftlichen Lehrstoffs eine „Didaktisierung" gänzlich verbiete. Die These bringt zum Ausdruck, daß bei der „Reduktion" von Sachkomplexität auch die Konnotationen „Verwässern", „Vergröbern" oder „Simplifizieren" im Spiel sind (vgl. GRÜNER 1967, HENNINGSEN 1966, RUMPF 1984).

Ein gewisses Dilemma scheint nun darin zu bestehen, daß didaktische Reduktion – auch im Sinne der pejorativen Konnotationen – mit der Sache des Lehrens und Lernens untrennbar verbunden ist: „Wer lehrt, popularisiert" (HENNINGSEN 1966, S. 99). Lehren ist nicht die portionierte Übermittlung von Sachen, sondern „eine Operation *mit* Sachen, mit Sachen, die, zu Information verarbeitet, auf ihrem Weg durch ein Bewußtsein in ein anderes Bewußtsein *notwendig* Transformationen unterliegen" (HENNINGSEN 1966, S. 101). Soll der unvermeidbare Verlust an Umfang und Differenziertheit der Sache möglichst gering gehalten werden, so ist es erforderlich, die Reduktion so zu gestalten, daß das Verständnis oder wenigstens ein Vorverständnis der Sache ermöglicht wird, zugleich aber in Kauf zu nehmen, daß „alle diese Vergleiche, Analogien, Beispiele [...], Modelle, Halbwahrheiten in usum Delphini [...] (mehr oder weniger) bewußt vorgenommene Verkürzungen und Primitivierungen der jeweils in Rede stehenden Sache" darstellen (HENNINGSEN 1966, S. 103). Das Argument, daß diese „Halbwahrheiten" im weiteren Lernprozeß den Zugang zur „Wahrheit" verstellen könnten, weist Henningsen als ideologisch zurück. „Jedes Verstehen und Wissen ruht auf Vorformen. Komplizierte Strukturen werden nicht in einen leeren Raum hineingebaut, sondern aus primitiveren Strukturen durch Umstrukturierung herausentwickelt. [...] Was in Kants ‚Kritik der reinen Vernunft' steht, stellt sich beim ersten Durchlesen anders dar als beim zehnten – man kann aber nicht mit dem zehnten Durchlesen beginnen. Das lernende Eindringen in Bereiche des Wissens begnügt sich notwendig zunächst mit Vorformen, die mit der Sache nur in verkürzter, simplifizierter, vergröberter, oberflächlicher Weise zurechtkommen, die sie zunächst lediglich ‚irgendwie' bewältigen" (HENNINGSEN 1966, S. 104f.). Die pädagogische Frage ist somit nicht, „*ob* man, sondern *wie* man popularisieren", wie man reduzieren solle (HENNINGSEN 1966, S. 103).

Von didaktischer Reduktion kann nur sinnvoll im Kontext von Theorien und Modellen die Rede sein, die mehr oder weniger „material" orientiert sind. Das Problem tritt nur auf angesichts von Gegenständen, die Lerngegenstände für Lernende werden sollen, nicht aber im Kontext von lernzielorientierten Modellen, bei denen – idealiter – die Lerngegenstände auf dem Weg komplizierter Deduktionsverfahren aus obersten Lernzielen ermittelt werden (vgl. MEYER 1972).

Probleme didaktischer Reduktion. Versuche, didaktische Reduktion als methodisch kontrollierte Strategie in der fachdidaktischen Forschung und Unterrichtsplanung zu etablieren, liegen im Bereich der Didaktik der beruflichen Bildung vor. Ausgangspunkt dieser Versuche ist die Feststellung, daß identische Themen in den unterschiedlichen Institutionen beruflicher Bildung auf recht unterschiedlichen *Niveaustufen* behandelt werden; die Themen „Marktwirtschaft" oder „Hebelgesetz" etwa werden in den entsprechenden Ausbildungsgängen in Hochschule, Fachhochschule, Fachoberschule, Berufsschule und auch bereits im Arbeitslehreunterricht der Hauptschule behandelt. Wenn diese Abstufung der Bildungsgänge nicht sinnlos sein soll, muß das Thema „Marktwirtschaft" auf den verschiedenen Stufen auch mit Niveauunterschieden unterrichtet werden, ohne allerdings die wissenschaftlichen Aussagen zum Thema zu verfälschen. Die Aufgabe der erforderlichen didaktischen Reduktion der jeweiligen wissenschaftlichen Ausgangsaussage läßt sich beschreiben als „Übergang von einer (in die besonderen Merkmale des Gegenstandes) differenzierten Aussage zu einer allgemeinen Aussage (gleichen Gültigkeitsumfangs über den gleichen Gegenstand unter gleichem Aspekt)" (HERING 1984, S. 56). Entscheidend ist, daß die Aussagen der verschiedenen Reduktionsstufen nicht der wissenschaftlichen Ausgangsaussage widersprechen dürfen und daß von Stufe zu Stufe ein widerspruchsfreier Übergang gegeben ist, der einen schrittweisen Aufbau von Wissen beim Durchlaufen der Stufen ermöglicht.

Eine Differenzierung führt GRÜNER (vgl. 1967, S. 421 ff.) ein, der eine *vertikale* didaktische Reduktion (Abnahme der Komplexität des Inhalts, Ausschnittbildung) von einer *horizontalen* (Konkretisierung des Inhalts durch Analogien, Metaphern, Beispiele) unterscheidet; die letzte Operation wird von anderen Autoren „methodische Transformation" genannt (KATH 1978, S. 82 ff.; vgl. KAHLKE/KATH 1984). Die beiden Koordinaten ermöglichen es, systematisch „Reduktionsfelder" (GRÜNER 1967, S. 429; vgl. HAUPTMEIER 1968, S. 928) für jedes Thema zu erarbeiten; Beispiele für Themen aus dem Bereich der Ingenieurs- und der Wirtschaftswissenschaften liegen vor (vgl. GRÜNER 1967, HAUPTMEIER 1968; vgl. KAHLKE/ KATH 1984, S. 335 ff.; vgl. KAPPEN 1976, KIRSCHNER 1971). Gleichsam einen empirischen Beleg für immer schon vollzogene didaktische Reduktionen liefert der Vergleich der unterschiedlichen Be-

handlung identischer Themen in den Lernmaterialien verschiedener Schulstufen (vgl. HAUPTMEIER 1968).
So rational dieses Verfahren der Erarbeitung von Reduktionsfeldern auch zunächst erscheinen mag, so sehr ist es in didaktischer Hinsicht durch eine gewisse Einseitigkeit belastet. Die didaktische Reduktion ist in den vorgelegten Beispielen ausschließlich am zu reduzierenden Material orientiert – der Lernende wird nur berücksichtigt im Hinblick auf seine niveautypische Rezeptionskapazität. Sein Bildungsinteresse, die Bedeutung eines Lerninhalts für seinen Bildungsgang und seine Lernbiographie liegen außerhalb der Perspektive dieses Reduktionsmodells und spielen deshalb bei den Reduktionsentscheidungen auch keine Rolle mehr. Dieser Schwäche des Ansatzes soll dadurch begegnet werden, daß wenigstens im Bereich der „methodischen Transformation" die „Lernstrategien" der Schüler berücksichtigt werden sollen (KATH 1978, S. 83).
In einer grundsätzlichen Kritik am Reduktionsmodell (vgl. HAUPTMEIER u.a. 1975) wird darauf verwiesen, daß die didaktische Reduktion ohne eine Einbeziehung der schon vorher getroffenen Reduktionen (wie sie durch die Auswahl eines bestimmten Themas aus einer größeren Anzahl von Alternativen oder durch die Zuordnung eines solchen Themas zu einem bestimmten Fachgebiet vorgenommen werden) und ohne die Berücksichtigung der diesen Entscheidungen zugrunde liegenden pädagogischen Intentionalität zu kurz greift. Dagegen wird ein Modell der „komplexen didaktischen Reduktion" gesetzt, das die kritisierten Mängel beheben soll. Diese Erweiterung der Perspektive und die damit verbundene Zunahme an Komplexität der Fragestellung hat allerdings zur Folge, daß dieses neue Modell ein umfassendes Curriculummodell darstellt, in dem die Ausgangsfrage kaum noch eine Rolle spielt (vgl. HAUPTMEIER u.a. 1975, S. 913ff.).

Kell/Kutscha diskutieren das Problem der didaktischen Reduktion ausdrücklich in einem bildungstheoretischen Kontext. An dem konventionellen Ansatz kritisieren sie, daß er impliziert, „den Lernenden einer fremdreduzierten Wirklichkeit auszusetzen, die seine eigene Lebenssituation nicht betrifft und deren Implikationen er nicht übersehen kann" (KELL/KUTSCHA 1984, S. 178). Wichtig ist besonders der Hinweis, daß reduktive Vereinfachungen nicht unbedingt eine Lernerleichterung bedeuten müssen; eine „durch Abstraktionen vorgenommene ‚Vereinfachung' in der Oberflächenstruktur wissenschaftlicher Aussagen [muß] nicht zugleich auch eine Vereinfachung für die Aneignung des jeweiligen Aussagegehalts sein" (KELL/KUTSCHA 1984, S. 171).

Didaktische Reduktion in der bildungstheoretischen Didaktik. Als „didaktische Reduktion" wird auch eine besondere Form der Rückführung komplexer Wissensbestände auf ihre „wesentlichen" Sachverhalte bezeichnet, die im Rahmen der bildungstheoretischen Didaktik entwickelt wurde, ohne daß der Begriff „Reduktion" dafür in jedem Fall reklamiert worden ist: die didaktische Rückbindung von Unterrichtsinhalten an die *fundamentalen* und *elementaren* Grundstrukturen, an die „allgemeinsten Prinzipien, Kategorien, Grunderfahrungen, die einen geistigen Grundbereich bzw. ein Unterrichtsfach konstituieren" (KLAFKI 1961, S. 123). Die Notwendigkeit dieser Form der didaktischen Reduktion ergibt sich aus dem pädagogischen Argument, daß ein bildender Unterricht nur dann vorliegt, wenn zusammenhangloses Einzelwissen vermieden und für den Lernenden Sinnzusammenhänge erschlossen werden. Nur unter dieser pädagogischen Intention bekommen einzelne Lerninhalte ihren Sinn: „Nur dasjenige Besondere kann Bildungswert erlangen, bildende Wirkungen auslösen, in dem ein Allgemeines sichtbar wird oder besser: das von einem Allgemeinen her erfaßt wird" (KLAFKI 1961, S. 130). Gesucht sind Grundkategorien, die es ermöglichen, einerseits einen Lernbereich „kategorial" zu erschließen und andererseits den Lernenden für diesen Wissensbereich zu „erschließen" (KLAFKI 1961, S. 128 f.; vgl. auch KLAFKI 1963, S. 44). Als fach- oder lerngebietstypische Ausformungen des Fundamentalen wurden das „Typische, die variable Struktur, das Klassische, das Repräsentative, das Symbolische, die einfachen ästhetischen Formen und die einfachen Zweckformen" (KLAFKI 1961, S. 135) vorgeschlagen; eine umfangreiche Diskussion – auch im Zusammenhang mit dem Prinzip des Exemplarischen (vgl. SCHEUERL 1969, WAGENSCHEIN 1968) – hat jedoch zu keiner Konkretisierung – etwa im Sinne einer Liste von Bildungskategorien für ein Lerngebiet – geführt, zumal das Fundamentale immer wieder neu und in bezug auf die geistige Gegenwartslage und den Verständnishorizont der Kinder zu bestimmen war (vgl. KLAFKI 1961, S. 130). Die meisten Unterrichtsbeispiele und die differenzierteste Bestimmung von möglichen fundamentalen Grundkategorien finden sich im Bereich des mathematisch-naturwissenschaftlichen Unterrichts (vgl. WAGENSCHEIN 1968). Die Fragerichtung und das Ziel der Reduktion sind in den Fragen enthalten, die die „didaktische Analyse" zur Unterrichtsvorbereitung leiten: „Welchen größeren bzw. welchen allgemeinen Sinn- oder Sachzusammenhang vertritt und erschließt dieser Inhalt? Welches Urphänomen oder Grundprinzip, welches Gesetz, Kriterium, Problem, welche Methode, Technik oder Haltung läßt sich in der Auseinandersetzung mit ihm ‚exemplarisch' erfassen?" (KLAFKI 1964a, S. 15).

Deutlich wird, daß auch bei dieser Form von didaktischer Reduktion von vorgegebenen Themen oder Inhalten ausgegangen wird; die Auswahl der Themen selbst ist durch reduktive Verfahren nicht zu leisten. Im Unterschied zum Reduktionsbegriff in den vorgestellten berufs- und wirtschaftspädagogischen Modellen wird in der bildungstheoretischen Didaktik das Bildungsanliegen des Lernenden ausdrücklich in die Reflexion einbezogen. Auch das Ziel der Reduktion ist ein anderes, obwohl es in beiden Ansätzen um eine Rückführung von komplexem „Besonderem" auf einfaches „Allgemeines" geht. Während im ersten Modell angesichts unterschiedlicher Ausbildungsniveaus eine vereinfachende, aber den sachlichen Gehalt bewahrende „Transmission" von Wissen intendiert ist, werden in der bildungstheoretischen Didaktik Wissensbestände auf dasjenige zurückgeführt, was sie als Wissen methodisch konstituiert – und dies im Kontext einer expliziten Bildungstheorie und auf dem Hintergrund einer geschichtlichen Tradition, in der das Problem „elementarer" Bildungsgehalte schon früh (bei Pestalozzi, Herbart, Fröbel und anderen; vgl. KLAFKI 1964b) thematisiert worden ist.

GRÜNER, G.: Die didaktische Reduktion als Kernstück der Didaktik. In: D. Dt. S. 59 (1967), S. 414 ff. HAUPTMEIER, G.: Die didaktische Reduktion als methodische Möglichkeit im Wirtschaftsunterricht. In: D. Dt. Ber.- u. Fachs. 64 (1968), S. 925 ff. HAUPTMEIER, G. u. a.: Zur Auswahlproblematik von Lerninhalten und zur didaktischen Reduktion wissenschaftlicher Aussagen. In: D. Dt. Ber.- u. Fachs. 71 (1975), S. 899 ff. HENNINGSEN, J.: Wer lehrt, popularisiert. In: WILHELM, TH. (Hg.): Die Herausforderung der Schule durch die Wissenschaften, Weinheim 1966, S. 99 ff. HERING, D.: Zur Faßlichkeit naturwissenschaftlicher und technischer Aussagen. In: KAHLKE, J./KATH, F.M. (Hg.): Didaktische Reduktion..., Alsbach 1984, S. 37 ff. KAHLKE, J./KATH, F.M. (Hg.): Didaktische Reduktion und methodische Transformation, Alsbach 1984. KAPPEN, A.: Zum Problem der didaktischen Reduktion in der Wirtschaftslehre, Diss., Dortmund 1976. KATH, F. M.: Ein Modell zur Unterrichtsvorbereitung, Alsbach 1978. KATH, F. M./ KAHLKE, J.: Das Umsetzen von Aussagen und Inhalten. Didaktische Reduktion und methodische Transformation, Alsbach 1982. KELL, A./KUTSCHA, G.: Kritische Theorie der ökonomischen Bildung und das Problem der didaktischen Reduktion. In: KAHLKE, J./KATH, F. M. (Hg.): Didaktische Reduktion..., Alsbach 1984, S. 157 ff.. KIRSCHNER, O.: Zum Problem der didaktischen Reduktion ingenieurs- und naturwissenschaftlicher Aussagen. In: D. Dt. Ber.- u. Fachs. 67 (1971), S. 261 ff. KLAFKI, W.: Die didaktischen Prinzipien des Elementaren, Fundamentalen und Exemplarischen. In: BLUMENTHAL, A. u.a. (Hg.): Handbuch für Lehrer, Bd. 2, Gütersloh 1961, S. 120 ff. KLAFKI, W.: Studien zur Bildungstheorie und Didaktik, Weinheim 1963. KLAFKI, W.: Didaktische Analyse als Kern der Unterrichtsvorbereitung. In: ROTH, H./ BLUMENTHAL, A. (Hg.): Didaktische Analyse, Auswahl Reihe A, Bd. 1, Hannover ^{9}1964, S. 5 ff. (1964a). KLAFKI, W.: Das pädagogische Problem des Elementaren und die Theorie der kategorialen Bildung, Weinheim ^{4}1964b. MEYER, H. L.: Einführung in die Curriculum-Methodologie, München 1972. RUMPF, H.: Zum Problem der didaktischen Vereinfachung. In: KAHLKE, J./KATH, F. M. (Hg.): Didaktische Reduktion..., Alsbach 1984, S. 81 ff. SCHEUERL, H.: Die exemplarische Lehre, Tübingen 1969. WAGENSCHEIN, M.: Verstehen lehren, Weinheim/Berlin 1968.

Peter Vogel

Selbsttätigkeit – Selbständigkeit

Begriffsabgrenzung. Die Problematik bei der näheren Bestimmung dieser beiden Begriffe zeigt sich nicht nur in einer uneinheitlichen und manchmal synonymen Verwendung im fachsprachlichen Kontext, sondern auch in spezifischen umgangssprachlichen Bedeutungen. *Selbständigkeit* (im Wortsinn: ohne fremde Hilfe stehen können) meint im allgemeinen Sprachgebrauch eine unternehmerische und ökonomische Unabhängigkeit. „Selbsttätig" bedeutet im allgemeinen Sprachgebrauch, daß ein Gerät ohne Bedienung durch Menschen funktioniert. Spricht man von *Selbsttätigkeit* im Kontext von Erziehung, so sollte damit Selbst*be*tätigung des Kindes, Aktivität des Lerners gemeint sein (Prozeßakzentuierung). Selbständigkeit aber sollte den Zielaspekt, die abgeschlossene und gelungene Erziehung betonen (Produktakzentuierung).

Selbsttätigkeit soll im weiteren verstanden werden als das Bemühen von Lernern, die Lernorganisation aktiv mitzugestalten; dabei ist die Kompetenz zu entwickeln, zunehmend mehr und schließlich eigenverantwortlich die Lernorganisation zu gestalten. Ist die Fähigkeit zu eigenverantwortlicher Lernorganisation so weit entfaltet, daß der Lerner nicht mehr der „Fremdaufforderung zur Selbsttätigkeit bedarf" (BENNER 1983, S. 295), so hat er eine Kompetenz erreicht, die als Selbständigkeit bezeichnet werden kann. Selbsttätigkeit ist demnach Mittel zur Selbständigkeit. Merkmale der Selbsttätigkeit beim Lernen sind psychischer Natur, zum Beispiel Aktivität, Intensität und Spontaneität; Merkmale der Selbständigkeit beim Lernen sind auf den Umgang mit Wissen bezogen: etwa sicheres Umgehenkönnen mit Methoden der Wissensaneignung, richtige Anwendung mathematischer Operationen, angemessene Interpretation literarischer Texte oder historischer Dokumente.

In der pädagogischen Literatur lassen sich verschiedene Formen des Begriffsumgangs feststellen, wenn es um das didaktische Prinzip geht, das den Begriffen „Selbsttätigkeit" und „Selbständigkeit" zugrunde liegt. Oft werden aber auch statt dieser Begriffe sinnverwandte Termini verwendet (selbstverantwortliches Lernen, individualisiertes Lernen, Selbststeuerung des Lernens oder dergleichen). Häufig stehen Konzeptnamen für eine entsprechende Programmatik (Dalton-Plan – vgl. PARKHURST 1923, Winnetka-Plan – vgl. WASHBURNE/VOGEL 1928). Man findet ferner die ausschließliche Nennung des einen *oder* anderen Begriffs (vgl. BENNER 1983, GEISSLER 1981). Schließlich werden die beiden Begriffe im Sinne einer Über-/Unterordnung verwendet: durch Selbsttätigkeit zur Selbständigkeit oder umgekehrt (vgl. NEUNER 1963). Da es um das didaktische Prinzip als Ganzes geht, wird in der weiteren Darstellung vorrangig von „Selbsttätigkeit" gesprochen.

Geschichte. Das Prinzip der Selbsttätigkeit wird bereits in den Schriften des spanischen Humanisten Joh. Ludwig Vives vertreten (vgl. ILG 1932); Montaigne wies 1580 auf die Bedeutung der durch Tätigsein gewonnenen Erfahrungen im Gegensatz zum Lernen aus bloßem Zusehen hin (vgl. DE MONTAIGNE 1953, S. 163 f.). Diesem Grundsatz des Selbsttätigseins entspricht auch das Prinzip der „autopraxia" bei Comenius; es ist zu verstehen als Auftrag des Menschen, als Mitarbeiter Gottes auf Erden selbst tätig zu werden. Den Ursprung dieser Selbsttätigkeit verstand Comenius als außerhalb des Menschen liegend. Diese Deutung wurde durch Leibniz überwunden; in seiner Monadologie sind Monaden als Kraftzentren gedacht, die autonom und selbsttätig nach eigenen Gesetzen handeln (vgl. SCHALLER 1967). Einen besonderen Stellenwert hatte das Prinzip der Selbsttätigkeit in philosophischen und, damit verbunden, auch in erzieherischen Entwürfen Ende des 18., Anfang des 19. Jahrhunderts (so zum Beispiel in den „Reden an die deutsche Nation" – FICHTE 1962; ebenso müssen Rousseau, Pestalozzi, Niemeyer, Schwarz und Schleiermacher als exponierte Verfechter der Selbsttätigkeit genannt werden. Wieder aufgegriffen wurde diese individualistische Perspektive in der Reformpädagogik, am konsequentesten in den Initiativen von M. Montessori (Selbsttätigkeit im frühen Kindesalter) sowie in der Arbeitsschulkonzeption von Gaudig und anderen.

Die bisher stärkste Berücksichtigung und praktische Umsetzung des Selbsttätigkeitsprinzips erfolgte im Kontext der Arbeitsschulbewegung: Schüler sollen sich als handelnde Subjekte erleben, wobei ihre methodische Kompetenz (Arbeitstechnik) ständig erweitert werden soll. Ziel ist es, daß der Schüler zu freier und selbständiger Arbeit fähig wird und, so die Provokation, daß der Lehrer im Idealfalle überflüssig ist (vgl. GAUDIG 1969). Scheibner differenziert den Arbeitsvorgang folgendermaßen: Arbeitsziel setzen, Arbeitsmittel aufsuchen, Arbeitsweg entwerfen, Arbeitsschritte ausführen, Arbeitsergebnis prüfen (vgl. SCHEIBNER 1980). In seiner Schrift „Selbstbetätigung und Schaffensfreude" hebt WETEKAMP (1908) die Wichtigkeit *früher* Selbsttätigkeit hervor. Er geht davon aus, daß Unselbständigkeit bereits im frühen Kindesalter anerzogen wird. Der unbefriedigte Beschäftigungsdrang löse Undisziplin aus, sei die „Quelle aller Unart" (WETEKAMP 1908, S. 24). Es sollten immer größere „Hindernisse" überwunden werden, so daß der Erfolg aus der eigenen Arbeit die Quelle für Vertrauen werde (WETEKAMP 1908, S. 8).

In den „Pädagogischen Untersuchungen" sind mehrere „Studien zur Vorgeschichte der Arbeitsschulidee" veröffentlicht, die eine umfassende Auseinandersetzung mit dem Prinzip der Selbsttätigkeit darstellen (vgl. ILG 1932, KAISER 1931, RUDOLPH 1932, ULMER 1927). Ulmer setzt unter Bezugnahme auf Pestalozzi in einer radikalen Kritik dem Menschenbild der Aufklärung (intellektualistisch, lebensfern) das Menschenbild der „Pädagogik des Sturm und Drang" entgegen: „Dieser neue Mensch soll aus dem Ganzen seiner Natur heraus selbsttätig und dem Leben gegenüber gewachsen" sein; der in diesem Sinne volltätige Mensch werde durch das „Leben zu voller Selbsttätigkeit und Selbständigkeit erweckt" (ULMER 1927, S. 35).

Kaiser sieht Selbsttätigkeit als einerseits durch Vorbilder, andererseits durch Zwang und durch Gewöhnung bewirkt. Zentrale Bedeutung für die Herausbildung der Selbsttätigkeit habe der Lehrer, der als „lebendige Methode" so perfekt sein solle, daß „der Schüler [...] im Lehrer seine künftige Vollkommenheit" ahne (KAISER 1931, S. 75).

Durch den Nationalsozialismus wurden viele reformpädagogische Ideale und damit auch das Prinzip der Selbsttätigkeit verworfen oder pervertiert.

Neuere Ansätze. In der Nachkriegszeit knüpfte zunächst die geisteswissenschaftliche Pädagogik an individualistische Konzeptionen bürgerlicher Pädagogik an (Betonung des Verhältnisses „Erzieher – Zögling"); gesellschaftskritische und empirisch-analytische Positionen versuchten dann aber, die individuelle um die gesellschaftliche Perspektive von Erziehung zu ergänzen (vgl. BENNER 1983). In dem Versuch, „Grundstrukturen pädagogischen Denkens und Handelns" zu rekonstruieren, greift Benner auf das Prinzip „Aufforderung zur Selbsttätigkeit" zurück. Es bildet neben dem Bildsamkeitspostulat quasi das Rückgrat der „individuellen Seite der Erziehungspraxis" (BENNER 1983, S. 298).

In den Nachbardisziplinen der Pädagogik waren Forschungen zur Selbsttätigkeit eher auf einzelne Phänomene bezogen; so analysierten HECKHAUSEN/ KEMMLER (vgl. 1957) den Einfluß der mütterlichen Selbständigkeits-Erziehung auf die Schulreife der Söhne; WEISS (vgl. 1975) untersuchte „Selbständigkeit und moralische Urteilsfähigkeit bei Grundschülern".

In vielen neueren didaktischen Beiträgen sind andere Termini diskussionsbestimmend, wobei aber Selbsttätigkeit und Selbständigkeit implizit enthalten sein können. Hinsichtlich der unterrichtlichen Ebene wurden vor allem Konzepte verwirklicht, die auf eine dem Entwicklungsstand von Lernern angemessene Zurückhaltung des Lehrers zugunsten der Aktivitätsentfaltung von Lernern zielen. Zum Beispiel steht „Entdeckendes Lernen" für selbsttätiges Erkennen von Phänomenen (NEBER 1981); Begriffe wie „Schülerorientierter Unterricht" (EINSIEDLER 1978, 1986), „Selbstbestimmung im Unterricht" (vgl. HUBER 1976), „Selbstgesteuertes Lernen" (vgl. EINSIEDLER 1978, NEBER 1981) betonen einen hohen Persönlichkeitsbezug des Lernens.

Selbständigkeit und Selbsttätigkeit werden auch oft als eine *methodische* Kompetenz von Lernern im Sinne von Arbeitstechniken angesprochen (vgl. GEPPERT/PREUSS 1980). Es liegen zahlreiche Vorschläge zur Entwicklung von Selbsttätigkeit vor, die sich unter dem Schlagwort „das Lernen lernen" (vgl. SCHRÄDER-NAEF 1978, VETTIGER u.a. 1979) subsumieren lassen.

Was die Einbettung des Selbsttätigkeitsprinzips in größere konzeptionelle Zusammenhänge anbetrifft, so sind didaktische Modelle (vgl. FLECHSIG 1983) aufweisbar, in denen es im besonderen Maße vorgesehen ist: Selbsttätigkeit ist nach den Vorschlägen der Autoren des „Göttinger Katalogs Didaktischer Modelle" (GKDM) zum einen dem Arbeitsunterricht zugeordnet, wobei es um die „Selbstwahl oder Mitwirkung bei der Aufgabenstellung", den „Lernweg", die „Bewertung der Ergebnisse" und allgemeiner um die „Entwicklung von Persönlichkeit und gesellschaftlicher Tüchtigkeit" geht; zum anderen ist dieses Prinzip im Hinblick auf das didaktische Modell „Individualisierter Lernplatz" aufgeführt, wo es um Lernen „ohne Hilfe anderer", „aufgrund eines aufgeklärten Interesses" auf der Grundlage selbst ausgewählter, bewerteter und verarbeiteter Informationen geht (vgl. FLECHSIG u. a. o. J.).

Kritiker sehen in diesen Ansätzen jedoch einen Dilettantismus des Lernens und zweifeln an der Ernsthaftigkeit solcher Lernarrangements (vgl. WINKEL 1981). Die entscheidende Frage im Kontext schulischen Lernens ist, welchen Grad von Selbsttätigkeit man tolerieren, dem Lerner zubilligen kann, da in diesem Kontext Zielvorgaben bestehen und in der Regel nicht disponibel sind. Die Diskussion hierüber wird vor allem durch Rückgriff auf lern- und entwicklungspsychologische Positionen geführt, weniger hingegen unter curricularen und explizit normativen Gesichtspunkten. Am bekanntesten ist wohl die „Bruner-Ausubel-Kontroverse" (gegenübergestellt in NEBER 1981). Während Bruner „Lernen durch eigene Entdeckung" als das durch viele Vorteile gekennzeichnete Lernprinzip postuliert, behauptet Ausubel, daß der Mensch das meiste nicht aus eigenen, sondern aus Entdeckungen anderer sowie der sinnvollen Übermittlung dieses Wissens weiß. Im übrigen sei die These, daß Wissen sehr schnell veralte und damit wertlos werde, maßlos übertrieben (vgl. NEBER 1981, S.15ff.). Auch AEBLI äußert Kritik gegenüber dem Prinzip der Selbsttätigkeit; er sieht eine Unentbehrlichkeit des kompetenten Lehrers (vgl. 1983, S. 362 ff.). Die Gaudigsche Arbeitsschule, so Aeblis Argument, erzielte „selbständiges Anwenden gelernter Arbeitsformen"; nur hätten die Arbeitsschultheoretiker dieses „irrtümlich als freie geistige Schularbeit gedeutet"

(AEBLI 1983, S. 361). Besonders deutliche Kritik an der Vorstellung, daß Individuen ohne Beistand eines Lehrers, also von sich aus lernen könnten, kommt aus der pädagogischen Literatur der DDR. Unter Hinweis auf die gesellschaftliche Verantwortung eines jeden Staatsbürgers wird der „privatistischen" Persönlichkeitsentwicklung eine reaktionäre Grundperspektive unterstellt (vgl. NEUNER 1963, S. 841 ff.).

Die Bedenken gegen lernerzentrierte Selbsttätigkeits- und Selbständigkeitskonzepte sind insbesondere hinsichtlich des Primar- und Sekundarbereichs vorgebracht worden. Demgegenüber ist die Weiterbildung als ein Bereich zu verzeichnen, hinsichtlich dessen eine vergleichbare Skepsis nicht besteht. Im Gegenteil, mit dem Postulat nach „erwachsenengerechtem Lernen" ist insbesondere auch die Vorstellung verbunden, Mündigkeit von Lernern vorauszusetzen und entsprechende Möglichkeiten der „didaktischen Selbstwahl" (vgl. RAAPKE 1968, S. 123) zu gewährleisten. Allerdings sind, bezogen auf einzelne Lerngegenstände, Erwachsene nicht zwangsläufig selbständiger als jüngere Lerner. Diese Erfahrung hat gerade bei Institutionen, die sich mit Erwachsenen- und Weiterbildung befassen, dazu geführt, daß Maßnahmen entwickelt worden sind, Selbsttätigkeit gezielt zu entfalten. Insbesondere sind hierzu unterstützende Programme zu nennen, wie sie beispielsweise in Form von Informationsbroschüren und gezielten Beratungen (vgl. OPEN UNIVERSITY 1979) durchgeführt worden sind.

Eine noch weitergehende Maßnahme ist die Wahl einer Lernorganisation in vielen Schulen und Colleges in den USA (vgl. FIELDING INSTITUTE o. J.), die dem Prinzip der Selbsttätigkeit auch institutionell Rechnung tragen. Im „contract learning" (vgl. ASSELMEYER 1981), fixiert der Lerner seine selbständig festgelegten Lernpläne zunächst für sich selbst, dann erst geht er mit einer Institution einen Lernvertrag ein. Die darin getroffenen Vereinbarungen über Ziele, Inhalte, Arbeitsschritte und Evaluationskriterien sind Ausdruck des Willens nach selbsttätigem Studium. Diese hinsichtlich einer Selbsttätigkeit der Lerner sehr konsequenten Beispiele liefern empirische Belege dafür, daß auch weitestgehende Selbstbestimmung nicht mit Dilettantismus einhergehen muß.

AEBLI, H.: Zwölf Grundformen des Lehrens. Eine allgemeine Didaktik auf psychologischer Grundlage, Stuttgart 1983. ASSELMEYER, H.: Konzept und Praxis des Kontraktlernens, Göttingen 1981. BENNER, D.: Grundstrukturen pädagogischen Denkens und Handelns. In: Enzyklopädie Erziehungswissenschaft, Bd. 1, Stuttgart 1983, S. 283 ff. EINSIEDLER, W.: Schülerorientierter Unterricht, Weinheim 1978. EINSIEDLER, W.: Lehrmethoden, München/Wien/Baltimore 1981. EINSIEDLER, W.: Unterricht, schülerorientierter. In: Enzyklopädie Erziehungswissenschaft, Bd. 3, Stuttgart 1986, S. 628 ff. FICHTE, J. G.: Reden an die deutsche Nation (1808). Werke, hg. v. F. Medicus, Bd. 5, Darmstadt 1962, S. 365 ff. FIELDING INSTITUTE: Student Manual, Santa Barbara (Cal.) o. J. FLECHSIG, K.-H.: Der Göttinger Katalog Didaktischer Modelle, Göttinger Monographien zur Unterrichtsforschung (Zentrum für Didaktische Studien, Nörten-Hardenberg), Göttingen 1983. FLECHSIG, K.-H. u.a.: GKDM-Grundtexte, Mimeo, Göttingen o. J. GAUDIG, H.: Die Schule der Selbsttätigkeit (1917), hg. v. L. Müller, Bad Heilbrunn ²1969. GEISSLER, E. E.: Allgemeine Didaktik. Grundlegung eines erziehenden Unterrichts, Stuttgart 1981. GEPPERT, K./PREUSS, E. (Hg.): Selbständiges Lernen. Zur Methode des Schülers im Unterricht, Bad Heilbrunn 1980. HECKHAUSEN, H./KEMMLER, L.: Entstehungsbedingungen kindlicher Selbständigkeit. In: Z. f. exp. u. angew. Psych. 4 (1957), S. 603 ff. HUBER, G. L.: Selbstbestimmung und Fremdbestimmung von Lernprozessen, München 1976. ILG, P.: Die Selbsttätigkeit als Bildungsprinzip bei Johann Ludwig Vives. Friedrich Manns Pädagogisches Magazin, Heft 1357. Pädagogische Untersuchungen, hg. v. O. Kroh, 1. Reihe: Studien zur Vorgeschichte der Arbeitsschulidee, Heft 5, Langensalza 1932. KAISER, E.: Der Gedanke der Selbsttätigkeit in der Pädagogik bei Niemeyer und Schwarz. Friedrich Manns Pädagogisches Magazin, Heft 1338. Pädagogische Untersuchungen, hg. v. O. Kroh, 1. Reihe: Studien zur Vorgeschichte der Arbeitsschulidee, Heft 4, Langensalza 1931. KLINGBERG, L.: Einführung in die Allgemeine Didaktik (Vorlesungen), Potsdam 1971. MICHAEL, B.: Selbstbildung im Schulunterricht, Weinheim 1963. MONTAIGNE, M. DE: Essais (1580). Auswahl und Übersetzung v. H. Lüthy, Bd. 1, Zürich 1953. NAUDASCHER, B.: Das übergangene Selbst. Pädagogische Perspektiven der Selbstkonzeptforschung, Frankfurt/M. 1980. NEBER, H. (Hg.): Entdeckendes Lernen, Weinheim/Basel 1981. NEUNER, G.: Selbsttätigkeit. In: FRANKIEWICZ, H. u. a. (Hg.): Pädagogische Enzyklopädie, Bd. 2, Berlin (DDR) 1963, S. 841 ff. OPEN UNIVERSITY: How to Study. A Guide to Studying at the Open University, Walton Hall 1979. PARKHURST, H.: Education on the Dalton-Plan, London 1923. RAAPKE, H.-D.: Didaktische Aspekte der Erwachsenenbildung. In: RITTERS, C. (Hg.): Theorien der Erwachsenenbildung, Weinheim 1968, S. 117 ff. RUDOLPH, H.: Wesen und Bedeutung der Selbsttätigkeit in Herders Bildungslehre. Friedrich Manns Pädagogisches Magazin, Heft 1358. Pädagogische Untersuchungen, hg. v. O. Kroh, 1. Reihe: Studien zur Vorgeschichte der Arbeitsschulidee, Heft 6, Langensalza 1932. SCHALLER, K.: Die Pädagogik des Johann Amos Comenius und die Anfänge des pädagogischen Realismus im 17. Jahrhundert, Heidelberg ²1967. SCHEIBNER, O.: Der Arbeitsvorgang in technischer, psychologischer und pädagogischer Erfassung (1922). In: GEPPERT, K./PREUSS, E. (Hg.): Selbständiges Lernen, Bad Heilbrunn 1980, S. 35 ff. SCHRÄDER-NAEF, R. D.: Schüler lernen Lernen, Weinheim/Basel ²1978. STEINDORF, G.: Grundbegriffe des Lehrens und Lernens, Bad Heilbrunn 1981. ULMER, J.: Die Selbsttätigkeit des Menschen in der Pädagogik Pestalozzis. Friedrich Manns Pädagogisches Magazin, Heft 1133. Pädagogische Untersuchungen, hg. v. O. Kroh, 1. Reihe: Studien zur Vorgeschichte der Arbeitsschulidee, Heft 2, Langensalza 1927. VETTIGER, H. u. a.: Lernziel: Selbständigkeit. Arbeitstechniken für Schüler, Düsseldorf 1979. WASHBURNE, C. W./VOGEL, M.: Two Years of Winnetka Research, Winnetka 1928. WEISS, W. W.: Determinanten der Einstellung von Eltern zum selbständigen Verhalten der Kinder. In: Z. f. Soziol. 4 (1975), S. 165 ff. WETEKAMP, W.: Selbstbetätigung und Schaffensfreude in Erziehung und Unterricht, Leipzig 1908. WINKEL, R.: Die kritisch-kommunikative Didaktik. In: GUDJONS, H. u. a.: Didaktische Theorien, Braunschweig 1981, S. 78 ff.

Herbert Asselmeyer

Sexualerziehung

Sexualität und Sexualerziehung. Im Zuge der Verbürgerlichung der modernen Gesellschaft kam in Westeuropa zu Beginn des 19. Jahrhunderts für geschlechtliche Vorgänge der Begriff „Sexualität" in Gebrauch. Viele bis dahin übliche Bezeichnungen gingen verloren oder wurden in die Vulgärsprache übernommen (vgl. BORNEMANN 1979, VAN USSEL 1979). Bezog sich dieser zunächst neutral anmutende Begriff zuerst auf biologische und botanische Aspekte (Fortpflanzung, Bestäubung), wurde er bald nur noch auf den Menschen angewendet (vgl. KENTLER 1984), blieb jedoch in einer engen Sichtweise bis weit in dieses Jahrhundert hinein lediglich auf den Koitus mit der Fortpflanzungsfunktion beschränkt.

Diese enge Beschreibung von „Sexualität" schloß die Lust- und Sozialfunktion aus und ließ keinen Platz für Kinder-, Jugend- und Alterssexualität. Sie ging einher mit psychohydraulischen Erklärungsmustern (sogenannten Dampfkesseltheorien), nach denen sich im Körper ein Druck aufstaue, der von Zeit zu Zeit über ein Ventil abgelassen werden müsse; eine Auffassung, die bis heute weit verbreitet ist.

Als einen wesentlichen Aspekt der Libido sah Freud die Energie des Sexualtriebes, der, einer innersomatischen Reizquelle entspringend, sich in einer Abstinenzphase – in Abhängigkeit von deren Dauer – in einen als unangenehm empfundenen Spannungszustand steigere und auf Ausgleich (Abfuhr) dränge, um einen Zustand des Gleichgewichts (Homöostase) zu erlangen, vergleichbar mit Hunger und Durst. Dieses energetische Triebkonzept sexueller Motivation berücksichtigte erstmals das Lustprinzip menschlicher Sexualität. Heute wird es weitgehend als überholt angesehen, da es die Bedeutung von Außenreizen für die sexuelle Stimulation außer acht läßt. Eine weitere Komponente fügten KINSEY u. a. (vgl. 1963) sowie MASTERS/ JOHNSON (vgl. 1967) dem Sexualitätsbegriff unter Betonung des Orgasmus zu. Neuere Forschungen zeigen auf, daß sexuelle Motivation aus mehreren Quellen gespeist wird: Neben die bereits erwähnten treten Phantasien, Tag- und Wunschträume sowie soziale und kommunikative Aspekte. Die Sozialisierung der Sexualität sowie das aktuelle Sexualverhalten lassen sich wesentlich besser mit einem Zweikomponentenmodell erklären, das SCHMIDT (vgl. 1973) vorgelegt hat. Er unterscheidet: Erregbarkeit, das heißt die größtenteils durch Erfahrung gewonnene Bereitschaft und Fähigkeit, auf bestimmte Situationen und Reize sexuell zu reagieren (früher als Triebstärke bezeichnet), sowie Erregung, das heißt das momentane Niveau sexueller Stimulation (vgl. hierzu die Kontroverse zwischen SIGUSCH 1984 und SCHMIDT 1984).

Von Bedeutung für die sexuelle Motivation sind ferner die – dem jeweiligen Subjekt – meist verborgenen symbolischen Bedeutungen der sexuellen Erregung, die sich unter anderem aus Biographien, Rückblicken, Tagträumen und Phantasien rekonstruieren lassen (vgl. MÜLLER 1979): Des weiteren ist zu berücksichtigen, daß auch nichtsexuelle Motive wie die Beendigung von Trennung und Streit die Intensität und Dynamik sexuellen Verhaltens und Erlebens beeinflussen (vgl. BITTNER 1982).

Einen weiteren Zugang zum Phänomen „Sexualität" eröffnen die sexuellen Verhaltensweisen und Handlungen (von Masturbation, Petting, Koitus, Homo- und Heterosexualität bis hin zu den sogenannten Perversionen), die im historischen und sozialen Kontext unter Berücksichtigung der jeweils herrschenden Werte, Normen und Ideologien zu betrachten und zu bewerten sind. Als sinnvoll erweist sich ein weitgefaßter Sexualitätsbegriff, nach dem „Sexualität nicht nur [...] im Fortpflanzungsgeschehen ihre Sinnerfüllung [findet], sie ist auch nicht nur ein lustvolles Erlebnis, sondern in erster Linie Ausdruck der Liebe und ein Mittel der Kommunikation – eine Möglichkeit der Begegnung und der Beziehungspflege" (KENTLER 1982, S. 5).

Während unter dem Begriff der sexuellen Sozialisation (vgl. KOCH 1983) sowohl manifeste als auch latente Lernprozesse subsumiert werden, bezeichnet *Sexualerziehung* „in der Regel das gesamte Feld der bewußten, gezielten und geplanten Förderung der menschlichen Sexualität auf allen Altersstufen" (N. KLUGE 1984a, S. 9), wobei sich ihre Begründung wie folgt darstellen läßt:

Jugendliche haben einen Anspruch auf korrekte, das heißt dem jeweiligen wissenschaftlichen Standard und Kenntnisstand entsprechende sowie altersgerechte *Informationen* über sexuelle Tatbestände. Die Bandbreite der Wissensbestände reicht hierbei von biologischen über anthropologische, medizinische, psychologische, soziologische, politisch-normative bis hin zu juristischen Fakten.

Trotz der heute oft beklagten Sprachlosigkeit aller Generationen im mitmenschlichen Bereich gilt es, den Heranwachsenden zu helfen, ihre Wünsche, Vorstellungen, Gefühle, Erfahrungen und Wertvorstellungen zu artikulieren und in gemeinsamen Gesprächen zu klären, zu prüfen und zu beurteilen im Hinblick auf ihre Bedeutung in zukünftigen Lebenssituationen mit dem Ziel der Vorbereitung auf eine *selbstbestimmte humane Lebensführung*.

Für die Entwicklung des *Selbstkonzepts* und der *Ich-Identität* ist das Erfahren und Akzeptieren anderer und der je eigenen Körperlichkeit von Bedeutung; dies vor allem in Hinsicht auf die jeweils gültigen massenmedial und von kommerziellen Interessen propagierten Schönheitsideale.

Angesichts der zunehmenden öffentlichen Vermarktung von Sexualität wird die *kustodiale Funktion* staatlicher Erziehungsinstitutionen, nämlich das Schützen und Bewahren der Heranwachsenden vor schädlichen und negativ prägenden Einflüssen, deutlich.

Bei Berücksichtigung der Zahl minderjähriger Mütter (1979: 7877) und der Schwangerschaftsabbrüche bei Minderjährigen (1979: 4729; vgl. SCHMID-TANNWALD/URDZE 1983) – bei einer recht hohen Dunkelziffer – hat Sexualerziehung auch heute noch eine *präventive, gesundheitsfürsorgerische Funktion*.

Hauptpositionen der Sexualpädagogik. Gegenwärtig lassen sich in der Bundesrepublik Deutschland drei Hauptrichtungen sexualpädagogischer Theorie aufzeigen, die BARKOW (vgl. 1980) auch schon für die Weimarer Republik nachgewiesen hat (vgl. PAULICH 1981, S. 28 f.).

Konservativ-repressive Sexualerziehung. Diese Position wird von staatlicher und kirchlicher Seite, insbesondere von der katholischen Amtskirche vertreten. Sexualität wird hier primär unter dem Aspekt der Fortpflanzung und Nachkommenschaft gesehen und findet ihren Platz in der Institution der Ehe. Nach dieser Auffassung stellt Sexualität einen gefährlichen, brisanten Trieb dar, den es gilt, in Schach zu halten. Der Jugendliche muß durch strenge Moralvorschriften und Erziehungsmaßnahmen von ihm abgelenkt werden. Kennzeichnend für derartige Ablenkungsmanöver sind das Ignorieren von Kinder- und Jugendsexualität, das rigide Verbot von frühkindlichen sexuellen Spielereien, die Furcht vor frühzeitiger sexueller Stimulation durch Aufklärung oder sexualerzieherische Maßnahmen, die Mystifizierung und Umschreibung sexueller Tatbestände bis hin zu falschen biologisch-botanischen Vergleichen und Erklärungsmustern („Blüten", „Schmetterlinge", „Bienen") und massiven Sanktionen bei sexuellen „Vergehen" wie Selbstbefriedigung (zur katholischen Aufklärungsliteratur vgl. KOCH 1971, ROHDE-DACHSER 1970). In den letzten „Verlautbarungen des Apostolischen Stuhls" vom Dezember 1983 findet sich eine scharfe Verurteilung von Masturbation, Homosexualität sowie vor- und außerehelichen Beziehungen (vgl. SEKRETARIAT DER DEUTSCHEN BISCHOFSKONFERENZ 1983).

Politisch-emanzipatorische Sexualerziehung. Im Gefolge der Schüler- und Studentenrevolten der späten 60er Jahre wendet sich die politisch-emanzipatorische Sexualerziehung, als deren Hauptvertreter KENTLER (vgl. 1977) zu nennen ist, gegen die Ziele und Inhalte der bis dahin herrschenden sexualfeindlichen Position. In sie sind neben Elementen der Psychoanalyse und Ideen marxistischer Gesellschaftskritik Gedanken der Humanistischen Psychologie eingeflossen. Gegen die Vorstellung einer biologischen Determination von Sexualität setzt sie die „soziosexuelle" Auffassung, daß Inhalt und Richtung menschlicher Sexualität durch Erziehungs- und Lernprozesse vermittelt und im weiteren durch die Umwelt sowie durch gesellschaftliche und den jeweils historisch geltenden Normen und Werten verpflichtete Einflüsse geprägt werden. Sexualität dient als körperliche, geistig-seelische und soziale Lebensenergie und -kraft der positiven Gestaltung der Beziehungen zwischen den Menschen. Gegen Triebaufschub, Einüben von Frustrationstoleranz und „recht verstandene Askese" fordert sie das Recht jedes einzelnen auf Lust und Glück. Zu ihren Zielen zählt sie den Abbau von Unterdrückung und Bevormundung, die Überwindung von Doppelmoral und Rollenstereotypen und -zwängen, die

Verwirklichung der Gleichberechtigung der Geschlechter und den Kampf gegen die Stigmatisierung und Repression von sexuellen Minderheiten: Homo- und Heterosexualität werden als gleichwertig angesehen. In Übereinstimmung mit den Zielen einer allgemeinen demokratischen Erziehung postuliert sie als oberstes Richtziel die sexuelle Emanzipation der Heranwachsenden.

Vermittelnd-liberale Sexualerziehung. Einen Weg zwischen den extremen Positionen sucht die Gruppe um OESTERREICH (vgl. 1973), die sich nach eigenem Verständnis als „progressive Mitte" bezeichnet.

Auch sie wendet sich weitgehend gegen die konservativ-repressive Sexualerziehung, sieht jedoch andererseits die politisch-emanzipatorische Sexualerziehung als zu progressiv, zu utopisch und zu sehr dem Gedanken der politischen Systemveränderung, also der Überwindung des spätkapitalistischen Gesellschaftssystems verhaftet an. Auf der Grundlage pluralistischer Meinungsvielfalt in einem demokratisch-freiheitlich-rechtsstaatlichen Staatswesen befürworten ihre Vertreter eine durchgängige Sexualerziehung auf allen Ebenen des Erziehungswesens. Sie betonen das Prinzip der Wissenschaftsorientierung sowie der politischen Neutralität (vgl. MASKUS 1979) und richten ihre sexualerzieherischen Maßnahmen an den Maximen der Förderung der personalen, sozialen und partnerschaftlichen Entwicklung aus.

Elternrecht versus Erziehungsauftrag des Staates. Schon vor dem Beschluß der Kultusministerkonferenz vom 3.10.1968 über die generelle Einführung der schulischen Sexualerziehung und den hierauf folgenden Erlassen und Richtlinien der einzelnen Kultusminister der Länder wurde ihre Rechtmäßigkeit kontrovers diskutiert. Im Mittelpunkt stand die Frage, inwieweit schulische Sexualerziehung mit dem in Art. 6 des Grundgesetzes garantierten Erziehungsrecht der Eltern und der in Art. 1 und 2 GG geschützten Menschenwürde und Intimsphäre von Eltern und Kindern kollidiere und inwieweit dieses Elternrecht mit dem in Art. 7 GG festgelegten Erziehungs- und Bildungsauftrag des Staates in Einklang zu bringen sei.

1977 sprach das Bundesverfassungsgericht dem Staat aufgrund seines Erziehungs- und Bildungsauftrags die Berechtigung zu, Sexualerziehung in den Schulen durchzuführen, wobei diese als fächerübergreifender Unterricht nicht von der Zustimmung der Eltern abhängig ist; ihnen wird jedoch ein Anspruch auf rechtzeitige Information zugebilligt.

Empirische Forschungsergebnisse. In den Jahren 1954/1955 führte HUNGER (vgl. 1967) eine umfassende Befragung von Jugendlichen durch und deckte ein fundamentales Wissensdefizit über Sexualorgane und sexuelle Vorgänge auf. Eine umfassende repräsentative Untersuchung zum Einfluß schulischer Sexualerziehung auf das Bewußtsein (Einstellungen und Wertorientierungen) sowie Handeln Jugendlicher ist bis heute ein Desiderat. Die vorliegenden Arbeiten zur schulischen Sexualerziehung basieren auf Erhebungen, die zehn Jahre zurückliegen, und erfassen nur Stichproben innerhalb begrenzter Regionen (vgl. GLÜCK/SCHLIEWERT 1984a). Negativ wirkt sich dabei die „objektive" Behinderung sexualpädagogischer Forschung durch die Schuladministration (vgl. GLÜCK/SCHLIEWERT 1984b) aus.

In einer Voruntersuchung zu einem größeren Forschungsvorhaben, die in wenigen Großstädten am Niederrhein stattfand, stellte GLÜCK (vgl. 1981) fest:
– daß zirka 80% der Schüler eine auf biologisch-medizinische Fakten (Bau und Funktion der Geschlechtsorgane, Empfängnisverhütung, Zeugung und Geburt) beschränkte Sexualerziehung bekommen haben;

- daß die Schüler die Gespräche mit den Lehrern über Sexualität positiv beurteilten,
- sich durch diese auch in Wissen, Einstellungen und Verhalten beeinflußt fühlten;
- Störungen des Gesprächs sahen die Schüler vor allem im Verhalten der Mitschüler (Lachen, Rededominanz einiger Schüler); hinzu kam die Angst vor eigener Meinungsäußerung.

Die Forschungen zur Jugendsexualität zeigen widersprüchliche Ergebnisse: Während die älteren Untersuchungen von SIGUSCH/SCHMIDT (vgl. 1973) sowie von SCHLAEGEL u.a. (vgl. 1975) ein optimistisches Bild der Liberalisierung mit freizügigen Sexualnormen zeichnen, machen neuere Autoren eine Entwicklung von Sprechhemmungen und Sprachlosigkeit von Jungen und Mädchen, insbesondere beim Auftreten sexueller Schwierigkeiten, aus (vgl. GLÜCK 1981, SAVIER/WILDT 1980). KRÜGER/REMMER-PFLAMM (vgl. 1980) zeigen auf, wie stark gerade Jungen Leistungszwängen in der Sexualität unterliegen. Sie forderten Rezepte, wie man(n) Mädchen für sich einnimmt und verführt, wobei ihre Vorstellungen von der Traumfrau die Abhängigkeit von massenmedialen Matrizen belegen. BIENEWALD (vgl. 1981) beschreibt die Orientierung von Neuköllner Arbeiterjugendlichen an traditionellen Wertvorstellungen, in denen Treue, lebenslange Partnerschaft, Familie und Tabuisierung alles Sexuellen zentrale Normen darstellen. Die Erfahrungen ihrer eigenen Lebenspraxis und der ihrer Eltern führen bei den Jugendlichen zu Widersprüchen, Angst und Unsicherheit.

Insgesamt zeigt sich das diffuse Bild einer Generation im Umbruch von Werten und Normen, im Schwanken zwischen dem Festhalten am Althergebrachten und Bewährten und auf der anderen Seite im Ausbruch und in der Suche nach neuen Lebens- und Beziehungsformen zwischen den Geschlechtern.

Die Diskrepanz zwischen den offiziösen Normen und Werten der katholischen Amtskirche und den tatsächlichen Einstellungen und Verhaltensweisen von kirchlich engagierten Jugendlichen (Mitgliedern im Bund Deutscher Katholischer Jugend) zeigt LIEGENER (vgl. 1980) auf: Rund drei Viertel der Befragten betrachten kirchliche Normen und Gebote zu Ehe und sexuellen Beziehungen vor der Ehe für die Gestaltung ihrer eigenen sexuellen Beziehungen als nicht verpflichtend.

Institutionen der Sexualerziehung. Für den Bereich der Schule gibt es - zumindest in der Theorie - eine *integrative* Sexualerziehung, welche die Fachaspekte der Biologie (vorwiegend Informationsvermittlung über menschliche Sexualität) und der ethisch-religiösen Unterweisung (vorwiegend Fragen der Moral und der Lebensgestaltung) überwinden soll und - im günstigsten Falle - in ein fächerübergreifendes (insbesondere mit Deutsch, Kunst, Sport und Gesellschaftslehre verknüpftes; vgl. KNOOP 1977) Projekt einbringt. *Curriculartheoretische* und *lernzielorientierte Konzeptionen* begründen relevante Inhalte sowie Lernziele und ordnen diese zu einer (experimentell zu erprobenden) Unterrichtssequenz. Dabei können (oder müssen sogar?) „Zeitrichtwerte pro Schuljahr (z.B. 18 U.-Std. verplant und 2 U.-Std. Gelegenheitsunterricht) zu fachspezifischen Lernzielen" vorgegeben werden (N. KLUGE 1982, S.69). *Kommunikative Ansätze* (vgl. ASSIG u.a. 1979, MÜLLER 1979, ZITELMANN/CARL 1976) legen Wert auf einen Freiraum für den Austausch von Erfahrungen und das Vermitteln von Erlebnissen; ihrem Anliegen kann ein Unterricht im 45-Minuten-Takt selten gerecht werden. Projekttage, Klassenfahrten und Schullandheimaufenthalte geben eher den zeitlichen Spielraum und Anlaß sowie Atmosphäre für unbehindertes Sprechen.

Ob eine strukturell sexualitätsfeindliche

Institution wie die Schule überhaupt der geeignete Ort für eine Förderung der genannten Ziele ist, wird von MÜLLER (vgl. 1981) in Frage gestellt. Dagegen zeigen SIEMS (vgl. 1982) sowie BROZIO u. a. (vgl. 1981) durch die Dokumentation gelungener Klassengespräche und Auseinandersetzungen den Spielraum der Schule für kommunikative Sexualerziehung.
Sexualerziehung im *Kindergarten* wird von HUPPERTZ (vgl. 1984, S. 37) als defizitär beurteilt, obwohl sie sich aus der Erziehungsaufgabe als notwendiger Teil ableiten läßt. Im Kontrast zur Schule mit ihren Zwangsgruppen und Lehrplanvorgaben bieten sich – in Abhängigkeit vom Träger – besondere Chancen:
- große Freiheit bei der Auswahl der Inhalte (auch keine Vorschriften zu Medien),
- situationsorientiertes Eingehen auf Äußerungen und Bedürfnisse der Kinder,
- kein Druck durch Leistungsbeurteilung.

Sexualpädagogische Arbeit in *Heim und Internat* fordert Pädagogen stärker als in anderen Institutionen, da Jugendliche dort meist in einer Defizitsituation leben. Sie stößt jedoch dort an die Grenzen, wo bei Sexualstörungen therapeutische Hilfe angebracht ist. Insbesondere können Rechtsnormen (so § 180 StGB) den auf sexuelle Selbstbestimmung der Jugendlichen hin erziehenden Pädagogen in Konflikt mit dem Strafrecht bringen.

Größeren Spielraum für Sexualerziehung findet man in Einrichtungen der *offenen Kinder- und Jugendarbeit*. Die Fluktuation der Besucher und die freiwillige Teilnahme an den Angeboten erschweren jedoch den Aufbau einer kontinuierlich arbeitenden Gruppe. Als Handlungsformen emanzipativer Jugendarbeit nennen MARBURGER/SIELERT (vgl. 1980) „Modellhandeln – Animation – Beratung – systematisches Lernen – Aktion" und zeigen mit „Nackt im Schwimmbad" und „Homosexualität im Sportverband" gelungene Praxisbeispiele auf.

Formen der Sexualerziehung. Wie hoch der Anteil der manifesten Sexualerziehung im Vergleich zur vorwiegend latenten sexuellen Sozialisation ist, läßt sich nicht angeben. Dazu ist das Arbeitsfeld historisch zu jung (vgl. GLÜCK/SCHLIEWERT 1984a, TREML u. a. 1981). Die Verbreitung pornographischen Materials, welches – trotz eindeutiger Jugendschutzbestimmungen (vgl. BPS-REPORT 1978 ff.) – auch bereits von Kindern und Jugendlichen konsumiert wird, dürfte die Vorstellungen, Phantasien und Gefühle zur Sexualität inzwischen derart formieren, daß Sexualerziehung nur kompensatorisch tätig werden kann. Sie kann lediglich in einem engbegrenzten Rahmen positive Primärerfahrungen einer anderen Sexualität (etwa zärtliches Streicheln) zulassen.

So bleiben dem Sexualerzieher vorwiegend indirekte Zugänge: das Reden über..., das Berichten von..., das Phantasieren über..., allenfalls noch der Rückgriff auf Kunstwerke. Die sexuelle Handlung selbst ist bei den derzeit gültigen Intimitäts- und Privatheitsvorstellungen unzugänglich. Als günstige Methoden haben sich neben dem vertraulichen Einzelgespräch die Diskussion in der Gruppe (insbesondere bei Konflikten oder Moralfragen) sowie das Berichten von Erlebtem erwiesen.

Konflikte können im Rollenspiel dargestellt und mit Hilfe einer Videoaufzeichnung besser variiert und gelöst werden. Die Pantomime ist geeignet, nonverbale körperliche Äußerungen bei soziosexuellem Interesse und Kontaktaufnahmewunsch wahrnehmbar und (durch anschließende Reflexion) besser verstehbar zu machen.

Plastisches Gestalten von nackten Menschen oder Geschlechtsteilen mit Knete oder Ton eröffnet weitere Zugänge zu den jeweils individuell verschiedenen Vorstellungen und Gefühlen beim Thema Sexualität. Für die Sexualerziehung gilt – wie für jede Erziehung – das Modellhandeln des Erziehers, insbesondere durch einfühlsames Eingehen auf die Sprechbarrieren und Intimgrenzen des Gesprächspartners (vgl. FRICKE u.a. 1980, S. 284).

Die Sexualerziehung mit Jugendlichen islamischer Religion ist ein weitgehend unerforschtes Feld; in verschiedenen Großstädten der Bundesrepublik Deutschland versuchen Pädagogen, mit Zustimmung der Eltern ein interkulturelles Curriculum zu erstellen (vgl. GLÜCK u.a. 1983, TIEDEMANN 1984).

Für behinderte Jugendliche, deren Sexualität bislang oft verleugnet wurde, zeichnet sich ein neues Verständnis ab (vgl. K.-J. KLUGE 1984), denn ihre sexuellen Gefühle und Wünsche unterscheiden sich nicht von denen Nichtbehinderter. Wesentlich mehr als die Behinderung schränkt die Umwelt (insbesondere durch das Abschieben in Sondereinrichtungen) die Entwicklung der Sexualfunktion und der Erlebnisfähigkeit ein. Hilfsmittel und Hilfestellungen dafür waren bisher weitgehend tabuisiert (vgl. BÄCHINGER 1978, DECHESNE u.a. 1981).

Sexualpädagogik im europäischen Vergleich. Informationen über sexualpädagogische Arbeiten und Vorhaben in Europa, Afrika und Lateinamerika sind über die International Society for Research on Sex Education (ROSE) an der University of London zu erhalten.

Während es in Frankreich bis 1976 überhaupt keine verbindliche Sexualerziehung gab, hatten in Großbritannien bereits 1978 nahezu alle Schüler irgendeine Form schulischer Sexualerziehung erhalten, allerdings wird ihr Wissen (etwa über Verhütungsmittel) als recht dürftig beurteilt (vgl. WATSON/ ROGERS 1980).

Betrachtet man die skandinavischen Länder insgesamt, läßt sich eindeutig ein Nord-Süd-Gefälle (wie innerhalb der Staaten ein universelles Stadt-Land-Gefälle) feststellen, und zwar an folgenden Merkmalen:
- eine zunehmende Enttabuisierung, also mehr öffentliches Reden über bislang Intimes und Privates,
- ein Rückgang kirchlicher und religiöser Einflüsse auf Verhalten und Einstellung,
- Straffreiheit für Schwangerschaftsabbrüche sowie hetero- und homosexuelle Beziehungen mit Jugendlichen,
- eine zunehmende Verbreitung pornographischer Schriften und Filme sowie
- die obligatorische Einführung des Unterrichts über die menschliche Sexualität im öffentlichen Schulwesen (Schweden 1942 beziehungsweise 1956, Norwegen 1938 beziehungsweise 1951 und Dänemark 1958 beziehungsweise 1970).

In allen drei Ländern zeigt sich, daß dem gesetzlichen Auftrag zur Einführung einer Sexualerziehung mangels geeigneter, ausgebildeter und sich fähig fühlender Lehrer zunächst nur eine geringe Umsetzung in die Praxis folgte. In Norwegen wurden deshalb 1983/1984 mit einer flächendeckenden Maßnahme 80 Konsulenten (Berater) in Spezialkursen ausgebildet, die ihrerseits „Kurse für ‚gewöhnliche' Lehrer leiten sollen" (RYEN 1984, S.311). Nur in Schweden ist seit 1970 der obligatorische Sexualunterricht für alle verwirklicht worden (vgl. BOETHIUS 1984).

Wie eine „Wahl zwischen zwei Paketen von ethischen Prinzipien" beschreibt der polnische Sexualpädagoge JACZEWSKI (1984, S.345) die Situation in Polen. Auf der einen Seite die katholische Kirche, zu der sich über 80 Prozent der jungen Leute als gläubige Katholiken bekennen, auf der anderen eine laizistische Strömung, die jedes Verhalten als zulässig betrachtet, das anderen kein Leid oder Schaden zufügt. Die marxistische Philosophie hat zu diesem Bereich keine ausformulierte Ethik vorge-

legt, eher beiläufige Äußerungen tragen konservative Merkmale.
In der Deutschen Demokratischen Republik zeigt sich ein anderes Bild. In dem umfassenden systematischen Standardwerk zur Kinder- und Jugendsexualität von GRASSEL/BACH (vgl. 1979, S. 13, S. 194 ff.) werden Merkmale einer marxistischen Sexualethik bestimmt: Alle drei Ansätze bürgerlicher Sexualpädagogik in der Bundesrepublik werden kritisiert. Jugendliche in der DDR scheinen ihre Liebesbeziehungen ziemlich konfliktfrei erleben zu können, Romantik und Treue spielen eine große Rolle (vgl. STARKE 1980).

1971 sollte durch einen Erlaß des Bundesministers in Österreich Sexualerziehung verpflichtendes Unterrichtsprinzip in der Sekundarstufe werden; ohne Lehrerausbildungsmaßnahmen und Lehrmaterialien konnte der Erlaß die Schulpraxis wenig verändern (vgl. MECHLER 1977). Die Schweiz verhielt sich noch behutsamer: Ein zweijähriger Schulversuch ab 1980 (bei welchem Eltern die Möglichkeit hatten, ihre Kinder vom Unterricht durch Anzeige an den Lehrer zu dispensieren) sollte erst einmal zeigen, ob eine allgemeine Einführung ratsam wäre (vgl. SEXUALKUNDE ALS SCHULFACH 1980).

ASSIG, D. u. a.: Sexualität ist mehr, Wuppertal 1979. BÄCHINGER, B.: Sexualverhalten und Sexualberatung von Körperbehinderten, Reinbach 1978. BARKOW, R.: Die Sexualpädagogik von 1918–1945, Diss., Münster 1980. BIENEWALD, E.: Persönliche Beziehungen zwischen männlichen und weiblichen Arbeiterjugendlichen, Bensheim 1981. BITTNER, G.: Sexualität und Selbstwerden. In: SCARBATH, H./TEWES, B. (Hg.): Sexualerziehung und Persönlichkeitsentwicklung, München 1982, S. 13 ff. BOETHIUS, C. G.: Der Schwedische Sexualunterricht und seine Resultate. Aktuelle Informationen aus Schweden, hg. v. Schwedischen Institut, Nr. 315, April 1984, Stockholm 1984. BORNEMANN, E.: Sexualität und Semantik. In: BORNEMANN, E. (Hg.): Sexualität. Materialien zur Sexualforschung (Sonderband von psych. heute), Weinheim/Basel 1979, S. 51 ff. BPS-REPORT. Informationsdienst zum Jugendmedienschutz, Baden-Baden 1978 ff. BROZIO, R. u. a.: „Ist sie doch selber schuld, die dumme Kuh!", Weinheim/Basel 1981. DECHESNE, B. u. a.: ... aber nicht aus Stein, Weinheim/Basel 1981. FRICKE, S. u. a.: Sexualerziehung in der Praxis, Köln 1980. GLÜCK, G.: Inhalt und Atmosphäre der Sexualerziehung in der Hauptschule – eine Befragung von Schülern in Nordrhein-Westfalen nach ihren Erfahrungen, Vorstellungen und Wünschen. In: KLUGE, N. (Hg.): Sexualpädagogische Forschung, Paderborn 1981, S. 121 ff. GLÜCK, G.: Sexualerziehung für türkische und deutsche Jugendliche. In: Z. f. Entwp. 6 (1983), 2/3, S. 37 ff. GLÜCK, G./SCHLIEWERT, H.-J.: Schulische Sexualerziehung und Jugendsexualität, Mimeo, Aachen 1984a. GLÜCK, G./SCHLIEWERT, H.-J.: Forschungsmethoden der Sexualpädagogik. In: KLUGE, N. (Hg.): Handbuch..., Bd. 1, Düsseldorf 1984, S. 47 ff (1984b). GLÜCK, G. u. a.: Sexualerziehung für deutsche und türkische Jugendliche – ein Projekt zur interkulturellen Pädagogik in Aachen, Mimeo, Aachen 1983. GRASSEL, H./BACH, K. R. (Hg.): Kinder- und Jugendsexualität, Berlin (DDR) 1979. HEID, H.: Reformpädagogik als Sexualerziehung, Diss., Essen o. J. HUNGER, H.: Das Sexualwissen der Jugend, München 1967. HUPPERTZ, N.: Sexualerziehung im Kindergarten. In: KLUGE, N. (Hg.): Handbuch..., Bd. 2, Düsseldorf 1984, S. 33 ff. JACZEWSKI, A.: Sexualerziehung in Polen. In: KLUGE, N. (Hg.): Handbuch..., Bd. 1, Düsseldorf 1984, S. 343 ff. KATTMANN, U. (Hg.): Sexualerziehung in der Schule, Kiel 1975. KENTLER, H.: Sexualität und Moral. In: GAMM, H.-J./KOCH, F. (Hg.): Bilanz der Sexualpädagogik, Frankfurt/New York 1977, S. 84 ff. KENTLER, H.: Taschenlexikon Sexualität, Düsseldorf 1982. KENTLER, H.: Sexualwesen Mensch, Hamburg 1984. KINSEY, A. C. u. a.: Das sexuelle Verhalten der Frau, Frankfurt/M. 1963. KINSEY, A. C. u. a.: Das sexuelle Verhalten des Mannes, Frankfurt/M. 1964. KLUGE, K.-J.: Sexualerziehung in der Sonderschule. In: KLUGE, N. (Hg.): Handbuch..., Bd. 2, Düsseldorf 1984, S. 99 ff. KLUGE, N.: Zur Konzeption von Sexualpädagogik und Sexualunterricht. In: SCARBATH, H./TEWES, B. (Hg.): Sexualerziehung und Persönlichkeitsentwicklung, München 1982, S. 53 ff. KLUGE, N.: Sexualpädagogik vor den Aufgaben sexueller Enttabuisierung und auf dem Wege moderner

Strukturgitter, didaktisches

Wissenschaftsorientierung. In: KLUGE, N. (Hg.): Handbuch..., Bd. 1, Düsseldorf 1984, S. 3 ff. (1984a). KLUGE, N. (Hg.): Handbuch der Sexualpädagogik, 2 Bde., Düsseldorf 1984 b. KNOOP, H. D.: Sexualerziehung im Teamwork, Gütersloh 1977. KOCH, F.: Negative und positive Sexualerziehung, Heidelberg 1971. KOCH, F.: Sexualerziehung. In: Enzyklopädie Erziehungswissenschaft, Bd. 8, Stuttgart 1983, S. 564 ff. KRÜGER, S./REMMER-PFLAMM, D.: „Ich möchte Gefühle anderer kennenlernen". In: Sexualp. 8 (1980), 1, S. 13 ff. LANG, A.: Die Sprache der Sexualerziehung, Düsseldorf 1981. LIEGENER, H. G.: Sexualverhalten und Religiosität, Düsseldorf 1980. MARBURGER, H./SIELERT, U.: Sexualerziehung in der Jugendarbeit, Frankfurt/M. 1980. MASKUS, R.: 20 Beiträge zur Sexual- bzw. Geschlechtserziehung, St. Augustin 1979. MASTERS, W. H./JOHNSON, W. E.: Die sexuelle Reaktion, Frankfurt/M. 1967. MECHLER, H.-J. (Hg.): Schülersexualität und Sexualerziehung, Wien/München 1977. MÜLLER, R.: Medienorientierte Sexualerziehung in der Sekundarstufe I, Kiel 1979. MÜLLER, R.: Sexualunterricht - verwaltet und didaktisiert. In: Sexualp. u. Fampl. 9 (1981), 3, S. 1 ff. NATIONAL SWEDISH BOARD OF EDUCATION 1977: Instruction Concerning Interpersonal Relations, Stockholm 1982. OESTERREICH, H.: Sexualpädagogik - progressiv oder radikal? Neuburgweier 1973. PAULICH, P.: Wider die Kolonialisierung des Sinnlichen, Köln 1981. ROHDE-DACHSER, CH.: Struktur und Methode katholischer Sexualerziehung, Stuttgart 1970. RYEN, A.: Sexualerziehung in Norwegen. In: KLUGE, N. (Hg.): Handbuch..., Bd. 1, Düsseldorf 1984, S. 343 ff. SAVIER, M./WILDT, C.: Mädchen zwischen Anpassung und Widerstand, München ³1980. SCHLAEGEL, J. u. a.: Sexuelle Sozialisation in Vorpubertät, Pubertät und früher Adoleszenz. In: Sexualmed. 4 (1975), S. 206 ff., S. 306 ff., S. 382 ff. SCHMID-TANNWALD, I./URDZE, A.: Sexualität und Kontrazeption aus der Sicht der Jugendlichen und ihrer Eltern, Stuttgart 1983. SCHMIDT, G.: Sexuelle Motivation und Kontrolle. In: FISCHER, W. u. a. (Hg.): Inhaltsprobleme in der Sexualpädagogik, Heidelberg 1973, S. 45 ff. SCHMIDT, G.: Jenseits des Triebprinzips. In: SCARBATH, H./TEWES, B. (Hg.): Sexualerziehung und Persönlichkeitsentfaltung, München 1982, S. 27 ff. SCHMIDT, G.: Kurze Entgegnung auf Volkmar Siguschs „Lob des Triebes". In: DANNECKER, M./SIGUSCH, V.: Sexualtheorie und Sexualpolitik, Stuttgart 1984, S. 17 ff. SEKRETARIAT DER DEUTSCHEN BISCHOFSKONFERENZ: Orientierung zur Erziehung in der menschlichen Liebe. Verlautbarungen des Apostolischen Stuhls, Bonn 1983. SEXUALKUNDE ALS SCHULFACH - erstmals als Experiment. In: Sexualp. 8 (1980), 1, S. 19. SIEMS, U.: Wie Mädchen und Jungen lernen, miteinander über sexuelle Wünsche, Ängste und Erfahrungen zu sprechen (10. Schj.). In: HEUSER, M. (Hg.): Frauen - Sprache - Literatur, Paderborn 1982, S. 208 ff. SIGUSCH, V.: Lob des Triebes. In: SIGUSCH, V.: Vom Trieb und von der Liebe, Frankfurt/New York 1984, S. 27 ff. SIGUSCH, V./SCHMIDT, G.: Jugendsexualität. Dokumentation einer Untersuchung, Stuttgart 1973. STARKE, K.: Junge Partner, Leipzig 1980. TIEDEMANN, U.: Sexualkunde-Projekt mit türkischen Jugendlichen - ein Erfahrungsbericht. In: Bildungsarbeit mit ausländischen Jugendlichen, hg. v. Sprachverband Deutsch für ausländische Arbeitnehmer e. V., Null-Nummer 1984, S. 46 ff. TREML, A. K. u. a.: Latente Lernprozesse. In: Z.f.P., 17. Beiheft, 1981, S. 133 ff. USSEL, J. VAN: Intimität, Gießen 1979. WATSON, G./ROGERS, R. S.: Sexual Instruction for the Mildly Retarded and Normal Adolescent. In: Health E.J. 39 (1980), S. 88 ff. ZITELMANN, A./CARL, TH.: Didaktik der Sexualerziehung, Weinheim/Basel 1976.

Gerhard Glück/Hans-Jürgen Schliewert

Strukturgitter, didaktisches

Definition. Didaktische Strukturgitter stellen einen in Form eines mehrdimensionalen Gitters zusammengestellten *Satz von Kriterien und Kategorien* dar, mit denen die für die Curriculumentwicklung und Unterrichtsplanung eines Faches relevanten fachwissenschaftlichen Strukturen sowie die an solche Strukturen heranzutragenden gesellschaftlichen und die subjektiven, das heißt auf die Interessen der Lernenden bezogenen Gesichtspunkte erfaßt werden können (vgl. LENZEN/MEYER 1975, S. 195). Der Strukturgitteransatz ist Anfang der 70er Jahre vom Münsteraner Arbeitskreis für Didaktik um Blankertz entwickelt worden und hat in einer Reihe von Fachdidaktiken zum Teil heftige

Diskussionen ausgelöst.

Entstehungskontext. Die bildungspolitische Diskussion vom Ende der 60er und dem Anfang der 70er Jahre sowie die daraus resultierenden Reformvorhaben haben die Entwicklung der Didaktik wesentlich beeinflußt. Der Strukturgitteransatz ist in dieser Zeit im Spannungsfeld von theoretischer Auseinandersetzung um grundlegende didaktische Fragen einerseits (vgl. BLANKERTZ 1969) und der Lösung praktischer didaktischer Probleme im Kontext bildungspolitischer Reformmaßnahmen andererseits (etwa dem Kollegschulversuch Nordrhein-Westfalen) entstanden.

Analysiert man die didaktische Gesamtproblematik nach „Bezugsebenen didaktischer Reflexion" (vgl. MENCK 1975, S. 5f., S. 36ff.), dann ist der Strukturgitteransatz auf der *fachdidaktischen* Ebene zu verorten. Diese ist der „didaktischen Analyse" als Vorbereitung zur Planung von Unterrichtseinheiten und zur Durchführung von Unterricht vorausgesetzt. In bezug auf das „didaktische Gesamtsystem" (Stundentafeln/Kursfolgen im Kontext einzelner Bildungsinstitutionen innerhalb des Bildungssystems) werden die Entscheidungen dieser Ebene konkretisiert. Bezogen auf den damaligen Stand der Diskussion, heißt das: Der Strukturgitteransatz ist positioniert zwischen dem Ansatz Robinsohns, der auf eine langfristig angelegte curriculare Reform des didaktischen Gesamtsystems gerichtet ist (vgl. ROBINSOHN 1967), und den auf die Planung und Steuerung von Unterricht abzielenden allgemeindidaktischen Modellen bildungs-, lern- und informationstheoretischer Provenienz (vgl. BLANKERTZ 1969). Insofern ist der Ansatz *mittelfristig* angelegt; er ist an der Weiterentwicklung der Fachdidaktiken ebenso interessiert wie an einer mit und im Interesse der Betroffenen erfolgenden Curriculumentwicklung. In theoretisch-legitimatorischer Hinsicht ist er der kritisch-konstruktiven Position geisteswissenschaftlicher Pädagogik verpflichtet (vgl. KLAFKI 1968); unter pragmatischem Aspekt ist er auf die qualitative Verbesserung von Lernprozessen gerichtet; forschungsmethodologisch will er beide Aspekte gleichermaßen berücksichtigen durch die Verschränkung hermeneutisch-ideologiekritischer mit empirisch-analytischen Verfahren (vgl. LENZEN 1971, S. 122f.; vgl. THOMA 1971, S. 69).

Strategie der Curriculumentwicklung. Der Münsteraner Arbeitskreis hat eine „Strategie zur Entwicklung von Curricula" vorgelegt (vgl. BLANKERTZ 1969, S. 185), in der die einzelnen analytischen und konstruktiven Arbeitsschritte in ihrem Zusammenhang veranschaulicht und der systematische Ort des Strukturgitters bezeichnet worden ist (vgl. Abbildung 1).

Die zentrale Stellung des Strukturgitters besteht darin, drei Fragestellungen, die nicht voneinander isoliert werden dürfen, in drei Forschungskomplexen aufeinander bezogen zu bearbeiten:

(1) Klärung der allgemeinen Voraussetzungen für Lernen in organisierten Lernprozessen durch eine *Bedingungsanalyse,* die sich grundsätzlich auf alle individuellen und gesellschaftlichen Faktoren und Einflüsse sowie auf den Stand fachwissenschaftlicher Theorie und Forschung erstreckt. Da diese umfassende Aufgabe forschungspraktisch nicht in einem einzigen Forschungsvorhaben zu erfüllen ist, muß das Strukturgitter zugleich Gesichtspunkte für die Komplexitätsreduktion der Bedingungsanalyse liefern.

(2) Formulierung hypothetischer Vorgaben zur Erfassung und Strukturierung der spezifischen fachlichen und *fachwissenschaftlichen Anforderungen* an den Unterricht.

(3) Formulierung fachdidaktisch begründeter *Kriterien* zur Entwicklung und unterrichtspraktischen Erprobung thema-

Strukturgitter, didaktisches

Abbildung 1: Strategie zur Entwicklung von Curricula

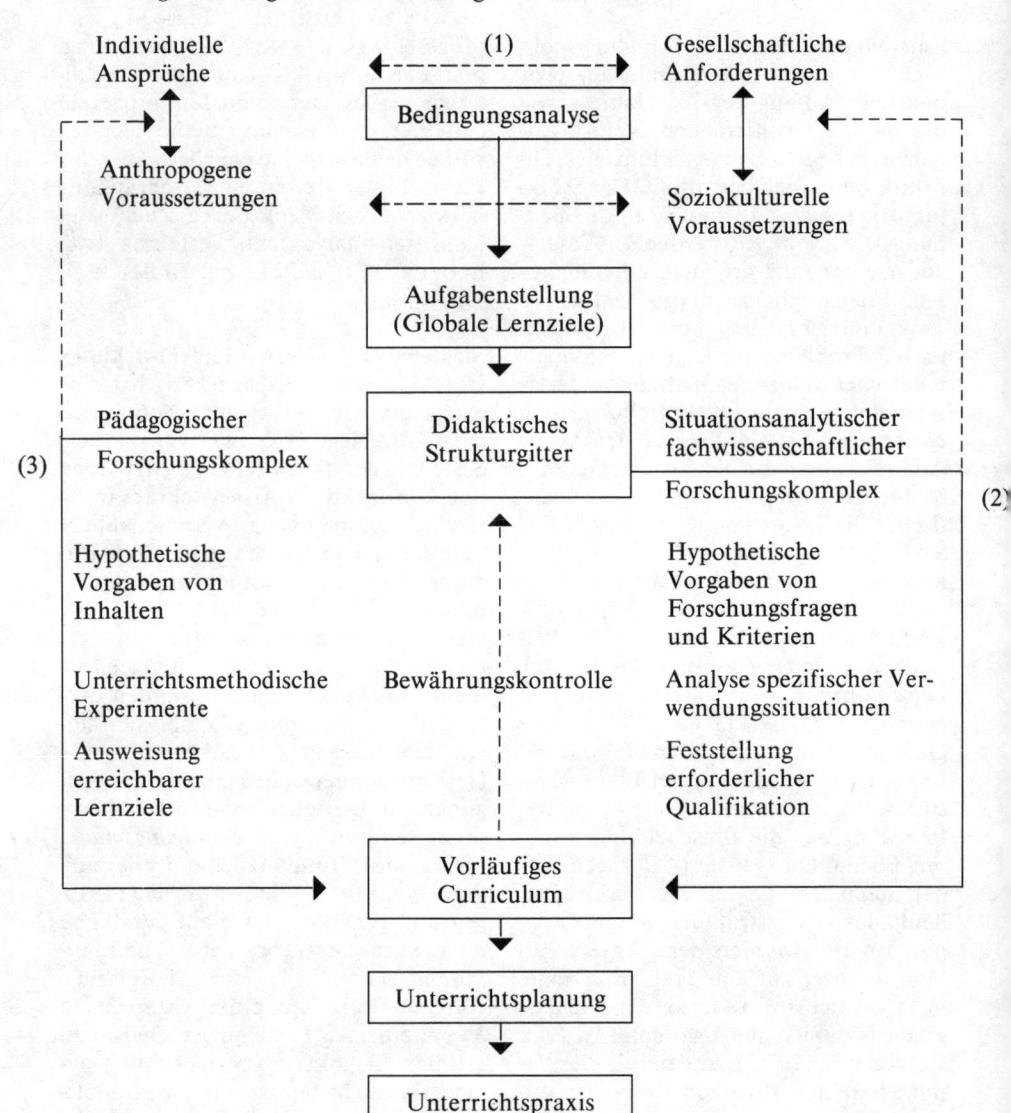

```
                    Individuelle              (1)           Gesellschaftliche
                    Ansprüche        <------------------>   Anforderungen
      ┌──────────────↕──────────────[Bedingungsanalyse]─────────────────────┐
      │             Anthropogene                           Soziokulturelle  │
      │             Voraussetzungen  <------------------>  Voraussetzungen  │
      │                                       ↓                             │
      │                              [Aufgabenstellung                      │
      │                               (Globale Lernziele)]                  │
      │                                       ↓                             │
      │           Pädagogischer                              Situationsanalytischer
  (3) │           Forschungskomplex ─[Didaktisches          fachwissenschaftlicher  (2)
      │                               Strukturgitter]       Forschungskomplex
      │                                       ↑
      │           Hypothetische                              Hypothetische
      │           Vorgaben von                               Vorgaben von
      │           Inhalten                                   Forschungsfragen
      │                                                      und Kriterien
      │           Unterrichtsmethodische   Bewährungskontrolle   Analyse spezifischer Ver-
      │           Experimente                                    wendungssituationen
      │           Ausweisung                                 Feststellung
      │           erreichbarer                               erforderlicher
      │           Lernziele                                  Qualifikation
      │                                       ↓                             │
      └─────────────────────────────→[Vorläufiges]←─────────────────────────┘
                                      Curriculum
                                           ↓
                                    [Unterrichtsplanung]
                                           ↓
                                    [Unterrichtspraxis]
```

(Quelle: BLANKERTZ/KELL 1973, S. 29)

tischer Einheiten (Kursfolgen, Unterrichtseinheiten).
Die Ergebnisse der Aufarbeitung dieser drei Fragestellungen müssen sowohl aufeinander als auch auf die in die Strategie eingegangenen bildungspolitischen und wissenschaftstheoretischen Voraussetzungen zurückbezogen werden, um durch solche Kontroll- und Revisionsschritte dogmatische Verengungen der Entwicklungsarbeiten zu vermeiden.

Aufbau eines Strukturgitters. Für die Mehrzahl der bisher ausgearbeiteten Strukturgitter ist typisch, daß in einer zweidimensionalen Matrix die pädagogische Intentionalität einerseits, die in didaktischer Absicht vorgenommene Strukturierung des fachlichen Problemzusammenhangs andererseits, miteinander verschränkt werden. In den aufgrund der „Kreuzung" beider Dimensionen entstehenden Feldern wird dann jener Satz fachdidaktischer Kriterien ausformuliert, der für die Entwicklung und Legitimation der thematischen Einheiten, Kursfolgen und Curricula herangezogen werden soll. Dabei ist die pädagogische Intentionalität zumeist mit Bezug auf die gesellschaftstheoretischen Überlegungen der Kritischen Theorie der Frankfurter Schule nach technischem, praktischem und emanzipatorischem Erkenntnisinteresse ausdifferenziert worden (vgl. HABERMAS 1968; vgl. LENZEN/ MEYER 1975, S. 205 ff.); die zweite Dimension ist nach fachwissenschaftlichen, zum Teil auch systemtheoretischen Gesichtspunkten ausgelegt, unterschiedlich untergliedert und zum Teil im Blick auf unterrichtsmethodische Gesichtspunkte konkretisiert.
Mit Hilfe der in den Feldern des Strukturgitters ausformulierten Kriterien soll ein *Diskussions- und Verständigungsprozeß* mit allen an der Curriculumforschung und -entwicklung Beteiligten angeleitet, die in rein erfahrungswissenschaftlich-technologisch orientierten Konzepten der Curriculumentwicklung beobachtete Beliebigkeit vermieden und eine diskursiv legitimierte Verbindlichkeit angestrebt werden (vgl. LENZEN/ MEYER 1975, S. 245 ff.).

Vorliegende Entwürfe. Die Erarbeitung fachdidaktischer Strukturgitter durch Mitglieder des Münsteraner Arbeitskreises für Didaktik war zum einen von den theoretischen Interessen an allgemeindidaktischen Fragen, zum anderen von praktischen Aufgabenstellungen in der bildungspolitischen Reformbewegung bestimmt. Fachdidaktischer Ausgangspunkt war der Unterrichtskomplex Arbeitslehre. Blankertz hatte als Mitglied eines Unterausschusses des Deutschen Ausschusses für das Erziehungs- und Bildungswesen an dessen „Empfehlungen zum Aufbau der Hauptschule" (vgl. DEUTSCHER AUSSCHUSS FÜR DAS ERZIEHUNGS- UND BILDUNGSWESEN 1965) mitgewirkt. Seine allgemeinen didaktischen Überlegungen und seine fachdidaktische Position hat er dann am Beispiel der Arbeitslehre konkretisiert (vgl. BLANKERTZ 1969, S. 172 ff.), wobei er sich auf das von GROTH (vgl. 1968, S. 62 ff.; vgl. GROTH 1977) vorgelegte didaktische Strukturgitter für die Arbeitslehre bezog. Groths Ansatz wurde für die Konzeption des Arbeitslehreunterrichts in Berlin bedeutsam (vgl. GROTH/ KLEDZIK 1983). Die „didaktische Matrix" als Weiterentwicklung des Grothschen Ansatzes ist von Kell entwickelt worden; sie war unter anderem in der Anfangsphase für die Erarbeitung eines Fernstudienlehrgangs für Lehrer maßgebend (vgl. BLANKERTZ/KELL 1973, DEUTSCHES INSTITUT FÜR FERNSTUDIEN 1971, KELL 1971; zum Zusammenhang von didaktischem Strukturgitter und didaktischer Matrix vgl. KELL 1978).
Die Probleme fachdidaktischer Strukturierung sind von den Mitgliedern des Münsteraner Arbeitskreises in verschiedenen Projekten auf je spezifische Weise in Angriff genommen worden. ACH-

Strukturgitter, didaktisches

TENHAGEN/MENCK (1970) haben mit dem Konzept „Langfristige Curriculumentwicklung und mittelfristige Curriculumforschung" die Arbeit an zwei Forschungsprojekten begonnen: zum Englisch-Anfangsunterricht und zum Pädagogik-Unterricht (zur didaktischen Strukturierung vgl. KAISER/MENCK 1971; zu den Ergebnissen vgl. ACHTENHAGEN u. a. 1975, ADICK u. a. 1978). Mehrere Mitglieder haben als hauptamtliche Mitarbeiter in der Wissenschaftlichen Begleitung des Kollegschulversuchs, die 1972 unter der Leitung von Blankertz eingerichtet worden ist, für die Curriculumentwicklung in diesem Modellversuch verschiedene Strukturierungsvorschläge gemacht und fachdidaktische Strukturgitter ausgearbeitet. Im Rahmen der für die integrierte Sekundarstufe II vorgesehenen Lernbereichsstruktur (Schwerpunktbereich, Obligatorischer Bereich, Wahlbereich; vgl. DEUTSCHER BILDUNGSRAT 1974, S. 15 ff.; vgl. KULTUSMINISTER NORDRHEIN-WESTFALEN 1972, S. 34 ff.) sind diese Arbeiten fortgeführt und erweitert worden (vgl. BLANKERTZ 1974, WISSENSCHAFTLICHE BEGLEITUNG KOLLEGSTUFE NW 1974). Für den Obligatorischen Lernbereich haben Thoma und Lenzen Strukturgitter erarbeitet: Thoma für die politische Dimension des Unterrichts (vgl. THOMA 1971, 1972) – ein Entwurf, der auch für den politischen Unterricht in den Regelschulen Nordrhein-Westfalens Bedeutung erlangt hat (vgl. SCHÖRKEN 1974); Lenzen für den Unterricht in der Primärsprache (vgl. LENZEN 1972, 1973 a; vgl. zur weiteren Entwicklung auch LENZEN 1973 b, 1975). Aus einem anderen Arbeitszusammenhang, der Geschichtswissenschaft, hat Mannzmann nach einer Vorstudie zu einer Didaktik der Soziohistorie (vgl. MANNZMANN 1973) ihre geschichtsdidaktische Position auf der Grundlage des Strukturgitteransatzes formuliert (vgl. MANNZMANN 1980) und in die Richtlinienentwicklung des Landes Nordrhein-Westfalen eingebracht (vgl. LANDESINSTITUT FÜR SCHULE UND WEITERBILDUNG 1981). Für den Schwerpunktbereich der Kollegschule Nordrhein-Westfalen hat die WISSENSCHAFTLICHE BEGLEITUNG KOLLEGSTUFE NW (vgl. 1974) eine curriculare Grobstruktur entwickelt (vgl. BLANKERTZ 1974; vgl. KULTUSMINISTER NORDRHEIN-WESTFALEN 1976, S. 222 ff.), in die der Strukturgitteransatz – ausgehend vom Schwerpunkt 13: „Wirtschaftswissenschaften" – systematisch eingearbeitet worden ist. Kutscha hat für wirtschaftswissenschaftlich-kaufmännische Tätigkeiten exemplarisch gezeigt, wie eine Bedingungsanalyse – auf die fachdidaktische Problemstellung eines Schwerpunktes bezogen – mit begrenzten Mitteln durchgeführt und wie die Ergebnisse für die fachdidaktische Strukturierung verwendet werden können (vgl. KUTSCHA 1976, S. 33 ff.). Sein „Strukturgittermodell für die Planung wirtschaftswissenschaftlich-kaufmännischer Grundbildung", das in Abbildung 2 wiedergegeben ist (KUTSCHA 1976, S. 128), war der Ausgangspunkt für die Entwicklungsarbeiten an Bildungsgängen dieses Schwerpunktes. Weiterführende Überlegungen waren auf die Konkretisierung der Bildungstheorie für die Unterrichtsplanung mit Hilfe des Strukturgitteransatzes gerichtet (vgl. KELL/KUTSCHA 1977).

In Kooperation mit den zuständigen Gruppen im Arbeitsverbund des Kollegschulversuchs (vgl. KULTUSMINISTER NORDRHEIN-WESTFALEN 1976, S. 98 ff.) ist dieses Strukturgitter zur Entwicklung von Ziel-/Inhaltskomplexen, für Differenzierungsmaßnahmen und Organisationsentscheidungen bei der Entwicklung eines Kursangebots (vgl. KUTSCHA u. a. 1978, S. 175) sowie für die systematische Evaluation der Kurse mit Bezug auf die Evaluationsstudien der wissenschaftlichen Begleitung Kollegstufe NW genutzt worden (vgl. BLANKERTZ 1983, GRUSCHKA/KUTSCHA 1983; vgl. zur

Abbildung 2: Strukturgittermodell für die Planung der wirtschaftswissenschaftlich-kaufmännischen Grundbildung im integrierten Sekundarbereich II (Kollegstufe)

Fachdidaktische Bezugssysteme und Kategorien ⇑ Medien ökonomisch-kaufmännischer Systemleistungen

Erkenntnisinteressen ⇒ Fundierungsebenen

		Ware	Geld	Information
Technisches Interesse	Praxisbezug: Systemfunktionen →	Befriedigung von Bedürfnissen	Austausch von Leistungen	Reduktion von Ungewißheit
	Kompetenzen: Planung/Realisation ↑	Optimierung güterwirtschaftlicher Transaktionen	Optimierung monetärer Transaktionen	Optimierung informationeller Transaktionen
	Wissenschaftsbezug: Wirtschaftstechnologie			
Praktisches Interesse	Praxisbezug: Systemprobleme →	Knappheit der Ressourcen	Unbestimmtheit der Austauschrelationen	Komplexität der Umweltereignisse
	Kompetenzen: Sinnverstehen/Analyse ↑	Verständigung über Wohlfahrtskriterien	Verständigung über Bewertungskriterien	Verständigung über Selektionskriterien
	Wissenschaftsbezug: Wirtschaftsphänomenologie			
Emanzipatorisches Interesse	Praxisbezug: Systemkonflikte →	Disparitäten der Güterverteilung	Disparitäten der Einkommensverteilung	Disparitäten der Wissensverteilung
	Kompetenzen: Kontrolle/Kritik ↑	Aufklärung über Armut	Aufklärung über Ausbeutung	Aufklärung über Entfremdung
	Wissenschaftsbezug: Politökonomie			

(Quelle: KUTSCHA 1976, S. 128)

Strukturgitter, didaktisches

Fortführung dieser Arbeiten KUTSCHA 1983, KUTSCHA u. a. 1979).
Weitere Monographien über fachdidaktische Strukturierungsversuche sind ohne Zusammenhang zum Kollegschulversuch für den Biologieunterricht und die Naturwissenschaftsdidaktik vorgelegt worden (vgl. EWERS 1971, 1974, 1977). Außerhalb des Münsteraner Arbeitskreises sind für weitere Unterrichtsfächer fachdidaktische Strukturgitter erarbeitet worden, so für den Geographieunterricht (vgl. KROSS 1976, RHODE-JÜCHTERN 1982) und für den Religionsunterricht (vgl. KONUKIEWITZ 1973). Die Wirkung des Strukturgitteransatzes auf die didaktische Diskussion und auf die fachdidaktische Arbeit insgesamt kann zur Zeit noch nicht abgeschätzt werden.

Kritik. Mit der „Strategie zur Entwicklung von Curricula" ist ein weit angelegtes Arbeitskonzept skizziert, das die Zusammenhänge von der Bedingungsanalyse bis zur Unterrichtspraxis berücksichtigen beziehungsweise herstellen will. Mit der Ausarbeitung von Strukturgittern ist nur ein Teilproblem dieses Konzeptes, wenn auch ein für die Strategie zentrales, in Angriff genommen worden. Kritische Einwendungen gegen einzelne Strukturgitter oder gegen den ganzen Ansatz haben oft alle noch offenen Stellen der Strategie allein auf die Konstruktion der Strukturgitter bezogen, so daß durch überfordernde Erwartungen erst die Ansatzpunkte der Kritik selbst geschaffen wurden. Das Strukturgitter allein kann jedoch nicht leisten, wofür die vielschrittige Strategie entwickelt worden ist.
Da der Strukturgitteransatz in kritischer Auseinandersetzung mit der didaktischen Diskussion der frühen 70er Jahre sich von Positionen abgegrenzt hat, die unter inhaltlichen Aspekten zu allgemein oder zu pragmatisch und die unter methodologischen Aspekten zu allumfassend oder zu technologisch vorgegangen sind, hat er zwangsläufig die Kritik dieser Positionen auf sich gezogen: Er wird zugleich als zu eng auf gegenwärtige institutionelle und fachwissenschaftliche Strukturen festgelegt und als zu allgemein und zu anspruchsvoll für die Unterrichtsplanung kritisiert (vgl. Kritiken und Antworten bei KATH/KAHLKE 1982, LACKMANN 1981, LENZEN/MEYER 1975, MENCK 1977, REETZ/SEYD 1983). *Vier Ansatzpunkte der Kritik* sind hervorzuheben:

- Die pädagogische Intentionalität des kritisch neugefaßten Bildungsbegriffs ist als bildungstheoretische Option nicht unumstritten; das gleiche gilt für die Inanspruchnahme der Kritischen Theorie der Frankfurter Schule zum Zwecke der Konkretisierung der bildungstheoretischen Voraussetzungen des Ansatzes.
- Es ist eingewandt worden, daß schon der systematische Ort des Strukturgitters in der Curriculumstrategie deutlich mache, daß hier von „abstrakten", gesellschaftstheoretisch überformten Kriterien der Analyse und Konstruktion ausgegangen werde; es sei aber besser, eine „praxisnahe" Curriculumentwicklung zu betreiben, die sich stärker am Alltagsbewußtsein der Lehrer orientiere.
- Die Wiedergabe der Strukturgitter in Form einer Matrix täusche formal eine sachlogische Stringenz vor, die inhaltlich gar nicht einzulösen sei; außerdem werde die Zweidimensionalität der Matrix der Komplexität des curricularen und unterrichtspraktischen Entscheidungsprozesses nicht gerecht, insbesondere werde der selbstgesetzte Anspruch, das lernende Subjekt zum didaktischen Bezugspunkt zu machen, zu wenig eingelöst.
- Die im Strukturgitteransatz formulierten Ansprüche an guten Unterricht seien so hoch, daß es für den unterrichtenden Lehrer nahezu unmöglich sei, einen Mittelweg zwischen den theoretisch begründeten Ansprüchen und

den alltäglichen Praxiszwängen zu finden. Eine umfassende kritische Analyse der Arbeitsergebnisse von der Bedingungsanalyse bis zur Umsetzung von Kurskonzepten in die Unterrichtspraxis, die am oben ausgeführten Beispiel des Schwerpunktes Wirtschaftswissenschaften sowie an vier weiteren Schwerpunkten des Kollegschulversuchs inzwischen möglich wäre (vgl. BLANKERTZ 1983), steht allerdings noch aus.

Ausblick. Mit der durch den Strukturgitteransatz eingeleiteten Betonung der fachdidaktischen Ebene im Kontext der wechselseitigen Beziehungen zwischen den vier Bezugsebenen didaktischer Reflexion und mit dem Hinweis auf die Schlüsselstellung dieser Ebene ist zugleich eine Schwachstelle in der didaktischen Diskussion deutlich gemacht worden, die zwischen allgemeindidaktischen Theorien und konkreten Ansätzen der Unterrichtsplanung besteht. Da der gegenwärtige Stand der fachdidaktischen Diskussion als wenig befriedigend bewertet werden muß (vgl. ACHTENHAGEN 1981, S. 278 ff.), sind fachdidaktische Strukturierungen für weitere Unterrichtsfächer, Kursfolgen und thematische Sequenzen wünschenswert. Der in den letzten Jahren mit verstärkter Aufmerksamkeit untersuchte komplexe Zusammenhang zwischen Unterrichtsplanung und Unterrichtsdurchführung (vgl. HOFER 1981, KÖNIG u. a. 1980) sollte bei der Weiterentwicklung des Strukturgitteransatzes aufgearbeitet werden. So könnte zwischen der fachdidaktischen Curriculumforschung und der Lehr-/Lernforschung, die beide bisher weitgehend voneinander isoliert sind, der notwendige Brückenschlag vorbereitet werden.

ACHTENHAGEN, F.: Theorie der Fachdidaktik. In: TWELLMANN, W. (Hg.): Handbuch Schule und Unterricht, Bd. 5.1, Düsseldorf 1981, S. 275 ff. ACHTENHAGEN, F./MENCK, P.: Langfristige Curriculumentwicklung und mittelfristige Curriculumforschung. In: Z. f. P. 16 (1970), S. 407 ff. ACHTENHAGEN, F. u. a.: Lehren und Lernen im Fremdsprachenunterricht, 2 Bde., München 1975. ADICK, CH. u. a.: Didaktik des Pädagogikunterrichts, Stuttgart 1978. BLANKERTZ, H.: Bildungsbegriff. In: DAHMER, I./KLAFKI, W. (Hg.): Geisteswissenschaftliche Pädagogik am Ausgang ihrer Epoche – Erich Weniger, Weinheim/Berlin 1968, S. 103 ff. BLANKERTZ, H.: Theorien und Modelle der Didaktik, München 1969. BLANKERTZ, H. (Hg.): Curriculumforschung – Strategien, Strukturierung, Konstruktion, Essen 1971. BLANKERTZ, H. (Hg.): Fachdidaktische Curriculumforschung – Strukturansätze für Geschichte, Deutsch, Biologie, Essen 1973. BLANKERTZ, H.: Zur curricularen Entwicklung von Schwerpunkten. In: DEUTSCHER BILDUNGSRAT (Hg.): Zur Neuordnung..., Bonn 1974, S. A18 ff. BLANKERTZ, H.: Analyse von Lebenssituationen unter besonderer Berücksichtigung erziehungswissenschaftlich begründeter Modelle: Didaktische Strukturgitter. In: FREY, K. (Hg.): Curriculum-Handbuch, Bd. 2, München/Zürich 1975, S. 202 ff. BLANKERTZ, H. (Hg.): Lernen und Kompetenzentwicklung in der Sekundarstufe II. Abschlußbericht der Wissenschaftlichen Begleitung Kollegstufe NW, Mimeo, Münster 1983. BLANKERTZ, H./KELL, A.: Arbeitslehre – Curriculumkonzeption für einen neuen Unterrichtskomplex. Studienbrief des Deutschen Instituts für Fernstudien, Weinheim 1973. DEUTSCHER AUSSCHUSS FÜR DAS ERZIEHUNGS- UND BILDUNGSWESEN: Empfehlungen zum Aufbau der Hauptschule. Empfehlungen und Gutachten, Folge 7/8, Stuttgart 1965. DEUTSCHER BILDUNGSRAT (Hg.): Zur Neuordnung der Sekundarstufe II. Konzept für eine Verbindung von allgemeinem und beruflichem Lernen. Empfehlungen der Bildungskommission, Bonn 1974. DEUTSCHES INSTITUT FÜR FERNSTUDIEN: Leitlinien für den Fernstudienlehrgang Arbeitslehre, Weinheim 1971. EWERS, M.: Begründung und Entwicklung eines Strukturgitters der Biologie-Didaktik. In: BLANKERTZ, H. (Hg.): Curriculumforschung..., Essen 1971, S. 155 ff. EWERS, M.: Bildungskritik und Biologie-Didaktik, Frankfurt/M. 1974. EWERS, M.: Strukturgitter der Naturwissenschafts-Didaktik, Essen 1977. FREY, K. (Hg.): Curriculum-Handbuch, 3 Bde., München/Zürich 1975. GROTH, G.: Zur Didaktik der Arbeitslehre. In: BLANKERTZ, H.:

Strukturgitter, didaktisches

Arbeitslehre in der Hauptschule, Essen ²1968, S. 53 ff. GROTH, G.: Arbeitslehre. Fachdidaktik zwischen Bildungspolitik und Pädagogik, Kronberg 1977. GROTH, G./KLEDZIK, U. J.: Arbeitslehre 5–10, Weinheim/Basel 1983. GRUSCHKA, A./KUTSCHA, G.: Berufsorientierung als „Entwicklungsaufgabe" der Berufsausbildung. In: Z. f. P. 29 (1983), S. 878 ff. HABERMAS, J.: Technik und Wissenschaft als „Ideologie", Frankfurt/M. 1968. HAMEYER, U. u. a. (Hg.): Handbuch der Curriculumforschung, Weinheim/Basel 1983. HEIMANN, P.: Didaktik 1965. In: HEIMANN, P. u. a.: Unterricht. Analyse und Planung, Hannover u. a. 1965, S. 7 ff. HOFER, M. (Hg.): Informationsverarbeitung und Entscheidungsverhalten von Lehrern, München 1981. KAISER, H.-J./MENCK, P.: Das didaktische Strukturgitter in der Curriculumforschung, dargestellt am Beispiel des Pädagogik-Unterrichts. In: BLANKERTZ, H. (Hg.): Curriculumforschung ..., Essen 1971, S. 97 ff. KATH, F. M./KAHLKE, J.: Das Umsetzen von Aussagen und Inhalten, Alsbach 1982. KELL, A.: Didaktische Matrix – Konkretisierung des „didaktischen Strukturgitters" für den Arbeitslehreunterricht. In: BLANKERTZ, H. (Hg.): Curriculumforschung ..., Essen 1971, S. 35 ff. KELL, A.: Aufbau und Funktion eines didaktischen Strukturgitters zur Konstruktion sozialwissenschaftlicher Curricula. In: KAISER, F.-J. (Hg.): Die Stellung der Ökonomie im Spannungsfeld sozialwissenschaftlicher Disziplinen, Bad Heilbrunn 1978, S. 161 ff. KELL, A./KUTSCHA, G.: Kritische Theorie der ökonomischen Bildung und das Problem der didaktischen Reduktion. In: Z. f. P. 23 (1977), S. 345 ff. KLAFKI, W.: Studien zur Bildungstheorie und Didaktik, Weinheim 1963. KLAFKI, W.: Didaktik. In: DAHMER, I./KLAFKI, W.: Geisteswissenschaftliche Pädagogik am Ausgang ihrer Epoche – Erich Weniger, Weinheim/Berlin 1968, S. 137 ff. KÖNIG, E. u. a.: Diskussion Unterrichtsvorbereitung – Verfahren und Modelle, München 1980. KONUKIEWITZ, W.: Curriculumentwicklung für den Religionsunterricht in der Grundschule, Essen 1973. KRAMP, W.: Hinweise zur Unterrichtsvorbereitung für Anfänger. In: D. Dt. S. 54 (1962), S. 78 ff. KROSS, G. (Hg.): Geographiedidaktische Strukturgitter, Braunschweig 1976. KULTUSMINISTER NORDRHEIN-WESTFALEN (Hg.): Kollegstufe NW. Strukturförderung im Bildungswesen des Landes Nordrhein-Westfalen, Heft 17, Ratingen/Kastellaun/Düsseldorf 1972. KULTUSMINISTER NORDRHEIN-WESTFALEN (Hg.): Schulversuch Kollegschule NW. Strukturförderung im Bildungswesen des Landes Nordrhein-Westfalen, Heft 31, Köln 1976. KUTSCHA, G.: Das politisch-ökonomische Curriculum, Kronberg 1976. KUTSCHA, G.: Zur Bedeutung wirtschaftswissenschaftlicher Erkenntnisse für eine Didaktik kaufmännischer Berufsausbildung im Bereich Verkaufsarbeit. In: NIEHUES, M. u. a. (Hg.): Berufliche Schulen – äußere Differenzierung – didaktische Strukturen, Krefeld 1983, S. 65 ff. KUTSCHA, G. u. a.: Die wirtschaftswissenschaftlich-kaufmännische Grundbildung im Schwerpunkt „Wirtschaftswissenschaften" der Kollegschule NW. In: SCHENK, B./KELL, A. (Hg.): Grundbildung: Schwerpunktbezogene Vorbereitung auf Studium und Beruf in der Kollegschule, Königstein 1978, S. 164 ff. KUTSCHA, G. u. a.: „Entscheidungsfähigkeit" als Lernzielkonstrukt der wirtschaftswissenschaftlich-kaufmännischen Grundbildung in der Kollegschule. In: D. Dt. Ber.- u. Fachs. 75 (1979), S. 83 ff. LACKMANN, J.: Das Strukturgitter-Paradigma der „Münsteraner Schule" in kritischer Beleuchtung, Frankfurt/M. 1981. LANDESINSTITUT FÜR SCHULE UND WEITERBILDUNG: Strukturkonzept für den Obligatorischen Lernbereich, Neuss 1981. LENZEN, D.: Eine „eduktive" Strategie für Curriculum-Konstruktion. In: BLANKERTZ, H. (Hg.): Curriculumforschung..., Essen 1971, S. 118 ff. LENZEN, D.: Zur Strukturierung des Unterrichts in der deutschen Sprache an der Kollegstufe. In: KULTUSMINISTER NORDRHEIN-WESTFALEN (Hg.): Kollegstufe NW..., Ratingen/Kastellaun/Düsseldorf 1972, S. 180 ff. LENZEN, D.: Didaktik und Kommunikation, Frankfurt/M. 1973 a. LENZEN, D.: Ein didaktisches Strukturgitter für den deutschen Sprachunterricht. In: BLANKERTZ, H. (Hg.): Fachdidaktische Curriculumforschung..., Essen 1973, S. 100 ff. (1973 b). LENZEN, D. (Hg.): Curriculumentwicklung für die Kollegschule: Der Obligatorische Lernbereich, Frankfurt/M. 1975. LENZEN, D./MEYER, H. L.: Das didaktische Strukturgitter – Aufbau und Funktion in der Curriculumentwicklung. In: LENZEN, D. (Hg.): Curriculumentwicklung..., Frankfurt/M. 1975, S. 185 ff. MANNZMANN, A.: Vorüberlegungen zu einer Didaktik der Soziohistorie – Dimensionierung des Faches Geschichte. In: BLANKERTZ, H. (Hg.): Fachdidaktische Curriculumforschung..., Essen 1973, S. 28 ff. MANNZMANN, A.: Perspektiven einer Didaktik der Soziohistorie in weiterführender Absicht. In: SÜSSMUTH, H. (Hg.): Geschichtsdidaktische Positionen, Paderborn 1980, S. 83 ff. MENCK, P.: Unterrichtsanalyse und didaktische Konstruktion, Frankfurt/M. 1975. MENCK, P.: Sinn und Struktur. Das „didaktische Strukturgitter" und die Unterrichtsplanung. In: N. Samml. 17 (1977), S.365ff. REETZ, L./SEYD, W.: Curriculumtheorien im Bereich der Berufsbildung. In: HAMEYER, U. u.a. (Hg.): Handbuch der Curriculumforschung, Weinheim/Basel 1983, S.171ff. RHODE-JÜCHTERN, T.: Didaktisches Strukturgitter. In: JANDER, L. u.a. (Hg.): Metzler Handbuch für den Geographieunterricht, Stuttgart 1982, S.49ff. ROBINSOHN, S.B.: Bildungsreform als Revision des Curriculum, Neuwied/Berlin 1967. SCHÖRKEN, R. (Hg.): Curriculum „Politik". Von der Curriculumtheorie zur Unterrichtspraxis, Opladen 1974. THOMA, G.: Zur Entwicklung und Funktion eines „didaktischen Strukturgitters" für den politischen Unterricht. In: BLANKERTZ, H. (Hg.): Curriculumforschung..., Essen 1971, S.67ff. THOMA, G.: Zur Strukturierung der „politischen Dimension" des Unterrichts im Teilbereich der allgemeinen Gesellschaftslehre an der Kollegstufe. In: KULTUSMINISTER NORDRHEIN-WESTFALEN (Hg.): Kollegstufe NW..., Ratingen/Kastellaun/Düsseldorf 1972, S.158ff. WISSENSCHAFTLICHE BEGLEITUNG KOLLEGSTUFE NW: Skizze eines Gesamtkonzeptes der Schwerpunkte, Mimeo, Münster 1974.

Adolf Kell

Unterricht, erfahrungsbezogener

Begriff. Erfahrungsbezogener Unterricht versucht, die von Schülern und Lehrern vor und während des Unterrichts gemachten individuellen und kollektiven Erfahrungen zum Ausgangspunkt komplexer Verarbeitungsprozesse zu machen. Es liegt jedoch erst eine geringe Zahl allgemein- und fachdidaktischer Publikationen vor, die sich diesem Konzept verpflichtet fühlen. Die bisher vorgelegten Entwürfe gehen von einem weiten, ganzheitlichen Erfahrungsbegriff aus. Wesentliche Grundlinien der Argumentation sind ihnen gemeinsam, auch wenn sie bisher nicht zu einem Konzept verdichtet worden sind, das gegenüber verwandten Ansätzen (wie dem handlungsorientierten Unterricht) trennscharf abzugrenzen wäre. Ihre wichtigsten sozialisationstheoretischen und erkenntnispsychologischen Voraussetzungen lauten:

- Erfahrungen bauen auf *sinnlich-ganzheitlichen Erlebnissen im Kontext konkreter Situationen* auf (vgl. SCHELLER 1981 a, S. 56 f.; zur erkenntnispsychologischen Grundlegung vgl. KOSIK 1967).
- Diese werden in einem komplexen *Aneignungsprozeß verarbeitet* (vgl. SCHELLER 1981 a, S. 56 ff.) und bilden
- den je individuellen *„Handlungs- und Deutungshintergrund"* (NYKRIN 1978, S. 23) künftiger Erfahrungen, sie führen zum Aufbau von *„Haltungen"* (vgl. SCHELLER 1981 a, S. 59; vgl. SCHELLER 1981 b, S. 125 ff.).
- Eine Voraussetzung für bewußte Erfahrung ist die *Symbolisierung* der Erlebnisse und Wahrnehmungen (vor allem mit Hilfe der Sprache), in die die subjektiven Bedeutungen mit ihren halb- und unbewußten Anteilen eingehen (vgl. SCHELLER 1980, S. 59 f.).
- Dies bedeutet zugleich eine *Interpretation* der Erlebnisse *im Horizont vorgängig erlernter Bedeutungen und vorausgegangener Erfahrungen.* Folge davon kann – unter Voraussetzung der emotionalen Bereitschaft hierzu – eine Umstrukturierung des individuellen Handlungs- und Deutungshintergrunds sein, die wiederum Voraussetzung für alternatives Handeln ist (vgl. NYKRIN 1978, S. 23 f.; vgl. SCHELLER 1980, S. 32; vgl. SCHELLER 1981 a, S. 56 ff.).
- Im Prozeß der Interpretation und Symbolisierung muß die *Bildung allgemeiner Begriffe als Verarbeitungsprozeß mit vielfältigen gegenständlichen und symbolischen Verarbeitungs- und Handlungsweisen* angelegt sein (vgl. NYKRIN 1978, S. 203 ff.; vgl. SCHELLER 1980, S. 60).

Der Erfahrungsbegriff ist damit an die Individuen und ihre subjektive, je unterschiedliche „Erfahrungsbiographie" gebunden. Gefordert wird, die je individuellen (aber gesellschaftlich bestimmten) körperlichen, sinnlichen und sozialen Erfahrungen der Schüler und Lehrer, ihre Gefühle, Phantasien und Haltungen gegenüber Unterrichtsinhalten und Interaktionspartnern zum Ausgangs- und Zielpunkt von Unterricht zu machen und für die Identitätsbildung der Schüler zu nutzen (vgl. SCHELLER 1981 a, S. 2). Dies schließt die gemeinsame und verantwortliche Auseinandersetzung der Schüler mit den Erfahrungen der Mitschüler ebenso ein wie mit dem in wissenschaftlichen und gesellschaftlichen Erfahrungsprozessen gewonnenen Theoriewissen. Die Realisierung solcher Konzepte in der Unterrichtspraxis legt – unterrichtsmethodisch gesehen – ein induktives Vorgehen und die Arbeit mit hermeneutischen Verfahren nahe, obgleich dies in den vorgelegten Entwürfen nicht explizit gefordert wird.

Damit wenden sich die Konzepte gegen die in der allgemeinen Didaktik und in der Schulpraxis geläufige Einschränkung des Erfahrungsbezugs der Schüler auf die Ermittlung des „Vorverständnisses", des „Vorwissens" sowie gegen den Rekurs auf die von individueller Erfahrung abstrahierende Folie „anthropogener und sozial-kultureller Voraussetzungen" (SCHULZ 1965, S.36; vgl. jedoch SCHULZ 1980).

Geschichte – philosophisch-pädagogischer Bezugsrahmen. Die Konzepte erfahrungsbezogenen Unterrichts können als Reflex auf die Bildungsreform- und Curriculumdiskussion der frühen 70er Jahre (vgl. OTTO/SCHULZ 1986) und als Ausdruck der „Alltagswende" in der Pädagogik (vgl. SCHRÜNDER 1983) verstanden werden. Sie nehmen aktuelle Strömungen der erziehungswissenschaftlichen Diskussion der 70er und 80er Jahre auf, die versuchen, Kommunikations- und Interaktionsstrukturen des Unterrichts und pädagogische Tatsachenforschung stärker in das Blickfeld zu rücken.

Eine exakte Zuordnung erfahrungsbezogenen Unterrichts zu bestimmten wissenschaftstheoretischen Positionen ist auf der Basis der vorliegenden Entwürfe nicht möglich. Eine geistesgeschichtliche Aufarbeitung des Erfahrungsbegriffs für die Erziehungswissenschaft hat – vor Entwicklung der hier besprochenen Konzepte und unabhängig von ihnen – BUCK vorgelegt (vgl. 1969). Jedoch werden die Konzepte vor allem von jenen Bereichen her entfaltet, die – wenn auch oft unter anderen Begriffen – Schwerpunkte der Diskussion in der Geisteswissenschaftlichen Pädagogik waren und sind: Erfahrung, Alltagsbezug, Interaktion, Kommunikation und hermeneutische Verfahren. Dem entspricht auch der teilweise Rückgriff auf Unterrichtsprinzipien und Gestaltungsmittel aus der reformpädagogischen Diskussion zu Beginn des Jahrhunderts (etwa Anschauung, Erlebnis, Selbsttätigkeit, Arbeitsbegriff). Daneben stehen Einflüsse aus anderen philosophisch-pädagogischen Traditionen, nämlich primär aus *materialistischen Positionen* (bei Scheller: vgl. KOSIK 1967, LEONTJEW 1977, NEGT 1971), aus dem amerikanischen *Pragmatismus* und dem *Symbolischen Interaktionismus* (vgl. DEWEY 1949, 1974; vgl. NYKRIN 1978, WELLENDORF 1973) und – implizit – aus der *Kritischen Theorie*. Hinzu kommen Bezugnahmen auf neuere Ansätze der Psychoanalyse, auf psychoanalytisch fundierte Interaktionstheorien und auf Theorien zum „Alltagsbewußtsein" (vor allem bei Scheller: vgl. FÜRSTENAU 1964, HÄSING u.a. 1979, LEITHÄUSER u.a. 1977, LORENZER 1972, ZIEHE 1975) sowie auf therapeutische Ansätze (vgl. COHN 1976, GRODDECK 1978, PERLS u.a. 1979, ROGERS 1976). Teilweise werden auch Bezüge zu phänomenologischer Philosophie aufgenommen.

Erfahrungsbezogener Unterricht. Während GARLICHS/GRODDECK (vgl. 1978a) mit ihrem Vorschlag „erfahrungsoffenen Unterrichts" noch auf der Ebene allgemeiner Problemanalysen blieben, hat SCHELLER (vgl. 1980, 1981a; vgl. SCHELLER/SCHUMACHER 1984) ein im Anspruch fächerübergreifendes Konzept „erfahrungsbezogenen Unterrichts" vorgelegt. Die Forderung nach einer veränderten, stärker erfahrungsbezogenen Unterrichtspraxis stützt er auf eine Kritik der Schule und des herkömmlichen Unterrichts (eigene Analysen unter Bezug auf RUMPF 1976, 1979; WELLENDORF 1973, ZUR LIPPE 1978), die er in Beziehung setzt zu Analysen der alltäglichen, gesellschaftlichen Situation Jugendlicher (vgl. HÄSING u.a. 1979, JUGENDWERK DER DEUTSCHEN SHELL 1982, PROJEKTGRUPPE JUGENDBÜRO UND HAUPTSCHÜLERARBEIT 1975, ZIEHE 1975).

Scheller folgt aus dem seinem Konzept zugrunde gelegten Erfahrungsbegriff für die *Gestaltung der Unterrichtspraxis:*

– Für die Produktion von Erfahrungen ist der jeweilige Kontext sozialer Interaktionen entscheidend, in die der

Betroffene körperlich, emotional, denkend und handelnd eingebunden ist: Auch individuelle Erfahrung ist gesellschaftlich konstituiert (vgl. LORENZER 1972; vgl. SCHELLER 1981a, S.56f.). Im Blick auf die Unterrichtspraxis ergibt sich daraus die Konzentration auf die Strukturierung der Lehr- und Lernformen - und weniger die Frage nach der Legitimation der Inhalte -, um Bedeutsamkeit des Unterrichts für die Lebenszusammenhänge der Schüler und ihre Identitätsbildung zu erreichen.
- Dementsprechend ist im Prozeß der Verarbeitung von Erlebnissen und Erfahrungen der Schwerpunkt auf das Erproben und Finden adäquater Symbolisierungsformen zu legen. Sprache (als bevorzugte Symbolisierungsform in schulischem Unterricht) reiche jedoch nicht aus, den subjektiven Bedeutungen mit ihren halb- und unbewußten Anteilen auf die Spur zu kommen, die Schüler gemäß ihrer Vor-Erfahrungen mit den Gegenständen von Unterricht verbinden (vgl. SCHELLER 1981a, S.61f.). Weitere und erweiterte Symbolisierungsformen seien deshalb für die Unterrichtspraxis wesentlich; Scheller konkretisiert dies mit zahlreichen Beispielen zu den Bereichen Schreiben, Literatur, Photographie und vor allem zum szenischen Spiel (vgl. SCHELLER 1981a, S. 121 ff.; vgl. SCHELLER/SCHUMACHER 1984).

Für die Planung von Unterricht (vor allem von größeren Unterrichtseinheiten) schlägt Scheller ein *Phasenmodell* vor, allerdings ohne die methodologischen Probleme der Konstitution eines Phasenmodells (vgl. BLANKERTZ 1972, S.104) zu diskutieren:
- *Aneignung* von Erfahrungen: Schüler erinnern, veröffentlichen und reflektieren eigene Erlebnisse und Phantasien, beispielsweise im produktiven Umgang mit Bildern und Texten.
- *Verarbeitung* von Erfahrungen: Schüler beschäftigen sich gemeinsam mit den Bedeutungen (Erfahrungen, Wissen, Tätigkeiten) anderer (Schüler, Lehrer, Bücher), um die eigenen Erfahrungen in ihrer Entstehung und Begrenzung zu begreifen, um neue zu erweitern und sie in größeren gesellschaftlichen Zusammenhängen zu sehen.
- *Veröffentlichung* von Erfahrungen: Schüler stellen Ergebnisse der Aneignung und Verarbeitung, aber auch ihre Erfahrungen mit Lernprozessen für eine möglichst über die Schulklasse hinausgehende Öffentlichkeit so dar, daß sie Ausgangspunkt für neue Lernprozesse werden können (vgl. SCHELLER 1980, S.93f.; vgl. SCHELLER 1981a, S. 63ff.).

Erfahrungsbezogener Unterricht setzt reflektierte Lernerfahrungen der Lehrer voraus. In Abgrenzung von Versuchen, sich der Lehrerrolle zu entziehen, sie abzubauen oder autoritär wahrzunehmen, fordert Scheller einen bewußten Umgang mit den Widersprüchlichkeiten der Lehrerrolle und ein Selbstverständnis, dem zufolge die Lehrer weniger für die Vermittlung ganz bestimmter Inhalte als für die Organisation der erfahrungsermöglichenden und -sichernden Lernprozesse verantwortlich sind. Wege zu einem veränderten Selbstkonzept der Lehrer - in früheren Veröffentlichungen (vgl. SCHELLER 1980, 1981a) kaum angesprochen - wurden von Scheller neuerdings vom Begriff der „Lehrerhaltung" ausgehend thematisiert (vgl. SCHELLER 1982, NITSCH/SCHELLER 1982).

Erfahrungserschließende Musikerziehung - Beispiel eines fachdidaktischen Ansatzes. Die Mehrzahl vorliegender Veröffentlichungen zum erfahrungsbezogenem Unterricht stammt aus den Lernbereichen Gesellschaft (vgl. HEIMBROCK 1983, HOLTMANN 1980, SCHAEFFER 1976), Ästhetik (vgl. EHMER 1979, vgl. GÜNTHER u.a. 1982, 1983; vgl.

HARTWIG 1976, NYKRIN 1978) und Sprachen (vgl. MÜLLER-MICHAELS 1978, STEIN 1980); Ansätze im mathematisch-naturwissenschaftlichen Lernbereich sind seltener (vgl. FREISE 1985, RIESS 1977, WAGENSCHEIN 1976, WAGENSCHEIN u. a. 1973).

Ein umfassend ausgearbeitetes Konzept „Erfahrungserschließender Musikerziehung" hat NYKRIN (vgl. 1978) in fachdidaktischer Perspektive vorgelegt. Sein Erfahrungsbegriff deckt sich im wesentlichen mit dem von Scheller, obwohl er auf einer anderen theoretischen Basis entfaltet wird (vgl. DEWEY 1949, 1974; vgl. LAING 1969). Auch das Verhältnis zwischen Erfahrung und Erziehung wird auf anderer theoretischer Basis bestimmt (vgl. MOLLENHAUER 1970, 1972; vgl. WAGENSCHEIN 1975). Die Auseinandersetzung mit Symbolisierungsformen hat bei Nykrin im Vergleich mit Scheller geringen Stellenwert; stärker als dieser untersucht Nykrin Fragen des Verhältnisses erfahrungsbezogenen Unterrichts zu Unterrichtsinhalten und zum Curriculum.

Nykrin verzichtet auf ein Phasenmodell, fordert jedoch von erfahrungserschließender Musikerziehung vier *„Strukturmerkmale"*, die in der Unterrichtspraxis eng aufeinander zu beziehen seien:
- „Erschließung (Rekonstruktion und Deutung) von lebensgeschichtlich ‚gemachter' Erfahrung als Grundlage aktueller Erfahrung" (NYKRIN 1978, S.130);
- didaktische Gestaltung von Situationen, in denen Lehrer und Schüler sich gemeinsam über Inhalte und Lehr-/Lernformen sowie über ihre Erfahrungen im Unterrichtsprozeß verständigen - „Legitimations- und Verständigungsprozesse anläßlich gemeinsamen Lernens" (NYKRIN 1978, S.131);
- „Kompensation und Aufklärung von Erfahrungseinschränkungen" (NYKRIN 1978, S. 133) durch Rekurs auf Erkenntnisse und Verfahren der Bezugswissenschaften;
- „Ermöglichung von Handlungsvollzügen" (NYKRIN 1978, S.134; vgl. auch NYKRIN 1978, S.184ff.).

Neben den besprochenen ausgearbeiteten Konzepten erfahrungsbezogenen Unterrichts liegen Praxisberichte vor, die denselben oder ähnlichen Argumentationssträngen verpflichtet sind (vgl. BRENNER 1981, HELLER/SEMMERLING 1983, RAMSEGER 1980).

Offene Fragen. Die keineswegs neue Frage nach Möglichkeiten und Sinn stärker erfahrungsbezogener Lernprozesse in der Schule wurde in der didaktischen Diskussion der jüngeren Vergangenheit zur Behauptung einer Dichotomie einerseits wissenschaftsbezogener, andererseits erfahrungs- oder alltagsbezogener Lernprozesse zugespitzt (vgl. DERBOLAV 1981). Kritische Einwände gegenüber erfahrungsbezogenem Unterricht gruppieren sich meist um den Vorwurf, solche Konzepte *seien theoriefeindlich* (vgl. LOSER 1986) oder würden eine dem Erlebnis verhaftete Pädagogik rekonstituieren (vgl. MEYER-DRAWE 1986).

Zwar grenzen sich die vorliegenden Konzepte erfahrungsbezogenen Unterrichts von einseitig wissenschaftsorientierten Lernprozessen ab, fordern jedoch ausdrücklich das Lernen wissenschaftlicher Erkenntnisse und Verfahren, wo es um die Verarbeitung von Erfahrungen durch Konfrontation mit und Diskurs über Erfahrungen anderer, um die Erweiterung der Erfahrungsfähigkeit und um das Finden adäquater Symbolisierungsformen gehe. Offen blieb jedoch bisher die Frage, in welcher Weise in erfahrungsbezogenem Unterricht mit Lerngegenständen zu verfahren sei, die - scheinbar oder real - einen sachstrukturell geordneten lehrgangsmäßigen Aufbau erfordern. Scheller betont im übrigen, daß Unterricht „unter den gegenwärtigen Bedingungen nicht *nur* erfahrungsbezogen organisiert werden" könne (SCHELLER 1981a, S.7; Hervorhebung: W.J.), allerdings ohne daraus für seinen Ansatz konkrete Konsequenzen zu ziehen.

Der philosophisch-pädagogische Bezugsrahmen der hier besprochenen Konzepte ist durchaus heterogen. Dies resultiert aus einem bisher offenbar wenig entwickelten Bewußtsein der Autoren erfahrungsbezogener Konzepte für die *Geschichte ihres eigenen Denkansatzes,* das dem hohen Bewußtsein für die Individualität der Lebensgeschichte der am Unterricht beteiligten Subjekte recht unvermittelt gegenübersteht: In den Konzepten (vor allem bei Scheller) bleibt der historische und philosophisch-pädagogische Hintergrund oft verschwommen, für eine Reihe von Problemen wird er gar nicht thematisiert, für andere Fragen werden ältere Erkenntnisse scheinbar neu gewonnen.

Didaktische Überlegungen in den Konzepten – nur bei Nykrin ausführlicher dargestellt – lassen, wenn auch diffus, als Ausgangspunkt eine *Abkehr von traditionellem Verständnis der Aufgaben und Funktionen von Didaktik* erkennen. Eine der traditionellen Hauptfragen didaktischer Überlegung ist die nach den Zielen, Inhalten und Gegenständen des Unterrichts sowie nach deren Geltungsanspruch und Legitimationsverfahren. Diese traditionelle Fragerichtung impliziert, daß die Unterrichts*praxis* immer nur als eine den curricularen Entscheidungsprozessen nachgeordnete Instanz in den Blick kommt und zum Problem einer nachgängigen Implementation und Evaluation der auf anderen Planungsebenen getroffenen Ziel- und Inhaltsentscheidungen wird (vgl. Meyer 1972, S. 120). Demgegenüber betont erfahrungsbezogener Unterricht in einer radikalen Fassung des geisteswissenschaftlichen Theorie-Praxis-Verständnisses den Vorrang der Praxis: Was die Beteiligten im Unterricht tatsächlich erfahren könnten, konstituiere sich auf der Basis der konkreten sozialen Interaktionen im Unterricht und werde durch die je individuellen Zugangsweisen, Deutungs- und Handlungsmuster und deren situativ gebundenen sinnlich-emotionalen Hintergrund gebrochen; Inhaltsentscheidungen vorgängig zu treffen spiegele eine Rationalität der Gestaltbarkeit des Unterrichts vor, die in Wirklichkeit nicht einzulösen sei. Daher wird grundsätzlich bestritten, daß die Legitimation des Unterrichts auf der Ebene institutionalisierter Verfahren der Richtlinien-, Lehrbuch- oder Materialienerstellung zu erreichen sei. Folgerichtig unterbleibt die traditionelle Auseinandersetzung mit Zielen, Inhalten und Gegenständen von Unterricht und ihrer Legitimation sowie – entsprechend – auch die mit Verfahren der „Leistungskontrolle". Diese Auseinandersetzung soll vielmehr Gegenstand von Verständigungs- und Legitimationsprozessen im Unterricht selbst werden (vgl. Nykrin 1978, S. 194 ff.; vgl. Scheller 1981a, S. 63 ff.). Offen bleibt jedoch das Problem, daß diese Auseinandersetzung zumindest eines Substrats bedarf, an dem sie einsetzen kann. Unter den gegenwärtigen Bedingungen schulischen Unterrichts bedeutet dies jedoch auch in erfahrungsbezogenem Unterricht häufig die Notwendigkeit vorgängiger Planung und Legitimation auf der Ebene der Ziele, Inhalte und Gegenstände von Unterricht durch den Lehrer – wenn auch keineswegs im Sinn zweckrational-geschlossener Unterrichtsplanung. Ausgearbeitete Überlegungen hierzu fehlen in den bislang vorgelegten Konzepten.

Daher erscheint es als unangemessen, schon heute von einer „Didaktik" erfahrungsbezogenen Unterrichts zu sprechen; dieser Anspruch wird von den Autoren auch nicht erhoben. Denn die Entwicklung einer solchen Didaktik erfordert Reflexion über jene Fragestellungen hinaus, die von den vorliegenden Konzepten erfahrungsbezogenen Unterrichts befriedigend beantwortet werden.

BLANKERTZ, H.: Theorien und Modelle der Didaktik, München ⁶1972. BRENNER, G.: Subjekt sein in der Schule. Zur Praxis eines schülerorientierten Unterrichts, München 1981. BUCK, G.: Lernen und Erfahrung. Zum Begriff der didaktischen Induktion, Stuttgart/Berlin/Köln/Mainz ²1969. COHN, R. C.: Von der Psychoanalyse zur themenzentrierten Interaktion: Von der Behandlung einzelner zu einer Pädagogik für alle, Stuttgart ²1976. DERBOLAV, J.: ‚Wende zur Alltagswelt' - ‚Wissenschaftsorientierung': Komplementarität oder Kompatibilität? In: P. Rsch. 35 (1981), S. 77 ff. DEWEY, J.: Demokratie und Erziehung (1916), Braunschweig 1949. DEWEY, J.: Erfahrung und Erziehung. In: DEWEY, J.: Psychologische Grundfragen der Erziehung, München/Basel 1974, S. 247 ff. EHMER, H. K. (Hg.): Ästhetische Erziehung und Alltag, Gießen 1979. FREISE, G.: Methodisch-mediales Handeln im Lernbereich Natur. In: Enzyklopädie Erziehungswissenschaft, Bd. 4, Stuttgart 1985, S. 280 ff. FÜRSTENAU, P.: Zur Psychoanalyse der Schule als Institution. In: D. Arg. 6 (1964), 29, S. 65 ff. GARLICHS, A./GRODDECK, N. (Hg.): Erfahrungsoffener Unterricht. Beispiele zur Überwindung der lebensfremden Lernschule, Freiburg/Basel/Wien 1978a. GARLICHS, A./GRODDECK, N.: Plädoyer für ein erfahrungsoffenes Lernen in der Schule. In: GARLICHS, A./GRODDECK, N. (Hg.): Erfahrungsoffener Unterricht..., Freiburg/Basel/Wien 1978, S. 10 ff. (1978 b). GRODDECK, N.: Aspekte zu einer Theorie erfahrungsoffenen Lernens. In: GARLICHS, A./GRODDECK, N. (Hg.): Erfahrungsoffener Unterricht..., Freiburg/Basel/Wien 1978, S. 124 ff. GÜNTHER, U. u. a.: Musikunterricht 1-6, Weinheim/Basel 1982. GÜNTHER, U. u. a.: Musikunterricht 5-11, Weinheim/Basel 1983. HARTWIG, H. (Hg.): Sehen lernen - Kritik und Weiterarbeit am Konzept Visuelle Kommunikation, Köln 1976. HÄSING, H. u. a. (Hg.): Narziß - Ein neuer Sozialisationstypus? Bensheim 1979. HEIMBROCK, H.-G. (Hg.): Erfahrungen in religiösen Lernprozessen. Erträge der 2. Duisburger Arbeitstagung Religionspädagogik und Religionspsychologie, Göttingen/Zürich 1983. HELLER, A./SEMMERLING, R. (Hg.): Das ProWo-Buch. Leben, Lernen, Arbeiten in Projekten und Projektwochen, Königstein 1983. HOLTMANN, A.: Politische Bildung: Ausdifferenzierung und Qualifizierung gesellschaftspolitischen Wahrnehmens und Handelns. Vom Alltagsbewußtsein zur politischen Theorie. In: FISCHER, K. G. (Hg.): Zum aktuellen Stand der Theorie und Didaktik der politischen Bildung, Stuttgart ⁵1980, S. 67 ff. JUGENDWERK DER DEUTSCHEN SHELL (Hg.): Jugend '81. Lebensentwürfe, Alltagskulturen, Zukunftsbilder, Opladen ²1982. KOSIK, K.: Dialektik des Konkreten. Eine Studie zur Problematik des Menschen und der Welt, Frankfurt/M. 1967. LAING, R. D.: Phänomenologie der Erfahrung, Frankfurt/M. 1969. LEITHÄUSER, TH. u. a.: Entwurf zu einer Empirie des Alltagsbewußtseins, Frankfurt/M. 1977. LEONTJEW, A. N.: Probleme der Entwicklung des Psychischen, Kronberg 1977. LORENZER, A.: Zur Begründung einer materialistischen Sozialisationstheorie, Frankfurt/M. 1972. LOSER, F.: Anschauung. In: Enzyklopädie Erziehungswissenschaft, Bd. 3, Stuttgart, 1986, S. 377 ff. MEYER, H. L.: Einführung in die Curriculum-Methodologie, München 1972. MEYER-DRAWE, K.: Lebenswelt. In: Enzyklopädie Erziehungswissenschaft, Bd. 3, Stuttgart 1986, S. 505 ff. MOLLENHAUER, K.: Erziehung und Emanzipation. Polemische Skizzen, München ³1970. MOLLENHAUER, K.: Theorien zum Erziehungsprozeß. Zur Einführung in erziehungswissenschaftliche Fragestellungen, München 1972. MÖLLER, CH.: Technik der Lernplanung. Methoden und Probleme der Lernzielerstellung, Weinheim/Basel ⁴1973. MÜLLER-MICHAELS, H.: Literatur im Alltag und Unterricht. Ansätze zu einer Rezeptionspragmatik, Kronberg 1978. NEGT, O.: Soziologische Phantasie und exemplarisches Lernen. Zur Theorie und Praxis der Arbeiterbildung, Frankfurt/M. 1971. NITSCH, W./SCHELLER, I.: Gemeinsame Arbeit an Haltungen - abschließende Bemerkungen zu einer Form selbstorganisierter Lehrerfortbildung. In: Westerm. P. Beitr. 34 (1982), S. 448 f. NYKRIN, R.: Erfahrungserschließende Musikerziehung. Konzepte - Argumente - Bilder, Regensburg 1978. OTTO, G./SCHULZ, W.: Der Beitrag der Curriculumforschung. In: Enzyklopädie Erziehungswissenschaft, Bd. 3, Stuttgart 1986, S. 49 ff. PERLS, F. S. u. a.: Gestalt-Therapie, Stuttgart 1979. PROJEKTGRUPPE JUGENDBÜRO UND HAUPTSCHÜLERARBEIT: Die Lebenswelt von Hauptschülern. Ergebnisse einer Untersuchung, München 1975. RAMSEGER, J.: Offener Unterricht in der Erprobung. Erfahrungen mit einem didaktischen Modell, München 1980. RIESS, F. (Hg.): Kritik des mathematisch-naturwissenschaftlichen Unterrichts, Frankfurt/M. 1977. ROGERS, C. R.: Entwicklung der Persönlichkeit. Psychotherapie aus der Sicht eines Therapeuten, Stuttgart 1976. RUMPF, H.: Unterricht und Identität. Perspektiven für ein humanes Lernen, München 1976. RUMPF, H.: Inoffizielle Weltversionen. Über die subjektive Bedeutung von Lehrinhalten. In: Z.f.P. 25 (1979), S. 209 ff. SCHAEFFER, B.: Erfahrung als Grundlage politischen und sozialen Lernens. In: PREUSS-LAUSITZ, U. u. a. (Hg.): Fachunterricht und politisches Lernen, Weinheim/Basel 1976, S. 87 ff. SCHELLER, I.: Erfahrungsbezogener Unterricht. Aneignung – Verarbeitung – Veröffentlichung, Oldenburg 1980. SCHELLER, I.: Erfahrungsbezogener Unterricht. Praxis, Planung, Theorie, Königstein 1981 a. SCHELLER, I.: An Erfahrungen lernen – auch in der Lehrerausbildung? In: Westerm. P. Beitr. 33 (1981), S. 122 ff. (1981 b). SCHELLER, I.: Lehrerhaltungen und das was andere davon wahrnehmen. In: Westerm. P. Beitr. 34 (1982), S. 416 ff. SCHELLER, I./SCHUMACHER, R.: Das szenische Spiel als Lernform in der Hauptschule, Oldenburg 1984. SCHRÜNDER, A.: Alltagsorientierung in der Erziehungswissenschaft. Studien zu ihrem Anspruch und ihrer Leistung auf dem Hintergrund alltagstheoretischer Ansätze in den Sozialwissenschaften, Weinheim/Basel 1982. SCHRÜNDER, A.: Alltag. In: Enzyklopädie Erziehungswissenschaft, Bd. 1, Stuttgart 1983, S. 304 ff. SCHULZ, W.: Unterricht – Analyse und Planung. In: HEIMANN, P. u. a.: Unterricht – Analyse und Planung, Hannover/Berlin/Darmstadt/Dortmund 1965, S. 13 ff. SCHULZ, W.: Unterrichtsplanung, München/Wien/Baltimore 1980. STEIN, P. (Hg.): Wieviel Literatur brauchen Schüler? Kritische Bilanz und neue Perspektiven des Literaturunterrichts, Stuttgart 1980. WAGENSCHEIN, M.: Verstehen lehren. Genetisch – Sokratisch – Exemplarisch, Weinheim/Basel ^{5}1975. WAGENSCHEIN, M.: Die pädagogische Dimension der Physik, Braunschweig ^{4}1976. WAGENSCHEIN, M. u. a.: Kinder auf dem Wege zur Physik, Stuttgart 1973. WELLENDORF, F.: Schulische Sozialisation und Identität. Zur Sozialpsychologie der Schule als Institution, Weinheim/Basel 1973. ZIEHE, TH.: Pubertät und Narzißmus. Sind Jugendliche entpolitisiert? Frankfurt/Köln 1975. ZUR LIPPE, R.: Am eigenen Leibe. Zur Ökonomie des Lebens, Frankfurt/M. 1978.

Werner Jank

Unterricht, handlungsorientierter

Begriff. Mit dem Begriff „handlungsorientierter", „handelnder" oder „handlungsbezogener Unterricht" wird ein Unterrichtskonzept bezeichnet, das den Schülern einen handelnden Umgang mit den Lerngegenständen und -inhalten des Unterrichts ermöglichen soll. Die materiellen Tätigkeiten der Schüler bilden dabei den Ausgangspunkt des Lernprozesses, und es sollen Handlungsprodukte als konkrete Ergebnisse des Lern- und Arbeitsprozesses erstellt werden. Zwei unterschiedliche Traditionslinien dieses Konzepts sind zu erkennen, die erst in jüngster Zeit in einigen Bereichen ineinanderfließen. Es sind die Tradition der Reformpädagogik einerseits und die Tradition eines auf der Tätigkeitspsychologie der kulturhistorischen Schule aufbauenden Unterrichts andererseits.

Die Tradition der Reformpädagogik. Die Kritik an einem lebensfremden und überwiegend verbal-abstrakt bleibenden Unterricht, der schulisches Lernen mit einer notwendig kontemplativen Haltung zur Welt gleichsetzt, der die Welt und ihre Erscheinungen betrachtet, beschreibt und im besten Falle erklärt, aber nicht in sie eingreift, hat eine lange Tradition: Schon Comenius (1592–1670) forderte in seiner „Didactica magna", den Unterricht zu einem harmonischen Gesamtprozeß der Weltaneignung zu machen, in dem Anschauung, sprachliche Darstellung *und* sensomotorische Erprobung und Übung miteinander verknüpft und zu einer neuen Ordnung geführt werden sollten (vgl. COMENIUS 1954, SCHALLER 1962). Schleiermacher (1768–1834) und Fröbel (1782–1852) forderten, das kindliche Lernen aus Spielhandlungen heraus zu entwickeln. Vor allem aber im Umkreis der Reformpädagogik wurde eine Reihe von Unterrichtskonzepten entwickelt, die bis in die Begriffswahl eine große Nähe zu den heute diskutierten Konzepten haben

(zum Überblick vgl. HAUSMANN 1959, S. 148 ff.). Langermann entwickelte an seiner Hilfsschule seinen Ansatz eines „handelnden Unterrichts", in dem er ganz im Geiste der Klassiker „die Freiheit des Kindes zum Handeln" als Vorbedingung eines erfolgreichen Lernprozesses bestimmte (vgl. LANGERMANN 1910). Kerschensteiner (1854–1932) prägte den Begriff der Arbeitsschule, die „dem gesamten Seelenleben des Kindes entgegenkommt". Es sollte eine Lernschule sein, die nicht nur der Rezeptivität, sondern auch der Produktivität des Kindes, die nicht nur seiner passiven, sondern auch seiner aktiven Natur angepaßt ist. Diese Lernschule sollte nicht bloß den intellektuellen, sondern besonders auch den sozialen Trieben des Kindes gerecht werden (vgl. KERSCHENSTEINER 1954, S. 99). Gaudig (1860–1923), der sich als Kontrahent Kerschensteiners empfand, der jedoch die Mehrzahl seiner Grundsätze teilte, betonte den Aspekt der Selbsttätigkeit der Schüler: „Sofern der Schüler selbsttätig ist, ist seine Arbeit eine ‚Handlung', bei der er das ‚handelnde Subjekt', oder wie man es ausdrücken kann: ‚der Täter seiner Taten' ist" (GAUDIG 1922, S. 93). Haase (1893–1961) wollte neben der Ausbildung der Kulturtechniken und dem freien Gesamtunterricht im Sinne B. Ottos (1859–1933) als dritte methodische Grundform der Volksschularbeit das „Vorhaben" setzen (vgl. KRETSCHMANN/HAASE 1948). Ein Zeugnis für die politische Relevanz einer pädagogischen Arbeit mit Kopf und Hand wurden die Schriften Reichweins (1898–1944), der wegen seiner Beteiligung am Hitler-Attentat als designierter Kultusminister hingerichtet wurde (vgl. REICHWEIN 1951).
Diese Traditionen wurden in der Ära der Bildungsreform seit dem Ende der 60er Jahre aufgenommen und weiterentwickelt, so durch die Wiederentdeckung der Projektmethode (vgl. FREY 1982) und die Arbeit in Projektwochen (vgl. HELLER/SEMMERLING 1983), durch die Rezeption der Freinet-Pädagogik (vgl. PREUSS-LAUSITZ 1983), durch den Aufbau von Versuchsschulen wie die Bielefelder Laborschule (vgl. v. HENTIG u. a. 1971) oder die Glocksee-Schule (vgl. BOTH/ILIEN 1982, OEHLSCHLÄGER 1986), die die Trennung von Schule und Leben aufzubrechen versuchen.
In der Tradition des reformpädagogischen Verständnisses steht auch eine Reihe zumeist noch wenig theoretisch entfalteter, jedoch aus der Schulpraxis erwachsener und in ihr erprobter allgemein- und fachdidaktischer Konzepte: der „handlungsorientierte Unterricht" von MEYER (vgl. 1980), sozialkundliche Versuche in gleicher Richtung von HOLTMANN u. a. (vgl. 1984), Vorschläge für den Geographieunterricht (vgl. DAUM 1982), die schon ein wenig älteren Ansätze eines Sachunterrichts in „Handlungseinheiten" (vgl. RABENSTEIN/HAAS 1969), das „Lernen mit Kopf und Hand" bei FAUSER u. a. (vgl. 1983), das „situative Lernen" bei BRENNER (vgl. 1981), das „handlungsorientierte Lernen" der BIELEFELDER LEHRERGRUPPE (vgl. 1979).
Eine eindeutige Definition handlungsorientierten Unterrichts im Sinne dieser Ansätze gibt es zur Zeit nicht, wohl jedoch bereits eine heftige Diskussion über Voraussetzungen und Konsequenzen (vgl. GEISSLER 1983, S. 579; vgl. GUDJONS 1980, MOSER 1978). Dennoch lassen sich gemeinsame *Merkmale* dieses Unterrichtskonzepts formulieren. Danach ist es das Ziel eines handlungsorientierten Unterrichts, durch die aktive Auseinandersetzung und durch den handelnden Umgang der Schüler mit der sie umgebenden gesellschaftlichen Wirklichkeit Erfahrungs- und Handlungsspielräume zu schaffen und dadurch die Trennung von Schule und Leben ein Stück weit aufzuheben.
Als *Kriterien* für einen solchen Unterricht werden benannt:
– *Interessen- und Bedürfnisorientierung*

der Unterrichtsgestaltung: Die subjektiven Bedürfnisse und Interessen sollten nicht kritiklos vorausgesetzt werden, wohl aber den Ausgangspunkt für den Unterrichtsprozeß bilden. Diese Interessen sind nicht als abstrakte Vorgaben zu betrachten. Vielmehr sollten sie im handelnden Umgang mit dem Unterrichtsthema ermittelt, entwickelt und verändert werden (vgl. GUDJONS 1980, S. 347; vgl. MEYER 1980, S. 304 ff.).
- *Subjektbezug:* Die Handlungsmöglichkeiten im Unterricht sollten so gestaltet werden, daß die Schüler ihre im Alltag gemachten oder in der Unterrichtssituation neu ermöglichten Erfahrungen einbringen können. Deshalb ist es wichtig, den Unterricht so zu gestalten, daß möglichst alle Sinne angeregt und daß die Erlebnisse und Erfahrungen verarbeitet werden können (vgl. BRENNER 1981, S. 52).
- *Produktorientierung* des Unterrichts: Lehrer und Schüler sollten gemeinsam festlegen, welche Handlungsergebnisse im Unterricht anzustreben sind (vgl. BOETTCHER u. a. 1978, S. 103 ff.; vgl. MEYER 1980, S. 211). Die Handlungsprodukte sollten für alle Beteiligten einen sinnvollen Gebrauchswert haben und möglichst eine Öffnung der Schule und einen Eingriff in reale gesellschaftliche Entwicklungen sichern.

Für die *Planung* eines handlungsorientierten Unterrichts entwickelt MEYER (vgl. 1980, S. 345 f.) ein Raster, wonach in einer Bedingungsanalyse der Lehrer die Handlungsspielräume im Blick auf die fachlichen, gesellschaftlichen und institutionell organisatorischen Vorgaben ebenso ermittelt werden, wie das Alltagsbewußtsein und die Interessen, die die Schüler dem Thema entgegenbringen werden. Auf der Grundlage dieser Ergebnisse kann der Lehrer Lehrziele formulieren und Vermutungen über die Handlungsziele der Schüler anstellen.

Der Ansatz der Tätigkeitspsychologie der kulturhistorischen Schule. Einen fruchtbaren Ansatz für ein umfassendes theoriegeleitetes Konzept handlungsorientierten Unterrichts hat die sowjetische kulturhistorische Schule der Psychologie geliefert (vgl. GALPÉRIN 1973; vgl. LEONTJEW 1973, 1982; vgl. WYGOTSKI 1977), der sowohl in der Deutschen Demokratischen Republik (vgl. KLINGBERG 1982a, b) als auch in der Bundesrepublik Deutschland ausführliche Beachtung gefunden hat und zur Grundlage allgemein- und fachdidaktischer Konzepte gemacht worden ist: für ein „Lernen durch Handeln" (vgl. MANN 1981), für die gewerkschaftliche Erwachsenenbildung (vgl. WILHELMER 1979), für den Sprachunterricht (vgl. KESELING u. a. 1976), für den Sportunterricht (vgl. WEINBERG 1981, WOPP 1980), für den Leselernprozeß (vgl. BERGK 1980) und für die Didaktik an Sonderschulen (vgl. ROHR 1980). LEONTJEW (1982, S. 174) formuliert, ausgehend von einer Wechselbeziehung von Individuum und Umwelt: „Das Innere (das Subjekt) wirkt über das Äußere und verändert damit sich selbst" (vgl. KLINGBERG 1982 b, S. 76). Galpérin entwickelte auf der Grundlage dieser These ein Handlungskonzept, das von einer dialektischen Einheit von Tätigkeit und Bewußtsein, von Subjekt und Objekt ausgeht: Durch die Tätigkeit formt sich das Bewußtsein. Dieses steuert und reguliert aber wiederum auf der Grundlage operativer Abbildsysteme die Tätigkeit des Subjekts (vgl. GALPÉRIN 1973, S. 81; vgl. HACKER 1973). Da es ohne Bewußtsein zwar ein Verhalten des Individuums, aber nicht ein Handeln gibt, wird eine Priorität der Handlung gegenüber dem Bewußtsein angenommen. Der Kern der Tätigkeitstheorie Galpérins besteht in der Annahme, daß die Bewußtseinsbildung durch „Interiorisation" äußerer, materieller Handlungen zu geistigen, sprachlich vermittelten Handlungen erfolgt (vgl.

GALPÉRIN 1973, S. 88; vgl. KEIL 1977, S. 104). Diese Kernannahme wurde zu einem *Etappenmodell* der Aneignung geistiger Operationen weiterentwickelt. Nach Galpérin beinhaltet jede Handlung drei komplexe psychische Funktionseinheiten: den Orientierungs-, Ausführungs- und Kontrollteil einer Handlung. Demgemäß beginnt der Lehrer mit der Schaffung einer Orientierungsgrundlage, die nur die wesentlichen Komponenten vollständig enthalten und die die Schüler möglichst selbständig erarbeiten sollten. In der ersten Etappe werden materialisierte Handlungen vollzogen, um diese in der zweiten Etappe in die gesprochene Sprache zu übertragen. In der dritten Etappe als „Sprache für sich" besteht kein direkter Bezug mehr zu einer materialisierten Handlung, und in der vierten Etappe wird schließlich die „innere Sprache" entwickelt (Darstellungen des Etappenmodells: vgl. KESELING u. a. 1976, S. 43 ff.; vgl. KLINGBERG 1982a, S. 157 ff.; vgl. ROHR 1980, S. 119 ff.). Handlungsorientierter Unterricht im Sinne des Etappenmodells stellt die materialisierten, „äußerlichen" Handlungen der Schüler an den Anfang des Lernprozesses. Der Abschluß des Lernprozesses muß jedoch keineswegs in der Erstellung eines „Handlungsprodukts" im Sinne der reformpädagogischen Tradition bestehen, auch wenn dies nicht ausgeschlossen wird. Der Lernprozeß ist vielmehr dann abgeschlossen, wenn das Individuum selbständig und bewußt die verinnerlichte Tätigkeit ausführen kann. Deshalb ist es nicht verwunderlich, daß die Themen und Fachgebiete, an denen bisher ein Unterricht nach dem Etappenmodell illustriert worden ist, relativ problemlos in traditionelle Lehrpläne integriert werden können und daß die in diesen Konzepten geforderte Wahrnehmung der Lehrerrolle eher konventionell-lehrerzentrierte Züge trägt. Die Übertragung des Anspruchs einer dialektischen Persönlichkeitstheorie in die Dialektik des Lehr-/Lernprozesses bereitet noch beachtliche theoretische und praktische Schwierigkeiten (vgl. KLINGBERG 1982b, S. 78 f.). Es ist zu fragen, ob eine streng in Etappen oder Phasen aufgeteilte Organisation des Unterrichts unterschiedslos für die Aneignung von Sprache und Bewegungsmustern gültig sein kann (vgl. GUDJONS 1980, S. 212). In einer Kritik der wissenschaftstheoretischen Prämissen des Modells ist bezweifelt worden, ob im Ansatz der kulturhistorischen Schule die in einer konkreten Utopie auszudrückende Perspektive der Aufhebung von Entfremdung ausreichend gesichert sei (vgl. WIGMANS 1984, S. 4).

Wissenschafts- und gesellschaftstheoretischer Bezugsrahmen. Es ist erstaunlich, daß keine weiteren, vergleichbar umfassenden Ansätze zur theoretischen Absicherung der vielfältigen Konzepte handlungsorientierten Unterrichts vorliegen, obwohl der Handlungsbegriff beispielsweise im Symbolischen Interaktionismus ausführlich entfaltet worden ist (vgl. STEINERT 1977) und auch in der Kritischen Theorie der Frankfurter Schule eine wesentliche Bedeutung hat (vgl. HABERMAS 1968, 1981). Beides sind wissenschaftstheoretische Grundpositionen, auf die sich viele Erziehungswissenschaftler bei ihren Reformbemühungen stützen. So sieht MEYER (vgl. 1980) sein Konzept handlungsorientierten Unterrichts als ersten Schritt in Richtung auf eine konkrete Utopie schülerorientierten Unterrichts, die unter Rekurs auf Bloch und Horkheimer/Adorno formuliert wird. Die Konkretisierung des Konzepts erfolgt dann jedoch weitgehend theorielos im Blick auf unterrichtspraktische Modelle und Erfahrungen. Handlungsorientierter Unterricht wird offensichtlich von vielen seiner Vertreter aus einem unmittelbaren Praxiszusammenhang heraus entwickelt und dann mit Hilfe bestimmter wissenschaftstheoretischer Positionen zu rechtfertigen versucht. Die Ursachen für dieses Defizit dürften im Fehlen einer allgemein gültigen Handlungstheorie (vgl. LENK 1977 ff.) ebenso zu suchen sein wie in der Tatsache, daß der Handlungsbegriff von vielen Erziehungswissenschaftlern in einem umgangssprachlichen, naiv-emphatischen Sinne genutzt wird, um ein emanzipatorisches Interesse an der Erziehung zur Lebenstüchtigkeit zu dokumentieren. Die eingehende terminologische Klärung des Handlungsbegriffs scheint kein Bedürfnis der Erziehungswissenschaft zu sein (vgl. LANGEWAND 1983, S. 427).

Den Konzepten handlungsorientierten Unterrichts liegt unausgesprochen oder explizit die Annahme zugrunde, daß die „Spezifik des Menschen" im produktiven Handeln im Sinne des Eingreifens und Veränderns von Wirklichkeit liegt (vgl. ROSEMANN 1973, S. 51). Dabei wird auf die allgemein anerkannte anthropologische und entwicklungspsychologische Annahme Bezug genommen, daß durch praktisches Handeln mit dem Lerngegenstand der Lernprozeß gefördert und erleichtert werden kann (vgl. AEBLI 1983, PIAGET 1973). Eine ausschließlich psychologische Begründung des handlungsorientierten Unterrichts greift jedoch zu kurz. Weitere Bezugspunkte sind die historischen Veränderungen der allgemeinen Arbeits- und Lebensbedingungen, der darin eingebundene Funktionswandel der Schule und der in ihr institutionalisierten Lernprozesse. Alltägliches Lernen in der Regelschule ist durch die „Stillegung des Körpers" (vgl. RUMPF 1981), durch wachsende Entfremdung der lernenden Subjekte von den abstrakter werdenden Inhalten, durch die Isolierung und Partialisierung des Lernens gekennzeichnet (vgl. VOLPERT 1974, S. 59). Im handlungsorientierten Unterricht hingegen soll durch eine enge Verbindung von Handeln, Erkennen und Denken (vgl. FAUSER u. a. 1983, S. 144) und durch das Erfahrbarmachen des gesellschaftlichen Verwertungszusammenhangs des in der Schule vermittelten Wissens die Isolation der segmentierten Lernzusammenhänge aufgebrochen werden. Aber die „Sperrigkeit" eines konsequenten handlungsorientierten Unterrichts für die schulische Praxis hochentwickelter Industriegesellschaften, die sich daraus ergibt, daß zwischen dem angestrebten konkret-ganzheitlichen, körperbestimmten Aneignungsprozeß von gesellschaftlicher Wirklichkeit einerseits und dem dominanten analytisch-selektiven, kognitiv orientierten Theorielernen andererseits kein schwindender, sondern ein wachsender Widerspruch besteht, macht eine „einfache" Durchsetzung handlungsorientierten Unterrichts im Schulalltag unwahrscheinlich, da dies politisch nicht gewollt wird. Wenn handlungsorientierte Ansätze des Unterrichts in der Diskussion bleiben wollen, so muß in ihnen deutlich gemacht werden, daß „Handlungsorientierung" nicht das Absenken der Theorieanteile und -ansprüche des Unterrichts meint, wie dies in jüngster Zeit verstärkt für die Hauptschule gefordert wird. Gerade im handlungsorientierten Unterricht soll eine dialektische Einheit von Theorie und Praxis, von Reflexion und Produktion erreicht werden (vgl. MEYER 1980, S. 316; vgl. ROHR 1980, S. 93 ff.). Die gegenwärtigen Grenzen des handlungsorientierten Unterrichts liegen deshalb dort, wo Strukturen und Zusammenhänge der Alltagswelt der unmittelbaren Anschauung und Erfahrung nicht zugänglich sind und wo der Zugang auch nicht durch einfache Arrangements zum Zweck der Lehre hergestellt werden kann. Deshalb bedarf das Verhältnis von Wissenschafts- und Handlungsorientierung im Unterricht noch der Klärung, sowohl bezogen auf die einzelnen Schulstufen als auch auf die Besonderheiten des jeweiligen Lerngegenstandes. Die skizzierten Merkmale eines handlungsorientierten Unterrichts weisen die Nähe dieses Konzepts zu anderen didaktisch-methodischen Modellen, wie dem offenen, dem projektorientierten und dem erfahrungsbezogenen Unterricht, zum entdeckenden und problemlösenden Lernen aus. Offensichtlich besitzt dabei der Handlungsbegriff eine *Integrationskraft* (vgl. ROHR 1980, S. 132 ff.), weil die diesen Ansätzen gemeinsame Kritik am „verkopften", kognitiv orientierten Unterricht im Handlungsbezug positiv gewandt werden kann. Die Zielperspektive dieses Ansatzes erschöpft sich aber nicht in dieser Integrationsperspektive. Ziel des Ansatzes bleibt ein neuer, sinnlich-ganzheitlicher Handlungs- und Bewegungsbegriff, dessen Konturen nur erst in Ansätzen sichtbar werden (vgl. WOPP 1983), sowie die konkrete Utopie eines Unterrichts, der von Lehrern und Schülern gemeinsam geplant, durchgeführt und verantwortet werden kann.

AEBLI, H.: Zwölf Grundformen des Lehrens, Stuttgart 1983. BASTIAN, J.: Handlungsorientierung im Geschichtsunterricht – Anregungen für einen Unterricht über Faschismus. In: Westerm. P. Beitr. 32 (1980), S. 350 ff. BERGK, M.: Leselernprozeß und Erstlesewerke, Bochum 1980. BIELEFELDER LEHRERGRUPPE: Schule kann anders sein, Reinbek 1979. BLOCH, E.: Das Prinzip Hoffnung. Gesamtausgabe, Bd. 5, Frankfurt/M. 1959. BLOHM, M.: Kinderspielplätze. Ein Modell für handelnden Unterricht. In: Westerm. P. Beitr. 32 (1980), S. 353 ff. BOETTCHER, W. u. a.: Lehrer und Schüler machen Unterricht, München/Berlin/Wien 1978. BOTH, B./ ILIEN, A.: 10 Jahre Glocksee. Nachrichten von einem anderen Schulalltag. In: päd. extra (1982), 10, S. 20 ff. BRENNER, G.: Subjekt sein in der Schule, München 1981. COMENIUS, J. A.: Große Didaktik (1638), hg. v. A. Flitner, Düsseldorf/München 1954. DAUM, E.: Unterrichtsplanung. In: JANDER, L. u. a. (Hg.): Metzler Handbuch für den Geographieunterricht, Stuttgart 1982, S. 520 ff. FAUSER, P. u. a.: Lernen mit Kopf und Hand, Weinheim/Basel 1983. FREY, K.: Die Projektmethode, Weinheim/Basel 1982. GALPÉRIN, P. J.: Die Psychologie des Denkens und die Lehre von der etappenweisen Ausbildung geistiger Handlungen. In: BUDILOWA, E. A. u. a.: Untersuchungen des Denkens in der sowjetischen Psychologie, Berlin (DDR) 1973, S. 81 ff. GALPÉRIN, P. J.: Zu Grundfragen der Psychologie, Köln 1980. GAUDIG, H.: Die Schule im Dienste der werdenden Persönlichkeit, Bd. 1, Leipzig ^{2}1922. GEISSLER, H.: Unterricht. In: Enzyklopädie Erziehungswissenschaft, Bd. 1, Stuttgart 1983, S. 575 ff. GUDJONS, H.: Handelnder Unterricht – handlungsorientierter Unterricht. In: Westerm. P. Beitr. 32 (1980), S. 344 ff. GUDJONS, H.: Handelnder Unterricht. In: MANN, I.: Schlechte Schüler..., München ^{3}1981, S. 7 ff. HABERMAS, J.: Technik und Wissenschaft als „Ideologie", Frankfurt/M. 1968. HABERMAS, J.: Theorie des kommunikativen Handelns, 2 Bde., Frankfurt/M. 1981. HACKER, W.: Allgemeine Arbeits- und Ingenieurpsychologie, Berlin (DDR) 1973. HAUSMANN, G.: Didaktik als Dramaturgie des Unterrichts, Heidelberg 1959. HELLER, A./SEMMERLING, R. (Hg.): Das ProWo-Buch. Leben, Lernen, Arbeiten in Projekten und Projektwochen, Königstein 1983. HENTIG, H. v. u. a.: Die Bielefelder Laborschule, Stuttgart 1971. HOLTMANN, A. u. a.: Sozialkunde 7–10, Weinheim/Basel 1984. HORKHEIMER, M./ADORNO, TH. W.: Dialektik der Aufklärung, Frankfurt/M. ^{2}1969. KEIL, W.: Psychologie des Unterrichts, München 1977. KERSCHENSTEINER, G.: Grundfragen der Schulorganisation, München ^{7}1954. KESELING, G. u. a.: Sprach-Lernen in der Schule, Köln ^{2}1976. KLINGBERG, L.: Einführung in die allgemeine Didaktik, Berlin ^{5}1982 a. KLINGBERG, L.: Unterrichtsprozeß und didaktische Fragestellung, Berlin 1982 b. KOSSAKOWSKI, A./ETTRICH, K. U.: Psychologische Untersuchungen zur Entwicklung der eigenständigen Handlungsregulation, Berlin (DDR) 1973. KRETSCHMANN, J./HAASE, O.: Natürlicher Unterricht, Hannover 1948. LANGERMANN, J.: Der Erziehungsstaat nach Stein-Fichteschen Grundsätzen, Berlin 1910. LANGEWAND, A.: Handeln. In: Enzyklopädie Erziehungswissenschaft, Bd. 1, Stuttgart 1983, S. 427 ff. LENK, H. (Hg.): Handlungstheorien interdisziplinär, 4 Bde., München 1977 ff. LEONTJEW, A. N.: Probleme der Entwicklung des Psychischen, Frankfurt/M. 1973. LEONTJEW, A. N.: Tätigkeit, Bewußtsein, Persönlichkeit, Köln 1982. MANN, I.: Schlechte Schüler gibt es nicht, München ^{3}1981. MANSKE, C.: Lernen erleben und Leben lernen. In: Westerm. P. Beitr. 32 (1980), S. 358 ff. MEYER, H. L.: Leitfaden zur Unterrichtsvorbereitung, Königstein 1980. MOSER, H.: Didaktisches Planen und Handeln, München 1978. OEHLSCHLÄGER,

Unterricht, kommunikativer

H.-J.: Lernen in Alternativschulen. In: Enzyklopädie Erziehungswissenschaft, Bd. 3, Stuttgart 1986, S. 131 ff. Otto, B.: Der Lehrgang der Zukunftsschule, Berlin 1928. Piaget, J.: Das Erwachen der Intelligenz beim Kinde, Stuttgart 1973. Preuss-Lausitz, U.: Freinet-Pädagogik. In: Enzyklopädie Erziehungswissenschaft, Bd. 8, Stuttgart 1983, S. 434 ff. Rabenstein, R./Haas, F.: Erfolgreicher Unterricht durch Handlungseinheiten, Bad Heilbrunn ³1969. Reichwein, A.: Schaffendes Schulvolk, Braunschweig 1951. Reichwein, A.: Ausgewählte pädagogische Schriften, besorgt v. H. E. Ruppert u. H. E. Wittig, Paderborn 1978. Rohr, B.: Handelnder Unterricht, Rheinstetten 1980. Rosemann, H.: Lernen, Behalten, Denken. Arbeitshefte für Psychologie, Bd. 7, Berlin 1973. Rumpf, H.: Die übergangene Sinnlichkeit, München 1981. Schaller, K.: Die Pädagogik des Johann Amos Comenius und die Anfänge des pädagogischen Realismus im 17. Jahrhundert, Heidelberg 1962. Steinert, H.: Das Handlungsmodell des symbolischen Interaktionismus. In: Lenk, H. (Hg.): Handlungstheorien..., Bd. 4, München 1977, S. 79 ff. Volpert, W.: Handlungsstrukturanalyse als Beitrag zur Qualifikationsforschung, Köln 1974. Weinberg, P.: Lernen von Sporthandlungen, Köln 1981. Wigmans, C.: Onderwijs en Bevrijding, Amsterdam 1984. Wilhelmer, B.: Lernen als Handlung, Köln 1979. Wopp, Ch.: Lernen durch Selbsttätigkeit in Problemlösungsprozessen. In: Binnewies, H./Schulke, H.-J. (Hg.): Lernen im Hochschulsport, Ahrensburg 1980, S. 127 ff. Wopp, Ch.: Alternative Sportkultur. In: Hinrichs, W. u. a. (Hg.): Wir bringen was in Bewegung, Oldenburg 1983, S. 7 ff. Wygotski, L. S.: Denken und Sprechen, Frankfurt/M. 1977.

Christian Wopp

Unterricht, kommunikativer

Konzeption. Prinzipien kommunikativen Unterrichts sind die Einschätzung des unterrichtlichen Kommunikationsprozesses als pädagogischer Eigenwert mit der Betonung des Beziehungselements, Metakommunikation, die Bedeutung nonverbaler Kommunikation sowie Transparenz, Partizipation und Solidarität der am Unterricht Beteiligten und die Beachtung der gesellschaftlichen Relevanz von Unterricht. Historische Wurzeln und Anklänge finden sich im dialogischen Prinzip Martin Bubers, im pädagogischen Prinzip Herman Nohls, in den Reflexionen über die pädagogische Atmosphäre (Bollnow) und den pädagogischen Takt (J. Muth). Hervorzuheben ist vor allem die Position Bubers, der den Ursprung der Erziehung im ontischen Sachverhalt des dialogischen Prinzips als eines spezifischen Verhältnisses von Mensch und Welt sieht (vgl. Schaller 1971, S. 47 ff.).

Um 1970 beginnt die explizite Betrachtung von Unterricht und Erziehung unter kommunikativen Aspekten. Neben einer dezidiert kommunikativen Pädagogik oder Pädagogik der Kommunikation (vgl. Schaller 1978) etablierte sich eine kommunikative Didaktik (vgl. Baacke 1975, Popp 1976, Schäfer/Schaller 1971, Winkel 1980 – bei letzterem kritisch-kommunikative Didaktik genannt). Auch ist die Rede von kommunikativem Lernen (vgl. Lang 1982), doch gewann der Begriff des kommunikativen Unterrichts noch keine klare systematische Gestalt. Die unterrichtstheoretischen Konkretionen sind uneinheitlich, doch lassen sich als theoretische Wurzeln angeben: die pragmatische Kommunikationstheorie von Watzlawick u. a. (vgl. 1985); Ansätze der Verstehenden Soziologie (vgl. Blumer 1973, Cicourel 1975, Mead 1968, Schütz 1974) sowie häufig die Sprechakttheorie (vgl. Habermas 1971, 1981; vgl. Searle 1971, Wunderlich 1975) und die Kritische Pädagogik (vgl. Mollenhauer 1972, Schaller 1978). Ihren praktischen Niederschlag fanden die Überlegungen in Unterrichtsanleitungen (vgl. Boettcher u. a. 1976, Lang 1982, Reinert/Thiele 1976, Winkel 1980).

Im Mittelpunkt des kommunikativen Unterrichts steht nicht eine einzelne Unterrichtskonstituente (etwa Lehrer,

Schüler, Inhalt), auch nicht eine spezifische schulpädagogische Handlungsperspektive, sondern *Unterricht als Prozeß,* also als das Gesamt wechselseitiger verbaler und nonverbaler dynamischer Wechselbeziehungen. Diese umschließen Tatsache und Beschaffenheit der Unterrichtskonstituenten sowie Bedingungen und Implikate unterrichtlichen Geschehens: Unterricht gilt als spezifischer pädagogischer Handlungszusammenhang, bei dem innerhalb eines vorgegebenen institutionellen und historisch-gesellschaftlichen Rahmens Individuen mit unterschiedlichen Lebensgeschichten, impliziten Theorien und Zielvorstellungen, sozialen, emotionalen und kognitiven Ausgangslagen zusammenkommen (müssen), um gemeinsam vorgeschriebene oder selbst entwickelte Ziele zu erreichen. Dies geschieht im Medium der unterrichtlichen – also auch methodisch strukturierten – Kommunikation. Dabei gilt der Kommunikationsprozeß nicht nur als eine Möglichkeit der Vermittlung von Inhalten, sondern auch als eine Institution des Hervorbringens von sozialem Sinn sowie von allgemeinem Wissen, also als kreativ. Das Ganze der Kommunikation gilt mehr als die Summe der Teile (vgl. WATZLAWICK u.a. 1985, S. 120f.). Kommunikativer Unterricht war ebenso wie die Entwürfe von kommunikativer Didaktik nie von vornherein als isolierter, nach außen abgeschlossener Entwurf gedacht, sondern eher als Ergänzung von vorhandenen Überlegungen zum Unterricht (vgl. POPP 1976, S.9; vgl. WINKEL 1980, S.201). Unterricht gilt als eine weitgehend gesellschaftlich determinierte und auf die Gesellschaft zurückwirkende Einrichtung.
Allgemeine Ziele des kommunikativen Unterrichts sind Demokratisierung und Humanisierung von Gesellschaft und Schule sowie individuelle Selbstverwirklichung, kompetente Partizipation des Schülers am sozialen, wirtschaftlichen, gesellschaftlichen und kulturellen Leben und die Entwicklung einer persönlichen und sozialen Identität (vgl. SCHALLER 1984). Dabei wird unterstellt, daß Identität in Kommunikation entsteht und sich verändert, wobei die Beteiligten als aktive Partizipanten die Bedingungen ihrer Sozialisation mit beeinflussen. Schüler sind also nicht lediglich Objekte erzieherischer Einwirkung, sondern gleichwertige, das unterrichtliche Geschehen mitgestaltende Subjekte. Im Hintergrund steht häufig das dialogische oder kommunikative Bildungsmodell, wie es im Anschluß an M. Buber von Schaller entwickelt worden ist. Wichtig ist auch der Erwerb „kommunikativer Kompetenz" im Rekurs auf Apel und Habermas (vgl. POPP 1976, S.29).

Der Einfluß der pragmatischen Kommunikationstheorie. Die pragmatischen Axiome menschlicher Kommunikation (vgl. WATZLAWICK u.a. 1985; Kritik: vgl. SCHÜLEIN 1976, ZIEGLER 1977; ausgewogen: vgl. RAMSENTHALER 1982) gelten nahezu als pädagogische Grundtatsachen, da sie schlagartig die bisherige defizitäre Betrachtungsweise von Unterricht erhellten. So wird mittlerweile die Wichtigkeit der Beziehungsebene unterrichtlicher Kommunikation kaum mehr in Frage gestellt. Der Einfluß von Gefühlen, sozialen Einstellungen und Stimmungen auf die konkreten Interaktionsprozesse, die wiederum verantwortlich sind für die Persönlichkeitsentwicklung, und zwar nicht nur im kognitiven, sondern auch im emotionalen, motivationalen und normativen Bereich, ist empirisch umfassend belegt (vgl. BROPHY/GOOD 1976, DREESMANN 1982, FEND u.a. 1976, ULICH 1981). Auch das Interpunktionstheorem, das die individuelle Interpretation sozialer Situationen beinhaltet, erwies sich als fruchtbar für die Erklärung von sozialen Konflikten in der Schulklasse (vgl. BRUNNER u.a. 1978, GESTÖRTE KOMMUNIKATION 1978). Der Hinweis, daß Beziehungsbotschaften vor allem nonverbal übermittelt werden, verlieh körpersprachlichen und paralinguistischen unterrichtlichen Mitteilungsphänomenen einen entsprechenden Stellenwert. Metakommunikation, also Kommunikation über Kommunikation, erwies sich als eine erzieherisch wertvolle Möglichkeit der Thematisierung von Unterricht, besonders von unterrichtlichen sozialen Vorgängen. Auch die Unterscheidung von symmetrischer und komplementärer Kommunikation ging rasch in das begriffliche Repertoire der Erziehungswissenschaft ein, da sie die Beschreibung der Beziehungsverhältnisse zwischen Lehrern und Schülern und der Schüler untereinander ermöglichte.

Metakommunikation spielt im kommunikativen Unterricht eine wichtige Rolle. (Der Begriff wurde 1967 von WATZLAWICK u. a. eingeführt – vgl. 1985; zur begrifflichen Problematik vgl. DIEGRITZ/ROSENBUSCH 1977, S. 147; vgl. RAMSENTHALER 1982, S. 178.) Schon Watzlawick u. a. sahen in der Metakommunikation eine therapeutisch überaus wichtige Möglichkeit der Behandlung von Beziehungskonflikten. Metakommunikation ist jedoch nicht nur als eine Form kollektiver Therapie im Unterrichtsprozeß anzusehen, sondern wichtig beispielsweise bei der Diskussion unterrichtlicher Vorgänge in der Klasse (Erfahrung mit verschiedenen Sozialformen, Disziplinprobleme, Unterrichtsstil, Umgangs- und Verkehrsformen, Außenseiterprobleme, als konstruktiv verstärkendes und motivierendes Element), vor allem im Hinblick auf soziales Lernen. Dabei sind Differenzierungen zu beachten. Wird Kommunikation thematisiert, an der Aktanten selbst teilgenommen haben, teilnehmen oder teilnehmen werden, so nennt man diesen Orientierungstyp metakommunikativ bestimmt. Falls fremde kommunikative Handlungen zum Gegenstand der Kommunikation werden, kann man von extrakommunikativer Orientierung sprechen. Neben der Unterscheidung nach Orientierungstypen können auch die Zeitdimensionen einer differenzierten Betrachtung zugrunde gelegt werden. Thematisiert werden können historische, aktuelle und prospektive kommunikative Prozesse. Letztere können nach dem Grad ihrer Erwartbarkeit reale, potentielle oder utopische sein (vgl. ROSENBUSCH 1977, WAECHTER 1980).

Nonverbale Kommunikation findet im kommunikativen Unterricht stärkere Beachtung; denn wenn Beziehungen vor allem nonverbal vermittelt werden, so ist es naheliegend, gerade diesem Aspekt unterrichtlicher Kommunikation erhöhte Aufmerksamkeit zu schenken. Auf den drei Funktionsebenen unterrichtlicher Kommunikation werden in unterschiedlichem Maße nonverbale Zeichen eingesetzt, nämlich bei
- der Vermittlung von Inhalten,
- der Regulierung der Kommunikation,
- der Übermittlung von Beziehungsbotschaften.

Auf diesen drei Funktionsebenen ist der Anteil nonverbaler Signale unterschiedlich. Inhalte werden vorwiegend verbal übermittelt, und zwar um so mehr, je abstrakter sie sind. Regulierungsaspekte des Unterrichts können weitgehend nonverbal erfolgen, und zwar um so mehr, je stärker sie formalisiert sind. Die Beziehungsbotschaften im Unterricht werden überwiegend nonverbal ausgetauscht. Je bewußter ein Interaktionspartner seine Beziehungen dokumentiert, desto häufiger wird er sich neben nonverbaler auch verbaler Signale bedienen. Je unbewußter sich Beziehungsbotschaften abspielen, desto ausschließlicher werden nonverbale Signale verwendet. Die aktuelle Form der verbalen und nonverbalen Kommunikation ist nicht nur Indikator der Beziehungsqualität, sondern auch selbst beziehungsgenerierendes Element. Dies wird deutlich, wenn man das Phänomen der divergierenden oder konvergierenden Kommunikation näher betrachtet. Bei konvergierender (kongruenter oder auch konkordanter) Kommunikation gehen verbale und nonverbale Signale eindeutig in die gleiche Richtung, bei divergierender (inkongruenter, diskordanter) Kommunikation sind verbale und nonverbale Äußerungen unterschiedlich, das heißt, sie können ihrer Bedeutung nach sogar entgegengesetzt (kontravalent) sein, wie in der Ironie oder im Double-bind-Phänomen. Durch verschiedene Untersuchungen (vgl. BUGENTHAL u. a. 1979) wurde nachgewiesen, daß divergierende Signale auf Schüler verwirrend wirken und die Beziehungen negativ beeinträchtigen können. Bei unerfahrenen Lehrenden zeigt sich, daß die drei Funktionsebenen unterrichtlicher Kommunikation nicht gleichzeitig beherrscht werden, so daß teilweise Äußerungen im Hinblick auf die Vermittlung von Inhalten, die Prozeßregulierungen oder Beziehungsmanifestationen durcheinandergeraten, einzelne vernachlässigt werden oder unfreiwillig divergieren, so daß sich Schüler nicht mehr eindeutig orientieren können und abweichendes Verhalten zeigen (vgl. ROSENBUSCH/SCHOBER 1986).

Planung und Methode. Die Planung von kommunikativem Unterricht erfolgt, ebenso wie bei offenem oder schülerorientiertem Unterricht, nicht in einer engen determinierenden Form, sondern versucht, möglichst in Kooperation mit den Schülern, als Teil des Unterrichts Materialien aufzubereiten, Fragestellungen zu entwickeln, die als Grundlage für weiterführende schulische Kommunikationsprozesse dienen können. Allerdings kann sich die Planung des Unterrichts nicht nur auf inhaltliche und organisatorische Fragen beschränken, sondern muß in Form einer Sozialplanung auch auf die individuellen Bedürfnisse der an der Unterrichtskommunikation Beteiligten Rücksicht nehmen. Themen dieser Planungsphase wären beispielsweise die Stärkung des Selbstbewußtseins und des Selbstkonzepts von Schülern, Abbau von Frustrationen, Ansporn sowie Pflege des Sozialverhaltens. Es handelt sich also um einen mehr oder weniger offenen Unterricht, der durch die Teilhabe möglichst aller, Schüler wie Lehrer, gekennzeichnet ist. Im Hinblick auf die Ziele und Prinzipien kommunikativen Unterrichts liegt es auf der Hand, daß Methoden, die kommunikative Aktivitäten leichter ermöglichen, bevorzugt werden (Projektunterricht, Gruppenunterricht, Rollenspiel, Partnerarbeit, Kreisgespräch, Diskussion). Die Idealform kommunikativen Unterrichts (gemeinsame Planung von Unterricht zwischen Lehrern und Schülern, wobei sowohl Lehrer als auch Schüler ihre Interessen und Bedürfnisse einbringen; Hervorbringung von neuen Sachverhalten in möglichst herrschaftsfreier, tendenziell symmetrischer Kommunikation) ist sicherlich nicht in allen Altersstufen und unterrichtlichen Situationen möglich. Da es für eine erfolgreiche Form von kommunikativem Unterricht notwendig ist, daß präzise Informationen zugrunde gelegt und vermittelt werden, ist es erforderlich, zwischenzeitlich auch Methoden einzusetzen, in denen Schüler sich individuell mit bestimmten Sachverhalten auseinandersetzen. Der Unterschied zu anderen Unterrichtskonzepten dürfte in diesem Fall darin liegen, daß derartigen Phasen Methodendiskussionen mit den Schülern vorausgehen, so daß die Wahl der Methode nicht nur für den Lehrer, sondern auch für die Schüler sinnvoll und begründet erscheint.

Ausblick. Sicherlich hängt das Interesse an kommunikativem Unterricht damit zusammen, daß dieses Konzept die soziale Wirklichkeit des Unterrichts realistisch mit einbezieht. Außerdem dürfte die kommunikative Komponente von Unterricht gerade in der Gegenwart und absehbaren Zukunft von Wichtigkeit sein, da offensichtlich trotz der Überschwemmung mit eindimensionaler Kommunikation durch Medien aller Art das Bedürfnis zur zweidimensionalen, aktiven, vergewissernden Kommunikation stärker ausgeprägt ist als je zuvor. Weniger denn je hat zeitgenössischer Unterricht eine enzyklopädische Vermittlungsfunktion, eher die, ungeordnet aufgenommenes Wissen zu ordnen, zu systematisieren, zu beurteilen. Wichtig ist nicht Lernen an sich, sondern zu lernen, was man lernen will und wie gelernt werden soll. Dafür ist die kritische Auseinandersetzung mit der schulischen und gesellschaftlichen Wirklichkeit notwendig sowie die stabile Entwicklung der Persönlichkeit, die ja geeignete Kommunikationsprozesse voraussetzt.

AHLBORN, H.-U.: Kommunikation und Lernprozesse. Zur Praxis pädagogischer Beeinflussung (Überreden – Überzeugen), Stuttgart 1975. AHLBORN, H.-U.: Zur Bedeutung nonverbaler Kommunikation für die Erziehungsstile. Überlegungen zu einer vernachlässigten Dimension erforschten Erzieherverhaltens. In: D. Dt. S. 68 (1976), S. 54 ff. BAACKE, D.: Kommunikation und Kompetenz. Grundlegung einer Didaktik der Kommunikation und ihrer Medien, München 1975. BAURMANN, J. u. a. (Hg.): Neben-Kommunikationen. Beobachtungen und Analysen zum nichtoffiziellen Schülerverhalten innerhalb und außerhalb des Unterrichts, Braunschweig 1981. BLUMER, H.: Der methodologische Standort des symbolischen Interaktionismus. In: ARBEITSGRUPPE BIELEFELDER SOZIOLOGEN (Hg.): Alltagswissen, Interaktion und gesellschaftliche Wirklichkeit, Bd. 1, Reinbek 1973, S. 80 ff. BOCK, I.: Kommunikation und Erziehung: Grundzüge ihrer Beziehungen, Darmstadt 1978. BOETTCHER, W.: Kritische Kommunikationsfähigkeit, Bebenhausen 1973. BOETTCHER, W. u. a.: Lehrer und Schüler machen Unterricht. Unterrichtsplanung als Sprachlernsituation. Allgemeine Unterrichtsdidaktik, entwickelt aus dem Schulalltag. Handlungsvorschläge für Lehrer und Schüler, München/Berlin/Wien 1976. BROPHY, J. E./GOOD, T. L.: Die Lehrer-Schüler-Interaktion, München 1976. BRUNNER, E.J. u. a.: Gestörte Kommunikation in der Schule. Analyse und Konzepte eines Interaktionstrainings, München 1978. BUBER, M.: Die Schriften über das dialogische Prinzip, Heidelberg 1954. BUGENTHAL, D. E. u. a.: Die Wahrnehmung von Mitteilungen mit Widersprüchen zwischen verbalen und nichtverbalen Komponenten. In: SCHERER, K. R./WALLBOTT, H. G. (Hg.): Nonverbale Kommunikation..., Weinheim/Basel 1979, S. 256 ff. CICOUREL, A. V.: Sprache in der sozialen Interaktion, München 1975. DIEGRITZ, TH./ROSENBUSCH, H.S.: Kommunikation zwischen Schülern. Schulpädagogische und linguistische Untersuchungen. Didaktische Konsequenzen, München/Berlin/Wien 1977. DREESMANN, H.: Unterrichtsklima. Wie Schüler den Unterricht wahrnehmen, Weinheim/Basel 1982. FEND, H. u. a.: Sozialisationseffekte der Schule, Weinheim/Basel 1976. GARMEZY, N./RUTTER, M. (Hg.): Stress, Coping and Development in Children, McGraw-Hill 1983. GESTÖRTE KOMMUNIKATION. 10 Unterrichtsbeispiele zum Thema „Gestörte Kommunikation". Prax. Dt. (1978), Heft 30. HABERMAS, J.: Vorbereitende Bemerkungen zu einer Theorie der kommunikativen Kompetenz. In: HABERMAS, J./LUHMANN, N.: Theorie der Gesellschaft oder Sozialtechnologie – Was leistet die Systemforschung? Frankfurt/M. 1971, S. 101 ff. HABERMAS, J.: Theorie des kommunikativen Handelns, 2 Bde., Frankfurt/M. 1981. HEINEMANN, P.: Grundriß einer Pädagogik der nonverbalen Kommunikation, Kastellaun 1976. HEINZE, TH.: Unterricht als soziale Situation. Zur Interaktion von Schülern und Lehrern, München 1976. HEINZE, TH.: Schülertaktiken, München/Wien/Baltimore 1980. JOURDAN, M.: Kommunikative Erziehungswissenschaft kritisch gesehen, Bad Heilbrunn 1976. KRAPPMANN, L.: Soziologische Dimensionen der Identität, Stuttgart 1971. LANG, M.: Planungshilfen zum kommunikativen Lernen. Eine Einführung zur Unterrichtsgestaltung mit naturwissenschaftlichen Inhalten, Weinheim/Basel 1982. MAUERMANN, L.: Faktoren unterrichtlicher Kommunikation. Untersuchungen im Rahmen eines Physik-Curriculums für den 5. Schülerjahrgang, München 1976. MEAD, G. H.: Geist, Identität und Gesellschaft aus der Sicht des Sozialbehaviorismus, Frankfurt/M. 1968. MOLLENHAUER, K.: Theorien zum Erziehungsprozeß, München 1972. PETILLON, H.: Soziale Beziehungen zwischen Lehrern, Schülern und Schülergruppen. Überlegungen und Untersuchungen zu Aspekten der sozialen Interaktion in vierten Grundschulklassen, Weinheim/Basel 1982. Popp, W. (Hg.): Kommunikative Didaktik. Soziale Dimensionen des didaktischen Feldes, Weinheim/Basel 1976. RAMSENTHALER, H.: Pragmatische Kommunikationstheorie und Pädagogik. Eine Untersuchung zur Konzeption Watzlawicks u.a. und ihrer Bedeutung für die Pädagogik, Weinheim/Basel 1982. REINERT, G.-B./THIELE, J.: Pädagogische Kommunikation. Unterrichtsversuche und empirische Untersuchungen im Rahmen praxisbezogener Einführungen für Studenten, Kastellaun 1976. REINERT, G.-B./THIELE, J.: Nonverbale pädagogische Kommunikation, München 1977. ROSENBUSCH, H.S.: Einleitung von Metakommunikation bei Hauptschülern. Versuche in einem 7. Hauptschuljahrgang. In: Uw.5 (1977), S.207ff. ROSENBUSCH, H.S./SCHOBER, O. (Hg.): Körpersprache und schulische Erziehung, Baltmannsweiler 1986. SCHÄFER, K.-H./SCHALLER, K.: Kritische Erziehungswissenschaft und kommunikative Didaktik, Heidelberg 1971. SCHALLER, K.: Einführung in die kritische Erziehungswissenschaft. In: SCHÄFER, K.-H./SCHALLER, K.: Kritische Erziehungswissenschaft..., Heidelberg 1971, S.9ff. SCHALLER, K.: Einführung in die Kommunikative Pädagogik, Freiburg 1978. SCHALLER, K.: Die kritisch-kommunikative Pädagogik. In: Westerm. P. Beitr. 36 (1984), S.82ff. SCHERER, K. R./WALLBOTT, H. G. (Hg.): Nonverbale Kommunikation. Forschungsberichte zum Interaktionsverhalten, Weinheim/Basel 1979. SCHÜLEIN, J.A.: Psychotechnik als Politik. Zur Kritik der pragmatischen Kommunikationstheorie, Frankfurt/M. 1976. SCHÜTZ, A.: Der sinnhafte Aufbau der sozialen Welt, Frankfurt/M. 1974. SEARLE, J.R.: Sprechakte. Ein sprachphilosophischer Essay, Frankfurt/M. 1971. SEARLE, J.R.: Indirect Speech Acts. In: COLE, P./MORGAN, J.L. (Hg.): Speech Acts, New York 1975, S.59ff. SWITALLA, B.: Aspekte theoretischen Verstehens kommunikativer Handlungen. In: Ling. u. Did.4 (1973), S.265ff. ULICH, D.: Pädagogische Interaktion, Weinheim/Basel 1979. ULICH, D.: Die Lehrer-Schüler-Interaktion. In: TWELLMANN, W. (Hg.): Handbuch Schule und Unterricht, Bd. 1: Pädagogisch-personelle Aspekte der Schule und des Unterrichts, Düsseldorf 1981, S.161ff. WAECHTER, H.: Das Schülergespräch. Marburger Grundschulprojekt, Weinheim/Basel 1980. WATZLAWICK, P. u.a.: Menschliche Kommunikation. Formen, Störungen, Paradoxien, Bern/Stuttgart/Wien 1985. WINKEL, R.: Die kritisch-kommunikative Didaktik. In: Westerm. P. Beitr. 32 (1980), S.200ff. WUNDERLICH, D.: Unterricht als Dialog. In: Spr. im techn. Zeitalter (1969), 32, S.263ff. WUNDERLICH, D. (Hg.): Linguistische Pragmatik, Frankfurt/M. ²1975. ZIEGLER, J.: Kommunikation als paradoxer Mythos. Analyse und Kritik der Kommunikationstheorie Watzlawicks und ihrer didaktischen Verwertung, Weinheim/Basel 1977. ZINNECKER, J. (Hg.): Der heimliche Lehrplan, Weinheim/Basel 1975.

Heinz S. Rosenbusch

Unterricht, lernzielorientierter

Begriff und Geschichte. Nachdem in den 60er Jahren der Begriff „Lernziel" sich rasch in Deutschland eingebürgert hatte (vgl. LEMKE 1986a), verbreitete sich zu Anfang der 70er Jahre auch die Bezeichnung „lernzielorientierter Unterricht", vorbereitet durch die zu diesem Zeitpunkt schon gebräuchliche Bezeichnung „lernzielorientierter Test" (vgl. FLECHSIG u.a. 1970, HEIPCKE 1970). Das deutlichste Symptom für die dem lernzielorientierten Unterricht zugemessene Bedeutung ist die im Jahre 1972 erfolgte Gründung der Zeitschrift „Lernzielorientierter Unterricht".

Der lernzielorientierte Unterricht ist eine nach zweckrationalen Gesichtspunkten vorgehende Unterrichtskonzeption, die auf erfahrungswissenschaftlicher Grundlage versucht, durch geeignete Unterrichtsarrangements einen möglichst großen Lernerfolg für möglichst viele Schüler zu erreichen. Als wichtigste Hilfsmittel werden dabei eine präzise Formulierung der zu erreichenden Lernziele und eine auf diese Lernziele bezogene Kontrolle der Lernergebnisse angesehen (vgl. LEMKE 1981a, S.65ff.; vgl. PETERSSEN 1975, S.11f.). Die wesentlichen Elemente der später hierzulande unter dem Namen lernzielorientierter Unterricht bekannt gewordenen Unterrichtskonzeption hat der amerikanische Pädagoge Tyler bereits im Jahre 1949 in seinem Buch „Basic Principles of Curriculum and Instruction" niedergelegt, dessen deutsche Übersetzung 1973 erschien (vgl. TYLER 1973). Zunächst fand das später in über 30 Auflagen verbreitete Buch kaum Resonanz (vgl. POPHAM 1969, S. 33). Ihre weite Verbreitung verdankt die Konzeption des lernzielorientierten Unterrichts drei historischen und gesellschaftlichen Entwicklungen, die zunächst in den USA, dann mit einer Verschiebung von ungefähr zehn Jahren auch in der Bundesrepublik Deutschland stattfanden: dem Aufkommen der auf behavioristischer Grundlage arbeitenden Unterrichtstechnologie in den 50er Jahren, dem gleichzeitig gestiegenen öffentlichen Interesse an Unterrichtsforschung und der nach dem „Sputnik-Schock" einsetzenden Curriculumreform (vgl. LEMKE 1981a, S. 23 ff.). Zu der Entwicklung in der Bundesrepublik haben maßgeblich beigetragen: ROTH (1963), der „die realistische Wendung in der Pädagogischen Forschung" propagierte, ROBINSOHN (1967), der mit seiner Programmschrift „Bildungsreform als Revision des Curriculum" die durch die Bildungsreform in Gang gesetzte breite Curriculumrevision konzeptionell anleitete, und HEIMANN (vgl. 1962, S. 416), dessen „Berliner Schule" als direkter Vorläufer des lernzielorientierten Unterrichts angesehen werden kann, weil in deren Konzept die Unterscheidung von Intentionalität und Inhaltlichkeit eine große Rolle spielt und auch die Kontrollierbarkeit didaktischer Entwürfe gefordert wird (vgl. SCHULZ 1965, S. 45). Seit Beginn der 70er Jahre war dann zu beobachten, daß in allen Bundesländern lernzielorientierte Richtlinien für alle Schulfächer und Schulstufen konzipiert wurden und daß durch die administrativ durchgeführte Bildungsreform das Lernzielkonzept in eine dominierende Vormachtstellung gerückt wurde (vgl. MEYER 1979, S. 144 ff.). Manche Autoren sprechen sogar von einem Monopol der Lernzieldidaktik (vgl. KOZDON 1981, S. 12). Seit dem Ende der 70er Jahre ist aber die „Lernzielwelle" abgeebbt, und andere, zum Teil gegenläufige Konzeptionen wie der schülerorientierte Unterricht beherrschen die wissenschaftliche Diskussion. In der Referendarausbildung stehen Lernzielfragen nicht mehr im Mittelpunkt, und auch neuere Richtlinienentwürfe gehen nicht mehr im Sinne einer strikten Lernzielorientierung vor (vgl. MEYER 1979, S. 150 f.).

Die Idee, den Unterricht nach streng zweckrationalen Gesichtspunkten zu organisieren, hat in der europäischen und deutschen Pädagogik eine lange Tradition, die über Ziller und die anderen Herbartianer, über die Aufklärungspädagogen Basedow und Trapp bis hin zu Comenius und Ratke, also bis ins 17. Jahrhundert, zurückführt (vgl. LEMKE 1981a, S. 34 ff.).

Ziele und Konzeption. Daß von den Verantwortlichen der Bildungsreform gerade das Konzept des lernzielorientierten Unterrichts favorisiert wurde, ist nicht verwunderlich, denn eines der Hauptargumente für die Bildungsreform war die weithin angenommene mangelnde Effizienz des herkömmlichen Bildungssystems. Bezeichnend ist hier eine Passage aus dem „Strukturplan für das Bildungswesen": „Versteht man unter Schule die bestmögliche Organisation von Lernprozessen, so ist danach zu fragen, welche Lernziele die Schule anstreben und konsequenterweise auch kontrollieren muß, wenn die von ihr organisierten Lernprozesse ebenso der Entfaltung der Person wie der Erfüllung gesellschaftlicher Forderungen dienen sollen" (DEUTSCHER BILDUNGSRAT 1972, S. 78). Was hier beschrieben wird, entspricht der Konzeption des lernzielorientierten Unterrichts, der „zweckrationale[n] Gestaltung des gesamten Unterrichts von der Planung über die Durchführung bis zur Evaluation", wie es PETERSSEN (1975, S. 12) formuliert. Es wird angenommen, daß für die Auswahl geeigneter Unterrichtsmethoden, Medien und Interaktionsformen eine genaue Formulierung der Lernziele ebenso wichtig ist wie für die genaue Kontrolle des Lernerfolgs. Als hinreichend genau werden nur operationale Lernzielformulierungen anerkannt, also solche, die ein erwünschtes Verhalten definieren, das die Schüler nach erfolgreichem Lernen im Zusammenhang mit einem bestimmten Lerngegenstand zeigen können sollen.

So bestehen MÖLLER (vgl. 1973, S. 80) und PETERSSEN (vgl. 1975, S. 73 f.) darauf, daß Lernziele für die Planung von Unterricht in jedem Fall nach den Operationalisierungsvorschriften MAGERS (vgl. 1973, S. 53) formuliert sein müßten. POPHAM (vgl. 1969, S. 42) und GAGNÉ (vgl. 1973, S. 6) argumentieren dahin gehend, daß nur durch operationalisierte Lernziele die erforderliche Klarheit und Unmißverständlichkeit in die Kommunikation zwischen Lehrer und Schülern gebracht werden könne. Dies soll ihrer Meinung nach dazu führen, daß die Schüler in genauer Kenntnis dessen, was von ihnen erwartet wird, sich gezielt um das gewünschte Lernergebnis bemühen können, ihre Fortschritte selbst zu beurteilen in der Lage sind und daraufhin auch mehr Erfolg haben als solche Schüler, die über die Absichten des Lehrers allenfalls Vermutungen aufstellen können. BOECKMANN (vgl. 1973, S. 17 ff.) sieht in der den Schülern offengelegten operationalen Lernzieldefinition eine beachtliche Chance zur mündigen Beteiligung der Lernenden am Unterrichtsprozeß und hebt hervor, daß durch die Lernzieloperationalisierung auch eine fairere Form der Leistungsbeurteilung möglich wird. Letzten Endes sieht er in der Offenlegung der Lernziele durch den Lehrer auch einen Abbau autoritärer Herrschaftsstrukturen in der Schule, eine Möglichkeit, Schule demokratischer zu machen.

Die von Boeckmann erwähnte fairere Form der Leistungsbeurteilung ist der lernzielorientierte Test, der nur das prüfen darf, was auch Ziel des Unterrichts gewesen ist. Kennzeichnend für diesen Test ist es auch, daß er nicht dem Interesse einer möglichst scharfen Selektion dient wie traditionelle Klassenarbeiten oder normgruppenorientierte, standardisierte Tests, sondern nur für jeden einzelnen Schüler feststellen will, ob er die Lernziele der Unterrichtseinheit erreicht hat oder nicht. Lernzielorientierte Tests sind also *kriterienorientiert* und dienen in erster Linie der individuellen Lernerfolgsdiagnose (vgl. STRITTMATTER 1973, S. 9 ff., S. 62 ff.). Lernzielorientierte Tests können entweder am Ende einer Unterrichtseinheit eingesetzt werden (summative Evaluation) oder schon vorher bei wichtigen Etappen auf dem Lernweg (formative Evaluation). Besondere Bedeutung gewinnt die formative Evaluation mit lernzielorientierten Tests in dem von BLOOM (vgl. 1973, S. 256 f.) propagierten Konzept des „zielerreichenden Lernens" (mastery learning), das versucht, die Streubreite der Lernleistungen, die normalerweise bei aufeinander aufbauenden Lernsequenzen immer größer wird, drastisch zu verringern, das heißt, möglichst viele Schüler zum Erreichen der gesetzten Lernziele zu bringen. Dies geschieht durch Individualisierung des Lernens, lernbegleitende Kontrolle und durch gezielte Fördermaßnahmen bei Schülern, die im jeweiligen formativen Test nicht erfolgreich waren (vgl. BLOCK 1971, ROLLETT 1984). Ansätze zum Konzept des zielerreichenden Lernens finden sich schon bei Trapp, einem prominenten Vertreter der Pädagogik des 18. Jahrhunderts (vgl. LEMKE 1981 a, S. 59). Darüber hinaus dient die lernzielorientierte Leistungsmessung noch einem weiteren Zweck: der Rückmeldung für den Lehrer, wie erfolgreich sein Unterricht war und wie realistisch die Lernziele im Hinblick auf die Möglichkeiten seiner Schüler waren.

Probleme und Kritik. Die problemati-

Unterricht, lernzielorientierter

schen Seiten des lernzielorientierten Unterrichts zeigen sich dort am deutlichsten, wo das Prinzip der Zweckrationalität verabsolutiert wird. Wenn man nach den Empfehlungen von Möller und Peterßen vorgeht, die nur noch Unterrichtsentwürfe zulassen wollen, in denen alle Lernziele so weit operationalisiert sind, daß aus ihnen durch geringfügiges Umformulieren schon die Aufgaben des zugehörigen Tests entstehen, nähern sich die geplanten Unterrichtsverläufe linearen Unterrichtsprogrammen an, der Unterricht degeneriert zur Instruktion. Denn wenn es einem Lehrer endlich gelungen ist, die vielen genau definierten Einzelziele für seine geplante Unterrichtsstunde in eine sinnvolle Reihenfolge zu bringen, nimmt die einmal festgelegte Abfolge von Lernschritten leicht den Charakter des Unabänderlichen an. Der Lehrer wird zum Sklaven seiner eigenen Planung, die Schüler haben sich auf dem kürzestmöglichen Wege in genau festgelegten Bahnen auf das vom Lehrer für sie festgelegte Endziel der Stunde zuzubewegen und können mit eigenständigen Ideen den „geordneten Ablauf" eines solchen Unterrichts nur stören. Überzeugend plädiert deshalb RUMPF (vgl. 1972, S. 102) gegenüber einem derartigen Unterricht für das Recht der Schüler auf Fehler, Umwege und Einfälle. Es besteht darüber hinaus die konkrete Gefahr, daß durch zu weitgehende Operationalisierung von Teillernzielen der zu lernende Sinnzusammenhang bis zur Unkenntlichkeit zerstückelt wird (vgl. BRÜGELMANN 1972, S. 106). Allzu strikte Operationalisierungsanforderungen fördern auch die Tendenz zu einer Verflachung des Unterrichtsniveaus, da einfache Lernziele am leichtesten zu operationalisieren sind, und daraus ergibt sich wieder eine Einübung in Konformität des Denkens (vgl. EBEL 1963, S. 34f.). Wie Schüler in einem nach den Vorstellungen Möllers und Peterßens geplanten Unterricht ihre eigenen Interessen einbringen könnten, ist ebenfalls nicht zu sehen (vgl. RUMPF 1971, S. 402 ff.), und so ist FLÜGGE (vgl. 1971, S. 151 ff.; vgl. FLÜGGE 1979, S. 160 f.) zuzustimmen, wenn er dem bis ins einzelne zielstrebig durchgeplanten Unterricht, besonders wenn das Planungskonzept dem Lehrer durch allzu enge Lehrplanvorschriften selbst schon fest vorgegeben ist, autoritäre Tendenzen vorwirft.

Ausblick. Die Konsequenz der an der Lernzielorientierung des Unterrichts geübten Kritik ist die Erkenntnis, daß eine „Monokultur" lernzielorientierten Unterrichts vermieden werden muß. Die Rücksichtnahme auf die Bedürfnisse und Interessen der Schüler sowie die Beachtung der besonderen Dignität von Inhalten, die nicht linear den Zielentscheidungen untergeordnet werden dürfen, erfordern eine *variable und phantasievolle Inszenierung* des Unterrichts (vgl. LEMKE 1981 b, S. 55 ff.). Auf der anderen Seite ist festzustellen, daß von der Lernzieltheorie selbst schon ein Korrektiv hervorgebracht worden ist, das bei richtiger Verwendung den aufgezählten Problemen und Gefahren des lernzielorientierten Unterrichts entgegenwirken kann. Es handelt sich um die Lernzieltaxonomien (vgl. LEMKE 1986 b), insbesondere die von BLOOM u. a. (vgl. 1972) konzipierte kognitive Taxonomie, die in ihren oberen Kategorien Prozesse des Problemlösens, des entdeckenden Lernens und der Bewertung enthält. Ein Unterricht, der versuchte, in diese Kategorien fallende Lernziele mit Hilfe eines engschrittigen Lernprogramms zu erreichen, würde sich selbst ad absurdum führen. Wenn Schüler etwas selbständig entdecken sollen, muß man ihnen auch den Freiraum zugestehen, der für entdeckendes Lernen notwendig ist. So ist es gemeint, wenn KRATHWOHL u. a. (vgl. 1975, S. 73) feststellen, daß die Wahl einer geeigneten Unterrichtsmethode immer wichtiger wird, je anspruchsvoller die verfolgte Zielsetzung des Unterrichts ist. Selbst eine ausschließlich zweckrationale Betrachtungsweise führt also über die engmaschige lineare Planungsstrategie hinaus, *wenn* man als Lehrer den Zweck verfolgt, den Schülern Gelegenheit zu geben, selbständig und kritisch zu denken. Dann sind nur offenere, problemorientierte Unterrichtsformen wie beispielsweise das von WAGENSCHEIN (vgl. 1966) propagierte genetische Lernen sinnvoll und erfolgversprechend; mit anderen Worten: Ein lernzielorientierter Unterricht ist so gut oder so schlecht wie die Lernziele, die er verfolgt. Es ist im Rahmen eines lernzielorientierten Unterrichtskonzepts möglich, anspruchsvolle, die Schüler zu eigener Initiative anregende Unterrichtsformen zu verwirklichen, die Schüler an der Unterrichtsplanung zu beteiligen, so daß die Lernziele zu Handlungszielen der Schüler werden können, wie es HEIPCKE/MESSNER (vgl. 1973, S. 362 ff.) fordern. Dazu ist es aber notwendig, die starren Vorschriften Möllers und Peterßens fallenzulassen und die Operationalisierung der Lernziele nur so weit zu treiben, wie es für die jeweils beabsichtigte Lernerfahrung sinnvoll und angemessen ist. Auf diese Weise wird der lernzielorientierte Unterricht flexibler und nähert sich tendenziell schülerorientierten Konzepten an, ohne jedoch in die Beliebigkeit und Richtungslosigkeit zu verfallen, die diesen Konzepten als potentielle Gefahr immanent ist. Eine solche Weiterentwicklung des lernzielorientierten Unterrichts, die ihn durch ihre Ausrichtung an den Leitideen Mündigkeit, Kritikfähigkeit und Kreativität neu akzentuiert und durch kooperative Planung die Lehrerdominanz einschränken will, ist von LEMKE (vgl. 1981 a) mit seinem Konzept des „flexibel lernzielorientierten Unterrichts" vorgelegt worden. Dieses Konzept stellt eine Synthese aus lernzielorientiertem und schülerorientiertem Unterricht dar.

BLOCK, J. H. (Hg.): Mastery Learning, New York 1971. BLOOM, B. S.: Individuelle Unterschiede in der Schulleistung: ein überholtes Problem? In: EDELSTEIN, W./HOPF, D. (Hg.): Bedingungen des Bildungsprozesses, Stuttgart 1973, S. 251 ff. BLOOM, B. S. u. a.: Taxonomie von Lernzielen im kognitiven Bereich, Weinheim/Basel 1972. BOECKMANN, K.: Analyse und Definition operationaler Lernziele. In: ROTH, H./BLUMENTHAL, A. (Hg.): Zum Problem der Lernziele. Auswahl, Reihe A, Bd. 13, Hannover 1973, S. 16 ff. BRÜGELMANN, H.: Offene Curricula. In: Z. f. P. 18 (1972), S. 95 ff. DEUTSCHER BILDUNGSRAT: Strukturplan für das Bildungswesen. Empfehlungen der Bildungskommission, Stuttgart ^{4}1972. EBEL, R.: The Relation of Testing Programs to Educational Goals. In: FINDLEY, W. (Hg.): The Impact and Improvement of School Testing Programs, Chicago 1963, S. 28 ff. FLECHSIG, K.-H. u. a.: Probleme der Entscheidung über Lernziele. In: Progr. Lern., Utech. u. Ufo. 7 (1970), S. 1 ff. FLÜGGE, J.: Autoritäre Tendenzen in modernen Unterrichtskonzepten. In: FLÜGGE, J. (Hg.): Zur Pathologie des Unterrichts, Bad Heilbrunn 1971, S. 151 ff. FLÜGGE, J.: Lernzielplanung und totalitäre Gesellschaftspolitik. In: FLÜGGE, J.: Vergesellschaftung der Schüler, Bad Heilbrunn 1979, S. 143 ff. GAGNÉ, R. M.: Operationalisierte Lernziele? - Ja! In: Thema ‚Curr.' (1973), 2, S. 3 ff. HEIMANN, P.: Didaktik als Theorie und Lehre. In: D. Dt. S. 54 (1962), S. 407 ff. HEIPCKE, K.: Zur Theorie lernzielorientierter Tests, Konstanz 1970. HEIPCKE, K./MESSNER, R.: Curriculumentwicklung unter dem Anspruch praktischer Theorie. In: Z. f. P. 19 (1973), S. 351 ff. KOZDON, B.: „Lernziel" - Versuch eines begriffsgeschichtlichen Abrisses. In: KOZDON, B. (Hg.): Lernzielpädagogik - Fortschritt oder Sackgasse? Bad Heilbrunn 1981, S. 9 ff. KRATHWOHL, D. R. u. a.: Taxonomie von Lernzielen im affektiven Bereich, Weinheim/Basel 1975. LEMKE, D.: Lernzielorientierter Unterricht - revidiert, Frankfurt/Bern 1981 a. LEMKE, D.: Schülerorientierung in der Schulpraxis. Ansätze zu einer schülerorientierten „Alltagsdidaktik". In: BIERMANN, R. (Hg.): Unterricht - ein Programm der Schüler, Frankfurt/M. 1981, S. 50 ff. (1981 b). LEMKE, D.: Lernziel. In: Enzyklopädie Erziehungswissenschaft, Stuttgart 1986, S. 537 ff. (1986 a). LEMKE, D.: Lernzieltaxonomie. In: Enzyklopädie Erziehungswissenschaft, Bd. 3, Stuttgart 1986, S. 546 ff. (1986 b). MAGER, R. F.: Lernziele und Unterricht, Weinheim/Basel 1973. MEYER, H. L.: Trainingsprogramm zur Lernzielanalyse, Königstein ⁹1979. MÖLLER, CH.: Technik der Lernplanung, Weinheim/Basel ⁴1973. PETERSSEN, W. H.: Grundlagen und Praxis des lernzielorientierten Unterrichts, Ravensburg ²1975. POPHAM, W.: Objectives and Instruction. In: POPHAM, W. u. a.: Instructional Objectives. American Educational Research Association Monograph Series on Curriculum Evaluation Nr. 3, Chicago (Ill.) 1969, S. 32 ff. ROBINSOHN, S. B.: Bildungsreform als Revision des Curriculum, Neuwied/Berlin 1967. ROLLETT, B.: Diagnose (zielerreichendes Lernen). In: Enzyklopädie Erziehungswissenschaft, Bd. 2, Stuttgart 1984, S. 341 ff. ROTH, H.: Die realistische Wendung in der Pädagogischen Forschung. In: D. Dt. S. 55 (1963), S. 109 ff. RUMPF, H.: Zweifel am Monopol des zweckrationalen Unterrichtskonzepts. Thesen über das Verhältnis von Lernzielen und Unterrichtsereignissen. In: N. Samml. 11 (1971), S. 391 ff. RUMPF, H.: Lernschnellwege? Über das Recht auf Fehler, Umwege, Einfälle und seine Liquidation in zweckrationalen Unterrichtskonzepten. In: FLÜGGE, J. (Hg.): Pädagogischer Fortschritt? Bad Heilbrunn 1972, S. 102 ff. SCHULZ, W.: Unterricht – Analyse und Planung. In: HEIMANN, P. u. a.: Unterricht – Analyse und Planung, Hannover u. a. 1965, S. 13 ff. STRITTMATTER, P. (Hg.): Lernzielorientierte Leistungsmessung, Weinheim/Basel 1973. TYLER, R. W.: Curriculum und Unterricht, Düsseldorf 1973. WAGENSCHEIN, M.: Zum Problem des genetischen Lehrens. In: Z. f. P. 12 (1966), S. 305 ff.

Dietrich Lemke

Unterricht, problemlösender

Vorbemerkung. Die Bezeichnung „problemlösender Unterricht" taucht Mitte der 70er Jahre auf. Vorgeformt vielleicht durch den Buchtitel „Problemlösen im Unterricht" (SEISENBERGER 1974), erscheinen bei Veröffentlichungen der nächsten Jahre wiederholt Überschriften, in denen von problemlösendem Unterricht die Rede ist (vgl. ENGEL/JOREK 1978; vgl. IWON 1975, 1976; vgl. SCHOLZ 1980). Aber es gab bereits vorher eine Fülle von Ansätzen, die als Vorläufer betrachtet werden können (vgl. die Beispiele bei ROTH 1966, S. 219, S. 222 ff.).

Über Probleme und Problemlöseprozesse. Ein Problem liegt vor oder entsteht, wenn drei einander bedingende Momente zusammenwirken:
- eine *Situation,* meist bezeichnet als Anfangs- oder Ausgangssituation, jedoch als Situation erst auffaßbar durch Hinblick auf
- eine *Tendenz* (eine Bewegungsrichtung, den Trend einer Entwicklung, eine Absicht, ein Interesse, einen Wunsch, einen Zwang, ...), eventuell verbunden mit einem erkennbaren *Zielbereich,* aber blockiert oder anders negativ beeinflußt durch
- eine auf den intendierten Prozeß wirkende, *nicht routinemäßig behebbare Behinderung.*

In etwas anderer Redeweise kann man auch sagen, aus einem Problem entspringt eine Aufgabe, zu deren Lösung kein Algorithmus (also kein Verfahren, das mit endlich vielen Schritten garantiert zum Ziel führt), sondern allenfalls ein Heurismus (ein Bündel von Regeln und Ratschlägen zum geschickten Suchen) zur Verfügung steht. Liegt ein Algorithmus vor und ist der Aufgabenlöser im Gebrauch des Algorithmus geübt, so handelt es sich um eine Routineaufgabe, andernfalls um eine Problemaufgabe.

Gefunden werden Probleme entweder infolge auftretender Schwierigkeiten (Barrieren, Blockaden, Engpässe, Hindernisse, Krisen, Mängel, Nöte, Störungen, Unsicherheiten, ...) oder durch kritisches Befragen bereits vorliegender, bisher für „glatt" gehaltener Lösungen, also durch „Problematisierung".

Zum *Erkennen* eines Problems hilft eine Situationsanalyse, bestehend aus Materialanalyse und Konfliktanalyse (vgl.

DUNCKER 1974) – oder allgemeiner: bestehend aus Analyse der vermutlich wichtigen Situationselemente und Analyse der zwischen ihnen bestehenden Relationen.
Formuliert wird ein Problem durch Beschreibung der Ausgangssituation, evtl. Angabe des Zielbereiches (auch in der Form von Fragen, Postulaten oder Imperativen) und eventuell durch Bezeichnung der Schwierigkeiten, die das Erreichen des Zieles verhindern. Eine solche Formulierung kann mehr oder weniger vollständig sein, aber auch überflüssige Angaben enthalten.
Eine wenig diskutierte und selten betrachtete Voraussetzung für den Beginn eines Problemlöseprozesses ist der *Entschluß,* das Problem aufzugreifen. Häufig ist diese Voraussetzung durch starke Motivation oder infolge eines Auftrages, dem man sich nicht entziehen kann, wie automatisch erfüllt; es gibt aber auch Fälle, in denen ein solcher Entschluß das Ergebnis eines bewußt erlebten Entscheidungsprozesses ist, insbesondere dann, wenn Tabus, Vorurteile oder Überzeugungen dabei eine Rolle spielen. Zu unterscheiden ist auch zwischen der Einsicht, daß ein bestimmtes Problem gelöst werden müßte, und dem besonderen Akt, durch den jemand den nötigen Auftrag erteilt oder sich vornimmt, die Lösung selbst zu erarbeiten beziehungsweise daran mitzuwirken.
Für Problemlöseprozesse kann man verschiedene *Phaseneinteilungen* vornehmen (zum Beispiel Problemanalyse, Informationssuche, Inkubationszeit, Hypothesenbildung, Hypothesenprüfung, Konstruktion, Darstellung des Ergebnisses, Speicherung des Ergebnisses für spätere Weiterverwendung, Reflexion über Konsequenzen, Anregung zu neuen Fragen) – je nachdem, wo man am Anfang und am Ende abgrenzen will und wie fein man die Unterscheidungen bei den mittleren Phasen wählt. Wichtig ist, daß Phaseneinteilungen dieser Art elastisch zu handhaben sind, denn weder ein vollständiger noch ein linearer Durchgang ist in jedem Fall erforderlich, andererseits können Rückgriffe oder Schleifen nötig werden. Auch müssen synthetische und analytische Denkschritte frei kombinierbar bleiben; bei analytischen Schritten wird es nützlich sein, die beiden Aspekte der Materialanalyse und der Strukturanalyse nicht nur auf die Anfangssituation, sondern auch auf den Zielbereich und auf die Operatoren anzuwenden, die die notwendigen Transformationen zwischen Anfangssituation und Zielbereich leisten sollen.
Problemlösestrategien (Heurismen) sind für verschiedene Problemklassen (vgl. DÖRNER 1974) und verschiedene Disziplinen (für Mathematik vgl. POLYA 1949; für Technisches Konstruieren vgl. MÜLLER 1970) erarbeitet worden.

Lernziel „Probleme lösen können". Dieses Lernziel läßt sich rechtfertigen durch Hinweis auf Querverbindungen zu Postulaten wie Aktivierung, Denkschulung, geistige Beweglichkeit, Selbständigkeit. Aber „Probleme lösen können" darf nicht als didaktisches Zwischenziel mißverstanden werden, sondern muß als eigenständige Maxime gelten, denn wenn dieses Lernziel nicht erreicht wird, hat die Schule ein Hauptstück ihres Auftrages zur Allgemeinbildung vernachlässigt.
Im Rahmen einer Lernzielhierarchie gehört „Probleme lösen können" zu den fächerübergreifenden Lernzielen (vgl. LANGE 1978). Eine Operationalisierung dieses Lernzieles stößt trotz reicher innerer Gliederung auf die bekannte Schwierigkeit, daß aus allgemeinen Lernzielen keine Feinziele deduziert werden können. Statt dessen besteht hier allenfalls die Möglichkeit, Feinziele kontrolliert zu subsumieren. Deshalb wird häufig versucht, das Erreichen eines allgemeinen Lernzieles dadurch prüfbar zu machen, daß eine mehr oder weniger zufällig zustande gekommene Menge von subsumierbaren Feinzielen

zu einem Test für das Erreichen des allgemeinen Lernzieles zusammengestellt wird, ohne daß Kriterien dafür bekannt wären, inwieweit diese Menge von Feinzielen das allgemeine Lernziel zu repräsentieren vermag. Für das allgemeine Lernziel „Probleme lösen können" ist versucht worden, diese Schwierigkeit durch Vorschlag einer argumentativ gestützten Konvention zwischen Prüfern zu umgehen (vgl. LANGE/WILDE 1977).

Problemunterricht und verwandte Konzepte. Als „entdeckendes Lernen" kann man eine Lernmethode bezeichnen, die durch sachbezogene Lernmotivation, produktive Aktivität sowie eigengesteuerte Such- und Auswahlverfahren der Schüler zu kennzeichnen ist. Je nach Beteiligung des Lehrers spricht man von selbstentdeckendem oder von gelenkt entdeckendem Lernen. Zwischen beiden Formen gibt es fließende Übergange (vgl. WILDE 1984, S. 10).
Die Beziehungen zwischen entdeckendem Lernen und allen Formen von Problemunterricht sind sehr vielfältig. Ohne Entdeckungen und Erfindungen werden anspruchsvolle Problemlöseprozesse kaum möglich sein; andererseits können Probleme häufig Anlaß zur Entdeckungen und Erfindungen geben. Deshalb wird manchmal zwischen entdeckendem Lernen und problemorientiertem Lernen nicht scharf unterschieden. Daß man aber nicht einfach beide Begriffe füreinander einsetzen kann, ergibt sich aus Hinweisen
- auf Entdeckungsprozesse, denen kein Problem zugrunde gelegen hat, und
- auf Problembearbeitungen, etwa durch einsichtvolle Übernahme fremder Lösungen, mithin ohne Entdeckungen oder Erfindungen.

Es gibt also sowohl eine Überschneidung als auch zueinander getrennt liegende Teile bei den beiden Bereichen „entdeckendes Lernen" und problemorientiertes Lernen" (vgl. WILDE 1984, S. 11). Analog lassen sich die Beziehungen zwischen Problemunterricht und solchen Konzepten wie „forschendes Lernen" oder „genetisches Verfahren" klären.

Problemlösender Unterricht als Spezialfall von Problemunterricht. Innerhalb des Bereiches „Problemunterricht" muß weiter differenziert werden. Die Bezeichnungen „problemzentrierter Unterricht", „problemorientierter Unterricht", „problemhafter Unterricht" oder einfach „Problemunterricht" bedeuten nur, daß ein Problem zum Gegenstand des Unterrichts genommen wird, und sagen noch wenig darüber aus, welcher Art die Beschäftigung mit diesem Problem sein soll und welche Absicht damit verfolgt wird. Beim problemorientierten Religionsunterricht beispielsweise bedeutet dieser Ausdruck nur, daß ein Problem im Mittelpunkt steht, aber es wird nicht behauptet, daß dieses Problem im Unterricht auch gelöst werden kann. „Problembehandelnder Unterricht" kann Problemlösungen verfolgen, kann aber im Einzelfall auch zu der Entscheidung führen, ein bestimmtes Problem *nicht* aufzugreifen. So drücken viele dieser Bezeichnungen nur unbestimmt aus, daß Probleme zum Thema gemacht werden sollen. Von einem problemlösenden Unterricht hingegen sollte man nur sprechen, wenn Problemlösungen in dem Unterricht angestrebt und auch mindestens grundsätzlich für möglich gehalten werden. Dabei sind die Phasen der Problemfindung und Problemformulierung sowie die Entscheidung, ob und wie weit ein bestimmtes Problem bearbeitet werden soll, nach Möglichkeit mit einzubeziehen.
Problemlösender Unterricht hat zwei Ziele: Erstens soll er die Schüler sehr anspruchsvoll hinführen zu selbständigem Denken und Arbeiten, zweitens soll damit eine Arbeitsweise eingeübt werden, wie sie im Leben neben und nach der Schulzeit, im Berufsleben ebenso wie im privaten Leben und in der Teil-

nahme am öffentlichen Leben ständig gebraucht wird und sich von der üblichen Arbeitsweise in vielen Schulen stark unterscheidet. Gemeint ist die Reihenfolge, in der Aufgaben und Bewältigungstechniken aufeinander folgen. Während in einem konventionellen Kursus zuerst die Techniken beigebracht und danach passende Aufgaben dazu gestellt werden, gibt es im Leben meistens erst die Aufgaben, und danach müssen die Techniken gesucht oder vielleicht neu entworfen oder erfunden werden.

Besonders geeignet sind Probleme aus dem Bereich der Fächer Mathematik, Naturwissenschaften oder Technik. Bei geisteswissenschaftlichen Fächern hingegen ist seltener zu hoffen, Lösungen für behandelte Probleme in der Schule zu erreichen. Ersatzweise wird man sich hier mit der Erörterung und Bereitstellung von Lösungsmöglichkeiten, mit der Diskussion von Alternativen, ja häufig mit der Problematisierung bereits vorliegender Lösungen begnügen müssen.

Da problemlösender Unterricht – ebenso wie entdeckendes Lernen, forschender Unterricht, genetisches Verfahren und ähnliche Konzepte – einen Beitrag zum Selbständigkeitstraining leisten soll, ergibt sich das Postulat an die Methodik, die gesamte Problembehandlung in diesem Unterricht möglichst weitgehend als selbständige Leistung der Schüler anzulegen und abzuverlangen.

Hindernisse für problemlösenden Unterricht. Problemlösender Unterricht ist aus mehreren Gründen schwerer durchführbar als ein konventioneller Kursus. Das beginnt für den Lehrer bereits mit der Auswahl von geeigneten Problemen (oder der Umformulierung eines anstehenden Themas in eine Problemaufgabe) und setzt sich fort mit der Unsicherheit, wieviel jeweils vorgegeben werden soll, damit die Aufgabe die richtige „Problemhaltigkeit" hat. Weil die Schüler weniger Anleitungen bekommen oder solche Anleitungen erst sehr viel später und in anderer Form bekommen als im konventionellen Kurs, fühlen auch sie sich verunsichert, probieren mehr unbrauchbare Methoden aus, machen mehr Fehler, die nicht sofort korrigiert werden, und verlieren vielleicht sogar die Lust am Weitermachen.

Da zur selbständigen Bearbeitung eines Problems durch die Schüler mehr Zeit gebraucht wird als zur Behandlung des gleichen Themas durch den Lehrer oder zur Erarbeitung unter seiner Anleitung, mag die Befürchtung entstehen, durch problemlösenden Unterricht gerate man unter Zeitdruck und könne dann den Stoffverteilungsplan des Schuljahres nicht mehr erfüllen. Schließlich ist zu bedenken, daß für diese Arbeitsweise noch kaum Instrumente oder Methoden der Leistungsbewertung entwickelt worden sind, mithin der Effekt solcher Bemühungen nicht leicht nachweisbar, also auch nur eingeschränkt für die Notengebung benutzbar ist.

Überwindung dieser Hindernisse. Bei der Suche und Auswahl geeigneter Probleme können folgende Fragen helfen:
– bedeutsam für die Schüler?
– wichtig für ihr Leben?
– wichtig für die Gesellschaft, die Region, die Gemeinde?
– neu für die Schüler?
– ihrem Entwicklungsstand angemessen?
– motivierend?
– reizvoll auch für den Lehrer?
– von Schülern im Rahmen des Unterrichts selbständig lösbar?
– von dosierbarer Schwierigkeit?
– mit variablem Komplexitätsgrad?
– wesentlich oder grundlegend für das Fach?
– weitere Fragestellungen anregend?

Die Unterrichtsvorbereitung wird leichter, wenn der Lehrer gelernt hat, ein Thema in die Form einer Problemaufgabe zu bringen (vgl. BECHER/SCHEIBNER 1983) und die Problemhaltigkeit einer Aufgabe durch Gewähren oder Zurückhalten (bzw. durch die besondere Gestaltung) von Hilfen und Informationen zu verändern (vgl. LANGE/WILDE 1979). Die andere Verunsicherung, nämlich die der Schüler, tritt besonders dann auf, wenn Problemaufgaben *als eine ganz andere Art* von Aufgaben aufgefaßt werden. Dabei wird übersehen, daß es viele Zwischenstufen zwischen den beiden Extrempositionen der „Routineaufgabe" und einer völlig selbständigen Problembehandlung durch Schüler gibt. Es ist lediglich notwendig, sich die Möglichkeit solcher Abstufungen klar zu machen (vgl. LANGE/WILDE 1981a), dann läßt sich diese Verunsicherung der Schüler passend dosieren und zugleich der Anspruch an ihre Selbständigkeit schrittweise steigern. Als weiterer Ansatz, die Unsicherheit der Schüler beim Problemlösen zu mindern, sind verschiedene Formen von Kreativitätstraining zu nennen, als dritter die bewußte Reflexion über Problemlösestrategien und ihre Einübung im Rahmen gesondert dafür entworfener curricularer Elemente (vgl. JÜNGST 1977).

Zu den Schwierigkeiten, die als Folge des größeren Zeitaufwandes befürchtet werden, sind folgende relativierende Aspekte zu bedenken:
- Das Konzept des problemlösenden Unterrichts ist *nicht* so gemeint, daß *jedes* Thema auf diese Weise bearbeitet werden müßte.
- Der Gewinn durch Steigerung der Fähigkeiten selbständigen Arbeitens und durch bessere Speicherung von Ergebnissen und Verfahren im *Langzeitgedächtnis* schlägt auf lange Sicht auch zeitsparend zu Buche.

Im übrigen muß an dieser Stelle darauf hingewiesen werden, daß der Bildungsauftrag der Schule nicht nur Kenntnisse, sondern auch Fähigkeiten beinhaltet, unter denen die Problemlösefähigkeit einen hohen Rangplatz einnehmen sollte. Aber es gibt auch Situationen, in denen der größere Zeitaufwand für selbständiges Arbeiten bereits kurzfristig positiv genutzt werden kann, beispielsweise im binnendifferenzierenden Unterricht (vgl. LANGE/WILDE 1981b).

Die Schwierigkeit bei der Leistungsmessung für problemlösenden Unterricht hängt eng damit zusammen, daß hier eine Bewertung der erzielten Ergebnisse nicht hinreicht, sondern eine Bewertung der Löse*prozesse* erfolgen muß. Ansätze von SCHEIBLECHNER (vgl. 1972), WOHLRAB (vgl. 1978) und ROHR (vgl. 1968, 1975) sollten weiterentwickelt und verallgemeinert werden (vgl. LANGE/LÖHNERT 1983, S. 134 ff.).

BECHER, F./SCHEIBNER, E.: Wie arbeite ich im Unterricht mit Problemstellungen? Berlin (DDR) 1983. DÖRNER, D.: Die kognitive Organisation beim Problemlösen, Bern/Stuttgart/Wien 1974. DUNCKER, K.: Zur Psychologie des produktiven Denkens (1935), Berlin/Heidelberg/New York 1974. ENGEL, M./JOREK, R.: Problemlösender Physikunterricht am Beispiel der Unterrichtseinheit Vario-Objektiv. In: Natw. im U. – Physik/Chemie 26 (1978), 1, S. 8 ff. IWON, W.: Motivierung zum problemlösenden Unterricht. In: Natw. im U. 23 (1975), S. 531 ff. IWON, W.: Impulsgebung in der sogenannten intuitiven Phase des problemlösenden Unterrichts. In: Natw. im U. 24 (1976), S. 282 ff. JÜNGST, K.L.: Konstruktion und erste Evaluierung eines Curriculum zur Förderung problemlösenden Verhaltens, Diss., Saarbrücken 1977. LANGE, O.: „Allgemeine Lernziele für Mathematik". Erläuterungen zu einem Katalog. In: LINDENAU, V./SCHINDLER, M. (Hg.): Neuorientierung des Mathematikunterrichts, Bad Heilbrunn 1978, S. 81 ff. LANGE, O./LÖHNERT, S. (Hg.): Problemlösender Unterricht II. materialien universität oldenburg, Oldenburg 1983. LANGE, O./WILDE, G.: Zur Beobachtbarkeit bei allgemeinen Lernzielen. In: Lernzielor.U. 6 (1977), 1, S. 1 ff. LANGE, O./WILDE, G.: Ein Hilfsmittel für strategische Überlegungen zum Einüben selbständigen Problemlösungsverhaltens. In: Lernzielor.U. 8 (1979), 4, S. 1 ff. LANGE, O./WILDE, G.: Wege zum Erwerb eines selbständigen Problemlöseverhaltens. In: Lernzielor.U. 10 (1981), 2, S. 1 ff. (1981a). LANGE, O./WILDE, G.: Bewertung von Problemaufgaben und Beurteilung von Problemlöseprozessen als Voraussetzung zur Binnendifferenzierung bei problemlösendem Unterricht. In: Lernzielor. U. 10 (1981), 4, S. 1 ff. (1981 b). MÜLLER, J.: Grundlagen der systematischen Heuristik, Berlin 1970. POLYA, G.: Schule des Denkens, Bern 1949. ROHR, A. R.: Komplexes Denken, Weinheim/Berlin/Basel 1968. ROHR, A. R.: Kreative Prozesse und Methoden der Problemlösung. Weinheim/Basel 1975. ROTH, H.: Pädagogische Psychologie des Lehrens und Lernens, Hannover ^{9}1966. SCHEIBLECHNER, H.: Das Lernen und Lösen komplexer Denkaufgaben. In: Z.f.exp. u. angew. Psych. 19 (1972), S. 476 ff. SCHOLZ, F.: Problemlösender Unterricht, Essen 1980. SEISENBERGER, G.: Problemlösen im Unterricht, München 1974. WILDE, G. (Hg.): Entdeckendes Lernen im Unterricht. materialien universität oldenburg, Oldenburg ^{2}1984. WOHLRAB, U.: Konstruktion eines lerndiagnostisch orientierten Programms aussagenlogischer Denkaufgaben. In: CLAUSS, G. u. a. (Hg.): Psychologie und Psychodiagnostik lernaktiven Verhaltens. Tagungsbericht, Berlin (DDR) 1978, S. 89 ff.

Otto Lange

Unterrichtsanalyse

Begriff. Den vielen unterschiedlichen Konzeptionen zur Unterrichtsanalyse kann eine gemeinsame Begriffsbestimmung zugrunde gelegt werden: Unterrichtsanalyse erfaßt – auf der Grundlage einer Unterrichtsdokumentation – Unterricht in seinen relevanten Einzelphänomenen, ermittelt deren Zusammenhang und schafft so die Grundlage für eine explizite oder implizite Bewertung des Unterrichts. Unterrichtsanalysen sind kein Selbstzweck; sie haben in der Aus- und Fortbildung von Lehrenden verschiedene Funktionen, die ihre jeweilige Ausprägung mitbestimmen. Eine Gliederung vorliegender Analysekonzeptionen läßt sich mit Bezug auf folgende Fragen vornehmen:
– *Was* wird in der Unterrichtsanalyse untersucht, und wie wird der Untersuchungsgegenstand bestimmt?
– *Wer* analysiert den Unterricht, und an wen wendet sich die Analyse?
– *Warum* analysiert eine Person oder eine Personengruppe den Unterricht? Welche Beziehung hat diese Person oder Personengruppe zur pädagogischen Praxis?
– *Wie* wird der Unterricht untersucht, das heißt, welche Analysekategorien werden gebildet, welche Untersuchungsregeln befolgt, welche Untersuchungsinstrumente entwickelt und eingesetzt?

Quer zu diesen vier Fragen ist ein weiterer Aspekt zu beachten, der in vielen Analysekonzepten nicht explizit gemacht wird, aber dennoch entscheidende Bedeutung hat:
– Welches *unterrichtstheoretische Modell* liegt der Unterrichtsanalyse zugrunde?

Untersuchungsgegenstand. Angesichts der hohen Komplexität unterrichtlicher Einzelphänomene und ihrer Wirkungszusammenhänge, die von jeher konstatiert worden ist (vgl. PETERSEN/PETERSEN 1965, WINNEFELD 1957), können konkrete Unterrichtsanalysen die jeweilige Praxis immer nur selektiv erfassen und sich auf diejenigen Fragestellungen konzentrieren, die aus erziehungswissenschaftlichen und/oder unterrichts-, beziehungsweise ausbildungspraktischen Gründen für relevant gehalten werden. Schon bei der Entscheidung über die Grenzen des zu untersuchenden Gegenstandes fallen wichtige Vorentscheidungen. Es ist zu klären, ob sich die Untersuchung bezieht auf:
– eine bestimmte Klasse über einen längeren Zeitraum (mehrere Monate) in mehreren Fächern (vgl. JANSSEN 1977, KLINK 1974, KUHLMANN 1975, WÜNSCHE 1977),
– einen bestimmten Fachunterricht über einen längeren Zeitraum (vgl. HUSMANN 1975),
– einzelne Unterrichtsstunden in ver-

schiedenen Fächern und Schulformen (vgl. DICHANZ u.a. 1984, ROEDER/ SCHÜMER 1976, SINCLAIR/ COULTHARD 1977),
- eine exemplarische Unterrichtsstunde (vgl. BELLACK u.a. 1974, GEISSLER 1984) oder auf
- einen Ausschnitt aus einer Unterrichtsstunde (vgl. EHLICH/REHBEIN 1977, MUTH 1980).

Mit der Entscheidung über den Umfang der Untersuchung ist ein Rahmen für die Festlegung der Untersuchungs*aspekte* vorgegeben, wobei sich vier Schwerpunktsetzungen unterscheiden lassen, nämlich die Konzentration auf:
- das Interaktionsverhalten von Lehrern und Schülern (vgl. den Überblick bei BROPHY/GOOD 1976, MERKENS/SEILER 1978),
- die Thematisierung der Unterrichtsinhalte (z.B. MERKENS 1984, SIMON 1983, UHLE 1978),
- den Zusammenhang von Unterrichtsinhalten und Interaktionsverhalten (vgl. GEISSLER 1984, VOIGT 1984, WRAGGE-LANGE 1980) und
- die zeitliche Strukturierung des Unterrichts (EHLICH/REHBEIN 1977, MEYER 1982, PETRAT u.a. 1977).

Autoren und Adressaten der Analyse. Hinter der Frage nach der Beziehung zwischen den Autoren und den Adressaten der Analyse steckt das Grundproblem der pädagogischen Theorie-Praxis-Vermittlung. Es lassen sich drei Autoren- und Adressatengruppen unterscheiden:
- routinierte *Praktiker,*
- an der akademischen Diskussion interessierte *Theoretiker* und
- die noch in der Ausbildung, das heißt zwischen akademischer Theorievermittlung und unterrichtlicher Alltagspraxis stehenden *Lehranfänger.*

Jeder dieser drei Gruppen kann ein bestimmter Theorietyp zugeordnet werden:
Unterrichtsanalysen für *routinierte Unterrichtspraktiker* liegen in Form von literarischen Darstellungen (vgl. KEMPOWSKI 1979) und Erfahrungsberichten vor (vgl. DENNISON 1971, HUSMANN 1975, JANSSEN 1977, KLINK 1974, KUHLMANN 1975, NEILL 1965, WÜNSCHE 1977; und aus der ersten Hälfte dieses Jahrhunderts: vgl. OTTO 1907, REICHWEIN 1937). Sie spiegeln die pädagogischen Wahrnehmungs-, Erklärungs- und Bewertungsmuster ihrer Autoren, aber ebenso auch ihrer Rezipienten wider. Solche Berichte sind durch ein breites Spektrum von als selbstverständlich erachteten Annahmen über die Ziele und Voraussetzungen des Unterrichts gekennzeichnet, die aber nur selten explizit gemacht, sondern als gültiges Deutungsmuster vorausgesetzt werden. In akademischen Konzepten zur Unterrichtsanalyse ist dieser Theorietyp bisher nur wenig beachtet worden, obgleich er zum Beispiel eine Fundgrube zur Rekonstruktion des Unterrichts routinierter Praktiker werden könnte.

Unterrichtsanalysekonzepte für akademisch orientierte *Forscher und Lehrende* legen demgegenüber erheblichen Wert auf die Explizierung und Beachtung methodologischer Gütekriterien für empirische Forschung. Solche Konzepte beziehen sich in der Regel auf „Schulen" und auf langfristig bewährte wissenschaftstheoretische Grundpositionen; teilweise greifen sie auch nur kurzatmig gültige methodologische und unterrichtstheoretische Modeströmungen auf (vgl. die Überblicksreferate bei MERKENS/SEILER 1978 und TERHART 1978). Viele dieser Konzepte berufen sich auf einen (tatsächlich nachgewiesenen, manchmal auch nur behaupteten) wissenschaftstheoretischen Paradigmenwechsel. Anerkennung und Wertschätzung der auf Grundlage dieser Konzepte durchgeführten Unterrichtsanalysen in der „scientific community" bedeuten allerdings noch keineswegs eine entsprechende Anerkennung durch den Unterrichtspraktiker.

Der Wissenschaftstransfer von der Theorie zur Praxis und umgekehrt ist im Bereich der Unterrichtsanalyse stark behindert. Man kann geradezu von einem Schisma sprechen, das auch durch den dritten Theorietyp nicht behoben wird, der sich auf *Lehranfänger,* auf Lehramtsstudenten und Referendare, bezieht. Das Interesse der Theoretiker, neue Konzepte der Unterrichtsanalyse für diese Adressatengruppe zu entwerfen, ist äußerst gering. Ältere Ansätze liefern eine allgemeindidaktisch überhöhte Fortschreibung alltäglicher Ausbildungspraxis in Hochschule und Seminar (so die von der Berliner Schule der Didaktik vorgelegte „Strukturanalyse des Unterrichts", SCHULZ 1965, oder die eher bildungstheoretisch orientierte „Unterrichtsbeurteilung" von CHIOUT/STEFFENS 1978, S. 196 ff.). Auch die neueren Ansätze wählen einen falschen Lösungsweg, indem sie Ausschnitte aus vorliegenden komplexen Analysekonzepten herausgreifen und diese dann zu popularisieren versuchen (vgl. GRELL 1975, S. 131 ff.; vgl. GRELL 1983a, 1983b; vgl. KIRSTEN 1973, S. 120 ff.; vgl. PALLASCH 1983, SCHMACK 1977).

Die Tatsache, daß zwischen diesen drei Theorietypen nur ein geringer Erfahrungsaustausch stattfindet, ist Folge der höchst unterschiedlichen Relevanzkriterien, die wiederum Folge der unterschiedlichen Arbeitsplatzstrukturen von Hochschullehrern, Referendaren und Lehrern sind. Eine schnelle grundlegende Besserung ist deshalb kaum zu erwarten. Als erster Schritt auf dem Weg zu einer fruchtbareren Vermittlung zwischen den Bedingungslagen, Erkenntnisinteressen und Kompetenzprofilen von Erziehungswissenschaftlern, routinierten Praktikern und Lehranfängern bietet es sich an, die *Deutungsmuster* von Lehrern und Schülern – seien sie subjektiv präsent, nur vorbewußt-implizit oder latent-tiefenstrukturell gegeben – zu explizieren und zu rekonstruieren (vgl. VOIGT 1984, WAGNER 1973, WAGNER u. a. 1981, WAHL 1981), um mit den so erarbeiteten Deutungsmustern als Diskussionsangeboten routinierte Lehrer anzusprechen. Dabei scheint es sinnvoll zu sein, sich auf Fallstudien zu konzentrieren und den untersuchten Fall (in der Regel also eine dokumentierte Unterrichtsstunde oder eine Unterrichtsszene) so zur Diskussion zu stellen, daß der Praktiker sein umfangreiches Erfahrungswissen, in dem immer implizit pädagogische Theorie enthalten ist, und der Theoretiker sein Theoriewissen und methodologisches Können einbringen können (vgl. BAUERSFELD 1982, GEISSLER 1984, VOIGT 1984).

Erkenntnisinteressen. Wer Unterrichtsanalysen durchführt, hat eine bestimmte Beziehung zur Unterrichtspraxis und bestimmte Erwartungen an die Leistungsfähigkeit der Theorie. Es lassen sich wiederum drei Positionen identifizieren, die zugleich die historische Entwicklung der Unterrichtsforschung widerspiegeln. Das Verhältnis der Theorie zur Praxis wird
- von der empirisch-analytischen Unterrichtsforschung als objektivierend-distanziert,
- von der Handlungsforschung als subjektiv-handlungsengagiert und
- von der interpretativen Unterrichtsforschung als reflexiv-moderierend konzipiert.

Der Vorzug einer *objektivierend-distanzierten Unterrichtsanalyse* ist es nach Auffassung der diese Position vertretenden Wissenschaftler, den Unterricht ohne verzerrende und unkontrollierte Einflüsse in den Blick zu nehmen und ihn „an und für sich" zu erfassen (vgl. BELLACK u. a. 1974, FLANDERS 1970, SINCLAIR/COULTHARD 1977). Der behauptete Vorzug besteht aber nur scheinbar: Denn die pädagogische Persönlichkeitsstruktur des Analysierenden, seine didaktisch-methodische Phantasie und seine biographisch gewachsene Deutungskompetenz werden bei der Analyse nicht offengelegt. Faktisch aber beeinflussen diese Bereiche die Analyse, indem sie zu den „heimlichen" Kriterien werden; mit Bezug auf sie werden bestimmte Analysekategorien gewählt und es wird interpretativ entschieden, ob die jeweilige Lehrer- oder Schüleräußerung beziehungsweise die Unterrichtssituation mit dieser oder jener Analysekategorie angemessen etikettiert ist (vgl. GEISSLER 1984, S. 41 ff., S. 255 ff.). Hinzu kommt, daß die Vertreter dieser Richtung sich nicht auf einen unmittelbaren pädagogischen Verantwortungs- und Handlungsbezug einlassen und damit die Praktiker enttäuschen, die von Unterrichtsanalysen praktische Handlungsorientierungen erwarten.

Dieses Defizit versuchen die dem Paradigma der Handlungsforschung folgenden, *subjektiv-handlungsengagierten Ansätze* zu beheben (vgl. BACHMAIR 1980, HAMEYER/HAFT 1977, KLAFKI u. a. 1982). Problematisch wird das Konzept allerdings dann, wenn die Theorie-Praxis-Spannung „kurzgeschlossen" und die Forderung nach einer wissenschaftlich begründeten und kontrollierten Methodologie aufgegeben wird, das heißt, wenn ein „Rückfall" in vorwissenschaftlich-intuitive Analyseverfahren in Kauf genommen und als Beitrag zur Theorie-Praxis-Integration ausgegeben wird (vgl. FORYTTA/LINKE 1981; vgl. HEINZE u. a. 1981, S. 69 ff.).

Die dritte Alternative der Theorie-Praxis-Vermittlung wird von Vertretern einer interpretativen Unterrichtsforschung gewählt, die eine *reflexiv-moderierende Rolle* des Forschers vorschlagen. Die Chancen dieses Ansatzes können genutzt werden, wenn der Analysierende größten Wert auf methodologisch reflektierte Gütekriterien empirischer Forschung legt und dabei gleichzeitig seine pädagogische Erfahrung und Phantasie, von der seine Interpretationen getragen werden, offenlegt (vgl. GEISSLER 1984, GRUSCHKA/GEISSLER 1982, VOIGT 1984). Die beabsichtigte Verbesserung der Beziehungen zwischen Forscher und Erforschten wird jedoch auch mit einem problematischen methodologischen Rückschritt erkauft, wenn die letztgenannte Teilforderung zu sehr in den Vordergrund rückt und die Bedeutung der empirisch-methodologischen Gütekriterien nicht hinreichend beachtet wird (vgl. HEINZE 1976, 1980).

Untersuchungsverfahren. Es herrscht kein Mangel an differenzierten Darstellungen vorliegender Untersuchungsverfahren (vgl. zusammenfassend TERHART 1978, 1986; vgl. ZIEFUSS 1978). Im Mittelpunkt dieser Verfahrensvorschläge steht die Entwicklung und Diskussion von Analyseinstrumenten. Durch Wahl und Einsatz spezifischer Instrumente konkretisiert der Analysierende seine Beziehung zur Praxis und trifft damit eine wichtige Vorentscheidung darüber, welche Adressatengruppe er ansprechen will: Analyseinstrumente enthalten erstens bestimmte Analyse*kategorien* oder -merkmale und zweitens bestimmte Vorschläge für *Interpretationsregeln* und -operationen. *Drei Grundmodelle* sind zu unterscheiden:
- das vorwissenschaftlich interpretative,
- das kategoriengestützt-analytische und
- das wissenschaftlich-interpretative Modell.

Zusätzlich können zwei *Mischmodelle* identifiziert werden:
- das kategoriengestützt-interpretative, in dem das erste mit dem zweiten Modell, und
- das interpretativ-kategoriale Modell, in dem das zweite mit dem dritten Modell zusammengeführt wird.

Die zentralen Arbeitsschritte dieser fünf Modelle sollen im folgenden knapp skizziert werden.

Das *vorwissenschaftlich-interpretative Modell* (vgl. HUSMANN 1975, JANSSEN 1977, KLINK 1974, KUHLMANN 1975,

WÜNSCHE 1977) zeichnet sich dadurch aus, daß die Interpretationsregeln implizit bleiben, daß die zugrunde liegenden Unterrichtsbilder und -theorien nicht aufgedeckt werden, gleichwohl aber für die Bewertung der Analyseergebnisse durchschlagende Bedeutung haben. Vorausgesetzt wird eine Vertrautheit des Analysierenden mit der Lerngruppe, die es unmöglich macht, daß er in der gleichen Weise auch einen fremden Unterricht untersucht. Die Stärke dieses Modells beruht darin, daß die Relevanzstrukturen des unterrichtenden Lehrers und des analysierenden Beobachters ganz oder doch nahezu identisch sind; oft handelt es sich sogar um ein und dieselbe Person. Die Schwäche liegt darin, daß die Vielzahl unausgewiesener Vorannahmen über Voraussetzungen und Ziele des Unterrichts nur schwer methodisch zu kontrollieren ist.

Das *kategoriengestützt-analytische Modell* (vgl. BELLACK u. a. 1974, FLANDERS 1970, SINCLAIR/COULTHARD 1977) hat folgendes Untersuchungsverfahren entwickelt:
- theoriegeleitete Entwicklung von Analysekategorien und deren praktische Erprobung in einem Untersuchungsvorlauf,
- Zuordnung der Analysekategorien zum Untersuchungsmaterial,
- Berechnungen zur Erscheinungshäufigkeit und -verteilung der Analysekategorien und Interpretation sowie Bewertung der Resultate.

Die Leistungen dieses Modells, das dem Paradigma der empirisch-analytischen Unterrichtsforschung folgt, bestehen vor allem darin, daß mit begrenztem Arbeitsaufwand eine Vielzahl von Unterrichtsstunden untersucht werden kann, ohne daß fallspezifische Besonderheiten (Fach, Stufe, Schulform, Persönlichkeitsmerkmale von Lehrer oder Schülern) zur Variation der Kategorien zwingen. Die intersubjektive Überprüfbarkeit solcher Analysen ist hoch, weil das Modell eine standardisierte Zuordnung der Beobachtungskategorien zum Untersuchungsmaterial erlaubt, was die statistische Auswertung erleichtert. Hierbei kann allerdings weder nachgewiesen werden, daß die zugrunde gelegten Analysekategorien tatsächlich die relevanten Aspekte des analysierten Unterrichts erfaßt haben, noch, daß die als relevant angenommenen Merkmale angemessen erfaßt worden sind.

Das *kategoriengestützt-interpretative Modell* (vgl. HEINZE 1976, WRAGGE-LANGE 1980) nimmt die wissenschaftstheoretische Kritik an der empirisch-analytischen Unterrichtsforschung auf und versucht, deren Vorteile mit denen des vorwissenschaftlichen Verfahrensansatzes zu verbinden. Die Arbeitsschritte sind:
- theoriegeleitete Entwicklung von Analysekategorien und Wahl impliziter Interpretationsregeln (und eines expliziten unterrichtstheoretischen Bezugsrahmens für diese Kategorien),
- Anwendung der Analysekategorien, um den pädagogischen Sinn des Unterrichts zu erschließen,
- Zusammenfassung und Bewertung der Analyseergebnisse.

Das Verfahren sichert eine gewisse Standardisierung der Arbeitsoperationen und berücksichtigt gleichzeitig die Deutungsmuster der unterrichtlichen Alltagspraxis. Dadurch ist allerdings noch nicht sichergestellt, daß die theoretisch bestimmten Analysekategorien in angemessener Form die pädagogisch zentralen Merkmale des analysierten Unterrichts erfaßt haben; denn die Anwendung dieser Kategorien verläuft noch methodologisch ungeregelt.

Das *wissenschaftlich-interpretative Modell* (vgl. EHLICH/REHBEIN 1977, UHLE 1978, VOIGT 1984) nimmt die neuere Diskussion über die interpretativen Verfahren der Textanalyse (vgl. TERHART 1978) und Sprechhandlungstheorien (vgl. EHLICH 1984) auf und gelangt zu folgenden Schritten:
- theoriegeleitete Entwicklung von In-

terpretationsregeln und -operationen,
- kontrollierte Anwendung der Interpretationsregeln und -operationen,
- Bewertung der Analyseergebnisse.

Die Stärke des Modells liegt darin, an alltagspraktische Verstehensoperationen anzuschließen und sie an kontrollierbare Regeln zu binden. Der Vollzug solcher Interpretationen ist allerdings arbeitsaufwendig und die Darstellung der Ergebnisse entsprechend unübersichtlich.

Das *interpretativ-kategoriale Modell* (vgl. GEISSLER 1984) ist ein Mischmodell, das die Vorteile des wissenschaftlich-interpretativen Ansatzes zu nutzen versucht, zugleich aber der interpretativen Entwicklung der Analysekategorien mehr Aufmerksamkeit zuwendet:
- theoriegeleitete Entwicklung von Interpretationsregeln und -operationen,
- kontrollierte Anwendung der Interpretationsregeln und -operationen an einem exemplarischen Ausschnitt des Untersuchungsmaterials und Verdichtung der Zwischenergebnisse zu Kategorien,
- Zuordnung dieser Kategorien zum gesamten Untersuchungsmaterial,
- Berechnung der Erscheinungshäufigkeit der Analysekategorien und Interpretation sowie Bewertung der Resultate.

Durch die interpretative Kategorienentwicklung wird die Unübersichtlichkeit der Analyseergebnisse zwar verringert, der Vollzug der Interpretationen ist wegen der komplexeren Struktur des Verfahrens aber ebenfalls sehr arbeitsaufwendig.

Unterrichtstheoretische Implikationen.
Die den verschiedenen Analysekonzepten zugrunde liegenden, nur selten explizit gemachten unterrichtstheoretischen Annahmen geben der Unterrichtsanalyse ihre pädagogische Sinnstruktur. *Unterrichtstechnologische, gesellschaftskritisch* orientierte und in einem umfassenden Sinne *bildungstheoretische Positionen* können unterschieden werden.

Unterrichtstechnologische Positionen fassen den Unterricht als einen Handlungszusammenhang auf, der auf eine optimale Wissens- und Kompetenzvermittlung durch den Lehrer an die Schüler zielt. Deshalb wird als zentrale Ursache für den Lehrerfolg die Gestaltung der Lehrer-Schüler-Interaktion und des Sozialverhaltens des Lehrers gesetzt (vgl. BELLACK u. a. 1974, BROPHY/GOOD 1976, FLANDERS 1970, SINCLAIR/COULTHARD 1977). Dieser Ansatz ist einseitig lehrerzentriert, er faßt die Schüler einer Klasse zu einem „Gesamtsubjekt" zusammen, ohne die unterschiedlichen Kompetenz- und Interessenprofile angemessen zu berücksichtigen. Die je spezifische Inhaltsstruktur des Unterrichts wird nicht erfaßt und, wenn auch unbeabsichtigt, die schlechte Unterrichtspraxis eines beliebigen Umgangs mit den Unterrichtsinhalten zur methodisch legitimierten Norm erhoben.

Gesellschaftskritisch orientierte Positionen rücken die These in den Mittelpunkt der Aufmerksamkeit, daß sich in der Lehrer-Schüler-Interaktion gesellschaftlich verursachte Herrschaftsstrukturen reproduzieren. Deshalb ist es konsequent, das Sozialverhalten der Schüler, ihre offenen Kampfmaßnahmen und verdeckten Strategien der Unterrichtssabotage in den Vordergrund des Interesses zu rücken (vgl. HEINZE 1976, 1980; vgl. ZINNECKER 1975). Unterrichtsinhalte werden, sofern sie überhaupt Beachtung finden, als trostloses Abbild einer bürokratisch verformten und entsinnlichten Lebenswirklichkeit beschrieben (vgl. RUMPF 1981, S. 143 ff.).

In dieser zweiten unterrichtstheoretischen Position steckt ein tiefer Pessimismus, der von der dritten, der *bildungstheoretischen Position* nicht geteilt wird. Denn sie betrachtet es als eine der wichtigsten Aufgaben der Pädagogik, die besseren Möglichkeiten von Unterricht im Bewußtsein zu halten, also den utopischen Überschuß der Pädagogik zu bestimmen (vgl. BLANKERTZ 1982, S. 307). Die Entfaltung der latenten Möglichkeiten für eine bessere Lebenspraxis vollzieht sich in der Auseinandersetzung der Schüler mit gesellschaftlich relevanten Inhalten. Die von Lehrern und Schülern gemeinsam zu leistende Konstitution des Unterrichtsthemas rückt deshalb in den Vordergrund des Interesses, und zwar nicht nur in der sachlichen, sondern auch in der zeitlichen und sozialen Dimension des Unterrichtsprozesses (vgl. GEISSLER 1984, UHLE 1978, VOIGT 1984). Unterricht wird als ein Bildungsprozeß interpretiert, der sich an der Auseinandersetzung mit Unterrichtsinhalten entzündet und dabei gelingen, aber auch scheitern kann.

BACHMAIR, G.: Handlungsorientierte Unterrichtsanalyse, Weinheim/Basel 1980. BAUERSFELD, H.: Interpretationen zu einer Unterrichtsstunde. In: FISCHER, D. (Hg.): Fallstudien, Konstanz 1982, S. 177 ff. BELLACK, A. A. u. a.: Die Sprache im Klassenzimmer, Düsseldorf 1974. BLANKERTZ, H.: Die Geschichte der Pädagogik, Wetzlar 1982. BROPHY, J. E./GOOD, T. L.: Die Lehrer-Schüler-Interaktion, München 1976. CHIOUT, H./STEFFENS, W.: Unterrichtsvorbereitung und Unterrichtsbeurteilung, Frankfurt/Berlin/München ⁴1978. DENNISON, G.: Lernen und Freiheit, Frankfurt/M. 1971. DICHANZ, H. u. a.: Das Methodenrepertoire von Lehrern, Hagen 1984. EHLICH, K.: Sprechhandlungsanalyse. In: Enzyklopädie Erziehungswissenschaft, Bd. 2, Stuttgart 1984, S. 526 ff. EHLICH, K./REHBEIN, J.: Wissen, kommunikatives Handeln und die Schule. In: GOEPPERT, H. C. (Hg.): Sprachverhalten im Unterricht, München 1977, S. 36 ff. FLANDERS, N. A.: Analyzing Teacher Behavior, Reading (Mass.) 1970. FORYTTA, C./LINKE, J.: Ist Unterricht „gestörte" Kommunikation? 2 Bde., München 1981. GEISSLER, E.: Interpretative Unterrichtsanalyse, Habil.-Schrift, Münster 1984. GRELL, J.: Techniken des Lehrerverhaltens, Weinheim/Basel 1975. GRELL, J.: Etikettieren – aber richtig. In: betr. e. 16 (1983), 7/8, S. 49 ff. (1983 a). GRELL, J.: Wie ich mit mir selbst umgehe. In: betr. e. 16 (1983), 10, S. 33 ff. (1983 b). GRUSCHKA, A./GEISSLER, H.: Über die Fähigkeit von Untersuchten und Wissenschaftlern, interpretative Urteile zu validieren. In: Z. f. P. 28 (1982), S. 625 ff. HAMEYER, U./HAFT, H. (Hg.): Handlungsorientierte Schulforschungsprojekte, Weinheim/Basel 1977. HEINZE, TH.: Unterricht als soziale Situation, München 1976. HEINZE, TH.: Schülertaktiken, München/Wien/Baltimore 1980. HEINZE, TH. u. a.: Praxisforschung, München/Wien/Baltimore 1981. HUSMANN, I.: Glanz und Elend eines Schuljahres, Stuttgart 1975. JANSSEN, B.: Praxisberichte aus der Hauptschule, Frankfurt/Köln 1977. KEMPOWSKI, W.: Unser Herr Böckelmann, Hamburg 1979. KIRSTEN, R. E.: Lehrerverhalten. Untersuchungen und Interpretationen, Stuttgart 1973. KLAFKI, W. u. a.: Schulnahe Curriculumentwicklung und Handlungsforschung, Weinheim/Basel 1982. KLINK, J.-G.: Klasse H7e, Bad Heilbrunn 1974. KUHLMANN, H.: Klassengemeinschaft, Berlin 1975. MERKENS, H.: Teilnehmende Beobachtung und Inhaltsanalyse in der erziehungswissenschaftlichen Forschung, Weinheim/Basel 1984. MERKENS, H./SEILER, H.: Interaktionsanalyse, Stuttgart/Berlin/Köln/Mainz 1978. MEYER, J.: Interaktionsverläufe und unterrichtlicher Kontext, München 1982. MUTH, J.: Der Auftakt des Lernens durch eine didaktische Provokation. In: BOECKMANN, K. (Hg.): Analyse von Unterricht in Beispielen, Stuttgart 1980, S. 27 ff. NEILL, A. S.: Erziehung in Summerhill, München 1965. OTTO, B.: Geistiger Verkehr mit Schülern im Gesamtunterricht, Berlin 1907. PALLASCH, W.: Unterrichtsbeobachtung. In: betr. e. 16 (1983), 6, S. 35 ff. PETERSEN, P./PETERSEN, E.: Die Pädagogische Tatsachenforschung, Paderborn 1965. PETRAT, G. u. a.: Prozeßorientierter Unterricht, München 1977. REICHWEIN, A.: Schaffendes Schulvolk, Stuttgart 1937. ROEDER, P. M./SCHÜMER, G.: Unterricht als Sprachlernsituation, Düsseldorf 1976. RUMPF, H.: Die übergangene Sinnlichkeit, München 1981. SCHMACK, E. (Hg.): Unterrichtsanalytische Studien, Kastellaun 1977. SCHÖN, B./HURRELMANN, K. (Hg.): Schulalltag und Empirie, Weinheim/Basel 1979. SCHULZ, W.: Unterricht – Analyse und Planung. In: HEIMANN, P. u. a.: Unterricht – Analyse und Planung, Hannover/Berlin/Darmstadt/Dortmund 1965, S. 13 ff. SCHULZ, W. u. a. (Bearb.): Verhalten im Unterricht. Seine Erfassung durch Beobachtungsverfahren. In: INGENKAMP, K. (in Zusammenarbeit mit E. Parey) (Hg.): Handbuch der Unterrichtsforschung, Teil 1, Weinheim/Berlin/Basel 1970, S. 633 ff. SIMON, W.: Inhaltsstrukturen des Religionsunterrichts, Zürich/Einsiedeln/Köln 1983. SINCLAIR, J. M./

COULTHARD, R. M.: Analyse der Unterrichtssprache, Heidelberg 1977. TERHART, E.: Interpretative Unterrichtsforschung, Stuttgart 1978. TERHART, E.: Der Stand der Lehr-Lern-Forschung. In: Enzyklopädie Erziehungswissenschaft, Bd. 3, Stuttgart 1986, S. 63 ff. THIEMANN, F. (Hg.): Versuche zu einer Entstörung der Schule, Essen 1977. THIEMANN, F.: Konturen des Alltäglichen, Königstein 1980. UHLE, R.: Verstehen und Verständigung im Unterricht, München 1978. VOIGT, J.: Interaktionsmuster und Routinen im fragend-entwickelnden Mathematikunterricht. Weinheim/Basel 1984. WAGNER, A. C.: Mikroanalyse statt Microteaching. In: Z.f.P. 19 (1973), S. 303 ff. WAGNER, A. C. u. a.: Unterrichtspsychogramme, Reinbek 1981. WAHL, D.: Methoden zur Erfassung handlungssteuernder Kognitionen von Lehrern. In: HOFER, M. (Hg.): Informationsverarbeitung und Entscheidungsverhalten von Lehrern, München 1981, S. 49 ff. WINNEFELD, F.: Pädagogischer Kontakt und pädagogisches Feld, München/Basel 1957. WRAGGE-LANGE, I.: Interaktion im Unterricht, Weinheim/Basel 1980. WÜNSCHE, K.: Die Wirklichkeit des Hauptschülers, Köln 1977. ZIEFUSS, H.: Methoden der Unterrichtsbeobachtung, Braunschweig 1978. ZINNECKER, J. (Hg.): Der heimliche Lehrplan, Weinheim/Basel 1975.

Harald Geißler

Unterricht, schülerorientierter

Gegenstandsbestimmung. Schülerorientierter Unterricht ist ein Konzept, das mehr von anthropologischen Leitideen als von der Intention effektiver Wissens- und Fähigkeitsvermittlung bestimmt ist. Im schülerorientierten Unterricht nimmt die Lebenssituation der Schüler einen hohen Rang ein, und man legt viel Wert auf übergeordnete Erziehungsziele wie Selbstbestimmung und Eigenverantwortung. Das Konzept findet seit den 70er Jahren verstärkt Beachtung und stellt in gewisser Weise eine Gegenbewegung zu dem zuvor favorisierten lernzielorientierten Unterricht dar. Die Schüler sollen durch Berücksichtigung ihrer Interessen und ihrer subjektiven Ausgangslagen im Hinblick auf das Ziel zunehmender Autonomie intensiver an der Unterrichtsgestaltung beteiligt werden als in einem Unterricht, der von vorgegebenen Lernzielen determiniert ist. Die Grundgedanken des schülerorientierten Unterrichts spielen in der Pädagogik jedoch bereits seit langem bei Überlegungen zum Abbau eines lehrerzentrierten Unterrichts eine zentrale Rolle. Einfache Gegenüberstellungen – schülerorientiert versus lernzielorientiert oder schülerzentriert versus lehrerzentriert – führen allerdings zu Mißverständnissen und werden neuerdings durch mehrdimensionale Betrachtungsweisen ersetzt.

Geschichte. Ideengeschichtlich gesehen, findet man die Vorstellung eines aus sich selbst heraus tätigen („autopraxia") und so zur Selbstverwirklichung gelangenden Individuums schon bei Comenius. Im 19. Jahrhundert forderte Diesterweg, über die Methode der Selbsttätigkeit die zunehmende Mündigkeit der Schüler zu ermöglichen. Aber erst in der Reformpädagogik zu Beginn des 20. Jahrhunderts gelangte man zu entsprechenden schulpädagogischen Realisierungen: Der formalistische Unterricht des 19. Jahrhunderts wurde kritisiert und eine „Pädagogik vom Kinde aus" konzipiert, die die schöpferischen Kräfte des Kindes und die Eigentätigkeit der Schüler zum Ausgangspunkt von Lernen und Entwicklung machte. Die Vormachtstellung des Lehrers und des Lehrstoffes sollte zugunsten der Spontaneität, der selbständigen manuellen Arbeit und der „freien geistigen Tätigkeit" der Schüler aufgegeben werden. In der amerikanischen Reformpädagogik wurden ebenfalls die konkrete Aktivität und das Lernen durch Erfahrung propagiert (vgl. DEWEY 1929). Im Rahmen dieser Bewegung tauchen die Begriffe „schülerzentriert" und „lehrerzentriert" auf; sie werden durch die Angabe

spezifischer Lehrer- und Schüleraktivitäten genauer bestimmt, und schülerzentrierter und lehrerzentrierter Unterricht werden experimentell verglichen (vgl. WITHALL 1949). Man kennzeichnet schülerzentrierten Unterricht vorwiegend mit Merkmalen des sozial-emotionalen Klimas, das heißt, in diesem Unterricht versucht der Lehrer, geringschätzende und mißbilligende Äußerungen zu vermeiden, die Schüler zu Aktivität zu ermutigen und auf ihre Äußerungen einzugehen (vgl. FLANDERS 1951).
Für die Wiederentdeckung der Schülerorientierung in den 70er Jahren waren unter anderem Entwicklungen im englischen Primarschulwesen ausschlaggebend. Englische Pädagogen hatten unter Anknüpfung an die Erfahrungspädagogik Deweys die Eigenaktivität der Kinder für wichtiger erklärt als die Speicherung von Faktenwissen (vgl. HADOW-REPORT 1931). Dies führte zur Erziehungsphilosophie der „child-centred education" und „open education". Nach dieser Auffassung muß der Unterricht für individuelle Entwicklungsziele und selbstgewählte Aktivitäten offen sein. In vielen englischen Primarschulen wurde in den 60er und 70er Jahren auf vorgegebene Curricula sowie auf eine formelle Unterrichtsorganisation verzichtet und durch eine aktivitätsfördernde Lernumweltgestaltung zum entdeckenden Lernen und selbständigen Erwerb von Kenntnissen und Fähigkeiten angeregt. Ähnliche Formen schülerorientierten Unterrichts wurden in Skandinavien initiiert. In einigen westeuropäischen Ländern realisiert man im Grundschulbereich relativ häufig schülerorientierte Konzeptionen der Reformpädagogik, so in den Niederlanden die Pädagogik M. Montessoris und P. Petersens, in Frankreich das Programm C. Freinets. In der Bundesrepublik Deutschland gibt es nur wenige Ansätze eines schülerorientierten oder „offenen" Unterrichts (vgl. GRODDECK 1983), in dem die Schüler Inhalte und Methoden des Lernens mitplanen. Gründe dafür sind unter anderem darin zu sehen, daß in der Bundesrepublik das Schulsystem in den einzelnen Bundesländern zentralistisch organisiert ist und der Unterricht durch Erlasse und Lehrpläne stärker reglementiert wird.

Schülerorientierter Unterricht als mehrdimensionaler Begriff. Der Begriff „schülerorientierter Unterricht" ist sehr vage und kann bei einer Verwendung ohne nähere Kennzeichnung zu Unklarheiten und Verständigungsschwierigkeiten führen. Es handelt sich nicht um ein globales Unterrichtsarrangement, das generell an die Stelle anderer Unterrichtskonzeptionen zu setzen ist. Vielmehr kann man verschiedene Ebenen des Unterrichts unterscheiden, auf denen die Orientierung am Schüler jeweils mehr oder weniger ausgeprägt ist. Eine universelle Begriffsverwendung vernachlässigt auch differierende Praktiken schülerorientierten Unterrichts; wegen dieser Unterschiede in der Ausführung kann es dann in empirischen Untersuchungen zu widersprüchlichen Ergebnissen kommen.
Eine erste Ebene ist die der *Lehrer-Schüler-Interaktion* und des *sozial-emotionalen Klimas*. Während Unterrichtsinhalte und -materialien vom Lehrer festgelegt sind, kann auf der Ebene der Lehrer-Schüler-Interaktion Schülerorientierung in der Form angestrebt sein, daß Gesprächsinitiativen von Schülern ausgehen, auf emotionale Belange Rücksicht genommen wird und insgesamt eine Atmosphäre des Vertrauens geschaffen wird.
Auf der Ebene der *Ziele und Inhalte* drückt sich Schülerorientierung dadurch aus, daß die Schüler bei der Ziel- und Inhaltsauswahl mitbestimmen sowie individuelle Ziele verfolgen können (vgl. KLEWITZ u.a. 1977, S. 98 ff.).
Auf der Ebene der *Unterrichtsorganisation* gibt es unterschiedliche Grade

vorgegebener Festlegung und eigenverantworteter Entscheidungen; beim „integrated day" in englischen Primarschulen bestimmen beispielsweise die Schüler selbst die zeitliche Reihenfolge ihrer Aktivitäten.

Die Ebene der *Unterrichtsmaterialien* ist ebenfalls durch verschiedene Ausprägungsgrade von Vorgabe und freier Wahl gekennzeichnet, wie die folgenden Beispiele zeigen (vgl. TRAUB u.a. 1972, S. 78):
- Die Schüler wählen selbst aus allen erreichbaren Materialien;
- die Schüler wählen aus speziell angebotenen Materialien;
- den Schülern werden individuell unterschiedliche Materialien zugeteilt;
- den Schülern werden, nach Gruppen geordnet, unterschiedliche Materialien zugeteilt;
- allen Schülern werden die gleichen Materialien zugeteilt.

Schließlich sind verschiedene Abstufungen der *Lernkontrolle* bestimmbar (keine Kontrolle, Selbstkontrolle, ...). KLASSEN (vgl. 1981, S. 61 ff.) berichtet von einer englischen Schule, in der ein hohes Ausmaß an Selbststeuerung der Schüler im inhaltlichen und organisatorischen Bereich vorherrschte; im Bereich der Lernkontrolle war ein vielfältiges System der Absicherung der Lernleistungen zu beobachten; der Faktor „hohe Lernkontrolle" könnte die Bedingung dafür sein, daß in dieser Schule die Schüler, die überwiegend aus schwierigen Sozialsituationen stammten, große Lernfortschritte in den Kulturtechniken hatten, während in anderen englischen Schulen, die offenen Unterricht verwirklichten, Defizite in Lesen, Schreiben und Rechnen auftraten.

Auf der Grundlage dieser unterschiedlichen Ebenen schülerorientierten Unterrichts kann man differenzierte Unterrichtsprofile oder Unterrichtstypen beschreiben. Solche Profile und Typen wurden mehrfach vorgelegt (vgl. KLASSEN 1981, MARSHALL 1981, TRAUB u.a. 1972, WALBERG/THOMAS 1972). Sie erleichtern den Theoretikern die Kommunikation über Unterrichtskonzeptionen und den Praktikern die Verwirklichung schülerorientierten Unterrichts durch eine schrittweise oder wechselnde Berücksichtigung der jeweiligen Ebenen.

Empirische Befunde. Während in der westdeutschen Pädagogik schülerorientierter Unterricht meist programmatisch dargestellt wird, untersucht man im angloamerikanischen Raum häufiger mit empirischen Methoden die Auswirkungen dieser Unterrichtskonzeption. Bereits die Modelle der Reformpädagogik wurden erfahrungswissenschaftlich analysiert und als „progressive" und „aktive" Methoden dem „traditionellen" Stil gegenübergestellt (vgl. WEINERT 1970, Spalte 1267ff.). In den meisten Untersuchungen ergab sich, daß die Schüler im schülerorientierten Unterricht positive Einstellungen zum Lernen und zu den Inhalten entwickelten, sich im Wissens- und Problemlösebereich jedoch nicht von traditionell unterrichteten Schülern unterschieden. Des öfteren wurde festgestellt, daß leistungsschwächere Schüler im schülerorientierten Unterricht Schwierigkeiten hatten und weniger lernten als im traditionellen Unterricht (vgl. PETERS 1970, Spalte 1858ff.). Auch emotionale Voraussetzungen spielen eine Rolle: Ängstliche Schüler lernten mehr in einem lehrerzentrierten, angstfreie Schüler mehr in einem schülerzentrierten Unterricht (vgl. DOWALIBY/SCHUMER 1973).

Als Konsequenz empirischer Erhebungen zur englischen Primarschulreform enthält der Primary Education Report von 1978 die Empfehlung, zumindest in Mathematik häufiger direkten Unterricht in Form gemeinsamer Arbeit an der Tafel zu praktizieren; in Lese- und Mathematiktests hatten „forschend" lernende und individuell arbeitende Kinder nicht so gut abgeschnitten wie traditionell im Klassenverband unterrichtete Kinder (vgl. BENNETT 1979; vgl. DEPARTMENT OF EDUCATION AND SCIENCE 1978, S. 95, S. 115). Ähnliche Befunde und die Empfehlung eines Modells direkten Unterrichts legten auch ROSENSHINE (vgl. 1976) und BROPHY/EVERTSON (vgl. 1980) vor. Danach ist schülerorientierter Unterricht für jüngere Schüler, für leistungsschwache Schüler und für Schüler mit sozioökonomisch niedrigem Status für den Lernfortschritt in Lesen, Schreiben und Rechnen weniger geeignet als ein direkter Unterricht mit Vorstrukturierung durch den Lehrer und gemeinsamer Arbeit in kleinen Schritten (zum Unterricht in höheren Klassen vgl. TREIBER u. a. 1981).

Die meisten Untersuchungen sind allerdings von einem sehr engen Lernfortschrittsbegriff gekennzeichnet. Man beschränkt sich auf normorientierte kognitive Tests, das heißt, die Lernfortschritte, die im schülerorientierten Unterricht lernziel- und schulklassenbezogen festgestellt werden müßten, werden an einer nationalen Norm gemessen. Wenn weitergehende Ziele einbezogen werden, etwa im Bereich der Persönlichkeitsentwicklung, finden Verfahren Verwendung, die als Eigenschaftstests wenig geeignet sind, kurzfristige Lernprozesse zu erfassen. Die Erreichung von Zielen des schülerorientierten Unterrichts wie Selbständigkeit und Kooperationsfähigkeit ist mit Papier-und-Bleistift-Tests nicht zu kontrollieren; angemessene Evaluationsverfahren für diese und ähnliche Erziehungsziele sind noch kaum entwickelt. Andererseits ist anzunehmen, daß nicht selten schülerorientierter Unterricht als Laisser-faire-Konzeption aufgefaßt wurde, die tatsächlich zu geringerem Lernerfolg im kognitiven, affektiven und Persönlichkeitsbereich führte. In einer zusammenfassenden Analyse von Studien zum direkten und zum offenen Unterricht zeigten sich Vorteile des direkten Unterrichts in Schulleistungstests und eine Überlegenheit des offenen Unterrichts im Bereich von Selbständigkeit, Kreativität und Einstellungen zu Schule und Lernen (vgl. PETERSON 1979).

Schülerorientierter Unterricht als Ziel und als Methode. Der einfache Bezug des schülerorientierten Unterrichts auf eine einzelne Zielsetzung wird der Komplexität der Ziel-Methoden-Zusammenhänge in Erziehung und Unterricht nicht gerecht. Neben den kurzfristigen Lernzielen sind bei der Wahl einer Unterrichtskonzeption auch langfristige und übergeordnete Ziele maßgebend. So kann aus dem Befund von BROPHY/EVERTSON (vgl. 1980, S. 112, S. 119), daß Herzlichkeit und Höflichkeit des Lehrers keinen Einfluß auf den Lernzuwachs haben, nicht abgeleitet werden, Lehrer könnten sich sozial-emotional völlig beliebig verhalten. Die Notwendigkeit einer verständnisvollen und höflichen Erzieherhaltung ergibt sich aus übergeordneten, nichtlernzielbezogenen Grundwerturteilen (vgl. PRIM/TILMANN 1973, S. 128). Bei systematischen Analysen des offenen Unterrichts konnte man beobachten, daß die Schüler in diesem Unterricht mehr Zeit auf Herumschauen und Sich-Unterhalten verwendeten als im traditionellen Unterricht (vgl. BENNETT 1979, S. 172). Auch in diesem Fall wäre es unzulässig, zu folgern, Schüler sollten nur noch aktive Lernzeiten und Einzelarbeit haben und etwa auf Gespräche oder auf Lernen im Spiel verzichten. Vielmehr sind weitere Ziele wie Arbeitshygiene oder Lernen durch soziale Interaktion zusätzliche Entscheidungskriterien. In diesem Sinne ist Orientierung am Schüler als Respektierung seiner Persönlichkeit und als Schaffung eines Klimas der gegenseitigen Anerkennung selbst ein Ziel des Unterrichts.

Neben dieser normativen Argumentation bleibt jedoch der empirische Nachweis der Wirksamkeit des schülerorientierten Unterrichts als Methode er-

Unterrichtsinhalt

forderlich. Dabei gewinnen differenzierte Ziel-Methoden-Aussagen gegenüber pauschalierenden Empfehlungen zunehmend an Bedeutung. Die Methodenwahl wird auf unterschiedliche Lern- und Erziehungsziele, auf individuelle Lernvoraussetzungen und auf situative Bedingungen bezogen. So wird man bei Schülern mit geringer Selbstsicherheit und ungünstigen kognitiven Voraussetzungen keine völlig autonomen Lerninitiativen erwarten, sondern behutsam über angeleitetes Lernen zur Selbständigkeit hinführen. Im Falle konkurrierender Ziele steht einmal das eine, einmal das andere Ziel im Vordergrund, was zur Folge hat, daß Konzepten wie schülerorientiertem Unterricht und den jeweils zieladäquaten Unterrichtsmethoden immer wieder unterschiedliche Gewichtung zukommt (vgl. EINSIEDLER 1981, S. 186).

BENNETT, N.: Unterrichtsstil und Schülerleistung, Stuttgart 1979. BROPHY, J. E./EVERTSON, C. H.: Lernen durch Unterricht, Bochum 1980. DEPARTMENT OF EDUCATION AND SCIENCE: Primary Education in England, London 1978. DEWEY, J.: Experience and Nature, New York 1929. DOWALIBY, F. J./SCHUMER, H.: Teacher-centered versus Student-centered Mode of College Classroom Instruction as Related to Manifest Anxiety. In: J. of E. Psych. 64 (1973), S. 125 ff. EINSIEDLER, W.: Lehrmethoden. Probleme und Ergebnisse der Lehrmethodenforschung, München/Wien/Baltimore 1981. FLANDERS, N. A.: Personal-social Anxiety as a Factor in Experimental Learning. In: The J. of E. Res. 45 (1951), S. 100 ff. GRODDECK, N.: Unterricht, offener. In: Enzyklopädie Erziehungswissenschaft, Bd. 8, Stuttgart 1983, S. 621 ff. HADOW-REPORT: Report of the Consultative Committee on the Primary School, London 1931. KLASSEN, TH. F.: Eine Grundschule in England, Gießen 1981. KLEWITZ, E. u. a.: Entdeckendes Lernen und offener Unterricht, Braunschweig 1977. MARSHALL, H. H.: Open Classrooms: Has the Term Outlived its Usefulness? In: Rev. of E. Res. 51 (1981), S. 181 ff. PETERS, O. (Bearb.): Soziale Interaktion in der Schulklasse. In: INGENKAMP, K. (in Zusammenarbeit mit E. Parey) (Hg.): Handbuch der Unterrichtsforschung, Teil 2, Weinheim/Berlin/Basel 1970, Spalte 1801 ff. PETERSON, P. L.: Direct Instruction Reconsidered. In: PETERSON, P. L./WALBERG, H. J. (Hg.): Research on Teaching: Concepts, Findings, and Implications, Berkeley (Cal.) 1979, S. 57 ff. PRIM, R./TILMANN, H.: Grundlagen einer kritisch-rationalen Sozialwissenschaft, Heidelberg 1973. ROSENSHINE, B.: Classroom Instruction. In: GAGE, N. L. (Hg.): The Psychology of Teaching Methods, Chicago 1976, S. 335 ff. TRAUB, R. E. u. a.: Closure on Openness: Describing and Quantifying Open Education. In: Interchange (Toronto) 3 (1972), S. 69 ff. TREIBER, B. u. a.: Chancenausgleich im Schulklassenunterricht. DFG-Abschlußbericht, Heidelberg 1981. WALBERG, H. J./THOMAS, S. C.: Open Education: An Operational Definition and Validation in Great Britain and the U. S. In: Am. E. Res. J. 9 (1972), S. 197 ff. WEINERT, F. (Bearb.): Analyse und Untersuchung von Lehrmethoden. In: INGENKAMP, K. (in Zusammenarbeit mit E. Parey) (Hg.): Handbuch der Unterrichtsforschung, Teil 2, Weinheim/Berlin/Basel 1970, Spalte 1217 ff. WITHALL, J.: The Development of a Technique for the Measurement of Social-emotional Climate in Classroom. In: J. of Exp. E. 17 (1949), S. 347 ff.

Wolfgang Einsiedler

Unterrichtsinhalt

Problemzusammenhang. „Unterrichtsinhalt" ist ein gängiger, wenn auch wenig eindeutiger Begriff der didaktischen Alltagssprache (vgl. MENCK 1984). Wer aus der Tradition der Didaktik entnehmen möchte, was darunter zu verstehen sei, stößt ebenfalls auf eine durch begriffliche Unschärfen gekennzeichnete, anscheinend selbstverständliche Begriffsverwendung. Erst in seinen akzentuierenden begrifflichen Verfremdungen wird das der Sache nach Gemeinte für die Theoretiker wieder interessant:
– als die in der Bildungstheorie von WILLMANN (vgl. 1957, S. 326) einge-

führte, dann von der geisteswissenschaftlichen Didaktik entfaltete Unterscheidung von „Bildungsinhalt" und „Bildungsgehalt" (vgl. BLANKERTZ 1969, S. 31 ff.; vgl. KLAFKI 1963, S. 25 ff.);
- als dialektische Bestimmung des Verhältnisses von Lehren und Lernen in der „Ziel-Inhalt-Methoden-Relation" bei KLINGBERG (vgl. 1982a, S. 239 ff.; vgl. KLINGBERG 1982b, S. 73);
- als These einer Interdependenz der „Thematik" zu den Intentionen, Methoden und Medien des Unterrichts in der lerntheoretischen Didaktik der 60er Jahre (vgl. HEIMANN 1976, S. 103; vgl. SCHULZ 1965, S. 23, S. 28 f.), als Suche nach einem „thematischen" Sinn- und Handlungszusammenhang des Unterrichts im „Hamburger Modell" dieser Didaktik (vgl. SCHULZ 1980, S. 80 ff.);
- als Bestimmung des „Inhaltsaspekts eines Lernziels" beziehungsweise als Frage nach der optimalen „Lehrstoff"-Auswahl zu vorgegebenen Zielkomplexen in der lernzielorientierten Didaktik (vgl. MÖLLER 1973, S. 98; vgl. SCHOTT 1975);
- als Suche nach den die Qualifikationen sichernden „Curriculuminhalten" im situationsanalytischen Ansatz der Curriculumrevision (vgl. ROBINSOHN 1967, S. 46).

In diesen Theorien und Modellen werden durchweg drei Instanzen und deren - jeweils unterschiedlich gewichtete - wechselseitige Beziehungen dargestellt: Auf der einen Seite steht das *Kind* (der Jugendliche, der Schüler) beziehungsweise das „Ich" (das Individuum, das Subjekt); auf der anderen Seite steht die *Wirklichkeit* (die Natur- und Geisteswelt, etwas Objektives und Allgemeines). Im Unterricht werden beide Seiten zunächst einmal von dem *Lehrer,* der dritten Instanz, und seinen methodischen Arrangements „verknüpft", oder, wie in der didaktischen Fachsprache formuliert wird, eine „wechselseitige Erschließung" (KLAFKI 1963, S. 134) wird hergestellt, dem Schüler wird zur „Aneignung" der Wirklichkeit verholfen (vgl. KLINGBERG 1982 a, S. 80 f.; vgl. SCHELLER 1981, S. 63 ff.). Der objektiven Seite wird dabei ein zumeist mit dem Anspruch auf Wissenschaftlichkeit legitimierter Sach- und Geltungsanspruch zuerkannt, der subjektiven Seite demgegenüber Selbsttätigkeit und Spontaneität. Erst das Spannungsverhältnis von objektivem Geltungsanspruch und subjektivem Wollen und Handeln des Schülers fordert und ermöglicht die verknüpfende Tätigkeit des Lehrers. Man veranschaulicht sich diesen Problemzusammenhang gelegentlich im Bild des „didaktischen Dreiecks" von Lehrer, Schülern und Stoff (vgl. STÖCKER 1957, S. 26), dieses Bild wird der Komplexität des Unterrichts jedoch nicht gerecht.

In der Regel unterstellt und in einigen Didaktiken auch ausgeführt (vgl. RUMPF 1976, SCHELLER 1981) ist eine Weiterung, die sich auf die Abhängigkeit schulischer Interaktion vom außerschulischen Lebenszusammenhang von Lehrer und Schülern bezieht: Die im Unterricht bearbeiteten Objektivationen verweisen auf die Wirklichkeit, die Welt, in der wir leben, auf *gesellschaftliche Praxis*. Aber auch die Schüler haben „ihren" Alltag außerhalb der Schule, sie haben eine eigene Lernbiographie, sie bringen komplexe Erfahrungen aus ihrer Lebenswelt ein, und sie haben Hoffnungen, Tagträume und Wünsche für ihre Zukunft (vgl. ZIEHE/STUBENRAUCH 1982, S. 17 ff.). Objektive Ansprüche an den Unterricht und subjektive Voraussetzungen und Interessen der Schüler entspringen also derselben gesellschaftlichen Praxis, was nicht bedeutet, daß sie widerspruchsfrei zu vermitteln wären. Im Gegenteil: In der gesellschaftlichen Praxis ungelöste Konflikte spiegeln sich, wenn auch in anderer Form, in der Widersprüchlichkeit der Ziel-, Inhalts- und Methodenstruktur

Unterrichtsinhalt

des Unterrichts wider.
In der didaktischen Tradition spielen diese Überlegungen vor allem dann eine Rolle, wenn es nicht mehr um die Analyse oder Planung von Unterricht geht, sondern um dessen pädagogische Legitimation. Dann wird der „Sachanspruch" unterrichtlicher Objektivationen auf gesellschaftliche Praxis zurückgeführt und – häufig vorschnell und harmonisierend – pädagogisch mit dem Anspruch des Subjekts auf Bewältigung seines Lebens in der Gesellschaft zu rechtfertigen gesucht. Eine angemessene Erläuterung des Begriffs „Unterrichtsinhalt" setzt jedoch voraus, daß die Komplexität seiner Beziehungen sowohl zur gesellschaftlichen Praxis als auch zu den lernenden und lehrenden Subjekten des Unterrichts aufgearbeitet wird. In den Unterrichtsinhalten ist historisch bestimmte, gesellschaftliche Praxis aufgehoben (vgl. KLAFKI 1963, S. 104ff.), auch dort, wo nicht nur die Unterrichtsinhalte selbst, sondern auch der skizzierte Vermittlungszusammenhang von Subjekt und Objekt einem historischen Formwandel unterliegt. So war, um ein frühes Beispiel dieses Formwandels zu nennen, die Auflösung des Glaubens an eine göttliche Ordnung des Kosmos zu Beginn der Neuzeit unverzichtbare Voraussetzung dafür, daß der didaktische Vermittlungszusammenhang überhaupt als Problem wahrgenommen, ausformuliert und dann zu didaktischem Regelwissen konkretisiert werden konnte (vgl. BLANKERTZ 1982, S. 23 ff.).

Begriffsabgrenzungen. Um die angedeutete Komplexität des Vermittlungszusammenhangs erfassen zu können, sind einige Begriffsabgrenzungen erforderlich:
- „*Fächer*" beziehungsweise „Lehrfächer", „Unterrichtsfächer", auch „Lernbereiche", „Disziplinen" oder „Aufgabenfelder" umschreiben historisch gewachsene, sachlich eingrenzbare, aufgrund gleicher oder ähnlicher Arbeitsmethoden und Zielsetzungen verknüpfte Teilgebiete schulischer Arbeit (vgl. DOLCH 1982, WENIGER 1952, WICHMANN 1930).
- Ein „*Thema*" beziehungsweise „Unterrichtsthema" umschreibt eine durch den Lehrplan, die Richtlinien vorgegebene, mehr oder weniger eingegrenzte sachliche Einheit innerhalb von Fächern; gelegentlich auch eine fächerübergreifende Einheit. So spricht man etwa vom „Thema" einer Unterrichtsstunde oder einer Unterrichtsreihe. Ein „Thema" kann nur formuliert werden, wenn der Gegenstand des Unterrichts „gerichtet", also beispielsweise über eine methodische Leitfrage (vgl. BLANKERTZ 1969, S. 97) intentional aufgeschlüsselt wird (ähnlich, aber anders: vgl. SCHULZ 1965, S. 29).
- Sachlich und begrifflich vom „Thema" abzugrenzen ist das „*Unterrichtsergebnis*". Es bezeichnet alles das, was im Hinblick auf das jeweilige Thema und die mit ihm gemeinten Zielstellungen an Sachverhalten erarbeitet, zusammengetragen und als gültig festgehalten worden ist, das also, worüber die Schüler schließlich verfügen sollen. Die insbesondere in der lernzielorientierten Didaktik begrifflich gefaßten „Verhaltensänderungen" oder „Qualifikationen" stellen keine Unterrichtsergebnisse im hier definierten Sinne dar (vgl. MEYER 1975, S. 20), denn das, was letzten Endes in den Köpfen und Herzen der Schüler bewahrt und mit den Händen „gekonnt" wird, entzieht sich der objektivierenden Darstellung. Der den Lernzielen entsprechende Lernerfolg mag von Lerntheoretikern analysiert werden, für den „Unterrichtsinhalt" ist er nur insofern relevant, als die Verbindlichkeit der unterrichtlichen Arbeit mit den erhofften Lernerfolgen begründet und legitimiert zu werden pflegt.

In Abgrenzung zu den Begriffen „Thema" und „Unterrichtsergebnis" soll das, was im Unterricht tatsächlich zur Sprache und in die Sinne kommt, als *„Inhalt"* des Unterrichts bezeichnet werden. Eine Teilklasse dieser Inhalte sind die durch Lehrpläne und Themenstellung provozierten Inhalte.

„Fächer" und „Themen" verweisen auf begrenzte Ausschnitte der Wirklichkeit außerhalb der Schule, auf die Praxis von Menschen, die in der Gesellschaft leben und arbeiten: Die Verkehrserziehung verweist auf den Verkehr, die Umwelterziehung auf die Ausbeutung der natürlichen und sozialen Umwelt, die Mathematik auf die rechnend kontrollierende Beherrschung von Strukturen und Prozessen. Aber diese gesellschaftliche Praxis ist nicht unmittelbar, sondern in symbolischer Form gegenwärtig: im Wort der Wissenschaft und des Mythos, im Werk der Kunst und der Technik – undifferenziert und ungenau spricht man vom *„Wissen"*. Die Arbeit im Unterricht besteht demnach in der Bearbeitung symbolischer Repräsentationen gesellschaftlicher Praxis, also in der Interpretation von Wissen über diese Praxis. Dies gilt auch für psychomotorische und manuelle unterrichtliche Tätigkeiten, die ebenfalls eine „Interpretation" von Wirklichkeit leisten.

„Unterrichtsinhalte" stellen das Material dar, an dem die Bearbeitung der symbolisch repräsentierten gesellschaftlichen Wirklichkeit erfolgt: *Ein Unterrichtsinhalt ist die pädagogische Repräsentation gesellschaftlicher Wirklichkeit.* Diese Definition schließt ein, daß Lehrer *und* Schüler in diesen Rekonstruktionsprozeß verwickelt sind.

Die erläuterten Begriffe „Fach", „Thema", „Inhalt", „Ergebnis" können verschiedenen *Bezugsebenen* didaktischer Reflexion zugeordnet werden (vgl. MENCK 1975, S. 5ff., S. 36ff.): von der Lehrplantheorie über die Fachdidaktiken, die „didaktische Analyse" (die Suche nach dem bildenden Gehalt bestimmter Themen und deren Aufbereitung in bildender Absicht) bis hin zu konkreten Daten über die Lebenswelt der Schüler. Der Rahmen dieser Bezugsebenen ist jedoch verhältnismäßig eng. Um die Inhaltlichkeit der Begriffe „Thema", „Inhalt" und „Unterrichtsergebnis" genauer zu bestimmen, müssen die Beziehungen analysiert werden, in denen die unterrichtliche Arbeit zum Umfeld von Unterricht steht.

Schulisches Wissen und gesellschaftliche Praxis. Die „Themen" des Unterrichts werden nicht in einem direkten und unmittelbaren Zugriff der gesellschaftlichen Praxis entnommen, sie werden vielmehr in langwierigen Auseinandersetzungen gesellschaftlicher Interessengruppen ausgehandelt; sie werden aus dem gesellschaftlichen Wissen ausgewählt und zum Zwecke der unterrichtlichen Bearbeitung stilisiert, kombiniert, reduziert, verfremdet und veranschaulicht. Auswahl und Stilisierung werden nicht nur von pädagogischen Absichten, sondern ebenso vom Interesse der gesellschaftlichen Interessengruppen an ihrer Reproduktion geleitet. Unter dem Titel „Bildungspolitik" oder „politische Ökonomie des Ausbildungssektors" wird heute diskutiert, was Weniger in seiner Lehrplantheorie schon 1930 in ausdrücklichem Bezug auf die Inhalts-, Fächer- und Themenwahl als „ein Ringen um eine Lagerung der Kräfte in Schule und Lehre, die den jeweiligen Machtverhältnissen der an der Schule beteiligten Faktoren entspricht", als einen „Kampf geistiger Mächte" bezeichnet hatte (WENIGER 1952, S. 22; vgl. BLANKERTZ 1968, S. 106; vgl. BLANKERTZ 1969, S. 116ff.). Die „Theorie der symbolischen Gewalt" von BOURDIEU/PASSERON (vgl. 1971, 1973) stellt einen aktuellen Versuch dar, die spezifische Funktion schulischen Wissens im sozialen Reproduktionsprozeß zu begreifen: Schulisches Wissen dient der Durchsetzung und Einprägung spezifischer, den gesellschaftlichen Kräfteverhältnissen

entsprechender Bedeutungen und Sichtweisen von Wirklichkeit.
Die Tradition der Didaktik hat sich gegenüber diesen interessenbestimmten Selektionen von Schulwissen durchweg unkritisch verhalten: In aller Regel werden dort die von einem parteilichen Standpunkt aus betrachteten „positiven Leistungen" der Menschheit der unterrichtlichen Bearbeitung für würdig erachtet, und zwar nicht nur in materialen Bildungstheorien, die die humane Qualität von der Aneignung ganz bestimmter Inhalte abhängig machen wollen, sondern ebenfalls in formalen Theorien, die sich an der Inhaltlichkeit der Inhalte uninteressiert zeigten und dennoch einen positiven kulturellen Traditionszusammenhang voraussetzen müssen (vgl. BLANKERTZ 1969, S. 37 ff.; vgl. KLAFKI 1963, S. 27 ff.). Aber auch die Unmenschlichkeit – ob sie nun gemäß einer „Dialektik der Aufklärung" (HORKHEIMER/ADORNO 1969) als ein historisch notwendiges Moment oder ob sie als noch nicht überwundene Stufe im Prozeß der Höherentwicklung der Menschheit definiert wird – charakterisiert die Welt, in der die Schüler ihren Ort suchen und finden müssen. „Kritisch" benannte Positionen innerhalb der Didaktik haben dieses Moment der Inhaltlichkeit von Unterricht herauszuarbeiten versucht (vgl. BALLAUFF 1970, BERNFELD 1925, HEYDORN 1970, RUHLOFF 1979).
Die „Themen" des Unterrichts verweisen also auf eine *bestimmte* Praxis und Verwaltung von Wissen in der Gesellschaft. Die Vorstellung, man müsse alle „parapädagogischen" Selektions- und Traditionsmechanismen nur aufdecken und ideologiekritisch hinterfragen, um der unverstellten gesellschaftlichen Praxis habhaft zu werden, ist demgegenüber naiv und ihrerseits einer Ideologie aus pädagogischer Beschränktheit und Selbstüberschätzung erwachsen (vgl. BLANKERTZ 1969, S. 32). Die „Wirklichkeit", nenne man sie gesellschaftliche Praxis, göttlichen Kosmos oder positive Tatsache, gibt es nicht unverstellt, es gibt sie nur symbolisch vermittelt. Bevor das „Wissen" in die Schule gelangt, ist es einem vielschichtigen Prozeß der Produktion, Selektion und Transformation ausgesetzt, und sobald die Schwelle der Institution Schule überschritten ist, setzt sich dieser Transformationsprozeß fort (vgl. KLINGENBERG 1982 a, S. 105 ff.; vgl. MENCK 1975, S. 21; vgl. TERHART 1983, S. 49 ff.). Die Inhaltlichkeit des „Themas" des Unterrichts kann angemessen nur dann erfaßt werden, wenn die Entstehungsbedingungen des zu seiner Bearbeitung herangezogenen Wissens zugleich mit analysiert werden (vgl. WENIGER 1952, S. 9 ff.).

Erfahrungswelt und Subjektbezug. Ein gängiges didaktisches Postulat besagt, daß die Erfahrungen der Schüler im Unterricht berücksichtigt werden sollten. In dieser Forderung wird erstens an der alten unterrichtsmethodischen Einsicht festgehalten, daß durch ein Anknüpfen an die Vorkenntnisse der Schüler der Lernerfolg verbessert werden könne. Damit wird aber auch die Erwartung ausgedrückt, daß der Unterricht die Schüler für die angemessene Bewältigung *ihres* gegenwärtigen und zukünftigen Lebens ausstatten solle. Der Versuch, einen Bezug des Unterrichts zur gesellschaftlichen Praxis herzustellen, erfolgt also nicht nur über die Mitsprache gesellschaftlicher Interessengruppen bei der Lehrplanarbeit, sondern zusätzlich – sozusagen zur individuellen Seite hin – über die konstitutive Bedeutung der Aneignung und Verarbeitung *eigener* Erfahrungen der Schüler im Unterricht (vgl. MEYER 1980, S. 300 ff.; vgl. SCHELLER 1981).
Auf der Ebene der Curriculumentwicklung hatte man gehofft, objektive Ansprüche an die Inhaltsselektion und subjektive Schülererwartungen „kurzschließen" zu können, indem man aus einer genauen Analyse der Lebenssituationen der Schüler einen Satz erforderlicher

Qualifikationen zur Lebensbewältigung und aus diesen wiederum die zu ihrer Ausbildung erforderlichen Curriculuminhalte zu bestimmen versuchte (vgl. ROBINSOHN 1967, S.45; zur Kritik vgl. BLANKERTZ 1969, S.159ff.). Ein solcher Versuch ist zum Scheitern verurteilt, erstens, weil man allenfalls in groben Zügen und recht unbestimmt die Klassen von Lebenssituationen identifizieren kann, die für die Schüler wichtig sind; zweitens, weil die behauptete Deduktion von den Situationen über die Qualifikationen zu den Inhalten in methodologischer Sicht brüchig ist; drittens ist es aus pädagogischen Gründen gar nicht wünschenswert, die Schüler auf eine *bestimmte*, gegenwartsbezogene Interpretation der Wirklichkeit festzulegen. Die Verknüpfung von Schüleralltag und gesellschaftlicher Praxis kann nicht in der Weise gedacht werden, daß der derzeitige Alltag der Schüler mit der derzeitigen gesellschaftlichen Praxis identifiziert wird. Der Zusammenhang muß umfassender interpretiert werden, wie dies in der didaktischen Tradition auch in den Begriffen „Mehrdarbietung" (WICHMANN 1930, S. X) oder „Vorwegnahme" (WENIGER 1952, S. 66) signalisiert wird: Die Praxis von Menschen, die in einer Gesellschaft arbeiten, stellt den *Raum* dar, in dem der einzelne Mensch seinen eigenen Standort zu bestimmen versucht, in dem er aber auch aufgrund gesellschaftlicher Bedingungen auf einen bestimmten Platz festgelegt wird.

Die durch das „Thema" angeleitete unterrichtliche Praxis verweist also auf gesellschaftliche Praxis als den Rahmen möglicher Bestimmungen und faktischer Bestimmtheit der Schüler. Im Unterricht sollen die Schüler befähigt werden, *für sich* Kompetenzen anzueignen und Lebensentwürfe zu erwerben, die die Menschheit im Laufe ihrer Geschichte entfaltet hat und die die „Menschlichkeit" der Schüler ausmachen können. Dafür stand in der didaktischen Tradition seit je der Begriff des *Bildungsideals,* nicht als eine ideale Abstraktion, sondern in der „Bezogenheit auf konkrete Aufgaben und auf die gegebene Wirklichkeit" (WENIGER 1952, S. 66; vgl. BLANKERTZ 1968). Die im Unterricht erarbeiteten Unterrichtsergebnisse dürfen in diesem Sinne als *Stükke eines Weltbildes* verstanden werden, da die Schüler sich erarbeiten, eines Rahmens, innerhalb dessen sie sich orientieren können, eines Rahmens, der prinzipiell weiter ist als die von jedem einzelnen konkret aktualisierten Möglichkeiten.

Regeln der Inhaltskonstitution im Unterricht. Im Unterricht erfolgen für Lehrer und Schüler die näheren Bestimmungen dessen, was als Unterrichtsinhalt gilt. Das „Thema" ist zunächst nichts weiter als eine leere Überschrift zu Stundenbeginn. Dies gilt aber nur für den kollektiven Prozeß des Unterrichts, nicht für jeden einzelnen der Teilnehmer; diese verbinden mit dem neuen Thema Erinnerungen, Erfahrungen, Befürchtungen, Hoffnungen und Handlungsperspektiven (vgl. MEYER 1980, S.283ff., S.300ff.). In der unterrichtlichen Arbeit wird dann das Thema mit „Inhalt" gefüllt und mit den offiziellen Bedeutungen belegt, die sich sowohl durch das ergeben, was zur Sprache kommt und zuletzt als Unterrichtsergebnis fixiert wird, als auch durch die „inoffiziellen Weltversionen" (vgl. RUMPF 1979), die sich durch die Tagträume und Phantasien, durch produktive und destruktive Nebentätigkeiten der Schüler, durch das komplexe Zusammenspiel von inhaltlicher Arbeit und beziehungsvoller Kommunikation ergeben (vgl. MESSNER 1983, S.308ff.).

Im einzelnen folgt die unterrichtliche Arbeit *Regeln*, die die Konstitutionsbedingungen der Inhalte bestimmen. Diese Regeln sind in den letzten Jahren zum dominierenden Thema der interpretativen Unterrichtsforschung gemacht worden (vgl. TERHART 1978; vgl.

Unterrichtsinhalt

auch GEISSLER 1986, MATTHES-NAGEL 1984). In Anlehnung an die Untersuchungen von BERNSTEIN (vgl. 1971) sollen diese Regeln mit dem Begriff der „Disziplin" zusammengefaßt werden:
- Die „Themen" werden nach Fächern und Disziplinen sortiert und eingegrenzt, aber auch hierarchisch klassifiziert.
- Die Bearbeitung im Unterricht erfolgt dann ebenfalls „diszipliniert", das heißt in einem geordneten, durch die Autorität des Lehrers und der Institution gesicherten Lehrgang. Diese Ordnung wird durch Stereotypisierungen und Ritualisierungen der Unterrichtsarbeit bekräftigt (vgl. HÖHN 1980, S. 129 ff.; vgl. RUMPF 1976, S. 113 ff.; vgl. WELLENDORF 1973, S. 63 ff.).
- Alltägliche Erfahrungen der Schüler, die im Unterricht eine Rolle spielen könnten, werden also nicht zwangsläufig thematisiert, sondern erst dann, wenn der Lehrer, der als Zeitmeister und Schiedsrichter ein Interpretationsvorrecht hat, dies für angemessen hält (vgl. SCHELLER 1981, ZINNECKER 1975).
- Auf diese „Geschäftsbedingungen" reagieren die Schüler durch die Entwicklung vielfältiger und ausgeklügelter Lolationsstrategien (vgl. MEYER 1980, S. 162; vgl. REYEM 1970).

Alltags- und Wissenschaftswissen wird in die Schulwelt transformiert, zum „Schulwissen" gemacht (vgl. HEINZE u. a. 1981, THIEMANN 1980). Als Trennung der Schule und des Unterrichts vom „wirklichen" Leben wird dieser Sachverhalt in der didaktischen Tradition beklagt, von Entfremdung und Sinnentleerung ist die Rede, die die unvermeidbare Folge solcher Trennung sei. Die schulische Zurichtung des Wissens, seine Disziplinierung zu „Disziplinen", stellt aber auch eine historische Errungenschaft dar, die Bildung überhaupt erst ermöglicht, die den immer wieder gefährdeten Freiraum ausgrenzt, der für eine planvolle und kontinuierliche Unterrichtsarbeit erforderlich ist, und die den Heranwachsenden eine bildende Auseinandersetzung ermöglicht, die durch desorientierende Unordnung gefährdet würde. Störungen dieser Disziplin können nicht durch die Abschaffung der Disziplin, sondern nur durch die Behebung der Ursachen der Störungen beseitigt werden (vgl. CLOER 1982).

Innerhalb des durch diese Regeln abgesteckten Rahmens unterrichtlicher Arbeit bleiben Handlungsspielräume für die weitere inhaltliche Bestimmung der Themen bestehen: Bestimmte Themen müssen aus der Spannbreite möglicher Themen *ausgewählt* und *zubereitet* werden. Gängige didaktische Modelle unterstellen dabei einen hohen Grad der Rationalität des Lehrerverhaltens; empirische Untersuchungen über das Verhalten von Lehrern bei der Unterrichtsvorbereitung (vgl. BROMME 1981, HOFER 1981) zeichnen ein deutlich anderes Bild. Die Themen müssen *unterrichtsmethodisch* und *medial* bearbeitet werden. Auch hierzu liegen ausführliche Erörterungen in der allgemeinen Didaktik und den Fachdidaktiken vor. Die zuvor skizzierten Verweisungen und Bezüge zu den gesellschaftlichen Konstitutionsbedingungen schulischen Wissens werden in dieser Literatur jedoch zumeist unbearbeitet gelassen und allenfalls der Lehrplan- und Schultheorie als Aufgabe zugewiesen.

Zur Unverzichtbarkeit des Bildungsbegriffs. Dasjenige, was in der didaktischen Umgangssprache als „Unterrichtsinhalt" bezeichnet wird, löst sich also in ein komplexes Beziehungsgeflecht auf, das nur dann angemessen zu beschreiben ist, wenn diese Beziehungen im einzelnen nachgezeichnet werden. Eine Beschränkung des Unterrichts auf bestimmte Wissensbestände – seien sie unter dem konservativ-restriktiven Begriff der „volkstümlichen Bildung" oder auch in einem verkürzenden Rückgriff auf „Emanzipation" zusammengefaßt – bleibt dogmatisch und steht im Widerspruch zu einem umfassenden Begriff von Menschlichkeit, der allein didaktisches Handeln zu legitimieren vermag. Blankertz hat unter Bezug auf ADORNOS „Theorie der Halbbildung" (1972) in seiner Analyse der Lehrplantheorie Wenigers den dialektischen Zusammenhang zwischen Bildung als Teilhabe an der geistigen Überlieferung und Bildung als Menschlichkeit und Reife zu beschreiben versucht (vgl. BLANKERTZ 1969, S. 111 ff.).

Der Bildungsbegriff ist für ihn der Maßstab – nicht das zu Messende selbst; Deduktionen der Inhalte aus übergeordneten Prämissen sind deshalb logisch unmöglich. Wohl jedoch kann mit dem Bildungsbegriff ein negatives Kriterium entwickelt werden, „das dem pädagogisch Unverantwortbaren konkret widersteht und sich eben dadurch zur organisierenden Kategorie qualifiziert"

(BLANKERTZ 1969, S. 36). Adorno hatte *Bildung* als „Kultur nach der Seite ihrer subjektiven Zueignung" bestimmt (ADORNO 1972, S. 94) und damit trotz aller Vorbehalte gegenüber einer „Erziehung nach Auschwitz" (ADORNO 1967) das gleiche ausgesagt. Es gibt keinen vernünftigen Grund, sich von dieser „Bildung" zu distanzieren. Wohl aber muß gegenüber jeder schlechten, idealisierenden Überhöhung dieser Bildungsidee festgehalten werden, daß die Menschlichkeit der Menschen deren zerstörende Möglichkeiten ebenso umfaßt wie die produktiven, daß der historische Prozeß zur Barbarei, aber auch zur Zivilisation geführt hat und führen kann. Aber am Anspruch, der mit „Bildung" in der didaktischen Tradition verbunden ist, muß trotz aller verheerenden Niederlagen institutionalisierter Erziehung festgehalten werden, wenn die inhaltliche Arbeit im Unterricht zu welchem Thema auch immer einen Sinn haben soll.

ADORNO, TH. W.: Erziehung nach Auschwitz. In: ADORNO, TH. W. u. a.: Zum Bildungsbegriff der Gegenwart, Frankfurt/Berlin/München 1967, S. 111 ff. ADORNO, TH. W.: Theorie der Halbbildung. Gesammelte Schriften, Bd. 8: Soziologische Schriften I, hg. v. R. Tiedemann, Frankfurt/M. 1972, S. 93 ff. BALLAUFF, TH.: Skeptische Didaktik, Heidelberg 1970. BERNFELD, S.: Sisyphos oder die Grenzen der Erziehung, Leipzig 1925. BERNSTEIN, B.: On the Classification and Framing of Educational Knowledge. In: YOUNG, M. F. D. (Hg.): Knowledge and Control, London 1971, S. 47 ff. BLANKERTZ, H.: Bildungsbegriff. In: DAHMER, I./KLAFKI, W. (Hg.): Geisteswissenschaftliche Pädagogik am Ausgang ihrer Epoche – Erich Weniger, Weinheim/Berlin 1968, S. 102 ff. BLANKERTZ, H.: Theorien und Modelle der Didaktik, München 1969. BLANKERTZ, H.: Die Geschichte der Pädagogik, Wetzlar 1982. BOURDIEU, P./PASSERON, J.-C.: Die Illusion der Chancengleichheit, Stuttgart 1971. BOURDIEU, P./PASSERON, J.-C.: Grundlagen einer Theorie der symbolischen Gewalt, Frankfurt/M. 1973. BROMME, R.: Das Denken von Lehrern bei der Unterrichtsvorbereitung, Weinheim/Basel 1981. CLOER, E. (Hg.): Disziplinkonflikte in Erziehung und Schule, Bad Heilbrunn 1982. DIETRICH, TH.: Inhalte und Fächer der Schule. In: ROTH, L. (Hg.): Handlexikon zur Didaktik der Schulfächer, München 1980, S. 36 ff. DOLCH, J.: Lehrplan des Abendlandes, Darmstadt 1982. FLITNER, W.: Theorie des pädagogischen Weges, Weinheim 1950. GEISSLER, H.: Unterrichtsanalyse. In: Enzyklopädie Erziehungswissenschaft, Bd. 3, Stuttgart 1986, S. 621 ff. HEIMANN, P.: Didaktik als Unterrichtswissenschaft, Stuttgart 1976. HEINZE, TH.: Schülertaktiken, München/Wien/Baltimore 1980. HEINZE, TH. u. a.: Praxisforschung, München/Wien/Baltimore 1981. HEYDORN, H.-J.: Über den Widerspruch von Bildung und Herrschaft, Frankfurt/M. 1970. HOFER, M. (Hg.): Informationsverarbeitung und Entscheidungsverhalten von Lehrern, München 1981. HÖHN, K.-R.: Schule und Alltag. Bestimmungsstücke zum Verhältnis von organisierter Unterweisung und praxisbundenem Lernen, exemplifiziert am Natur-Wissen, Weinheim/Basel 1980. HORKHEIMER, M./ADORNO, TH. W.: Dialektik der Aufklärung, Frankfurt/M. 1969. KLAFKI, W.: Studien zur Bildungstheorie und Didaktik, Weinheim 1963. KLINGBERG, L.: Einführung in die Allgemeine

Didaktik. Vorlesungen, Berlin (DDR) ⁵1982a. KLINGBERG, L.: Unterrichtsprozeß und didaktische Fragestellung, Berlin (DDR) 1982b. MATTHES-NAGEL, U.: Objektiv-hermeneutische Bildungsforschung. In: Enzyklopädie Erziehungswissenschaft, Bd.2, Stuttgart 1984, S.283ff. MENCK, P.: Unterrichtsanalyse und didaktische Konstruktion, Frankfurt/M. 1975. MENCK, P.: Unterrichtsinhalt, Mimeo, Siegen 1984. MESSNER, R.: Neuordnung des Unterrichts. In: Enzyklopädie Erziehungswissenschaft, Bd.8, Stuttgart 1983, S.303ff. MEYER, H.L.: Trainingsprogramm zur Lernzielanalyse, Frankfurt/M. ²1975. MEYER, H.L.: Leitfaden zur Unterrichtsvorbereitung, Königstein 1980. MÖLLER, CH.: Technik der Lernplanung, Weinheim/Basel ⁴1973. REYEM, H.L.: The Development of Student's Lolative Strategies. In: WITTROCK, M.C./ WILEY, D.E. (Hg.): The Evaluation of Instruction. Issues and Problems, New York 1970, S.149ff. ROBINSOHN, S.B.: Bildungsreform als Revision des Curriculum, Neuwied/Berlin 1967. RUHLOFF, J.: Das ungelöste Normproblem der Pädagogik, Heidelberg 1979. RUMPF, H.: Unterricht und Identität, München 1976. RUMPF, H.: Inoffizielle Weltversionen – Über die subjektive Bedeutung von Lehrinhalten. In: Z.f.P. 25 (1979), S.209ff. SCHELLER, I.: Erfahrungsbezogener Unterricht, Königstein 1981. SCHOTT, F.: Lehrstoffanalyse, Düsseldorf 1975. SCHULZ, W.: Unterricht – Analyse und Planung. In: HEIMANN, P. u.a.: Unterricht – Analyse und Planung, Hannover/Berlin/Darmstadt/Dortmund 1965, S.13ff. SCHULZ, W.: Unterrichtsplanung, München/Wien/Baltimore 1980. STÖCKER, K.: Neuzeitliche Unterrichtsgestaltung, München ⁴1957. TERHART, E.: Interpretative Unterrichtsforschung, Stuttgart 1978. TERHART, E.: Unterrichtsmethode als Problem, Weinheim/Basel 1983. THIEMANN, F. (Hg.): Konturen des Alltäglichen. Interpretationen zum Unterricht, Königstein 1980. WELLENDORF, F.: Schulische Sozialisation und Identität, Weinheim/Basel 1973. WENIGER, E.: Didaktik als Bildungslehre, Teil 1: Theorie der Bildungsinhalte und des Lehrplans, Weinheim 1952. WICHMANN, O.: Eigengesetz und bildender Wert der Lehrfächer, Halle 1930. WILLMANN, O.: Didaktik als Bildungslehre, Freiburg/Wien ⁶1957. ZIEHE, TH./STUBENRAUCH, H.: Plädoyer für ungewöhnliches Lernen, Reinbek 1982. ZINNECKER, J. (Hg.): Der heimliche Lehrplan, Weinheim/Basel 1975.

Hilbert Meyer, unter Nutzung einer Vorlage von Peter Menck, Siegen

Unterrichtsplanung

Begriffsbestimmung. Unterrichtsplanung soll hier verstanden werden als *Entwicklung eines erziehungswissenschaftlich begründeten Handlungsentwurfs für didaktische Interaktionen.* Diese müssen nicht in der Schule, sondern können ebensogut etwa an Orten der Erwachsenenbildung oder der betrieblichen Aus- und Fortbildung stattfinden. Im folgenden allerdings soll – der Einfachheit halber – nur das didaktische Feld der Schule berücksichtigt werden. Die Tatsache, daß sich ein didaktischer Handlungsentwurf auf unterschiedlich umfangreiche Interaktionszusammenhänge beziehen kann, spezifiziert sich im schulischen Unterricht dergestalt, daß vier Planungsebenen unterschieden werden können.

Ebenen der Unterrichtsplanung. Die Planungsebene *A* umfaßt den Zeitraum eines ganzen oder halben *Schuljahrs*. Die vordringliche Aufgabe des Lehrers besteht dabei darin, nach Möglichkeit in Absprache mit den Fachlehrern besonders der Parallelklassen und auf der Basis der Lehrplanvorgaben und -vorschläge sich für einen bestimmten Kanon von Inhaltsbereichen zu entscheiden (vgl. MEYER 1986). Die sich auf dieser obersten Ebene stellenden Aufgaben und Probleme stecken ein Grenzgebiet zwischen Unterrichtsplanung und Curriculumentwicklung ab (vgl. KUNERT 1976, ZIMMERMANN u.a. 1977).

Die Planungsebene *B* bezieht sich auf die *Entwicklung von Unterrichtsreihen.* Hier stellt sich dem Lehrer die Aufgabe, im Hinblick auf seine spezifische Lerngruppe und unter Beachtung der besonderen Bedingungen, die als Restriktionen oder Chancen für erfolgreiches Lernen wirksam werden können, eine in der Regel sich über mehrere Wochen erstreckende Folge mehrerer Unterrichtsstunden zu einer strukturierten didaktischen Einheit zu entwickeln. Sie ist eine interpretativ-intentionale Auslegung und bedingungsanalytisch ausgerichtete Konkretisierung eines Teilbereichs des auf der Ebene A festgelegten globalen Planungsrahmens. Dabei konzentriert sich der Schwerpunkt der Planungsaktivitäten auf die genauere Bestimmung und besonders Sequenzierung von Unterrichtsinhalten. Hinzu kommen einige unterrichtsmethodische Entscheidungen, die sich vor allem auf die Gestaltung der didaktischen Einstiegssituationen in die gesamte Unterrichtsreihe sowie in ihre verschiedenen Etappen beziehen, die durch die Sequenzierung der Unterrichtsinhalte entstehen.

Obwohl sich die meiste Vorbereitungsarbeit des Lehrers – mit Ausnahme des Anfängers – vermutlich auf die Entwicklung von Unterrichtsreihen bezieht, sind konzeptionelle Vorschläge der allgemeindidaktischen Unterrichtsplanungstheorien eher spärlich. Man beschränkt sich im wesentlichen auf einige allgemeine praktische Hinweise und Empfehlungen, überläßt die weitergehende Differenzierung und theoretische Einbindung dann aber der fachdidaktischen Literatur (vgl. jedoch PETERSSEN 1982, S. 171 ff.; vgl. SCHULZ 1980, S. 74 ff.).

Die Planungsebene *C* bezieht sich auf die *Vorbereitung einzelner Unterrichtsstunden* – den traditionellen Schwerpunkt der meisten Unterrichtsplanungstheorien (Überblicke vgl. GEISSLER 1979, PETERSSEN 1982). Ihre Planung wird zum einen durch die Planungsentscheidungen zur Unterrichtsreihe und zum anderen im weiteren Sinne durch die Resultate der bereits vollzogenen Unterrichtsstunden einer Reihe bestimmt. Das bedeutet, daß die längerfristigen Perspektiven der gesamten Unterrichtsreihe permanent durch eine recht kurzfristige Planung der jeweils nächsten Unterrichtsstunde nicht nur konkretisiert, sondern auch erheblich modifiziert werden können. Abweichungen von der Planung der Unterrichtsreihe können dabei dadurch „kompensiert" werden, daß der Lehrer sich in seiner kurzfristigen Planung an den Rahmenentscheidungen der globalen Halbjahresplanung orientiert. Der Schwerpunkt der Planungsaktivitäten auf dieser Ebene bezieht sich auf die Entwicklung unterrichtsmethodischer Arrangements. Diese müssen relativ offen sein und lassen sich nicht sinnvoll in Form minuziöser Verlaufsangaben zum geplanten Lehrer- und erwarteten Schülerverhalten fassen. Denn ein erheblicher Teil unterrichtsmethodischer Entscheidungen läßt sich nur situativ im Unterrichtsvollzug begründet fällen (vgl. KLAFKI 1970, S. 126 f.; vgl. SCHULZ 1980, S. 75 f.). Deshalb ist eine weitere, vierte Planungsebene zu berücksichtigen.

Es ist die Planungsebene *D,* die die *Planung didaktischer Entscheidungen im Vollzug einer Unterrichtsstunde* meint. Sie ermöglicht es, die Planungsvorbereitung für die gesamte Unterrichtsstunde flexibel an bestimmte, am Vortage nicht vorhersehbare und sich oft spontan von einer Minute zur anderen ergebende Unterrichtsbedingungen anzupassen, die auf diese Weise in ihren lern- und entwicklungsfördernden Potentialen ausgeschöpft oder in ihren Restriktionsgefahren eingedämmt oder überwunden werden können. Noch mehr als auf der Ebene C wird hier deutlich, daß entwicklungstragende und zukunftsweisende Planungsentscheidungen unabdingbar auf einer Unterrichtsanalyse aufbauen müssen, die die für den Lern- und Entwicklungsprozeß relevanten Daten differenziert erfaßt und erklärungskräftige Deutungen liefert. – Konzeptionelle Vorstellungen für didaktisch sinnvolle Aktivitäten auf dieser untersten Planungsebene sind bisher wenig entwickelt worden, zumal insgesamt die Bedeutung die-

ser Ebene für die didaktische Praxis und für die Unterrichtsplanungstheorie kaum hinreichend erkannt worden ist (vgl. jedoch BECKER u.a. 1979).
Diese vier Planungsebenen, bezüglich deren der Lehrer implizite oder explizite Entscheidungen treffen muß, sind Teil eines sie umfassenden didaktischen Begründungszusammenhangs, den ADL-AMINI (vgl. 1986) analytisch in drei aufeinander verweisende Ebenen gliedert, nämlich in die Ebene der Didaktik als Zieltheorie (die die pädagogische Sinn- und Normenproblematik in den Mittelpunkt stellt), der Didaktik als Prozeßtheorie (die nach der Umsetzung pädagogischer Zielvorstellungen in Lehrplan- und Curriculumentscheidungen fragt) und der Didaktik als Handlungstheorie (die sich auf die Planung, Durchführung, Analyse und Reflexion von Unterricht bezieht). Die Unterrichtsplanungsebene A und grenzweise auch die Ebene B lassen sich der didaktischen Ebene der Prozeßtheorie und die Planungsebenen C und D der didaktischen Ebene der Handlungstheorie zuordnen. Die didaktische Zieltheorie schließlich wird hier dergestalt berücksichtigt, daß alle Planungsüberlegungen und -entscheidungen hinsichtlich dreier Aspekte und Funktionen betrachtet werden können, nämlich erstens hinsichtlich ihrer Legitimation, die im Rahmen didaktischer Zieltheorien einzulösen ist, zweitens mit Bezug auf ihre Optimierung und drittens unter der Frage nach ihrer Evaluation (vgl. LENZEN 1976).

Funktionen der Unterrichtsplanung.
Die *Legitimation* von Planungsentscheidungen – auf allen vier Ebenen – meint die Aufgabe, die pädagogische Intentionalität und Normativität, die jene ausgewiesenermaßen oder implizit beinhalten, als erziehungswissenschaftliche Frage- und Problemstellung zu identifizieren, für sie argumentativ tragfähige praxisorientierende Antworten zu entwickeln und diese schließlich im folgenden pädagogischen Handeln verantwortlich zu erproben. Angesprochen ist damit der gesamte Bereich pädagogischer Sinnkonstitution, die sich zum einen im Rahmen theoretischer Argumentationszusammenhänge und zum anderen im Felde praktischer Handlungen vollzieht und mit dem Oberbegriff „Bildung" belegt werden kann (zur Diskussion der Legitimationsproblematik in der Didaktik: vgl. KÖNIG 1980, KÜNZLI 1975, MEYER 1975, ZEDLER 1975). Diese Spannung zwischen erziehungswissenschaftlicher Theorie und pädagogischer Praxis bindet zwei Aufgaben aneinander: Zum einen müssen oberste Zielvorstellungen und Kriterien theoretisch entwickelt und begründet werden, die als Korrektiv an die ausgewiesene oder implizite Intentionalität von Unterrichtsplanungsentscheidungen auf allen vier Ebenen angelegt werden können. Besonders die bildungstheoretische Didaktik (siehe unten) hat hierzu eine elaborierte Position vorgelegt. Den Kontrapunkt zur Legitimation durch erziehungswissenschaftliche *Begründungs*zusammenhänge stellt die Legitimation durch sinnstiftende didaktische *Handlungs*zusammenhänge dar. Damit ist auf die Qualität der Lehrer-Schüler-Interaktion verwiesen und die Frage aufgeworfen, welche Partizipationsverfahren und -formen nicht nur auf der untersten, sondern auch auf den übergeordneten Planungsebenen den Schülern – in Abhängigkeit von ihrem Alter sowie vom Unterrichtsinhalt und -fach – eröffnet werden können und sollen. Modelle einer schülerorientierten und offenen Unterrichtsplanung haben versucht, hierzu tragfähige Antworten vorzulegen (vgl. BOETTCHER u.a. 1978, FÜGLISTER 1978, GEBAUER u.a. 1977, LOSER 1975, MEYER 1980, SCHULZ 1980, WAGNER u.a. 1976). Die Konstitution pädagogischen Sinns bedarf angemessener Realisierungsmittel und -verfahren, sie bedarf also der *Optimierung,* um vorab festgelegte Zielperspektiven und Kriterien möglichst

weitgehend zu erreichen. Für die Unterrichtsplanung bedeutet das zweierlei: Erstens ist es notwendig, für den Lehrer handhabbare Konzeptionen für die Erstellung von Unterrichtsplanungen auf den Ebenen A bis C anzubieten, und zweitens muß die Unterrichtsplanung ein effektives Mittel für die gelingende Realisierung des nachfolgenden Unterrichts sein. Besonders der Druck, unter dem Referendare/Lehramtsanwärter stehen, ihrem Mentor oder Fachleiter vor dem eigenen Unterrichtsversuch eine übersichtliche Planung zu geben, hat dazu geführt, klar strukturierte Schemata und Modelle für die Abfassung von Unterrichtsentwürfen – in der Regel auf der Ebene einzelner Unterrichtsstunden – zu entwickeln (vgl. KRAMP 1962, S. 62; vgl. MEYER 1980, S. 227f.; vgl. SCHULZ 1965, S. 46f.). Unterstellt wird dabei die bis heute nicht überprüfte Hypothese, daß die Optimierung eines (schriftlichen) Unterrichtsentwurfs ein wirksames Mittel zur Optimierung eines effektiven und auch legitimen Unterrichts sei. Die Praxis der Lehrerausbildung gibt demgegenüber aber eine Vielzahl von Hinweisen, daß diese Annahme nicht zutrifft: Denn in der Regel plant der Referendar/Lehramtsanwärter den Unterricht doppelt: Zunächst wird eine möglichst optimale Planung für ihn selbst entwickelt, die sich meistens nur in Stichworten auf einem Spickzettel dokumentiert, und anschließend wird ein offizieller Planungsentwurf nach demjenigen Schema geschrieben, das der jeweilige Fach- oder Seminarleiter bevorzugt (vgl. ADL-AMINI 1980, LENZEN 1980; vgl. MEYER 1980, S. 58ff.; vgl. PETERSSEN 1982, S. 254ff.). Dieser Hinweis leitet zur dritten Funktion der Unterrichtsplanung über, die von einer befriedigenden Unterrichtsplanungstheorie zu analysieren und zu strukturieren wäre, nämlich zur *Evaluation,* das heißt zur empirischen Untersuchung der in der Praxis vollzogenen Unterrichtsplanungsaktivitäten und der Beziehung zwischen Unterrichtsplanung und -vollzug. Während zum ersten Teilaspekt bereits einige Forschungsergebnisse vorliegen (vgl. BROMME 1981), ist bis heute weitgehend unklar, welchen Einfluß die Unterrichtsplanung auf das nachfolgende didaktische Verhalten des Lehrers hat und, umgekehrt, in welcher Weise der von ihm wahrgenommene Unterrichtsvollzug und -erfolg als empirische Arbeitsgrundlage in die jeweils nächste Unterrichtsplanung eingeht (vgl. jedoch PETERS 1986, TERHART 1984). Eine der Voraussetzungen für eine fruchtbare Weiterentwicklung der Unterrichtsplanungstheorie ist es deshalb, daß Querverbindungen zur Unterrichtsanalysetheorie hergestellt und beide zusammen in eine umfassende Unterrichtstheorie integriert werden, die die legitimierenden, optimierenden und evaluativen Teilfunktionen der Unterrichtsplanung und des Unterrichtsvollzugs zusammenschließt.

„Erfolgreiche" moderne und historische Unterrichtsplanungsmodelle. Vor dem Hintergrund dieser konzeptionellen Rahmenskizze können die wichtigsten der neueren Unterrichtsplanungstheorien und -modelle folgendermaßen eingeschätzt werden:
- Der bildungstheoretische Ansatz KLAFKIS von 1958 (vgl. 1970) konzentriert sich auf das Legitimationsproblem von Unterrichtsinhalten, das sich auf allen vier Planungsebenen stellt. Eine Diskussion zur Beziehung zur Unterrichtsmethode wird nur am Rande geführt, und auch die Frage, wie die Unterrichtsplanung an sich und in ihrer Beziehung zum anschließenden Unterrichtsvollzug zu optimieren oder zu evaluieren sei, wird ausgeklammert.
- Die lern- beziehungsweise lehrtheoretische Unterrichtsplanungstheorie, die HEIMANN u.a. (vgl. 1965) vorgelegt haben, versucht den wechselseitigen Zusammenhang unterrichtsthe-

matischer und -methodischer Entscheidungen auszuleuchten. Ganz im Gegensatz zum bildungstheoretischen Ansatz wird hier ausschließlich das Optimierungsproblem angesprochen – und zwar unter der Fragestellung, wie die wichtigsten Unterrichtsentscheidungen angemessen metatheoretisch erfaßt werden können. Das hierfür entwickelte Unterrichtsmodell bezieht sich dabei nur auf die Planungsebene C, also auf den Rahmen einer einzelnen Unterrichtsstunde (vgl. HEIMANN 1976, NORTHEMANN/OTTO 1969, REICH 1979).
- Das 1980 von Schulz veröffentlichte Hamburger Planungsmodell schließlich kann als das Resultat einer langjährigen Diskussion zwischen dem lehrtheoretischen und dem bildungstheoretischen Ansatz verstanden und als seine produktive Synthese bezeichnet werden. Denn es verbindet das Interesse am Legitimationsproblem von Unterricht und Unterrichtsplanung mit dem Optimierungsproblem und führt seine Antwort auf die sich hier stellenden Fragen zunächst auf der Planungsebene A und dann auf der Ebene B und C aus.
- Andere allgemeindidaktische Planungsmodelle konnten sich demgegenüber nur zeitlich und/oder regional begrenzt in der Lehrerbildung durchsetzen, so der in den 70er Jahren weiter verbreitete Ansatz der lernzielorientierten Planung (vgl. DIENER u.a. 1978, LEMKE 1981, MAGER 1965, MÖLLER 1969, PETERSSEN 1974), der systemtheoretische Ansatz (vgl. KÖNIG/RIEDEL 1970, 1973), handlungsorientierte Konzepte (vgl. BECKER 1984, VAN BELLEN-FINSTER u.a. 1978, FLECHSIG/HALLER 1975, GEBAUER u.a. 1977), schülerorientierte Ansätze (vgl. EINSIEDLER/HÄRLE 1976, SCHMADERER 1976, VOHLAND 1982) sowie das Konzept erfahrungsbezogenen Unterrichts (vgl. SCHELLER 1981).
- In der Didaktikdiskussion der DDR ist ebenfalls eine Reihe konkreter Raster und Planungshilfen erarbeitet worden (vgl. DREFENSTEDT/NEUNER 1969, S. 252 ff.; vgl. NEUNER 1972, S. 449 ff.; in „Rezeptform": vgl. DREWS/FUHRMANN 1980), während KLINGBERG in seiner repräsentativen „Einführung in die Allgemeine Didaktik" (1982) auf die Formulierung von Rastern für die schriftliche Vorbereitung bewußt verzichtet.

Die drei zuerst genannten Ansätze haben in der Bundesrepublik eine außerordentlich breite Rezeption erfahren. Das gilt allerdings auch für MEYERS schülerorientierte Unterrichtsplanung (vgl. 1980) und für J. und M. GRELLS „Unterrichtsrezepte" (1979). Die Ursachen für ihren großen Erfolg liegen darin, daß hier versucht wird, eine besondere *Textsorte* zu entfalten, die sich gegen die erziehungswissenschaftliche Literatur, welche sich vorwiegend an akademische Studieninteressen wendet, abgrenzt. Diese Textsorte, die man als *„erziehungswissenschaftliche Orientierungshilfen und Ratgeber"* (GEISSLER 1985) bezeichnen kann, will keine neuen Theorieansätze und -konzeptionen vorstellen, sondern lediglich die Übersetzung vorliegender Theorien in den Bereich pädagogischer Praxisanforderungen erleichtern und anleiten. Eine solche Übersetzungsarbeit muß den restriktiven Bedingungen, unter denen pädagogische Praxisanfänger und auch langjährige Routiniers stehen, gerecht werden und sie didaktisch konstruktiv aufnehmen. Der Erfolg von Meyer und Grell/Grell begründet sich in diesem Sinne im wesentlichen dadurch, daß es ihnen gelingt, eine didaktisch strukturierte Beziehung zum Leser aufzubauen.

Diese Textsorte ist schließlich von einer dritten abzugrenzen, nämlich von den *didaktischen Meisterlehren und Praxisberichten,* deren Charakteristikum es ist, daß sie aus der Praxis für die Praxis geschrieben werden und in diesem Rahmen dem Berufsanfänger für die Unterrichtsplanung und den Unterrichtsvollzug eine Reihe von Handlungsempfehlungen und -geboten sowie -verboten geben, deren Gültigkeit und Legitimation allein an die subjektiven Unterrichtserfahrungen des Meisterlehrers gebunden wird. Die Tradition dieser Textsorte ist heute durch die Vorherrschaft der akademisch-erziehungswissenschaftlichen Diskussion weitgehend verschüttet. Sie läßt sich mit ihren Wurzeln bis in die Erziehungspraxis des ausgehenden Mittelalters und der frühen Neuzeit zurückverfolgen. Obwohl es zur didaktischen Meisterlehretradition bisher kaum tragfähige Untersuchungen gibt, lassen sich grob drei Bereiche identifizieren: Sie bestimmt sich erstens durch Regeln und Anweisungen zur Schul- und Disziplinarordnung, die dem Unterricht und damit auch der Unterrichtsplanung einen Rahmen geben, der besonders gegenüber den Motivationen und spontanen Handlungen der Schüler permanent zu reetablieren ist. Zweitens beinhalten alle didaktischen Meisterlehren Regeln, die sich auf das Berufsrollenverständnis des Lehrers als Fachlehrer oder Fachgelehrten beziehen. Der dritte Bereich von Meisterlehreregeln schließlich bestimmt die Rolle des Lehrers in Beziehung zu seinen Schülern – eine Rolle, die oft wie eine Mischung von „Entertainer" und „Dompteur" beschrieben wird.

Besonders aufschlußreich ist in diesem Zusammenhang die Schul- und Unterrichtsordnung der Jesuiten, die „Ratio studiorum et institutiones scholasticae Societatis Jesu" von 1599, die als eine Art Unterrichtsplanung (für die Ebenen A, B und C) interpretiert werden kann (vgl. BALLAUFF/SCHALLER 1970, S. 87 ff.). Hier wird ganz offensichtlich, daß Unterricht nach einem Modell handwerklicher Regeln geplant und vollzogen werden soll und daß die Qualität des Unterrichts sich danach bemißt, wie exakt die kollektiv vorgegebenen (Schulmeister-)-Regeln eingehalten werden. Bemerkenswerterweise beziehen sich diese zum Teil äußerst minuziös ausformulierten Regeln nur auf die Bereiche der Schul- und Disziplinarordnung und der fachlichen Wissensvermittlung. Ihnen hat sich der Schüler mit seinen individuellen Lerninteressen und -problemen bedingungslos zu beugen. Die Unterrichtsordnung sieht noch keinen Anlaß, den Lehrern Regeln für den pädagogischen Umgang mit den Schülern zu geben. Auf der Basis eines solchen Unterrichtsverständnisses stellt die Unterrichtsplanung kein wesentliches Problem dar – sie wird reduziert auf die regelgeleitete fachliche Durchdringung des Stoffs, der anschließend den Schülern mit Hilfe der katechetisierenden Methode vermittelt wird, die darin besteht, den Unterrichtsstoff zunächst in eine Sequenz sozusagen taylorisierter Erkenntnisstückchen zu zerlegen und dann für jedes von ihnen eine passende Frage für die Schüler zu finden (vgl. DINTER 1887, S. 341 ff.). Diesem Planungsmodell folgten die Unterrichtslehren des 17., 18. und 19. Jahrhunderts (vgl. PARIZEK 1791, SCHWARZEL 1799, SICKEL 1833, VILLAUME 1781).

In der zweiten Hälfte des 19. Jahrhunderts wurde diese sedimentierte Meisterlehretradition überlagert von der unterrichtspraktisch modifizierten Rezeption der Unterrichtstheorie Herbarts (vgl. GEISSLER 1979, S. 43 ff.). Und diese ansatzweise theoriegeleitete Planungspraxis wurde dann wiederum von reformpädagogischen Planungsansätzen modifiziert, ohne daß dabei jedoch die Grundschicht jener Meisterlehretradition durchstoßen worden wäre (vgl. BACH 1957, FIKENSCHER 1963, FLÖRKE 1963, FÖRSTER 1931, HUBER 1957, KARSTÄDT 1919, RICHTER 1908, SEYFERT 1949, ZEISSIG 1922). Die dritte Überlagerungsschicht schließlich setzte mit der Adaptation der wissenschaftstheoretisch stärker reflektierten Hauptströmungen erziehungswissenschaftlicher Unterrichtsplanungskonzeptionen zu Beginn der 60er Jahre ein, also im wesentlichen des bildungstheoretischen und des lerntheoretischen Modells der Didaktik. Sie führte dazu, daß die „didaktischen Meisterlehren" als eine besondere pädagogische Textsorte abgelöst wurden von der Textsorte der „erziehungswissenschaftlichen Orientierungshilfen und Ratgeber", die allerdings wegen der sich konsolidierenden Vorherrschaft der erziehungswissenschaftlich-akademischen Theoriediskussion lange im „Windschatten der erziehungswissenschaftlichen Aufmerksamkeit" (MEYER 1980, S. XI) verblieben (vgl. jedoch ACHTENHAGEN 1983, SCHULZ 1985). Hier sind neben den schon erwähnten Arbeiten von Grell, Meyer u. a. diejenigen von BARSIG/BERKMÜLLER (vgl. 1970), BRUNNHUBER (vgl. 1971), CHIOUT/STEFFENS (vgl. 1970), FRANKE (vgl. 1977), HOFFMANN u. a. (vgl. 1975) und KOBER/RÖSSNER (vgl. 1967) und die seit 1973 erscheinende Reihe „workshop schulpädagogik" (vgl. WINKELER 1973) zu nennen.

Daß die didaktische Meisterlehretradition von der akademischen erziehungswissenschaftlichen Diskussion in den Hintergrund gedrängt wurde, ist zum einen dadurch bedingt, daß der Prozeß der Professionalisierung der Volksschullehrer – mit guten Gründen – durch den Anspruch auf die Wissenschaftlichkeit des Pädagogikstudiums zu stützen gesucht wurde. Zum anderen aber wurde diese Verdrängung bereits in der didaktischen Meisterlehretradition selbst vorbereitet, und zwar durch die didaktischen Meisterlehren der Reformpädagogik, die zu Beginn dieses Jahrhunderts eine Unterrichtskonzeption und -praxis entwickelte, die sich gegen die autoritäre Stellung des Lehrers und gegen eine handwerklich-traditionalistische Unterrichtsmethodik wandte, die die Kinder zu Bearbeitungsobjekten des Lehrers macht (vgl. SCHARRELMANN 1905, SCHEIBNER 1951). Ihr zentrales Kriterium ist vielmehr, daß der Schüler das Subjekt seines Lernprozesses werden soll – eines Lernprozesses, dessen Sinn nur er selbst zu stiften vermag. Bis heute hat diese Hinwendung des Planungsansatzes zu den konkreten Voraussetzungen und Interessen des Schülers eine insgesamt produktive Verunsicherung des Lehrers ausgelöst, die teilweise durch die Neuentwicklung eines dritten Bereichs von Unterrichtsregeln kompensiert wurde, die neben die Regeln für die fachliche Lehrstoffgestaltung und für die Unterrichtsdisziplin treten und sich auf den persönlichen Umgang mit dem Schüler als Unterrichtspartner beziehen (vgl. ENGELHARDT 1962, GINOTT 1972). Dieser dritte Bereich scheint seit einiger Zeit die bisher vorherrschenden disziplinarischen und fachlichen Regeln aufzuweichen und besonders erstere zurückzudrängen. So konstatiert HENNINGSEN (vgl. 1981) – karikaturistisch überzeichnet – einen Rollenwechsel des Lehrers vom handwerklich arbeitenden „Klempner" zum problembelasteten und handlungsunsicheren „Schwätzer", und v. HENTIG formuliert analog einen Wandel „Vom Verkäufer zum Darsteller" (1981).

Bedeutung und Aufgaben zukünftiger Unterrichtsplanungstheorien. Trifft diese Diagnose im Prinzip zu, müßte die Unterrichtsplanungstheorie für ihre Weiterentwicklung vor allem folgende Konsequenzen ziehen: Je schmaler die Common-sense-Basis der von Lehrern und Schülern getragenen disziplinaren und fachlichen Unterrichtsregeln wird, desto unsicherer und brüchiger werden auch die planerisch kalkulierbaren Voraussetzungen bei der Unterrichtsvorbereitung. Ein Gegengewicht hierzu kann kaum in der verstärkten Besinnung auf meisterlehrehafte Entertainer- oder Dompteursregeln gefunden werden (vgl. KLAFKI 1980, S. 24; vgl. SCHULZ 1980, S. 5). Vielmehr sollte die Unterrichtsplanung als Vorbereitung auf den Unterricht wesentlich breiter gefaßt werden, nämlich als Teil der *pädagogischen Persönlichkeitsentwicklung des Lehrers*. Dieses Urteil begründet sich vor allem mit einigen Beobachtungen des Lehrerverhaltens auf der untersten Planungsebene, der Planung im Unterrichtsvollzug – einer Ebene, der in Zukunft eine wesentlich größere, wenn nicht gar die zentrale Bedeutung zukommen sollte. Denn hier zeigt sich, wie angemessen und phantasiereich der Lehrer schnell wechselnde Unterrichtsbedingungen erfassen und analysieren und wie flexibel und kreativ er sich mit seinen didaktischen Entscheidungen darauf einstellen kann, ohne dabei den roten Faden übergreifender Bildungsziele und -kriterien aus den Augen zu verlieren (vgl. GEISSLER 1984). Eine didaktische Konzeption, die sich von der untersten bis zur obersten Unterrichtsplanungsebene erstreckt und dabei den Funktionen der Legitimation, Optimierung und besonders auch der Evaluation Rechnung trägt, könnte nicht nur die bisher getrennten Bereiche der Unterrichtsplanung und Unterrichtsanalyse integrieren, sondern auch zum Zentrum eines Modells der pädagogischen Persönlichkeitsentwicklung für Lehrer werden.

ACHTENHAGEN, F.: Eine konstruktive Wende in der Didaktik? – Anmerkungen zu einigen Neuerscheinungen. In: Z. f. P. 29 (1983), S. 961 ff. ADL-AMINI, B.: Grauzonen der Didaktik – Plädoyer für die Erforschung didaktischer Vermittlungsprozesse. In: ADL-AMINI, B./KÜNZLI, R. (Hg.): Didaktische Modelle und Unterrichtsplanung, München 1980, S. 210 ff. ADL-AMINI, B.: Ebenen didaktischer Theoriebildung. In: Enzyklopädie Erziehungswissenschaft, Bd. 3, Stuttgart 1986, S. 27 ff. BACH, H.: Die Unterrichtsvorbereitung, Hannover 1957. BALLAUFF, TH./ SCHALLER, K.: Pädagogik. Eine Geschichte der Bildung und Erziehung, Bd. 2, Freiburg/München 1970. BARSIG, W./BERKMÜLLER, H.: Die Unterrichtsvorbereitung für die Schule von heute, Donauwörth 1970. BECKER, G. E.: Handlungsorientierte Unterrichtsplanung, Bd. 1, Weinheim/Basel 1984. BECKER, G. E. u. a.: Unterrichtssituationen, München 1979. BELLEN-FINSTER, M. VAN u. a.: Praxis der Unterrichtsvorbereitung, Stuttgart 1978. BOETTCHER, W. u. a.: Lehrer und Schüler machen Unterricht, München/Berlin/Wien 1978. BROMME, R.: Das Denken von Lehrern bei der Unterrichtsvorbereitung, Weinheim/Basel 1981. BRUNNHUBER, P.: Prinzipien effektiver Unterrichtsgestaltung, Donauwörth 1971. CHIOUT, H./STEFFENS, W.: Unterrichtsvorbereitung und Unterrichtsbeurteilung, Frankfurt/Berlin/München 1970. DIENER, K. u. a.: Lernzieldiskussion und Unterrichtspraxis, Stuttgart 1978. DINTER, G. F.: Pädagogische Schriften, Teil 1, hg. v. F. Seidel, Langensalza [2]1887. DREFENSTEDT, E./NEUNER, G.: Lehrplanwerk und Unterrichtsgestaltung, Berlin (DDR) 1969. DREWS, U./FUHRMANN, E.: Fragen und Antworten zur Gestaltung einer guten Unterrichtsstunde, Berlin 1980. EINSIEDLER, W./HÄRLE, H. (Hg.): Schülerorientierter Unterricht, Donauwörth 1976. ENGELHARDT, R.: Unterrichten – wie macht man das? Essen [2]1962. FIKENSCHER, F.: Unterrichtskunst und Unterrichtserfolg, München [3]1963. FLECHSIG, K.-H./HALLER, H.-D.: Einführung in didaktisches Handeln, Stuttgart 1975. FLÖRKE, W.: Praktische Pädagogik – Eine Handreichung für den Schulalltag, Heidelberg 1963. FÖRSTER, F.: Die Vorbereitung des Lehrers auf den Unterricht, Langensalza 1931. FRANKE, P.: Unterricht planen – Unterricht vorbereiten, Donauwörth 1977. FÜGLISTER, P.: Lehrzielberatung. Zur Reflexion didaktischen Handelns mit Schülern, München 1978. GEBAUER, M. u. a.: Theorie der Unterrichtsvorbereitung. Eine handlungstheoretische Begründung, Stuttgart 1977. GEISSLER, H. (Hg.): Unterrichtsplanung zwischen Theorie und Praxis, Stuttgart 1979. GEISSLER, H.: Interpretative Unterrichtsanalyse, Habil.-Schrift, Münster 1984. GEISSLER, H.: Eine zukunftsweisende pädagogische Textsorte: Erziehungswissenschaftliche Ratgeber und Orientierungshilfen. In: Westerm. P. Beitr. 37 (1985), S. 366 ff. GINOTT, H. G.: Takt und Taktik im Klassenzimmer, Göttingen 1972. GRELL, J./GRELL, M.: Unterrichtsrezepte, München/Wien/Baltimore 1979. HEIMANN, P.: Didaktik als Unterrichtswissenschaft, Stuttgart 1976. HEIMANN, P. u. a.: Unterricht – Analyse und Planung, Hannover/Berlin/Darmstadt/Dortmund 1965. HENNINGSEN, J.: Vom Klempner zum Schwätzer. Voraussagen zur Lehrerbildung. In: N.Samml. 21 (1981), S. 84 ff. HENTIG, H. v.: Vom Verkäufer zum Darsteller. Absagen an die Lehrerbildung. In: HENTIG, H. v.: Aufwachsen in Vernunft, Stuttgart 1981, S. 261 ff. HOFFMANN, A. u. a.: Unterrichtsvorbereitung, Dornburg-Frickhofen 1975. HUBER, F.: Allgemeine Unterrichtslehre im Abriß, Bad Heilbrunn [5]1957. KARSTÄDT, O. (Hg.): Methodische Strömungen der Gegenwart, Langensalza 1919. KLAFKI, W.: Didaktische Analyse als Kern der Unterrichtsvorbereitung. In: KLAFKI, W.: Studien zur Bildungstheorie und Didaktik, Weinheim/Berlin/Basel [19]1970, S. 126 ff. KLAFKI, W.: Zur Unterrichtsplanung im Sinne kritisch-konstruktiver Didaktik. In: ADL-AMINI, B./KÜNZLI, R. (Hg.): Didaktische Modelle und Unterrichtsplanung, München 1980, S. 11 ff. KLINGBERG, L.: Einführung in die Allgemeine Didaktik, Berlin (DDR) [5]1982. KOBER, H./RÖSSNER, L.: Anleitungen zur Unterrichtsvorbereitung, Frankfurt/Berlin/München 1967. KÖNIG, E.: Unterrichtsvorbereitung und diskursive Legitimation des Unterrichts. In: KÖNIG, E. u. a.: Diskussion Unterrichtsvorbereitung. Verfahren und Modelle, München 1980, S. 250 ff. KÖNIG, E./RIEDEL, H.: Unterrichtsplanung als Konstruktion, Weinheim/Berlin/Basel 1970. KÖNIG, E./RIEDEL, H.: Systemtheoretische Didaktik, Weinheim/Basel 1973. KRAMP, W.: Hinweise zur Unterrichtsvorbereitung für Anfänger. In: ROTH, H./BLUMENTHAL, A. (Hg.): Didaktische Analyse, Auswahl, Reihe A, Bd. 1, Hannover 1962, S. 35 ff. KUNERT, K.: Einführung in die curriculare Unterrichtsplanung, München 1976. KÜNZLI, R. (Hg.): Curriculumentwicklung. Begründung und Legitimation, München 1975. LEMKE, D.: Lernzielorientierter Unterricht - revidiert, Frankfurt/Bern 1981. LENZEN, D.: Überlegungen zu einer Theorie unterrichtlicher Kommunikation. In: Z. f. P. 22 (1976), S. 837 ff. LENZEN, D.: Didaktische Theorie zwischen Routinisierung und Verwissenschaftlichung. In: ADL-AMINI, B./KÜNZLI, R. (Hg.): Didaktische Modelle und Unterrichtsplanung, München 1980, S. 158 ff. LOSER, F.: Aspekte einer offenen Unterrichtsplanung. In: B. u. E. 28 (1975), S. 241 ff. MAGER, R. F.: Lernziele und Programmierter Unterricht, Weinheim 1965. MESSNER, R.: Neuordnung des Unterrichts. In: Enzyklopädie Erziehungswissenschaft, Bd. 8, Stuttgart 1983, S. 303 ff. MEYER, H. L.: Skizze des Legitimationsproblems von Lernzielen und Lerninhalten. In: FREY, K. (Hg.): Curriculum-Handbuch, Bd. 2, München 1975, S. 426 ff. MEYER, H. L.: Leitfaden zur Unterrichtsvorbereitung, Königstein 1980. MEYER, H. L.: Unterrichtsinhalt. In: Enzyklopädie Erziehungswissenschaft, Bd. 3, Stuttgart 1986, S. 632 ff. MÖLLER, CH.: Technik der Lernplanung, Weinheim/Basel 1969. NEUNER, G. (Hg.): Allgemeinbildung - Lehrplanwerk - Unterricht, Berlin (DDR) 1972. NORTHEMANN, W./OTTO, G. (Hg.): Geplante Information. Paul Heimanns didaktisches Konzept: Ansätze, Entwicklungen, Kritik, Weinheim/Berlin/Basel 1969. PARIZEK, A.: Skizze eines rechtschaffenen Schulmannes für angehende Landschullehrer, Prag 1791. PETERS, J. J.: Lehrerhandeln. In: Enzyklopädie Erziehungswissenschaft, Bd. 3, Stuttgart 1986, S. 511 ff. PETERSSEN, W. H.: Grundlagen und Praxis des lernzielorientierten Unterrichts, Ravensburg 1974. PETERSSEN, W. H.: Handbuch Unterrichtsplanung, München 1982. REICH, K.: Unterricht. Bedingungsanalyse und Entscheidungsfindung, Stuttgart 1979. RICHTER, P.: Allgemeine Erziehungs- und Unterrichtslehre, Leipzig 1908. RÖSNER, M.: Unterrichtstechnik, Hannover 1951. ROTH, H.: Die Kunst der rechten Vorbereitung. In: ROTH, H.: Pädagogische Psychologie des Lehrens und Lernens, Hannover [10]1970, S. 119 ff. SCHARRELMANN, H.: Herzhafter Unterricht, Hamburg 1905. SCHEIBNER, O.: Theorie der Vorbereitung auf den arbeitsbetonten Unterricht. In: SCHEIBNER, O.: Arbeitsschule in Idee und Gestaltung, Heidelberg [3]1951, S. 269 ff. SCHELLER, I.: Erfahrungsbezogener Unterricht, Königstein 1981. SCHMADERER, F. O. (Hg.): Die Bedeutung eines schülerorientierten Unterrichts, München 1976. SCHULZ, W.: Unterricht - Analyse und Planung. In: HEIMANN, P. u. a.: Unterricht - Analyse und Planung, Hannover/Berlin/Darmstadt/Dortmund 1965, S. 13 ff. SCHULZ, W.: Unterrichtsplanung, München/Wien/Baltimore 1980. SCHULZ, W.: Wozu rät die Ratgeber-Literatur? In: Westerm. P. Beitr. 37 (1985), S. 172 ff. SCHWARZEL, K.: Anleitung zu einer vollständigen Pastoraltheologie, Augsburg 1799. SEYFERT, R.: Allgemeine praktische Unterrichtslehre, München/Berlin 1949. SICKEL, H. F. F.: Handbuch der Schulmeisterklugheit, Erfurt 1833. TERHART, E.: Psychologische Theorien des Lehrerhandelns. In: D. Dt. S. 76 (1984), S. 3 ff. VILLAUME, P.: Praktisches Handbuch für Lehrer in Bürger- und Landschulen, Dessau 1781. VOHLAND, U.: Praxis der Unterrichtsplanung, Düsseldorf 1982. WAGNER, A. C. u. a.: Schülerzentrierter Unterricht, München/Berlin/Wien 1976. WINKELER, R.: Schulformen und Schulorganisation. workshop schulpädagogik, Bd. 1, Ravensburg 1973. ZEDLER, H.-P.: Zur Logik von Legitimationsproblemen, München 1975. ZEISSIG, E.: Vorbereitung auf den Unterricht, Langensalza ²1922. ZIMMERMANN, W. u.a.: Von der Curriculumtheorie zur Unterrichtsplanung, Paderborn 1977.

Harald Geißler

Unterricht, wissenschaftspropädeutischer

Programmatik. Durch den wissenschaftspropädeutischen Unterricht soll die in fast allen Bildungstheorien zur *Wissenschaftspropädeutik* (vgl. FISCHER 1983) enthaltene Zielvorstellung realisiert werden, die Schüler zur autonomen wissenschaftlichen Arbeit zu befähigen. Da die durch das Abiturzeugnis bescheinigte allgemeine Hochschulreife das Recht auf die freie Wahl des Studienfaches enthält, wird mit der Studierfähigkeit auch das Ziel der Allgemeinbildung oder – nach neuerer Terminologie – der wissenschaftlichen oder wissenschaftspropädeutischen Grundbildung verbunden (vgl. KUTSCHA 1978). Damit ist zugleich ausgedrückt, daß der wissenschaftspropädeutische Unterricht nicht nur aus einer fachspezifischen Hinführung zu einzelnen Studienfächern oder Fächergruppen bestehen soll, sondern auch Komponenten von Allgemein- und Persönlichkeitsbildung enthalten muß. Diese bildungstheoretischen Zielvorstellungen zum wissenschaftspropädeutischen Unterricht lassen sich ideengeschichtlich zurückverfolgen von dem heute geltenden Erlaß der Kultusminister zur Arbeit in der gymnasialen Oberstufe (vgl. KMK 1978) über die Bildungstheorien Flitners, W. v. Humboldts bis zu Platon (vgl. FISCHER 1983, GRIESE 1983).
Diese historische Kontinuität bildungsphilosophisch begründeter Leitideen darf allerdings nicht darüber hinwegtäuschen, daß über die didaktische Transformation dieser Leitideen schon seit dem 19. Jahrhundert kein Konsens mehr bestand und auch heute nicht herzustellen ist, wie sich an den unterschiedlichen didaktischen Konzepten zum wissenschaftspropädeutischen Unterricht in der neugestalteten gymnasialen Oberstufe (vgl. KMK 1978), der Kollegstufe Nordrhein-Westfalen (vgl. KULTUSMINISTER NORDRHEIN-WESTFALEN 1972) oder dem Bielefelder Oberstufenkolleg (vgl. v. HENTIG u.a. 1971) ablesen läßt. Eine detaillierte Beschreibung der *Vorstellungen* (nicht der Praxis) zum wissenschaftspropädeutischen Unterricht kann deshalb nur exemplarisch erfolgen; wegen der Verbindlichkeit für die gymnasiale Oberstufe in allen Bundesländern ist der KMK-Erlaß (vgl. KMK 1978) von besonderer Bedeutung (vgl. KAISER 1982, LÜTH 1983).
In dem Erlaß wird als das „besondere Ziel" der gymnasialen Oberstufe postuliert, „eine wissenschaftspropädeutische Grundbildung zu vermitteln, d.h. eine Vorbereitung auf Methoden wissenschaftlichen Arbeitens" (KMK 1978, S.561). Neben den beiden Lernzielschwerpunkten „selbständiges Lernen" und „Persönlichkeitsbildung" wird „wissenschaftspropädeutisches Arbeiten" als dritter Lernzielschwerpunkt ausgewiesen, wobei der wissenschaftspropädeutische Unterricht vor allem hinführen soll „zur Kenntnis wesentlicher Strukturen und Methoden von Wissenschaften sowie zum Verständnis ihrer komplexen Denkformen" (KMK 1978, S.561). Die Verbindung dieser Zielvorstellungen mit den Inhalten erfolgt über die Konstruktion dreier Aufgabenfelder: „das sprachlich-literarisch-künstlerische, das gesellschaftswissenschaftliche, das mathematisch-naturwissenschaftlich-technische" (KMK 1978, S.562). Diesen Aufgabenfeldern werden die jeweiligen Unterrichtsfächer zugeordnet, die dann in Form von Grund-

und Leistungskursen von den Schülern gewählt werden können, wobei Vorschriften dafür sorgen, daß alle Aufgabenfelder gebührend berücksichtigt werden, damit der Anspruch auf eine *allgemeine* Grund- und Persönlichkeitsbildung legitimiert werden kann.

Praxis. Der Beschluß der KMK zur Arbeit in der gymnasialen Oberstufe ist vielfach kritisiert worden; in diesen Kritiken werden auch Probleme für die Unterrichtspraxis prognostiziert (vgl. GRIESE 1983, S. 25 f.; vgl. GRZESIK 1984, S. 14f.; vgl. KAISER 1982, S. 47f.; vgl. LÜTH 1983, S. 248 ff.). Fast alle Kritiker sind der Meinung, daß die didaktische Programmatik der KMK zu vage ist und im Hinblick auf den planenden Lehrer viele Leerformeln enthält. Insbesondere die Vorschläge zum wissenschaftspropädeutischen Arbeiten beschränken sich auf sehr allgemeine Methodologiefragmente (vgl. GRIESE 1983, S. 199); sie können deshalb den Lehrer nicht genügend darüber informieren, nach welchen Kriterien die didaktische Transformation von Wissenschaft auf die Unterrichtsebene erfolgen soll. Diese Unbestimmtheit kann durch die jeweiligen Fachrichtlinien nur teilweise kompensiert werden, da sie von den Vorgaben des KMK-Erlasses her entwickelt werden mußten. Wenn aber die Steuerung der didaktischen Feinstruktur über die Programmatiken nicht gelingt, müssen Lehrer situationsadäquate didaktische Handlungsorientierungen selber herstellen. Obgleich die wissenschaftlichen Bemühungen um eine Theorie des wissenschaftspropädeutischen Unterrichts sich bisher fast ausschließlich auf hermeneutisch hergestellte Begründungszusammenhänge zwischen gesellschaftlicher Entwicklung, bildungspolitischen Postulaten und der Konstruktion didaktischer Grobstrukturen (Curricula, Kursprofile) sowie einiger daran anschließender Schulversuche beschränkt haben und eine empirische Didaktikforschung zu den didaktischen Mikrostrukturen zumindest als Forschungsprogramm nicht existiert, lassen sich doch aus Erfahrungsberichten, die nicht immer nur aus Beschreibungen, sondern auch aus theoriegebundenen Erklärungsansätzen bestehen, Erkenntnisse über die didaktische Alltagskultur des wissenschaftspropädeutischen Unterrichts gewinnen (vgl. ERFAHRUNGSBERICHTE ... 1980, FÖLLING 1983, GRIMMER 1984, RUMPF 1966). Danach sind die Formen des wissenschaftspropädeutischen Unterrichts, die sich in der Praxis durchgesetzt haben, kritisch zu beurteilen. Der wissenschaftspropädeutische Unterricht ist im wesentlichen gekennzeichnet durch einen Trend zur Trivialisierung von Inhalten und zur Schematisierung von Methoden (vgl. FÖLLING 1983). Die vorwiegende Orientierung der Lehrer, wie sie sich in ihren Lehrstrategien ausdrückt, ist eine reduktionistische Variante der Reproduktion von Inhalten und Methoden, die sie als Kenntnisse aus ihrem Fachstudium mitbringen; sie läßt sich durchaus treffend als „Abbilddidaktik" kennzeichnen. Dementsprechend erfahren Schüler eine solche Art der Unterrichtsdidaktik unmittelbar als entfremdetes Lernen und zeigen als Folge erhebliche Motivations- und Lernprobleme (vgl. GRZESIK 1984, S. 53 ff.).

Historische und soziokulturelle Bedingungen. Dieser unbefriedigende Zustand der Praxis wissenschaftspropädeutischen Unterrichts ist nicht einfach auf die unzureichende Umsetzung von Bildungstheorien und Programmatik zurückzuführen, sondern ist Resultat von Gesetzmäßigkeiten und Entwicklungen, die im KMK-Erlaß ignoriert worden sind: Es sind dies die Polarität von Persönlichkeitsbildung und Studienberechtigung sowie die Polarität zwischen der heutigen Wissenschaftskultur und der traditionellen Vorstellung von Wissenschaft als Bildungsmacht. Der Begriff der „Reife", der in der Humboldtschen Bildungstheorie eher als pädagogisch akzentuierte Zustandsbeschreibung formaler Bildung, nämlich als Reife zur Philosophie und damit zur menschlichen Selbstfindung, gemeint war, erfuhr schon mit der Humboldt-Süvernschen Schulreform um 1812 in Preußen selbst eine Verfälschung, indem er sich als „Abitur" in eine bürokratische Kontrollinstanz für die Zulassung zum Hochschulstudium verwandelte und damit zum zentralen Element für die Selektionsfunktion des Gymnasiums – bis heute – degenerierte (vgl. HERRLITZ 1982). Unter den so geschaffenen Zwängen zur Festlegung meßbarer Lernleistungen konnte sich zwar die Fiktion des Humboldtschen Ideals der Persönlichkeitsbildung als Legitimationsetikett zu standespolitischen Zwecken zum Teil bis in die Gegenwart hinein erhalten, aber *keine praktische Didaktik entwickeln,* die als Transformation dieser Bildungstheorie hätte gelten können oder doch eine deutliche Affinität zu ihr hätte erkennen lassen. Statt dessen bestimmten die überprüfbaren Lernziele – am humanistischen Gymnasium des 19. Jahrhunderts vorwiegend die Kenntnis von Vokabeln und die Beherrschung grammatikalischer und mathematischer Transformationsregeln – die didaktischen Muster, die dann zwangsläufig in der schon damals viel kritisierten „humanistischen Abrichtung" und „Latinitätsdressur" (PAULSEN 1921, S. 540) ihren Ausdruck fanden (vgl. SCHMOLDT 1980, S. 7). An dieser Tendenz zum didaktischen Schematismus hat sich bis heute im wissenschaftspropädeutischen Unterricht des Gymnasiums nichts Grundsätzliches geändert, denn nach wie vor besteht trotz aller sonstigen Reformbemühungen der Widerspruch zwischen programmatisch ausgewiesenen pädagogischen Zielen und der „unpädagogischen Funktion in der gesellschaftlichen Statuszuweisung" (BLANKERTZ 1982, S. 326), die zwangsläufig zu einer starken Normierung der Unterrichtsstruktur durch das Abitur führt (vgl. FLITNER/LENZEN 1977).

Die aus erziehungswissenschaftlicher Sicht zu beklagende didaktische Konzeptionslosigkeit des wissenschaftspropädeutischen Unterrichts hat neben den beschriebenen bildungspolitischen und institutionellen noch eine weitere Ursache, die im Wissenschaftsbezug selbst angelegt ist und die sich nicht nur auf die Besonderheiten der gymnasialen Oberstufe, sondern auch auf andere Schulstufen und -formen auswirkt (vgl. MENZE 1981, S. 159): Bei Humboldt war Wissenschaft noch weitgehend gleichgesetzt mit Philosophie als dem Medium menschlicher Selbstfindung; durch philosophische Bemühungen sollte der Mensch den Sinn seiner Existenz erarbeiten, nur so konnte „Bildung durch Wissenschaft" ermöglicht werden. Aber der schon in der zweiten Hälfte des 19. Jahrhunderts unaufhaltsam heraufkommende Szientismus hat nicht mehr als wesentliche Zielsetzung, den Menschen zur Selbstbildung anzuregen; er „erklärt" vielmehr die Welt, „um sie verfügbar zu machen. Die Weise, wie über Welt verfügt, die Welt genutzt wird, ist nicht Sache der Wissenschaft selbst" (MENZE 1981, S. 151). Die in der heutigen Forschungspraxis dominierende, überwiegend positivistisch orientierte Wissenschaft kann damit nicht mehr als Medium der Bildung im Humboldtschen Sinne fungieren: „Wissenschaft selbst hat dem Topos von der ‚Bildung durch Wissenschaft' den Garaus gemacht" (BUCK 1969, S. 13). Der Szientismus ist dabei nicht auf die Naturwissenschaften beschränkt geblieben, sondern hat sich später als Historismus in den Geisteswissenschaften und auch in den Sozialwissenschaften dem Objektivitätsideal der Naturwissenschaften methodisch anzunähern versucht und damit in tendenziell gleicher Weise an Bildungswirksamkeit verloren (vgl. BUCK 1969, S. 15; vgl. HABERMAS 1975, S. 59; vgl. MENZE 1981, S. 151).

Unterricht, wissenschaftspropädeutischer

Heute ist die Vorherrschaft analytischer Wissenschaft und instrumenteller Vernunft trotz aller Kritik ungebrochen und beeinflußt massiv unsere gesamtgesellschaftliche Kultur, also auch die Bereiche Erziehung, Bildung und Unterricht – die zitierten Aussagen der KMK über den wissenschaftspropädeutischen Unterricht machen dies deutlich. Studenten und Schüler, die „in den empirisch-analytischen Verfahrensweisen einer positivistischen Wissenschaft unterwiesen werden, [erhalten] wohl technisch unentbehrliche Informationen über verfügbar zu machende Prozesse, aber keine praktisch hilfreiche Orientierung für gelebte Situationen" (HABERMAS 1975, S. 28). Diese Art der Kritik, die auch von Pädagogen übernommen worden ist, kann freilich nicht darüber hinwegtäuschen, daß es im 20. Jahrhundert eben diese kritisierte positivistische Wissenschaft ist, die die Grundlagen für unsere technisch-wissenschaftliche Zivilisation geschaffen hat und trotz der oft zitierten „Krise der Wissenschaft" auch weiter schaffen wird. Die moderne Wissenschaft hat sich längst unabhängig von der Pädagogik ihr eigenes didaktisches Medium in Form des wissenschaftlichen Handbuchs geschaffen, das ihr eine autonome Reproduktion garantiert (vgl. KUHN 1973). Das wissenschaftliche Handbuch besteht aus einer unkritischen Ansammlung von derzeit gültigen Theorien, Ergebnissen und Methoden der jeweiligen Fachdisziplin. Wissenschaft wird damit wesentlich verkürzt erfahren, abgeschnitten von ihrem historisch-genetischen Prozeß und damit auch abgeschnitten von Entdeckungs- und Verwertungszusammenhängen. Diese Bereiche von Wissenschaft lernt der Lehrerstudent zumeist nie – auch nicht in restringierter Form – kennen. Mit erkenntnispsychologischen und -philosophischen Problemen, mit der gesellschaftlichen Relevanz von Wissenschaft, also gerade mit denjenigen Elementen, die einen wissenschaftspropädeutischen Unterricht zu einem pädagogisch sinnvollen Unterricht machen können, wird der Lehrerstudent in der Regel nicht konfrontiert, insbesondere in den naturwissenschaftlichen Fächern nicht (vgl. BRÄMER 1977); das Lehramtsstudium führt durchweg zum Erwerb einer begrenzten, positivistischen Auffassung von „Wissenschaft" als einem zu erlernenden und in Prüfungssituationen zu reproduzierenden Komplex von Inhalten und Methoden.

Dieses Wissenschaftsverständnis, das durch die im Studium erfolgende *Fachsozialisation* fest internalisiert worden ist, bleibt auch in der zweiten Phase der Lehrerausbildung mit ihren erziehungswissenschaftlichen Anteilen im wesentlichen ungebrochen (vgl. FRECH/REICHWEIN 1977) und begünstigt Unterrichtsstrategien, die lediglich eine reduktionistische Variante des Lehrens, Erlernens und Reproduzierens von Handbuchwissen darstellen.

Diese Art von Abbilddidaktik wird durch die institutionellen Bedingungen der gymnasialen Oberstufe begünstigt und stabilisiert. Die bildungspolitisch bestimmte Selektions- und Allokationsfunktion der gymnasialen Oberstufe verlangt das Abitur als Ergebnis bürokratisch kontrollierbarer und quantitativ meßbarer Lernprozesse. Da die Leistungen ab Jahrgangsstufe 12 in die Abiturnote eingehen und diese über die Studienmöglichkeiten entscheidet, wirken Meßbarkeit und Kalkulierbarkeit antizipatorisch spätestens ab Beginn der Jahrgangsstufe 12 auf die Wahl der Lehr- und Lernmuster und favorisieren die Unterrichtskonzepte, die Erfolgssicherheit (beim Schüler) und Meßbarkeit (durch den Lehrer) optimieren: Dies ist die Reproduktion eines Katalogs von Inhalten und Methoden eines Faches.

Damit kommt der pädagogisch ungewollten Didaktik des wissenschaftspropädeutischen Unterrichts heute eine *doppelte Funktionalität* zu: Sie ist erstens funktional in bezug auf die institutionell verankerte Aufgabe der gymnasialen Oberstufe, nämlich die vermeintlich objektive Überprüfung der Studierfähigkeit der Schüler zu leisten; sie ist zweitens funktional für die spätere Integration dieser Schüler in eine weitgehend durch ein positivistisches Wissenschaftsverständnis gekennzeichnete Berufstätigkeit als oftmals entfremdeter Arbeit; sie ist darüber hinaus funktional für eine allgemeine Anpassung an eine technisch-wissenschaftliche Zivilisation (vgl. HABERMAS 1975, S. 31). Eine solcherart funktionalisierte Bildung, die zu einer kontrollierten Qualifikation wird, ist keine Persönlichkeitsbildung im klassischen Sinne mehr, sondern „Halbbildung" (vgl. ADORNO 1959). Explizit ausgewiesene pädagogische Lernziele der gymnasialen Oberstufe wie „Selbstverwirklichung in sozialer Verantwortung" (KMK 1978, S. 561) setzen als erreichtes Bildungsziel die Verarbeitung von Erfahrung voraus. Unter den institutionellen und kulturellen Bedingungen der gymnasialen Oberstufe ist diese Erfahrung jedoch kaum möglich. Die Folge ist: „Erfahrung [...] wird ersetzt durch die punktuelle, unverbundene, auswechselbare und ephemere Informiertheit, der schon anzumerken ist, daß sie im nächsten Augenblick durch andere Informationen weggewischt wird" (ADORNO 1959, S. 40).

Alternativen und Reformversuche. Eine Verbesserung des wissenschaftspropädeutischen Unterrichts hat zur Voraussetzung, durch eine empirische Didaktikforschung die Verhaltensmuster von Schülern und Lehrern genauer zu erfassen und mit Implementationsstrategien zu arbeiten, die nicht nur die organisatorischen und curricularen Grobstrukturen in der Oberstufe verändern, sondern gezielt an der didaktischen Mikrostruktur ansetzen. Das Ziel solcher Veränderungen müßte sein, die eingespielte Funktionalität der Abbilddidaktik durch pädagogisch reflektierte praktikable Konzepte zu „stören", das heißt wissenschaftliche Bildung als Persönlichkeitsbildung durch das Aufbrechen der positivistischen Verengung von Wissenschaft wieder möglich zu machen und als Gegenpole zu den vorherrschenden Tendenzen praktisch wirksam werden zu lassen. Größere didaktische Forschungs- und Implementationsprogramme außerhalb administrieller Kontrolle sind zur Zeit nicht bekannt. Dennoch sind Bemühungen zu registrieren, den wissenschaftspropädeutischen Unterricht zu verändern. Dies geschieht durch Schulversuche, wissenschaftsdidaktische Konzepte, die auch auf die Unterrichtsdidaktik selbst abzielen, und auch durch didaktische Einzelinitiativen von Lehrern in der gymnasialen Oberstufe.

Die Kollegstufe Nordrhein-Westfalen sowie das Oberstufenkolleg Bielefeld haben als Schulversuche ihren Ausgang von einer Bildungstheorie genommen, die jeweils eine deutliche Affinität zu einem Wissenschaftskonzept ausweist (vgl. v. HENTIG 1974, KULTUSMINISTER NORDRHEIN-WESTFALEN 1972), wobei diese Konzepte insbesondere die soziale Dimension von Wissenschaft betonen, indem sie die kommunikative, gesellschaftlich-politische, aber auch – insbesondere im Konzept der Kollegstufe Nordrhein-Westfalen – die technische und berufspraktische Bedeutung hervorheben, die Wissenschaft hat oder haben könnte. Diese Theorien sind transformiert worden zu didaktischen Rahmenkonzepten, die Kursprofile umreißen oder verschiedene Arten von Unterricht (Wahlfachunterricht, Ergänzungsunterricht, Gesamtunterricht) festschreiben (vgl. v. HENTIG u. a. 1971). Da diese didaktischen Modellierungen auf einen Schulversuch hin erfolgt sind, ist eine unterrichtspraktische Erprobung erforderlich und eine wissenschaftliche Evaluation möglich, von der erste Ansätze vorliegen. Zum Schulversuch Kollegschule Nordrhein-Westfalen liegt dem Kultusministerium ein erster Gesamtbericht vor (vgl. BLANKERTZ 1983). Für das Oberstufenkolleg gibt es mit der Reihe „Arbeitsmaterialien aus dem Bielefelder Oberstufenkolleg" (AMBOS) Dokumente über die Unterrichtspraxis, die belegen, daß die theoretischen und didaktischen Überlegungen zu einem alternativen wissenschaftspropädeutischen Unterricht zumindest teilweise realisiert werden können (vgl. BÖHNING u. a. 1980, WENZEL 1978).

Neben den Schulversuchen hat es in den letzten Jahren eine Reihe theoretischer Versuche gegeben, die didaktischen Merkmale des wissenschaftspropädeutischen Unterrichts stärker über neuere wissenschaftshistorische und -philosophische Theorien (etwa aus KUHN 1973) zu gewinnen (vgl. EWERS 1978, GRIESE 1983, GRIMMER 1984, GRZESIK 1984, PETERSEN-FALSHÖFT 1979, RAUFUSS 1978, SCHMITZ 1977, WENZEL 1978). Dabei bemühen sich die Autoren, zu zeigen, daß eine Erweiterung des Wissenschaftskonzepts über dessen positivistische Beschränkung hinaus durchaus didaktisches Potential enthalten kann. Insbesondere die Berücksichtigung der Wissenschaftsgeschichte und des Entdeckungs- und Verwertungszusammenhangs ermöglicht Verbindungen mit kognitionspsychologischen Theorien, die mit Namen wie Piaget, Bruner, Wertheimer und Begriffen wie „entdeckendes Lernen" und „produktives Denken" hier nur angedeutet werden können.

Daraus lassen sich wissenschaftsdidaktische Elemente gewinnen und konzeptuell verdichten. Solche Wissenschaftsdidaktiken sind in einigen Fällen von einzelnen Lehrern erfolgreich erprobt worden (vgl. GRIMMER 1984, WAGENSCHEIN 1980, WENZEL 1978). Es ist fraglich, ob derartige Versuche die Didaktik des wissenschaftspropädeutischen Unterrichts insbesondere in den staatlichen gymnasialen Oberstufen stärker in ihrem Sinne beeinflussen können. Insbesondere das Beispiel der Wagenscheinschen Didaktik zeigt, daß eine gute theoretische Begründung, eine nachgewiesene Praktikabilität und eine große pädagogische Akzeptanz nicht zu größeren Korrekturen im naturwissenschaftlichen Unterricht geführt zu haben scheinen (vgl. WAGENSCHEIN 1983). Dennoch gibt es auch in staatlichen Gymnasien Wege zur kreativeren didaktischen Gestaltung des wissenschaftspropädeutischen Unterrichts. Projektwochen und Jahresarbeiten bieten beispielsweise derartige Chancen. Letztlich hängt die Möglichkeit eines Unterrichts, der Persönlichkeitsbildung durch wissenschaftsorientierte Erkenntnisbemühungen bewirkt, von einer überdurchschnittlichen wissenschaftlichen und didaktischen Kompetenz einzelner Lehrer ab, die bereit sind, die systemimmanenten Widerstände immer wieder neu zu überwinden. Denn die doppelte Funktionalität des didaktischen Positivismus verleiht diesem ein hohes Maß an Stabilität gegenüber pädagogisch induzierten Reformen (vgl. SEIDL/DREXLER 1980).

ADORNO, TH. W.: Theorie der Halbbildung. In: D. Monat 11 (1959), 132, S. 30 ff. BLANKERTZ, H.: Die Sekundarstufe II. Perspektiven unter expansiver und restriktiver Bildungspolitik. In: Enzyklopädie Erziehungswissenschaft, Bd. 9.1, Stuttgart 1982, S. 321 ff. BLANKERTZ, H. (Hg.): Lernen und Kompetenzentwicklung in der Sekundarstufe II. Abschlußbericht der Wissenschaftlichen Begleitung Kollegstufe NW zur Evaluation der vier doppelqualifizierenden Bildungsgänge des Kollegschulversuchs mit den Abschlüssen Fremdsprachenkorrespondent/Allgemeine Hochschulreife, Technischer Assistent für Physik/Allgemeine Hochschulreife, Erzieher/Allgemeine Hochschulreife und Erzieher/Fachhochschulreife und Freizeitsportler/Allgemeine Hochschulreife, Mimeo, Münster 1983. BÖHNING, P. u. a.: Projektunterricht. 5 Jahre Erfahrung am Oberstufenkolleg. Auswertung und Beispiele, Bielefeld 1980. BRÄMER, R. (Hg.): Fach-

Unterricht, wissenschaftspropädeutischer

sozialisation im mathematisch-naturwissenschaftlichen Unterricht, Marburg 1977. BUCK, G.: Bildung durch Wissenschaft. In: BUCK, G. u. a.: Wissenschaft, Bildung und pädagogische Wirklichkeit, Heidenheim 1969, S. 9 ff. ERFAHRUNGSBERICHTE AUS DEM SCHULALLTAG. In: Z. f. P. 26 (1980), S. 271 ff. EWERS, M. (Hg.): Wissenschaftsgeschichte und naturwissenschaftlicher Unterricht, Bad Salzdetfurth 1978. FISCHER, W.: Wissenschaftspropädeutik. In: Enzyklopädie Erziehungswissenschaft, Bd. 9.2, Stuttgart 1983, S. 703 ff. FLITNER, A./LENZEN, D. (Hg.): Abitur-Normen gefährden die Schule, München 1977. FÖLLING, W.: Kritik der Wissenschaftsorientierung in der neugestalteten gymnasialen Oberstufe. In: HEIDEGGER, G. (Hg.): Wissenschaftsbezug und Lernerorientierung. Beiträge zur Weiterentwicklung der Sekundarstufe II, Frankfurt/M. 1983, S. 127 ff. FRECH, H.-W./REICHWEIN, R.: Der vergessene Teil der Lehrerbildung. Institutionelle Bedingungen und inhaltliche Tendenzen im Referendariat der Gymnasiallehrer, Stuttgart 1977. GRIESE, W.: Wissenschaftspropädeutik in der gymnasialen Oberstufe, Oldenburg 1983. GRIMMER, F.: Wissenschaftsorientierung und Selbstfindungsprozesse im Unterricht der Sekundarstufe II. Bedingungen ihrer didaktischen Relevanz, konkretisiert am Beispiel eines Leistungskurses Musik, Frankfurt/Bern/New York 1984. GRZESIK, J.: Perspektiven für die weitere Entwicklung der gymnasialen Oberstufe, Bad Heilbrunn 1984. HABERMAS, J.: Vom sozialen Wandel akademischer Bildung. In: LINGELBACH, K. (Hg.): Materialien zur Reform der Sekundarstufe II, Kronberg ²1975, S. 25 ff. HENTIG, H. V.: Magier oder Magister? Über die Einheit der Wissenschaft im Verständigungsprozeß, Frankfurt/M. 1974. HENTIG, H. V. u.a.: Das Bielefelder Oberstufen-Kolleg, Stuttgart 1971. HERRLITZ, H.-G.: Geschichte der gymnasialen Oberstufe. Theorie und Legitimation seit der Humboldt-Süvernschen Reform. In: Enzyklopädie Erziehungswissenschaft, Bd. 9.1, Stuttgart 1982, S. 89 ff. KAISER, A.: Die didaktische Struktur der gymnasialen Oberstufe. Entwicklungen nach der KMK-Reform von 1972. In: Enzyklopädie Erziehungswissenschaft, Bd. 9.1, Stuttgart 1982, S. 130 ff. KMK: Empfehlungen zur Arbeit in der gymnasialen Oberstufe in der Sekundarstufe II. Beschluß vom 2.12.1977. In: B. u. E. 31 (1978), S. 552 ff. KUHN, TH. S.: Die Struktur wissenschaftlicher Revolutionen, Frankfurt/M. 1973. KULTUSMINISTER NORDRHEIN-WESTFALEN (Hg.): Kollegstufe NW. Strukturförderung im Bildungswesen des Landes Nordrhein-Westfalen, Heft 17, Ratingen/Kastellaun/Düsseldorf 1972. KUTSCHA, G.: Wissenschaftliche Grundbildung – ein ungelöstes Problem in Praxis und Theorie der Lehrplanung für die gymnasiale Oberstufe. In: SCHENK, B./KELL, A. (Hg.): Grundbildung: Schwerpunktbezogene Vorbereitung auf Studium und Beruf in der Kollegschule, Königstein 1978, S. 33 ff. LÜTH, CH.: Die didaktischen Empfehlungen der KMK zur Arbeit in der gymnasialen Oberstufe – Entstehung, Interpretation und Praktikabilität. In: HEIDEGGER, G. (Hg.): Wissenschaftsbezug und Lernerorientierung. Beiträge zur Weiterentwicklung der Sekundarstufe II, Frankfurt/M. 1983, S. 215 ff. MENZE, C.: Wissenschaftsorientierung als Problem der Schule. In: P. Rsch. 35 (1981), S. 147 ff. PAULSEN, F.: Geschichte des gelehrten Unterrichts, Bd. 2, Berlin/Leipzig ³1921. PETERSEN-FALSHÖFT, G.: Wissenschaftstheorie und Didaktik, Kastellaun 1979. RAUFUSS, D.: Wissenschaftsorientierter Physikunterricht – psychologisch gesehen, Frankfurt/M. 1978. RUMPF, H.: 40 Schultage. Tagebuch eines Studienrats, Braunschweig 1966. SCHMITZ, K.: Wissenschaftsorientierter Unterricht, München 1977. SCHMOLDT, B.: Zur Theorie und Praxis des Gymnasialunterrichts (1900–1930), Weinheim/Basel 1980. SEIDL, P./DREXLER, W.: Pädagogische Freiräume und administrative Regelungen: Drei Fallanalysen zur Oberstufenreform. In: Z. f. P. 26 (1980), S. 211 ff. WAGENSCHEIN, M.: Naturphänomene sehen und verstehen – Genetische Lehrgänge, Stuttgart 1980. WAGENSCHEIN, M.: Erinnerungen für morgen, Weinheim/Basel 1983. WENZEL, A. (Hg.): Naturwissenschaften alternativ. Erfahrungen mit historisch-genetischen Unterrichtskonzepten I, Bielefeld 1978.

Werner Fölling

Verkehrserziehung

Verkehrssicherheit als gesellschaftspolitische Aufgabe. Der moderne Straßenverkehr birgt große Risiken, die auf unterschiedliche Gruppen der Gesellschaft unterschiedlich verteilt sind. Besonders gefährdet sind Kinder, Jugendliche und alte Menschen (vgl. UNFALLVERHÜTUNGSBERICHT STRASSENVERKEHR 1983. 1984). Wegen der Gefahren im Straßenverkehr wurde schon wenige Jahre nach Beginn der Automobilisierung damit begonnen, ein komplexes rechtlich-pädagogisch-institutionelles System zur *Förderung der Verkehrssicherheit* zu entwickeln. Seit Beginn dieser Entwicklung stand allerdings die Perspektive der Schadensbegrenzung im Vordergrund. Der Verkehrserziehung kommt dabei bis heute die Aufgabe zu, den Schaden gering zu halten oder zu kompensieren, der – angeblich – durch „menschliches Versagen" verursacht wird.

Schon im Jahre 1906 wurde ein Kraftfahrzeuggesetz, 1909 die Straßenverkehrsordnung erlassen. Die Reglementierung des Verkehrs war damit zur hoheitlichen Aufgabe des Staates geworden. Die Regelung und Überwachung des Verkehrs durch die Polizei und die Zuständigkeit der Gerichte für die Bestrafung von Fehlverhalten wurden festgeschrieben. Die Haftung der Verkehrsteilnehmer für die Folgen ihres Handelns wurde rechtlich und versicherungstechnisch geklärt. Mit der Einführung des Führerscheins entstand ein Bedarf nach geregelter *Ausbildung,* der in Fahrschulen befriedigt wurde. Schon früh wurden Clubs (der ADAC im Jahre 1903) und Verbände (die Deutsche Verkehrswacht im Jahre 1925) gegründet, die sich als Lobby der Autofahrer und als gesellschaftliche Kräfte zur Förderung der Sicherheit im Straßenverkehr verstanden. Die Vertreter der Automobilindustrie gewannen mit ihrem Interesse an der Ausweitung des Straßenverkehrs ebenfalls früh an Einfluß. Weitere Instanzen, die Einfluß auf die Verkehrspolitik und Verkehrserziehung nehmen, sind: die staatliche Administration (in erster Linie die Verkehrs- und Wirtschaftsministerien des Bundes und der Länder), staatlich initiierte oder geförderte Instanzen und Verbände (Deutscher Verkehrssicherheitsrat, TÜV), Industrie- und Handelsverbände sowie die immer umfänglicher über Verkehrsprobleme informierenden Massenmedien.

Der *Schule* wurde anfangs keine wesentliche Rolle bei der Förderung der Verkehrssicherheit zugedacht, wenn auch die Verkehrswacht sofort nach ihrer Gründung schulischen Verkehrsunterricht forderte. Heute hat sich die Vorstellung, daß die Schule einen wichtigen Beitrag zur Verkehrserziehung zu leisten habe, jedoch allgemein durchgesetzt.

Begriffsverwendungen. Die rechtliche Reglementierung des Straßenverkehrs und die Ausbildung der Automobilisten wurde schon in der Weimarer Republik durch eine Erziehung *aller* Verkehrsteilnehmer zu ergänzen versucht, weil trotz aller Vorschriften die Verkehrsunfallzahlen beständig anstiegen. Eine gemeinhin *Verkehrserziehung* genannte „Zurichtung" aller Individuen setzte ein, die „die Gesamtheit der erzieherischen Hilfen zur Hinführung zu einem verantwortungsbewußten, verkehrsgerechten Verhalten" (vgl. VERKEHRSERZIEHUNG 1974) umfaßt. Verkehrserziehung ist „zusammen mit technischen, gesetzgeberischen und überwachenden Maßnahmen eine wesentliche Säule der *Verkehrssicherheitsarbeit"* (BÖCHER 1981, S. 774). Eine einheitliche Begriffsverwendung hat sich jedoch noch nicht durchgesetzt: Die Begriffe *„Verkehrserziehung"* und *„Verkehrsaufklärung"* werden parallel verwendet; manche Autoren setzen die Begriffe gleich, andere behalten den Begriff „Aufklärung" für Veranstaltungen mit informierend-werbendem Charakter vor, und eine dritte Gruppe von Au-

toren spricht bei Kindern und Jugendlichen von „Erziehung" und bei Erwachsenen von „Aufklärung". Der Gebrauch des Begriffs „Erziehung" für schulische und „Aufklärung" für außerschulische Maßnahmen ist nur bei Pädagogen gängig (so vgl. HOLSTEIN 1964).
KLEBELSBERG (vgl. 1982, S. 211, S. 223) möchte den Begriff „Verkehrserziehung" für den Bereich vorbehalten, „der sich auf die gezielte Beeinflussung von Kindern und Jugendlichen bezieht", während er für alle übrigen Ausbildungs- und Erziehungssituationen den Begriff der *„verkehrspsychologischen Sicherheitswerbung"* vorschlägt.
Der Begriff *„Verkehrsunterricht"* ist ebenfalls nicht sehr präzise. Er wurde unterschiedslos für die Belehrung von Schulkindern, aber auch von Verkehrssündern verwendet, die gerichtlich zu solchen Maßnahmen verurteilt worden waren. Die Verwischung der in der pädagogischen Theoriebildung seit Herbart üblichen analytischen Unterscheidung von Erziehung und Unterricht, die sich in diesen Begriffsunschärfen ausdrückt, ist oft beklagt worden (vgl. BANGE u.a. 1983, HOLSTEIN 1964).
Die begrifflichen Unklarheiten stehen großenteils für unterschiedliche Grundannahmen zur Verkehrserziehung: Die ursprüngliche Forderung nach Verkehrserziehung unterstellt, daß Erfolge auf dem Wege einer „Belehrung über Gebote und Verbote [...] und den Appell an Gewissen und Moral" (WINKELER 1980, S. 516) möglich seien. Diese Annahme lehnen heute viele Verkehrserzieher als unrealistisch ab, ebenso wie sie Drill und Anpassung mit guten Argumenten verwerfen und den Begriff „Erziehung" nur dann verwenden wissen möchten, wenn Einsicht und Demokratiebewußtsein der zu Erziehenden angesprochen werden (vgl. BANGE u. a. 1983; vgl. A.-E. BONGARD 1967, 1975; vgl. HOLSTEIN 1964, SAUER 1976). Eine solche normative Implikation wird aber dann problematisch, wenn sie zu einer idealisierenden oder naiven Wahrnehmung der Verkehrsrealität und zu überzogenen Erwartungen an die Effektivität erzieherischer Bemühungen führt (vgl. BÖCHER 1981, ECHTERHOFF u. a. 1982, HOHENADEL 1983).
Vieles spräche deshalb dafür, den Begriff „Verkehrserziehung" einerseits zu begrenzen auf solche Situationen, in denen erzieherische Interaktionen intentional plan- und realisierbar sind, und ihn andererseits auch nur dann zu verwenden, wenn eine solche erzieherische Interaktion legitimierbar erscheint.

Verkehrssicherheit und Verkehrsverhalten von Kindern. Im Jahre 1982 belief sich der Bestand an Kraftfahrzeugen in der Bundesrepublik auf 30,3 Millionen. Davon waren knapp 25 Millionen PKWs. 1982 ereigneten sich rund 1,6 Millionen Verkehrsunfälle, die von der Polizei aufgenommen wurden. Knapp die Hälfte waren Bagatellunfälle. 11 608 Personen starben an den Folgen eines Verkehrsunfalls. An 52 194 der Unfälle waren Kinder beteiligt – dabei starben 727 von ihnen. Die gesamtwirtschaftlichen Unfallkosten im Jahr 1982 werden auf 37,5 Milliarden Mark geschätzt (vgl. UNFALLVERHÜTUNGSBERICHT STRASSENVERKEHR 1983. 1984).
Die Risiken, in einen Verkehrsunfall verwickelt zu werden, verteilen sich räumlich, zeitlich und, was die beteiligten Personengruppen betrifft, unterschiedlich. Die Risiken, bei einem Unfall getötet zu werden, sind für einen ungeschützten, schwachen Verkehrspartner um ein Vielfaches höher als für den geschützten. Kinder verunglücken am häufigsten als Fußgänger und Radfahrer, Jugendliche als Benutzer motorisierter Zweiräder, junge Erwachsene vorrangig als PKW-Führer. Erwachsene mittleren Alters tragen ein relativ niedrigeres Risiko. Alte Menschen verunglücken vergleichsweise selten, die Schwere der Verletzungen ist aber zumeist überdurchschnittlich hoch (vgl. UNFALLVERHÜTUNGSBERICHT

STRASSENVERKEHR 1983. 1984, S. 11 ff.). Die Zahl der im Verkehr getöteten Personen ist seit Anfang der 70er Jahre rückläufig; auch die Zahl der bei Unfällen getöteten Kinder hat sich halbiert (vgl. UNFALLVERHÜTUNGSBERICHT STRASSENVERKEHR 1983. 1984, S. 49). Im internationalen Vergleich über die Häufigkeit von Verkehrsunfällen, in die Kinder unter 15 Jahren verwickelt sind, steht die Bundesrepublik - bezogen auf das Jahr 1981 - an der Spitze aller erfaßten Länder: Nirgendwo sonst verunglückten so viele Kinder als Fußgänger oder Radfahrer tödlich wie in der Bundesrepublik (vgl. UNFALLVERHÜTUNGSBERICHT STRASSENVERKEHR 1983. 1984, S. 58).

Die *Verkehrspsychologie* hat sich erst spät mit der Situation von Kindern im Straßenverkehr befaßt, obwohl deren besondere Gefährdung schon lange bekannt war (vgl. KLEBELSBERG 1982, S. 211 ff.). Statt dessen stand die Untersuchung von Fahreignung und -tüchtigkeit Erwachsener lange im Vordergrund (vgl. HOYOS 1980, SPOERER 1979, UNDEUTSCH 1977). Entwicklungspsychologische Untersuchungen zur Leistungsfähigkeit von Kindern in Verkehrssituationen wurden zuerst von SANDELS (vgl. 1971, 1975) vorgelegt. Wesentliches Ergebnis dieser und späterer Untersuchungen (vgl. FISCHER/COHEN 1978, GÜNTHER 1979, GÜNTHER/LIMBOURG 1976) war die Feststellung, daß jüngere Kinder entwicklungsbedingte Verhaltensdefizite aufweisen, aufgrund deren sie nur in beschränktem Maße für die Teilnahme am Straßenverkehr geeignet erscheinen; dies gilt insbesondere für die noch mangelhaft entwickelte Fähigkeit zum Abschätzen von Geschwindigkeiten und Entfernungen. Da man auch aufgrund der Piagetschen Entwicklungspsychologie (vgl. PIAGET 1974) wußte, daß nichtreversible Entwicklungsstufen vom Kind zu durchlaufen sind, folgerte man, daß es nicht möglich sei, Kinder in vollem Umfang zu verkehrsgerechtem Verhalten zu erziehen.

Deshalb war es konsequent, in der Verkehrssicherheitsarbeit für Erwachsene darauf zu verweisen, daß „Kinder keine Bremse haben" (so ein Slogan des ADAC) und daß erwachsene Verkehrsteilnehmer grundsätzlich von einer Unberechenbarkeit des kindlichen Verkehrsverhaltens auszugehen hätten. Einerseits wurde also das Bild von den „kleinen Wilden" gemalt, andererseits wurden auf der Basis derselben Studien Trainingsprogramme für Kinder entwickelt, so das mit einem verhaltensmodifikatorischen Ansatz arbeitende Tübinger Programm zur vorschulischen Verkehrserziehung (vgl. LIMBOURG 1979, LIMBOURG/GERBER 1979).

Die Bereitschaft, Verkehrswissen und Verkehrsregeln im Verkehr tatsächlich zu beachten, ist bei Kindern, wie übrigens auch bei Erwachsenen, nicht sehr ausgeprägt. Fehlverhalten ist also nicht zwangsläufig auf Regelunkenntnis zurückzuführen (vgl. A.-E. BONGARD/WINTERFELD 1977, HEINRICH/LANGOSCH 1976).

Der quantitative Umfang der Verkehrsbeteiligung von Kindern ist von SCHULTE (vgl. 1978) untersucht worden. LIMBOURG/SENCKEL (vgl. 1976) analysierten das Verhalten von Kindern als Fußgänger, KÜTING u.a. (vgl. 1979) das Radfahrverhalten von Kindern und Jugendlichen und KOCH (vgl. 1980) das von jugendlichen Mofa-Fahrern. Die Verkehrsgefährdung steigt immer dann an, wenn ein junger Mensch „im Laufe seiner Entwicklung mit einer ihm neu zur Verfügung stehenden Fortbewegungsart seine außerhäusliche Umwelt selbständig zu erobern beginnt" (KÖHLER 1979, S. 122).

Für Jungen sind die Verkehrsrisiken generell höher als für Mädchen; denkmögliche Gründe werden bei BITTNER (vgl. 1982, S. 41) und in JUGENDWERK DER DEUTSCHEN SHELL (vgl. 1982, S. 516) diskutiert.

Kinder und Jugendliche aus unteren sozialen Schichten verunglücken häufiger als Mittel- und Oberschichtangehörige. Besonders gefährdet sind auch Ausländerkinder (vgl. HOHENADEL u. a. 1982). Dies wird damit erklärt, daß die Verkehrsumwelt in den Wohnquartieren unterer sozialer Schichten noch kinderfeindlicher als anderswo ist (vgl. PETER-HABERMANN 1979, S. 77 ff.).

Die *sozialwissenschaftliche Erforschung von Verkehrsproblemen* wird seit Beginn der 70er Jahre durch die Bundesanstalt für Straßenwesen gefördert. Ein Programm zur „empirischen Grundlegung der Verkehrspädagogik" (vgl. KROJ/PFAFFEROTT 1975) ist vorgelegt worden. Ein Verkehrsunfall wird nicht mehr als ein monokausales Geschehen gedeutet (wie dies oft in den Unfallberichten der Polizei nahegelegt wird, wo meist die Kinder als Verursacher hingestellt werden; vgl. PETER-HABERMANN 1979, S. 71 ff.), sondern als „abhängige Variable eines aus zahlreichen unabhängigen Variablen bestehenden Systems" (FLADE 1984, S. 103). Dies schafft die Voraussetzung, umfassende Konzepte der *Sicherheitsforschung* (vgl. KLEBELSBERG 1982, S. 20 ff.; zur Fortführung der Diskussion vgl. BANGE/EUBEL 1984, BÖCHER 1980; hierzu kontrovers vgl. HOHENADEL 1983) zu entwickeln. Eine ökologisch orientierte Verkehrswissenschaft wird in Ansätzen sichtbar (vgl. SPÖRLI 1978). Umfangreiches und differenziertes Sachwissen über Ursachen und Rahmenbedingungen von Verkehrsunfällen, an denen Kinder beteiligt sind, liegt also vor; Konzepte zur Verringerung der Unfallrisiken von Kindern sind ebenfalls erarbeitet. Da dennoch nur wenige Maßnahmen zur Verringerung der Unfallrisiken ergriffen werden, spricht FLADE (1984, S. 103) zu Recht von einem „Vollzugsdefizit im Bereich der Verkehrssicherheit". Defizitär ist auch die Erforschung der sozialen Bedeutung von Straße und Verkehr für Kinder und Jugendliche. Straße als „Lebenswelt" von Kindern ist zwar in den 30er Jahren bereits analysiert worden (vgl. MUCHOW/MUCHOW 1978, RÜHLE 1920), die Tradition dieser Untersuchungen ist jedoch abgebrochen. Eine von dem Sozialisationsforscher ZINNECKER (vgl. 1979) vorgelegte jüngere Studie, in der der Gegensatz von Verkehrserfordernissen und Lebensbedürfnissen und Bewegungsgewohnheiten der Kinder herausgearbeitet worden ist (vgl. EHNI u. a. 1982, SCHARFE 1983, STRECKER 1983), ist in der Verkehrserziehungsdiskussion noch nicht ausreichend zur Kenntnis genommen worden. Untersuchungen, in denen Konsequenzen aus der Lebensfeindlichkeit der Straße gezogen und Partei für die Kinder ergriffen wird, sind oft verworfen oder behindert worden, so die Studie von PETER-HABERMANN (vgl. 1979). Da in diesem Forschungsbereich fast ausschließlich Auftragsforschung betrieben wird, dürften „sanfte" Formen der Beschneidung von Forschungsgegenständen und Fragerichtungen noch häufiger als direkte Eingriffe zu finden sein.

Schulische Verkehrserziehung. Die Entwicklung der schulischen Verkehrserziehung ist an verschiedenen Stellen dargestellt worden (vgl. DAUR u. a. 1973, KOCH/WALTER 1978, SAUER 1976, WINKELER 1980, WINTERFELD 1980). Anhand der Analyse vorliegender theoretischer Entwürfe ist der mühsame Weg von einer punktuellen, vom übrigen Unterrichtsgeschehen isolierten Belehrung hin zu einem integrierenden, ganzheitlichen Konzept nachzuzeichnen: Nach dem Zweiten Weltkrieg wurde zunächst in Anknüpfung an die Tradition der 30er Jahre ein Konzept der *Verkehrsdisziplin* verfochten. Verkehrsgerechtes Verhalten des einzelnen schien durch die „freiwillige und kritiklose Unterordnung der Verkehrsteilnehmer unter die bestehende Verkehrsordnung" (WINTERFELD 1980, S. 46) am ehesten gewährleistet. Nur eine geringfügige Variation dieses Verständnisses liefert das Konzept der *Verkehrsangepaßtheit*. Die „Passung" der Kinder (im Sinne von „Befähigung") sollte durch einen hohen Realitätsbezug und die Kindgemäßheit des Unterrichts, durch Übung und einsichtige Teilnahme gesichert werden. Die jüngste, konsistent ausformulierte Position stellt das Konzept des *kritischen Verkehrsverständnisses* dar. Sein Verfechter Bongard bezweifelt, daß eine ausschließliche Anpassung junger Menschen an eine als unveränderlich vorgegeben betrachtete Verkehrsordnung pädagogisch verantwortet werden und effektiv durchzuführen sein könne. Statt dessen plädiert er für eine Verkehrserziehung, die „Verkehrsverständnis und, darauf sich gründend, Mitverantwortung für die Tauglichkeit der geltenden Ordnung" (A.-E. BONGARD 1967, S. 68) entwickeln helfen soll. In die gleiche Richtung, nur ohne expliziten Rückgriff auf den Demokratiebegriff, zielen Vorstellungen von Verkehrserziehung als *Sozialerziehung* (vgl. BÖCHER 1983; vgl. HIELSCHER 1982, 1984). Diesem Aspekt des sozialen Verständnisses wird auch in neueren kognitionspsychologischen Untersuchungen nachgegangen (vgl. BAUMGART-ELMS u.a. 1984). Eine Zäsur in der verkehrspädagogischen Diskussion stellte die 1972 von der Ständigen Konferenz der Kultusminister der Länder in der Bundesrepublik Deutschland (KMK) beschlossene Empfehlung zur „Neubestimmung der Verkehrserziehung" dar (vgl. KMK 1976, DAUR u.a. 1973). Diese Vereinbarung wird als entscheidender Durchbruch zur endgültigen Anerkennung der Verkehrserziehung als Aufgabe der Schule bewertet.

Die gegenwärtige Diskussion ist durch ein Nebeneinander mehrerer theoretischer Konzeptionen gekennzeichnet (vgl. BANGE u.a. 1983). Einerseits wird eine Rücknahme der Verkehrserziehung auf ihren „praktischen Zweck", das heißt auf die Vermeidung von Unfällen gefordert (vgl. BÖCHER o.J.; vgl. HOHENADEL 1983, S.14), andererseits wird gefordert, den theoretischen Ansatz auszuweiten, die Umweltdiskussion einzubeziehen, die Grenzen der Erziehbarkeit neu zu bestimmen (vgl. ECHTERHOFF u.a. 1982), und es wird auch heute noch gefragt, ob Verkehrserziehung der Kinder überhaupt zu legitimieren sei (vgl. MOLLENHAUER 1984).

Die Schwerpunkte gegenwärtiger *Praxis schulischer Verkehrserziehung* lassen sich so skizzieren:

- In der *Grundschule* hat die Verkehrserziehung zwei Schwerpunkte: Die Fußgängerschulung steht am Beginn, sie wird vorwiegend als Programm zur Sicherung des Schulwegs durchgeführt. Am Ende steht häufig eine Fahrradprüfung, die nach Absolvierung eines in aller Regel von Polizisten durchgeführten Kurses von diesen auch abgenommen wird. Die lehrplanmäßige Verankerung zeigt in den Bundesländern nur geringe Unterschiede (exemplarisch die Richtlinien für die Grundschule in Nordrhein-Westfalen: vgl. KULTUSMINISTER NORDRHEIN-WESTFALEN 1973). Verkehrserziehung wird in den Sachunterricht integriert und soll je 20 Wochenstunden in den Klassen 1 und 4 und je 10 in den Klassen 2 und 3 umfassen.

- In der *Sekundarstufe I* stellen Mofa-Kurse das einzige Schwerpunktthema mit einigem Gewicht dar; hier soll in Kursform der erste Umgang mit motorisierten Zweiradfahrzeugen erlernt werden. Weitere Anteile der Verkehrserziehung finden sich in den Lehrplänen für den Unterricht in den naturwissenschaftlich-technischen und politisch-gesellschaftlichen Fächern (exemplarisch die Handreichungen Sekundarstufe I für Nordrhein-Westfalen: vgl. KULTUSMINISTER NORDRHEIN-WESTFALEN 1980).

- Für die *Sekundarstufe II* läßt sich ein thematischer Schwerpunkt der Verkehrserziehung nicht mehr feststellen, die zuständigen Fächer bleiben jedoch dieselben.

Alle empirischen Aussagen zur Realität

des Verkehrsunterrichts in den Schulen deuten darauf hin, daß *die Praxis mit der Theorieentwicklung nicht Schritt gehalten* hat: Der Unterricht ist „in der Praxis weithin unsystematisch und trägt Züge der Beliebigkeit und Unvollständigkeit" (WINKELER/RASTETTER 1979, S. 69). Viele Lehrer verbinden „mit Verkehrserziehung vorwiegend die Vermittlung regelorientierter Grundhaltungen und Verhaltensweisen im Straßenverkehr" (EUBEL u. a. 1980, S. 9). Die in der Empfehlung der KMK von 1972 gemachten Grundannahmen treffen offensichtlich nicht zu. Zur Erklärung dieser Situation werden viele Gründe angeführt: fehlende Ausbildung der Lehrer (vgl. DICHANZ 1980), ungenügende Verankerung der Verkehrserziehung in den Studien- und Prüfungsordnungen für Lehrer (vgl. BANGE 1981), unzureichende Vertretung der Verkehrserziehung in Forschung und Lehre der Hochschulen, Widerstände der Lehrer gegen einen Lernbereich, den sie – danach befragt – zwar prinzipiell für sehr wichtig halten (vgl. EUBEL u. a. 1980), gegen den sie aber offensichtlich doch teils begründete, teils unbegründete Reserven haben. Die Lehrer sehen die Grenzen der Leistungsfähigkeit der Schule bei der Verkehrserziehung sehr deutlich, sie sehen, daß die in der Schule gebräuchlichen Arbeitsformen und Unterrichtsmethoden sich gegen den Gegenstand Verkehrserziehung sperren. Eine – noch nicht geschriebene – Realgeschichte schulischen Verkehrsunterrichts sähe also deutlich anders aus, als dies in Richtlinien und Theorieansätzen suggeriert wird.

Die Konzepte schulischer Verkehrserziehung setzen die *Kooperation mit außerschulischen Partnern* voraus, ja sie fordern sogar die Integration der Verkehrserziehung wie die Empfehlung der KMK von 1972. Dieses Ziel ist bis heute nur unvollständig erreicht (vgl. BÖCHER 1978, 1981). Die Kooperation der Schule mit außerschulischen Partnern (in erster Linie der Polizei) zeichnet sich durch eine schiefe, systematisch nicht begründbare Aufgabenteilung aus. Die Lehrer sind zumeist für die „Theorie" zuständig, das heißt in aller Regel für eine verbale Information und Belehrung; die anderen Partner sind für die „Praxis", sei es in Schonräumen wie den Verkehrsgärten und Jugendverkehrsschulen (vgl. EUBEL/WIRTHMANN 1980) oder, seltener, im realen Verkehr da: Die einen – wie ECHTERHOFF u. a. (1979, S. 16) formulieren – für den „Bildungsaspekt", die anderen für den „Sicherheitsaspekt". Diese durch umfangreiche, vorgefertigte Medien (Test- und Informationsbögen) sowie geschlossene Curricula (Radfahrprogramme, Mofa-Kurse) stabilisierte Arbeitsteilung zwischen „Theoretikern" und „Praktikern" ist deshalb problematisch, weil bekannt ist, daß die Kenntnis und die Einsicht in die Notwendigkeit bestimmter Verkehrsregeln keineswegs zum Befolgen dieser Regeln führen muß.

Ansätze außerschulischer Verkehrserziehung. Im Bereich außerschulischer Verkehrserziehung ist der Versuch einer zwar unsystematischen und diskontinuierlichen, jedoch „lebenslangen" Beeinflussung des Verkehrsverhaltens von Angehörigen aller Altersstufen zu konstatieren.

Die „Unangepaßtheit" der ganz jungen Kinder ist in der Bundesrepublik Anlaß für die Erarbeitung großangelegter Verkehrserziehungsprogramme im *Vorschulalter* geworden (vgl. REITER/ SCHLAG 1978): In dem Programm „Kind und Verkehr", das vom Deutschen Verkehrssicherheitsrat (DVR) erstellt worden ist, wird versucht, die Kooperation von Kindergarten und Eltern zu fördern. Ein „Kinder-Verkehrs-Club" bietet Lernspiele für Kinder und Trainingsanleitungen für Eltern.

In den Massenmedien werden *Aufklärungskampagnen* mit erheblichem finanziellem Aufwand betrieben (so die Aktion „Hallo Partner – Danke schön!" oder „Kavalier der Straße"), ihnen werden von den Betreibern auch erhebliche erzieherische Wirkungen zugeschrieben, obwohl die Forschungslage eher vorsichtige Urteile nahelegt (vgl. BÜSCHGES 1977, HUGUENIN/SCHERER 1982; vgl. KLEBELSBERG 1982, S. 211 ff.; vgl. UNDEUTSCH 1961, WILDE 1974).

Von verschiedenen Institutionen werden *Zielgruppenprogramme* organisiert (etwa die Fahrrad-, Mofa- und Moped-Turniere der Automobilsportclubs). Diese Programme binden erhebliche Summen an Geld, aber auch viel Zeit und zumeist ehrenamtlich arbeitendes Personal (beim größten Automobilclub wurden 1983 von zirka 25 000 Helfern zirka 143 000 Kinder und Jugendliche bei solchen Turnieren betreut; vgl. ADAC-DELEGIERTENVERSAMMLUNG 1984).

Im weiteren Sinne der Verkehrserziehung zuzuordnen ist auch der *Beitrag der Massenmedien:* spezielle Rundfunk- und Fernsehprogramme (so „Der siebte Sinn") und fortwährende Berichterstattung in Zeitungen und Zeitschriften. Weil die Massenmedien dem Thema „Verkehr" erheblichen Platz einräumen, werden sie gern als Multiplikatoren für Verkehrssicherheitskampagnen genutzt. Die Massenmedien legen jedoch einen Schwerpunkt auf die Belange und Perspektiven der Autofahrer (vgl. PFAFFEROTT 1971, 1984).

Gemeinsam ist all diesen Aktivitäten eine Vorliebe für große Zahlen. Der Grad der Verbreitung zentral geplanter Werbekampagnen und Sicherheitsprogramme wird oft unberechtigt mit ihrem Wirkungsgrad gleichgesetzt. Ein nachweisbares Ergebnis dürften alle Verkehrserziehungsprogramme zusammen jedoch haben: Sie tragen dafür Sorge, daß *Verkehrsprobleme in unserem Alltagsbewußtsein* beständig *präsent* gehalten werden, zwar mit einem niedrigen Grad der Problemorientierung, jedoch mit einer spezifischen Zurichtung darauf, technische Lösungen für gesellschaftspolitische Probleme anzustreben.

Den zentralen Sektor außerschulischer Verkehrserziehung stellen jedoch die *Fahrschulen* dar, die auf die Führerscheinprüfungen vorbereiten (vgl. BARTHELMESS 1973, A.-E. BONGARD/I. BONGARD 1983, LAMSZUS 1983). 1982 hatten die Fahrschulen über 2,5 Millionen Kunden; etwa 1,9 Millionen Führerscheine der Klassen 1 – 5 wurden neu erworben; die Durchfallquote lag bei 33 Prozent. Fahrschulen sollen in Zukunft zusätzliche Aufgaben mit der Schulung sämtlicher motorisierter Zweiradfahrer und der Nachschulung auffälliger Kraftfahrer erhalten. Als marktwirtschaftlich arbeitende Unternehmen müssen sie in erster Linie auf die Wünsche ihrer Kunden eingehen, die möglichst billig einen Führerschein erwerben wollen, gleichzeitig müssen sie staatliche Ausbildungsvorschriften einhalten, die auf eine umfassende Qualifizierung der Verkehrsteilnehmer abzielen. Dadurch werden Handlungsspielräume stark eingeschränkt. Die Mehrzahl der Fahrlehrer übt Kritik an der vorgeschriebenen Form der Ausbildung, insbesondere am „theoretischen" Teil, der sich oft auf das Einstudieren der Multiple-choice-Aufgaben für die Prüfung reduziert. Während schulische und außerschulische Programme der Verkehrserziehung zumeist in ihrer Wirksamkeit überschätzt werden, kann im Hinblick auf den Fahrschulunterricht eher von einer Unterforderung der Leistungsmöglichkeiten des Instruments Fahrschule gesprochen werden. Um aber die Leistung effektiv erhöhen zu können, müßten nicht nur die Aufgaben der Fahrschule neu bestimmt werden, sondern eine verbesserte Qualifizierung der Fahrlehrer wäre dafür ebenfalls erforderlich (vgl. A.-E. BONGARD 1985).

Leistungsbilanz der Verkehrserziehung. Planer verkehrserzieherischer Programme träumen fast alle vom systematisch aufgebauten Curriculum, das vom Vorschulalter bis zum Führerscheinerwerb reicht und den Menschen auch danach nicht allein läßt. Betrachtet man einzelne verkehrserzieherische Aktivitäten, gewinnt man den Eindruck, als ob die Planer davon ausgingen, es gäbe ein solches Gesamtcurriculum bereits. Dieser falsche Eindruck entsteht offensichtlich dadurch, daß die Planer ihre konzeptionellen Vorstellungen absolut setzen, Konzepte für die Realität halten, überzogene Erwartungen an die Wirksamkeit der eigenen Programme haben und die Schwierigkeiten der curricularen Abstimmung zwischen den Teilbereichen unterschätzen.

Im *Vorschulbereich* hat diese Fehleinschätzung zur Folge, daß im Vertrauen auf nachfolgende schulische Aufklärungsarbeit einseitige Konditionierungsprogramme eingesetzt werden, die eine hohe Anpassungsfähigkeit der kleinen Kinder unterstellen und gerade dadurch die eigentlich erforderliche Notwendigkeit einer Adaptation der Verkehrsumwelt an die Kinder verschleiern (vgl. SANDELS 1975, S. 153). Im *Schulbereich* hat diese Fehleinschätzung zur Folge, daß die Lehrer durch Richtlinien, Lernzielkataloge und Erlasse zu einer Verkehrserziehung gezwungen werden, die im Blick auf ihren quantitativen Umfang und ihr erwartetes qualitatives Niveau praktisch ein neues Schulfach darstellen (vgl. JENSCH u. a. 1983). Andererseits wird etwa das Thema „verkehrssicheres Radfahren" zu einem Zeitpunkt angesetzt, zu dem die meisten Kinder das Radfahren nach eigenen Methoden schon lange erlernt haben (vgl. HOHENADEL 1982).

Das eine - stringente - Konzept der Verkehrserziehung ist hinter diesen vielfältigen Aktivitäten nicht zu erkennen. Sehr viel stringenter sind allerdings die Vorstellungen, die die nach diesen Programmen zu „Belehrenden" zumeist schon selbst entwickelt haben: Sie wollen vollwertige Verkehrsteilnehmer werden, sei es wegen der erhofften größeren Mobilität, sei es auch nur, weil sich hier ein idealer Ausweg aus der Unterprivilegiertheit der Kindheit auftut. Alle, Kinder wie Erwachsene, erleben tagtäglich den Straßenverkehr als einen „hektischen Lebensbereich, in welchem der Einzelne ziemlich augenblicksverhaftet und egozentrisch die Erreichung seiner Ziele anstrebt" (SPÖRLI 1978, S. 228). Und im großen und ganzen gesehen fährt man mit Egoismus im Straßenverkehr recht gut. Wer gegen diesen „heimlichen Lehrplan" des Straßenverkehrs etwas ausrichten will, darf sich nicht auf Verkehrserziehung allein beschränken. Eine unmittelbare Verbesserung der Überlebensbedingungen im „Erfahrungs- und Lernfeld Verkehr", etwa durch die Einführung der Gurtanlegepflicht, wie sich jetzt zeigt, oder durch weitere Geschwindigkeitsbegrenzungen, ist unverzichtbar.

Die Benutzung motorisierter Fahrzeuge hat in unserer Gesellschaft solche Ausmaße angenommen, daß die Bewältigung der ökologischen, ökonomischen und technischen Folgelasten des Verkehrs in Zukunft mindestens ebenso wichtig und schwierig sein wird wie die Sicherung der Voraussetzungen des Massenverkehrs. Die Verkehrserziehung, wie sie heute praktiziert wird, schränkt die Handlungsspielräume von Kindern und Jugendlichen ein, ohne ihnen dafür vermehrte Sicherheit bieten zu können, weil sie nicht die Verursacher der Probleme des motorisierten Straßenverkehrs sind. So gesehen, ist Verkehrserziehung immer in der Gefahr, als Alibi herhalten zu müssen, um von den gesellschaftlich und ökonomisch verursachten „Sachzwängen" des Systems Verkehr abzulenken. Und Verkehrserziehung, zumal in ihrer schulischen Variante, hat sich bisher einseitig aus der Perspektive der Schadensbegrenzung hergeleitet, selten oder nie hat sie die erste, positive Begründung im Sinn: daß das Reisen, das „Er-fahren" der Welt bildsam und nützlich sein kann.

Verkehrserziehung

ADAC-DELEGIERTENVERSAMMLUNG: Bericht über die Verkehrsarbeit 1983, Mimeo, Trier 1984. BANGE, I.: Zum Stellenwert der Verkehrserziehung in der Lehrerausbildung an Hochschulen und Studienseminaren. In: Z. f. Verke. 31 (1981), S. 33 ff. BANGE, I./EUBEL, K.: Verkehrserziehung – ein pädagogischer Sonderfall? In: Z. f. Verke. 34 (1984), S. 31 ff. BANGE, I. u. a.: Konzepte und Aufgaben der schulischen Verkehrserziehung. Plädoyer für die Pädagogisierung eines verkannten Lernbereichs, Mimeo, Fernuniversität Hagen, Hagen 1983. BARTHELMESS, W.: Fahrprüfung – Fahrverhalten – Fahrsicherheit, Köln 1973. BAUMGART-ELMS, C. u. a.: Förderung des sozialen Verständnisses von Grundschülern im Straßenverkehr. Forschungsberichte der Bundesanstalt für Straßenwesen, Bergisch Gladbach 1984. BITTNER, G.: Der bekannte Weg. Das Kind im Straßenverkehr: Möglichkeiten der Verkehrserziehung. In: MARIE-MEIER-HOFER-INSTITUT FÜR DAS KIND (Hg.): Kinder kennen heißt Kinder schützen, ‚und Kinder' Heft 12, Zürich 1982, S. 39 ff. BÖCHER, W.: Integrative Aspekte der Verkehrserziehung. In: BÖCHER, W. u. a.: Verkehrserziehung – Alibi oder pädagogische Chance? Bonn 1978, S. 72 ff. BÖCHER, W.: Epidemiologie der Straßenverkehrsunfälle und Verkehrserziehung. In: Z. f. Verke. 30 (1980), S. 3 ff. BÖCHER, W.: Grundlagen und Probleme der Verkehrserziehung. In: TWELLMANN, W. (Hg.): Handbuch Schule und Unterricht, Bd. 5.2, Düsseldorf 1981, S. 773 ff. BÖCHER, W.: Neuere Aspekte der Verkehrserziehung, Mimeo, Essen o. J. (1982). BÖCHER, W.: Verkehrserziehung als Sozialerziehung. In: Z. f. Verke. 33 (1983), S. 1 ff. BONGARD, A.-E.: Beiträge zur theoretischen Grundlegung der Schulverkehrserziehung, Heidelberg 1967. BONGARD, A.-E.: Schule und Verkehrserziehung. Zur neuen didaktischen Grundkonzeption der Verkehrserziehung. In: SENDER FREIES BERLIN (Hg.): Die Berliner Funkstunde, Heft 1, Berlin 1975, S. 13 ff. BONGARD, A.-E.: Notwendigkeit und Möglichkeit der Höherqualifizierung von Fahrlehrern zu Fahrpädagogen – Überlegungen, Versuche, Erfahrungen. In: Dritter Internationaler Workshop Driver Improvement. Unfall- und Sicherheitsforschung Straßenverkehr, Heft 50, Bergisch Gladbach 1985, S. 81 ff. BONGARD, A.-E./BONGARD, I.: Die Ausbildung und Prüfung von Fahrlehrern in der Bundesrepublik Deutschland. In: BUNDESANSTALT FÜR STRASSENWESEN (Hg.): Fahrlehrerausbildung. Unfall- und Sicherheitsforschung Straßenverkehr, Heft 43, Köln 1983, S. 87 ff. BONGARD, A.-E./WINTERFELD, U.: Verkehrswissen und Verkehrsverständnis bei fünf- bis sechsjährigen Kindern. Unfall- und Sicherheitsforschung Straßenverkehr, Heft 13, Köln 1977. BÜSCHGES, G.: Probleme der Wirksamkeitsuntersuchungen. In: BUNDESANSTALT FÜR STRASSENWESEN (Hg.): Symposion 77. Unfall- und Sicherheitsforschung Straßenverkehr, Heft 14, Köln 1977, S. 235 ff. DAUR, H. u. a.: Verkehrserziehung in der Schule. Kommentar zur Empfehlung der KMK vom 7. Juli 1972, Bonn 1973. DICHANZ, H.: Verkehrserziehung ohne Verkehrserzieher? In: Z. f. Verke. 30 (1980), S. 11 ff. ECHTERHOFF, W. u. a.: Verkehrserziehung in der Sekundarstufe I. Situationsanalyse und Folgerungen. Projektgruppenberichte der Bundesanstalt für Straßenwesen, Köln 1979. ECHTERHOFF, W. u. a.: Verkehrserziehung – Probleme und Perspektiven. In: Z. f. Verksich. 28 (1982), S. 126 ff. EHNI, H. u. a.: Kinderwelt: Bewegungswelt, Velber 1982. EUBEL, K./WIRTHMANN, M.: Unterrichtsverlauf in Jugendverkehrsschulen. Unfall- und Sicherheitsforschung Straßenverkehr, Heft 27, Köln 1980. EUBEL, K. u. a.: Verkehrserziehung in der Schule aus der Sicht von Lehrern. Projektgruppenberichte der Bundesanstalt für Straßenwesen, Köln 1980. FISCHER, H./COHEN, A. S.: Leistungsmöglichkeiten von Kindern im Straßenverkehr. Entwicklung der Wahrnehmung bei Kindern in ihrer Relevanz zum Verkehrsverhalten. Forschungsberichte der Bundesanstalt für Straßenwesen, Köln 1978. FLADE, A.: Die Erhöhung der Verkehrssicherheit für Kinder – ein Vollzugsdefizit. In: Z. f. Verksich. 30 (1984), S. 103 ff. GÜNTHER, R.: Die Rolle von Erziehungspersonen in der vorschulischen Verkehrserziehung. Unfall- und Sicherheitsforschung Straßenverkehr, Heft 24, Köln 1979. GÜNTHER, R./LIMBOURG, M.: Dimensionen der Verkehrswelt von Kindern. In: BUNDESANSTALT FÜR STRASSENWESEN (Hg.): Erlebnis- und Verhaltensformen von Kindern im Straßenverkehr. Unfall- und Sicherheitsforschung Straßenverkehr, Heft 4, Köln 1976, S. 13 ff. HEINRICH, H. CH./LANGOSCH, I.: Einfluß der Informiertheit auf das Verhalten von Kindern im Straßenverkehr. In: BUNDESANSTALT FÜR STRASSENWESEN (Hg.): Erlebnis- und Verhaltensformen von Kindern im Straßenverkehr. Unfall- und Sicherheitsforschung, Heft 4, Köln 1976, S. 81 ff. HIELSCHER, H.: Systematischer Aufbau grundlegender sozialer Qualifikationen als Voraussetzung und Rahmen der Verkehrserziehung. In: Z. f. Verke. 32 (1982), S. 97 ff. HIELSCHER, H.: Aufbau sozialer Grundfertigkeiten in der Verkehrserziehung. In: D. Grunds. 16 (1984), S. 16 ff. HOHENADEL, D.: Radfahren mit sechs und sieben Jahren? Bonn 1982. HOHENADEL, D.: Erziehung und Verkehrswirklichkeit, Schaffhausen 1983. HOHENADEL, D. u. a.: Unfälle ausländischer Kinder. Eine Analyse der Daten aus 12 Städten. Bundesanstalt für Straßenwesen, Mimeo, Köln 1982. HOLSTEIN, H.: Erziehender Verkehrsunterricht. Pädagogik, Didaktik und methodische Möglichkeiten, Essen 1964, ⁶1976. HOYOS, C.: Psychologische Unfall- und Sicherheitsforschung, Stuttgart 1980. HUGUENIN, R. D./SCHERER, CH.: Möglichkeiten und Grenzen von Verkehrssicherheitskampagnen. Schweizerische Beratungsstelle für Unfallverhütung: BfU-Report 4, Bern 1982. JENSCH, M. u. a.: Verkehrserziehung in der Sekundarstufe I. Forschungsprojekt im Auftrag der Bundesanstalt für Straßenwesen, Mimeo, Köln 1983. JUGENDWERK DER DEUTSCHEN SHELL (Hg.): Jugend '81. Lebensentwürfe, Alltagskulturen, Zukunftsbilder, Opladen 1982. KLEBELSBERG, D.: Verkehrspsychologie, Berlin/Heidelberg/New York 1982. KMK: Empfehlung vom 7. 7. 1972 zur „Neubestimmung der Verkehrserziehung". In: MUTSCHLER, D./SAUER, W. (Hg.): Verkehrserziehung..., Bad Heilbrunn 1976, S. 7 ff. KOCH, H.: Verkehrswissen und -verhalten jugendlicher Mofafahrer. Unfall- und Sicherheitsforschung Straßenverkehr, Heft 28, Köln 1980. KOCH, H./WALTER, K.: Verkehrserziehung – von den Anfängen bis heute. In: BÖCHER, W. u. a.: Verkehrserziehung – Alibi oder pädagogische Chance? Bonn 1978, S. 14 ff. KÖHLER, G.: Untersuchungen zum Unfall im Kindesalter unter Berücksichtigung persönlichkeitsspezifischer Aspekte, Diss., Würzburg 1979. KROJ, G./PFAFFEROTT, I.: Forschung zur empirischen Grundlegung der Verkehrspädagogik. In: Z. f. Verksich. 21 (1975), S. 196 ff. KULTUSMINISTER NORDRHEIN-WESTFALEN (Hg.): Richtlinien für die Grundschule in Nordrhein-Westfalen: Sachunterricht, Die Schule in Nordrhein-Westfalen, Heft 42, Ratingen/Kastellaun/Düsseldorf 1973. KULTUSMINISTER NORDRHEIN-WESTFALEN (Hg.): Handreichungen Verkehrserziehung, Sekundarstufe I. Die Schule in Nordrhein-Westfalen, Heft 5003, Köln 1980. KÜTING, H. J. u. a.: Das Verkehrsverhalten radfahrender Kinder und Jugendlicher. Unfall- und Sicherheitsforschung Strassenverkehr, Heft 25, Köln 1979. LAMSZUS, H.: Entwicklung und Erprobung eines Konzepts zur Verbesserung der Fahrlehrerausbildung. In: BUNDESANSTALT FÜR STRASSENWESEN (Hg.): Fahrlehrerausbildung. Unfall- und Sicherheitsforschung Straßenverkehr, Heft 43, Köln 1983, S. 5 ff. LIMBOURG, M.: Verhaltensorientierte Verkehrserziehung im Vorschulalter. Forschungsberichte der Bundesanstalt für Straßenwesen, Köln 1979. LIMBOURG, M./GERBER, D.: Trainingsprogramm für Eltern zur Verkehrserziehung von Kleinkindern. Unfall- und Sicherheitsforschung Straßenverkehr, Heft 23, Köln 1979. LIMBOURG, M./SENCKEL, B.: Verhalten von Kindern als Fußgänger im Straßenverkehr. Forschungsberichte der Bundesanstalt für Straßenwesen, Köln 1976. MOLLENHAUER, K.: Kinder und ihre Erwachsenen (1979). In: FLITNER, A./ SCHEUERL, H. (Hg.): Einführung in pädagogisches Sehen und Denken, überarb. Neuausg. München/Zürich 1984, S. 66 ff. MUCHOW, M./MUCHOW, H. H.: Der Lebensraum des Großstadtkindes (1935), Bensheim 1978. MUTSCHLER, D./SAUER, W. (Hg.): Verkehrserziehung in Theorie und Praxis, Bad Heilbrunn 1976. PETER-HABERMANN, I.: Kinder müssen verunglükken. Von der Aussichtslosigkeit, bei uns Kinder vor Autos zu schützen, Reinbek 1979. PFAFFEROTT, I.: Deutsche Automobilwerbung 1954–1970. In: Z. f. Verksich. 17 (1971), S. 180 ff. PFAFFEROTT, I.: Fahrzeugwerbung und Verkehrssicherheit. Problemstudie „Inhaltsanalyse und Folgerungen". Forschungsberichte der Bundesanstalt für Straßenwesen, Bergisch Gladbach 1984. PIAGET, J.: Der Aufbau der Wirklichkeit beim Kinde, Stuttgart 1974. REITER, K./SCHLAG, B.: Verkehrserziehung im Elementarbereich. In: DOLLASE, R. (Hg.): Handbuch der Früh- und Vorschulpädagogik, Bd. 2, Düsseldorf 1978, S. 443 ff. RÜHLE, O.: Kind und Umwelt. Eine sozialpädagogische Studie. Gesellschaft und Erziehung, Ausgabe 7, Berlin 1920. SANDELS, S.: Kinder im Straßenverkehr. In: Z. f. Verksich. 17 (1971), S. 79 ff. SANDELS, S.: Children in Traffic, London 1975. SAUER, W.: Zum theoretischen Ort der Verkehrserziehung in der Schule. In: MUTSCHLER, D./SAUER, W. (Hg.): Verkehrserziehung..., Bad Heilbrunn 1976, S. 12 ff. SCHARFE, M.: Straße. Ein Grund-Riß. In: Z. f. Volksk. 79 (1983), S. 171 ff. SCHLAG, B.: Kinder und Verkehrsumwelt. Untersuchung zu Entstehungsbedingungen von Kinderunfällen im Straßenverkehr, Diss., Essen 1980. SCHLAG, B./BÖCHER, W.: Kinderunfälle im Straßenverkehr, Bonn 1978. SCHULTE, W.: Straßenverkehrsbeteiligung von Kindern und Jugendlichen. Unfall- und Sicherheitsforschung Straßenverkehr, Heft 19, Köln 1978. SPOERER, E.: Einführung in die Verkehrspsychologie, Darmstadt 1979. SPÖRLI, S.: Verkehrspsychologie zwischen Machen und Lieben. Philosophisches zu einem unphilosophischen Lebensbereich. In: Grupdyn. 9 (1978), S. 228 ff. STRECKER, D.: Die Straße: Verkehrsweg und/oder Sozialisationsinstanz. In: Z. f. Verke. 33 (1983), S. 67 ff. UNDEUTSCH, U.: Psychologische Richtlinien einer wirksamen Werbung für Verkehrssicherheit. Schriftenreihe der Bundesverkehrswacht, Nr. 35, Bonn 1961. UNDEUTSCH, U.: Psychologische Impulse für die Verkehrssicherheit, Köln 1977. UNFALLVERHÜTUNGSBERICHT STRASSENVERKEHR 1983. Bericht des Bundesministers für Verkehr über Maßnahmen auf dem Gebiet der Unfallverhütung im Straßenverkehr für die Jahre 1982 und 1983. Bundestagsdrucksache 10/963 vom 7.2.1984, Bonn 1984. VERKEHRSERZIEHUNG. In: Brockhaus-Enzyklopädie, Bd. 19, Wiesbaden 1974, S. 513 ff. WILDE, G.J.S.: Wirkung und Nutzen von Verkehrssicherheitskampagnen. Ergebnisse und Forderungen – ein Überblick. In: Z. f. Verksich. 20 (1974), S. 227 ff. WINKELER, R.: Verkehrserziehung. In: ROTH, L. (Hg.): Handlexikon zur Didaktik der Schulfächer, München 1980, S. 515 ff. WINKELER, R./RASTETTER, H.: Zur Situation der Schulverkehrserziehung, Freiburg 1979. WINTERFELD, U.: Verkehrserziehung – Begriffe, Konzeptionen, aktuelle Diskussion. Fernuniversität Hagen, Hagen 1980. ZINNECKER, J.: Straßensozialisation. Versuch, einen unterschätzten Lernort zu thematisieren. In: Z. f. P. 25 (1979), S. 727 ff.

Klaus-Dieter Eubel

Abkürzungsverzeichnis der zitierten Zeitschriften

a) deutschsprachige Zeitschriften

a. pol. u. zeitgesch.	– aus politik und zeitgeschichte
arb. + lern.	– arbeiten + lernen
Arch. f. Reformationsgesch.	– Archiv für Reformationsgeschichte
Ästh. u. Komm.	– Ästhetik und Kommunikation
Auslki. – For. f. S. u. Sozp.	– Ausländerkinder – Forum für Schule und Sozialpädagogik
Auslki. in S. u. Kigart.	– Ausländerkinder in Schule und Kindergarten
BDK-Mitt.	– BDK-Mitteilungen (Bund Deutscher Kunsterzieher)
Beitr. z. Btech.	– Beiträge zur Bildungstechnologie
Bertelsm. Br.	– Bertelsmann Briefe
betr. e.	– betrifft: erziehung
bild d. w.	– bild der wissenschaft
B. u. E.	– Bildung und Erziehung
Bundesanz.	– Bundesanzeiger
D. altspr. U.	– Der altsprachliche Unterricht
D. Arblehre.	– Die Arbeitslehre
D. Arg.	– Das Argument
D. Dt. Ber.- u. Fachs.	– Die Deutsche Berufs- und Fachschule
D. Dt. S.	– Die Deutsche Schule
D. Dtu.	– Der Deutschunterricht
D. E.	– Die Erziehung
D. Erdku.	– Der Erdkundeunterricht
d. ev. erz.	– der evangelische erzieher
D. Grunds.	– Die Grundschule
did. – arb., tech., wirtsch.	– didaktik – arbeit, technik, wirtschaft
Did. d. Ber.- u. Arbwelt.	– Didaktik der Berufs- und Arbeitswelt
Disk. Dt.	– Diskussion Deutsch
Diskurs: Z. f. Theater, Film u. Fernseh.	– Diskurs: Zeitschrift für Theater, Film und Fernsehen
D. Monat	– Der Monat
Dortm. Hefte f. Arblehre. u. Sachu.	– Dortmunder Hefte für Arbeitslehre und Sachunterricht
D. Reals.	– Die Realschule
D. Samml.	– Die Sammlung
dt. jug.	– deutsche jugend
Dt. lern.	– Deutsch lernen
E. u. W.	– Erziehung und Wissenschaft
Fernseh. u. B.	– Fernsehen und Bildung
Finanz. u. Entw.	– Finanzierung und Entwicklung
For. Ware – W. u. Prax.	– Forum Ware – Wissenschaft und Praxis
Ganzheitl. B.	– Ganzheitliche Bildung
Gegenwartsk.	– Gegenwartskunde

Geogr. im U.	–	Geographie im Unterricht
Geogr. Rsch.	–	Geographische Rundschau
Geogr. u. i. Did.	–	Geographie und ihre Didaktik
Geogr. Z.	–	Geographische Zeitschrift
Georgia-Augusta. Nachr. a. d. Univ. Göttingen	–	Georgia-Augusta. Nachrichten aus der Universität Göttingen
Gess.	–	Gesamtschule
Grupdyn.	–	Gruppendynamik
Hamburger Lrztg.	–	Hamburger Lehrerzeitung
Hauswirtsch. u. W.	–	Hauswirtschaft und Wissenschaft
Hefte z. Fachdid. d. Geogr.	–	Hefte zur Fachdidaktik der Geographie
Info. Phil.	–	Information Philosophie
Info. u. Mitt. d. Sektion Verkehrspsych. d. Berverb. Dt. Psych.	–	Informationen und Mitteilungen der Sektion Verkehrspsychologie des Berufsverbandes Deutscher Psychologen
Info. – B., W.	–	Informationen – Bildung, Wissenschaft
info. z. relu.	–	informationen zum religionsunterricht
Int. Sbuchfo.	–	Internationale Schulbuchforschung
Int. Z. f. Ew.	–	Internationale Zeitschrift für Erziehungswissenschaft
Kasseler Hefte f. Kunstw. u. Kunstp.	–	Kasseler Hefte für Kunstwissenschaft und Kunstpädagogik
Katech. Bl.	–	Katechetische Blätter
Köln. Z. f. Soziol. u. Sozpsych.	–	Kölner Zeitschrift für Soziologie und Sozialpsychologie
Kriminol. J.	–	Kriminologisches Journal
Kunst u. U.	–	Kunst und Unterricht
Lernzielor. U.	–	Lernzielorientierter Unterricht
Ling. Berichte	–	Linguistische Berichte
Ling. u. Did.	–	Linguistik und Didaktik
Lit. Rsch.	–	Literatur Rundschau
Mat. z. Projektber. „Ausl. Arbeiter"	–	Materialien zum Projektbereich „Ausländische Arbeiter"
managem. heute u. marktwirtsch.	–	management heute und marktwirtschaft
medien u. e.	–	medien und erziehung
Mitt. d. Ges. f. dt. E.- u. Sgesch.	–	Mitteilungen der Gesellschaft für deutsche Erziehungs- und Schulgeschichte
Musik u. B.	–	Musik und Bildung
Natw. im U.	–	Naturwissenschaften im Unterricht
Natw. im U. – Biol.	–	Naturwissenschaften im Unterricht – Biologie
Natw. im U. – Physik/Chemie	–	Naturwissenschaften im Unterricht – Physik/Chemie
N. Dt. S.	–	Neue Deutsche Schule
N. Prax.	–	Neue Praxis
N. Rsch.	–	Neue Rundschau
N. Samml.	–	Neue Sammlung
N. Uprax.	–	Neue Unterrichtspraxis
Osnabr. Beitr. z. Sprachth.	–	Osnabrücker Beiträge zur Sprachtheorie
P.	–	Pädagogik (Berlin, DDR)

Phil. Rsch.	– Philosophische Rundschau
Pol. Did.	– Politische Didaktik
Prax. d. nspr. U.	– Praxis des neusprachlichen Unterrichts
Prax. Dt.	– Praxis Deutsch
Progr. Lern., Utech. u. Ufo.	– Programmiertes Lernen, Unterrichtstechnologie und Unterrichtsforschung
P. Rsch.	– Pädagogische Rundschau
Psych. in E. u. U.	– Psychologie in Erziehung und Unterricht
psych. heute	– psychologie heute
P. u. S. in Ost u. West	– Pädagogik und Schule in Ost und West
Psych. u. Gesellschkrit.	– Psycholgie und Gesellschaftskritik
Relp. Beitr.	– Religionspädagogische Beiträge
Relu. an höh. S.	– Religionsunterricht an höheren Schulen
Sachu. u. Math. in d. Grunds.	– Sachunterricht und Mathematik in der Grundschule
Schweiz. Lrztg.	– Schweizerische Lehrerzeitung
Schweiz. S.	– Schweizer Schule
Sexualmed.	– Sexualmedizin
Sexualp.	– Sexualpädagogik
Sexualp. u. Fampl.	– Sexualpädagogik und Familienplanung
spiel. u. lern.	– spielen und lernen
Spr. im techn. Zeitalter	– Sprache im technischen Zeitalter
Sprax./Schweiz. Lrztg.	– Schulpraxis, Beilage der Schweizerischen Lehrerzeitung
Textilarb. u. U.	– Textilarbeit und Unterricht
Thema ‚Curr.'	– Thema ‚Curriculum'
Theol. Pract.	– Theologia Practica
Uw.	– Unterrichtswissenschaft
Vjs. f. w. P.	– Vierteljahresschrift für wissenschaftliche Pädagogik
Volkshs. im West.	– Volkshochschule im Westen
vorgänge. Z. f. Gesellschpol.	– vorgänge. Zeitschrift für Gesellschaftspolitik
Wege z. Mensch.	– Wege zum Menschen
Westerm. P. Beitr.	– Westermanns Pädagogische Beiträge
WSI-Mitt.	– WSI-Mitteilungen (Wirtschafts- und sozialwissenschaftliches Institut)
W. u. Prax. in Kirche u. Gesellsch.	– Wissenschaft und Praxis in Kirche und Gesellschaft
W. Z. d. Fr.-Schiller-Univ. Jena, Gesellsch.- u. Sprw. Reihe	– Wissenschaftliche Zeitschrift der Friedrich-Schiller-Universität Jena, Gesellschafts- und Sprachwissenschaftliche Reihe
Z. d. königl. preuß. stat. Bureaus	– Zeitschrift des königlich preußischen statistischen Bureaus
Z. d. P. Hs. ‚Karl-Liebknecht'	– Zeitschrift der Pädagogischen Hochschule ‚Karl-Liebknecht', Potsdam
Zentrbl. f. Did. d. Math.	– Zentralblatt für Didaktik der Mathematik
Z. f. Berbfo.	– Zeitschrift für Berufsbildungsforschung
Z. f. Did. d. Phil.	– Zeitschrift für Didaktik der Philosophie
Z. f. Entwp.	– Zeitschrift für Entwicklungspädagogik

Z. f. Entwpsych. u. P. Psych.	– Zeitschrift für Entwicklungspsychologie und Pädagogische Psychologie
Z. f. ew. Fo.	– Zeitschrift für erziehungswissenschaftliche Forschung
Z. f. exp. u. angew. Psych.	– Zeitschrift für experimentelle und angewandte Psychologie
Z. f. germanist. Ling.	– Zeitschrift für germanistische Linguistik
Z. f. Grupp.	– Zeitschrift für Gruppenpädagogik
Z. f. Kunstgesch.	– Zeitschrift für Kunstgeschichte
Z. f. P.	– Zeitschrift für Pädagogik
Z. f. phil. Fo.	– Zeitschrift für philosophische Forschung
Z. f. Soziol.	– Zeitschrift für Soziologie
Z. f. Tech. im U.	– Zeitschrift für Technik im Unterricht
Z. f. Umweltpol.	– Zeitschrift für Umweltpolitik
Z. f. Verke.	– Zeitschrift für Verkehrserziehung
Z. f. Verksich.	– Zeitschrift für Verkehrssicherheit
Z. f. Volksk.	– Zeitschrift für Volkskunde

b) englischsprachige Zeitschriften

Am. E. Res. J.	– American Educational Research Journal
Ann. Rev. of Psych.	– Annual Review of Psychology
Anthrop. and E. Quart.	– Anthropology and Education Quarterly
Brit. E. Res. J.	– British Educational Research Journal
Canad. and Internat. E.	– Canadian and International Education
Comp. E. Rev.	– Comparative Education Review
Curr. Inquiry	– Curriculum Inquiry
E. Anal.	– Educational Analysis
E. Leadersh.	– Educational Leadership
E. Res. Quart.	– Educational Research Quarterly
E. Rev.	– Educational Review
E. Week	– Education Week
Harv. E. Rev.	– Harvard Educational Review
Health E. J.	– Health Educational Journal
Hum. Org.	– Human Organization
Impr. Hum. Perform. Quart.	– Improving Human Performance Quarterly
Instruct. Sc.	– Instructional Science
J. of Curr. Stud.	– Journal of Curriculum Studies
J. of E.	– Journal of Education
J. of E. Psych.	– Journal of Educational Psychology
J. of Exp. E.	– Journal of Experimental Education
J. of Instruct. Dev.	– Journal of Instructional Development
J. of Moral E.	– Journal of Moral Education
J. of Teacher E.	– Journal of Teacher Education
Learn. f. Liv.	– Learning for Living
Phen. + Ped.	– Phenomenology + Pedagogy
Proceed. of Aristot. Society	– Proceedings of Aristotelian Society
Psych. Rev.	– Psychological Review

Rev. of E. Res.   – Review of Educational Research
Soc. E.   – Social Education
Sociol. Inquiry   – Sociological Inquiry
Sociol. of E.   – Sociology of Education
S. Rev.   – School Review
The Elem. S. J.   – The Elementary School Journal
The J. of E. Res.   – The Journal of Educational Research
Th. into Prac.   – Theory into Practice

Register

Namenregister

Das Namenregister enthält alle in diesem Doppelband genannten Namen von Personen und Institutionen, wie Berufsvereinigungen, Fachverbände, nationale und internationale Kooperationen, Kommissionen und weitere Zusammenschlüsse im Bildungsbereich. Es ist grundsätzlich jede Seite aufgenommen worden, wo der Name **genannt** wird.

Bei einem Namen, dem kursive Seitenzahlen folgen, handelt es sich um den Namen eines Autors dieses Doppelbandes. Die kursiven Seitenzahlen veweisen auf seinen Beitrag.

Ein → findet sich hinter der Abkürzung von Institutionennamen. Er verweist auf die vollständigen Namen der Institutionen, unter dem sich die Seitenangaben befinden.

Sachregister

Das Sachregister enthält Verweise auf die Titel der Lexikonbeiträge und auf alle Textstellen sowohl des Handbuchs- als auch des Lexikonteils, die Auskünfte über das betreffende Stichworte enthalten.

Auf lexikalische Artikel, die ein Stichwort gesondert behandeln, wird durch Fettdruck des Stichwortes und kursiv gesetzte Seitenangaben besonders hingewiesen.

Institutionen, wie Berufsvereinigungen, Fachverbände, nationale und internationale Kooperationen, Kommissionen und weitere Zusammenschlüsse im Bildungsbereich enthält das Namenregister.

Ein ↗ verweist auf verwandte Begriffe, die in einem inhaltlichen Zusammenhang mit dem bereits genannten Terminus stehen.

Ein → bedeutet, daß die gesuchte Information nicht unter diesem, sondern unter einem anderen Stichwort gegeben wird.

Namenregister

Abderhalden, E. 376
Abel, H. 307, 315
Abel, W. 468, 472
Abels, H. 528, 531
Abel-Struth, S. 217, 219f., 223
Abraham, K. 307, 315, 326, 329
Abraham, L.U. 219, 222, 227
Abt, U. 373, 375
Achenbach, G.B. 189
Achtenhagen, F. 66, 76, 297, 315, 427, 431, 434f., 479, 545, 552, 565f., 588, 591, 646f.
ADAC → Allgemeiner Deutscher Automobil-Club
Adam, G. 179, 189
Adelung, J.C. 253
Ader, D. 237, 253
Adhoc-Gruppe Visuelle Kommunikation 212, 223
Adick, Ch. 588, 591
Adl-Amini, B. *7-48*, 17, 159, 161, 236, 253, 408, 412ff., 475, 478, 642f., 647f.
Adorno, Th.W. 83, 92, 108, 110f., 136, 172, 190, 219, 223, 293, 315, 480, 483f., 486f., 603, 605, 636, 639, 653f.
Aebli, H. 311, 315, 453f., 457, 476, 478, 539, 545, 550f., 574f., 604f.
Affolderbach, M. 179, 189
AG Schulforschung 69, 76
Ahlborn, H.-U. 610
Ahlert, E. 461, 466
Ahmed, M. 402ff.
Ahrbeck, R. 145
Ahsendorf, B. 255
Akpinar, Ü. 383f.
Albers, W. 488
Alfs, G. *356-358*
Allgemeiner Deutscher Automobil-Club (ADAC) 656, 658, 662, 664
Allouche-Bnayoun, B.J. 559
Alt, M. 220, 222f.
Alt, R. 100, 110
Altenstädt, W. 215, 225
Althusser, L. 84, 92
Altonaer Museum 342, 346
Altrichter, H. 434f.
Amann, I. 160f.
Ammen, A. 311f., 315
Ammon, G. 377
Ammon, H. 315
Anders, G. 559
Anders, W. 565
Anderson, R.C. 67, 76

André, W. 554, 559
Andrews, D.H. 67, 76
Andritzky, M. 216, 223, 371, 375ff.
Anscombe, E. 455, 457
Antholz, H. 220, 222f.
Apel, K.-O. 186, 189, 607
Apple, M.W. 421, 425
Arbeitsgemeinschaft Freie Schulen 136, 145
Arbeitsgruppe Bielefelder Soziologen 392, 531, 610
Arbeitsgruppe Theorie der Unterrichtswissenschaft 409, 413
Arbeitskreis Musikpädagogische Forschung 222f.
Arbeitskreis Pädagogisches Rollenspiel 223
Arens, H. 253
Arfeuil, J.-P. 227
Ariès, Ph. 183, 189, 372f., 375
Aristoteles 173, 186, 419, 452, 455, 457, 520
Armbruster, B. 154, 161
Arndt, H. 311, 315
Arndt, M. 182, 189, 351
Aschersleben, K. 29, 47, 408, 413
Asmus, W. 130, 382, 398, 414
Asselmeyer, H. *372-576*, *385-389*
Assig, D. 580, 583
Auernheimer, G. 133, 143, 145, 147, 279, 285, 385
Augst, G. 237, 253
Augustinus, A. 89, 108, 110
Ausschuß für didaktische Fragen 253
Austin, J.L. 69, 455ff.
Ausubel, D.P. 65, 76, 548, 551, 574
Avenarius, R. 506
Avrich, P. 416ff.
Ayers, J. 548, 551

Baacke, D. 36, 47, 54, 60, 225, 449f., 531, 553, 556f., 559, 606, 610
Bach, H. 645, 647
Bach, J.S. 218
Bach, K.R. 583
Bächinger, B. 582f.
Bachmair, G. 624, 627
Bächtold-Stäubli, H. 329
Bacon, F. 145, 423
Badura, B. 155, 161, 231, 253, 504f.
Baethge, M. 119, 129, 150, 161, 253, 558f.
Baeumler, A. 198, 223, 292
Bahr, H.-E. 162, 370
Baker, G. 176, 191
Bakunin, M.A. 416, 418
Balhorn, H. 449f.
Ball, R. 561

Namenregister

Ballauff, Th. 87, 92, 96ff., 101ff., 108ff., 391, 491f., 494, 636, 639, 645, 647
Balmer, H. 77
Balzac, H. de 337
Bammé, A. 54, 60, 119, 123ff., 127f., 130, 280, 285
Bandura, A. 187, 189
Bange, I. 657, 659ff., 664
Bannmüller, E. 195, 197, 201, 223
Bargel, Th. 245, 253
Bargheer, F.W. 180, 189
Barkow, R. 578, 583
Barnes, D. 526f.
Barritt, L.S. 509
Barsig, W. 646f.
Bartels, D. 303f., 315
Barth, N. 559
Barth, R. 562, 565
Barthelmeß, W. 662, 664
Barthes, R. 326, 329
Basedow, J.B. 379, 381, 612
Bast, R. *389-393*
Bastian, J. 605
Batz, M. 201, 209, 223
Bauchant, A. 341
Baudelaire, Ch. 337
Bauer, A. 403, 405
Bauer, K.-O. 412f.
Bauer, K.W. 558f.
Bäuerle, L. 302, 315
Bauersfeld, H. 60, 558f., 623, 627
Baumann, H. 416, 418
Baumann, U. 405
Baumert, J. 57f., 60, 145, 479, 481, 485f.
Baumgart-Elms, C. 660, 664
Baumgärtner, K. 235, 253
Baurmann, J. 253, 610
Bausinger, H. 469f., 472
Bayer, K. 253, 397f.
BDK → Bund Deutscher Kunsterzieher
Beauchamp, G. 549, 551
Beaumont, Ch. de 111
Beauvoir, S. de 336, 338
Becher, F. 619f.
Bechthold, M. *333-339*
Beck, G. 304, 315
Beck, J. 143, 145f., 226, 285ff., 412f., 484, 486, 524, 527
Beck, K.-H. 310, 315
Becker, G.E. 642, 644, 647
Becker, H. 482, 486, 522f.
Becker, K.F. 232, 237, 253
Beckermann, A. 36, 47, 453, 457
Beckmann, H.-K. 428f., 434f.
Beekman, T. 508f.

Beer, W. 155, 161
Behme, H. 450
Behr, K. 235, 239, 253, 433, 436, 449f.
Behr, M. 145
Behrmann, G.C. 315
Beiner, F. 130
Beinke, L. 315
Bellack, A.A. 69, 76, 622f., 625ff.
Bellah, R.N. 176, 190
Bellen-Finster, M. van 644, 647
Bendit, R. 153, 161
Benedict, H.-J. 365ff., 370
Benedict, R. 336, 338
Beneke, F.E. 395f., 398
Benjamin, W. 59, 206, 223, 337f., 352, 355
Benjes, H. 285
Benner, D. 15, 20, 60, 81, 88ff., 92f., 100, 110, 117f., 122, 129, 159, 161, 408, 413, 454, 457, 478f., 482f., 486, 563ff., 572f., 575
Bennett, N. 631f.
Bennis, W.G. 57, 60
Bente, G. 450
Berckenhagen, E. 334, 338
Berg, J.H. van den 381
Berg, K. 357, 560
Berger, P.L. 203, 223, 347, 351, 373, 375, 379, 381, 472, 506f., 509
Berges, W. 399
Bergk, M. 239, 253, 255, 602, 605
Bergling, K. 186, 189
Bergmann, K. 163
Bergmann, W. 509
Bergstraesser, A. 315
Berkman, A. 418
Berkmüller, H. 646f.
Berliner, D.C. 515
Berlinger, R. 511
Bernal, J.D. 270, 285
Bernard, Ch. 338
Bernett, H. 223
Bernfeld, S. 70, 76, 118f., 129, 132, 145, 412f., 524, 527, 636, 639
Bernhardt, M. 485f., 525, 527
Bernstein, B. 68, 76, 231, 240, 253, 419ff., 425, 475, 477f., 532, 536, 638f.
Bernstein, R.J. 507, 509
Betz, O. 189
Beuschel, W. 155, 161
Beyer, B. 333f., 338
Bialas, V. 279, 285
Biedermann, K. 429, 436
Biehl, P. 182, 189
Bielefelder Laborschule 601
Biemel, W. 510
Biemer, G. 179, 189

Namenregister

Bienewald, E. 580, 583
Biermann, R. 615
Biervert, B. 320
Bihalji-Merin, O. 346
Binneberg, K. 509
Binnewies, H. 606
Birkenhauer, J. 296, 299, 302, 315
Bistram, M. 487
Bittlinger, L. 522f.
Bittner, G. 531, 536, 577, 583, 658, 664
Blankertz, H. 13, 20, 28f., 33, 44f., 47, 52, 56, 61, 82, 85, 92, 97, 99f., 103, 105, 109f., 117, 129, 136, 149, 161, 240, 242f., 253f., 277f., 285f., 296, 306ff., 310, 315, 318, 334, 338, 397f., 407ff., 411ff., 416, 418, 420, 422ff., 427, 430, 432ff., 454, 457, 474ff., 493f., 522f., 529, 531, 539, 541, 545, 548, 550f., 554ff., 559, 584ff., 591ff., 596, 599, 627, 633ff., 639, 651, 654
Blankertz, St. 103, 110, 145, *416-418*
Blänsdorf, K. 272, 286
Blaß, J.L. 83, 92, 100, 110f., 491, 494, 564f.
Blatt, M.M. 188f.
Blättner, F. 240, 254, 523
Bleckwenn, R. 336ff.
Bleichroth, W. 431, 436
Bloch, E. 337f., 363f., 375, 468f., 472, 603, 605
Bloch, J.-R. 431f., 436
Block, J.H. 613, 615
Blohm, M. 214, 223, 605
Blonskij, P.P. 306, 315
Bloom, B.S. 484, 486, 546ff., 613ff.
Blumenthal, A. 256, 428, 436, 571, 615, 648
Blumer, H. 390, 392, 606, 610
Boal, A. 153, 161, 206, 209, 223
Böcher, W. 656f., 659ff., 664f.
Bock, I. 610
Bode, D. 306, 315
Bode, R. 223
Bödeker, E. 341
Bodenbender, W. 383f.
Boeckmann, K. 613, 615, 627
Boehn, M.v. 334, 338
Boehncke, H. 143, 145f., 226, 286f.
Boethius, C.G. 582f.
Boetius, J.A. 341
Boettcher, W. 51, 61, 237, 254, 433, 436, 543, 545, 602, 605f., 610, 642, 647
Boetzelaer, D.v. 11
Bohlen, A. 246f., 254
Böhme, G. 276, 285, 394, 420, 425f., 433, 436, 509
Böhning, P. 654
Bohnsack, F. 92, 392, 452, 458

Bokelmann, H. 85, 92, 305, 315
Bollerey, F. 375
Bollnow, O.F. 86, 92, 110, 119, 129, 371, 375, 391f., 470, 472, 508, 606
Bolton, N. 509
Bölts, H. 52
Bombois, C. 341
Bongard, A.-E. 657f., 660, 662, 664
Bongard, I. 662, 664
Bönsch, M. 381, 565
Bopp, J. 185, 189
Borchert, M. 132, 134, 143, 145
Borko, H. 512, 514ff.
Born, G. 274, 285
Born, W. 412f.
Bornemann, A. 559
Bornemann, E. 576, 583
Börsch, D. 296, 315
Börsenverein des Deutschen Buchhandels e.V. 356, 358
Both, B. 142, 145, 601, 605
Botkin, J.W. 150, 162, 404f.
Boueke, D. 237, 254f.
Bourdieu, P. 87, 89, 92, 134, 145, 150, 162, 240, 254, 336, 338, 419, 425, 635, 639
Bovenschen, S. 336, 338
Bower, G.H. 539, 545
Bowles, S. 134, 145
Bown, H. 76f.
Bracht, U. 17, 240, 254, *419-426*, 427, 436
Brackert, H. 358
Brämer, R. 275, 285, 652, 654
Brand, G. 509
Brand, K.-W. 444
Brandt, G. 559
Brandt, H. 485f.
Brandtstädter, J. 92
Braren, O. 341
Bräuer, G. 508f.
Braun, A. 299f., 315
Braun, G. 216ff., 223
Braun, P. 254
Braun, W. 145
Brecht, B. 56, 61, 206, 208f., 223, 226f., 337, 559
Breckoff, W. 222f.
Bredow, W.v. 304, 315, 468f., 472
Bremer Kollektiv 234f., 254
Brendl, M.Th. 460, 466
Brenner, G. 120, 129, 597, 599, 601f., 605
Brettschneider, W.-D. 73, 76, 198, 201, 223
Brezinka, W. 15, 20, 85, 88, 92, 96, 110, 413, 538, 545
Brillat-Savarin, J.A. 325, 327, 329
Bringemeier, M. 334, 336, 338

677

Namenregister

Brinkmann, G. 51, 61, 145, 523
Brinkmann, R. 226
Brinkmann-Herz, D. 522f.
Brock, J. 222f.
Brodtmann, D. 223
Bromme, R. 56, 61, 127, 129, 512ff., 638f., 643, 647
Bronfenbrenner, U. 70, 76, 374, 532ff., 536
Brophy, J.E. 68f., 76, 607, 610, 622, 626f., 631f.
Broudy, H.S. 31, 47f.
Brown, G.J. 154, 162
Brownmiller, S. 335f., 338
Brozio, R. 581, 583
Brück, H. 203, 223
Brückner, P. 366, 368ff.
Brügelmann, H. 239, 254, 392, 523, 544f., 562f., 565, 614f.
Brügelmann, K. 563, 565
Brüggen, F. 86, 92, 454, 458
Bruhn, J. 269, 272, 285, 287, 381
Brumlik, M. 88, 92, 537, 543, 545
Bruner, J.S. 65, 76, 144f., 231, 254, 373, 375, 381, 424f., 431, 436, 574, 654
Brunner, E.J. 607, 610
Brunner, O. 494
Brunnhuber, P. 646f.
Brusten, M. 69, 76
Buber, M. 391f., 606f., 610
Bubner, R. 36, 47, 453, 455, 458
Buchenau, A. 257
Bücher, K. 559
Büchner, G. 226
Buci-Glucksmann, Ch. 337f.
Buck, G. 379, 381, 390, 392, 452, 458, 508f., 595, 599, 651, 655
Buddensiek, W. 312, 315
Budilowa, E.A. 605
Bugenthal, D.E. 609f.
Buhr, M. 494
Bund Deutscher Katholischer Jugend 580
Bund Deutscher Kunsterzieher (BDK) 214, 223
Bundesanstalt für Straßenwesen 78, 659, 664f.
Bundesminister für Jugend, Familie und Gesundheit 223
Bundesministerium für Bildung und Wissenschaft (BMBW) 210, 213, 223, 279, 307, 315, 317, 319
Bundesvereinigung der Deutschen Arbeitgeberverbände 307
Bundesverfassungsgericht 579
Bundeszentrale für gesundheitliche Aufklärung 464ff.

Bundeszentrale für politische Bildung 161
Bund für Umwelt und Naturschutz 361
Bund-Länder-Kommission für Bildungsplanung und Forschungsförderung 213, 223
Bünting, K.-D. 254
Bürger, Ch. 234, 254
Bürger, W. 476ff.
Burke, P. 334, 338
Burnet, J. 240, 257
Burnett, J. 371, 375
Burow, O.-A. 156, 162
Busch, P. 19, *358-364*
Busche, E. 271, 285
Büschges, G. 662, 664
Busemann, A. 374f.
Busse, B. 460, 466
Bussmann, H. 558f.
Buttimer, A. 304, 315
Butzkamm, W. 251, 254

Caesar, G.I. 254
Calderhead, J. 512, 516
Callies, E. 562, 565
Campanella, T. 133, 145
Campe, J.H. 296, 562, 565
Capra, F. 135, 142, 145, 360, 364
Care, N.S. 458
Carl, Th. 580, 584
Caselmann, Ch. 89, 92, 554, 559
Cassiodorus, F.M.A. 421
Chai, E. 301, 315
Chapman, D. 371, 375
Cherkaoui, M. 421, 425
Chiout, H. 623, 627, 646f.
Chomsky, N. 453, 458
Christ, H. 434, 436
Christian, W. 283, 285
Cicero, M.T. 89, 421
Cicourel, A.V. 69, 73, 76, 509, 606, 610
Claessens, D. 328f.
Claparède, É. 492
Clark, Ch.M. 37, 47, 511ff., 516f.
Clarke, J. 205, 223
Clasen, A. 397f.
Classen, C.J. 241, 254
Clauß, G. ∈ 621
Claußen, B. 51f., 61, 295, 315
Clemens-Lodde, E. 156, 162
Cloer, E. 638f.
Cloetta, B. 90, 92
Club of Rome 387, 404
Coburn-Staege, U. 201, 206, 209, 223
Coenen, H. 509
Cohen, A.S. 658, 664

Namenregister

Cohen, St. 344, 346, 471f.
Cohn, R.C. 156f., 162, 595, 599
Cole, P. 611
Coletta, N.J. 405
Colli, G. 111
Combe, A. 119, 129
Comenius, J.A. 67, 81, 117, 129, 183, 189, 232, 250, 254, 374f., 378f., 381, 386, 388f., 407, 413f., 423, 474, 511, 518, 521, 523, 540, 572, 576, 600, 605f., 612, 628
Comenius-Institut 179, 189
Comte, A. 424f.
Condorcet, M.J.A.N. 135
Cone, R. 514, 516
Conrad, H. 329
Conrad, M. 89, 92
Conrady, K.O. 429, 436
Coombs, Ph.H. 402ff.
Cordes, H. 448, 450
Corte, E. de 454, 458, 511, 516, 539f., 543, 545, 548, 551
Coulthard, R.M. 69, 78, 622f., 625f., 628
Cox, H. 176, 189
Cox, R. 550f.
Cronbach, L.J. 73, 76
Cube, F.v. 44, 47, 266, 285, 410, 413, 483, 486
Curtis, B. 509
Curtius, M. 337ff.

Dabholkar, S.A. 162
Dahlberg, I. 55, 61
Dahm, K.-W. 177, 189, 192, 347, 351
Dahmer, I. 96, 110, 413, 591f., 639
Dahms, G. 448, 450
Dahrendorf, R. 203, 223, 315, 479, 486
Dallmann, G. 557, 559
Dallmayr, F. 73, 76
Daly, M. 350f.
Damaschke, T. 209, 223
Damerow, P. 261f., 267ff., 285
Dannecker, M. 584
Danto, A.C. 36, 47, 453, 458
Dassel, R.v. 500
Dauber, H. 132, 134, 145, 150, 162, 179, 189, 388f., 405
Daublebsky, B. 201, 224f.
Daucher, H. 213, 224
Dauenhauer, E. 305, 307, 309, 316
Daum, E. 298ff., 303, 316, 601, 605
Daur, H. 659f., 664
Dave, R.H. 55, 61, 549
Davidson, D. 455, 458
Davies, B. 524, 527
Daxner, M. 276, 286

Dechesne, B. 582f.
De Cleyre, V. 417f.
Defoe, D. 407
Dehn, M. 237, 254
Dehn, W. 356, 358
Delamont, S. 525, 527
Delekat, F. 391f.
Deleuze, G. 360, 364
De Mause, L. 102, 110
Dénelon, F. de 488, 495
Denis, R. 306, 316
Dennis, W. 376
Dennison, G. 133, 137, 145, 416, 418, 622, 627
Department of Education and Science 631f.
Derbolav, J. 29, 31, 47, 161, 189, 305, 316, 424f., 597, 599
Derichs-Kunstmann, K. 132, 143, 145
Descartes, R. 360
Dessai, E. 375
Deutsche Akademie der Wissenschaften zu Berlin, Kommission für deutsche Erziehungs- und Schulgeschichte 277f., 286
Deutsche Forschungsgemeinschaft (DFG) 76
Deutsche Gesellschaft für Ernährung 464, 466
Deutschen Gesellschaft für Erziehungswissenschaft 403
Deutsche Olympische Gesellschaft 200
Deutscher Ausschuß für das Erziehungs- und Bildungswesen 277, 282, 286, 306ff., 316, 460, 466, 587, 591
Deutscher Bildungsrat 51, 58, 60ff., 105, 110, 119, 224, 242, 254, 280, 286, 317, 387, 389, 428, 430, 432ff., 436f., 479f., 484, 486, 519f., 536f., 545, 552, 563, 565, 588, 591, 612, 615
Deutscher Bund für Vogelschutz 361
Deutscher Geographentag Erlangen – Nürnberg 316
Deutscher Gewerkschaftsbund (DGB) 307, 347
Deutscher Sportbund 200, 365
Deutscher Verein für Knabenhandarbeit 281
Deutscher Verkehrssicherheitsrat (DVR) 656, 661
Deutscher Volkshochschulverband 342, 346
Deutscher Werkbund 335
Deutsches Institut für Fernstudien an der Universität Tübingen (DIFF) 308, 316f., 320, 562, 587, 591
Deutsche UNESCO-Kommission 299, 316
Deutsche Verkehrswacht 656
Dewe, B. 89, 92
Dewey, J. 188, 452, 458, 491, 595, 597, 599, 628f., 632

679

Namenregister

DFG → Deutsche Forschungsgemeinschaft
DFG-Kommission Erziehungswissenschaft 64, 76
DGB → Deutscher Gewerkschaftsbund
Dibbern, H. 310, 312, 316
Dichanz, H. 162, *553-561*, 622, 627, 661, 664
Dick, L. van 132, 145
Dickopp, K.-H. 104, 110, 391f.
Diderot, D. 172
Diederich, J. 85, 88, 92, 454, 458
Diegritz, Th. 234, 254, 450, 608, 610
Die Grünen 145, 361
Diekershoff, K.H. 465f.
Diels, H. 241, 254, 398
Diener, K. 55, 61, 552, 644, 647
Dierks, M. 358
Diesterweg, F.A.W. 89, 296, 628
Dieterich, R. 452, 458
Dietrich, I. 251, 254
Dietrich, Th. 425, 639
DIFF → Deutsches Institut für Fernstudien an der Universität Tübingen
Dilthey, W. 95f., 110f., 396, 398, 458, 480, 486, 508, 510
Dinter, G.F. 645, 647
Döbert, R. 184, 189, 392
Döbrich, P. 383f.
Dode, R.-E. 489, 494
Dohmen, G. 29, 47, 559, 562, 565
Dolch, J. 106, 110, 240, 254, 419, 421, 423, 425, 517, 519f., 523, 634, 639
Dollase, R. 222, 224, 665
Dölle-Oelmüller, R. 191
Domke, H. 447, 450
Domnick, J. 245, 254
Döpp-Vorwald, H. 190
Dörge, F.-W. 314, 319
Dörger, H.J. 351
Döring, K.W. 123ff., 127ff.
Dörner, D. 388f., 617, 620
Dörpfeld, F.W. 396, 398, 424, 521, 523, 537, 545
Dowaliby, F.J. 630, 632
Doyle, W. 513, 515f.
Drechsel, R. 143, 145
Drecoll, F. 238, 254
Dreeben, R. 70, 76
Dreesmann, H. 70, 76, 607, 610
Drefenstedt, E. 499, 644, 647
Dreidoppel, H. 216, 224
Dreikurs, R. 447f., 450
Dreitzel, H.P. 203, 224
Drerup, H. 85, 92, 449f.
Dressel, P. 541, 545

Drews, U. 644, 647
Drexler, W. 654f.
Dröge, F. 553, 559
Drögemüller, H.P. 254
Du Bois-Reymond, M. 231, 254
Duerr, H.P. 146, 350f., 364, 564f.
Duismann, G.H. *258-287*, 305f., 316, *330-333*, 557, 559
Duit, R. 286, 434, 436
Duncker, K. 617, 620
Durkheim, E. 183, 189, 240, 254, 419, 421ff., 425
DVR → Deutscher Verkehrssicherheitsrat
Dwyer, T. 222, 224

Ebel, R. 543, 545, 614f.
Ebert, E. 398
Ebert, H. 206, 224
Eccles, J.C. 359, 364, 388f.
Echterhoff, W. 657, 660f., 664
Edelstein, W. 615
Edwards, A.D. 526f.
Eggers, P. 404f.
Eggersdorfer, F.X. 523
Eggert, H. 357f., 432, 436
Eggimann, E. 381
Ehlich, K. 69, 74, 76, 236, 254, 622, 625, 627
Ehmer, H.K. 52, 61, 210ff., 216, 223f., 329, 374ff., 431, 436, 596, 599
Ehni, H. 198, 224, 378, 381, 659, 664
Ehrenforth, K.H. 220, 224
Eichberg, E. *496-499*
Eichhorn, W.P. 494, 498
Eichler, W. 430, 436
Eicke-Jennemann, D. 339
Einsiedler, W. 390, 392, 574f., *628-632*, 644, 647
Eiselen, E. 199, 225
Eisenbart, L. 334, 339
Eisner, E. 544f.
Elbaz, F. 514, 516
Eliade, B. 562, 565
Elias, N. 102, 110, 183, 186, 189, 214, 224, 326ff., 334, 336, 339, 371f., 375, 562, 565
Ellis, V. 341
Elschenbroich, F. 372, 375
Elstein, A.S. 512, 516
Elzer, H.M. 173f., 189
Emmerich, W. 472f.
Engel, M. 616, 620
Engelhardt, M.v. 285, 420, 425f., 436, 509
Engelhardt, R. 316, 646f.
Engels, B. 403, 405
Engels, F. 347, 352

680

Engelsing, R. 468, 472, 554, 559
Engfer, H.-J. 189, 424, 426
Engh, R.W. 11
Enzensberger, H.M. 212, 224, 416
Erasmus von Rotterdam 254, 422
Erickson, F. 73, 77
Ericsson, K.A. 512, 516
Erikson, E.H. 339, 471f.
Erlinger, H.D. 254
Ernst, E. 297f., 301, 317f.
Ernst, F. 472
Essen, E. 233, 254
Esser, A. 489, 494
Esser, J. 444
Essinger, H. 384f.
Essinger, S. 383f.
Esterhues, J. 459
Ettrich, K.U. 605
Eubel, K. *656-666*
Eucker, J. 216, 224
Euklid von Alexandria 262
Eulefeld, G. 299, 316
Euler, M. 274, 285
Eurich, C. 558f.
Euteneuer, K. 452, 458
Evangelische Akademie Loccum 245, 254, 279, 286
Evans, D.R. 399, 401, 403ff.
Evans, J. 558f.
Evertson, C.H. 631f.
Evetts, J. 81, 92
Ewers, M. 438, 590f., 654f.
Eyferth, H. 92

Faber, W. 48
Fabian, R. *365-371*
Fähnrich, H. 316
Fahrenbach, H. 255
Falkenberg, R. 339
Fatke, R. 70, 77, 353, 355, 509
Faulstich, H. 486
Faulstich, P. 486
Faure, E. 402, 405
Fauser, P. 159, 162, 381, 454, 458, 466, 601, 604f.
Fehling, R. 222, 224
Feifel, E. 179, 189
Feige, A. 180, 189
Feinberg, J. 36, 47
Fend, H. 14, 20, 70, 77, 87, 92, 134, 145, 184, 189, 412f., 481, 485f., 525, 527, 607, 610
Ferber, Ch.v. 155, 161, 504f.
Fernuniversität Hagen 110, 145ff., 531, 664, 666

Ferrer, F. 416, 418
Fetscher, I. 425
Fetz, F. 197, 224
Fey, E. 173f., 189
Feyerabend, P. 134, 146, 504f.
Fichte, J.G. 380f., 489, 562, 565, 573, 575
Fick, K.E. 302, 316
Fiege, H. 471f.
Fielding Institute 575
Fikenscher, F. 645, 647
Filipp, K. 52, 61, 317
Filipp, S.-H. 388f.
Findley, W. 545, 615
Finger, F.A. 471f.
Fingerhut, K. 226
Fink, E. 197, 224
Fisch, J. 489f., 494
Fischer, A. 492
Fischer, Ch. 313, 316
Fischer, D. 627
Fischer, F. 424, 426
Fischer, H. 658, 664
Fischer, K. 544f.
Fischer, K.G. 189, 316, 599
Fischer, W. 81, 92, 96, 98, 100f., 104, 106ff., 110, 418, 565, 584, 649, 655
Fischer, W.Ch. 464, 466
Fischler, H. 427, 435f.
Fittkau, B. 160, 162, 448, 450
Flade, A. 659, 664
Flanders, N.A. 71, 77, 623, 625ff., 629, 632
Flechsig, K.-H. 30, 47, 129, 388f., 403, 405, 412, 414, 452, 454, 458, 522f., 543, 545, 549ff., 555, 559, 563, 565, 574f., 611, 615, 644, 647
Fleur, M.L. de 559
Flitner, A. 47, 129, 254ff., 316, 353, 355, 375, 388, 399, 413, 430, 436, 438, 458, 509, 523, 605, 651, 655, 665
Flitner, W. 86f., 92, 240, 254, 346f., 421, 424, 426, 436, 438, 458, 503, 505, 523, 639, 649
Fløistad, G. 511
Flörke, W. 645, 647
Flössner, W. 240, 254
Flügel, J.C. 337, 339
Flügel, O. 494
Flügge, J. 380f., 491, 493f., 614ff.
Foerster, F.W. 110
Fogarty, J.L. 512, 514, 516
Fohrbeck, K. 346f.
Fölling, W. *649-655*
Foltin, H.-F. 468f., 472
Fontaine, A. 338f.
Fontane, Th. 337
Ford, G.W. 424, 426, 431, 436

681

Namenregister

Forndran, E. 319
Förster, F. 645, 647
Forytta, C. 236, 254, 624, 627
Foucault, M. 146, 508f.
Fowler, J.W. 182, 189, 191
Fraas, H.-J. 181, 189
Fraenkel, J.R. 188f.
Frank, G. 163
Frank, H. 375, 410, 414, 483, 486
Frank, H.J. 232, 254
Franke, P. 646f.
Frankiewicz, H. 276, 286, 306, 316, 576
Fränkle, M. 372, 376
Frech, H.-W. 130, 429, 436, 652, 655
Freie Schule Bochum 132, 146
Freie Schule Frankfurt 132
Freie Schule Karlsruhe 132
Freie Schule Kreuzberg 132
Freiling, F.-D. 472
Freinet, C. 130, 133, 146, 238, 601, 606, 629
Freire, P. 146, 150ff., 158, 160ff., 402f., 405
Freise, G. 274, 286, 433, 436, 597, 599
Frese, M. 311, 316
Freud, S. 326, 329, 576
Freudenstein, R. *228-257*, 434, 436, 553, 559
Frey, K. 50, 61f., 162, 257, 272, 286, 413, 433, 436f., 538, 543, 545ff., 549ff., 563, 565, 591, 601, 605, 648
Fricke, S. 582f.
Fricke, W. 447, 450
Friedrich, D. 62
Friedrich, H. 312, 316
Friedrich, M. 461, 466
Friedrich I. (Barbarossa) 500
Friedrichs, G. 559
Friese, H.W. 300, 302, 316
Frings, U. 254
Frisius, R. 220, 224
Frister, E. 479, 486
Fritzsche, J. 237f., 254
Fröbel, F. 101, 570, 600
Froese, L. 183, 189, 391f.
Fromm, M. *524-528*
Frostig, M. 195, 224
Fuchs, E. 336f., 339
Fuchs, H.J. 488f., 494
Fuchs, M. 222, 224
Füglister, P. 449f., 538, 543, 545, 642, 647
Fuhr, R. 18f., 75, 77, 116, 119, 130, *148-163*, 400, 402, 405, 562, 565
Fuhrmann, E. 644, 647
Fuhrmann, M. 241, 244, 254
Führungs- und Verwaltungsakademie Berlin des DSB e.V. 370
Fuller, F. 76f.

Füller, K. 550, 552
Funcke, L. 382, 384
Funk, E. 460, 466
Funke, G. 99, 111
Funke, J. 197, 224
Furck, C.-L. 399
Furlong, V.J. 526f.
Furst, N. 71, 78
Fürstenau, P. 134, 146, 163, 412, 414, 595, 599
Füssel, M. 276, 286

Gabriel, L. 111
Gage, N.L. 75, 77, 516, 632
Gagel, W. 435f.
Gagné, R.M. 65, 77, 547f., 551f., 613, 615
Gagnebin, B. 495
Gahagan, D. 231, 254
Gahagan, G. 231, 254
Galpérin, P.J. 311, 316, 602f., 605
Galtung, J. 441, 444
Gamm, H.-J. 134, 360f., 364, 384, 412, 414, 583
Gansberg, F. 233, 255
Garlichs, A. 53, 56, 61, 301, 316, 545, 563, 565f., 595, 599
Garmezy, N. 610
Garve, Ch. 489
Garz, D. 93
Gaßen, H. 96, 111
Gattermann, H. 311, 316
Gatzemeier, M. 449f.
Gaudig, H. 133, 452, 458, 465, 573ff., 601, 605
Gaulhofer, K. 195, 198, 224
Gebauer, K. 133, 146
Gebauer, M. 43, 47, 642, 644, 647
Gedike, F. 394f., 398f.
Geheeb, P. 133
Gehlen, A. 392
Geipel, R. 297f., 316
Geisler, W. 556, 559f.
Geißler, E.E. 412, 414, 447, 450, 490, 494, 572, 575
Geißler, G. 81, 92
Geißler, H. 29, 47, 73, 77, 428, 436, 601, 605, *621-628*, 638f., *640-649*
Gelder, L. van 511, 516
Gemeinnützige Gesellschaft Gesamtschule 485, 487
Georgsdorf, H. 376
Geppert, K. 574ff.
Gerber, D. 658, 665

682

Namenregister

Gerdsmeier, G. 310f., 316
Gerhardt, P. 469
Gerhardt, V. 488f., 494
Gerighausen, J. 406
Gesner, J.M. 394, 398
Gesprächskreis Bildungsplanung des Bundesministers für Bildung und Wissenschaft 383f.
Gessinger, J. 232, 255
Getzels, J.W. 525, 527
GEW → Gewerkschaft Erziehung und Wissenschaft
Gewerkschaft Erziehung und Wissenschaft (GEW) 213, 224, 286, 437
Giel, K. 43, 47, 61, 377, 381, 458
Giese, H.W. 18, *228-257*
Giesecke, H. *288-321*, 365, 370, 431, 436, 447, 450
Giffhorn, H. 210, 212, 224, 338f., 431, 436
Gigon, O. 107, 111, 457
Gilligan, C. 188, 190, 192
Ginott, H.G. 646f.
Gintis, H. 145
Girad, D.L. 65, 78
Glaser, H. 66f., 375f.
Gläser, J. 390, 392
Glaser, R. 77, 552
Gläß, B. 238, 255
Glatfeld, M. 432, 436, 508f.
Glatzel, H. 325, 329
Glatzel, M. 174, 190
Gleichmann, P.R. 372, 376
Gleser, G.C. 73, 76
Glinz, H. 234, 255
Glock, Ch.Y. 176, 190
Glocksee-Schule 131f., 136f., 139ff., 143, 146, 601
Glück, G. 547, 552, *576-584*
Glück, H. 383f.
Glücklich, H.-J. 255, 399
Gmünder, P. 182, 191
Godin, A. 181, 190
Godwin, W. 416, 418
Goeppert, H.C. 69, 77, 236, 255, 627
Goethe, J.W.v. 337, 407, 414, 503, 505
Goffman, E. 202f., 224, 336, 339, 390, 392
Goldman, R. 180ff., 190f.
Goldschmidt, D. 93, 146, 399, 404ff.
Gondolf, U. 384f.
Good, T.L. 68f., 76, 607, 610, 622, 626f.
Goodman, P. 132, 134, 146, 416ff.
Goodson, L.A. 67, 76
Gordon, Th. 448, 450
Görs, D. 286, 308, 316
Götsch, G. 219, 224

Gottschalk, H. 147
Götz, B. 76f.
Götze, U. 376
Graf, H. 434, 437
Graf, J. 383f.
Graser, J.B. 296, 424
Grass, G. 337
Grassel, H. 583
Grathoff, R. 507, 509ff.
Graubard, A. 133, 146
Graumann, C.F. 376, 510, 534, 537
Greenpeace 362
Grell, J. 623, 627, 644, 646f.
Grell, M. 644, 646f.
Greverus, I.-M. 336, 339f., 347, 471f.
Griese, W. 649f., 654f.
Griffey, D.C. 512, 516
Griffin, G.A. 517
Griffin, P. 69, 78
Grimm, G. 356, 358
Grimm, J. 429, 437, 500, 505
Grimm, W. 500, 505
Grimmer, F. 650, 654f.
Gripp, H. 508, 510
Grisebach, E. 87, 92, 118f., 130
Grochowiak, Th. 341, 347
Groddeck, N. 134, 143, 146, 160, 162, 562f., 565, 595, 599, 629, 632
Groeben, N. 356ff., 515f.
Groll, H. 198, 224
Gronemeyer, M. 154f., 158, 162, 444
Gronemeyer, R. 160, 162, 444
Groothoff, H.-H. 95, 111, 399, 426, 486
Grosch, H. 383, 385
Groskurth, P. 287
Größing, St. 196, 224
Grotelüschen, W. 471f.
Groth, G. 282, 286, 308, 310, 317, 393, 587, 592
Gruber, J. 255, 399
Gründer, K. 494
Grüneisl, G. 211, 224
Grüner, G. 567f., 570
Grupe, O. 196, 224
Gruschka, A. 484f., 487, 529, 531, 588, 592, 624, 627
Grzesik, J. 650, 654f.
Gstettner, P. 510
Guardini, R. 391f.
Guattari, F. 360, 364
Gudjons, H. 203, 224, 412, 414, 576, 601ff., 605
Guicciardini, F. 488
Guilford, J.P. 547ff., 552
Gümbel, R. 239, 255

683

Namenregister

Günther, H. 238, 255
Günther, K.B. 238, 255
Günther, K.H. 563, 565
Günther, R. 658, 664
Günther, S. 374, 376
Günther, U. 218ff., 222, 224, 596, 599
Günzel, W. 197, 224
Gurjewitsch, A.J. 327, 329
Gurwitsch, A. 506f., 509f.
Gust, B. 274, 286
Gutenberg, J. 554
Gutschow, H. 252, 255, 434, 436
Guts Muths, J.Ch.F. 195, 198, 224, 296
Gutt, A. 231, 255
Gutte, R. 237, 255

Haack, F.-W. 349, 351
Haarmann, D. 423, 426
Haas, F. 601, 606
Haase, O. 133, 219, 224, 601, 605
Haberding, M. 462, 466
Habermas, J. 41, 47, 59, 93, 160, 162, 203, 224, 234, 255, 293, 317, 328f., 342, 347, 351, 367, 370, 372, 374, 376, 392, 414, 431, 437, 449f., 453, 455f., 458, 472, 475, 477f., 483, 487, 490, 493f., 506f., 510, 554, 560, 587, 592, 603, 605ff., 610, 651ff., 655
Habrich, W. 299, 317
Hacker, H. 54, 61, *520-524*
Hacker, W. 311, 317, 602, 605
Hackfort, J. 560
Haefner, K. 560
Haese, A. 106, 111
Haft, H. 71, 77, 624, 627
Hage, K. 134, 146, 448, 450, *474-479*
Hagel, J. 299, 317
Hagemann, W. 71, 77
Hagen, D. 472
Hahn, F. 178, 190
Hahn, G. 336, 339
Hahn, K. 437
Halbfas, H. 177, 182, 190, 552
Halfpap, K. 454, 458
Halkes, R. 516
Haller, H.-D. *13-21*, 30, 47, 51, 56f., 61f., 67, 77, 129, 331, 333, 412, 414, 437, 452, 454, 458, 486f., 522f., 549, 552, 565, 644, 647
Hallez, M. 181, 190
Halmos, P. 89, 92
Hamburger, F. 383, 385
Hameyer, U. 51f., 61f., 85, 92f., 524, 592f., 624, 627
Hamm, M. 466
Hammerich, K. 509

Hammersley, M. 73, 77, 527
Hampshire, S. 453, 458
Hanf, Th. 150, 162, 402, 405
Hänsel, D. *115-130*, 562, 565
Hanselmann, J. 179, 190
Hansen, H.R. 559
Hansen, W. 472
Hard, G. 296, 298, 300f., 303, 315, 317, 420, 426
Harenberg, W. 348, 351
Hargreaves, D.H. 526f.
Harjes, R. 202, 224
Härle, H. 390, 392, 644, 647
Harmin, M. 191
Harnisch, Ch.W. 296, 471f.
Harnischfeger, A. 66, 77
Hart, H.L.A. 36, 47, 455, 458
Hartmann, K. 375
Hartwig, H. 202, 206, 211, 213f., 216, 224, 336, 338ff., 347, 376, 597, 599
Häsing, H. 595, 599
Hasse, J. 18, *288-321*, 472
Haubrich, H. 300, 317, 319
Haueis, E. 237, 255
Haug, F. 203, 224
Haug, J. 472
Haug, W.F. 337, 339f., 347
Hauptmeier, G. 568ff.
Hausmann, G. 202, 224, 601, 605
Häussler, P. 56, 61, 272, 286, 433, 436
Häussler, S. 325, 329
Haven, H. 201, 224
Havers, N. 180, 190
Havighurst, R.J. 529, 531
Hawes, H.W.R. 149, 162
Heckel, H. 523
Hecker, J.J. 306
Heckhausen, H. 103, 111, 373, 376, 574f.
Heckmann, F. 190
Heessen, Th.D. 560
Hegel, G.W.F. 28, 47, 175, 395, 398, 424, 453, 458, 489
Heger, R.-J. 155, 161f., 364
Heid, H. 583
Heidegger, G. 655
Heidegger, M. 96, 111, 371, 376, 507, 510
Heidelberger, M. 270, 286
Heidenreich, W.-D. 64, 77
Heiland, H. 492, 494
Heilmann, K. 427, 437
Heimann, P. 13, 20, 39ff., 44, 46ff., 52, 61, 149, 162f., 224, 409ff., 414, 434, 437, 474, 476ff., 483, 487, 511, 516, 555, 560, 592, 600, 612, 615f., 627, 633, 639f., 643f., 647f.

Heimbrock, H.-G. 181, 190, 350f., 596, 599
Heimbucher, A. 153, 161
Heindl, I. 465f.
Heinemann, H. 192
Heinemann, K.-H. 133, 145, 147
Heinemann, M. 383, 385, 394, 398
Heinemann, P. 610
Heinisch, K.J. 145f.
Heinrich, H.Ch. 658, 664
Heinrichs, H. 560
Heintel, P. 175, 190
Heinze, Th. 54, 61, 68f., 75, 77, 161f., 203, 224, 515f., 524, 526ff., 531, 610, 624ff., 638f.
Heipcke, K. 54, 61, 538, 545, 563, 565, 611, 615
Heise, W. 382, 479
Heitger, M. 110f., 486
Heitkämper, P. 444
Heller, A. 485, 487, 597, 599, 601, 605
Hellpach, W. 371, 376
Helmer, K. 18, 234, *488-495*
Helmers, H. 233, 255, 427, 431, 437
Helms, S. 222, 224
Helvétius, C.A. 488
Hemmer, K.P. 56, 61, 432, 437
Hendinger, H. 297f., 317, 320
Hendricks, W. 92, 282, 286, 309, 311, 317
Hengst, H. 558f.
Hennessy, Th.C. 188, 190
Henning, Ch. 146
Henning, H. 296
Henningsen, J. 134, 528, 531, 567f., 570, 646f.
Hentig, H.v. 29f., 47, 54ff., 61, 132f., 135, 137, 142, 146, 160, 162, 210f., 224, 240, 242, 255, 297, 317, 412, 414, 424, 426, 431, 437, 554, 557f., 560, 601, 605, 646, 648f., 653, 655
Heraklit 398
Herbart, J.F. 47, 86, 88, 90, 92, 117, 130, 183f., 190, 379, 382, 396, 398, 407f., 413ff., 424, 428, 434, 452, 458, 490f., 494, 518, 521, 537, 570, 645, 657
Herder, J.G. 296, 489, 494, 576
Hering, D. 568, 570
Herndon, J. 134, 146
Herrlitz, H.-G. 82, 92, 117, 130, 149, 162, 241, 255, 554, 560, 651, 655
Herrlitz, W. 234, 255
Herrmann, F.W.v. 97
Herrmann, U. 65, 77, 96, 111, 399, 486, 495
Herrmann, W. 255
Hersh, R.H. 188, 190
Herz, O. 156f., 162
Herzfeld, H. 399

Herzka, H.St. 373, 376
Hesiod 171
Hesse, H.A. 505
Hessisches Institut für Bildungsplanung und Schulentwicklung 286
Hessisches Kultusministerium 282, 286
Hettner, A. 296, 317
Hetzer, H. 181, 190
Heuer, H. 250, 255
Heursen, G. 17f., 233, 239, 255, *407-415, 427-439*, 447, 450, 453, 458
Heuser, M. 584
Heyde, E. 460, 466
Heydorn, H.-J. 83, 92, 134, 255, 318, 407, 414, 483, 487, 636, 639
Heygster, A.-L. 557, 560
Heyl, H. 462, 466
Heymann, H.W. 64, 77, 285, 558f.
Heyne, Ch.G. 394f., 398
Hickethier, K. 560
Hicks, E. 341
Hielscher, H. 660, 664
Hild, H. 179, 190, 348, 351
Hildebrand, R. 233, 255, 429, 437
Hilgard, E.R. 539, 545, 560
Hiller, G.G. 56, 61, 88, 92, 377f., 382
Hilligen, W. 317
Himmelmann, G. 308f., 311, 317
Himmelweit, H.T. 560
Hinrichs, W. 202, 224, 606
Hinte, W. 507, 510
Hipp, H. 375f.
Hitze, F. 366
Höbel, B. 155, 162
Hodek, J. 218, 225
Hoebel-Mävers, M. 565
Hofer, M. 68, 77, 79, 127, 130, 454, 458, 515f., 591f., 628, 638f.
Hoffacker, H. 234, 255
Höffe, O. 190
Hoffman, M.L. 188, 190
Hoffmann, A. 646, 648
Hoffmann, D. 292, 317
Hoffmann, G. 296, 300, 316ff.
Hoffmann, H. 346f.
Hoffmann, J. 430, 437
Hoffmann, O. 338f.
Höfle, W.L. 257
Hofmann, F. 83, 92, 388
Hohenadel, D. 657, 659f., 663, 665
Hohendorf, G. 414, 523
Hohmann, M. 383ff., 390, 392
Höhn, K.-R. 420, 426, 638f.
Holling, E. 54, 60, 119, 123ff., 127f., 130, 280, 285

685

Namenregister

Hollstein, W. 133, 146, 373, 376
Holstein, H. 657, 665
Holt, J. 133f., 137, 140, 146, 526f.
Holtmann, A. 596, 599, 601, 605
Holzhey, H. 190
Holzkamp, K. 214, 225, 326, 329, 340, 347, 373, 376, 382
Homer 171
Honoré, P. 276, 286
Hopf, A. 130
Hopf, Ch. 73, 77
Hopf, D. 58, 60, 615
Hopf, H. 382, 479
Hopf, W. 150, 162, 419, 426
Hoppe, M. 312, 317
Hoppe, O. 237, 253, 255
Hopster, N. 237f., 254f.
Horder, P. 179, 192
Horkheimer, M. 41, 47, 92, 111, 136, 172, 190, 483, 487, 603, 605, 636, 639
Horn, K. 533, 537
Horney, W. 389, 520
Hornig, E. 256
Hornstein, W. 162, 191
Housner, L.D. 512, 516
Hoyos, C. 658, 665
Huber, F. 645, 648
Huber, G.L. 512, 515f., 574f.
Huber, J. 133, 146, 364
Huber, L. 434, 437
Hübner, K. 359, 364, 450
Hübscher, A. 494f.
Huddleston, E. 545
Huguenin, R.D. 665
Huguenin, R.K. 662
Huhse, K. 50, 61, 565
Huisken, F. 412, 414, 484, 487
Huizinga, J. 197, 225
Hüllen, W. 248, 255
Hulmes, E. 178, 190
Humboldt, W.v. 31f., 47, 82, 92f., 228ff., 241ff., 255, 262, 296, 396, 398, 416, 418, 423, 429, 452, 458, 649ff.
Hund, W.D. 339
Hunger, H. 579, 583
Huppertz, H. 195, 225
Huppertz, N. 581, 583
Hurrelmann, K. 69, 76, 392, 412, 414, 627
Huschke-Rhein, R. 360f., 364
Husmann, I. 621f., 624, 627
Husserl, E. 378, 506ff., 510f.

Iben, G. 231, 255
Ide, H. 234, 255, 431, 437

IDM → Institut für Didaktik der Mathematik der Universität Bielefeld
IDZ → Internationales Design Zentrum, Berlin
Ilg, P. 572f., 575
Ilien, A. 142, 145, 601, 605
Illich, I. 132, 134, 146, 150, 159, 162, 388f., 402f., 406, 412, 414, 503ff.
Immenroth, L. 338f.
Immler, H. 311, 317
Ingarden, R. 357f.
Ingenkamp, K. 61, 66, 69, 72, 77f., 552, 559, 627, 632
Inhelder, B. 373, 376
Institute for Research on Teaching 517
Institute for the Advancement of Philosophy for Children 174
Institut für Demoskopie Allensbach 342, 347
Institut für Didaktik der Mathematik der Universität Bielefeld (IDM) 286f., 420, 426, 559
Institut für die Pädagogik der Naturwissenschaften (IPN) an der Universität Kiel 51, 272, 287, 299, 317
Institut für Freizeitwirtschaft 330f., 333
Internationales Design Zentrum (IDZ) 375f.
International Society for Research on Sex Education 582
IPN → Institut für die Pädagogik der Naturwissenschaften an der Universität Kiel
Iser, W. 230, 255, 357f.
Issing, L.J. 560
Ittelson, W.H. 372, 376
Ivanov, V.G. 498f.
Ivo, H. 236, 255f., 427, 433, 437
Iwon, W. 616, 620

Jackson, Ph.W. 524f., 527
Jacobson, E. 350f.
Jacobson, L. 78
Jaczewski, A. 582f.
Jaeckel, K. 431, 436
Jaeger, W. 98, 111
Jahn, F.K. 198f., 225
Jahnke, J. 68, 77
Jäkel, W. 244, 256
Jakovsky, A. 340, 347
James, W. 492
Jander, L. 300, 317, 319ff., 593, 605
Jänicke, M. 162
Jank, W. 411, 414, *594-600*
Jannsen, G. 298, 300, 302, 317
Jansch, P. 381f.
Janssen, B. 621f., 624, 627

Namenregister

Jantsch, E. 359f., 364
Januschek, F. 236, 255
Jarausch, K.H. 420, 426
Jaspers, K. 471f.
Jauß, H.R. 357f.
Jeismann, K.-E. 82, 92
Jens, W. 256
Jensch, M. 663, 665
Jenschke, B. 312, 317
Jensen, A. 233, 256
Jensen, S. 83, 92
Jeske, W. 145
Jesus 468
Jetter, W. 191
Jöde, F. 218, 225
Joerissen, P. 214, 225
Johach, H. 454, 458
Johnson, F.G. 560
Johnson, W.E. 577, 584
Johnston, R.J. 304, 317
Jonas, W. 277f., 286
Jopt, U.-J. 69, 77
Jorek, R. 616, 620
Josten, B. 466
Jouhy, E. 402, 406
Jourdan, M. 610
Joyce, B.R. 149, 162, 516
Judowitsch, F.J. 231, 256
Jugendwerk der Deutschen Shell 185, 190, 227, 284, 286, 375f., 529, 531, 595, 599, 658, 665
Jung, W. 261, 276, 286
Jungblut, G. 55, 61, 427, 437
Jüngel, E. 182, 190
Jungk, R. 560
Jüngst, K.L. 620
Jüngst, P. 320
Jürgens, E. 560

Kabel, R. 560
Kadelbach, G. 560
Kafka, H. 333f., 338
Kahlen, G. 461, 466
Kahlke, J. 568, 570f., 590, 592
Kainz, F. 231, 256
Kaiser, A. 317, 523, 649f., 655
Kaiser, E. 573, 575
Kaiser, F.-J. 305, 308f., 311, 315f., 318, 592
Kaiser, H.-J. 45, 47, 318, 475, 477f., 588, 592
Kaiser Wilhelm II. 469
Kalb, P.E. 556, 559f.
Kalow, G. 473
Kaltschmidt, J. 77
Kamberger, K. 470, 472

Kaminski, G. 372, 376
Kaminski, H. *288-321*
Kamlah, W. 449f.
Kammann, F. 448, 450
Kammler, B. 517, 520
Kamper, D. 196, 225, 361, 364
Kämpfer, H. 347, 352
Kämpf-Jansen, H. 216, 224
Kannik, P. 334, 339
Kant, I. 88, 92, 100f., 108, 110f., 183f., 188, 270, 286, 359, 361, 364, 378, 382, 395, 399, 424ff., 451ff., 458, 480, 487, 489, 494, 568
Kapferer, J.L. 69, 77
Kappen, A. 568, 570
Karpen, U. 387, 389
Karstädt, O. 427, 437, 645, 648
Kath, F.M. 535, 537, 568ff., 590, 592
Kattmann, U. 56, 61, 583
Keddie, N. 526f.
Kegan, R. 188, 192
Kehr, G. 381f.
Kehrbach, K. 494
Keil, W. 603, 605
Keitel, Ch. *258-287*
Kell, A. 310, 318, 432, 437, 536f., 569, 571, *584-593*, 655
Keller, G. 337, 352, 356
Keller, M. 202, 225
Kelly, G.A. 514, 516
Kemmelmeyer, K.-J. 222, 225
Kemmler, L. 574f.
Kemp, W. 214, 225
Kemper, H. 244, 256
Kempowski, W. 358, 622, 627
Kentler, H. 576ff., 583
Kerbs, D. 210ff., 214, 225, 336, 339
Kerkhoff, L. van den 256
Kerlinger, F.N. 514, 516
Kerschensteiner, G. 242, 291, 295, 306, 318, 452, 458, 465f., 491f., 494, 520, 523, 601, 605
Kerstiens, L. 553, 560
Keseling, G. 602f., 605
Kestenberg, L. 217ff., 225
Keulen, H. 256, 398f.
Keun, I. 337
Kiefer, M.-L. 560
Kielholz, J. 156, 162
Kielich, H. 318
Kiener, F. 336f., 339
Kieper, M. 528f., 531
Kierkegaard, S. 171, 489, 494f.
Kindermann, F. 306, 318
Kinderschule Bremen 132

687

Namenregister

Kinderschule Hamburg 132
Kinsey, A.C. 577, 583
Kiphard, E. 195, 225
Kirchenamt der Evangelischen Kirche in Deutschland 189
Kirchenkanzlei der Evangelischen Kirche in Deutschland 191
Kirsch, A. 267, 286
Kirschner, O. 568, 571
Kirsten, R.E. 623, 627
Kitsuse, J.I. 73, 76
Kittel, H. 428, 437
Klafki, W. 13, 17, 20, 29, 31, 33, 37, 39, 44, 48, 51, 54, 61, 84f., 92, 96, 110, 116, 130, 149, 162, 233, 242f., 250, 256, 377, 382, 397, 399, 404, 406, 408f., 411ff., 431, 437, 474ff., 482ff., 487, 493f., 503, 505, 509, 511, 516, 559, 569ff., 585, 591f., 624, 627, 633f., 636, 639, 641, 643, 646, 648
Klane, R. 19, *358-364*
Klaßen, Th.F. 630, 632
Klattenhoff, K. 304, 318, 361, 364, *467-473*
Klauer, K.J. 72, 77, 538f., 541f., 545
Klaus, G. 494
Klausmeier, F. 219, 225
Klebelsberg, D. 657ff., 662, 665
Kleber, E.W. 534, 537
Kledzik, U.J. 287, 587, 592
Klein, H. 280f., 286, 306, 318
Klein, M. 509
Kleindienst-Cachay, Ch. 196, 225
Kleinert, H. 389
Kleinschmidt, A. 381f.
Klemm, U. 416, 418
Klewitz, E. 120f., 130, 565, 629, 632
Klewitz, M. 225
Klicker, J.R. 472
Kliemt, G. 465f.
Klingberg, L. 13, 20, 31, 48, 83, 92, 149, 162, 412, 414, 447, 450, 474f., 478, 576, 602f., 605, 633, 636, 639f., 644, 648
Klink, J.-G. 621f., 624, 627
Klippert, H. 318
Kloehn, E. 363f.
Klotz, H. 328f., 374, 376
Kluge, A. 159, 163, 214, 225, 368, 370, 554, 560
Kluge, K.-J. 582f.
Kluge, N. 236, 256, 577, 580, 583f.
Kluger, I. 460, 465f.
Klusemann, H.W. 528, 531
Kluth, Th. 556, 559
Kluwe, R.H. 66, 77
Kmieciak, L. 185, 190
Knab, D. 50, 61

Knigge-Illner, H. 560
Knoch, P. 320, 472f.
Knolle, N. 221, 225
Knoop, H.D. 580, 584
Knötel, H. 334, 339
Kob, J. 342, 347
Kober, H. 646, 648
Koch, F. 577f., 583f.
Koch, G. 201, 206, 209, 225
Koch, H. 658f., 665
Kochan, B. 201, 203, 225
Kochan, D.C. 62, 254, 256, 412, 414, 434, 436f.
Köck, H. 299, 318
Koelbl, H. 375f.
Kohlberg, L. 104, 186ff., 192, 389, 392, 453, 458, 476, 478
Kohlberg, W.D. 378, 382
Köhler, B. 190
Köhler, G. 434, 437, 658, 665
Kohlmann, W. 222, 225
Köhnlein, W. 434, 437
Kohut, H. 350f.
Kolb, G. 553, 559, 561
Kolland, D. 218, 225
Kolping, A. 366
Kommer, A. 174, 190
Kommission Schulrecht des Deutschen Juristentages 524
Koneffke, G. 306, 318
König, E. 29, 48, 55, 61, 64, 77, 84, 87, 92, 116, 130, 234, 254, 410, 412ff., 449f., 548, 552, 591f., 642, 644, 648
König, R. 336f., 339
Königlich Preußische Akademie der Wissenschaften 399, 487
Konrad, M. 423, 426
Konukiewitz, W. 590, 592
Koordinierungskreis Ausländische Arbeitnehmer beim Bundesminister für Arbeit und Sozialordnung 383, 385
Kordes, H. 57, 62, 71, 77
Körfgen, P. 279, 286
Körte, W. 257
Koschnitzke, R. 287
Koscielny, G. 464, 466
Koselleck, R. 82, 92
Kosik, K. 594f., 599
Kossakowski, A. 605
Kössler, H. 449f.
Kossolapow, L. 211, 225
Kötter, L. 67, 77
Kozdon, B. 612, 615
Kraatz, H. 282, 286, 309, 318
Kracauer, S. 337, 339

Namenregister

Kraimer, K. 93
Krallmann, D. 254
Kramer, D. 469, 472
Kramer, M. 209, 225
Kramp, W. 430, 437, 592, 643, 648
Kranz, W. 398
Krapp, A. 73, 77
Krappmann, L. 162, 203, 225, 390, 392, 471f., 610
Krathwohl, D.R. 547f., 550ff., 614f.
Kraul, M. 241, 243, 256
Kraus, E. 219, 225
Krawietz, W. 183, 189
Krefeld, H. 256
Kreft, J. 476, 478
Kreibich, B. 304, 318
Krekeler, H. 56, 62
Kretschmann, J. 601, 605
Kretschmer, E. 491
Kretschmer, J. 201, 225
Krieck, E. 219, 225, 292, 524, 527
Krieg, B. 73, 77
Krings, H. 393, 494
Krockow, Ch.v. 367, 370
Kroeber, A.L. 336, 339
Kroeber-Riel, W. 313, 318
Kroh, O. 575f.
Kroj, G. 659, 665
Kron, F.W. 88, 92
Krope, P. 245, 254
Kropp, R. 548, 552
Kross, G. 590, 592
Krovoza, A. 146, 373, 376
Kruber, K.-P. 313, 318
Krüger, M. 256, 560
Krüger, S. 580, 584
Krumm, H.-J. 256
Krützfeldt, W. 226
Kuckartz, W. 392
Kudritzki, G. 436, 438, 458
Kuhlmann, H. 621f., 624, 627
Kuhn, A. 51, 62, 467
Kühn, H. 383, 385
Kuhn, Th.S. 45, 48, 273, 286, 360, 364, 652, 654f.
Kühn, W. 219, 225
Kühnel, J. 380ff.
Kükelhaus, H. 215, 225, 361, 364
Kultusministerium Nordrhein-Westfalen 242, 256, 479, 484f., 487, 588, 592f., 649, 653, 655, 660, 665
Kümmel, F. 187, 190, 510
Kunert, K. 545, 640, 648
Künzli, R. 29, 48, 412ff., 424, 426, 435ff., 450, 478, 642, 647f.

Kurt, F. 364
Kurz, D. 198, 225
Kurz, G. 146, 201
Küting, H.J. 658, 665
Kutscha, G. 18, 161, 254, 305, 307, 318, 374, 376, 432, 437, 447, 450, *531-537*, 569, 571, 588ff., 592, 649, 655
Kybalová, L. 333, 339

Laabs, Ch.W. 181
Laaser, U. 403ff.
La Belle, T.J. 405f.
Lachmann, C.L.F. 318
Lackmann, J. 309, 318, 590, 592
Ladj-Teichmann, D. 338f.
Lado, R. 247f., 250, 256
Laing, R.D. 597, 599
Lämmert, E. 358
Lamszus, H. 662, 665
Lamszus, W. 233, 256
Landau, G. 197, 225
Landauer, G. 416
Landesinstitut für Schule und Weiterbildung 588, 592
Landesman, Ch. 458
Landesregierung Nordrhein-Westfalen 479, 484, 487
Landgrebe, L. 510
Land-Weber, E. 356
Lang, A. 584
Lang, M. 606, 610
Langbehn, A.J. 346
Lange, E. 179, 190, 312, 318
Lange, G. 470, 472
Lange, O. *616-621*
Langermann, J. 601, 605
Langermann, O.F. 601
Langeveld, M.J. 183, 190, 372, 376, 508, 510
Langewand, A. 452, 458, 475, 479, 604f.
Langosch, I. 658, 664
Lassahn, R. 190
Lassen, H. 382
Laun, R. 133, 146
Laurien, H.-R. 308, 318
Laurisch, W. 311, 318
Lawton, D. 231, 256
Lay, W.A. 64, 492
Leach, E. 336, 339
Le Boulch, J. 195, 225
Lecke, B. 234, 255
Lecke, D. 472
Lee, W.R. 250, 256
Leeb, Th. 320, 472f.
Lehmann, Th. 146

689

Namenregister

Lehmensick, E. 395, 397, 399, 404, 406
Leibniz, G.W. 103, 394, 572
Leinhardt, G. 512, 516
Leithäuser, Th. 159f., 162, 595, 599
Lemke, D. *537-546, 546-552, 611-616*, 644, 648
Lemke, I.G. 282, 286
Lemmermann, H. 217, 225
Lemoine-Luccioni, E. 337, 339
Lempert, W. 493f.
Leng, G. 299, 318
Lenk, H. 604ff.
Lenk, K. 36, 48
Lenné, H. 261, 263, 286, 431, 437
Lenz, S. 467, 472
Lenzen, D. 11, 51, 61f., 105, 111, 256, 388f., 413f., 430, 432, 436ff., 453, 458, 481, 486f., 505f., 510, 551f., 564f., 584f., 587f., 590, 592, 642f., 648, 651, 655
Lenzen, K.-D. 146, 338f.
Lenzen, R. 313, 316, 464, 466
Leone, M.P. 176, 192
Leontjew, A.N. 311, 318, 326, 329, 373, 376, 453, 458, 595, 599, 602, 605
Lepenies, W. 392
Le Roy, L. 364
Leschinsky, A. 183, 190, 241, 256, 306, 318, 373, 376, 417f., 421, 423, 426, 429, 437, 480, 487, 554, 560
Lesemann, K. 327, 329
Levi-Strauss, C. 326, 329, 564f.
Lewin, K. 65, 68, 532f., 536f.
Lewis, M.M. 231, 256
Lewy, A. 149, 162
Lexis, W. 257
Lidell, H. 500, 505
Liebau, E. 485f.
Liebknecht, K. 478
Liegener, H.G. 580, 584
Lieth, E. von der 184, 190
Lietz, H. 133
Limbourg, M. 658, 664f.
Limpert, W. 227
Lindemann, M. 554, 560
Lindenau, V. 620
Ling, P.H. 198, 226
Lingelbach, K.Ch. 88, 92, 292, 319, 454, 458, 655
Linke, J. 236, 254, 624, 627
Linse, U. 416, 418
Lipman, M. 174, 190f.
Lippe, R. 595
Lippert, E. 460, 466
Lippitz, W. 66, 75, 77, 432, 436ff., 506, 508ff.
Litt, Th. 86, 92, 293, 319

Loch, W. 56, 62, 426, 446, 450, 505, 508, 510, 528, 531
Loewenberg, J. 374, 376
Lohmann, I. 242, 256
Löhnert, S. 620
Löhrer, U. 338f.
Loos, J. 106, 111
Lorenzen, A.K.D. 174, 191
Lorenzen, H. 346f.
Lorenzen, P. 449f.
Lorenzer, A. 205, 207, 225, 348, 351, 373, 376, 595f., 599
Loser, F. 37, 48, 65, 71, 75, 77, *377-382*, 474, 479, 518, 520, 565, 597, 599, 642, 648
Lott, J. 52
Louis, S. 341
Lowyck, J. 512f., 516
Lübbe, H. 171, 191
Luchtenberg, P. 88, 92
Luckmann, Th. 203, 223, 304, 320, 347, 351, 373, 375, 379, 381, 472, 506f., 509ff.
Ludwig, O. 238, 256
Ludwig-Uhland-Institut 356
Luhmann, N. 35, 48, 83, 87f., 92, 117, 130, 255, 405f., 450, 454, 456, 458, 501, 505, 610
Lukesch, H. 88, 92
Lumsdaine, A.A. 555, 560
Lundgreen, P. 256
Lunk, G. 490f., 494
Lurija, A.R. 231, 256
Lütgert, W. 56, 62
Lüth, Ch. 649f., 655
Luther, M. 102, 181, 191, 442, 447, 488, 494f.
Luther, W. 395, 399
Lüthy, H. 576
Lydecker, A.F. 513, 516
Lysaught, J. 541, 545

Maas, U. 256
Maase, K. 340, 347
Macho, Th.H. 189ff.
Macke, G. 65, 78
Mackert, N. 73, 77
Mader, W. 535, 537
Mägdefrau, K. 546, 552
Mager, R.F. 37, 44, 48, 484, 487, 537, 539f., 544ff., 613, 616, 644, 648
Maier, F. 240, 244, 255f., 399
Maier, G. 300, 319
Maier, J. 299, 319
Majoribanks, K. 373, 376
Makarenko, A.S. 497, 499
Maletzke, G. 560

Mallarmé, St. 337
Mandl, H. 67, 77, 512, 515f.
Mann, F. 575f.
Mann, I. 602, 605
Mann, Th. 337
Mannzmann, A. 426f., 437, 588, 592
Manske, C. 605
Manturana, H.R. 360, 364
Manz, W. 54, 62
Manzke, E. 139, 141, 146
Maraun, K. 197, 225
Marburger, H. 581, 584
Marhold, W. 348, 351
Marie-Meierhofer-Institut für das Kind 664
Marland, P.W. 512, 514, 516
Marquard, O. 189
Marrou, H.I. 101, 111
Marshall, H.H. 630, 632
Marsolek, Th. 61
Martens, E. *167-192*, 348, 351
Martin, A.v. 334, 339
Martin, J.R. 70, 77
Martin, W. 218, 225
Marx, K. 92, 118, 171, 306, 347, 352, 489, 495
Marx, R.W. 511, 514ff.
Maskus, R. 579, 584
Masters, W.H. 577, 584
Mattenklott, G. 329
Matthes, J. 179, 191
Matthes-Nagel, U. 530f., 638, 640
Matthies, K. 215, 225
Matthiesen, U. 508, 510
Matthiessen, K. 240, 256
Matzdorf, B. 156, 162
Matzdorf, P. 156, 162
Mauermann, L. 184, 187, 191f., 610
Maurer, F. 29, 47, 508, 510, 528, 531
Mävers, W. 209, 223
Max-Planck-Institut für Bildungsforschung 60f., 286, 565
Max-Planck-Institut für Bildungsforschung, Projektgruppe Bildungsbericht 385, 437f.
May, H. 311, 319
Mayrhofer, H. 211, 213, 225
Mays, W. 509
McCarthy, Th. 73, 76
McCutcheon, G. 513, 516
McNair, K. 514, 516
Mead, G.H. 37, 48, 390, 392, 447, 450, 458, 606, 610
Mechler, H.-J. 583f.
Meckelein, W. 301f., 319
Mecklenburg, N. 356, 358
Medicus, F. 381, 575
Meerten, E. 56, 62

Meggle, G. 36, 47f., 453, 458
Mehan, H. 69, 73, 77f.
Mehr, M. T. 146
Meier, A. 83, 92, 499
Meier-Braun, K.-H. 385
Meier-Dallach, H.-P. 471f.
Meiers, K. 239, 253, 255
Meighan, R. 524f., 527
Meinhardt, R. *382-385*
Meinhold, M. 373, 376
Meister, R. 419, 424, 426
Melber, H. 399, 404ff.
Melton, A.W. 406
Memmert, W. 382
Menck, P. 44f., 47f., 90, 92, 297, 315, 318, 378, 382, 409, 414, 474ff., 479, 585, 588, 590ff., 632, 635f., 640
Mendez, J.S. 136
Menges, R.J. 65, 78
Menne, A. 450
Menze, C. 28, 48, 82, 93, 98, 111, 117, 130, 416, 418, 651, 655
Menzel, W. 256
Merkelbach, V. 237, 256, 433, 437
Merkens, H. 71, 78, 622, 627
Merleau-Ponty, M. 507f., 510
Mertens, U. 383f.
Mertens, W. 69, 79
Merton, R.K. 371, 376
Messer, A. 319
Messner, R. 48, 54, 61, 537, 542, 546f., 552, 615, 637, 640, 648
Metraux, A. 510
Meumann, E. 64, 398f., 492
Meyer, F. 495
Meyer, H.L. 11, *13-21*, 44, 46, 48, 55, 62, 76, 78, 87, 93, 116, 120, 130, 133, 146, 160, 162, 222, 225, 298, 301, 303, 319, 411f., 414, 452, 454, 458, 476, 479, 484, 487, 537ff., 543ff., 551f., 564ff., 568, 571, 584, 587, 590, 592, 598f., 601ff., 612, 616, *632-640*, 642ff., 646, 648
Meyer, J. 622, 627
Meyer, M.A. 173, 191, 242, 256, 433, 437, *452-459*
Meyer-Denkmann, G. 222, 225
Meyer-Drawe, K. 66, 75, 77f., 319, 379, 382, 432, 437f., *505-511*, 535, 537, 597, 599
Michael, B. 385ff., 389, 576
Michailow, N. 341, 347
Michel, K.M. 398, 458
Mickel, W. 319
Mieth, D. 187, 192
Mildenberger, M. 176, 191
Miller, C.M.L. 526f.

691

Namenregister

Miller, G. 432, 438
Mindt, D. 430, 438
Minsel, W.-R. 450
Misch, G. 398
Mischke, W. 513, 516
Mitscherlich, A. 159, 162, 186, 189, 191, 371, 376, 473
Mitscherlich, M. 159, 162
Mitter, W. 60
Mitzkat, H. 120f., 130, 565
Möbius, E. 137, 146
Mock, E. 403, 405f.
Moeller, M.L. 349f., 352
Möhlenbrock, R. 279, 286
Mohr, U. 133, 146
Moldenhauer, E. 398, 458
Moldenhauer, H. 225
Mollenhauer, K. 13, 19f., 36, 48, 52, 62, 87, 93, 111, 119, 130, 203, 225, 390, 392, 410, 414, 447, 449f., 452, 458, 483f., 487, 493, 495, 556, 560, 597, 599, 606, 610, 660, 665
Möller, B. 541, 546
Möller, Ch. 37, 44, 48, 55, 62, 116, 124, 130, 537, 539ff., 546, 549, 552, 599, 613ff., 633, 640, 644, 648
Möller, H.R. 211, 225
Moltmann, J. 469, 473
Montaigne, M. de 572, 576
Montesquieu, C.L. de 500
Montessori, M. 133, 439, 444, 521, 573, 629
Montinari, M. 111
Moosmann, E. 473
Moran, G. 182, 191
Morgan, J.L. 611
Morhof, D.G. 521
Morine, G.A. 512ff., 516
Morus, Th. 133, 145f., 256
Moser, H. 73, 78, 161f., 544, 546, 601, 605
Moser, J. 222f.
Moses 468
Mossmann, W. 155, 162, 222, 225
Muche, F. 341
Muchembled, R. 327, 329
Muchow, H.H. 509f., 659, 665
Muchow, M. 509f., 659, 665
Müller, A.M.K. 364
Müller, H. 383ff.
Müller, H.D. 208, 226
Müller, H.M. 191
Müller, I. 312, 316
Müller, J. 150, 162, 617, 621
Müller, L. 575
Müller, M. 371f., 376
Müller, R. 201, 226, 577, 580f., 584
Müller, S.F. 82, 93, 183, 191

Müller, U. 238, 254
Müller, W. 416, 418
Müller-Blattau, M. 342, 347
Müller-Fohrbrodt, G. 90, 93, 130
Müller-Michaels, H. 233, 235f., 256, 597, 599
Müller-Pozzi, H. 350, 352
Müllges, U. 305, 319
Munby, H. 512, 514, 516
Münch, J. 535, 537
Munk, H.J. 560
Münzinger, W. 269, 287
Murphy, R. 182, 191
Musil, R. 337
Muth, J. 510, 518, 520, 606, 622, 627
Mutschler, D. 665
Mutzek, W. 162

National Commission on Excellence in Education 557, 560
National Foundation of Educational Research 517
National Society for the Study of Education 517
National Swedish Board of Education 584
Natorp, P. 95f., 111, 438
Naudascher, B. 145, 576
Naumann, E. 274, 287
Naumann, F. 291
Naumann, M. 357f.
Naumann, W. 83, 93, 496, 499
Neber, H. 574, 576
Needleman, J. 176, 191
Negt, I. 146
Negt, O. 134ff., 139ff., 146, 159, 368, 370, 554, 560, 595, 599
Nehles, R. 105, 111, *562-566*
Neill, A.S. 133, 136, 146, 622, 627
Nelson, C.E. 182, 191
Nestvogel, R. 150, 163, 402, 404, 406
Nettelbeck, U. 352, 356
Netzwerk Bremen-Nordniedersachsen e.V. 155, 163
Netzwerk Selbsthilfe e.V. 133, 146
Neugebauer, W. 319f.
Neuland, E. 231, 256
Neuner, G. 83, 93, 431, 433, 438, 499, 572, 575f., 644, 647f.
Newig, J. 301, 319
Newton, I. 360
Nibbrig, B. 318, 320
Nickel, H. 68, 78
Nickel, H.-W. 203, 225f.
Nickel, R. 244, 256, 397, 399
Nicklas, H. 185, 191, *439-445*

Nicklis, W.S. 318, 392
Nicolaus de Cusa 108, 111
Niedersächsisches Kultusministerium 282, 287
Niedersächsisches Landesinstitut für Lehrerfortbildung, Lehrerweiterbildung und Unterrichtsforschung 318
Niegemann, H.M. 67, 78
Niehoff, R.O. 406
Niehues, M. 592
Niemeyer, A.H. 395, 399, 490, 573, 576
Niethammer, L. 529, 531
Nietzsche, F. 83, 95f., 98, 109ff.
Nijhof, W.J. 516
Nikkel, R. 256
Nikolaus von Kues 103, 108 ↗ Nicolaus de Cusa
Nipkow, K.E. 29, 48, *167-192*, 348, 351
Nisbett, R.E. 512, 516
Nitsch, R. 309, 319
Nitsch, W. 596, 599
Nitzschke, V. 108, 111
Nohl, H. 81, 86, 89, 92f., 96, 99, 111, 387, 389ff., 393, 397, 399, 410, 414, 427, 438, 458, 510, 521, 523, 606
Nölker, H. 280, 287
Nolte, G. 274f., 285, 287
Nolte, H. 392
Nordhofen, E. 191
Northemann, W. 644, 648
Nöth, W. 90, 93
Novikova, L.I. 497ff.
Nowack, H. 427, 438
Nowak, W. 461, 466
Nündel, E. 237, 256, 449f.
Nußbaum, A. 549, 552
Nykrin, R. 220, 226, 433, 438, 594f., 597ff.
Nyssen, F. 308, 319

Oberndörfer, D. 93
Oberpichler, E. 50, 62
Ochs, D. 311, 319
OECD → Organization for Economic Cooperation and Development
Oehlschläger, H.-J. 19, *131-147*, 151, 163, 562, 565, 601, 606
Oelkers, J. 32, 36f., 46, 48, 51, 62, 85, 87, 93, 146, 408, 410, 414, 452, 456, 458
Oelmüller, W. 87, 93, 191
Oerter, R. 373, 376, 470, 473
Oesterreich, H. 579, 584
Oestreich, H. 298, 319
Oestreich, P. 133, 306, 319
Oetinger, F. 319

Oetinger, F. (d.i. Th. Wilhelm) 293, 295
Oevermann, U. 89, 93, 231, 256, 530f.
Ohnezat, F.-D. 363f.
Oldenburger Kunstverein 356
Olechowski, R. 250, 256
Olson, J.K. 512, 514, 516
Oltersdorf, U. 465f.
Olver, R.R. 231, 254
Omolewa, M. 150, 163
Opahle, O. 474ff., 479
Opaschowski, H.W. 365, 370
Open University 575f.
Opitz, D. 462, 466
Oppermann, E. 353, 356
Oppolzer, S. 110
Orff, C. 222
Organization for Economic Cooperation and Development (OECD) 264, 286f.
Ornauer, H. 161f.
Ornstein, R. 150, 163
Ortlieb, H.-D. 314, 319
Orwell, G. 558
Oser, F. 182, 191
Ossner, J. 226
Osswald, E. 156, 163
Ostermann, Ä. 185, 191, *439-445*
Ostermann, W. 428, 438, 491, 495
Ott, E. 550, 552
Ott, R. 432, 438
Ott, Th. 52, 62, *193-227*, 340, 347
Otte, M. 427, 438
Otto, B. 133, 374, 376, 433, 438, 447, 450, 520f., 601, 606, 622, 627
Otto, G. *13-17*, 41, *49-62*, 210f., 214, 225f., 301, 319, 412f., 427, 434, 438, 543, 546, 595, 599, 644, 648
Otto, H. 219, 226
Otto, H.-W. 505
Otto, U. 89, 92
Ottomeyer, K. 203, 226, 367, 370

Packard, V. 339
Pädagogische Hochschule Berlin 210
Pädagogische Hochschule Weingarten 318
Pädagogisches Zentrum Berlin 466
Pallasch, W. 161f., 623, 627
Pallat, L. 93, 111, 393, 427, 438
Paolitto, D.P. 188, 190
Papasilekas-Ohm, A. 51, 62
Papert, S. 559
Paracelsus 102f.
Parey, E. 77f., 559, 627, 632
Paris, V. 206, 224
Parizek, A. 645, 648

Namenregister

Parkhurst, H. 572, 576
Parlett, M. 526f.
Parreren, C. van 250, 256
Parsons, T. 502, 505
Paschen, H. 81, 93
Paschen, K. 195, 226
Pasolini, P. 337, 339
Passeron, J.-C. 87, 89, 92, 145, 150, 162, 240, 254, 420, 425, 635, 639
Pätzold, G. 535, 537
Paulich, P. 578, 584
Paulsen, F. 240ff., 256, 421, 423, 426, 429, 438, 480, 487, 651, 655
Paulston, R.G. 405f.
Pauly, A. 495
Pawlik, K. 73, 78
Pazzini, K.-J. 18f., 21, 214f., 226, *325-330*, 338f., 353, 356, 361, 364, *371-377*
Peatling, J.H. 181, 191
Peccei, A. 387, 389, 560
Peirce, Ch.S. 170f.
Penning, L. 363f.
Penth, B. 133, 146
Perl, C.J. 110
Perls, F.S. 156, 163, 595, 599
Perry, W. 188, 192
Pestalozzi, J.H. 28, 82, 93, 226, 243, 257, 296, 306, 374, 376, 378ff., 382, 465, 471, 474, 518, 521, 547, 570, 573, 576
Peter-Habermann, I. 659, 665
Peters, F. 505
Peters, H. 504f.
Peters, J. 133, 146
Peters, J.J. 18, *511-517*, 643, 648
Peters, O. 555, 560, 630, 632
Petersen, E. 78, 621, 627
Petersen, J. 363f.
Petersen, P. 64, 78, 133, 519ff., 621, 627, 629
Petersen-Falshöft, G. 654f.
Petersilie, A. 183, 191
Peterson, P.L. 66, 78, 512ff., 516, 631f.
Peterßen, W.H. 29, 37, 44, 48, 408, 412, 414, 538f., 541, 546, 611ff., 641, 643f., 648
Petillon, H. 610
Petrascheck-Heim, I. 333, 339
Petrat, G. 622, 627
Petzelt, A. 104, 106, 111, 382
Petzold, H. 206, 226
Petzold, K. 186, 191
Pfafferott, I. 659, 662, 665
Pfennig, R. 211, 226
Pfister, H. 445
Pflüger, P.-M. 348, 352
Phenix, Ph.H. 424, 426, 549

Piaget, J. 104, 181, 187f., 191, 266, 273, 287, 311, 319, 373, 376, 389, 393, 453f., 458, 475f., 478f., 509, 604, 606, 654, 658, 665
Piattelli-Palmarini, M. 453, 458
Picht, G. 479, 487
Pieper, A. 489, 495
Piepho, H.-E. 250, 257
Pierenkemper, T. 319
Pikett, J. 341
Piontkowski, U. 68, 78
Pippin, H. 341
Plamböck, G. 110, 484
Platon 100f., 104, 106ff., 111, 170f., 175, 257, 407, 419, 520, 649
Platte, H.K. 319
Plaum, J. 508, 510
Plessner, H. 469, 473
Pogrell, L.v. 232, 241, 257, *394-399*, 404, 406, 422, 426
Pohlenz, M. 102, 111
Poiret, P. 335
Polya, G. 617, 621
Popham, W. 538, 545f., 612f., 616
Popp, W. 47, 374, 376, 410, 414, 531, 537, 606f., 611
Popper, K.R. 359, 364, 388f.
Porstner, K. 192
Portele, G. 190, 392
Posch, P. 537, 542, 546f., 552
Postman, L. 400, 406
Postman, N. 142, 146, 160, 163, 554, 557, 560
Prange, K. 81, 91, 93
Preczany, E. 469, 473
Preibusch, W. 557, 559
Prengel, A. 156, 160, 163
Preul, R. 178, 181, 191
Preuß, E. 574ff.
Preuss-Lausitz, U. 146, 509f., 600f., 606
Prewo, R. 306, 316
Prieberg, F.K. 219, 226
Priesemann, G. 240, 257
Prigogine, I. 360, 364
Prim, R. 631f.
Prior, H. 447, 450
Projektgruppe Arbeitslehre Marburg 282, 287, 308, 319
Projektgruppe Jugendbüro und Hauptschülerarbeit 595, 599
Projektgruppe PINC 273, 287, 431, 438
Pross, H. 560
Protagoras 100f.
Proudhon, P.J. 416
Puchta, H. 452, 454, 458
Pugno, L. 424, 426, 431, 436
Pukies, J. 273, 287

694

Namenregister

Püllen, K. 191
Puls, W.W. 299, 316
Puntigam, L. 179, 191, *347-352*
Puritz, U. 216, 226

Quast, G. 160f.
Quitzow, W. 52

Raapke, H.-D. 559, 575f.
Raasch, A. 452, 458
Rabenstein, R. 601, 606
Rabes, M. 356, 358
Rabinow, P. 73, 78
Rabl, K. 470, 473
Radatz, H. 264, 287
Radcliffe, D.J. 405
Ramge, H. 236, 257
Ramseger, J. 120ff., 130, 132, 136, 143, 146, 564ff., 597, 599
Ramsenthaler, H. *446-451*, 607f., 611
Rang, A. 82, 93, 143, 145f.
Rang, M. 102f., 111, 490, 495
Rang-Dudzik, B. 143, 145f.
Raschert, J. 54, 62, 430, 438, 486
Rastetter, H. 661, 666
Rath, C.D. 325ff.
Rathenau, W. 291
Raths, L.E. 187, 191
Ratke, W. 407, 414, 423, 474, 521, 523, 540, 546, 548, 612
Rauchfuß, D. 300, 319
Raufuß, D. 654f.
Rauhe, H. 52, 62, 219ff., 226
Rayfield, D. 36, 48
Raymond, M. 495
Rebel, K.H. 560
Reble, A. 381, 398
Rectanus, H. 226
Redeker, B. 432, 438, 508, 510
Reetz, L. 310f., 319, 590, 593
Rehbein, J. 69, 74, 76, 236, 254, 622, 625, 627
Rehfus, W.D. 191
Reich, K. 29, 44, 48, 408, 412, 414, 644, 648
Reich, W. 133, 146
Reichssportführung 223
Reichwein, A. 133, 560, 601, 606, 622, 627
Reichwein, R. 130, 429, 436, 652, 655
Reidemeister, K. 382
Reigeluth, Ch.M. 67, 78
Reimer, E. 134, 150, 163
Rein, W. 111, 356, 408, 427f., 434, 438, 491, 495, 566
Reinert, G.-B. 70, 78, 203, 224, 478, 524f., 527f., 552, 606, 611

Reinhardt, S. 123, 126ff.
Reiss, W.A. 214, 226
Reisse, W. 51, 62
Reiter, K. 661, 665
Remmer-Pflamm, D. 580, 584
Renckstorf, K. 560
Renda, E.-G. 191
Rendtorff, T. 348, 352
Renkhoff-Schleich, A. 152, 163
Resnick, L.B. 65, 67, 78, 549
Reusch, F. 219, 226
Reuter, E. 74, 78, 434, 437
Reyem, H.L. 638, 640
Reyher, A. 296
Rheinberg, F. 492, 495
Rhode-Jüchtern, T. 299, 319, 590, 593
Richter, C. 220, 226
Richter, D. 300, 319
Richter, H. 383, 385
Richter, P. 645, 648
Richter, W. 429, 438, 503, 505
Richtlinien und Lehrpläne für die Grundschule – Schulversuch in Nordrhein-Westfalen 520
Rickards, J.P. 65, 78
Ricoeur, P. 190
Rieber, A. 566
Riedel, H. 116, 130, 410, 414, 548, 552, 644, 648
Riedel, W. 315, 363f., 473
Riederer, M. 339
Rieß, F. *258-287*, 431, 438, 597, 599
Ritter, H.M. 206, 226
Ritter, J. 494
Ritter, W.H. 177, 191
Ritters, C. 296, 576
Rittner, V. 365, 367, 369f.
Ritzel, F. 219, 226
Ritzel, W. 101, 111
Ritz-Fröhlich, G. 446, 448, 450
Roberg, D. 202, 226
Robertson, A.M. 341
Robinsohn, S.B. 33ff., 48, 50, 54, 62, 81, 93, 244, 257, 285, 297f., 307, 310, 319, 409, 411f., 414, 432, 438, 521ff., 546, 560, 563, 566, 585, 593, 612, 616, 633, 637, 640
Robinson, F. 548, 551
Robin Wood 362
Roeder, P.M. 83, 93, 146, 183, 190, 241, 256, 373, 376, 421, 423, 426, 429f., 437f., 480, 487, 554, 560, 622, 627
Roessler, W. 281, 287
Rogers, C.R. 75, 78, 134, 146, 157, 160, 163, 507, 510, 595, 599
Rogers, R.S. 582, 584

Rohde-Dachser, Ch. 578, 584
Rohden, G. 562, 566
Rohleck, J. 191
Rohr, A.R. 620f.
Rohr, B. 602ff.
Rohrmoser, G. 393
Röhrs, H. 382, 390, 393, 413f., 445, 478, 487
Rolff, H.-G. 60, 62, 146, 159, 163, 287, 412f., 478f., 481f., 485, 487, 509f.
Rollett, B. 613, 616
Roloff, E.-A. 319
Roloff, E.M. 327, 329, 356, 495, 566
Römisch, E. 257
Ronneberger, F. 384
Ropohl, U. 216, 226, 336, 338f.
Roscher, W. 222, 226
Rosemann, H. 604, 606
Rosenbusch, H.S. *606-611*
Rosenshine, B. 71, 78, 631f.
Rosensträter, H. 305, 319
Rosenthal, R. 78
Rösler, W. 508, 510
Rösner, M. 648
Rossbacher, K. 469, 473
Rössler, D. 191
Rössner, L. 446, 448, 450, 646, 648
Rost, F. 11
Roth, H. 13, 21, 52, 62, 65, 78, 87, 93, 256, 387, 482, 487, 548, 552, 555, 560, 571, 612, 615f., 621, 648
Roth, J. 236, 257
Roth, L. 425, 428, 438, 552, 639, 666
Rothbard, M. 417f.
Rothstein, H. 198, 226
Rötzner, H.G. 257
Rousseau, J.-J. 28, 43, 48, 81, 101ff., 111, 118, 130, 132, 296, 341, 359, 364, 374, 390, 442, 452, 458, 471, 490, 495, 518, 521, 573
Royl, W. 549, 552
Ruben, P. 84, 93
Rückriem, G. 143, 146f., 392
Rude, A. 521, 523
Rüden, P.v. 556, 560
Rudolph, H. 573, 576
Rughöft, S. 461, 466
Rühle, O. 659, 665
Rühlmann, P. 291, 319
Ruhloff, J. 93, *94-111*, 411, 414, 507, 510, 543, 546, 563, 565f., 636, 640
Rühmkorf, P. 470
Ruhmor, K.F. 325, 327, 329
Rülcker, T. 51, 58, 62
Rumpf, H. 16, 21, 68, 78, 134, 147, 149, 163, 202, 215, 226, 338f., 379, 381f., 420, 426, 528, 531, 538, 543, 546, 552, 563f., 566f., 571, 595, 599, 604, 606, 614, 616, 626f., 633, 637f., 640, 650, 655
Ruppert, K. 299, 319, 606
Ruprecht, H. 29, 48, 54, 62, 64, 78, 488, 554, 560
Russel, B. 416, 418
Russo, N.A. 514, 516
Rutschky, K. 184, 191, 329, 357
Rüttenauer, I. 499
Rutter, M. 31, 48, 610
Ryan, K. 77
Ryen, A. 582, 584

Sacher, W. 54, 62, 520, 524
Sachs, B. 282, 287
Sachs, W. 55, 62, 147
Sack, M. 375f.
Sailer, J. 89, 327, 329
Saint Laurent, Y. 339
Salffner, R. 231, 255
Salzmann, Ch. 378, 382, 446, 450
Salzmann, Ch.G. 296, 329
Sandels, S. 658, 663, 665
Sander, E. 461, 466
Sandhaas, B. 18f., 154, 163, *399-406*
Santini, B. 55, 62, 524
Sauer, K. 517, 520
Sauer, W. 657, 659, 665
Saurbier, B. 226
Savier, M. 206, 226, 580, 584
Saxer, U. 560
Scarbath, H. 583f.
Schaarschmidt, I. 395, 399
Schaeffer, B. 596, 600
Schäfer, K.-H. 390, 393, 410, 414, 483f., 488, 495, 556, 560, 606, 611
Schäfer, W. 54, 62, 434, 438
Schaff, A. 559f.
Schaffer, F. 299, 319
Schäffle, A. 460, 466
Schaffrath, H. 217, 226
Schaller, K. 93, 96, 102f., 110, 390f., 393, 410, 414, 426, 483f., 486, 488, 491ff., 508f., 511, 556, 560, 572, 576, 600, 606f., 611, 645, 647
Scharf, P. 188, 192
Scharfe, M. 659, 665
Scharfenberg, J. 347, 352
Scharrelmann, H. 233, 257, 646, 648
Schäuble, W. 156, 162
Schedler, M. 226
Schedler, W. 201
Scheele, B. 515f.

Schefer, G. 130
Scheffler, I. 85, 93
Scheiblechner, H. 620f.
Scheibner, E. 619f.
Scheibner, O. 573, 576, 646, 648
Scheilke, Ch.Th. 55, 62
Scheler, M. 490, 495, 506f., 509, 511
Scheller, I. 120, 130, 134, 147, 159f., 163, *193-227*, 236, 257, 301, 303, 319, 379, 382, 411f., 414, 433, 438, 447, 451, 594ff., 633, 636, 638, 640, 644, 648
Schenk, B. 270, 287, 421, 423, 426, 432, 434, 438, 488, 592, 655
Scherer, Ch. 662, 665
Scherer, G. 473
Scherer, K.R. 610f.
Scherf, E. 206, 227
Scherhorn, G. 313, 319
Scherler, K. *193-227*
Scherp, K. 156, 162
Scheuerl, H. 197, 202, 227, 509, 570f., 665
Schibilsky, M. 348, 352
Schiefele, H. 492, 495
Schierholz, H. 445
Schiess, G. 393
Schievelbusch, W. 325, 329
Schiffler, L. 249, 251, 257
Schildmann, J. 179, 192
Schiller, F.v. 202, 212, 227, 503, 505
Schimpf-Herken, I. 152f., 161, 163
Schindler, I. 244, 257, 424, 426
Schindler, M. 620
Schlaegel, J. 580, 584
Schlaffer, E. 338
Schlag, B. 661, 665
Schlagenhauf, K. 365, 367, 370
Schlegel, W. 152, 163
Schleiermacher, F.D.E. 99f., 102, 111, 117f., 130, 147, 242, 395f., 399, 452, 459, 573, 600
Schleißheimer, B. 495
Schleuning, P. 222, 225, 227
Schlicht, H.-J. 18, *528-531*
Schliewert, H-J. *576-584*
Schlömerkemper, J. 485f.
Schloz, Th. *352-356*
Schlüter, H. 447, 451
Schmack, E. 623, 627
Schmaderer, F.O. 185, 192, 644, 648
Schmalt, H.-D. 36, 48
Schmayl, W. 287
Schmemann, A. 178, 192
Schmid, A. 311, 319
Schmid, M. 460, 466
Schmid, W. 556, 560

Schmidbauer, W. 160, 163, 369, 371
Schmidt, A. *228-257*, 352, 356
Schmidt, E. 500f., 505
Schmidt, G. 577, 580, 584
Schmidt, G.R. 185, 192, 385, 389
Schmidt, H. 174, 182, 189, 192
Schmidt, H.-H. 471, 473
Schmidt, R. 111
Schmidt, W. 77
Schmid-Tannwald, I. 578, 584
Schmidtke, H.-P. 383, 385
Schmidts, L. 495
Schmidt-Wulffen, W. 298ff., 303, 316, 319
Schmied, D. 244, 257
Schmieder, T. 177, 192
Schmiederer, R. 294f., 319, 454, 459
Schmied-Kowarzik, W. 89, 93
Schmiel, M. 427, 438
Schmitt, R. 55, 60, 62
Schmitz, K. 654f.
Schmoldt, B. 651, 655
Schmucker-Hartmann, J. 192
Schnädelbach, H. 191f.
Schneider, F. 386, 389
Schneider, G. 62, 493, 495
Schneider, J. 154, 163
Schneider, L. 461, 466
Schneider, S. 505
Schneidewind, K. 311, 319
Schnieder, B. 461, 466
Schober, O. 609, 611
Schoenfeldt, E. 311, 319
Schöfthaler, T. 403ff.
Scholtz, H. 394, 399, 499
Scholz, F. 616, 621
Scholz, F.R. 361, 364
Scholz, R. 226
Schön, B. 627
Schönbach, K. 560
Schonig, B. 488
Schopenhauer, A. 489, 494f.
Schorch, G. 239, 257
Schörken, R. 295, 320, 588, 593
Schorr, K.-E. 35, 48, 83, 87f., 92, 117, 130, 454, 456, 458
Schott, F. 67, 78, 549, 552, 633, 640
Schrader-Breymann, H. 465
Schräder-Naef, R.D. 574, 576
Schramke, W. 296, 299ff., 320, 371, 374, 376
Schramm, A. 305, 320
Schramm, W. 537, 546
Schrand, H. 300, 320, 420, 426
Schratz, M. 452, 454, 458
Schreier, H. 190
Schreiner, G. 70, 78, 188, 190, 192

Namenregister

Schrettenbrunner, H. 299, 320
Schriewer, J. 87, 93
Schröder, E.Ch. 432, 436, 508f.
Schröder, K. 252, 257
Schrödter, H. 177, 192
Schröter, G. 237, 257
Schroth, H. 201, 209, 223
Schründer, A. 11, 105, 111, 505, 511, 595, 600
Schubert, D. 375
Schubert, J. 488, 495
Schubert, P. 226
Schubert, R. 106, 111
Schubring, G. 268, 287
Schuhmacher, K. 177, 192
Schülein, J.A. 607, 611
Schulenberg, W. 150, 163, 342, 347, 559
Schüler, H. 56, 62
Schulke, H.-J. 606
Schulte, H. 54, 61f.
Schulte, W. 658, 665
Schultz, M. 403, 406
Schultze, A. 296, 298ff., 316f., 320
Schultze, H. 134, 143, 146
Schulz, W[alter] 255
Schulz, W.K. 452, 458
Schulz, W[olfgang] *13-21*, 41ff., 48, *49-62*, 67, 71, 78, 116, 130, 149, 156, 159f., 163, 410f., 414, 434, 438, 454, 457, 459, 483f., 488, 509, 538, 543, 546, 595, 599f., 612, 616, 623, 627, 633f., 640ff., 646, 648
Schulze, Th. 54, 60, 130, 134, 147, 225, 364, 399, 412, 415, 423, 459, 475, 479, 531, 534, 537, 560
Schulze-Göbel, H.-J. 304, 320
Schulz-Treutler, H. 462, 466
Schulz-Vanheyden, E. 245, 257
Schulz von Thun, F. 157, 163
Schumacher, E.F. 151, 159, 163
Schumacher, R. 206, 209, 226, 595f., 600
Schümer, G. 622, 627, 630
Schumer, H. 632
Schurer, B. 277, 287
Schurr, J. 83, 93
Schütte, I. 283, 287
Schütz, A. 304, 320, 506f., 509ff., 606, 611
Schütz, V. 222, 227
Schutz, W. 157, 163
Schütze, F. 530f.
Schützenberger, A. 206, 227
Schwab, J.J. 424, 426
Schwager, K.H. 517f., 520
Schwartz, E. 473
Schwarz, E. 71, 78
Schwarz, F.H.Ch. 573, 576
Schwarz, R. 560

Schwarze, M. 227
Schwarze, R. 214, 227
Schwarzel, K. 645, 648
Schwarzer, R. 73, 78
Schwedes, H. 120, 130
Schwegler, J. 283, 287, 308, 320
Schweim, L. 52, 62
Schweitzer, F. 184, 188, 192
Schweitzer, R.v. 459f., 466
Schwemmer, O. 449ff.
Schwencke, O. 230, 257
Schwenk, B. 14, 21, 232, 241, 257, *394-399*, 404, 406, 408, 415, 422, 426, 446, 451
Schwenk, H. 237, 257
Schwerdtfeger, I.Ch. 251, 257
Schwerin, E. 179, 192
Scott, R. 500, 505
Searle, J.R. 69, 453, 455f., 459, 606, 611
Sedlacek, P. 315, 317
Seebass, G. 231, 257
Seebohm, E.M. 109, 111
Seel, P.C. 406
Segler, H. 219, 222, 227
Seibel, W. 54, 62
Seibert, U. 155, 162
Seidel, F. 647
Seidemann, W. 234, 257
Seidl, P. 654f.
Seifert, A. 301, 320
Seifert, J. 196, 227
Seifert, K.H. 312, 320
Seiffert, H. 393
Seiler, H. 71, 78, 546, 622, 627
Seisenberger, G. 398f., 616, 621
Sekretariat der Deutschen Bischofskonferenz 578, 584
Selle, G. *193-227*, 336f., 339, 371, 374ff.
Sellin, H. *258-287*
Sellmann, A. 560
Semler, J.S. 306
Semmerling, R. 17, *479-488*, 597, 599, 601, 605
Senator für Schulwesen, Berlin 282
Senator für Schulwesen, Jugend und Sport, Berlin 287
Senator für Wirtschaft und Außenhandel, Bremen 466
Senckel, B. 658, 665
Sender Freies Berlin 664
Senghaas, D. 445
Sennett, R. 507, 511
Sennlaub, G. 233, 238, 257
Sêve, L. 84, 93
Severinski, N. 192
Sextro, H.Ph. 306, 320

Seyd, W. 590, 593
Seyfert, R. 645, 648
Seyffarth, L.W. 382
Shaftel, F.R. 201, 203, 227
Shaftel, G. 201, 203, 227
Shakespeare, W. 456
Sharp, A. 174, 191
Shavelson, R.J. 512, 514, 516
Shulman, L.S. 512, 516
Shwayder, D.S. 453, 455, 459
Sickel, H.F.F. 645, 648
Siebert, H. 480, 488
Sieg, H. 334, 339
Siegel, H. 54, 62
Siegenthaler, H. 480, 488
Siegert, G. 353, 356
Sielert, U. 581, 584
Siems, U. 581, 584
Siepmann, E. 339
Siewert, P. 382, 385
Sigrist, Ch. 418
Sigusch, V. 577, 580, 584
Silberkuhl-Schulte, M. 460, 466
Silberman, Ch. 132, 147, 562, 566
Silbermann, A. 371, 377, 560
Simmel, G. 325, 327, 330
Simmen, M. 385, 389
Simmons, J. 150, 163
Simon, H.A. 512, 516
Simon, S.B. 191
Simon, W. 622, 627
Simpfendörfer, W. 179, 189
Sinclair, J.M. 69, 78, 622f., 625ff.
Sitta, H. 237, 254, 257
Smart, N. 177, 179, 192
Smith, A. 488f.
Smith, Ch.M. 31, 48
Snell, B. 257
Snow, R.E. 71, 78
Snow, R.S. 73, 76
Snyder, B.R. 524ff.
Snyders, G. 111
Soeffner, H.-G. 73, 78, 531
Sohn-Rethel, A. 159, 163
Sokrates 100, 107f., 110f., 169, 173f., 407, 419
Söltenfuß, G. 311, 320
Sombart, W. 328, 330, 339
Sömen, H.D. 75, 78
Sophie von Sachsen 505
Sorge, H. 347, 351f.
Spaemann, R. 488, 495
Speck, J. 48, 93, 111, 130
Speichert, H. 147, 527
Spencer, H. 416, 418
Sperling, W. 296, 320

Spieler, J. 520
Spieß, A. 195f., 198f., 227
Spitz, R.A. 326, 330
Spoerer, E. 658, 665
Spörli, S. 659, 663, 665
Sprachverband Deutsch für ausländische Arbeitnehmer e.V. 584
Spranger, E. 28, 48, 82, 89, 93, 119, 130, 242, 257, 293, 320, 421, 424, 426, 433, 438, 469, 471ff., 525, 527
Spreckelsen, K. 56, 62, 430, 438
Spring, J. 417f.
Springer, P. 353f., 356
Sprinkhart, K.-P. 213, 224
Sprinthall, N.A. 515, 517
Sprondel, W.M. 511
Stachel, G. 180, 187, 192
Stachowiak, H. 315, 319
Stallmann, M. 426
Stamm, B. 335, 339
Stamm, M. 338f.
Ständige Konferenz der Kultusminister der Länder in der Bundesrepublik Deutschland (KMK) 55, 256, 260f., 264, 267f., 286, 307, 318, 460, 466, 649f., 652f., 655, 660f., 664f.
Stanislawski, K.S. 206, 227
Starke, K. 583f.
Staton, J. 512, 517
Staudte, A. 216, 227
Stavenhagen, K. 473
Steffens, H. 312f., 320
Steffens, W. 623, 627, 646f.
Steger, H. 437
Stein, G. 554, 560
Stein, L.v. 460, 466
Stein, P. 597, 600
Steindorf, G. 576
Steiner, H.-G. 133, 192
Steinert, H. 603, 606
Steinhagen, K. 73, 78
Steinkamp, H. 179, 192
Steinmann, B. 311, 314, 319f.
Steinweg, R. 206, 227
Steinwenter, A. 488, 495
Stengers, I. 360, 364
Stenhouse, L. 545f.
Stern, E. 341
Stern, P. 512, 514, 516
Stiegler, I. 192
Stiehler, G. 197, 227
Stielow, R. 227
Stifter, A. 337
Stiftung Verbraucherinstitut, Berlin 313, 320

Namenregister

Stiftung Volkswagenwerk 61
Stirner, M. 416
Stöcker, K. 447, 451, 633, 640
Stöckle, F. 304, 320
Stoker, H. 548, 552
Stollenwerk, Ch. 397, 399
Stolte, D. 557, 560
Stölting, W 384f.
Stolz, H. 498f.
Stoodt, D. 177, 179, 192
Stottlemeier, H. 190
Straka, G.A. 65, 78
Strassel, J. 371, 374, 376
Strasser, B.A. 66, 78, 508
Straumann, P.R. 482, 488
Strauß, W. 88, 93
Strecker, D. 659, 666
Streicher, M. 195, 198, 224
Strittmatter, P. 613, 616
Stroh, W.M. 226
Strohm, H. 300, 320
Strohmeier, A. 338f.
Ströker, E. 511
Strommen, M.P. 180, 192
Stubenrauch, H. 147, 159f., 163, 352, 633, 640
Stübig, H. 92
Studienreformkommission im Lande Niedersachsen 216, 227
Stührmann, H.-J. 282, 287
Sturm, H. 226, 375, 377, 561
Sullivan, W.M. 73, 78
Sünkel, W. 394, 399
Suphan, B. 494
Süssmuth, H. 592
Sutor, B. 320
Süvern, J.W. 241, 651
Switalla, B. 611
Szaniawski, I. 306, 320

Tausch, A.-M. 68, 78, 86, 93, 390, 393
Tausch, R. 68, 78, 86, 93, 390, 393
Taylor, L. 344, 346, 471f.
Taylor, P.H. 513, 517
Tebben, M. 214, 227
Teichler, U. 150, 161, 558f.
Tellenbach, H. 325, 330
Tenbruck, F.H. 82, 93
Tenfelde, W. 312, 320
Tenorth, H.-E. *80-93*, 244, 257, 411, 415, 543, 546
Terenz 256
Terhart, E. *63-79*, 78, 90, 93, 377, 382, 413, 415, 449f., 457, 459, 475, 479, 512, 517, 557, 561, 622, 624f., 628, 636f., 640, 643, 648

Terveen, F. 561
Tewes, B. 583f.
Thegen, C.Ch. 341
Theunissen, M. 391, 393
Theweleit, K. 214, 227
Thiel, E. 334ff., 339
Thiele, G. 428, 438
Thiele, H. 448, 451
Thiele, J. 606, 611
Thiemann, F. 54, 62, 74, 78, 420, 426, 506, 511, 628, 638, 640
Thieme, H.J. 313, 320
Thienel, H. 257
Thiersch, H. 78, 154f., 163, 560
Thiessen, S. 270, 286
Thies-Sprinthall, L. 515, 517
Thoma, G. 45, 47f., 133, 146, 318, 409, 414, 432, 438, 477, 479, 585, 588, 593
Thomale, E. 299, 320
Thomas, H. 52, 62
Thomas, S.C. 630, 632
Thomas von Aquin 386f.
Thorndike, E.L. 398f., 492
Thun, Th. 181, 192
Tibi, B. 405f.
Tiedemann, U. 582, 584, 639
Tikunoff, W.J. 515
Tillema, H.H. 512f., 517
Tillich, P. 177, 192
Tillmann, K.-J. 69, 79, 133, 147
Tilmann, H. 631f.
Timmermann, J. 305, 320, 428, 438
Tokarev, S.A. 326, 330
Tolstoj, L.N. 136, 145, 147, 416, 418
Töpfer, E. 272, 287
Topitsch, E. 85, 93
Topsch, W. 130, *517-520*
Tornieporth, G. 305, 320, 325, 330, *459-467*
Tosti, D.T. 561
Traebert, W.E. 287
Tränkle, M. 371, 377
Trapp, E.C. 490, 495, 521, 540, 548, 612f.
Traub, R.E. 630, 632
Travers, R.M.W. 66, 78f.
Treiber, B. 64, 67, 76, 78f., 389, 631f.
Treinen, H. 470, 473
Treml, A.K. 151, 154f., 163, 183, 192, 543, 546, 581, 584
Trepl, L. 363f.
Trier, U.P. 524
Trillhaase, A. 341
Troitzsch, U. 276, 287
Trojan, A. 155, 163
Trommer, G. 363f.
Tuan, Y.-F. 304, 320

Tucholsky, K. 366, 368
Tucker, B.R. 416
Tulodziecki, G. 557, 559, 561
Tümpel, R. 106, 111
Turiel, E. 186, 190, 389, 392
Tütken, H. 560
Twardy, M. 318, 321
Twellmann, W. 161, 316, 428, 435, 438, 591, 611, 664
Tyler, R.W. 539f., 546, 611f., 616
Tymister, H.J. 257
Tyrchan, G. 277, 279, 287

Uçar, A. 384f.
UFA-Schule Berlin 132
Uhle, R. 74, 79, 622, 625, 627f.
Ulich, D. 69, 79, 86, 93, 392, 607, 611
Ulmer, J. 573, 576
Ulshöfer, R. 232f., 257
Umweltstiftung WWF-Deutschland 361
Undeutsch, U. 658, 662, 666
UNESCO → United Nations Educational, Scientific, and Cultural Organization
UNESCO-Verbindungsstelle für Umwelterziehung im Umweltbundesamt 320
Unfallverhütungsbericht Straßenverkehr 656ff., 666
United Nations Educational, Scientific and Cultural Organization (UNESCO) 299, 320, 399, 402, 405
United Nations International Children's Emergency Fund (UNICEF) 399
Universität Bielefeld 559
Universität Oldenburg 79, 130, 472, 517, 612
Unseld, G. 564, 566
Urdze, A. 578, 584
Uschkereit, G. 282, 287
Ussel, J. van 576, 584

Vallance, E. 70, 79, 513f., 516
Vaskovics, L.A. 180, 192
Veblen, Th. 337, 339
Veenmann, S. 76, 79
Venus, D. 220, 227
Verband der Initiativgruppe der Ausländerarbeit 385
Verband Deutscher Schulgeographen 297, 300
Verbände der Lehrer an beruflichen Schulen in Nordrhein-Westfalen 537
Verbraucher-Zentrale Nordrhein-Westfalen e.V. 313, 320
Verne, E. 150, 162, 388f., 405

Vesper, W. 232, 257
Vester, F. 314, 321
Vetter, K.F. 305, 321
Vettiger, H. 574, 576
Vierzig, S. 177, 192, 347, 351f., 431f., 438, 454, 459
Villaume, P. 195, 198, 227, 645, 648
Vink, J. 383, 385
Vives, J.L. 572, 575
Vivin, L. 341
Vodička, F.V. 356, 358
Vogel, M. 572, 576
Vogel, P. 108, 111, 192, *567-571*
Vogelsänger, S. 220, 227
Vogt, J. 428, 438
Vohland, U. 644, 648
Voigt, J. 74, 79, 127, 130, 512, 514f., 517, 622ff., 627f.
Volk, D. 433, 438
Völker, U. 156, 162f.
Volpert, W. 283, 287, 311, 321, 604, 606
Voltaire, F.-M. 172
Vorländer, H. 469, 473
Vormweg, H. 356, 358

Wackernagel, P. 429, 438
Waechter, H. 608, 611
Wagener, H. 358
Wagenschein, M. 273, 287, 431, 433, 438, 570f., 597, 600, 615f., 654f.
Wagner, A.C. 74, 79, 127, 130, 390, 393, 515, 517, 562, 566, 623, 628, 642, 648
Wagner, E. 183, 192
Wagner, G. 334, 338
Wagner-Blum, B. 325, 330
Wahl, D. 68, 74, 79, 127, 130, 515, 517, 623, 628
Waitz, Th. 374, 377
Walberg, H.J. 66, 78, 516, 630, 632
Waldenfels, B. 509, 511
Waldenfels, B., B. 507
Wallbott, H.G. 610f.
Waller, H. 155, 163
Wallrabenstein, W. 451
Walsemann, A. 495
Walser, M. 467, 473
Walter, H. 66, 71, 79, 473
Walter, K. 659, 665
Warhol, A. 557
Warning, R. 356, 358
Wartmann, B. 336, 339
Wasem, E. 554, 561
Washburne, C.W. 572, 576
Watson, G. 582, 584

Namenregister

Watzlawick, P. 150, 163, 257, 390, 393, 606ff., 611
Weber, E. 184f., 188, 191f.
Weber, M. 37, 48, 291, 347f., 351f., 455, 459, 500f., 505, 509
Weber, W. 276, 287
Weber-Kellermann, I. 336, 339
Wegenast, K. 180, 192
Wegener, L. 428, 438
Wehle, G. 48, 93, 111, 130
Wehmeier, R. 222, 225
Wehnes, F.J. 390, 393
Weill, M. 162
Weinberg, P. 602, 606
Weinbrenner, P. 308, 311, 321
Weinert, F.E. 64, 76ff., 111, 376, 389, 552, 630, 632
Weingart, P. 420, 426
Weingarten, E. 73, 77
Weingartner, Ch. 146
Weinrich, H. 230, 257
Weischedel, W. 92, 286, 364, 382, 458, 494
Weisgerber, L. 234, 257
Weishaupt, H. 60
Weiß, C. 52, 62
Weiß, W.W. 574, 576
Weizsäcker, C.F.v. 364
Wellendorf, F. 57, 62, 69, 79, 203, 227, 525, 527, 595, 600, 638, 640
Wellmer, A. 361, 364, 374, 377
Weltbank 399
Wember, B. 561
Weniger, E. 19, 21, 29, 32f., 35, 44, 48, 81, 93, 110f., 130, 147, 243, 257, 292f., 321, 391, 393, 399, 408, 411, 413, 415, 431, 438, 459, 482, 488, 522, 524, 535, 537, 591f., 634ff., 639f.
Wenke, K.-E. 133, 147
Wenzel, A. 654f.
Wenzel, H.-J. 299f., 303, 317, 321
Wenz-Gahler, I. 375, 377
Werder, L.v. 361, 364
Werner, K. 227
Werner, P. 282, 286f., 308, 316
Wertheimer, M. 654
Wessel, K.F. 83, 93
Wessells, M.G. 388f.
Wessels, B. 277, 281f., 287
West, E.G. 417f.
Westerhoff, J.H., III, 178, 192
Westphalen, K. 253, 257, 398
Wetekamp, W. 573, 576
Wetzel, H. 198, 227
Wex, M. 206, 227, 336, 339
Wheeler, D. 541, 546

Wichmann, O. 16, 21, 257, 424, 426, 429, 438, 634, 637, 640
Wiechell, D. 221, 227
Wiederkehr-Benz, K. 337, 339
Wieland, D. 104, 362, 364
Wiemann, G. 307, 321
Wienold, G. 250, 257
Wienskowski, P. *115-130*, 562, 565
Wigmans, C. 603, 606
Wilamowitz, U.v. 241, 257
Wilberg, G. 325, 330
Wilde, G. 618, 620f.
Wilde, G.J.S. 662, 666
Wildemann, C. 550f.
Wildt, C. 206, 226, 580, 584
Wiley, D. 66, 77
Wiley, D.E. 640
Wilhelm, Th. 220, 227, 293, 321, 393, 426, 570
Wilhelmer, B. 602, 606
Wilkening, F. 277ff., 287
WILL → World Institute for Living Learning
Williams, C. 541, 545
Willimsky, H. 325, 330
Willis, P. 526f.
Willmann, O. 117, 130, 240, 257, 329, 377, 386f., 389, 396f., 399, 415, 431, 438, 517ff., 524, 632, 640
Willmann-Institut 450, 495, 520
Wilsing, N. 244, 257
Wilson, St. 73, 79
Wilson, T.D. 512, 516
Wimmer, M. 499
Winckelmann, J. 48
Windolf, P. 206, 227, 420, 426
Winkel, R. 132f., 147, 511, 574, 576, 606f., 611
Winkeler, R. 646, 648, 657, 659, 661, 666
Winkler, M. 87, 93, 147
Winn, M. 561
Winne, P.H. 515, 517
Winnefeld, F. 13, 21, 64, 79, 532, 537, 621, 628
Winnicott, D.W. 373, 377
Winter, H. 261, 287
Winterfeld, U. 658f., 664, 666
Wirth, E. 299, 304, 321
Wirthmann, M. 661, 664
Wissenschaftliche Begleitung Kollegstufe NW 529, 588, 593
Wissenschaftsrat 430, 438
Wissenschaftszentrum Bonn-Bad Godesberg 191
Wissowa, G. 495
Withall, J. 629, 632

Wittern, J. 562, 566
Wittgenstein, L. 69, 453, 455, 459
Wittig, H.E. 315, 606
Wittmann, E. 261, 267, 287
Wittrock, M.C. 516, 640
Wohlrab, U. 620f.
Wolcott, H. 73, 79
Wolf, B. 179, 192
Wolf, Ch. 394
Wolf, F.A. 241, 257, 429
Wolf, H.-U. 309, 321
Wolf, H.E. 496, 499
Wolf, N. 200, 227
Wolff, G. 257
Wolff, J. 346f., *500-505*
Wolfrum, E. 257
Wolter, O. 383, 385
Wolter, U. 156, 163
Woods, P. 69, 79, 524, 526f.
Woodworth, R.S. 398f.
Wopp, Ch. 156, 163, 433, 439, 452, 459, *600-606*
World Institute for Living Learning (WILL) 156
Worth, J.P. 335
Wragge-Lange, I. 74, 79, 622, 625, 628
Wright, G.H.v. 36, 48, 455, 459
Wübbena, G. *340-347*, 503, 505
Wuchterl, K. 192
Wulf, Ch. 146, 160, 162, 185, 192, 196, 225, 321, 361, 364, 382, 444f., 544, 546, 566
Wunderle, G. 492, 495
Wunderlich, D. 256f., 453, 459, 606, 611
Wundt, W. 46, 48, 491
Wünsche, K. 621f., 625, 628
Württembergischer Kunstverein Stuttgart 347
Wüstenhagen, H.-H. 155, 163
Wutzeck, W. 161
Wygotski, L.S. 453, 459, 602, 606

Yinger, R.J. 37, 47, 512f., 516f.
Yletyinen, R. 384f.
Young, M.F.D. 68, 79, 421, 425f., 527, 639

Zacharias, F. 363f.
Zacharias, W. 211, 213, 225
Zahorik, J.A. 513, 517
Zängl, W. 362, 364
Zapp, F.-J. 253, 257
Zaretsky, I.I. 176, 192
Zecha, G. 84, 93
Zedler, H.-P. 87, 93, 642, 648
Zedler, P. 73, 78
Zeißig, E. 645, 649
Zenk, U. 543, 546
Zentralinstitut für Unterrichtswissenschaften und Curriculumentwicklung an der Freien Universität Berlin 435
Zentralstelle für Umwelterziehung 299, 321
Zentralstelle für Volkswohlfahrt 460, 467
Zentralverband der Deutschen Geographen 300, 321
Zentrum für pädagogische Berufspraxis 79, 130, 364
Ziefuß, H. 282ff., 287, 305, 321, 624, 628
Ziegenspeck, J. 201, 227
Ziegler, J. 607, 611
Ziehe, Th. 134, 141, 147, 159f., 163, 202, 227, 350, 352, 373, 377, 600, 633, 640
Ziller, T. 408, 424, 491, 612
Zillessen, H. 133, 147
Zimmer, H. 147
Zimmer, J. 35, 48, 61, 210, 227, 384f., 409, 415, 432, 437, 439, 566
Zimmerli, W.Ch. 190
Zimmermann, D. 561
Zimmermann, P. 146
Zimmermann, W. 640, 649
Zinnecker, J. 70f., 75, 78f., 202f., 227, 420, 426, 524ff., 531, 537, 611, 626, 628, 638, 640, 659, 666
Zitelmann, A. 580, 584
Zocher, K. 382
Zöller, W.W. 156, 163
Zur Lippe, R. 159, 163, 205, 207, 214f., 225, 227, 336, 339, 359ff., 364, 600
Zweig, St. 352

Sachregister

Abbilddidaktik 430, 650, 652f.
Ableitung 541ff. ↗ Deduktion
Allgemeinbildung 243, 649
Alltagsbewußtsein 595
Alltagserfahrung (von Schülern) 524
Alltagskultur 19, 340
Alltagskultur: Essen *325-330*
Alltagskultur: Heimwerken *330-333*
Alltagskultur: Kleidung – Mode *333-339*
Alltagskultur: Laienmalerei *340-347*
Alltagskultur: Religion *347-352*
Alltagskultur: Sammeln *352-356*
Alltagskultur: Umgang mit Literatur *356-358*
Alltagskultur: Umgang mit Natur *358-364*
Alltagskultur: Vereinstätigkeit *365-370*
Alltagskultur: Wohnen *371-377*
Alltagswissen 275, 377, 420
Alphabetisierung 151f.
Alphabetisierung, politische 152f.
Alternativschuldidaktik 144
Alternativschulen 135, 137
Alternativschulen, freie 136, 142f.
Alternativschulpädagogik 135, 142
Altphilologie 241
Analphabet 238
Analyse, didaktische 37ff., 409
Anarchismus → **Erziehung, anarchistische**
Aneignung 419, 596, 633 ↗ Tätigkeitspsychologie
Anschauung *377-382*
Arbeit 305-314
Arbeiterbildungsverein 366
Arbeiterverein 366
Arbeitserziehung 465
Arbeitslehre 282f., 305, 307ff., 314
Arbeits-/Leistungsmoral (Jugendlicher) 185
Arbeitsschulbewegung 306
Argumentationsfähigkeit 449
artes logica 422
artes physica 422
artes reales 422
artes serminocales 422
Aufgabenfelder 421, 425, 433, 649
Aufgabenkonzepte, pädagogische (geschichtliche Dimension) 94-111
Aufklärung 19, 95, 101, 117, 171, 173, 480
Aufsatzdidaktik 237
Ausbildung, handwerkliche 281
Ausländerarbeit *382-385*
Autodidaktik *385-389*
Autodidaxie 385

Autonomie 86, *389-393* ↗ **Selbsttätigkeit – Selbständigkeit**

Bedingungsanalyse 585
Bedingungsfeld 410
Beobachtung 71
Berliner Modell 38ff.
Berufsorientierung 312
Berufswahl 312
Bewegungserziehung 195f., 200f.
Bildung 30, 82, 98, 242, 404, 639 ↗ Allgemeinbildung ↗ **Autodidaktik** ↗ Einheitskonzept (von Bildung) ↗ Grundbildung, ... ↗ Lehrerbildung ↗ Selbstbildung ↗ Verbraucherbildung
Bildung, altsprachliche 240-246
Bildung, außerschulische 400
Bildung, autodidaktische 387
Bildung, beiläufige 399, 403
Bildung, formale 394
Bildung, formale – materiale *394-399*
Bildung, formelle 399f.
Bildung, fremdsprachliche 246ff., 253
Bildung, geographische 302
Bildung, informelle 399f., 403
Bildung, inzidentelle 399f.
Bildung, kategoriale 29
Bildung, materiale 394
Bildung, mathematische 260
Bildung, musikalische 216f., 219, 223
Bildung, musische 219
Bildung, musisch-kulturelle 213
Bildung, nichtformelle 399ff.
Bildung, politische 290-295, 300, 304
Bildung, polytechnische 306
Bildungsbegriff 58f., 82f., 117, 404, 408, 590, 638f.
Bildungsentwicklung 400
Bildungsformen *399-406*
Bildungsgang 529
Bildungsideal 637
Bildungsinhalt 34, 408 ↗ **Unterrichtsinhalt**
Bildungsmodell, platonisches 109
Bildungsmodell, sokratisches 109
Bildungstheorie 34
Bildungstheorie, formale 28
Bildungstheorie, materiale 28
Bildungsverständnis 108
Bildungsziel 537
Biologie 270, 274 ↗ **Alltagskultur: Umgang mit Natur**

Chairman-Postulat 157

Sachregister

Chancengleichheit 432
Chemie 270, 274
Code 420f., 478
complementary education 401
Computer 269, 557
conceptual revolution 302
contract learning 575
Curriculum 33, 50f., 409 ↗ **Lehrplan** ↗ **Lehrplan, heimlicher** ↗ Mathematikcurriculum ↗ Spiralcurriculum ↗ **Strukturgitter, didaktisches**
Curriculumdiskussion 522
Curriculumentwicklung 52, 585, 636
Curriculumforschung 49-62
Curriculum, offenes 563f.
Curriculumrevision 34, 296, 612
Curriculumsoziologie 68

Deduktion 541ff.
Denken – Handeln 453
Denken, pädagogisches 99
Denken, religiöses 181
Deutschdidaktik 233
Deutschlehrerausbildung 230
Deutschlehrplan 232
Deutschunterricht 230-240
development education 399
Diagnose – Entscheidung 73
didactique 407
Didaktik 28ff., 32ff., 37, 46, 116ff., 121f., 149f., 407, 474, 483 ↗ Abbilddidaktik ↗ Alternativschuldidaktik ↗ Analyse, didaktische ↗ Aufsatzdidaktik ↗ **Autodidaktik** ↗ Deutschdidaktik ↗ Einheit, didaktische ↗ **Fachdidaktik** ↗ Fremdsprachendidaktik ↗ Geographiedidaktik ↗ Handeln, didaktisches ↗ Lieddidaktik ↗ Literaturdidaktik ↗ Mathematikdidaktik ↗ Mediendidaktik ↗ Musikdidaktik ↗ Sprachdidaktik ↗ Theoriebildung, didaktische
Didaktik – Methodik 44ff.
Didaktik, allgemeine *407-415* ↗ **Fachdidaktik**
Didaktik, alternative 159ff.
Didaktik, bildungstheoretische 37ff., 108, 119, 408f., 411, 431, 482, 569f.
Didaktik, curriculumorientierte 409, 412
Didaktik, geisteswissenschaftliche 481
Didaktik, gymnasiale 428f.
Didaktik, informationstheoretisch-kybernetische 410, 482
Didaktik, integrative 17f., 481
Didaktik, kommunikationstheoretische 556
Didaktik, kommunikative 410, 606

Didaktikkonzepte, alternative 151
Didaktikkonzepte, außerschulische 151
Didaktik, kritische 483
Didaktik, kritisch-emanzipatorische 41
Didaktik, lehrtheoretische 409ff., 434, 483
Didaktik, lernfeldorientierte 534
Didaktik, lerntheoretische 476, 483
Didaktik, normative 411
Didaktik, systemtheoretische 410
Dilettant → **Laie – Experte**
Diskursfähigkeit 449
Disziplin 634, 638 ↗ **Fach – Fächerkanon**
Dreieck, didaktisches 633 ↗ Theoriebildung, didaktische

education 404
éducation 404
Einführung 207
Einheit, didaktische 641
Einheitskonzept (von Bildung) 109
Einsprachigkeit 250f.
Emanzipation 41, 389, 411, 483f.
Englischunterricht 251
Entscheidungsfelder 410
Entwicklung, moralische 186, 188
Entwicklungsaufgabe 529
Entwicklungsbegriff 102f.
Entwicklungsgemäßheit 102, 104
environmental perception 303
Erdkunde 296, 301
Erfahrung 140, 182, 379, 594 ↗ **Lebenswelt**
Erkenntnisinteresse 490, 587, 623f.
Ernährungserziehung 464
Erziehung 99ff. ↗ Arbeitserziehung ↗ Ernährungserziehung ↗ **Friedenserziehung** ↗ Gesprächserziehung ↗ Hörerziehung ↗ Individualerziehung ↗ **Kollektiverziehung** ↗ Körpererziehung ↗ Leibeserziehung ↗ **Medienerziehung** ↗ Musikerziehung ↗ Naturerziehung ↗ Raumerziehung ↗ Sicherheitserziehung ↗ Sporterziehung ↗ Spracherziehung ↗ Umwelterziehung ↗ Unterricht, erziehender ↗ Verbrauchererziehung ↗ Wahrnehmungserziehung, auditive
Erziehung, anarchistische *416-418*
Erziehung, ästhetische 210-216
Erziehung, ethische 183ff., 189
Erziehung, funktionale 524f.
Erziehung, hauswirtschaftliche 459
Erziehung, interkulturelle 382ff.
Erziehung, komplementäre 401
Erziehung, körperliche 196, 198
Erziehung, musische 222

Sachregister

Erziehung, muttersprachliche 232
Erziehung, naturwissenschaftliche 269, 272, 275
Erziehung, ökonomische 305-314
Erziehung, politische 290-295
Erziehung, polyästhetische 222
Erziehung, religiöse 178f.
Erziehungsbedürftigkeit 15
Erziehungsbegriff 100
Erziehung, sittliche 184
Erziehung, soziale 496
Erziehung, sportliche 196
Erziehungspraxis 99f.
Erziehung, staatsbürgerliche 291, 294
Erziehungsziel 102, 104 ↗ **Lernziel**
Erziehung, technische 276-285
Eßkultur 325-329
Etappenmodell 603
Ethik 183-189
Evaluation 57, 643
Exosystem 533
Experiment 71f.
Experimentieren 271
Experte 502ff.

Fach 634f.
Fach – Fächerkanon *419-426*
Fachdidaktik 412f., *427-439*
Fachdidaktik, bildungstheoretische 431
Fächerbildung 421, 425
Fächerhierarchie 425
Fächerkanon → **Fach – Fächerkanon**
Fachmann 501, 503
Fahrschule 662
Feinziel 540
Feld 532f.
Feldtheorie 532, 535
Förderung, ganzheitliche 196f.
Formalstufentheorie 408
formation 404
Forschung → Curriculumforschung → Friedensforschung → Instruktionsforschung → Lehr-Lern-Forschung → Schulklimaforschung → Unterrichtsforschung
Freizeitorganisation 365
Fremdsprachendidaktik 248
Fremdsprachenunterricht 240-253
Friedenserziehung *439-445*
Friedensforschung 439, 441

Ganzheitlichkeit 159 ↗ Förderung, ganzheitliche
Gegenschulbewegung, anarchistische 416

Gemeindepädagogik 179
Gemeinschaftskunde 292
Geographie 292
Geographie, allgemeine 298ff.
Geographiedidaktik 299, 301
Geographie, physische 302
Geographie, regionale 300ff.
Geographieunterricht 296-304
Gesangsunterricht 217f.
Geschichte 292
Geselligkeit (im Verein) 367f.
Gesellschaftslehre 293
Gesprächserziehung *446-451*
Gesprächserziehung, ethische 187
Gesprächsfähigkeit 446f.
Gewalt 441ff.
Glocksee-Pädagogik 140, 142
Grammatikunterricht 235, 237
Griechisch 240
Grobziel 541
Grundbildung, kyklische 424
Grundbildung, mathematische 264
Grundbildung, sozioökonomische 308
Grundbildung, technische 308
Grundbildung, wissenschaftspropädeutische 649
Grundrelation, didaktische 475
Gymnasium 241 ↗ **Unterricht, wissenschaftspropädeutischer**
Gymnastik 195, 197f.
Gymnastik, pädagogische 198

Haltung 205-208
Haltung, äußere 205, 209
Haltung, innere 205, 209
Hamburger Modell 41ff., 410
Handeln 14f., 36, 91, 454f. ↗ Denken – Handeln ↗ **Handlungskompetenz** ↗ Lehrerhandeln ↗ Unterricht, handlungsorientierter
Handeln, didaktisches 30, 40, 122ff., 407 ↗ **Handlungskompetenz**
Handeln, didaktisches (in außerschulischen Feldern) 148-163
Handeln, didaktisches (Leitvorstellungen) 80-93
Handeln, didaktisches (Möglichkeiten – Grenzen in Regelschule) 115-130
Handeln, kommunikatives 455f.
Handlung 36, 454f.
Handlungsfähigkeit 41, 452
Handlungskompetenz *452-459*
Handlungsorientierung 604
Handlung, sprachliche 456

Handlungsspielraum 116, 118, 121ff., 125, 128f.
Handlungstheorie 36f.
Handwerkslehre 280f.
Haushaltslehre 305, 459ff., 465f.
Haushaltsökologie 461
Haushaltsökonomie 460
Haushaltsunterricht 459, 461ff.
Hauswirtschaft 305, 459f.
Hauswirtschaftslehre *459-467*
Hebräischunterricht 240
Heimat 363
Heimat – Heimatkunde *467-473*
Heimatbewußtsein 471
Heimatkunde 304
Heimatliebe 470
Heimatrecht 468
Heimweh 470
Heimwerken 330-333
hidden curriculum 524
Hierarchisierung (von Inhalten) 549f.
Hörerziehung 221f.
humaniora 422

Ich-Gehorsam 186
Identität 367, 607
Identität, territoriale 471
Implementation 56
Implikationszusammenhang, didaktisch-methodischer 44, 409, *474-479*
incidental learning 400
Individualerziehung 496
Industrieschule 277f., 306
Informationsmedien 554
Inhalt 32, 408f. ↗ Bildungsinhalt ↗ **Lehrplan** ↗ **Unterrichtsinhalt**
Inhalt – Methode 474ff.
Inhaltstaxonomie 549
instructional design 67
Instruktion 66ff.
Instruktionsforschung 66f.
Instruktionsplanung 67
Integration *479-488*
Interaktion 68f.
Interaktion, themenzentrierte 156f.
Interdependenz 39, 46, 474, 476
Interdependenzthese 44
Interesse *488-495* ↗ Erkenntnisinteresse
Interiorisation 602
Interpunktionstheorem 607

Jedermanns-Philosophie 174ff.
Jugendmusikbewegung 218f.

Jugendsekte 349f.
Jugendsexualität 580

Kinderpflegekunde 461
Klassifikation 546f.
Kleidung 333-339
Kollegschule Nordrhein-Westfalen 654
Kollegstufe Nordrhein-Westfalen 653
Kollektiv 496f.
Kollektiv – Individuum 498f.
Kollektiverziehung *496-499*
Kommunikation 235, 493, 609 ↗ Handeln, kommunikatives ↗ Metakommunikation ↗ **Unterricht, kommunikativer**
Kommunikation, inkongruente 609
Kommunikation, kongruente 609
Kommunikation, konkordante 609
Kommunikation, konvergierende 609
Kommunikation, nonverbale 608
Kommunikationsfähigkeit 252
Kommunikationstheorie, pragmatische 607
Kommunikation, visuelle 211ff.
Kompetenz 452, 574
Kompetenz, kommunikative 607
Komplexitätsreduktion → **Reduktion, didaktische**
Konfirmandenunterricht 179
Konzentration 109
Konzentrationskonzept 108 ↗ Fach – Fächerkanon ↗ Lehrplan
Konzentration (Unterrichtsinhalt) 105ff., 109
Körperausdruck 205
Körpererziehung 195f., 201
Körperkultur 195
Kritik, historisch-pädagogische 99ff.
Kultur 28
Kunstunterricht 210-216
Kunstunterricht, aktionistischer 211
Kunstunterricht, formaler 211
Kunstwerkorientierung, musikpädagogische 220
Kurs 517

Laie 502f.
Laie – Experte *500-505*
Laienmalerei 340-347
Laienrichter 501
Länderkunde 296ff., 301f.
Lateinunterricht 240
learning 404
Lebenskultur, alternative 135
Lebensnähe 379, 381
Lebenssituation 33, 310, 493, 528, 628

Sachregister

Lebenswelt *505-511*
Legitimation, didaktische 105
Legitimationsproblem 87
Legitimation (von Lernzielen) 543
Legitimation (von Planungsentscheidungen) 642
Legitimierung, argumentative 54
Lehreranalyse 123f., 126
Lehrerbildung 427f.
Lehrerhandeln *511-517*
Lehrfach 634
Lehrgang *517-520*
Lehrkunst 407
Lehr-Lern-Forschung 63-79
Lehr-Lern-Prozeß 456
Lehr-Lern-Situation 64, 70
Lehrplan 31ff., 35, 408, *520-524* ↗ Curriculum ↗ Deutschlehrplan
Lehrplan, abendländischer 106, 421
Lehrplananalyse 32f.
Lehrplan, heimlicher 70, *524-528*
Lehrplan, humanistischer 422
Lehrplankommission 53
Lehrplankonstruktion 33, 35
Lehrplantheorie 31, 34, 521
Lehrstoffanalyse 68
Lehrstückspiel 209
Lehrverhalten 68
Lehrziel 537f.
Leibeserziehung 195f., 198
Leibeserziehung, politische (Nationalsozialismus) 198
Leibesübung 195ff.
Leistungsmessung, lernzielorientierte 613
Leitfrage, methodische 45 ↗ **Implikationszusammenhang, didaktisch-methodischer**
Leitvorstellungen (didaktischen Handelns) 80-93
Lernarten 548
Lernbereich Ästhetik (Ziele – Inhalte) 193-227
Lernbereich Gesellschaft (Ziele – Inhalte) 288-321
Lernbereich Mathematik – Natur – Technik (Ziele – Inhalte) 258-287
Lernbereich Philosophie – Religion – Ethik (Ziele – Inhalte) 167-192
Lernbereich Sprachen (Ziele – Inhalte) 228-257
Lernbiographie *528-531*
Lernen 273 ↗ Lehr-Lern-Forschung ↗ Sprachenlernen
Lernen, alternatives 159, 161
Lernen, ästhetisches 211ff., 215f.
Lernen (durch Erfahrung) 139

Lernen, entdeckendes 618
Lernen, exemplarisches 273
Lernen, humanes 156, 158
Lernen (in Alternativschulen) 131-147
Lernen, ökologisches 362f.
Lernen, politisches 153ff., 158, 294
Lernen, selbsttätiges 387 ↗ **Selbsttätigkeit – Selbständigkeit**
Lernen, soziales 141, 295, 444, 485
Lernentwicklung 528ff.
Lernen, zielerreichendes 613
Lernerfahrung, soziale 524
Lernergebnis → **Lernziel** → **Unterricht, lernzielorientierter**
Lernfeld *531-537*
Lernorganisation, offene 140
Lernort 535f.
Lernprozeß 597
Lernprozeß (in Bürgerinitiativen) 154, 158
Lernprozeß, kollektiver 441f.
Lerntheorie 65, 532ff.
Lerntypen 548
Lernziel *537-546*
Lernzieldimensionen 547
Lernzielfindung 542f.
Lernzielformulierung 539ff., 545
Lernzielhierarchisierung → **Lernzieltaxonomie**
Lernzielklassifikation 541
Lernzieloperationalisierung 55, 540, 544
Lernzieltaxonomie *546-552*
Leseunterricht 231
Lieddidaktik 222
Literatur → **Alltagskultur: Umgang mit Literatur**
Literaturdidaktik 357
Literaturkritik 356

Makrosystem 534
Massenmedien 554, 556
Mathematikcurriculum 265f.
Mathematikdidaktik 268
Mathematik, Neue 265, 268
Mathematikunterricht 260-269
Medien 553ff.
Mediendidaktik 553
Medienentwicklung 553
Medienerziehung *553-561*
Medienkonzept, unterrichtstechnologisches 555
Medienkunde 553
Mediennutzung 557f.
Medienpädagogik 553, 555
Mehrdarbietung 637

Sachregister

Meisterlehre 277, 281
Meisterlehre, didaktische 644ff.
Meraner Reform 262f.
Mesosystem 533
Metakommunikation 608
Methode 409 ↗ **Implikationszusammenhang, didaktisch – methodischer** ↗ Inhalt – Methode ↗ Unterrichtsmethode
Methode, katechetische 447
Methode, katechetisierende 645
Methodik 45f.
Mikrosystem 533
Milieu → **Lebenswelt**
Mode 333-339
Modell (didaktischen Handelns) 39 ↗ Analyse, didaktische ↗ Berliner Modell ↗ Hamburger Modell ↗ Planungsmodell ↗ Unterrichtsplanungsmodell
Moralentwicklung 184
Moralität 183
Moral, post-konventionelle 186
Motivation 492
Motivation, sexuelle 577
Mündigkeit 389, 411, 483f.
Musikdidaktik 222
Musikerziehung 597
Musikerziehung, schulische 217
Musikpädagogik 219, 221f.
Musikunterricht 216-223

Narzißmus 350
Natur 358-364
Naturbeherrschung 359
Naturerziehung 270
Naturverständnis 360f.
Naturwissenschaft 269-276

Offenheit 37, 120, 140, *562-566* ↗ Unterricht, offener
Ökonomie 305-314 ↗ Haushaltsökonomie
Operationalisierung (Lernziele) 539f., 543ff.
Optimierung 642
Orientierung, religiöse 347ff.
Orientierungsmuster 530
out-of-school education 401

Pädagogik → Alternativschulpädagogik → Gemeindepädagogik → Glocksee-Pädagogik → Medienpädagogik → Musikpädagogik → Reformpädagogik → Religionspädagogik → Wirtschaftspädagogik

Pädagogik, anarchistische 416
Pädagogik, geisteswissenschaftliche 96, 99, 522, 595
Pantomime 209
Persönlichkeitstheorie 82ff.
Philosophie 169-176
philosophy of education 31
Physik 270, 274
Planungsebene 640ff. ↗ Theoriebildung, didaktische
Planungsmodell 644
Planung (von Unterricht) 37, 41 ↗ **Unterrichtsplanung**
Politik 290-295
Polytechnik 282, 310
Popmusik 221f.
Primat (der Didaktik) 39, 44 ↗ **Implikationszusammenhang, didaktisch-methodischer**
Primat (der Inhalte) 29
Primat (der pädagogisch-didaktischen Intentionalität) 44
Prinzip, exemplarisches 273
Prinzipiendiskussion 84f.
Problem 616
Problemländerkunde 296
Problemlöseprozeß 616f.
Problemunterricht 618 → **Unterricht, problemlösender**
Professionalisierung 428 ↗ **Laie – Experte**
Professionswissen 90
Projektarbeit 140 ↗ **Unterricht, handlungsorientierter**
Propädeutik 294 ↗ **Unterricht, wissenschaftspropädeutischer**

quadrivium 422

Raumerziehung 302
Rechenunterricht 262f.
Rechtschreibfähigkeit 238
Redaktion, didaktische *567-571*
Reflexion, szenische 207
Reflexion (über Sprache) 237
Reform → Curriculumrevision → Meraner Reform → Schulreform, innere
Reformpädagogik 390f., 397, 601, 628
Regelschule (Kritik) 134f.
Regelschule (Möglichkeiten und Grenzen didaktischen Handelns) 115-130
Religion 176-183, 347-352
Religionspädagogik 178
Religiosität, subkulturelle 348
replacement education 401

Sachregister

Rezeptionsästhetik 357
Richtlinien → **Lehrplan**
Richtziel 541
Rolle 205
Rollenspiel 202ff.
Rollenspiel, pädagogisches 209
Rollentheorie 202f.
Rollenverhalten 203f.

Sammeln 352-356
Säuglingspflege 461
Schreibdidaktik, kommunikative 238
Schreibunterricht 231
Schulen, alternative 132f.
Schulen, freie alternative 134f.
Schulen, offene 562
Schülerorientierung 432ff., 629
Schülerstrategien 526
Schülertheater 204
Schulfach → **Fach – Fächerkanon**
Schulgymnastik 199
Schulklimaforschung 70
Schulleben 524
Schulmathematik 261ff., 268
Schulreform, innere 119
Schulsport 195, 198ff.
Schulturnen 195, 200
Schulwissen 636, 638
Sekte 349f.
Sektenhaftigkeit 349
Selbständigkeit 188 ↗ **Autonomie** ↗ **Selbsttätigkeit – Selbständigkeit**
Selbstbestimmung 389
Selbstbestimmung, ethische 453
Selbstbildung 183, 385
Selbstinszenierung 202
Selbstlerner 385
Selbstregulierungskonzept 142, 144
Selbsttätigkeit 601, 628
Selbsttätigkeit – Selbständigkeit *572-576*
  ↗ **Autodidaktik**
Selbstzentriertheit 349
septem artes liberales 421f.
Sexualerziehung *576-584*
Sexualität 576ff.
Sicherheitserziehung 465
Sozialgeographie 298ff., 304
Sozialisation (im Haushalt) 460
Sozialisation (im Verein) 369
Sozialisation, politische 290f.
Sozialisation, religiöse 179 ↗ **Alltagskultur: Religion**
Sozialisation, sprachliche 231
Sozialisation, technische 284

Spaß 369
Spezialisierung 501
Spezialist → **Laie – Experte**
Spiel 197, 199, 201f., 204, 206ff.
Spiel, darstellendes 202, 204
Spielform, szenische 202, 209
Spielkonzept 206
Spielplatz 200
Spiel, szenisches 201-210
Spiralcurriculum 266, 431
Sport 195-201
Sporterziehung 196, 199, 201
Sportplatz 200
Sportverein 365
Sprachbetrachtung 237
Sprachdidaktik 234
Sprache 235, 239, 455
Sprachen, alte 240-246
Sprachenlernen 249
Sprachen, neuere 246-253
Spracherziehung 230-240
Sprachlabor 249
Sprachlehre 237
Sprachunterricht 228-257
Staat 33, 579
Staatsbürgerkunde 292
Standbild 209
Stoffauswahl → **Reduktion, didaktische**
Störung, narzißtische 350
Störungs-Prioritäts-Regel 157
Struktur (der Disziplin) 424, 431
Strukturgitter, didaktisches *584-593* ↗ Curriculum
Subjektbezug 636f.
Subjektivität 214, 294f.
Subkultur, religiöse 351
supplementary education 401
Symbolinterpretation 170
Symbolisierungsformen 596
Symbol, sprachliches 170
Szientismus 651

Taschenrechner 269
Tätigkeitspsychologie 602f.
Tätigkeitstheorie 602
Taxonomie 55, 546f.
Taxonomie, affektive 549
Taxonomie, kognitive 547f., 550f.
Taxonomie, psychomotorische 549
teacher beliefs 514
Technik 276, 280, 305
Technikunterricht 282
Test, lernzielorientierter 613
Textrezeption 357

Sachregister

Theater 202
Thema (des Unterrichts) 634-638
Theorie → Bildungstheorie → Feldtheorie
 → Formalstufentheorie → Handlungstheorie → Kommunikationstheorie, pragmatische → Lehrplantheorie → Lerntheorie → Persönlichkeitstheorie → Rollentheorie → Unterrichtsplanungstheorie
 → Unterrichtstheorie → Zieltheorie
Theoriebildung, didaktische 27-48, 408
Theorie (der Bildungsinhalte) 149
Theorie (der Schule) 118
Theorie (des Unterrichts) 149f.
Theorieentwicklung, didaktische 481
Theorie, pädagogische 99ff.
training 404
Transformation 377, 420, 636, 650
Triebinteresse 491
trivium 422
Turnen 195ff.
Turnen, natürliches 195, 198, 200f.
Turnsperre 199

Übung 215
Umgang (mit Literatur) 356ff.
Umgang (mit Natur) 358-364
Umrißplanung 41
Umwelt 531, 533 ↗ **Heimat − Heimatkunde**
Umweltbewußtsein 361, 363
Umwelterziehung 275, 299f.
Umwelt, natürliche 269f.
Umweltwahrnehmung 303
Unterricht 122 ↗ Deutschunterricht ↗ Englischunterricht ↗ Fremdsprachenunterricht ↗ Geographieunterricht ↗ Gesangsunterricht ↗ Grammatikunterricht
 ↗ Haushaltsunterricht ↗ Hebräischunterricht ↗ Konfirmandenunterricht
 ↗ Kunstunterricht ↗ Lateinunterricht
 ↗ Leseunterricht ↗ Mathematikunterricht ↗ Musikunterricht ↗ Rechenunterricht ↗ Schreibunterricht ↗ Sprachunterricht ↗ Technikunterricht ↗ Verkehrsunterricht ↗ Zeichenunterricht
Unterricht (als Prozeß) 607
Unterricht (als soziale Situation) 69
Unterricht, altsprachlicher 240-246
Unterricht, anschaulicher 381
Unterricht, direkter 631
Unterricht, erdkundlicher 296
Unterricht, erfahrungsbezogener *594-600*
Unterricht, erziehender 408
Unterricht, geographischer 297
Unterricht, handlungsorientierter *600-606*

Unterricht, kommunikativer *606-611*
Unterricht, lebensnaher 379
Unterricht, lernzielorientierter *611-616*
Unterricht, muttersprachlicher 231
Unterricht, naturwissenschaftlicher 269-276
Unterricht, neusprachlicher 246-253
Unterricht, offener 119ff., 127, 629, 631
 ↗ **Offenheit**
Unterricht, politischer 294f.
Unterricht, polytechnischer 280
Unterricht, problemlösender *616-621*
Unterricht, problemzentrierter 618
Unterrichtsanalyse *621-628*
Unterricht, schülerorientierter 120, *628-632*
Unterrichtsergebnis 634, 637
Unterrichtsforschung 64, 67, 71, 75, 623ff.
Unterrichtsforschung, empirische 73
Unterrichtsforschung, interpretative 73, 624, 637
Unterrichtsinhalt 102, 104, 107, 475, 526, *632-640* ↗ Bildungsinhalt ↗ **Reduktion, didaktische**
Unterrichtsklima 70
Unterrichtslehre 149
Unterrichtsmedien 557
Unterrichtsmethode 45, 474f., 477, 551
Unterrichtsplanung 39ff., 43, 410, *640-649*
Unterrichtsplanungsmodell 41, 643ff.
Unterrichtsplanungstheorie 42, 643, 646
Unterrichtsreihe 640f.
Unterrichtssequenz 551
Unterrichtsthema 634 ↗ Thema (des Unterrichts)
Unterrichtstheorie 35
Unterrichtsvorbereitung 37
Unterrichtsziel 36, 537
Unterricht, wissenschaftspropädeutischer *649-655*
Unterweisung, planmäßige 518

Vaterland 469
Verbraucherbildung 313
Verbrauchererziehung 312f., 462, 464
Verein 365ff.
Vereinstätigkeit 365-370
Verfremdung 207
Verhalten 532 ↗ Haltung ↗ Lehrverhalten
 ↗ Rollenverhalten
Verkehrsangepaßtheit 659
Verkehrsaufklärung 656
Verkehrsdisziplin 659
Verkehrserziehung *656-666*
Verkehrspsychologie 658
Verkehrsunterricht 657

711

Sachregister

Volkskunst 341
Volksschule 291
Vorurteil 439
Vorwegnahme 637

Wahrnehmung, interpersonale 68
Wahrnehmungserziehung, auditive 221f.
Weltkunde 296
Werken, technisches 280, 305
Wirklichkeit 29, 633
Wirtschaft 305 ↗ Erziehung, ökonomische ↗ **Hauswirtschaftslehre**
Wirtschaftsführung 460
Wirtschaftskunde 305
Wirtschaftslehre 305
Wirtschaftspädagogik 311
Wissen 91, 419, 427, 547, 570, 635f. ↗ Alltagswissen ↗ Professionswissen ↗ Schulwissen

Wissen – Handeln 91
Wissen, historisch-pädagogischem 96
Wissen, historisch-pädagogisches 95, 97, 109
Wissenschaft 34, 134, 651
Wissenschaftsorientierung 430ff.
Wissenschaftspropädeutik 649
Wissenschaftsverständnis 652
Wissen, schulisches 635
Wohnkultur 371-377

Zeichenunterricht 214
Ziel 411, 607 ↗ Bildungsziel ↗ Erziehungsziel ↗ **Lernziel** ↗ **Unterricht, lernzielorientierter**
Zielformulierung 539
Ziel-Inhalt-Methode-Relation 474
Zieltheorie 30f.
Zivilisierungsprozeß 183

Autorenverzeichnis

Die mit (H) gekennzeichneten Beiträge sind Artikel des Handbuchteils.

Adl-Amini, Bijan; Priv.-Doz. Dr.; Universität Kiel: *Ebenen didaktischer Theoriebildung* (H).
Alfs, Günter; Zentrum für pädagogische Berufspraxis, Universität Oldenburg: *Alltagskultur: Umgang mit Literatur.*
Asselmeyer, Herbert; M. A.; Hochschule Hildesheim, Außenstelle Göttingen; *Autodidaktik; Selbsttätigkeit – Selbständigkeit.*
Bast, Roland; Dr.; Fernuniversität – Gesamthochschule – Hagen: *Autonomie.*
Bechthold, Marita; Universität Oldenburg: *Alltagskultur: Kleidung – Mode.*
Blankertz, Stefan; Dr.; Wetzlar: *Erziehung, anarchistische.*
Bracht, Ulla; Dr.; Universität Münster: *Fach – Fächerkanon.*
Busch, Peter; Lehrer; Oldenburg: *Alltagskultur: Umgang mit Natur* (mit Klane).
Dichanz, Horst; Prof. Dr.; Fernuniversität – Gesamthochschule – Hagen: *Medienerziehung.*
Duismann, Gerhard H.; Dr.; Universität Oldenburg: *Lernbereich Mathematik – Natur – Technik* (mit Keitel, Rieß und Sellin) (H); *Alltagskultur: Heimwerken.*
Eichberg, Ekkehard; Dr.; Universität Hamburg: *Kollektiverziehung.*
Einsiedler, Wolfgang; Prof. Dr.; Universität Erlangen-Nürnberg: *Unterricht, schülerorientierter.*
Eubel, Klaus-Dieter; Dr.; Fernuniversität – Gesamthochschule – Hagen: *Verkehrserziehung.*
Fabian, Rainer; Dr.; Universität Oldenburg: *Alltagskultur: Vereinstätigkeit.*
Fölling, Werner; Dr.; Universität Bielefeld: *Unterricht, wissenschaftspropädeutischer.*
Freudenstein, Reinhold; Prof. Dr.; Universität Marburg: *Lernbereich Sprachen* (mit Giese und Schmidt) (H).
Fromm, Martin; Dr.; Universität – Gesamthochschule - Paderborn: *Lehrplan, heimlicher.*
Fuhr, Reinhard; Dr.; Universität Göttingen: *Didaktisches Handeln in außerschulischen Feldern* (H).
Geißler, Harald; Prof. Dr.; Universität der Bundeswehr Hamburg: *Unterrichtsanalyse; Unterrichtsplanung.*
Giese, Heinz W.; Dr.; Universität Oldenburg: *Lernbereich Sprachen* (mit Freudenstein und Schmidt) (H).
Giesecke, Hermann; Prof. Dr.; Universität Göttingen: *Lernbereich Gesellschaft* (mit Hasse und Kaminski) (H).
Glück, Gerhard; Prof. Dr.; Technische Hochschule Aachen: *Sexualerziehung* (mit Schliewert).
Hacker, Hartmut; Prof. Dr.; Universität Osnabrück, Abteilung Vechta: *Lehrplan.*
Hage, Klaus; Dr.; Fernuniversität – Gesamthochschule – Hagen: *Implikationszusammenhang, didaktisch-methodischer.*
Hänsel, Dagmar; Prof. Dr.; Universität Bielefeld: *Möglichkeiten und Grenzen didaktischen Handelns in der Regelschule* (mit Wienskowski) (H).
Hasse, Jürgen; Dr.; Universität Oldenburg: *Lernbereich Gesellschaft* (mit Giesecke und Kaminski) (H).

Helmer, Karl; Priv.-Doz. Dr.; Universität – Gesamthochschule – Duisburg: *Interesse*.
Heursen, Gerd; Dr.; Freie Universität Berlin: *Didaktik, allgemeine; Fachdidaktik*.
Jank, Werner; Dr.; Universität Oldenburg: *Unterricht, erfahrungsbezogener*.
Kaminski, Hans; Prof. Dr.; Universität Oldenburg: *Lernbereich Gesellschaft* (mit Giesecke und Hasse) (H).
Keitel, Christine; Dr.; Technische Universität Berlin: *Lernbereich Mathematik – Natur – Technik* (mit Duismann, Rieß und Sellin) (H).
Kell, Adolf; Prof. Dr.; Universität – Gesamthochschule – Siegen: *Strukturgitter, didaktisches*.
Klane, Rüdiger; Lehrer; Universität Oldenburg: *Alltagskultur: Umgang mit Natur* (mit Busch).
Klattenhoff, Klaus; Dr.; Universität Oldenburg: *Heimat – Heimatkunde*.
Kutscha, Günter; Prof. Dr.; Universität – Gesamthochschule – Duisburg: *Lernfeld*.
Lange, Otto; Prof. Dr.; Universität Oldenburg: *Unterricht, problemlösender*.
Lemke, Dietrich; Priv.-Doz. Dr.; Universität Bielefeld: *Lernziel; Lernzieltaxonomie; Unterricht, lernzielorientierter*.
Loser, Fritz; Prof. Dr.; Universität Osnabrück: *Anschauung*.
Martens, Ekkehard; Prof. Dr.; Universität Hamburg: *Lernbereich Philosophie – Religion - Ethik* (mit Nipkow) (H).
Meinhardt, Rolf; Dr.; Universität Oldenburg: *Ausländerarbeit*.
Meyer, Hilbert L.; Prof. Dr.; Universität Oldenburg: *Unterrichtsinhalt*.
Meyer, Meinert A.; Dr.; Universität Münster: *Handlungskompetenz*.
Meyer-Drawe, Käte; Prof. Dr.; Universität Bochum: *Lebenswelt*.
Nehles, Rudolf; Dr.; Universität – Gesamthochschule – Wuppertal: *Offenheit*.
Nicklas, Hans; Prof. Dr.; Universität Frankfurt – Hessische Stiftung Friedens- und Konfliktforschung, Frankfurt: *Friedenserziehung* (mit Ostermann).
Nipkow, Karl Ernst; Prof. Dr.; Universität Tübingen: *Lernbereich Philosophie – Religion - Ethik* (mit Martens) (H).
Oehlschläger, Heinz-Jörg; Dr.; Fernuniversität – Gesamthochschule – Hagen: *Lernen in Alternativschulen* (H).
Ostermann, Änne; Dr.; Hessische Stiftung Friedens- und Konfliktforschung, Frankfurt: *Friedenserziehung* (mit Nicklas).
Ott, Thomas; Prof. Dr.; Hochschule der Künste – Berlin: *Lernbereich Ästhetik* (mit Scheller, Scherler und Selle) (H).
Otto, Gunter; Prof.; Universität Hamburg: *Der Beitrag der Curriculumforschung* (mit Schulz) (H).
Pazzini, Karl-Josef; Dr.; Universität Münster: *Alltagskultur: Essen; Alltagskultur: Wohnen*.
Peters, John J.; Dr.; Universität Groningen – Niederlande: *Lehrerhandeln*.
v. Pogrell, Lorenz; M. A.; Freie Universität Berlin: *Bildung, formale – materiale* (mit Schwenk).
Puntigam, Lore; Universität Oldenburg: *Alltagskultur: Religion*.
Ramsenthaler, Horst; Dr.; Universität – Gesamthochschule – Paderborn: *Gesprächserziehung*.
Rieß, Falk; Dr.; Universität Oldenburg: *Lernbereich Mathematik – Natur – Technik* (mit Duismann, Keitel und Sellin) (H).
Rosenbusch, Heinz S.; Prof. Dr.; Universität Bamberg: *Unterricht, kommunikativer*.
Ruhloff, Jörg; Prof. Dr.; Universität – Gesamthochschule – Wuppertal: *Die geschichtliche Dimension pädagogischer Aufgabenkonzepte* (H).

Sandhaas, Bernd; Dipl.-Päd.; Universität Göttingen: *Bildungsformen.*
Scheller, Ingo; Dr.; Universität Oldenburg: *Lernbereich Ästhetik* (mit Ott, Scherler und Selle) (H).
Scherler, Karlheinz; Prof. Dr.; Universität Hamburg: *Lernbereich Ästhetik* (mit Ott, Scheller und Selle) (H).
Schlicht, Hermann-Josef; Dr.; Hamm: *Lernbiographie.*
Schliewert, Hans-Jürgen; Dr.; Technische Hochschule Aachen: *Sexualerziehung* (mit Glück).
Schloz, Thomas; Dipl.-Ing., M. A.; Institut für Bauplanung Stuttgart: *Alltagskultur: Sammeln.*
Schmidt, Arno; Prof. Dr.; Universität Oldenburg: *Lernbereich Sprachen* (mit Freudenstein und Giese) (H).
Schulz, Wolfgang; Prof.; Universität Hamburg: *Der Beitrag der Curriculumforschung* (mit Otto) (H).
Schwenk, Bernhard; Prof. Dr.; Freie Universität Berlin: *Bildung, formale – materiale* (mit v. Pogrell).
Selle, Gert; Prof.; Universität Oldenburg: *Lernbereich Ästhetik* (mit Ott, Scheller und Scherler) (H).
Sellin, Hartmut; Prof.; Universität Oldenburg: *Lernbereich Mathematik – Natur – Technik* (mit Duismann, Keitel und Rieß) (H).
Semmerling, Rüdiger; Lehrer; Universität Oldenburg: *Integration.*
Tenorth, Heinz-Elmar; Prof. Dr.; Universität Frankfurt: *Leitvorstellungen didaktischen Handelns* (H).
Terhart, Ewald; Prof. Dr.; Universität Osnabrück: *Der Stand der Lehr-Lern-Forschung* (H).
Topsch, Wilhelm; Prof. Dr.; Universität Oldenburg: *Lehrgang.*
Tornieporth, Gerda; Prof. Dr.; Technische Universität Berlin: *Hauswirtschaftslehre.*
Vogel, Peter; Prof. Dr.; Universität – Gesamthochschule – Duisburg: *Reduktion, didaktische.*
Wienskowski, Peter; Dr.; Universität Dortmund: *Möglichkeiten und Grenzen didaktischen Handelns in der Regelschule* (mit Hänsel) (H).
Wolff, Jörg; Prof. Dr.; Universität Oldenburg: *Laie – Experte.*
Wopp, Christian; Universität Oldenburg: *Unterricht, handlungsorientierter.*
Wübbena, Gerd; Dipl.-Päd.; Universität Oldenburg: *Alltagskultur: Laienmalerei.*

Anton Makarenko
Gesammelte Werke

Aus dem Russischen übersetzt und kommentiert von Leonard Froese, Götz Hillig, Siegfried Weitz und Irene Wiehl unter Mitwirkung von V. v. Hlynowsky, H. Köttker und Chr. Rogger (Makarenko-Referat der Forschungsstelle für Vergleichende Erziehungswissenschaft, Philipps-Universität Marburg).
Zusammen 1673 Seiten einschließlich Faksimiledruck, Register, Anhang, Kommentar, Leinen mit Schutzumschlag.
Zweisprachige Marburger Ausgabe.

Band 3: Ein pädagogisches Poem, Teil 1, 595 Seiten, ISBN 3-12-939660-8
Band 4: Ein pädagogisches Poem, Teil 2, 524 Seiten, ISBN 3-12-939670-5
Band 5: Ein pädagogisches Poem, Teil 3, 654 Seiten, ISBN 3-12-939680-2

Als 1976 die ersten Bände des Gesamtwerks von Anton Makarenko in einer russisch-deutschsprachigen Ausgabe vorgelegt wurden, schrieb Hajo Matthiesen in der „Zeit": „Jetzt erscheinen in einem beispielhaften wissenschaftlichen Editionsvorhaben alle Werke Makarenkos neu auf deutsch in einer bisher nicht erreichten Vollständigkeit und Authentizität. Dies ist die umfangreichste Ausgabe, die je veröffentlicht wurde. Die Texte sollen in möglichst authentischer Form vorgestellt werden und sind deshalb in der Werksausgabe im Faksimiledruck wiedergegeben. Außerdem wurden zahlreiche Manuskripte aufgenommen, die nicht einmal in der siebenbändigen Ausgabe der sowjetischen Akademie der Pädagogischen Wissenschaften enthalten sind. Das war bisher die klassische Makarenko-Edition, die auch in die Sprachen aller russischen Satellitenstaaten übersetzt wurde. Allein das Marburger Makarenko-Referat hat nachgewiesen: „Quellen- und textkritischen Ansprüchen vermag die Akademie-Ausgabe nicht gerecht zu werden." Denn außer der Unvollständigkeit gibt es viele Abweichungen gegenüber früheren Publikationen, da die Texte mehrfach redaktionell überarbeitet wurden – die Marburger nennen „Gründe politischer Opportunität" für dieses wissenschaftlich unhaltbare Vorgehen. So fehlen in der Akademie-Ausgabe zum Beispiel kritische Bemerkungen über das alte Rußland und die Sowjetunion wie diese: „In ihrem Leben wirkten sich nicht nur die Flüche der jahrhundertelangen Gewaltherrschaft des Adels aus, sondern auch die Flüche der sprichwörtlichen Rückständigkeit des russischen Bauern, seiner völligen Unwissenheit und seiner aus der Not geborenen beispielhaften Hartherzigkeit."

Das „Pädagogische Poem" beendet die Edition der Gesamtausgabe, von dem der französische Schriftsteller Louis Aragon urteilt: „Von nun an kann keine Geschichte der Weltliteratur das ‚Pädagogische Poem' mit Schweigen übergehen, denn dieses Buch ist ohne Beispiel, es ist ein Buch neuen Typs."

Klett-Cotta